内 容 提 要

本书分为地铁车站土建工程、地铁区间土建工程、地铁车辆基地土建工程、地铁土建工程项目管理、地铁土建工程新技术应用等5篇共35章，介绍了地铁车站、区间及车辆基地土建工程各种工法的施工工艺流程和施工控制要点、常见问题及预防措施和发展趋势；阐述了基于建设单位和参建单位的招投标与合同管理、设计管理、计划管理、项目策划管理、安全与环境管理、工程项目风险管理和工程接口管理；对建筑信息模型（BIM）、地铁施工信息化监控量测、地铁工程综合超前地质预报、地铁工程地层预加固、地铁工程邻近施工风险评估与控制、暗挖隧道钻爆法施工、地铁矿山法隧道预埋槽道施工、盾构法地铁隧道施工和地铁装配式车站等新技术研究和应用进行了介绍。力求通过归纳和总结，对地铁土建工程的施工技术、项目管理及新技术应用进行全面阐述，使读者系统掌握地铁土建工程技术与管理相关知识，促进地铁施工技术、工程管理及新技术应用水平不断提升，推进轨道交通行业健康、有序、高效发展。

本书可供地铁建设、设计、监理、施工、设备材料供应等单位的施工、技术与管理人员参考，也可作为大专院校相关专业的辅导用书。

图书在版编目（CIP）数据

地铁土建工程技术与管理实务 / 胡鹰主编 . —北京：
人民交通出版社股份有限公司，2018.7
ISBN 978-7-114-14811-8

Ⅰ . ①地…　Ⅱ . ①胡…　Ⅲ . ①地下铁道—铁路工程
Ⅳ . ① U231

中国版本图书馆 CIP 数据核字（2018）第 131007 号

书　　　名：地铁土建工程技术与管理实务
著 作 者：胡　鹰
责任编辑：刘彩云　李　梦
责任校对：孙国清　魏佳宁
责任印制：张　凯
出版发行：人民交通出版社股份有限公司
地　　　址：（100011）北京市朝阳区安定门外外馆斜街 3 号
网　　　址：http://www.ccpress.com.cn
销售电话：（010）59757973
总 经 销：人民交通出版社股份有限公司发行部
经　　　销：各地新华书店
印　　　刷：北京印匠彩色印刷有限公司
开　　　本：880×1230　1/16
印　　　张：47.25
字　　　数：1322 千
版　　　次：2018 年 7 月　第 1 版
印　　　次：2019 年 11 月　第 3 次印刷
书　　　号：ISBN 978-7-114-14811-8
定　　　价：248.00 元
（有印刷、装订质量问题的图书，由本公司负责调换）

丛书序

我国城市轨道交通发展至今取得了巨大的成功。其发展历程可分为五个阶段。第一阶段，1908年我国第一条有轨电车在上海建成通车到 20 世纪 50 年代，是我国有轨电车交通发展阶段（20 世纪 50 年代后开始拆除）。第二阶段，20 世纪 80 年代末至 20 世纪 90 年代中期，是以交通为目的的城市轨道交通建设阶段。第三阶段，1995 年至 1998 年，为城市轨道交通调整整顿阶段，原国家计划委员会 1997 年底提出并于 1998 年批复深圳地铁 1 号线（19.5 km）、上海明珠线（24.5 km）、广州地铁 2 号线（23 km）作为国产化依托项目，城市轨道交通项目重新启动。第四阶段，1999 年至 2008 年，为城市轨道交通蓬勃发展阶段，城市轨道交通由纯交通功能转化为多功能。第五阶段，2008 年至今，为城市轨道交通飞速发展阶段，城市轨道交通具有多功能性。目前，我国城市轨道交通进入到从大到强、从量到质的历史性转换阶段。

截至 2017 年，我国共有 33 个城市运营城市轨道交通，总里程达 4712km（不计市域快轨），其中地铁占 82.4%（3884km），轻轨、单轨、有轨电车、磁浮交通、APM（自动输送系统）等占 17.6%（828km）。2017 年我国城市轨道交通完成建设投资达 4762 亿元，有 62 个城市的轨道交通线网规划获得批准，其中北京、杭州和广州规划线路投资均超过 2000 亿元。全国在建城市轨道交通的城市达 56 个，在建线路 254 条，在建总里程 6246.3km（其中，成都 405km，杭州和广州都超过 350km，深圳 272km）。

由于城市轨道交通具有准公益性的显著特点，以及内部效益外部化、经济效益社会化的属性，我国运营城市轨道交通的 33 个企业无一例外全部亏损。城市轨道交通运营已经是地方政府财政上的一个沉重包袱。56 个城市正在建设城市轨道交通，年投资额将突破 4000 亿元，地方政府很难满足如此巨大的资金需求。另外，城市轨道交通的车辆基地和沿线安保区需要占用大量的土地资源，而当前城市土地资源日益匮乏的状态严重制约了城市轨道交通的发展。要解决这些难题，只有走建效能最大化的城市轨道交通之路，从而实现社会、环境和经济效益（包括城市轨道交通建设单位的效益）三方面的统一。

在工程安全和造价合理的前提下，如何高标准、高质量、高效率地修建安全可靠的城市轨道交通，是实现城市轨道交通可持续发展的主要研究内容之一，也是广大城市轨道交通建设者共同的目标。实现这一目标的关键就是城市轨道交通工程的管理及施工技术人员要具有较高的理论水平、丰富的实践经验及熟练的操作技能，而理论、经验和技能的获得需要不断的学习和实践。"地铁工程技术与管理系列丛书"的出版，将为广大城市轨道交通建设者系统学习相关技术与管理知识，了解和掌握新技术发展和应用现状提供有效的指导。

本系列丛书的作者团队，以城市轨道交通工程建设者的身份，在相关专业理论知识的基础上，结合现场施工经验，按照地铁建设的三个阶段，编写了《地铁前期工程技术与管理实务》《地铁土建工程技术与管理实务》和《地铁站后工程技术与管理实务》三本专著，从施工技术、项目管理以及新技术应用三个维度,集专业性、针对性、系统性和实用性于一体,深入浅出,对城市轨道交通工程进行了全方位、全过程的梳理和阐述。本系列丛书不仅介绍了地铁前期工程、土建工程及站后工程各专业的系统构成及功能、工程特点、工艺流程及质量控制、核心设备功能、施工工法、常见问题及预防措施、新技术及发展趋势等内容,还阐述了建设、设计、监理、施工单位以及设备供货(集成)商的工程项目管理内容,并对前期工程、土建工程和站后工程部分专业的新技术研究和应用情况进行了介绍。书中不仅提出了一系列实际工程问题的解决方案和新技术,还基于相关课题研究成果,以丰富、翔实的数据和资料对各种理论的科学性和各种方法的有效性进行检验。全书结构合理、内容翔实、重点突出、实用性强,将促进我国城市轨道交通建设技术与管理水平的不断提升。

由于城市轨道交通工程涉及专业多,技术复杂,管理难度大,故其标段划分从一站一区间一个小标段到一条线路数个大标段,乃至整条线路为一个标段;从前期工程、土建工程到站后工程按专业划分标段,到土建工程和站后工程部分专业组成一个标段,乃至把整条线路的前期工程部分专业、土建工程和站后工程大部分专业合并为一个大标段。这些标段划分的创新和发展趋势,对建设人才的要求从单一专业向多专业综合性人才转变;从单一技术或管理型人才向技术与管理复合型人才转变。这就需要参建人员通过系统的学习提高自己的理论水平和实践能力,以适应新技术、新形势的快速发展。"地铁工程技术与管理系列丛书"的出版,顺应了城市轨道交通建设创新与发展的需要,凝聚了深圳城市轨道交通建设者的智慧与心血,谨此与广大轨道交通建设者共勉之,是为序。

中国工程院院士

2018 年 6 月于深圳

前／言

地铁作为人类利用地下空间的一种有效形式,对于提高土地利用效率、缓解地面交通压力、改善居住环境、保持城市历史文化景观等都具有十分显著的作用;同时,地铁具有运量大、快捷、安全、准时、舒适等特点,是城市交通的主要发展方向。随着国家经济的快速发展和城市交通资源与人们出行需求矛盾的日益突出,地铁建设从一线城市逐渐向二、三线城市延展。据统计,2011—2020 年,城市轨道交通新增运营里程将达到 6560 公里,预计到 2020 年,我国城市轨道交通累计运营里程将达到 7395 公里。在可预见的未来十年甚至二十年内,城市轨道交通将始终处于高速发展时期,而地铁在诸多方面的特点和优势,使其成为解决城市交通问题的首选方案。

一般而言,按照实施的顺序可将地铁建设分为前期工程、土建工程和站后工程三个阶段。前期工程包括绿化迁移及恢复、交通疏解和管线改迁工程等,土建工程包括车站(含附属)、区间及地铁车辆基地土建结构工程等,站后工程包括轨道工程、设备(常规、系统)工程以及装饰装修工程等。"地铁工程技术与管理系列丛书"就是按照地铁建设的三个阶段,从施工工艺流程、施工控制要点等方面,对地铁工程的施工技术、项目管理以及新技术应用进行全面阐述,力求通过深入浅出的梳理、归纳和总结,使读者对地铁工程技术与管理以及新技术应用的现状有全面认识,并顺应于地铁建设快速发展的要求,促进地铁建设技术与管理及新技术应用水平的不断完善和提升。丛书分为《地铁前期工程技术与管理实务》《地铁土建工程技术与管理实务》和《地铁站后工程技术与管理实务》三册,是一套集系统性、专业性、针对性和实用性于一体的地铁工程技术与管理著作。

土建结构是地铁系统最重要的部分之一。与一般土建工程相比,地铁土建工程有以下特点:其一,投资规模大。目前,地铁每公里的综合造价已接近十亿元,一条线路投资更是以数百亿元计,其中土建工程占比约 40%,且土建工程的工期在地铁建设各阶段中是最长的,占比达到约 50%。其二,施工风险高。地铁线路穿越地下空间,工程地质条件复杂;且由于长距离穿越城市道路、人员密集区、建(构)筑物、既有地铁线路、桥梁、管线和地表水体等,工程环境复杂,不可预见危险因素多;深基坑、暗挖等施工极易导致周边区域的沉降和坍塌,安全隐患多。其三,技术发展快。随着地铁土建工程不断向"深、大、险"发展,为保证工程的安全、质量和进度,对施工技术和装备提出了更高的要求,并逐步从机械化、电气化、信息化向智能化方向发展。其四,协调难度大。在采取技术与管理措施的前提下,土建工程施工产生的扬尘、噪声以及施工沉降对沿线道路、建(构)筑物的影响,需要通过充分的沟通、协调,与关联单位及个人达至利益平衡并最终形成共识。针对土建工程上述特点,参建单位只有通过技术与管理手段,才能有效控制土建工程的安全、质量、进度和造价,较好完成土建工程与站后工程的阶段转换和衔接,并最终实现线路开通试运营的目标。

本书分为地铁车站土建工程、地铁区间土建工程、地铁车辆基地土建工程、地铁土建工程项目管理、地铁土建工程新技术应用等 5 篇共 35 章,介绍了地铁车站、区间及车辆基地土建工程各种工法的施工工艺流程和施工控制要点、常见问题及预防措施和发展趋势；阐述了基于建设单位和参建单位的招投标与合同管理、设计管理、计划管理、项目策划管理、安全与环境管理、工程项目风险管理和工程接口管理；对建筑信息模型（BIM）、地铁施工信息化监控量测、地铁工程综合超前地质预报、地铁工程地层预加固、地铁工程邻近施工风险评估与控制、暗挖隧道钻爆法施工、地铁矿山法隧道预埋槽道施工、盾构法地铁隧道施工和地铁装配式车站等新技术研究和应用进行了介绍。

　　本书的编写人员包括建设、设计、施工单位的工程技术和管理人员，他们长期参加深圳地铁的建设，具有较高的理论水平和较丰富的实践经验。作为地铁土建工程技术与管理方面的参考书，本书主要面向地铁建设、设计、监理、施工、设备材料供应等单位的技术与管理人员，也可以作为大专院校相关专业的辅导用书，目的是使参加或有志于从事地铁建设的人员对地铁土建工程有系统的了解，熟悉、掌握地铁土建工程的相关技术要点和管理思路。希望本书的出版能够为地铁建设和同类大型工程建设提供一定的借鉴，特别为各城市正在实施和将要实施的地铁工程建设提供帮助，为实现地铁建设项目科学、高效管理，促进地铁土建工程建设技术和管理方法的创新及发展提供理论和实践经验。

　　由于作者水平有限，书中的纰漏与不足在所难免，敬请广大读者批评指正。

作者

2018 年 6 月

目 / 录

第2篇　地铁区间土建工程

第3篇　地铁车辆基地土建工程

地铁土建工程技术与管理实务

第4篇　地铁土建工程项目管理

第5篇 地铁土建工程新技术应用

目录

地铁车站土建工程

第 **1** 章　地铁车站工程简介

1.1　概　　述

地铁车站是供旅客乘降、换乘和候车的场所,是城市轨道交通的重要组成部分,也是连接其他交通方式的枢纽。地铁车站建筑由乘客使用空间、运营管理用房、技术设备用房、辅助用房组成。根据客流要求,按照保证乘降安全、疏导迅速、布置紧凑、便于管理的原则,设置良好的通风、照明、卫生、防灾等设施,为乘客出行提供舒适、清洁的乘车环境。地铁作为人民防空疏散体系的重要组成部分,地下车站一般都设置了人防门,战时作为城市人民防空疏散通道及人员掩蔽部。

1.2　车站的分类

1.2.1　车站的分类方式

地铁车站可根据所处位置(或埋深)、运营组织、站台形式、客流量、站控功能、结构断面形式、换乘方式的不同进行分类。

1)按车站与地面的相对位置划分

一般可分为地下车站、地面车站、高架车站,如图 1-1 所示。

(1)地下车站:轨道和站台位于地面以下。有的车站站厅和设备管理用房位于地面上,也是地下车站。按照埋深不同,可以进一步细分为浅埋车站和深埋车站。判断深埋或浅埋,除车站顶部覆盖层厚度外,还应结合上覆地层的工程及水文地质条件综合判定,目前尚无统一的标准。一般认为,城市地铁一般可通过覆跨比即拱顶覆土厚度(H)与车站跨度(D)之比确定深埋或浅埋。当覆跨比 H/D(即拱顶覆土厚度 H 与车站跨度 D 之比)< 1 时,为浅埋;当覆跨比 $H/D \geqslant 1$ 时,为深埋。

(2)地面车站:轨道和站台位于地面,站厅与站台通过地下通道或跨线桥连接。大部分的地面车站其站厅及设备管理用房设于地面上,也有部分地面车站的站厅及服务设施建于高架建筑物上,跨过下方的地面轨道和站台。这类车站可统称为"跨线式车站",为地面车站的一种。香港东铁线的大部分车站为跨线式车站。也有少部分车站的站厅及设备均设于地下,但站台位于地面上,也归为地面车站。

(3)高架车站:轨道和站台等车站设施位于高架建筑物上,其站厅可以在地面也可以在高架构筑物上。

a)地下车站   b)地面车站   c)高架车站

图 1-1　按地面相对位置分类的车站形式工程实例

2）按运营组织划分

可分为中间站、换乘站、折返站、枢纽站、联运站、终点站。

（1）中间站：供乘客上、下车之用，是最为常见的地铁车站。

（2）换乘站：位于两条及两条以上地铁线路的交叉点上，除具有中间站的功能外，乘客可以在站内从一条地铁线路换乘到另一条地铁线路上。

（3）折返站：设在两种不同行车密度的交界处，具有中间站的服务功能。站内设有折返线和相应设备，可根据客流量大小，合理组织行车，在两个区域站之间的区段上增加或减少行车密度。

（4）枢纽站：由本站分出另一条线路的车站，可接发两条及以上地铁线路客流。

（5）联运站：设有两种不同性质的列车线路进行联运及客流换乘的车站，如国铁和地铁共建的车站。

（6）终点站：设在线路两端的车站，设有可供列车折返以及临时停留检修的设施和设备。若线路延长，则终点站即变为中间站或区域站。

3）按站台形式划分

可分为岛式站台车站、侧式站台车站、岛侧混合式站台车站。

（1）岛式站台车站：其站台位于上、下行线路中间，具有这种站台形式的车站称为岛式站台车站。岛式站台车站具有站台面积利用率高、灵活调剂客流、乘客使用方便的特点。由于两端线路有喇叭口，在改扩建时延长车站比较困难。

（2）侧式站台车站：其站台位于上、下行线路两侧，具有这种站台形式的车站称为侧式站台车站。侧式车站多用于客流量不大的车站，上、下行换乘需通过站厅层，站台使用不便，改扩建时延长车站相对容易。

（3）岛侧混合式站台车站：将岛式站台和侧式站台设在同一个车站内，具有这种站台形式的车站称为岛侧混合式站台车站，可同时在两侧的站台上、下车，多用于中途折返站。

4）按客流量划分

可分为大车站、中等车站和小车站。

（1）大车站：高峰每小时客流量在 3 万人次以上。

（2）中等车站：高峰每小时客流量在 2 万～ 3 万人次之间。

（3）小车站：高峰每小时客流量在 2 万人次以下。

5）按是否具有站控功能划分

可分为集中站和非集中站。

（1）集中站：设备集中具有站控功能，通常把有道岔的车站设为设备集中站，控制相邻几个车站的信号。设备通常有电源屏、UPS 稳压器、DCS、ATS 主机、ATP 计算机、LCW 主机、联锁、继电器组合、分线柜、计轴、信号及报警仪、现地维护工作站等。

（2）非集中站：不具备站控功能，设备较少，其信号由相邻的集中站控制。

6）按结构断面形式划分

地铁车站的结构断面形式主要根据埋深、工程地质和水文地质条件、施工工法以及建筑艺术效果等因素确定。车站结构断面形式可分为矩形断面、拱形断面、圆形断面和其他类型断面，见表 1-1。

（1）矩形断面：常用于浅埋地下车站，可设计为单层、双层或多层，跨度可根据车站规模采用单跨、双跨或多跨的形式。

（2）拱形断面：多用于深埋车站，有单拱和多跨连拱等形式。

（3）圆形断面：用于深埋或盾构法施工的车站结构。

（4）其他断面：主要有马蹄形、椭圆形等。

车站结构断面形式 表 1-1

序 号	名 称		图 示	特 征
1	矩形断面	双跨框架侧式		矩形断面是车站常选用的断面形式，一般用于浅埋车站。明挖法施工的车站大多采用矩形断面结构，可设计成单层、双层或多层；跨度可选用单跨、双跨、三跨或多跨
		三跨框架岛式		
		五跨框架一岛一侧式		
		双层单跨框架重叠侧式		
		双层双跨框架相错侧式		
		双层三跨框架重叠岛式		
2	拱形断面	单拱一岛二侧式		拱形断面多用于站台宽度较窄的车站，有单拱和多跨连拱等形式。单拱断面由于中部起拱较高，两侧拱脚相对较低，中间无柱，建筑空间高大宽阔，可以获得较理想的建筑艺术效果
		双拱双岛式		
3	圆形断面	三拱立柱岛式		圆形断面用于盾构法施工的车站
		三拱塔柱岛式		
		单圆侧式		

序　号	名　　称		图　　示	特　　征
4	其他断面	椭圆岛式		椭圆形的拱形断面车站多采用装配式方法施工,马蹄形等断面车站多采用整体现浇法施工
		钟形侧式		
		马蹄形		

7）按换乘方式划分

（1）站台直接换乘（也称平行换乘）：两条线路设在一个站台的两侧或由一个车站的站台通过楼梯（或自动扶梯）直接换乘到另一个车站的站台的换乘方式。多用于平行线路或重叠线路的两个车站。站台直接换乘的线路短,换乘高度小,节省时间,经济性好。

（2）站厅换乘：乘客由一个车站站台经楼梯或自动扶梯到达车站站厅,再经楼梯或自动扶梯到达另一个车站站台的换乘方式。多用于相交的两个车站。站厅换乘的线路较长,换乘高度较大,换乘较为不便。

（3）通道换乘：采用单独设置的通道将两条线路的车站连接起来进行换乘的方式。多用于两条线路距离很近,但又无法在同一位置进行建造的车站。通道换乘的线路长,用时较多,使用不方便。

（4）站外换乘：乘客在车站付费区以外进行换乘。

1.2.2　地铁车站的组成

地铁车站通常由车站主体（站厅、站台、设备与管理用房）、出入口及通道、通风道与地面风亭等三大部分组成。

地铁车站主体由两大部分组成,一是乘客使用空间,二是车站运营的技术设备用房和管理用房。乘客使用的空间是直接为乘客提供服务的场所,包括站厅层公共区、售检票处、自动扶梯和垂直电梯、商业区、站台层公共区、公共卫生间等,车站公共区划分为付费区和非付费区。设备与管理用房是为了保证车站的正常运营和营业秩序而设置的,包括公共通信机房、通信设备室、信号设备室、AFC机房、AFC票务室、公安消防设备室、安全门设备室、消防泵房、污水泵房、废水泵房、工务用房、气瓶间、变电所、照明配电室、风机监控室、环控机房、小系统通风机房、车站综合控制室、站长室、值班室、公安安全室、会议室（交接班室）等。办公用房一般设于站厅层；设备用房一部分设在站台层两端,另一部分设在站厅层。

出入口及通道作为连接地铁车站与外界的建筑物,是乘客进出车站的通道。每个公共区直通地面的出入口数量不得少于2个。出入口的设计除满足吸引、疏散客流外,还应满足城市规划和景观的要求。

通风道与地面风亭是地铁车站的通风设施,为地下空间通风换气之用。风亭位于地面,通过风道将外界与地下空间的空气进行交换。风亭按使用功能不同分为新风亭、排风亭和活塞风亭。标准车站的通风系统分别由一组新风亭、一组排热排烟风亭及两组活塞风亭组成。新风亭为地下空间输送新鲜空气,排风亭抽排地下空间的废气和烟尘。两者在地面会建设在不同的位置,避免排出的废气被作为新风送至地下。活塞风亭是为车站两端的隧道进风和排风而设,服务于区间隧道。因为列车进出隧道时,会带动隧道中的空气流动,这种现象与汽缸内活塞压缩气体相类似,称之为活塞效应。地铁列车进出车站时,活塞风亭的风阀会及时打开,平衡站内与站外的压力差,并提供部分新风。

1.3 车站的选型

1.3.1 车站总体布置

地铁车站的总体布局首先应符合城市规划、城市综合交通规划、环境保护和城市景观的要求,在此基础上,通过收集设计资料、现场调查,结合设计经验,确定车站中心位置及方向,选定车站类型,合理布置车站出入口、通道、通风道与地面风亭,处理好地铁车站与地面建筑、城市道路、地下管线、地下构筑物及施工时交通组织之间的关系。

1.3.2 地铁车站形式

地铁车站布置形式根据地铁线路特征、营运要求、地上和地下周边环境及车站与区间采用的施工方法等条件确定。站台形式有岛式、侧式、岛侧混合式。其竖向布置形式根据线路敷设方式、周边环境及城市景观等因素,可选择高架、地面和地下等结构形式。结合平面和竖向布置方式,地铁车站的基本建筑形式见表1-2。枢纽站和换乘站等大型、复杂车站形式都是由地铁车站的基本形式组合而来的。

地铁车站基本形式 表 1-2

车 站 类 型	站 台 形 式	
	岛式	侧式
高架	高架三层	高架三层
	地面站厅＋高架二层(站台层)	
地面	地上二层站厅＋地面(站台层)	地面层
地下	地面站厅＋地下单层(站台层)	地下单层
	地下二层	地下二层
	地下多层	地下多层
	地下二层(或多层)岛侧混合式	

1.3.3 车站选型

1)高架车站

(1)高架三层:该站型一般地面一层为城市公共交通层,地上二层为站厅层,地上三层为站台层。其主要特点对地面交通影响较小,车站和区间土建投资低,但对周边环境有一定影响,社会效益稍差。适用条件:城市郊区线路且周边环境要求不高。站台形式选择上,侧式站台车站结构较简单,施工相对容易。岛式车站因两端线路呈喇叭口,墩身及梁部结构复杂,一般用于客流量较大的车站。

(2)地面站厅＋高架二层:若地面条件允许,线路不需跨越建(构)筑物,也可将站厅设在地面,设计为地面站厅和高架二层的形式。这种形式适用于郊区及周边环境要求不高,路侧地块内或路中有条件设置地面厅的情况,可节省投资。

高架站的结构形式如图 1-2 所示。

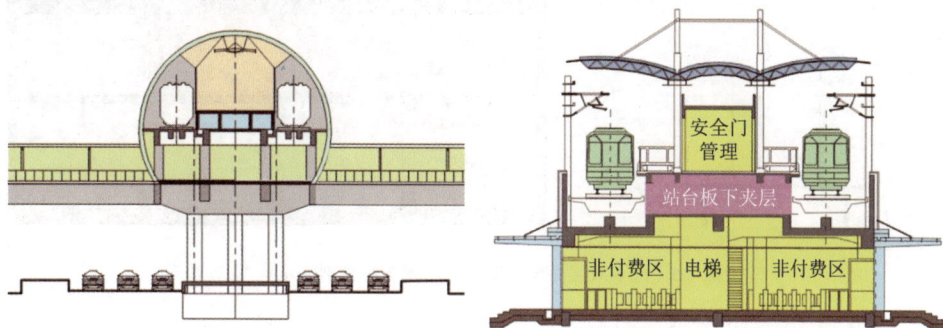

图 1-2　高架三层岛式车站和地面站厅 + 高架二层岛式车站示意图

2）地下车站

根据埋深的不同分为单层明挖车站、一层半明挖(端进式)车站、双层明(盖)挖车站以及三层以上明(盖)挖车站。

（1）单层明挖车站

这种形式的车站一般为线路埋深较浅的车站,如线路由地下转入地面高架或进入地面地铁车辆基地之前的车站。单层车站一般采用侧式站台,站厅、站台位于同一层,设备管理用房设于侧面也可设于地面。此种形式车站规模小,投资少,但使用和管理不便。其横剖面如图 1-3 所示。

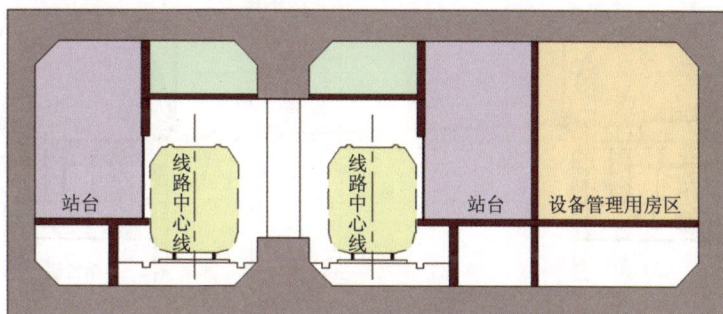

图 1-3　单层明挖车站横剖面示意图

（2）端进式车站

端进式车站也称一层半明挖车站。两端为双层,上层为站厅层。这种车站形式简单,车站埋深较浅,施工方便,规模小,投资少,但使用和管理略有不便,如图 1-4 所示。

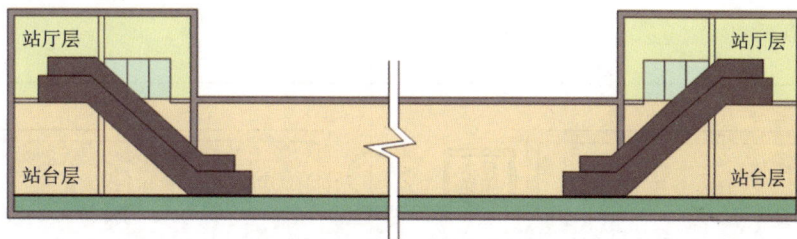

图 1-4　端进式车站纵断面示意图

（3）双层明(盖)挖车站

这种形式的车站地下一层为站厅层,地下二层为站台层,客流组织顺畅,运营管理方便,但规模

7

大,投资高。站台形式可选用岛式或侧式。根据设备管理用房集中布设位置的不同,双层车站分为顺长布置形式车站、外挂形式车站。图 1-5 为地下双层岛式和双岛式明挖车站横剖面示意图。

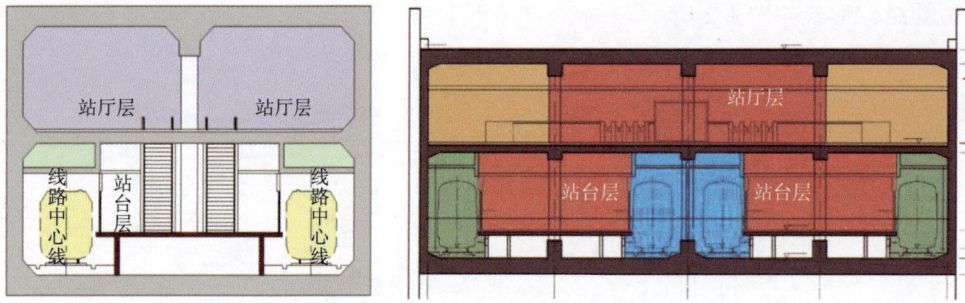

图 1-5　地下双层岛式和双岛式明挖车站横剖面示意图

①顺长布置形式车站:设备管理用房布置在车站两端,地下一层中部为站厅,地下二层中部为站台,是较为常用的车站形式。

②外挂形式车站:在车站外部环境条件允许的情况下,将车站端部或中部外扩用来集中布置设备和管理用房,使车站建筑布局更加紧凑,管理更加方便。一般情况下,这种布置方式能够提高面积使用率,缩小车站规模。

另外,受环境因素的控制,双层地铁车站也可建成分离式结构。

③双层分离岛式车站:地下一层是横向互相连通的两个独立站厅层,地下二层为站台层。其主要特点是车站分为横向互不通视但可互相联系的两个站厅,客流组织和运营管理稍有不便,车站规模大,投资高。适用于相邻线路受桥桩或者其他因素限制,无法采用标准布置的情况。如图 1-6 所示。

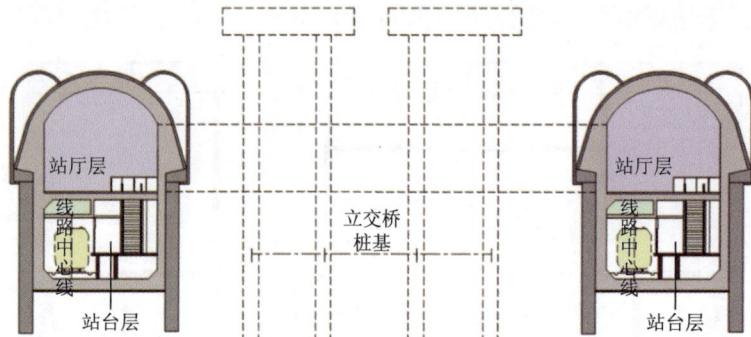

图 1-6　双层分离岛式车站示意图

④地下二层端进式车站(分离式站厅):该站型地下一层为纵向互不连通的两个站厅层,地下二层为站台层,站台局部为单层结构。其主要特点是车站分为互不通视且互不联系的两个站厅,一般两端采用明挖、中间采用暗挖(明挖)施工,车站功能稍差,客流组织和运营管理较为不便。适用于受无法改移或破除的深埋的市政管线或其他构筑物横穿线路,或地面交通无法倒改等特殊条件限制下的情况。如图 1-7 所示。

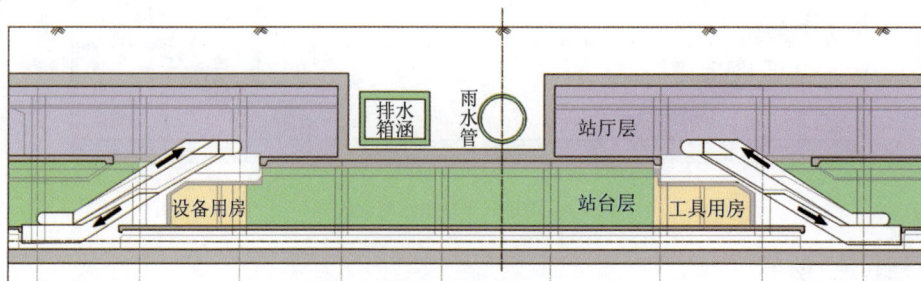

图 1-7　地下二层端进式车站示意图

（4）三层及以上明（盖）挖型车站

受地铁线路敷设条件或深埋管线的影响，车站轨道层埋深较大。一般地下一层为站厅层，地下二层为设备层，地下三层为站台层。两线交叉换乘站受相邻线路线位的控制，也多采用三层以上的明（盖）挖车站结构形式。地下一层为站厅层兼客流转换层，地下二层、三层分别为两条线路的站台层。如图1-8所示。

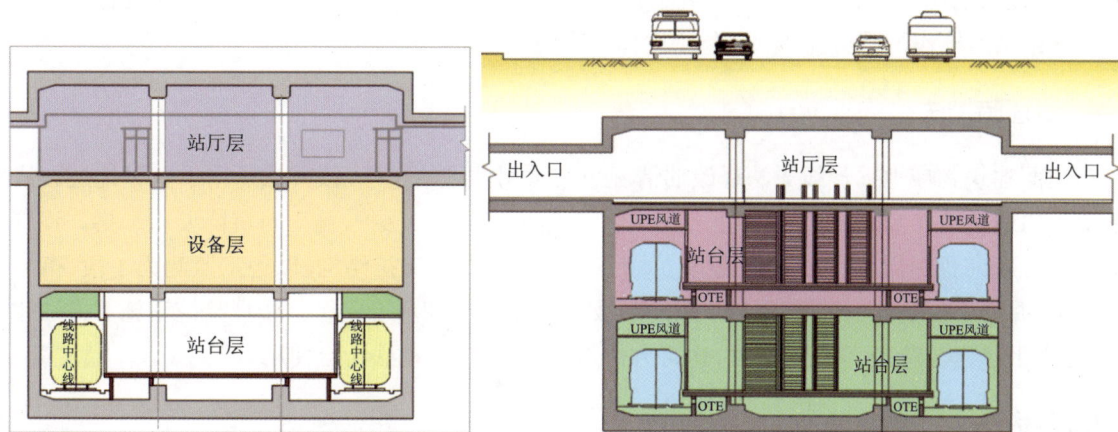

图1-8　三层及以上明（盖）挖车站示意图

地铁车站的选型应根据车站规模、运行要求结合地质条件、周边环境、区间施工工法等因素综合考虑，因地制宜选择合理的车站结构形式。在满足车站各种功能的前提下，尽量减小工程规模，降低工程造价，提高社会效益。结构净空尺寸除应满足建筑、设备、使用以及施工工艺等要求外，还要考虑施工误差、结构变形和后期沉降的影响。

1.4　车站主要施工方法简述

地铁车站的施工方法主要以地下车站施工工法为主，有明挖法、盖挖法（盖挖顺作法、盖挖逆作法、盖挖半逆作法）、浅埋暗挖法、盾构法、明暗结合法等。

1）明挖法

该方法主要有敞口明挖和围护结构内的明挖两种方法。地铁受环境制约，其车站基本上采用围护结构内的明挖法施工。明挖顺作法是地铁车站基坑开挖方法中最常用的一种方法，适用于各种地层。基坑内的围护结构主要有地下连续墙、钻孔灌注桩、SMW桩、钢板桩等。明挖法开挖基坑按照"分层、分步、对称、均衡、限时"的施工要点，遵循"竖向分层、纵向分段、先撑后挖"的原则，及时对围护结构的变形进行监测，根据监测结果指导开挖。基坑开挖到底后，由下至上施作主体结构。

2）盖挖顺作法

该方法适用于各种地层，与明挖法相比，其特点是减少对地面交通的封堵时间。先施作围护结构，将顶部覆盖结构（包括纵、横梁及路面板）置于围护结构上，恢复路面即可重新开放交通。然后由上至下通过顶部预留的出土口进行基坑土体的开挖和加设横向支撑。开挖到底后，再由下至上施作主体结构。

3）盖挖逆作法

该方法的适用范围同盖挖顺作法，其优势在于顶盖一般为永久结构，不需要做临时覆盖结构，减少对交通影响的时间，减轻施工对环境的干扰。在控制围护结构变形上比盖挖顺作法更节省支撑材料。其施工方法为先施工车站围护结构及竖向立柱，然后开挖基坑，施作顶板，达到设计强度后恢复交通，通过预留的出土口进行负一层基坑土体的开挖，施作负一层中板，从上至下依次进行土体的开挖和主体结构的施作，直至底板完成，整个主体结构施工完毕。

4）浅埋暗挖法

在地面建筑物或地下管线无法迁改的情况下常采用浅埋暗挖法，该方法适用于各种地层。浅埋地下工程的地质条件都比较差，又有重要建筑物和地下管线需要保护，施工对沉降要求严格。浅埋暗挖法先进行超前预加固地层，采用初期支护和二次衬砌为基本支护结构，以施工监测为手段，指导设计与施工，并严格控制地表沉降和结构变形，以保证施工安全和环境安全。浅埋暗挖法施工方法比较灵活，可用于修建多跨、多层大型车站，也可方便地与盖挖法、盾构法结合使用。

5）盾构法

该方法适合覆土较深的地铁车站施工，适用于所有地层。先用盾构法施工两条或以上的隧道，再用矿山法将隧道中间的土体开挖完成，将盾构法形成的隧道横向连通，形成车站主体结构。大型矩形盾构机也可一次性将车站完成，由于车站长度所限，该方法施工成本较高。

1.5 地铁车站施工技术发展趋势

1.5.1 型钢混凝土纵梁及型钢混凝土柱的应用

采用型钢混凝土纵梁及型钢混凝土柱（或钢管混凝土柱），一方面可以有效提高梁、柱承载力，减少梁高，从而减少地下车站基坑深度，降低工程造价；采用型钢混凝土柱可以减少柱截面尺寸，加大结构柱间距，真正实现大跨度，增加地下可利用空间。另一方面，因车站的中柱及纵梁属于车站结构抗震时最薄弱环节，采用型钢混凝土纵梁及型钢混凝土柱（或钢管混凝土柱），对地铁车站的抗震有利。理论计算表明，相对一般的钢筋混凝土梁柱结构，采用型钢混凝土纵梁及型钢混凝土柱（或钢管混凝土柱），结构有较好的延性，能够有效吸收地震能量，有利于地铁车站结构的抗震。如图 1-9 所示。

图 1-9　大跨度型钢混凝土纵梁和钢管混凝土柱工程实例

1.5.2 拱形结构车站

采用拱形结构，可以减少顶板中部位置覆土厚度，对柱受力较为有利，同时充分利用板墙等混凝土结构的抗压性能，减小板墙结构的弯矩及剪力，使结构受力更为合理，可以减少结构板墙厚度，节省工程造价。设计中,也可以充分利用拱形结构上部空间作为环控通风等管线的通路,有效降低车站层高,减少车站基坑深度。采用拱形结构,也可以在一定程度上加大结构跨度,充分利用地下空间,获得良好的建筑艺术效果,提高地铁的艺术品质。拱形结构形式如图 1-10 所示。

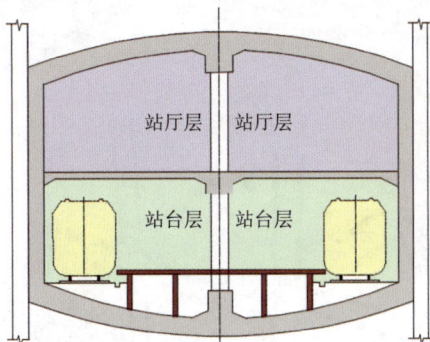

图 1-10 地铁拱形结构形式示意图

1.5.3 结构梁板采用预应力混凝土

预应力混凝土结构充分利用混凝土的抗压性能,可以减少混凝土的用量,减轻结构自重。地铁车站结构因建筑布置等方面的要求,需要尽量减少中立柱数量,加大结构跨度,相应地铁车站的顶板、顶纵梁及底板底纵梁等截面尺寸加大,重量增大。如能采用预应力结构对于结构受力、增加结构跨度等方面均有利,有条件位置可以适当采用。

1.5.4 盾构法施工车站

盾构法是暗挖施工中一种全机械化的施工方法,相比明挖或盖挖法施工,盾构法施工具有安全可靠,地层适应性强,施工效率高,对地面交通干扰少,对城市环境影响小等优点,是地铁车站设计与施工的发展方向之一。通用盾构可做成两圆或三圆的地铁车站,伦敦地铁和基辅地铁的盾构法施工车站如图 1-11 所示。两个并列的圆形隧道组成的侧式站台车站除横通道外,一般施工较简单,工期及造价均优于其他形式的盾构车站,但仅适用于客流量较小的车站。三个并列的圆形隧道组成的三拱塔柱式车站的总宽度较大,一般为 28 ~ 30m,可设计为复合型站台。集散厅范围内设计为岛式站台,集散厅以外部分由于两侧隧道被斜通道隔开,设计为侧式站台,适用于工程地质和水文地质条件较差的地层。莫斯科地铁将盾构法与矿山法结合,先用盾构法施工两侧圆形隧道,再矿山法施工中央站厅,做成三拱立柱式车站。

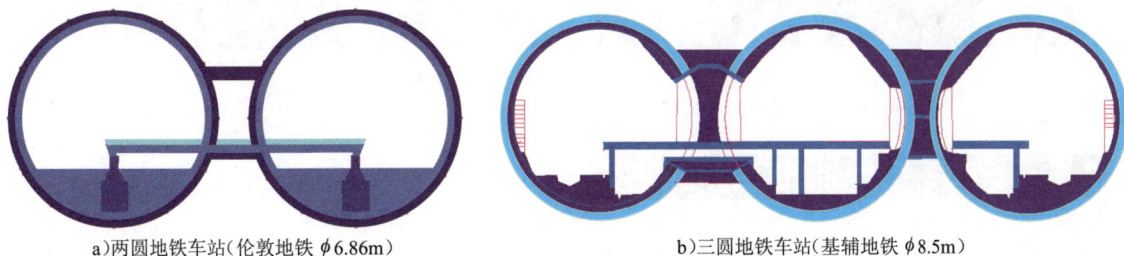

a)两圆地铁车站(伦敦地铁 ϕ 6.86m)   b)三圆地铁车站(基辅地铁 ϕ 8.5m)

图 1-11 通用盾构法施工的地铁车站

随着盾构技术的发展,使用异形断面(如三圆形)盾构修建地铁车站,可以一次成型,如图 1-12 所示。这种方法避免了原来使用通用盾构完成圆形断面施工后,还要采用矿山法施工横向通道或中央站厅的问题。

图 1-12 用于修建地铁车站的三圆盾构机

1.5.5 预制装配式车站

地铁装配式车站是将车站框架外墙主体按纵向分环,每环分若干段进行工厂预制,现场拼装连接,站内上下之间中板采用混凝土现浇。基坑围护结构采用桩、锚结构,浇筑完垫层混凝土形成拼装作业面后,采用专用拼装台车进行结构构件拼装。每一个构件内都设有球形阀门,用来注入环氧树脂对构件缝隙进行密封,然后再做防水处理。整个施工程序简洁清楚,施工现场干净整洁。车站进行装配式施工,将传统的地铁车站施工中的钢筋加工、模板施工、混凝土施工在工厂内形成流水线作业模式,根据地铁车站施工需求,随时外运至车站施工现场进行拼接,使现场部分施工实现工厂化生产。它具有节约城市施工场地,拼装速度快、精度高、安全可靠等优点。

装配式地铁车站工程实例如图 1-13 所示。

图 1-13 装配式地铁车站工程实例

1.5.6 地下工程辅助工法的研发

随着地铁建设的高速发展,地下工程围护结构和支撑体系的设计施工已相当成熟,但是在地层加固、止水、防水等施工工法方面进展不大,质量通病依然突出。有些工法对使用条件和人员素质要求较高,不易掌握,施工效果差强人意。近年来,引进了国外一些先进的施工机械和施工工法,施工成本很高,使用代价高昂,只能应用于风险较大的局部地段。如 MJS 全方位高压喷射工法仅在对沉降要求极其严格的建（构）筑物下穿施工中才被使用。大直径旋喷桩施工工艺在国外比较成熟,加固地层效果很好,但由于成本较高,国内使用较少。自主研发的地下工程辅助工法进展缓慢,与高速发展的地下轨道交通建设不相适应。

1.5.7 绿色环保施工

　　地铁建设往往位于城市建成区,街道繁华,人流密集。地铁施工对城市环境的影响比较突出,如粉尘、噪声、废水的排放等。节能减排作为国家的一项发展战略,要求在项目建设中全面落实"十二五"规划纲要提出的"建筑业要推广绿色施工、绿色建筑"的目标,在工程项目施工周期内最大限度地做到节约资源（节材、节水、节能、节地）、保护环境和减少污染,即"四节一环保"。除此之外,地铁的修建在一定程度上改变了城市区域地层的应力状态和水文地质的原始状态,带来了地下水流失和渣土弃置问题,不仅会造成生态环境的变化,甚至会形成灾害隐患。绿色环保施工还未真正引起建设各方的高度重视,地铁施工对环境的影响依然较大。必须依靠技术进步,加大资金投入,制订和完善对绿色施工的考核评价体系,努力减少地铁建设对城市环境的影响。

第 **2** 章　明（盖）挖法地铁车站工程

2.1　概　　述

明挖法一般指敞口明挖或施工围护结构后进行开挖并施工主体结构的一种施工方法,是地铁车站最常用的一种施工方法,需要占用影响车站施工的城市道路或拆迁建筑物。但当城市道路不能在地铁车站施工周期内全部占用,而必须在一定时间内恢复运行时,盖挖法施工技术便应运而生。盖挖法是指先将顶部封闭,其下部工程在封闭的顶盖下进行施工的一种施工方法。主体结构可以顺作,也可以逆作。明（盖）挖法施工的关键是深基坑支护的安全,不仅要保证基坑在施工过程中的土体稳定,还要严格控制地层位移,保证环境安全。

2.2　明（盖）挖法的特点

明挖法施工适用于各种地质条件,具有施工作业面多、速度快、施工方法简单、易保证施工质量以及工程造价低等优点,在地铁施工中应用广泛。其缺点在于施工期间对城市交通、居民生活和周围环境的影响较大,一般需要对施工工地范围内的道路进行较长时间的封闭。

盖挖法同样适用于各种地质条件,以围护结构和主体结构（临时结构）的桩柱作为支护结构,然后施工顶（盖）板,形成具有承载能力的永久或临时结构后,即可恢复交通。在顶盖的保护下,开挖土方,并完成主体结构。其主要优点是快速、经济、对道路交通的干扰少。

2.3　明（盖）挖法简介

明（盖）挖法施工主要是明挖顺作法、盖挖逆作法和盖挖顺作法,以及这三种基本工法的不同组合。

2.3.1　明挖顺作法

明挖顺作法,即先施工围护结构,从地面向下开挖土石方并对围护结构进行支撑,直至基坑开挖至设计高程,然后由下而上施工结构的防水和结构主体,完成主体结构施工后,回填土并恢复路面。其施工工序如图 2-1 所示。

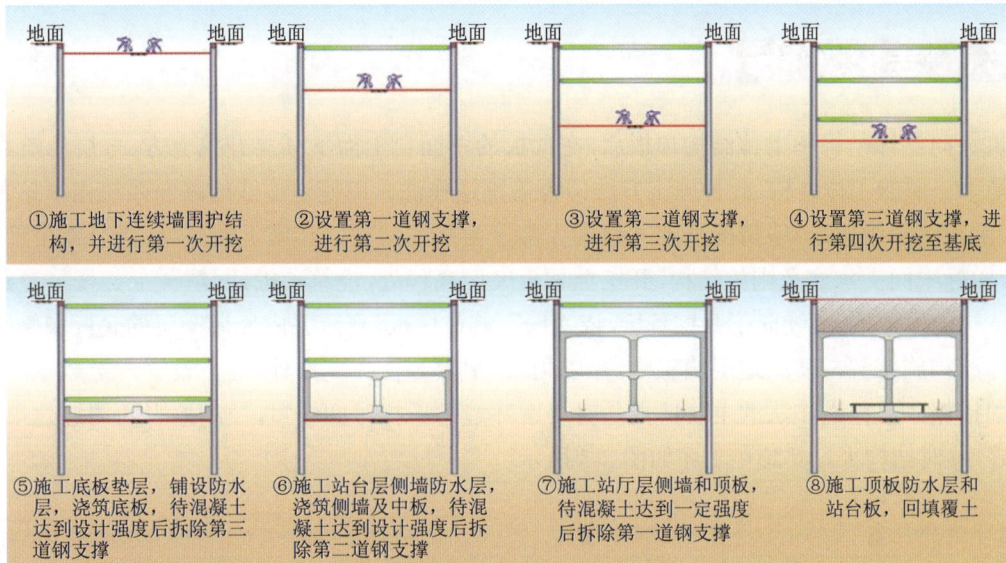

①施工地下连续墙围护结构，并进行第一次开挖　②设置第一道钢支撑，进行第二次开挖　③设置第二道钢支撑，进行第三次开挖　④设置第三道钢支撑，进行第四次开挖至基底

⑤施工底板垫层，铺设防水层，浇筑底板，待混凝土达到设计强度后拆除第三道钢支撑　⑥施工站台层侧墙防水层，浇筑侧墙及中板，待混凝土达到设计强度后拆除第二道钢支撑　⑦施工站厅层侧墙和顶板，待混凝土达到一定强度后拆除第一道钢支撑　⑧施工顶板防水层和站台板，回填覆土

图 2-1　明挖顺作法施工工序示意图

2.3.2　盖挖顺作法

盖挖顺作法，即在地面修筑维持交通的临时路面及其支撑后，自上而下开挖土方至基坑底部设计高程，再自下而上修筑主体结构。盖挖顺作法的路面系统由钢梁（或钢筋混凝土梁）及路面盖板、围护结构组成，其中钢梁及路面盖板为临时结构，车站施工完成后需拆除，其作业程序是先局部进行交通疏解或围挡，做好围护结构和主体结构（或临时）立柱系统，然后用钢梁及路面盖板组成的盖挖系统覆盖路面，恢复交通。在顶盖的保护下按顺序进行车站主体结构的作业，最后拆除顶盖系统，恢复永久路面。其施工工序如图 2-2 所示。

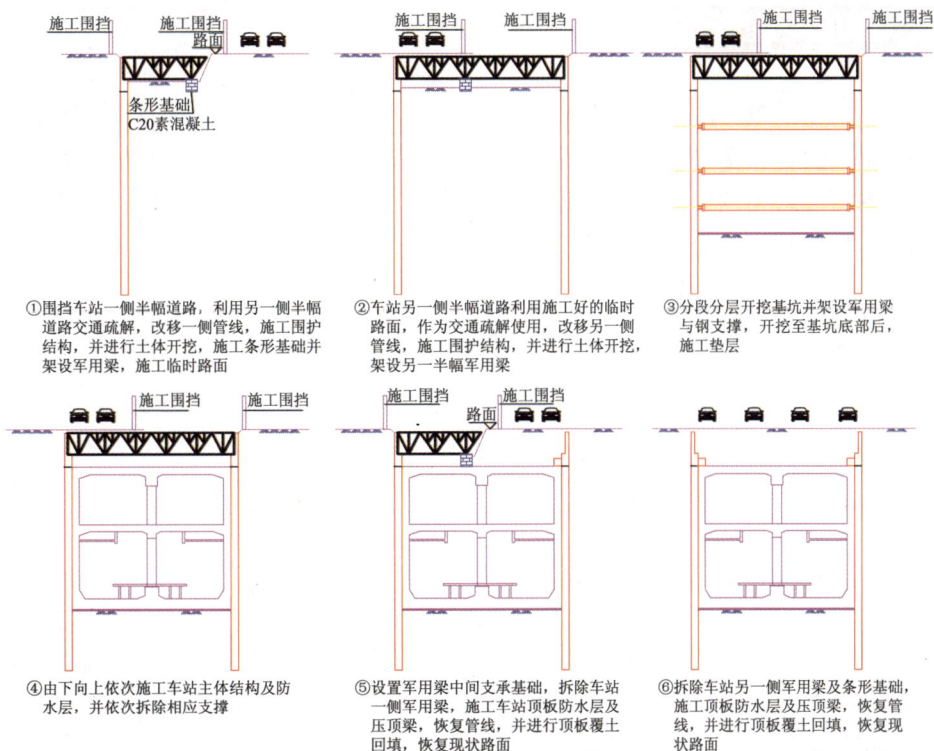

①围挡车站一侧半幅道路，利用另一侧半幅道路交通疏解，改移一侧管线，施工围护结构，施工条形基础并架设军用梁，施工临时路面　②车站另一侧半幅道路利用施工好的临时路面，作为交通疏解使用，改移另一侧管线，施工围护结构，并进行土体开挖，架设另一半幅军用梁　③分段分层开挖基坑并架设军用梁与钢支撑，开挖至基坑底部后，施工垫层

④由下向上依次施工车站主体结构及防水层，并依次拆除相应支撑　⑤设置军用梁中间支承基础，拆除车站一侧军用梁，施工车站顶板防水层及压顶梁，恢复管线，并进行顶板覆土回填，恢复现状路面　⑥拆除车站另一侧军用梁及条形基础，施工顶板防水层及压顶梁，恢复管线，并进行顶板覆土回填，恢复现状路面

图 2-2　盖挖顺作法施工工序示意图

2.3.3　盖挖逆作法

　　修筑竖向支撑结构和主体结构顶板后,在顶板的下面自上而下分层开挖土方、分层修筑结构,最后施工最下一层的主体结构,此种施工方法即为盖挖逆作法。盖挖逆作法的路面系统由车站顶板、中间支承、围护结构组成,一般情况下上述结构大部分为永久结构。其施工顺序为:部分或全部封闭道路交通,做好中间支承柱及围护结构,开挖至顶板底面高程处,浇筑顶板,回填覆土并恢复道路交通。在顶板结构的保护下,继续向下开挖基坑,依次向下施作中板,直至完成最后一层的底板和侧墙,完成车站主体结构施工。在软弱地层施工中,除以顶板、中板等作为支撑外,还需设置一定数量的临时支撑或锚固措施。盖挖逆作法的主要特点是对周围环境的干扰时间较短,控制地表和周边建筑物的沉降效果好,临时结构少。其施工工序如图 2-3 所示。

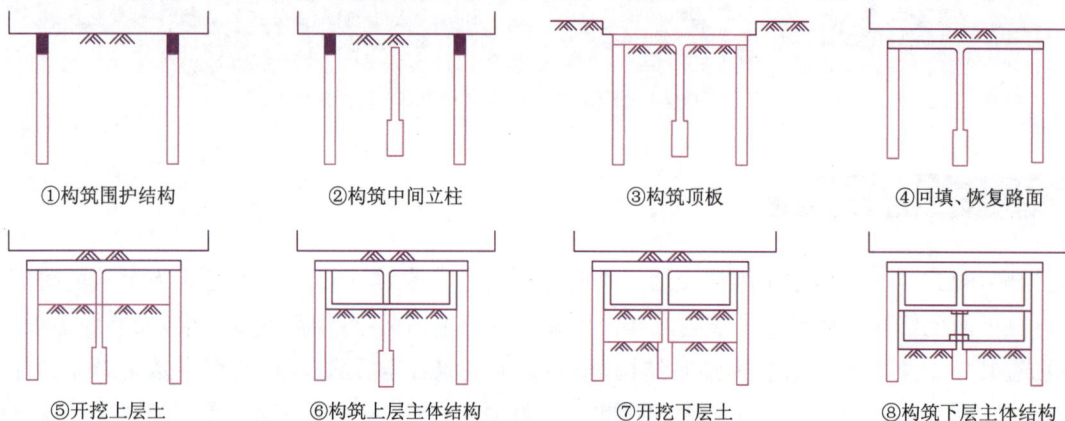

①构筑围护结构　　②构筑中间立柱　　③构筑顶板　　④回填、恢复路面

⑤开挖上层土　　⑥构筑上层主体结构　　⑦开挖下层土　　⑧构筑下层主体结构

图 2-3　盖挖逆作法施工工序示意图

2.3.4　盖挖半逆作法

　　盖挖半逆作法是指顶板结构完成并恢复路面后,向下开挖至底板设计高程,先浇筑底板,依次向上逐层浇筑侧墙和中板,直至主体结构完成。盖挖逆作法与盖挖顺作法的区别是,逆作法顶板结构为永久结构,施工时需要封闭顶板范围内的道路,无法半幅道路倒边施工。在盖挖半逆作法向下开挖土体时一般需设置横撑并施加预应力,但盖挖半逆作法在主体结构的防水质量施工上较盖挖逆作法更容易得到保证。其施工工序如图 2-4 所示。

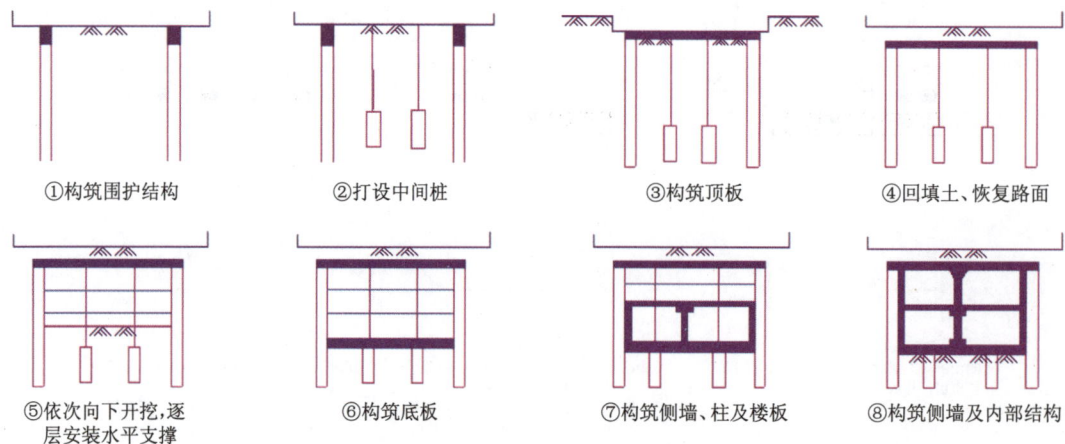

①构筑围护结构　　②打设中间桩　　③构筑顶板　　④回填土、恢复路面

⑤依次向下开挖,逐层安装水平支撑　　⑥构筑底板　　⑦构筑侧墙、柱及楼板　　⑧构筑侧墙及内部结构

图 2-4　盖挖半逆作法施工工序示意图

2.4 明(盖)挖法基坑支护系统

2.4.1 围护结构的主要类型

基坑支护根据被支护土体的作用机理,分为支护型和加固型两大类,在实际应用中常常将两者结合使用,形成混合型。地铁车站基坑的围护结构以支护型为主,直接承受基坑施工阶段侧向土压力和水压力,并将此压力传递到支撑体系。围护结构在运营期的受力情况由设计确定。在需采取隔水措施的基坑工程中,当周边围护结构不具备自防水作用时,需在支护结构外侧另行设置隔水帷幕,基坑的围护结构和隔水帷幕共同形成基坑支护体系。

围护结构的类型需要根据场地条件、水文及地质条件、基坑的规模和深度、施工工期以及当地的施工经验等因素确定,常用围护结构的类型见表2-1。

常用围护结构的类型 表2-1

类　　型	主 要 特 点
土钉墙	①施工设备及工艺简单,对基坑形状适应性强,经济性较好; ②坑内无支撑体系,可实现敞开式开挖; ③柔性大,有良好的抗震性和延性,破坏前有变形发展过程; ④密封性好,可完全将土坡表面覆盖,可阻止或限制地下水从边坡表面渗出,防止水土流失及雨水、地下水对坑壁的侵蚀
钢板桩围护墙	①成品制作,可反复使用; ②施工简便,但施工有噪声; ③刚度小,变形大,与多道支撑结合,在软弱土层中也可采用; ④止水性较好,如有漏水现象,需增加防水措施
预制钢筋混凝土板桩围护墙	①施工简便,但施工有噪声; ②需辅以止水措施; ③自重大,受起吊设备限制,不适合大深度基坑
灌注桩排桩围护墙	①刚度大,可用在深大基坑; ②适用范围广,各种地层均可使用; ③需与止水措施配合使用,如搅拌桩、旋喷桩等
地下连续墙	①刚度大,开挖深度大,适用于所有地层; ②强度大,变位小,隔水性好,可兼作主体结构的一部分; ③可临近建(构)筑物使用,环境影响小; ④造价高
型钢水泥土搅拌墙(SMW)工法桩	①强度大,止水性好; ②内插的型钢可拔出反复使用,经济性好; ③具有较好发展前景

2.4.2 不同围护结构的适用条件

1)土钉墙

土钉墙是用于土体开挖时保持基坑侧壁或边坡稳定的一种挡土结构,主要由密布于原位土体中的细长杆件——土钉、黏附于土体表面的钢筋混凝土面层及土钉之间的被加固土体组成,是具有自稳能力的原位挡土墙。土钉墙与各种隔水帷幕、微型桩及预应力锚杆(索)等构件结合起来,又可形成复

17

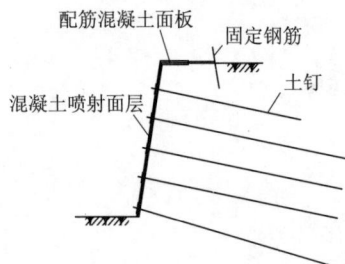

图 2-5 土钉墙基本形式剖面示意图

合土钉墙。土钉墙的基本形式如图 2-5 所示。

其特点是：施工设备及工艺简单，对基坑形状适应性强，经济性较好；坑内无支撑体系，可实现敞开式开挖；所需施工场地小，设备移动灵活，支护结构基本不单独占用场地内的空间。

适用于开挖深度小于 12m、周边环境保护要求不高的基坑工程，以及地下水位以上或经人工降水后的人工填土、黏性土和弱胶结砂土的基坑工程。

2）钢板桩围护墙

钢板桩是一种带锁口或钳口的热轧（或冷弯）型钢，钢板桩打入后靠锁口或钳口相互连接咬合，形成连续的钢板桩围护墙，用来挡土和挡水。钢板桩围护墙断面如图 2-6 所示。

图 2-6　钢板桩围护墙断面示意图

其特点是轻型、施工快捷，在基坑施工结束后钢板桩可拔除，循环利用，经济性较好，同时自身有一定的防水能力，但刚度小，变形较大。

适用于开挖深度不大于 7m，周边环境保护要求不高的基坑工程。

3）预制钢筋混凝土板桩围护墙

预制钢筋混凝土板桩围护墙是由钢筋混凝土板桩构件连续沉桩后形成的基坑围护结构，如图 2-7 所示。其特点是强度高、刚度大、取材方便、施工简易。

适用于开挖深度小于 10m 的中小型基坑工程，作为地下结构的一部分，较为经济。在大面积基坑内的小基坑（坑中坑）工程施工时不必坑内拔桩，降低作业难度。也可在较复杂环境下的管道沟槽支护工程中替代不便拔除的钢板桩。

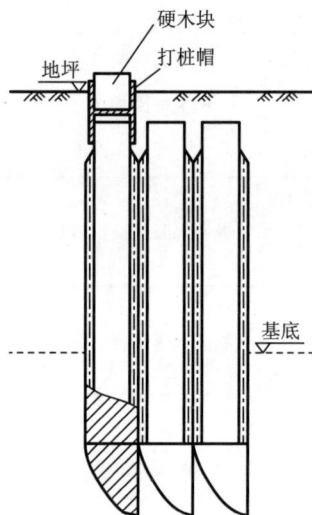

图 2-7　预制钢筋混凝土板桩围护墙立面示意图

4）灌注桩排桩围护墙

灌注桩排桩围护墙是采用连续柱列式排列的灌注桩形成的围护结构。工程中常用的灌注桩排桩的形式有分离式、双排式和咬合式。

（1）分离式排桩

分离式排桩是地铁车站排桩围护墙中最常用、较简单的一种围护结构形式，如图 2-8 所示。分离式排桩外侧可结合工程的地下水控制要求设置相应的隔水帷幕。适用于开挖深度不大于 20m 的深基坑工程。软黏土、粉砂性土、卵砾石、岩层中的基坑均可采用。

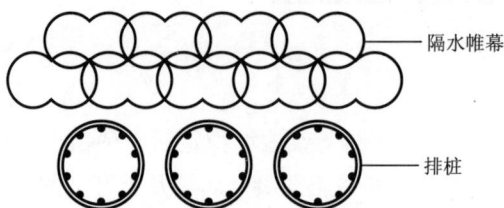

图 2-8　分离式排桩平面示意图

（2）双排式排桩

为增大排桩的整体抗弯刚度和抗侧移能力，可将桩设置成为前后双排，将前后排桩桩顶的冠梁用横向连梁连接，就形成了双排门架式挡土结构，如图2-9所示。

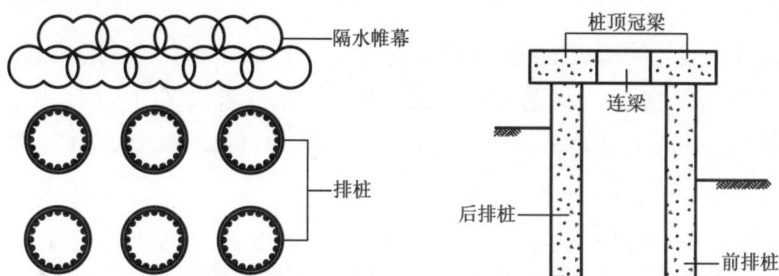

图2-9　双排式排桩平面和剖面示意图

由于双排式排桩抗弯刚度大，可作为自立式悬臂支护结构，无须设置支撑体系。适用于场地空间充足，开挖深度大，变形控制要求较高，且无法内支撑体系的工程。

（3）咬合式排桩

当场地狭窄，无法同时设置排桩和隔水帷幕时，可采用桩与桩咬合的形式，形成能止水的咬合式排桩围护墙。咬合式排桩围护墙的先行桩采用素混凝土桩或钢筋混凝土桩，后行桩采用钢筋混凝土桩。如图2-10所示。

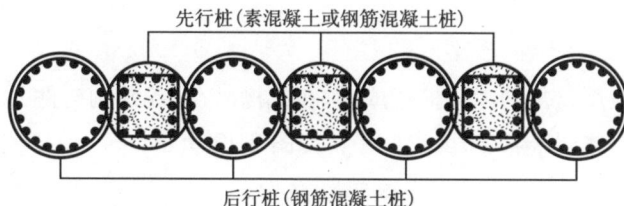

图2-10　咬合式排桩平面示意图

咬合式排桩受力结构和隔水结构合一，占用空间较小，施工速度快，工程造价低。适用于淤泥、流沙、地下水富集的软土地区。

5）地下连续墙

地下连续墙可分为现浇地下连续墙和预制地下连续墙两大类，现浇地下连续墙的槽段形式主要有壁板式、T形和Ⅱ形等，并可通过将各种形式的槽段组合，形成格形、圆筒形等结构形式。

（1）常规现浇地下连续墙

现浇地下连续墙是采用原位连续成槽浇筑形成的钢筋混凝土围护墙。地下连续墙具有挡土和隔水双重作用。其常用的平面布置形式如图2-11所示。

图2-11　常规现浇地下连续墙平面示意图

其特点是刚度大、整体性好,基坑开挖过程中安全性高,支护结构变形较小。墙身具有良好的抗渗能力,坑内降水时对坑外的影响较小。可作为地下结构的外墙,配合逆作法施工,以缩短工程的工期、降低工程造价。当受到条件限制,墙厚无法增加时,可通过加肋形成 T 形槽段或 Ⅱ 形槽段以增加墙体的抗弯刚度。

适用于开挖深度较大的基坑工程(一般开挖深度大于 10m 才有较好的经济性)、邻近基坑存在保护要求较高的建(构)筑物,以及对基坑本身的变形和防水要求较高的工程。围护结构亦作为主体结构的一部分,对防水、抗渗有较严格的要求。在超深基坑中,例如 30～50m 的深基坑,当采用其他围护形式无法满足要求时,常采用地下连续墙作为围护体。

(2)圆筒形和格形地下连续墙

圆筒形和格形地下连续墙是现浇地下连续墙的一种组合结构形式。

圆筒形地下连续墙采用壁板式槽段或转角槽段组合成圆筒形结构,除具备常规地下连续墙的特点外,它还充分利用了土拱效应,降低了作用在支护结构上的土压力。因为圆形结构具有更好的力学性能,与常规形状的基坑不同,它可将作用在其上面的荷载转化为地下连续墙的环向压力,可充分发挥混凝土抗压性能好的特点,有利于控制基坑变形。

格形地下连续墙是靠其自身重量稳定的半重力式结构,是一种涉及建(构)筑物地基开挖的无支撑空间坑壁结构,其特点是可以靠其自身重量稳定,基坑开挖阶段无须设置支撑体系。相对于其他无自立式围护结构,基坑变形较小,对周边环境保护有利。适用于无法设置内支撑体系,且对变形控制要求较严格的深基坑工程。

(3)预制地下连续墙

预制地下连续墙即采用常规的泥浆护壁成槽,在成槽后,插入预制构件并在构件间采用现浇混凝土将其连成一个完整的墙体,其接头须现浇施工。如图 2-12 所示。

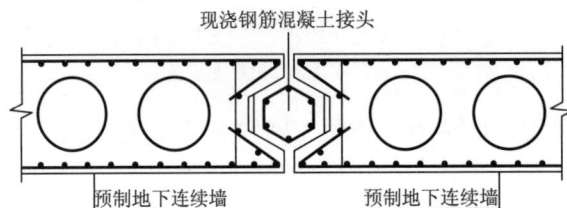

图 2-12　预制地下连续墙示意图

其特点是工厂化制作,可充分保证墙体的施工质量,墙体构件外观平整,可直接作为地下室的建筑内墙,不仅节约了成本,也增大了地下室面积;加工制作与养护不占绝对工期,现场施工速度快;采用预制墙段和现浇接头,可节省常规拔除锁口管或接头箱的过程,节约成本和施工时间。为便于运输和吊放,预制地下连续墙大多采用空心截面,减小自重节省材料,经济性好。

现阶段适用于 6～7m 以内的浅基坑,且大多将预制地下连续墙用作主体结构地下室外墙。

6)型钢水泥土搅拌墙(SMW 工法桩)

SMW 工法也称劲性水泥土搅拌桩法,是在水泥土桩内插入 H 型钢等(多数为 H 型钢,亦有插入钢板桩、钢管等劲性骨架),使之成为同时具有受力与防渗两种功能的支护结构墙。水泥土搅拌墙可在连续套接的两轴或三轴水泥土搅拌桩内插入型钢,形成复合挡土隔水结构。其平面布置形式如图 2-13 所示。

a)型钢密插型　　　　　b)型钢插二跳一　　　　　c)型钢插一跳一

图 2-13　型钢水泥土搅拌墙平面布置示意图

其特点是墙体的受力结构与隔水帷幕合一,防渗性能好。由于工艺简单、成桩速度快,可大大缩短围护体施工工期,在主体结构施工完毕后型钢可拔除,实现型钢的重复利用,具有较好的经济性。

适用于软弱的淤泥、淤泥质土以及黏性土、砂性土地层。软土地区一般用于开挖深度不大于13m的基坑工程。

2.4.3　支护体系选型要点

(1)基坑支护应保证支护结构的安全可靠性,综合考虑基坑周边环境和地质条件的复杂程度、基坑深度等因素,按表2-2采用支护结构的安全等级。

支护结构的安全等级　　　　　　　　　　　　　　　表2-2

安全等级	破坏后果
一级	支护结构失效、土体过大变形,对基坑周边环境或主体结构施工安全的影响很严重
二级	支护结构失效、土体过大变形,对基坑周边环境或主体结构施工安全的影响严重
三级	支护结构失效、土体过大变形,对基坑周边环境或主体结构施工安全的影响不严重

(2)支护结构选型时,应综合考虑基坑深度、土的性状和地下水条件、基坑周边环境对基坑变形的承受能力及支护结构失效可能产生的后果、主体地下结构及其基础形式、基坑平面尺寸及形状、支护结构施工工艺的可行性、施工场地条件及施工季节、经济指标、环保性能和施工工期等因素,按表2-3所列的适用条件综合选定。

各类支护结构的适用条件　　　　　　　　　　　　　表2-3

结构类型		适用条件		
		安全等级	基坑深度、环境条件、土类和地下水条件	
支挡式结构	锚拉式结构	一级、二级、三级	适用于较深的基坑	①排桩适用于可采用降水或截水帷幕的基坑; ②地下连续墙宜同时用作主体地下结构外墙,可同时用于截水; ③锚杆不宜用在软土层和高水位的碎石土、砂土层中; ④当邻近基坑有建筑物地下室、地下构筑物等,锚杆的有效锚固长度不足时,不应采用锚杆; ⑤当锚杆施工会造成基坑周边建(构)筑物的损害或违反城市地下空间规划等规定时,不应采用锚杆
	支撑式结构		适用于较深的基坑	
	悬臂式结构		适用于较浅的基坑	
	双排桩		当锚拉式、支撑式和悬臂式结构不适用时,可考虑采用双排桩	
	支护结构与主体结构结合的逆作法		适用于基坑周边环境条件很复杂的深基坑	
土钉墙	单一土钉墙	二级、三级	适用于地下水位以上或经降水的非软土基坑,且基坑深度不宜大于12m	当基坑潜在滑动面内有建筑物、重要地下管线时,不宜采用土钉墙
	预应力锚杆复合土钉墙		适用于地下水位以上或经降水的非软土基坑,且基坑深度不宜大于15m	
	水泥土桩垂直复合土钉墙		用于非软土基坑时,基坑深度不宜大于12m;用于淤泥质土基坑时,基坑深度不宜大于6m;不宜用在高水位的碎石土、砂土和粉土层中	
	微型桩垂直复合土钉墙		适用于地下水位以上或经降水的基坑,用于非软土基坑时,基坑深度不宜大于12m;用于淤泥质土基坑时,基坑深度不宜大于6m	
重力式水泥土墙		二级、三级	适用于淤泥质土、淤泥基坑,且基坑深度不宜大于7m	
放坡		三级	①施工场地应满足放坡条件; ②可与上述支护结构形式结合	

按照支护体系的设计原则和适用条件,地铁车站基坑支护结构的安全等级大多数情况下为一级,常用的支护形式有地下连续墙、钻(冲)孔灌注桩排桩围护墙、钻孔咬合桩围护墙等。对于开挖深度较浅、地层较软的基坑也可采用型钢水泥土搅拌墙(SMW工法)支护。这些常用的地铁基坑支护结构共同的特点是结构的整体刚度好、可较好地控制软土地层的变形,保证建(构)筑物、地下管线、道路的安全和正常使用。

对于周边环境复杂,地铁车站支护结构变形要求严格的深基坑,可选用支护结构与主体结构结合的逆作法,如盖挖逆作法或盖挖半逆作法,能较好地控制支护结构的变形。

2.4.4　围护结构施工

1)地质补勘

(1)目的

通过对地层的补充勘察,进一步探明地质情况,验证初勘和详勘的准确性,提供地质方面的技术依据,解决施工中可能遇到的工程地质及水文地质问题。

(2)方法

地质补勘一般以钻探取芯揭露为主,辅以室内试验、原位测试、水文地质试验等综合勘察手段及方法。随着技术的进步,地质雷达、地层CT成像等技术也逐步应用于地质勘察领域。

(3)内容

通过地质补勘探明下列工程地质和水文地质特征:

①岩土特征、岩土分布、岩土界面,划分并描述岩土层特征,提出土石分级;

②特殊性土和不良工程地质单元(淤泥、液化砂层、断裂、风化深槽)的特征和分布,评价土的固结状态以及砂层的富水性、液化等级;

③地下水的类型、埋藏情况、渗透性、腐蚀性、涌水量、补给来源、变化幅度;

④岩土物理力学性质。

(4)钻孔布置

根据设计单位在详勘阶段的钻孔布置情况,确定补勘阶段的孔位布设。勘探钻孔间距按场地类别不同分别确定,简单场地可按40~80m、中等复杂场地按25~40m、复杂场地按小于25m布设补勘探孔。在详勘两个钻孔之间的中间位置,左、右线错开布置。对于地铁车站的地质补勘,一般在围护结构的轴线位置布孔。第四纪松散地层中控制性钻孔深度根据各个孔位所处的车站围护结构深度、施工方法及降水工程的需要确定,其他钻孔可钻至基础上6~10m;基岩地层的控制性钻孔在微风化带应钻入3~5m,在中等风化带应进入基底下3~5m。

钻孔的布置采用逐级加密的方法,在实施过程中根据现场实际情况实行动态管理,对钻孔的布置和数量进行适当调整,在岩面起伏变化剧烈处可加密钻孔,遇障碍物时也要随时调整钻孔的位置。

(5)钻孔类别

一般情况下,控制性勘探孔为取土试样孔、标准贯入试验孔,不少于钻孔总数的1/3;其余为一般性勘探孔,约占钻孔总数的2/3。

(6)工作流程

地质补勘采用钻探、标准贯入试验、室内试验等综合方法,在详勘的基础上,进一步摸清地质情况。地质补勘作业流程如图2-14所示。

（7）封孔

每个钻孔完成后必须马上进行彻底封孔，避免封孔不及时导致意外事件发生，尤其是位于车站附近隧道上方的钻孔。封孔采用水灰比不大于 0.5 的水泥浆，使用钻杆从钻孔底部自下而上进行注浆，直到钻孔溢浆为止。封孔过程中应观察水泥浆的流失情况，若水泥浆流失严重，可改用水泥砂浆进行封孔。封孔质量必须经现场管理人员验收。

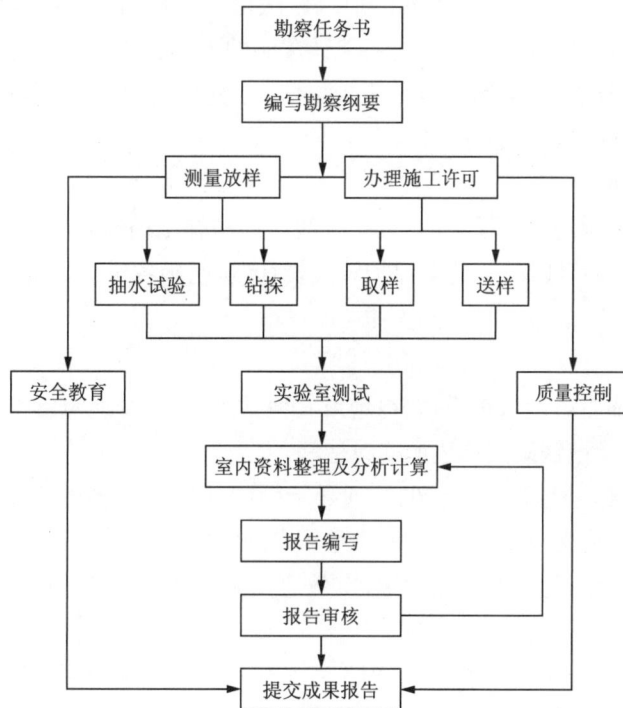

图 2-14　地质补勘作业流程图

2）管线改迁与交通疏解

（1）管线改迁

①城市管线分类

地铁施工经常遇到的市政管线有给水管道、排水管道、燃气管道、电力电缆、通信管线、热力管道等。地下管道，按照用途分为水类（雨水、污水、中水、给水）、通信类（移动、联通、电信、公安、电力、党政专用线、军用专用线、交通等）、其他类（热力、燃气、电力）；按照重力流分为重力流管道（雨水、污水）、非重力流管道（给水、燃气、热力、通信、电力）；按照压力分为有压管道（给水、燃气、热力）、无压管道（雨水、污水、通信、电力）。

②管线改迁和保护的一般规定

影响地铁施工的管线一般采取悬吊、迁移、特殊保护等措施，由建设单位委托有资质的设计单位对管线改迁或保护进行专项设计，并提供施工图纸。在制订管线改迁方案之前，根据勘察单位、管线产权单位提供的管线资料将地下管线的种类、规格、材质、埋深等情况调查清楚，如果工程实施周期较长，还要结合规划管线的情况不断完善设计和施工方案。管线改迁和保护的设计、施工方案必须满足管线产权单位的相关要求，符合相关规范规定，并要获得产权和管理单位的批准。管线改迁前，采取物探和挖探坑的方式，进一步核对和确认施工图或产权单位提供的管线分布的准确性。管线改迁时，根据管线与地铁车站结构的平、剖面位置关系，以重力流、电缆管沟等大型管线为控制点，优先满足其线位要求，不断优化设计和施工方案，尽可能避免发生二次改迁。

③管线改迁方法

影响地铁施工的管线改迁分为永迁管线和临迁管线。永迁管线,就是对城市雨水、污水、给水等大型管道,经相关部门批准后一次性将管线迁移到位,不再回迁。临迁管线,就是对燃气、电力、电信、军用线缆等小型管线,在地铁施工围挡后,根据施工图纸经过产权单位批准临时迁出,待地铁施工完成后迁回原线位。

如何确定管线改迁的实施主体,在不同的地区做法也不尽相同,大致分以下几种情况:一是由建设单位招标确定;二是委托产权单位;三是交由地铁车站的土建施工单位。无论通过何种方式确定管线改迁的实施主体,其程序必须符合法律法规的要求。土建施工单位需配合管线改迁单位实施管线改迁,有义务对施工场地内的管线进行保护。

④管线改迁注意事项

一是要保证管线的使用功能少受影响;二是管线改迁与施工场地布置和交通疏解紧密结合起来,避免重复迁改;三是要加强管线保护,建立保护管线责任制,明确各级人员责任,签订责任书。

(2)交通疏解

①交通疏解方式

地铁施工通常需要临时占用城市道路、绿地或其他共用设施,交通疏解按疏解方式分为交通大的疏导、优化完善道路网络及地铁站点周边道路改造等。

一是进行交通大疏导,通过设立大量的交通导示牌,利用已建成的大的路网格局,合理分配交通流;并通过限制车辆通行、公交改线等方法,科学组织交通。

二是优化完善道路网络,通过对道路改造,有效地分流交通,增加区域道路网络流量,从而减轻地铁建设区域沿线的交通压力。

三是结合地铁站点周边的建筑物拆迁、道路改造的机会,通过取消局部绿化带、压缩部分人行道等方法,改造站点周边道路,增加站点的通行能力。

四是加强道路交通管理。任何交通疏解方案的实施都需要交通管理措施作为保障,地铁在建设过程中,通过加大执法力度维护道路有效运行秩序,特别是调整主要交叉路口交通组织,大大提高通行效率。

五是优化施工围挡,保证道路畅通。通过车站施工工法的调整,保证道路十字形和弯道处的通行能力,避免重复围挡对交通造成影响;在满足基本施工条件下减小围挡面积,尽量少占用行车道,在行车范围内将直角围挡改为斜角围挡,确保行车视线。

②交通疏解实施的具体步骤

一是进行现状交通调查。现状交通调查是制订科学合理的交通疏解方案的前提,根据地铁车站施工图纸及施工部署,调查现场及周围的交通车行量及高峰期,预测高峰流量,研究设计占路范围、期限,然后由具有资质的设计单位出具交通疏解设计方案及施工图纸。

二是按当地的规定进行行政审批。需要临时占用城市道路的,必须经城市道路行政主管部门和公安交通管理部门批准,方可按照规定占用。因工程建设需要挖掘城市道路的,应当持城市规划部门批准签发的文件和有关设计文件,到城市道路行政主管部门和公安交通管理部门办理审批手续,方可按照规定挖掘。施工单位必须按照审批的位置、面积、期限占用或挖掘城市道路,需要移动位置、扩大面积、延长时间的,要提前办理变更审批手续。因建设或者其他特殊需要临时占用城市绿化用地时,必须经当地绿化行政主管部门同意,并按照有关规定办理临时用地手续,并应当限期归还和恢复绿化。

③交通疏解的实施

施工单位按照获批的交通疏解方案设置围挡、临时交通导行标志、路障、隔离设施。临时疏解道路须严格划分警告区、上游过渡区、缓冲区、作业区、下游过渡区、终止区范围。为保证行车安全,临时占道影响交通范围内,应按规定设置各种交通标志、隔离设施、夜间警示信号等。严格控制临时占路的时间和范围,特别是分段导行时必须严格执行获批方案。根据现场变化,及时引导交通车辆,并为行人提供方便。在主要交通道口设专职交通疏导员,积极协助交通民警搞好施工和社会交通的疏导工作,减少由于施工造成的交通堵塞现象。

3)地下连续墙施工

（1）成槽设备选型

①成槽设备

目前常用的成槽设备分为挖斗式、冲击式、回旋式,如图 2-15 所示。

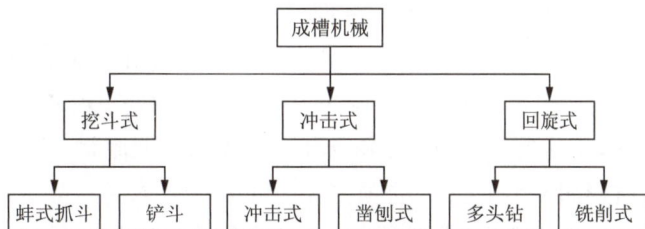

```
                    成槽机械
                       |
        ┌──────────────┼──────────────┐
      挖斗式          冲击式          回旋式
        |              |               |
    ┌───┴───┐      ┌───┴───┐      ┌───┴───┐
  蚌式抓斗  铲斗   冲击式  凿刨式   多头钻  铣削式
```

图 2-15　地下连续墙成槽机械

挖斗式成槽机的特点是结构简单,易于操作维修,运转费用低,广泛应用在较软弱的冲积地层,但不能在大块石、漂石、基岩等地层使用;当地层的标准贯入度值大于 40 时,效率很低。

冲击式成槽机对地层适应性强,适用于软土、硬土地层,也适用于砂砾石、卵石、基岩。优点是设备价格低廉,适用地层广泛;缺点是施工效率低。

回旋式成槽机中目前使用最多的是双轮铣槽机,其特点是工艺先进、工效快,适用不同地质条件,包括基岩。缺点是设备昂贵,成本高。不适用于漂石、大孤石地层。

多头钻成槽机的特点为挖掘速度快,机械化程度高,但设备体积自重大。缺点是不适用卵石、漂石和硬岩地层。

②其他设备

主要设备是用于吊装地下连续墙钢筋笼的设备,目前现场使用的主要是履带式起重机,其优点是起吊重量大,而且可以将钢筋笼从加工平台上起吊后,自行至指定槽段,并吊放入槽。履带式起重机起吊钢筋笼工程实例如图 2-16 所示。

（2）场地规划

首先根据地质勘察的结果,确定地下连续墙成槽的机械类型,然后根据工期目标确定机械数量,并由此确定作业场地的面积。在场地内布置环场道路、泥浆池、钢筋笼加工平台及材料堆放场地以及其他用地。一般地铁车站围护结构施工阶段平面布置如图 2-17 所示。

图 2-16　履带式起重机起吊钢筋笼工程实例

图 2-17　地铁车站围护结构施工阶段场地布置示意图

①场地硬化、地基加固

在地下连续墙施工中,挖槽、吊放钢筋笼和浇筑混凝土等都要使用成槽机和履带式起重机等大型设备,施工场地、道路对地基承载能力都有一定的要求,同时场地地基稳定性对地下连续墙沟槽的施工安全和成墙质量也有很大影响。根据现场实际情况,占用城市道路的车站围护结构施工,仅破除导墙竖向位置的路面面层和基层,保持原有路面。地下连续墙施工可直接利用原有城市道路的路面,施工场地不需要进行地基加固。如果施工场地位于软土地区,其天然地基不能满足机械设备的吊装和走行的承载力要求,则必须进行地基处理。一般情况下,可采用水泥搅拌桩对软土地层进行加固处理。如果工期允许,也可采用堆载预压的方式提前处理场地地基,然后再进场施工。

②供电和给排水设备配置

根据施工组织设计的设备配置情况,并考虑照明及其他生活用电等负荷,计算工地所需的供电量,根据用电总量,配置变压器及配电系统。地铁车站大部分位于市区或市郊,施工用水从市政管网接引,办理相关手续后,接驳使用。排水设备中最主要的是泥浆的处理设备,按目前的施工工法,地下连续墙的废弃泥浆量很大,需进行振动筛分、多级沉淀等措施处理泥浆。因膨润土的黏土颗粒细小(几微米～几十微米,优质膨润土小于 $2\mu m$ 的颗粒含量可达 60% 以上),处理难度很大,在有条件时,可利用旋流器分离和处理黏土中的微小颗粒物,在达到废水排放标准后,排入市政管网。

(3)施工工艺流程

地下连续墙施工工艺流程如图 2-18 所示。

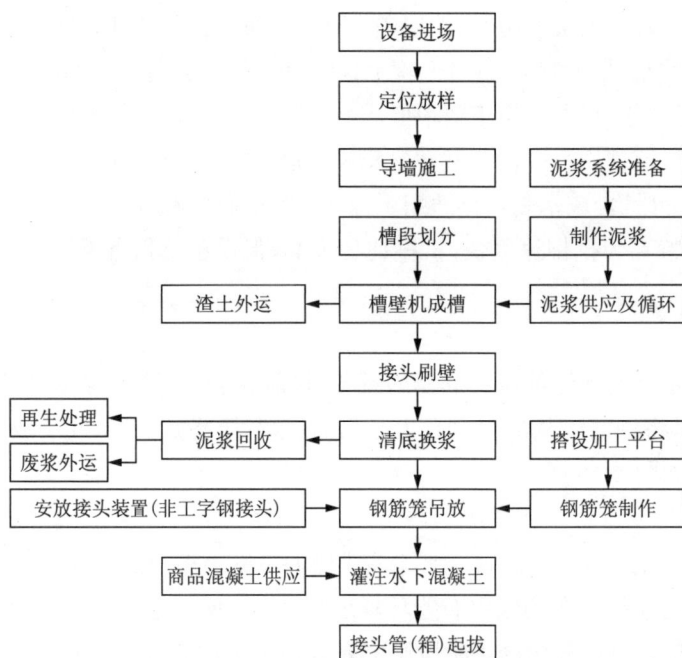

图 2-18 地下连续墙施工工艺流程图

①导墙施工

导墙施工是地下连续墙挖槽之前修筑的临时结构物,是为了控制施工平面位置、成槽垂直度、防止塌壁的重要施工措施。它的作用是挡土、地下连续墙施工测量的基准、储存泥浆。导墙的断面形状根据其施工环境与土层地质条件,常采用"∟"和"⌐"两种形式,用钢筋混凝土浇筑而成。为了保持地表土体稳定,在导墙之间每隔 1 ～ 3m 加设横撑,导墙的水平钢筋必须连接起来,使导墙成为一个整体。为保证地下连续墙的施工精度,导墙内侧净空应较地下连续墙的设计尺寸大 40 ～ 60mm,导墙的高度一般为 1.5 ～ 2m,导墙顶部高出地面不小于 100mm,外侧墙土应夯实,导墙不得发生位移和变形。

导墙施工允许偏差应符合表 2-4 的规定。

导墙施工允许偏差表　　　　　表 2-4

项　　目		允许偏差	检验方法
内墙面	与地下连续墙中轴线平行度	±10mm	尺量
	垂直度	5‰	测锤
	平整度	3mm	直尺
导墙顶面平整度		5mm	直尺
内外导墙净距		±10mm	钢尺

②泥浆制作、使用和处理

泥浆用来支护槽壁，一般采用膨润土、CMC、纯碱等原料，按一定比例配制而成。在地下连续墙成槽中，依靠槽壁内充满触变泥浆，并使泥浆液面保持高出地下水位 0.5 ～ 1.0m，以保证孔内的泥水压力高于孔外的地下水压力。泥浆压力作用在开挖槽段土壁上，除平衡土压力、水压力外，由于泥浆在槽壁内的压差作用，部分水渗入土层，从而在槽壁表面形成一层固体颗粒状的胶结物——泥皮。性能良好的泥浆失水量少，泥皮薄而密，具有较高的黏结力，这对于维护槽壁稳定、防止塌方起到很大的作用。泥浆的主要指标有黏度、pH 值、含砂量、相对密度、泥皮厚度、失水量等，见表 2-5。

新拌制泥浆性能指标　　　　　表 2-5

项　　目		性能指标	检验方法
相对密度		1.04 ～ 1.08	泥浆比重秤
黏度	黏性土	20 ～ 24s	500mL/700mL 漏斗法
	砂性土	25 ～ 30s	
含砂率(%)		<3（黏性土）；<4（砂性土）	量杯法
失水量		<30mL/30min	失水量仪
pH 值		8 ～ 9	pH 试纸

在施工前通过试验配制合格的泥浆，在使用中根据泥浆的使用状态及时检验泥浆的指标，更换不合格泥浆。为保证泥浆的质量，地下连续墙挖槽和清槽时均采用泥浆反循环，即将泥浆和挖槽时悬浮的颗粒物从槽内抽到泥浆池，经过处理后再流入槽内。泥浆采用机械分离和自然重力沉淀相结合的方法进行处理，槽内置换出来的泥浆采用振动筛处理，通过除砂器，将土颗粒和碎石块除去，然后把干净的泥浆重新输送回到槽中。振动筛分处理设备如图 2-19 所示。

图 2-19　泥浆振动筛分处理设备

循环泥浆经过分离处理之后，滤除了大部分泥浆中的渣土，经过分离净化之后，加入膨润土、纯碱、CMC 等材料拌制成再生泥浆回收使用。尽管再生泥浆基本恢复了原有的护壁性能，但其性能和指标要比新鲜泥浆差，因此宜将再生泥浆和新鲜泥浆混合使用。严重被水泥浸污及相对密度严重超标的泥浆即作废浆处理，废浆处理方法是采用全封闭式的车辆将废浆外运到指定地点，再由当地的专业人员处理。

③成槽施工

根据地铁车站场地的地质条件，选用液压抓斗、铣槽机或冲孔成槽，膨润土泥浆护壁。成槽机施工前，必须对导墙顶高程、垂直度、间距、轴线等进行复核。在导墙上用油漆标出开挖槽段位置、每抓宽度位置、首开幅成槽宽度位置、钢筋笼下放位置、泥浆液面高度，并标出槽段编号。地下连续墙的标准槽段一般为 6m，按照Ⅰ、Ⅱ期跳槽施工，先施工Ⅰ期，再施工Ⅱ期。当采用液压抓斗或双轮铣槽机成槽时，每个槽孔分三个单元施工，每个单元长度一般为 2.6～2.8m。其施工顺序为：Ⅰ期槽段先施工两边单元，后施工中间单元；Ⅱ期槽段先施工中间单元，后施工两边单元。

软土成槽施工：采用液压抓斗式成槽机直接进行开挖，开挖的土方直接卸于渣土车内，存放于临时堆土场内然后运至弃土场。标准槽段采用"三抓成槽法"开挖成槽，即每幅连续墙施工时，先抓两侧土体，后抓中心土体，反复开挖直至设计槽底高程为止。异型槽段如"T"字形或"L"形槽段，采用对称分次直挖成槽，按先短边后长边的原则，先行开挖一短幅，开挖到一定深度后，再挖另一短幅，相互交替。不足两抓的槽段，则以交替开挖、相互搭接的工艺直挖成型。成槽时泥浆应随着出土量补入，以保证泥浆液面在规定的高度。当挖至槽底时，应用测绳测量深度，防止超挖和欠挖。挖槽过程中严格控制成槽垂直度，利用成槽机的垂直度显示仪和自动纠偏装置来控制成槽过程中的槽壁垂直度。施工中必须做好成槽记录，对地层分层进行详细记录。开挖至设计高程后，及时检查槽位、槽深、槽宽和垂直度，合格后方可进行清底。

岩层施工：根据地下连续墙入岩情况，为提高工效，上部软土采用液压抓斗式成槽机开挖，挖至岩面时停止挖槽，使槽底面基本持平，将成槽机械换为冲击式钻机。如果采用双轮铣槽机，则不用更换机械，从上到下一次成槽。冲击式钻机钻头大小和主孔中心距根据墙厚进行调整，主孔间距一般为1.5 倍墙厚。先用冲击钻机冲主孔，泵吸反循环出渣。主孔完成后再冲副孔（主孔间剩余的岩墙），最后用方锤修整槽壁，连孔成槽。其施工工序如图 2-20 所示。

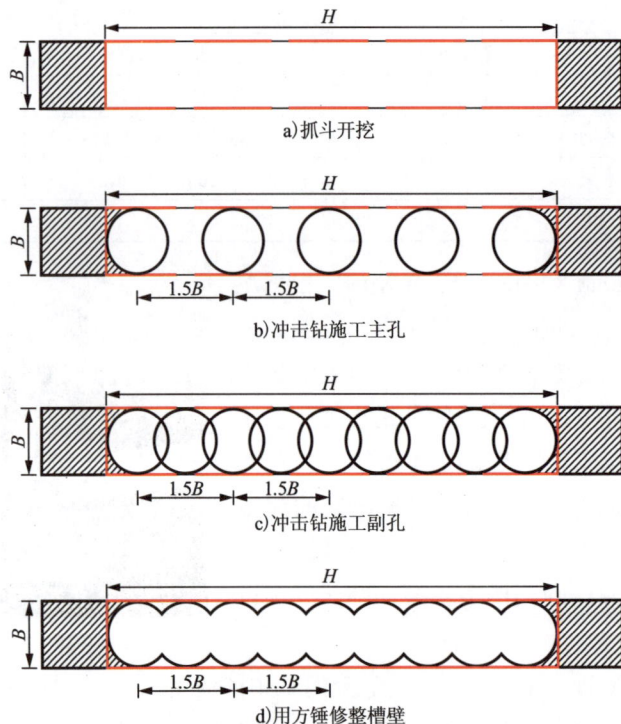

图 2-20　地下连续墙岩层冲击成槽施工工序示意图

在岩石较硬的地下连续墙施工中，可采用抓、铣、冲结合的组合式成孔工艺。当底部硬岩强度大于 80MPa，采用双轮铣槽机成槽困难时，可用冲击钻机先行冲孔，再由铣槽机修壁和清孔，可进一步提高工效、降低成本。当地下连续墙进入的微风化层较厚，岩石强度很高时，还可以采用预裂爆破的方法先对岩层进行处理，再用冲或铣的方式成槽。

④清槽和刷壁

槽孔开挖至设计高程并经验收合格后，即可开始清槽换浆工作。一般采用反循环方法（如气举反循环,也称空气升液法)清孔,将排渣管下入槽内,距离孔底 50 ~ 100cm 开始进行吸渣,将沉渣吸出孔外至泥浆净化系统,已净化的泥浆流回槽孔内,同时向槽内补充新鲜泥浆。一个槽孔完成后,移动排渣管,逐孔进行清底,直至一个槽段完成。目前常用的清孔方法有吸泥泵排泥法、空气升液排泥法、潜水泥浆泵排泥法、水轮冲射排泥法等。如图 2-21 所示。

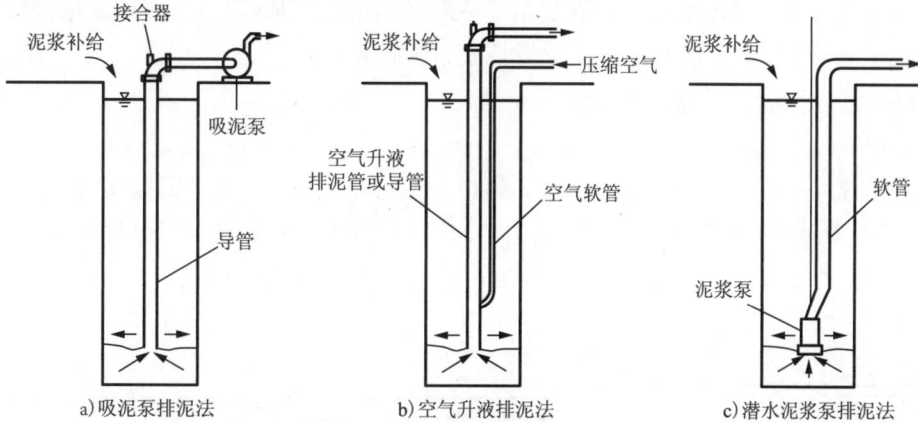

图 2-21 地下连续墙清孔方式示意图

槽孔清孔换浆结束前,采用特制钢丝刷自上而下分段刷洗槽段端头的混凝土面(或工字钢接头表面)。以刷壁次数不少于 20 次,接头钢丝刷无泥屑为标准。

清槽后应对槽段泥浆进行检测,每幅槽段检测 2 处。取样点距离槽底 0.5 ~ 1.0m,泥浆指标应符合表 2-6 的规定。

地下连续墙清底置换后的泥浆指标   表 2-6

项　目	清底后泥浆	检验方法
相对密度	≤ 1.25	比重计
黏度(s)	≤ 28	漏斗计
含砂率(%)	≤ 8	含砂率计

⑤钢筋笼制作与吊装

钢筋笼的加工应严格按设计图纸在固定的平台上一次焊接成型,加工平台应平整,且方便钢材的搬运和钢筋笼起吊。分节制作的钢筋笼在同胎制作时应试拼装,采用焊接或机械连接,主筋接头搭接长度应满足设计要求,同一断面搭接位置应错开 50%。三级钢及 $\phi25$ 以上的二级钢应采用机械(直螺纹)连接。所有预埋铁件(主要有接驳器、钢板等)的水平和高程位置都应经过严格计算并准确定位于钢筋笼上,其误差无论是水平方向还是高程方向都必须不大于 10mm,预埋铁件在安放时应考虑导管位置的上下贯通。所有的钢筋笼均须设置定位垫板,深度方向为 3 ~ 5m,每层 2 ~ 3 块;定位垫板宜采用 4 ~ 6mm 厚钢板制作并与主筋焊接。需注意的是,盾构端头井位置钢筋笼一般采用玻璃纤维筋代替钢筋。钢筋笼制作允许偏差见表 2-7。

钢筋笼制作允许偏差值   表 2-7

项　目	允许偏差(mm)	检查方法	检查范围	检查位置或频率
钢筋笼长度	±50	钢尺量,每片钢筋网检查上中下 3 处	每幅钢筋笼	3 处/幅
钢筋笼宽度	±20			3 处/幅
钢筋笼厚度	0, -10			3 处/幅
主筋间距	±10	任取一断面,连续量取间距,取平均值作为一点,每片钢筋网上测 4 点		4 处/幅
分布筋间距	±20			
预埋件中心位置	±10	钢尺		总数的 20%

钢筋笼起吊桁架应根据钢筋笼起吊过程中的刚度及整体稳定性的计算结果确定。钢筋笼的起吊与安放所选用的吊车应满足吊装高度及起吊重量的要求。钢筋笼吊点布置根据吊装工艺经计算确定,并应验算钢筋笼整体起吊的刚度,按计算结果配置吊具、吊点加固钢筋和吊筋等,吊筋长度根据实测导墙高程确定。钢筋笼入槽时对准槽段中心线缓慢沉入,不得强行入槽。入槽后根据测定的导墙高程准确控制笼顶高程。异形槽段钢筋笼起吊前应对转角处进行加强处理,并随入槽过程逐渐割除。钢筋笼分段沉放入槽时,下节钢筋笼平面位置应正确并临时固定于导墙上,上下节主筋对正连接牢固,经检查合格后,方可继续下沉。

⑥接头处理

地下连续墙常采用的接头有接头管(又称锁口管)接头、接头箱、工字钢接头等。工字钢接头近年来较多地应用于地铁车站的地下连续墙施工中,它具有整体刚度大、连接效果好、混凝土浇筑时绕流少、不用拔出接头等优点。接头管接头、接头箱接头用于特殊槽段有其较好的灵活性,其形式如图 2-22 所示。

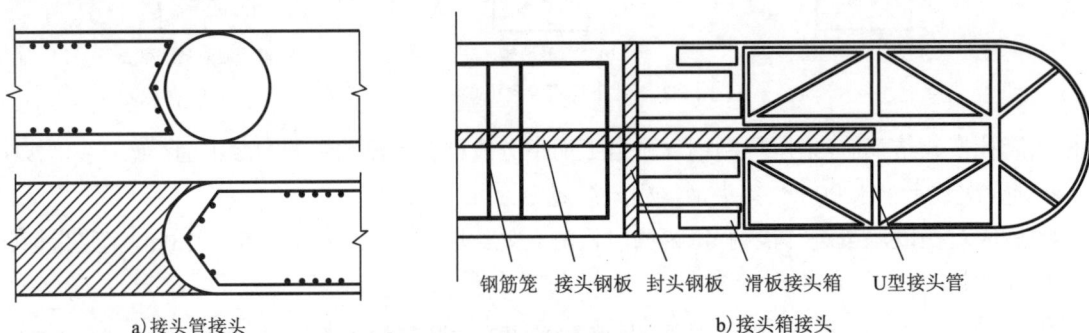

a)接头管接头　　　　　　　　　　b)接头箱接头

图 2-22　地下连续墙接头管(箱)接头形式示意图

接头管(箱)接头施工时应注意,接头管(箱)接头进场后首次使用前,应在现场进行组装试验,合格后才能吊装入槽。吊装时应垂直缓慢下放,严格控制垂直度,并露出导墙顶 1.5 ~ 2.0m 以上,接头管(箱)接头的背后应填实。接头管(箱)接头在混凝土灌注 2 ~ 3h 后第一次起拔,以后每 30min 提升一次,每次 0.50 ~ 100mm,应在混凝土终凝前全部拔出。接头管(箱)接头起拔后应及时清洗干净。

工字钢接头直接焊接在钢筋笼上,与钢筋笼形成整体,下一槽段施工前需要对工字钢接头的表壁进行刷壁清洗。其施工工艺与接头管(箱)接头基本相同。

⑦水下混凝土浇筑

混凝土宜采用商品混凝土,并采用导管法灌注,导管选用直径 200 ~ 250mm、内表面光滑、接头密封良好的多节钢管。导管的水平布置距离不应大于 3m,距槽段端部不应大于 1.5m,施工前应试拼并进行隔水栓通过试验。灌注前先检查槽深和沉渣厚度是否超限,判断有无坍孔,如沉渣厚度超限或有局部坍孔现象,可采用泵吸或气举反循环法,利用导管直接清孔洗槽。混凝土供应能力须满足地下连续墙浇灌的速度要求,钢筋笼入槽后至浇筑混凝土总停时间不能超过 4h,混凝土坍落度保持为180 ~ 220mm,每幅墙的坍落度试验不得少于 3 次,并根据运输距离和气温情况添加适量的缓凝减水剂。

开始灌筑时,先在导管内放置隔水球,导管下端距槽底为 300 ~ 500mm,确保混凝土初灌量埋管深度不小于 500mm,灌注过程中导管的埋管深度宜在 1.5 ~ 3m 之间,可有效控制钢筋笼的上浮。混凝土面灌注速度不低于 2m/h,相邻两导管间混凝土高差应小于 0.5m,经常测定混凝土面高度,并做好记录。混凝土浇筑应均匀连续,中断时间不得超过 30min。当混凝土灌注到地下连续墙顶部附近,导管内混凝土由于压差关系,流出困难时,要降低混凝土灌注速度,同时要保证导管的最小埋入深度不小于 1m。地下连续墙浇筑完成时,混凝土灌注宜高出设计高程 300 ~ 500mm。

每一单元槽段灌注混凝土需制作抗压强度试件一组,每五幅单元槽段混凝土制作抗渗试件一组。当试验检测另有要求时,按设计要求和相关规范执行。

⑧地下连续墙的质量控制和检验检测

基坑开挖后应进行地下连续墙验收,其平面位置、深度、宽度和垂直度,以及墙体的抗压强度、抗渗等级必须符合设计要求;裸露墙面表面密实、无渗漏,孔洞、露筋、蜂窝面积不得超过单槽段裸露面积的2%;地下连续墙接头无明显夹泥和渗水。地下连续墙质量控制标准详见表2-8。

地下连续墙质量控制标准 表2-8

项　目	允许偏差值(mm)	检验方法
平面位置	0, +30	全站仪定位、尺量
平整度	30	水平仪
垂直度	3‰	超声波测壁法
预留孔洞	30	尺量
预埋件	30	尺量
预埋连接钢筋	30	尺量
变形缝	±20	尺量

4)钻孔咬合桩(桩墙)施工

(1)工艺原理

钻孔咬合桩是采用全套管钻机施工,在桩与桩之间形成相互咬合排列的一种基坑支护结构。为了便于切割,桩的排列方式一般为一条素混凝土桩(A桩)和一条钢筋混凝土桩(B桩)间隔布置,施工时先施工A桩后施工B桩,A桩采用超缓凝混凝土,要求必须在A桩混凝土初凝之前完成B桩的施工。B桩施工时采用全套管钻机切割掉相邻A桩相交的混凝土,实现咬合,如图2-23所示。

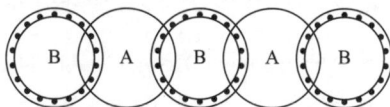

图2-23　钻孔咬合桩平面示意图

(2)施工工艺原理

钻孔咬合桩的施工工艺原理如图2-24所示。

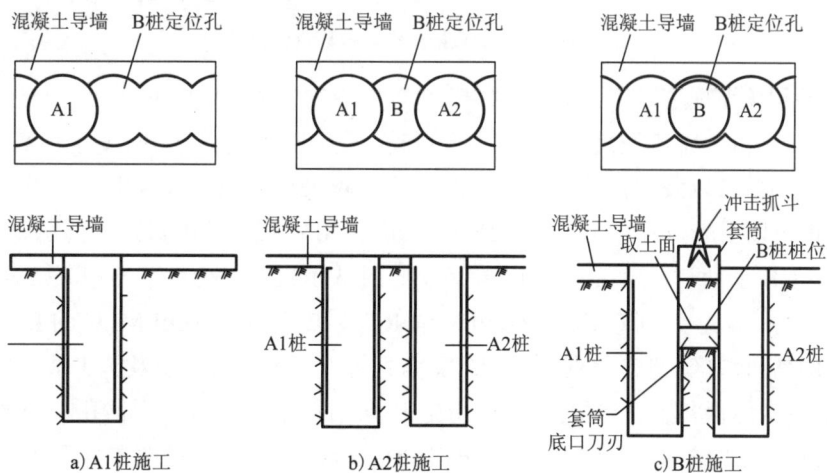

图2-24　钻孔咬合桩施工工艺原理图

①导墙施工:为了提高钻孔咬合桩孔口的定位精度并提高就位效率,应在桩顶上部施工混凝土导

墙,导墙预留定位孔直径比管套直径放大 20～40mm。

②钻机就位:待导墙有足够的强度后,移动套管钻机,使套管钻机抱管器中心定位于导墙孔位中心。

③取土成孔:先压入第一节套管(每节套管长 6.0～8.0m),压入 2.5～3.0m 深,然后用抓斗从套管内取土,边取土边下压套管,保持套管底口超前于取土面且深度不小于 2.5m;第一节套管全部压入土中后检测成孔垂直度,如不合格则进行纠偏调整,如合格则安装第二节套管下压取土,直至孔底达到设计高程。遇硬岩地层,可采用全回转套管钻机,由于套管安装有硬质合金切削齿,任何土质均能适应,特别是遇到岩层、卵层、孤石地层等效果较好,适用地层广泛。

④吊放钢筋笼:对于钢筋混凝土桩,应在成孔检查合格后安放钢筋笼,采用履带式起重机吊装钢筋笼下放,为保证钢筋笼在运输和吊装时不变形,每隔 2m 用 ϕ 20 钢筋设置一道加强箍。

⑤安放混凝土导管:在钢筋笼吊放完毕后,将直径 250mm 的导管按节吊入套管内,然后每节拼装后与料斗连接好,确保导管长度足够,保证导管底离孔底不大于 500mm。

⑥灌注混凝土:混凝土要连续灌注,中断时间不得超过 30min;导管埋入混凝土的深度宜保持在 1.5～3m 之间,最小埋入深度不得小于 1m,导管提升时不得碰撞钢筋笼。

⑦拔管成桩:在灌注混凝土过程中边灌注边拔管,要保证灌注量不影响套管上拔,最终混凝土灌注高程宜高出设计高程 300～500mm。

⑧咬合排桩施工顺序:总的原则是先施工 A 桩,后施工 B 桩,其施工顺序是:A1—A2—B1—A3—B2—A4—B3……An—Bn-1,如图 2-25 所示。

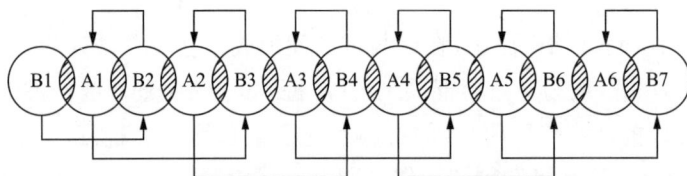

图 2-25　钻孔咬合桩排桩施工顺序示意图

⑨分段施工接头的处理方法:一台钻机施工无法满足工程进度,需要多台钻机分段施工,这就存在与先施工段的接头问题。处理方法是在施工段与段的端头设置一个砂桩(成孔后用砂灌满),待后施工段到此接头时挖出砂子,灌上混凝土即可,如图 2-26 所示。

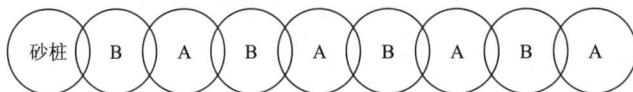

图 2-26　分段接头处理方法示意图

(3)施工设备和场地规划

全套管全回转钻机施工工法具有无噪声、无振动、无泥浆,钻进速度快,安全性高,环保性好的特点,在环保要求高的城市以及对振动要求严格的环境中越来越多地获得应用。套管钻机不仅可以施工钻孔咬合桩,也可以用来拔桩。套管钻机是在 20 世纪 50 年代由法国贝诺特公司研发,国外常用的有日本加藤公司 KB 系列和车辆公司的 RT 系列,德国 WIRTH 的 PBA 系列和 KLEMM 的 GH 系列及 BAUER 的 BG 系列,意大利 CASAGRANDE 的 RC8、B 系列和 SOILMEC 的 RT3 系列;国内常用的有盾安 DTR 系列、中车 TRT 系列、泰信 DTR 系列等。套管钻机外观及施工情况如图 2-27 所示。由于全套管钻机本身体积和重量都相当大,占用施工场地面积也较大,采用钻孔咬合桩作为车站围护结构时,应合理规划施工场地,安排好机械数量,处理好分段接头。其场地布置形式与地下连续墙施工围护结构基本相似,必须设置环场道路、钢筋笼加工场、材料堆放场等,但不需设置泥浆池。施工道路必须满足重型设备走行要求。

图 2-27　套管钻机外观及施工情况

（4）施工控制要点

①孔口定位误差的控制：为保证钻孔咬合桩底部有足够的咬合量，应严格控制孔口的定位误差，孔口的定位误差的允许值可按表 2-9 进行选择。

咬合桩孔口定位误差允许值（单位:mm）　　　　　　　　　　表 2-9

咬合厚度（mm）	桩长（m）		
	<10	10～15	>15
100	10	10	10
150	15	10	10

为保证孔口定位精度，在咬合桩顶设置混凝土或钢筋混凝土导墙，导墙上定位孔的直径应比桩径大 20～40mm。桩机就位后，将第一节套管插入定位孔并进行检查调整，使套管周围与定位孔之间保持均匀。

②桩的垂直度控制：为保证钻孔咬合桩底部有足够的咬合量，除对其孔口的定位误差进行严格的控制外，还要对其垂直度进行严格的控制，桩的垂直度标准为 3‰以内。

③套管的顺直度检查和校正：钻孔咬合桩施工前应在平整地面上进行套管的顺直度检查和校正，首先检查和校正单节套管的顺直度，然后将按照桩长配置的套管全部连接起来，套管的顺直度偏差控制在 1‰～2‰。

④成孔过程中桩的垂直度监测和检查。

a. 地面监测：在地面选择两个相互垂直的方向，采用"线锤"监测地面以上部分套管的垂直度，发现偏差随时纠正，这项检测在每根桩的成孔过程中应一直保持，不能中断。

b. 孔内检查：每节套管压完后安装下一节套管之前，都要停下来用"测环"或"线锤"进行孔内垂直度检查，不合格时要进行纠偏，直至合格后才能进行下一节套管施工。

⑤纠偏：成孔过程中如发现垂直度偏差过大，必须及时进行纠偏调整。

a. 利用钻机液压缸进行纠偏：如果偏差不大于 4.5‰或套管入土不深于 5m，可直接利用钻机的 2 个顶升液压缸和 2 个推拉液压缸调节套管的垂直度，即可达到纠偏的目的。

b. A 桩的纠偏：如果 A 桩在入土 5m 以下发生较大的偏移，可先利用钻机液压缸直接纠偏，如达不到要求，可向套管内填砂或黏土，一边填土一边拔起套管，直至将套管提升到上一次检查合格的地方，然后调直套管，检查其垂直度合格后再重新下压。

c. B 桩的纠偏：B 桩的纠偏方法和 A 桩基本相同，其不同之处是不能向套管内填砂或黏土而应填入与 A 桩相同的混凝土，否则有可能在桩间留下土夹层，从而影响排桩的止水效果。

（5）事故桩处理

在钻孔咬合桩施工过程中，因 B 桩超缓凝混凝土的质量不稳定出现早凝现象或机械设备故障

等原因,造成钻孔咬合桩的施工未能按正常要求进行而形成事故桩,事故桩的处理主要分以下几种情况:

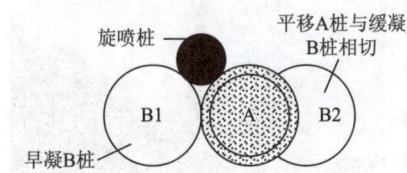

图 2-28 单侧咬合时的事故桩处理方法示意图

①平移桩位单侧咬合:A 桩成孔施工时,其一侧 B1 桩的混凝土已经凝固,使套管钻机不能按正常要求切割咬合 B1、B2 桩。处理方法为向 B2 桩方向平移 A 桩桩位,使套管钻机单侧切割 B2 桩施工 A 桩(凿除原桩位导墙,并严格控制桩位),并在 B1 桩和 A 桩外侧另增加一根旋喷桩作为防水处理,如图 2-28 所示。

②预留咬合企口:在 A1 桩成孔施工中发现 B1 桩混凝土已有早凝倾向但还未完全凝固时,此时为避免继续按正常顺序施工造成事故桩可及时在 B1 桩右侧施工一砂桩以预留出咬合企口,待调整完成后再继续后面桩的施工,如图 2-29 所示。

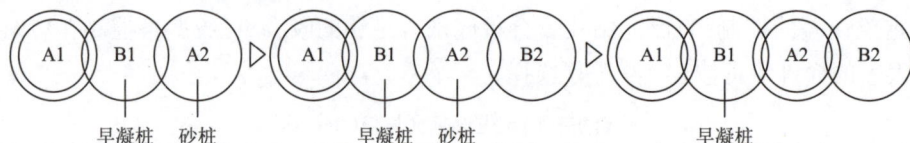

图 2-29 预留咬合企口示意图

5)钻孔桩加止水帷幕施工

（1）施工工艺

钻孔灌注桩加止水帷幕是早期地铁车站围护结构常用的一种形式,工艺简单,采用密排式或分离式(不咬合)钻孔桩外加止水帷幕形成具有一定刚度,且有较好止水性能的基坑围护结构。止水帷幕一般使用高压旋喷桩或水泥搅拌桩,或两者结合使用,如图 2-30 所示。

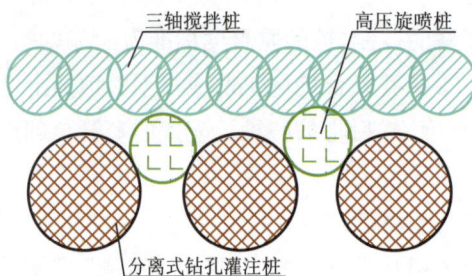

图 2-30 高压旋喷桩和水泥搅拌桩联合形成止水帷幕示意图

其施工顺序为:钻孔桩施工→达到设计强度后→高压旋喷桩施工→水泥搅拌桩施工→冠梁施工→基坑开挖。高压旋喷桩应根据地质情况和加固深度选择单管、双管或三管,以保证桩间止水的质量。水泥搅拌桩适用于淤泥或淤泥质土层,加固深度较浅。如果基坑围护结构较深,上部地层较软弱,可在上部软弱地层用水泥搅拌桩、下部稍硬地层用高压旋喷桩进行加固,充分发挥不同工法的地层适应性,以获得良好的止水效果。

（2）施工设备及场地规划

钻孔桩常用的施工设备有冲孔式桩机、回旋式钻机、旋挖钻机及套管钻机等,高压旋喷桩常用的施工设备有地质钻机(引孔)、单管(双管、三管)旋喷桩机、高压柱塞泵、空气压缩机等。水泥搅拌桩机有单轴、双轴、三轴和多轴等不同型号的桩机。钻孔桩加止水帷幕这种施工工艺在施工场地规划布置方面与施工地下连续墙相似。需要说明的是,由于水泥搅拌桩机和三管旋喷桩机体型较大,占用场地也较多,应在钻孔桩完成后,再进场施工。其他机械,如单管或双管旋喷桩,在满足围护桩强度要求后,可按顺序开工。

（3）施工控制要点

①为了避免出现塌孔，钻孔灌注桩施工时必须采用跳打法，如先施工 1、3、5、…号桩，当这些桩达到强度后，再进行 2、4、6、…号桩施工。在各钻孔灌注桩间加设旋喷桩，密封各桩之间的缝隙，使搅拌桩与钻孔灌注桩完全连接。

②尽量使用三轴（或多轴）水泥搅拌桩，一是施工速度快，二是加固深度大，三是加固效果好。

③在高压旋喷桩和水泥搅拌桩施工前必须先进行试桩，通过抽芯检验达到设计效果后，才能按试桩时的最佳施工参数，展开全面施工。

④施工过程中一旦出现冷接缝，应采取在冷接缝处围护桩外侧补作旋喷桩或者搅拌桩等处理措施，在围护桩达到一定强度后进行补桩。

⑤在基坑开挖阶段，备好堵漏设备及材料，密切注视基坑开挖情况，一旦发现墙体有漏点，及时进行封堵。

6）SMW 工法桩施工

（1）施工工艺流程及施工设备

SMW 工法桩采用三轴深层搅拌机施工，起重设备视围护结构深度采用 50t 及以上履带式吊车或 300t 及以上的起拔设备，采用套打施工工艺，其施工工艺流程如图 2-31 所示。

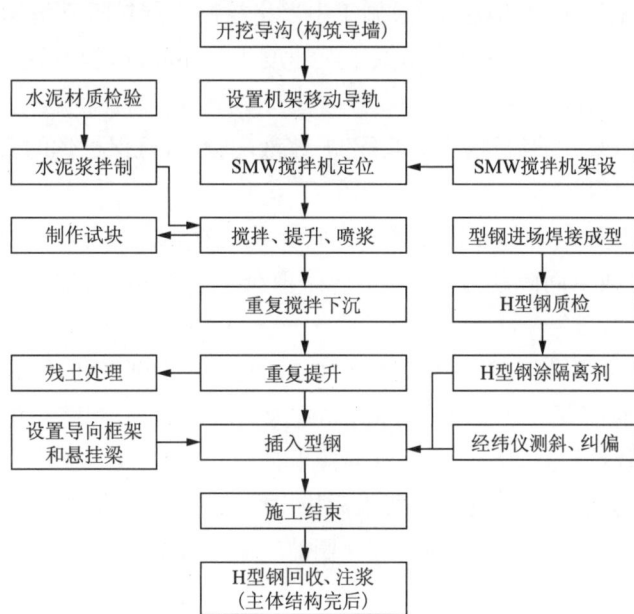

图 2-31　SMW 工法桩施工工艺流程图

（2）施工顺序

①水泥搅拌桩施工

先施工水泥搅拌桩，SMW 工法按图 2-32 或图 2-33 的顺序进行施工，阴影部分为重复套钻，可用来保证墙体的连续性和接头的施工质量，保证水泥搅拌桩的搭接质量，也可保证止水效果。

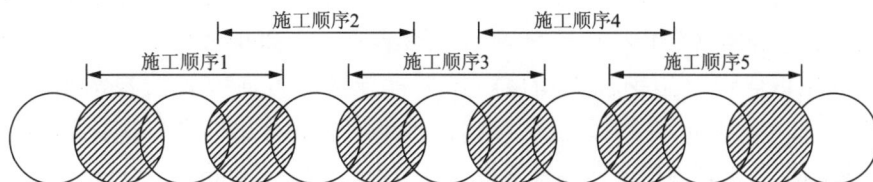

图 2-32　SMW 工法施工顺序之一

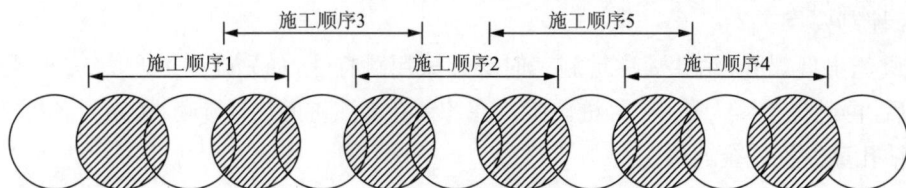

图 2-33　SMW 工法施工顺序之二

②H 型钢吊放

待水泥土搅拌桩施工完毕后,吊机应立即就位,准备吊放 H 型钢,H 型钢在现场接长。采用轮胎式吊机或履带式吊机起吊 H 型钢,H 型钢的插入时间必须控制在搅拌桩施工完毕 3h 内。

③H 型钢拔除

在主体结构完成后,拔除 H 型钢。在 H 型钢焊接加强板,用千斤顶反复顶升型钢,配合吊车拔除。

（3）施工控制要点

①水泥搅拌桩正式施工前应先进行试桩,现场试桩应不少于 3 根,依据设计参数,计算单桩水泥浆用量。试桩时对水泥掺量、浆液水灰比、浆液泵送时间、搅拌下沉及提升时间、桩长及垂直度控制等参数进行记录。

②根据试桩取得的施工参数、地层条件,施工中严格控制搅拌钻机下沉速度和提升速度,确保搅拌时间。钻机在钻孔下沉和提升过程中,钻头下沉速度为 0.8m/min,提升速度为 1.0 ～ 1.5m/min,每根桩均应匀速下钻、匀速提升。

③现场要经常检查压浆泵的流量、水泥浆配制、浆液配合比,确保桩体的成桩质量;制好的浆液不得离析,一般在 2h 以内使用。

④搅拌桩之间的搭接,一般情况下采用单排咬合式连接,围护墙转角处或施工间断处采用复搅式连接。当相邻桩的施工间隔超过 12h 时,应采取外侧补桩措施,保证止水帷幕的整体性和防渗性。

⑤H 型钢按设计要求选用,在距 H 型钢顶端 0.2m 处开一个圆形孔,孔径约 10cm。若因型钢定尺种类繁多或运输不便而需要进行现场拼焊时,焊缝应为坡口满焊,焊缝须饱满,且不得高出两边的翼板面,若高出,则须用砂轮打磨焊缝至与型钢面持平。

⑥如设计要求 H 型钢在结构强度达到要求后拔出回收,则 H 型钢在使用前必须涂刷减摩剂,以利拔出,涂刷的减摩剂一般应控制在 1kg/m²,在涂刷前应满足以下条件:

a. 清除 H 型钢表面的污垢及铁锈;

b. 减摩剂必须用电热棒加热至完全融化,用搅拌棒时感觉厚薄均匀,才能涂敷于 H 型钢上,否则涂层不均匀,易剥落;

c. H 型钢表面涂上涂层后,一旦发现涂层开裂、剥落,则必须将其铲除,重新涂刷减摩剂;

d. 基坑开挖后,施工混凝土冠梁时,型钢须用发泡纸包裹,以隔离混凝土,否则型钢可能无法拔出。

⑦型钢必须在搅拌桩施工完毕后 3h 内插入,型钢插入左右定位误差不得大于 20mm,宜插在搅拌桩靠近基坑一侧,垂直度偏差不大于 1/250,底高程误差不大于 200mm。

⑧设置定位型钢保证 H 型钢插入精度。在平行导槽的方向放置两根沟槽定位型钢,规格 300mm× 300mm,长 8 ～ 12m,在沟槽定位型钢上根据设计桩距标出桩中心点定位标记,作为施工时初步确定桩位的依据;在垂直导槽方向放置两根定位型钢,规格为 200mm×200mm（可根据不同的情况进行调整）,长约 2.5m,按型钢尺寸做出型钢定位卡,防止型钢插入时偏移或倾斜,如图 2-34 所示;

转角处 H 型钢采取与围护中心线成 45° 角插入。

⑨放置型钢定位卡后,将 H 型钢沿定位卡缓慢插入水泥土搅拌桩体内,插入 1～2m 后,利用线坠调整型钢的垂直度,调整完毕后将 H 型钢插入水泥土。

⑩当 H 型钢插入到设计高程时,若 H 型钢底高程高于水泥土搅拌桩底高程,用 ϕ20 吊筋将 H 型钢固定,使其控制在设计高程位置;若 H 型钢与水泥土搅拌桩底高程一致,可以不用吊筋固定;若 H 型钢插放达不到设计高程时,则提升 H 型钢,重复下插使其插入到设计高程,如图 2-35 所示。

⑪待水泥土搅拌桩硬化到一定程度后,将吊筋与槽沟定位型钢撤除。

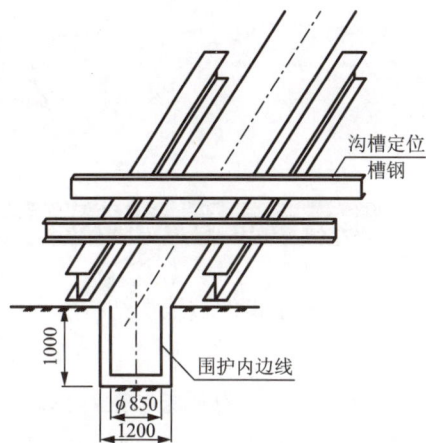

图 2-34　型钢定位示意图(尺寸单位:mm)

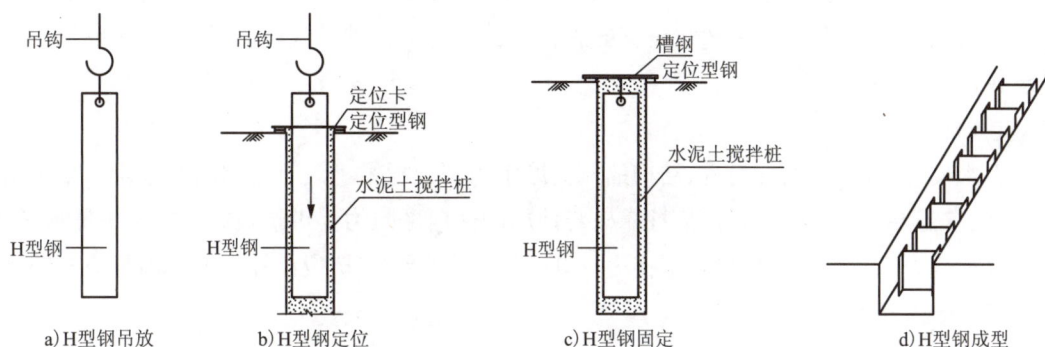

a)H 型钢吊放　　b)H 型钢定位　　c)H 型钢固定　　d)H 型钢成型

图 2-35　型钢插入流程图

(4)施工质量检验

SMW 工法施工的劲性水泥土搅拌桩成墙质量标准见表 2-10。

SMW 工法桩围护墙验收标准　　　　　　　　　　表 2-10

序　　号	检测项目	允许值或允许偏差	序　　号	检测项目	允许值或允许偏差
1	水泥及外掺剂质量	设计要求	8	垂直度	< 1.5%
2	水泥用量	按试桩参数	9	搭接	> 200mm
3	桩体强度	不小于设计	10	型钢长度	±10mm
4	桩底高程	±200mm	11	型钢垂直度	<1%
5	桩顶高程	−50～+100mm	12	型钢插入高程	±30mm
6	桩位偏差	< 50mm	13	型钢插入平面位置	10mm
7	桩径	< 0.04D (D 为桩径)	14	渗透系数	满足设计要求

SMW 工法桩主要设备和成墙质量如图 2-36 所示。

图 2-36　SMW 工法桩主要设备和成墙质量

2.5 工程桩与抗拔桩

2.5.1 工程桩和抗拔桩简介

工程桩是指能被地铁结构所利用的有效桩,抗拔桩也是工程桩的一种。

(1)工程桩

地下车站因为基底开挖较深,一般情况下天然地基的承载能力能够满足地铁结构荷载要求。如果基底地层软弱,地基处理的费用较高,可采用在地铁结构底板下设置工程桩来满足设计承载要求,同时在有水浮力时作抗拔桩用。还有一种情况就是设置超载作用下的工程桩,如地铁车站上的建筑物、地铁顶板上的其他堆载等。为超载设置的工程桩仅考虑工程桩承载,而不计算结构底板下地基土的共同承载作用。

(2)抗拔桩

当地下水位较高,地铁结构自重、结构的侧向摩阻力和顶板覆土没有足够的荷载重量来平衡水的上浮力时,通常需要设置抗拔桩。抗拔桩靠桩与地层的侧向摩阻力提供抗拔力。抗拔桩需通长配筋,钢筋的抗拉承载力应大于抗拔桩极限抗拔力,同时满足抗裂要求,抗裂计算根据使用环境和地下水的腐蚀性确定裂缝控制等级。

2.5.2 工程桩和抗拔桩施工

(1)施工工艺流程

地铁车站的工程桩多采用钻孔灌注桩,其施工工艺流程如图 2-37 所示。

(2)施工控制要点

①对孔深较大的端承型桩和粗粒土层中的摩擦型桩,宜采用反循环工艺成孔或清孔,也可根据土层情况采用正循环钻进,反循环清孔,以减少沉渣厚度。

②钢筋笼吊装完毕后,应安置导管或气泵管二次清孔,并应对孔位、孔径、垂直度、孔深、沉渣厚度等进行检验,合格后应立即灌注混凝土。

③抗拔桩宜在地面进行成孔和灌注混凝土,严格控制孔位的平面和竖向位置,满足抗拔桩的受力要求。

④抗拔桩在工程施工阶段由于降水原因,实际承担着受压承载作用,当降水井完全封闭、水位回升后才承担抗拔功能,因此抗拔桩与底板反梁的节点应严格按相关规定处理,避免节点处因受力和构造问题产生裂缝。

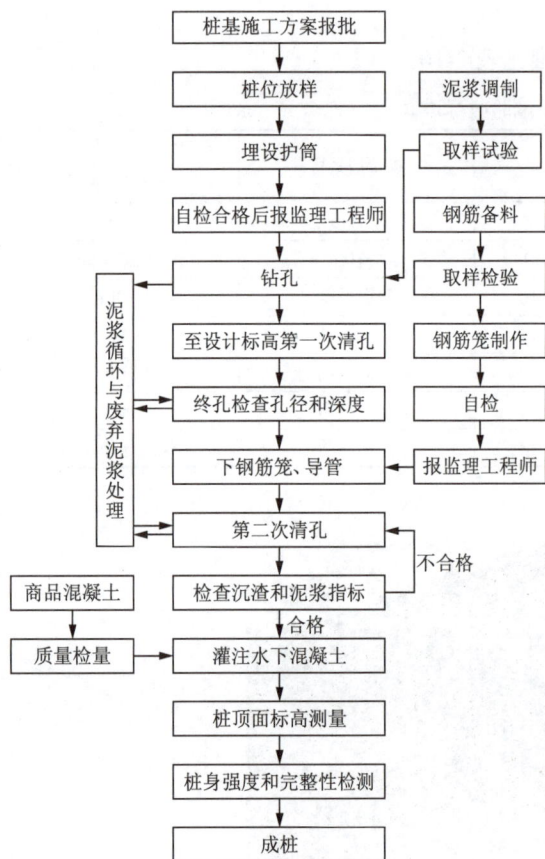

图 2-37 钻孔桩施工工艺流程图

2.5.3 工程桩和抗拔桩检测

1）检测依据

（1）《建筑地基基础工程施工质量验收规范》（GB 50202—2013）；

（2）《建筑基桩检测技术规范》（JGJ 106—2014）。

2）检测内容和检测方法

（1）桩身质量检验，如桩位、桩径等，检测方法为仪器测量。

（2）桩身完整性抽检，如桩长、成桩质量等，检测方法为低应变法和超声波法或钻芯法。

（3）单桩承载力静载试验，抗压桩采用压重平台反力、锚桩横梁反力装置等；抗拔桩可采用与抗压桩相同的堆载或锚桩法，也可在桩身预埋自平衡装置采用自平衡法进行检测。

3）检测要点

（1）为设计提供依据的试验桩检测应依据设计确定的基桩受力状态，采用相应的静载试验方法确定单桩极限承载力，检测数量应满足设计要求，且在同一条件下不应少于3根；当预计工程桩总数小于50根时，检测数量不应少于2根。

（2）对于地铁工程桩抽样检测，最大加载量不应小于设计要求的单桩承载力特征值的2倍。

（3）工程桩和抗拔桩的加载装置宜采用油压千斤顶；当采用2台及以上千斤顶加载时，其型号、规格应相同，并联同步工作，千斤顶的合力中心与受检桩轴线重合。

（4）根据现场条件选择压重平台反力装置、锚桩横梁反力装置或锚桩压重联合反力装置，并应符合以下规定：

①加载反力装置提供的反力不得小于最大加载量的1.2倍；

②加载反力装置的构件应满足承载力和变形要求；

③压重施加于地基的压应力不宜大于地基承载力特征值的1.5倍，有条件时，宜利用工程桩作为堆载支点。

（5）在桩基检测前，应对受检桩的桩身完整性进行检测，满足设计要求的受检桩才能代表抽检的样品。

（6）工程桩验收检测宜采用慢速维持荷载法，当有成熟的地区经验时，也可采用快速维持荷载法。快速维持荷载法的每级荷载维持时间不应少于1h，且当本级荷载作用下的桩顶沉降速率收敛时，可施加下一级荷载。当出现下列情况时，可终止加载：

①某级荷载作用下，桩顶沉降量大于前一级荷载作用下的沉降量的5倍，且桩顶总沉降量超过40mm。

②某级荷载作用下，桩顶沉降量大于前一级荷载作用下的沉降量的2倍，且经24h尚未达到相对稳定标准。

③已达到设计要求的最大加载值且桩顶沉降达到相对稳定标准。

④荷载—沉降曲线呈缓变形时，可加载至桩顶总沉降量60～80mm；当桩端阻力尚未充分发挥时，可加载至桩顶累计沉降量超过80mm。

（7）抗拔桩验收检测时，施加的上拔荷载不得小于单桩竖向抗拔承载力特征值的2倍或使桩顶产生的上拔量达到设计要求的限值。

（8）确定单桩竖向抗压承载力时，应绘制竖向荷载—沉降（Q-s）、沉降—时间对数（s-lg$t$）曲线；抗拔桩应绘制上拔荷载—桩顶上拔量（U-δ）关系曲线、桩顶上拔量—时间对数（δ-lg$t$）关系曲线。目前检测数据可自动采集，实时上传，并可自动绘制各种曲线。

2.6 加 固 工 程

2.6.1 地层加固形式简介

地铁车站施工中常用的地层加固方式有：高压喷射注浆、水泥土搅拌桩、袖阀管注浆和基底换填等，如工期允许也可采用堆载预压和真空预压提前对软弱地基进行处理，然后再进行车站主体结构工程施工。

1）高压喷射注浆

以高压旋转的喷嘴将水泥浆喷入土层与土体混合，形成连续搭接的水泥加固体，可分为旋喷、摆喷和定喷三种形式。旋喷法是地铁施工中较常用的地基加固方法。高压喷射注浆法施工占地少、振动小、噪声较低，但容易污染环境，成本较高，对于不能使喷出浆液凝固的特殊地层不宜采用。

适用范围：

（1）高压喷射注浆法适用于处理淤泥、淤泥质土、流塑、软塑或可塑黏性土、粉土、砂土、黄土、素填土和碎石土等地基，根据工程需要和地质条件选用单管法、双管法和三管法。

（2）当土中含有较多的大粒径块石、坚硬黏性土、含大量植物根茎或有过多的有机质时，对淤泥和泥炭土以及湿陷性黄土地基上的建筑物加固，应根据现场试验结果确定其适用程度，通过高压喷射注浆试验确定其适用性和技术参数。

（3）高压喷射注浆法，对基岩和碎石土中的卵石、块石、漂石呈骨架结构的地层，地下水流速过大和已涌水的地基工程，地下水具有侵蚀性，应慎重使用。

（4）高压喷射注浆法可用于既有建筑和新建建筑的地基加固处理、深基坑止水帷幕、边坡挡土或挡水、地铁工程的土层加固或防水、基坑底部加固等工程。

高压旋喷桩的主要施工设备如图 2-38 所示。

图 2-38 高压旋喷桩的主要施工设备

2)水泥土搅拌桩加固

水泥土搅拌桩用于加固饱和软土地基,它利用水泥作为固化剂,通过特制的搅拌机械,在地基深处将软土和固化剂强制搅拌,利用固化剂和软土之间产生的一系列物理化学反应,使软土硬结成具有整体性、水稳定性和一定强度的优质地基。

(1)水泥土搅拌桩的施工工艺分为浆液搅拌法(简称湿法)和粉体搅拌法(简称干法)。适用于处理淤泥、淤泥质土、素填土、软~可塑黏性土、松散~中密粉细砂、稍密~中密粉土、松散~稍密中粗砂和砾砂、黄土等土层。不适用于含大孤石或障碍物较多且不易清除的杂填土,硬塑及坚硬的黏性土、密实的砂类土以及地下水渗流影响成桩质量的土层。当地基土的天然含水率小于30%(黄土含水率小于25%)、大于70%时不应采用干法。寒冷地区冬季施工时,应考虑负温对处理效果的影响。

(2)水泥土搅拌法用于处理泥炭土、有机质含量较高或pH值小于4的酸性土、塑性指数大于25的黏土或在腐蚀性环境中以及无工程经验的地区采用水泥土搅拌法时,必须通过现场和室内试验确定其适用性。

(3)水泥土搅拌法可采用单轴、双轴和多轴搅拌或连续成槽搅拌形成水泥土加固体;湿法搅拌可插入型钢形成排桩(墙)。加固体形状可分为柱状、壁状、格栅状或块状等。

(4)拟采用水泥土搅拌法处理地基的工程,除按现行规范规定进行岩土工程详勘外,尚应查明拟处理土层的pH值、有机质含量、地下障碍物及软土分布情况、地下水及其运动规律等。

3)袖阀管注浆加固

袖阀管注浆工法由于能较好地控制注浆范围和注浆压力,可进行重复注浆,且发生冒浆与窜浆的可能性很小等特点。

适用范围:一般用在施工中的注浆加固、结构的防水渗漏、堵漏等专业范围。

2.6.2 针对软弱地层围护结构施工的地层加固

1)围护结构在软弱地层施工的加固方法

软弱地层主要是指淤泥、淤泥质土、冲填土、杂填土和海相、河流相、湖相沉积而成的含淤质黏土类地层,在此类地层中进行围护结构成槽时易发生缩孔、塌孔(槽)等问题,为保证围护结构的施工质量,需提前对软弱地层进行适当的加固。考虑地层加固的合理性和经济性,一般优先选用在软弱地层加固效果较好、造价相对较低的水泥土搅拌桩进行围护结构墙槽壁的加固。如果工期允许也可采用造价更为低廉的预压法,如堆载预压、真空预压法等方法进行地层的预处理。不论采取哪种方式,都应先进行工艺性试验。

2)水泥土搅拌桩处理软弱地层

(1)工艺试桩

按照设计要求,地质实际情况和机械设备性能进行工艺试验桩及水泥浆的配合比试验,试桩数量不得少于3根,以检验机具性能及施工工艺中的各项技术参数,其中包括水泥浆的水灰比、注浆工作压力、钻进和提升速度等,根据试验桩确定满足设计要求的最佳工艺参数。工艺试桩结束后,提交工艺试桩成果报告,并经监理工程师审查批准后,作为水泥土搅拌桩施工的依据。

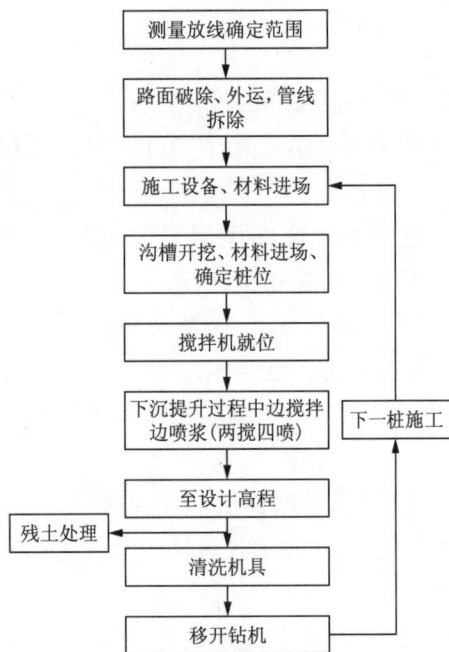

图 2-39　水泥搅拌桩施工工艺流程图

流程图文字（自上而下）：
测量放线确定范围 → 路面破除、外运，管线拆除 → 施工设备、材料进场 → 沟槽开挖、材料进场、确定桩位 → 搅拌机就位 → 下沉提升过程中边搅拌边喷浆（两搅四喷） → 至设计高程 → 清洗机具 → 移开钻机；下一桩施工；残土处理

试桩结果满足设计要求,则开展相关的加固工作,若由于地质或机具设备原因无法达到设计要求,则应采取其他加固方式,如高压旋喷桩等。

（2）施工工艺流程

水泥搅拌桩施工工艺流程如图 2-39 所示。

（3）施工步骤

①场地平整回填

水泥搅拌桩施工前,先进行场地平整,对原地面进行碾压,清除施工区域内的表层硬物,地基承载力应满足搅拌桩机的行走要求。一般整平后地表高程须高出设计桩顶 50cm 左右,以方便施工。

②测量放线与桩机就位

桩位放样:根据桩位设计平面图进行测量放线,定出每一根桩位,依据放样点使桩机钻头正对桩位中心。导向轨与搅拌轴垂直,调平底盘,保证桩机主轴倾斜度不大于 1%,桩孔位置与图纸偏差不得大于 50mm。

③水泥浆液的配制

水泥用量根据试桩结果,使用最佳水泥掺量,一般为土体质量的 12%～20%,水灰比为 0.5～0.8,按规定使用自动计量装置进行水泥浆液的生产,水泥浆液应待搅拌机就位开始施工前才可配制。

④搅拌下沉

启动电动机,根据土质情况按计算速率,放松卷扬机使搅拌头自上而下切土搅拌下沉,直到钻头下沉钻进至桩底高程,搅拌机预搅下沉时,不宜冲水。

⑤喷浆

在钻进过程中同时启动注浆泵,使搅拌好的水泥浆通过注浆泵喷入被搅动的土中,直到下沉钻进至桩底高程,停留 30s 左右,在水泥浆与桩端土充分搅拌后,再开始提升搅拌头。向上提升过程中继续边搅拌、边喷浆,使水泥浆和原地基土充分拌和,直提升到离地面 50cm 处或桩顶设计高程。水泥搅拌桩可采用四搅两喷（向上提钻时喷浆）或四搅四喷（下钻和提钻时均喷浆）工艺。在搅拌喷浆过程中,由专人记录施工数据,记录要求详细、真实、准确。

⑥清洗

若桩机停止施工或施工间歇时间太长时,向水泥浆搅拌桶中加入清水,开启注浆泵,清洗全部管中残存的水泥浆,并将黏附在搅拌头的软土清洗干净。

⑦移位

桩机移至下一桩位,重复进行上述步骤的施工。

3）预压法处理软弱地层

预压法包括堆载预压法和真空预压法,预压法适用于处理淤泥、淤泥质土、冲填土等饱和黏性土。预压法处理地层前,先通过勘察查明土层的水文和地质条件,通过土工试验确定土层的先期固结压力、孔隙比与固结压力的关系、渗透系数、固结系数、三轴试验抗剪强度指标以及原位十字板抗剪强度等。对于重要工程,应在现场选择试验区进行预压试验,在预压过程中,进行地基竖向变形、侧向位移、孔隙水压力、地下水位等项目的监测,并进行原位十字板剪切试验和室内土工试验。根据获得的监测资料确定加载速率控制指标,推算土的固结系数、固结度及最终竖向变形等,分析地基处理效果。

（1）堆载预压法

①对深厚软土地层应设置塑料排水带或砂井等排水竖井，以提高固结速率。

②塑料排水带和袋装砂井施工时，平面井距偏差不应大于井径，垂直度偏差不应大于1.5%，深度不得小于设计要求。

③对堆载预压工程在加载过程中应进行竖向变形、边桩水平位移及孔隙水压力等项目的监测，且根据监测资料控制加载速率，对于天然地基，竖向最大变向量每天不应超过10mm；边桩水平位移每天不超过5mm，并且应根据上述观察资料综合分析、判断地基的稳定性。

④预压完成后对预压的地基土进行原位或室内土工试验，必要时应进行现场载荷试验，试验数量不少于3个点。

（2）真空预压法

①真空预压法处理地层必须设置排水竖井，应对竖井断面尺寸、间距、排列方式和深度等进行设计；合理划分预压区面积；选择真空预压工艺时要明确达到的真空度和土层的固结度。

②真空预压的抽气设备宜采用射流真空泵，空抽时必须达到95kPa以上的真空吸力，真空泵的设置应根据预压面积的大小和形状、真空泵的效率确定，但每块预压区至少设置两台真空泵。

③真空预压的膜下真空度应稳定地保持在650mmHg以上，且应均匀分布，密封膜宜铺设三层，膜边可采用挖沟埋膜、平铺并用黏土覆盖压边、围埝沟内及膜上覆水等方法密封，竖井深度范围内土层的平均固结度应大于90%。

④采用真空—堆载联合预压时，先进行抽真空，当真空压力达到设计要求并稳定后，再进行堆载，并继续抽气，堆载时需在膜上铺设土工编织布等保护材料。

2.6.3 针对软弱地层的基底加固

软弱地层需按主体结构对基底的承载要求，对地基进行必要的加固或改良，以提高基底承载力，减少建（构）筑物的沉降或不均匀沉降。常见基底处理方法有基底换填、挤密桩加固、注浆加固、深层搅拌桩加固、旋喷桩加固等。

1）基底换填

基底换填是先将基底一定范围内的软弱土层挖去，然后回填强度较高、压缩性较低、无侵蚀性的材料，如中粗砂、碎石或卵石、灰土、素土、石屑、矿渣等，再分层夯实后作为基底持力层。按换填材料的不同，可分为灰土地基、砂和砂石地基、粉煤灰地基等。其施工工艺流程如图2-40所示。

施工控制要点：

（1）换填材料进场后需进行质量验收，达到设计或规范要求方可用于换填部位；

（2）分层铺筑厚度应严格控制，砂石为15～20cm，不宜超过30cm，灰土为20～25cm；

（3）分段施工时，接槎处应做成斜坡，每层接槎处的水平距离应错开0.5～1.0m，并应充分压（夯）实；

（4）铺筑材料在夯实碾压前应保持砂石最佳含水率。

2）注浆加固

注浆加固的方式很多，如袖阀管注浆、WSS注浆以及高压喷射注浆等。除高压喷射注浆是置换式加固外，其他注浆加固是将浆液通过注浆泵、注浆管均匀地注入土体中，以填充、渗透和挤密等方式，挤走岩石裂隙中或土体颗粒中的水分或气体，并填充其位置，硬化后将岩土凝结成一个整体，形成一个强度大，压缩性低，抗渗性高和稳定性良好的岩土体，从而使地基得到加固。高压旋喷桩施工工艺流程如图 2-41 所示。

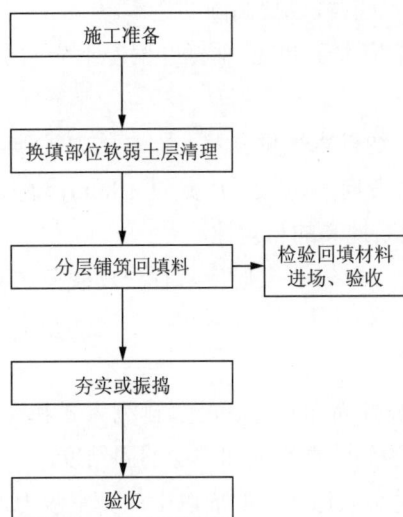

图 2-40　基底换填施工工艺流程图　　图 2-41　高压旋喷桩加固基底施工工艺流程图

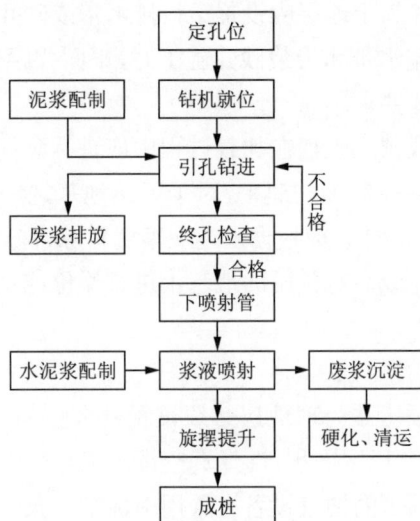

施工控制要点：

（1）旋喷桩正式施工前应选用 3 根试桩做工艺试验，以验证试喷结果能否达到设计要求，确定旋喷桩施工工艺参数，根据地质情况和设计桩径选择的施工机具和工艺是否满足设计要求等。

（2）根据试桩参数计算所需的喷浆量，以确定水泥使用数量。

喷浆量计算以单位时间喷射的浆量及喷射持续时间，计算出浆量，计算公式为：

$$Q=\left(\frac{H}{v}\right)q(1+\beta) \tag{2-1}$$

式中：Q——喷浆量（m^3）；

　　　H——喷射长度（m）；

　　　q——单位时间喷浆量（m^3/min）；

　　　β——损失系数，通常为 0.1 ～ 0.2；

　　　v——提升速度（m/min）。

（3）下放注浆管前，先在地表进行射水试验，待气、浆压力正常后，才能下注浆管施工。

（4）高压旋喷桩作业时应隔两孔施工，防止相邻高喷孔施工时窜浆，相邻的旋喷桩施工时间间隔不少于 48h。

（5）浆液水灰比、浆液相对密度、每米桩体掺入水泥量等参数均以现场试桩情况为准；施工现场配备比重计，每天量测浆液相对密度，严格控制水泥用量；喷浆过程中浆液应连续搅动，防止水泥沉淀。

（6）严格控制喷浆提升速度，其提升速度宜为 0.1 ～ 0.2m/min。喷浆过程应连续均匀，若出现压力骤然上升或下降，大量冒浆、窜浆等异常情况，则应及时提钻出地表排除故障后，再复喷。复喷接桩时应加深 0.3m 重复喷射接桩，防止出现断桩。

（7）旋喷注浆完毕后，应迅速拔出喷射管。为防止因浆液凝固后体积收缩影响桩顶高程，可在原孔位采用冒浆回灌或二次注浆等措施。

（8）施工中做好废泥浆处理，及时将废泥浆运出或在现场短期堆放后作土方运出。

2.6.4 针对基坑周边重要、敏感建筑物的加固

基坑周边建筑物的加固方式有将基坑与建筑物进行隔离、提前对建筑物进行预加固、根据建筑物的变形采取跟踪注浆等。

1)隔离

采用钻孔灌注桩或高压旋喷桩,在基坑和建筑物之间的地层筑起一道隔离墙,基坑的变形不会传递到敏感的建筑物地基,由此来对建筑物进行保护。

2)跟踪注浆

一般采用预埋袖阀管的方法,根据建筑物的沉降情况对建筑物进行跟踪注浆。

袖阀管施工工艺流程如图 2-42 所示。

（1）钻孔

采用履带式钻机或地质钻机抽芯成孔,钻孔直径为 90 ~ 110mm,成孔采用一次成孔,钻至设计高程后停止钻进。

（2）浇注套壳料

套壳料是由水泥、膨润土按一定比例混合制成的浆液。套壳料的配合比（质量比）为水泥∶膨润土∶水 =1∶1.5∶2,水泥采用 P.O42.5 水泥,膨润土采用钠基膨润土。

灌注时将导管下至孔底 10cm 处,用注浆泵通过导管将套壳料送到孔底,使套壳料自下而上全部置换孔内泥浆,直到套壳料从孔口溢出。套壳料必须连续灌注,中间不得停顿。

（3）插入袖阀管

袖阀管采用 PVC 塑料管材。为了方便注浆,在袖阀管上每隔一定的距离钻一组射浆孔,在每组射浆孔外部包裹一层橡胶套,橡胶套长 10cm、厚 2mm。橡胶套的作用相当于一个逆止阀,注浆时橡皮套在压力的作用下被浆液冲开,使浆液进入地层,填充空隙并挤密地层,提高压力可形成劈裂注浆;停止注浆时,橡胶套又弹回并紧裹袖阀管,防止管外浆液流回管内,如图 2-43 所示。套壳料注入完毕,即可插入连接好的袖阀管,并于其底部加装堵头。

袖阀管下部到孔底,上部要高出地面,管口高出地面 10 ~ 20cm,然后在袖阀管中加满水,利用重力作用,使袖阀管不会上浮。袖阀管在钻孔中央位置居中并固定,管底高程应满足设计要求,管口加以保护。

套壳料达到强度 0.3 ~ 0.5MPa 后,在袖阀管内放入双塞注浆芯管进行注浆。通常,注浆芯管采用焊接钢管加工,长 1m,其四周均匀地布设长圆形注浆孔,两端都设止浆胶皮碗,形成阻浆塞,起到止浆作用。

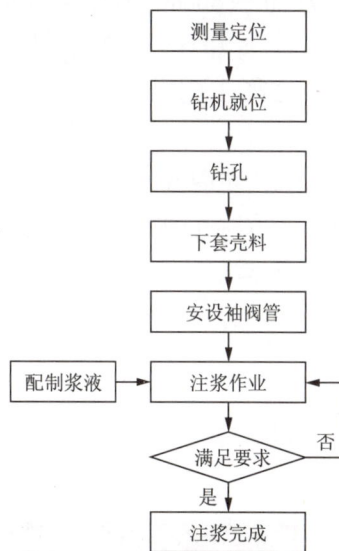

图 2-42 袖阀管施工工艺流程图

a）袖阀管外管

b）袖阀管芯管

图 2-43 袖阀管注浆芯管和套管

（4）注浆

待套壳料养护具有一定强度后，在袖阀管内放入双塞的注浆管进行退后式分段注浆，每次上提长度为30～50cm。注浆采用间隔注浆，注浆先从外圈开始，完成后再注内圈，这样可以对外圈的注浆体做进一步的补充，有利于提高注浆效果。

注浆时首先用清水将袖阀管冲洗干净，然后向袖阀管内下双塞式注浆塞，注浆塞出浆口与袖阀管环孔位置应一致。用注浆泵对袖阀管内注浆段逐渐加压，直到清水通过花管的孔眼将套壳料压开，使套壳料产生裂缝，即开环（压力表读数突然下降时）。开环后，即向地层中灌注规定配合比的水泥浆。注浆采取跳孔的方式，防止串孔现象发生。单孔注浆完成后，将芯管插入外管底部，注入清水洗管，完成该管本次注浆。

2.7 基坑降水与排水

2.7.1 基坑降排水的主要方法

基坑施工过程中，为避免产生流沙、管涌、坑底突涌，防止坑壁土体坍塌，保证施工安全和减少基坑开挖对周围环境的影响，当基坑开挖深度内存在饱和软土层和含水层、下部承压水对基坑底板产生影响时，需将基坑内的地下水位降至基坑底。通常采用的方法有基坑明沟排水和井点降水两种。

（1）明沟排水

也称集水明排法，在基坑内（或外）设计排水沟、集水井，并用抽水设备把地下水从集水井不断抽走，保持基坑干燥。适用于密砂、粗砂、硬岩裂隙水、地表径流水。若在松散、软土层采用此法，则容易遇到边坡稳定问题。明沟排水法在基坑挖掘时，要根据挖土的深度，不断加深排水沟和集水井，使坑底高程保持高于排水沟中水位0.5m。明沟排水法可根据排水沟和集水井的设置不同分为普通明沟法、分层明沟法、深沟排水法、板桩支撑集水井排水法等。明沟排水法的构造较为简单，不做重点介绍。

（2）井点降水

井点降水法是在拟建工程的基坑四周埋设能渗水的井点管，配置一定的抽水设备，不间断地将地下水抽走，使基坑范围内的地下水降至设计深度。井点降水适用于具有不同几何形状的基坑，它有克服流沙、稳定边坡的作用，便于机械化施工，可缩短工期，保证安全质量，是一种行之有效的现代化施工方法。

目前国内常用的井点降水法有轻型井点、喷射井点、电渗井点、管井井点、自渗井点等，可依据土层的岩性、渗透性、要求降低水位的深度及工程特点而选用。各类井点降水适用范围见表2-11。

各类井点适用范围   表2-11

井点类型	岩土名称	渗透系数（m/d）	降水深度（m）
单层轻型井点	粉质黏土、粉土、细砂、中粗砂	0.1～50	3～6
多层轻型井点	粉质黏土、粉土、细砂、中粗砂	0.1～50	6～12
喷射井点	粉土、砂土、细砂、中粗砂	0.1～50	8～30
管井井点	砂土、碎石类土、岩石	20～200	>10
砂（砾）渗井点	粉土、砂土、粉细砂	0.1～20	根据导水层水头、导水性及坑深确定

2.7.2 井点降水系统

1）轻型井点

（1）降水系统布置

沿基坑四周每隔一定间距布设井点管，井点管下部设置滤水管插入透水层，上部接软管与集水总管进行连接，然后通过真空吸水泵将集水管内水抽出，从而达到降低基坑四周地下水位的效果，保证了基底的干燥无水，如图2-44所示。

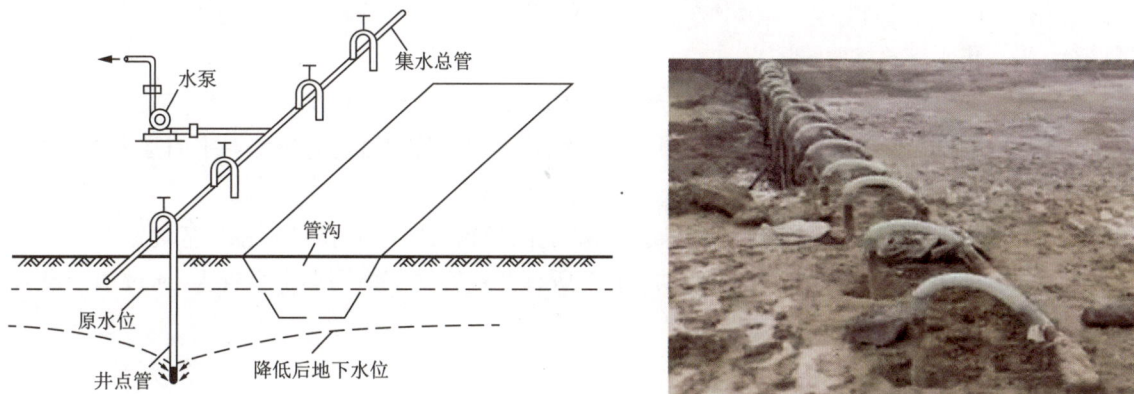

图 2-44　轻型井点降水示意图及工程实例

（2）降水计算

无压完整井也称潜水完整井（即水井具有潜水自由面，水井底部达到不透水层时，水井的滤水层穿过整个含水层，称为潜水完整井）为例，说明降水计算的过程和方法。需要说明的是，降水影响半径一般通过抽水试验取得实际数值。

①基坑涌水量 Q（m³/d）计算：

$$Q = \frac{1.366 K(2H-S)\ S}{\lg R - \lg x_0} \tag{2-2}$$

式中：K——土的渗透系数（m/d）；

$\quad H$——潜水含水层厚度（m）；

$\quad S$——基坑水位降深（m）；

$\quad R$——降水影响半径（m），$R = 1.95S\sqrt{KH}$（资料不足时可采用）；

$\quad x_0$——基坑假想半径（m）：

$$\begin{cases} x_0 = \sqrt{\dfrac{F}{\pi}} & \text{（当矩形基坑长宽比小于 5 时，可简化成圆形）} \\ x_0 = 0.29(L+B) & \text{（当矩形基坑长度与宽度之比大于 5 时）} \end{cases}$$

其中：F——基坑井点管所包围的平面面积（m²）；

$\quad L$——基坑的长度（m）；

$\quad B$——基坑的宽度（m）。

②单根井点出水量 q（m³/d）计算：

$$q = 65\pi \cdot d \cdot l \cdot \sqrt[3]{K} \tag{2-3}$$

式中：d——滤管的直径（m）；

$\quad l$——滤管的长度（m）。

③井点管配置数量 n（个）：

$$n = \frac{mQ}{q} \tag{2-4}$$

式中：m——井点备用系数，一般取 1.1。

④井点管的间距 l（m）：

$$l = \frac{2(L+B)}{n} \quad \text{（按沿基坑四周均布）}$$

⑤集水总管直径 D（m）：

$$D = \sqrt{\frac{4Q_\text{总}}{\pi v}} \tag{2-5}$$

式中：$Q_\text{总}$——集水管总排水量；

v——允许流速，一般为 2.5 ～ 3.0m/s，换算成（2.16 ～ 2.59）×10^{6}m/d。

当地下水有腐蚀性或容易结垢时，应根据当地经验集水总管通过能力预留一定的富余量。

（3）布置形式

井点抽水影响半径决定井点管路的布置，当基坑面积较大时，采用环形布置；基坑宽度小于 10m 时，采用单排线形布置；大于 10m 时作双排布置。所有井点管均汇集到集水总管上，通过抽水设备将基坑内的水排到指定位置。

2）喷射井点

喷射井点降水也称真空降水，是在井点管内部装设特制的喷射器，用高压水泵或空气压缩机通过井点管中的内管向喷射器输入高压水或压缩空气形成水汽射流，将地下水经井点外管与内管之间的缝隙抽出排走的降水。根据工作流体的不同，以水作为工作流体的为喷水井点；以压缩空气作为工作流体的是喷气井点，两者的工作原理是相同的。

喷射井点系统主要是由喷射井点、高压水泵（或空气压缩机）和管路系统组成。喷射井管由内管和外管组成，在内管的下端装有喷射扬水器与滤管相连。当喷射井点工作时，由地面高压离心泵供应的高压工作水经过内外管之间的环行空间直达底端，在此处工作流体由特制内置的，两侧进水孔至喷嘴喷出，在喷嘴处由于断面突然收缩变小，使工作流体具有极高的流速（30 ～ 60m/s），在喷口附近造成负压（形成真空），将地下水经过滤管吸入，吸入的地下水在混合室与工作水混合，然后进入扩散室，水流在强大压力的作用下把地下水一同扬升出地面，经排水管道系统排至集水池或水箱，一部分用低压泵排走，另一部分供高压水泵压入井管外管内作为工作水流，如图 2-45 所示。如此循环作业，将地下水不断从井点管中抽走，使地下水位逐渐下降，达到设计要求的降水深度。

喷射井点设备较简单，排水深度大，可达到 8 ～ 20m，比多层轻型井点降水设备少，但由于埋在地下的喷射器磨损后不容易更换，所以降水管理难度较大。喷射井点的降水计算与轻型井点相同，两者的差异在于使用的设备不同，降水深度和效率相差较大。

3）管井井点

（1）管井构造

管井由井口、井壁管、滤水管和沉沙管等部分组成。管井的井口外围用不透水材料封闭，井壁可采用钢管、铸铁管、钢筋混凝土管或 PVC 管等硬质材料，井壁管安装在非含水层，过滤器安装在含水层的取水段。在计划取水的含水层滤水管与井孔之间填入经过筛选的砾石，在砾石上部非含水层段或计划封闭的含水层段，填入黏土等不透水的止水物。过滤器由过滤骨架和过滤层组成。过滤骨架起支撑作用,为带眼的管子。过滤层主要为金属、棕丝或塑料的缠丝与包网。过滤器长度主要根据含水层厚度和单井出水量而定。管井构造如图2-46所示。

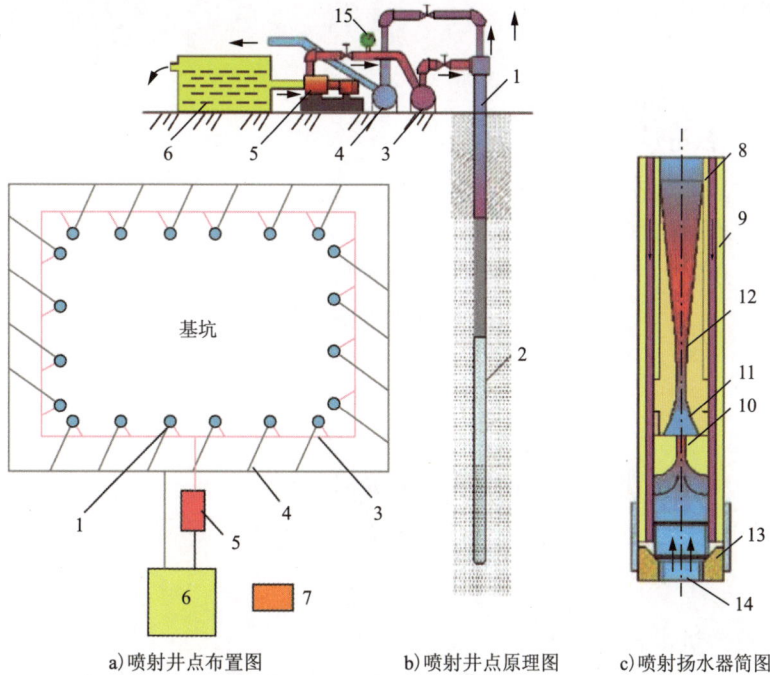

a)喷射井点布置图　　　　b)喷射井点原理图　　　　c)喷射扬水器简图

图2-45　喷射井点降水布置和原理图

1- 喷射井管;2- 滤管;3- 进水总管;4- 排水总管;5- 高压水总管;6- 集水池;7- 低压水泵;8- 内管;9- 外管;10- 喷嘴;11- 混合室;12- 扩散管;13- 环形底座;14- 芯管;15- 压水表

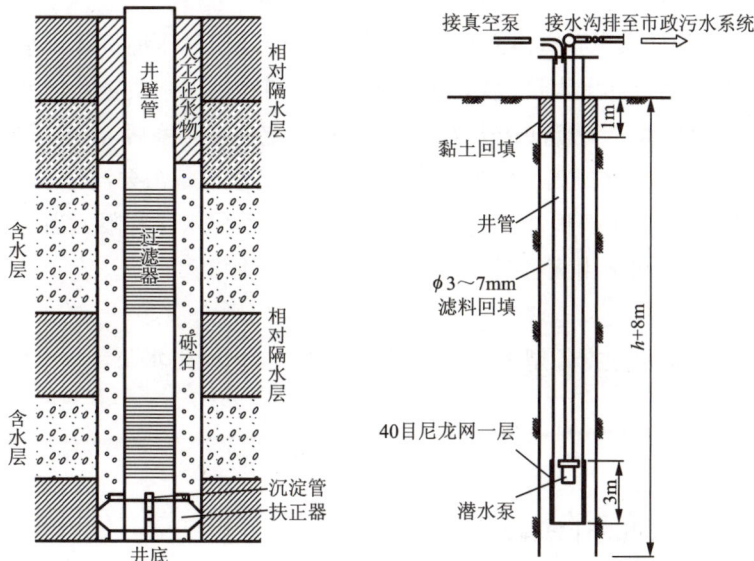

图2-46　管井构造示意图

（2）管井出水量计算（以无压完整井为例）

①影响半径计算

在设计提供含水层渗透系数的基础上,通过抽水试验可确定影响半径(以潜水含水层为例)。当有一个观测孔时,潜水的降水影响半径R采用:

$$\lg R = \frac{1.366K\,(H+h)(H-h)\,S_1\lg r}{Q_1} + \lg r \tag{2-6}$$

式中:R——降水影响半径(m);

K——渗透系数(m/d);

H——无压含水层厚度(m);

h——井的水深(m);

S_1——观测孔内水位降深(m);

r——管井的半径(m);

Q_1——抽水井稳定流出水量(m^3/d)。

②完整井潜水含水层出水量计算

a. 处于层流的非裂隙水,$S<H/2$,远离水体或河流时:

$$Q = \frac{1.366K（2H-S）S}{\lg \dfrac{R}{r}} \tag{2-7}$$

式中:S——水位降深(m)。

b. 处于层流的非裂隙水,井距河边水线小于 $0.5R$ 时:

$$Q = \frac{1.366K（H-h）（H+h）}{\lg \dfrac{2L}{r}} \tag{2-8}$$

式中:L——过滤管有效进水长度(m)。

根据单井出水量计算数据,配置相应的降水设备,并在实际降水作业中进行校验,调整设备配置。

4)抽水设备选择

(1)泵型选择

基坑降水工程常用的抽水设备有离心泵、潜水泵、深井泵及空气压缩机等。水泵型号的选择主要根据地下水的静水位、井的设计出水量、水位降深以及井管口径等因素决定。轻型井点降水以真空吸水的方式为主,可选择真空泵,当吸程(最大为10m)超过一定的真空度后,需采用多级井点,或辅之以潜水泵;喷射井点是采用高压水或高压空气形成喷射扬水,抽水设备需要高压水泵或压缩空气设备;管井井点以潜水泵为主,理论上扬程都能满足降水深度要求,但出水量有限。当水位降深或吸程小于10m水头(实际上更小)时,可采用离心泵,可大大提高抽水的流量。

(2)水泵数量的确定

在泵型初步选定后,即可根据各型水泵所承担的排水流量来确定水泵台数:

$$n_i = (1.2 \sim 1.5) \frac{Q_i}{q_i} R_i \tag{2-9}$$

式中:n_i——i 号水泵台数;

Q_i——i 型号水泵所承担的计算排水量;

q_i——i 型号水泵单机排水流量;

R_i——备用系数。

2.7.3 井点降水施工工艺

1)管井井点

(1)成孔方法

目前国内常用的成孔方法有水冲法、钻孔法等。

水冲法:利用高压水力冲击土层形成井孔。常用的有井点水射法、导杆水冲法和套管水冲法三种。

钻孔法:利用各种型号冲击式钻机、长螺旋钻机和正反循环回旋钻机进行钻进成孔。

（2）钻孔法施工工艺

井点测量定位→挖井口→安装护筒→钻机就位→钻孔→回填井底砂垫层→沉设井点管→投放滤料→洗井→井管内下设水泵、安装抽水控制电路→试抽水→降水井正常工作→降水完毕拔井管→封井。

（3）施工控制要点

①井点管安装

井点管沉设前应先配管,先将孔内含大量泥沙的泥浆全部换为新泥浆,以保证下管、填砾和洗井工作的顺利进行。然后采用钻机或卷扬机把配制好的井管(沉淀管＋过滤器＋井管)及时按顺序逐根下入孔内,沉设位置居中、垂直,滤水管应置于含水层中。

②填砾料和封孔口

井管下入后,立即向井管周围回填已准备好的砾料。常用的填砾方法见表2-12。

井管填砾方法   表2-12

填砾方法	操作程序	特点	适用条件
静水填砾	填砂前彻底换浆稀释,停泵后孔口填入	简单,通过孔口返水判断填砾情况	井壁完整,地层稳定
动水填砾	边冲边填,向井管内注水,使清水从管外上返,砾料从孔口填入	砾料清洁、均匀	井壁不稳,井深较大,砾料不易投入
边抽边填	用空压机从井管内抽水,砾料从井管外填入	增大出水量,滤层质量好,操作复杂	适于较完整的稳定含水层
整体下入	把砾料与滤水管安装在一起,同时下入孔中	重量大,制作复杂,但质量较好	采用贴砾,筐状或笼状过滤器时采用

砾料填至孔口1m左右,改换黏土填入,边填边捣实,直至孔口。

③洗井

洗井是成井工艺中重要的一道工序,目的是要彻底清除井内泥浆,破坏井壁泥皮,抽出渗入含水层中的泥浆和细小颗粒,使过滤器周围形成一个良好的透水层,增加井孔涌水量。洗井的质量一般应达到:用不同工具反复洗井后,进行试验抽水,最后两次试验抽水在相同水位下降时的单位涌水量之差不超过15%,试验抽水时的出水量,不应小于正式抽水时的出水量;或者洗井后,井内沉渣不上升。

2）轻型井点

（1）施工顺序

测量定位→钻孔→沉设井点管→投放滤料→井口回填封闭→敷设集水总管→安装真空泵→调试→正式抽水。

（2）施工控制要点

每一机组应根据泵类配用功率确定井点数量,并在井点管施工完毕后安装。泵组宜置于集水总管的中部,各组集水总管之间采用阀门隔开。在各组井点安装完毕,要及时进行试抽水,全面检查管路连接质量、井点出水和泵组工作水压力、真空度及运转情况,发现管路渗漏,真空度不足,应立即停机检修。多层井点拆除应从底层开始逐层向上进行,在下层井点拆除前,上层井点应继续降水。

3）喷射井点

（1）施工顺序

安装水泵、水箱和进出管路→敷设进回水管路→钻孔→沉设井点管→投放滤料→连接进水总管→单井试抽水→接通回水总管→全面试抽水→基坑正式降水。

（2）施工控制要点

井点管组装前应检查井管、连接件及喷射器的喷嘴混合室、支座环和滤网等,组装后应做泵水试验和真空度测试,其真空度不宜小于 93kPa。高压泵出水管必须安装压力表和调压回水管路;各井点管的连接管应安装阀门,各组进水总管也要用阀门隔开,回水总管应分开。抽水时发现有井点管的周围翻砂、冒水时,应立即关闭进行处理。

2.7.4　降水监测与管理

1）降水系统运行管理

（1）降水井点系统应设双路电源供电;

（2）对于轻型井点和喷射井点,在观测水位、流量的同时,也要对水泵的工作压力、真空度、电压、电流进行观测与记录,分析运行是否正常,发现问题及时处理,使工作水压力、真空度与降水深度、抽水量保持正常关系。

2）降水监测与管理

（1）监测孔的布置

进行水位和流量监测,设置地面沉降变形监测点,记录周围建筑物是否有开裂、变形等情况发生。

水位观测孔的布置应能控制降水区和影响范围内的地下水动态:

①自降水区中心垂直和平行地下水流向各布置一排观测孔。在降水区内,观测孔延至基坑中心;在降水区外,观测孔延长到 2～3 倍降水深度范围。

②在降水深度内存在两个以上的含水层时,为了解各含水层的降水情况,应分层布置观测孔。

③当降水区靠近地表水体或人为漏水点时,应增加少量观测孔。

④为查明降水区内最不利的水位情况,应有选择地布置观测孔。

⑤当降水区位于已有建筑物或构筑物附近,为查明降水对建筑物和构筑物的影响,应增设观测孔,并设置建筑物沉降观测点。

⑥探明降水影响区域的地下管线分布情况,布设观测点,并做好沉降观测记录。

（2）监测管理

①降水开始前,所有抽水井观测井统一时间联测静水位,量测基准点。在开始 5～10d 内,每天早晚各观测一次水位、流量,并做好记录。以后改为每天一次,进入雨季或出现新的补给源时,增加观测次数。

②观测记录应及时整理,绘制 Q-t（抽水量与时间）及 S-t（水位下降与时间）关系曲线图,分析水位下降趋势与流量变化,预测水位下降达到设计要求的时间。根据实际抽水情况,研究降水设计的可靠程度或提出调整措施。

2.7.5　降水环境效应与对策

1）降水引起周边地层沉降变形

沿基坑周围布置井点降水,疏干基坑内地层水分,为土方开挖和基础施工创造无水的施工环境。

但在井点降水作用下,随着地下水水位的下降,使土体逐步固结、压缩,从而造成建筑物基础和地面发生不均匀沉降,影响邻近基坑建筑物的安全。

井点降水引起土体的固结,分为主固结与次固结。主固结即为渗透固结,次固结即为蠕变。土体的沉降受三个因素的影响:

(1)孔隙水压力消散。井点降水到一定深度后,土体中的孔隙水压力发生转移消散,由于总压力基本不变,孔隙水压力降低后,有效应力相应增大,则土体的孔隙比减小。

(2)动水压力的作用。井点降水后,水力坡度增大,相应渗透压力增加。抽水过程中,当地下水自上而下的渗透压力与土的浮重的合力等于土体颗粒间的摩擦力及黏滞力时,处于极限平衡状态;当渗透压力继续增大时,土体颗粒就会被滞流带走或移动,表现为地层沉降。

(3)井点的真空作用。井点降水作用实质上是真空—重力联合起作用,即在井点管周围一定范围内形成真空,沿基坑方向造成了一道真空影响帷幕,从而使土颗粒向负压力方向移动,并达到某种程度的挤密状态,表现为地层沉降。

2)减少降水不良影响的措施

(1)充分估计降水可能引起的不良影响。

降水设计中,要充分估计可能引起的不良影响,考虑周密,防患于未然。降水过程中,要有周密可靠的监测,制订防范措施,发现问题及时处理。

(2)设置有效的止水帷幕。

在开挖连线外设置一圈垂直防渗帷幕,把降水对周围的影响减小到满足要求的范围。常用的帷幕有高压旋喷、深层搅拌、注浆防渗帷幕等。

(3)合理使用井点降水。

降水必然会形成降落漏斗,从而造成周围地面的沉降,但只要合理使用井点,可以把这类影响控制在周围环境可以承受的范围内。

①防范抽水带走土层中的细颗粒。要根据周围土层的情况选用合适的滤网,同时重视埋设井管时过滤和回填料的质量。

②适当放缓降水漏斗线的坡度。在降水深度相同的前提下,降水漏斗线的坡度越平缓,影响范围越大,产生的不均匀沉降越小。降水设计方案应根据地质勘探报告,把滤管布置在水平向连续分布的砂性土中可获得较平缓的降水漏斗曲线,从而减少对周围环境的影响。

③井点应连续运转,尽量避免间歇和反复抽水。

④防范开挖基坑下部承压水的突涌。

⑤防范井点和附近储水体串通,从而产生地下水位不下降而出现流沙现象。

⑥采用内井点降水方法可以减小对周围环境的影响。

(4)设置回灌系统,形成人为常水头边界。

使用井点降水后,不可避免造成周围地下水位下降,从而使该地段的地下构筑物和管线因不均匀沉降而带来损坏。为尽可能消除影响,可采用在保护区设置回灌的措施,在基坑降水的同时,向地下含水层注入一定水量,形成一道阻渗水幕,使基坑降水的影响范围不超过回灌范围,阻止地下水向降水区流失,保持周边建筑物所在地的地下水位,使建筑物的沉降达到最小影响。

(5)加快施工速度,缩短降水时间,以减轻降水对周边环境的影响。

2.8 基坑开挖与支护

2.8.1 基坑开挖条件及准备

为保证基坑开挖及支护过程中的安全,需要对开挖前的准备工作进行逐一检查,检查内容主要包括:

(1)基坑出土道路及场区运输道路是否满足施工要求;

(2)降水井是否按照设计要求施工完成且提前进行降水;

(3)监测点是否按照规范及设计图纸要求布设且完成初始值的采集;

(4)基坑土方开挖专项方案是否经过专家评审;

(5)围护结构或盖板强度是否达到设计要求,围护结构是否经过相关检测,检测结果是否合格;

(6)进场的挖土设备是否与方案相符,钢支撑及相关配件是否准备充分;

(7)车辆清洗设备是否按照要求配备;

(8)方案编制人员是否对负责土方开挖的管理人员进行安全技术交底,是否对土方队伍进行安全技术交底;

(9)在基坑开挖前,应按有关规范做好施工场地的排水系统,基坑周边设置排水沟及挡水台,且应避免漏水、渗水进入坑内;

(10)施工前准备一定数量的应急材料,做好基坑抢险加固准备,基坑开挖引起涌水、涌沙或坑底隆起失稳时,围护结构变形过大超过设计警戒时,应立即停止施工,并采取确实有效的措施,确保施工安全、顺利进行。

2.8.2 基坑开挖支护的基本原则

土方开挖应根据设计计算工况编制施工方案,开挖应分层、分段、对称、均衡、适时,随挖随撑,尽量减少无支撑的暴露时间。基坑开挖支护遵循以下原则:

(1)"安全第一"的原则。生产必须安全,所有技术措施、施工方案和现场组织指挥都要以确保安全为核心,以工程质量和工艺质量来保证人员设备、周边环境和基坑本身的安全。

(2)监测数据指导施工的原则。监测数据是指导土方开挖施工的基本依据,是保证基坑安全的关键手段,通过对监测数据的分析不断的优化调整施工参数。

(3)基坑开挖须充分利用"时空效应",合理划分开挖顺序和每步开挖土体的空间尺寸,尽量缩短每一工况挖土及支撑的安装时间,减少基坑的变形。

(4)基坑开挖必须在围护结构、支撑结构或加固工程达到设计要求强度后方可进行。

(5)基坑开挖采取"从上而下、分层开挖,支撑与挖土配合"的原则,严禁超挖,在地层变形要求较严格时,采取"分层、分区、分块、分段、抽槽开挖,留土护壁,及时支撑,减少无支撑暴露时间"等方式开挖。

(6)加强对地下水的处理,严格按照图纸要求布置降水井,提前进行预降水,保证开挖土体的固结。开挖时在基坑中设置排水沟及集水井,集中抽排疏干地下水。

(7)保护环境的原则。按设计要求将基坑变形控制在规定的范围内,施工中控制水土流失,大气、水和噪声污染,对周边环境的影响降至最小。

2.8.3　基坑开挖方式与设备配套

基坑开挖由上而下根据支撑或结构板位置竖向进行分层,按照整个基坑面积平面上进行分区、分段。基坑内土方开挖临空面一侧采用放坡开挖的方式,坡度视地质情况而定,必须满足人员、设备及基坑的安全需要。

1)明挖法

明挖法基坑开挖设备一般为挖掘机(标准及长臂)、抓斗等,工作面设备根据支撑间的空间选择,要满足设备作业空间和作业安全的要求。地质条件较好的基坑可以选择马道、台阶退挖法施工,地质条件差、不能放坡开挖的基坑需配备长臂挖掘机及伸缩臂抓斗,进行开挖垂直出土,如图 2-47 所示。也可选择龙门吊或履带吊配合土斗出土。

a)电动轮胎起重机抓斗　　　　　　　　　　b)伸缩臂抓斗

图 2-47　明(盖)挖法基坑出土设备

2)盖挖法

盖挖法基坑土方开挖在出土口附近可配备长臂挖掘机、伸缩臂挖掘机、电动抓斗等设备,作业面土方由挖掘机(或装载机)转运到出土口下方,再由地面设备直接吊运至地面,装车运往弃土场或临时堆放场地。盖板以下的土方采用挖掘机开挖,由挖掘机或装载机接力输送至出土口下方的作业面。逆作法的出土设备选择应充分考虑结构板间的净空,选择合适的挖掘机和其他挖掘设备的型号。遇基岩或挖掘机无法挖掘的地层,可用震动破碎锤配合开挖。若需爆破,另行制订方案供评审和审批。

2.8.4　基坑支护型式与土方开挖

1)基坑支护形式

基坑支护中的围护结构多为地下连续墙、排桩(含桩间止水)或咬合桩,支撑体系分为两种,有内撑体系及无内撑体系,有内撑体系的支撑为钢筋混凝土支撑、钢管支撑或其结合方式,无内撑体系的基坑稳定主要通过预应力锚索、土钉或自身结构稳定来实现。

（1）明挖有内撑体系

首道支撑均为钢筋混凝土结构(早期为钢支撑,因基坑开挖后首道支撑受拉存在安全隐患现已全部改成钢筋混凝土结构),下部支撑根据基坑规模可为钢筋混凝土支撑或钢支撑,如图 2-48 所示。对于跨度较大的基坑需设置中间临时格构柱以减小支撑跨度,同时增加整个支撑体系的整体刚度确保基坑安全。钢支撑可根据设计计算选用直径 600mm、壁厚 16mm 或直径 800mm、壁厚 20mm 的钢管加工制成,设置调整节段及固定端、活动端,如图 2-49 所示。活动端主要通过施加预应力、垫钢板或钢制楔子等顶住围护结构,避免围护结构因受土压力而产生变形。

除第一道混凝土支撑的其他钢筋混凝土支撑,需在土方开挖至支撑处时施作混凝土腰梁,腰梁与围护结构通过钢筋连接,形成整体。钢支撑可直接通过围护结构上的预埋钢板对围护结构进行支撑,也可通过支撑作用于钢围檩,然后传力至围护结构。

优点:安全可靠,变形小;缺点:支撑密集施工不方便,施工周期长。

a)基坑内支撑形式一　　　　　　　　b)基坑内支撑形式二

图 2-48　明挖法基坑内支撑

a)钢支撑固定端　　　　　　　　b)钢支撑活动端

c)钢支撑固定端　　　　　　　　d)钢支撑活动端

图 2-49　钢支撑的固定端和活动端

（2）明挖无内撑体系

明挖基坑无内撑体系围护结构通过锚梁、预应力锚索与地层固结,控制其变形,或采用重力式围护墙以及格形围护墙,依靠围护结构自身的稳定性,保证基坑安全,工程实例如图 2-50 所示。

优点:施工空间大,操作方便、效率高;缺点:围护结构变形大,对地质条件要求高。

图 2-50　无内支撑体系明挖基坑工程实例

（3）盖挖法

盖挖法施工分为盖挖逆作法及盖挖顺作法两种，其工艺都是在围护结构施工完成且达到一定强度、检测完成后进行顶板施工，在结构顶板下再进行基坑开挖、结构施工。其区别在于顺作法的基坑挖至结构底板底，开挖过程中需架设钢支撑或钢筋混凝土支撑，主体结构施工顺序与明挖顺作法工艺相同。逆作法是在结构顶板下开挖至第一层中板底后施作结构梁板，待其强度达到设计要求后继续向下开挖直至下一层结构梁板施作完成，结构梁板作为开挖过程中围护结构的支撑构件，一般情况下开挖过程中无须架设钢支撑，如图 2-51 所示。

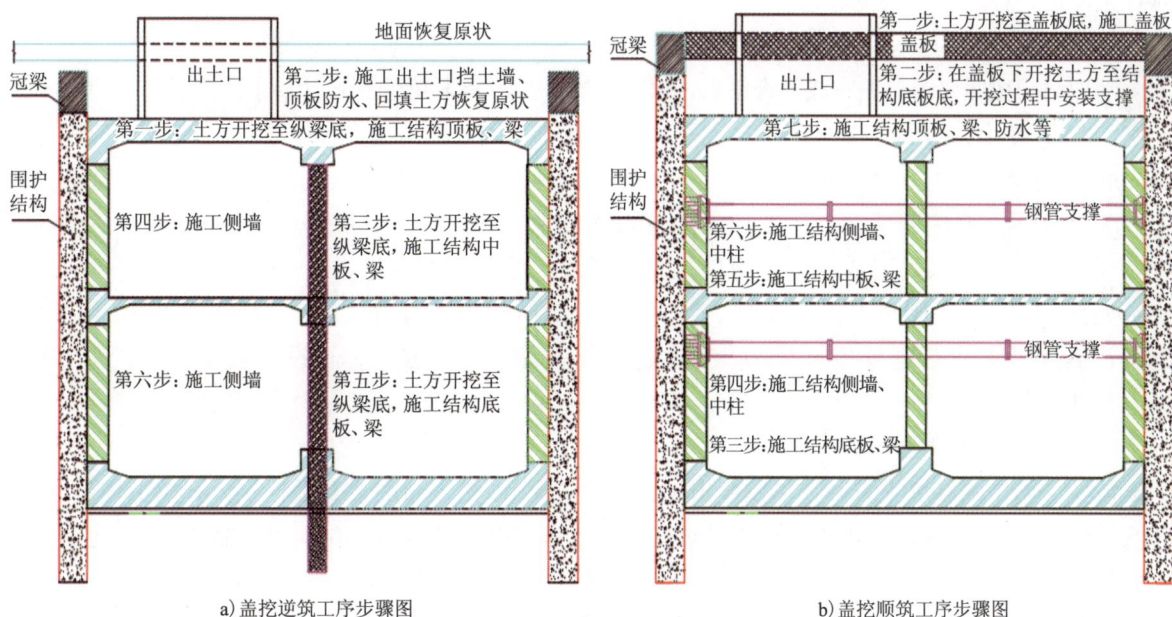

a）盖挖逆筑工序步骤图　　　　　　　　　b）盖挖顺筑工序步骤图

图 2-51　盖挖顺作法与盖挖逆作法的支撑形式示意图

2）基坑土方开挖

（1）有内撑的明挖法土方开挖

开挖遵循"分层，分段，对称，均衡，适时"的原则，快挖快撑，减少无支撑暴露时间，土方开挖的过程需与设计计算工况相当，基坑土方开挖的方案必须充分考虑地质情况。基坑开挖须充分利用"时空效应"以提高工程施工质量、减少安全隐患，合理划分开挖顺序和每步开挖土体的空间尺寸，保证每一工况挖土及钢支撑的安装时间不超过 24h。基坑边 2m 范围内不允许堆载，2m 范围外基坑附近堆载应不大于 15kPa。开挖过程中密切注意对围护结构及周边环境的监控量测，根据监控量测信息回馈分析结果，不断优化调整施工参数。横向先开挖中间土体，后开挖两侧土。基坑开挖过程中，必须提前挖设排水沟、集水井，避免土方浸泡造成开挖困难。

基坑土方开挖必须根据基坑规模配备合理的挖掘设备，根据具体地质条件选择合适的土方开挖坡度。基坑土方开挖一般采用后退法开挖，首层土方一般由挖掘机直接装车外运；以下土方根据可在坑内放大小合适的挖掘机倒土，配合长臂挖掘机或伸缩臂抓斗出土。

土方开挖至支撑下（满足支撑施工条件）位置，即按照设计要求安装钢支撑或施工钢筋混凝土支撑，钢支撑安装后立即施加预应力并检查确认支撑的稳定性，安全后方可继续下挖施工，若支撑为钢筋混凝土支撑必须待强度达到设计要求后方可进行下一步开挖。挖掘土方过程中，对于有中间立柱的部位必须对称开挖，避免钢立柱受水平荷载而受弯变形。

挖掘机挖土过程中，必须配有经验丰富的施工人员现场指挥，切实保护好格构柱、支撑等支护系统不受碰撞,人工配合挖土、清底。

施工过程中严禁超挖土方,工作面形成之后,各台阶平行推进,逐段开挖。在水平方向,各挖掘机流水作业,保证各个台阶高程及整体稳定性,开挖至基底时,要预留0.3m的保护层,采用人工开挖、修平,控制基底超挖,以保证基坑底土层不被扰动。

基坑开挖期间必须加强施工监控量测,随时掌握土体压力、支撑轴力、地下水位变化等情况,每天安排专人进行现场安全巡查并进行记录。巡查主要检查支护结构成型质量、冠梁、腰梁、支撑裂缝情况、支撑变形情况、墙后土体有无裂缝滑移情况、周边环境情况、开挖地质是否与地勘资料相符及基坑内有无涌土、流沙、管涌情况等。

（2）无内撑的明挖基坑土方开挖

围护结构按照要求检测完成并合格后,施作其顶部冠梁,待冠梁达到设计要求强度后方可进行土方开挖,土方开挖根据基坑规模同样遵循分区、分层的原则。因基坑内无支撑体系,土方开挖一般采用马道的形式,将整个基坑划分为若干区域,土方开挖由远而近、由周边向马道方向进行,挖掘机直接挖除土方装车外运。开挖需根据具体地质条件及内锚体系层间距进行分层,开挖过程中须严格控制土方坡度避免因天气原因造成的土方垮塌等安全事故。随着土方开挖,必须对围护结构的墙面进行相应处理,开挖至内各锚固体系处时,需先施作锚梁结构再进行锚索施工,待锚梁及锚索锚固体强度达到设计要求后进行预应力、注浆、封锚施工,当锚索自由段浆体达设计强度后方可进行下一步土方开挖。

（3）盖挖法土方开挖

盖挖法施工的基坑土方开挖需围绕出土口的位置展开,出土口的设置根据土方开挖工程量、地面环境条件及基坑规模确定,出土口设置数量决定土方施工效率的高低。结构梁板施作完成,达到设计要求强度后,即可进行顶板下第一层土方的开挖,基坑内挖掘机可根据两层梁板的净空及地质条件确定,出入口外的吊装设备可选择伸缩臂抓斗、长臂挖掘机及履带吊配土斗等多种方式,水平出土主要通过挖掘机倒运,土方开挖及出土口设置、垂直出土设备如图2-52所示。

图2-52 盖挖法土方开挖及出土口设置、垂直出土设备工程实例

盖挖法的基坑土方开挖同样遵循分层、分块、平衡、对称、限时进行、不得超挖的原则,严禁在一个工况下一次开挖到底,土方挖除的顺序须与设计计算工况相当,第一层土方的开挖长度满足一段结构段施工即可。基坑开挖后,及时设置坑内排水沟和集水井,防止坑内积水。开挖工作面的坡度必须根据具体土质条件确定,原则是必须保证坑内人员及设备安全。

基坑开挖至基底以上0.2m时改用人工开挖至基底,对高程进行核实后进行基坑验收,垫层尽快施作以减少对基底土的扰动。开挖过程中,严禁挖土机械碰撞结构梁板和立柱,必要时立柱采取相应的防护措施。施工完成的梁板在强度未达到设计要求强度前,严禁施工机械在结构板上通行,严禁进行下层土方开挖。

2.9 防水工程

2.9.1 防水施工原则

（1）地下车站防水设计和施工遵循"以防为主，刚柔结合，多道设防，因地制宜，综合治理"的原则。

（2）地下工程应以混凝土结构自防水为主，以接缝防水为重点，并辅以防水层加强防水，并满足结构要求。

（3）地下车站、行人通道机电设备集中区段的防水等级为一级，不得有渗水，结构表面无湿渍；风道、风井的防水等级为二级，不允许漏水，结构表面可有少量湿渍，总湿渍面积不应大于总防水面积的2‰；任意 $100m^2$ 防水面积上的湿渍不得超过 3 处，单个湿渍的最大面积不大于 $0.2m^2$。

2.9.2 柔性防水层施工

1）单组分聚氨酯涂膜防水层施工技术要求

（1）基层处理

①顶板结构混凝土浇筑完毕后，用木抹子反复收水压实（采用钢抹子压光时，会造成基层表面过于光滑，降低涂膜与基层之间的黏结强度），使基层表面平整，其平整度用 2m 靠尺进行检查，直尺与基层的间隙不超过 5mm，且只允许平缓变化。

②基层表面的气孔、凹凸不平、蜂窝、缝隙、起砂等，应修补处理，基面必须干净，无浮浆、无水珠，不渗水；当基层出现大于 0.3mm 的裂缝时，应骑缝各 10cm 涂刷 1mm 厚的聚氨酯涂膜防水加强层，然后设置聚酯布增强层，最后涂刷防水层。

③所有阴角部位均应采用 5cm×5cm 的 1∶2.5 水泥砂浆进行倒角处理。

（2）防水层施工顺序及方法

①基层处理完毕并经过验收合格后，先在阴、阳角和施工缝等特殊部位涂刷防水涂膜加强层，加强层厚 1mm，涂刷完防水涂膜加强层后，立即在加强层涂膜表面粘贴聚酯布增强层。严禁涂膜防水加强层表面干燥后再铺设聚酯布增强层。加强层施工完毕后开始进行大面的涂膜防水层施工，防水层采用多道（一般 3～5 道）涂刷，上下两道涂层涂刷方向应互相垂直。当涂膜实干后，才可进行下道涂膜施工。

②聚氨酯涂膜防水层施工完毕并经过验收合格后，应及时施作防水层的保护层，平面保护层采用7cm 厚的细石混凝土，在浇筑细石混凝土前，需在防水层上覆盖一层 350 号纸胎油毡隔离层，立面防水层（如反梁的立面）采用厚度不小于 6mm 的聚乙烯泡沫塑料板进行保护。

2）预铺反黏防水卷材

（1）基面处理要求

①底板和侧墙附加防水层施工要求：铺设防水层的基层表面不得有明水，否则应进行堵漏处理；底板垫层采用自找平处理，结构采用 20mm 厚 1∶2.5 水泥防水砂浆进行找平。找平层表面应平整，其平整度用 2m 靠尺进行检查，直尺与基层的间隙不超过 5mm，且只允许平缓变化。

②顶板结构混凝土浇筑完毕后，应采用木抹子反复收水压实，使基层表面的突出物从根部凿除，

并在凿除部位用水泥砂浆刮平压实；当基层表面出现凹坑时，先将凹坑内酥松表面凿除后用高压水冲洗，待槽内干燥后，用水泥砂浆填充压实；当基层上出现大于0.3mm的裂缝时，应在裂缝部位采用渗透结晶水泥砂浆修补。

③基面应洁净、平整、坚实，不得有疏松、起砂、起皮现象。

④所有阴阳角部位均采用1:2.5水泥砂浆倒角，阴角可做成5cm×5cm的倒角；阳角可采用水泥砂浆圆顺处理，$R \geqslant 30mm$。

（2）防水层施工工艺流程

采用预铺反黏法施工技术，平面、垂直面、隧道拱顶等部位施工工艺流程如下：

平面：清理基层 → 基层弹线 →铺设预铺反黏卷材→搭接处理→节点处理→揭卷材隔离膜→绑扎钢筋→浇筑混凝土。

垂直面：安装立面支撑（垫片）→弹线→铺设预铺反黏卷材→机械固定防水卷材→搭接处理→节点处理→揭卷材隔离膜→小钉头部位涂刷专用胶密封→绑扎钢筋→浇筑混凝土。

（3）施工控制要点

①首先在达到设计要求的阴、阳角部位铺设加强层卷材，加强层卷材宽度为50cm，防水层采用单面黏预铺式卷材，靠近底板垫层及围护墙面一侧的迎水面为非黏结面，与结构外表面为黏结面。

②侧墙防水层采用机械固定法固定于围护墙表面，固定点距卷材边缘2cm处，钉距不大于500mm，钉长不得小于27mm，配合垫片将防水层牢固地固定在基层表面，垫片直径不小于20mm，厚度不小于1.0mm；同时应每隔400～600mm进行机械固定，并应保证固定位置被卷材完全覆盖，顶板采用专用底涂黏结。

③短边应采用80mm宽的胶黏带搭接，卷材端部搭接区应相互错开，将钉孔部位覆盖住，要求上幅压下幅进行搭接。

④底板防水层铺设完毕，在绑扎钢筋前，除掉卷材的隔离膜，及时施作与底板同强度等级的50mm厚细石防水混凝土保护层，侧墙防水层应采取临时保护措施，确保防水层不受破坏。

⑤防水层破损部位应采用双面黏结的同材质材料进行修补，补丁满粘在破损部位，距破损边缘的最小距离不小于10cm。

⑥卷材末端及切口处搭接，应使用专用胶带封口，混凝土应在防水层安装结束后40d内浇捣完成。

⑦铺设双层卷材时上下层卷材长边接缝部位均需要错开1/3～1/2幅宽，上下层短边接缝部位均需要错开1m以上，加强层卷材搭接缝与防水层搭接缝必须错开0.3m，卷材长边应采用自黏边搭接，搭接宽度70mm。

2.9.3 施工缝、变形缝处的防水处理

1）施工缝处的防水处理

（1）墙体水平施工缝不应留设在剪力与弯矩最大处或与侧墙交接处，应留设在高出底板表面不小于300mm的墙体上。拱（板）墙结合的水平施工缝，宜留在拱（板）墙接缝线以下150～300mm处。分段浇筑的混凝土施工缝分为纵向施工缝和环向施工缝两种，两种施工缝均需采用一道或两道防线进行处理。

（2）墙体水平（纵向）施工缝浇筑混凝土前，应将其表面浮浆和杂物清除干净，湿润后涂刷水泥基渗透结晶型防水材料，待混凝土浇筑前再铺设30mm厚的掺和了水泥基渗透结晶型防水材料的防水

砂浆（掺量为水泥质量的 2% ～ 3%），并及时浇筑混凝土。

（3）环向施工缝应将其表面打磨清理干净，使其充分湿润后涂刷水泥基渗透结晶型防水材料或采用中埋式止水带进行防水处理，两者同时采用防水效果更佳。

2）变形缝

（1）在变形缝部位的模筑混凝土外侧采用防水板粘贴在结构迎水面，代替背贴式止水带。具体做法详如图 2-53 和图 2-54 所示。

（2）对于水压较大、伸缩和沉降大的变形缝，在变形缝部位设置中埋式橡胶止水带或钢板止水带。

（3）变形缝内侧采用密封膏沿变形缝环向嵌缝密封止水，要求任何部位均应与结构黏结紧密牢固、封闭严实，并不得出现断点。

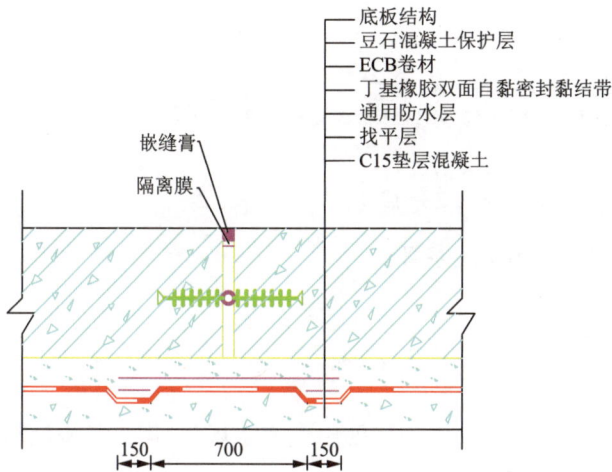

图 2-53 底板变形缝防水构造示意图（尺寸单位：mm）

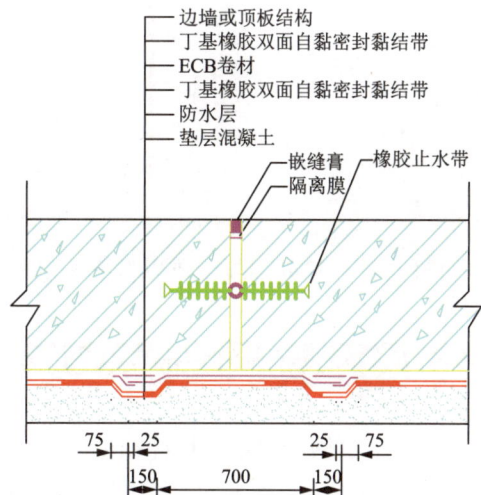

图 2-54 边墙或顶板变形缝防水构造示意图（尺寸单位：mm）

2.9.4 穿墙管线防水处理

（1）穿墙管线采用预埋式钢套管时，应加焊止水环。

（2）当穿墙管线与结构采用柔性连接时，靠内套管一端可与外墙平齐，浇筑混凝土时该端口预留套管要用胶布等密封好，避免堵塞孔洞。具体做法如图 2-55 所示。

（3）靠迎水面套管应突出外墙不少于 150mm，在外模板上准确确定预留穿墙管位置并在模板上开洞，外墙合模前将穿墙套管插入模板孔洞中并固定牢固，合模后密封穿墙管与模板间的缝隙。

（4）套管与管道之间的缝隙应用柔性材料密实填充，

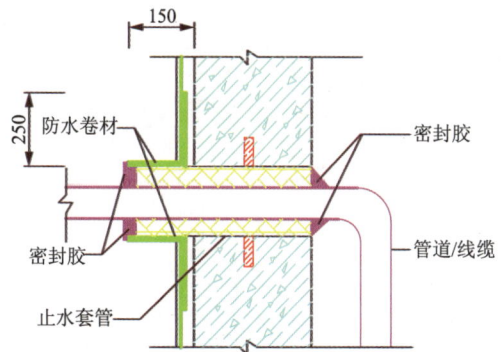

图 2-55 穿墙管线防水处理示意图（尺寸单位：mm）

且端面应光滑，管道接口不得设在套管内。当管道位置较低，地下水位较高时，应在套管周边设置紧固装置，确保套管与管道之间的缝隙填料持续密实且不产生位移。

2.9.5 工程桩、抗拔桩处的防水处理

桩头处采用的防水措施，应确保将底板与桩头牢牢地黏结在一起，又要确保桩头处防水密闭以利

于底板垫层大面积防水层形成一个连续整体,具体做法如图 2-56 所示。

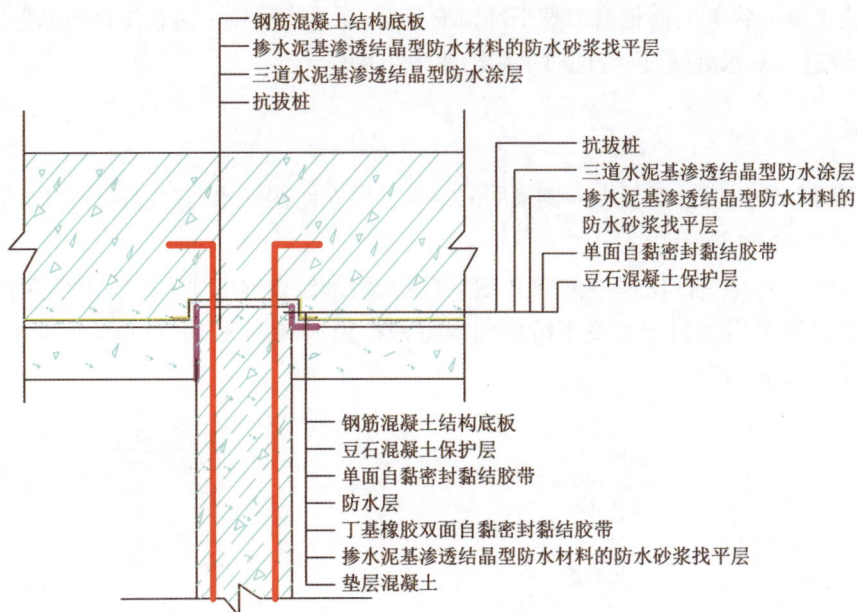

图 2-56　桩头与底板连接防水构造示意图

对桩与柱连接处混凝土难以振捣密实的部位,应预留注浆管。

2.9.6　格构柱处的防水处理

(1)底板钢筋与型钢格构柱相交时,为防止现浇底板与格构柱处出现渗水现象,需将底板区域内格构柱内的混凝土全部凿除,并对格构柱进行除锈处理。

(2)在凿除格构柱芯内的混凝土时,可去除部分缀板(为确保格构柱稳定性,严禁同时去除同一高程处的其他缀板),以便于进行混凝土凿除作业。在格构柱内的混凝土凿除后,须立即恢复去除的缀板。

(3)在格构柱外面一圈焊接止水钢板,格构柱芯内同样焊接一圈止水钢板,止水钢板厚度 3mm,宽度超出格构柱板面 50mm,止水钢板与格构柱板面之间必须满焊。止水钢板高度为底板厚度的中间部位。

(4)防水卷材端头紧贴格构柱根部,并采用密封膏进行收头处理。

具体做法如图 2-57 所示。

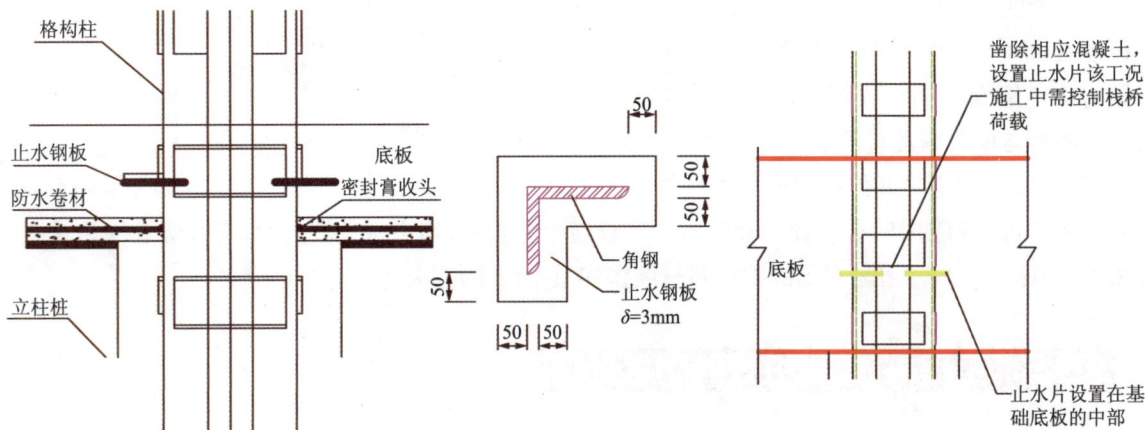

图 2-57　格构柱与底板连接处的防水做法示意图(尺寸单位:mm)

2.9.7　降水井的封堵及防水处理

（1）钢套管防水节点处理

具体施工步骤如下：

①在垫层施工前埋设封井钢套管，其壁厚不应小于 5mm，直径比降水井管外径宽 60 ~ 100mm；钢套管应埋入垫层底部 200mm，露出部分应超过底板 40mm；在底板中间焊止水环，止水环宽度为 150mm，厚度 5mm，如图 2-58 所示。

②钢套管与降水井管上口之间用水不漏或防水砂浆塞堵。

③抹水泥砂浆防水找平层时，钢套管根部应抹八字角。

④铺贴防水卷材时，应沿钢套管壁上翻 250mm。

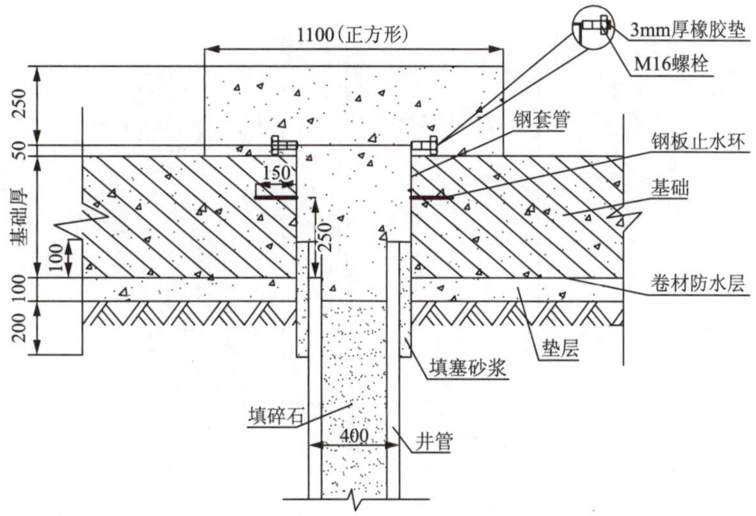

图 2-58　降水井封堵大样图（尺寸单位：mm）

（2）降水井封堵

具体施工步骤如下：

①切断水泵电源后，将水泵迅速提出，将准备好的砂石集料（体积比，石子：砂子 =2：1，石子粒径为 10 ~ 30mm）迅速填入，为提高止水效果，每填 3m 砂石，倒入一袋干水泥。填至距垫层底 100mm 时，填 100mm 厚干水泥。

②干水泥填至垫层底高程时，应排干净套管内的积水，填入微膨胀混凝土，其强度等级应比底板混凝土高一强度等级；混凝土填至距离套管 100mm，振捣密实，剩余 100mm 用干水泥封堵。

③将准备好的钢盖板（钢盖板比钢套管内壁小 1 ~ 3mm）放入套管内并调整平整，用电焊迅速将其与套管焊接封闭，并将焊缝补焊一道。要求焊缝严密、完整，符合满焊质量要求，焊接完成后焊口无渗漏水渍。

④降水井涌水量较大时，采用法兰封堵，在钢套管顶部焊接法兰，法兰片与盲板之间加垫 3mm 厚橡胶密封垫，用 M16 螺栓连接封堵。

2.9.8　盖挖逆作法关键防水节点处理

（1）顶板与侧墙节点防水处理

由于结构施工为逆作法，顶板与围护结构刚性连接，顶板防水层与侧墙防水层无搭接，这是逆作

法施工车站的特点,也是防水的薄弱环节。板与侧墙节点处防水施工步骤如下:

①先将顶板自黏式防水卷材 SBS 下折至桩冠梁与冠梁搭接 600mm 密封收口。

②侧墙防水板在施工顶板节点时预埋于冠梁和侧墙间,端部伸出接头,便于与后施工侧墙防水板连接。在顶板与侧墙施工缝处埋设两道遇水膨胀止水条。

③施工缝外侧端部设纵向(水平向)集水盲管,与竖向排水盲管连接,形成渗漏点的排水系统,如图 2-59 所示。

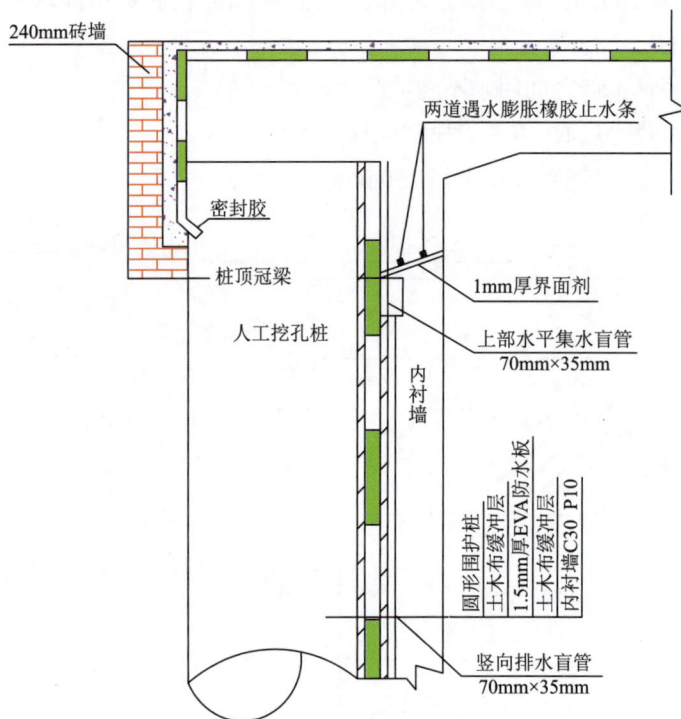

图 2-59　顶板与侧墙防水节点处理示意图

(2)变形缝与施工缝防水

①变形缝

变形缝防水构造形式应根据工程特点、地基和主体结构变形情况以及水压、水质和防水等级等因素确定。缝宽一般为 20～30mm。变形缝通常采用埋入式橡胶止水带,对防水等级较高的地铁工程,可在变形缝外侧或内侧用其他防水材料,如用嵌缝材料或高分子卷材进行加强。

②后浇缝

a. 应在两侧结构混凝土的龄期达到 6 周以后再施工;

b. 施工前应将接缝处的混凝土凿毛,清洗干净,保持湿润并刷水泥浆或界面剂,在结构断面内中部附近安放遇水膨胀止水条;

c. 用补偿混凝土将后浇缝浇满,其强度等级和抗渗等级均不低于两侧主体结构混凝土的等级;

d. 养护时间不少于 28d。

③施工缝

将接缝处预留的中埋式橡胶(或钢板)止水带清理干净,将混凝土基面凿毛清净后,在结构断面中部附近设置遇水膨胀止水条,选用的遇水膨胀止水条应具有缓胀性能,其 7d 的膨胀率不小于最终膨胀率的 60%,并在基面上固定牢固,在浇筑混凝土时注意保护,振动棒严禁触碰。水平施工缝浇灌混凝土前应将其表面浮浆和杂物清除,先铺 30～50mm 厚的 1:1 水泥浆或涂刷混凝土界面处理剂并及时浇筑混凝土。

2.10 主体结构

2.10.1 明挖顺作主体结构施工

1）明挖顺作法主体结构形式

（1）结构断面形式

采用明挖顺作的主体结构断面形式主要是矩形框架结构和拱形结构，根据功能要求，可以设计成单层、双层、单跨、双跨或多层多跨等形式，如图 2-60 所示。

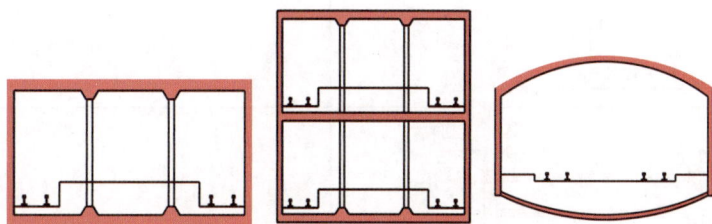

图 2-60 明挖顺作常见的主体结构形式示意图

（2）结构体系

明挖结构体系可分为叠合墙体系和复合墙体系（图 2-61）。

①叠合墙体系

叠合墙体系是指围护结构和内衬墙体中间利用钢筋接驳器连接形成一个整体墙结构，这种方式可以增加结构的整体刚度，但由于叠合墙体系不设内防水，其结构的自防水质量就显得至关重要。

②复合墙体系

复合墙体系指围护结构和内衬墙体之间设置有防水隔离层，两者紧贴在一起共同形成受力结构体系。因中间设有防水层，围护结构和内衬墙不能完全协调变形，故内衬墙的内力较大，其厚度也较叠合墙大。

虽然墙体结构有所不同，但施工工艺基本相同，叠合墙体系侧墙无卷材防水层。

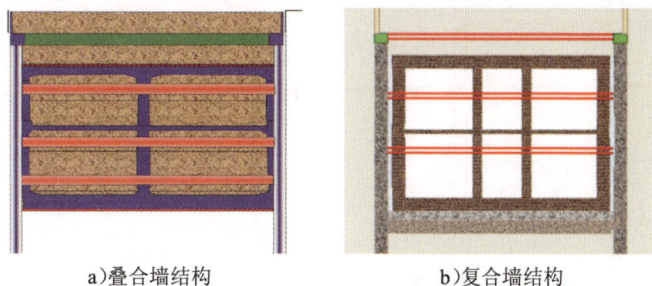

a）叠合墙结构　　　　　　　　　　b）复合墙结构

图 2-61 明挖结构体系示意图

2）明挖顺作法施工

（1）施工工序

明挖顺作法（以复合墙结构为例）施工工序为：

基坑开挖至设计高程→接地网铺设→垫层浇筑→底板防水层施工→底板、中立柱施工→侧墙防

65

水层及部分侧墙施工→部分支撑拆除、中板施工→剩余部分侧墙施工→拆除支撑，顶板施工→顶板防水施工→拆除冠梁及首道混凝土支撑→管线回迁顶板覆土→恢复路面。

（2）施工步骤

施工具体步骤见表2-13。

明挖顺作法施工步骤   表2-13

序　号	图　示	施工步骤说明
1		第一步：开挖至基底后，施作接地网，施工基底垫层、底板防水层
2		第二步：施工底板、负二层侧墙下部防水层及侧墙、中立柱，在底板和侧墙达到设计强度后，将第四道支撑拆除
3		第三步：施工负二层结构侧墙剩余部分防水层、侧墙和立柱、中板一起浇筑
4		第四步：中板达到设计强度后，拆除第三道钢支撑。施工负一层结构部分侧墙、立柱
5		第五步：拆除第二道支撑，施工剩余的侧墙防水层、侧墙、立柱及顶板

序 号	图 示	施工步骤说明
6		第六步:顶板达到设计强度后,拆除第一道钢筋混凝土支撑,施工顶板防水层,回填覆土,恢复路面

3）关键工序施工技术要点

（1）接地网垫层施工

①水平接地体施工:在车站基底掏槽,人工整平槽底,水平接地体在沟内焊接成形,每段基坑的接地网埋设时必须留有足够的搭接长度,长度不小于15cm;接地体间搭接长度不小于2d（d为接地体宽度）,焊接必须牢固。

②垂直接地体施工:采用直径为100mm的地质钻机,按设计要求成孔,垂直接地体一般使用铜管或铜棒,接地体间水平距离不小于10m,垂直接地体与水平接地体可采用先扭弯,再进行搭接焊,然后施工接地引出线。

③接地引出线的铜排采用50mm×5mm铜排,引出线要求引出车站底板上边缘0.5m,强电与弱电系统接地引出线间距应大于20m;铜排穿过底板时,设置非磁性钢管保护接地引出线,在钢管中部加焊止水钢板,并填塞双组分硅橡胶,以防此处漏水。

④接地极之间连接方式:接地极均采用热焊方式,确保接地极之间连接牢固、无虚焊、脱焊、漏焊。

⑤施工完成后应进行接地电阻测试:采用三级法测试,每个施工阶段的接地网敷设施工完成,待接地电阻测试合格,沟槽回填夯实完成,并经验收合格后,方可进行底板垫层混凝土的施工。

（2）钢筋施工

①进场钢筋应有材质单和出厂合格证,并根据规范要求按批次进行复检,复检合格后方可使用。

②钢筋制作前,先按设计施工图和规范要求编制钢筋下料单,经过审核无误后,按复核料单制作。

③钢筋加工的形状、尺寸必须符合设计要求。油渍、漆污、浮皮和铁锈在使用前应清除干净。在焊接处的水锈在焊接前应清除干净。

④钢筋焊接可采用电弧焊、埋弧焊、电渣压力焊、二氧化碳气体保护焊等。

⑤钢筋现场连接可采用标准型套筒连接、异型套筒连接、正反丝扣型套筒连接等,机械加工的钢筋长度及外径应满足设计要求,偏差要符合规程要求。

地铁车站中板及侧墙现场钢筋施工工程实例如图2-62所示。

图2-62 地铁车站中板及侧墙现场钢筋施工工程实例

（3）模板施工

①底板下反梁施工

设置抗拔桩和立柱桩的车站底板有一道底纵梁，其中部分为下反梁，施工较为不便，为便于钢筋绑扎，先采用小型机械挖槽，槽宽大于梁设计宽度 50 ～ 600mm，然后浇筑 150mm 厚素混凝土垫层，施作防水层和 5cm 防水保护层。然后对砖模侧墙内表面进行抹面处理，抹面材料采用 1∶1 水泥砂浆。

底板上反梁采用"吊模"体系，采用竹胶板，竖向两侧各设置 100mm×100mm 方木，间距按计算确定，竖向设置双拼 ϕ48 钢管，并设置两道 M20 对拉螺栓，支撑体系两侧采用 ϕ48 钢管斜向支撑，采用 ϕ25 钢筋地锚固定。下反梁模板如图 2-63 所示。

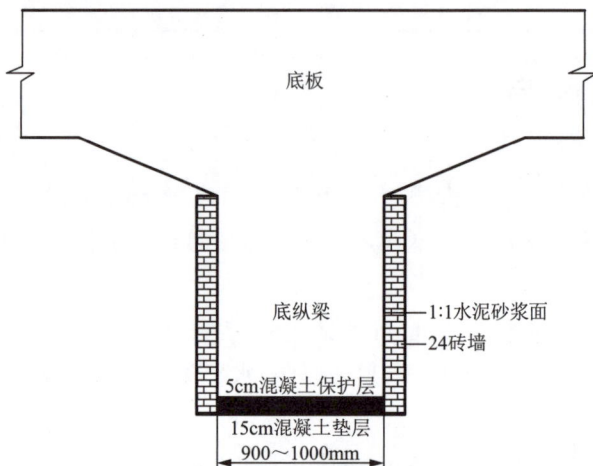

图 2-63　车站底板下反梁模板示意图

②侧墙模板施工

车站站台层侧墙和站厅层侧墙推荐使用三脚架支撑系统，模板自身刚度大、稳定性好、拼缝严密，混凝土施工质量有保证，如图 2-64 所示。

图 2-64　墙模板三脚架支撑系统工程实例

③柱模板施工

车站柱模板采用钢模板或竹胶板，柱侧模板外设次龙骨，次龙骨外设 2 道主龙骨，主龙骨四周各设置一道 ϕ22 对拉螺栓进行加固。

④梁、板模板支架施工

一般采用碗扣式（或盘扣式）钢管满堂支撑脚手架，主梁范围内的立杆间距和水平横杆间距均按检算结果加密，同时每隔 5 跨设置一道竖向剪刀撑，从梁底向下第一道水平杆和梁底扫地杆处各设置一道水平剪刀撑，可调托架上方沿纵向上覆主龙骨，在纵向主龙骨顶部沿横向设次龙骨，最后在横向方木顶部布置梁底模。梁侧模采用对拉螺栓进行加固。

（4）混凝土施工

①混凝土施工方法

车站主体混凝土施工属于大体积混凝土结构施工工程，采用商品混凝土，搅拌运输车运输至浇筑地点。混凝土从搅拌机出料后到浇筑地点浇筑完毕的允许最长时间，不得超过规范规定的允许值；混凝土运至施工现场采用泵送入模；入模后以插入式振捣为主、附着式振捣为辅，以确保混凝土振捣密实。

②施工控制要点

a. 混凝土浇筑前，应对模板、支架、钢筋和预埋件进行检查，符合要求后方能浇筑。

b. 混凝土运至浇筑地点后中速旋转搅拌筒使混凝土拌和均匀，然后倒入料斗内，若混凝土发生离析、严重泌水或坍落度不符合要求时，应高速旋转搅拌筒进行二次搅拌；二次搅拌时不得任意加水，如二次搅拌仍不符合要求，则不得使用。

c. 混凝土自由倾落高度不得超过 2m，超过 2m 应采用串筒等防止混凝土离析的措施；对于钢筋布置较密的结构，混凝土自由倾落高度要适当降低，避免混凝土与钢筋撞击而发生离析或撞坏钢筋骨架。

d. 混凝土应连续浇筑，各分块之间、上下层之间的混凝土浇筑间歇时间不得超过混凝土初凝时间，如不满足要求时，按施工缝处理。

e. 当采用插入式振捣时，插入振动棒应尽量避免碰撞钢筋，振动棒要快插慢拔，以免产生空洞。混凝土振捣时间要适当，宜为 20～30s，以混凝土停止下沉、不冒气泡、泛浆、表面平坦为度，防止过振、漏振。

f. 混凝土浇筑完成后，及时进行抹面处理，以防止混凝土开裂。

g. 混凝土浇筑完后，应在 12h 内加以覆盖保湿养护，以确保混凝土表面保持湿润为宜。防水外墙要保证 14d 的喷淋养护；底板混凝土采用蓄水养护；其余结构混凝土养护时间不小于 7d；在炎热的天气下，基本养护前应进行早期养护，一般在混凝土密实成型后进行 30mm 早期养护。

2.10.2 盖挖逆作主体结构施工

1）施工工艺流程

盖挖逆作法施工工艺流程如图 2-65 所示。

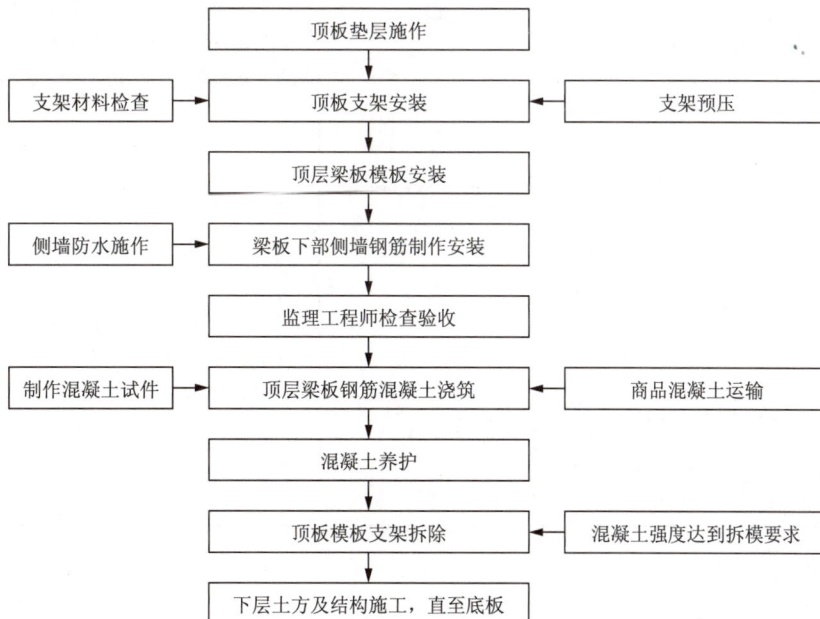

图 2-65　盖挖逆作法主体结构施工工艺流程图

2）施工步骤

盖挖逆作法主体结构施工步骤见表 2-14。

盖挖逆作法施工步骤（以地下三层车站为例） 表 2-14

序 号	图 示	说 明
1		第一步：施工地下连续墙（或围护桩）、冠梁、挡土墙、抗拔桩、中立柱、降水井，向下开挖至地下一层顶板梁底下开挖面（地模法和满堂支架法高程不同，施工时应注意，下同），施作垫层
2		第二步：以中立柱作为支撑施工顶板、顶梁。待顶层板达到设计强度后，利用顶板作为横向支撑，开挖至第二次开挖面高程
3		第三步：施工地下负一层梁、板。待达到设计强度后，利用地下负一层中板作为支撑，向下开挖至第三次开挖面高程。施工地下负一层侧墙
4		第四步：施工地下负二层梁、板。待达到设计强度后，利用地下负二层底板作为支撑，向下开挖至第四次开挖面高程。施工地下负二层侧墙
5		第五步：向下开挖至基底，施工基底垫层、底板防水层、底板、底梁。施工地下三层侧墙。主体结构部分施工结束

3）施工控制要点

（1）车站主体结构各层板施工根据结构形式分为满堂支架法和地模法施工，一般情况下，建议采用满堂架施工,有利于控制各部位的高程和平整度,避免地层持力层不均产生的不均匀沉降。

（2）应根据车站结构长度、宽度、土方开挖顺序、出土口设置、结合后浇带的设置等因素,自上而下分层分段施工,每层以及每层各个作业段之间呈台阶型流水作业。

（3）预埋件及预留孔洞的处理:根据设计图纸布设各种预埋管路、预埋铁件及预留孔洞,并对其位置进行复测,以确保定位准确,并采取有效措施（焊接、支撑、加固等）将其牢固定位,以防止其在混凝土浇筑过程中变形或移位。

（4）钢筋和模板施工与明挖顺作法相同。

（5）混凝土浇筑。

①为便于浇筑,顶板一般采用天泵浇筑,中板、底板及侧墙一般采用地泵浇筑。输送泵放置于地面,泵管接到作业面上,垂直向下时注意泵管呈 S 形布置,以增加混凝土向下滑动阻力,防止混凝土离析。混凝土以先浇筑梁,后浇筑板的施工顺序进行。侧墙及梁下部振捣采用插入式振动棒,板顶部用平板式振动器配合振捣。

②在侧墙顶部,新老混凝土结合部位,每隔 3 ～ 4m 预留一喇叭形灌浆口,输送泵管深入墙内部,靠其压力将混凝土压实,并预埋可重复注浆管,在后期进行注浆,确保顶部混凝土密实。

③浇捣混凝土的过程中,派专人检查模板、支架、钢筋、预埋件、预留孔的情况,当发现有变形、位移时应及时采取措施进行处理。

2.11 常见问题及预防措施

2.11.1 基坑围护结构

基坑围护结构常见问题及预防措施见表 2-15。

基坑围护结构常见问题及预防措施 　　　　　表 2-15

序号	常见问题		原因分析	预防措施
1	地下连续墙	露筋	① 土体缩径。 软土地层成槽过程中易发生缩径,从而造成缩径现象。 ② 泥浆中含砂量高。 若清孔不到位,造成泥浆含砂量高,在沉放钢筋笼或混凝土灌注过程中,砂会沉淀,达到一定量时,容易滞留在钢筋笼保护层中,形成夹泥造成露筋。 ③ 沉渣过厚。 若沉渣过厚,沉渣会随第一车混凝土浇灌后翻至混凝土上方,并随混凝土上升而上升,该沉渣将部分滞留在保护层中,形成露筋	① 加厚抓斗、勤扫孔、改善泥浆、缩短时间,在砂土层中必须确保泥浆有一定的相对密度和足够的黏度,满足护壁要求,一般成槽相对密度 1.1 左右,黏度不少于 25s。可将抓斗厚度增加 1 ～ 2cm,减少土体缩径带来的墙厚不足。清孔后,放钢筋笼前可再次用加厚抓斗扫孔,扫除可能发生缩径的土体,做好各工序之间的衔接,减少槽孔暴露时间,减少缩径现象的发生。 ② 泥浆含砂量高,必须确保清孔质量,清孔后槽段底部泥浆相对密度必须小于 1.15。 ③ 控制沉渣厚度。保证扫孔和清孔质量可以有效地控制沉渣,混凝土浇灌前沉渣厚度不能大于 100mm
2		渗漏水	① 刷壁不彻底,造成接头夹泥。 ② 锁口管向钢筋笼侧倾斜,导致无法有效刷壁。 ③ 沉渣厚,导致在混凝土浇筑过程中夹泥。 ④ 清孔不彻底,导致沉渣增厚,形成夹泥。 ⑤ 混凝土浇筑过程中发生导管脱管,导致墙体或接缝形成夹泥	① 对地下连续墙接头采用强制性刷壁器进行刷壁,并用超声波检查,直到刷壁干净为止。 ② 在刷壁前用超声波测量地下墙接头倾斜度,并针对性调整刷壁器位置和角度,尽量做到有效刷壁。 ③控制沉渣厚度。 ④ 保证在浇混凝土过程中导管埋深 1.5 ～ 3m,不宜过浅或过深,否则都会造成夹泥现象

序号	常见问题	原因分析	预防措施
3	钢筋笼起吊变形、散架	①纵横桁架钢筋未设置或设置薄弱，刚度不足。 ②吊点设置数量不足，主辅吊之间距离过大。 ③起吊过程中两部吊车配合不当。 ④桁架钢筋、桁架与分布筋焊接不牢固。 ⑤吊车配置不满足吊装要求。 ⑥吊具刚度不满足吊装要求	①增加纵向桁架数量，幅宽大于4m时设置不少于3榀，横向桁架每3m设置一榀。 ②吊点纵向间距不宜大于11m，横向2～3道，主辅吊之间的距离调整到不大于3.5m，以此来确定吊点数量。 ③双机配合抬吊，专业起重工负责指挥，避免两部吊车拉扯钢筋笼。 ④加强焊接质量，尤其是吊点桁架，桁架与分布筋必须焊接牢固，桁架两侧3～5根主筋和分布筋必须满焊。 ⑤双机抬吊时，主吊负载不能超过其自身起重能力的70%，抬吊不能超过其自身起重能力的80%。 ⑥钢丝绳需满足6倍安全系数，吊点（吊耳）需满足4倍安全系数
4	地下连续墙 接头装置不能拔出	①未能按时拔管。 ②混凝土浇筑过程中出现绕流。 ③起拔过程中，接头装置销子松动，卡在导墙下部。 ④接头装置在安放过程中没有插过土体内，造成混凝土倒灌进锁口管内，不但增加了导管重量，同时因锁口管内混凝土与地下连续墙混凝土连成一体，一旦该处混凝土凝固，则造成锁口管无法拔除。 ⑤在起拔接头装置过程中，起拔设备突然损坏，终止继续起拔	①在混凝土浇筑开始后开始间歇性松动锁口管，起拔高度10cm左右。 ②锁口管插入后，确认管底深入土中，向锁口管槽段外侧回填密实。 ③发现接头装置不能拔出，可采取以下方式进行处理： 用柴油打桩机将接头装置向下打50cm左右。锁口管背面用液压抓斗开挖至槽底。若有条件，在管外两侧用钻机打孔，释放空气以避免在拔管过程中形成真空，然后用起拔装置将锁口管拔除
5		H型钢接头	浇筑的混凝土往往绕过H型钢与回填物混合，形成"绕流混凝土"，一旦与H型钢粘连，难以清除，会造成接头渗漏等质量缺陷	①通过在钢筋笼外包覆止浆铁皮实现防漏浆。 ②通过"刮、冲、刷"三道工序来保证接头质量
6		槽壁坍塌	①单元槽段划分长度过大，槽壁稳定安全系数不足。 ②导墙挖槽时变形破坏，造成地表土层坍坏。 ③制作导墙时，导墙墙脚未筑在密实的原状土层上，挖槽时，因泥浆冲刷导墙墙脚下不密实的土层而发生坍塌。 ④泥浆性能指标太低，或泥浆多次重复使用后质量恶化，失去护壁性能，或泥浆水质不合要求，含盐和泥沙多，易于沉淀，使泥浆性质发生变化，起不到护壁作用。 ⑤遇竖向层理发育的软弱土层、流沙土层、扰动过的土层或暗河等。 ⑥地面附加荷载过大，如槽段临近有建筑物或在槽段临近堆放等重物、重型机械等，使槽壁受到附加侧向土压力而发生坍塌。 ⑦成槽后搁置时间过长，未及时吊放钢筋笼、浇筑混凝土或下钢筋笼、浇筑混凝土间隔时间过长，泥浆沉淀失去护壁作用。 ⑧操作不当：抓斗下槽时速度太快或用锁口管冲击绕流混凝土，使泥浆在槽内产生动压、掀起波浪，破坏了槽壁土体的稳定，致使槽壁发生坍塌	①缩短单元槽段的长度，单元槽段一般不超过6m。 ②降低地下水位，采用高导墙，提高泥浆液面。 ③调整泥浆性能指标，必要时掺加重晶石粉，提高泥浆相对密度。 ④根据成槽情况，随时调整泥浆密度和液面高程。 ⑤对软弱的淤泥质土层、粉砂层预先进行注浆处理，改善其土质，采用慢速成槽，适当加大泥浆密度，控制槽段内液面高于地下水位0.5m以上。 ⑥加强施工管理，禁止在槽段两侧堆放土方、钢筋等重物或停置、通行重型机械。 ⑦槽段成槽后，经验收合格立即吊放钢筋笼并浇筑混凝土，尽量不使其搁置时间过长。 ⑧加快施工进度，缩短挖槽时间和浇筑混凝土间隔时间，降低墙外的地下水位，减少冲击和高压水流冲刷。严重坍槽，要在槽内填入较好的黏土重新下钻。局部坍塌可加大泥浆密度。如发现大面积坍塌，用优质黏土（掺入20%水泥）回填至坍塌处以上1～2m，待沉积密实后再进行成槽

地铁土建工程技术与管理实务

72

序号	常见问题		原因分析	预防措施
7	地下连续墙	槽段偏斜（弯曲）	①成槽机柔性悬吊装置偏心,抓斗未安置水平。 ②成槽中遇坚硬土层。 ③在有倾斜度的软硬地层处成槽。 ④未按仪表显示纠偏	①成槽机使用前调整吊装置,防止偏心,机架底座应保持水平,并安设平稳。 ②遇软硬土层交界处采取低速成槽,合理安排挖掘顺序,适当控制挖掘速度。 ③查明成槽偏斜的位置和程度,一般可在受偏斜处吊住成槽机上下往复扫孔,使槽壁正直,偏差严重时,应回填黏土到偏槽处1m以上,待沉积密实后,再重新施钻。 ④跟踪监测成槽垂直度,发现超限,随时纠偏
8		钢筋笼难以放入槽孔内或上浮	①槽壁凹凸不平或弯曲。 ②钢筋笼尺寸不准,纵向接头处产生弯曲。钢筋笼刚度不够,吊放时产生变形,定位块过于凸出。 ③钢筋笼重量太轻,槽底沉渣过多。 ④导管埋入深度过大或混凝土浇筑速度太快,钢筋笼被托起上浮	①成槽时要保持槽壁面平整。 ②严格控制钢筋笼外形尺寸,其截面长宽比槽孔小140mm,如因槽壁弯曲钢筋笼不能放入,应修整后再放入钢筋笼。 ③钢筋笼上浮,可在导墙上设置锚固点固定钢筋笼,清除槽底沉渣。 ④控制浇筑速度,控制导管的最大埋深不超过6m
9		混凝土浇筑时导管进泥	①初灌混凝土数量不足,导管底距槽底间距过大。 ②导管插入混凝土内深度不足,提导管过度,泥浆挤入管内	①首批混凝土应经计算,保持足够数量,导管口距槽底间距应为300～500mm,导管插入混凝土深度保持不小于1.5m。测定混凝土上升面,确定高度后再距此提拔导管。 ②如槽底混凝土深度小于0.5m,可重新放隔水塞浇混凝土,否则应将导管提出,将槽底混凝土用空气吸泥机清出,重新浇筑混凝土,或改用带活底盖导管插入混凝土内,重新浇筑混凝土
10		导管内卡混凝土	①导管口离槽底距离过小或插入槽底泥沙中,隔水塞卡在导管内。 ②混凝土坍落度过小,石粒粒径过大,砂率过小。 ③浇筑间歇时间过长	①导管口离槽底距离在规定的范围内。混凝土隔水塞保持比导管内径有5mm空隙。 ②按要求选定混凝土配合比,加强操作控制,保持连续浇筑。 ③浇筑间隙要上下小幅度提动导管,若遇堵管,可敲击、抖动、振动或提动导管,或用长杆捣导管内混凝土进行疏通。如无效,在顶层混凝土尚未初凝时,将导管提出,重新插入混凝土内,并用空气吸泥机将导管内的泥浆排出,再恢复浇捣混凝土
11		夹层	①浇筑管摊铺面积不够,部分角落浇筑不到,被泥渣填充。 ②浇筑管埋置深度不够,泥渣从底口进入混凝土内。导管接头不严密,泥浆渗入导管内。 ③混凝土未连续浇筑,造成间断或浇筑时间过长,首批混凝土初凝失去流动性,而继续浇筑的混凝土顶破顶层而上升,与泥渣混合,导致在混凝土中夹有泥渣,形成夹层。 ④混凝土浇筑时局部塌孔	①采用多槽段浇筑时,每槽段应设2～3个导管同时浇筑,导管水平布置距离不大于3m,并有多辆混凝土车轮流对称浇筑。 ②导管埋入混凝土深度应为1.5～3.0m,导管接头应采用粗丝扣,设橡胶圈密封。 ③如混凝土凝固,可将导管提出,将混凝土清除,重新下导管,浇筑混凝土,混凝土已凝固出现夹层,应在清除后采取压浆补强方法处理。 ④遇塌孔,可将沉积在混凝土上的泥土吸出,继续浇筑,同时应采取加大水头压力等措施,避免继续坍塌
12	钻孔灌注桩	坍孔	①泥浆相对密度不够及其他泥浆性能指标不符合要求,使孔壁未形成致密泥膜。 ②由于出渣后未及时补充泥浆(或水),或河水、潮水上涨,或孔内出现承压水,或钻孔通过砂砾等强透水层,孔内水流失等而造成孔内水头高度不够。 ③护筒埋置太浅,下端孔口漏水、坍塌或孔口附近地面受水浸泡泡软,或钻机直接接触在护筒上,由于振动使孔口坍塌,扩展成较大坍孔。	①在松散粉砂土或流沙中钻进时,应控制进尺速度,选用较大相对密度、黏度、胶体率达标的泥浆或高质量泥浆。 ②冲击钻成孔时投入黏土、砂石等,低冲程锤击,使黏土、砂石挤入孔壁起护壁作用。成孔后待灌时间一般不应大于3h,在保证质量前提下,尽量缩短灌注时间。汛期或潮汐地区水位变化过大时,应采取升高护筒,增高水头,或用吸虹管、连通管等措施保证水头相对稳定。 ③发生孔口坍塌时,可立即拆除护筒并回填钻孔,重新埋设护筒再钻。

序号	常见问题		原因分析	预防措施
12		坍孔	④在松软砂层中钻进进尺太快而塌孔。 ⑤吊入钢筋骨架时碰撞孔壁	④如发生孔内坍塌,判明坍塌位置,回填砂和黏质土(或砂砾和黄土)混合物到坍孔处以上1～2m。如坍孔严重时应全部回填,待回填物沉积密实后再行钻进。 ⑤吊入钢筋笼时应对准孔中心竖直沉入,严防触及孔壁
13		斜孔	①钻孔中遇有较大的孤石或探头石。 ②在有倾斜的软硬地层交界处,岩面倾斜处钻进。或者粒径大小悬殊的砂卵石层中钻进,钻头受力不均。 ③钻杆弯曲、接头不正	①安装钻机时要使底座水平、起重滑轮缘、护筒中心三者应在一条竖直线上,并经常检查校正。 ②在有倾斜的软、硬地层钻进时,应控制进尺,低速钻进,或回填片石冲平后再钻进。 ③钻杆接头应逐个检查,及时调正,当主动钻杆弯曲时,要用千斤顶及时调直
14	钻孔灌注桩	扩孔和缩孔	①扩孔:在地下水呈运动状态,土质松散地层处或钻头摆动过大,易于出现扩孔,扩孔发生原因同坍孔相同,轻则为扩孔,重则为坍孔。若只是孔内局部发生坍塌而扩孔,钻孔仍能钻到设计深度则不必处理。 ②缩孔:一种是钻头焊补不及时,严重磨耗的钻头往往钻出较设计桩径稍小的孔。另一种是由于地层中有软塑土(俗称橡皮土),遇水膨胀后使孔径缩小	①为防止缩孔,前者要及时修补磨损的钻头,后者要使用失水率小的优质泥浆护壁并须快速钻进,并复钻2～3次。 ②使用卷扬机吊住钻头上下、左右反复扫孔以扩大孔径,直至使缩孔部位达到设计孔径要求为止
15		梅花孔(或十字孔)	①锥顶转向装置失灵,以致冲锥不转动,总在一个方向上下冲击。 ②泥浆相对密度和黏度过高,冲击转动阻力太大,钻头转动困难。 ③操作时钢丝绳太松或冲程太小,钻头刚提起又落下,钻头转动时间不充分或转动很小,改换不了冲击位置。 ④在非匀质地层,如漂卵石层,堆积层等易出现探头石,造成局部孔壁凸进,成孔不圆	①应经常检查转动装置的灵活性,及时修理或更换失灵的转向装置。 ②选用适当黏度和相对密度好的泥浆。 ③用低冲程时,每冲击一段换用高一些的冲程冲击,交替冲击修整孔形。 ④出现梅花孔后,可用片石、卵石混合黏土回填重钻
16		卡钻	①钻孔形成梅花形,钻头被狭窄部位卡住。 ②未及时焊补钻头,钻孔直径逐渐变小,而焊补后的钻头大了,又用高冲程猛击,极易发生卡钻。 ③伸入孔内不大的探头石未被打碎,卡住锥脚或锥顶。 ④孔口掉下石块或其他物件,卡住钻头。 ⑤在黏土层中冲击的冲程太高,泥浆太稠,钻头被吸住。 ⑥主钢丝绳松放太多,钻头倾倒,顶住孔壁	①当为梅花卡钻时,若钻头向下有活动余地,可使钻头向下活动至孔径较大方向提起钻头,也可松一下钢丝绳,使钻头转动一个角度,有可能将钻头提出。 ②卡钻不宜强提以防坍孔、埋钻。宜用由下向上顶撞的办法,轻打卡点的石头,有时使钻头上下活动,也能脱离卡点或使掉入的石块落下。 ③用较粗的钢丝带打捞钩或打捞绳放进孔内,将钻头勾住后,与大绳同时提动,或交替提动,并多次上下、左右摆动试探,有可能将钻头提出。 ④在打捞过程中,要继续循环泥浆,防止沉淀埋钻。 ⑤用压缩空气管或高压水管下入孔内,对准钻头一侧或吸锥处适当冲射,使卡点松动后强行提出。 ⑥使用专门加工的工具将顶住孔壁的钻头拨正
17		导管进水	①首批混凝土储量不足,或虽然混凝土储量已够,但导管底口距孔底的间距太大,混凝土下落后不能埋设导管底口,以至泥水从底口进入。 ②导管提升过猛,或测深出错,导管底口超出原混凝土面,底口涌出泥水	①应立即将导管提出,将散落在孔底的混凝土拌合物通过泥石泵吸出或者用空气吸泥机吸出。不得已时需将钢筋笼提出采取复钻清除。然后重下放钢筋笼和导管,并投入足够储量的首批混凝土,重新浇筑。 ②灌注混凝土过程中,随时测量混凝土顶面高程,控制拔管长度,确保导管埋入混凝土深度

地铁土建工程技术与管理实务

序号	常见问题	原因分析	预防措施
18	堵管	①初灌时隔水栓堵管：由于混凝土本身的原因，如坍落度过小，流动性差，夹有大卵石，拌和不均匀，以及运输途中产生离析，导管漏水，雨天运送混凝土未加遮盖等，使混凝土中的水泥浆被冲走，粗集料集中而造成堵管。②机械发生故障或其他原因使混凝土在导管内停留时间过久，或灌注时间持续过长，最初灌注的混凝土已经初凝，增大了导管内混凝土下落的阻力，混凝土堵在导管内	①用长杆冲捣管内混凝土，用吊绳抖动导管，或在导管上安装附着式振动器等使隔水栓下落。如仍不能下落时，则应将导管连同其内的混凝土提出孔外，进行清理修整，然后重新布装导管，重新灌注。②灌注前应仔细检修灌注机械，并准备用机械，发生故障时立即调换备用机械。同时采取措施，加快灌注速度，必要时，可在首批混凝土中掺入缓凝剂，以延缓混凝土的初凝时间。当灌注时间已久，孔内首批混凝土已初凝，导管内又堵塞有混凝土，此时应将导管拔出，重新安设钻机钻孔
19	埋管	导管埋入混凝土过深，或导管内外混凝土已初凝使导管与混凝土间摩阻力过大，或因提管过猛将导管拉断	严格控制导管埋深一般不得超过2.0～6.0m，必要时在导管上端安装附着式振动棒，拔管前或停灌时间较长时，均应适当振捣，使导管周围的混凝土不致过早初凝
20	钻孔灌注桩 / 钢筋笼上浮	①导管上拔、导管钩挂钢筋笼所致。②混凝土表面接近钢筋笼底口，导管底口在钢筋笼底口以下3m至以上1m时，混凝土浇筑的速度过快，使混凝土下落冲出导管底口向上反冲，其顶托力大于钢筋笼的重力所致	①钢筋笼上端主钢筋焊固在钢护筒上或在钢筋笼上口增加压重，可承受部分混凝土顶托力。②在孔底设置直径不小于主筋的1～2道加强环形筋，并以适当数量的牵引筋牢固地焊接于钢筋笼底部。③在浇筑水下混凝土的过程中，特别注意混凝土到达钢筋笼底高程位置时的操作：放慢浇注速度，以减小混凝土向上的顶托力。当混凝土面超过钢筋笼底2m左右，应减少导管埋深，使导管底口处于钢筋笼底口附近，并加快浇注速度，以增加钢筋笼的埋深。当混凝土面高于钢筋笼底2～4m后即可正常浇筑
21	断桩	①混凝土坍落度太小，集料太大，运输距离过长，混凝土和易性差，致使导管堵塞，疏通堵管再浇筑混凝土时，中间就会形成夹泥层。②计算导管埋深时出错，或盲目提升导管，使导管脱离混凝土面，再浇筑混凝土时，中间出现夹泥层。③钢筋笼将导管卡住，强力拔管时，使泥浆进入混凝土中。④导管接头处渗漏，泥浆进入管内，混入混凝土中。⑤混凝土供应中断，不能连续浇筑，中断时间长，造成堵管事故	①混凝土配合比应严格按照有关水下混凝土的规范配置，并经常测试坍落度，防止导管堵塞。②严禁不经测算盲目提拔导管，防止导管脱离混凝土面。③钢筋笼主筋接头要焊平，以免提升导管时，法兰卡住钢筋笼。④浇筑混凝土应使用经过检漏和耐压试验的导管。⑤浇筑混凝土前应保证混凝土能正常供应，必要时应有一台备用搅拌车作应急之用
22	桩底沉渣量过多	①清孔不干净或没进行二次清孔。②泥浆相对密度过小或泥浆注入量不足而难于将沉渣浮起。③钢筋笼吊放过程中，未对准孔位而碰撞孔壁使泥土塌落至桩底	①成孔后，钻头提高孔底10～20cm，保持慢速空转，循环清孔时间不少于30min。②采用性能较好的泥浆，控制泥浆相对密度和黏度，不要用清水进行置换。③灌注泥浆时，导管底部至孔底的距离宜为30～50cm，使导管一次埋入混凝土以下1.0m以下
23	SWM工法 / 型钢垂直度偏差大	①施工中遇有较大的孤石或探头石。②在有倾斜的软硬地层交界处，岩面倾斜处钻进。或者粒径大小悬殊的砂卵石层中钻进，型钢受力不均	提前探孔，遇到较大孤石或探头石及时清走。在施工时通过设置导向装置来控制
24	型钢起拔困难	①型钢插入水泥土墙前未使用H型钢减摩剂。②型钢插入时间不当。③起拔力不够	搅拌桩完成后30min内插入H型钢，若水灰比或水泥掺入量较大时，H型钢的插入时间可相应增加

序号	常见问题	原因分析	预防措施
25	SWM工法 输浆管路堵塞、爆裂	①泵送距离过长,浆液停留时间长。②输浆管内有浆液硬结块。③喷浆口球阀间隙太小	①准备足够的浆液配置设备、材料及人员,并定时进行设备维修与保养。②拆洗输浆管。③使喷浆口球阀间隙适当
26	预搅下沉困难,电流值高、电机跳闸	①电压较低。②地质较硬,阻力太大。③遇大石块或树根等障碍物	①调高电压。②适量冲水下沉。③开挖排除障碍
27	搅拌桩机卡钻	①停电。②机械设备故障	①备用发电机。②定期检修维护机械设备

2.11.2 基坑土方开挖与支护

基坑土方开挖与支护结构常见问题及预防措施见表2-16。

基坑土方开挖与支护结构常见问题及预防措施　　　　表2-16

序号	常见问题	原因分析	预防措施
1	土方超挖	①无高程标记或标记被毁。②无人指挥或指挥失误	①对高程的标记由专人管理,测量人员跟踪测量。②超挖部分用碎石、砂石或石屑分层回填压实
2	基底高程深浅不一	①分片开挖,高程不统一。②图纸未看清,交底不清	①搞清高程关系。②统一进行高程测量控制
3	基坑泡水	①排水系统未联通。②布设抽水点不够	①完善排水系统,桩基塔吊基础严禁泡水。②设专人抽水,雨天加强监控
4	边坡坍塌	①边坡过陡。②未及时支护,雨水侵蚀。③上方有振动荷载或堆载过大	①边坡防护应符合要求。②跟上修坡开挖进度,及时挂网喷浆。③上方不得有动载,边坡堆载应符合设计规定
5	基础砖模坍塌	①砖模未达到强度,即进行回填压实。②梁、坑等节点处基坑过深,砖模厚度不够	①有可能用石屑粉回填,压实前在地梁口加顶撑。②梁、坑砖模应验算有可能设地圈梁、压顶梁
6	回填土压实度偏低	①形成橡皮土。②一次回填过厚,夯实不够	①换土或石屑。②每层厚度控制在500mm左右,振夯不宜少于3遍
7	桩顶不平,锚入承台高度不足	①不重视桩头质量。②人工修整高度预留过少,对破桩施工管理不力	①在桩上弹高程控制线,先破至设计高程(考虑外防水层厚度)以上100mm,再由人工修至设计高程。②桩头偏低处理须征得设计单位同意,可将桩周降低做成凹槽加深承台
8	钢支撑拼装不平直,支撑偏心	进场材料不合格,拼装不顺直,活络头伸出过长	①加强钢支撑加工质量控制,进场验收必须严格。②钢支撑连接时必须对称上螺栓,按顺序紧固,同时防止钢支撑在施加轴力前由于自重产生过大的挠度。③合理拼装,严格控制活络头伸长量在20cm以内,防止活络头伸长量过大引起歪脖子现象
9	围檩、抱箍等连接部位焊接不牢固	工人质量意识差,过程控制不到位	①加强对工人的质量意识教育。②加强制作、安装、焊接过程自检工作。将问题发现解决在萌芽状态
10	围檩背后回填不密实	①基面处理不到位,浮浆、杂物未凿除。②采用杂物填缝或未填缝	①严格控制基面处理,保证基面平顺无坑洞。②加强现场控制,必须按照规范施工,严禁施工干拌料、回弹料,更不得回填其他杂物等
11	支撑预应力损失	①加压不足、钢楔块未塞紧。②未进行复加轴力	①支撑轴力施加需持荷稳压3min后再楔入钢楔块,楔入完成后再卸压退顶。②应根据监测结果及人工检查结果及时复加轴力

2.11.3 基坑整体结构

基坑整体结构常见问题及预防措施见表 2-17。

基坑整体结构常见问题及预防措施 表 2-17

序号	常见问题	原因分析	预防措施
1	混凝土阴阳角不方正、不垂直	①开料尺寸不准,角部模板不成90°。 ②阴阳角模板压接不紧。 ③转角两侧未用木方背楞压缝。 ④起步对拉螺栓距离转角过远	①下料尺寸应精确,采用重复压缝做法。 ②阴角处,挑选2～3根一面较直的木方叠合做背楞,并将钢管伸长顶住墙柱模。 ③阳角处,钢管用扣件扣紧,并用木楔楔紧。 ④对拉螺杆起步距离不宜大于300mm
2	墙柱根漏浆、烂根、夹砂	①未钉压脚条或压脚条不稳而漏浆。 ②墙柱脚未设清扫口或清理不干净。 ③未先浇50mm同配合比水泥砂浆结合层。 ④根部钢筋偏位,使模板底部拼缝不能闭合。 ⑤高低跨根部模板不在同一高程,加固不牢。 ⑥根部模板不平,模板底部有空隙而漏浆	①压脚条应依线钉牢。 ②留设清扫孔,浇混凝土前用高压水枪冲洗干净,待无积水后再封闭。 ③先浇50mm厚同配合比水泥砂浆结合层。 ④避免钢筋移位,根部模板应封合严密。 ⑤高低跨根部设对拉螺杆,将低跨模板收紧。 ⑥模板应依线收平,模板根部垫塞海绵条
3	墙、柱混凝土表面鼓包、漏浆	①因钢筋挡住,另开螺栓眼后,原洞眼未封补。 ②嵌补孔洞的小碎板边角破损,表面有凹坑	①螺栓眼用木钉嵌入刨平。 ②补孔洞的铁皮应平整干净,嵌补的碎板要清缝
4	大面积墙体胀模,平整度误差较大	①两板相接处,背枋未楔紧。 ②模板支设时上下、左右有误差。 ③未设顶撑或顶撑太少。 ④对拉螺杆加固时,松紧不一致或间距太大。 ⑤混凝土浇筑未均匀对称下料或一次浇筑过高	①选用一面较直的木方做背楞,并用木楔楔紧。 ②模板施工完毕后,应拉通线进行垂直度、平整度检查,有误差立即调整。 ③墙内增设的斜撑刚度、间距应符合要求。 ④对拉螺杆松紧应一致,间距应在450mm以内。 ⑤混凝土要均匀对称下料,一次浇筑不可过高
5	墙上下接槎不平,漏浆、夹渣	①接槎处不平整,模板无法封闭密实。 ②下层设置的对拉螺杆间距太大。 ③浇筑混凝土前,接缝处的垃圾清理不干净	①支设模板前,对接槎处的混凝土进行清理修整、凿毛。 ②下层必须按要求设置对拉螺杆。 ③接缝处垃圾应提前应高压水枪冲洗干净
6	墙模拼缝不密实平整,混凝土漏浆、错台	①模板陈旧,过角破损,板边豁口。 ②木方变形,规格不一	①选用规格、厚度一致的木胶合板,严禁"板钉板"。 ②选用规格一致、一面较直的木方
7	墙面加高小板胀模、漏浆、炸模	①背枋未设置到顶。 ②对拉螺杆距离太远。 ③使用的小板下料不够准确,破损面未修补	①用较直的木方支设到顶。 ②对拉螺杆距离尽量少于300mm,如无法设置对拉螺杆,应增设斜撑。 ③选用无破损的小板作加高板,开料尺寸应准确
8	支撑失稳、模板坍塌	①模板支撑选配马虎,未经过安全验算。 ②梁板下立杆仅设一个方向的水平拉杆,致使拉杆稳定性不够。 ③大梁底未采用双扣件抗滑,立杆接长时采用旋转扣件导致失稳。 ④混凝土浇筑方法不对,混凝土泵管与模板支撑架相连,产生冲击荷载而失稳	①模板支撑应进行安全验算,对于高支撑,转换层模板还需编制专项方案,组织各方会审。 ②高支模在梁板下300mm以内必须设双向水平拉杆,间距6m应设纵横向剪刀撑,钢管铁顶支撑应在上节设置纵横拉杆。 ③大梁底必须双扣件抗滑,立杆接长应用对接扣件。 ④混凝土泵管不得与支撑架相连,浇混凝土应从中间向两边对称浇筑,避免荷载集中而整体失稳

序号	常见问题	原因分析	预防措施
9	梁侧胀模,局部模板嵌入柱梁间,拆除困难	①梁侧侧模未钉压脚条或压脚条未钉牢固,未设45°斜支撑。 ②梁截面较高,未设置对拉螺杆。 ③柱头模板支设不牢,造成外凸,将梁模卡住	①梁侧侧模必须设置压脚条,合理设置45°斜支撑。 ②梁侧模应根据梁高配制,若梁高≥700mm,应在梁中设对拉螺杆。 ③遵守边模包底模的原则,考虑梁模板吸湿后长向膨胀的影响,下料尺寸应略为缩短
10	梁、板混凝土夹渣	①在板面上使用电锯切割模板、方条。 ②未设清扫口,板面清理不干净	①尽量不在板面使用电锯。 ②设清扫口,绑钢筋、浇混凝土前,派专人将板面清理干净
11	外围梁变形、弯曲	①梁跨中未设置适当间距的拉撑。 ②顶支撑未设置拉杆	①在梁跨中设置适当拉撑。 ②梁底顶支撑加设拉杆
12	接头歪斜、胀模	①梁柱接头随意用碎板镶补,易跑模。 ②接头模板开料尺寸不准,角度拼接不方正。 ③模板压接不正确,梁口未加顶撑形成大小头	①开料应准确,镶补碎板应牢固,严禁"板钉板"。 ②预留支拆余量,拆除下柱模板不扰动柱头模板。 ③梁底模、侧模应压柱模,梁模开口加木方顶撑,防止侧模内形成大小头
13	梁、板下柱头夹渣、夹砂	①未设置清扫口。 ②柱头内垃圾、积水未清理干净就封孔	①设置清扫口,待垃圾、积水清理完毕后再封孔。 ②浇混凝土前适量浇入同配合比砂浆,不能过多或集中。 ③柱头浇筑应插钎
14	楼梯步级高低、宽窄不一,侧模嵌入混凝土形成凹槽	①建筑高程误作为结构高程,未考虑装饰面层对步级差的影响。 ②浇混凝土时,侧模被踩踏松动后未及时校正。 ③梯段宽度较大时,未设对拉螺杆加固	①认真熟悉图纸,掌握高程尺寸关系,统一考虑装饰面层厚度。 ②浇混凝土时尽量不踩踏侧板,对松动模板及时校正。 ③梯段宽度较大时,还需加设对拉螺杆
15	预留孔洞、预埋管件漏埋、移位	①图纸不够熟悉,对管中、管底高程未分清,未编制预埋管件清单。 ②封模前未派专人进行检查清点。 ③浇筑中振动棒碰动预埋件	①将设备图与结构图进行校对,编制设备留洞图或预埋件清单。 ②封模前派专人检查清点。 ③预埋件定位牢固,避免振动棒直接碰触预埋件
16	基础钢筋穿插、锚固、接头位置不当	①设计图纸的构造不明确或不全。 ②规范理解不透彻。 ③对基础底板、基础梁受力特点不了解	①应在图纸会审解决图纸未明确的构造。 ②基础插筋,厚板(承台)可不插到底,梁则要到底。 ③底反按反盖楼布筋,顶部筋在支座1/5跨、底部筋在跨中约1/3跨中连接。 ④锚固起算点从承台边起算,当承台无上层配筋时,从墙柱边起算。 ⑤如无设计要求,则地下室底板按7度三级抗震考虑
17	框架柱钢筋锚固、接头位置不当	①规范理解不透彻。 ②对03G101图集中不明确的构造,理解不当。 ③对结构原理不了解,概念较模糊	①"剪力端水平筋走混凝土表皮,需弯钩15d锚入"。 ②"剪力墙转角,外闭内不闭"外侧水平钢筋在转角处必须连续通过。 ③"暗梁、暗柱属剪力墙,不属梁柱",除端柱、小墙肢竖向筋构造同框架柱,其他"墙柱或墙身"无论有无暗梁,均须锚入屋面板或楼板

序号	常见问题	原因分析	预防措施
18	墙柱竖向筋移位	①出板面钢筋固定不牢。 ②梁筋过密,迫使墙柱筋移位。 ③墙柱筋不垂直、扭转,出板面筋未拉正固定	①复杂钢筋节点翻样设计。 ②进行"三次放线"定位。 ③出板钢筋应拉正,限位箍用直流焊机焊接在梁筋上固定
19	墙柱钢筋保护层过厚或过薄	①保护层垫块强度低、破损。 ②保护层垫块漏绑或翻滚、脱落。 ③钢筋扭转、偏斜造成一侧保护层过大。 ④拉钩尺寸不准确或绑扎点滑脱,使墙筋内收。 ⑤柱箍开料,扣减尺寸不适当	①大直径钢保护层垫块宜采用细石混凝土制备。 ②垫块绑扎于钢筋交叉点上,防止翻转脱落。 ③竖筋拉正后用铁丝固定。 ④拉钩尺寸开料应准确,绑扎点应绑牢。 ⑤开料尺寸应适当,明确"最小"保护层及保护"面、线而不是点"的概念
20	洞口加筋漏放或绑扎不符合要求	①钢筋绑扎后,水电工埋管制断钢筋未处理。 ②对洞口加筋构造形式不熟悉	①水电割开的洞口应及时通知土建进行处理。 ②认真按洞口加筋大样施工,封模前着重检查
21	梁端、柱端节点钢筋绑扎缺扣、松扣,二排钢筋脱落下沉	①节点下配筋层次多,使箍筋不能紧贴主筋。 ②为防止板面超高,将已绑好的钢筋强行砸低,造成松扣脱落。 ③二排筋因箍筋135°弯钩抵住,而不能到位	①复杂节点钢筋翻样设计。 ②主次梁交叉较多时,将次梁面筋放在主梁面筋下。 ③将抵住二排筋的箍筋弯钩弯180°,以避开二排筋。 ④浇混凝土前,派专人将节点区钢筋进行补绑。浇混凝土时,防止二排筋被振脱
22	梁柱节点、柱（在梁高范围内）、梁箍筋漏放或放置数量不足	①对框架节点的配筋构造了解不够,交底不细。 ②框架节点钢筋密集,给套箍带来难度,导致箍筋漏绑或少绑。 ③拉钩先套不能固定,后套则因钢筋过密不能绑扎	①施工技术员应对框架节点的钢筋构造进行详细交底。 ②进行梁柱节点钢筋翻样设计,先计算出核心区内柱箍数量（核心区内拉钩宜代换成双肢箍）,先套上柱箍筋上再绑扎梁筋。 ③个别不易绑扎的梁筋采用U型箍套焊成封闭箍
23	梁筋倾斜	①梁筋入模后,未进行统一校正。 ②梁筋开料不准,端头未对齐。 ③未采取固定措施,受施工人员踩踏而倾斜	①钢筋绑扎完毕,统一校正,垫上垫块。 ②梁筋下料应准确,端头应对齐,可采用短钢筋将弯折点勾住对齐。 ③梁钢筋绑扎完毕后注意成品保护,防止踩踏未倾斜
24	板筋顺序排反,负弯矩筋下陷变形	①多跨连续板步通长筋时,未考虑单、双向板的受力特点。 ②上层盘用小直径一级钢筋,被踩踏易变形。 ③马凳过稀或距支座负筋根部过远。 ④板上层盘上预埋管槽时,用锤砸低。 ⑤浇筑混凝土时,踩踏变形	①布置多跨连续板时,通长筋应根据单向板或双向板的特点,分别调至上层或下层布置。 ②征得设计同意,板面筋代换成二级钢筋。 ③马凳不可过稀,距支座负筋根部不宜超过300mm。 ④水电安装及时穿插配合,预埋管线尽量建议铺设在双层筋间。 ⑤浇筑混凝土时避免踩踏面筋,被踩底面筋及时提起
25	混凝土孔洞、露筋	①梁端、梁柱交接处用水泥纸、塑料袋等堵封。 ②节点区钢筋较密,混凝土内石子被卡住所造成漏筋。 ③水电专业预埋的成排管线、缝隙过密,导致混凝土无法进入,难以振捣。 ④浇筑时,钢筋保护层垫块位移,钢筋紧贴模板。保护层处混凝土漏振或未振捣密实	①接头模板应严密,严禁用水泥纸、塑料袋等堵封。 ②钢筋密集节点区,成排管线处,应采取二次振捣、插钎、模板振捣等方法。 ③孔洞漏筋处,将松动混凝土凿去,清理干净,浇水润湿后用同强度等级细石混凝土补平。 ④浇筑过程中,经常检查混凝土保护层垫块,保证保护层厚度

序号	常见问题	原因分析	预防措施
26	混凝土蜂窝、麻面	①模板表面粘有干硬水泥砂浆,接缝不严密。②混凝土振捣不密实,混凝土中的气泡未排出	①模板应及时清理干净,模板拼缝要严密。②振动棒快插慢拔,成45°斜角,振捣时间以泛出浆、不沉落、不冒泡为准
27	混凝土出现冷缝	①混凝土浇筑前的计划不力,各种强度等级的混凝土进场顺序未安排好。②现场组织指挥不力,混凝土供应保障不足	①已凝结混凝土按施工缝处理。②混凝土浇筑前要根据现场实际情况及混凝土量确定混凝土的浇筑顺序、设备的配备及布置,有备用的混凝土供货商
28	板面裂缝	①混凝土尚未初凝或强度低时,就大量放置材料或过于集中堆载。②现浇板中线管直径过大,未设构造筋加强。③混凝土未达到设计强度,拆模过早	①材料分散堆放,混凝土未达到一定强度前,严禁上人操作、吊运钢筋或堆放材料。②沿管线方向设置钢筋网带。③拆模前应进行混凝土强度检测,达到设计强度后方可拆模

第3章 浅埋暗挖法地铁车站工程

3.1 概　述

随着我国地铁施工技术的快速发展,地铁车站开始采用浅埋暗挖法施工。因为在繁华的都市修建地铁,明挖或盖挖施工往往受到很多条件的限制(如管线改迁、交通疏解、文物保护等),实施困难或根本无法实施。大量的施工实践证明,浅埋暗挖法施工在降低对城市交通、环境等的影响方面能够取得意想不到的效果。

浅埋暗挖法是指在软弱围岩地层中,在浅埋施工条件下,通过超前支护或改良地层,以格栅或钢架和锚喷作为初期支护手段,以新奥法(NATM)原理为指导,按照"十八字"原则(即管超前、严注浆、短开挖、强支护、快封闭、勤量测)进行大断面开挖的施工方法。

采用浅埋暗挖法修建地铁车站,其优点是结构形式灵活多变,对地面建筑、道路和地下管线影响不大,拆迁占地少,扰民少,污染城市环境少等;其缺点是施工速度慢,喷射混凝土粉尘多,劳动强度大,机械化程度不高,以及高水位地层结构防水比较困难等。

3.1.1 浅埋暗挖法与新奥法的区别与联系

1)两种施工方法之间的区别

(1)设计理念不同

浅埋暗挖法设计理念:基本不考虑利用围岩的自承能力,采用复合衬砌,初期支护承受全部基本荷载,二次衬砌作为安全储备,共同承担特殊荷载。

新奥法设计理念:施工过程中充分发挥围岩本身具有的自承能力,以喷射混凝土、锚杆为主的初期支护,使支护与围岩联合受力共同作用,把围岩看作是支护结构的重要组成部分。

(2)施工原则不同

新奥法施工原则:少扰动、早喷锚、勤测量、紧封闭。

浅埋暗挖法施工原则:管超前、严注浆、短开挖、强支护、快封闭、勤测量。浅埋暗挖法隧道在遵循新奥法大部分施工原则的基础上,强调对地层的预支护和地表沉降的控制。

(3)适用条件不同

新奥法适用于稳定地层,是以维护和利用围岩的自承载能力为基点,开挖后立即形成支护体系,使围岩成为支护体系的组成部分,新奥法要求初期支护有一定柔度,以利用和发挥围岩的自承能力。

浅埋暗挖法大多用于第四纪软弱地层的地下工程,围岩自承能力很差,为控制地表沉降,初期支护刚度要大、要及时。并且在城镇软弱围岩地层中修建地下工程,从减少地表沉陷的城市要求角度出发,也需要隧道以控制地表沉降为重点进行设计和施工。

2）两种施工方法之间的联系

浅埋暗挖法理论源于"新奥法",如以锚喷作为初期支护手段;尽量减少围岩扰动;初期支护与围岩密贴;量测信息反馈指导施工等。并在其基础上提出了新的理念、设计及施工要求。

3.1.2　浅埋暗挖法车站的主要结构形式

浅埋暗挖法车站分为全暗挖形式车站、明暗挖结合形式车站、盖暗挖结合形式车站、盾构与浅埋暗挖结合形式车站几种类型。

1）全暗挖形式车站

全暗挖车站一般为双层车站,由于断面较大,主要分为柱洞法(中柱法)、PBA 工法(洞桩法)、侧洞法、中洞法、多洞室法等几种。

在这种大断面浅埋暗挖车站施工时,从减少城市地表沉陷考虑,还必须辅以其他配套技术,如地层加固、降水等。

2）明暗结合形式车站

根据近年来的工程实践,明暗结合形式车站大致分为以下几种类型:站台暗挖,站厅、设备管理区明挖车站;半边明挖半边暗挖车站;两端明挖,中间暗挖车站;中间明挖,两端暗挖车站。

3）盖暗挖结合形式车站

此种结构形式整个车站往往以盖挖为主,但为了最大限度减小深基坑对周边所造成的变形影响,下部采用暗挖形式,如北京地铁崇文门站部分对环境较为敏感地段采用了暗挖与盖挖相结合的工法:隧道下半断面采用暗挖法施工,上半断面在临时路面体系(盖板)的保护下,采用盖挖法施工。如图 3-1 所示。

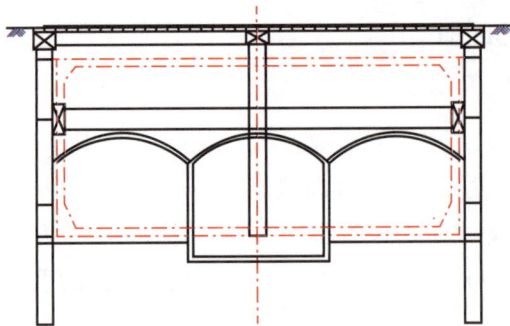

图 3-1　明盖挖结合形式车站示意图

4）盾构与浅埋暗挖结合形式车站

由三个并列的圆形隧道组成的三拱塔柱式车站在苏联的深埋地铁中采用较多。图 3-2 为采用这种方法施工的基辅地铁三拱塔柱式车站标准横断面示意图,两侧的圆形隧道作为行车隧道并在其内设置站台,中间隧道作为站厅,用横向通道将三个隧道连成一个整体,从而形成一种复合型站台。即在站厅范围内为岛式站台,站厅范围外由于两旁侧隧道被隔开,为侧式站台,乘客可以从中间隧道两端或位于车站中部的竖井(或斜井)进入站厅。由于这种车站总宽度较大,故一般只有在较宽的路段方可使用。

根据中间隧道的施工方法的不同,可分为盾构法三拱塔柱式车站和矿山法三拱塔柱式车站。

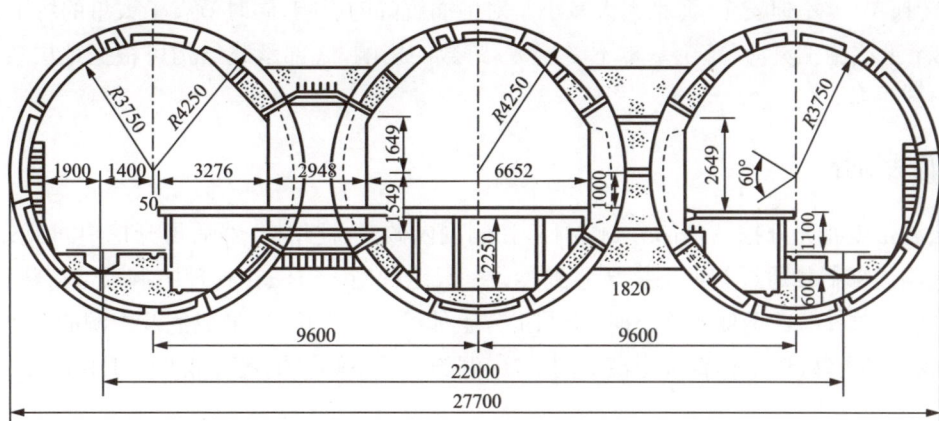

图 3-2　基辅地铁三拱塔柱式车站标准横断面示意图(尺寸单位:mm)

3.1.3　浅埋暗挖法车站的主要施工工法简介

浅埋暗挖的施工技术是目前城市暗挖地铁车站中较为普遍的施工方式。具体主要有以下几种施工工法:

1)柱洞法(中柱法)简介

采用"柱洞法"施工,按照"小分块、短台阶、早成环"的原则,将整个断面开挖横向分为侧洞、有柱的柱洞和中洞共 5 个洞室,每洞室分上、中、下三层或上、下两层。

先自上而下对称施工柱洞超前支护及初期支护,再由下而上施作柱洞二次衬砌,建立起梁、柱支撑体系。柱洞完成后,施工两个柱洞中间的中洞初期支护和二次衬砌,形成整个大中洞稳定体系。然后对称自上而下施工两侧洞超前支护、初期支护及二次衬砌,最后纵向分段自下而上对称施作二次衬砌,完成整个衬砌横向结构的闭合。

2)PBA 工法(洞桩法)简介

洞桩法即 PBA 工法,"PBA"工法的物理意义是:P- 桩(pile)、B- 梁(beam)、A- 拱(arc),即由边桩、中桩(柱)、顶底梁、顶拱共同构成初期受力体系,承受施工过程的荷载;其主要思想是将盖挖及分部暗挖法有机结合起来,发挥各自的优势,在顶盖的保护下可以逐层向下开挖土体,施作二次衬砌,可采用顺作和逆作两种方法施工,最终形成由初期支护＋二次衬砌组合而成的永久承载体系。

PBA 工法用于地铁暗挖车站,当地质条件差、断面特大时,一般设计成多跨结构,跨与跨之间有梁、柱连接。比如常见的三跨两柱的大型地铁站,多采用洞桩法施工。

该方法的施工顺序是先在起拱线附近开挖导坑,利用导坑施工钻孔桩和桩顶纵梁,开挖上半断面(采用环形开挖)进行拱部衬砌,最后开挖其余部分完成底板和边墙衬砌。若条件允许,也可用挖孔桩代替钻孔桩。

该工法施工工序较多,且地下工作环境较差,但施工引起的地面沉降较易控制;多在无水、地层相对较好、周边环境复杂的时候应用。其主要特点为:

(1)PBA 工法的核心思想在于设法形成由侧壁支撑结构和拱部初期支护组成的整体支护体系,代替传统的预支护和初期支护结构,以保证在进行洞室主体部分开挖时具有足够的安全度,并有效地控制地层沉降。

（2）桩、梁、拱、柱先期形成，首先形成了主受力的空间框架体系，后面的开挖都是在顶盖的保护下进行，支护转换单一，不但安全，而且大大减小了对地面沉降的影响，同时节省了大量的坑工。

（3）PBA 工法施工灵活，施工基本不受层数、跨数的影响，底部承载结构可根据地层条件做成底纵梁（条基）或桩基。

3）侧洞法简介

侧洞法施工就是先开挖两侧部分（侧洞），在侧洞内做梁、柱结构，然后再开挖中间部分（中洞），并逐渐将中洞顶部荷载通过初期支护转移到梁、柱上，这种施工方法在处理中洞顶部荷载转移时，相对于中洞法要困难一些。两侧洞施工时，中洞上方土体经受多次扰动，形成危及中洞的上小下大的梯形、三角形或楔形土体，该土体直接压在中洞上，中洞施工若不够谨慎就可能发生坍塌。

4）中洞法简介

中洞法施工就是先开挖中间部分（中洞），在中洞内施作梁、柱结构，然后再开挖两侧部分（侧洞），并逐渐将侧洞顶部荷载通过中洞初期支护转移到梁、柱结构上。由于中洞的跨度较大，施工中一般采用 CD、CRD 或双侧壁导坑法进行施工。中洞法施工工序复杂，但两侧洞对称施工，比较容易解决侧压力从中洞初期支护转移到梁柱上时的不平衡侧压力问题，施工引起的地面沉降较易控制。中洞法的特点是初期支护自上而下，每一步封闭成环，环环相扣，二次衬砌自下而上施工，施工质量容易得到保证。

5）多洞室法简介

对线路两端或中间不具备明挖条件的地铁车站的修建，采用"分离暗挖站厅隧道"的理念。通过将站厅隧道与站台隧道空间十字交叉布置，并竖向和斜向联通，构成立体交叉洞室群结构，能够较好地实现车站功能。

广州地铁 5 号线小北站即为此种方法的成功应用范例，在分离暗挖站厅隧道概念的基础上，提出了立体交叉洞室群车站的思路，将分离的站厅隧道垂直于道路布置，站台隧道仍为分离岛式布置，两者空间垂直交叉；站厅隧道、站台隧道之间利用数个离散的通道联通，联通方式为斜向和垂直两种；构成了立体交叉联通的洞室群，实现了车站的各项功能，避免了大断面暗挖风险，解决了施工占用道路交通难题，灵活有效地利用了地下空间。如图 3-3 所示。

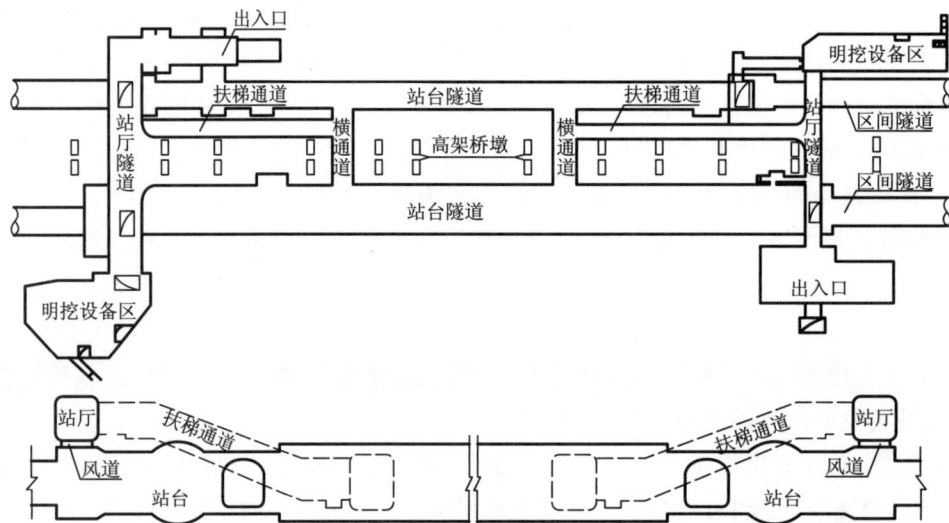

图 3-3　广州地铁 5 号线小北站站厅分离暗挖平、纵断面示意图

3.2 柱洞法（中柱法）

3.2.1 工法特点与施工工艺流程

1）工法特点

（1）车站主体施工大致步序为：先各自开挖中间的三个导洞，并施作初期支护，待开挖完成之后，施作立柱，之后开挖中间的土体，用钢支撑倒换未施作的二次衬砌，待二次衬砌施作完毕并达到强度后，拆除临时钢支撑，即在中部形成一个完整闭合的受力体系，再进行侧面各自三个导洞的开挖及二次衬砌的建立。

（2）柱洞法施工引起的地面沉降量较小，安全度大，但中洞开挖时受力转换复杂。

（3）柱洞法主要用于一柱两洞设计、拱部弧度平缓，采用一般中洞法可能有大的地面沉降的情况。也常常被用于修建三拱两柱双拱单柱双层岛式车站。

（4）柱洞法的优点：从既有经验和理论分析上考虑，柱洞法在控制地层沉降方面明显优于中洞法和侧洞法。而在开挖阶段和侧洞法一样快速，二次衬砌阶段比中洞法力学转换简单。

（5）柱洞法的不足：操作空间小，天梁施工难度大；另外，柱洞法施工，中间的土体承受的压力比较大，需要对这部分土体的稳定性进行评估，以确定是否需要采取特别措施来加固土体。

2）施工工艺流程

下面以单拱双柱浅埋暗挖车站为例阐述中柱法施工工艺流程（图3-4）及施工步序（图3-5）：

（1）超前支护，开挖中部两侧1号洞室作初期支护，两侧同步开挖，注浆加固地层。1号洞室开挖时根据开挖高度及跨度分部开挖，常选用CD法开挖，各分部开挖的洞室施工错距15m左右。

（2）局部地基深孔注浆加固，施作底纵梁及防水，架设钢管柱，施作顶纵梁及防水，临时支撑固定。

（3）开挖中洞3号洞室，纵向作拱顶初期支护，中隔壁穿孔及时架设顶梁水平钢支撑。

（4）开挖中洞5号洞室，视监测情况调整钢支撑，分段凿除顶部中隔壁并施作中拱顶板防水与二次衬砌。各洞室施工错距15m左右。

（5）开挖中洞7号洞室，穿洞架设临时钢支撑，开挖至基底，及时封闭底部初期支护。

（6）完成中洞底板及防水层，中洞内衬形成稳定承重结构后，开始侧洞9号洞室开挖。9号洞室开挖时可根据开挖高度及跨度分部进行，常选用的分部开挖方式为CD法，各洞室施工错距为15m左右。

（7）据监测情况纵向分段拆除中隔壁、临时支撑，完成侧洞底板防水与二次衬砌；并纵向分段拆除剩余所有临时仰拱、中隔壁，逐步封闭全部完成防水层以及内衬结构。

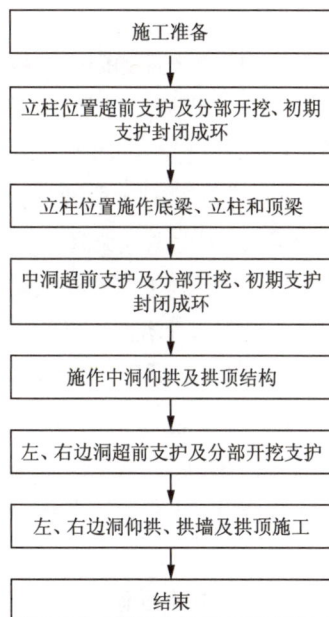

施工准备

↓

立柱位置超前支护及分部开挖、初期支护封闭成环

↓

立柱位置施作底梁、立柱和顶梁

↓

中洞超前支护及分部开挖、初期支护封闭成环

↓

施作中洞仰拱及拱顶结构

↓

左、右边洞超前支护及分部开挖支护

↓

左、右边洞仰拱、拱墙及拱顶施工

↓

结束

图3-4　中柱法施工工艺流程图

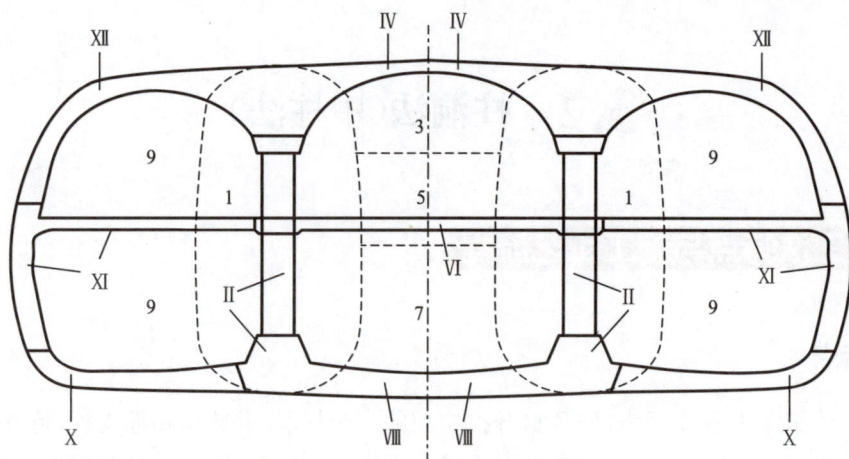

图 3-5　中柱法施工步序图

3.2.2　柱洞法(中柱法)施工控制要点

理论分析表明,柱洞法施工可以充分发挥该工法的安全优势,又能有效控制地面沉降。为保证工程安全,需要注意以下施工控制要点。

(1)上、下部加固。大断面施工,严格控制大管棚施工精度。同时为了减小地面沉降,在开挖时隔一定距离需将初期支护格栅与管棚刚性连接,称为上部加固;地梁处初期支护在开挖时若地层承载力不够亦需换填加固,称为下部加固。

(2)拱脚加强。柱洞上、中、下三层开挖时,累计沉降较大,根据经验上一层开挖时,将其两侧拱脚加大可有效控制沉降。具体方法是打设双倍数量锁脚锚杆,并对锚杆进行张拉、注浆,最终形成大拱脚。

(3)中间土体加固。柱洞初期支护开挖过程中,中间土体已经不多,需要加固处理,具体方法为注浆及设对拉锚杆。注浆能够提高土体的工程性质参数。另外,可在临时竖向中隔壁的中间部位设置对拉锚杆,以提高中间土体的整体稳定性。

(4)二次衬砌阶段要注意天梁间临时支撑的加强。中洞开挖时,拱未形成前,天梁受左右侧的土压力很大,因此两天梁之间需设水平钢支撑。为便于洞内操作,可采用工字钢支撑。

(5)上层洞室内施作天梁,施工难度比较大。因此从工艺上来说,上层洞室大对施工有利,但上层洞室偏大对地面沉降控制不利。设计施工时,需要将两种情况对地层沉降影响进行比较,如果影响相差不大,则应该采用上层洞室偏大的方案。

(6)二次衬砌天梁施工质量控制。天梁结构复杂,钢筋密度大,操作空间小,施工困难。因此,要确保天梁顶部灌注密实,减小初期支护与二次衬砌混凝土之间的空隙,应多设置预留浇筑孔位进行隔孔浇注,并在天梁两侧及底部三面振捣,同时加强对混凝土施工缝的处理,才能保证天梁的施工质量。

(7)二次衬砌地梁横向连接重点控制。在中洞开挖前,两侧柱洞相互无较大联系,整体性不强,为此地梁施工前首先做横导洞,分段将两侧地梁连成整体,提高结构整体的稳定性。

(8)关于侧洞的分层施工。对于这种单拱大跨结构,为安全和控制地层沉降变形起见,一般侧洞分三层开挖,但施工中因操作空间比较小,不便于机械开挖。从提高施工工效考虑应探讨侧洞分两层开挖的可行性。主要分析两层地层沉降变形值以及初期支护受力,如果初期支护安全系数足够的话,可以考虑减少侧洞开挖分层数。

3.3 PBA工法(洞桩法)

3.3.1 工法特点与施工工艺流程

1)工法特点

(1)由于采用暗挖法施工,对地面和周边环境影响较小,适用于受环境条件限制无法进行明、盖挖施工的地下结构工程。

(2)工法引起的地面沉降变形相对较小,对保护暗挖结构附近的地下构筑物(桥线、管线等)和周边建筑物的安全有利,因为边桩本身即可起到隔离桩的作用从而达到保护建、构筑物安全的目的。

(3)与其他大跨度暗挖工法(如中洞法、侧洞法等)相比,结构受力条件要好,地面沉降相对要小,断面利用率较高,废弃工程量小,因而造价相对较低,因此本工法也相对经济。

(4)以桩作支护,稳妥、安全,也利于控制地层沉降,避免中洞法、CD、CRD、双侧壁导坑法多次开挖引起地面沉降量过大的缺陷和对初期支护的刚度弱化。

(5)可避免大量拆迁改移工作,该法工艺简单、灵活,无须大型设备,在变截面地段尤为适宜,施工对道路交通基本无干扰。

(6)不受结构跨度和层数的限制,适用范围较广,特别适合距桥梁桩基和距高层建筑物很近的地下工程的施工。

(7)在桩、梁、拱承载体系形成后,有较大的施工作业空间,便于机械化作业,从而加快施工进度。

2)施工工艺流程

洞桩法施工根据设计有二导洞、四导洞、六导洞、八导洞等方案。其中,二导洞方案多见于分离岛式暗挖车站施工;四导洞、六导洞方案多见于单柱双跨标准车站或双柱双跨标准暗挖车站施工;八导洞方案多见于双柱双跨标准暗挖车站施工。洞桩法施工工艺流程如图3-6所示。

以沈阳地铁1、2号线的十字交叉换乘车站青年大街站为例,阐述PBA工法具体施工步序:

PBA工法暗挖车站总体施工顺序如下(图3-7):

首先按照设计给定位置围挡施工场地,在现场三通一平条件具备后,施工降水井,并开挖施工竖井。施工竖井开挖到位井底封闭后,通过横通道按先下后上、先两边后中间的顺序进行主体站导洞开挖。

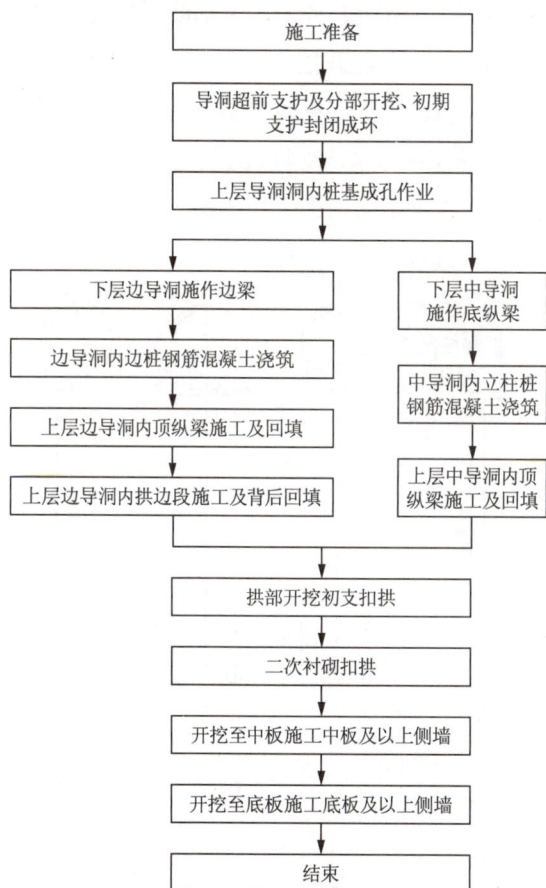

图3-6 PBA工法车站施工工艺流程图

为保证施工安全,车站结构必须尽快形成框架。因此首先施工6个导洞(上4下2),接着在导洞内施作承载结构和传力结构,包括边桩、底梁、钢管柱、顶梁等,然后由上至下逆作车站结构,包括三跨顶拱的初期支护和二次衬砌、站厅层、站台层等,最后进行建筑装修、设备安装等。

具体施工流程如下:导洞开挖及支护→边桩施工、柱孔开挖→底梁施工→钢管柱吊装及浇筑混凝土→桩、柱顶梁施工→三跨顶拱初期支护及二次衬砌扣拱→站厅层施作→站台层施工→建筑装修及设备安装。

具体施工步序如下:

第一步:施工(1)、(4)小导洞,在(1)、(4)洞内施工钻孔灌注桩及桩顶冠梁。如图3-7a)所示。

第二步:施工(2)、(3)、(5)、(6)小导洞,先施工下导洞,后施工上导洞,洞通后施工上下导洞间钢护筒,如图3-7b)所示。

第三步:在下导洞(5)、(6)内施工底板梁防水层及底板梁后,施工钢管混凝土柱,然后施工(2)、(3)顶板防水层及顶纵梁,并在顶纵梁中预埋钢拉杆,如图3-7c)所示。

第四步:施工顶拱Ⅱ超前小导管,并注浆加固地层;开挖导洞Ⅱ洞土体,施工顶拱初期支护,如图3-7d)所示。

第五步:施工顶拱Ⅰ及Ⅲ洞顶超前小导管,并注浆加固地层;开挖导洞Ⅰ及Ⅲ洞土体,施工顶拱初期支护,洞通后及时施工顶拱二次衬砌及钢拉杆。如图3-7e)所示。

第六步:顶拱二次衬砌施工完成后,分层开挖地下一层土体至地下一层中楼板下;施工地下一层中楼板梁及中楼板,并施工侧墙防水层及侧墙。如图3-7f)所示。

第七步:分层开挖土体至第一道钢支撑0.5m处,架设第一道钢支撑,施工侧墙网喷混凝土;开挖土方至基底,施工底板防水层、结构底板。如图3-7g)所示。

第八步:拆除钢支撑,施工侧墙防水层及侧墙;混凝土达到设计强度后,拆除钢拉杆,并施工内部结构;完成车站结构施工。如图3-7h)所示。

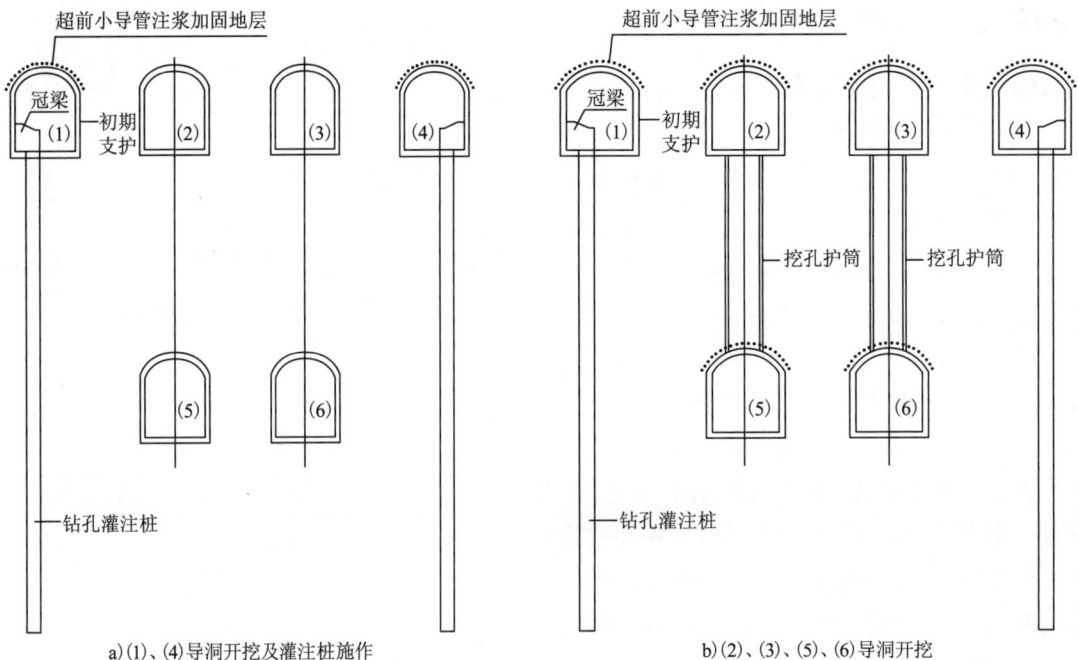

a)(1)、(4)导洞开挖及灌注桩施作　　　　　　　b)(2)、(3)、(5)、(6)导洞开挖

图　3-7

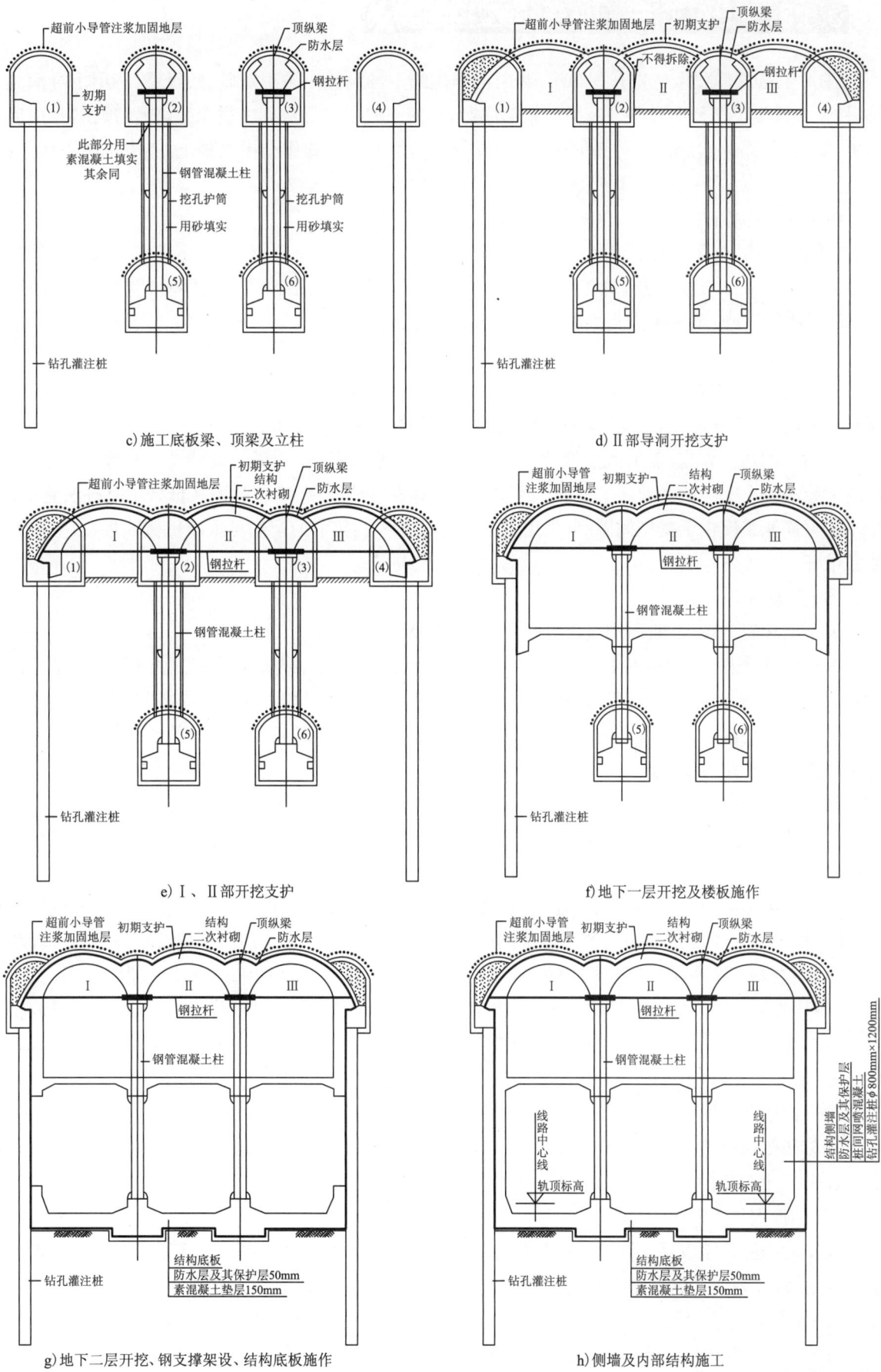

c) 施工底板梁、顶梁及立柱

d) II 部导洞开挖支护

e) I、II 部开挖支护

f) 地下一层开挖及楼板施作

g) 地下二层开挖、钢支撑架设、结构底板施作

h) 侧墙及内部结构施工

图 3-7 PBA 工法逆作施工顺序示意图

3.3.2 PBA 工法（洞桩法）施工控制要点

PBA 工法总体顺序是先开挖导洞,利用已开挖的下导洞施工条形基础、底纵梁,利用上导洞施工桩、柱及柱顶纵梁。待主体桩、柱、梁体系形成后,开挖车站上部导洞间主拱土体,施工顶拱,形成完整的桩、梁、拱体系。然后在该体系的保护下,边向下开挖土体边施作结构混凝土,完成车站主体结构。其施工控制要点如下(按施工顺序说明):

（1）小导洞施工

PBA 法施工小导洞数量较多,群洞效应更为明显,为尽量减小群洞效应,小导洞必须严格按照顺序错开施工。对于软弱地层,施工过程中必须加强地层改良,地层改良不仅要对超前小导洞注浆加固,而且还要把注浆范围扩大到拱部的掌子面,以防止开挖面坍塌。

（2）洞内钻孔灌注桩施工

上导洞施工完成后,在导洞内施工边桩。在狭小的导洞内同时完成钻机成孔、钢筋笼搬运吊装、混凝土灌注、泥浆外运,施工难度较大,施工过程中需要注意以下方面:

①由于洞内操作空间小,地层变化大和边桩设计要求,应选择合适的成桩设备和施工工艺,以满足地下导洞狭小空间钻孔的施工要求。为防止塌孔和保证成孔质量,钻孔灌注桩采用跳桩法施工。

②钢筋笼长度由于受空间限制,采用多节施工。在导洞狭小的空间可采用机械连接,接头按设计要求错开。

（3）天梁施工

天梁结构受力较大,断面形式一般较为复杂,钢筋密度大。

与柱洞法一样,天梁也是 PBA 工法施工重要的承载与传力结构,两侧通过预留筋与车站拱部二次衬砌钢筋相接,下端与钢管柱连接。天梁在柱上导洞内施作,其钢筋绑扎、支模和混凝土灌注等各个施工环节都局限在导洞狭小的空间,施工较为困难。施工中根据柱距采用分段法施工,具体施工质量保证措施可参照前述柱洞法。

（4）三跨顶拱初期支护施工

车站承载结构和传力结构形成后,从施工横通道向两端施作三跨顶拱初期支护。中拱超前,两边拱紧跟(落后中拱 3 ~ 5m)。中拱拉杆施作落后掌子面核心土约 1m,拉杆施作必须及时,确保拱的推力平衡。拱部开挖时,初期支护落在桩顶纵梁上,直接将力传至边桩和中柱。由于拱部开挖断面较大,在开挖过程中主要依靠预支护来维持洞周围岩的暂时稳定,开挖结束后才能施作初期支护,跨度过大时必将引起显著的地层沉降,因此采用大管棚、小导管、压注改性水玻璃浆液超前加固、锁脚锚管、回填注浆等一系列有效措施防止坍塌,控制拱部开挖阶段的地层沉降量。在开挖过程中导洞初期支护不得破除,以保证柱上天梁的可靠受力。

（5）顶拱二次衬砌施工

顶拱初期支护施工完成后,紧接着施工顶拱的二次衬砌。施作中拱二次衬砌前,先拆除上导洞内与之相邻两侧的格栅。为保证施工安全,衬砌分段进行,拆除一段导洞格栅衬砌一段,每次衬砌长度不宜过长,一般控制在 6 ~ 9m。中拱二次衬砌施工应超前于边拱。

（6）站厅层施工

顶拱衬砌施工完成后,拆除导洞初期支护,施作站厅层结构。站厅层的底模采用低强度等级混凝土做成地模,并附加隔离层涂脱模剂,待脱模剂成膜后绑扎钢筋,浇筑结构混凝土。

（7）站台层施工

待站厅板及边墙二次衬砌混凝土达到设计强度后即进行站厅板以下土方开挖。土方开挖时,应沿钢管柱四周平衡开挖,以减少土方对中间钢管柱的压力,避免产生不必要的变形。

逆作法施工土方开挖期间应对基坑的围护体系、周围环境、地下结构本身进行全过程监测,及时反馈信息,及时调整开挖方法、开挖速度和开挖方向,做到信息化施工。

3.4 侧 洞 法

3.4.1 工法特点与施工工艺流程

1)工法特点

(1)软弱地质条件下,本工法可化整为零,分块开挖,降低施工难度和风险,因此,比较适用于软弱围岩地质条件的地铁暗挖车站及大断面区间,尤其对受地下有限空间限制,不能使用大型机械的地下工程,具有较高的推广价值。

(2)与中洞法相反,侧洞法是先对称地用 CRD 法开挖两个侧洞,待完成侧洞二次衬砌模筑钢筋混凝土结构后,再用台阶法开挖中洞。其开挖、初期支护、二次衬砌结合进行,能够充分利用二次衬砌的支护作用,有效控制变形。

(3)两侧洞施工时,中洞上方土体经受多次扰动,形成危及中洞的上小下大的梯形、三角形或楔形土体,该土体直接压在中洞上,中洞施工存在一定的安全风险,该部分土体常常需要进行注浆加固处理。

(4)侧洞法施工时,其导洞数量较多,施工工序繁杂,分块较小,机械化利用程度低,施工周期较长。

2)施工工艺流程

侧洞法施工工艺流程以工序最简单的单层站为例,其主要施工工艺流程如图 3-8 所示,详细施工步序如图 3-9 所示。

第一步:施作超前支护,注浆加固地层,前后开挖两侧 1 号洞室,并预留核心土。施作初期支护,两侧洞室纵向间距错开 30m,如图 3-9a)所示。

第二步:继续前后开挖两侧 2 号洞室,施作初期支护,1、2 号洞室纵向间距错开 5m 左右,如图 3-9b)所示。

第三步:施作超前支护,前后开挖两侧 3 号洞室,施作初期支护,2 号与 3 号洞室纵向间距 15m,如图 3-9c)所示。

第四步:继续前后开挖两侧 4 号洞室,施作初期支护,左侧 3 号与 4 号洞室纵向间距错开 5m,右侧 3 号与 4 号洞室纵向间距错开 15m,如图 3-9d)所示。

第五步:继续前后开挖两侧 5 号洞室,施作初期支护,4 号与 5 号洞室纵向间距 15m,如图 3-9e)所示。

第六步:继续前后开挖两侧 6 号洞室,施作初期支护,5 号与 6 号洞室纵向间距 15m,如图 3-9f)所示。

第七步:在临时仰拱上凿洞,施作底梁、中柱与顶梁(含防水),并预留施工缝;对梁进行临时支撑固定,如图 3-9g)所示。

第八步:根据监测情况纵向分段拆除中隔墙,临时支撑,

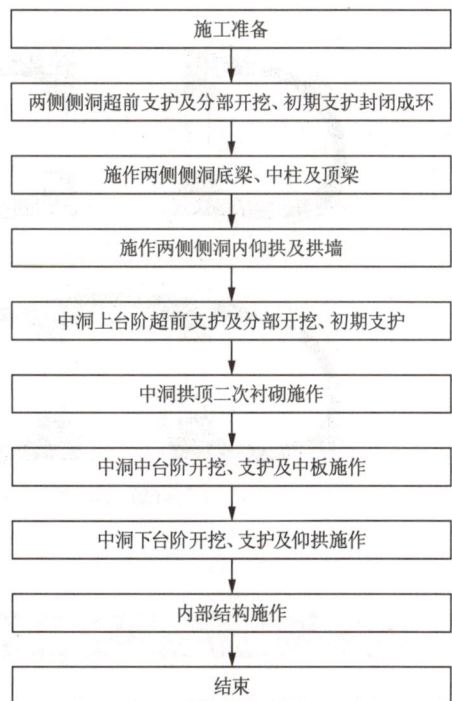

施工准备

↓

两侧侧洞超前支护及分部开挖、初期支护封闭成环

↓

施作两侧侧洞底梁、中柱及顶梁

↓

施作两侧侧洞内仰拱及拱墙

↓

中洞上台阶超前支护及分部开挖、初期支护

↓

中洞拱顶二次衬砌施作

↓

中洞中台阶开挖、支护及中板施作

↓

中洞下台阶开挖、支护及仰拱施作

↓

内部结构施作

↓

结束

图 3-8 侧洞法车站施工工艺流程图

逐步完成侧洞底板防水与二次衬砌,两侧导洞内作业纵向错开间距 30m,如图 3-9h)所示。

第九步:根据监测情况纵向分段拆除中隔壁,临时仰拱及临时支撑,逐步完成侧洞防水与二次衬砌,两侧导洞内作业纵向错开间距 30m,如图 3-9i)所示。

第十步:中洞上台阶开挖,纵向紧跟施作拱顶初期支护,中隔壁穿孔及时架设顶梁水平钢支撑,如图 3-9j)所示。

第十一步:中洞纵向紧随中台阶开挖,视监测情况拉结中隔壁,凿除顶部中隔壁并施作顶板防水与二次衬砌,如图 3-9k)所示。

第十二步:短台阶紧随开挖下台阶土体,穿洞架设临时钢支撑,开挖至基底,封闭初期支护(同时顶板达到强度后可拆除顶部临时支撑),如图 3-9l)所示。

第十三步:紧跟前步初期支护,分段拆除临时中隔壁和施作底板防水与二次衬砌结构;拆除临时钢支撑,完成暗挖车站主体结构及站台板,如图 3-9m)所示。

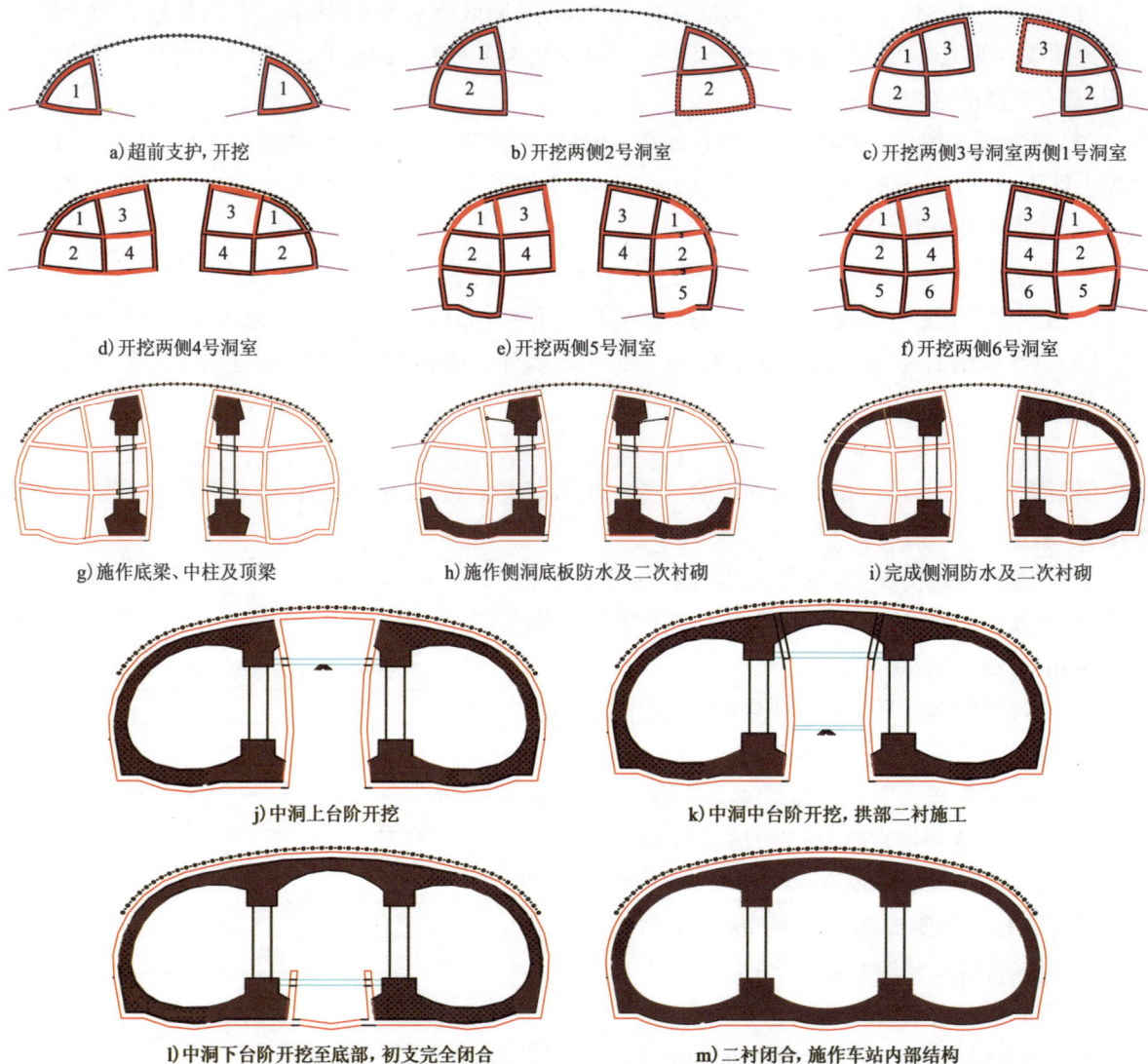

a)超前支护,开挖   b)开挖两侧2号洞室   c)开挖两侧3号洞室两侧1号洞室

d)开挖两侧4号洞室   e)开挖两侧5号洞室   f)开挖两侧6号洞室

g)施作底梁、中柱及顶梁   h)施作侧洞底板防水及二次衬砌   i)完成侧洞防水及二次衬砌

j)中洞上台阶开挖   k)中洞中台阶开挖,拱部二衬施工

l)中洞下台阶开挖至底部,初支完全闭合   m)二衬闭合,施作车站内部结构

图 3-9 侧洞法车站施工步序示意图(单层站)

3.4.2 侧洞法施工控制要点

(1)侧洞法施工时,要严格控制各个导洞的开挖顺序和开挖步距,在施工中做好各个导洞施工的

衔接组织工作。

（2）两侧导洞二次衬砌施工,在破除其临时初期支护时,必须确保初期支护体系的安全与稳定。

（3）中洞开始施工时,将引起侧洞的二次衬砌结构承受偏压,因此在施工时必须解决好侧洞受力的平衡和转换。为使侧洞结构偏压内力能够逐步平衡、安全转换,中洞施工可采取以下措施:

①中洞严格按照 0.5m 的步距进行上台阶开挖,纵向紧跟施作拱顶初期支护,同时中隔壁穿孔及时架设水平钢支撑(顶纵梁施工时在侧壁预埋钢板),如图 3-10 所示。

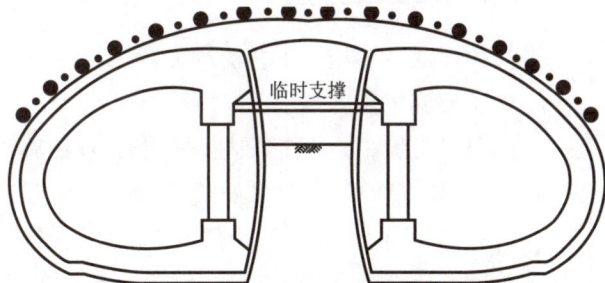

图 3-10　中洞上台阶开挖临时支撑架设示意图

②中洞拱部二次衬砌施工时,需破除侧洞的临时初期支护,一次破除长度不宜过大,一般以 6m 左右为宜。

③施工全过程对侧洞梁柱结构实施应力应变及位移监测,根据监测数据动态控制施工步序,指导施工。

（4）在中洞与侧洞的结构交叉施工和拆除转换过程中,必须确保中洞支护体系的平衡与稳定。

（5）群洞施工时,为避免沉降叠加效应,各洞工作面前后应错开至少 15m;同一导洞内台阶长度保证在 1 倍洞跨且核心土长度宜不小于 2m;对于稳定性较差地层,必要时工作面应全断面注浆以控制坍方和地表沉降。

3.5　中　洞　法

3.5.1　工法特点与施工工艺流程

1）工法特点

（1）该工法的基本原理是把大跨地质较差的隧道分成三个部分,各部分条块分割,保证开挖期间安全,先形成中洞初期临时结构,在临时结构内做作永久衬砌结构,形成中部稳定支撑,承受围岩主要荷载,然后对称开挖边洞部分的各分块,最后形成整体结构。体系转换过程中,结合监测情况加设钢支撑。

（2）采用 CRD 施工方法完成中洞开挖,在中洞内完成底板、底梁、钢管柱、中板、顶梁和中拱,形成稳定的中洞支撑体系,承受围岩主要荷载,为边洞开挖提供安全条件。

（3）采用 CRD 法对称完成边洞开挖,拆除临时初期支护体系,完成边洞二次衬砌施工。

（4）该工法通过在中洞中设置梁、柱等受力结构,扩大了作业空间,有效克服了以往 CRD 工法工序繁多、空间狭小,以及施工精度控制困难,施工周期长等问题。

（5）在进行分部开挖支护过程中,应做好地质超前探测和现场地质素描,不良地质条件下应采用

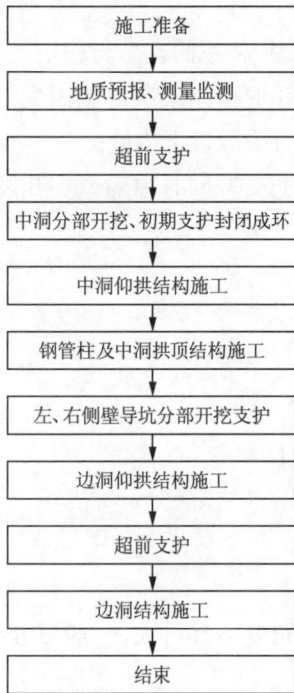

图 3-11 中洞法施工工艺流程图

具体各施工步序如图 3-12 所示。

超前大管棚等辅助措施。

（6）处理好工序调整时的受力转换问题是施工关键。在体系转换过程中，应合理确定分段长度，同时加设钢支撑。将监控量测、数据处理和信息反馈综合技术应用于施工，动态修正施工方法和支护参数，确保施工安全。

2）施工工艺流程

中洞法总体施工工艺流程如图 3-11 所示。

主要施工步骤如下：

（1）中跨部分（包括立柱）采用 CRD 法施工。先将中洞自上而下分块成环，随挖随撑，及时做好喷锚和钢架初期支护。

（2）由下而上施作中跨部分二次模筑钢筋混凝土结构，中隔墙也逐层拆除。中洞各工序完成后，就会形成一个刚度很大的完整结构支护住上部土体，从而有效地减小地表沉降量。

（3）当中洞完成后，两边洞采用台阶法，对称自上而下开挖。

（4）同样，初期支护完成后，再自下而上施作两边洞的二次模筑钢筋混凝土衬砌。

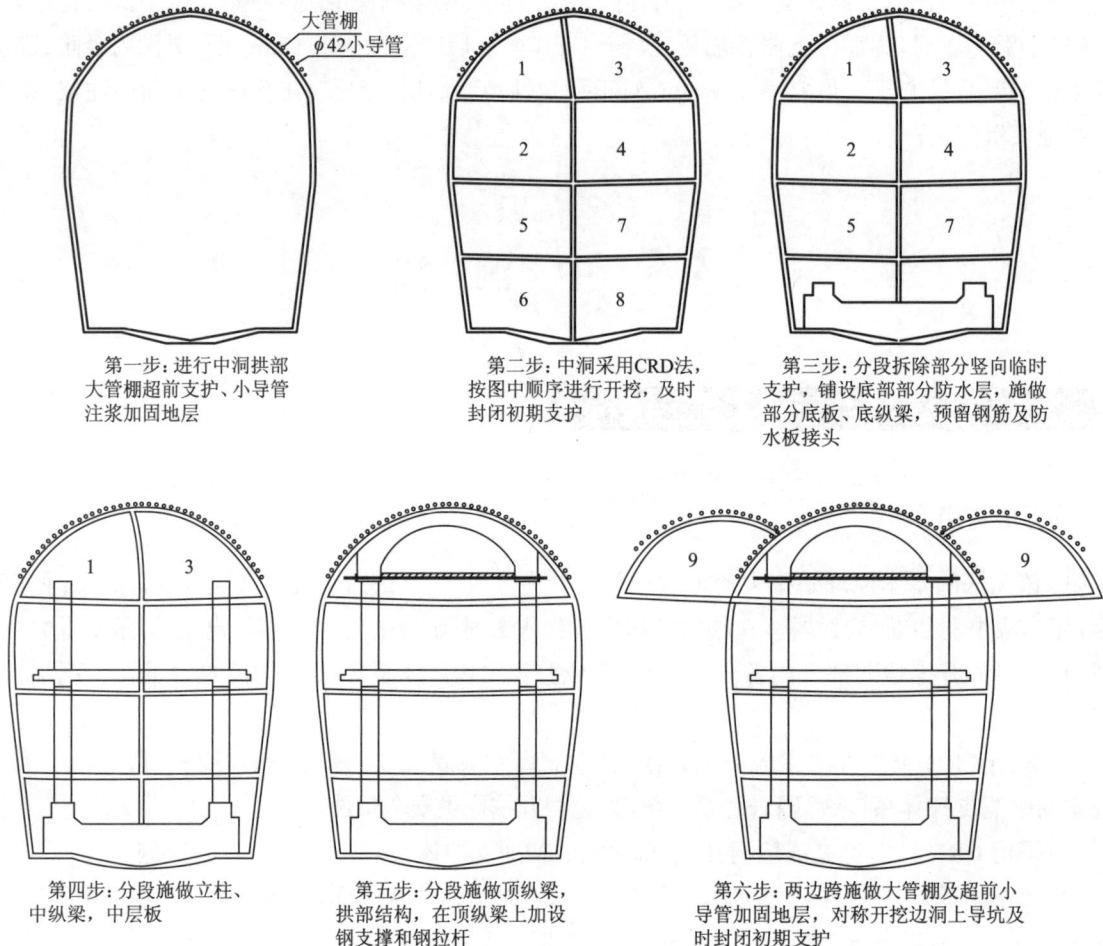

第一步：进行中洞拱部大管棚超前支护、小导管注浆加固地层

第二步：中洞采用CRD法，按图中顺序进行开挖，及时封闭初期支护

第三步：分段拆除部分竖向临时支护，铺设底部分防水层，施做部分底板、底纵梁，预留钢筋及防水板接头

第四步：分段施做立柱、中纵梁，中层板

第五步：分段施做顶纵梁，拱部结构，在顶纵梁上加设钢支撑和钢拉杆

第六步：两边跨施做大管棚及超前小导管加固地层，对称开挖边洞上导坑及时封闭初期支护

图 3-12

地铁土建工程技术与管理实务

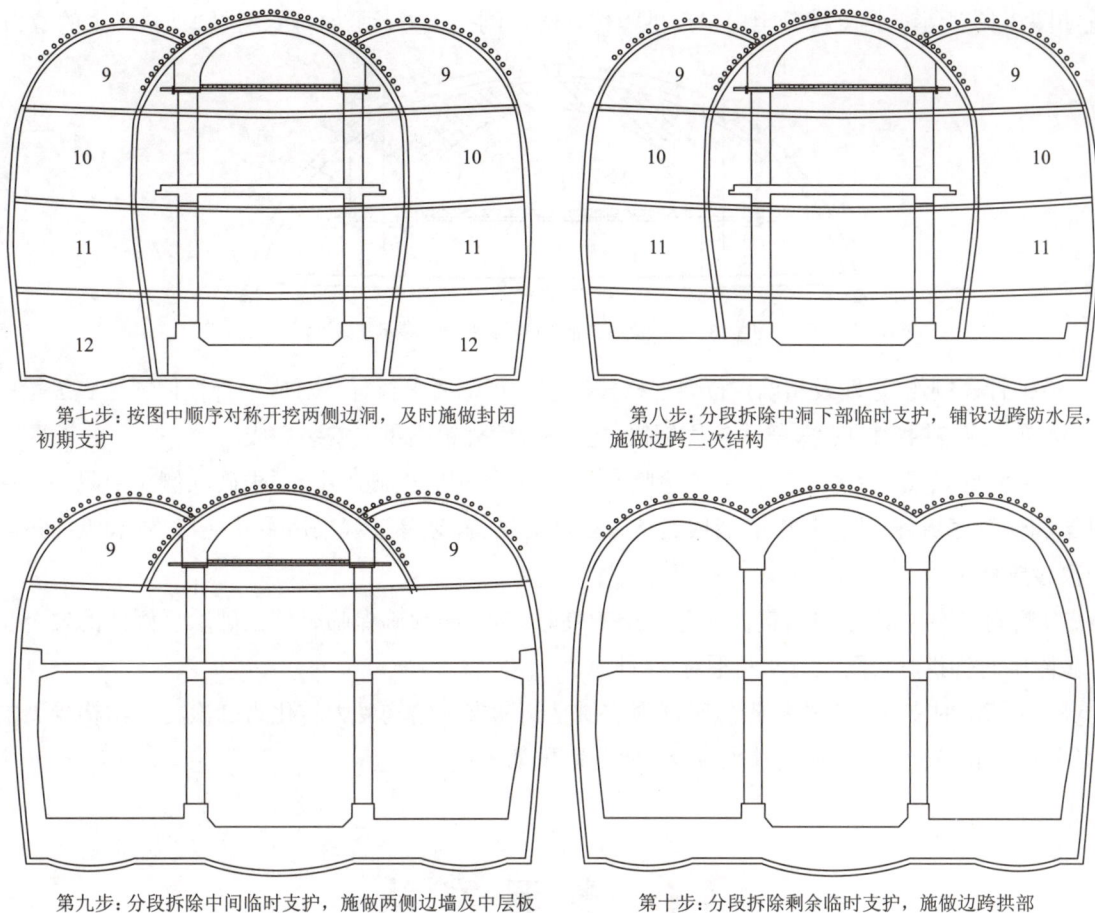

第七步：按图中顺序对称开挖两侧边洞，及时施做封闭初期支护

第八步：分段拆除中洞下部临时支护，铺设边跨防水层，施做边跨二次结构

第九步：分段拆除中间临时支护，施做两侧边墙及中层板

第十步：分段拆除剩余临时支护，施做边跨拱部

图 3-12　中洞法车站详细施工步序示意图

3.5.2　中洞法施工控制要点

（1）提前开始降水作业，保证水位降至开挖面以下。当降水作业受到客观条件限制而不能实施时，则应采取地层注浆堵水。

（2）中、侧洞开挖采用 CRD 法，各工作面拉开距离控制在 15m 左右，开挖步距应严格控制，每步距以一榀钢架间距为宜。开挖面一旦形成，应使支护结构尽快封闭，以减少拱脚处的基础压缩变形并有效地控制地层的松弛变形。

（3）中洞底纵梁是工程控制要点之一，主要涉及地基基础的承载力和底纵梁位移问题。

"中洞法"在结构中洞底板封闭以前为最不利受力状态，底梁基底压力值达到最大。为进一步增强地基承载能力，减少由底纵梁基础引起的结构不均匀沉降，需对底纵梁基底进行注浆加固处理。

为防止结构水平位移，底纵梁纵向每隔一定距离设横向连系梁，可以减少破除底层中隔墙引起的中洞初期支护结构沉降，又使底梁纵向形成格构框架体系，保证下步钢管柱及顶纵梁受力稳定。

（4）顶纵梁施工质量控制。为保证顶纵梁的施工质量，将顶芯梁和顶拱分开浇筑混凝土，先施作顶芯梁，再施工拱顶衬砌。铺设拱部防水板时，预留好防水板接头并加保护，对连拱部位，做好"V"形节点防水。

顶纵梁的混凝土达到强度要求后，在立柱及顶梁上安装可调式拉杆和横向工字钢支撑，间距 1m，其布置如图 3-13 所示。钢支撑分担由中部拱跨传递的内侧挤压力,钢拉杆承受拱脚外移产生的拉力。

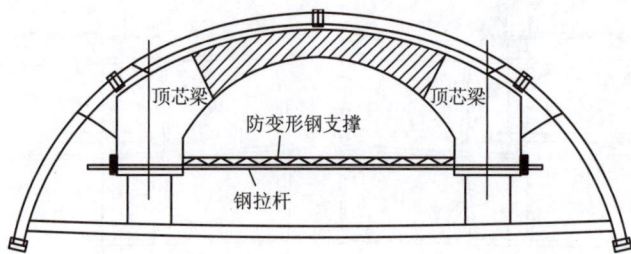

图 3-13　顶纵梁施工钢支撑及钢拉杆安装示意图

（5）钢管柱制作、运输及精确定位要严格按照技术规范要求执行。对应钢管柱位置处底纵梁的混凝土,浇筑前应将钢管柱底盘、管内锚固钢筋、定位杆、管外锚固钢筋安装完成。

（6）中洞底纵梁连系梁施工前要破除临时中隔墙;侧洞底板施工中,要求破除侧洞中隔墙。中洞底纵梁和侧洞底板施工阶段,中隔墙依然是主要承力结构,破除过程采用主动换撑措施,纵向每隔一定距离设置横梁。

（7）侧洞二次衬砌施工中,需要破除各层的临时仰拱,必须确保临时结构破除后侧墙的安全稳定性。破除临时仰拱时采取左右两侧不对称拆除。

（8）局部临时支撑。二次衬砌施工过程实质是初期支护结构受力转化为二次衬砌结构受力的过程,必要时采取局部增设临时支撑来减少转换过程的影响。

3.6　多洞室法

3.6.1　工法特点

以广州地铁 5 号线小北路站为例说明该工法施工顺序。

小北站位于环市中路与小北路交叉口处以东的环市中路下,沿环市中路东西方向布置,周边环境条件复杂,车站线路方向不具备明挖条件。采用立体交叉洞室群车站的理念,解决了车站施工的难题。

根据客流及功能需要,车站站厅、站台隧道交叉形式基本按照"#"形布置。车站的设备管理区分别布置在站位的西南和东北端,均采用外挂的形式布置,明挖法施工;站台为分离岛式暗挖站台,站台间设置 4 个横向通道连接,侧站台宽度为 3.5m,车站左线站台隧道长 176.7m,有效站台长 106m;2 个分离站厅隧道与站台各通过 1 个暗挖斜通道连接;站厅隧道净宽 8m,长 50m,具有过街功能。西端的设备管理用房为 2 层结构,东端的为 3 层结构。进站乘客进入站厅隧道,完成售检票后从自动扶梯到达站台候车,出站乘客按相反方向出站。车站的平、纵断面图如图 3-3 所示。

每个隧道洞室均为单洞(风道为双层),断面有曲墙马蹄形、拱顶直墙、矩形结构三种形式。隧道支护均为复合式衬砌,全包防水层。重要的暗挖隧道有站厅隧道、扶梯斜通道、站台隧道。站台隧道埋深为 20m,站厅隧道埋深 3.5m,系超浅埋深。站台隧道线间距 34.5m,隧道间最小结构净距为0.8m。车站的断面类型及支护参数见表 3-1。

车站洞室群的施工顺序为,先施工站台隧道,再施工站厅隧道,最后施工两者间连通隧道。左、右线站台隧道相向平行施工,东、西站厅隧道平行施工,各连通隧道尽量平行施工。

暗挖洞室断面支护参数及工法 表 3-1

类　型	通道名称	数量(个)	断面、净空尺寸(m)	衬砌厚度(m)	施工方法
暗挖隧道	站厅隧道	2	拱顶直墙，宽 8.0，高 9.8	初期支护 0.35，二次衬砌 0.60	CRD 工法
	站台隧道	2	曲墙马蹄形，宽 7.75，高 8.1	初期支护 0.30，二次衬砌 0.50	三台阶法
	扶梯斜通道	2	拱顶直墙，宽 4.4，高 7.0	初期支护 0.30，二次衬砌 0.50	三台阶法
	站台横通道	2	拱顶直墙，宽 6.5，高 7.1	初期支护 0.30，二次衬砌 0.50	台阶法
	站台风道	2	拱顶直墙双层，宽 6.0，高 10.4	初期支护 0.30，二次衬砌 0.50	多台阶法
	站厅风道	2	拱顶直墙，宽 5.2，高 3.3	初期支护 0.30，二次衬砌 0.40	台阶法
	设备运输通道	1	拱顶直墙，宽 4.0，高 5.5	初期支护 0.25，二次衬砌 0.40	台阶法
	残疾人通道	2	拱顶直墙，宽 2.4，高 4.4	初期支护 0.30，二次衬砌 0.40	台阶法
暗挖竖井	残疾人电梯井	1	矩形，长 2.4，宽 2.2	初期支护 0.30，二次衬砌 0.40	全断面
	新、排风井	4	矩形，长 5.0，宽 4.8	初期支护 0.30，二次衬砌 0.50	全断面

3.6.2　多洞室法施工控制要点

结合前述广州地铁 5 号线小北站施工特点分析，其施工控制要点总结如下：

（1）车站暗挖隧道主要为多条平行的单洞，在施工时不可多线同时开挖，相互之间纵向要拉开较长的距离，斜通道和中间隧道均应在左右线隧道初期支护及二次衬砌完成后再进行，以确保支护结构及中间土柱的稳定，减少地表沉降。

（2）车站隧道明暗挖交接处应妥善处理。明暗挖相接处，常常涉及到明挖部分围护结构的破除处理。另外，浅埋暗挖法地层条件一般较差，缺乏自稳性。为保证施工安全，需采取以下措施：

①施作超前小导管，并对明暗挖交接处周围土体进行超前注浆；

②采用 CRD 工法施工，分段拆除明挖部分的围护结构；

③为防止局部破除后的围护桩在外部土体的推力下失稳，设置临时工字钢斜撑对切断的围护桩进行支撑加固，如图 3-14 所示。

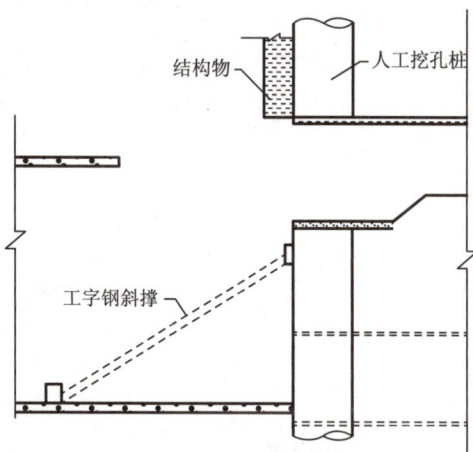

图 3-14　截断桩临时加固示意图

（3）中间隧道与左、右线隧道之间的土体的应保持稳定。采用多洞室法设计的车站，因为考虑车站的整体使用与服务功能，中间洞室与左、右线洞室之间净距通常较小，本案例仅 3.0～4.0m，施工中如何保证中间土柱的稳定是成败的关键。应采取以下措施处理：

①加强对中间土柱的注浆加固，通过车站左、右线隧道，对中间土体进行注浆加固，以增加中间隧道开挖时中壁土柱的承载力，从而保证开挖时的稳定。如图 3-15 所示。

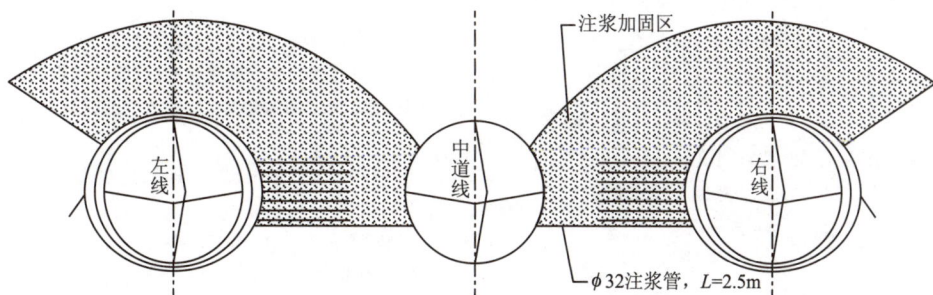

图 3-15　中间土体加固示意图

②优化施工工序,先开挖左、右线隧道,待左、右线隧道均衬砌完成后再开挖中间隧道。

③开挖时中间隧道时采用可靠保守的工法,如CRD法,并严格按工法要求组织施工。

④加强初期支护与二次衬砌背后的回填注浆,消除存在的空隙。

3.7 常见问题及预防措施

地铁车站采用暗挖法施工虽然降低了对地面交通、周边居民、商业等的影响,但是却增大了施工安全和质量风险,对施工技术提出了全新的挑战。为了保证施工过程中的质量和安全,需要对各种工法的常见问题采取相应的预防措施,详见表3-2。

地铁暗挖车站常见问题及预防措施 表3-2

序号	常见问题	原因分析	预防措施
1	超前地质预报和量测不及时、不准确,里程不连续,不能为施工安全提供可靠依据	①施工人员对超前地质预报和监控量测认识不清,重视不够。②没有专人负责,测量仪器和设备配备不齐。③操作人员相关业务能力不够	①教育施工人员认识到监控量测工作的重要性和必要性,充分发挥施工中的指导作用。②专人负责,配备专业设备,提高操作人员的业务水平。③超前地质预报要多种手段进行综合探测,利用各种探测的特点进行取长补短相互验证,保证探测的精度。④特殊地段特殊处理,对于高风险、特殊地段要加强探测,将隐患提前暴露出来,再制订相应的应对措施防治
2	断层、破碎带开挖局部坍塌	①地质预报不及时,未及时提供开挖面前方的围岩变化情况。②未及时改变开挖及支护方法	①加强超前探测,充分认识前方围岩岩性及存在的隐患,制订相应的施工措施,特殊地段要采用多种探测相结合的探测方式进行相互验证探测。②根据地质特征,及时调整开挖方法及支护方式等。③增加管棚、超前小导管或超前锚杆等超前预支护,防止坍塌
3	喷射混凝土厚度不足,强度达不到设计要求,喷射回弹量大	①水泥、砂、石子和外加剂等原材料进场控制不严,配料不严格。②超欠挖未按要求处理到位。③喷射工人技术不熟练,操作不当	①喷混凝土施工中严格控制混凝土配合比,不同的配合比严重影响喷混凝土强度和回填量,配合比选中一般采用强度等级稍高的水泥比较好,回弹量少。②加强对工人的操作培训,喷混凝土施工中喷枪手的熟练程度影响喷混凝土效果和回弹量,一般采用分层施作,每层厚3～5cm,喷枪口距离喷混凝土面80～120cm为宜。③冬季混凝土施工要根据不同的地域制订相应的冬季施工措施,保证混凝土出机温度,确保不影响混凝土的施工质量。④喷混凝土前对开挖断面进行检查,有欠挖时应及时处理。⑤喷射混凝土厚度控制可采用钻孔或者预留孔检查
4	拱架加工尺寸不规范,钢架连接板焊接不牢,架立间距偏大	①型钢拱架的弯曲设备对两端的弧度控制有偏差。②电焊工技术差,责任心不强	①型钢拱架每节弯曲时,两端60cm范围内的弧度要严格控制,确保整个拱架几何尺寸。②提高电焊工的业务水平,增强责任心,保证操作过程的工艺质量
5	衬砌背后存在空洞	①对超挖未按施工规范要求回填。②衬砌时拱顶灌注不饱满,振捣不够	①隧道开挖面难免出现凹凸不平,对于小范围内因超挖等造成的陷坑,施工时一般采用衬砌混凝土回填,注意挂设防水板要紧贴岩面,松紧度适合;对于因塌方造成的深陷坑,在二次衬砌施工前采用坍方处理措施回填平顺。②衬砌灌注混凝土时,拱顶设置溢浆管,检查拱顶混凝土灌注的饱满度。③拱顶多设混凝土灌注孔,并预埋注浆管,衬砌施工后进行回填注浆,并可在衬砌模板台车边墙、拱腰部位安装附着式振动器,加强振捣

序 号	常见问题	原因分析	预防措施
6	衬砌结构渗漏水	①地下水位高,封堵效果差。②二次衬砌防水混凝土施工质量差。③施工缝、变形缝处理不当	①衬砌前对洞身地下水渗漏较严重部位补充注浆堵水:隧道开挖后,防水板施工前,对隧道仍有严重渗漏水地段采用注浆堵水,堵住水源,减少地下水渗漏的压力和流量。②二次衬砌防水混凝土防水:衬砌防水混凝土是提高结构防水能力的具体形式和关键所在。做好防水混凝土的设计和施工是控制结构防渗漏的首要措施。③施工缝、变形缝防水:施工缝按要求设置止水条,变形缝按要求设置好橡胶止水带。施工时责任到人并有专人旁站指导、检查止水构件的施工质量。此部分的施工操作工艺要求相当高,必须质检人员全过程监督,确保施工质量
7	二次衬砌混凝土施工产生裂缝及蜂窝、麻面、气泡等质量通病	其原因比较复杂,包括原材料质量控制、混凝土配合比设计、混凝土运输搅拌、运输和浇筑作业、支模及拆模以及外加剂的使用等	①严格选用原材料。原材料尽量选择同一品牌、规格、型号、产地的水泥、砂、石等,避免因品质差异导致工程质量差异和颜色变化。水要符合规定,有害物质不能超标。对原材料严格把进场关。②混凝土配合比的设计。根据构件尺寸和部位,合理选择水泥品种、强度等级和用量,集料级配合理。在保证混凝土设计强度的前提下,控制混凝土配合比设计,混凝土配合比应按规定进行试验和验算。③混凝土搅拌和运输。混凝土的拌和要均匀,常以拌和时间控制,通常为 1～2min,掺有外加剂时应适当延长。尽量缩短混凝土停放时间,减少坍落度损失。运输时防止离析与出现泌水现象;运输能力与速度服从浇筑速度与初凝时间的需要。④混凝土的浇筑。振捣是保证混凝土匀质性的关键措施,混凝土不能自高处自由抛落,防止混凝土离析与部分集料集中;吊斗送料时,要配备较大的四边形漏斗,防止拌合物散乱四溅,用塑料布遮住上部模板,防止混凝土散落到模板上粘掉脱模剂。⑤混凝土的支模和拆模。模板必须要有足够的强度和刚度,能够承受混凝土产生的侧向压力和各种施工荷载而不变形。模板要平整光滑,不能有缺角、卷边,首先要用电刷把模板上的水泥残渣和污物清理干净,然后均匀地涂上脱模剂。模板支架应牢固安全,地基要稳,支撑结构合理,防止跑模。拆模要在混凝土达到允许的强度后进行,拆卸时应避免混凝土掉角开裂和掉块,影响表面平整度。⑥正确使用外加剂。混凝土外加剂种类繁多,按其化学成分可分为有机物和无机物两大类,按其使用功能则可分为减水剂、早强剂、引气剂、速凝剂、缓凝剂等。这些外加剂不能盲目地使用,需经过试验确定要使用的外加剂类别及用量

第**4**章 高架地铁车站工程

4.1 概 述

从最早的上海地铁3号线（明珠线）高架结构开始,国内的地铁高架车站结构已有较长的发展历程。目前我国各城市的高架车站建成数量很多,且已成规模,高架车站的结构形式及外观特点也有了较大的创新和发展。

相对于地下车站而言,高架车站造价较低、建设周期较短;相对于地面车站而言,高架车站较为高效、实用,占地面积也相对较少,对城市地块的分割作用较弱,对城市规划的影响程度较小。同时,高架地铁线路大多穿越或位于闹市区和居民区,相对于地下线路而言,高架车站主要存在三大问题:振动、噪声和对城市景观的负面影响。

高架车站受地面气候影响较大,立面造型设计要求与当地的气候条件相适应。

高架车站属于地面建筑,它既不是单一的房屋结构,也不是单一的桥梁结构,而是桥梁与房建结合的结构体系。总体来说,高架车站可按其车站建筑结构与车站桥梁结构的结合形式分为"桥—建"分离和"桥—建"结合两大类。

（1）"桥—建"分离式

即行车部分的轨道梁从车站穿过,车站建筑结构与车站桥梁结构完全脱开,各自形成独立的结构受力体系。该体系传力途径明确,结构耐久性好,但车站体量较大,且由于桥墩截面大,建筑平面布局易受影响。

（2）"桥—建"结合式

即行车部分的轨道梁支承在车站框架横梁上,车站建筑结构与车站桥梁结构结合在一起共同受力,支承轨道梁的横梁、支承横梁的墩柱及墩柱基础承受列车动荷载。该体系结构整体性和稳定性较好,但结构传力途径不太明确,车站设计时需考虑列车动荷载的影响。

通过调查统计,国内城市地铁高架车站结构以"桥—建"结合为主。

4.2 高架车站结构类型

高架车站的结构形式根据站厅、站台结构与行车轨道结构的关系,即高架车站中承受车辆荷载的轨道梁结构与承受非车辆荷载的其他主体结构是否脱开,可归纳为"桥—建"结合和"桥—建"分离两大类。现行地铁设计规范就是这样划分的。但目前多种新的结构形式,按照现行规范无法准确划分描述其受力特点,比如"桥—建"结合式车站又可进一步细分。

4.2.1 "桥—建"分离结构

该车站形式比较单一,受力分析也比较清晰,主要是车站主体结构的行车梁部分承担车辆荷载,而车站结构其他部分承担除车辆荷载之外的一切荷载。已建成北京地铁 5 号线的天通苑站(图 4-1)即属此类。

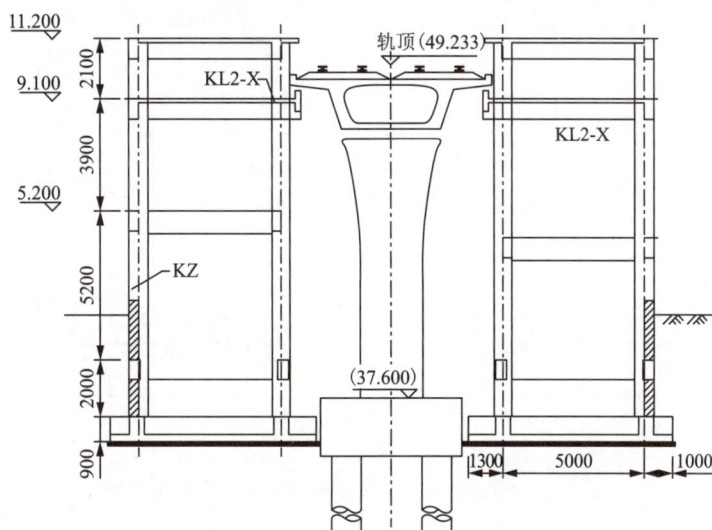

图 4-1 北京地铁 5 号线天通苑站"桥—建"分离结构横剖面图(尺寸单位:mm)

4.2.2 "桥—建"结合结构

此类结构可根据主体结构横向墩柱受力表现形式、墩柱数量,以及轨道结构与主体结构连接方式(刚接、支座铰接)等形式分为四类,以下分别用实例说明各种"桥—建"结合结构体系类型。

(1)纯桥支承式"桥—建"结合结构体系

特征是横向墩柱数量小于 3 个,为单柱或双柱,轨道结构连接方式为铰接。

单柱式以长春轻轨 4 号线三期工程卫星路站为例,如图 4-2 所示,采用单柱式墩,上部为长悬臂盖梁,站台及轨道结构均布置于盖梁上部桥梁梁体上,轨道结构支承方式为铰接,站厅及设备层位于盖梁下部,也采用长悬臂方式。由单柱墩身承受并传递全部荷载至承台,整个车站横剖面呈"干"字形。

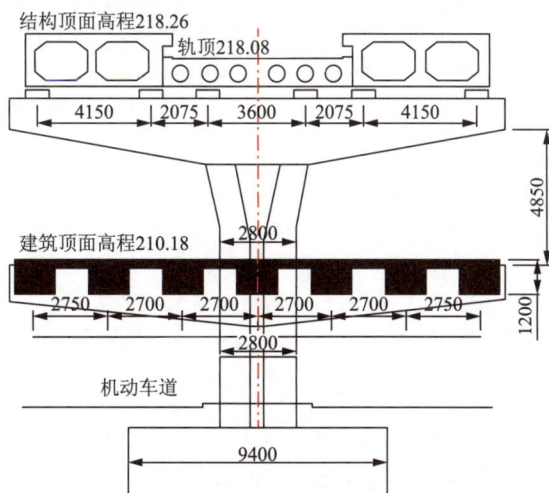

图 4-2 长春轻轨 4 号线三期工程卫星路站(尺寸单位:mm)

双柱式以上海地铁 8 号线浦江家园站为例,如图 4-3 所示。采用双柱式墩,上部设盖梁,站台及轨道结构均布置于盖梁上部桥梁梁体上,纵梁、轨道结构通过支座与盖梁铰接,站厅及设备层设于地面,设专用通道与站台相连。

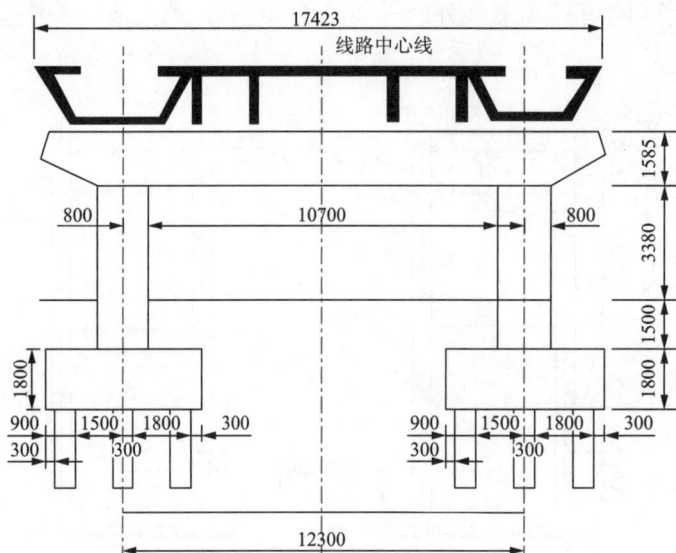

图 4-3　上海地铁 8 号线浦江家园站(尺寸单位:mm)

(2)以桥为主式"桥—建"结合结构体系

特征是横向墩柱采用单柱或双柱,与第一种的主要区别在于轨道结构连接方式为刚性连接。

单柱式以重庆地铁 1 号线大学城站为例,如图 4-4 所示,采用单柱式墩,上部为长悬臂盖梁,上部纵梁及轨道结构与盖梁刚性连接,站厅及设备层位于盖梁下部,也采用长悬臂方式。由单柱墩身承受并传递全部荷载至承台。整个车站横剖面呈"干"字形。

双柱式以深圳地铁 4 号线白石龙车站为例,如图 4-5 所示。采用双柱式墩,上部设盖梁,站台及轨道结构均布置于盖梁上部桥梁梁体上,纵梁、轨道结构与盖梁刚性连接,站厅及设备层在站台层下,通过梁体两侧墩柱相连,与上部站台设通道连接。

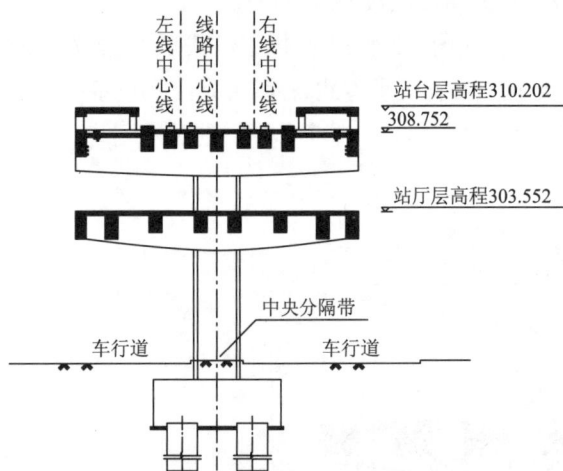

图 4-4　重庆地铁 1 号线大学城站

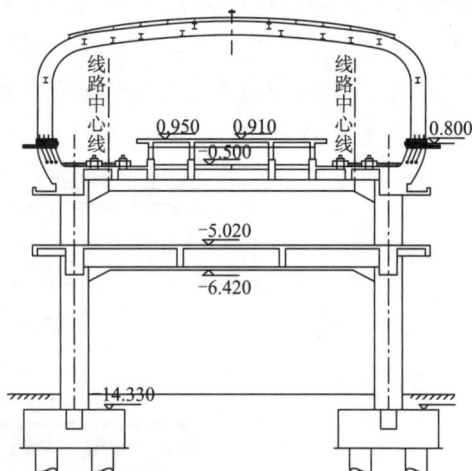

图 4-5　深圳地铁 4 号线白龙石站

(3)以建为主式"桥—建"结合结构体系

特征是横向墩柱数量大于 3 个,轨道结构通过支座与车站结构铰接。此类车站应用较多,宁波地铁 1 号线五乡站(图 4-6)、长春轻轨 4 号线车场站(图 4-7)等均属此类,侧式或岛式车站均可以采用此类型。

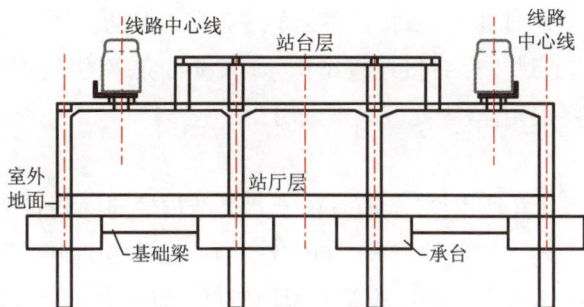

图 4-6　宁波地铁 1 号线五乡站

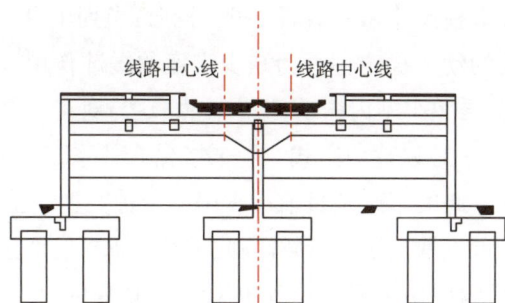

图 4-7　长春轻轨 4 号线车场站

（4）纯建支承式"桥—建"结合结构体系

与第三种不同之处在于轨道结构刚接于车站主体结构上（刚性连接，不设支座），此种类型车站其主要缺点是减振效果较差，应用不多，不再举例说明。

4.3　高架车站结构特点

4.3.1　"桥—建"分离结构

该车站形式比较单一，受力分析也比较清晰，主要是车站主体结构的行车梁承担车辆荷载，而车站结构其他部分承担除车辆荷载之外的一切荷载。特别适合用地条件好，对墩柱没有严格的景观需求的地方。车站行车梁部分跨径可按照桥梁自由设置，经济跨径为 30m，梁型也比较自由，可根据具体情况选用。行车梁以外的部分为框架结构，经济跨径为 10 ～ 12m，此跨径也同样适用于下面提到的第二大类"桥—建"结合结构。根据行车梁部分跨径综合选用，最好形成倍数关系，可以使上部结构下桥墩布局美观，视觉效果更好些。

4.3.2　"桥—建"结合结构

这种车站分为四种类型：纯桥支承式、以桥为主式、以建为主式、纯建支承式。受力分析各不相同，第一种纯桥支承式和第二种以桥为主式的"桥—建"结合结构最明显共同特征是横向柱子少，要按照桥梁受力特性去分析。

（1）纯桥支承式"桥—建"结合体系

该体系是将车站的站台梁与桥梁的墩柱固结，但轨道结构与车站用支座结构铰接。车站结构整体性好，墩柱数目较少，与地面行车道之间一般没有冲突和干扰，因而设计中常常被采用。这是因为若高架线路沿着既有的城市道路中央分隔带布置，高架车站一般布置成路中高架侧式车站，此时车站下需保证行车道的净空，加上其减振降噪效果明显，因此应用较多。缺点：墩柱较少，抗震不利，需要增加墩柱尺寸和配筋数量。需要考虑轨道结构梁的截面尺寸和支座空间高度，按照限界要求，建筑高度较大，造价高。

（2）以桥为主式"桥—建"结合体系

与上面提到的纯桥支撑式结构所不同的就是轨道结构的支撑方式，也就是传递荷载方式。采用刚接时，可承受传递弯矩等不利荷载，其建筑高度降低，减少造价。缺点：墩柱较少，抗震不利，需要增大墩柱尺寸和配钢筋数量。同时,当列车以一定速度通过高架车站时,高架车站会产生振动。框架结构的动力稳定性因为缺少支座的缓冲作用,一般比通过支座铰接连接结构差,因没有支座的缓冲作用,导致车站内振动、噪声较大,这与对车站舒适性要求相悖,因此应慎重采用。

（3）以建为主式"桥—建"结合体系

此类车站是目前最常用的一种类型。主要考虑到其适用性广,而且由于此类结构横向两侧立柱上可以承担较大荷载,因此钢结构罩棚的造型可以有较大程度的发挥。抗震性能好,地震力分担到每个墩柱,由于墩柱较多,因此每个墩柱的尺寸都比较小,在车站内的视觉效果比较好。缺点:跨径比较小,不通透,影响整体景观效果。

（4）纯建支承式"桥—建"结合体系

与第三种类型不同的就是轨道结构刚接在主体结构上,此种类型车站应用不多,特别是目前因车站的舒适度要求,一般轨道结构下需采用支座来减振降噪,侧式或岛式车站均可以采用第三种类型。但只有当站台层高程严格受限时,才予以采用此类型方案。高架车站先形成以空间框架为主的建筑结构,再在其上形成连续楼板,承轨台直接作用于楼板上,轨道纵梁与框架横梁刚接。缺点:受载不均匀,易造成基础的不均匀沉降,特别是在地质不良的地段。一旦发生基础不均匀沉降将损坏结构,且修复困难。故一般不采用。

4.4 施工工艺流程及控制要点

4.4.1 桩基工程

高架车站一般采用桩基础,在成桩方式上,选用钻孔桩较多,当受场地条件限制时,也可以采用人工挖孔桩,其适用的地质和水文条件是无地下水或有少量地下水的土层和风化软质岩层,故采用较少,以下仅以钻孔桩为例说明桩基工程施工工艺流程及施工控制要点。

1）钻孔设备的选择

钻孔桩常用的三种成孔方式:旋挖钻成孔、冲击钻成孔、回旋钻成孔。

旋挖钻成孔适用于各种黏土质地层和砂类土、碎（卵）石土或中等硬度以下基岩的施工。施工前应根据不同的地质采用不同的钻头。目前国内常用的是德国产 BG 系列和意大利的 R 系列旋挖钻机,其优点是成孔快,泥浆量少。

回旋钻成孔按照泥浆的循环方式分为正循环钻机和反循环钻机。正循环钻机适用于黏土、粉土、砂性土等各类土层的桩基施工;反循环钻机适用于黏性土、砂性土、卵石土和风化岩层。

冲击钻成孔则适用于卵石、坚硬漂石、岩层及各种复杂地质的桩基施工。

在设备的选择上,应根据地质条件、工期、环境要求及经济效益综合考虑,选择最合理的施工设备。

2）施工工艺流程

钻孔桩施工工艺流程为:施工准备→埋设钻孔护筒→搭设作业平台→桩机就位→钻孔→成孔检测→清孔→安放钢筋笼→安放导管→浇筑水下混凝土→拔出导管、护筒→基桩检测。

3）施工控制要点

（1）施工准备

施工准备包括平整场地、测量放样、埋设护筒及制备泥浆等。

埋设护筒：护筒采用 6～8mm 的钢板卷制加工，护筒内径较桩径大 20～30cm。准确定位后由人工开挖至确定的高程，埋入护筒，使护筒中心与桩位中心重合，最后在四周换填并夯实。当孔口土质较差时，在护筒下部浇 30cm 厚的 C20 混凝土，上部用黏土夯填密实。护筒顶高出地面 30cm。如图 4-8 所示。

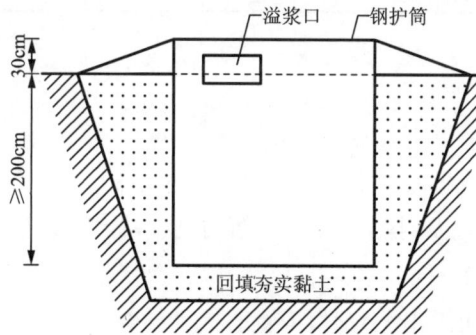

图 4-8　护筒埋设示意图

泥浆制备：泥浆由水、黏土（膨润土）和添加剂组成，造浆用的黏土应符合下列技术要求：胶体率不低于 95%，含砂率不大于 4%，造浆率不低于 2.5m³/kg。泥浆性能指标应符合下列技术要求：泥浆相对密度 1.05～1.20，泥浆黏度 16～22s，含砂率 4%～8%，胶体率不小于 96%，失水率不大于 25mL/30min。

（2）钻机就位

①精确测量定位，钢护筒安装标准、稳固；②钻机安装的基本要求是水平、稳固、三点（天车、转盘、护筒中心）一垂线，保证桩的垂直度和桩位偏差，控制要求见表 4-1。

钻孔桩钻孔允许偏差和检验方法　　　　　表 4-1

序　号	项　　　目		允 许 偏 差	检 验 方 法
1	护筒	顶面位置	50mm	测量检查
		倾斜度	1%	
2	孔位中心	群桩	100mm	
3	孔位中心	单排桩	50mm	
4	倾斜度		1%	

（3）钻孔

①保持连续施工，防止出现因各种原因造成的施工中断；②钻进过程中泥浆循环量应根据地层和钻进速度加以调整，保证成孔质量；③终孔时，需对桩孔的孔深、孔径、倾斜度进行检测，符合要求才能终孔。

（4）清孔

采用两次清孔保证清孔质量，第一次清孔在钻进至设计深度后进行，第二次清孔在下完钢筋笼和导管以后利用导管进行清孔，目的是清除下钢筋笼及下导管期间沉淀的沉渣。需特别注意不得用加深钻孔深度的方式来替代清孔。

（5）钢筋笼制作及安装

①钢筋笼直径应符合设计尺寸；②制作好的钢筋笼应平卧堆放在平整干净的场地，堆高不得超过两层；③钢筋笼在下笼过程中应从速，一般桩孔应在钻孔结束后 2～4h 内完成。其各项偏差应符合表 4-2 要求。

钻孔桩钢筋骨架允许偏差和检验方法 表 4-2

序 号	项 目	允许偏差	检验方法
1	钢筋骨架在承台底以下长度	±100mm	尺量检查
2	钢筋骨架外径	±20mm	尺量检查不少于 5 处
3	主钢筋间距	±0.5d	
4	加强筋间距	±20mm	
5	箍筋间距或螺旋筋间距	±20mm	
6	钢筋骨架垂直度	1%	吊线尺量检查

注:d 为钢筋直径,单位为 mm。

（6）水下混凝土浇筑

水下混凝土在浇筑中应控制以下几点:

①水下混凝土浇筑前应检查桩底的沉淀层厚度与泥浆指标,不符合要求则应再次清孔;

②水下混凝土浇筑过程中应及时测量混凝土面的高度,计算准确导管的埋深,做到勤提勤拆,始终控制导管埋入混凝土面以下 2～6m;

③当混凝土浇筑到孔口不再返出泥浆时,应及时提升导管。

4.4.2 承台工程

1）施工工艺流程

承台工程施工工艺流程如图 4-9 所示。

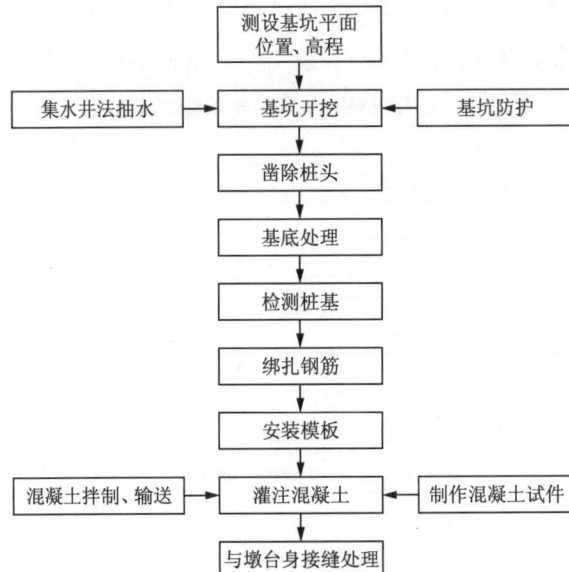

图 4-9　承台工程施工工艺流程图

2）施工控制要点

（1）基坑开挖

承台基坑根据开挖深度、地质条件及周边环境条件选择放坡开挖或型钢支护开挖,当采用型钢支护时,可以采用槽钢、工字钢。当开挖深度较大、土质较差时也可以采用打设钢板桩防护,拉森式钢板桩是现场最常用的钢板桩形式,其材料及打设设备如图 4-10 和图 4-11 所示。

钢板桩打设后,随基坑开挖及时架设内部型钢围檩、型钢支撑,形成完整后受力体系,保证基坑开挖安全,如图4-12所示。

图4-10 打拔钢板桩机　　图4-11 拉森式钢板桩　　图4-12 成型钢板桩围堰工程实例

（2）桩头修凿

桩头挖出后,人工用风镐凿除上部浮浆及劣质混凝土,并清理干净。

（3）钢筋制作及安装

①钢筋原材料质量控制重点为:钢筋原材料合格;钢筋表面无油污、锈蚀和裂纹。

②钢筋下料和加工必须严格按照设计图纸和钢筋施工规范的要求进行,钢筋的规格、间距和摆放的位置符合设计图纸。

③承台钢筋的纵横交叉点除四周全部用扎丝绑扎外,其余可采用梅花形交错绑扎。

④承台处钢筋绑扎时需预留结构柱的钢筋。

其施工控制标准见表4-3。

钢筋安装允许偏差和检验方法　　　　　　　表4-3

序　号	名　　称		允许偏差(mm)	检验方法
1	受力钢筋排距		±5	尺量,两端、中间各一处
2	同一排中受力钢筋间距		±20	
3	分布钢筋间距		±20	
4	箍筋间距	绑扎骨架	±20	尺量,连续3处
		焊接骨架	±10	
5	弯起点位置(加工偏差±20mm包括在内)		30	尺量
6	钢筋保护层厚度 a	$a \geqslant 35mm$	+10、−5	尺量,两端、中间各2处
		$25mm < a < 35mm$	+5、−2	
		$a \leqslant 25mm$	+3、−1	

（4）模板安装

① 模板采用无拉杆式大块钢模板,四周用钢管和顶托支撑加固,其支撑间距控制在1.2～1.5m。

② 模板安装稳固,表面平整,拼缝严密,模板安装轴线偏差在±15mm以内,表面平整度5mm,顶面高程偏差在±20mm以内,相邻两块模板表面高差2mm。

（5）混凝土浇筑

① 采用商品混凝土,用臂架式混凝土泵车泵送入模,采用人工插入式振动棒振捣。

② 承台混凝土分层浇筑,分层厚度不得大于30cm,振捣上层混凝土时振动棒应插入下层混凝土3～5cm,确保新老混凝土接合得更加密实。浇筑时应连续进行,避免出现冷缝。

③ 混凝土振捣时应均匀振捣,不得漏振、过振。同时振捣的时间也不宜过长,以免混凝土产生离析现象。

④ 在混凝土浇完4h左右应及时进行提浆抹面。

承台结构外形尺寸允许偏差和检验方法见表4-4。

結構外觀尺寸偏差和檢驗方法   表 4-4

序　号	項　　目		允許偏差（mm）	檢　驗　方　法
1	基礎軸線位置		20	每邊尺量不少於 2 處
2	表面平整度		8	2m 靠尺、塞尺測量不少於 2 處
3	高程		±30	測量不少於 2 處
4	垂直度		$h/1000$	吊線尺量
5	截面尺寸		+20、0	尺量不少於 3 處
6	預留孔洞	中心位置	15	尺量
		尺寸	+10、0	
7	預埋件中心位置		5	尺量

注：h 為現澆結構全高，單位是 mm。

（6）拆模、養護

混凝土在達到強度要求後方可拆模，拆模時嚴禁用力猛撬，模板拆下後應檢查結構面有無空洞或蜂窩麻面，若有應及時用高強度等級水泥漿進行修補，並且及時灑水養護 14d 以上。

4.4.3　墩柱工程

高架站墩柱形式不一，採用"Y"形墩、門式墩較多，隨著工藝水平的提高，墩柱模板一般採用整體定型鋼模板，為確保混凝土外觀質量，降低模板拼裝難度同時確保模板拼縫的平整度，墩柱模板的連接採用定位銷 + 螺栓連接的方式，上述連接方式能保證在現場拼裝時減少因螺栓間隙而導致的拼裝誤差。

採用人工配合吊車安拆模板，墩柱四角設鋼絲繩固定於地錨，在模板周圍人工搭設鋼管腳手架，腳手架外立面滿包安全網防護。

1）施工工藝流程

墩柱工程施工工藝流程如圖 4-13 所示。

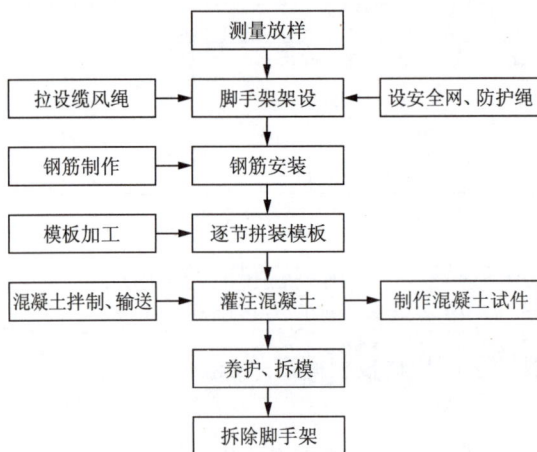

圖 4-13　墩柱工程施工工藝流程圖

2）施工控制要點

（1）清基及定位放樣

在承台混凝土達到設計強度 70% 以上後，開始將墩柱底部範圍內混凝土表層的浮漿徹底鑿毛並清理乾淨，用全站儀定位出墩柱中點，彈出墩柱四邊的墨線。

（2）钢筋加工与绑扎

钢筋采用现场加工，现场绑扎，并严格按照设计和规范要求进行，绑扎前先调整好承台中的预埋墩柱主筋间距，使其保护层厚度、间距符合要求，主筋间距及竖直度为检查重点。

（3）模板与支撑

墩柱模板采用定制大块钢模板，模板横竖向拼缝粘贴密封条以防止漏浆。支撑方式采用钢管支撑，拉索固定，底部用预埋在承台上的地锚固定。

（4）混凝土浇筑

墩柱采用商品混凝土，混凝土输送泵泵送入模，插入式振动棒振捣。混凝土要保证分层连续浇筑，每层厚度30cm；混凝土浇筑前要对振捣工进行技术交底，做到不过振、不漏振，以制作内实外光的混凝土结构。

（5）拆模养护

墩柱混凝土浇筑时试验室要制作同养试块，在强度达到2.5MPa时才可拆模。柱体采用塑料薄膜养生，时间不少于10d。

4.4.4 盖梁工程

盖梁为预应力钢筋混凝土结构，在地基条件较好，交通不受限制的情况下，盖梁采用满堂红支架法现浇施工比较经济合理（图4-14）。但当地基条件较差，或盖梁下部有交通要求时，则可采用型钢＋贝雷架组合门式支架（图4-15）。无论采用哪种形式，支架系统必须经过预压。

施工时采用商品混凝土，人工配合吊车拼装现浇支架和钢模板，钢筋在钢筋加工场集中下料加工，现场绑扎成型，混凝土输送泵泵送入模，人工振捣。

图 4-14　盖梁满堂支架法现浇施工实例

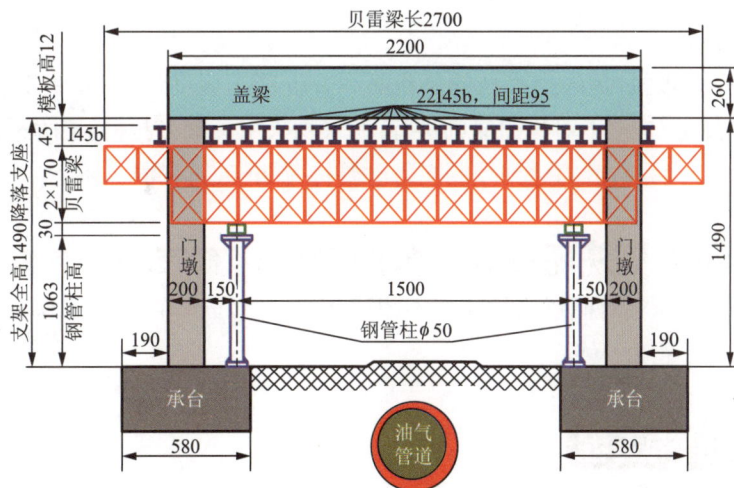

图 4-15　门式框架墩横梁现浇支架布置示意图（尺寸单位：cm）

注：I45b 工字钢长 5～6cm。

1）施工工艺流程

盖梁施工工艺流程为：清基→钢筋绑扎→模板与支撑→混凝土浇筑→拆模、养护→盖梁预应力张拉→孔道压浆封锚。

2）施工控制要点

（1）清基

先将柱顶凿毛,清理干净,并进行柱顶高程检查。

（2）钢筋绑扎

钢筋现场加工、绑扎,绑扎前先调整好预埋主筋间距,并在盖梁底模上放线定位钢筋骨架,钢筋的安装绑扎应满足图纸及规范要求。均匀设置混凝土垫块,以满足保护层厚度要求。

严格按要求预埋波纹管,预应力管道沿长度方向50cm设置一道井字形定位钢筋和防崩钢筋焊接在主筋上,以确保管道在浇筑混凝土时不上浮、不变位。

当预应力钢绞线与普通钢筋发生矛盾时,可适当调整普通钢筋位置。如因预应力钢束张拉需要,槽口处梁体纵、横钢筋及箍筋可作截断处理。同时,浇筑封锚混凝土前,截断的钢筋应采用焊接的方式予以恢复,并保证锚固面与钢束相垂直。

（3）模板与支撑

盖梁采用定型钢模板,模板的拼缝处用密封胶条填塞压实,用1.5mm厚胶带纸封闭,防止漏浆、蜂窝的出现,两侧模顶口安装拉杆固定。施工时为保证支架的稳定和安全,支架和模板必须有足够的强度和刚度,支架搭设完毕后进行预压,并采取有效措施减少支架变形及支架沉降不均匀对结构的影响。

（4）混凝土浇筑

盖梁浇筑采用商品混凝土泵送入模,插入式振动棒振捣。浇筑混凝土前,先浇筑5cm厚的砂浆,利于施工缝的结合;纵向浇筑顺序为从盖梁两端同时开始浇筑,从低侧向高侧浇筑。浇筑过程中随时观测支承结构下沉的情况。要求制作一组同条件养护试块,作为底模和支架拆除的依据。

（5）拆模、养护

混凝土强度达2.5MPa时方可拆除侧端模,混凝土强度达到设计强度时,方可拆除支承结构和底模,洒水养护。

（6）盖梁预应力张拉

盖梁需进行预应力张拉,预应力张拉的施作必须在混凝土强度达到100%以后进行。在横断面上,每批钢束张拉应按左右、上下对称的原则进行;钢束均采用两端张拉,预应力采用伸长量与张拉力双控,以张拉吨位为主,当张拉应力达到控制应力时要持荷2min再锚固。

（7）孔道压浆、封锚

张拉完成后确定预应力筋无断丝、滑丝现象,然后切除多余钢绞线,封堵锚头,封锚水泥浆强度达到10MPa时即可压浆。压浆时间以张拉完毕不超过48h控制,同一管道压浆作业要一次完成不得中断,且梁体及环境温度不得低于5℃。

4.4.5 框架结构工程

框架结构施工时由下到上逐层施工。根据建筑物伸缩缝将车站划分为若干施工区段,各个区段独立组织平行作业。

1）施工工艺流程

车站框架结构施工工艺流程如图4-16所示。

2）施工控制要点

（1）搭设脚手架

室外采用双排钢管脚手架，室内采用满堂红脚手架用以支撑和加固梁、板、柱的模板。脚手架基础应夯实、平整。设扫地杆，脚手架的纵距、横距、步距均按规范要求进行设置。扣件、螺栓的质量要符合规范要求。钢管脚手架的剪刀撑、斜撑的搭接长度不得小于1.0m，且不得少于2只扣件紧固。室外脚手架超过两层后设密目安全防护立网和横向安全隔离层，网应高出施工层1m以上。

（2）钢筋制作与安装

钢筋采用现场加工制作、安装。钢筋保护层厚度采用预制砂浆垫块控制。其施工控制要点同前述盖梁施工。

（3）模板架设与安装

```
┌──────────────┐
│   桩基施工    │
└──────┬───────┘
┌──────┴───────┐
│ 承台及墩柱施工 │
└──────┬───────┘
┌──────┴───────┐
│   盖梁施工    │
└──────┬───────┘
┌───────┐   ┌──────┴──────────┐
│盖梁张拉│───│ 站厅层框架梁、板施工 │
└───────┘   └──────┬──────────┘
┌──────┴──────────┐   ┌─────────────┐
│站台下层框架立柱施工 │◄──│人行天桥及通道施工 │
└──────┬──────────┘   └─────────────┘
┌──────┴───────┐
│   盖梁施工    │
└──────┬───────┘
┌───────┐   ┌──────┴──────────┐
│盖梁张拉│───│ 站台下层框架梁、板施工 │
└───────┘   └──────┬──────────┘
┌──────┴──────────┐
│ 站台层框架立柱施工 │
└──────┬──────────┘
┌──────┴──────────┐
│ 站台层框架梁、板施工 │
└──────┬──────────┘
┌──────┴──────────┐
│ 轻型屋架、天棚安装 │
└──────┬──────────┘
┌──────┴───────┐
│    清场      │
└──────────────┘
```

图 4-16 车站框架结构施工工艺流程图

车站一般为全现浇框架结构，模板使用量较大，其施工质量直接影响混凝土的外观质量，是整个框架结构施工的关键工序。现以面板采用竹胶板的情况予以说明。

①模板系统要求

a. 模板主要采用钢管支撑，辅助采用木支撑。

b. 立柱、梁板均采用大块竹胶板做面板，方木做框架。钢管作柱箍和梁板的竖挡及围檩。

c. 钢管柱箍转角处用铸铁十字扣件连接。框架立柱模板支撑加固如图 4-17 所示。

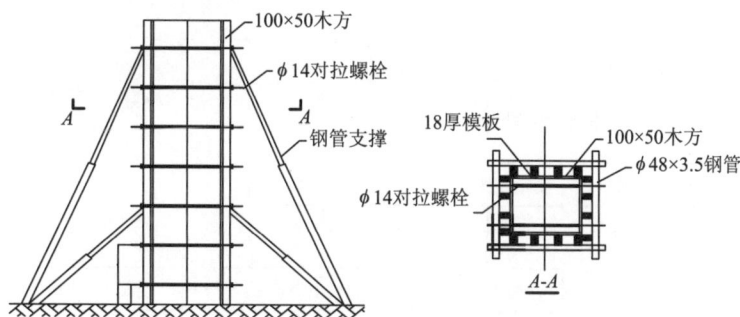

图 4-17 框架立柱模板支撑加固示意图（尺寸单位：mm）

d. 框架梁板模板支撑加固如图 4-18 所示。

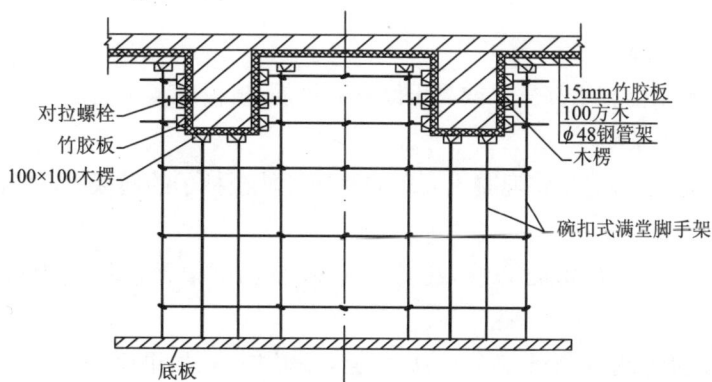

图 4-18 框架梁板模板支撑加固示意图（尺寸单位：mm）

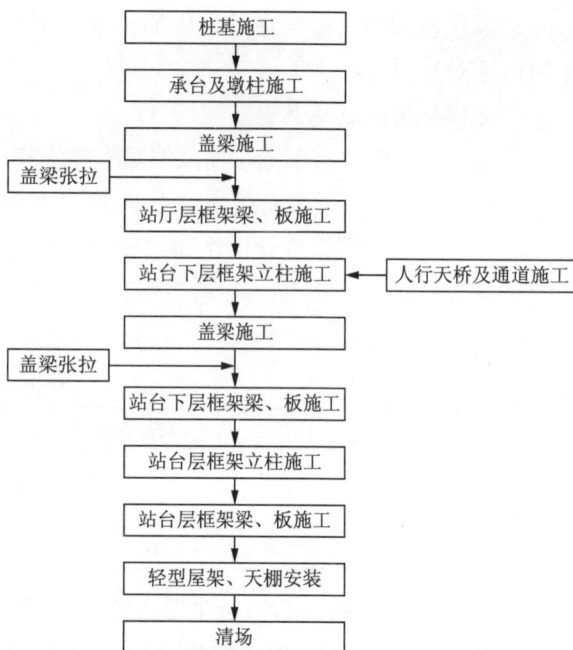

e. 墙模板安装前必须在其根部加设直径不小于 14mm 的钢筋限位以确保模板位置的正确,墙模采用螺栓对拉固定。

②支模质量控制要点

采用臂架式混凝土车输送商品混凝土并浇筑施工,其控制要点如下:

a. 模板及支架必须具有足够的强度、刚度和稳定性。

b. 支模前应先根据设计图纸弹出模板边线及模板的控制线,上下两相对应控制点连线的垂直度应通过测量仪器检查,墙面模板检查和验收通过这些相对应控制点的连线。

c. 模板的接缝和错位不大于 2.5mm。模板实测允许偏差见表 4-5。

模板安装允许偏差表   表 4-5

项 目 名 称	允许偏差值(mm)	项 目 名 称	允许偏差值(mm)
轴线位移	5	垂直度	3
高程	±5	表面平整度	5
截面尺寸	+4, -5		

d. 柱模内垃圾采用水冲,吸尘器清理,柱模下脚外侧采用水泥砂浆护壁。

e. 梁的跨度大于 4m 时应起拱,起拱高度要符合规范要求。

③模板拆除

a. 模板拆除时间应满足有关规范要求。非承重模板拆除时,其结构强度应不低于 2.5MPa,承重模板拆除时其结构强度应达到设计强度的 70% 后方可进行。

b. 拆模顺序为后支先拆、先支后拆;先拆非承重模板、后拆承重模板。

c. 拆除跨度较大的梁底模时,应先从跨中开始,分别拆向两端。

d. 拆模时不要用力过猛过急,拆下来的模板应及时运走、并清理干净,板面刷油并按规格分类堆码整齐。

(4)混凝土施工

①施工工艺流程

车站结构混凝土施工工艺流程如图 4-19 所示。

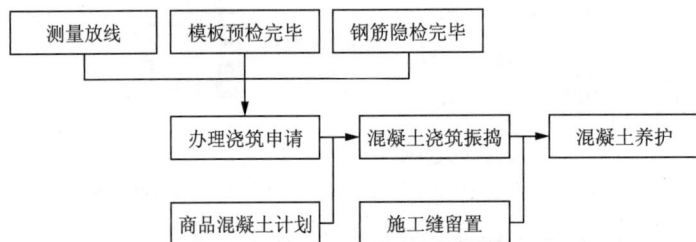

图 4-19　车站结构混凝土施工工艺流程图

②混凝土施工技术措施

a. 在混凝土浇筑施工前应用高压水或高压风先对钢筋、模板以及与老混凝土接触面进行清洗,确保要浇筑的施工区清净无杂物。

b. 浇筑框架柱混凝土时,尽量将混凝土泵车的输送管伸至柱子的模板内,使混凝土输送管出料口距浇筑面的距离不大于 2m。

c. 分层浇筑的厚度控制在 30cm 以内,高度大于 30cm 的框架梁采取分层浇筑,待第一层充分捣实后再下第二层的料。

d. 每一个施工段的梁、板混凝土必须一次性连续浇筑完毕,如果由于特殊原因而无法连续浇筑时,施工缝留置在次梁跨度中间的 1/3 范围内。

e. 混凝土捣固采用插入式与平板振捣两种方法,其中梁、柱、墙采用插入式振动棒,板采用插入式振动棒配合平板式振动棒。

f. 混凝土在浇筑 6～12h 后即进行养护,结构表面使用麻袋覆盖,并随时洒水保持湿润,养护时间一般为 14d。

③ 施工质量控制要点

a. 混凝土试件的取样、制作、养护和试验要符合施工规范的有关规定。

b. 振捣密实,不得有蜂窝、孔洞、露筋、缝隙、夹渣等质量缺陷。

c. 楼梯板混凝土浇筑顺序自下向上进行,待底下踏步混凝土充分振捣密实后再进行上面的踏步振捣,减少踏步根部出现蜂窝现象。

d. 在主次梁、楼梯梁交接处,由于钢筋密集,要加强振捣,以保证混凝土密实,必要时使用同强度等级的细石混凝土浇筑,避免出现空洞或蜂窝等缺陷。

e. 截面较小的柱、墙的振捣方式以插入式振捣为主,必要时辅以附着式振动器振捣施工。

f. 混凝土浇筑过程中,派专人负责检查模板,对漏浆、跑模等问题及时修整。

混凝土工程允许偏差项目见表 4-6。

混凝土工程允许偏差项目表　　　　　　　表 4-6

项　　目			允许偏差(mm)	检验方法
轴线位置	整体基础		15	经纬仪及尺量
	独立基础		10	经纬仪及尺量
	柱、墙、梁		8	尺量
垂直度	层高	≤6m	10	经纬仪或吊线、尺量
		>6m	12	经纬仪或吊线、尺量
	全高(H)≤300m		$H/30000+20$	经纬仪、尺量
	全高(H)>300m		$H/10000$ 且≤80	经纬仪、尺量
高程	层高		±10	水准仪或拉线、尺量
	全高		±30	水准仪或拉线、尺量
截面尺寸	基础		+15,-10	尺量
	柱、梁、板、墙		+10,-5	尺量
	楼梯相邻踏步高度		6	尺量
电梯井	中心位置		10	尺量
	长、宽尺寸		+25,0	尺量
表面平整度			8	2m 靠尺和塞尺量测
预埋件中心位置	预埋件		10	尺量
	预埋螺丝		5	尺量
	预埋管		5	尺量
	其他		10	尺量
预留洞、孔中心线位置			15	尺量

注:1. 检查柱轴线、中心线位置时,沿纵、横两个方向测量,并取其中偏差的较大值。

　　2. H 为全高,单位为 mm。

4.4.6 轨道梁工程

轨道梁一般采用箱形结构,其施工方法可根据需要采用满堂支架法或型钢＋贝雷架组合的门式支架法施工,具体施工方法及工艺可参照前述 4.4.4 节"盖梁工程"及区间高架施工控制部分。

4.4.7 钢屋盖工程

高架车站屋面结构一般设计为钢屋盖,以门式弧形钢屋盖居多,车站钢屋盖主钢结构包括钢柱、钢梁、连杆、支撑构件等,各构件均采用型钢焊接弯制。

屋面系统则包括车站屋面外板、车站屋面及墙面内板、车站架立层板、保温隔热材料、吸音棉材料、柔性防水卷材、玻璃、铝单板等,为多种材料多层组合结构,具有采光、防护、防水功能。

1）钢结构、构件的加工、生产

高架车站钢结构工程量大,设计造型精美,对加工精度要求高。对材料的材质、防腐等级、加工工艺等均要求较高,应委托有专业资质的厂家加工,并派员驻厂监造,以确保成品外观和质量。

因钢结构的材料订货期都比较长,应做好材料的订货和采购计划,并保证组织材料按计划进场、验收、保管。

2）施工工艺流程

钢屋盖工程施工工艺流程如图 4-20 所示。

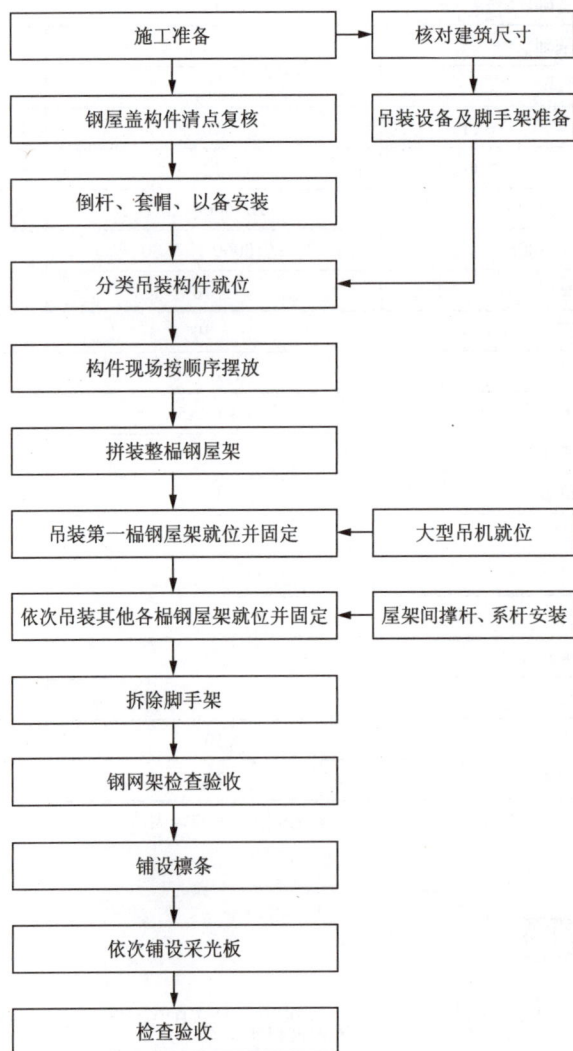

图 4-20 钢屋盖工程施工工艺流程图

3）主钢结构吊装作业顺序

主钢结构吊装作业时，因场地条件限制，一般只能选择在站台单侧场地作业。可先用25T吊车将钢柱、钢梁杆件吊到行车道板层顶面，在行车道板上组装整榀钢架，每榀组装好的钢架摆放在靠近其相应的轴线位置附近。组装成梁后再用重型汽车吊（如QY70K）整榀吊装主钢架。

吊装顺序从一端向另一端依次进行。

第一步：吊装第一榀钢架。

主钢架吊装就位后，装上并拧紧地脚螺栓螺母，同时拉上缆风绳，在缆风绳拉好以前，起重机不能松吊钩。缆风绳在钢架两侧各二道，与钢架面垂直。

第二步：吊装第二榀钢架。

按第一榀钢架的吊装方法吊装好第二榀钢架后，及时拉好缆风绳，同时装上两榀钢架之间的撑杆、系杆及水平支撑梁，以形成稳定的结构体系。在装撑杆、系杆的同时对两榀钢架垂直度及时进行调整，这样后续钢架安装的垂直度就能基本保证要求。

第三步：依顺序安装其余各榀钢架，钢架安装的同时，装上撑杆、系杆与支撑梁，以保持结构体系稳定。

第四步：安装撑杆、系杆、斜撑及其他次钢构件。安装时必须注意撑杆两端水平，且同一位置的所有撑杆必须在同一水平面上。

4）金属屋面系统安装控制要点

（1）安装屋面檩条

主钢结构完成焊接、螺栓紧固后即安装屋面檩条。将檩条成捆吊装至站台板，然后散包，分别摆放至其屋面安装位置下方的站台板上，然后人工在屋面采用绳索抬吊安装，如图4-21所示。

（2）安装玻璃棉和中间层压型钢板

将玻璃棉整卷吊至屋面散铺，压型钢板成捆吊至屋面后再散铺安装，如图4-22所示。

图4-21 屋面檩条安装工程实例

图4-22 玻璃棉和中间层压型钢板工程实例

（3）铺设硅酸钙板和防水卷材

硅酸钙板和防水卷材铺设需同步进行，以防止大风天气吹翻，或下雨天时淋湿。柔性防水卷材以满铺的形式覆盖在硅酸钙板上，卷材的搭接部分需撕开塑料保护膜，在搭接部分用力按压，以保证搭接部分黏结完好，如图4-23所示。

（4）屋面底板（吊顶波纹板）安装

搭设安装吊顶板用的移动式脚手架作业平台进行辅助施工，如图 4-24 所示。

图 4-23 硅酸钙板、防水卷材安装工程实例　　　　图 4-24 屋面底板安装工程实例

（5）金属屋面板安装

①放线。屋面板的平面控制，用屋面板以下的固定支座来定位完成，一般以板块伸出排水沟内壁边缘的距离为控制线，板块伸出排水沟内壁边缘长度以略大于设计尺寸为宜，以便于修剪。

②就位。施工人员将板抬到安装位置，先检查前一块板的小边是否完全扣入固定座，无误后就位，就位时先对板端控制线，然后将搭接边用力压入前一块板的搭接边，如图 4-25 所示。

图 4-25 金属屋面板安装工程实例

③咬合。屋面板位置调整好后，安装端部面板下的泡沫塑料封条，然后用专用电动锁边机进行锁边咬合。要求咬合的板肋边连续顺滑，不能出现扭曲、凸起、裂口。

④板边修剪。屋面板安装完成后，需对边沿处的板边进行修剪，以保证屋面板边缘整齐、美观。

5）钢屋盖安装质量控制要点

（1）在安装前对柱基预埋螺栓及整体建筑物预埋件之间的尺寸进行校对，地脚螺栓的预埋精度关系到后续结构的安装就位是否能顺利进行，且一旦预埋就位后矫正十分困难，故在预埋过程中需严格把关，确保预埋精度符合规范和设计的要求。其允许偏差见表 4-7。

地脚螺栓预埋允许偏差表　　　　　　　　　　　　　　　　　表 4-7

项　目	允许偏差（mm）	项　目	允许偏差（mm）
地脚螺栓（锚栓）中心偏移	±3.0	螺纹长度	+20～+50
螺栓（锚栓）露出长度	+20～+50	螺栓垂直度	1/200

（2）进行脚手架的搭设，搭设完毕，由屋架人员进行检查，合格后方可进行下道工序施工。

（3）根据屋架脚手架的受力和稳定状况，工地吊装条件，统筹安装吊料，运送到平台上的配件应摆放有序，尽可能按安装的先后顺序和便于操作的要求放置。

（4）屋架安装沿跨度方向分配，并把各支撑点的支座放在对应的预埋件上。

（5）安装起步时，由熟悉安装图和拼装方法的工人现场指挥，在屋架现场安装过程中尽量避免强力板扭,安装完毕及时进行紧固自检,做好自测资料。

（6）屋架的安装,安装人员由建筑物的一端向另一端延伸安装,安装时,应将杆件的紧固螺栓和螺栓球上的定位孔紧固,所有螺杆均应终拧到位。

（7）整体安装完毕,测量其挠度值。验收合格,方可进行下一步的屋面板的安装。

4.5 常见问题及预防措施

高架车站施工常见问题及预防措施见表4-8。

高架车站施工常见问题及预防措施 表 4-8

序号	工序	常见问题	原因分析	预防措施
1	钻孔灌注桩	扩孔或塌孔	①护筒埋设不规范。 ②土质松软易坍塌。 ③钻进过快,引起摆动及震动。 ④钢筋笼下放时碰触孔壁	①护筒埋设规范,底部和四周用黏土夯实。 ②检查钻孔附近有无其他振动源并消除。 ③调整泥浆参数,防止护壁泥浆劣化。 ④在松土层中,降低钻进速度。 ⑤钻孔时要跳孔钻进,防止相邻桩的间距太小而造成两根桩"串孔"事故。 ⑥若出现扩孔或塌孔,则应回填片石或黏土重新冲击成孔。 ⑦下放钢筋笼时,防止钢筋笼碰撞孔壁
2		缩孔	①钻头磨损导致成孔直径变小。 ②软弱土层的塑性变形导致缩孔	①及时检查冲击锤齿牙磨损情况,防止长时间磨损直径变小后未能及时更换。 ②检查地层中有无软弱土层导致孔径缩小,若有,可填石冲击或长护筒跟进
3		孔身偏斜弯曲	①钻机就位时倾斜。 ②钻进过程中发现成孔偏斜,纠偏不及时	①钻孔过程中及时检查桩孔是否倾斜。 ②发现倾斜,及时采取纠偏措施,如回填片石后继续冲击
4	承台	基坑开挖坍塌	①基坑开挖较深,未按规定放坡。 ②基坑两侧堆土或有重载。 ③降水、排水不到位。 ④挖土方式不当,出现掏空现象使土体失稳	①提前核查所开挖基坑的地质情况。 ②控制基坑一次开挖高度,放缓边坡,并对开挖的基坑进行及时支护。 ③及时抽排坑内积水,防止基坑被泡软。 ④基坑周边适当卸载,并防止重载车辆在基坑边行走。 ⑤若出现坍塌现象,则应迅速撤离人员,启动应急预案,及时抢险,控制损失
5		混凝土开裂	①混凝土浇筑入模温度偏高。 ②大体积混凝土内外温差过大引起开裂。 ③浇筑后养护不到位	①控制混凝土浇筑时的入模温度,避开炎热时段。 ②对大体积承台,埋设水管利用循环水导热,及时散发内部水化热,避免产生过大的温度应力。 ③浇筑完成后,及时覆盖洒水养护至规定龄期。 ④对于已出现的混凝土开裂问题,应组织专家会诊,分析其对结构的影响程度,如果其开裂已影响到结构的使用功能,则应采取加固补强措施
6	墩柱	墩柱混凝土外观质量差	①模板整体刚度不足,发生跑模或胀模。 ②模板接缝处理不到位,出现漏浆。 ③混凝土振捣不密实	①墩柱模板采用大块整体定型钢模板代替传统木模板,加强其整体刚度,并及时修整,保证其几何尺寸,特别是外观平整。 ②加强立柱模板的接缝处理,防止接缝处结合不良漏浆,产生麻面、蜂窝、错台等,甚至影响立柱的外观。 ③加强振捣,防止由于局部混凝土不能振捣到位,而形成混凝土不密实,表面蜂窝、麻面或颜面不一致

序号	工序	常见问题	原因分析	预防措施
7	框架结构	高大支架变形、垮塌	①未严格落实危险性较大的专项方案组织评审程序。 ②地基处理不到位,支架受力不均匀。 ③支架未严格按规范及技术要求搭设	①高大支架必须按危险性较大的专项方案管理规定组织专家评审,并严格按方案落实。 ②处理好地基并保持受力均匀,防止支架设置在不稳定的地基上。 ③支架纵、横向及竖向步距经计算确定,严禁随意加大步距及步高,杆件接头扣件拧紧,扫地杆和剪刀撑按要求设置
8		预应力管道堵塞	①波纹管接头不严密。 ②波纹管定位不牢固。 ③波纹管安设后保护不到位	①保证波纹管与接头套管的套管长度足够,防止在混凝土浇筑或振捣时接头脱开,堵孔。 ②控制波纹管固定筋间距,避免浇筑混凝土时波纹管上浮或偏离位置造成拉脱接头和堵孔。 ③防止波纹管附近有尖锐的钢筋端头或预埋件刺破波纹管。 ④在钢筋骨架焊接过程中,防止焊渣滴落烧破波纹管导致渗漏进浆造成堵孔
9	预应力张拉	预应力束滑丝、断丝	①预应力材质不合格。 ②操作过程中受力不均,出现应力集中。 ③千斤顶、油压表未按规定校验。 ④管道内存有杂物未清理干净	①严格控制预应力材质,保证产品质量合格。 ②操作过程中做到孔道、锚固、千斤顶三对中,防止出现钢丝偏离中轴线,受力不均,个别钢丝应力集中。 ③千斤顶、油压表按规定校验,保证预加力准确。 ④清理干净锚固锥头与夹片之间的杂物。 ⑤清理锚下垫板喇叭口内混凝土和其他残渣。 ⑥加强锚具质量控制,避免在施加预应力过程中出现变形
10		张拉时混凝土板开裂	①钢筋安装不准确,导致个别受力区域无筋或少筋。 ②设计配筋不合理。 ③预应力束安装位置不准。 ④施加预应力时混凝土强度不足	①严格按照图纸进行该区段的普通钢筋和预应力施工。 ②设计时应充分考虑应力空间分布不均匀特性。 ③加强预应力管道安装的准确性,防止偏离设计位置。 ④混凝土板浇筑后按要求养护足够龄期,保证张拉时混凝土强度达到设计强度
11		锚固区混凝土局部开裂	①锚垫板与预应力束轴线不垂直。 ②锚下加固钢筋不足。 ③锚下混凝土不密实,强度不足	①保证锚固区几何尺寸严格按设计成型,从而使预埋在混凝土中的锚垫板与预应力束轴线保持垂直。 ②保证锚下加固钢筋数量足够,位置准确,布置合理。 ③保证锚下混凝土振捣密实,混凝土强度达到设计强度
12		预埋件误差过大无法安装	①预埋件加工不精细。 ②现场定位不准,固定不牢	①工厂化加工,保证预埋件加工误差满足要求。 ②现场安装时精确定位,固定牢固,混凝土浇筑前重新复核
13		加工精度差无法组装	①钢结构件加工不精细。 ②正式组装前未试拼	①工厂化加工,保证钢结构各单元加工误差满足要求。 ②构件加工后先进行试拼检查,满足精度要求后再现场组装
14	钢结构	安装连接不牢固整体失稳	安装过程中未及时连接紧固	现场安装构件时及时连接紧固,单榀先用缆风绳固定,多榀则及时加设连接杆、系杆等
15		小型机具使用不当出现伤害	①机具使用前未检查和维修。 ②机具使用不正确。 ③机具使用后未及时关闭开关和断电	①机具使用前应对其进行检查和维修。 ②机具使用时应按正确的操作规程进行操作。 ③机具使用后应及时关闭开关和断电
16		现场通风不畅,有害物质未及时挥发造成中毒	①密闭空间未进行有效通风。 ②有害物资存放地点不通风	①密闭空间作业前应采取及时有效的通风措施。 ②有害物资存放地点应有可靠的通风措施

序号	工序	常见问题	原因分析	预防措施
17		有压管道密闭不严发生泄漏	①管道安装后接头未紧固。②管道安装完成后未自检。③管道试压前未对管道及接头进行检查	①管道安装后应及时紧固接头。②管道安装完成后应进行自检。③管道试压前应对管道及接头进行检查
18	钢结构	吊架不牢固导致吊架及管道脱落	①电钻钻杆选择与吊杆直径不符。②钻孔遇松散混凝土未及时进行处理。③钻孔清理不干净。④吊架安装不牢固	①电钻钻杆的选择应与吊杆直径相符。②在松散混凝土处钻孔,应先处理松散混凝土,再进行钻孔作业。③钻孔完成后,应清理干净孔内杂物。④吊架安装应牢固可靠
19		现场用电不标准发生漏电	①现场布线不合理。②设备接电方式错误,一机多闸。③使用机具前未及时检查	①现场应先设计合理再布线,地面走线应进行有效保护。②设备应采用正确的接电方式,严格执行一机一闸。③使用机具前应先检查再使用
20	机械作业	设备失稳倾覆	①设备就位处地基或基础承载力不满足要求。②操作人员操作失误。③在恶劣气候条件下作业	①设备就位区域基础应进行验算,若不满足要求则应提前加固。②机械操作人员应持证上岗,避免出现操作性失误。③在大风等恶劣天气条件下禁止作业

第**5**章　地铁车站附属工程

5.1　概　　述

　　地铁车站附属工程是指和车站主体相连接的出入口、通道、风道、风亭和其他附属建筑物（如冷却塔、消防水池）等，车站附属工程的结构形式如图 5-1 所示。每个地铁车站的功能不同，其附属工程的组成内容各不相同，但必须具备地铁车站满足客流进出、通风排烟等最基本的服务功能，因此每个地铁车站的出入口、通道和风亭是必不可少的附属结构。车站附属工程按与地面的相对关系分为地下和地面两大部分。通道及出入口的上盖、风亭位于地面之上，其他附属工程大部分处于地下。关于冷却塔的设置，由于屏蔽门系统，车站的空调冷负荷不大，通常将其安装在风亭上方，也可以单独安装在空地或屋面上。为了减少对城市景观的影响，冷负荷较大的地铁车站大多将冷却塔设计为下沉式或半下沉式。

a）出入口　　　　　　　　　b）通道　　　　　　　　　c）风道

d）风亭　　　　　　　　　e）冷却塔　　　　　　f）其他（无障碍电梯）

图 5-1　车站附属工程结构形式

5.1.2　地铁地面附属建筑的设置

　　地铁车站的地面附属建筑（出入口、通道、风道及风亭等）布置形式，受到诸多内部和外部因素的影响，主要受站址周边环境条件的限制，必须要与城市景观相协调。在满足基本功能的前提下，出入口根据规划要求可采用独立式或合建式。目前越来越多的出入口与地面建筑合建，减少了对地面交通的干扰，节约城市用地,而且有助于提升合建建筑的商业价值。风亭的设置是为了满足进风、排风需要,规范要求活塞风口之间的距离不小于5m,风亭的建筑规模和占地面积较大,对城市景观的影响也较大,为了减少其对城市景观的影响,风亭与地面建筑宜结合设置,或是根据周边环境条件采取集中或分散设置,以及降低风亭高度设在绿地内,增添风亭的建筑艺术效果等办法来美化环境,使地铁建筑与城市景观融为一体。

5.2 地铁出入口工程

5.2.1 地铁出入口的设置

地铁车站出入口是地铁与城市连接的纽带,是乘客进出车站的通道,也是地铁车站的重要组成部分,出人口设计一般设于城市街道两侧的重要位置,宜分散均匀布置,且相互之间距离应尽可能大,出入口的设计不仅要满足吸引、疏散客流的需要,还应满足城市规划和城市景观的要求。地铁出入口的设置遵循以下原则:

(1)满足地铁功能的原则。地铁出入口设计的首要任务是应满足地铁功能的需要,在设计时应优先考虑的基本因素是为乘客提供方便、快捷的进出通道,合理组织客流。

(2)与城市景观协调、因地制宜的原则。一个城市的形象是靠城市的景观来塑造的,地铁出入口也是一个城市景观的构成部分,不能与城市景观发生冲突,注重与城市景观协调统一。地铁出入口多设置于城市道路人行道两侧绿化带内,设计应秉承"借绿还绿"的概念,使地铁出入口有机的与城市景观相融合,通过出入口的造型选择及绿化围护,弱化出入口对景观的影响和割裂。

(3)具备延续性、易于识别的原则。地铁出入口的设计应具备一定的延续性,以适应乘客已养成的识别习惯。通过出入口设计的景观表达,获得乘客的认同感,使出入口的造型成为地铁的重要符号,达到易于识别,以人为本的目的。图5-2为地铁车站出入口设置方式。

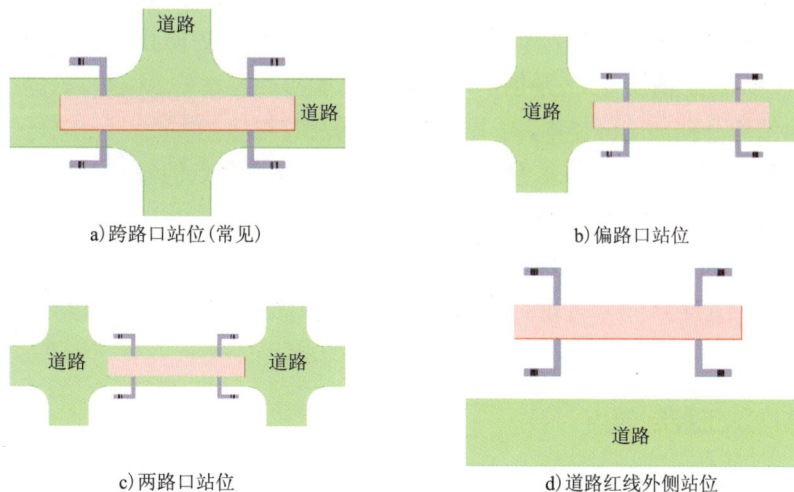

a)跨路口站位(常见)   b)偏路口站位

c)两路口站位   d)道路红线外侧站位

图5-2 地铁车站出入口设置方式示意图

5.2.2 地铁出入口类型

地铁车站出入口一般有敞口式、半封闭式和全封闭式三种。

（1）敞口式：口部不设顶盖及维护墙体的出入口。为人员安全考虑，周围应设围栏，并应考虑风沙、雨雪等天气影响，考虑排水措施及踏步冰冻防滑等措施。如图5-3所示。

（2）半封闭式：口部设有顶盖、周围无封闭维护墙体的出入口。多采用立柱加钢化玻璃顶，周围设有排水及踏步冰冻防滑等设施，以保证安全、并防风沙、雨雪等天气影响。如图5-4所示。

（3）全封闭式：口部设有顶盖及封闭维护墙体的出入口。此类出入口有利于车站内部环境的清洁，便于运营管理。多采用钢结构为支撑体系加玻璃幕墙的形式，如图5-5所示。

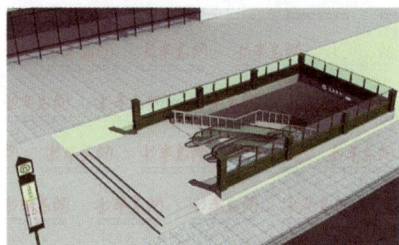

图5-3　敞口式出入口　　　　图5-4　半封闭式出入口　　　　图5-5　全封闭式出入口

5.2.3　地铁出入口施工控制要点

地铁出入口分为地上、地下两部分组成。地下部分结构根据现场具体状况、结构形式及周边环境条件采用明挖法、盖挖法及暗挖法等施工方法。地上部分的出入口上盖通常采用轻钢玻璃组成的结构体系，其形式简单，采光效果好。

1）地下部分土建结构施工控制要点

（1）围护结构施工阶段加强与主体围护结构的接头处理。地铁车站和出入口大多采用明挖法，在主体结构施工阶段出入口的位置一般还不能确定，因此主体工程的围护结构不可能提前预留与出入口围护结构的接头，两者多为紧密相贴的构造形式。无论是地下连续墙还是钻孔灌注桩作为围护结构墙，在施工接头时，加强清底和刷壁，反复对主体围护结构的墙背进行清理，并使泥浆的各项指标控制在规定的范围内，以保证混凝土的浇筑质量，避免出现夹泥层。为防止接头渗漏，可在地下连续墙接头处预埋注浆管，固定于钢筋笼上，开挖前进行注浆止水。

（2）加强附属结构开挖前的降排水，对于接头的渗漏及时封堵。

（3）破除洞门时做好主体结构防水卷材的保护，按设计构造节点的做法，做好主体结构与出入口结构之间变形缝的处理，保证防水施工的质量。

（4）逆作法的水平施工缝必须按设计要求采取有效的接头处理措施使先浇混凝土和后浇混凝土连成一体，并采取预埋注浆管的方式进行注浆防水处理。暗挖法施工的出入口与暗挖隧道施工要求及质量标准相同。

2）上盖钢结构施工控制要点

（1）钢结构加工选用有资质和能力的生产厂家，在工厂内加工成型。出入口上盖选用的钢材多为低合金高强度钢，即合金元素含量低于5%，屈服强度为275MPa以上，而且具有较为理想的成型性、可焊性。采用热浸锌防锈处理的钢结构严禁现场焊接破坏表面保护层，浸锌之前组织检验，检验合格后方可浸锌。

（2）钢结构的节段加工按设计图纸施作，做好成品保护，确保运输过程中钢结构不能受力变形。

（3）钢结构安装前对钢结构的零部件、附件以及配件进行分类检查，经过检测和验收的钢结构零部件、附件才能进行安装。认真对建筑物的定位轴线、支座轴线以及预埋螺栓位置等进行核查,做出检查记录表。钢构件在场地堆放、起吊、就位、安装过程中,按事先模拟设计的条件进行。吊装时应先确定主要构件,如柱、梁等应在的设计位置,在松开构件后应做初步校正,构件连接接头必须检验合格后,焊接固定。

(4)焊接应采取先进工艺,并加强现场焊接作业的质量控制。优先采用埋弧焊或二氧化碳气体保护焊等较为先进、焊接质量稳定的工艺,进行现场钢结构件的焊接工作。焊接完成后,对焊缝应进行打磨,消除尖角,并涂防锈、防火漆。钢结构的制作与检验应符合《钢结构工程施工及验收规范》(GB 50205—2011)的规定。

(5)施工条件满足安全要求,安装前做好技术、安全交底,钢结构安装宜流水作业,均衡施工。

3)出入口围护墙体及顶盖施工控制要点

(1)出入口围护墙体大多采用玻璃幕墙,按其支承形式分为框架支承、点支承、单元式幕墙和全玻璃幕墙,地铁出入口的玻璃幕墙一般采用金属支承结构点支式玻璃幕墙,即由玻璃面板、点支承装置和支承结构组成的支承体系。它是用金属做支承结构体系,通过金属连接件和支承爪件(驳接爪)将玻璃面板牢固地固定在支承结构上。如图5-6所示。

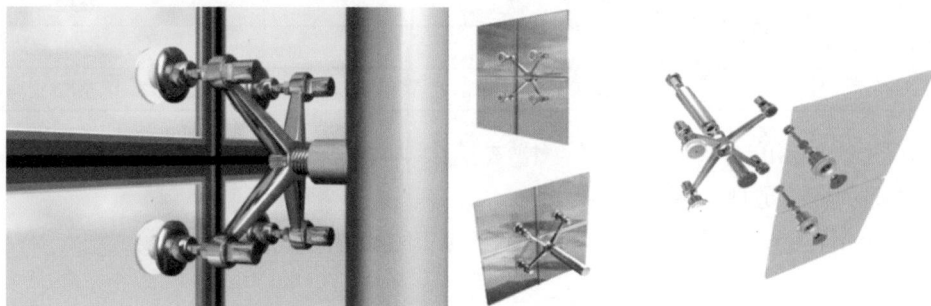

图5-6 点支式玻璃幕墙

(2)用于点支玻璃幕墙的所有材料及安装工艺满足国家规范标准,玻璃幕墙应采用安全玻璃,由具备设计资质的专业厂家进行二次深化设计,并对其安全质量负责。

(3)点式玻璃幕墙由于钻孔而导致孔边玻璃强度降低约30%,因此必须使用强度较高的钢化玻璃。玻璃在钢化处理前,应完成玻璃的切裁、磨边、钻孔等加工工序。玻璃板块的周边必须按设计要求进行机械磨边、倒棱、倒角等精加工处理。玻璃板块边缘不应出现爆边、缺角等缺陷。磨边后玻璃板块的尺寸偏差应符合表5-1的要求,同时玻璃板块的弯曲度应符合表5-2的要求。

玻璃板块尺寸允许偏差(单位:mm)　　　　　　　　　　　　　表5-1

项　　目	$a \leqslant 2500$	$2500 < a \leqslant 5000$
边长偏差	±2.0	±3.0
对角线偏差	±3.0	±4.0

玻璃板块允许弯曲度　　　　　　　　　　　　　表5-2

玻璃种类		允许弯曲度
钢化玻璃	单片用	0.3%
	夹层玻璃用	0.15%
	中空玻璃用	0.2%

(4)金属连接件按构造可分为活动式、固定式;按外形可分为沉头式和浮头式。支承爪件(驳接爪)按固定点数可分为单点爪(I/2形和V/2形)、二点爪(U形、V形、I形和K形)、三点爪(Y形)、四点爪(X形和H形)和多点爪。连接件中各零件和支承爪件的加工制作应满足现行行业标准《建筑玻璃点支

承装置》（JG/T 138—2010)和其他有关产品标准的要求。采用机械加工并装配而成的爪件其加精度不低于 IT10 级，不锈钢铸件表面要经过喷丸、电解抛光、机械抛光等处理，经机械抛光处理的表面粗糙度不得大于 Ra0.8，对爪臂为不可转动结构的爪件上的孔形应符合要求，其中一个孔为基准孔，一个孔可进行单一方向的调节，另两个孔可同时进行两个正交方向的调节。采用螺纹连接的 H 形爪件，其配合精度不得低于 7H/6h，转动配合精度不得低于 E8/h7。其中，7H/6h 的含义为：H (h) 为公制内（外）螺纹公差带代号，数字为公差等级；对于公制螺纹，内螺纹有三种螺纹等级：5H、6H、7H；外螺纹有三种螺纹等级：4h、5h、6h。E8/h7 的含义为：E 为孔公差系列，数字为公差精度；h 为轴的公差带，数字为公差等级。

由非不锈钢制造的爪件，应进行镀烙、镀锌钝化或其他可靠的表面处理，起外观应满足设计要求。

（5）支承结构构件加工：支承结构构件可采用钢拉杆、钢拉索、钢结构等。地铁出入口的点式支承结构件多采用钢拉杆，钢拉杆的制作应符合表 5-3 的规定。

钢拉杆制作要求 表 5-3

项　　目		内　　容	
长度偏差		不低于 IT12 精度等级	
螺纹精度		不低于 6g 精度	
外观		表面应无锈斑、裂缝及明显机械损伤	
	不锈钢	抛光处理	Ra3.2
		喷丸处理	表面均匀，整洁
	碳钢	经除锈后，涂装、镀铬、镀锌钝化处理	涂层牢靠、光整洁、无明显色差

（6）出入口上盖外露的金属结构构件应涂薄型防火涂料作保护层，两侧玻璃应采用钢化夹层防火玻璃，耐火极限时间应满足规范要求。

（7）出入口采用轻钢结构屋面，其窗头、窗台、挑檐、雨篷、飘板底均作滴水线。

5.3 地铁通道工程

5.3.1 地铁通道施工方法选择

地铁车站通道是连接地铁车站与外界的纽带之一，通道两端分别与车站的站厅和出入口相连接，是乘客进出车站不可缺少的通道。通道的位置应合理设置，除了吸引和疏散乘客外，还应满足城市规划和城市景观需求，做到协调、美观易于识别。常见的地铁通道形式如图 5-7 所示。通道的施工方法受周边环境和交通状况等因素制约较大，应按以下原则合理选用。

a)地铁出入口通道　　　　　　　b)过街通道

图 5-7　地铁常见通道形式

（1）通道优先选择明挖法施工。

（2）当受到环境或其他因素制约，如交通繁忙，路面狭窄地段，环境保护要求较高时，且不允许长时间封闭交通等情况，可采用盖挖法施工。

（3）当通道结构需通过交通繁忙的道路或上方管线改迁困难等技术经济原因，不宜采用明、盖挖法施工的地段可采用矩形顶管、矿山法等暗挖方法施工。

（4）通道的施工安排、施工顺序、施工方法的选择以最大限度地减少对主体影响和干扰为原则。

5.3.2 通道工程施工流程

以常规通道为例，采用明挖施工方法，施工流程如图 5-8 所示。

5.3.3 通道工程施工控制要点

```
围护结构施工 ─┐      ┌→ 拆除部分支撑
      ↓      │      ↓
  基坑降水    │    剩余边墙及顶板施工
      ↓      │      ↓
  基坑开挖    │    拆除剩余支撑
      ↓      │      ↓
  支撑的安设   │    顶板防水层施工
      ↓      │      ↓
结构底板及边墙施工 ─┘  回填覆土恢复路面
```

图 5-8　明挖通道结构施工流程图

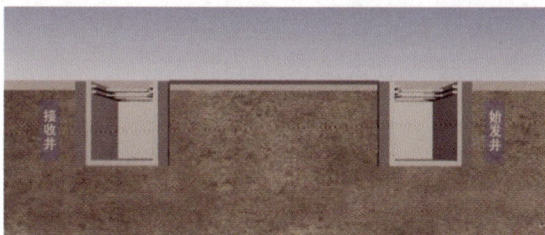

1）通道明挖、盖挖法施工控制要点

通道明挖法和盖挖法施工与地铁车站采用的工法相同，不再赘述，见本书第 2 章。

2）通道顶管法施工控制要点

顶管法（也称顶进法）施工是一种非开挖施工方法，多用于城市管道的埋设。顶管法就是在工作坑内借助于顶进设备产生的顶力，克服管道与周围土壤的摩擦力，将管道按设计的坡度顶入土中，并将土方运走。一节管子完成顶入土层之后，再下第二节管子继续顶进，直至设计位置。顶管按前端工具管或掘进作业形式可分为手掘式、挤压式、半机械式和机械式。机械式顶管类似于盾构施工，本节不做介绍。常用的手掘式顶管法的施工工序如下。

（1）施工顺序

工作井施工→顶进设备安装调试→吊装混凝土管到轨道上→连接好工具管→装顶铁→开启油泵顶进→出土→管道贯通→拆工具管→吊运顶管设备，如图 5-9 所示。

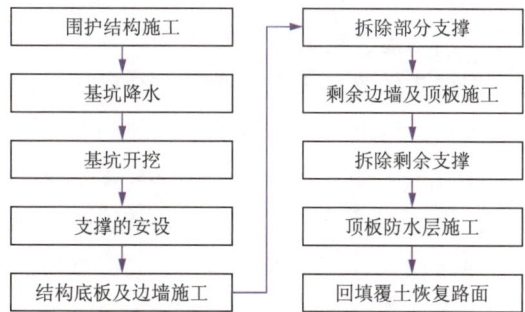

第一步：始发井、接收井施工

第二步：顶管机就位

第三步：顶管掘进

第四步：施工完成

图 5-9　顶管法施工示意图

（2）施工控制要点

①采用手掘式顶管法施工，先将地下水位降到管底以下不小于 0.5m 处，并采取措施，防止其他水源进入顶管管道。对于顶管顶进深度范围土质好的，管前挖土能形成拱，可采用先挖后顶的方法施工。

②全部设备经过检查并试运转合格后可进行顶进。顶进程序是：安装顶铁，开动油泵，顶镐活塞伸出一个行程后，关油泵，顶镐停止运行，活塞收缩，在空隙处加上顶铁，再开油泵，如此周而复始。

③工具管开始顶进 5 ～ 10m 的范围内，允许偏差为：轴线位置 3mm，高程 0 ～ +3mm。当超过允许偏差时，应采取措施纠正。

④采用手工掘进顶进时，应符合下列规定：工具管接触或切入土层后，自上而下分层开挖。在允许超挖的稳定土层中正常顶时，管下部 135° 范围内不得超挖；管顶以上超挖量不得大于 15mm；管前超挖根据具体情况确定，并制订安全保护措施。

⑤顶管结束后，管节接口的内侧间隙按设计规定处理。

⑥顶进时测量工具管的中心和高程，采用手工掘进时，工具管进入土层过程中，每顶进 0.3m，测量不少于一次；管节进入土层后正常顶进时，每 1.0m 测量一次，纠偏时增加测量次数。

全段顶完后，在每个管节接口处测量其轴线位置和高程；有错口时测出相对高差。

测量次数：在顶第一节管时及校正顶进偏差过程中，应每顶进 20 ～ 30cm，即对中心和高程测量一次；在正常顶进中，应每顶进 50 ～ 100cm 时，测量一次。

中心测量：根据工作井内测设的中心桩、挂中心线，利用中心尺，测量头一节管前端的轴线中心偏差。

高程测量：使用水准仪和高程尺，测首节管前端内底高程，以控制顶进高程；同时，测首节管后端内底高程，以控制坡度。工作井内应设置两个水准点，以便闭合之用，经常校核水准点，提高精度。一个管段顶完后，应对中心和高程再做一次竣工测量，一个接口测一点，有错口的测两点。

⑦纠偏：采用小角度、顶进中逐渐纠偏的方法。

挖土校正法：即在管子偏向一侧少挖土，而在别一侧多超挖些，强制管子在前进时向另一侧偏移。适用于偏差为 10 ～ 20mm 时。

当偏差大于 20mm 时，采用千斤顶纠偏法，当挖土纠偏不起作用时，用小型千斤顶顶在管端偏向的反侧内管壁上，另一端斜撑在有垫板的管前土壁上，支顶牢固后，即可施加顶力。同时配合超挖纠偏法，边顶边支，直至使偏差回归。

⑧顶进过程中，若工具管前方遇到障碍、后背墙变形严重、顶铁发生扭曲现象、管位偏差过大且校正无效、顶力超过管端的允许顶力、油泵油路发生异常、接缝中漏泥浆，则应停止顶进，查找原因采取措施进行处理。

3）通道矿山法施工控制要点

通道矿山法施工可采用全断面开挖法、台阶开挖法、环形开挖预留核心土法、单侧壁导坑法、双侧壁导坑法、中隔壁法和交叉中隔壁法等。其施工控制要点同矿山法隧道，详见本书第 8 章。

5.4 地铁风道工程

5.4.1 地铁风道的设置

风道作为地铁车站与外界换气通道的总称，严格来讲水平段为风道，竖直段为风井，出地面部分为风亭。地铁车站的风道包括隧道通风道（机械风道、活塞风道）、车站新风道和排风道，一般都集中设置在车站两端，便于安装、管理控制和维修。车站风道设置如图5-10所示。

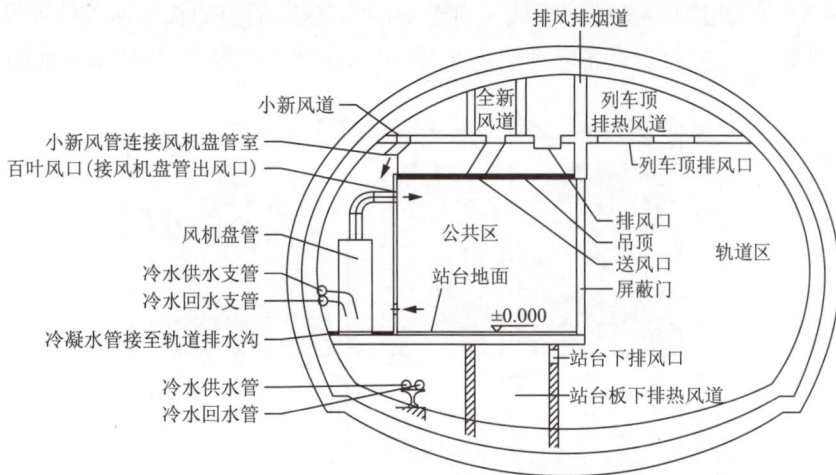

图5-10　车站风道设置示意图

1）利用车站主体结构空间设置风道

这是一种较为常见的风道设计形式，利用车站两端的站厅层和站台层空间，设置新风、排风、活塞风道，从车站主体结构顶部出风或主体侧面出风。这种风道布置方式在主体结构施工时同时浇筑风道结构。

2）独立设置的暗挖双层风道

暗挖双层风道通常是在车站主体结构外单独设置。若车站采用暗挖法施工，风道通常兼作施工通道，与车站相接处需适当挑高。根据风道内的设备、管线的尺寸和安装检修空间要求，暗挖双层风道的平面、纵剖面和横剖面布设如图5-11所示。

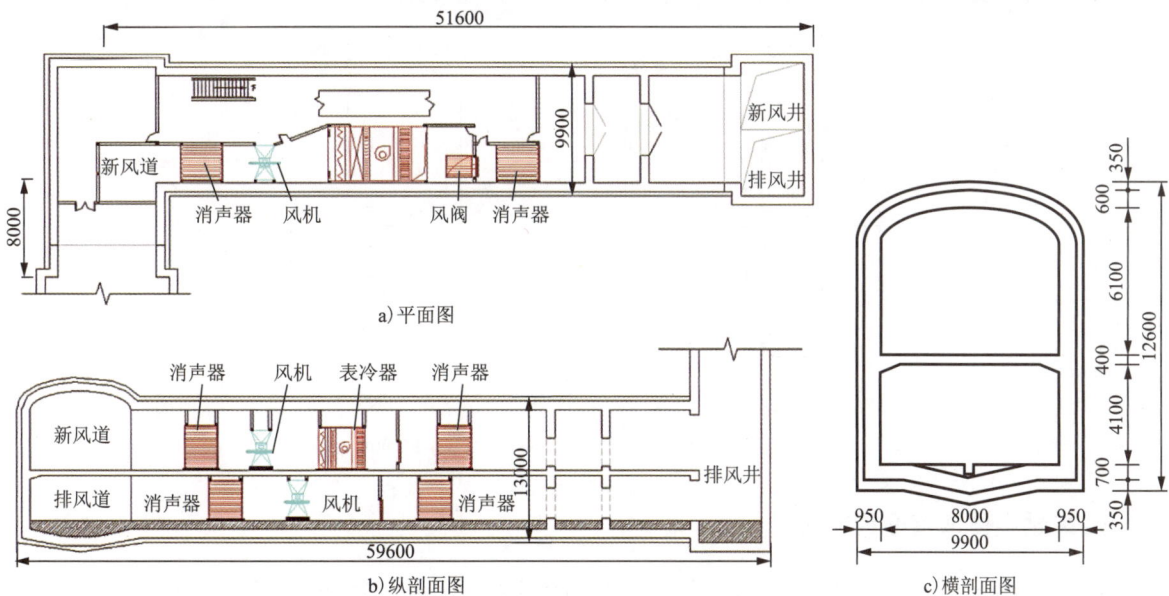

图5-11　暗挖双层风道的典型布置示意图（尺寸单位：mm）

3）车站主体加长布设风道

风道设备放在车站主体内，出风口放在车站外侧或从车站顶出。目前风道设备放在车站内的做法常应用在明挖车站,特别是带配线的明挖站的设计,暗挖车站中应用相对较少。风道放在车站主体内时,为避免站台层设置风道形成跨轨的复杂风路和复杂结构形式,一般采用将新风道、排风道均设置在站厅层的形式,即采用"单层风道"形式。对于暗挖法车站,适当加长车站以放置风道内的各种设备,并通过综合调整站厅、站台层设备管理用房布局,可以达到合理规模,具体形式如图5-12所示。

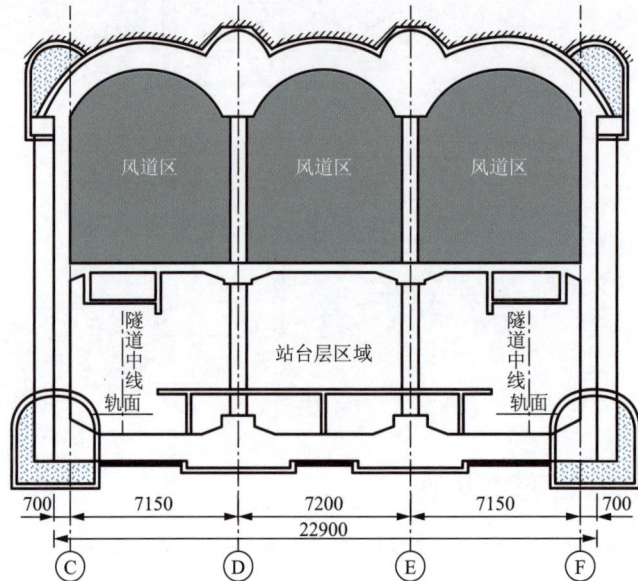

图 5-12　风道在暗挖主体结构内剖面示意图(尺寸单位:mm)

4)风道与区间结构合建

风道单独设置时一般设置在正线线路以外。受出风口位置所限,车站和区间均采用暗挖法施工,采用车站加长会导致车站规模增加较大时,可将风道结构与区间结构合建,即新风道、排风道分别与线路的左线、右线区间隧道结合,新、排风道位于上层,区间隧道位于下层,如图5-13所示。

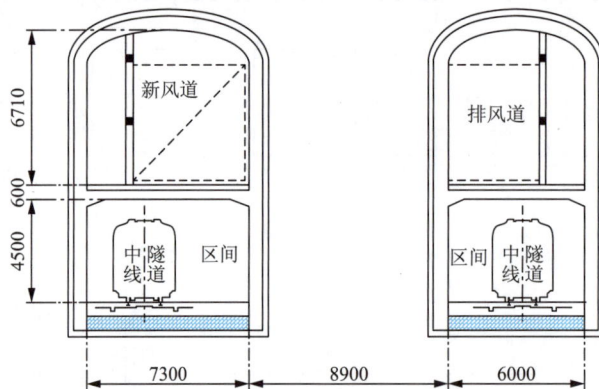

图 5-13　风道与区间合建剖面示意图(尺寸单位:mm)

5)车站主体增跨设置风道

在车站两端沿线路方向设置风道时,根据结构的宽度,采用连续多跨的形式。PBA工法是一种在优先施工小导洞、梁和柱形成强有力的支撑体系后施工车站的顶板、中板和底板的暗挖工法,具有施工组织方便、安全可控和周边沉降相对较小的特点,是大断面结构暗挖施工常用的施工工法。双层风道的高度与车站高度相同,当车站采用PBA工法暗挖施工时,可将车站主体结构两端局部增加一跨作为风道,风道与车站合并设置,如图5-14所示。

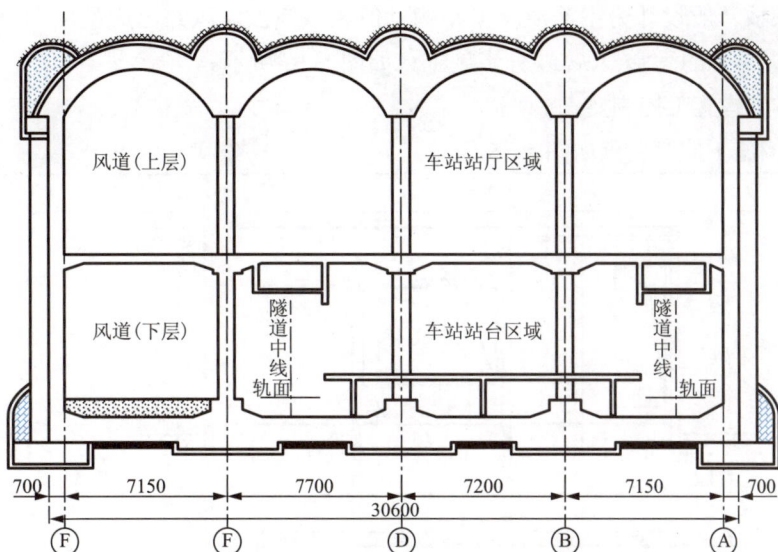

图 5-14　风道与 PBA 暗挖车站主体结构合并设置剖面示意图(尺寸单位:mm)

5.4.2　风道施工控制要点

风道设置形式不同,施工方法亦不相同,风道的土建工程施工一般采用明挖法、暗挖法以及预制顶管法等。

（1）明挖法施工

明挖法施工与出入口、通道等施工工艺相同,详见本章第 2 节和第 3 节的相关内容。

（2）暗挖法施工

暗挖施工地下风道时,应根据工程特点、围岩情况、环境要求以及施工单位的自身条件等,选择适宜的开挖方法及掘进方式。施工中常用的开挖方法是台阶法、CRD 工法等。在城市区域内进行暗挖施工,对地表沉降的控制要求比较严格,所以应提前对地层进行预支护和预加固,所采用的施工方法有超前小导管预注浆、开挖面深孔注浆、管棚超前支护。浅埋暗挖法的施工工艺可以概括为"管超前、严注浆、短开挖、强支护、快封闭、勤量测"十八字诀。具体暗挖施工工艺和控制要点详见第 8 章相关内容。

5.5　地铁风井与风亭工程

5.5.1　风井施工工序

风井的土建施工和竖井施工相同,一般采用明挖顺作法,基本施工工序为:围护结构→基坑开挖→防水施工→风井主体结构。

5.5.2　风亭施工控制要点

风亭施工分为两部分,一是风亭的主体结构,二是风亭的进(排)风口百叶的安装。风亭的主体结构可分为承重结构和非承重结构。为节约用地,环控系统的冷却塔设在风亭顶板之上,风亭作为承重结构,其侧墙和顶板一般设计为钢筋混凝土结构。但风亭施工前风井已成型,中间部分是竖井,其侧墙和顶板无法搭设常规的满堂架,需要分步施工。如图5-15所示。

(1)风亭主体结构施工控制要点

风亭主体结构施工控制要点如图5-15所示。

步 骤	参 考 图 示	工序说明
1	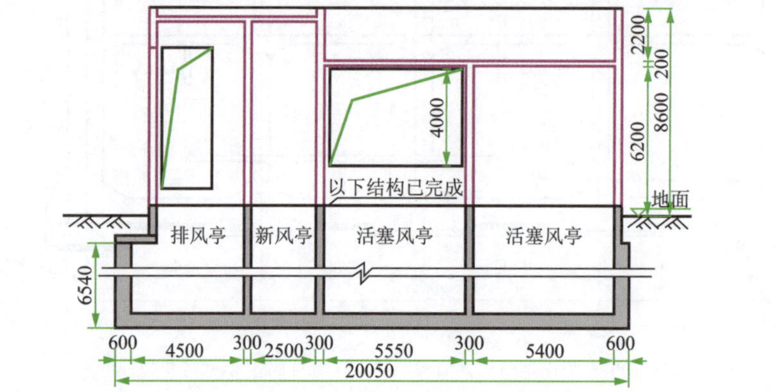	地面以下风井施工完成,侧墙内为深基坑,无法搭设支架
2	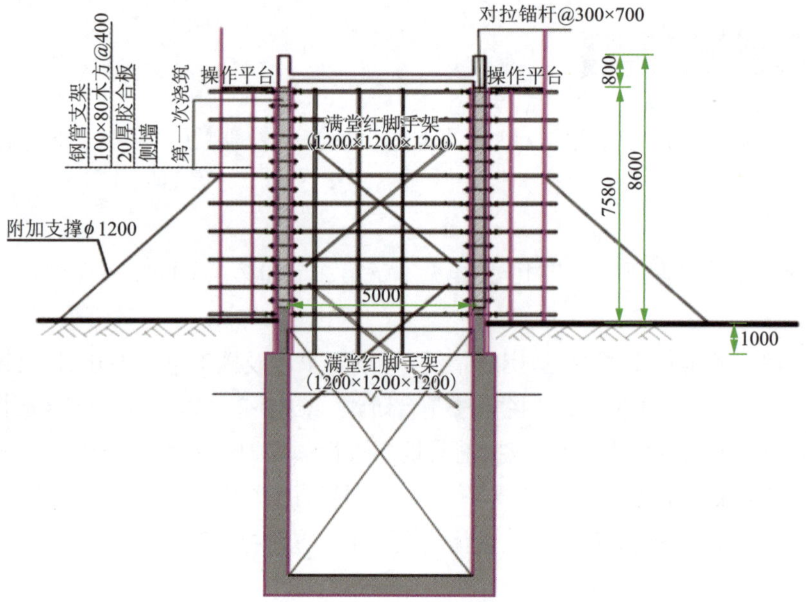	地面以上的侧墙混凝土分两次浇筑,侧墙模板采用对拉螺栓,两侧墙之间用型钢或方木对撑,侧墙外侧设工作平台和斜撑。基坑内用满堂支架从下到上进行加固支撑。在钢筋、模板验收合格后,第一次浇筑从地面到板底的侧墙混凝土
3	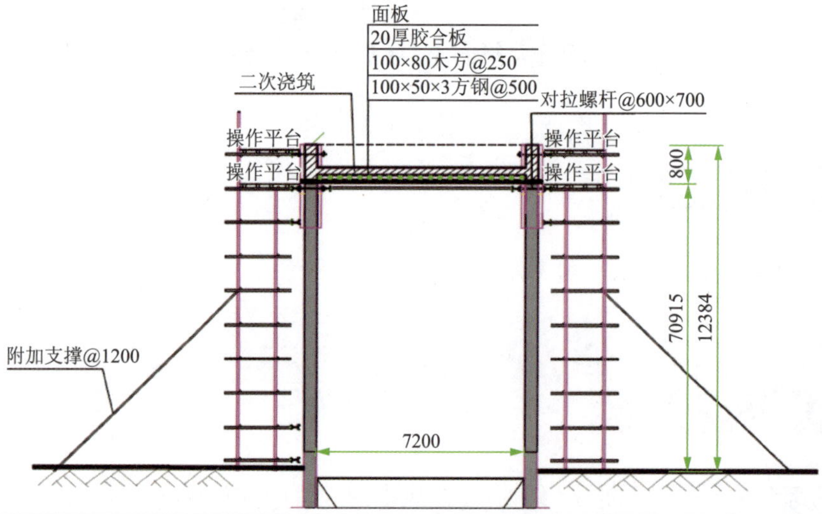	第一次混凝土浇筑达到设计强度后,在侧墙上安装型钢(方钢)横梁作为主承重梁,横梁上铺设方木和胶合板,作为顶板的底模板。顶板以上侧墙其外模在第一次浇筑后接长至设计位置,绑扎钢筋后,侧墙内模在顶板上支立,钢筋、模板经检查验收合格后,浇筑顶板和侧墙混凝土

图5-15　风亭主体结构施工工序(尺寸单位:mm)

（2）风亭百叶施工控制要点

地铁风亭进、排风口的百叶一般采用钢结构或钢化玻璃制作，如图 5-16 所示。

图 5-16　地铁风亭百叶

热浸锌钢结构制作和安装要点有：

①钢材选用 Q235B 热浸锌符合《金属覆盖层　钢铁制件热浸镀锌层技术要求及试验方法》（GB/T 13912—2002），锚固采用热浸锌膨胀螺栓长度大于 100mm，支架方管、百叶托片等均采用浸锌钢材，锌层厚度 5mm 以下薄板不得小于 65μm，方管垂直间距净距不大于 900mm，宜采用统一模数；

②全部钢结构加工制作必须在工厂完成，现场严禁焊接破坏浸锌表面保护层，浸锌之前建设单位组织检验，检验合格后方可浸锌，焊接工艺采用二氧化碳保护焊；

③构件组装后待转下一工序，焊接前，应堆放在平整、干燥场地，并备有足够的垫木、垫块，以防焊前发生锈蚀和构件变形，焊接设备外壳必须有效地接地或接零；

④安装风口百叶时，固定热浸锌膨胀螺栓塞入混凝土长度不少于 60mm，拧固力矩不小于 100kN•m；

⑤连接片钢板与混凝土结构表面相互接触的平面，必须保证有 70% 的紧贴，检查时应用 0.3mm 的塞尺插入深度的面积之和不得大于总面积的 30%，边缘最大的间隙不得大于 0.8mm；

⑥柱中心线与定位轴线偏移允许在 5mm，垂直度小于 5mm，单个平面水平误差小于 5mm，任何安装螺栓孔，均不得随时采用气割扩孔；

⑦焊接处防锈用油漆、稀释剂和固化剂的种类和质量必须符合相关规定，严禁误涂、漏涂，无脱皮和反锈，油漆外观应符合涂刷均匀，无明显皱皮和流坠的规定，油漆厚度不小于 0.2mm；

⑧对各类钢材切割后毛刺、飞边应打磨平整、顺滑，并涂刷防锈漆；

⑨构件安装正确无明显凹面和损伤，表面划痕不超过 0.5mm。

5.6　地铁车站内部结构工程

5.6.1　地铁车站内部结构的组成及功能

从施工角度来说，地铁车站内部结构主要是指轨顶风道、站台板、楼扶梯、集水井等。

轨顶风道的作用主要有：

（1）列车顶部通风散热。列车空调冷凝器设置在列车车厢顶部，空调运行时，车厢内部的热量通过空调冷凝器散发到车厢顶部的空气中。热空气在隧道内扩散使得隧道温度升高，车站轨顶风道能将地铁空调系统散发的热量高效排出到外界，以达到夏季隧道内最高温度不超过 40℃ 的标准。

（2）作为接触网的固定基面。

（3）作为屏蔽门或安全门上部承载和密封构件。

站台板除了作为旅客候车停留之外，站台板下还可布置排风道和电缆廊道。

轨顶风道和站台板构造如图5-17所示。

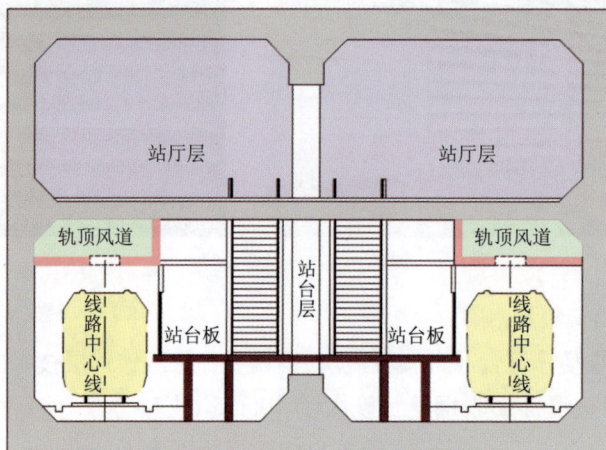

图 5-17　轨顶风道和站台板构造示意图

5.6.2　施工控制要点

1）站台板

（1）施工工序

站台板下基面清理→预埋钢筋开凿、植筋→构造柱、支撑墙钢筋制安→构造柱、支撑墙模板安装→搭设支架→支架检查与加固→站台板模板安装→站台板钢筋制安→检查预埋件及预留孔洞→验收→浇筑混凝土。

（2）施工控制要点

①施工顺序安排：根据站台板的结构长度及形状来确定分块长度及施工缝的部位，以利于其结构施工的展开。有后续安装施工的部位先展开，如有步梯或扶梯等部位；也可由两端向材料吊装预留口的方向同步展开施工。

②合理安排站台板与轨顶风道施工的交叉作业，施工左线站台板时安排右线轨顶风道施工，施工右线站台板时安排左线轨顶风道施工。

③加强植筋质量的控制。植筋后3～4d后必须对植筋质量进行抽检，检验采用非破坏性试验，采用随机抽样办法取样，同规格、同型号、同部位的植筋组成一个检验批。抽取数量按每批植筋总数的1‰计算，且不少于3根，检验设备可用千斤顶、锚具、反力架组成的系统作拉拔试验。

④施工缝处理：施工前，将分缝处用高压水进行表面冲洗，调直钢筋，并在施工缝混凝土表面涂刷水泥浆。

⑤预留孔洞及预埋件：必须熟悉各类预留孔洞和预埋件的位置、数量、规格、功能以及孔洞分布情况，防止施工过程中出现错漏，根据设计尺寸测量放样，并在基础垫层或模板上做明显标记，测量人员须将每个孔洞及预埋件全部进行放样，确保每个孔洞、预埋件的位置与设计图纸相符，在混凝土浇筑过程中，严禁振动棒直接触碰预留孔模板及各类预埋件。

⑥为了减少混凝土收缩性裂缝，站台板尽量采用跳仓法施工。

常规的站台板施工如图 5-18 所示。

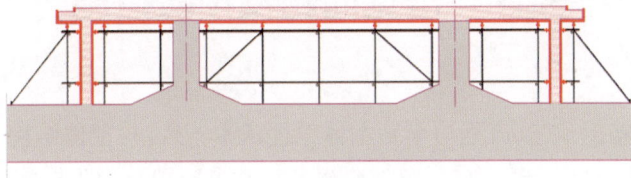

图 5-18　站台板施工示意图

2）轨顶风道

（1）施工工序

钢管支架搭设→预埋钢筋开凿、植筋→整体钢筋制安→风道底板、吊墙模板安装→预留孔洞检查→验收→浇筑混凝土。

（2）施工控制要点

①地铁车站主体结构施工完毕，在盾构机过站、始发和接收后，及时安排施工，一般情况下采用后浇工法，如图 5-19 所示。当车站内不影响盾构机或超高的大型机械通过时，区间和车站的施工误差可控制在规定的范围内，也可采用顺作法施工，轨顶风道先于车站中板施工。

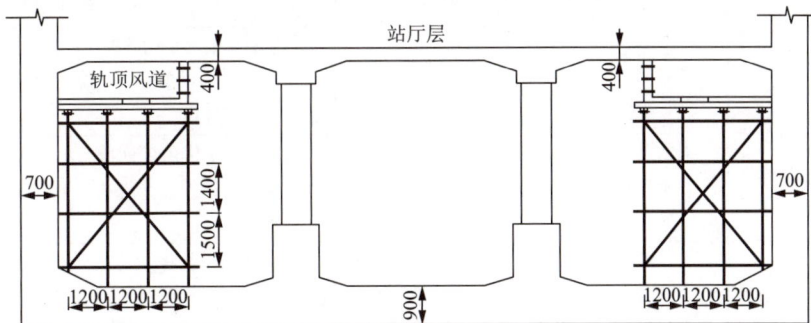

图 5-19　轨顶风道后浇法施工示意图（尺寸单位：mm）

②风道板和吊墙的预留钢筋需准确安设，个别位置预留不准的钢筋应提前进行植筋处理，植筋的质量控制和检验参照本节相关内容。

③在浇筑主体中板混凝土时，应预留孔洞作为混凝土浇筑和捣固孔洞，一般埋设直径为80～200mm 的 PVC 管，具体根据吊墙的厚度而定，如图 5-20 所示。

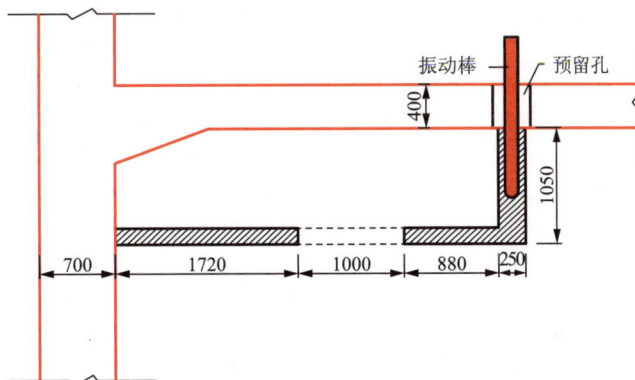

图 5-20　轨顶风道预留浇筑孔洞示意图（尺寸单位：mm）

④轨顶风道吊墙和底板比较薄，为保证混凝土浇筑质量，可以采用自流平混凝土。

⑤轨顶风道施工时，注意预埋件的保护。

5.7 常见问题及预防措施

由于车站附属工程施工工艺、流程与车站主体工程基本一致,与主体结构类似问题的预防措施本节不再详述,见第2章表2-15~表2-17。车站附属工程常见问题及预防措施见表5-4。

车站附属工程常见问题及预防措施 表5-4

序号	常见问题	原因分析	预防措施
1	出入口结构卷材防水层空鼓	①围护结构基面处理平整度不够、基面潮湿。 ②粘铺前由于其他工序影响或人员穿行,造成找平层表面被粘污,又未做处理。 ③操作方法及粘铺顺序不当,造成局部空气未排除	①围护结构基面处理应符合要求,确保平整度和基面干燥。 ②粘铺前减少其他工序干扰和不必要的人员穿行,沾污后需涂刷合适黏结剂。 ③严格按规范要求顺序粘铺
2	出入口止水带扭曲、变形、破损,接头处分离	①止水带固定不牢固,定位不准确。 ②模板松动不牢固、胀模、跑浆。 ③止水带搭接接头设在拐角处。 ④止水带保护措施不到位	①止水带用钢筋固定,浇筑时避免振动棒触碰止水带。 ②模板固定牢固,封闭密实,结构浇筑前对模板进行二次复查。 ③止水带搭接头避开拐角位置。 ④止水带安装后覆盖保护并派专人巡视检查
3	出入口穿墙管渗水	①穿墙管根部有杂物,防水层破损。 ②膨胀止水条安装偏差,未固定	①穿墙管根部杂物清理干净,在根部做防水板附加层。 ②缓膨胀止水条应采用黏结剂平粘,密贴固定在穿墙管表面,不得扭曲
4	出入口预埋件定位偏差	①预埋件定位未进行复测。 ②预埋件固定不牢,浇筑时振动棒触碰后移位	①预埋件定位需进行复测。 ②预埋件按焊接或绑扎标准固定牢靠,浇筑时避免振动棒触碰
5	出入口变形缝渗漏	①中埋式钢片橡胶止水带安装不标准。 ②膨胀止水条损坏	①中埋式钢片橡胶止水带严格按照设计及规范标准施工。 ②膨胀止水条固定牢固,浇筑前确保膨胀止水条位置无水、干燥
6	轨顶风道吊墙上部空洞,底部蜂窝麻面	①混凝土浇筑不饱满。 ②浇筑时,振捣不充分	①轨顶风道由低处向高处施工,混凝土浇筑饱满。 ②采用自流平混凝土。 ③从中板预留孔洞中插入振动棒,充分振捣
7	轨顶风道吊墙钢筋焊接质量差	①施焊人员作业空间小且复杂。 ②采用立焊,焊接难度大	①投入四轮移动式液压升降平台,为施焊人员提供良好的作业平台。 ②加强对施焊人员的技术培训与考试摸底。 ③采用预制装配式轨顶风道
8	站台门净空不够	①站台板与轨顶风道的定位测量偏差。 ②轨顶风道吊墙模板安装偏差	①站台板与轨顶风道施工前采用换手复测。 ②对轨顶风道模板安装加强验收

第 6 章 地铁车站工程监控量测

6.1 概 述

6.1.1 监控量测的基本要求

在地铁车站施工阶段对支护结构、周围岩土体及周边环境进行监测。工程监测方案编制前应收集并分析水文气象资料、岩土工程勘察报告、周边环境调查报告、安全风险评估报告、设计文件及施工方案等相关资料,并进行现场踏勘;监测方案应根据工程特点、工程地质及水文地质条件、地铁周边环境条件、埋深及结构形式、设计文件等因素综合确定。

监控量测的主要目的是通过掌握围岩、支护结构和周边环境的动态,利用监测结果为施工提供参考依据;依据准确、详实的监测资料研究、分析、评价工程结构和周边环境的安全状态,预测工程风险发生的可能性,判断设计、施工、环境保护等方案的合理性,为设计、施工相关参数的调整提供资料依据。

6.1.2 监测范围的确定

工程影响分区应根据基坑工程施工对周围岩土体扰动和周边环境影响的程度及范围划分为主要、次要和可能等三个工程影响分区;隧道工程施工对周围岩土体扰动和周边环境影响的程度及范围划分为强烈和一般等两个影响分区。

基坑及隧道工程影响分区的划分详见表 6-1。

基坑及隧道工程影响分区划分表　　　　　　　　　　表 6-1

工程影响区		范　　围
基坑工程	主要影响区（Ⅰ）	基坑周边 $0.7H$ 或 $H\tan(45°-\varphi/2)$ 范围内
	次要影响区（Ⅱ）	基坑周边 $0.7H \sim (2.0 \sim 3.0)H$ 或 $H\tan(45°-\varphi/2) \sim (2.0 \sim 3.0)H$ 范围内
	可能影响区（Ⅲ）	基坑周边 $(2.0 \sim 3.0)H$ 范围外
隧道工程	强烈影响区（Ⅰ）	隧道正上方及外侧 $H_i\tan(45°-\varphi/2)$ 范围内
	一般影响区（Ⅱ）	隧道外侧 $H_i\tan(45°-\varphi/2) \sim 2.0H_i$ 范围内

注:1. H 为基坑设计深度(m), φ 为岩土体内摩擦角(°), H_i 为隧道底板埋深。
　　2. 基坑开挖范围内存在基岩时, H 可为覆盖土层和基岩强风化层厚度之和。

基坑工程监测范围应根据基坑设计深度、隧道埋深和断面尺寸、施工工法、支护结构形式、地质条件、周边环境条件等综合确定,隧道工程监测范围应覆盖工程周边受施工影响的主要影响区和次要影响区两个区域。

6.1.3 监测等级划分

基坑及隧道工程的自身风险等级宜根据支护结构发生变形或破坏、岩土体失稳等的可能性和后果的程度评定为一、二、三级。基坑及隧道工程的自身风险等级划分详见表6-2。

基坑及隧道工程的自身风险等级划分表　　　　　　　　　　　　　　　　　　　表6-2

工程自身风险等级		等级划分标准
基坑工程	一级	设计深度大于或等于20m的基坑
	二级	设计深度大于或等于10m且小于20m的基坑
	三级	设计深度小于10m的基坑
隧道工程	一级	超浅埋隧道，超大断面隧道（断面尺寸大于100m²）
	二级	浅埋隧道，近距离并行或交叠的隧道，大断面隧道（断面尺寸50～100m²）
	三级	深埋隧道，一般断面隧道（断面尺寸10～50m²）

注：1. 近距离隧道指两隧道间距在一倍开挖宽度或直径范围以内。

2. 隧道深埋、浅埋和超浅埋的划分根据施工工法、围岩等级、隧道覆土厚度与开挖宽度或直径，结合当地工程经验综合确定。超浅埋隧道是指拱顶覆土厚度（H_s）与结构跨度（D）之比（覆跨比）$H_s/D \leqslant 0.6$的隧道；浅埋隧道是指$0.6 < H_s/D \leqslant 1.5$的隧道；深埋隧道是指$H_s/D > 1.5$的隧道。

周边环境风险等级宜根据周边环境发生变形或破坏的可能性和严重程度划分为一、二、三、四级。周边环境风险等级的划分详见表6-3。

周边环境风险等级的划分表　　　　　　　　　　　　　　　　　　　　　　　表6-3

周边环境风险等级	等级划分标准
一级	主要影响区内存在既有轨道交通设施、重要建（构）筑物、重要桥梁与隧道、河流或湖泊
二级	主要影响区内存在一般建（构）筑物、一般桥梁与隧道、高速公路或重要地下管线； 次要影响区内存在既有轨道交通设施、重要建（构）筑物、重要桥梁与隧道、河流或湖泊；隧道工程上穿既有轨道交通设施
三级	主要影响区内存在城市重要道路、一般地下管线或一般市政设施； 次要影响区内存在一般建（构）筑物、一般桥梁与隧道、高速公路或重要地下管线
四级	次要影响区内存在城市重要道路、一般地下管线或一般市政设施

工程地质复杂程度可根据场地地形地貌、工程地质条件和水文地质条件划分为复杂、中等和简单等三个等级。地质条件复杂程度划分详见表6-4。

地质条件复杂程度划分表　　　　　　　　　　　　　　　　　　　　　　　表6-4

地质条件复杂程度	等级划分标准
复杂	地形地貌复杂，不良地质作用强烈发育，特殊性岩土需要专门处理，地基、围岩和边坡的岩土性质较差，地下水对工程的影响较大需要进行专门研究和治理
中等	地形地貌较复杂，不良地质作用一般发育，特殊性岩土不需要专门处理，地基、围岩和边坡的岩土性质一般，地下水对工程的影响较小
简单	地形地貌简单，不良地质作用不发育，地基、围岩和边坡的岩土性质较好，地下水对工程的无影响

工程监测等级根据周边环境风险等级和工程自身风险等级划分为一级、二级和三级三个等级，并根据当地经验结合地质条件复杂程度进行调整，工程地质条件复杂程度为中等或简单时监测等级可不进行调整，工程地质条件为复杂时监测等级上调一级。工程监测等级划分详见表6-5。

工程监测等级划分表　　　　　　　　　　　　　　　　　　　　　　　　　表6-5

工程自身风险等级	周边环境风险等级			
	一级	二级	三级	四级
一级	一级	一级	一级	一级
二级	一级	二级	二级	二级
三级	一级	二级	三级	三级

6.2 明(盖)挖车站监测

6.2.1 监测内容

1)监测项目的一般要求

明(盖)挖地铁车站监测对象的选择应在满足工程支护结构安全和周边环境保护要求的条件下,针对不同的施工方法,根据支护结构设计方案、周围岩土体及周边环境条件综合确定,应包括以下几个方面的内容:

(1)明挖车站工程中的支护桩(墙)、立柱、支撑、锚杆(索)、土钉等结构;

(2)工程周围岩体、土体、地下水及地表;

(3)工程周边建(构)筑物、地下管线、高速公路、城市轨道、桥梁、既有轨道交通及其他城市基础设施等环境。

2)支护结构和周围岩土体监测项目

明(盖)挖法车站对于支护结构和周围岩土体的监测项目划分详见表6-6。

支护结构和周围岩土体的监测项目表   表6-6

监 测 项 目	工程监测等级		
	一级	二级	三级
支护桩(墙)、边坡顶部水平位移	√	√	√
支护桩(墙)、边坡顶部竖向位移	√	√	O
支撑轴力	√	√	√
支护桩(墙)结构应力	√	√	O
立柱结构竖向位移	√	O	O
锚杆拉力	√	√	√
地表沉降	√	√	√
竖井井壁支护结构净空收敛	√	√	√
地下水位	√	√	√
支护桩(墙)体水平位移	O	O	O
立柱结构水平位移	O	O	O
顶板应力	O	O	O
土钉拉力	O	O	O
土体深层水平位移	O	O	O
土体分层竖向位移	O	O	O
坑底隆起	O	O	O
支护桩(墙)侧向土压力	O	O	O
孔隙水压力	O	O	O

注:√为必测项目,O为选测项目。

3)周边环境监测项目

周边环境的监测,根据监测对象的不同选择不同的监测项目,其监测项目统计详见表6-7。

监测对象	监测项目	工程影响分区	
		主要影响区	次要影响区
建(构)筑物	竖向位移	√	√
	水平位移	O	O
	倾斜	O	O
	裂缝	√	O
地下管线	竖向位移	√	O
	水平位移	O	O
	差异沉降	√	O
高速公路与城市道路	路面路基竖向位移	√	O
	挡墙竖向位移	√	O
	挡墙倾斜	√	O
桥梁	墩台竖向位移	√	√
	墩台差异沉降	√	√
	墩柱倾斜	√	√
	梁板应力	O	O
	裂缝	√	O
既有城市轨道交通	隧道结构竖向位移	√	√
	隧道结构水平位移	√	O
	隧道结构净空收敛	O	O
	隧道结构变形缝差异沉降	√	√
	轨道结构(道床)竖向位移	√	√
	轨道静态几何形位	√	√
	隧道、轨道结构裂缝	√	O
既有铁路(包括城市轨道交通地面线)	路基竖向位移	√	√
	轨道静态几何形位	√	√

注:√为必测项目,O为选测项目。

综合对支护结构本身及对周边环境的监测内容,通常明(盖)挖法车站的监测内容可归纳为表6-8。

明(盖)挖车站常见监测内容　　　　　　　　　　表 6-8

类　别	监测对象	监测项目	监测仪器
围护结构	地下连续墙	连续墙水平位移监测	全站仪
		连续墙顶竖向位移监测	精密水准仪
		连续墙墙体倾斜监测	测斜仪
	钢筋混凝土支撑、钢支撑	轴支撑应力监测	钢筋计、轴力计
	基坑立柱	立柱隆沉监测	精密水准仪
盖挖部分	基坑立柱	中间立柱与地下连续墙差异沉降	精密水准仪
	地下连续墙	盖挖与明挖分界处连续墙顶差异沉降监测	
	结构内力监测	顶板应力监测	钢筋计
		立柱结构应力监测	
周边环境	建(构)筑物	建(构)筑物沉降	精密水准仪
		建(构)筑物倾斜	全站仪、精密水准仪
		建(构)筑物裂缝监测	钢尺
	基坑影响范围内道路地表	道路及地表沉降监测	精密水准仪
	污水管、雨水管、热力管、天然气管、供电管块	管线沉降及差异沉降监测	精密水准仪
地下水监测	潜水地下水、承压地下水	基坑内、外水位监测	水位计

4）施工现场巡查和周边环境巡查内容

明（盖）挖法车站施工现场巡查主要内容有：基坑开挖后地层的工程地质特性、地表及地层裂缝情况，地下水类型、渗水量大小、气味、颜色及位置等，围护结构及支撑结构状况，桩、柱与盖板的连接及混凝土状况等。

周边环境巡查主要内容有：建（构）筑物、桥梁墩台或梁体、既有轨道交通结构等的裂缝位置、数量和宽度，混凝土剥落位置、大小和数量，设施的使用状况；地下管线的漏水、漏气情况；周边路面或地表的裂缝、沉陷、隆起、冒浆的位置、范围等情况等。

现场巡视的主要对象为本工程围护结构自身和周边环境，巡视的范围包括所有的现场监测对象以及和工程施工有关的被影响对象。

6.2.2 明（盖）挖车站主要监测方法

1）工作基点的埋设与保护

工作基点采用人工开挖的方式埋设，基点底部埋设深度到达指定的土层，基点标志用加工成 L 形的钢筋置于混凝土基石中，基点顶部距离保护井盖顶部为 50mm，井口高程保持与地面高程相同，如图 6-1 所示。

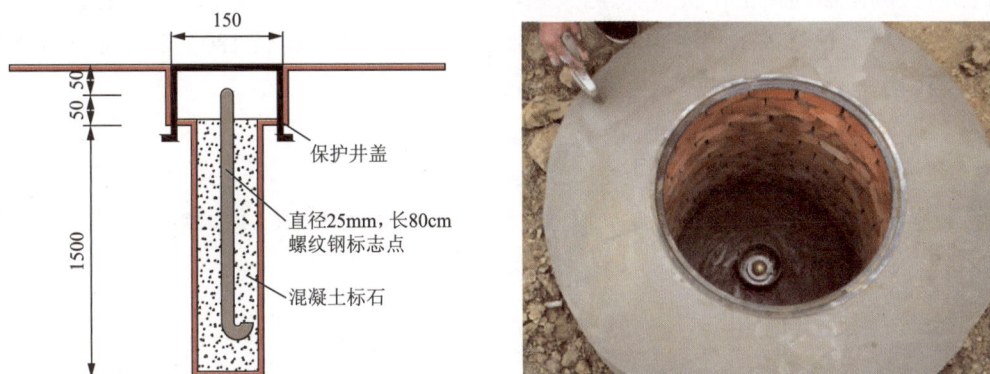

图 6-1 工作基点埋设示意图（尺寸单位：mm）

顶面设置钢盖，为测点设置显著的标识，并在施工期间加强保护防止被破坏。

2）围护结构监测

（1）连续墙墙顶水平位移监测

监测点埋设在冠梁的顶部，在浇筑混凝土时预埋 15cm 长的 $\phi20$ 钢筋，钢筋头露出地面 15mm，钢筋头磨成半球状并刻"十"字，作为水平和垂直位移的观测点。

围护结构墙顶水平位移控制点观测采用导线测量方法，监测点可采用极坐标法观测，可使用全站仪进行观测。

（2）连续墙墙顶竖向位移监测

监测点与墙顶水平位移监测点共用。使用 Trimble 电子水准仪 DINI03 进行观测，精度达到0.3mm/km。按国家二等水准测量的技术要求，以基准点为起算点，采用附合或闭合水准路线，将各监测点纳入其中施测。每次观测时，必须按附合水准路线至少联测两个水准基点，以保证必要的检核条件,减少测量误差的发生。基坑开挖前测 3 次稳定值,取平均值作为计算墙顶沉降监测的初始值。

（3）连续墙墙体倾斜监测

①测点埋设方法

测斜管与支护结构的钢筋笼绑扎埋设,测斜管与钢筋笼的固定应十分稳定,以防浇筑混凝土时,与钢筋笼脱落。埋设就位的测斜管应必须保证有一对凹槽与基坑边缘垂直。

②观测方法及数据采集

监测仪器采用测斜仪以及配套 PVC 测斜管,常用测斜仪器如图 6-2 所示。

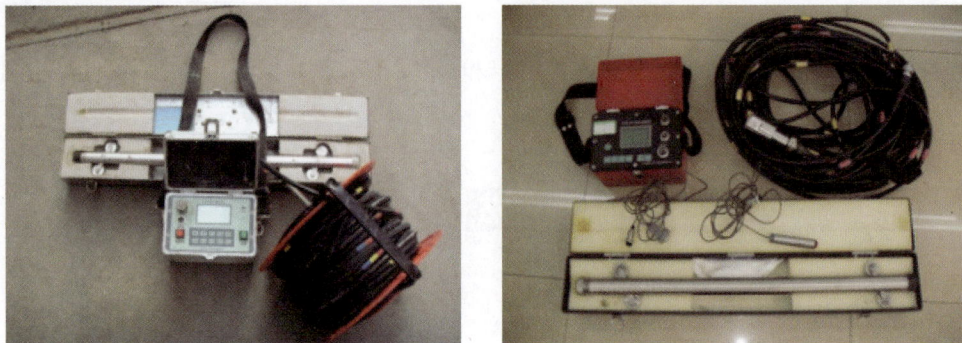

图 6-2　常用测斜仪器

观测方法如下:

a. 模拟测头检查测斜管导槽。

b. 使测斜仪测读器处于工作状态,将测头导轮插入测斜管导槽内,缓慢地下放至管底,然后由管底自下而上沿导槽全长每隔 1m 读一次数据。测读完毕后,将测头旋转 180° 插入同一对导槽内,用上述方法再测一次。

水平位移监测如图 6-3 所示。

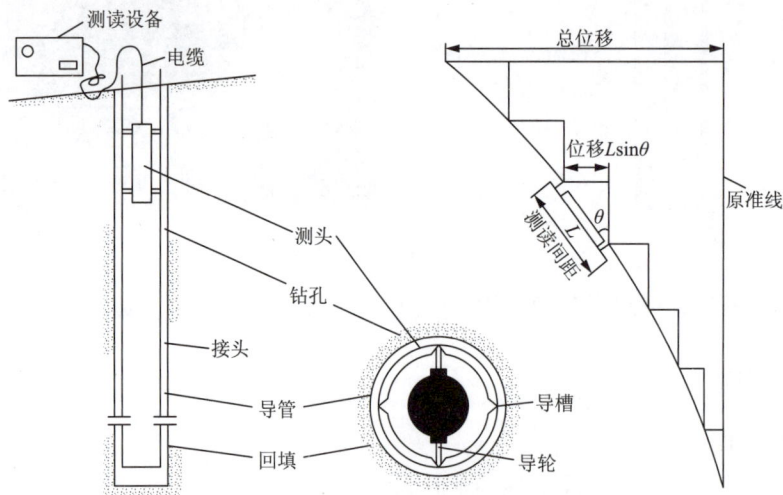

图 6-3　水平位移监测示意图

围护墙体变形观测的基准点一般设在测斜管的底部。当被测墙体产生变形时,测斜管轴线产生挠度,用测斜仪确定测斜管轴线各段的倾角,便可计算出桩体变形。

3）结构应力监测

（1）钢筋混凝土支撑、顶板和立柱应力监测

钢筋计与钢筋的连接采用焊接。把钢筋与钢筋计的两端分别焊接。焊接完成后,导线要分股标

识清楚，并保护起来。采用振弦式频率读数仪进行读数，监测精度达到1.0%FS。基坑开挖前，混凝土强度达到设计要求后测试3次稳定值，取平均值作为计算应力变化的初始值。

（2）钢支撑应力监测

①轴力计的安装

a. 采用专用的轴力架安装固定轴力计，安装架圆形钢桶上未开槽的一端面与钢支撑的牛腿（活络头）上的钢板电焊焊接牢固，电焊时中心轴线与安装中心对齐。

b. 待焊接冷却后，将轴力计推入安装架圆形钢桶内，并固定在安装支架上。

c. 钢支撑吊装到位后，将安装架的另一端与围护结构上的钢板对上，中间加一块250mm×250mm×25mm的加强型钢垫板，以扩大轴力计受力面积。

d. 将读数电缆接到基坑顶上的观测站；电缆统一编号，用白色胶布绑在电缆线上做出标识，电缆每隔2m进行固定，外漏部分做好保护措施。

轴力计安装如图6-4所示。

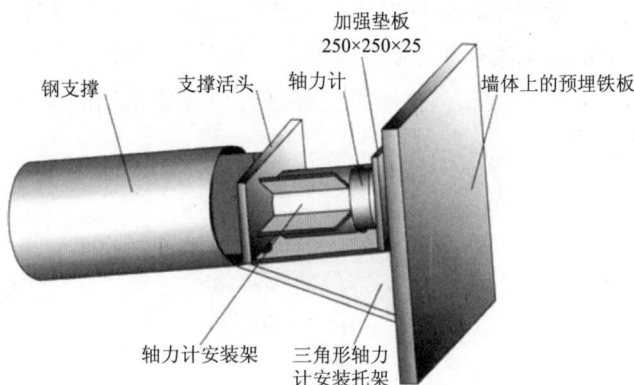

图6-4　轴力计安装示意图（尺寸单位：mm）

②监测观测方法

a. 轴力计安装后，在施加钢支撑预应力前进行轴力计的初始频率的测量，在施加钢支撑预应力时，应测量其频率，计算出其受力，并依据其结果修正计算公式。

b. 基坑开挖前应测试3次稳定值，取平均值作为计算应力变化的初始值。

c. 支撑轴力量测时，同一批支撑尽量在相同的时间或温度下量测，每次读数均应记录温度量测结果。

4）立柱隆沉监测

按设计要求在基坑中选取具有代表性的立柱，直接在立柱结构上焊接沉降观测点，对立柱隆沉的监测可选用电子水准仪或全站仪进行监测，其监测方法与连续墙竖向位移的监测方法相同。

5）相邻环境监测

（1）建筑物沉降及倾斜监测

①建筑物沉降监测

建筑物测点标志采用钻孔埋入标志测点，埋设形式如图6-5所示。

沉降监测各类测点埋设时应注意避开如雨水管、窗台线、电器开关等有碍设标与观测的障碍物，并视立尺需要离开墙（柱）面和地面一定距离，高于室内地坪0.2m。

水准网观测采用几何水准测量方法，可使用Trimble DINI03电子水准仪进行观测，围护结构施工前，测得稳定值作为计算建筑物沉降变化的初始值。

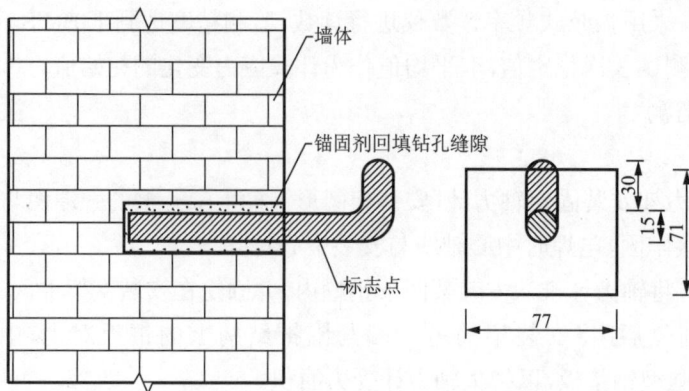

图 6-5　测点标志埋设形式示意图(尺寸单位:mm)

②建筑物倾斜监测

建筑物的倾斜度,利用基于全站仪反光片技术的高层建筑物倾斜测量。该方法是在被测建筑物所在场地上建立独立坐标系,使用全站仪反射片在建筑物待测面上布设监测点。

通过高精度全站仪直接观测建筑物上倾斜监测点三维坐标,获取建筑物主体监测点的 x 方向和 y 方向的倾斜位移值 Δ_x,Δ_y,继而计算总体倾斜位移 $\Delta_{总}$,以及建筑物的总体倾斜度 l,x 方向倾斜度 l_x 和 y 方向倾斜度 l_y。

$$\Delta_{总} = \sqrt{\Delta_x{}^2 + \Delta_y{}^2} \tag{6-1}$$

$$l = \frac{\Delta_{总}}{H} \cdot \frac{180°}{\pi} \tag{6-2}$$

$$l_x = \frac{\Delta_x}{H} \cdot \frac{180°}{\pi} \tag{6-3}$$

$$l_y = \frac{\Delta_y}{H} \cdot \frac{180°}{\pi} \tag{6-4}$$

以上各式中: Δ_x——测点处 x 方向位移(mm);

$\quad\quad\quad\quad \Delta_y$——测点处 y 方向位移(mm);

$\quad\quad\quad\quad \Delta_{总}$——测点处 x、y 方向位移之和(mm);

$\quad\quad\quad\quad H$——建筑物总高度(mm);

$\quad\quad\quad\quad l$——建筑物总体倾斜度(°)。

监测中的注意事项:

a. 倾斜监测点布设中,应保证反射片长期固定,可使用射钉枪等固定设备,同时要保护好,避免反射片损坏和遗失;

b. 进行反光片贴置时,应保证倾斜监测上下两个反光片处于同一垂直线上;

c. 监测时要充分考虑时间、风力等因素,每期监测的时间应选择一天中相同的时间,以保证监测精度;

d. 监测规范中规定建筑物外进行建筑物主体倾斜测量,测站点距离建筑物应在 1.5 ～ 2 倍建筑物高的范围内,因此,在实际工作中应在测量作业安全的情况下尽量缩短测站点与被测建筑物间距离,以获得更高的监测精度。

(2)建筑物裂缝监测

裂缝观测是测定建筑物上裂缝的扩展情况。建筑物结构产生裂缝时,为了解其现状和掌握其发展规律,应及时进行观测,以便根据这些资料分析裂缝产生的原因,对建筑物安全的影响并及时采取有效措施加以处理。首先,应进行现场调查,了解现有裂缝的分布位置、裂缝走向、长度、宽度,对需要观测的裂缝进行拍照，并统一编号。裂缝宽度的观测使用读数放大镜，读数可读到 0.1mm（也可使用裂缝综合检测仪检测）。同时记录量测结果和日期，绘出裂缝的位置、形态和尺寸，附必要的照片资料。在裂缝有显著发展时应增加观测次数。在基坑围护结构施工前，测得稳定值作为计算建筑物裂缝变化的初始值。

两次裂缝宽度读数的差值即为裂缝宽度的变形值。观测结束后，提交裂缝分布位置图、裂缝观测成果表、观测成果分析和说明资料。

（3）地表沉降监测

基准点与建筑物沉降的基准点共用。为保护地表测点不受碾压影响，道路及沉降测点采用窨井测点形式，采用钻具成孔的方式进行埋设。地表测点埋设形式如图 6-6 所示。

道路、地表沉降观测采用几何水准测量方法，使用电子水准仪进行观测。基坑开挖前测 3 次稳定值，取平均值作为计算地表沉降变化的初始值。

图 6-6　地表测点埋设实样图

（4）地下管线沉降及差异沉降监测

①测点布置基本原则

a. 地下管线测点重点布设在带压管线，如煤气管线、给水管线、污水管线、大型的雨水管上。

b. 测点在临近基坑开挖位置和主测断面附近加密。

c. 测点尽量布置在管线的接头处，或者对施工沉降敏感的部位。

d. 无特殊要求测点一般布置相应的管线井位置，也可布置在管线上方的对应地表。

e. 因管线材质不良，不能布置管顶测点时，测点布置在管底附近土层内；当管线较为密集、平面间距较小时，测点应优化布设。

f. 当基坑四周距坑边 10m 的范围内有重要管线时，将道路和地表测点布设在控制标准更加严格的管线或其对应的地表。

g. 当存在多条重要管线位置较靠近时，测点应布设在变形控制要求较高的管线上或其对应的地表位置。

②观测方法及数据采集

地下管线沉降采用水准测量方法，对风险较大的重要管线应直接观测管顶沉降，对有管沟的应观测管沟结构顶沉降。

当管线监测的测点布置在管顶对应地表位置时，可参照图 6-7 埋设测点，从路面用 $\phi108$ 水钻成孔至路面下 600mm 以下，成孔后在孔底浇筑混凝土并植入钢筋，钢筋外套 PVC 管，并在 PVC 管与孔壁之间填充细沙，在孔顶设置小型观测井至地面，并在观测井顶部安装金属盖以避免测点破坏。

地下管线沉降监测采用几何水准测量方法，使用 Trimble DINI03 电子水准仪进行观测。围护结构施工前，测得稳定值作为计算地下管线沉降监测的初始值。

（5）地下水监测

水位监测孔用地质钻机在监测位置打设，上面加盖，防止雨水进入。

地下水位监测可采用钢尺水位计，钢尺水位计的工作原理是在已埋设好的水管中缓慢向下放入水位计测

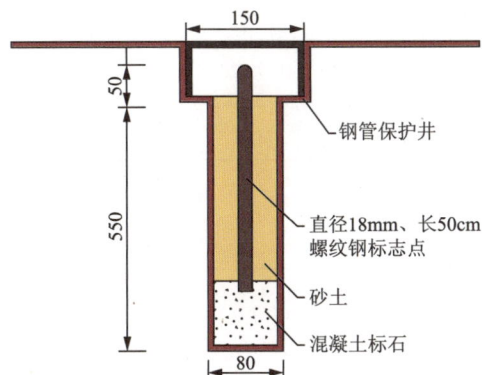

图 6-7　管线沉降监测点结构示意图（尺寸单位：mm）

150
50
550
80

钢管保护井

直径18mm、长50cm
螺纹钢标志点

砂土

混凝土标石

头,当测头接触到水面时,启动讯响器,此时读取测量钢尺在管顶位置的读数。根据管顶高程、管顶与地面的高差,即可计算地下水位的高程和埋深,如图 6-8 所示。基坑降水前测 3 次稳定值,取平均值作为计算水位变化的初始值。

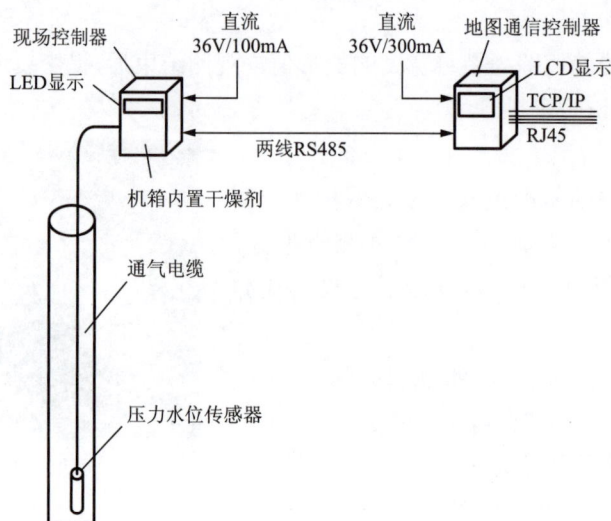

图 6-8　地下水位监测示意图

6.3　暗挖车站监测

6.3.1　监测内容

暗挖法车站的监测包括应测项目和选测项目,其中应测项目包括洞内外观察、地表沉降、邻近建(构)筑物、地下管线沉降、初期支护结构拱顶沉降、初期支护结构净空收敛、地下水位等,选测项目包括围岩压力及支护间接触应力、土体分层沉降及水平位移、钢筋格栅应力、初期支护及二次衬砌内应力、钢管柱受力等。

暗挖法车站施工监测项目、测点布置及监测频率详见表 6-9。

暗挖法车站施工监控量测项目汇总表　　　　　　　　　　　　　　　　表 6-9

类别	监测项目	监测仪器	监测精度	测点布置	监测频率
应测项目	洞内外观察	—	—	每一开挖环一个断面	地质预探、描述,拱架支护状态、建(构)筑物等观察和记录,开挖后立即进行
	地表沉降	水准仪	±0.3mm(Ⅰ) ±0.5mm(Ⅱ) ±1.0mm(Ⅲ)	在工法变化部位、车站与区间、车站与风道以及马头门处等部位设置监测断面	$L \leqslant 2B$ 时,1~2 次/d; $2B < L \leqslant 5B$ 时,1 次/2d; $L > 5B$ 时,1 次/周; 基本稳定后,1 次/月
	邻近建(构)筑物	水准仪、裂缝观测仪	0.1mm	根据建(构)筑物的沉降、倾斜、裂缝的不同内容分别布置	按设计要求
	地下管线沉降	水准仪	±0.3mm(Ⅰ) ±0.5mm(Ⅱ) ±1.0mm(Ⅲ)	地下管线每 5~15m 一个测点,管线接头处及位移变化敏感部位设置测点	按设计要求

类别	监测项目	监测仪器	监测精度	测点布置	监测频率
应测项目	初期支护结构拱顶沉降	水准仪	±0.3mm（Ⅰ） ±0.5mm（Ⅱ） ±1.0mm（Ⅲ）	每5～10m一个断面，每断面1～3根基线，每个导洞布置断面	$v>2$mm/d 或 $L<B$ 时，1～2次/d； $v=0.5\sim2$mm/d 或 $L=(1\sim2)B$ 时，1次/d； $v=0.1\sim0.5$mm/d 或 $L=(2\sim5)B$ 时，1次/2d； $v<0.1$mm/d 或 $L>5B$ 时，1次/周； 基本稳定后，1次/月
	初期支护结构净空收敛	收敛仪	0.06mm	每5～10m一个断面，每断面1～3根基线，每个导洞布置断面	$v>2$mm/d 或 $L<B$ 时，1～2次/d； $v=0.5\sim2$mm/d 或 $L=(1\sim2)B$ 时，1次/d； $v=0.1\sim0.5$mm/d 或 $L=(2\sim5)B$ 时，1次/2d； $v<0.1$mm/d 或 $L>5B$ 时，1次/周； 基本稳定后，1次/月
	地下水位	电测水位计	5.0mm	代表性地段设置，每个车站布置数量不少于4个水位观测孔	1次/2d
选测项目	围岩压力及支护间接触应力	土压力盒	0.15%FS[①]	在代表性地段选择应力变化大或地质条件差的部位各布置1～2个主测断面，每一断面设5～11个测点	$L\leq2B$ 时，1～2次/d； $2B<L\leq5B$ 时，1次/2d； $L>5B$ 时，1次/周； 基本稳定后，1次/月
	土体分层沉降及水平位移	分层沉降仪	1.0mm； 0.02m/0.5m	取代表性地段设1～2个主测断面，每断面2～3个孔	$L\leq2B$ 时，1～2次/d； $2B<L\leq5B$ 时，1次/2d； $L>5B$ 时，1次/周； 基本稳定后，1次/月
	钢筋格栅应力	钢筋计、测力计	0.15%FS	取代表性地段设1～2个主测断面，每断面测点数量按工程情况确定	$L\leq2B$ 时，1～2次/d； $2B<L\leq5B$ 时，1次/2d； $L>5B$ 时，1次/周； 基本稳定后，1次/月
	初期支护及二次衬砌内应力	应变计	0.15%FS	取代表性地段设1～2个主测断面，每断面5～11个测点	$L\leq2B$ 时，1～2次/d； $2B<L\leq5B$ 时，1次/2d； $L>5B$ 时，1次/周； 基本稳定后，1次/月
	钢管柱受力	应力计、表面应变计	0.15%FS	选择代表性钢管柱进行监测，每个车站应不少于4个钢管柱，每柱4个测点，在同一水平断面内，按间隔90°布置	土方开挖时，1次/d； 施作结构时，1～2次/周； 结构完成后停测

注：1. L- 开挖面与监测点的水平距离，B- 隧道直径或跨度，v- 沉降速率或收敛速率。

2. 地表沉降、地下管线沉降以及初期支护结构拱顶沉降的监测精度均为高程中误差，根据监测等级不同选用不同的精度。

① FS（Full Scale），指最大测量值。

6.3.2 常用监测方法

1）水平收敛及拱顶下沉

（1）水平收敛

水平收敛测点监测头的制作可用 $\phi12$ 的长杆膨胀螺栓30～50cm。在顶端加工一个 M6mm×

25mm 左右的螺孔,把不锈钢制作的挂钩拧上即可。把加工过的膨胀螺栓按照相应的位置焊接在格栅钢架和钢筋网上,露出格栅钢架 8 ~ 10cm,焊接牢固。待喷射混凝土后,立即清理不锈钢挂钩上的混凝土,做好标记,以方便日后量测。

采用水平收敛仪进行量测,水平收敛仪的挂钩挂在同一监测面的两个监测点上,并通过水平收敛仪上的粗读和精读两部分读数,进行数据采集。开挖时,对各水平收敛点进行编号,在初期支护完成后 12h 内进行测量,读取初读数。如图 6-9 和图 6-10 所示。

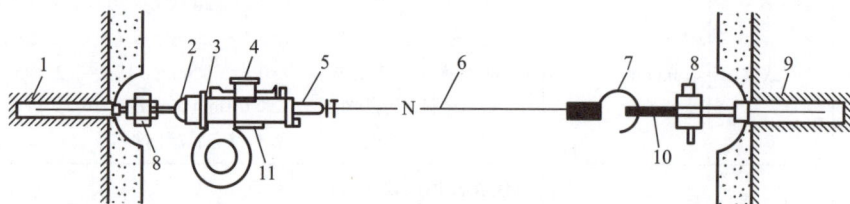

图 6-9 球铰式收敛计安装示意图

1- 砂浆;2- 球铰;3- 百分表支架;4- 百分表;5- 滑管;6- 钢尺;7- 挂钩;8- 连接销;9- 预埋件;10- 连接环;11- 弹簧秤

(2)拱顶下沉

监测仪器可采用精密水准仪、铟钢尺等。测量基点埋设在受施工扰动的范围以外的结构物上。

图 6-10 洞内水平收敛实测图

沉降监测点布设在隧道管片拱顶上固定的位置,用冲击钻在拱顶钻孔,然后放入长 200 ~ 300mm,直径 20 ~ 30mm 的圆头钢筋,四周用水泥砂浆填实(或直接打入膨胀螺栓)。

观测方法采用精密水准测量方法,水准尺底部朝上顶在监测点上进行测量。首次观测应对测点进行连续两次观测,两次高程之差应小于 ±1.0mm,取平均值作为初始值。其后监测频率依设计要求而定,根据变形值绘制变形—时间曲线图,如图 6-11 所示。

2)锚杆轴向力

可采用振弦式锚杆测力计测试锚杆的轴向力。按设计的锚杆直径选配相应规格的锚杆计。

锚杆计可在现场与锚杆焊好,焊时应将锚杆与锚杆计的连接杆对中之后采用对接法焊接在一起。锚杆现场安装焊接完成后即可进行拉拔检测,并绘制轴力—时间变化曲线图,并与设计规定的轴力限值分析比对,确定锚杆轴力是否满足设计要求。锚杆拉拔检测实况如图 6-12 所示。

图 6-11 拱顶下沉实测图

图 6-12 现场锚杆拉拔检测图

3)地表沉降监测

地表沉降测点布设在暗挖隧道对应上方的地表上,在暗挖隧道中心正上方地面上布设第一个沉降点,沿着中心线向两侧每隔一定距离分别布设一个沉降点(视设计要求而定)。沉降点的埋设和观测方法同前述明(盖)挖车站。

4)初期支护格栅应力和临时支撑轴力

采用振弦式钢筋测力计(图6-13)对初期支护格栅钢架应力,采用 EBJ-50 型振弦式应变计(图6-14)对临时支撑轴力进行监测。

图 6-13 振弦式钢筋测力计

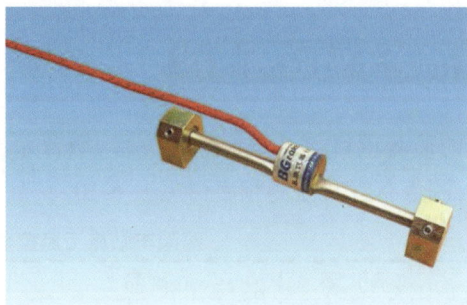

图 6-14 振弦式应变计

GJJ-10 型振弦式钢筋测力计安装方法:现场焊接,在埋设钢筋计的位置上将钢筋截下相应的长度,之后将钢筋计焊上,为了保证焊接强度,在焊接处需加焊邦条,并涂沥青,包上麻布,以便与混凝土脱开。

EBJ-50 型振弦式应变计安装方法:将应变计焊接在临时钢支撑的非加力端的中心。安装过程必须注意轴力计和钢支撑轴线在一直线上,各接触面平整,确保钢支撑受力状态通过正常传递到应变计上。

仪器在埋设前进行标定,受力前进行初始值的测量,监测两次的结果平均后作为轴力初始值,在承受荷载的过程中按设计和规范要求的频率进行监测。绘制轴力—时间变化曲线图,并根据轴力—时间变化曲线图和设计规定的轴力限值分析钢格栅或钢支撑内力是否处于安全范围。

5)建(构)筑物沉降、倾斜监测

同前述明(盖)挖车站监测部分。

6)爆破振动速度监测

通过爆破测振仪进行振动监测,修改爆破设计,控制超、欠挖,同时了解钻爆法施工对地表建筑物的振动影响情况。图 6-15 是一款常用的爆破测振仪。

图 6-15 爆破测振仪

地面振动测点一般选择在隧道附近通过监测能真实反映其振动情况的建筑物上。

采用爆破测振仪监测爆破振动速度。爆破前对爆破振动分析仪进行调试,爆破发生时由爆破测振仪的传感器拾起振动波,转化为电信号进行存储,然后输入计算机进行分析、处理,最后输出爆破振动波形及振动速度,并随时根据监测结果来调整爆破设计。

6.4 高架车站监测

6.4.1 高架车站监测内容

高架车站的监测项目包括墩台竖向位移、墩台差异沉降、墩柱倾斜、梁板应力和裂缝等高架车站施工监测项目、测点布置及监测频率详见表6-10。

高架车站施工监控量测项目汇总表 表6-10

监测项目	监测仪器	监测精度	测点布置	监测频率
墩台竖向位移	水准仪	$\Delta H_中 \leqslant 0.6mm$(Ⅰ) $\Delta H_中 \leqslant 1.2mm$(Ⅱ) $\Delta H_中 \leqslant 1.5mm$(Ⅲ)	布设在墩柱或承台上,每个墩柱或承台的监测点不少于1个	上部结构施工时,1～2次/周
墩台差异沉降	经纬仪或全站仪	≤允许变形值的1/20	沿墩柱顶布设,相邻墩柱为1组,每组测点不少于2个	上部结构施工时,1～2次/周
墩柱倾斜	经纬仪或全站仪	≤允许变形值的1/20	沿墩柱顶、底部上下对应按组布设,且每个墩柱监测点不少于1组,每组监测点不少于2个	上部结构施工时,1～2次/周
梁板应力	应变计或应力计	0.25%FS	布设在桥梁梁板结构中部或应力变化较大部位	上部结构施工时,1～2次/周
裂缝	裂缝观测仪	裂缝宽度精度≥0.1mm; 裂缝长度及深度量测精度≥1.0mm	在裂缝最宽处及裂缝首、末端按组布设,每组布设2个监测点,分别布设在裂缝两侧,且连线垂直于裂缝走向	上部结构施工时,1～2次/周

注:1. $\Delta H_中$-监测点测站高差中误差,墩台竖向位移监测精度根据监测等级不同选用。

2. 桥梁的沉降、差异沉降和倾斜控制值通过结构检测、计算分析和安全性评估确定。

6.4.2 监测内容

1)墩台竖向位移及差异沉降监测

布设墩台的沉降测点并对其进行相关的观测是为了及时了解和控制墩台的位置变化情况。测点采用预埋钢质测点桩,每个墩台均设置承台观测标和墩身观测标。采用瑞士威尔特(DS2800)精密水准仪及配套精密水准尺进行测量等。

测量方法可参照前述明(盖)挖车站地面沉降观测部分内容。

对于观测数据,采用计算机进行监控量测资料的整理和定性分析:

(1)绘出墩台沉降随时间的变化曲线,分析总结出墩台沉降规律;

(2)根据承台不同部位的观测点的沉降值,结合点位之间的位置关系,分析承台的差异沉降情况。

2)墩柱倾斜监测

沿墩柱顶、底部上下对应按组布设测点,且每个墩柱监测点不少于1组,利用高精度全站仪分别测各点坐标值,并利用三角高程反算顶面高程,即可推算墩柱的倾斜度。

3）梁板应力监测

梁板应力监测点一般布设在梁板结构中部或应力变化较大的部位。由于应力测试与施工同时进行，因而要求测试元件必须具备长期稳定性好、抗损伤性能好、埋设定位精确、方便及对施工干扰小等性能。根据综合比较，智能钢弦式数码应变计（图6-16）综合性能较好的一款应变计。其工作原理是利用张紧的钢弦在长度发生变化后，其振动频率也相应变化这一特性来测试相应测点的应变值。通过配套的振弦式智能应变采集仪，测试出每个应变计的频率值。根据频率与应变的映射关系，采集仪自动换算出混凝土的实测应变值，然后再根据混凝土弹性模量推算混凝土应力。

4）裂缝检测

裂缝检测使用集裂缝深度、宽度测量于一体的裂缝综合测试仪，如图6-17所示。裂缝深度、宽度测量均具备自动、手动两种判读功能，被测物体表面裂缝原貌实时显示在4.3寸彩色屏幕上并可存储。

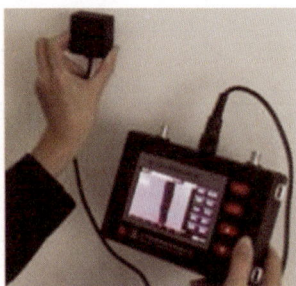

图 6-16　钢弦式应变计

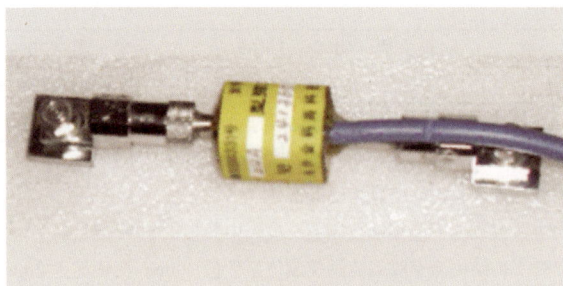

图 6-17　ZBL-F800 裂缝综合测试仪

6.5　监测项目控制值及预警处理

6.5.1　监控量测控制值

地铁车站工程监测项目控制值是工程施工过程中对工程自身及周边环境的安全状态或正常使用状态进行判断的主要依据，监测项目控制值的大小直接影响到工程自身和周边环境的安全，对施工方法、监测手段的确定以及对施工工期和工程造价有很大的影响。监控量测控制值要根据结构跨度、埋置深度、工程地质及水文特点、施工工法等因素综合考虑确定。明（盖）挖车站及暗挖法车站的监测项目控制值分别详见表6-11和表6-12。

明（盖）挖车站监测项目控制值　　　　　　　　　表 6-11

监测项目	支护结构类型	监测等级一级			监测等级二级			监测等级三级		
		累计值		变化速率（mm/d）	累计值		变化速率（mm/d）	累计值		变化速率（mm/d）
		绝对值（mm）	相对基坑深度（H）值		绝对值（mm）	相对基坑深度（H）值		绝对值（mm）	相对基坑深度（H）值	
支护桩（墙）顶竖向位移	土钉墙	—	—	—	—	—	—	30～40	0.5%～0.6%	4～5
	灌注桩、地下连续墙	10～25	0.1%～0.15%	2～3	20～30	0.15%～0.3%	3～4	20～30	0.15%～0.3%	3～4
支护桩（墙）顶水平位移	土钉墙	—	—	—	—	—	—	30～60	0.6%～0.8%	5～6
	灌注桩、地下连续墙	15～25	0.1%～0.15%	2～3	20～30	0.15%～0.3%	3～4	20～40	0.2%～0.4%	3～4

监测项目	支护结构类型	监测等级一级			监测等级二级			监测等级三级		
		累计值		变化速率（mm/d）	累计值		变化速率（mm/d）	累计值		变化速率（mm/d）
		绝对值（mm）	相对基坑深度（H）值		绝对值（mm）	相对基坑深度（H）值		绝对值（mm）	相对基坑深度（H）值	
支护桩（墙）体水平位移	土钉墙	—	—	—	—	—	—	40～50	0.4%	6
	灌注桩、地下连续墙	20～30	0.15%～0.2%	2～3	30～40	0.2%～0.4%	3～4	30～40	0.2%～0.4%	4～5
地表沉降	坚硬～中硬土	20～30	0.15%～0.2%	2～4	25～35	0.2%～0.3%	2～4	30～40	0.3%～0.4%	2～4
	中软～软弱土	20～40	0.2%～0.3%	2～4	30～50	0.3%～0.5%	3～5	40～60	0.4%～0.6%	4～6
立柱结构竖向位移		10～20	—	2～3	10～20	—	2～3	10～20	—	2～3
支护墙结构应力		$(60\%～70\%)f$			$(70\%～80\%)f$			$(70\%～80\%)f$		
立柱结构应力										
支撑轴力		最大值：$(60\%～70\%)f$			最大值：$(70\%～80\%)f$			最大值：$(70\%～80\%)f$		
锚杆拉力		最小值：$(80\%～100\%)f_y$			最小值：$(80\%～100\%)f_y$			最小值：$(80\%～100\%)f_y$		

注：1. H-基坑设计深度，f-构件的承载能力设计值，f_y-支撑、锚杆的预应力设计值。

2. 累计值应按表中绝对值和相对基坑深度（H）两者中的小值取用。

3. 支护桩（墙）顶隆起控制值宜为20mm。

4. 嵌固的灌注桩或地下连续墙控制值可按表中数值的50%取用。

5. 竖井井壁支护结构净空收敛监测控制值累计值30mm，变化速率2mm/d。

暗挖法车站变形监测和地表沉降项目控制值　　　　　表6-12

监测项目及等级	累计值（mm）	变化速率（mm/d）	备　　注
拱顶沉降	20～30	3	
底板竖向位移	10	2	
净空收敛	10	2	
中柱竖向位移	10～20	2	
地表沉降	40～60	4	一级
	50～70	4	二级

6.5.2　监控量测预警处理

监测项目按照"分区、分级、分阶段"的原则制定监控量测控制标准，并按黄色、橙色和红色三级预警进行反馈和控制。三级预警参考表6-13进行判定。

三级预警状态判定表　　　　　表6-13

预警等级	预警级别	预警状态描述
III	黄色预警	实测位移（或沉降）的绝对值和速率值双控指标均达到极限值的70%～85%之间时，或双控指标之一达到极限值的85%～100%之间而另一指标未达到该值时
II	橙色预警	实测位移（或沉降）的绝对值和速率值双控指标均达到极限值的85%～100%之间时，或双控指标之一达到极限值而另一指标未达到时，或双控指标均达到极限值而整体工程尚未出现不稳定迹象时
I	红色预警	实测位移（或沉降）的绝对值和速率值双控指标均达到极限值，同时还出现以下情况之一时：实测的位移（或沉降）速率出现急剧增加；隧道或基坑支护混凝土表面已出现裂缝，同时裂缝处已开始渗流水

在地铁车站施工过程中，当监测数据达到预警标准时，必须进行警情报送。当实测数据出现任何一种预警状态时，监测组应立即向施工主管部门、监理单位、建设单位和其他相关单位报告，获得确认

后应立即提交预警报告。

根据不同的预警级别按以下原则进行处理：

（1）发出黄色预警时，监测组和施工单位应加密监测频率，加强对地面和周边建筑物的沉降动态观察，尤其应加强对预警点附近雨污水管和有压管线的检查和处理；

（2）发出橙色预警时，除加强监测、观察、检查和处理外，应根据预警状态的特点进一步完善针对该状态的预警方案，同时应对施工方案、开挖进度、支护参数、工艺方法等进行检查和完善，在经设计单位和建设单位同意后执行；

（3）发出红色预警时，除应立即向上述单位报警外还应采取补强措施，并经设计单位、施工单位、监理单位和建设单位分析和认定后，改变施工程序或设计参数，必要时立即停止开挖，进行施工处理。

6.6　监测反馈与信息化施工

为了将及时整理后的监控量测数据报送相关单位，便于各单位根据监控量测结果了解整体工程的安全状况，对现场发生的具体情况迅速作出反应，并指导下一步的设计工作，应建立有效的信息沟通与反馈机制。

6.6.1　监测报表主要内容

1）日报

监测频率为1次/d或更高时，每天的监测成果于当天以正式报表报送第三方监测单位、监理单位、施工单位和建设单位，叙述当天的施工工况情况、监测点（孔）当次及累计的成果动态及有关注意问题。

2）周报

监控量测数据经分析后，表现为正常变化范围，说明工程状态安全，施工处于可控状态，应按时上报周报，周末对每周监控量测数据进行汇总，并以表格形式上报监控量测数据，可简化为只包含有变化的监控量测项目的内容。

3）月报

针对一个月的工作及时进行总结，总结成果以月报形式上报相关单位，月报具体内容应包括：①监控量测项目、测点布置；②施工进度；③监控量测值及时程变化曲线；④监控量测预报分析；⑤对于达到或超过报警值的测点分析原因；⑥当月监控量测工作小结。

4）专题报告

针对工程重点危险源的监控量测，应结合施工过程中的监控量测数据进行分析，得出相应结论，并提出建议，上报专题报告，专题报告应包括：①监控量测项目、测点布置；②施工状态；③危险源工程条件及重点；④监控量测值历时曲线；⑤监控量测数据分析结论；⑥危险源施工的影响发展预测；⑦施工建议。

5）总结报告

监控量测工作结束后,及时将监控量测结果总结分析,提交监控量测总报告。总报告内容包括:①工程概况、监控量测目的;②监控量测工作大纲和实施方案;③监控量测资料的分析处理;④监控量测值及其全程变化曲线;⑤工程监控量测结果。

6.6.2 报表递交

监控量测数据正常情况下应每日按规定时间向监理单位、第三方监测单位、建设单位提交日报,每周提交周报,每月提交月报。监控量测工作完成后提交监控量测总结报告。

如遇监测数据异常情况,应根据所涉及监控量测测点历史数据作专题分析报告,并在第一时间通知监理单位、设计单位和建设单位等相关部门。

正常情况下,报表采用逐级上报制度,送给各相关单位,包括施工单位、监理单位、第三方监测单位;数据出现异常期间,以口头、电话、短信等方式采用平行上报制度,及时反馈给各相关单位。

6.6.3 信息化施工流程

监控量测过程中的报表可以传真、电子版等形式传递,紧急情况状态下,可以电话、短信方式联系。

为确保监测成果的质量,加快信息反馈速度,全部监测数据均由计算机管理,每日监测必须有监测结果,及时上报监测日报、周报表,并按期向相关单位提交监测月报,同时附上相应的测点位移时态曲线图,对当月的施工情况进行评价并提出施工建议。并根据当前的施工方法修改监测方案,提高监测数据的可靠性和及时性。信息化施工流程如图 6-18 所示。

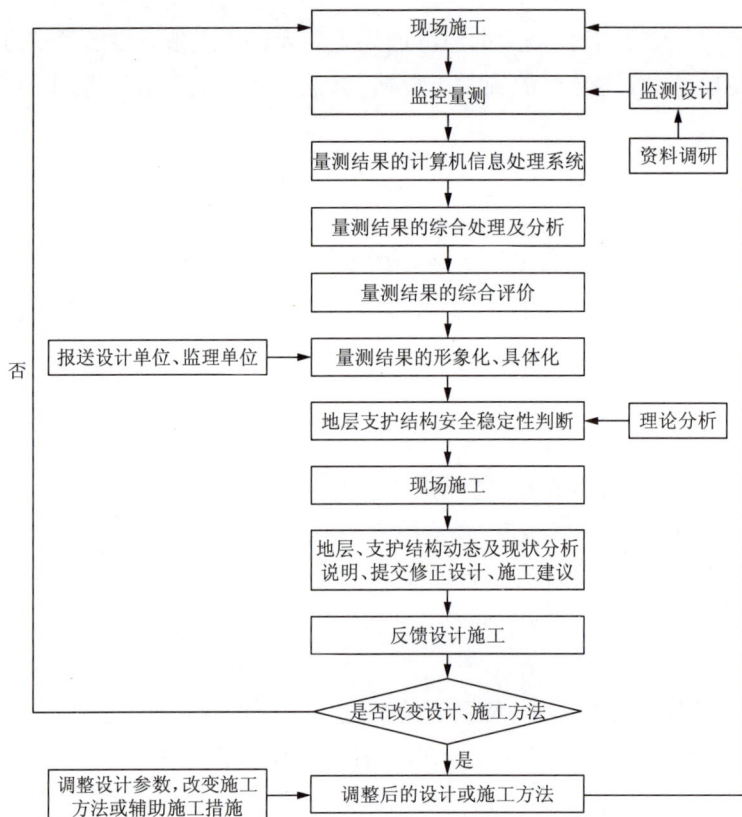

图 6-18 信息化施工流程图

第 **7** 章 地铁区间土建工程简介

7.1 概　述

城市地铁区间土建是指连接地下铁道车站之间的建（构）筑物。区间土建工程根据城市规划和地形地貌，主要有隧道和高架桥梁两种形式，工程实例如图 7-1、图 7-2 所示。区间土建工程穿过居民区、城市道路、管线、河沟等较多，周边环境复杂。一方面，该土建工程具有市政工程施工的特点；另一方面，地铁工程属于轨道交通工程，因此，地铁区间工程也具有铁路工程的特点。

区间土建工程平、纵线形和结构限界必须满足设计使用要求，施工过程中除必须严格控制结构质量外，还需采取有效措施确保周边建（构）筑物的安全。

图 7-1　隧道区间工程实例

图 7-2　高架桥梁区间工程实例

7.2 地铁区间工程分类

7.2.1　按区间功能分类

地铁区间按其功能分为正线标准区间和含辅助线区间。

1）正线标准区间

正线标准区间指供载客列车运行的线路区间，包括正线区间和支线区间。

2）含辅助线区间

辅助线是为空载列车提供折返、停放、检查、转线及出入段作业所需的线路，包括以下几种类型：

（1）折返线。

折返线是指线路的每个终点站和区段运行的折返站所设置的折返线或渡线,包含站前折返和站后折返。

（2）存车线

存车线是指用于设备列车、故障列车存放和夜间作业车辆折返的线路。存车线设置方式包括与折返线结合设置和单独设置两种方式。

（3）车场出入线

为保证运行列车的停放和检修,在地铁交通沿线适当的位置设置车辆基地,车辆基地与正线连接的线路为出入线。

（4）联络线

联络线是连接两条独立运营正线之间的线路。

7.2.2 按线路敷设方式分类

地铁区间按线路敷设方式分为地下区间、地面区间、高架区间和敞开式区间。

1）地下区间

地下区间是线路在交通繁忙路段和市区内繁华地段主要采用的线路敷设方式,是对城市环境影响最小的一种线路敷设方式。

地铁地下区间工程实例如图7-3所示。

2）地面区间

地面区间是指在较空旷的地带,道路和建筑稀少,采用类似普通铁路的路基作为轨道基础的线路形式,是造价最低的一种地铁交通线路敷设方式。

地铁地面区间工程实例如图7-4所示。

图7-3　地铁地下区间工程实例

图7-4　地铁地面区间工程实例

3）高架区间

高架区间是指为地铁交通服务的高架桥。高架区间是介于地面区间和地下区间之间的一种区间,保持了专用道的形式,占地较少,且对城市交通干扰较小。其突出缺点是运营噪声大,对城市景观影响也较大,故市区一般不采用,一般在市区外建筑稀少及空间开阔的地段采用。

地铁高架区间工程实例如图7-5所示。

155

4）敞开式区间

敞开式区间是由地下区间过渡到地面区间或高架区间时的一种过渡形式，一般包括"U"形槽段和挖方路基段。

地铁敞开式区间工程实例如图 7-6 所示。

图 7-5　地铁高架区间工程实例

图 7-6　地铁敞开式区间工程实例

7.2.3　按施工工法分类

地铁区间主要有隧道区间和高架区间两种形式，两种形式均有不同的施工工法。

1）隧道区间

隧道区间按施工工法主要分为三类，包括明挖法、暗挖法和特殊施工方法，如图 7-7 所示。

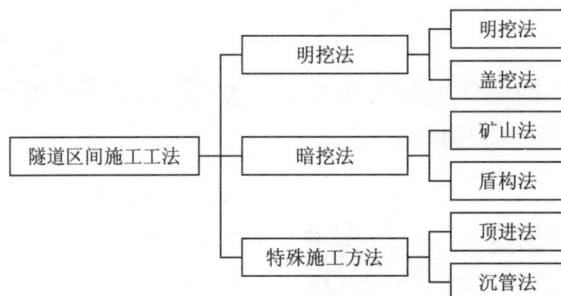

图 7-7　隧道区间施工工法分类

2）高架区间

高架区间按桥梁上部结构施工方法可分为现场浇筑法、预制安装法、悬臂浇筑法、转体施工法、顶推法、移动模架逐孔施工法、横移法、提升与浮运施工法等。

7.3　地铁区间工程的组成及功能介绍

1）区间线路

区间线路包含正线、辅助线、道岔等，是供载客车辆运行或为空载列车提供折返、停放、检查、转线及出入段作业所需的线路。

2）联络通道

联络通道是指连接两条分离式地铁区间隧道的通道,其主要功能是确保紧急情况下乘客的安全疏散。

3）通风井及风道

通风井及风道用于安装风机、电动组合风阀等设备,具有通风和排烟功能。区间通风竖井及风道一般设置在区间的两头,兼具车站的通风和排烟功能。

4）区间泵房

为及时排除区间隧道内结构渗漏水和消防时排水等其他废水,在区间线路的最低点应设置废水泵房。泵房分扬水管从泵房顶部出地面和从相邻车站出地面两种形式。

7.4 地铁区间主要施工方法简述

地铁区间主要采用隧道和桥梁两种形式。

7.4.1 区间隧道工程

区间隧道属于城市隧道,其结构类型和施工方法受到工程地质、水文地质、周围环境条件等的影响,主要施工方法有明挖法、暗挖法,其中暗挖法分为盾构法和矿山法。

1）明挖法

明挖法是从地表向下开挖基坑到设计高程位置,然后在基坑内的预定位置由下而上地修筑结构主体及防水设施,最后回填土并恢复路面。明挖法具有施工作业面多、技术简单、速度快、容易保证工程质量等优点,但受周边环境制约较大,多用于地面和环境条件允许的地方。

2）盾构法

盾构法是利用盾构机在地面以下暗挖隧道的一种施工方法。盾构机是一种集开挖、支护、推进、衬砌等多种作业功能于一体的大型暗挖隧道施工机械,具有安全性高、速度快、对周围环境影响小、自动化程度高等优点,但其配套设备多,造价高,多用于闹市区。

3）矿山法

区间隧道工程中的矿山法通常指采用锚喷支护、新奥法原理的隧道施工方法。开挖必须严格控制,达到成型好、对地层扰动最小的要求,对开挖暴露面及时进行喷锚加固,施工全过程对周边位移进行监测,并及时反馈、修正设计和施工方法,在软弱围岩地段应使断面及早闭合。一般在地质条件较好、周边建筑受影响较小的地段使用。

7.4.2　区间桥梁工程

根据地铁工程的特点,区间桥梁梁体截面主要有组合 T 梁、组合箱梁、整孔箱梁、U 形梁,常采用整孔箱梁、U 形梁。梁部施工方法主要有预制架设、支架现浇和节段预制拼装。

预制架设对城市环境、交通影响较小,施工场地占地少,质量控制较好,桥梁上下部可同时施工,但架梁需要大型设备,在建筑密集、交通量大的中心城区,往往难以实现。支架现浇具有整体性好,可多段同时施工,无大型设备的特点,但对环境、交通影响较大,施工场地占用较多,施工周期较长。节段预制拼装需要较高的施工精度,目前应用较少。

7.5　地铁区间土建工程发展趋势

地铁区间土建工程大多位于城市繁华地段,地面交通繁忙、建筑密集、地质条件差,明挖法、矿山法和高架桥均较难实现,故盾构法施工是今后地铁区间土建工程施工的总体发展趋势。

7.5.1　明挖法、矿山法发展趋势

(1)信息化。信息技术已经成为隧道工程未来的一个重要特征,地下工程与地质环境和周边建筑关系密切,及时、系统地收集相关信息用于指导设计、施工是必要手段。

(2)智能化。智能化是地下工程发展的必然趋势。包括计算机的有限元计算法、神经网络模型等先进的方法,将发挥更加重要作用。

(3)工厂化。主体结构采用装配式结构是今后发展的大趋势,装配式构件在工厂集中预制加工,更能有效控制质量、提高施工效率、降低劳动强度。

7.5.2　盾构法发展趋势

过去很长一段时间,地铁工程主要在软土地层、复合地层采用土压平衡盾构机、泥水平衡盾构机施工。随着 TBM 的引入,硬岩区间采用盾构法施工也被逐渐推广应用。当前盾构法施工出现了类矩形、马蹄形等异型盾构技术,今后将在断面尺寸、埋深、长距离等方面不断突破,在性能方面将具有更高的地层适应性、更长的使用寿命、更人性化的操作。随着数字化、模块化、智能化和网络化的应用,盾构技术将向无人智能化掘进、办公室远程控制发展。

7.5.3　高架桥梁发展趋势

地铁高架桥梁将朝着工厂化预制、更加注重景观和环保等方向发展。由于 U 形梁具有能降低结构高度、与系统设备集成、混凝土用量少等优势,也在景观及环保方面具有突出的优点,契合现代城市发展潮流与方向,将被广泛应用。

第**8**章 矿山法地铁区间工程

8.1 概 述

8.1.1 矿山法隧道的概念与发展

矿山法是指用开挖地下坑道的作业方式修建隧道的施工方法,是暗挖隧道施工的传统方法。传统的矿山法指用钻眼爆破的施工方法,又称钻爆法。现代矿山法包括软土地层浅埋暗挖法及其衍生的其他暗挖方法。

早期修筑隧道一般采用传统的矿山法,以木或钢构件作为临时支撑,待隧道开挖成型后,逐步将临时支撑撤换下来,而代之以整体式厚衬砌作为永久性支护的施工方法。因它总与钻眼、爆破技术联系在一起,也称为钻爆法。20 世纪 60 年代,新奥法出现,并在地下工程结构施工中得到应用,国内隧道施工技术以新奥法为基础,很快发展为喷锚构筑法,并针对软弱和浅埋地层,发展为浅埋暗挖法。早期的矿山法可称为传统矿山法,目前的矿山法可称为现代矿山法。

新奥法作为现代矿山法施工中的一项重要技术,最先应用于水利隧洞,其主要特点是应用现代岩石力学理论,充分发挥围岩自身承载力,把衬砌与围岩当成一个整体看待,在施工过程中必须进行现场监测,并根据监测成果及时修正设计和指导施工。

20 世纪 70 年代,新奥法传入我国,此后得到迅速发展。20 世纪 80 年代以后,隧道施工钻爆法发展为以光面爆破、喷锚支护、监控量测信息反馈、复合式衬砌结构为主要特征的施工方法,并在实践中不断涌现出一系列新技术、新工艺、新材料、新设备。目前,我国的铁路隧道、公路隧道、引水隧洞等地下工程多采用此种方法修筑。

8.1.2 矿山法在地铁工程建设中的应用

矿山法适用于从硬岩地层到具备一定自稳能力的第四纪地层的施工,适合各种断面形式,特殊情况下采用超前加固地层等措施,也可运用于软弱地层。与其他施工方法相比,矿山法的适用范围更加广泛,具有一定优势,在我国城市地铁工程建设中应用较多。

20 世纪 80 年代中期,出现了不拆迁、不扰民、不破坏环境,在软弱、浅埋地层中安全施工的浅埋暗挖法。此后,该方法在国内很多城市地铁施工中得到广泛应用,并总结出浅埋暗挖法的十八字方针,即"管超前、严注浆、短进尺、强支护、早封闭、勤量测"。

目前,在城市地铁工程地下区间施工中,除盾构法外,矿山法是最常用的地下工程施工方法。地铁工程常见的硬质岩层,含有大量粗颗粒漂石、块石的地层,以及受地质条件影响不便采用盾构法施工时,区间隧道常用矿山法施工。在地铁的折返线、渡线、停车线隧道等特殊结构地段工程,区间近距离下穿既有铁路、公路、城市地铁交通线路，以及下穿重要或敏感性建（构）筑物及设施地段地下工程，采用矿山法也比较普遍。各城市的盾构区间联络通道也经常采用矿山法施工。

8.1.3　矿山法在地铁工程施工中的技术发展

地铁工程矿山法技术发展主要受宏观政策、设计理念、建设单位要求、专家导向、施工单位自身需要、社会科技发展等多方面影响。目前，我国地铁工程矿山法施工机械化程度较低，施工速度慢、施工风险大，施工工艺受施工队伍技术限制，施工效率有待进一步提高。因此，加大矿山法施工技术、施工装备研发投入，加强"新技术、新材料、新设备、新工艺"的推广应用，加强施工队伍培养和管理模式的转变，提高施工效率，改变矿山法施工技术落后局面势在必行。

（1）超前地质预报手段日趋多样化、综合化。除常规的超前地质预报外，越来越多的新科技被应用，使得超前地质预报更加准确可靠。

（2）矿山法施工应用范围不断扩大，新工法不断出现。目前已在海底隧道、超浅埋隧道及暗挖大跨车站、各类地质复杂地层、复杂城市环境情况下应用。随着建设项目的增多，新的辅助工法和施工工艺的出现，必将进一步扩展矿山法施工的应用范围；随着我国城市地铁交通的发展，原有矿山法施工工法在应用中不断发展、转变，一些具有地区特点的新工法包括辅助工法也在不断出现。

（3）开挖不断向大断面、少分部方向转变，与之相应的支护技术也在不断发展。简单易行且强有力的支护结构，适应大型机械施工的断面操作空间有利于提高施工效率，也是矿山法施工技术发展最重要的内在动力。

（4）工程机械和施工设备快速发展。先进施工机械的应用逐步取代大部分的人工作业，施工质量和效率不断提高，开挖、装运渣、支护、防水、衬砌、通风等机械设备不断发展，机械配套更加合理，施工效率会不断提高。

（5）爆破施工技术更加精准和环保。为适应城市环境，爆破网络设计日趋精准，数码电子雷管控制爆破、水压爆破、静态爆破等技术应用日趋广泛。

（6）应用软弱地层岩土控制变形分析法开发新工法，在设计、施工中逐步加强应用。在岩土控制变形分析法的基础上，与现有工法相融合开发综合施工工法，确保隧道安全穿越不良地层和全断面开挖，有效降低施工对周边环境的影响，提高施工机械化，加快施工进度。

（7）信息化技术不断拓展应用，传统的施工管理工法得以改进。建立基于 BIM 技术应用的施工管理模式和协同工作机制，通过施工模型建立，质量安全监控和风险管控，实现施工过程的可视化模拟和施工方案的不断优化，通过利用综合信息技术手段助力施工管理，全面实现施工目标。

8.1.4　矿山法区间隧道施工组织方案

地铁矿山法区间隧道根据工程特点和周边环境选择相应的施工组织方案。常用的施工组织方案有以下几种：

1）路基段直接进洞

利用明暗交界位置，挂洞门后组织区间隧道施工。其为最优的施工组织方案。适用于地下、地面交接的矿山法区间隧道。由于地铁大部分采用地下线路，无地面洞口施工条件，实际使用较少。

2）车站端头进洞

在车站端头结构预留出渣进料井，破开端头墙组织区间隧道施工。该方案开工受车站施工制约，工作井出渣进料效率低，一般适用于工程量较小的矿山法区间隧道。

3）竖井进洞

利用区间通风竖井或增设临时工作井用于出渣进料组织区间隧道施工，该方案可较快开辟区间隧道工作面，但效率较低，一般用于工程量较小或工期较长的矿山法区间隧道。

4）斜井进洞

选择合适的位置作为临时施工场地，通过斜井进入区间矿山法隧道，该方案受场地和地形限制，可能造成斜井工程量较大，但斜井组织施工效率高，适用于工程量较大的矿山法区间隧道。

8.2　地质补勘与超前地质预报

8.2.1　地质补勘

1）地铁工程地质补勘的概念

地铁工程地质补勘是指项目经过初步勘察、详细勘察或者是一次性勘察并提交合格的地质报告后，还需进行的勘察，是针对前一次做的补充工作。矿山法区间隧道施工一般有以下三种情况需要补充勘察：

（1）隧道开挖时遇到地质条件与原地质报告查明的地质情况有差异或者发现必须查明的异常情况时，为保证工程施工的安全及进度要求，需针对该情况进行地质补充勘察。

（2）在前一次提交的地质报告中已交代，由于当时的地质勘察期间遇到局部无法勘察的情况（如部分因原建筑未拆，部分地段因争议无法进行地质勘察工作等），当条件具备后，需针对局部地段进行补充勘察，作为对原提交勘察报告的一个补充资料。

（3）场地条件复杂或有特殊要求的工程，按《岩土工程勘察规范》（GB 50021—2011）第 4 章 4.1.2 节要求也宜进行补充勘察。

2）地质补勘分类及内容

地质补勘是工程地质勘察过程中查明地质情况的必要手段，一般分为坑探、钻探、物探等。

（1）坑探

坑探是在已经开挖的场地中，已经揭示地层并取得有关地层构成及空间分布状态的直观资料和试样，这种方法不必使用专门的钻探工具，对地层的观察直接明了，是一种合适条件下最常规的勘探方法。

（2）钻探

钻探通过钻机在地层中钻孔来鉴别和划分地层，并在孔中预定位置取样，用以测定地层的物理力学性质。此外，地层的某些性质也可以直接在孔内进行原位测试。

①钻孔布置

原则上，钻孔的位置在隧道顶的正上方，具体位置根据现场的场地及初步勘察、详细勘察的资料来布置。

②钻孔深度

钻孔深度一般应同时满足下列要求：

a. 钻孔深度应超过隧道底部 2～3m；

b. 如遇断裂、洞穴及溶洞等，需要加深钻孔，穿过断裂、洞穴及溶洞进入下部地层1m。

③现场编录

准确记录钻探进尺、不同岩性的分层厚度和采样位置。厚度大于0.5m的工程地质层应分层描述，现场描述的主要内容按相关规范要求进行，各岩土层描述内容简要说明如下：

a. 岩土应描述名称、颜色、成分、结构与构造、风化程度、节理发育程度、充填物、有无岩脉侵入等；

b. 碎石土应描述颗粒级配、形状、母岩成分、风化程度、充填物和充填程度、密实度、层理特征等。

④钻孔封堵

由于补充钻探钻孔布置在隧道正上方，因此必须严格保证封孔质量。每个钻孔完成后必须马上进行彻底封孔，避免封孔不及时出现事故和意外。

（3）物探

物探即物理勘探，是以岩石、矿石（或地层）与围岩的物理性质密度差、磁化性质、导电性、放射性等为基础，采取超高密度电法、地质雷达、面波法、地震反射波法、跨孔电阻率法等多种探测手段来鉴别和划分地层。

8.2.2　超前地质预报

1）超前地质预报概述

超前地质预报是地质勘察工作在施工阶段的延续，是在复杂地质情况工程安全事故多发条件下，为满足施工安全的需要而新兴的一门学科，是工程地质学的一部分，是覆盖物理探测、地质、钻探、试验等专业的一个综合学科。

隧道工程由于不良地质发育的不确定性，在施工中进行超前地质预测预报工作，既是保证施工安全的需要，也是保证工期、节约工程造价的需要。

2）超前地质预报的分类

目前国内外超前地质预报手段分为常规地质法、超前钻探预报法、物探法三种。

（1）常规地质法

根据隧道掌子面、拱顶、左右边墙的地质情况，利用常规地质理论和几何作图法，推测隧道前方及周边地质岩性及不良地质体的发育规模。

（2）超前钻探预报法

超前钻探预报法是在掌子面布设探孔，采用水平钻机进行超前钻探，根据钻机在钻进过程中的推力、扭矩、钻速、成孔难易程度及钻孔出水情况（必要时提取岩芯进行分析）来确定前方的地层和岩性，同时对涌水量、水压测试及水质进行分析，判定掌子面前方地层性质及含水情况的一种超前地质预报方法。

其特点是方法简单、直观，探测距离可长可短（5～80m）。但施作困难，费时较多，费用较大。

（3）物探法

① TSP超前地质预报技术

TSP超前地质预报系统是根据地震波的回波原理，通过人工制造一系列规则布置的轻微震源，由三维地震波接收器采集回波信号,分析预测前方地层的地质力学参数和空间位置数据。超前预报测量原理及设备如图 8-1 和图 8-2 所示。

其特点是:

a. 探测距离较长(一般为 100 ～ 150m),在地质情况简单时,探测距离可达 200 ～ 300m。

b. 准确性较高,尤其对岩层软硬交替变化、岩性差异较大时效果更好(如断层带、软弱带等)。

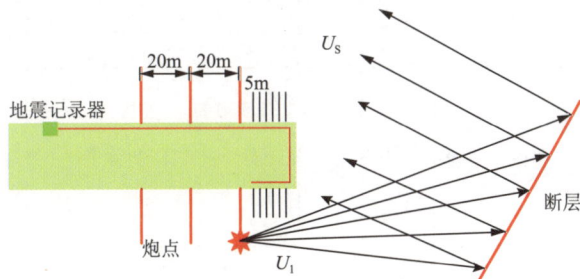

图 8-1　超前预报测量原理示意图

图 8-2　TSP202 预报设备

②地质雷达法

地质雷达法(georadar method)是通过观测、分析大功率高频电磁脉冲在地下电性界面上产生的回波特性,判定掌子面前方地层性质及含水情况的一种超前地质预报方法。

地质雷达可用来划分地层,查明断层破碎带、滑坡面、岩溶、土洞、地下洞室和地下管线,也可用于水文地质调查。

其特点是:

a. 现场施作快,但探测有效距离短(一般为 15 ～ 30m);

b. 20m 以内精度较高,对使用环境要求较高(如隧道掌子面小、测线短、钢支撑、钢筋网等都对探测深度、准确性有较大影响)。

8.3　地铁区间矿山法开挖支护的主要方法

地铁区间矿山法开挖支护的主要施工方法有全断面法、台阶法、中隔壁(CD)法、交叉中隔壁(CRD)法、单侧壁导坑法、双侧壁导坑法、双连拱法(中导洞法、偏导洞法)、三连拱法。应根据地质条件、施工环境、断面大小及类型,合理选择相应的施工方法。地铁区间矿山法主要开挖方法示意图及重要指标比较见表 8-1。

地铁区间矿山法主要开挖方法示意图及重要指标比较　　　　　　　　　　　表 8-1

施工方法	示意图	重要指标比较					
		适用条件	沉降	工期	防水	初期支护拆除量	造价
全断面	○	地层好,跨度≤8m	一般	最短	好	没有拆除	低
台阶法	1/2	地层较差,跨度≤12m	一般	短	好	没有拆除	低

施工方法		示 意 图	重要指标比较					
			适用条件	沉降	工期	防水	初期支护拆除量	造价
CD工法 （中隔壁法）			地层差,跨度≤18m	较大	较短	好	拆除少	偏高
CRD工法 （交叉中隔壁法）			地层差,跨度≤20m	较小	长	好	拆除多	高
单侧壁导坑法			地层差,跨度≤14m	较大	较短	好	拆除少	低
双侧壁导坑法			小跨度,连续使用可扩大跨度	大	长	效果差	拆除多	高
双连拱	无导洞		地层好,跨度≤8m	一般	短	效果好	拆除少	低
	中洞法		小跨度,连续使用可扩成大跨度	小	长	效果差	拆除多	较高
三连拱			多层多跨	大	长	效果差	拆除多	高

8.3.1　全断面法

全断面法开挖是在隧道稳定岩体中,按设计将整个断面一次开挖成形,初期支护一次到位的施工方法。

1）工法特点

（1）可以减少开挖对围岩的扰动次数,有利于围岩天然承载拱的形成；

（2）全断面法开挖有较大的作业空间,有利于采用大型配套设备机械化作业,提高施工速度,防水处理简单,且工序少,便于施工组织和管理；

（3）对地质条件要求严格,围岩必须有足够的自稳能力；

（4）由于开挖面较大,围岩相对稳定性降低,且每循环工作量相对较大；

（5）当采用钻爆法开挖时，每次深孔爆破震动较大，因此要求进行精心的钻爆设计和严格的控制爆破作业。

2）适用条件

全断面法主要适用于Ⅰ～Ⅲ级稳定围岩开挖；当断面面积在 50m² 以下，隧道又处于Ⅳ级围岩地层时，在进行局部注浆等辅助施工加固地层后，也可采用全断面法施工。

3）施工工艺流程

全断面钻爆法开挖作业施工工艺流程如图8-3所示。

4）施工控制要点

（1）采用全断面法开挖隧道时，应控制一次同时起爆的炸药量，减少爆破震动对围岩的影响。

（2）当隧道地质条件发生变化时，必须根据情况及时变换适宜的开挖方法。

（3）隧道开挖爆破后应先采用机械进行找顶，然后用人工找顶。

图 8-3　全断面钻爆法开挖作业施工工艺流程图

（4）加强对开挖面前方工程地质和水文地质的调查。对不良地质情况，要及时预测预报、分析研究，随时准备好应急措施。

（5）各工序机械设备要配套。如钻眼、装渣、运输、衬砌支护等主要机械和相应的辅助工具，在尺寸、性能和生产能力上都要相互配合，工作方面能环环紧扣，不致彼此互受牵制而影响掘进，以充分发挥机械设备的使用效率和各工序之间的协调作用。

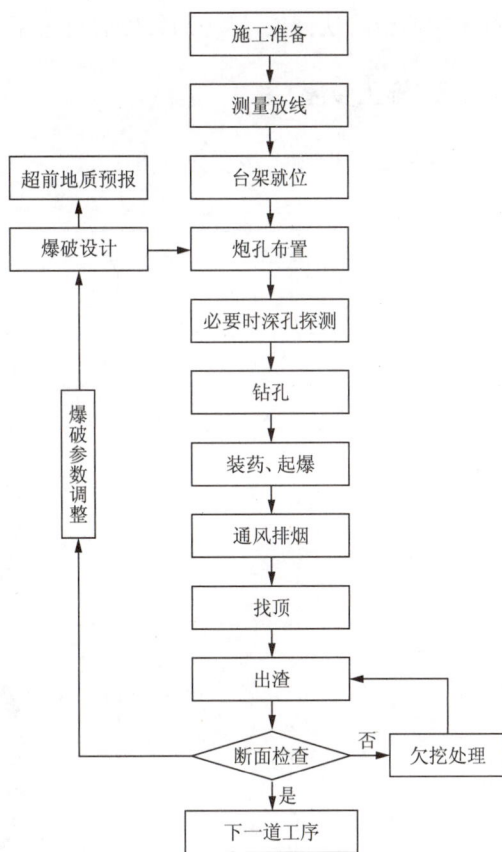

8.3.2　台阶法

台阶法开挖就是将开挖断面分成上下两部或多部开挖，具有上下两个工作面（多台阶时有多个工作面）。该法在地铁区间矿山法中应用较广，可根据工程实际、地层条件及机械条件，选择合适的台阶方式。地铁区间一般为上下两步台阶。

1）工法特点

台阶法优点：灵活多变、适用性强，无论地层变好还是变坏，都能及时更改，变换成其他方法。另外，台阶法开挖具有足够的作业空间和较快的施工速度，"台阶"有利于开挖面的稳定性，尤其是上部开挖支护后，下部作业则较为安全。

台阶法缺点：上下部作业有干扰，应注意下部作业时对上部稳定性的影响。另外，台阶开挖会增加对围岩的扰动次数。

2）适用条件

台阶法是最基本、运用最广泛的施工方法，而且是实现其他施工方法的重要手段。Ⅲ～Ⅳ级围岩可采用两台阶法开挖，Ⅴ～Ⅵ级围岩可采用环形开挖留核心土法或三台阶七步法开挖。

3）施工步序

台阶法开挖施工步序见表8-2。

台阶法开挖施工步序 表 8-2

施工步序	示意图	说明
第 1 步		上台阶开挖
第 2 步		下台阶开挖
第 3 步		二次衬砌施工

4）施工控制要点

（1）根据围岩条件和施工机械设备情况合理确定台阶长度、台阶高度及台阶数量，其各部分形状应在有利于保护围岩稳定的前提下尽量便于机械作业。

（2）台阶长度一般不宜超过1倍开挖洞径，围岩条件较好时，可适当加长。

（3）上部断面使用钢架时，可采用扩大拱脚和施作锁脚锚杆（管）等措施，防止拱部下沉变形。上下断面初期支护钢架连接应平顺，螺栓连接应牢固。

（4）围岩整体性较差时，施工中应采取措施减少下部开挖时对上部围岩和支护的扰动，下部断面开挖应两侧交错进行，下部断面应在上部断面喷混凝土达到一定强度后开挖。

（5）当围岩不稳定时上台阶进尺应为1榀拱架间距，下台阶进尺不应大于2榀拱架间距，开挖后应立即施作初期支护。

（6）仰拱应及时施作，使支护及早闭合成环。

8.3.3 CD 法

CD 法是指先开挖隧道一侧，并施作临时中隔壁，当先开挖一侧超前一定距离后，再开挖隧道另一侧的隧道开挖方法。

1）工法特点

CD 法优点：各部封闭成环的时间短，且由于支护刚度大，结构受力均匀，变形相对较小。由于施工时化大跨为小跨，步步封闭，因此，每步开挖扰动土层的范围相对较小，封闭时间短，结构很快能处于整体较好的受力状态。

CD 法缺点：由于地层软弱，断面较小，只能采取小型机械或人工开挖及运输作业，进度较慢。临时支撑的施作和拆除较困难、成本较高。有必要采用爆破时，必须控制装药量，避免损坏中隔墙。左右侧导坑施工相互干扰大。

2）适用条件

CD 法适用于地层较差和不稳定岩体，且地表沉降要求严格的暗挖隧道施工，常用在区间单洞双线隧道地段，多采用人工开挖、人工出渣的开挖方式。

3）施工步序

CD 法开挖施工步序见表 8-3。

CD 法开挖施工步序   表 8-3

施工步序	示意图	说明
第 1 步		左上导洞开挖
第 2 步		左下导洞开挖
第 3 步		右上导洞开挖
第 4 步		右下导洞开挖
第 5 步		底板及拱墙衬砌结构、主体结构施工

4）施工控制要点

（1）各部开挖时，周边轮廓应尽量圆顺，减少应力集中；

（2）先行侧下台阶开挖支护应超前后行侧上台阶 15m 以上；

（3）左右侧开挖完成后应及时施作初期支护和中隔壁临时支护，左右侧各工作面每循环进尺不得超过 1 榀钢架间距。

8.3.4 CRD 法

CRD 法是将隧道分为左右两大部分，左右、上下交替开挖。与 CD 法施工的最大区别是 CRD 法设有横向支撑。

1）工法特点

CRD 法优点：各部封闭成环的时间短，且由于支护刚度大，结构受力均匀，变形相对较小。由于施工时化大跨为小跨，步步封闭，因此，每步开挖扰动土层的范围相对较小，封闭时间短，结构很快能处于整体较好的受力状态。同时，临时仰拱和中隔墙也能起到增大结构刚度的作用，可有效抑制结构的变形。

CRD 法缺点：由于地层软弱，断面较小，只能采取小型机械或人工开挖及运输作业，且分块较多，工序复杂，施工进度较慢。临时支撑的施作和拆除困难、成本较高。有必要采用爆破时，必须控制药量，避免损坏临时支撑。

2）适用条件

CRD 法适用于较差地层和不稳定岩体，且地表下沉要求严格的暗挖隧道施工，多在 CD 法不能满足要求时采用，通常用在单洞双线隧道段落。

3）施工步序

CRD 法开挖施工步序见表 8-4。

CRD 法开挖施工步序图　　　　　　　　　　　　　　　　表 8-4

施工步序	示　意　图	说　　明
第1步		左上导洞开挖
第2步		左下导洞开挖
第3步		右上导洞开挖
第4步		右下导洞开挖
第5步		底板及拱墙衬砌结构、主体结构施工

4）施工控制要点

（1）隧道施工应坚持"弱爆破、短进尺、强支护、早封闭、勤量测"的原则。

（2）开挖应采用弱爆破或人工配合机械开挖。爆破时严格控制炮眼深度及装药量。

（3）初期支护钢架应根据工法的设置情况对其分节进行适当调整。

（4）锁脚锚杆（管）可根据需要设置，以确保下台阶施工的安全。

（5）各部一次开挖长度宜在 1 榀钢架间距，仰拱应紧跟开挖。

（6）左右部导洞错开开挖，错开距离以不小于 15m 为宜。

（7）施工中，应按有关规范及设计图的要求，进行监控量测，及时反馈结果，分析洞身结构的稳定，为支护参数的调整、浇筑二次衬砌的时机提供依据。

（8）临时支撑拆除条件：①各监测项目所显示的位移率明显减缓并已基本稳定；②产生的各项位移已达预计位移量的 80% ～ 90%；③周边位移速率小于 0.1 ～ 0.2mm/d，或拱顶下沉速率小于 0.07 ～ 0.15mm/d。

8.3.5 单侧壁导坑法

单侧壁导坑法是指先开挖隧道一侧的导坑，并进行初期支护，再分部开挖剩余部分的施工方法。

采用该法开挖时，单侧壁导坑超前的距离一般在 2 倍洞径以上，为稳定工作面，经常和超前小导管预注浆等辅助施工措施配合使用，一般采用人工开挖、人工和机械混合出渣。

1）工法特点

单侧壁导坑法优点：通过形成闭合支护的侧导坑将隧道断面的跨度一分为二，能有效避免大跨度开挖造成的不利影响，明显提高围岩的稳定性。

单侧壁导坑法缺点：因为要施作侧壁导坑的内侧支护，随后又要拆除，增加了工程造价，施工进度较缓慢。

2）适用条件

单侧壁导坑法适用于隧道跨度大，扁平、围岩较差，一般Ⅳ～Ⅴ级围岩，地表下沉需控制的隧道施工；也适用于断面跨度大、地表沉降难以控制的软弱松散围岩开挖。

3）施工步序

单侧壁导坑法开挖施工步序见表 8-5。

单侧壁导坑法开挖施工步序　　　　　　　　　　　　　　表 8-5

施工步序	示意图	说明
第1步		侧壁导坑开挖支护、中隔壁临时支撑
第2步		后行导坑上台阶开挖支护

施工步序	示　意　图	说　　明
第 3 步		后行导坑下台阶开挖支护
第 4 步		底板及拱墙衬砌结构、主体结构施工

4）施工控制要点

（1）后行洞靠先行洞侧应采用弱爆破，避免对该部分围岩和侧壁支护造成严重扰动和破坏。

（2）临时支撑的拆除，必须待监控量测数据趋于稳定后方可进行。

（3）各部开挖时，要严格控制超欠挖，周边轮廓应尽量圆顺，减少应力集中。

（4）侧壁导洞尺寸要适宜，下部导坑落底后封闭要及时，以减少沉降。

8.3.6　双侧壁导坑法

双侧壁导坑法也称眼镜工法，是指先开挖隧道两侧的导坑，并进行初期支护，再分部开挖剩余部分的施工方法。

1）工法特点

双侧壁导坑法虽然开挖断面分块多，对围岩的扰动次数增加，且初期支护全断面闭合的时间较长，但每个分块都是在开挖后立即闭合的，在施工期间变形相对较小。该法施工安全，但进度慢，成本高。

2）适用条件

双侧壁导坑法主要适用于地层较差、断面大、单侧壁导坑法无法满足要求的三线大断面地铁区间隧道施工。

3）施工步序

双侧壁导坑法施工步序见表 8-6。

双侧壁导坑法施工步序

表 8-6

施工步序	示　意　图	说　　明
第 1 步		左侧导坑上部开挖支护

地铁土建工程技术与管理实务

施工步序	示　意　图	说　明
第2步		左侧导坑下部开挖支护
第3步		右侧导坑上部开挖支护
第4步		右侧导坑下部开挖支护
第5步		中部上台阶开挖支护
第6步		中部下台阶开挖支护
第7步		底板及拱墙衬砌结构、主体结构施工

4）施工控制要点

（1）开挖循环进尺：根据拱架间距，各分步开挖宽度、高度和面积、隧道埋深等情况确定。

（2）开挖完成后，及时进行初期支护及临时支护。拱架锁脚锚杆必须按设计要求进行锚固并与拱架焊接牢固。

（3）临时拱架背后必须用喷射混凝土喷射回填密实。

（4）临时支撑拆除后应加强大跨断面的监控量测，主要内容包括拱顶沉降、水平收敛和拱架支护应力等项目。

（5）特殊地质条件下，中心岩柱稳定性差时，可在中心岩柱间施作对拉锚杆。

（6）当全断面初期支护封闭成环后，量测显示支护体系稳定，变形很小时，方可拆除临时支护，但应及时施作仰拱并进行二次衬砌。

8.3.7 双连拱法

双连拱隧道是指两座隧道连成一体的双洞隧道,突出特点表现在其形态上两洞紧紧相连,只有一墙之隔,两洞的拱脚共同搭建在钢筋混凝土中墙上。双连拱隧道开挖分为两大类:一类是先开挖中导洞再修建中隔墙的开挖方法,也称中导洞法;一类是按两个独立单洞考虑的开挖方法,也称偏洞法。

1)工法特点

双连拱隧道具有施工工期长,工序烦琐,施工技术要求高等特点,但相比分离式隧道,双连拱隧道占用地下空间较小。

2)适用条件

一般而言,中导洞法适用于Ⅳ级或以上围岩开挖,也可适用于经过改良后的Ⅴ级围岩开挖。偏洞法适用于Ⅲ级或以上围岩开挖,在经过超前支护或整体性较好的Ⅳ级围岩中也可采用。

3)施工步序

(1)中导洞法

中导洞法施工步序见表8-7。

中导洞法施工步序 表8-7

施工步序	示 意 图	说 明
第1步	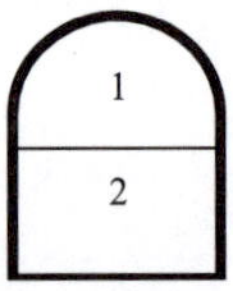	采用台阶法进行中洞开挖支护
第2步	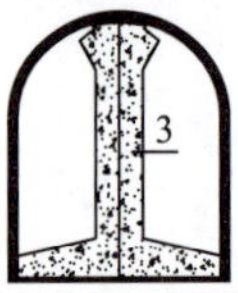	施作中洞底板、隔墙及顶梁钢筋混凝土结构
第3步	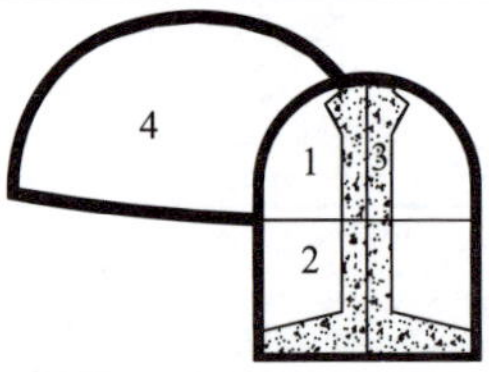	左侧洞上台阶开挖支护
第4步	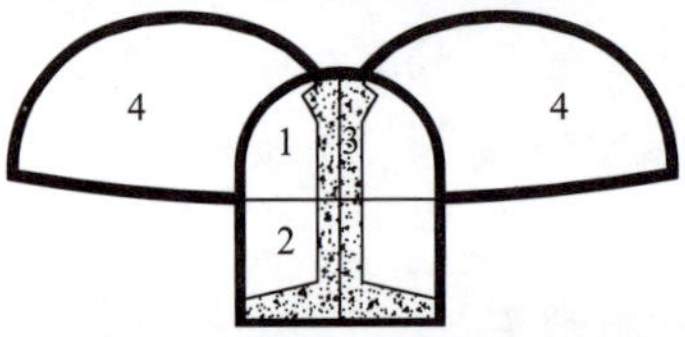	右侧洞上台阶开挖支护
第5步	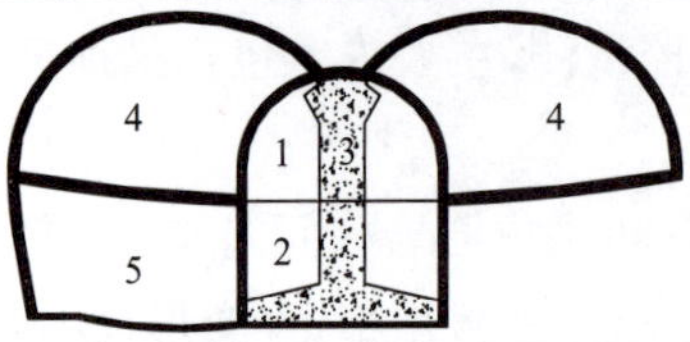	左侧洞下台阶开挖支护

施工步序	示 意 图	说 明
第6步	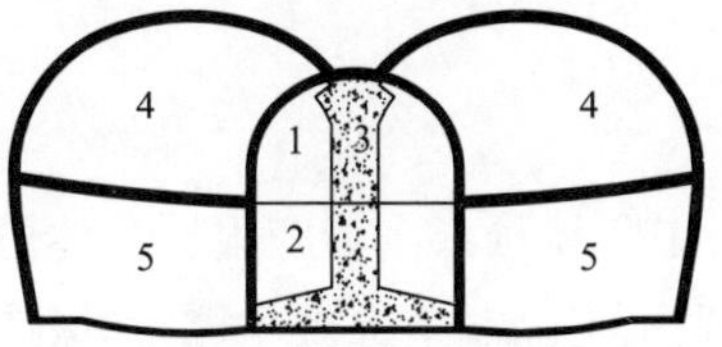	右侧洞下台阶开挖支护
第7步	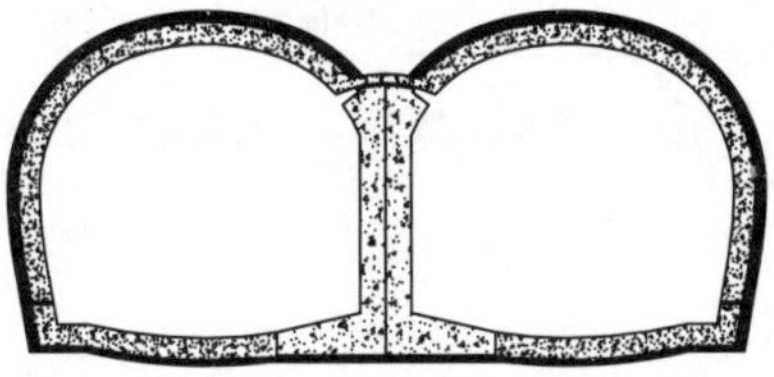	左右侧洞底板及拱墙衬砌结构、主体结构施工

（2）偏洞法

偏洞法施工步序见表8-8。

偏洞法施工步序 表8-8

施工步序	示 意 图	说 明
第1步	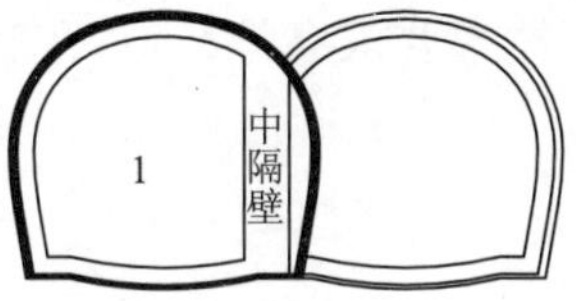	主洞开挖支护
第2步	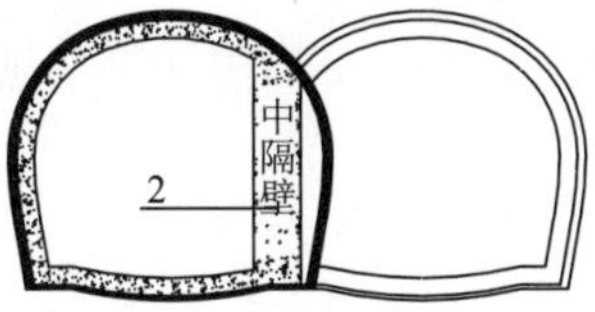	主洞拱墙衬砌结构、中隔壁施工
第3步	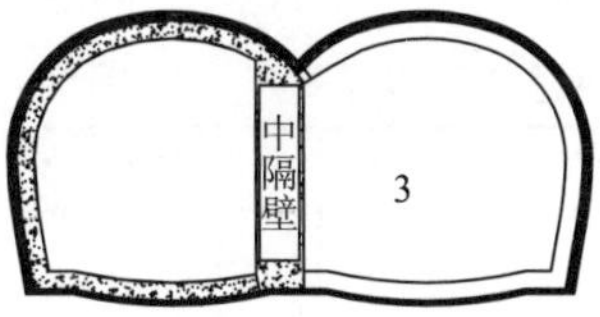	次洞开挖支护
第4步	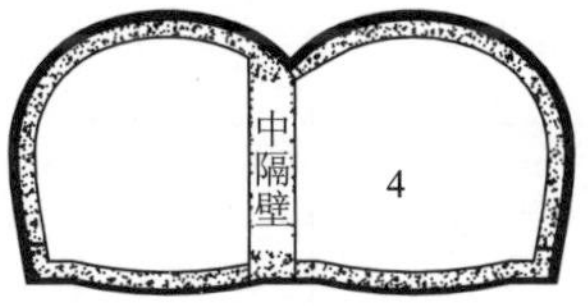	次洞拱墙衬砌结构完成

4）施工控制要点

（1）中导洞法

①左右主洞前后错开施工，开挖中应尽可能减小对围岩的扰动；各洞在软弱围岩段开挖应遵循"管超前，严注浆，弱爆破，短进尺，强支护，早封闭"的原则。

②应注意减小后行隧道对先行隧道的各种不利影响，因连拱隧道支护力学状态有多次转换变化，要注意其力学平衡和稳定。

③左右主洞开挖步距通常控制在30m左右。在先行隧道初期支护位移基本稳定之后，或者先行隧道的仰拱封闭施作完成之后，再进行后行隧道施工。

④中隔墙施工缝是受力软弱面，施工缝处必须凿毛处理，并设置止水条，预埋的连接筋应严格按

规范要求焊接牢固。

⑤双连拱隧道中隔墙是防水的薄弱环节,中隔墙处渗漏水是连拱隧道突出的质量通病,施工中必须严格控制防水施工质量。

（2）偏洞法

①先行洞、中隔墙应一并开挖支护和衬砌,中隔墙顶部围岩应根据具体情况加强支护。

②中隔墙顶部应采用锚杆与围岩连接,给先施工的洞室提供支撑力,保持结构平衡。

③后行隧道应注意不对称受力的影响,要确保先行隧道及中隔墙在时间和空间上的安全性。后开挖的主洞在开挖靠近中隔墙部位围岩时,应采用弱爆破,减小对中隔墙的破坏。

8.3.8 三连拱法

三连拱法采用先施工两个梁柱导洞,并在梁柱导洞内施作梁柱结构,在梁柱结构稳定后开挖中导洞,及时施作初期支护扣拱,在中导洞扣拱、仰拱及回填达到设计强度后,按台阶法开挖两侧洞。

1）工法特点

三连拱隧道具有施工工期长,工序烦琐,施工技术要求高等特点,在软弱围岩大跨浅埋暗挖隧道中能较好地控制沉降、变形。

2）适用条件

三连拱法适用于岩土软弱、岩体的自稳能力差,易产生不均匀变形的地段。

3）施工步序

三连拱法施工步序见表8-9。

三连拱法施工步序   表8-9

施工步序	示 意 图	说 明
第1步	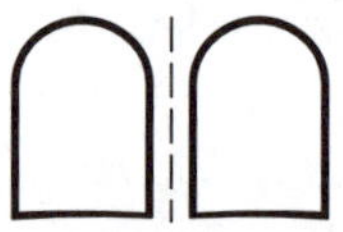	梁、柱导洞开挖支护
第2步	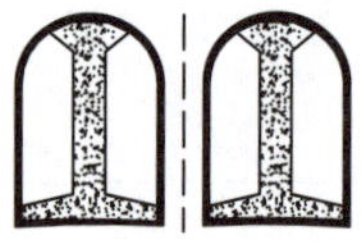	施作梁、柱导洞底板、隔墙及顶梁混凝土结构
第3步	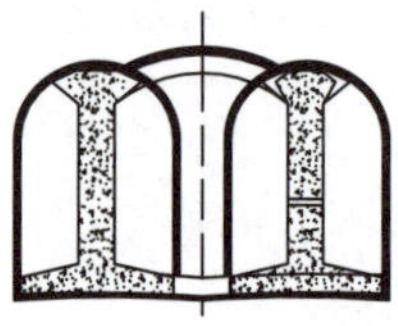	中洞开挖支护
第4步	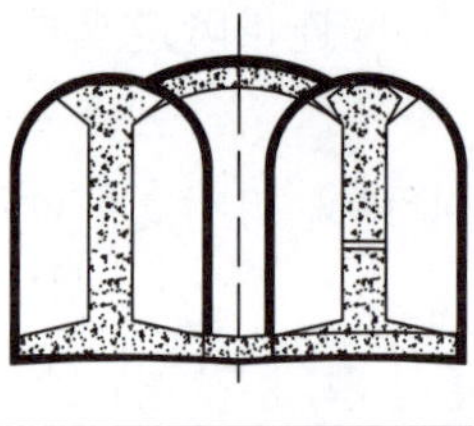	中洞扣拱、仰拱施工

施工步序	示　意　图	说　明
第5步		侧洞开挖支护
第6步		主体结构施工完成

4）施工控制要点

（1）通过地面降水及加强超前注浆等手段，确保地层预加固效果，增强围岩的强度，保证施工安全及减小地层位移量；

（2）为确保支护体系的稳定，开挖后要及时施作仰拱，尽快封闭围岩；

（3）对地面沉降敏感的地段，采取地面动态注浆的手段，保证整个地段处于安全状态；

（4）连拱暗挖段，对中隔墙的地基承载力要求较高，施工时根据地基的情况进行测试，承载力不能满足要求时，及时采取提高地基承载力的措施，例如高压加固注浆等；

（5）连拱暗挖段的施工，不能左右两洞齐头并进、同时开挖、衬砌，应严格按照设计要求依次进行；

（6）三连拱法结构受力复杂，其中梁、柱是主要受力构件，施工中应加强对梁、柱结构受力监测和支撑保护，必要时及时调整施工参数和支撑措施，确保结构施工安全。

8.3.9　钻爆开挖

钻爆开挖是隧道开挖的关键环节，其工作质量的好坏对隧道的成本、进度、质量影响大。隧道开挖前应根据隧道工程地质条件、开挖断面、开挖方法、循环进尺、钻眼机具、爆破材料和出渣能力等因素进行钻爆设计，然后按照钻爆设计进行钻眼、装药、接线和引爆作业。

1）炮眼种类

炮眼按其位置及作用可大致分为掏槽眼、辅助眼及周边眼三类。炮眼的爆破顺序一般是掏槽眼先响，辅助眼次之，周边眼最后响。周边眼的爆破次序一般为顶眼、帮眼、底眼。有时为避免拉低现象，底眼间距应适当减小，药量要适当加大，可同时起到"翻渣"作用。掏槽眼布置有多种形式，归纳起来可分为斜眼掏槽、直眼掏槽和混合掏槽。

2）爆破设计

爆破设计应做到"有图、有表、有计算、有说明"，并应绘制出大比例尺交底图，向作业工人交底以付诸实施。

（1）炮眼直径

炮眼直径对凿岩生产率、炮眼数目、单位炸药消耗和平整度均有影响。炮眼直径及相应药径的增加可使炸药能量相对集中，使爆破效果得以提高。一般隧道炮眼直径在32～50mm之间。

（2）炮眼数量

炮眼数量主要根据开挖断面、炮眼直径、岩石性质、炸药品种（性能）和周边环境确定。

（3）炮眼深度

炮眼深度决定着每一掘进循环的钻眼工作量、出渣工作量、循环时间和次数及施工组织。它对掘进速度影响很大，对围岩的稳定性和断面超欠挖也有重大影响。炮眼深度一般根据下列因素确定：

①考虑围岩的稳定性，并避免过大的超欠挖；

②考虑凿岩机的允许钻眼长度、操作技术条件和钻眼技术水平；

③考虑掘进循环安排，保证充分利用作业时间；

④爆破震动安全要求；

⑤地表沉降；

⑥爆破噪声。

（4）装药量的计算及分配

装药量的多少是影响爆破效果的重要因素。药量不足，会使炮眼利用率低和爆落石渣块度过大；装药量过多，则会破坏围岩稳定，崩坏支撑和抛渣过散、过远，对装渣不利，增加洞内有害气体，也会相应地增加排烟时间和供风量等。

（5）炮眼布置

按照围岩类别和开挖断面、掏槽形式等在断面图上作图布置炮眼。先布置掏槽眼，其次是周边眼和辅助眼。掏槽眼一般应布置在断面中央偏下部位，其深度应比其他眼加深 20～30cm。周边眼沿隧道轮廓布置，基本上取等距离布眼，断面拐角拐弯处应布眼，应考虑周边眼有一定的外插角，外插斜率宜为 0.03～0.05，使前后两排（两槽）炮眼的衔接台阶为最小。

（6）起爆顺序安排

起爆顺序的正确设计是隧道实施光面爆破与预裂爆破的关键。爆破时，炮眼起爆的先后顺序正确才能达到理想的爆破效果。正确的起爆顺序是先掏槽眼，后辅助眼，由内向外层起爆，然后周边眼。

（7）堵塞炮泥

炮孔采用机制炮泥堵塞，用炮棍压紧捣实，堵塞长度不能小于 40cm。

（8）起爆网路

起爆网路是隧道爆破成败的关键，它直接影响爆破效果和爆破质量。起爆网路必须保证每个药卷按设计起爆顺序和起爆时间起爆。根据起爆的原理和使用器材的不同，通用起爆方法分为非电起爆法和电起爆法。起爆网路如图 8-4 所示。

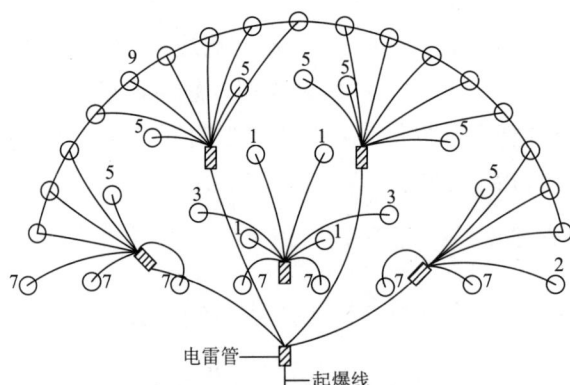

图 8-4 起爆网路示意图

注：炮眼旁数字为毫秒雷管级别

3）隧道光面爆破

隧道光面爆破是沿开挖轮廓线布置间距减小的平行炮眼，在这些光面炮眼中进行药量减少的不耦合装药,然后同时起爆,达到超欠挖少、爆破扰动小的效果。一般光爆效果应达到的技术指标详见表8-10。

光面爆破技术指标

序　号	项　目	硬　岩	中　硬　岩	软　岩
1	平均超挖量(cm)	10	15	10
2	炮眼痕迹保存率(%)	≥80	≥65	>50
3	局部欠挖(cm)	5	5	5
4	炮眼利用率(%)	90	90	90

（1）光面爆破机理

光面爆破采用不耦合装药,药包爆炸后,与普通爆破相比炮眼壁上的压力显著降低,此时药包的爆破作用为静压作用。当炮孔压力值低于岩石动态抗压强度时,在炮眼壁上就不致造成"压碎"破坏,这样炮轰波引起的应力波与凿岩时在炮孔壁上造成的应力状态相似,只能引起少量的径向细微裂隙,最后造成光面。

（2）光面爆破参数

为获得良好的光面效果,一般选用低密度、低爆速、高体积威力的炸药,以降低爆轰波的击碎作用力、延长爆炸气体的膨胀作用时间,使爆破作用为准静压力作用。

根据围岩特点,合理选择周边眼间距 E 及周边眼的最小抵抗线 W,辅助炮眼交错均匀布置,周边眼与辅助眼眼底在同一垂直面上。严格控制周边眼的装药量,宜采用小直径低爆速炸药,并尽可能将药量沿炮眼全长均匀分布,实施时可借助导爆索进行间隔装药,以确保隧洞周边成形良好,并减少对围岩的扰动。隧道光面爆破参数见表8-11。

隧道光面爆破参数表　　　　表8-11

岩石种类	眼间距 E（cm）	最小抵抗线 W（cm）	相对距离 E/W	线装药密度(kg/m)
硬岩	60～70	60～80	0.9～1.0	0.25～0.3
中硬岩	50～65	60～80	0.8～1.0	0.2～0.3
软岩	45～60	60～80	0.6～0.8	0.1～0.15

①不耦合系数 B

研究结果表明,不耦合系数 B 的大小与炮壁上的最大切向应力之间呈指数关系。当炮眼直径为 $32～45mm$ 时,取 $B=1.5～2.0$;当炮眼直径为 $62～200mm$ 时,取 $B=2.0～4.0$。

②炮眼间距 a

炮眼间距 a 一般取炮眼直径的 $10～20$ 倍,在节理裂隙比较发育的岩石中取小值,整体性好的岩石中取大值。

③最小抵抗线 W

光面层厚度或周边眼到邻近辅助眼间的距离,是光面眼起爆时的最小抵抗线 W,一般它大于或等于光面眼间距。

④临近系数 m 或相对距 E

这里 $m=E$。 m 值过大时,爆后有可能在光面眼间的岩壁表面留下岩埂,造成欠挖; m 值过小时,则会在新壁面造成凹坑。实践表明,当 $m=0.75～1.0$ 时,爆破后的光面效果较好。临近系数 m 在硬岩中取大值,软岩中取小值。

⑤线装药密度 ρ

线装药密度又称装药集中度,是指单位长度炮眼中装药量的多少。为了控制裂隙的发育以保持新壁面的完整稳固,在保证沿炮眼连心线贯通的前提下,应尽可能少装药,软岩中一般可取

70 ～ 120g/m,中硬岩石中为 100 ～ 150g/m,硬岩中为 150 ～ 250g/m。

⑥排间炮眼起爆间隔时间 t

试验研究表明,齐发起爆的裂隙表面最平整,微差延期起爆次之,秒差延期起爆最差。齐发起爆时,炮眼间贯通裂隙较长,抑制了其他方向裂隙的发育,有利于减少炮眼周围裂隙的产生,可形成完整的壁面。

⑦钻孔深度 H 和炮眼外插角 γ

对于隧道掘进爆破,一般取眼深 2.0 ～ 3.5m,并考虑 10% ～ 15% 的超深;当采用较先进的凿岩台车时,每循环的炮眼深度可取 3.5 ～ 4.5m。当凿岩机紧贴在已开出的轮廓面操作时,外插角 γ 取 $2°\sim 5°$。

（3）光面爆破施工要求

①主要结构

隧道光面爆破时,周边眼应用小直径药卷连续装药。当用普通药卷（$\phi 32$ 药卷）时,则采用将其纵向剖开并间隔绑扎在竹片 + 导爆索上进行空气间隔不耦合装药结构,炮眼堵塞长度不应小于 40cm,松紧适宜。

②工艺要求

为保证光面爆破的良好效果,除了根据岩石性质、工程要求等条件选择光面爆破参数外,凿岩精度也极为重要。凿岩时,边眼口开在设计轮廓线上,并考虑一定的外插角,使眼底落在设计轮廓线外 100 ～ 150mm 处,以便在钻凿下一循环炮眼组时,钻机有足够的工作空间。此外,炮眼间要尽量互相平行,眼底要落在同一平面上,这样,爆破后实际轮廓线才会呈缓接的阶梯状（台形差不超过 15 ～ 20cm）。

③起爆顺序要求

全断面一次开挖时,掏槽眼、辅助眼等的参数按普通爆破来选用,周边眼则按光面爆破设计,用多段非电毫秒导爆管按顺序起爆。掏槽眼、辅助眼排间隔起爆时差最好在 50ms 左右。光面炮眼与相邻内圈眼的雷管应间隔 2 段（50ms）。光面爆破要求光面眼同时起爆,一般要求时差小于 10ms。两圈眼的药量要比其他炮眼的药量少,以控制围岩爆振裂隙的发展。

8.4 辅助施工竖井与斜井的选择和比较

地铁工程一般为地下线路,常采用竖井或斜井组织施工,两种辅助施工方案对比见表 8-12。总体来说,辅助施工竖井和斜井适用范围广泛,对环境影响均比较小,竖井施工相比斜井施工安全风险较大。从施工效率和经济比较来看,矿山法区间隧道工程量较小的选择竖井方式,如盾构区间部分,不适宜采用盾构施工的段落,采用竖井打开矿山法施工工作面接应的方式组织施工;矿山法区间隧道工程量较大时,尽可能采用斜井的方式组织施工。

竖井与斜井对比表 表 8-12

对比项目	竖 井	斜 井
可行性	技术、设备应用成熟,适用地层广泛	技术、设备应用成熟,适用地层广泛
安全风险	垂直运输和高空落物存在较大风险	总体风险较小,不良地质地段有一定风险
施工效率	运输需要转换,垂直运输较慢,总体施工效率低	采用无轨运输,运输不受影响,施工效率高
环境影响	工作井后期需进行回填,对环境影响小	斜井后期需进行回填,对环境影响小
经济性	辅助工程本身成本较低,但由于工效低,区间隧道施工总成本高	辅助工程本身成本受场地和地形的影响可能较高,但由于总体工效高,区间隧道施工成本较低

8.5 矿山法隧道施工常用辅助工法

随着城市地铁交通建设的飞速发展,一些隧道不得不在复杂地质条件下修建,当围岩稳定性和结构变形控制不能满足隧道施工和环境安全要求时,需要对其进行处理。这种为了满足各种施工方法安全、快速施工、限制结构沉降、防止漏水所采用的各种方法统称为"辅助工法"。辅助工法已成为隧道及地下工程施工技术研究和应用的重要部分。

8.5.1 基于改善隧道地层条件、超前支护的辅助工法

1)洞内辅助工法

隧道开挖时需要采取一些围岩预加固或预支护技术,控制和减少隧道开挖后周边收敛变形,防止隧道坍塌。洞内辅助工法通常包括小导管注浆、掌子面超前注浆、大管棚、管幕、水平旋喷桩、MJS桩、冷冻法、洞内降水等。

（1）小导管注浆

小导管注浆是在隧道或地下工程的开挖过程中,对开挖断面上方围岩的物理力学性能进行改善,使开挖周围形成一个具有一定强度的硬壳结体,从而提高围岩的整体性、抗渗性和稳定性。

①适用范围

小导管注浆适用于隧道Ⅳ～Ⅴ级围岩、隧道浅埋地段、软弱地层及断层破碎带的拱部注浆预支护。其目的是加固周边一定范围内围岩,与钢架组合成预支护系统,控制软弱围岩变形量。

②施工工艺流程

小导管注浆施工工艺流程如图8-5所示。

③施工控制要点

a. 应在小导管尾端焊接 $\phi 8$ 钢筋加劲箍;管壁上每隔 10～20cm 梅花形钻眼,眼孔直径 6～8mm。

b. 小导管钻孔施工时,孔眼深度需大于导管长度。

c. 小导管由专用顶头顶进,顶进钻孔长度不小于 90% 的管长。相邻两排小导管搭接长度应符合设计要求。

d. 小导管注浆可采用水泥浆,也可采用水泥—水玻璃双液浆。配合比根据现场试验确定。

e. 注浆前先喷射混凝土封闭注浆面,形成止浆墙。

f. 注浆结束标准:一般按注浆达到设计要求注浆量或注浆压力达到要求压力值后再持续注浆 3min 以上方可结束注浆。

（2）掌子面超前注浆

注浆是一项工程活动,它是利用配套的机械设备,采取合理的注浆工艺,通过一定压力将适宜的注浆材料注入工程对象,以达到填充、加固、堵水、抬升以及纠偏的目的。掌子面超前注浆按加固范围,可将注浆分为局部注浆、全断面注浆和帷幕注浆等。

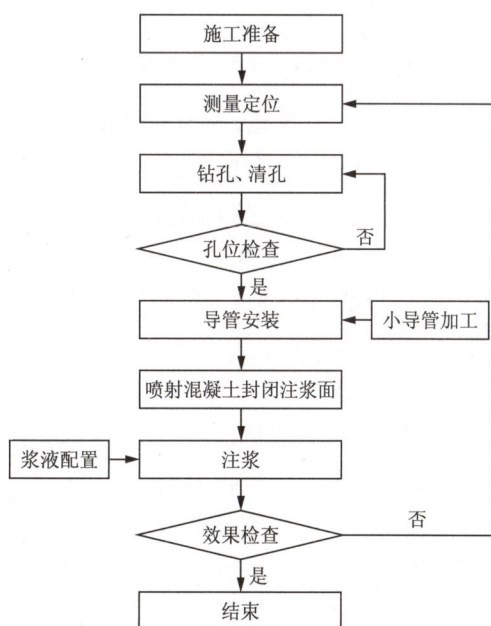

图 8-5　小导管注浆施工工艺流程图

①适用范围

a. 局部注浆：主要采用小导管注浆、周边潜孔注浆、径向注浆、跟踪注浆等方式，适用于围岩自稳时间短，开挖跨度大于 6m 的砂层、回填土、软土和砾石（颗粒不大于 60mm）的地层；也适用于围岩具有一定的自稳能力时，富水断层带或溶蚀、溶沟地段进行堵水注浆。

b. 全断面注浆：加固范围包括开挖断面及开挖轮廓线以外一定范围，适用于围岩级别低（V～Ⅵ级）、无自稳能力、静水压力较大、水量大的地段。

c. 帷幕注浆：是在开挖轮廓线以外周边进行注浆，形成一个封闭的加固圈，适用于围岩级别低（Ⅳ～Ⅴ级）、自稳能力差、水压高、水量较大的大断面隧道。

②掌子面超前注浆原理

掌子面超前注浆是在掌子面按要求钻孔、布管，然后注入按一定比例配制而成的浆液，浆液渗透扩散到破碎带的孔隙中并快速凝固，与围岩破碎岩块固结成具有一定强度的结石体，在隧道周边及开挖面形成一个堵水、加固区，切断地下水流通路，并和周围的岩体固结成一体，从而达到固结围岩和止水、保持围岩稳定、提高施工安全的目的。

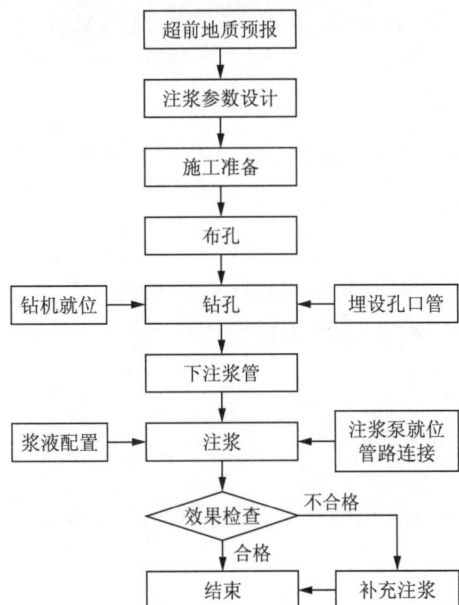

图 8-6 掌子面超前注浆施工工艺流程图

③施工工艺流程

掌子面超前注浆施工工艺流程如图 8-6 所示。

④施工控制要点

a. 注浆孔布置要根据工程实际情况、地质、周边环境等因素综合选取。

b. 注浆方案的设计参数应经过现场试验确定，并在施工中不断调整。

c. 严控控制注浆孔布设的间距和水平误差。

d. 应保证材料供应的稳定，如需更换材料，应及时通知注浆技术人员做配合比试验，以确定注浆参数，保证注浆质量。

e. 注浆过程应做好详细的注浆记录，加强周边环境巡视，并对浆液的胶凝时间进行测定，确保注浆施工效果及安全。

f. 注浆要谨防跑浆。如发生跑浆，应在注浆管周围喷射混凝土或施作止浆墙，并调整浆液胶凝时间，或采用间歇注浆。

g. 注浆过程中，应加强监测，观察周围是否冒浆，是否有隆起现象，如发生地表隆起，应立即根据工程地质情况，采取调整浆液配合比、缩短胶凝时间、瞬间封堵孔洞等处理措施。

h. 注浆结束后，根据注浆目的选择合适的方式和标准进行注浆效果检查。常用的检查方法有检查孔法、分析法、开挖取样法、物探法等。对于浅埋软弱地层注浆，注浆结束后地层堵水率应达到 90%以上，钻孔取芯芯样完整，地层渗透系数 $k < 10^{-5}$cm/s。

（3）大管棚

大管棚施工方法是在隧道开挖之前，沿隧道开挖断面外轮廓，以一定间距与隧道轴线成 1°～3°的角度钻孔、插入钢管，再向钢管内压注充填水泥浆或水泥砂浆，由管棚和围岩构成棚架支撑体系以减小围岩下沉。大管棚对控制塌方和抑制地表沉陷有明显的效果，是防止地下及地面结构物开裂、倒塌的有效方法之一。

①适用范围

大管棚超前支护适用于大断面洞口拱顶加固、仰坡段拱顶加固、过管线密集段及下穿既有构筑物

（铁路、公路）段地层、洞口浅埋等不稳定岩层地段。

②施工工艺流程

大管棚超前支护施工工艺流程如图8-7所示。

③施工控制要点

a. 大管棚前端应加工成锥形尖端并封闭，便于管棚安设。在极其软弱地层、压力较大的浅埋隧道施工中，为了提高大管棚刚度和抗折能力，可在大管棚内下入钢筋笼。

b. 洞内施作大管棚时，为了满足大管棚施工和钻孔设备技术要求，在大管棚施工前，必须沿隧道开挖轮廓线向外扩挖形成大管棚施工工作间，扩大洞室及周边应进行加固，确保结构稳定。大管棚工作间一般纵向长 8 ～ 10m，径向外扩 80 ～ 100cm。

c. 套拱架立应采取措施保证拱脚承载力。在钢架拱部外缘安装导向钢管，并控制好导向钢管的方向与角度。套拱架立完成后，用喷射混凝土封闭周围仰坡面，作为注浆时的止浆墙。

d. 钻孔过程中应经常量测钢管钻机的偏斜度，发现偏斜过大时，及时纠偏。

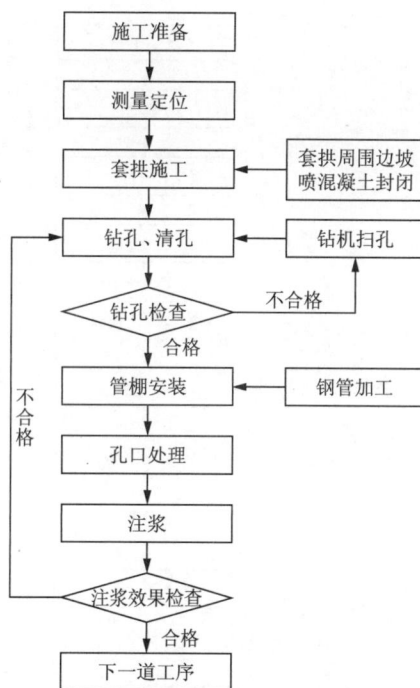

图 8-7　大管棚超前支护施工工艺流程图

e. 钢管管节两端车内、外丝，采用丝扣连接，丝扣长 15cm；下管前要先对每个钻孔的钢管进行配管和编号，以保证同一断面上接头数不超过 50%，相邻钢管接头至少错开 1m。

f. 钻孔和注浆过程中应加强对地上建筑物沉降及地表隆起的观测。如发现异常，应及时采取措施，防止意外事故发生。

（4）管幕

管幕法也称排管顶进法，是一种利用小口径顶管机建造大断面地下空间的施工技术。主要是以单管顶进为基础，各单管间依靠锁口在钢管侧面相接形成管排，并在锁口空隙处注入止水剂以达到止水要求。管排顶进完成后，形成管幕。然后对管幕内土体进行加固处理，随后在内部边开挖边支撑，直至管幕段开挖贯通。

①适用范围

管幕法适用于黏土层、砂层、淤泥层、回填及强风化地层，隧道下穿铁路、高速公路及其他地上构筑物时常采用该辅助措施。

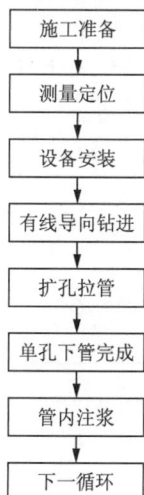

图 8-8　管幕法施工工艺流程图

②施工工艺流程

管幕法施工工艺流程如图8-8所示。

③施工控制要点

a. 打设时必须控制地表沉降，终孔后立即采用跟踪注浆，注浆必须保证管内外间隙填充密实。

b. 施工中先施作导向孔，再进行扩孔拉管，最后进行管内、管外注浆。

c. 钢管顶进：使用顶管机按一定顺序合理的分节顶入土层内，钢管与钢管之间用锁口连接，并在钢管锁口处涂刷止水润滑剂；顶管在水平和高程方向的顶进精度绝对误差不大于 ±30mm。

d. 顶进过程中需进行地表跟踪监测，合理取用施工参数。

e. 管外注浆不能对导向及扩孔产生影响，要错开时间和空间位置。

f. 管幕施工完成后，在管幕内开挖，边开挖边支撑，依次逐段构筑内部结构。

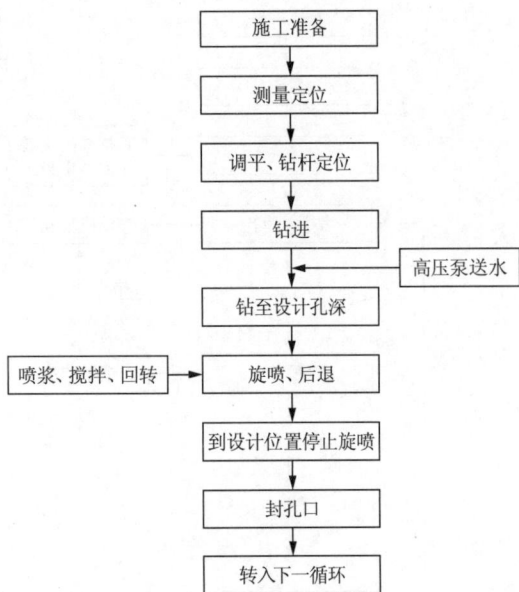

图 8-9 水平旋喷桩施工工艺流程图

（5）水平旋喷桩

水平旋喷加固技术是采用水平定向钻机先打设预导孔，预导孔打设到设计长度后旋转回撤钻杆，在回撤钻杆的同时，用 35MPa 的压力，将配制好的水泥浆液通过钻杆喷射到土体中。喷射流以巨大的冲击力切削土体，强制使土体颗粒与水泥浆液搅拌混合，胶结硬化，形成水平圆柱状水泥土固结体，即水平旋喷桩。桩体之间相互咬合，在隧道拱顶及周边形成封闭的水平旋喷帷幕体。

①适用范围

该技术主要适用于粉土、砂类土、小粒径的砂砾层和破碎带。一般桩径能达到 500～800mm。

②施工工艺流程

水平旋喷桩施工工艺流程如图 8-9 所示。

③施工控制要点

a. 钻机安放应保持水平，使其钻杆轴线垂直对准钻孔中心位置。钻机与高压注浆泵的距离不宜过远。钻机钻杆用钻杆导向架进行定位。

b. 注浆管随多功能液压履带钻机钻头一起钻至预定的深度。在此过程中，为防止泥沙堵塞喷嘴，应边射水、边插管，水压力一般不宜超过 1MPa。如压力过高，则易将孔壁射塌。

c. 当喷嘴达到设计深度，喷注开始时，先送高压水清管，再送浆液和压缩空气。当喷液从喷嘴喷出并达到设计压力后开始旋喷，桩前端原地旋喷不少于 30s。采用复喷工艺，即退一次，进一次，再退一次，共计三次旋喷，以保证桩径和桩间咬合。当旋喷至孔口 0.5m 时停止，立即退出钻杆，进行封孔作业。当注浆管不能一次提升完成而需分次拆卸时，拆卸动作要快，卸管后继续喷射的搭接长度不得小于 10cm。

d. 水平旋喷注浆工法的施工参数见表 8-13。

水平旋喷注浆工法施工参数表　　　　表 8-13

项　目		单管法	二重管法
喷嘴直径（mm）		2～3	2～6
喷嘴个数（个）		2	2～4
钻杆旋转速度（r/min）		10～20	7～15
提升速度（cm/min）		10～20	7～15
桩长（m）		8～12	8～12
旋喷桩直径（mm）		600～800	800～1000
桩间距（mm）		500～600	500～600
拱棚最小厚度（mm）		400	400
加固体抗压强度（MPa）		10～25	10～25
高压泵 1	压力（MPa）	30～40	30～40
	流量（L/min）	80～100（浆液）	80～100（浆液）
高压泵 2	压力（MPa）	—	2～6
	流量（L/min）	—	100

2）地表辅助工法

隧道埋深较浅，且地表有条件作业时，可在地表通过地表注浆、搅拌桩、旋喷桩等地表辅助工法在隧道开挖工作面及开挖轮廓线外形式形成一个封闭的隔水帷幕或软弱破碎地层的加固体,然后再进行隧道施工。

（1）地表注浆

地表注浆是在隧道开挖前,对开挖断面上方围岩的物理力学性能进行改善。针对地表覆盖层比较薄、地表土体松散、开挖跨度大、成洞困难,开挖后覆盖层极易引起大范围滑塌等情况,需要对土体进行地表注浆处理,使开挖周围形成一个具有一定强度的硬壳结体,从而提高围岩的整体性、抗渗性和稳定性。地表注浆常采用地表袖阀管后退式注浆或钻杆后退式注浆两种方式。

袖阀管注浆见本章 8.5.2 节内容。

钻杆后退式分段注浆工艺如下:

①钻机按照设计孔位就位,采用潜孔钻钻进到设计深度后,用高压水或气反复洗孔 2 ～ 3 遍,将孔内的泥浆、石块等填充物冲出。

②退出钻杆,换上合金钻头沿原钻孔边加水、边钻进,直至距孔底 50cm 处。

③把钻杆尾部的水龙头换成注浆变接头,并接好注浆管开始注浆。

④注浆过程中边旋转、边后退、边注浆,后退步距为 1.5m,转速控制 2 ～ 3r/min,防止浆液将钻杆裹死,直到结束该孔。

⑤注浆过程以注浆量和设计注浆压力为控制标准。

⑥注浆结束后,先把混合器上的泄压阀打开泄压,再推出钻杆。

（2）水泥土搅拌桩加固

水泥土搅拌桩加固是以水泥（或水泥系材料）为固化剂,通过特制的搅拌机械,在地层深处对原状土和水泥浆液强制搅拌,由固化剂和软土间所产生的一系列物理化学反应,使软土硬结成具有整体性、水稳定性和一定强度的水泥加固土,从而提高地层强度和增大变形模量。

①适用范围

水泥土搅拌桩适用于淤泥与淤泥质土、粉土、饱和黄土、素填土、黏性土以及无流动地下水的饱和松散砂土等地层。

②施工工艺流程

水泥土搅拌桩施工工艺流程如图 8-10 所示。

③施工控制要点

a. 水泥土搅拌桩施工前根据设计进行工艺性试桩,数量不得少于 3 根,多轴搅拌不得少于 3 组,以确定水泥土搅拌桩施工参数及工艺,即水泥浆的水灰比、喷浆压力、喷浆量、旋转速度、提升次数、搅拌次数等。

b. 搅拌桩机钻杆沿导向架搅拌切土下沉,下沉速度不大于 0.8m/min。喷浆搅拌过程中,不断搅拌水泥浆,随时观察设备运行及地层变化情况,钻头下沉至设计深度位置时,应持续搅拌不少于 30s 以利于桩端成形。

c. 搅拌至设计位置深度后,提升钻头喷浆。喷浆过程中,不断搅拌水泥浆防止离析。达到进一步拌和均匀的目的。提升速度不大于 1.6m/min。在桩顶部位持续搅拌注浆不少于 30s,以利于搅拌桩桩端成形。到达设计桩顶时,停止喷浆。

d. 搅拌水泥浆液的罐数、水泥和外掺剂用量以及泵送浆液时间等应由专人记录,喷浆量及搅拌深度必须采用经国家计量部门

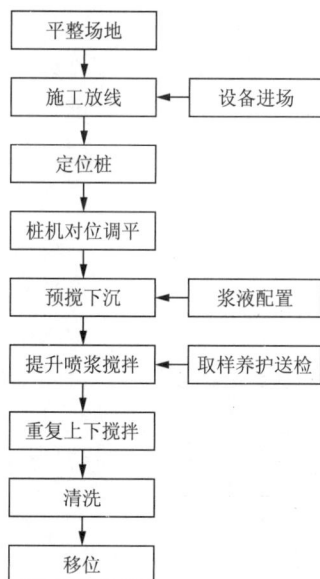

图 8-10 水泥土搅拌桩施工工艺流程图

认证的监测仪器进行自动记录。

e. 施工时如因故停浆,应将搅拌头下沉至停浆点以下 0.5m 处,待恢复供浆时再喷浆搅拌提升。若停机超过 3h,宜先拆卸输浆管路,并妥加清洗。

f. 壁状加固时,相邻桩的施工时间间隔不宜超过 24h。如间隔时间太长,与相邻桩无法搭接时,应采取补桩或注浆等补强措施。

（3）旋喷桩加固

地表旋喷桩加固类似洞内水平旋喷桩加固,详见 8.5.1 节之"1）洞内辅助工法"的相关内容。

8.5.2 基于保护周边建(构)筑物的辅助工法

地铁工程地下设施建设过程中,常采用袖阀管跟踪注浆、基础加固注浆、桩基托换、止水帷幕等形式对邻近建筑物、道路桥梁、地下管线和其他地下构筑物等的沉降位移加强控制。其技术特点是在地下结构开挖的同时,在结构外一定范围内土体中注入有一定特殊要求的注浆材料,补充土体位移产生的空隙量,胶结泥沙,增加土体强度,减小土体的孔隙率,从而减小地面建筑物或地下构筑物的沉降和变形范围。

1）袖阀管跟踪注浆

袖阀管跟踪注浆是在明挖基坑、矿山法隧道施工或盾构隧道施工所影响的建(构)筑物周边于开始施工前布置袖阀管,在施工过程中根据建(构)筑物沉降变形监测情况进行注浆,对建(构)筑物地基扰动孔隙进行填充,增加地基整体性,降低地基渗透系数从而减少地基失水,达到控制建(构)筑物沉降的效果。

（1）施工工艺流程

袖阀管跟踪注浆施工工艺流程如图 8-11 所示。

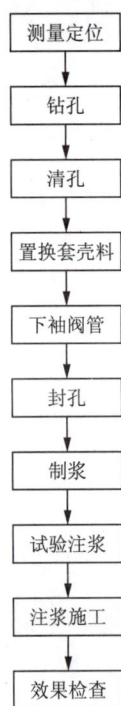

```
测量定位
   ↓
 钻孔
   ↓
 清孔
   ↓
置换套壳料
   ↓
下袖阀管
   ↓
 封孔
   ↓
 制浆
   ↓
试验注浆
   ↓
注浆施工
   ↓
效果检查
```

图 8-11　袖阀管跟踪注浆
施工工艺流程图

（2）施工控制要点

①袖阀管钻孔一般采用常规地质合金钻头或应用金刚石钻头及冲锤成孔。

②注浆前应向孔内泵送大量清水,将孔内泥浆及沉渣冲出孔外,直至孔口反出清水。

③在成孔及清孔完成后,向孔内浇筑套壳料。套壳料利用钻机钻杆进行浇筑,用来防止袖阀注浆管在注浆过程中变形、变位或损坏,并能保证水泥浆通过。套壳料要求收缩性小,脆性较高,黏度较低,析水率较小,稳定性高,早期强度高。套壳料采用黏性土、水泥为主要材料配制,为了提高套壳料的脆性,可掺入细砂或粉煤灰等。

④袖阀管采用 $\phi 50 \times 5$mm 的柔性塑料胶管,套管分节长度 1m,在套壳料置换完成后立即插入袖阀管。相邻两节袖阀管用 20cm 套管进行连接,采用胶合剂粘牢。

⑤待袖阀管下放到位后,将孔口地表以下 1 ~ 2m 采用水泥浆封闭,防止注浆过程中出现冒浆现象。

⑥袖阀管注浆时采用双塞注浆芯管,通过注浆压力使得两堵头与花管密贴,以达到分段注浆的效果。双塞注浆芯管构造如图 8-12 所示。

注浆材料一般为普通水泥—水玻璃双液浆。水泥采用普通硅酸盐水泥,35°Bé以上水玻璃,浆液凝固时间 35 ~ 40s。

一般浆液配合比为(具体浆液配合比由现场试验确定)：

A 液：水玻璃浆液，35°Bé；

B 液：水泥浆的水灰比 $W:C=1:1$；

A 液：B 液 =1:1。

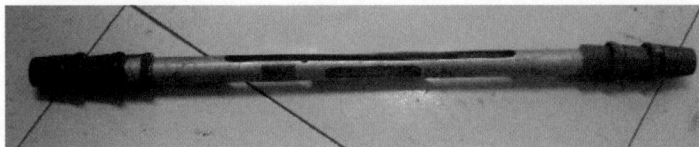

图 8-12　双塞注浆芯管构造图

⑦注浆压力控制在 0.5 ～ 1.5MPa。

⑧隧道施工期间，定期观测周边建(构)筑物沉降情况，一旦沉降超出限值，立即利用预留袖阀管进行注浆。将注浆芯管下放至孔底后开始注浆，每次注浆段长 0.3 ～ 0.5m，注完第一段后，往上拔注浆芯管，进行第二段的注浆。依次类推，直至该孔注浆完成。

2）桩基托换

桩基托换就是在已经建成的建筑物中，重新施作托换大梁，把既有桩与托换大梁连接起来，使上部已经存在的荷载转换到托换大梁，再通过托换大梁传递到新施作的托换桩上，从而用托换结构代替被托换桩以承受上部建筑的荷载。

（1）分类及适用范围

根据桩基托换技术的应用状况及其核心技术机理的不同，桩基托换主要分为主动托换与被动托换两种形式。

①主动托换是在托换桩切除之前对新桩和托换结构施加荷载，使需要托换的桩在上顶力的作用下，随托换大梁一起上升，从而克服由于托换大梁刚度不足可能产生的上部建筑物较大的沉降；同时也通过预加载消除部分新桩和托换结构的变形，将托换桩和结构的变形控制在较小的范围。适用于荷载大、变形控制要求严格的建筑物托换。

②被动托换是依靠托换结构自身的截面刚度，在结构完成后即将托换桩切除，直接将上部荷载通过托换梁传递到新桩，而不采取其他调节变形的措施。托换后既有建筑物及托换结构的变形不能再进行调节，上部建筑物的沉降由托换结构承受变形的能力所控制，变形控制为被动适应。主要适用于荷载小、变形控制要求不甚严格的建筑物桩基托换。由于对变形无法有效控制，该托换方式在地铁工程中应用较少。

（2）施工工艺流程

桩基托换施工工艺流程如图 8-13 所示。

（3）施工控制要点

①采用人工手持钎锤间隔将桩表面混凝土凿成企口，形成齿槽，未凿入部分桩混凝土应将其表面浮浆皮凿除，全部出露新鲜混凝土界面。使用钢丝刷清刷开凿部位混凝土碎屑，并用清水将桩表面清洗干净。

②锚筋植筋前应现场调配环氧基锚固胶，必须满足设计要求的抗压强度及弹性模量等条件。植筋完成固化养护后应做植筋抗拔试验，植筋抗拔力满足设计要求。

③在每根桩预顶承台的预埋钢板上按照设计布置带自锁装置的千斤顶。千斤顶高度不足时，可采用钢板垫块垫高，要求钢垫块确保足够的强度和刚度及平整度，承受荷载时有足够的稳定性。

④可调自锁千斤顶预顶到位时及时安装钢管垫块安全装置并用楔形钢板打紧。安装时采用对称

布置与千斤顶形成交错布置,每个预顶承台按照设计数量进行布置。

钢管垫块安全装置的安装是主动托换施工中关键的一项步骤,也是主动托换实施中控制上部结构变形与新桩预压所产生沉降的保证。施工工艺要求其结构形式必须满足预顶过程中具有可调性和稳定性;并且要求在顶升结束时,千斤顶卸荷后,使新桩与托换梁之间能形成整体,且能承受原千斤顶全部的顶力并保持稳定。

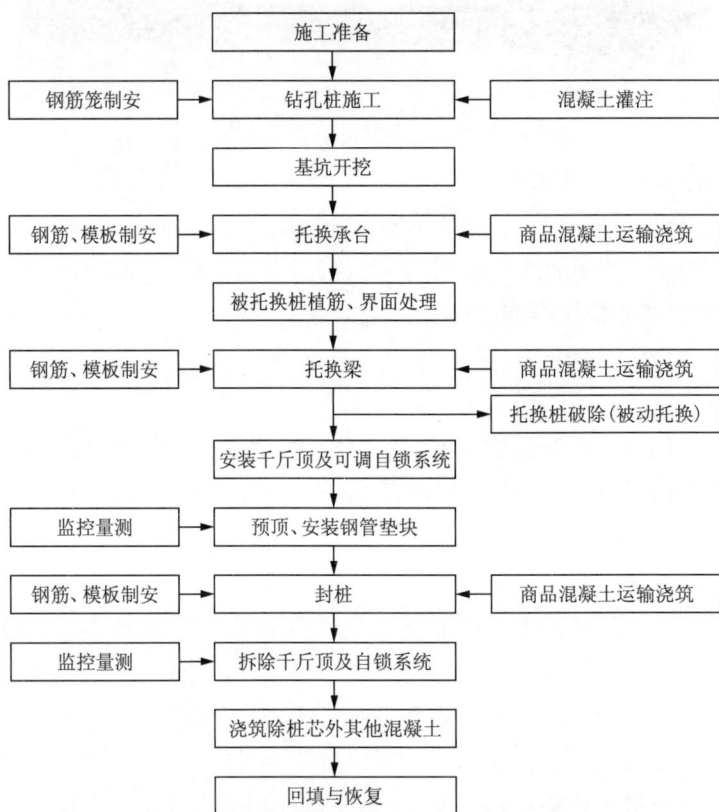

图 8-13　桩基托换施工工艺流程图

⑤预顶施工:

a. 在顶升过程中,当千斤顶回油或出现故障时,钢管垫块起到临时支承的作用,另一方面待托换荷载转换完成后,置换千斤顶。

b. 预顶采取"等变形、等荷载"的分级加载原则,将设计最大顶升力等分成 10 级逐步施加顶升力,每级荷载增量为千斤顶加载上限值的 10%,不可一次加载到最大值。每级荷载保持 10min,等结构稳定后方可加次级荷载。最后一级加载后持续 12h 以上,观测新桩沉降速度小于 0.1mm/h 后,顶紧钢管垫块,松开千斤顶。

c. 千斤顶逐级加载至 20% 的设计预顶力和位移值时,通过钢管垫块应力测试、托换梁上应力测试及位移变化测试,与理论计算值对照双控,使原桩的荷载逐步转移到托换梁及新托换桩上,并实现对新桩和托换梁的预压。随后,用被托换桩位移、托换梁的截面应力测试值分析结果,指导千斤顶逐级顶升。

d. 严格控制每级顶力,并使顶力缓慢、均匀增加,避免桩和梁的荷载突变而导致不良后果。被托换桩的上抬量不能大于 1mm,大于此值应停止加载。在加载过程中应严格监测托换梁裂缝的产生及发展,最大裂缝宽度大于 0.18mm 时,停止加载。

e. 预顶时,必须严格控制千斤顶的顶升力和托换梁两端的位移,各千斤顶顶升力达到控制值而梁端位移未达到位移范围值以内,或梁端位移值已达到控制值而顶升力未达到控制值时,则立即通知设计单位,对施工参数进行调整。

⑥托换梁施工时,在托换梁对应桩纵向钢筋的位置预埋钢筋,待预顶完成后,在保持预顶力稳定不变的情况下将桩、梁预留钢筋焊接,然后封桩。封桩混凝土浇筑顺序为:浇筑桩芯微膨胀混凝土→养护(桩芯混凝土达到90%强度后)→拆卸预顶千斤顶→用混凝土满灌预顶承台与托换梁节点处除桩芯外的其他部位。

3)止水帷幕

矿山法隧道止水帷幕是隧道外围止水系列的总称,用于阻止或减少开挖作业面地下水流入而采取的连续止水体。隧道开挖作业面通过外围土体的固结,阻断水层交流。常见的矿山法隧道止水帷幕形式有旋喷桩、搅拌桩、袖阀管及其他地表垂直注浆方式,有竖向止水帷幕和水平止水帷幕,具体施工方法见本书旋喷桩、搅拌桩、袖阀管等相关内容。

8.6 矿山法区间隧道支护

矿山法区间隧道衬砌结构类型多为复合式衬砌,由初期支护、柔性防水层、二次衬砌所组成。结构以自防水为主,辅加柔性防水层组成暗挖隧道防水体系。

8.6.1 初期支护施工

初期支护多采用喷锚支护,根据具体情况选用锚杆、钢筋网、格栅(型钢)钢架、喷射混凝土等一种或多种组成。一般在每步序开挖后应尽早施作初期支护,达到加固围岩、控制围岩变形的作用。

1)锚杆施工

系统锚杆是隧道支护的最基本的组成部分,它将隧道的围岩加固在一起,使围岩自身支护自身。

常见的系统锚杆有普通中空注浆锚杆、砂浆锚杆。

(1)中空注浆锚杆施工

①施工工艺流程

中空注浆锚杆施工工艺流程如图8-14所示。

②施工方法及技术措施

a.施工方法

(a)施工准备:认真检查原材料型号、品种、规格及锚杆各部件的质量,并检查原材料技术性能是否符合设计要求。不合格的坚决退场。

(b)测量放线:开挖断面检查合格后,测量组按设计要求及地层情况在岩面上画出本循环锚杆孔位,做好标记。

(c)风钻钻孔:利用多功能台架,采用人工手持风钻成

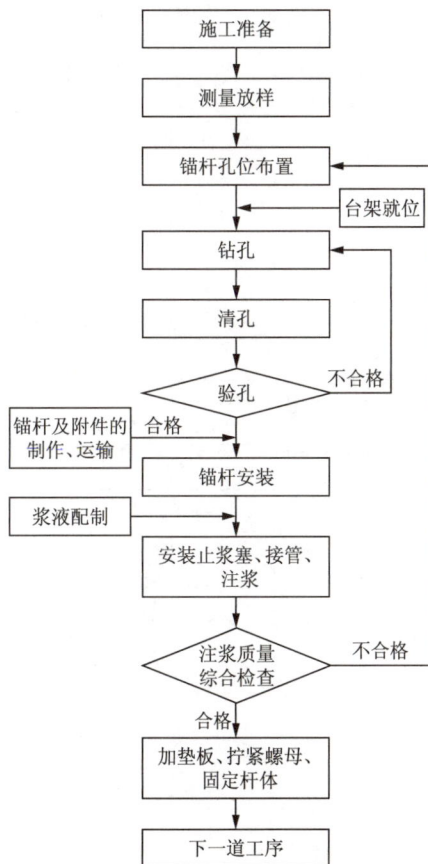

图 8-14 中空注浆锚杆施工工艺流程图

孔,钻孔方向应尽可能垂直初喷混凝土表面。钻孔技术要求:开口偏差小于5cm,方向偏差小于2%,孔深比锚杆插入部分长5cm。

(d)杆体插入:孔位经检查验收合格后,将锚杆慢慢顶入距孔底3～5cm处。杆体插入后,及时将孔口用水泥砂浆或其他堵塞物堵塞严密,并设置排气孔。安装垫板及螺母固定杆体。

(e)锚杆注浆:注浆材料按设计要求(一般采用水泥砂浆),采用符合设计及规范要求的注浆压力,将浆液慢慢注入,当排气孔有浆液流出时,关闭排气孔,稳压注入3～5min后停止注浆。

b. 主要施工技术措施

(a)开挖后,立即检查围岩面,进行初喷混凝土,及时施作锚杆。

(b)锚杆原材料规格、长度、直径应符合设计要求,锚杆杆体不能有油污或其他不符合相关规范要求的缺陷。锚杆孔位、孔深及布置形式应符合设计要求,注浆浆液配合比、注浆压力及注浆时间等参数依据设计及相关规范要求选用。

(c)锚杆钻孔孔位、孔深和孔径等应符合设计要求,允许偏差为:孔位偏差为±150mm,孔深偏差为+50mm。

(d)锚杆杆体插入锚杆孔时,应保持位置居中,杆体露出的长度不应大于喷层厚度,锚杆垫板与孔口混凝土应密贴,随时检查锚杆头的变形情况。

(e)锚杆应进行抗拔试验,同一批锚杆每100根应取一组试件,每组3根(不足100根也取3根),设计或材料变更时应另取试件;同一批试件抗拔力的平均值不得小于设计锚固力,且同一批试件抗拔力最小值不应小于设计锚固力的90%。

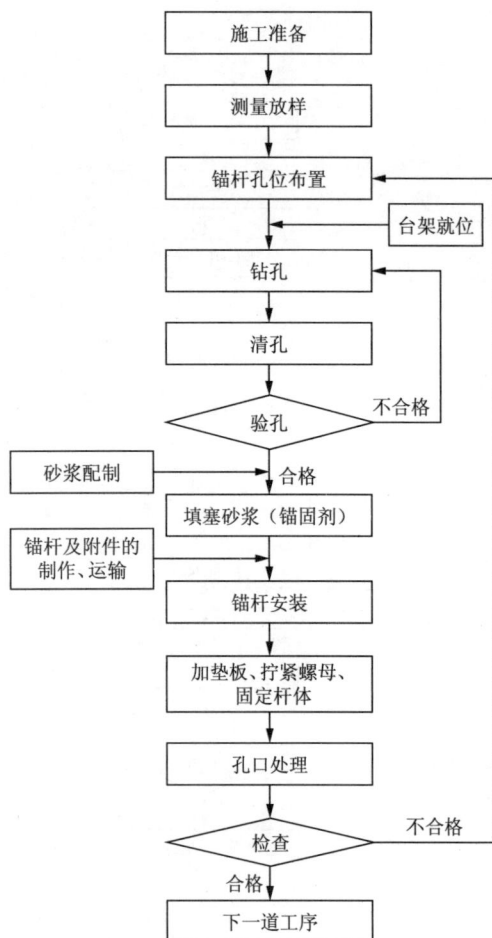

图 8-15 砂浆锚杆施工工艺流程图

(2)砂浆锚杆施工

① 施工工艺流程

砂浆锚杆施工工艺流程如图 8-15 所示。

②施工方法及技术措施

a. 施工方法

(a)砂浆锚杆多按梅花形布置。施工中采用锚杆台车或风枪钻孔,高压风冲洗后,插入杆体。拱部、边墙可采用排气法注浆,将内径4～5mm、壁厚1～1.5mm的软塑料排气管沿锚杆全长固定于杆体上,并在孔外留1m左右的富余长度。将锚杆缓慢送入钻孔中至设计位置。将长25～30cm、外径250mm的薄壁钢管用早强水泥固定在孔口位置,并将孔口堵塞,在确认注浆管畅通后,开始注浆,直到排气管不排气或溢出稀浆时停止,待砂浆达到强度后安装垫板拧紧螺母。

(b)钻孔孔径要与锚杆直径相匹配,锚杆孔径应大于设计的锚杆直径15mm;孔深比锚杆稍长一些;孔向应按设计方向钻进,垂直于岩面;锚杆规格、长度、直径应符合设计要求,锚杆杆体应除锈、除油。

(c)采用先插入杆体后注浆的施工工艺。注浆前,检查排气管必须畅通,防止注浆空洞,确保密实。注浆时,注浆管插入孔底,随注浆体的注入匀速拔出。锚杆长度在保证设计的锚固长度外,尚应计入工作长度。

b. 技术措施

（a）根据围岩开挖的实际情况，结合设计图纸的要求确定孔位和间距。如岩层情况变化，需调整孔位和间距时，应及时报监理工程师，同意后执行。

（b）施工前对水泥、砂浆进行集料和级配检查，确保砂浆质量。勤检查，确保锚杆位置正确，长度、角度符合要求，垫板贴紧岩面，螺母不松动。注浆饱满、密实。

（c）按规范要求抽样进行锚固力检查，其平均值不得低于设计值。

2）钢筋网施工

钢筋网片设置在初期支护中，就像二次衬砌的钢筋一样，起骨架的作用。

（1）施工方法

①钢筋品种、规格等应符合设计及规范要求，进场后应取样送检，合格后方可使用。

②钢筋应冷拉调直后使用，钢筋表面不得有裂纹、油污、颗粒状或片状锈蚀，加工人员根据技术交底下料表下料，按设计要求的钢筋网尺寸在加工场地内制作，加工成片，钢筋直径和网格间距符合图纸规定，并做到钢筋的最大利用。

③钢筋网横纵向相交处应绑扎牢固；钢筋网接长时焊接或绑扎应牢固，搭接长度满足规范要求。

（2）技术措施

①钢筋网加工允许偏差为：钢筋间距 ±10mm，钢筋搭接长度 ±15mm。

②钢筋网铺设应平整，并与钢架或锚杆连接牢固。

③当采用双层钢筋网时，应在第一层铺设好后再铺设第二层。每层钢筋网之间应搭接牢固，且搭接长度不应小于 200mm。

3）格栅（型钢）钢架施工

格栅（型钢）钢架是特制环向的用螺纹钢焊接组成的类似笼子的格栅钢架或工字钢或其他型钢，也有在隧道开挖后，初喷、挂网、立拱架。工字钢拱架一般在Ⅴ级围岩等地质条件很差的部位应用，格栅钢架在Ⅳ级围岩等地质条件稍好点的部位应用，对围岩有一定的支撑作用。

（1）加工及安装方法

①格栅（型钢）钢架按施工设计图在加工场地内分节加工，采用冷弯工艺，要求尺寸准确，弧形圆顺。各节加工焊接完成后，在加工场整体试拼，检查连接部位是否吻合，误差是否在规范允许范围内，合格后再运至施工现场进行安装。

②运至现场的单元钢架应分单元堆码，安装前应进行断面尺寸检查，及时处理欠挖侵空部分，保证钢架安装安全。钢架外侧必须有不小于 4cm 厚的喷射混凝土，安设拱脚或墙脚前，先清除垫板下的松渣，使其置于原状岩石上；在软弱岩层地段，可采用拱脚垫钢板的处理方法，避免拱脚下沉，且保持水平。

③安装前先准确定出每榀钢架的位置，放样时首先测定出线路中心线，确定里程，然后再测定其横向位置。钢架安装应垂直隧道中心线。

④钢架按设计位置拼装，用螺栓连接成整体。应尽量密贴围岩，当与初喷混凝土之间间隙过大时，应增设混凝土预制块楔紧。两排钢架间纵向按设计要求用钢筋连接，形成纵向连接体系。

⑤钢架安装完成后，打设锁脚锚杆或与之相接触的锚杆头焊接牢固，使之成为整体结构。

⑥钢架加工与安装误差要求见表 8-14。

加工允许误差	矢高		弧长		墙架长度
	+20mm,0mm		+20mm,0mm		±20mm
拼装允许误差	高度		宽度		扭曲度
	±30mm		±20mm		20mm
安装允许误差	与线路中线位置				垂直度
	横向	纵向		高程	
	±30mm	±30mm		±50mm	5‰

（2）主要技术措施

①初喷混凝土、施作系统锚杆后,应立即安设格栅（型钢）钢架,并与壁面楔紧,每榀格栅节点及相邻格栅纵向必须分别连接牢固。

②钢材质量和接头位置必须符合相关规范和设计要求。

③加工好的格栅（型钢）钢架必须经过检查、验收,确保每榀钢拱架无漏焊、假焊。验收合格的钢架应分类、分单元堆码,并做好标示。

④纵向连接钢筋与格栅（型钢）钢架的连接点及已施工相邻拱架连接钢筋应焊接牢固,使多榀钢架形成整体,保证钢架稳定性。

4）喷射混凝土

喷射混凝土具有支护及时、强度高、密实性强、操作简单、灵活性大等优点,特别是在软弱围岩地质条件下配合钢拱架和系统锚杆作为联合支护时,其优点更为明显,可用来控制围岩变形,达到保护和发挥围岩自承能力的目的。

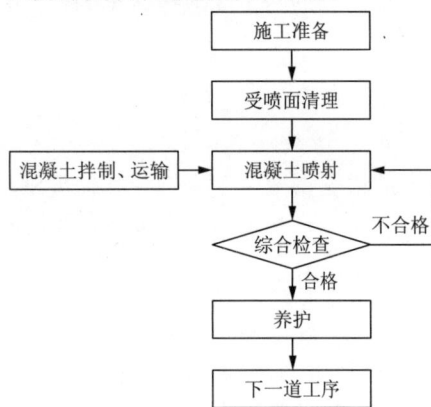

图8-16 喷射混凝土施工工艺流程图

（1）施工工艺流程

采用湿喷法喷射混凝土,其施工工艺流程如图8-16所示。

（2）施工方法

①前期准备:喷射混凝土施工前,应清理场地,清扫受喷面;检查开挖尺寸,清除浮渣及堆积物;喷射机安装调试好后,先通水,再通风,清理通风筒及管路,同时用高压风（或高压水）将待喷面上松散杂质和尘埃吹（或洗）净。

②混凝土配制:喷射混凝土用水泥应优先选用普通硅酸盐水泥,强度等级不应低于32.5,按照设计配合比制作混凝土拌和料,速凝剂掺量通过试验确定。需经检验合格,才能进场使用,混凝土在现场搅拌站配制。采用强制式搅拌机搅拌混凝土,集料采用配料机自动计量。

③现场施喷:混凝土拌和好后,利用混凝土运输车转运到洞内施喷面。施喷前,按配合比加入速凝剂,以调节混凝土凝固时间。

利用混凝土湿喷机及空气压缩机、喷射机械手等设备喷射混凝土,以确保喷射混凝土质量,并减少回弹,改善施工环境。

混凝土喷射过程中,应连续上料,保持机筒内料满,以便始终保持喷嘴处的料流量一致,同时在料斗口上设筛网,以免超径集料进入机内。

喷射混凝土作业应紧跟开挖工作面,分片依次自下而上进行,并先喷钢筋格栅与壁面间混凝土,然后再喷两钢筋格栅之间混凝土。遇凹洼处,应先将其喷平。

④检查验收:

a.喷射混凝土配合比应符合设计要求。

b. 喷射混凝土应密实,接槎严密,不得有空鼓和露筋。

c. 喷射混凝土前,必须把净空内泥土清除干净。

d. 喷射混凝土要求平整,允许偏差为 30mm。

e. 分层喷射时,应在前一层混凝土终凝后进行,如终凝 1h 后再喷射,应清洗喷层表面。

f. 喷射作业完成 2h 后应及时进行喷水养护,养护时间不少于 14d。

（3）主要技术措施

①喷射混凝土集料要求:粗集料,粒径不大于 15mm;细集料,采用中砂或粗砂,细度模数大于 2.5,含水率 5% ～ 7%。

②隧道开挖后,应立即对岩面初喷混凝土,以防岩体发生松弛。喷射混凝土前,应设置控制喷混凝土厚度的标志。

③喷射前处理危石,检查开挖断面净空尺寸。在特殊地段,设专人随时观察围岩变化情况,当受喷面有涌水、淋水、集中出水点时,先进行引排水处理。

④加强喷射机组的日常检查和保养工作,经常检查供电线路、设备和管路,使设备机况良好,不致中途中断喷射作业。

⑤喷射作业遇格栅（型钢）钢架的,应先喷满钢架与岩面的空隙。喷嘴与受喷面应保持垂直,距受喷面 0.6 ～ 1.0m。掌握好风压,减少回弹和粉尘。

⑥施工中应经常检查出料弯头、输料管和管路接头。处理故障时,断电、停风。发现堵管时应立即停止进料,并视故障情况及时处理。

8.6.2 柔性防水层施工

区间隧道主体结构一般为复合式衬砌结构,结构防水为刚柔结合,同时结合排水和注浆堵水实现结构防水目的。柔性防水层设置在初期支护与二次衬砌之间,防水层一般采用高分子复合自黏防水卷材或高分子塑料防水板 + 土工布,防水板的厚度必须满足设计要求。防水层铺设完成后应采取必要的保护措施,如仰拱设置细石混凝土保护层。

（1）施工准备

①断面量测:测量断面,对隧道净空进行量测检查,对个别欠挖部位进行处理,以满足净空要求。

②基面处理:防水层铺设前,防水基面应先处理比较明显的股状渗水,切除喷射混凝土面锚杆头和外露钢筋头,采用细石混凝土抹平覆盖。

防水基面混凝土平整度要求 $D/L \leqslant 1/6$（D 为高度,L 为防水距离）,一般在喷射混凝土后未凝固前先找平基面,若表面未达到铺设防水板要求,再用 20mm 厚的同级水泥砂浆抹面。初期支护表面应圆顺,阴阳角应抹成圆弧状。

（2）防水板铺设

①铺设前进行精确放样,弹出标准线,进行试铺后确定防水板一环的尺寸,尽量减少接头。

②采用专用作业台架将防水板固定到预定位置,然后用手持式超声波点焊机,将防水板焊接在固定无纺布的专业热熔衬垫上。防水板铺设要松紧适度,使之能与无纺布充分结合并紧贴在混凝土表面。防止过紧或过松,导致防水板受挤压破坏或形成人为蓄水点。防水板间搭接缝应与变形缝、施工缝等防水薄弱环节错开 1m 以上。防水板固定如图 8-17 所示。

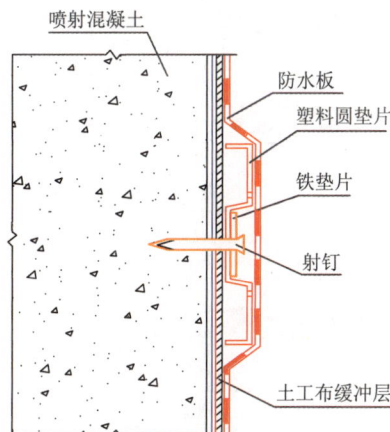

图 8-17 防水板固定示意图

191

③防水板搭接应采用自动爬行式焊机双焊缝焊接,焊缝宽度不应小于10mm,且均匀连续,不得有假焊、漏焊、焊焦、焊穿等现象。防水板搭接宽度长、短边均不应小于100mm。防水板焊接如图8-18所示。

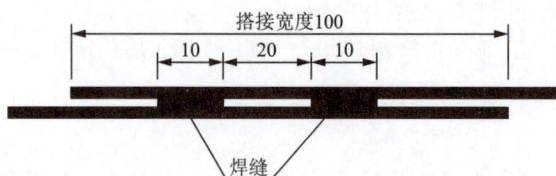

图 8-18　防水板焊接示意图(尺寸单位:mm)

④采用检漏器现场检测防水板焊接质量。当压力表达到0.25MPa时停止充气,保持15min,压力下降在10%以内,说明焊缝合格。否则,须用检测液(如肥皂水)找出漏气部位,用手动电热熔器焊接修补后再次检测,直到不漏气为止。

⑤及时修补有损坏的防水板。先取一小块防水板,除净防水板上的灰尘后,将其置于破损处,然后用手动电热熔器熔接。熔接质量用真空检测器检测,若不合格必须重新修补。

⑥焊接钢筋时在其周围用石棉水泥板进行遮挡,以免溅出的火花烧坏防水层;浇筑二次衬砌混凝土时输送泵管不得直接对着防水板,避免混凝土冲击防水板引起防水板被带滑脱,防水板下滑。

8.6.3　二次衬砌施工

矿山法区间隧道二次衬砌分仰拱、仰拱回填、拱墙三部分施工。

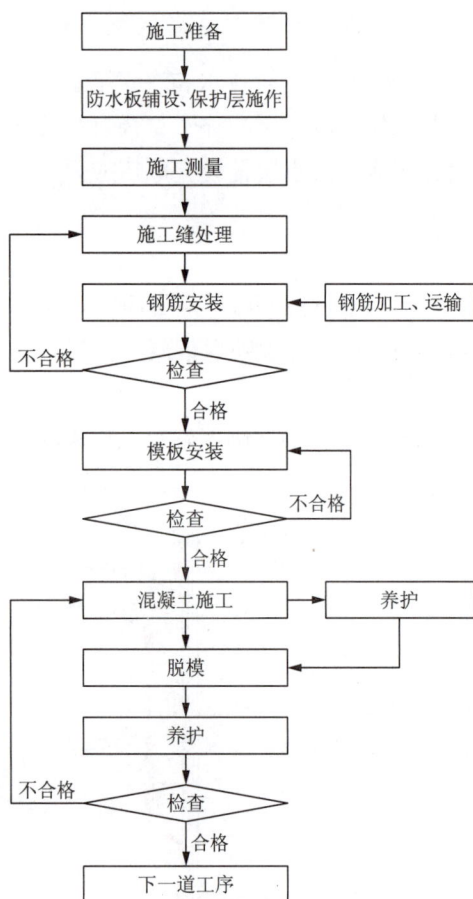

图 8-19　仰拱衬砌施工工艺流程图

1)仰拱施工工艺流程及施工控制要点

(1)施工工艺流程

仰拱衬砌施工工艺流程如图8-19所示。

(2)施工控制要点

①施工测量:测量人员准确定出仰拱开挖拱底相对于隧道中心线的距离及高程,并在边墙上每隔一定距离做出标记,作为仰拱施工控制点。

②基面清理:在初期支护施工完成并满足二次衬砌施工条件后,将仰拱底部淤泥及污水清理干净,同时对初期支护渗漏水部位进行局部回填注浆止水。

③施工缝处理:凿除施工缝浮浆、松动集料;新混凝土浇筑前宜在横向施工缝处按设计规范要求进行界面处理或安装止水带。

④钢筋制作安装:钢筋在钢筋加工场地内应按设计要求加工成半成品,并应分类堆放;钢筋连接宜采用机械连接或按设计要求进行。

⑤模板安装:模板采用定型钢模,根据设计弧度提前加工,安装前应涂脱模剂。挡头模应封堵严密不漏浆。

⑥混凝土施工:仰拱混凝土应分层、分段、对称浇筑,分层厚度不应大于所用振动棒作用部分长度的1.25倍,宜控制在30cm左右。

仰拱回填混凝土在仰拱施工完成后按照设计要求择机施工。

2）拱墙施工工艺流程及施工控制要点

（1）施工工艺流程

采用衬砌模板台车施工拱墙,台车循环施工长度一般为 9～12m,拱墙衬砌施工工艺流程如图 8-20 所示。

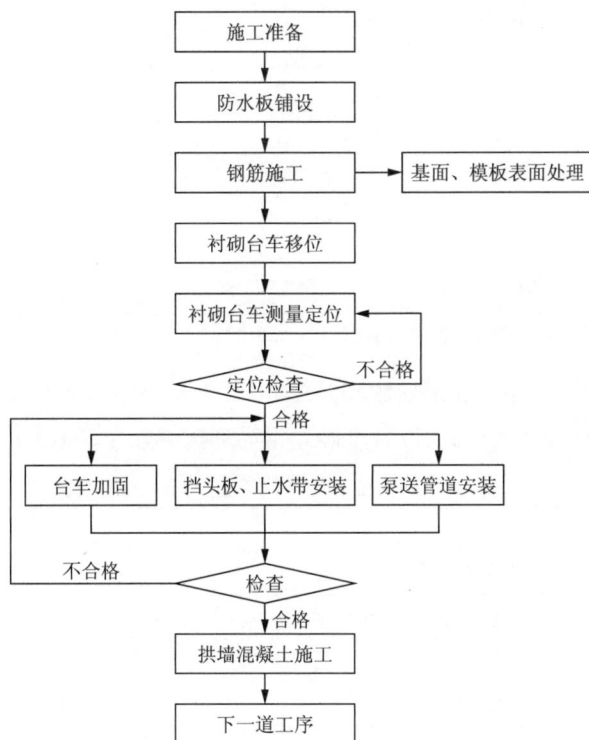

```
                    ┌──────────┐
                    │  施工准备  │
                    └────┬─────┘
                         │
                    ┌────┴─────┐
                    │ 防水板铺设 │
                    └────┬─────┘
                         │
                    ┌────┴─────┐      ┌────────────────┐
                    │  钢筋施工  │─────→│ 基面、模板表面处理 │
                    └────┬─────┘      └────────────────┘
                         │
                    ┌────┴─────┐
                    │ 衬砌台车移位│
                    └────┬─────┘
                         │
                ┌────────┴────────┐
          ┌────→│  衬砌台车测量定位  │
          │     └────────┬────────┘
          │              │
          │         ┌────┴────┐   不合格
          │         │ 定位检查  │──────┘
          │         └────┬────┘
          │           合格│
    ┌─────┴──────┬────────┼──────────────┐
┌───┴───┐  ┌─────┴──────┐  ┌────────┴────────┐
│ 台车加固│  │挡头板、止水带安装│  │   泵送管道安装    │
└───┬───┘  └─────┬──────┘  └────────┬────────┘
    └───────────┬┴─────────────────┘
          不合格 │
        ┌───────┴───────┐
        │     检查       │
        └───────┬───────┘
             合格│
        ┌───────┴───────┐
        │  拱墙混凝土施工  │
        └───────┬───────┘
                │
        ┌───────┴───────┐
        │   下一道工序    │
        └───────────────┘
```

图 8-20　拱墙衬砌施工工艺流程图

（2）施工控制要点

①施工准备:隧道初期支护完成后,根据施工监测数据,选择合适的时机施作拱墙。

②钢筋制作安装:使用钢筋作业台架进行钢筋安装,拱墙钢筋应自下而上进行绑扎,同一环向钢筋必须在同一里程上,需要焊接作业时,需采取有效措施对防水层进行保护,钢筋安装后应对焊渣进行清理。

③模板台车就位:台车就位前应对模板进行清理、涂脱模剂,定位时应先测量出中线位置,再调水平,最后复测中线,就位后应保证与已浇筑的仰拱衬砌有 5～10cm 的搭接,升边模时严禁强行顶压衬砌钢筋。

④挡头板安装:挡头板采用可重复利用的小木板,安装时应接缝严密,拱墙止水带与挡头板同步安装。

⑤混凝土施工:浇筑前检查泵送设备工作是否正常,浇筑时混凝土自由倾落高度不得大于 2m,当大于 2m 时应采用滑槽、串筒等器具浇筑。振捣混凝土时应注意不得触及防水层、钢筋、预埋件。

3）二次衬砌施工技术措施

①仰拱防水施工完成验收合格后,应及时施作细石混凝土防水保护层,待保护层达到一定强度后方可进行二次衬砌钢筋施工。

②仰拱钢筋施工前,防水板上杂物、垃圾必须清理干净,结构混凝土浇筑时,底部不得有杂物、积水。

③钢筋表面的油渍、漆污、水泥浆和用锤敲击能剥落的浮皮、铁锈等均应清除干净。

④钢筋宜在钢筋加工厂加工成型后运至施工现场安装，钢筋加工误差应能满足设计及规范要求，钢筋加工允许偏差见表8-15。

钢筋加工允许偏差值（单位：mm）   表8-15

项　目		允　许　偏　差
调直后局部弯曲		$d/4$（d为钢筋直径）
受力钢筋顺长度方向全长尺寸		±10
弯起成型钢筋	弯起点位置	±10
	弯起高度	0 −10
	弯起角度	2°
	钢筋宽度	±10
箍筋宽和高		+5 −10

注：本表引用《地下铁道工程施工质量验收标准》（GB/T 50299—2018）。

⑤钢筋绑扎必须牢固稳定，不得变形松脱和开焊，混凝土保护层及钢筋级别、直径、数量、间距、位置等应符合设计要求。预埋件固定应牢固、位置准确。钢筋绑扎位置允许偏差应符合表8-16的规定。

钢筋绑扎位置允许偏差值（单位：mm）   表8-16

项　目		允　许　偏　差
箍筋间距		±10
主筋间距	列间距	±10
	层间距	±5
钢筋弯起点位移		±10
受力钢筋保护层		±5
预埋件	中心线位移	±10
	水平及高程	±5

⑥绑扎钢筋尽量减少现场焊接。焊接时应在防水板上面加垫木板或石棉板隔热层，以免防水板被烧坏；钢筋与模板间应设置足够数量和强度的混凝土垫块，以确保钢筋的保护层厚度。

⑦模板安装必须稳固牢靠，接缝严密，不得漏浆，相邻两块模板接缝高低差不应大于2mm。模板表面要光滑，与混凝土的接触面必须清理干净并涂刷隔离剂，涂刷时均匀且不污染混凝土表面及钢筋。清理基底杂物、积水和浮渣等，装设钢制或木制挡头模板，并按设计要求装设橡胶止水带。

⑧混凝土浇筑采用输送泵输送入模，坍落度应满足设计要求。

⑨混凝土强度达到2.5MPa时方可拆模，拆模后及时养护。

8.7　矿山法隧道辅助作业

在隧道施工中，开挖、支护与衬砌等称为基本作业。为了确保隧道基本作业各工序的顺利进行，而提供必要的施工条件和直接服务的其他作业，称为辅助作业，其内容包括供风、供水、供电与照明以及施工通风、防尘、防有害气体等。

8.7.1 矿山法隧道风水电作业

1）施工供风

（1）隧道空压机站容量确定

按照高峰期内使用的风动机具数量和额定损气量计算压缩空气站容量，具体计算公式为：

$$Q = K_1 K_2 K_3 \sum (nq K_4 K_5) \tag{8-1}$$

式中：Q——压缩空气需用量（m³/min）；

K_1——由于压缩机效率降低以及未预计的少量用气所采用的系数，取 1.1；

K_2——高程修正系数，取 1.03；

K_3——管网漏气系数，取 1.25；

K_4——各类风动机具同时工作系数，其值取 0.8；

K_5——风动机具磨损修正系数，对凿岩机取 1.15，其他风动机具取 1.1；

n——同时工作的同类型风动机具台数；

q——一台风动机具耗气量，按照双侧壁法开挖，采用气腿式风动凿岩机时取 3.0m³/min，采用混凝土喷射机时取 10m³/min，采用风镐时取 1.2m³/min；风动凿岩机共用或喷射机、风镐共用。

（2）高压风管的选择

压缩空气在输送过程中，由于摩擦、接头、阀门等产生阻力，其压力会减少。为保证工作风压不小于 0.5MPa，钢管终端的风压不得小于 0.6MPa，通过胶皮管输送至风动机具的工作风压不小于 0.5MPa。

主管外径一般选用 159mm 钢管，分支选用内径 100mm 钢管，按最大送风量、管路长度及弯头、闸阀条件，根据下式验算钢管的风压损失 ΔP：

$$\Delta P = \lambda \cdot \frac{l}{d} \cdot \frac{v^2}{2g} \cdot \gamma \times 10^{-6} \quad (\text{MPa}) \tag{8-2}$$

式中：λ——沿程阻力因数；

γ——介质重度（N/m²）；

l——管段长度（m）；

d——管道内径（m）；

v——断面平均流速（m/s）；

g——重力加速度（m/s²）。

查表并代入相应数据得 ΔP=0.13MPa

压缩空气的压力为 0.8MPa，所以钢管末端风压不小于 0.6MPa，满足施工要求。

钢管与机具采用高压橡胶管连接，为控制风压损失量，选用 25mm 胶皮，最大长度 25m，压力损失 0.06MPa。

（3）供风管道布置及注意事项

高压供风管道采用单树枝状管网，管路由洞口布入主管，沿隧道向各掌子面布设支管。

隧道掘进应采用空压机供风，空压机的功率应能满足同时工作的各种风动机具的最大耗风量的要求。

隧道工作面风压不应小于 0.5MPa，其高压风管的直径应根据最大送风量、风管长度、闸阀等条件计算确定，独头供风长度大于 2000m 时宜考虑设洞内压风站。

高压风管设于边墙上，主管道每隔 100m 分装闸阀，高度位于地铁轨面高度，不影响仰拱及铺底施工。用角钢做支架,管道前端距开挖面 30m 距离,用高压软管接分风器。

2）施工供水

隧道工作面的水压不应小于 0.3MPa,水管的直径应根据最大供水量、管路长度、弯头、闸阀等条件计算确定。

隧道施工对水质要求:凡无臭味、不含有害矿物质的洁净天然水均可作施工用水,但仍应做水质化验工作;生活用水要求符合国家饮水的水质标准。

一般采用 $\phi100$ 给水管路与高压供风管,两者在同一角钢支架上,管道距开挖面 40m 处,用直径 50mm 软管接分水器。

3）供电

（1）供电线路可采用 400/230V 三相四线系统。

（2）动力设备应采用三相 380V。

（3）照明电压:作业地段不得大于 36V,成洞和不作业地段可采用 220V。

（4）线路末端的电压降不得大于 10%。

（5）变压器容量应按电气设备总用量确定。当单台电动设备容量超过变压器容量的 1/3 时,应适当考虑增加起动附加容量。

（6）洞外变电站宜设在洞口附近,并应靠近负荷集中地点和设在电源来线一侧。变电站电源线当需跨越施工地区时,其最低点距人行道和运输线路的最小高度应满足:电压 35kV 时 7.5m,电压 6 ~ 10kV 时 6.5m,电压 400V 时 6m。

（7）隧道施工作业地段应有足够的照明。采用普通光源照明时,其照度应满足表 8-17 要求。

隧道施工照度要求 表 8-17

施工作业地段	照度标准(lx)	施工作业地段	照度标准(lx)
施工作业面	平均照度不小于 30	特殊作业地段 或不安全因素较多地段	15
开挖地段和作业地段	10	成洞地段	4
运输巷道	6	竖井内	8

（8）供电线路的布设:设于边墙上,施工用电采用三相五线制,供电电压为 380/220V,作业地段照明采用 36V 低压。电线悬挂高度距填充面不小于 2m。供电线路分层架设,高压在上,低压在下;干线在上,支线在下;动力线在上,照明线在下。

8.7.2 矿山法隧道通风与防尘

1）隧道通风

隧道通风工作一般包括隧道通风系统设计、风机及风管选型、风机及风管安装、风机及风管维护、通风排烟、工程结束拆除通风系统。

（1）通风系统设计

常用的通风方式有压入式、抽出式、混合式、巷道式等。根据隧道工程规模、施工组织安排进行施工通风方案设计:依据洞内作业人数、稀释炮烟浓度、稀释瓦斯浓度、稀释内燃机械尾气、最低允许风速等确定供风量,依据施工方案选择施工通风方式和风管直径,确定管道的通风阻力,选择适当的通风机型号。

矿山法区间隧道一般采用压入式通风。压入式通风是指在洞口设置轴流通风机向掌子面压入新鲜空气。压入式通风的特点：能较快清除工作面有害气体,拆装简单,污浊空气流经全洞,管路连接不良时漏风严重。压入式通风量的计算如下：

①开挖面需风量

施工通风所需风量按掌子面同时工作的最多人数、洞内允许最小风速、一次性爆破所需要排除的炮烟量和内燃机械设备总功率分别计算(有瓦斯涌出量时,需要考虑按瓦斯涌出量计算风量),取其中最大值作为控制风量。

a. 按稀释炮烟要求

按压入式通风方式计算通风量：

$$V_1 = 7.8 \times \sqrt[3]{\frac{Q(SL)^2}{t}}$$ （8-3）

式中：Q——同时爆破的炸药量；

S——隧道断面积；

t——通风时间；

L——隧道通风稀释废气所需长度：

$$L = 400 \times \sqrt{\frac{Q}{S}}$$ （8-4）

b. 按最小风速要求

要求最小风速 $v_{min} \geq 0.15$m/s,要求通风量 $V_2 = 60Sv_{min}$。其中,S 为隧道断面积。

c. 按施工人员、设备需风量计算

施工人员要求 $V_人 \geq 3$m³/（min·人）,柴油机械要求 $V_机 \geq 4.5$m³/（kW·min·机）,以工作面最多人数、机械数量,计算通风量 V_3。

②通风机械选型

从以上几个方面考虑的通风量计算结果,通风量取其中的最大值。

$V_{max} = \{V_1, V_2, V_3\}$,考虑漏风的影响,取 1.1 的漏风系数。

经上述计算,根据计算出的最大需风量选择合适的通风设备。

（2）风机安装

根据选定的通风设备安装位置平整场地,设置安装通风设备的基础和支架。为防止洞内排出的污风被二次吸入,通风机架设在距洞口 50m 外。将通风设备平放在预制好的支架上,调平、调整方向后用螺栓固定。通风设备的安装应符合设计要求及使用说明要求。电器控制柜安设在干燥、无尘、通风良好且便于风机司机操作的地方,接通电源,分别启动两台电机,检查电机旋转方向是否与箭头指向一致。

（3）风管安装

根据风管的安装位置,确定膨胀螺栓的位置,检查风管及接头的质量,发现缺陷及时修补。风管应折叠起来搬运,严禁将风管在地上拖拉。用拉链将两节风管连接在一起,风管进风口的外衬皮长度和出风口的内衬皮长度不小于 20cm。

通风管设在拱顶或偏左、右侧一定距离,压入式通风方式。通过衬砌台车处用铁皮风筒过渡,避免在此处断开或形成瓶颈。风管采用接头为拉链式 ϕ1200 软管和钢风管压入式通风。

（4）送风

风机司机应在接到通风工通知后方能送风。送风时,先启动一台电机,5min 后再启动另一台电机。变级多速风机应由低速到高速逐台稳定启动,即低速启动稳定后才能启动中速,中速稳定后才能启动高速。洞内作业时,应连续通风,强制排出洞内各类施工机械设备排放的废气及喷浆产生的大量粉尘,保证洞内的空气新鲜。隧道内管线布置示意图如图 8-21 所示。

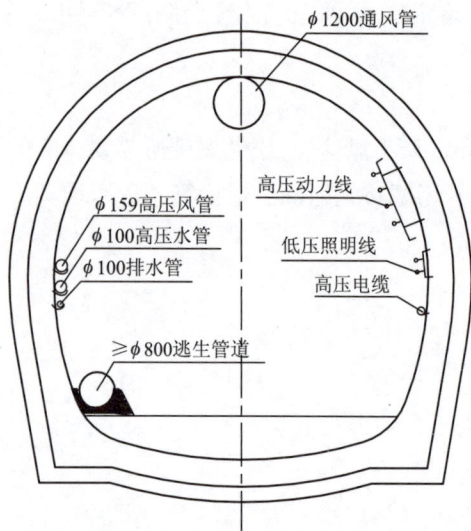

图 8-21 隧道内管线布置示意图

图中标注：
φ1200通风管
φ159高压风管
φ100高压水管
φ100排水管
≥φ800逃生管道
高压动力线
低压照明线
高压电缆

2）隧道内防尘

隧道内粉尘的起因是湿喷法喷射混凝土时,喷射机密封不良和喷射机工作风压过高产生粉尘,钻爆时也会产生粉尘。主要防尘措施如下:

(1)保持喷射机良好密封,防止跑风漏气。

(2)选择适宜的工作风压。

(3)钻眼作业采用湿式凿岩。

(4)凿岩台架钻眼时先送水,爆破后进行喷雾、洒水、找顶、清帮;出渣前用水淋湿全部石渣和岩壁;合理调整隧道供风风速,根据以往经验,当风速达到 1.5 ～ 3.0m/s 时,作业面粉尘浓度可降到最小,一般认为是最佳风速;风速再大,则将使沉降的粉尘产生二次飞扬。

(5)采用隧道干式除尘机用于喷混凝土和装渣时的除尘。

(6)洞内工作人员佩带防尘面罩。

8.7.3 矿山法隧道出渣运输

矿山法隧道出渣运输分无轨运输和有轨运输两种方式,目前常用的是无轨运输。隧道无轨运输一般包括隧道正洞、联络通道、斜井(坡度小于 15%)的装渣、运输及卸渣。无轨运输出渣施工应遵循下列原则:

(1)施工机械与施工方法配套、与合理的进度相适应,多采用挖掘机与装载机配合装车,自卸汽车运渣。

(2)施工机械配套与管理水平相适用,单位的生产能力大于均衡生产能力的 1.2 ～ 1.5 倍。

(3)所有运载车辆不准超载、超重、超宽、超高,运装大体积或长物件料具时应有专人进行指挥,并设置显示界限的警示红色灯。

(4)洞口、车道狭窄的施工场地,设置缓行标志,必要时设置防护人员指挥交通。停放在车辆行车限界的施工设备和机械,应在外缘设置低压红色闪光灯,组成限界显示设施。

(5)施工所产生的废渣、废液均应按国家有关环保法进行处理,不得随意排放和弃置。

8.8 常见问题及预防措施

随着我国城市化进程的飞速发展,地铁在各大、中城市广泛修建,地铁工程对安全质量的要求越来越高。虽然近年来在地下工程的建设中不断加大对施工安全质量的研究和投入,取得了许多宝贵的经验,但安全质量现象仍普遍存在,尤其是在暗挖隧道方面较为严重。矿山法隧道施工前制订预防措施是确保安全质量的关键,在各种常见问题突发前,提前进行预防与治理,保证人员及财产安全。其常见问题及预防措施见表 8-18。

序号	常见问题	原因分析	预防措施
1	隧道坍塌	①自然因素,即工程地质条件和水文地质条件的变化。 ②工程因素,即在平衡稳定或未平衡稳定的土体中修建隧道,引起地质条件的变化。 ③人为因素,即不合理、不适当的设计,不合理、不适当的施工方法	①工程建设周围环境的调查,地铁隧道施工与周围环境互有影响,应在施工前详细调查周围的施工环境。主要的调查项目有地下管线受施工影响的分布情况、周围接近的建筑物及临近施工现场的地表水源情况。调查的重点内容包括施工地铁线路与管线的相对位置关系、管线用途、基础类型及埋深、建筑物的建成年限等。对于施工隧道上方存在供水、雨水及污水管线的,应重点排查是否存在渗漏问题。 ②施工前进行工程地质勘察。隧道地质勘察在设计及施工前都非常重要。矿山法施工时,勘察的重点项目包括表层填土的分布、性质、组成及厚度;围岩的自稳性、性状及密实度;是否在隧道结构范围内存在松散围岩、破碎带、废弃地下工程等,并分析其对施工的影响;有无古河道或引起开挖面突发性涌水的富水型地质。 ③做好超前地质预报工作,这对于矿山法施工是非常重要的。超前地质预报可提前了解并掌握掌子面前方的不良地体位置、产状,前方围岩结构的整体性及含水情况,及时发现异常地质情况。既可提供支护设计的合理参数、正确开挖方法和施工优化方案的依据,还可给施工安全风险预防提供可靠信息,进而做好施工准备,控制施工风险。 ④做好施工监测,考虑地铁隧道施工周围环境复杂,应实时监测施工进程,及时掌握施工过程中的支护结构与围岩作用状态,并及时反馈设计单位与施工单位,防止出现变形过大、坍塌等严重工程事故,确保地铁施工和周围结构物的安全。地铁隧道施工主要监测施工隧道的拱顶沉降、边墙收敛参数,由于地表沉降的监测结果可以直观反映施工中的围岩变形全过程,因此也可将其列为一个重要的监测指标,存在较大危险性的分项工程施工时,应采用自动化监测系统。 ⑤严格控制开挖施工过程,保证施工质量。 ⑥采用台阶法开挖时,严格控制开挖的进尺及台阶步距,上台阶施工完成后及时紧跟下台阶,使初期支护尽早封闭成环。 ⑦开挖过程中加强对爆破施工的管控,根据掌子面围岩变化及时调整爆破施工参数(爆破单孔装药量、炮眼间距、炮眼深度、角度及爆破振动速度的控制),尽量避免扰动软弱破碎围岩。 ⑧严格遵守开挖工序要求;钢架制作、支护施工必须满足设计和规范要求,确保施工质量。 ⑨施工期间应在洞口备有方木、钢架、沙袋等塌方抢险材料,以备急用

序号	常见问题	原因分析	预防措施
2	隧道初期支护沉降变形	①地质条件差,隧道周边土体变形初期速率高,变形趋于稳定的时间长。 ②钢拱架锁脚锚杆(管)打设不规范,拱架未落到实地,导致在初期支护封闭成环后,土体依然发生变形。 ③对于上软下硬地层隧道,在上部土层初期支护完成后,下部硬岩爆破处理过程中,上部支护易受爆破振动影响而发生较大的变形。 ④隧道开挖后,地下裂隙水以隧道掌子面或其他漏水点为漏斗中心向其汇集,从而增大了周边土体对初期支护的压力,造成较大沉降变形。 ⑤隧道设计前,地质勘察不详细,对隧道所在区域的地质情况了解不清,对可能的复杂施工地质情况估计不足,采取类比法进行设计时对不稳定围岩的初期支护缺乏适应性,致使支护参数与围岩变形不相匹配,如锚杆的长度偏短,锚固范围过小,未能达到支护稳定围岩的作用,而最终导致较大变形的发生。 ⑥施工时开挖控制管理不严或测量错误,造成隧道超欠挖严重。超欠挖使隧道表面变得极不平整,超欠挖引起的应力集中超过了允许值,于凹凸处形成局部应力高度集中的弱点,欠挖处的应力可达初始应力值的几倍乃至十几倍,造成隧道初期支护变形较大。 ⑦隧道施工过程中未严格按方案或技术交底施工,出现拱架连接质量不达标、上下台阶错开距离太长及锁脚锚杆(管)打设不规范等工艺问题,也是引起隧道初期支护沉降变形的主要原因	施工过程中加强监控量测,一旦发现较大沉降趋势,应科学分析引起隧道沉降变形的主要原因,针对不同原因,制订相应的预防措施。主要措施如下: ①开挖过程中严格按照设计及规范施工锁脚锚杆(管),拱脚必须坐落在实处,当无法实现时应增加垫板。上台阶施工完成后及时跟进下台阶,使初期支护尽早封闭成环,下台阶底板虚渣及淤泥必须清理干净。 ②加强隧道洞内拱顶沉降及边墙收敛监控量测,发现异常时及时反馈处理,根据现场实际情况制订合理的施工方案,必要时及时施作二次衬砌。 ③当围岩变差、地质情况与设计不符、城市道路动荷载较大及围岩自稳能力差时,应及时与设计单位沟通,对工法及支护参数进行调整,如拱架间距加密、格栅拱架钢筋型号加大、初期支护喷射混凝土厚度增加、超前深孔注浆增加围岩的自稳能力等。 ④针对"上软下硬"地质,上台阶尽量采用人工开挖,当必须爆破时,可采用松动爆破配合人工修边的方法进行开挖,在爆破施工前必须保证上个循环初期支护混凝土的强度达到设计允许值,并控制爆破的角度及装药量,减少爆破对初期支护的影响
3	地表及建筑物沉降	①地质较差,在开挖过程中地下水流失较多。 ②初期支护施工质量较差,导致局部初期支护成环后仍有沉降,引起地表及建筑的沉降。 ③两条隧道左右线中心线距小于或等于3D(D为隧道洞径)时,左右线掌子面错开长度不够,开挖过程中对地层的扰动较大。 ④施工工法不合理,超前加固质量差,施工过程中存在台阶步距较大或拱脚悬空现象。 ⑤每循环开挖进尺较大,且开挖面积大、时间长,掌子面围岩暴露时间较长,未及时锚喷封闭	①严格按照要求组织超前地质预报作业,当围岩变差时及时进行超前注浆加固,初期支护完成后根据渗漏水情况,及时组织初期支护背后注浆及初期支护径向专项堵水注浆,加固隧道周边围岩自稳能力,减少地下水的流失。 ②当两隧道的中心线距小于或等于3D时,两隧道的开挖会有叠加影响。软弱围岩沉降影响范围大,左右线掌子面的开挖距离应控制在15m以上,并尽量采用人工开挖。硬岩段应加强对爆破的控制,减少开挖过程中对围岩的扰动。 ③台阶法是对地表下沉影响较为严重的一种施工方法,为有效控制地表沉降,台阶法开挖应预留核心土。台阶长度应根据地层条件及时调整,必要时上台阶应增设临时仰拱,特殊地段上台阶拱脚处应架设钢支撑,喷混凝土作托梁等。 ④对城市地铁尤其是软弱地层隧道,开挖进尺应尽量减小。每循环进尺应控制在断面开挖宽度的1/10倍以内,并缩短开挖施工工序的衔接时间,减少掌子面暴露的时间,根据现场实际情况及时组织二次衬砌施工。 ⑤其他预防措施详见序号②对应的相关内容

序号	常见问题	原因分析	预防措施
4	二次衬砌外观质量缺陷	①混凝土原材料（水泥、集料）、外加剂及其配合比不符合设计要求，坍落度不符合要求。 ②混凝土在拌制过程中工艺控制不当，混凝土运输时间较长。 ③混凝土浇筑前模板内杂物较多、有积水，浇筑过程中振捣不及时，存在过振或漏振现象。 ④混凝土浇筑施工操作不规范，对大体积混凝土浇筑未能做到分块、分层和连续浇筑。 ⑤混凝土浇筑完成后过早拆模或拆模操作不规范。 ⑥混凝土未按要求进行养护	①按规范要求选用配制混凝土的各种材料，必须严格按照"先检后用"的原则进行把控，对不合格材料应给予退场处理。 ②通过试验确定混凝土的配合比、外加剂品种及用量等。严格控制混凝土的拌制工艺，并随外界条件变化适时进行调整，在施工过程中加强对混凝土各项技术指标的抽查管理。 ③必须保证混凝土的供应和泵送作业的连续性，并保证混凝土等待浇筑的时间满足规范要求。 ④混凝土浇筑前要对模板、支架、钢筋和预埋件等进行自检，应符合设计及规范要求；对模板内杂物、积水和钢筋上的污垢应及时清理并冲洗干净；模板应拼缝严密，模板表面要均匀涂刷脱模剂。 ⑤混凝土浇筑前，应检查混凝土的和易性及坍落度是否满足规范要求。当主体结构采用防水的预拌混凝土时，入泵坍落度宜控制在（16±2）cm，出厂后严禁在现场加水。 ⑥为防止混凝土离析，混凝土浇筑时应做到：控制混凝土的浇筑高度，混凝土浇筑的自由倾落高度应控制在2m以内。 ⑦混凝土应按一定厚度分层浇筑，分层厚度一般不宜超过30cm；振捣必须到混凝土密实为止。对振动器施工的移动间距、插入深度及振捣时间等均需按相关规范要求执行。 ⑧混凝土浇筑应连续进行，如因故间断超过规范标准时间，应按施工缝处理；大体积混凝土浇筑施工缝位置应预先确定（一般设置在结构物受力和变形较小的部位），可采用分段跳仓浇筑方法施工
5	二次衬砌混凝土开裂	①施工不规范，有漏振、过振或欠振现象，导致混凝土不密实、离析。 ②混凝土配合比、水灰比控制不严，掺合料、外加剂添加不当，坍落度不符合要求。 ③混凝土浇筑散热不畅，表里温差过大，造成不均匀收缩；混凝土浇筑完成后未及时养护，使混凝土表面干燥收缩。 ④过早拆模，混凝土未达到设计强度前承受重载。 ⑤后期二次衬砌背后回填注浆压力控制不当	①采用混凝土的最佳配合比，适当控制胶凝材料和水灰比，合理配置混凝土的各种集料，保证集料在混凝土中形成密实骨架。 ②选用合适的外加剂、低水化热水泥，并控制水泥用量，以减少水化热；严格按审定的混凝土配合比和外加剂拌制混凝土。 ③对大体积混凝土浇筑要求做到分层、分块进行，分块和浇筑层厚度合理；混凝土浇筑应尽可能安排在气温较低的夜间进行，混凝土的入模温度根据气温调节。 ④加强混凝土养护工作，在混凝土浇筑完成时，应在收浆后尽快予以覆盖和保湿养护；混凝土养护时间不得少于14d，尽可能做到蓄水养护。当气温在5℃以下时严禁洒水，并采取覆盖保温措施。 ⑤施工期间施工荷载、临时堆载，在混凝土未达到设计强度时不得使结构物承受外载作用及提前拆模。 ⑥加强结构物地基处理，底板基层应确保原状土不受扰动，防止结构发生不均匀沉降。 ⑦在二次衬砌背后回填注浆时，加强对注浆压力的控制，一般控制在0.1～0.3MPa之间，注浆过程中加强对周边的巡查，保证施工的安全

第2篇 地铁区间土建工程

序号	常见问题	原因分析	预防措施
6	二次衬砌混凝土渗漏水	①初期支护支基面处理不到位,浇筑混凝土时,凸起物将防水层损坏。 ②初期支护基面表面有渗漏水点未处理完全就铺设防水板,在二次衬砌混凝土浇筑过程中,渗漏点积水受混凝土挤压易冲破防水板,贯通浇筑的混凝土并带走水泥浆液,形成二次衬砌结构的渗水通道。 ③二次衬砌结构矮边墙施工缝处理不到位,基面凿毛不符合要求,基面清理不干净,夹有浮渣、泥土等杂物,导致新旧混凝土结合不密实,形成漏水通道。 ④施工缝、变形缝止水带安装不正确或有破损,影响止水效果。 ⑤在钢筋绑扎、焊接施工过程中,对防水板局部损坏未及时修补,影响防水效果。 ⑥防水铺设未严格遵守设计规范,搭接处未达到密封要求。 ⑦混凝土浇筑质量问题,如捣固不密实、浇筑不连续形成冷缝、厚度不够或有空洞、养护周期不够等。 ⑧混凝土自身质量问题,如配合比、添加剂的使用存在缺陷等,易使后期混凝土结构出现裂缝。	①按设计和规范要求编制防水混凝土配合比方案并报审;防水混凝土的施工配合比应通过试验确定,并按规定取样试验,其试件的抗渗等级应比设计要求提高一级(0.2MPa)。 ②严格选用配制防水混凝土的水泥、集料、外加剂和掺合料;防水混凝土应采用低水化热水泥,其强度等级不低于42.5级,含碱量(Na₂O)不大于0.6%;集料要求质地均匀坚固,粒径和级配良好,粉煤灰的级别宜选用一级,外加剂的技术性能应符合国家或行业标准的质量要求;防水混凝土必须采用机械搅拌,并确保足够的搅拌时间。 ③应针对防水混凝土运输编制专项方案,对防水混凝土运输过程、运输时间控制提出要求,必须保证及时供应,连续作业;防水混凝土到场后出现离析或当坍落度不符合要求时禁止使用,现场严禁直接加水。 ④在防水板铺设前,加强初期支护基面处理,初期支护基面保证圆顺、平整,无凸凹、尖锐物;加强初期支护背后回填注浆,在二次衬砌防水板施工前初期支护基面无渗漏水,拱顶干燥,仰拱无积水。 ⑤防水板施工过程中,采用无钉铺设,焊缝必须采用爬焊机进行焊接,并保证焊接的质量及焊接的宽度符合要求,在防水板不能采用爬焊机焊接的部位(如拐角处、破损处等),应采用手工焊接牢固。 ⑥钢筋焊接时背后应垫防火隔热板进行隔离,杜绝任何尖锐物直接放在防水板上,在后期施工中加强对成型防水板的保护。 ⑦加强施工缝止水带的安装及混凝土的凿毛,在关模前必须将施工缝的杂物冲洗干净。 ⑧二次衬砌混凝土浇筑时,进料方式分为边墙和拱部两处进料,左右侧边墙应对称进料。为防止浇筑高度过大产生离析现象,二次衬砌台车应适度增加工作窗口及振捣窗口,保证混凝土浇筑均质性、密实性,严禁在拱墙混凝土强度未达到设计强度前进行拆模施工。 ⑨二次衬砌混凝土达到设计强度后及时组织进行二次衬砌背后回填注浆,保证二次衬砌背后的密实

第**9**章 盾构法地铁区间工程

9.1 概 述

自 1823 年布鲁诺尔于英国伦敦的泰晤士河首创水底隧道工程以来,盾构施工技术已有近 200 年的历史。在这近 200 年的风风雨雨中,经过几代人的努力,盾构法已从一种只能在极少数欧美发达国家中应用的特殊技术,发展成为在发达国家中极为普通,在发展中国家中亦逐渐得到应用的隧道施工技术。

盾构机施工主要由稳定开挖面、挖掘及排土、衬砌包括壁后灌浆三大要素组成。其中稳定开挖面是其主要工作原理,也是区别于硬岩掘进机的主要方面。大多数硬岩岩体稳定性较好,不存在开挖面稳定问题。

盾构机是盾构法施工中的主要机械。盾构施工法是在地面下暗挖隧洞的一种施工方法,它使用盾构机在地下掘进,在防止软基开挖面崩塌或保持开挖面稳定的同时,在机内安全地进行隧洞的开挖和衬砌作业。其施工过程需先在隧洞某段的一端开挖竖井或基坑,将盾构机吊入安装,盾构机从竖井或基坑的墙壁开孔处开始掘进,并沿设计洞线推进,直至到达洞线中的另一竖井或隧洞的端点。

盾构机,全名称盾构隧道掘进机,是一种隧道掘进的专用工程机械,现代盾构掘进机集光学、机械、电子、液压、传感、信息技术于一体,具有开挖切削土体、输送土渣、拼装隧道衬砌、测量导向纠偏等功能,涉及地质、土木、机械、力学、液压、电气、控制、测量等多门学科技术,按照不同地质进行"量体裁衣"式的设计制造,可靠性要求极高。盾构机已广泛用于地铁、铁路、公路、市政、水电等隧道工程。

用盾构机进行隧洞施工,具有自动化程度高、节省人力、施工速度快、一次成洞、不受气候影响、开挖时可控制地面沉降、减少对地面建筑物的影响和在水下开挖时不影响水面交通等特点,在隧洞洞线较长、埋深较大的情况下,用盾构机施工更为经济合理。

盾构机的基本工作原理,是一个圆柱体的钢组件沿隧洞轴线边向前推进边对土壤进行挖掘。该圆柱体组件的壳体即护盾,它对挖掘出的还未衬砌的隧洞段起着临时支撑的作用,承受周围土层的压力,有时还承受地下水压并将地下水挡在外面。挖掘、排土、衬砌等作业在护盾的掩护下进行。

盾构机根据其适用土质及工作方式的不同主要分为压缩空气式、泥水式、土压平衡盾构机等不同类型。泥水式盾构机通过加压泥水或泥浆(通常为膨润土悬浮液)来稳定开挖面,其刀盘后面有一个密封隔板,与开挖面之间形成泥水室,里面充满泥浆,开挖土料与泥浆混合由泥浆泵输送到洞外分离厂,经分离后泥浆重复使用。土压平衡盾构机是把土料(必要时添加泡沫等对土壤进行改良)作为稳定开挖面的介质,刀盘后隔板与开挖面之间形成泥土室,刀盘旋转开挖使泥土料增加,再由螺旋输料器旋转将土料运出,泥土室内土压可由刀盘旋转开挖速度和螺旋输出料器出土量(旋转速度)进行调节。

9.2 盾构设备及其分类

盾构机是一个具备多种功能的综合性设备,它集合了隧道施工过程中的开挖、出土、支护、注浆、导向等全部功能,盾构施工过程也就是这些功能合理运用的过程。盾构机在结构上包括刀盘、盾体、人舱、螺旋输送机、管片安装机、管片小车、皮带机和后配套拖车等,在功能上包括开挖系统、主驱动系统、推进系统、出渣系统、注浆系统、油脂系统、液压系统、电气控制系统、自动导向系统及通风、供水、供电系统、有害气体检测装置等。

由于盾构法施工隧道得到广泛应用,从 20 世纪 60 年代以来盾构技术发展极快。为适应各种不同的土质,盾构机的种类繁多,按其适用地层、构造特点和开挖方法等不同,主要有以下分类方式:

(1)按掘削地层分类

硬岩盾构机(TBM)、软岩盾构机、软土盾构机、硬岩软土盾构机(复合盾构机)。

(2)按盾构机横截面形状分类

半圆形、圆形、椭圆形、马蹄形、双圆搭接形、三圆搭接形、矩形。

(3)按盾构机横截面尺寸分类

超小型盾构 $\phi < 1m$;

小型盾构 $3.5m \geqslant \phi \geqslant 1m$;

中型盾构 $6m \geqslant \phi > 3.5m$;

大型盾构 $14m \geqslant \phi > 6m$;

超大型盾构 $18m \geqslant \phi > 14m$;

特大型盾构 $\phi > 18m$。

(4)按掘削面的加压平衡方式分类

外加支承式、气压式、泥水式、土压式。

9.3 地 质 补 勘

为进一步查明盾构区间沿线地质情况,施工前应对地质资料进一步核对,并进行地质补充钻探和物探等工作,为盾构安全、顺利施工和采取相应技术措施提供可靠的依据。

9.3.1 布孔原则

地质补勘孔的布置应考虑在以下地段布孔:沿线岩土分层界线起伏变化超过 5m(尤其在隧道洞身范围内),可能含有承压水地段,盾构始发端、到达端位置和联络通道位置,基岩上浮地段原勘探孔距超过,0m 的地段,原勘探孔距超过 50m、地层有一定变化的地段,部分钻孔没有穿过隧道底板的地段,计划作为更换刀具的位置,过重要建(构)筑物地段以及需要桩基处理位置,可能存在孤石的地段,可能存在土洞、溶洞等地段,有必要的地段等。

9.3.2　技术要求

（1）进一步查明工程范围内岩土层的类型、深度、分布、物理力学性质，分析和评价地层的稳定性、均匀性等。

（2）查明原勘察中未查明的不良地质现象的特征和分布。

（3）查明不良地质现象对盾构施工有无直接危害和潜在威胁，划分对盾构施工有利、不利和危险的地段，并对地层进行综合工程地质评价。

（4）探明地下水埋藏条件、类型、水质的侵蚀性和地下水变化幅度等。

（5）提供钻孔平面布置图、工程地质剖面图、地质柱状图、试验成果表等成果资料。

9.3.3　补充地质勘探方法

一般情况下，补充地质勘探采用地质钻探的方法；特殊情况下，可采用地质雷达探测、高密度电阻率法、电磁波深孔 CT 法等勘探方法。

9.4　盾构选型及配置

9.4.1　概述

目前，盾构法隧道的施工技术在世界许多国家不断得到发展，但在推广与应用上出现了一些施工事故，这些事故的发生 80% 以上是因盾构的选型失误所引起，不仅影响了整个工程的工期，还造成了极大的经济损失和不必要的人员伤亡。盾构机是根据工程地质、水文地质、地貌、地面建筑物及地下管线和构筑物等具体特征来量身定做的，不同于常规设备，其核心技术不仅仅是设备本身的机电工业设计，还在于设备如何适用于各类工程地质。盾构施工的成功率，主要取决于盾构的选型，取决于盾构机是否适应现场的施工环境。盾构选型的正确与否决定着盾构施工的成败。

1）盾构的类型

盾构的类型是指与特定的盾构施工环境，特别是与特定的基础地质、工程地质和水文地质特征相匹配的盾构种类。根据施工环境，隧道掘进机（包括盾构机和硬岩掘进机）分为软土盾构机、硬岩掘进机（即通常所说的 TBM，主要用于山岭隧道）、复合盾构机三类。软土盾构机的主要特点是刀盘仅安装切削软土用的切刀和刮刀，无须滚刀。复合盾构机是指既适用于软土，又适用于硬岩的一类盾构机，主要用于既有软土又有硬岩的复杂地层施工。复合盾构机的主要特点是刀盘既安装有用于主切削的切刀和刮刀，又安装有破碎硬岩的滚刀，或安装有破碎砂卵石和漂石的撕裂刀。

2）盾构的机型

盾构的机型是指根据不同的工程地质和水文地质条件，盾构机所采用的最有效的开挖面支护形式。盾构机按支护地层的形式主要分为自然支护式、机械支护式、压缩空气支护式、泥水支护式、土压平衡支护式五种机型。根据这个定义，盾构机的机型主要有敞开式盾构机（采用自然支护式和机械支

205

护式）、压缩空气盾构机（压缩空气支护式）、泥水平衡盾构机（泥水支护式）和土压平衡盾构机（土压平衡支护式）等四种。目前，敞开式盾构机和压缩空气盾构机已基本被淘汰。

3）盾构的形式

盾构的形式涉及盾构机操作模式。不论是适用于单一软土地层的软土盾构机，还是适用于复杂地层的复合盾构机，都包含有土压平衡盾构机和泥水平衡盾构机两种机型。盾构机的形式是指盾构机的类型和机型，是在施工前决定的，而操作模式则是在施工过程中根据具体的施工环境由操作人员实时决定的。

9.4.2 盾构选型的原则

盾构选型是盾构法隧道能否安全、环保、优质、经济、快速建成的关键工作之一。盾构选型应从安全适应性（也称可靠性）、技术先进性、经济性等方面综合考虑，所选择的盾构形式要能尽量减少辅助施工法并确保开挖面稳定和适应围岩条件，同时还要综合考虑以下因素：

（1）可以合理使用的辅助施工法，如降水法、气压法、冻结法和注浆法等。

（2）满足本工程施工隧道长度和线形的要求。

（3）后配套设备、始发设施等能与盾构的开挖能力配套。

（4）盾构的工作环境。

不同形式的盾构机所适应的地质范围不同。盾构选型总的原则是安全性、适应性第一位，首先确保盾构法施工的安全可靠；在安全可靠的情况下再考虑技术的先进性，即技术先进性第二位；然后再考虑盾构机的价格，即经济性第三位。盾构施工时，施工沿线的地质条件可能变化较大，在选型时一般选择适合于施工区大多数围岩的机型。

盾构选型时主要遵循下列原则：

（1）应对工程地质、水文地质有较强的适应性，首先要满足施工安全的要求。

（2）安全适应性、技术先进性、经济性相统一，在安全可靠的情况下，考虑技术先进性和经济合理性。

（3）满足隧道外径、长度、埋深、施工场地、周围环境等条件。

（4）满足安全、质量、工期、造价及环保要求。

（5）后配套设备的能力与主机配套，生产能力与主机掘进速度相匹配，同时具有施工安全、结构简单、布置合理和易于维护保养的特点。

（6）盾构制造商的知名度、业绩、信誉和技术服务。

根据以上原则，对盾构的形式及主要技术参数进行研究分析，以确保盾构法施工的安全、可靠，选择最佳的盾构施工方法和选择最适宜的盾构机。盾构选型是盾构法施工的关键环节，直接影响盾构隧道的施工安全、施工质量、施工工艺及施工成本。为保证工程的顺利完成，对盾构的选型工作应非常慎重。

9.4.3 盾构选型的依据

盾构选型应以工程地质、水文地质为主要依据，综合考虑周围环境条件、隧道断面尺寸、施工长度、埋深、线路的曲率半径、沿线地形、地面及地下构筑物等环境条件，以及周围环境对地面变形的控制要求的工期、环保等因素，同时参考国外已有盾构施工实例及相关的盾构技术规范、施工规范及相

关标准,对盾构类型、驱动方式、功能要求、主要技术参数以及辅助设备的配置等进行研究。选型时的主要依据如下:

(1)工程地质、水文地质条件:颗粒分析及粒度分布,单轴抗压强度,含水率,砾石直径,液限、塑限,黏聚力 c,内摩擦角 φ,土粒相对密度、孔隙率、孔隙比,地层反力系数,压密特性,弹性波速度,孔隙水压,渗透系数,地下水位(最高、最低、平均),地下水的流速、流向,河床变迁情况等。

(2)隧道长度、隧道平纵断面及横断面形状和尺寸等设计参数。

(3)周围环境条件:地上及地下建(构)筑物分布,地下管线埋深及分布,沿线河流、湖泊、海洋的分布,沿线交通情况、施工场地条件,气候条件,水电供应情况等。

(4)隧道施工工程筹划及节点工期要求。

(5)宜用的辅助工法。

(6)技术经济比较。

9.4.4　盾构选型主要步骤

(1)在对工程地质、水文地质条件、周围环境、工期要求、经济性等充分研究的基础上选定盾构的类型,对敞开式、闭胸式盾构机进行比选。

(2)如确定选用闭胸式盾构机,则根据地层的渗透系数、颗粒级配、地下水压、环保、辅助施工方法、施工环境、安全等因素对土压平衡盾构机和泥水平衡盾构机进行比选。

(3)根据详细的地质勘探资料,对盾构机各主要功能部件进行选择和设计(如刀盘驱动形式,刀盘结构形式、开口率,刀具种类与配置,螺旋输送机的形式与尺寸,沉浸墙的结构设计与泥浆门的形式,破碎机的布置与形式,送泥管的直径等),并根据地质条件等确定盾构机的主要技术参数。盾构机的主要技术参数在选型时应进行详细计算,主要包括刀盘直径,刀盘开口率,刀盘转速,刀盘扭矩,刀盘驱动功率,推力,掘进速度,螺旋输送机功率、直径、长度,送排泥管直径,送排泥泵功率、扬程等。

(4)根据地质条件选择与盾构掘进速度相匹配的盾构后配套施工设备。

9.4.5　盾构形式的选择

在选择盾构形式时,最重要的是要以保持开挖面稳定为基点进行选择。为了选择合适的盾构形式,除对土质条件、地下水进行调查以外,还要对用地环境、竖井周围环境、安全性、经济性进行充分考虑。

近几年以来,出现很多由竖井或渣土处理而影响盾构形式选择的实例。另外,施工经验也成为盾构选型的重要因素。因此,在选型时,有必要邀请具有制造同类盾构机经验的国内外知名盾构机制造商进行技术交流;可邀请国内盾构隧洞设计、科研、施工方面的专家进行选型论证和研究,并应参照类似工程的盾构选型及施工情况。目前地铁施工中主要用到土压平衡盾构机与泥水平衡盾构机这两种。

1)土压平衡盾构机

土压平衡盾构机主要适用于粉土、粉质黏土、淤泥质粉土、粉砂层等黏稠土壤的施工,在黏性土层中掘进时,由刀盘切削下来的土体进入土仓后由螺旋输送机输出,在螺旋输送机内形成压力梯降,保持土仓压力稳定,使开挖面土层处于稳定。盾构机向前推进的同时,螺旋输送机排土,使排土量等于开挖量,即可使开挖面的地层始终保持稳定。排土量通过调节螺旋输送机的转速和出土闸门的开度予以控制。

当含砂量超过某一限度时,泥土的流塑性明显变差,土仓内土体因固结作用而被压密,导致渣土难以排送,需向土仓内注水、泡沫、泥浆等添加材料,以改善土体流塑性。在砂性土层施工时,由于砂性土流动性差,砂土摩擦力大、渗透系数高、地下水丰富等原因,土仓内压力不易稳定,须进行渣土改良。

根据以上分析,土压平衡盾构机主要分为两种:一种是适用于含水率和粒度组成比较适中,开挖面土沙可直接流入土仓及螺旋输送机内,从而维持开挖面稳定的土压式盾构机;另一种是对应于砂粒含量较多而不具有流动性的土质,需通过水、泡沫、泥浆等添加材料使泥土压力可以很好地传递到开挖面的加泥式土压平衡盾构机。

土压平衡盾构机根据土压力的状况进行开挖和推进,通过检查土仓压力不但可以控制开挖面的稳定性,还可以减少对周围地基的影响。土压平衡盾构机一般不需要实施辅助工法。

加泥式土压平衡盾构机可以适用于冲积砂砾、砂、粉土、黏土等固结度比较低的软弱地层,洪积地层以及软硬不均地层;在土质方面的适用性最为广泛。但在高水压下(大于 0.3MPa),仅用螺旋输送机排土难以保持开挖面的稳定性,还需安装保压泵或进行切削土的改良。

2)泥水平衡盾构机

泥水平衡盾构机通过施加略高于开挖面水土压力的泥浆压力来维持开挖的稳定。除泥浆压力外,合理选择泥浆的状态也可增加开挖面的稳定性。泥水平衡盾构机比较适合于河底、江底、海底等高水压条件下的隧道施工。

泥水平衡盾构机使用送排泥泵通过管道从地面直接向开挖面进行送排泥,开挖面完全封闭,具有高安全性和良好的施工环境,既不对围岩产生过大的压力也不会受到围岩压力的反压,对周围地基影响较小,一般不需辅助施工。特别是在开挖断面较大时,控制地表沉降方面优于土压平衡盾构机。

泥水平衡盾构机适用于冲积形成的砂砾、砂、粉砂、黏土层、弱固结的互层以及含水率高开挖面不稳定的地层,洪积形成的砂砾、砂、粉砂、黏土层以及含水率很高固结松散易于发生涌水破坏的地层。但对于难以维持开挖面稳定性的高透水地层、砾石地层,有时也考虑采用辅助工法。

根据控制开挖面泥浆压力方式的不同,泥水平衡盾构机有两种:一种是日本体系的直接控制型,另一种是德国体系的间接控制型(即气压复合控制型)。直接控制型的泥水仓为单仓结构形式,间接控制型的泥水仓为双仓结构,前仓称为开挖仓,后仓称为气垫调压仓,开挖仓内完全充满受压的泥浆后平衡外部水土压力,开挖仓内的受压泥浆通过沉浸墙的下面与气垫仓相连。

隧道开挖过程中,直接控制型泥水平衡盾构机开挖仓内的泥水压力波动较大,一般在 $\pm(0.5 \sim 1.0) \times 10^5 Pa$ 之间变化。

间接控制型泥水平衡盾构机的气垫调压仓通过压缩空气系统精确地进行控制和调节压力,开挖仓内的压力波动较小,一般为 $\pm(1 \sim 2) \times 10^4 Pa$,泥浆管路内的浮动变化被准确、迅速平衡,降低了外界压力的变化对开挖面的稳定造成的影响。

9.5 盾构隧道端头加固

盾构始发和到达时,工作面将处于开放状态且持续时间较长,工作面的稳定与否直接影响盾构始发和到达安全。对始发和到达端头地层加固,并确保加固效果满足设计和规范要求,防止出现工作面涌泥、涌沙,甚至坍塌等情况的发生,确保盾构施工安全顺利。

9.5.1　端头加固方案设计

盾构端头加固体的强度、均匀性及止水性是施工控制的三个重要方面。加固效果应满足洞门破除后加固体能有效抵挡洞门处水土压力,有一定的强度、整体性和自稳能力,且能有效封堵地下渗水。端头土体加固方案设计应在对地质条件、地面环境和地下管线详细调查了解的基础上,充分考虑场地条件施工工期等要求,经技术、经济比较后确定安全可靠的加固方案。在加固方案的选择上,不论采用哪种方案进行加固,一定要考虑在加固体和围护结构之间设孔注浆,以封堵加固体与围护之间的施工空隙,封堵可能存在的来水通道。

9.5.2　端头加固范围

为保证洞门破除的安全和盾构始发进入加固体(或到达时破开洞门)时端头土体的自稳性和水稳性,盾构始发和到达端头需进行加固处理,其加固范围一般为隧道上下左右各 3m,加固长度始发端头为盾构机盾尾完全进入帘布橡胶板时盾构机全部在加固体并且至少还有 2m 在加固体内,到达端头为盾构机破开土体露出刀盘时盾构机已经进入加固体 2m。同时要求在加固体与围护结构之间设置一排注浆孔,在盾构始发前,需进行压密注浆,封堵可能产生的施工空隙。

9.5.3　端头加固方法

目前常见的端头加固方法主要有注浆法、深层搅拌桩、高压旋喷桩、SMW 工法、冻结法、素混凝土地下连续墙(钻孔灌注桩)以及降低地下水位等工法,各工法见表 9-1。

端头加固工法汇总表

表 9-1

工法名称	简　述	工法特点	适用范围
SMW 工法	通过深层搅拌机器搅拌均匀,使水泥类悬浊液在原地层中与土体反复均匀混合,并根据一定间隔插入 H 型钢或板桩等作为加强基材,待水泥土固结后形成复合连续挡土墙	①对周围地基影响小,对邻近土体扰动较小; ②止水性高; ③环境污染小	适用于黏性土、砂性土以及砂砾石等地层中施工
高压旋喷	有单重管、二重管、三重管以及近几年出现的多重管法,在地基加固、提高地基承载力、改善土质进行护壁、挡土、隔水等起到很好的作用	①可指定加固某一深度的土层; ②可对渗透系数很小的细颗粒土层(如淤泥地层)进行灌浆加固; ③在间距狭小处可施工; ④结合定喷法,可有效形成垂直向、水平向或封闭式隔水墙; ⑤使用方便,移动灵活	适用于砂土、黏性土、淤泥土及人工填土等土质
深层搅拌桩	通过深层搅拌机器搅拌均匀,使水泥类悬浊液在原地层中与土体反复均匀混合,水泥固结后,形成水泥土加固体	①固化桩与原地基构成复合地基,改善承载力和变形模量; ②能自立支护挡土; ③桩体连接成壁后有隔水帷幕作用; ④施工中无振动,无噪声,无污染,对周边建(构)筑物和地下管线影响小; ⑤施工机具简单,操作方便,造价低	适用于黏性土、砂性土以及砂砾石等地层中施工

工法名称	简　述	工法特点	适用范围
降水法	人工降低地下水位是在施工范围内埋设一定数量的滤水管（井），用抽水设备抽取井内水，降低地下水位到有利工程施工的高程，在过程中保持不间断抽水，使工作面土体始终保持干燥，从根本上防止流沙现象发生，同时动水压力减少或消除，土体竖直面更为稳定	①盾构工作井施工中，防止井内涌泥或产生流沙；②盾构隧道施工中，稳定开挖面土体，防止盾尾漏泥漏水；③井点降水尤其适用盾构始发和接收施工	适用土层为粉砂、砂质粉土、粉质黏土
冻结法	当用其他方法难以达到稳定开挖面土体时，采用冻结法可取得较好的效果，可使不稳定的含水地层能形成强度很高的冻土体，形成完整的防水屏蔽，起到隔水和挡土墙的作用	①冻土帷幕的形状和强度可视施工现场条件、地质条件灵活布置和调整，冻土强度可达 5～10MPa，能有效提高工效；②冻结法是一种环保型工法，对周围环境无污染，无异物进入土壤，噪声小，冻结束后，冻土墙融化，不影响建筑物周围地下结构；③冻结法用于桩基施工或其他工艺平行作业，能有效缩短工期	通常，当土体的含水率大于 2.5%、地下水含盐量不大于 3%、地下水流速不大于 40m/d 时，均可适用常规冻结法，当土层含水率大于 10% 和地下水流速不大于 7～9m/d 时，冻土扩展速度和冻结体形成的效果最佳
注浆法	在地基加固、提高地基承载力、改善土质进行护壁、挡土、隔水等起到很好的作用	根据地层情况（砂层或淤泥质土），可在一根注浆管内采用不同的材料，选择不同注浆参数进行注浆作业，注入方向可随工程情况调整	适用于砂土、黏性土、淤泥土及人工填土等土质

9.5.4 检查方法

（1）取芯位置的选取。以咬合最薄弱、地层环境差、施工困难的位置为原则，取芯数量不宜少于总桩数的 2%。取芯钻进采用地质钻机，开孔孔径 120mm；钻进方式采用优质泥浆护壁，回转钻进，连续钻取全桩长范围内的桩芯，桩芯应尽可能完整，芯样的采集率大于 90%。

（2）加固体强度检验指标。加固后的土体应具有良好的均匀性、自稳性。观察桩芯是否呈硬塑状态并无明显夹泥、夹砂断层。如取出桩芯呈硬塑状态则为不合格；如为可塑状态则质量欠佳，应作综合分析。取样的桩芯的无侧限抗压强度 $Q_u \geqslant 0.8MPa$。

（3）加固体抗渗性检验指标。采用观测洞门水平孔的渗流的方法进行检测。先剔除洞门表面不稳定的网喷混凝土块，然后用风钻钻 9 个观测孔，孔径 8cm，钻深为 2～3m。每孔的流水不超过 30L/h（通过观测流水不成线）。端头加固体的渗透系数小于 $1 \times 10^{-8}mm/d$。

9.6 盾构运输吊装

9.6.1 盾构解体吊装作业流程

盾构解体吊装作业流程如图 9-1 所示。

洞门注浆、清理中前盾 → 盾构机完全上托架 → 盾构机平移到洞口

吊出场地准备 → 起重吊装设备进场组装调试 → 盾构机完成上托架

台车清理、油管拆除和电路拆除及台车断开成节、防护、水管拆除、

洞口铺轨使渣车底盘到位

电瓶车、台车轨道外延

吊出盾尾 → 吊出工作平台 → 吊出螺旋输送机 → 吊出拼装机 → 吊出刀盘 → 吊装中盾 → 吊装前盾 → 吊出连接桥架 → 依次吊出1、2、3、4、5号台车

装车、运输

拆卸、平移

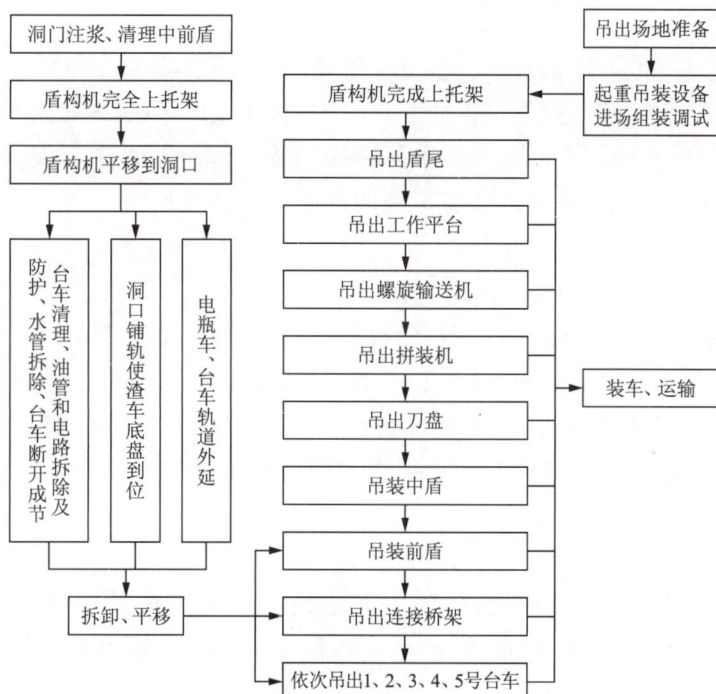

图 9-1 盾构解体吊装作业流程图

9.6.2 盾构解体吊装步骤

（1）在盾构机贯通前 10d 左右，清理车站底板，铺设接收托架并定位，调整好托架的高程及中线，对托架进行加固。

（2）接收前一周开始对洞门进行破除，割除钢筋，将渣土块及钢筋清理干净，完成后及时安装橡胶止水帘布、扇形压板。

（3）盾构机主机接收零环拼装完毕后，注浆时保证洞门注浆饱满（如无法同步注浆则采用二次注浆），盾构机主机上托架并推到最前端。

（4）用单、双轨梁将连接桥架、车挡、楼梯等拆下，以上构件放在渣车底盘上拉到始发井口吊上地面；电动葫芦配合拆卸 1 号台车前车挡、楼梯、连接桥架；管片拼装机抓举头停于正下方，所有油缸收回；螺旋输送机前后闸门关闭；铰接油缸及推进油缸全部缩回；同步注浆系统清理干净；土仓内和螺旋输送机及皮带机所有泥土尽量排干净；双梁葫芦停于工作平台下。

（5）双轨梁加固支撑到管片车上面（在桥架前面预先留两个管片车，一个支护桥架，一个放螺旋输送机用），桥架与主机连接的所有电路、油管、油脂管、水管、泡沫管拆除并防护，确定所有管路都断开并防护好后断开桥架与主机的连接，然后将台车和桥架向后拉 10m，随后可以着手开始拆台车管路并分离各节台车。

（6）在井口接收托架上放置槽钢并铺轨，用电瓶车将 1 号台车和双轨梁拖入盾构机接收井口，将台车和双梁分开。由于双梁长度很长，直接吊装净空尺寸不够，必须在洞内吊起后采用转向的方法，将双轨梁吊上地面。

（7）认真阅读拆卸方案及有关技术资料，核对构件的空间就位尺寸和相互之间的关系，掌握结构的长度、宽度、高度、重量、型号、数量等，主要构件的重量及构件间的连接方法。

（8）掌握吊装场地范围内的地面、地下、高空及周边的环境情况。

（9）了解已选定的起重、运输及其他机械设备的性能及使用要求并进行试车。

（10）吊装设备选择。

由于盾构机尺寸大、重量重、盾构机需要分件吊装。一般采用起重量不低于260t的吊机作主吊机，单独将盾构机大件吊起，用起重量不得低于90t的吊机作辅助吊机，配合主吊汽车起重机进行刀盘、前盾等大件的翻身、吊装工作。凡不影响运输和吊装工作的零部件，应连同各自的台车运输、吊装（必须做好固定的工作）；凡对吊装有影响的台车零部件应拆下，在该车吊至车上后，把部件安装好。

吊车质量为210t，前盾质量为97t，合计307t。

吊车支撑铺垫钢板面积按履带吊车计算（钢板尺寸2m×2m）：$2 \times 2 \times 4 = 16m^2$

地基承载力：$3070kN/16m^2 = 191.9kN/m^2 = 1.92MPa$，该地基承载力可通过钢板均匀扩散至深层地基土上。起吊时对地基承载力要求为1.92MPa，而一般地铁车站端头为原加固体上部且后期又进行过高压旋喷和压密注浆加固，考虑1.5的安全系数，起吊时地基要满足要求。

（11）钢丝绳的选用。

盾构机的前盾、中盾、盾尾有4个吊点，刀盘有2个吊点。

盾构机的前盾、中盾、盾尾钢丝绳的选用按盾构机最重的前盾（质量为97t）考虑，采用4个吊点，每吊点为24.25t，选用抗拉强度为$170kg/mm^2$、$D=65$的6×37钢丝绳，其破断拉力为2665kN。安全系数$K = 2665/242.5 = 11$，满足施工要求。

（12）卸扣的选用。

卸扣的选用按盾构机最重的前盾（质量为97t）考虑，采用4个吊点，每吊点为24.25t，选用美式弓形2.5英寸卸扣，卸扣材料为经锻造及调质热处理的合金钢轴，美式弓形2.5英寸卸扣安全负荷为550kN＞242.5kN，满足施工要求。

（13）盾构大件翻身方法。

吊车平稳地将构件从井下吊到地面后，需采用抬吊方式翻身构件进行吊装。主吊把构件吊至3～5m高时（依据构件具体尺寸而定），此时副吊吊住构件的尾部，然后构件头部的主吊缓慢下钩，使构件水平，两台吊车同时缓缓把构件放在地面上（图9-2）。

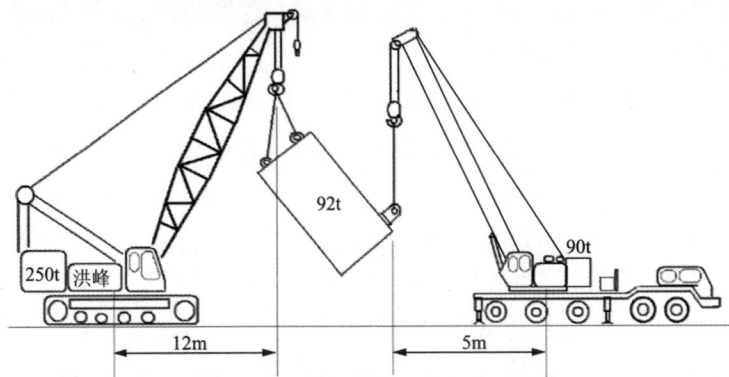

图9-2 刀盘、前盾、中盾等大件翻身示意图

注：250t履带吊与90t汽车吊给前盾、中盾翻身

（14）盾构机解体、吊装方法与技术措施。

以小松盾构机为例，说明盾构解体吊装过程。

①吊装盾尾上半部分（图9-3）

采用起重量不小于90t的起重机把盾尾上半部分水平吊起。

②吊装螺旋输送机（图9-4）

把螺旋输送机推到需要吊点位置，采用起重量不小于90t的起重机按螺旋输送机的自身前后两吊点,调节倒链使螺旋输送机按角度 23° 吊起来,吊至地面上,再缓缓放下。

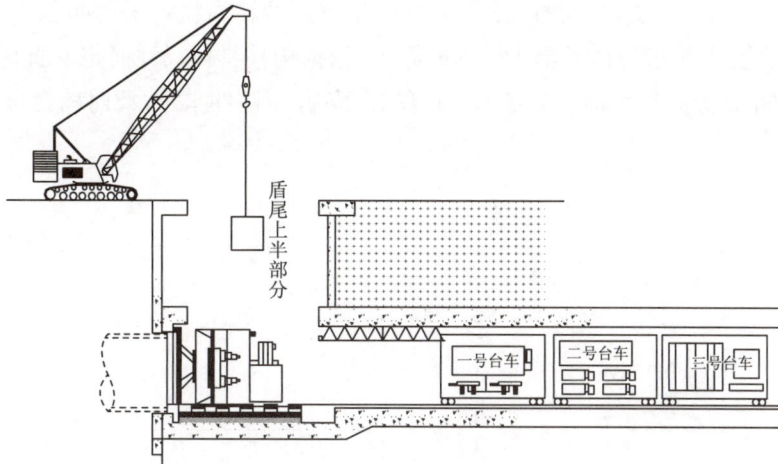

图 9-3　盾尾上半部吊装示意图

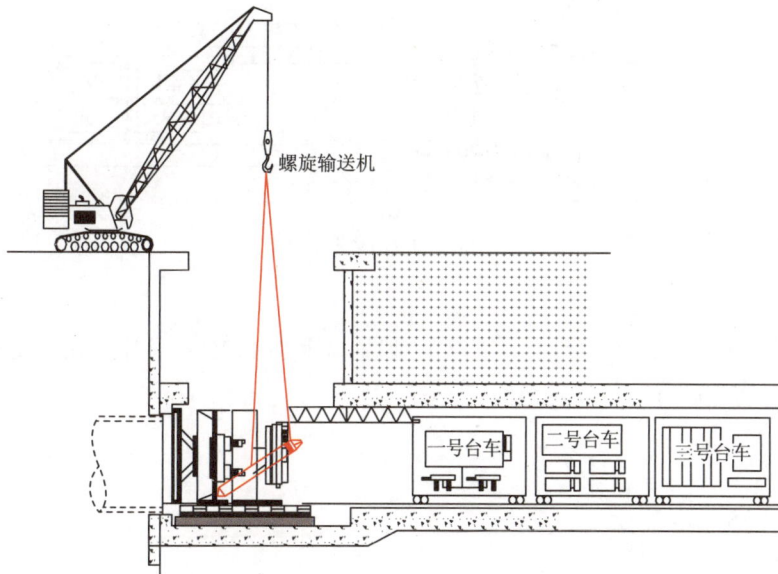

图 9-4　螺旋输送机吊装示意图

③吊装盾尾下半部分(图 9-5)

采用起重量不小于 90t 的起重机将盾尾下半部分水平吊起。

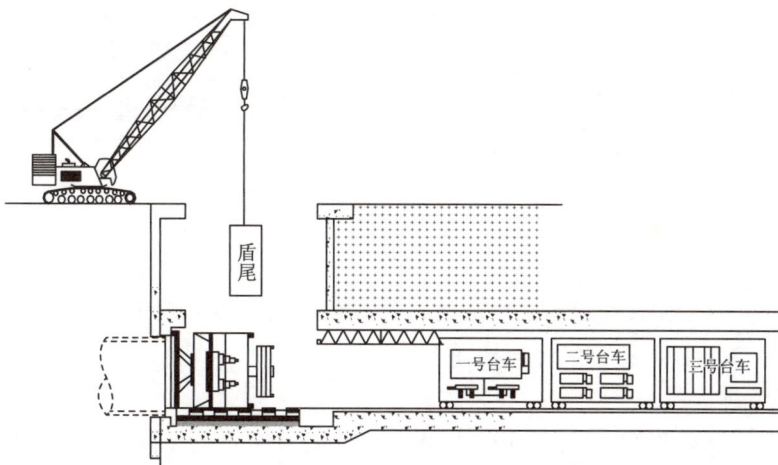

图 9-5　盾尾下半部分吊装示意图

④吊装刀盘（图 9-6）

刀盘包括刀具和回转接头。刀盘起吊需采用抬吊方式翻转刀盘。采用起重量不小于 260t 的起重机将刀盘竖直吊稳，主吊把吊件吊至 3 ～ 5m 高时（依据构件具体尺寸而定），此时副吊（起重量不小于 90t）吊住构件的尾部，然后构件头部的主吊缓慢下钩，使构件水平，此时两台吊车同时缓缓把构件放在地面上。

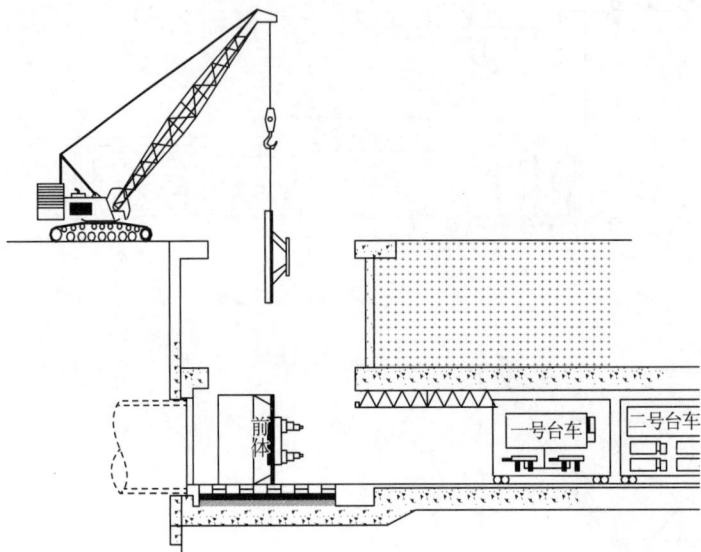

图 9-6　刀盘吊装示意图

⑤吊装中盾（图 9-7）

中盾包括推进千斤顶、铰接千斤顶。用主吊（起重量不小于 260t）将中盾吊上地面后，副吊（起重量不小于 90t）协助翻身后将构件放入地面。

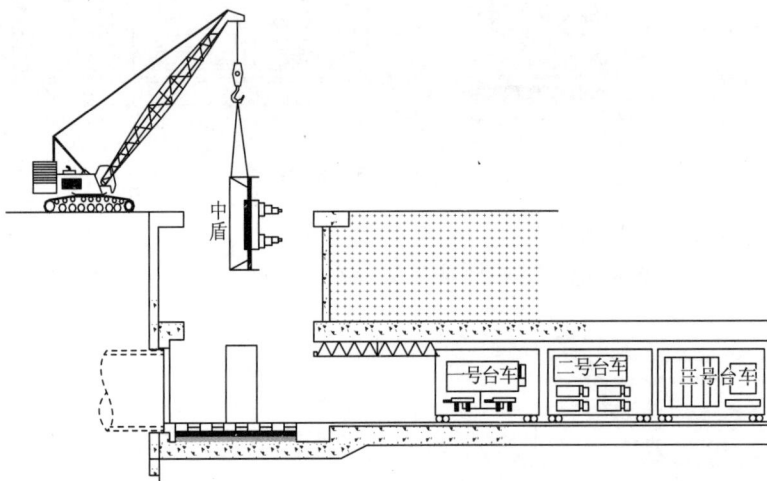

图 9-7　中盾吊装示意图

⑥吊装前盾（图 9-8）

前盾包括刀盘驱动、人闸、螺旋输送机接头。采用起重量不小于 260t 的起重机把前盾缓缓吊起，副吊（起重量不小于 90t）配合把刀盘吊至地面上。

⑦吊装双轨梁（图 9-9）

为了保持双轨梁的平衡，防止侧翻，用工字钢支护在管片车上。在吊装前，割掉工字钢，随后将双梁吊起。

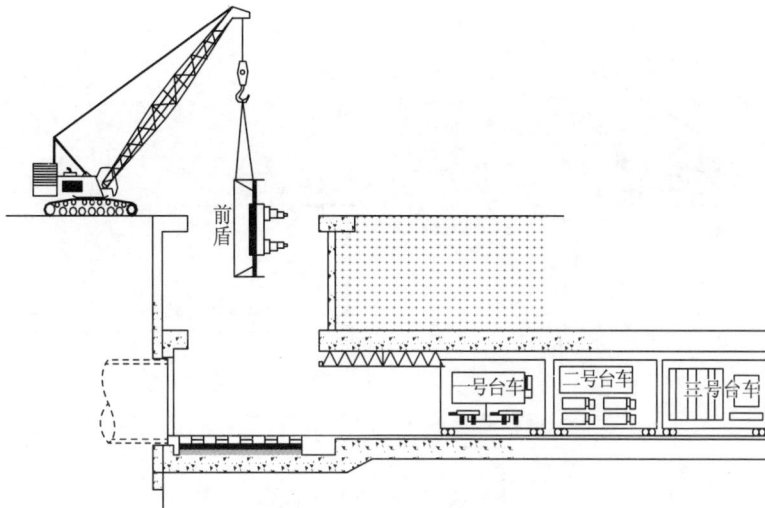

图 9-8　前盾吊装示意图

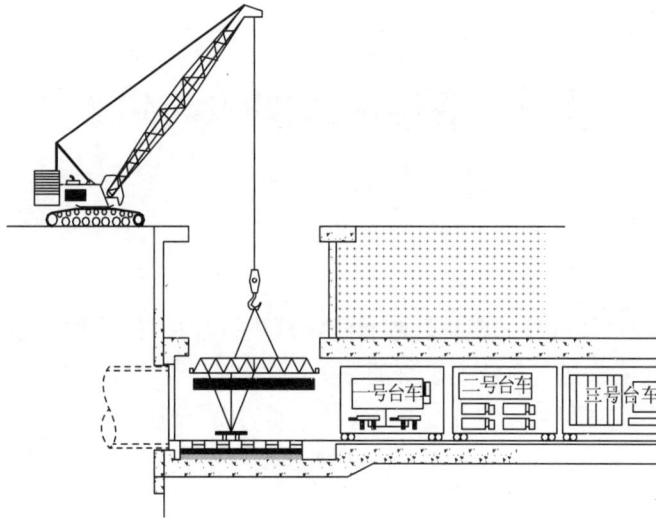

图 9-9　双轨梁吊装示意图

⑧吊装台车和托架（图 9-10、图 9-11）

采用起重量不小于 90t 的起重机依次吊出 1 ~ 5 号台车，之后吊出接收托架。

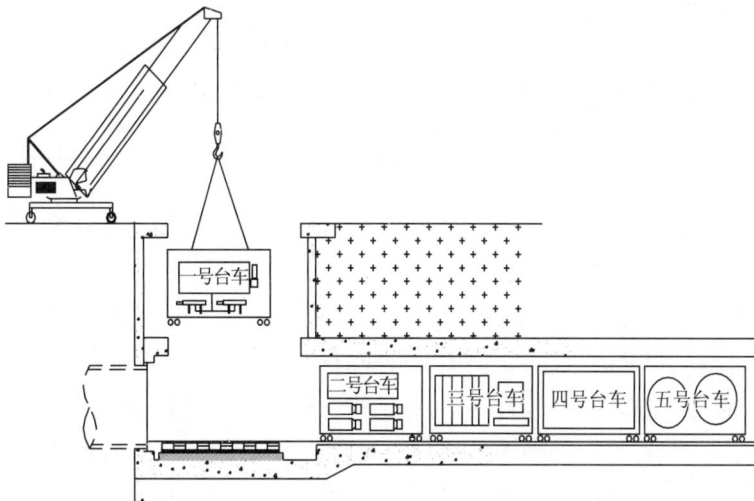

图 9-10　台车吊装示意图

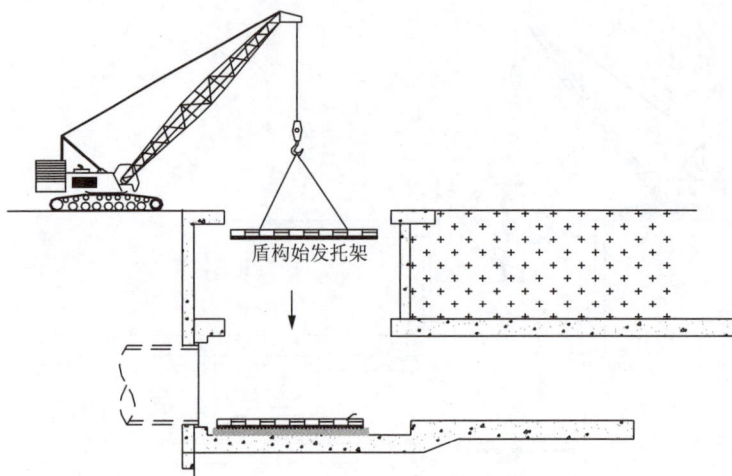

图 9-11　收托架吊接示意图

9.7　盾构调试、始发与到达

9.7.1　概述

（1）盾构机下井组装与调试作业应按计划有组织地进行，以确保盾构下井组装与调试有序、快速安全，并为盾构始发和正常掘进提供状态良好的施工设备。

（2）盾构始发是盾构施工的关键环节之一，也是重要的安全风险源，盾构始发应按设计轴线推进，控制好盾构姿态并确保盾构始发安全顺利，防止出现盾构下沉、"栽头"等情况及洞门坍塌，涌泥、涌沙等风险。

（3）盾构接收安全风险大，是盾构施工的关键环节之一。盾构施工中加强隧道线形、盾构参数和姿态控制，以及地面沉降控制，以确保盾构准确、安全、顺利接收，防止出现坍塌、涌水涌沙等险情。

9.7.2　盾构调试

盾构调试主要按空载和负载两个阶段通过"盾构机故障诊断系统"排除各种系统故障，使设备达到良好的工作状态，并根据地质状况，选择合适的掘进参数，为正式掘进奠定理论和经验基础。

（1）空载调试

主要调试内容为：液压系统、润滑系统、冷却系统、配电系统、注浆系统及各种仪表的校正。着重观测刀盘转动和端面跳动是否符合要求。

①供油：主油箱加油，主油箱设在后续台车上，油品根据盾构机说明书要求进行添加，添加前需经物设部、盾构队长、机电工程师确认，防止误加油造成盾构机损坏。

②接线、连接检查：对整机的接线，管路、连接件螺栓的紧固情况做最后彻底检查。

③油脂供应设定：刀盘密封内外圈的供脂频率均设定相同参数。（参考值 32s/ 次）

④通电、旋转方向确认：刀盘驱动马达旋转方向与设计工作要求相一致。

⑤盾构各压力设定：各压力设定在解除盾构联锁、盾构 PU 运行条件下进行（表 9-2）。

序 号	设 定 项 目	控制压力(MPa)	设 定 方 法
1	控制压力	4	旋转盾构 PU,将顺序阀前方的压力计调节为 4MPa
2	千斤顶压力	高压:35	在盾构千斤顶伸长至极限时设定高压;低压设定时,将盾构连锁设定为"开"
		低压: 5	
3	防止破损压力	35	—
4	收缩压力	20	盾构千斤顶"收缩"至极限位置时设定
5	排气回路压力	25	
6	补充油	根据容积确定	软管内和千斤顶内空间被油液充满
7	仿形刀千斤顶压力	21	仿形刀动力马达运行,采用手动模式,在千斤顶极限位置时,设定安全阀的释放压力为 21MPa
8	螺旋输送机出口闸门千斤顶压力	21	闸门千斤顶动力马达运行,在千斤顶极限位置,将溢流阀压力调至 21MPa
9	螺旋输送机驱动液压泵压力设定	23	运转动力马达,泵工作,机械锁定螺旋输送机,将溢流阀压力调至 23MPa
10	中折千斤顶压力调试	最高压力:35 防止破损压力:15	中折千斤顶动力液压油泵运转,千斤顶伸长至极限位置
11	拼装机旋转调试	最高压力:21 平衡阀压力:21	启动电动机,液压泵,将液压系统最高压力设定为 21MPa,平衡阀压力设定为 21MPa
12	拼装机升降、摆动千斤顶调试	升降主压、滑动压力、支架 A、支架 B 的液压压力均为 14	调试前,往液压油箱添加液压油约 120L。启动电动机,液压泵正常工作
13	壁后同步注浆千斤顶调试	缩回压力:13 伸长压力:8	动力马达运转,液压泵正常工作,在各千斤顶"伸长、缩回"至极限位置设定
14	自动供油(刀盘润滑)的设定	供油压力: 0.3	启动刀盘驱动马达,刀盘旋转。封闭 P 回路,调节溢流阀的开口尺寸,将压力按要求设定
15	设定盾构同步回路压力	回路压力:5	刀盘旋转,模式定为"掘进"伸长 6 或 15 千斤顶机及其他千斤顶,在千斤顶极限时设定
16	刀盘旋转时电器系统检查	—	确认各种信号联锁"解除",显示为"掘进模式"

（2）负荷调试

空载调试证明盾构机具有工作能力后即可进行负荷调试。负荷调试的主要目的是检查各种管线及密封的负载能力,使盾构机的各个工作系统和辅助系统达到满足正常生产要求的工作状态。通常试掘进时间即为对设备负载调试时间,负荷调试时将采取严格的技术和管理措施保证工程安全、工程质量和隧道线形。

9.7.3　盾构始发

（1）盾构始发施工作业流程

盾构始发作业流程如图 9-12 所示。

（2）始发洞口的地层处理

在盾构始发之前,一般要根据洞口地层的稳定情况评价地层,并采取有针对性的处理措施。地层处理一般采取如"固结灌浆""冷冻法""插板法"等措施进行地层加固处理。选择加固措施的基本条件为加固后的地层要具备最少一周的侧向自稳能力,且不能有地下水的损失。常用的具体处理方法有搅拌桩、旋喷桩、注浆法、SMW 工法、冷冻法等。端头加固方法要根据地层具体情况而定,并且严格控制整个过程。

（3）始发洞口围护结构的切除

始发洞口围护结构的切除一般在始发前至少一个月开始。

第 2 篇　地铁区间土建工程

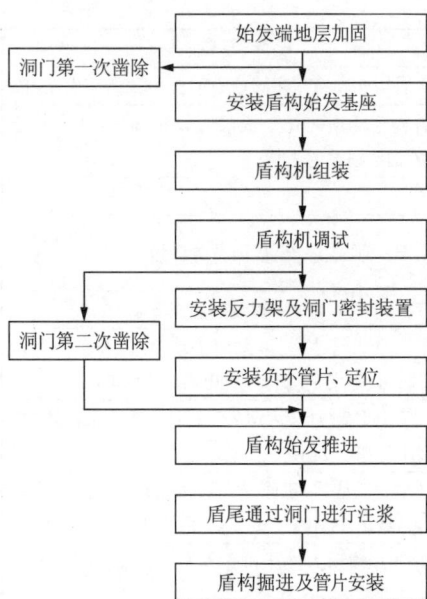

图 9-12　盾构始发作业流程图

①洞门凿除一般选用人工风镐破除。对于地层条件好、时间较紧的情况可选用机械破除。

②不管采用何种方法,均要尽可能缩短凿除时间。

③整个施工一般分两次进行,第一次先将围护结构主体凿除,只保留围护结构的钢筋保护层,在盾构始发前将保护层混凝土凿除,第二次在盾构始发前将保护层混凝土凿除。

④在凿除完最后一层混凝土之后,要及时检查始发洞口的净空尺寸,确保没有钢筋、混凝土侵入设计轮廓范围之内。

(4)洞口密封

洞口密封是盾构在始发时为了防止背衬注浆外泄,按种类分有压板式和折叶式两种,其中折叶式越来越被人们所认可。洞口密封的施工分两步进行施工,第一步是在车站结构的施工过程中,做好始发洞门预埋件的埋设工作,要特别注意的是在埋设过程中预埋件必须与车站结构钢筋连接在一起;第二步在盾构正式始发之前,应先清理完洞口的渣土,再完成洞口密封的安装(图 9-13)。

(5)洞口始发导台的安装

在围护结构破除后,盾构始发台端部距离洞口围岩必然会产生一定的空隙,为保证盾构在始发时不至于因刀盘悬空而产生盾构"栽头"现象,需要在始发洞门内安设洞口始发导台。安设始发导台时应在导台的末端预留足够的空间,以保证盾构在始发时,不致因安设始发导台而影响刀盘旋转。

(6)始发托架、反力架的安装

①反力架、负环管片位置的确定依据

反力架的位置确定主要依据洞口第一环管片的起始位置、盾构的长度以及盾构刀盘在始发前所能到达的最远位置确定。

②负环管片环数的确定

假定盾构长度 LTBM=8.3m,安装井长度 LAS=12m(因始发井尺寸的不同而不同),洞口围护结构在完成第一次凿除后的里程 DF,设计第一环管片起始里程 D1S,管片环宽 WS=1.5m,反力架与负环管片长 WR=1.5m。DR 为反力架端部里程,N 为负环管片环数。

在安装井内的始发时最少负环管片环数按下列公式确定:

$$N=(D1S-DF+8.3)/WS \tag{9-1}$$

③反力架、负环管片位置的确定

在确定始发最少负环管片环数后,即可直接定出反力架及负环管片的位置。

反力架端部里程:

$$DR=D1S-N×WS \tag{9-2}$$

④始发托架定位与安装(始发混凝土导台施工)

始发托架一般采用钢托架形式,也可采用混凝土托架形式。不管采用哪种形式都应准确定位,如图 9-14 所示。始发托架(或混凝土导台)是盾构始发的受力结构。始发托架水平轴线垂直方向与反力架的夹角< ±2‰,盾构姿态与设计轴线竖直趋势偏差< 2‰,水平趋势偏差< ±3‰。

托架平整度检测,采用水准仪在托架单轨各测量 5 个点,计算两轨之间高程偏差是否相同。保证托架按要求设置。

图 9-13　折页压板式洞口密封　　　　　　图 9-14　始发托架

始发时的几种情况：

a. 直线段始发

直线段始发时托架平行于隧道中心线设置。

b. R>800m 的曲线始发

当曲线大于 800m 时可采用切线始发，此时盾构机脱离始发架后姿态不会超限。

c. R<800m 的曲线始发

曲线小于 800m 时采用割线始发（图 9-15）；其中当曲线小于 500m 时割线方向以盾构机盾尾离开始发架后盾构机前姿态不超限为原则，当曲线在 500 ～ 800m 之间时以盾尾脱离始发架后割线偏差最大处不超限为定位原则。

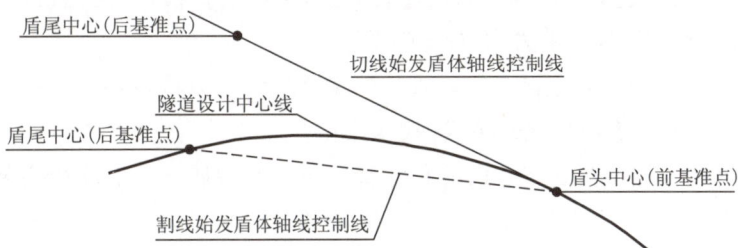

图 9-15　曲线段割线始发示意图

⑤反力架定位与安装

在盾构主机与后续台车连接之前，开始进行反力架的安装，如图 9-16 所示。安装时反力架与车站结构连接部位的间隙要垫实，以保证反力架脚板有足够的抗压强度。

图 9-16　反力架

反力架为盾构始发时提供初始的推力以及控制盾构初始姿态，反力架左右偏差控制在 ±10mm 之内，高程偏差控制在 ±5mm 之内，上下偏差控制在 ±10mm 之内。

（7）盾构始发

①盾构始发前盾构机再次验收

除按正常的验收程序验收盾构机外，还应重点对泡沫系统、土压传感器、主轴承密封、铰接密封、盾尾密封、刀盘与切口环的耐磨层的施焊情况、盾尾真圆度等进行再次验收和检查，如有问题及时处

219

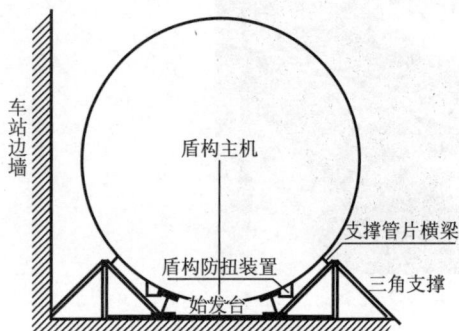

图9-17 始发台加固示意图

理,确保盾构机机况良好。

②始发台两侧的加固

由于始发台在盾构始发时要承受纵向、横向的推力以及约束盾构旋转的扭矩,在盾构始发之前,必须对始发台两侧进行必要的加固,如图9-17所示。

③负环管片安装

a. 负环管片设置时要考虑调节洞门管片位置(包括这个区间所有洞门长度),因此对第一次始发、负环中间可根据实际情况设调节洞门长度的环片,该环片可以是人工加工的钢管片等。

b. 负环管片设置可以为整环负环、半环负环、整环与半环相结合三种形式。设置形式根据现场实际情况选择,一般选整环负环始发。整环负环始发可以均匀受力,反力架、盾构机等能够保持平稳,不容易变形。其他形式负环受力不均,容易造成反力架等变形,不利于盾构机整体姿态的控制。

c. 负环管片安装准备。在安装负环管片之前,为保证负环管片不破坏尾盾刷、保证负环管片在拼装好以后能顺利向后推进,在盾壳内安设厚度不小于盾尾间隙的方木(或型钢),以使管片在盾壳内的位置得到保证。

d. 负环管片后移。第一环负环管片拼装成圆后,用4～5组油缸完成管片的后移。管片在后移过程中,要严格控制每组推进油缸的行程,保证每组推进油缸的行程差小于10mm。在管片的后移过程中,要注意不要使管片从盾壳内的方木(或型钢)上滑落。

e. 负环管片与负环钢管片的连接。负环管片的最终位置要以推进油缸的行程进行控制,在负环管片与负环钢管片之间的空隙用早强砂浆或钢板填满。

f. 负环管片的拼装类型。在安装井内的负环管片拼装类型通常采取通缝拼装,主要因为盾构井一般只有一个,在施工过程中要利用此井进行出渣、进管片。所以采用通缝拼装可以保证能及时、快速拆除负环管片。

④盾构始发掘进

a. 空载推进。前面土较硬,可空仓推进,如土软、水大,则要考虑先回填之后再向前推进,这两点均要和地层结合。盾构机在空载向前推进时,主要控制盾构的推进油缸行程和限制盾构每一环的推进量。要在盾构机向前推进的同时,检查盾构机是否与始发台、始发洞门发生干涉或是否有其他异常事件或事故的发生,确保盾构机安全地向前推进。

b. 始发时盾构姿态的控制。主要通过盾构机的推进油缸行程来控制姿态,特殊情况可开启超挖刀。

c. 始发时盾构推进参数的控制。在保证盾构正常推进的情况下,掘进参数建议选择总推力小于8000～10000kN,刀盘扭矩小于3000kN,掘进速度小于30mm/min。

d. 盾构机尾部还没有始发进入洞门之前:防堵泡沫管;盾尾的油脂要打满。

e. 一般在正4环完成后进行盾尾注浆,封堵洞门。具体位置可通过加固体长度、盾体长度、洞门宽度计算。注浆时压力不要过大,可根据计算的注浆量分几次注浆(一般分3次),待下部初凝后,进行中部注浆,中部初凝后,进行上部注浆。注浆过程中要准备好木楔、棉纱等物料,对漏浆的地方进行封堵。

f. 在水大情况下始发,尤其是快要突破加固体时,可先沿盾壳注一圈水溶性聚氨酯等。

g. 盾构始发阶段施工时,对盾构设备调试、洞门的土体稳定、洞门可能出现的涌泥涌沙和地面监测等四个方面要综合考虑,力争快速、安全始发,尽早进行洞门注浆。因此,盾构始发前要准备充分,出土进料组织应顺畅,同时还应准备好应急措施。

⑤洞口注浆

在盾尾完全进入洞内后,调整洞口密封,进行洞口注浆。浆液不但要求顺利注入,而且要有早期强度,注浆压力控制在 1.5bar 以内,浆液配合比建议参数见表 9-3,二次注浆配合比建议参数见表 9-4。

始发洞门注浆浆液配合比建议参数 表 9-3

序号	配合比建议参数（kg/m³）					水胶比	胶砂比	稠度（s）	泌水率（%）	流动时间	1d 强度	7d 强度
	水泥	粉煤灰	砂	膨润土	水							
C 组	120	340	960	50	489	0.96	0.53	11.8	1.3	4h05min	0.24	0.52
	1	2.83	8	0.4	4.07							
A 组	100	360	960	50	524	1.03	0.53	12.4	1.5	4h45min	0.21	0.43
	1	3.6	9.6	0.5	5.24							
B 组	80	380	960	50	536	1.05	0.53	12.4	1.5	5h35min	0.16	0.35
	1	4.75	12	0.6	6.7							
D 组	40	400	960	50	522	1.06	0.53	12.5	1.6	7h10min	0.12	0.24
	1	10	24	1.2	13.0							

二次注浆浆液配合比建议参数 表 9-4

浆液	A 液		B 液
材料	水泥（P.C32.5）	水	水玻璃（35°Bé）
配合比（kg）	150	100	20～30
凝结时间为 2～4min			

A、B、C 三组配合比 7d 强度应符合国内各地区设计要求,建议采用 C 组配合比作为始发阶段盾构同步注浆主要配合比,且该配合比可用于土体结构较差、砂层较多、含水较丰富的曲线地段;A 组、B 组配合比水泥用量较少,流动时间相对差距较小,拟用于盾构直线掘进地段;D 组配合比虽初期强度较低,但流动时间较长,作为参考配合比,如后期 28d 强度符合设计要求,拟用于盾构注浆运输距离较长地段。

（8）反力架、负环管片的拆除

反力架、负环管片的拆除时间根据背衬注浆的砂浆性能参数和盾构的始发掘进推力决定。一般情况下,掘进 100m 以上（同时前 50 环完成掘进 7d 以上）,可以根据工序情况和工作整体安排,开始进行反力架、负环管片拆除。

9.7.4 盾构接收

1）施工工艺流程

盾构接收施工工艺流程如图 9-18 所示。

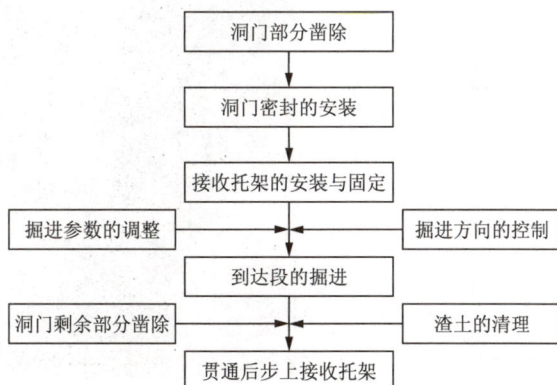

图 9-18 盾构接收施工工艺流程图

2）盾构接收准备

（1）洞门凿除

在凿除洞门前,在洞门范围内采用水平钻孔的方法进行超前检查,水平钻孔的长度需进入加固地层 3～3.5m,在水平钻孔中安装注浆管以备二次注浆,确认洞门外侧的地下泥水和流沙情况,防止洞门凿开后大量泥水或流沙涌进车站接收井;若出现钻孔流水、流沙的情况,可利用水平注浆管进行注浆补充加固,加固效果直到洞门完全密封即可。洞门凿除（图 9-19）:根据洞门的稳定性,决定洞门凿除的时间,应尽早进行洞门破除,但应避免破除后暴露时间过长产生坍塌。进行洞门破除,采用"分层分块"的方式从上往下进行凿除施工,可预先凿除洞门桩（墙）内侧 2/3 厚度,保留 1/3 墙厚度,待盾构机刀盘顶在桩（墙）上时,再通过人工凿除混凝土并切断钢筋,割除剩余钢筋时按照从下往上的顺序进行割除。

图 9-19　洞门凿除

（2）混凝土导台施工托架安装

①混凝土导台的中心线应与隧道设计中心线一致,同时还要兼顾盾构机接收姿态。混凝土导台的高程除适应于线路情况外,还可适当降低 20mm。根据洞门钢环的实测变形情况,准确定位混凝土导台的方向和高程,确保盾构机准确地爬上导台。

②依据隧道设计轴线及复测洞门中心情况定位安装接收托架。在盾构接收之前,考虑接收托架在盾构接收时要承受纵向、横向的推力,接收托架两侧用 H 型钢加固,托架中间型钢法兰盘部位进行焊接加固。盾构托架安装控制水平 ±10mm,高程控制 -15mm。为保证盾构刀盘接收后及时上架,需在洞门钢环上设置两道导轨引导盾构机上架。如图 9-20、图 9-21 所示。

图 9-20　托架安装 1

图 9-21　托架安装 2

（3）密封安装

洞口密封采用折页式密封压板,如图 9-22、图 9-23 所示。

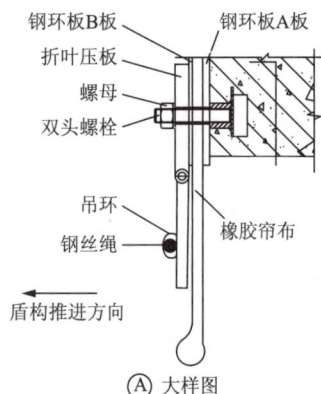

图 9-22　折页式密封压板示意图

图 9-23　折页式密封压板工程实例

其施工分两步进行:第一步在接收端墙施工过程中,做好接收洞门预埋件的埋设工作,预埋件必须与端墙结构钢筋连接在一起;第二步在盾构接收之前,完成洞口密封压板、帘布橡胶板及钢丝绳倒链紧固装置的安装。

在盾构机接收时,很有可能因为刀盘旋转损坏帘布橡胶板或使压板发生位移,所以,盾构机接收时,要注意对帘布橡胶板的防护,并及时调整洞口压板(图9-24)。

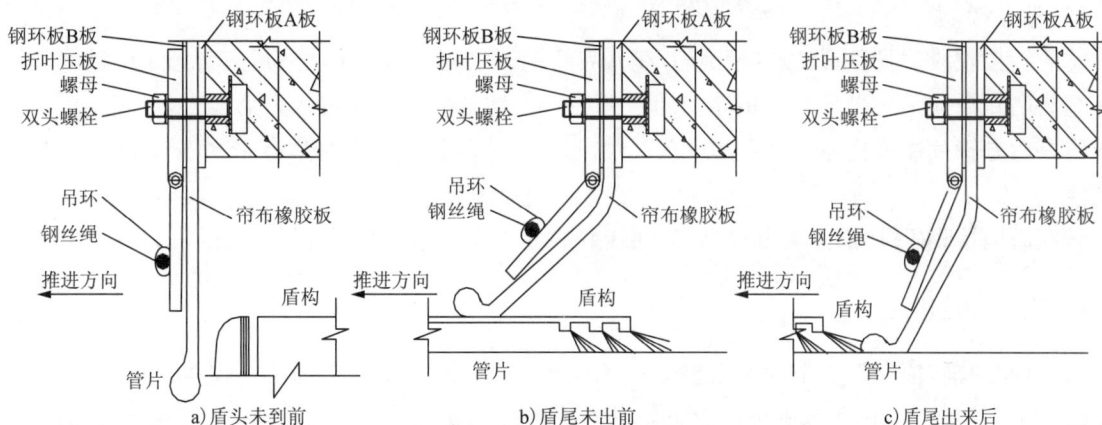

图9-24 盾构接收时压板密封示意图

(4)应急准备

在接收井内准备好沙袋、水泵、水管、方木、风镐等应急材料和工具,做好洞门出现涌水、涌沙等情况的应急准备。

3)盾构接收段掘进

(1)方向控制

做好接收的测量工作。在接收段掘进前,要对隧道延伸导线进行测量,并对测量结果进行复测,确认盾构机的位置。在盾构机接收前100m即加强盾构姿态和隧道线形的测量,人工测量盾构机姿态和VMT对照,及时纠偏,确保盾构准确接收。

(2)姿态控制

破洞门前盾构机允许偏差±10mm,仰角允许偏差控制在2mm/m以内,避免出现俯角姿态。垂直姿态+15～+20mm,防止接收时栽头,水平姿态控制±10mm。

(3)参数控制

盾构进入接收阶段后,首先应减小推力、降低推进速度和刀盘转速,控制出土量并时刻监视密封土仓压力值,避免较大的地表隆陷。根据地质条件,可采用土压平衡的掘进模式,当洞门漏水、漏沙严重时,可将切削下来的渣土替换泥水,使密封土仓成为一个较致密的土柱,防止洞门上方塌陷。贯通前5～6环,降低盾构机掘进推力,使之维持在4000kN左右,密切关注盾构机推进速度和推进压力以及掘进出土情况。在贯通前的最后2环,总推力降至2000～2500kN,掘进速度控制在5～10mm/min之间,在最后掘进的过程中需要逐步降低土仓压力,直至离洞门破除还有1m的时候将土仓清空,最后1m的掘进完全是空仓掘进。

(4)管片拼装控制

在最后100环加强管片姿态的监测频率,并及时告知土建工程师,以便及时做出判断,保证盾构机显示屏上的姿态更接近实际管片姿态。

由于盾构到站时推力较小,致洞门附近的管片环与环之间连接不够紧密,需做好后30环管片的螺栓紧固和复紧工作。特别在最后20环时应及时加强拧紧和复紧螺栓。螺栓复紧后,用扁钢沿隧道纵向拉紧后20环管片,使后20环管片连成整体,防止管片松弛而影响密封防水效果。预留好二次注浆的孔位。

在盾构推进至盾构到达范围时,对盾构机的位置进行准确的测量,明确成洞隧道中心轴线与隧道设计中心轴线的关系,同时应对接收洞门位置进行复核测量,确定盾构机的贯通姿态及掘进纠偏计划。纠偏要逐步完成,每一环纠偏量不能过大。

(5)注浆控制

①盾构接收段,同步注浆应尽量饱满,在开启超挖刀状态下的同步注浆量应考虑超挖量。

②为防止盾尾后方及盾体外的水土通过盾壳与土体之间的间隙进入刀盘前方,可利用中盾径向孔或盾尾后方管片注浆孔注入聚氨酯或双液浆,形成止水环箍以便封堵后方来水,防止出现开挖面涌水涌沙。

③在盾构接收段,应选用强度较高、黏性较好的油脂,减少盾尾漏浆或漏水漏沙的可能。

4)盾构到达施工

(1)在接收前,项目部要计算好贯通里程、各阶段注浆里程,并计算好盾构接收零环的位置。

(2)当盾构机刀盘进入加固体以后可安排盾构机在此处停机。对盾构机各个系统包括后配套设备系统,水平、垂直运输系统,轨道等进行维修和保养,确保所有设备在最后接收阶段处于完好状态。

(3)在盾构机进入加固体后,预留环箍进行封水。

在盾构机进入加固土体的初始掘进中,超挖刀伸出量为125mm,超挖范围为除上部15～1点位及下部7～9点位之外的其他范围。超挖刀的全伸能最大范围地对周围的土体进行开挖,减少土体对盾体的摩擦阻力,从而保证后方反力架的稳定,减轻盾构机工作负荷。

待中盾进入加固体后利用中盾上的10个聚氨酯注入孔在侧墙附近注入水溶性聚氨酯,形成环箍防水密封,聚氨酯的用量为20～30kg/孔(图9-25)。

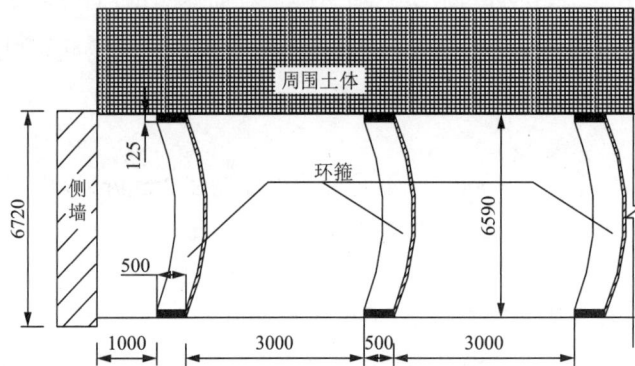

图9-25 加固体设置天然环箍示意图(尺寸单位:mm)

盾构机的主机长度为8.68m,在刀盘完全进入加固体后制造第一道环箍。第一道环箍的宽度可适当加大,根据盾构机推力情况可以设置为800mm。

在盾构机刀盘进入加固体约4m后,控制超挖刀伸缩,形成第二道环箍,该环箍的长度为500mm。对第二道环箍的施工处理与第一道环箍相同。

第三道环箍位于加固体内离车站侧墙1m处,环箍的长度约500mm。

待中盾上的聚氨酯孔推进到每道环箍位置时,用聚氨酯进行封堵水,并利用管片上的预留注浆孔(即管片吊装孔)进行封环注浆,注浆液采用水泥浆—水玻璃混合浆液。对封环注浆的施工在后面有详尽的论述。

三道环箍的施工参数和材料用量的统计见表9-5。

环箍位置	环箍长度(mm)	水泥(t)	水玻璃(kg)	水溶性聚氨酯(kg)	注浆压力(MPa)
第一道环箍	500	6.5	360	100	0.21～0.25
第二道环箍	500	6.8	500	120	0.22～0.25
第三道环箍	800	10	1100	230	0.20～0.23

（4）洞门凿除完后，盾构缓慢推进，逐步出空土仓内的渣土，并开始降低土压。

（5）根据推进情况，若需拼装管片，需将盾构机模式调整至调试模式，保持刀盘连续转动，螺旋输送机同时进行转动，可进行正、反转，将螺旋输送机内的土完全出完。注意保护好密封压板和帘布橡胶板，防止推进过程中大块的土体倒塌时砸伤帘布橡胶板、密封压板及托架。

（6）盾构机空仓推进，直至推穿加固体，刀盘顶出帘布密封圈，推进过程中，超挖刀在推穿加固体前 1.2～1.5m 关闭。洞外及时清理推出的土体，确保盾构机能尽快上接收托架。

（7）清理工作完成后，盾构机刀盘停止旋转，盾构上接收托架。此时盾尾还未脱出帘布橡胶板，应及时进行洞门处二次注浆封环，可注聚氨酯封水。

（8）盾构机完全接收，完成吊装之后，对最后 5 环进行二次注浆，防止过后洞门漏水。

5）盾构上接收托架

（1）在刀盘露出后，停止刀盘旋转，尽快将盾构机推上接收托架，根据实际接收姿态，可适当打开铰接，确保盾构机顺利上接收托架（图 9-26）。

（2）对加固体与原状土之间的管片，及时进行封环，并根据开孔时的情况，判断后部来水的情况，确保后部来水封死。

（3）盾构机完全上接收托架后，及时进行洞门的封堵，可对最后 2 环注入聚氨酯进行封水。

图 9-26　盾构上接收托架

9.8　管　片　预　制

9.8.1　概述

管片是盾构施工的主要装配构件，是隧道的最外层屏障，承担着抵抗土层压力、地下水压力以及一些特殊荷载的作用。盾构管片质量直接关系隧道的整体质量和安全，影响隧道的防水性能及耐久性能。管片是隧道预制衬砌环的基本单元。主要类型有钢筋混凝土管片、钢纤维混凝土管片、钢管片、铸铁管片、复合管片等。管片按拼装成环后的隧道线形分为直线段管片（Z）、曲线段管片（Q）及既能用于直线段又能用于曲线段的通用管片（T）三类。曲线段管片又分为左曲管片（ZQ）、右曲管片（YQ）和竖曲管片（SQ）。根据隧道的断面形状可分为圆形（Y）、椭圆形（TY）、矩形（J）、双圆形（SY）等断面。

9.8.2　管片预制工艺流程

钢筋混凝土管片生产主要包括钢筋加工与骨架拼装、管片成型与养护、管片堆场存放与出厂三部分。钢筋半成品在胎具上拼装成钢筋骨架；管片成型需经过模具清理、模具精度检验、脱模剂涂刷、钢筋骨架入模定位、预埋件安装固定、隐蔽验收、混凝土浇筑振捣、外弧面收水压光、静养、蒸养、脱模等工序;成型的管片浸水养护 7d 后,转运至存放场,成品验收合格后方可出厂。管片预制工艺流程如图 9-27 所示。

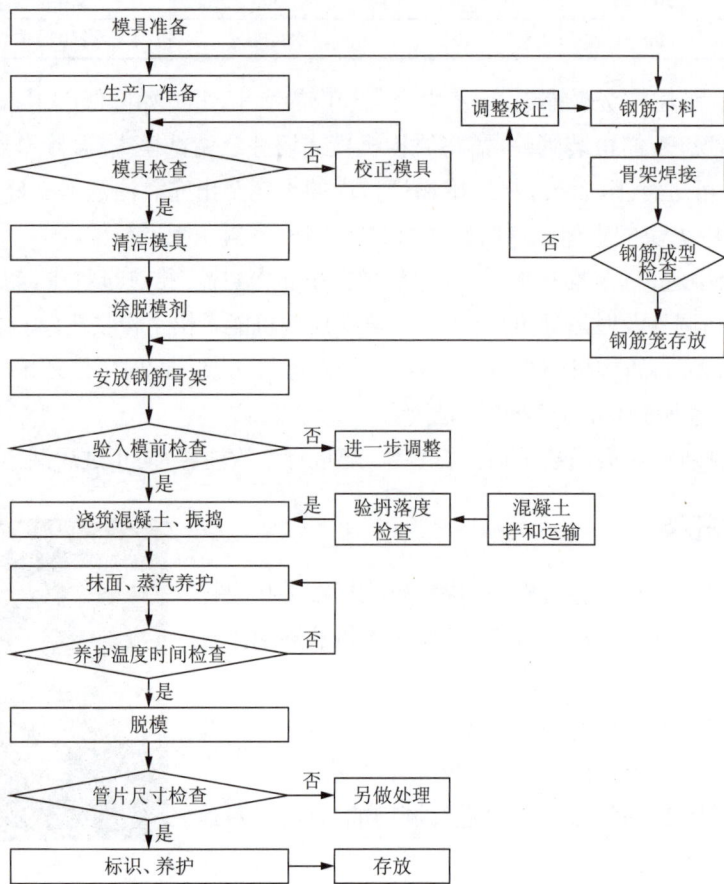

图 9-27　管片预制工艺流程图

9.8.3　管片预制生产

管片生产方式不论是固定模具方式,还是自动流水线生产,均具有基本相同的生产工序,所以,把控每个生产环节和每道工序的质量对产品的质量至关重要。管片生产的质量最终决定了盾构隧道的施工质量,其生产控制重点在于钢筋混凝土管片尺寸精度和混凝土强度等级。首先保证钢模型的制作精度,管片钢筋笼制作过程中关键要控制钢筋成型精度、钢筋骨架定位精度以及钢筋焊接质量,而在管片车间需控制混凝土浇捣质量、蒸汽养护、脱模起吊、管片翻身、钢模合拢精度、收水质量等工序,其他环节如混凝土配合比的确定、混凝土搅拌、管片水养护、堆放、自然养护等也不可忽视。

9.8.4　管片质量检验

(1)外观质量要求

管片外观质量检验要求:管片表面应光洁平整、无蜂窝、露筋、无裂纹、无气泡水泡,止水带附近不允许有缺陷,注浆孔应完整、PVC 管内无水泥浆等杂物。

①检验方法

测量检验:用于管片外形尺寸公差检验。

目视检验:用于外观质量缺陷检验。

②检验工具

游标卡尺:0 ～ 2000mm 时,精度 0.05mm;0 ～ 500mm 时,精度 0.05mm。

样规:用于外观质量抽检,抽检弧弦吻合度。

尼龙线:用粗 1mm、长 4m 的尼龙线检验曲率变形或扭曲变形。

③尺寸检验

用游标卡尺对管片的宽度、厚度进行测量检验,各测 3 个点。

用两根尼龙线对角拉紧成弦线,测量两根弦长交汇点的距离,不大于 2mm 时,曲率弯形符合要求。

(2)管片精度检查

管片外形尺寸允许偏精度检测:管片的几何尺寸在拼装成形及隧道的防水等方面具有非常重要的作用,其精度要求见表 9-6。

管片外形尺寸允许偏差   表 9-6

序　号	项　　目	允许偏差(mm)	备　注
1	管片宽度	±0.5	每块测点
2	弧长、弦长	±1.0	每块测点
3	内半径	−0.3 ～ ＋ 3.0	设计要求
4	厚度	−0.3 ～ ＋ 3.0	每块测点
5	环、纵向螺栓孔	±0.5	每块检验
6	环缝间隙	2.0	三环整环水平拼装
7	纵缝间隙	2.0	三环整环水平拼装

9.9 盾构隧道掘进

9.9.1 施工工艺流程

在复合地层中使用最普遍的一种盾构机型为土压平衡盾构机,土压平衡盾构机掘进施工工艺流程如图 9-28 所示。

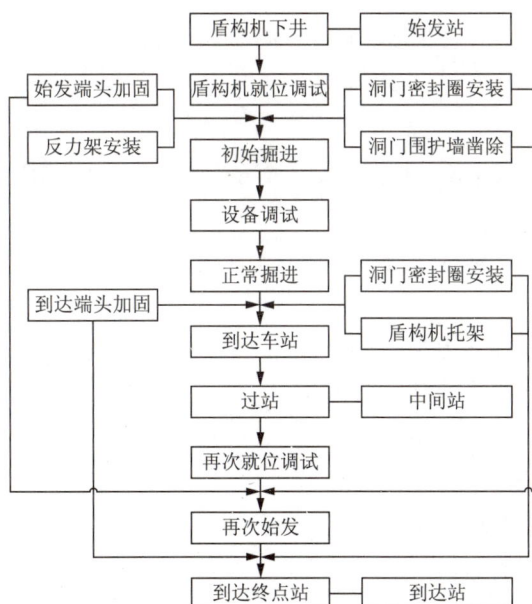

图 9-28　土压平衡盾构机掘进施工工艺流程图

9.9.2 掘进参数确定

1）参数控制要点

（1）土压平衡盾构机在土压平衡模式掘进时设定的土仓压力应与作用在开挖面上的水土压保持平衡。应根据地质、覆土厚度并结合环境监测数据调整，比较理论计算土压力与实际设定土压力来判断实际设定土压力是否合理。

（2）掘进速度设定时应考虑刀盘进入土体的贯入度、刀盘转速及盾构设备出土能力等因素。

（3）推力应根据埋深条件、地层土质、地下水及管片特征等条件分情况计算确定。

2）盾构掘进推力

（1）土层盾构掘进时推力计算式为：

$$F = F_1 + F_2 + F_3 + F_4 + F_5 \tag{9-3}$$

式中：F_1——盾构外壳与土体间摩擦力；

F_2——刀盘上水平推力引起推力；

F_3——切土所需要推力；

F_4——盾尾与管片之间摩阻力；

F_5——后续台车阻力。

（2）盾构推力与盾构直径的关系可参考图 9-29 选取。

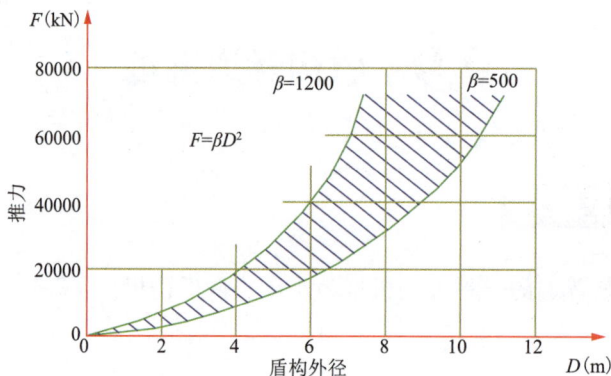

图 9-29 盾构直径与推力关系示意图

3）盾构掘进扭矩

扭矩应根据埋深条件、地层土质、地下水及管片特征等条件分情况计算确定。土层盾构掘进时扭矩计算式为：

$$M = M_1 + M_2 + M_3 + M_4 + M_5 + M_6 + M_7 + M_8 + M_9 \tag{9-4}$$

式中：M_1——刀具的切削扭矩；

M_2——刀盘自重产生的旋转力矩；

M_3——刀盘的推力荷载产生的旋转扭矩；

M_4——密封装置产生的摩擦力矩；

M_5——刀盘前表面上的摩擦力矩；

M_6——刀盘圆周面上的摩擦力矩；

M_7——刀盘背面的摩擦力矩；

M_8——刀盘开口槽的剪切力矩；

M_9——刀盘土腔室内的搅动力矩。

4）螺旋出土量

螺旋输送机的排土量应与掘进速度决定的理论渣土量相当。理论渣土量 Q_0 计算式为：

$$Q_0=Avn_0 \tag{9-5}$$

式中：A——切削断面面积；

n_0——松散系数；

v——推进速度。

5）同步注浆压力

同步注浆压力应与覆土压力相当,下部注浆管压力比上部大 0.03MPa;同步注浆量应根据管片与围岩间隙计算确定,实际注浆量宜大于计算注浆量,超体积浆液应采用适当高于计算注浆压力注入。

6）参考掘进参数

盾构掘进施工中应根据试掘进和监测情况,对掘进参数进行调整优化。各种土层中盾构掘进参数参考值见表 9-7。

各种土层盾构掘进参数参考值   表 9-7

地 区	地 质 情 况	土仓压力（MPa）	总推力（kN）	刀盘扭矩（kN·m）	注浆压力（MPa）	注浆量（m³）
苏州地区	粉砂层 粉质黏土层	0.15～0.20	8500～11000	1400～1700	0.2～0.25	3～3.5
南京地区	淤泥质粉质黏土 砂土	0.20～0.22	11000～14500	1500～2000	0.20～0.27	4.2～4.8
西安地区	古土壤 粉质黏土	0.20～0.35	15000～22000	1500～2300	0.20～0.35	3.0～3.5
	粉细砂 中粗砂	0.08～0.15	16000～30000	2830～3472	0.15～0.30	5.0～7.0

9.9.3 盾构掘进作业

1）盾构试掘进

（1）盾构试掘进段应收集盾构掘进数据及地层变形测量数据,判断掘进参数是否适当;及早把握盾构掘进方向控制特性;盾构机磨合并进一步调试,为正常掘进控制提供依据。

（2）试掘进长度的确定应考虑管片与围岩地层的摩擦阻力和后续台车长度,试掘进结束后要拆除临时管片、始发基座和始发反力架等,盾构的掘进反力由管片与周围地层的摩擦阻力承担,掘进长度 L 应满足以下条件：

$$L > \frac{F}{2\pi rf} \tag{9-6}$$

式中：L——从始发井开始的管片长度（m）；

F——盾构千斤顶推力（N）；

r——管片外径（m）；

f——注浆后管片与地层的摩擦阻力（N/m²）。

（3）试掘进完成后应对掘进参数进行必要的调整,为正常掘进提供依据,并做好施工记录,记录内容应包括：

①隧道掘进的施工进度、油缸行程、掘进速度、盾构推力、土压力或泥水压、刀盘与螺旋输送机转速、排泥量、盾构内壁与管片外侧环形空隙等。

②同步注浆的注浆压力、数量和注浆材料配合比等。

③盾构倾斜度、隧道椭圆度、掘进总距离和隧道每环管片轴线确切位置等。

2）盾构正式掘进要点

（1）掘进前必须根据隧道地质状况、埋深、地表环境、盾构姿态、施工监测结果制定、下达当班盾构掘进作业指令，并准备好同步注浆、管片拼装工作。

（2）严格按照盾构设备操作规程、安全操作规程以及当班的掘进指令控制盾构掘进参数与盾构姿态。

（3）必须做到注浆与掘进的同步进行，及时根据信息反馈情况调整注浆参数。

（4）按规定进行监控量测，盾构与管片姿态人工复核测量，跟踪与反馈信息，指导施工。

（5）严防出现盾构姿态突变。应尽量防止横向、竖向和转动偏差的发生，用测量数据修正盾构姿态，尽早进行"蛇行"修正。

（6）应根据地层条件适当注入添加剂改善渣土的塑流性，同时应慎重管理土仓压力和排土量。

（7）采用适合的排土方法，排土设备的配置应满足掘进能力。

（8）盾构暂停施工时应制订稳定开挖面的专项措施。

3）盾构掘进作业程序

土压平衡盾构机掘进作业程序如图 9-30 所示。

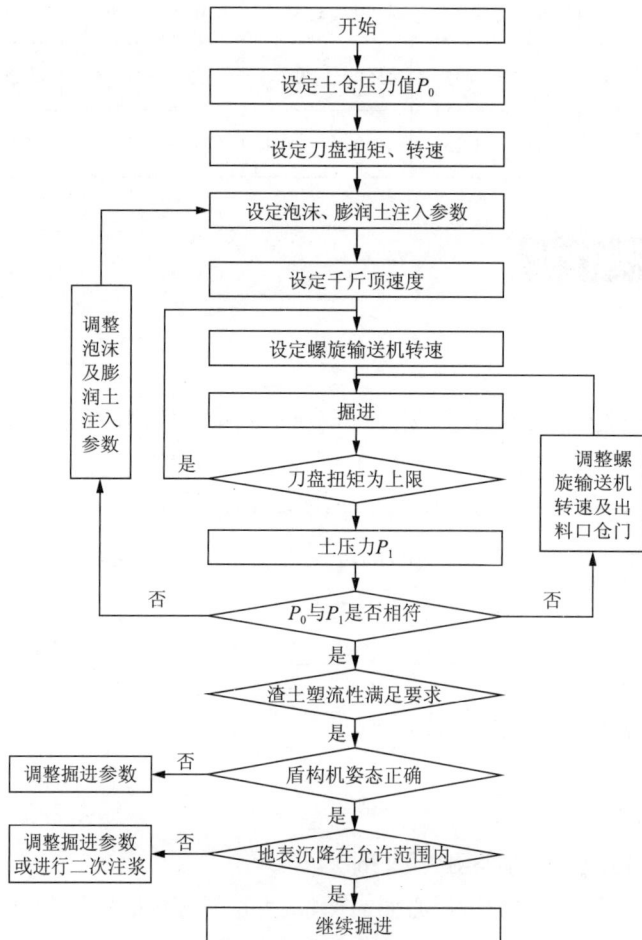

图 9-30　土压平衡盾构机掘进作业程序图

4）盾构掘进姿态控制

（1）盾构掘进时应采用自动导向系统和人工测量辅助进行盾构姿态测量监控。盾构姿态测量应包括纵向坡度、横向坡度、平面偏离值、高程偏离值、切口里程滚动值等。

（2）盾构掘进时应采用分区操作掘进油缸来调整盾构机姿态，使盾构的掘进方向趋向隧道的设计中心线。在曲线段和变坡段，必要时利用盾构超挖刀进行局部超挖、在轴线允许偏差范围内提前进入曲线段掘进施工。

①在直线推进的情况下，应选取盾构当前所在位置点与设计线上远方的一点作一直线，然后再以这条线为新的基准进行线形管理。

②在曲线推进的情况下，应使盾构机轴线与设计曲线相割（弦切距为最大值的 1/2）。

（3）盾构在调整方向的过程中不能有太大的趋势，在测量系统屏幕上显示的任一趋势值不应大于规定的偏差。

（4）当盾构处于水平线路掘进时，宜使盾构保持稍向上的掘进姿态，以防止盾构因自重而产生栽头现象。

（5）应正确进行管片选型，控制拼装质量与精度，以使管片端面尽可能与计划的掘进方向垂直。

（6）施工中定期测量管片直径与圆度、管片平面和高程偏差以及前沿里程成环情况等，及时反馈信息指导管片拼装施工。

5）盾构掘进纠偏控制

（1）当盾构隧道轴线偏离设计位置时必须进行纠偏。

（2）盾构隧道纠偏可采用千斤顶编组、区域油压、仿行刀进行。掘进油缸油压的调整不宜过快、过大，防止造成管片局部破损、开裂。

（3）蛇行的修正应以长距离逐步修正为原则，不宜过急。

（4）在切换刀盘转动方向进行滚动纠偏时，应保留适当的时间间隔，切换速度不宜过快。

（5）实施盾构隧道纠偏不得损坏已安装管片，并保证新一环管片的顺利拼装。

（6）实施盾构隧道纠偏应防止盾尾漏浆而增大地面变形。

（7）盾构施工过程中，一方面要通过修正施工有关参数尽量避免和控制偏差，同时也要在掘进的过程中，进行适时的测量与纠正，控制偏差在允许范围之内。

9.9.4 管片拼装

管片选型确定后，管片拼装的好坏直接关系隧道的外观和防水效果。一般情况下，管片拼装采取自下而上的原则，具体的拼装顺序由封顶块的位置确定。管片一般分为标准环、左转弯环、右转弯环三种类型，每环管片由六块组成，分别为三块标准块、两块邻接块和一块封顶块，采用错缝拼装方式。

1）管片拼装流程

管片拼装流程如图 9-31 所示。

2）管片拼装方法

（1）管片由管片车运至隧道内后，由专人对管片类型、龄期、外观质量和止水条黏结情况等项目进行最后一次检查，检查合格后才可卸下。

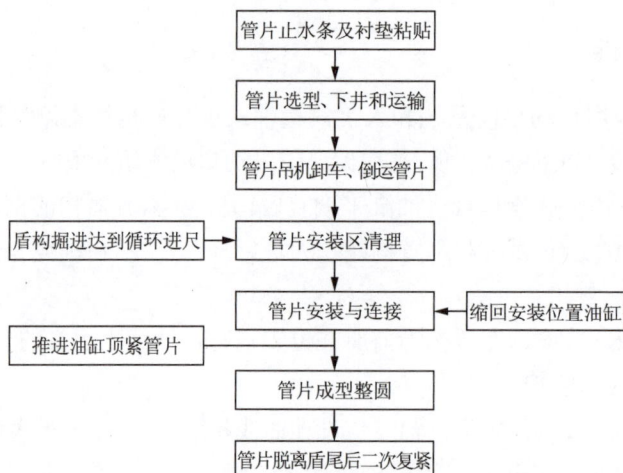

图 9-31　管片拼装流程图

（2）管片经管片吊车按安装顺序放到管片输送平台上，掘进结束后，再由管片输送器送到管片拼装器工作范围内等待安装。

（3）管片点位的选择以满足隧道线形为前提，重点考虑管片拼装后盾尾间隙要满足下一掘进循环限值，确保有足够的盾尾间隙，以防盾尾直接接触管片。

（4）管片拼装必须从隧道底部开始，然后依次拼装相邻块，最后拼装封顶块。拼装第一块管片时，用水平尺与上一环管片精确找平。

（5）拼装邻接块时，为保证封顶块的拼装净空，拼装第五块管片时一定要测量两邻接块前后两端的距离（分别大于 C 块的宽度，且误差小于 +10mm），并保持两相邻块的内表面处在同一圆弧面上。

（6）封顶块拼装前，对止水条进行润滑处理，拼装时先径向插入 2/3，调整位置后缓慢纵向顶推。

（7）成环管片均有纵、环向弯螺栓连接，纵向螺栓每环配 M30×16 枚，环向螺栓每环配 M30×12 枚。连接件采用达克罗涂层 + 抗碱涂层防锈处理。纵向、环向螺栓机械性能等级为 8.8 级。每环拼装结束后及时拧紧纵、环向螺栓。

（8）管片拼装到位后，应及时伸出相应位置的推进油缸顶紧管片，其顶推力应大于稳定管片所需力，然后方可移开管片拼装机。

（9）管片拼装完后应及时整圆，并在管片脱离盾尾后要对管片连接螺栓进行二次紧固。

3）管片拼装精度

整环拼装允许偏差：相邻环的环面间隙为 0.6 ～ 0.8mm，纵缝相邻块间隙为 1.5 ～ 2mm；纵向螺栓孔及孔位为 ±1mm；衬砌环外径为 ±3mm。

9.9.5　同步注浆及二次注浆

1）同步注浆

同步注浆注浆遵循"坍落度，不堵管，准厚浆；搅拌匀，延时注，二次补"十八字方针。

（1）注浆材料

采用水泥砂浆作为同步注浆材料，该浆材具有结石率高、结石体强度高、耐久性好和能防止地下水浸析的特点。水泥采用 42.5R 抗硫酸盐水泥，以提高注浆结石体的耐腐蚀性，使管片处在耐腐蚀注浆结石体的包裹内，减弱地下水对管片混凝土的腐蚀。

（2）浆液配合比

在施工中，根据地层条件、地下水情况及周边条件等，通过现场试验优化确定。同步注浆浆液的主要物理力学性能应满足表 9-8 中指标。

同步注浆材料配合比及性能指标表 表 9-8

消石灰（kg）	粉煤灰（kg）	膨润土（kg）	砂（kg）	水（kg）	外加剂
60	400	70	800	适量	按需要根据试验加入

凝结时间：一般为 12 ～ 16h。

对于强透水地层和需要注浆提供较高早期强度的地段，可通过现场试验调整配合比及加入早强剂，进一步缩短胶凝时间。

固结体强度：7d，不小于 0.15MPa；28d，不小于 1.0MPa。

浆液结石率：>95%，即固结收缩率小于 5%。

浆液稠度：10 ～ 12.5cm。

浆液稳定性：倾析率（静置沉淀后上浮水体积与总体积之比）小于 5%。

（3）注浆主要技术参数

①注浆压力

最初的注浆压力是根据理论的静止水土压力确定的，在实际掘进中将不断优化。如果注浆压力过大，会导致地面隆起和管片变形，还易漏浆。如果注浆压力过小，则浆液填充速度赶不上空隙形成速度，又会引起地面沉陷。一般而言，注浆压力取 1.1 ～ 1.2 倍的静止水土压力，最大不超过 3.0 ～ 4.0bar。

由于从盾尾圆周上的 4 个点同时注浆，考虑到水土压力的差别及防止管片大幅度下沉或上浮，各点的注浆压力将不同，并保持合适的压差，以达到最佳注浆效果。最初压力设定时，下部孔压力比上部孔略大 0.5 ～ 1.0bar。

②注浆量

根据刀盘开挖直径和管片外径，可以按下式计算出一环管片的注浆量。

$$V=\frac{\pi}{4} \times K \times L \times (D_1-D_2) \qquad (9\text{-}7)$$

式中：V ——一环注浆量（m^3）；

L ——环宽（m）；

D_1 ——开挖直径（m）；

D_2 ——管片外径（m）；

K ——注浆率取 210%。

代入相关数据，可得：

$$V=\pi/4 \times 2.1 \times 1.2 \times (41.9\text{-}38.44)=6.84m^3/ 环$$

根据上面经验公式计算，注浆量取 210%，则每环（1.2m）注浆量 $Q=6.84m^3$。

③注浆时间及速度

在不同的地层中根据需不同凝结时间的浆液及掘进速度来具体控制注浆时间的长短。做到"掘进、注浆同步，不注浆、不掘进"，通过控制同步注浆压力和注浆量双重标准来确定注浆时间。

注浆量和注浆压力达到设定值后才停止注浆，否则仍需补浆。

同步注浆速度与掘进速度匹配，按盾构完成一环掘进的时间内完成当环注浆量来确定其平均注浆速度。

④注浆结束标准及效果检查

采用注浆压力和注浆量双指标控制标准，即当注浆压力达到设定值，注浆量达到设计值的 85%

以上时,即可认为达到了质量要求。

注浆效果检查主要采用分析法,即根据压力—注浆量—时间曲线,结合管片、地表及周围建(构)筑物量测结果进行综合评价。

对拱顶部分采用超声波探测法通过频谱分析进行检查,对未满足要求的部位,进行补充注浆。

（4）同步注浆流程与工艺

壁后注浆装置由注浆泵、清洗泵、储浆槽、管路、阀件等组成,安装在第一节台车上。当盾构掘进时,注浆泵将储浆槽中的浆液泵出,通过 4 条独立的输浆管道,通至盾尾壳体内的 4 根同步注浆管,对管片外表面的环行空隙中进行同步注浆。在每条输浆管道上都有一个压力传感器,在每个注浆点都有监控设备监视每环的注浆量和注浆压力。每条注浆管道上设有两个调整阀,当压力达到最大时,其中一个阀就会使注浆泵关闭,而当压力达到最小时,另外一个阀就会使注浆泵打开,继续注浆。

盾尾采用三道钢丝刷加注盾尾油脂密封,确保周边地基的土砂和地下水、衬背注浆材料、开挖面的水和泥土不会从盾壳内表面与管片外周部之间缝隙流入盾构内部。

盾尾油脂用量及质量要求:一般地段油脂应不低于 15 元 /kg,用量应不低于 30kg/ 环（每桶油脂打 8 环）;盾构穿越房屋段内必须使用 30 元 /kg 以上的油脂,用量必须 ≥ 35kg/ 环。

注浆量和注浆压力的大小可以实现自动控制和手动控制,手动控制可对每一条管道进行单个控制,而自动控制可实现对所有管道的同时控制。

同步注浆流程如图 9-32 所示。

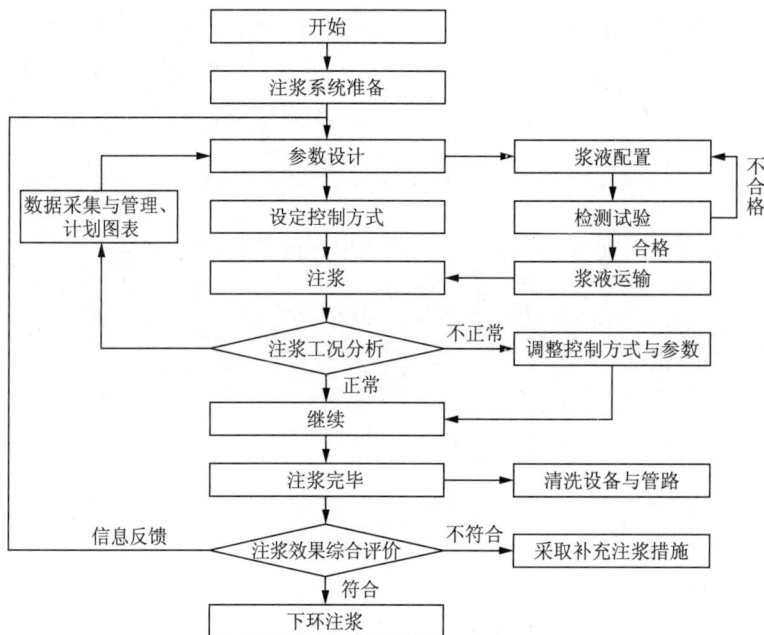

图 9-32　同步注浆流程图

2）二次注浆

盾构穿越后,考虑到环境保护和隧道稳定因素,于管片脱出盾尾 5 环开始实施二次注水泥、水玻璃双液浆,并于管片脱出盾尾 7 环内注完。

通过管片中部的注浆孔进行二次注浆,补充同步注浆未填充部分及浆液体积减少部分,从而减少盾构机通过后土体的后期沉降,减轻隧道的防水压力,提高止水效果。特别是盾构在穿越地下管线及地面建(构)筑物、涌水及软土地段时二次注浆尤为重要。

二次注浆使用专用的泥浆泵,注浆前凿穿管片吊装孔外侧保护层,安装专用的注浆接头,采用水泥浆(特殊情况下采用水泥浆—水玻璃双液浆),注浆压力一般为 0.3 ～ 0.5MPa。压浆需派专人负责,对压入位置、压入量、压力值均详细记录,并根据地层变形监测信息及时调整,确保压浆工序的施工质量。

（1）注浆材料、浆液配合比及性能指数

二次注浆采用水泥—水玻璃双液浆作为注浆材料,能对同步注浆起到进一步补充和加强作用。同时也是对管片周围的地层起到充填和加固作用。双液浆的初步配合比见表 9-9,浆液的凝胶时间为 30s ～ 1min。

双液浆浆液配合比表　　　　　　　　　　表 9-9

浆液名称	水泥	浆液水灰比	水玻璃	稀释水玻璃比	水泥 / 水玻璃比
双液浆	P.O42.5	1.0	35°Bé	1:1	1:0.7

（2）注浆设备

补强注浆采用自备的 KBY-50/70 双液注浆泵。二次补强注浆注浆管及孔口管自制,其加工应具有与管片吊装孔的配套能力,能够实现快速接卸以及密封不漏浆的功能,并配备泄浆阀。

9.10　盾构调头、过站和空推

9.10.1　盾构机洞内调头

在盾构标段较短、施工场地不允许左右线同时施工、接口标段不具备盾构机吊出地面条件等情况下,一般采用单台盾构施工,在掘完区间一条线后盾构机在接口部位(车站或隧道)进行调头,调头后再继续掘进另一条线,从而降低盾构机的工程成本压力。

1）前期准备

（1）准备实测调头场地的空间尺寸,特别是调头的关键位置和卡口位置,避免施工误差对掉头方案的影响。

（2）在计算机上预先做好掉头尺寸模拟,确定各种限界尺寸,并根据模拟结果确定调头步骤和调头方案。

（3）在盾构机调头位置预埋用于托架固定、盾构机平移、盾构机调头及始发的预埋件,并兼顾托架、负环等重型结构的安装和拆除。

（4）将盾构机接收托架、钢板、钢轨及调头其他设备提前运输到接收和调头断面。

（5）确保调头位置基面的平整度,必要时用砂浆找平。

（6）在掉头位置基面上铺设钢板并保证钢板平面和钢板接缝的平整,将钢板四周固定,加强钢板接槎的连接,确保钢板在掉头施工中不发生移动、钢板连接不会断裂。

（7）在钢板上放出盾构机旋转和平移过程轨迹点,标示出已模拟的盾构机调头过程的托架轨迹和趋势,并标示出掉头的各种限界。

2）主机调头

盾构机步入托架与托架固定为整体,通过托架底部钢板直接在钢板上平移旋转,实现调头。

如果现场空间高度不够,盾构机步入托架与托架固定为整体后,可用千斤顶将托架和盾构机一起顶升,在如图 9-33 所示的托架和钢板之间增加某种减小摩擦的构件,如钢珠万向轮,或在托架底部安装一层四氟乙烯板等,从而在摩擦力较小的情况下实现托架在基面上平移旋转,完成盾构主机调头。

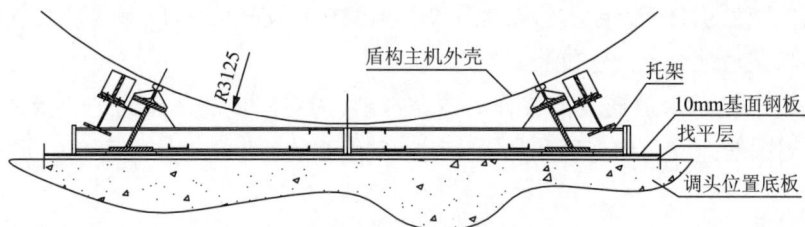

图 9-33 盾构机调头断面示意图(尺寸单位:mm)

(1)盾构机接收

①先在洞门前按盾构机到达的实际姿态调整好托架位置和高度,再把托架焊接固定在地面的钢板上,在托架前方和托架两侧用工字钢和限位块固定,固定好托架,防止盾构机步入托架时托架发生移动,接收托架平面位置和托架固定如图 9-34 所示。

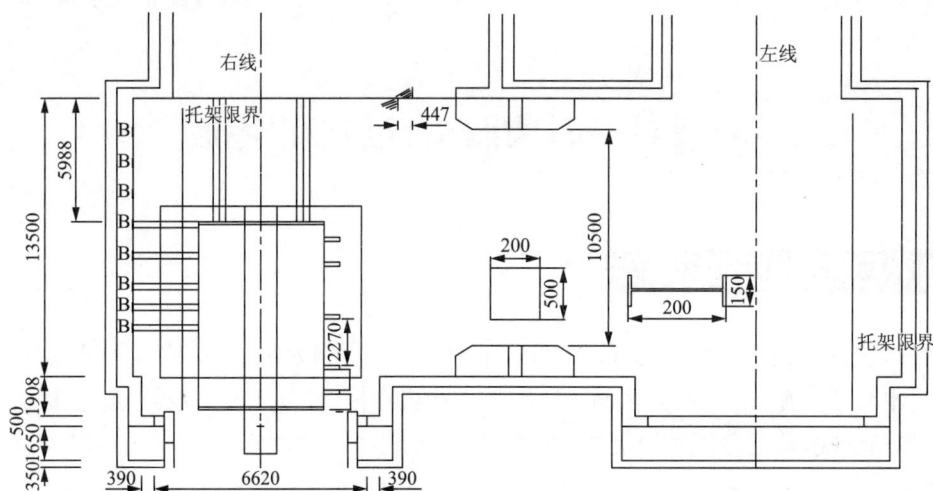

图 9-34 盾构机接收托架平面位置及托架固定示意图(尺寸单位:mm)

注:固定托架为 150mm×200mm 的工字钢,两侧分别焊接在铺面钢板上和预埋件 B 上,后面顶在 E 形端面下部混凝土面上

②盾构机进洞零环脱出盾尾后,进行主体与后配套分离,并在托架上设千斤顶,一直将盾构机推到刀盘(750mm)全部伸出托架悬空为止。

③盾构机完全步入托架上后,拆除托架所有的固定装置,开始盾构机调头施工。

(2)盾构主机调头步骤

①将钢板上的泥和土等杂物清理干净,在钢板上涂抹黄油。

②将托架与盾构机固定在一起,先通过倒链并用千斤顶辅助将盾构机向左前方拉出事先模拟的距离,使人和设备可以到托架的四周进行调头施工。

③再依照既定盾构机调头模拟位置,根据钢板上已经标志出的托架旋转平移位置及趋势平移旋转盾构机。如图 9-35 所示为盾构机调头位置及托架接收横断面示意图,如图 9-36 所示为盾构机调头步骤示意图。

④盾构机旋转平移到左线后,在始发处调整并固定好托架,对盾构机进行系统检修保养。

盾构机平移:在钢板上焊工字钢钢块作为千斤顶反力支座,用 4 台 80t 千斤顶在托架最佳顶推位置附近按实际需要顶推托架,使托架移动和转动,顶推过程中可以在托架和千斤顶之间加设工字钢垫块增加千斤顶行程;在顶进一定长度后调整千斤顶反力支座钢块位置,使托架及盾构机按预定轨迹平移。

盾构机旋转:托架旋转时在托架旋转中心的角上用一千斤顶作为支点,用另外千斤顶在托架最佳顶推位置附近顶推托架,形成旋转力偶,使托架以固定转轴为旋转中心按预定旋转轨迹旋转。

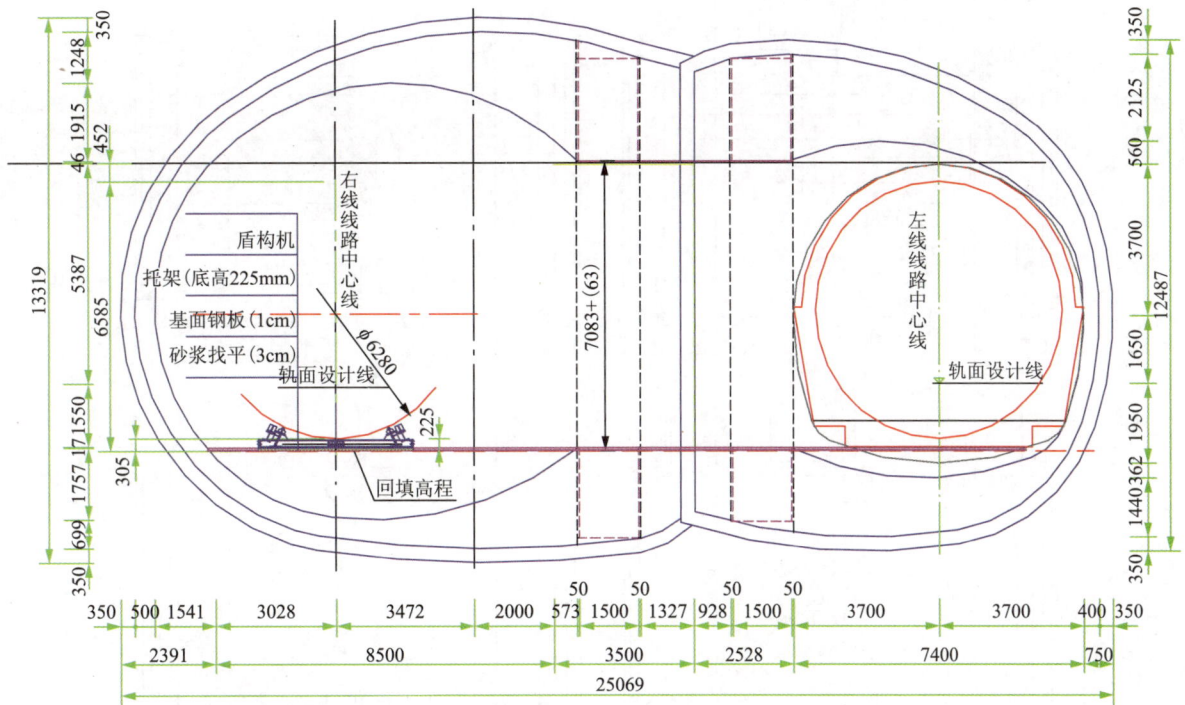

图9-35 盾构机调头位置及托架接收横断面示意图(尺寸单位:mm)

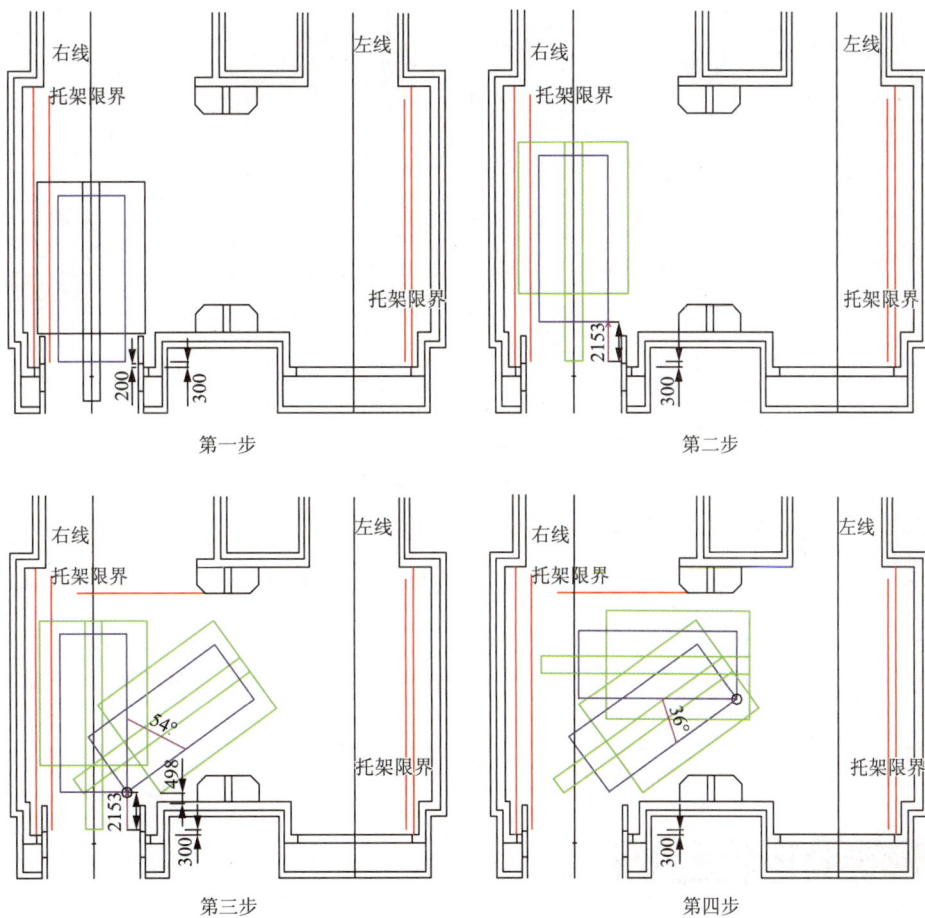

第一步

第二步

第三步

第四步

图 9-36

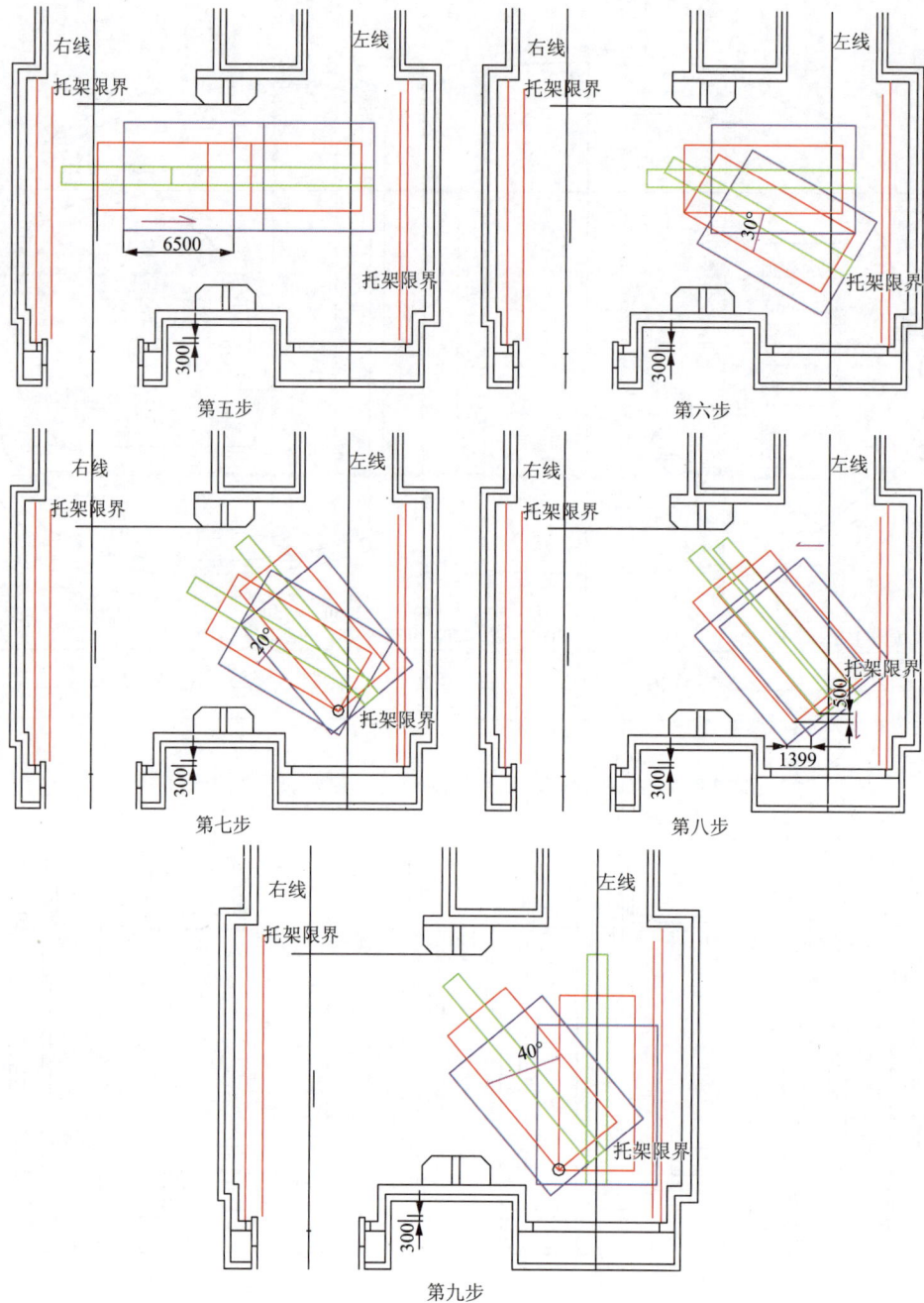

图 9-36　盾构机调头步骤示意图

（3）盾构机后配套台车调头

后配套台车调头时根据调头位置的空间条件，有以下三种常用方案：

①用大吨位吊车将台车吊起，在空中旋转实现调头；

②采用与主机调头类似的方法，让台车步入特制托架，将托架和架台固定好后在基面上旋转实现调头；

③在现有折返段施作一调头用斜通道，台车通过道岔调头。

9.10.2　盾构空推和过站

为减少施工风险，拓展土压平衡盾构机在较长距离与硬岩地层中的施工配套技术，开展了专项研究,采用矿山法开挖与初期支护,盾构机空载推进拼装管片通过,管片背后吹豆砾石与注浆结合的新工艺,以确保盾构空推过站安全、顺利、高效。

盾构在过矿山法隧道过程中如何有效控制盾构管片位移,如何将管片与矿山法隧道之间的空隙填满是盾构过矿山法隧道段的重点及难点。

1)施工工艺流程

盾构空推施工工艺流程如图 9-37 所示。

2)混凝土导台施工

在盾构空推过矿山法段前,必须完成导台施工并达到施工要求。导台采用 C30 钢筋混凝土施工,高度为 150mm。导台断面弧长与隧道中心夹角为 60°,导台外径 3300mm,内径 3150mm。为了防止盾构机步上导台混凝土开裂,在洞口处导台两侧分别预埋一块 300mm×1000mm×20mm 钢板。

导台起点从洞门开始,一直至隧道端墙前方,导台与端墙之间预留 1m 长的缺口,使盾构机刀盘在缺口处顺利旋转并切入端墙。导台施工应确保导台的高度、弧度、轴线等参数的精度混凝土。导台施工质量验收标准见表 9-10。

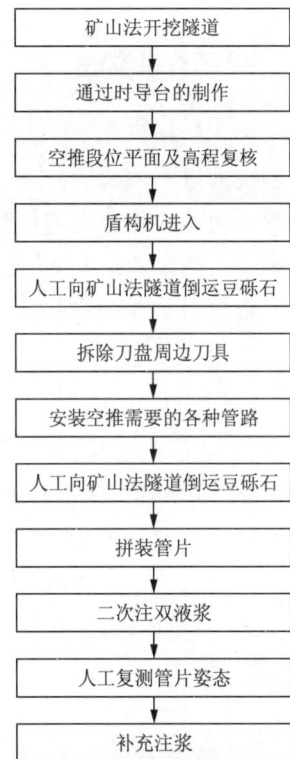

```
┌─────────────────┐
│  矿山法开挖隧道   │
└────────┬────────┘
┌────────┴────────┐
│ 通过时导台的制作  │
└────────┬────────┘
┌────────┴────────┐
│空推段位平面及高程复核│
└────────┬────────┘
┌────────┴────────┐
│   盾构机进入     │
└────────┬────────┘
┌────────┴────────┐
│人工向矿山法隧道倒运豆砾石│
└────────┬────────┘
┌────────┴────────┐
│  拆除刀盘周边刀具 │
└────────┬────────┘
┌────────┴────────┐
│安装空推需要的各种管路│
└────────┬────────┘
┌────────┴────────┐
│人工向矿山法隧道倒运豆砾石│
└────────┬────────┘
┌────────┴────────┐
│    拼装管片      │
└────────┬────────┘
┌────────┴────────┐
│   二次注双液浆   │
└────────┬────────┘
┌────────┴────────┐
│  人工复测管片姿态 │
└────────┬────────┘
┌────────┴────────┐
│    补充注浆      │
└─────────────────┘
```

图 9-37 盾构空推施工工艺流程图

混凝土导台施工质量验收标准 表 9-10

项　目	允许偏差	项　目	允许偏差
轴线位置(mm)	10	相邻两板表面高低差(mm)	2
弧度	0.5°	钢筋网网格尺寸(mm)	10
高度(mm)	10	混凝土强度	不小于 C30

3)矿山法隧道竣工验收

隧道初期支护、盾构导台施工完成后,将对隧道进行竣工验收。对隧道的中线和高程、超挖值、喷射混凝土质量等方面进行验收,尤其对隧道断面进行一次联系测量,形成矿山法隧道竣工测量成果,为盾构正常通过提供依据。每隔 10m 进行一个断面测量,每个断面测量 10 个点。如观察到矿山法隧道欠挖,则需对此处进行加密测量,凡欠挖处一律凿除处理,超挖 150mm 以上、面积 1m² 以上处,必须复喷混凝土处理。

4)盾构机进入混凝土导台

盾构接收上导台施工前应注意以下事项:①准备好洞内、洞外的通信联络工具和洞内的照明设备;②确认导台混凝土强度达到设计要求;③由于盾构机刀盘外径比盾体外径大,在盾构机从始发托架上进入导台前,卸掉刀盘与导台面接触的边缘刀具,避免盾构机在导台上前进时刀具将导台混凝土刮起,破坏导台。在刀盘到达端墙前预留缺口时,重新安装所卸的刀具。

刀具卸除后,进行负环施工,使盾构机盾体进入混凝土导台。在负环施工阶段,盾构机左右千斤顶长度应相同,使盾构姿态符合平面直线线形的要求。在推进时,推进速度不能过快,控制在 10 ~ 15mm/min 范围内,每推进一环,必须进行盾构轴线的跟踪测量,以便使盾构以良好姿态进入导台。

5）盾构机推进

由于盾构机在导台上前进阻力很小，并且导台已经确定盾构机的前进方向，为了确保盾构机沿导台轴线前进不偏离导台，并在导台上保持正确的姿态，在盾构机推进时采用交叉使用竖直位置和水平位置两组推进油缸向前推进。具体操作时使用水平两组油缸推进30cm时，停止推进并收缩油缸，再使用垂直两组油缸推进30cm后，停止并收缩油缸，不停地交叉使用。

推进过程中要密切注意盾构机刀盘周边与初期支护、成环管片与盾尾间的间隙，使其始终处于良好状态。

盾构管片橡胶止水条挤密所需要的压力约650kN左右，根据广州地铁3号线北延段盾构2标段空推的成功经验，在6‰下坡段，盾构机刀盘前方没有任何阻力的情况下，盾构机总推力可达2000kN，四组油缸压力均超过650kN。石购区间隧道空推段为5‰的上坡，故盾构机自身重量与导台间的摩阻力完全满足管片拼装的质量要求。

在具体施工过程中，将试推20环，如发现拼装管片漏水严重，则说明管片间橡胶止水条未压实紧密，需立即采取措施，具体办法是利用型钢支撑与矿山法隧道初期支护在刀盘前方提供反力，保证管片拼装质量。

6）管片拼装

盾构在初期支护隧洞内拼装管片与正常盾构法施工基本相同，因盾构机在初期支护隧洞内不能做大幅纠偏动作，故确定封顶块拼装位置显得尤为重要。当盾尾单边间隙缩小到45mm时，则需进行封顶块位置调整。由于在无正面土压力的状态下推进，为保证管片止水带的压密防水效果，必须加强连接螺栓的紧固；尤其加强支撑施加反力时的纵向螺栓（即环间连接螺栓）复紧工作。

7）管片背后回填

（1）豆砾石回填施工

管片与初期支护之间空隙充填豆砾石在管片推出盾尾后在成形隧道内进行。为满足盾构过矿山法段管片背后豆砾石快速、高效充填的需要，豆砾石粒径为5～10mm，采用混凝土喷射机2台（1台备用）从盾构机前方向后喷射豆砾石，填充的顺序是先下部后上部，首先填充导台，然后填充左右两侧，最后填充隧道上部。喷射压力为0.25～0.3MPa，喷射管径为直径50mm。充填标准：回填数量基本达到理论数量后，通过管片与围岩之间的空隙观察，直到注浆孔内充满豆砾石。

在竖井以南隧道施工时，混凝土喷射机放置在刀盘前方，豆砾石由竖井吊入隧道、小型自卸运输车运输至混凝土喷射机。在竖井以北隧道施工时，混凝土喷射机放置在盾体后方，输送管道设弯管，继续从盾构机前方向后喷射豆砾石。豆砾石由盾构机吊入隧道、小型自卸运输车运输至混凝土喷射机。

（2）注浆回填施工

注浆步骤如图9-38所示。

第一步，管片脱出盾尾后，首先通过底部管片吊装孔作为注浆孔注水泥—水玻璃双液浆，以防管片下沉产生错台。随着盾构掘进，支撑提供反力安装管片后，从管片吊装孔同步注双液浆至1m高，将管片固定（图9-39）。

第二步，用喷射的豆砾石在管片脱离盾尾时进行管片两侧支撑，利用盾构机自身的注浆机同步注入水泥浆，注浆压力为0.1～0.2MPa，使衬砌管片与地层间紧密接触，以提高支护效果（图9-40）。

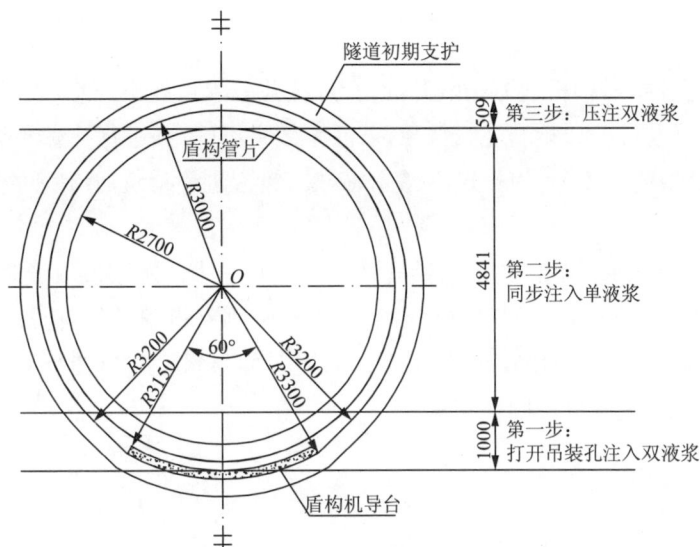

图 9-38　注浆步骤示意图(尺寸单位:mm)

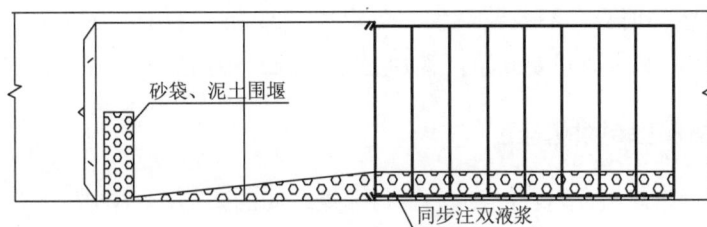

图 9-39　第一步注浆示意图

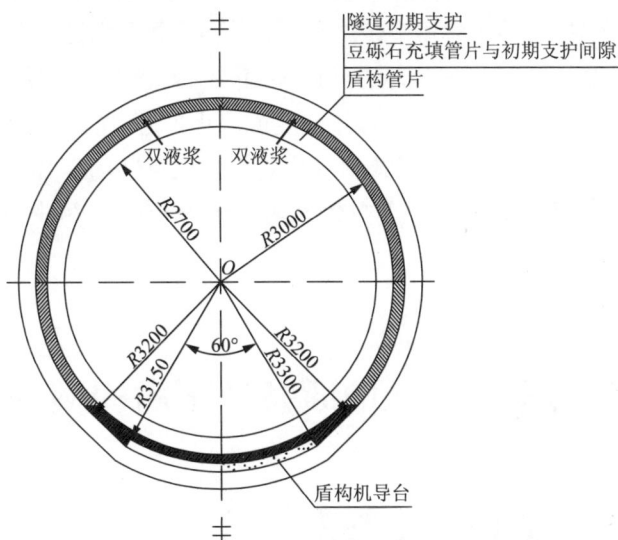

图 9-40　第二步注浆示意图(尺寸单位:mm)

　　第三步,5 环管片脱离盾尾后,对打开管片顶部 1 点位或者 11 点位,压注双液浆填充,确保管片与初期支护之间管片顶部孔隙填充密实(图 9-41)。

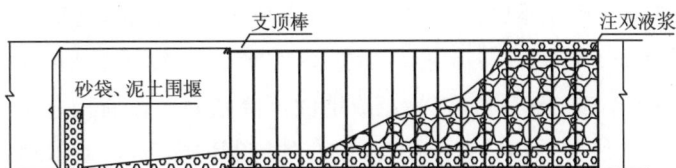

图 9-41　第三步注浆示意图

8）补充注浆

由于管片背填注浆时，盾构机前方是敞开的，管片注浆效果可能不理想，须对管片进行补充注浆。每 10 环管片，在管片吊装孔开口检查注浆效果，若注浆效果不好，则进行补充注浆。

盾构机通过矿山法段后，对管片的姿态、渗水、碎裂、错台进行检查，管片垂直偏差、水平偏差控制在 ±50mm 以内。

管片脱出盾尾后，首先通过底部管片吊装孔作为注浆孔注水泥水玻璃双液浆，以防管片下沉产生错台。然后用喷射的豆砾石在管片脱离盾尾时进行管片两侧支撑，利用盾构机自身的注浆机同步注入水泥浆，注浆压力为 0.1 ～ 0.2MPa，使衬砌管片与地层间紧密接触，以提高支护效果。最后通过管片吊装孔作为注浆孔注水泥浆分段回填密实。

9）盾构机过竖井施工

在左线隧道空推通过竖井前用 M5 水泥砂浆砌筑片石（并压注水泥浆液密实）对横通道进行充填封闭。

左线隧道空推过竖井时豆砾石及浆液仅充填管片下部 3m，盾构机拼装管片通过后，对竖井用石粉及 3：7 土石进行回填，其中石粉要回填至管片上方 1.5m。最后压入水泥浆液进行密实。

10）空推与负载施工转换段施工

在盾构机刀盘靠近端墙时，检查并清理刀盘与端墙之间的杂物，为盾构机刀盘切入端墙做好准备。由于盾体与隧道初期衬砌之间有一定的空隙，盾体四周没有土体包裹，盾体旋转仅受导台的阻力，因导台阻力很小，导致刀盘切削端墙时盾体旋转角度很大。因此需要保持刀盘低速旋转，并不停地改变刀盘转动方向，让其慢慢地切入端墙，防止盾体旋转角度过大。当盾体全部进入土体后，因盾体被四周土体完全包裹，土体对盾体旋转产生较大的摩擦阻力，盾体转角明显减小，盾构机即处于正常掘进状态。

在盾体全部进入土体后，转动刀盘，减小推进速度或停止推进，加大所有推进油缸的油压，增加盾构机总推力，使其达到 20000kN 及以上，压紧矿山法隧道内已拼装的管片。保持这个总推力再一次紧固所有的管片螺栓。在压紧过程中要注重观察每环管片受压情况，防止因盾构机总推力过大而将管片压损压裂。

9.11 特殊地质条件下盾构掘进

9.11.1 全断面砂层盾构掘进施工

1）施工重难点

盾构在砂层中掘进施工控制难度大，中粗砂地层容易包裹盾构机，造成盾构推力增大，导致管片破损；砂层中掘进刀具磨损比较严重，刀具损坏后如不及时更换，极易造成刀盘面板的磨损；砂层中仓压损失较为严重，对盾构出土控制不利，容易造成地面沉降超限。在盾构选型合理的基础上，盾构砂层掘进应做好渣土改良、掘进参数和姿态控制等，以有效控制地面沉降，确保地面建（构）筑物安全，同时提高盾构掘进效率和质量，降低盾构施工成本，实现安全、快速掘进。

2）施工工艺、方法及主要技术措施

（1）施工工艺流程

砂层盾构掘进施工工艺流程如图9-42所示。

（2）渣土改良

①渣土改良的必要性

渣土改良思路来源于使用泥水平衡盾构的某些方法、措施来解决土压平衡盾构机掘进砂层遇到的困难。由于砂层具有黏聚力小、摩擦角大、渗透系数高等特点，在土压平衡盾构机掘进时，不能满足其土仓建压和出土的要求，更不能满足沉降控制和快速掘进的要求，必须对渣土进行流塑性、渗透性及和易性的改良，才能较好地实现土仓建压和出土，从而实现安全和高效的掘进。

从严格的盾构选型的角度讲，这种地层更适用于泥水加压式盾构，对于加泥式土压平衡盾构机，通过对渣土改良剂的室内试验研究和现场实施，得出合理且经济的泥浆配合比，然后在施工过程中向盾构机土仓、刀盘前方和螺旋输送机仓内注入适合的泥浆量，以改良开挖面土体和土仓内渣土，也可适用于砂层掘进施工。

图 9-42　砂层盾构掘进施工工艺流程图

②渣土改良方法

土压平衡盾构机在砂层中掘进时，应对渣土采取流塑化改良措施，即向开挖面、土压仓（必要时向螺旋输送机）注入改性材料（泥浆、泡沫、聚合物等），以促进开挖面稳定，实现土压平衡掘进，同时有助于降低机械摩擦、减小地面沉降、提高掘进速度等。首先对开挖面，即刀盘前方土体注入泥浆，向开挖面土体注入泥浆后，泥浆包围在颗粒周围，形成一层泥膜，增加了颗粒之间的黏聚力，使得颗粒之间的传力得到扩散，达到一种泥浆护壁的效果，有助于稳定开挖面土体。其次是向土仓内注入泥浆，通过刀盘旋转和螺旋输送机旋转使泥浆渗入砂性土颗粒之间，增强颗粒之间的作用力，并以较大的泥浆浮力减少颗粒的堆积，形成流塑性状态的渣土。最后是通过膨润土泥浆特殊的润滑性能，可以减轻颗粒与盾构机及其构件的摩擦。

③渣土改良材料及配合比

常用的渣土改良剂有水、膨润土泥浆、泡沫、高分子聚合物等，各类不同用途的改良剂比较见表9-11。

改 良 剂 比 较　　　　　　　　　　　表 9-11

种　　类	代表材料	优　　点	缺　　点	适用土质
矿物类	膨润土 蒙脱土	不透水性，流动性	制泥设备 废物处理	各种土质
	黄土	增加泥浆的相对密度	配合膨润土使用	含有砾石的粗砂层
水溶性高分子	CMC	增大黏性	废物处理	无黏性土
高吸水性树脂	环氧树脂	胶凝状态，防止喷涌	酸碱地基化学加固	高水位，含水率高
界面活性材料	泡沫剂	不透水性，流动性，防止黏附	无	各种土质

膨润土、发泡剂及高分子聚合物在理论上均适应于砂层，但其侧重的效果不太一样，砂层掘进的渣土改良剂的首选膨润土泥浆和泡沫，如果遇到卵石、砾石较多的地层或渗透系数较大的地层，再综合考虑在膨润土泥浆中加入其他的改良剂。经过试验室数据采集及对比分析及现场实践结果，对于全断面砂层渣土改良参数参考值如下：

膨润土：纳基膨润土。

泡沫剂：砂性土专用气泡剂。

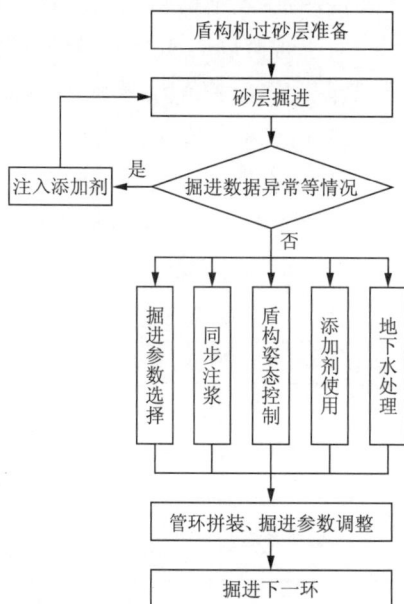

膨润土泥浆性质：浆液相对密度 1.07，黏度 25 ～ 35s；注入率 10% ～ 20%（与渣土体积比）；膨润土与水质量比控制在 1∶8 ～ 1∶10 之间。

泡沫剂：发泡倍率 12 倍，原液注入量 30 ～ 50L，注入率为 3% ～ 5%（与渣土体积比）。

对于含有砾石或少量卵石的粗砂层或砂砾层，可以采取在膨润土泥浆中加入黄土的方法改良渣土，其配合比参考值为：膨润土∶黄土 =3∶2，注入率为 20%。

说明：膨润土泥浆性质将受到膨润土质量、现场温度、搅拌方式等多种因素影响，膨润土泥浆的优劣，可以根据坍落度试验判定，经膨润土泥浆改良后的最优坍落度为 100 ～ 150mm。

④渣土改良对应的泥浆系统改造

为了更好地发挥泥浆渣土改良和减摩作用，有必要对泥浆系统进行改造，见表 9-12。

泥 浆 系 统 改 造 表 9-12

泥浆系统	注入部位	作　用	改造方法
1 号加泥泵系统	刀盘前方	改良刀盘前方土体，止水，泥浆护壁	—
	盾体外	减摩，必要时可注聚氨酯止水	在前盾胸板后 80cm 的 3、9 和 12 点打孔，焊管头接上膨润土管
2 号加泥泵系统	土仓	增强泥浆浮力，改善土仓内渣土流塑性	—
	螺旋仓	改善螺旋仓内渣土流塑性，保护叶片	—

（3）盾构掘进模式

土压平衡盾构机有三种掘进模式，根据掌子面的稳定情况和地下水情况选择合适的掘进模式。砂层掘进过程中，面对的基本上都是开挖面极不稳定、地下水丰富的地层，需要有外力作用才能促使开挖面的水土压力平衡，所以选择土压平衡模式。

（4）盾构掘进参数控制

在砂层掘进中，应严格控制土仓压力，应采取满仓或 2/3 仓掘进的模式，让渣土填充土仓，来抵挡掌子面的水土压力；在螺旋转速、掘进速度和刀盘扭矩相匹配的要求下，满足刀盘扭矩不大于 80%，即刀盘工作压力 100 ～ 140bar；土压控制值设定根据地层埋深及地下水位计算确定，在总推力和扭矩等参数允许的情况下，将土仓压力按开挖面中部埋深计算。砂层掘进时由于摩擦力较大、刀盘贯入困难等原因，要随时注意刀盘扭矩的变化，不能满载或超载运行。

（5）盾构掘进姿态控制

隧道洞身主要为全断面砂层时，盾构机体可能会出现上抬、下俯或左右偏斜，因此，掘进时要特别注意对盾构机姿态的控制，合理分配四组油缸的加力差和调节铰接角度，防止盾构机发生偏移，并做到及时纠偏，每环的纠偏量不大于 5mm。在砂层掘进时，为应付各种变化因素，有必要随时都能形成一个上下或左右的推力差，推力差不宜过大；要求总推力应维持在一个较为合适的值，不应为了满足较快掘进而使总推力过高。

（6）出土量控制

及时掌握开挖面的地质情况和出土量，防止超挖造成地表塌陷。参考西安地区砂层掘进的施工经验，每环出土量控制在 54 ～ 58m³（松散系数 1.2 ～ 1.3）（渣斗车三斗零一格）为正常情况。为了统计准确，必须严格按照出土量控制表要求，每环掘进至 1800mm 停止（管片宽 1500mm）。

掘进时应该严格按照一斗一记录，并对照实际行程量来检验出土量是否受控，若实际行程量比理论少于 80mm，在下次掘进时要加以控制，减少出土量，从而保证整环出土量受控。若出现出土量异常，应加强监测并及时采取注浆等补救措施。

（7）沉降控制

地面沉降类型分为纵向地面沉降和横向地面沉降。纵向地面沉降分为五个阶段：盾构到达前的前期沉降阶段,盾构到达时开挖面前的沉降与隆起阶段,盾构通过时推进沉降阶段,盾构通过后盾尾空隙瞬间沉降阶段,长期—后期固结沉降阶段;横向地面沉降主要反映盾构掘进对两侧的影响,如图 9-43 所示。

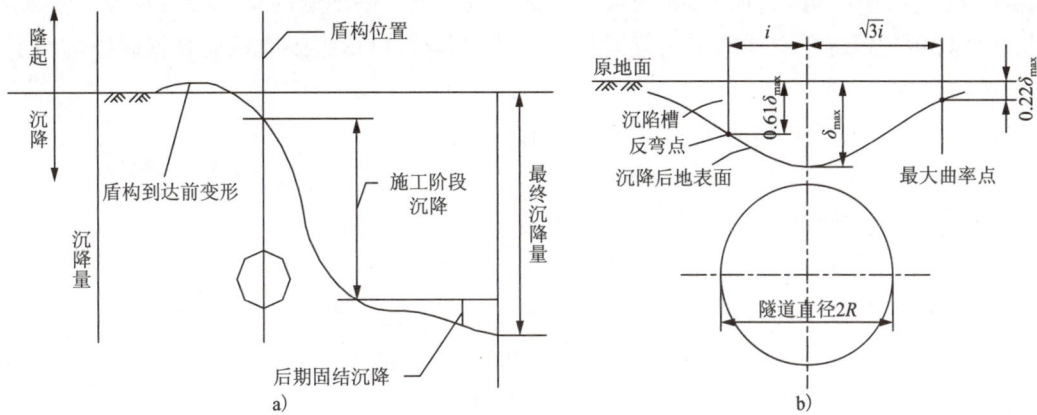

图 9-43　盾构掘进过程地面沉降示意图

沉降控制主要分为两个方面,一是建立适合的土仓压力,二是填补地层空隙。为实现良好的土仓压力,可以先利用库仑土压力理论计算地层的土压力,最合适的土压力为静止土压力,土仓压力大于被动土压力,地层可能出现隆起,小于主动土压力地层可能出现塌陷。在参数控制上,满足 2/3 仓或满仓掘进,在建压的基础上,调节各项参数。填补地层空隙主要通过同步注浆和二次注浆,砂层中考虑其渗透系数,同步注浆量应控制在理论空隙值的 150% ～ 200%,通过地面监测,及时进行二次注浆,或者在盾构掘进时同步在盾尾 5 环以后进行二次注浆,注浆量由压力控制,一般注浆压力达到 0.6MPa 时即可。砂层盾构掘进,要注意对沉降监测数据的整理和分析,通过建模和计算,回归出该地层的各项沉降数据,为沉降监测和预测提供理论依据。

9.11.2　软硬不均地层盾构掘进技术

1)施工重难点

软硬不均地层是指开挖断面范围内包含两种以上地质特征相差悬殊的地层,如基岩突起及孤石等。盾构在软硬不均地层掘进会遇到出土难以控制、易发生喷涌、地面沉降控制难度大、刀具异常磨损严重、换刀频繁以及换刀作业难度大等一系列困难,需加强盾构掘进控制和刀具更换管理等,以保证盾构顺利安全施工。

2)施工工艺、方法及技术措施

(1)施工工艺流程

软硬不均地层盾构掘进施工工艺流程如图 9-44 所示。

(2)施工准备

①做好地质补勘工作

多方面详细了解区间隧道的地质情况,地面有条件的情况下,对软硬不均地层区段进行详尽的补勘,探明硬岩

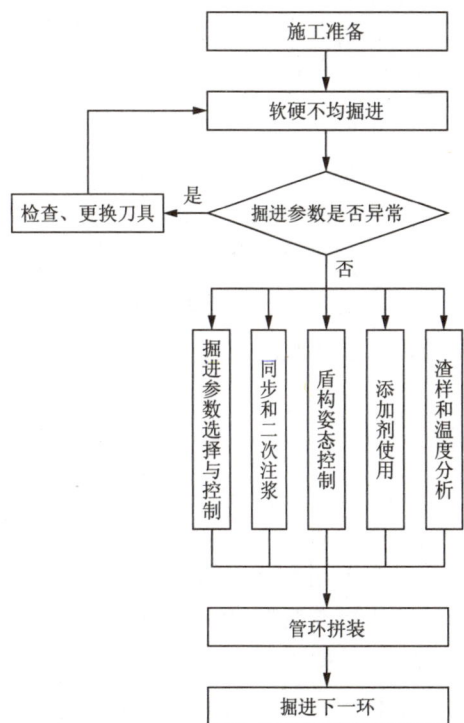

图 9-44　软硬不均地层盾构掘进施工工艺流程图

在隧道断面内的分布情况和其抗压强度。特别要强调的是,一定要做好补勘孔的封孔工作,否则会给今后的隧道掘进和压气换刀作业带来不良影响。

②在条件许可的情况下进行线路调线调坡

积极与设计单位等相关方面联系,使其充分认识到上软下硬地层的施工难度及可能带来的严重后果,在条件许可的情况下对线路平面位置和坡度进行调整,以最大限度地避开软硬不均地层,减少盾构施工风险。

③做好盾构机及后配套设备的检修和保养工作

做好盾构机及后配套设备的检修和保养工作,尤其要注意泡沫系统、同步注浆系统、膨润土注入系统、密封系统、压气作业系统和土压传感器等主要部件的检修工作。

④做好技术准备工作

a. 根据具体情况,做出软硬不均地层的掘进施工和换刀施工技术交底,组织召开技术交底会,加强全体人员,尤其是技术人员对上软下硬地层的认知程度,上软下硬施工的难点主要有:地质起伏大,易发生强度突变等不易掌握的情况;刀盘及刀具的选择需要软硬兼顾;换刀、查刀成本大、难度大、风险大,需要很好的控制;掘进参数的选择和调整必须及时、到位,否则极易产生不良结果。

b. 安排专人负责做好软硬不均地层的掘进参数和换刀情况的记录、收集、整理工作。项目部技术人员要认真分析每天的掘进参数等施工记录,根据参数变化情况及时调整现场施工。除了主要的掘进参数之外,对渣土改良情况、同步注浆情况、二次注浆情况、管片选型和拼装情况等都要进行认真分析和总结。

c. 要注意的是,压气换刀作业已经是较为完善和成熟的作业方法,但是仍有其局限性,切不可认为有了压气作业这种办法就可以"硬推"。在做技术前期准备时,要根据地层具体情况分析压气换刀的可实施性。在地面等其他条件允许的情况下,对预定换刀地点进行地面加固处理,必要时以降水配合施工,或者采用预先深孔爆破、对岩石地段进行冲孔等方法也是更加可靠、省时和经济的办法。

⑤做好设备配件及物资供应工作

a. 盾构机刀具和换刀工具提前落实到位,施工现场要备有一定数量的刀具。

b. 针对易损部件、盾构机上不通用部件要有备料。

c. 对于供货周期时间长、市场供货渠道少和非易损的配件,要做好相应的物资支持工作。

(3)掘进模式

土压平衡盾构机具有敞开式、半敞开式及土压平衡三种掘进模式。为了获得理想的掘进效果、保证开挖面稳定、有效控制地表沉降及确保地面建筑物安全,必须根据不同的地质条件选择不同的掘进工况。在软硬不均地层段一般要采取注入膨润土泥浆辅助方式进行土压平衡模式掘进。

(4)盾构施工控制

在盾构施工中严格执行施工技术方案,严格控制土仓压力、出土量、推力、扭矩及推进速度等参数,采取加注膨润土泥浆、优质泡沫和分散剂等措施,以改良渣土、控制喷涌和防止结泥饼。同时加强同步注浆和二次注浆以控制地面的后期沉降。

①掘进参数控制(参考值)

推力控制范围 12000 ～ 16000kN。

扭矩控制范围 90 ～ 120bar,扭矩波动小于 30bar。

刀盘转速 0.8 ～ 1.3r/min。

土仓压力一般为 0.16 ～ 0.20MPa,具体还要根据隧道埋深和监测数据来确定。

出土量按每掘进 300mm 出土 15m³(约一渣斗)来控制。

贯入度控制在 3 ～ 5mm 之间。

②盾构及管片姿态的控制

盾构在软硬不均地层段掘进应注意控制盾构姿态的变化,并且在此段地层中尽量使盾尾间隙均匀。管片选型和盾构姿态要尽量符合设计线路的要求。在盾构纠偏时,要注意不要每次纠偏过大。当发生盾构机抬头无法下压姿态时,建议开仓检查边缘刀具的磨损情况。

③渣温及液压油温度的控制

盾构在软硬不均地层中掘进渣土温度控制在 45℃ ±5℃,渣土温度每环要测量 3 次。盾构掘进过程中液压油的温度应小于 60℃。当渣土温度过高时,需要分析渣样,防止形成泥饼。当盾构液压油温度过高时,可采用向冷却塔内放置冰块等辅助措施来降低其温度。

④渣样分析

每推进 500mm 进行一次渣样分析。具体分析渣样中岩石的风化程度、岩石破碎后形成石块的形状、粒径大小,并将石块所占比例与地质图进行对比分析,并做好相应记录。

⑤土仓和盾体注入膨润土泥浆

为保证盾构机在掘进过程中保持掌子面的稳定以及盾体与周边土体之间的空隙能够及时得以填充,在盾构掘进过程中,向土仓内以及盾构机中盾的位置注入膨润土泥浆。要求拌制泥浆所使用的膨润土为优质钠基膨润土,黏度＞ 25s,且膨化时间不小于 3h。

⑥做好同步注浆和二次注浆

a. 同步注浆

采用盾尾壁后注浆方式。注浆要做到与掘进同步,即"掘进、注浆同步,不注浆、不掘进",通过控制同步注浆压力和注浆量(注浆压力控制在 0.25MPa 左右,每环注浆量不少于 6.5m³)双重标准来确定注浆时间。

b. 二次注浆

由于同步注浆浆液凝固后体积会产生一定程度的收缩,为有效防止产生后期沉降,要根据地面沉降监测情况在隧道内采取二次注浆。二次注浆的具体方法是把管片上的注浆孔打开,使用二次注浆机注双液浆,将管片背后的空腔封堵住。为保护成型隧道管片,注浆压力为 0.8MPa,注浆配合比为水泥 ： 水 ： 水玻璃 =1 ： 0.7 ： 0.2,注浆过程中要根据地面沉降数据的反馈情况,实时调整注浆参数。

(5)施工监测

盾构施工的主要监测项目有地表隆陷、地表建(构)筑物变形以及隧道垂直和水平位移,地表隆陷、地表建 (构)筑物变形的警戒值和允许值可按照设计要求或者参照之前的监测数据确定。隧道垂直和水平位移一般警戒值是 ±50mm,允许值是 ±100mm。穿越水系河流等特殊情况的监控项目应根据需要另行增加。

施工期间由测量组负责 24h 进行地面沉降监测,及时将监测数据反馈给各级领导、值班调度和盾构机操作人员,根据监测结果指导施工,做到真正的"动态施工"。

(6)刀具检查与更换

盾构在软硬不均等地层掘进,极易发生刀圈断裂、刀具偏磨等非正常磨损。在掘进时,遇到有问题的刀具必须及时更换,切不可存有侥幸心理,务必做到"勤检查、勤换刀、早发现、早更换"。对于岩石强度很高、周围环境复杂的地段,建议采购进口刀具轴承或进口刀圈。

为保证盾构施工进展顺利,要将每一次换刀工作当作一个重点环节来抓,切不可将换刀准备工作流于形式。技术部完成换刀方案和技术交底的编制;机电部每天须对换刀设备进行检查和保养,保证换刀设备的完好性;物资部确保刀具供应到位,保证随时有可以更换的刀具;安质部确保气体检测仪器的完好性,并在换刀之前要做好工人的安全技术交底;综合部做好定期安排压气换刀工人体检和生活后勤保障工作;盾构队做好现场各工种的组织工作,充分与操仓人员、舱内作业人员和地面值班人员沟通,组织好每组换刀人员的交接工作,尤其是要做好第一组和最后一组的工作。各部门各负其责,提高工作效率,在安全的基础上,确保换刀工作有效、快速地进行。

9.11.3 全断面硬岩盾构掘进技术

1)施工重难点

盾构隧道开挖断面范围为中～微风化硬岩地层时,存在盾构掘进速度慢,盾构姿态控制难度大,刀盘、螺旋输送机及刀具磨损严重且刀具更换频繁等问题,在盾构选型合理的基础上选择合适的掘进模式,对盾构掘进参数和盾构姿态严格控制,并加强刀具管理,是确保盾构安全顺利推进的关键。

2)盾构机的选型

(1)选型原则

隧道穿越范围围岩强度、裂隙发育程度和地下水含率等地质特征直接决定了盾构机的性能要求,选择或设计适应地质条件的盾构机很关键,选型主要注意以下几个方面:

①刀盘配置:硬岩刀盘的刀具配置应该以滚刀为主,为适应多种地层掘进,通常设计为滚刀和刮刀可以互换的形式;为防止在巨大的推力下刀具变形,刀座和刀箱均是重型设计;刀盘的开口率为23%～28%,以方便石渣进入土仓。

②盾构机性能:具有高转速、大推力和大扭矩的特点。

③盾构机盾体中盾与尾盾之间采用铰接连接,方便在曲线上掘进。

④盾构机有耐磨设计。

⑤盾构机有人舱设计,且人舱位于中隔板的上部,以方便更换刀具。

(2)盾构机参数

常规海瑞克盾构机设计最大扭矩5300kN·m,掘进推力可达39910kN,能满足各种黏性较大砂土层和各种硬岩地层的盾构工程。

(3)盾构机刀盘配置

①重型刀盘

a. 刀盘是最重要的部件,盾构机可配置重型刀盘,刀盘配置中心滚刀4把、单刃滚刀32把、边缘刮刀16把、齿刀64把;滚刀有高度耐磨的切削环,完全可以满足在硬岩掘进中对刀具耐磨性高的要求;齿刀和刮刀镶装了用高强度碳化钨合金钢制成的刀头。

b. 刀具高差:刀盘面板滚刀破岩主要靠碾压形式进行,刀具存在一定的高差之后,可以大大提高刀具的破岩能力。相邻滚刀在不同轨迹上的碾压刀,更有利于破岩。

c. 开口形式:刀盘开口率非常重要,合适的刀盘开口率既能有效抵挡土体、保持开挖面的稳定,又能最大限度地开挖围岩,使渣土顺利进入泥土仓,方便有效建立起土压平衡。

d. 刀盘钢材:盾构机在硬岩中掘进,地层情况变化较大,岩层硬度也较大,掘进过程对刀盘的损伤严重,故盾构机刀盘采用强度高、韧性好的16MnR钢材作为刀盘母材。

e. 刀盘泡沫孔:盾构机刀盘面板8个泡沫采用螺旋线方式分布,在注射泡沫过程后,每个泡沫孔扩散影响区形成有效的闭合,从而大大提高泡沫使用率。

f. 刀盘的耐磨设计:刀盘母体采用耐磨性、焊接性、韧性好的16MnR钢材制作。在刀盘外缘设有三圈可更换的耐磨条,刀盘面板、刀盘外围对高强度、高韧性刀盘采用耐磨焊丝加固设计,耐磨焊丝布置为"渔网"状,"渔网"线纵横方向沿刀盘呈45°方式布置,防止刀盘的开裂磨损,极大地提高了刀盘母体的耐磨性,如图9-45所示。

图9-45　刀盘外圈防磨损处理

②刀盘驱动扭矩的选择

在盾构机坚固、稳定性方式考虑,盾构机主轴直径与牛腿布置选择,海瑞克盾构机采用2.6m主轴直径,在刀盘设计中其牛腿与主轴承呈"伞状"方式,其目的是在硬岩掘进过程中防止刀盘震动过大引起机器的整体震荡。

③螺旋的耐磨设计

在岩石地层条件下,螺旋输送机的防磨损非常重要,螺旋输送机采取以下措施以防止磨损:壳体下部通过焊接耐磨碳化钢条加以保护(图9-46),上部则经过表面堆焊耐磨网格处理(图9-47),另外,维尔特盾构机螺旋叶片上安装有高强度的防磨钢板。这些防磨板用螺栓固定在螺旋叶片上,可通过沿整个壳体上的几个窗口方便地进行更换(图9-48、图9-49)。通过以上各项保护措施,能够确保在完成单线隧道掘进过程中不需大的维修。

图9-46　螺旋壳体下部的耐磨保护条

图9-47　螺旋壳体上部的磨损保护拉网焊丝

图9-48　螺栓连接的耐磨螺旋叶片

图9-49　未安装防磨损部件的螺旋叶片

④盾构机的维修与保养

盾构机在硬岩掘进过程中由于掘进速度缓慢,扭矩、油压常常处于高负荷运转状态,加上隧道内潮湿、温度较高,容易出现磨损,故其维修与保养非常关键。通常对油管接头松动、液压管是否磨损、黄油管磨损与老化等,对机械部件需经常进行清理并喷涂防锈漆防止机器生锈。

⑤气压系统

盾构机在掘进过程中存在很多不确定因素,地层突然涌水、上软下硬等,常常由于地层变化而引起掘进模式的变化。因此保压系统非常关键,在硬岩掘进过程需经常检查保压系统的阀门、管路、管路接头及气压自动调节系统,随时应对不确定情形的出现。

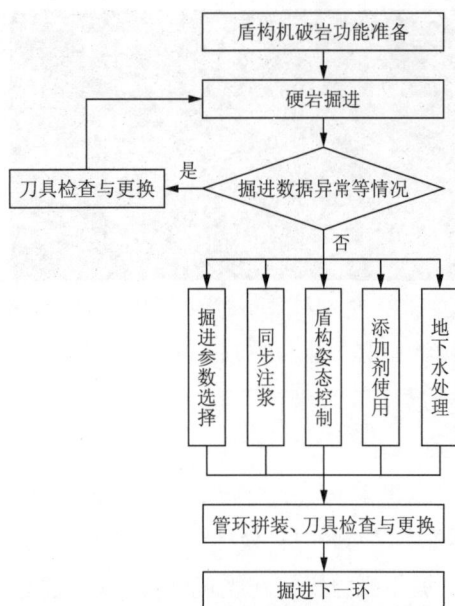

图 9-50 全断面硬岩盾构掘进施工工艺流程图

3）施工工艺、方法及技术措施

（1）施工工艺流程

全面断面硬岩盾构掘进施工工艺流程如图 9-50 所示。

（2）掘进模式

由于全断面硬岩地层开挖断面相对稳定，不会出现掌子面失稳的情况，因此盾构在硬岩地层掘进时全部采用敞开式掘进模式，通过这种掘进模式大大减小了盾构机推进阻力和刀盘旋转阻力，提高盾构掘进功效。

（3）掘进控制

全断面硬岩中采用敞开模式掘进，按高转速（1.5～1.7r/min）、低扭矩（2000～2500kN•m）原则选取参数，提高纯掘进速度。但在裂隙较为发育的岩层及岩层交界处掘进时，应适当降低转速和推进速度，以防刀盘因扭矩发生较大波动而卡在围岩中。

①硬岩掘进参数（参考值）

总推力：9000～13000kN。

推进速度：3～5mm/min。

刀盘转速：1.5～1.7r/min，裂隙发育时为 1.2r/min。

刀盘扭矩：1800～2500kN•m，扭矩波动控制在 100kN•m 以内。

同步注浆量不应小于 6m³，注浆压力为 0.12MPa 左右。

出渣量：每环出渣量控制在 54～56m³。

②防止管片上浮

由于在硬岩段施工过程中地层水较大，地层水汇集在管片周边必然引起管片的上浮，因此，在施工中采用分段止水的方式进行间断封水。具体做法如下：

二次注浆施作止水环，在盾尾后面 5 环采用水泥浆注浆方式做一道止水环，挡住后方盾尾来的水，防止管片的上浮。

止水环采用双液浆，浆液凝固试件控制在 12s，注浆压力控制在 0.3MPa，防止浆液过大蹿流，失去止水环的作用。

（4）刀具管理

在掘进过程中刀具管理尤为重要。

①刀具检查

对刀具每 1 环检查 2 次，利用管片拼装及停止掘进等候编组列车时对刀具进行检查。检查刀具之前需准备刀具的卡尺、冲洗的水管、手动机械倒链、刀具螺栓扳手等。

刀具的检查包括螺丝是否松动、刀圈是否破裂、利用刀具卡尺检查刀具是否磨损较小（一般边缘刀控制在 10mm 以内，特殊地段控制在 5mm 内）、刀盘是否裂缝、牛腿是否裂缝、刀箱是否变形、刀盘耐磨层是否磨损过量，等等。

根据刀具磨损规律，将超限磨损的边缘刀、正面刀向刀具磨损量较小中心区依次倒换，以合理利用刀具。

为每一把刀具建立健全刀具维修、使用及更换档案，做到刀具更换记录清晰明了，避免出错。

②盾构掘进姿态

在硬岩隧道当中盾构机纠偏较为困难，掘进过程中应严格控制，一般应将盾构机偏差控制在设计路线转向的内侧且最大偏差值不宜大于30mm。应注意的是，由于地下水量较大，考虑管片上浮影响，一般将垂直方向的盾构机偏差控制在 −30 ～ 0mm 之间。

硬岩掘进震动较大，可能造成导向系统全站仪倾斜而测量错误，因此，应经常对测量系统进行检查，发现错误及时纠正。

③渣土改良

在地下水量较小时使用泡沫剂，使泡沫剂的使用量达到6%左右，其主要作用有：降低刀盘扭矩，降低刀盘和刀具温度，润滑渣土便于螺旋输送器出土。

④壁后注浆

盾构机在硬岩中时，由于刀盘的开挖直径略大于盾构直径，因此盾体与围岩之间有一定的空隙，因此掘进过程中的同步注浆无法一次填充管片与围岩之间的空隙，如果注浆压力过大，则浆液会在高压下流向盾体前方，进入土仓，从而造成浆液浪费，因此硬岩施工中的壁后注浆必须分两阶段进行。

第一阶段：同步注浆阶段。即在掘进过程中进行注浆，具体的注浆压力和注浆量可根据实际施工情况确定，以尽量注饱满但土仓中无浆液来确定。

第二阶段：二次注浆阶段。对盾尾后方 20 环以后的管片及时进行二次补充注浆，以填充同步注浆过程中遗留的空隙，从而保证管片与围岩之间填充密实。

9.12 特殊环境条件下盾构掘进

盾构施工扰动土体会造成隧道围岩不同程度的变形，从而引起地表和建（构）筑物沉降，故应主动采取措施减小变形，控制沉降，以保证建（构）筑物安全和盾构施工顺利进行。

9.12.1 施工工艺流程

盾构过建筑物施工工艺流程如图 9-51 所示。

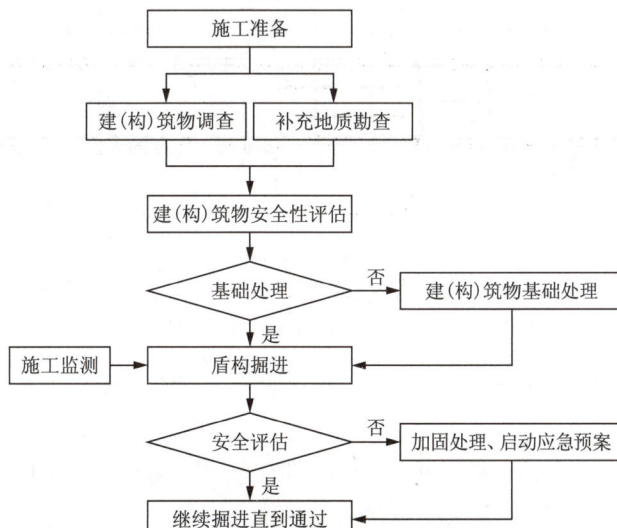

图 9-51 盾构过建筑物施工工艺流程图

9.12.2 建(构)筑物调查评估及沉降控制标准

(1)调查评估

①施工前对盾构施工影响范围内的建筑物进行充分调查,查明基础类型、建筑物年代、建筑物完好程度等,并与设计单位、建设单位、监理单位等相关方共同对重要建筑物进行评估。

②切实查明工程范围内岩土层的类型、深度、分布、物理力学性质,分析和评价地层的稳定性、均匀性。

③查明不良地质现象对盾构施工有无直接危害和潜在威胁,划分对盾构施工有利、不利和危险地段,并对地层进行综合工程地质评价。

④探明地下水埋藏条件类型、水质的侵蚀性和地下水变化幅度。

(2)沉降控制标准

沉降控制标准见表 9-13。

沉降控制标准 　　　　　　表 9-13

序　号	量测项目	控制标准	预警值	备　注
1	地面变形	−10mm、+30mm	−6mm、+12mm	①"−"表示沉降,"+"表示隆起; ②i 指建(构)筑物的倾斜量
2	建(构)筑物沉降	天然基础30mm,桩基础10mm, 基础立柱10mm	根据监测数据确定	
3	建(构)筑物倾斜	$i < 0.002$mm	70%	

9.12.3 建(构)筑物预处理

建(构)筑物预加固处理一般有基础扩大(筏板基础)、基底地层加固、桩基托换等方法。

(1)基础扩大

基础扩大就是在原有基础桩(帽)顶以上,增设筏基(或条基)或扩大原有基础圈梁等,与原有基础联合受力,以提高房屋基础的承载力(图 9-52、图 9-53)。同时考虑到在盾构隧道施工过程中可能会产生沉降,通过新增结构中预埋的注浆管,对新增基础下的地层进行注浆加固,使新增结构持力层密实,提高地层承载力。

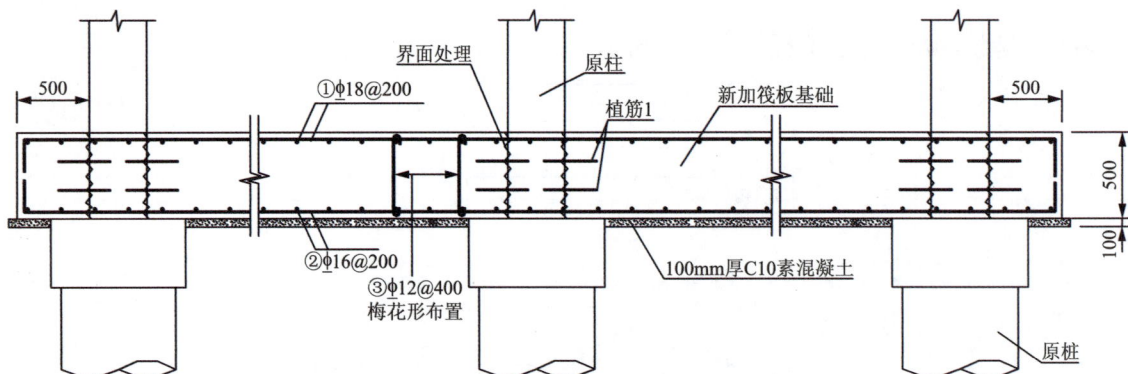

图 9-52　条形基础扩大示意图 1(尺寸单位:mm)

①首先需对建筑物地下管线探查清楚,对存在的管线视情况进行改移或浇注在将要施工的结构中。

②现场探查桩径、桩帽、地梁及柱子尺寸,若基础为埋深较浅的单柱单桩承台,根据施工要求将原承台凿除一部分。若为地梁,将地梁包在新加的基础中,若地梁过大,可以将地梁打掉一部分以满足施作新加基础。

③对建筑物拍照存档,保证届时能原样恢复,并拆除一层所有设施。

④凿除地面,开挖至桩(帽)以下0.1m左右,视具体土质对地层进行处理,对淤泥质土进行块石挤淤换填,换填深度约0.4m。

⑤对原有结构界面进行处理。

⑥浇筑混凝土垫层后,绑扎基础钢筋并立模,浇筑筏板基础或条形基础混凝土,在浇筑混凝土前,预埋间距1.5m梅花形布置的注浆管至基底。

⑦混凝土等强后,进行首次注浆,用纯水泥浆加固地基土,保证地基承载力大于80kPa。

⑧盾构机掘进时根据监测情况进行跟踪注浆,注浆液为水泥—水玻璃浆液。

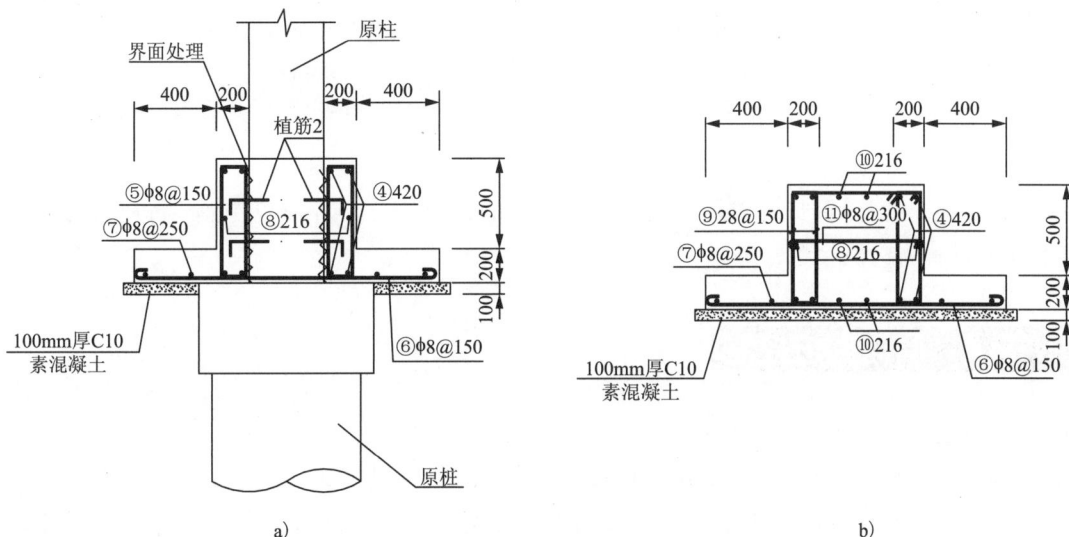

图9-53 条形基础扩大示意图2(尺寸单位:mm)

(2)基底地层加固

在盾构机通过前,根据建(构)筑物的评估结果及现场施工条件,提前对基底地层进行预注浆加固。通常情况提前预注浆加固均采用袖阀管注浆加固(图9-54、图9-55),注浆方法的选择应视地质条件、建(构)筑物情况而定,对基底有淤泥质等复杂地层时应慎用注浆加固措施。

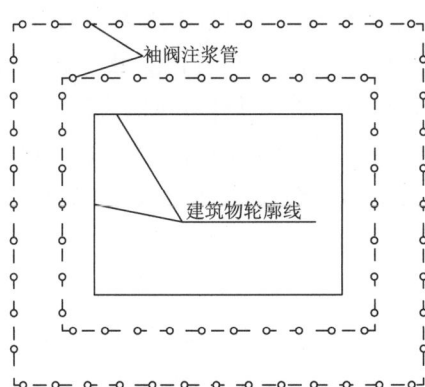

图9-54 袖阀注浆管平面布置示意图

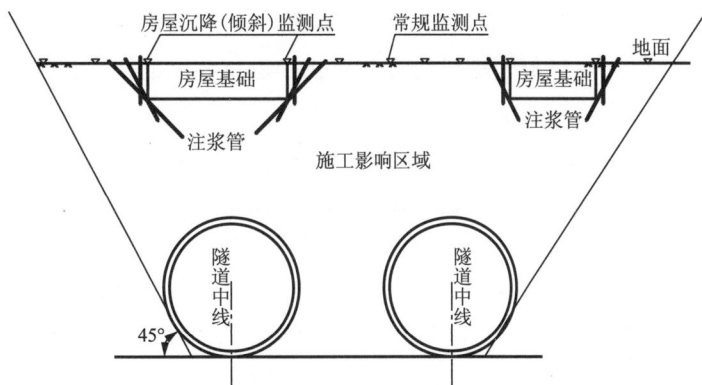

图9-55 袖阀注浆管剖面布置示意图

(3)桩基托换

区间盾构隧道洞身范围内或附近存在既有建(构)筑物桩基,直接盾构掘进可能会对既有建筑物产生影响,沉降风险较大时,应提前对既有建筑物桩基进行处理。既有建(构)筑物桩基处理通常会采取桩基托换工法(图9-56、图9-57)。

253

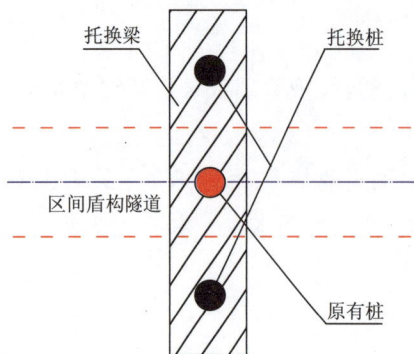

图 9-56　桩基托换平面示意图

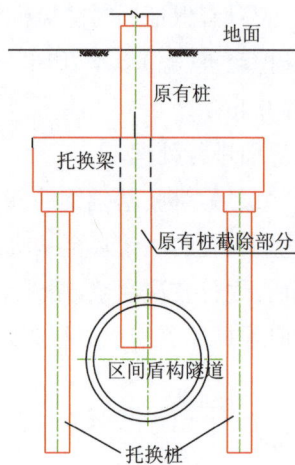

图 9-57　桩基托换剖面示意图

（4）危房

房屋鉴定结果为危房时,除对房屋基础进行必要的加固外,需与相关方协调,将危房内所有人员清空后,才能进行盾构机穿越施工。

9.12.4　盾构掘进控制

（1）掘进模式

盾构掘进分土压平衡模式、半敞开式和敞开式掘进三种掘进模式。盾构机对隧道工程的适应性除了表现在刀盘与刀具的适应性、渣土的流动性和止水性之外,掘进模式的适应性也非常关键。为了获得理想的掘进效果、保证开挖面稳定、有效控制地表及地面建（构）筑物安全,必须根据不同的地质条件选择不同的掘进工况。

在相对软弱地层及软硬不均地层中盾构下穿建（构）筑物施工时,应选择土压平衡模式掘进,下穿施工前选择隧道埋深及地质相似的隧道段进行试验,确定下穿施工时具体掘进参数,下穿施工开始后,再根据监测数据反馈不断修正掘进参数,直至顺序实现下穿施工。

（2）掘进参数控制

盾构施工应保持匀速、连续、均衡。掘进过程中始终保证土仓压力与作业面水土压力的动态平衡,同时利用螺旋输送机进行与盾构推进量相应的排土作业,掘进过程中始终维持开挖土量与排土量的平衡,以保持正面土体稳定。另外,做好掘进、拼装等各工序的衔接以及盾构队作业班的交接工作,尽量减少非工作时间。在掘进过程中,各关键岗位（盾构司机、管片拼装工、电瓶车司机、龙门吊司机）选用丰富施工经验的人员,定岗定人。在施工过程中加强对机械设备的维修保养,尽量保证不因机械故障停机,保证盾构机连续掘进。掘进速度应严格按照技术交底进行,严禁擅自改变,确保盾构机匀速向前掘进,减少扰动。

①严格以土压平衡状态下的土压力计算值为盾构掘进施工的土压设定值,根据地面沉降、土体位移和深层沉降等监测数据,对土压设定值进行修正。

②严格以理论出土量为盾构弃土控制值,每环出土量偏差不得超过 $2m^3$。为了避免数量统计误差,施工中尽可能将土箱清洗干净。一旦出现超挖现象,必须如实反馈,在后续注浆施工中,应有针对性地进行超量注浆。

③避免大幅度的轴线纠偏动作。由于较大幅度的纠偏,对地层的扰动非常大,所以在控制好土压力和出土量的前提下,必须减小纠偏幅度。盾构纠偏原则为"勤纠、少纠"。

④同步注浆及时、足量。为了避免同步注浆跟不上，或注浆量不够而引起对地层的扰动，注浆过程中安排专人负责注浆工序，每环、定时、定量进行同步注浆，并做好注浆记录。

⑤盾构机停机期间，必须观察土仓压力，保持土仓压力平衡。避免因长时间停机造成土仓内渣土的固结，使土仓压力降低，造成地面沉降。

（3）盾构姿态调整与纠偏措施

盾构机在下穿建（构）筑物施工中，若出现管片选位错误、盾构司机操作失误等问题，则将造成盾构机推进方向偏离设计轴线并超过管理警戒值，产生盾体滚动偏差。要及时调整盾构姿态、纠正偏差。

①分区操作推进油缸来调整盾构姿态，纠正偏差，将盾构机的方向控制调整到符合要求的范围内。

②当滚动超限时，就及时采用盾构刀盘反转的方法纠正滚动偏差。

（4）盾构掘进方向控制

①采用自动导向系统和人工测量辅助进行盾构姿态监测

该系统配置了导向、自动定位、掘进程序软件和显示器等，能够全天候在盾构机主控室动态显示盾构机当前位置与隧道设计轴线的偏差以及趋势。据此调整控制盾构机掘进方向，使其始终保持在允许的偏差范围内。

随着盾构的推进，导向系统后视基准点需要前移，必须通过人工测量来进行精确定位。为保证推进方向的准确可靠，每天进行两次人工测量，以校核自动导向系统的测量数据并复核盾构机的位置、姿态，确保盾构掘进方向正确。

②采用分区操作盾构机推进油缸，控制盾构掘进方向

根据线路条件所做的分段轴线拟合控制计划、导向系统反映的盾构姿态信息，结合隧道地层情况，通过分区操作盾构机的推进油缸来控制掘进方向。

推进油缸按上、下、左、右分成四个组，每组油缸都有一个带行程测量和推力计算的推进油缸，根据需要调节各组油缸的推进力，控制掘进方向。

（5）渣土改良和出土量控制

①渣土改良

盾构机在下穿地面建（构）筑物掘进过程中，为稳定开挖面，防止刀盘产生泥饼并降低刀盘扭矩，应选择质量较好的泡沫对仓内渣土进行改良。

如地层孔隙较大，注入泡沫无法保证土仓压力，则应注入一定量的钠基膨润土泥浆，黏稠度及注入量需根据实际掘进情况确定。

泡沫由 90% ～ 95% 压缩空气和 5% ～ 10% 泡沫溶液混合而成。泡沫的组成比例：泡沫添加剂 3%、水 97%。泡沫的注入量：按开挖量计算，取 $300 \sim 600\text{mL/m}^3$。

②出土量控制

盾构掘进时严格控制出土量，详细记录每一渣斗的出土量和掘进长度的关系，根据计算确定每一斗需要掘进的长度。

由于盾构掘进时无法观察掌子面情况，只能通过出土量的大小来推算掌子面情况，出土量过大，掌子面就可能出现坍塌，一旦有超量现象，应对该区段进行处理，包括二次补浆，甚至地面注浆加固等措施。

（6）同步注浆和二次注浆

①同步注浆

盾构下穿建（构）筑物时，为尽快获得浆体固结强度，在不同的地层中需根据不同凝结时间的浆液

及掘进速度来具体控制注浆时间的长短。做到"掘进、注浆同步,不注浆不掘进",通过控制同步注浆压力和注浆量双重标准来确定注浆时间。注浆量和注浆压力达到设定值后才停止注浆,否则仍需补浆。

②二次注浆

针对下穿建(构)筑物施工的特点,采取跟进注浆的方法进行二次补充注浆施工,以确保管片与围岩之间的空隙能够及时填充并且快速固结。

a. 将二次注浆设备前移至控制室车架前的通道平台上。

b. 预先在管片上设置注浆孔和接口。

c. 在管片脱出盾尾5～10环后,如建筑物监测显示仍有沉降,则用二次注浆机向管片壁后注入双液浆,使管片壁后填充保护层迅速强化,补充围岩开挖损失并承载压力。

d. 注浆压力及注浆量根据地面建(构)筑物沉降监测数据确定。

9.13 联络通道施工

9.13.1 联络通道开挖与初期支护

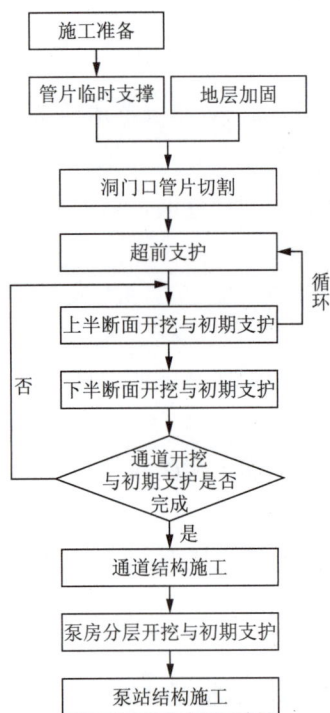

图 9-58 联络通道开挖与初期支护
施工工艺流程图

1)施工工艺流程

联络通道开挖与初期支护施工工艺流程如图 9-58 所示。

2)施工方法与主要技术措施

(1)施工原则

联络通道(及泵房)开挖与初期支护施工总体原则遵循"管超前、严注浆、短开挖、强支护、早封闭、勤量测"十八字方针。

(2)施工准备

①详细调查与研究地质资料、周边环境。了解施工范围主要地层的地质参数、地质特征和不良地质分布情况,为地层加固、联络通道(及泵房)施工提供依据。

②编制施工方案、应急预案及紧急救援方案,做好施工前的技术交底和安全交底。

③编制测量和监测方案,准备好测量仪器和监测原件;施工前进行测量放线。

④根据施工工程量做好施工材料,如钢筋、水泥、砂石子、早强剂等的进场、送检工作。

⑤组织施工管理人员和作业人员进场,做好新进场人员三级教育工作,并进行分工管理。

⑥联络通道与盾构隧道接口部位的施工如图 9-59 所示。

(3)管片临时支撑施工

为防止联络通道洞口的特殊管片切割后,由于围岩压力情况变化而导致管片变形和损伤,确保切割后的管片受力正常,在切割管片前后3环设立钢支架,如图 9-60 所示,共设 6 榀、1.5m/ 榀,整个支撑系统采取整圆器＋井架钢架构＋通长设置型钢形式,考虑到管片拼装误差,内支撑整圆器半径比隧道内半径设计值小 20mm,即 r=2680mm;内支撑整圆器部分采用钢板加工成 H20 钢,横撑及立柱均采用 I22a 工字钢,通长设置水平梁采用单根 I22a 工字钢,节点位置垫板均采用 10mm 厚钢板制作;接点细部构造可分为三种,整圆器分段接口部位、两构件之间直接焊接及通过设置垫板采用 M20 的高强螺栓连接;中间水平横撑根据现场隧道运输状况进行设置。

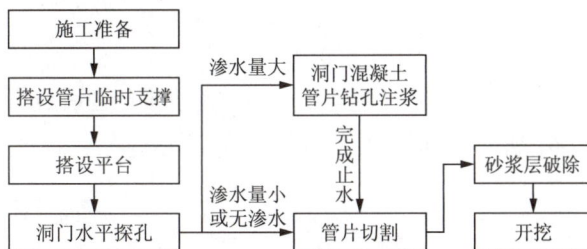

图 9-59　联络通道与盾构隧道接口部位施工流程图

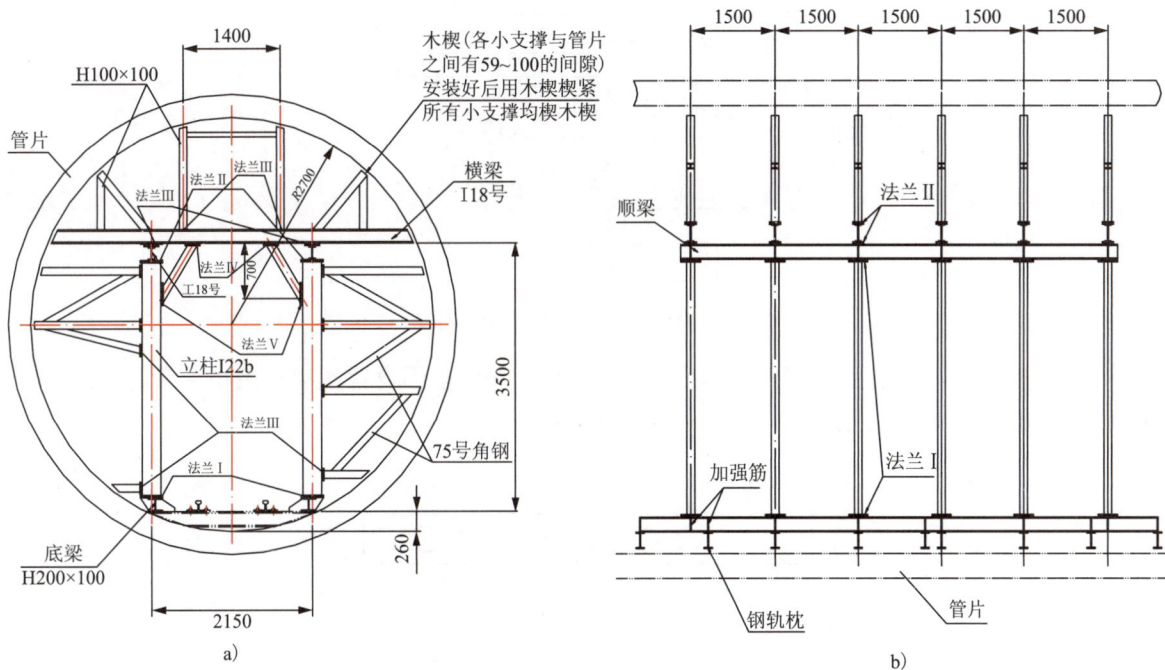

图 9-60　联络通道与隧道交界处临时支撑横纵断面图(尺寸单位:mm)

临时支撑架设时支架位置应尽量避开管片螺栓孔位置及联络通道洞门开口区域,避免影响后期注浆及联络通道洞门管片切割施工。

混凝土管片切割前,先进行水平探孔,探孔结果若渗水量小或无渗水,则可以直接破除洞门;若渗水量大,则需在联络通道开挖轮廓线外围 3～5m 范围注双液浆止水,待止水效果理想后方可破洞;若盾构隧道管片背后存在"水囊",则可先在通道洞口左右侧各 5m 范围设一排水孔,提前做好排水工作,以保证管片洞口切割后不会发生土方坍塌及涌水现象。

在破洞前进行探水检查,了解该处围岩的裂隙发育情况和是否富存地下水。若发现地下富水量较大,则先在开口位置压注双液浆止水,待止水效果理想后方可破洞。

(4)洞门管片切割

①管片切割前先通过管片的注浆孔进行围岩的双液注浆堵水加固,加固范围为通道口左右各3m,上下各 2m 的围岩。注浆压力达到 1.0～1.5MPa。

②切割前测量技术人员将管片的切割范围用红油漆明显标识出来,切割时严格按标识线固定走

刀架进行管片切割,切割时从上到下分为4块进行切割并用电瓶车配合运出隧道。

③管片切割完成后对洞门进行变形、收敛监测,频率2次/d。为确保洞门安全,初期支护完成1m后立即进行洞门环框梁的施工,环框梁施工完成后方可进行初期支护施工。

④管片切割采用抽芯水钻沿切割线内侧相连钻孔切割,切割后切割面为月牙状,施工联络通道洞门时采用风镐凿毛切,保证割面平整与洞门混凝土接触密实。

（5）超前支护

①超前小导管支护

根据联络通道地质条件,开挖前需进行超前小导管注浆加固,之后方可进行开挖,超前注浆小导管支护施工工艺流程如图9-61所示,超前小导管如图9-62所示。

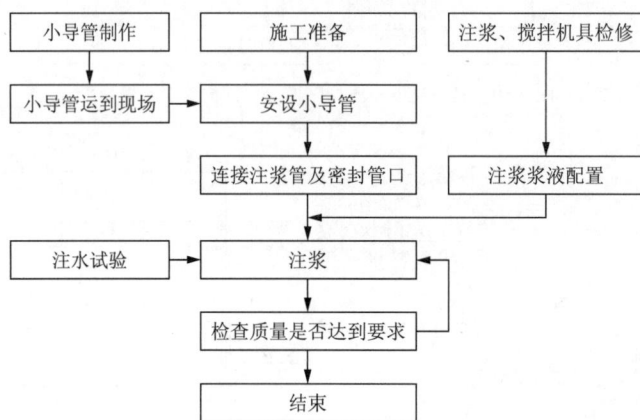

图9-61 超前小导管支护施工工艺流程图

a. 在通道拱顶纵向间距2m、环向间距300mm、拱部150°范围设置超前注浆小导管,外插角8°,小导管采用ϕ42无缝钢管,长度L=3m,管壁厚t=3.5mm。

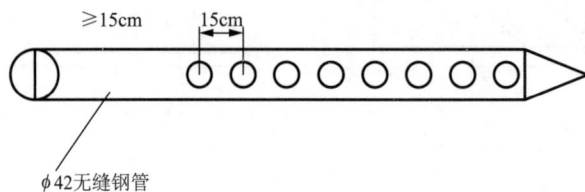

图9-62 超前小导管示意图

b. 小导管一端预先在地面做成锥尖形,其中锥尖长10cm,中间2.5m,管壁以15cm间距梅花形开钻10mm的出浆孔,末端1m不钻孔,导管需接长时连接必须牢固。

c. 导管孔采用气腿式风钻钻孔,钻孔直径为45mm,钻孔孔眼深度2.5～2.7m,钻机顶入导管时,顶入长度不小于2.5m,钻进中需随时检测其仰角,管端置于钢格栅外侧,并与钢格栅焊接连接。

d. 全部小导管安装完毕后进行注浆,注浆材料采用水灰比为0.8～1.0的水泥浆;同时根据地质条件,地下水较丰富时可选用水玻璃:水泥浆=1:3的双液浆;注浆压力一般可控制在1.0～1.5MPa。

②超前管棚支护

超前管棚支护施工方法一般主要用于较大断面、地质条件较复杂的隧道超前支护施工,能够有效加固围岩,保证隧道在安全环境下开挖、施工,施工工艺流程如图9-63所示。

a. 根据超前管棚设计参数在掌子面上放线,标记出钻孔位置。

b. 钻孔顺序为由高孔位向低孔位间隔进行,钻孔一次到位。钻孔采用ϕ130钻头,孔深大于管长

0.5m 以上。

c. 钻孔结束后掏孔检查,确认无塌孔,岩粉清洗干净后安设管棚钢管,钢管接头丝扣长度不小于 15cm,接头在隧道横断面上错开。管棚安装将采用大孔引导和管棚钻进相结合的顶管工艺,即先钻大于管棚直径的引导孔,然后利用钻机的冲击和推力将管棚沿引导孔钻进,接长管棚,直至孔底。

d. 注浆前平整注浆所需场地,检查机具设备,并准备注浆材料。注浆顺序为先注无水孔,后注有水孔,从拱顶顺序向下进行。如遇窜浆或跑浆,则可钻一孔,装一管棚,注一孔浆。注浆初压力为 0.5 ~ 1.0MPa,注浆时控制好注浆压力和注浆量,并做好记录,以防注浆过量而引起地面隆起。注浆结束后,利用止浆塞保持孔内压力,直至浆液完全凝固。浆液的浓度、胶凝时间符合设计要求,不得随意变更。

e. 管棚施工允许偏差符合表 9-14 规定要求。

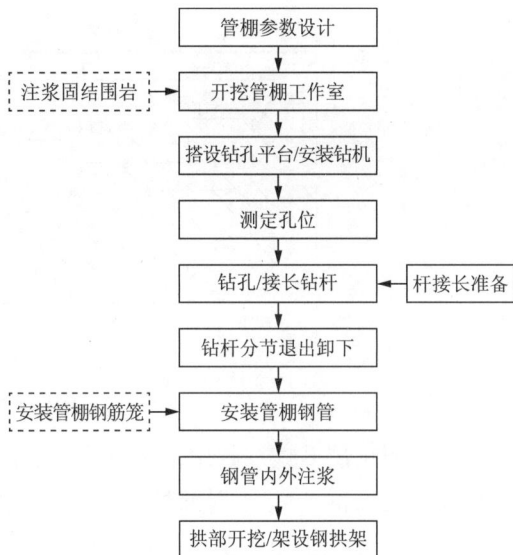

图 9-63 超前管棚支护施工工艺流程图

超前长管棚施工允许偏差表

表 9-14

序 号	项 目	允 许 偏 差
1	外插角	1° ~ 3°
2	孔间距	±50mm
3	孔深	+50cm

f. 完成管棚注浆后,在管棚支护下,按设计的步骤进行开挖施工。为确保管棚施工质量,施工过程中需采取以下几项技术措施:管棚需按设计位置施工,注意运用测斜仪进行钻孔偏斜度测量,严格控制管棚打设方向,并做好每个钻孔地质记录;为保证长管棚支护效果,尽量减少管棚的外插角,可在型钢架腹板开孔以穿管棚,钢管尾部应与钢架焊接;管棚施工时,应对钢管主要材料进行材质检验。

(6)联络通道开挖

①开挖形式

根据联络通道地质情况及断面形式、大小,一般采用上下台阶法开挖或全断面开挖法。台阶法可根据地层条件、断面大小和机械配备情况合理选用。台阶法可分为上、下两部或上、中、下三部开挖等。

盾构区间联络通道一般断面较小(约宽 3.6m、高 4.1m),地质条件较差的情况下,一般采用台阶长度为 3 ~ 5m 的短台阶(上台阶环形开挖留核心土)法开挖施工,上下台阶开挖法如图 9-64 所示。

开挖分上下台阶开挖,初期支护施工同样先上台阶后下台阶。挂钢筋网片、锚杆、钢格栅、喷射混凝土分上下台阶分别完成,上部格栅钢架与下部格栅钢架采用螺栓连接,初期支护形成闭合。

②施工控制要点

a. 考虑初期支护及洞身周围收敛的需要,满足联络通道的净空要求,开挖时比设计净空外放 50mm。

b. 联络通道刚开始采用爬坡开挖,爬坡角度控制在 30° 以内。联络通道开挖采用上下台阶开挖,下台阶距离上台阶长度控制在 3 ~ 5m,上台阶环形开挖留核心土。

259

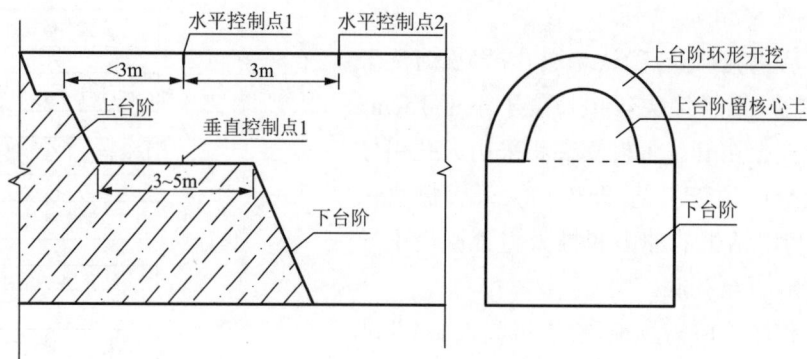

图 9-64　上下台阶开挖法示意图

c. 软弱地层开挖过程中采用留核心土法施工,先进行轮廓线 600～800mm 范围内开挖,开挖完成后立即支立钢拱架、喷射混凝土。待下一榀开挖时先挖去下榀留下的核心土。

d. 土层开挖采用人工配合风镐进行,采用手推车人工运出洞口后通过盾构隧道的电瓶车运走。开挖边线外侧 30～50cm 开挖时注意修边,保证开挖轮廓线圆顺,开挖面平整。

e. 对于岩层采用控制爆破法开挖,施工过程中根据断面形式做好掏槽孔、崩落孔、周边控制孔的布置及每孔装药量的控制,防止超挖、欠挖,必要时采用人工风镐修边。爆破施工风险较大施工过程中做好安全防护及应急措施。

f. 根据地质情况严格控制开挖进尺,一般不超过 1m,确保开挖面稳定。

(7)联络通道初期支护施工

①钢筋网施工

a. 开挖完成后围岩立即喷射 20～30mm 厚混凝土,然后挂网片、立格栅钢架。

b. 钢筋网纵向、环向采用 ϕ6.5 钢筋,网距为 150mm×150mm。钢筋网在格栅钢架内、外侧双单层设置。用 ϕ6.5 钢筋在洞外提前加工成 2.0m×2.0m 钢筋网片,运入洞内,钢筋网紧贴岩面铺设,并且焊接在锚杆上,钢筋网的混凝土保护层不小于 20mm。

c. 钢筋网片之间以及与上一榀的钢筋网片搭接牢固,搭接长度为 150mm。

d. 钢筋网片堆放和运输时不得损伤和变形,安装前有锈时应除锈。钢筋网加工允许偏差为:钢筋间距 ±10mm,钢筋搭接长度 ±15mm。

②格栅钢架制作与安装

a. 格栅钢架制作

盾构隧道联络通道格栅钢架配筋示例如图 9-65、图 9-66 所示,隧道开挖施工前在地面进行加工,验收合格满 5 榀后方可进行开挖施工。格栅钢架加工尺寸外放 50mm,每榀分 5 部分,加固完成在地面试拼装合格后方可使用。

格栅钢架加工应严格按照图纸施工,焊缝要求饱满,制作精度达到施工规范要求,格栅钢架加工后试拼装,沿格栅钢架周边轮廓拼装偏差不应大于 ±3cm。

格栅钢架由各单元钢构件拼装而成,各单元间用螺栓连接,螺栓孔眼中心间距公差不超过 ±0.5mm。格栅钢架平放时平面翘曲小于 ±2cm。

b. 格栅钢架安装

每榀格栅钢架上台阶分两部分、下台阶分三部分用螺栓连接,在洞内进行安装,安装时要认真定位,不偏、不斜,轮廓要符合设计要求。

为保证钢架整体受力,按设计设置纵向连接钢筋,格栅钢架内外侧各一层,连接筋与钢架的连接点焊接牢固。

在上台阶初期支护形成"闭合"结构前，为减少初期支护下沉量，每榀拱架安装时，均在其底部设一块"托块"，以增大受力面积，减少下沉量。

每榀拱架安装好后，在其拱脚处设置两根锁脚锚杆，以限制初期支护下沉和防止初期支护向通道内收敛变形，其尾部与拱架焊接牢固。

格栅钢架主筋保护层厚度均为40mm，其背后应保证喷射混凝土密实。

格栅钢架安装完成后按照设计要求进行锁脚锚管安装，严格控制安装质量，保证施工安全。格栅钢架制作和安装施工工艺流程图如图9-67所示。

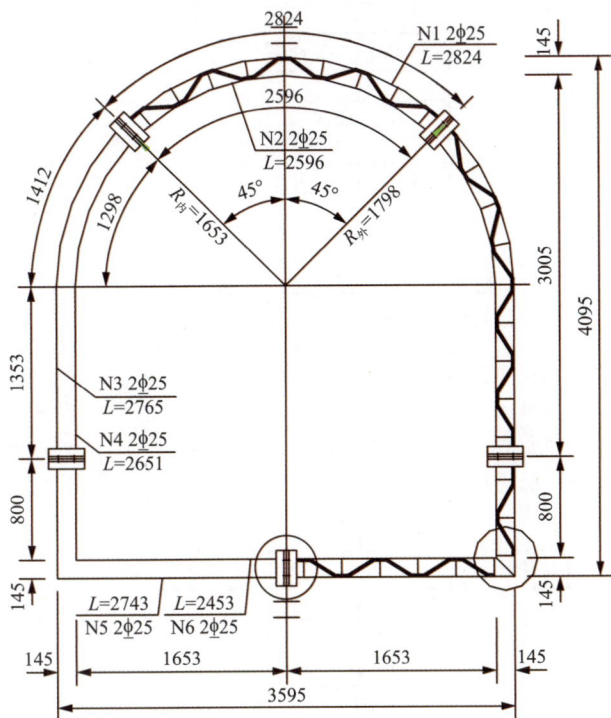

图9-65　标准断面格栅钢架总装示意图(尺寸单位:mm)

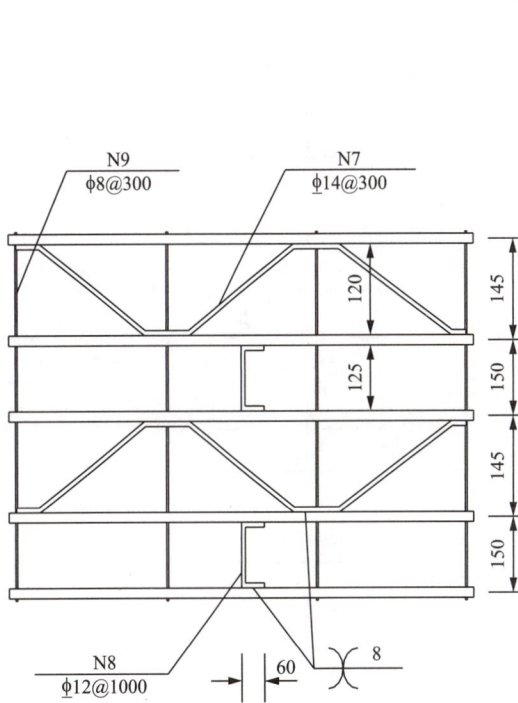

图9-66　格栅钢架展开示意图(尺寸单位:mm)

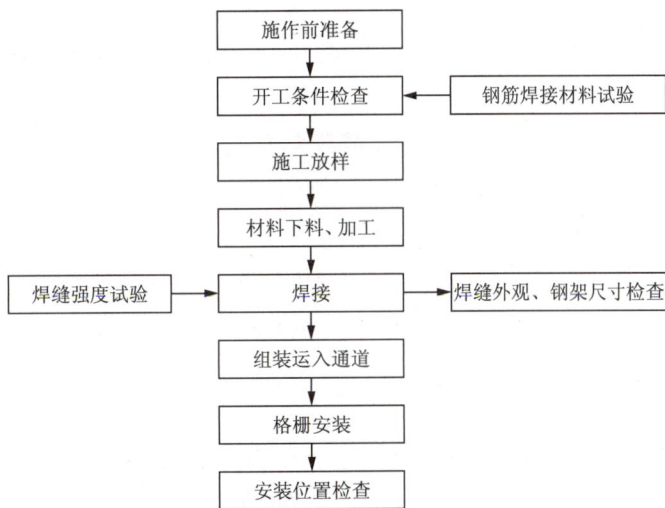

图9-67　格栅钢架制作和安装施工工艺流程图

③砂浆锚杆施工

地质情况差时，联络通道初期支护系统采用砂浆锚杆，锚杆按设计要求提前加工，根据设计要求布眼、钻孔，加工好的锚杆要符合规范要求。成孔后，用高压水将钻孔内石粉冲洗干净，安装时孔内灌注砂浆饱满，安装后锚杆外露长度不宜大于 10cm。锚杆施工工艺流程如图 9-68 所示。

④喷射混凝土施工

a. 喷射混凝土施工工艺流程

喷射混凝土是联络通道初期支护施工的关键工序。采用湿喷法，施工过程中减少回弹及粉尘，可创造良好隧道施工条件。喷射用自拌混凝土，喷射混凝土配合比委托有资质的试验室根据试验验证。喷射混凝土施工工艺流程如图 9-69 所示。

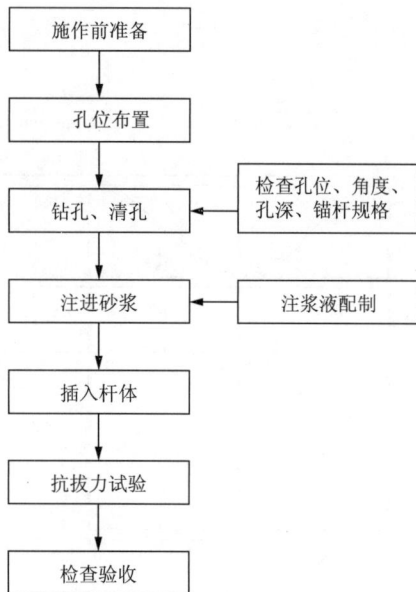

图 9-68 锚杆施工工艺流程图　　　　图 9-69 喷射混凝土施工工艺流程图

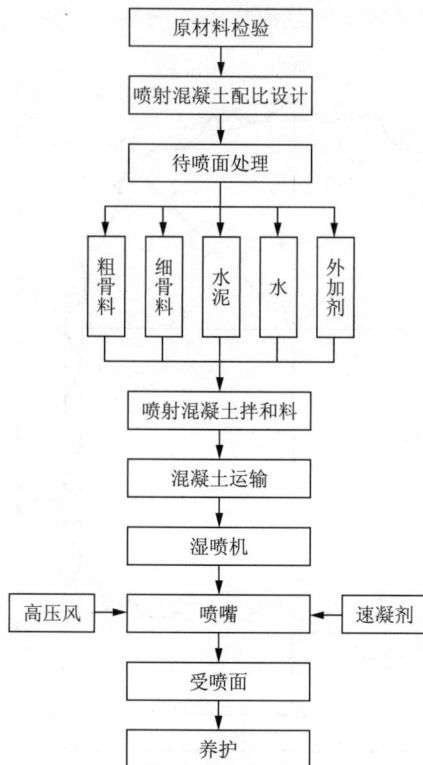

b. 喷射混凝土原材料要求

水泥：采用不低于 P.O32.5R 的普通硅酸盐水泥，使用前做强度复查试验，其性能符合现行的水泥标准。

细集料：采用硬质、洁净的中砂或粗砂，细度模数大于 2.5，含水率控制在 5%～7%。

粗集料：采用坚硬而耐久的碎石或卵石，粒径不宜大于 15mm，级配良好。若使用碱性速凝剂时，不得使用含有二氧化硅的石料。

水用市政自来水，不得使用含有影响水泥凝固及硬化的有害物质的水。

速凝剂使用合格产品。使用前与水泥做相容性试验及水泥凝结效果试验，其初凝时间不得大于5min，终凝时间不得大于 10min。

c. 喷射混凝土技术要求

搅拌混合料采用强制式搅拌机，搅拌时间不小于 2min。原材料的称量误差为：水泥、速凝剂±1%，砂石 ±3%；拌和好的混合料运输时间不得超过 2h；混合料应随拌随用。

混凝土喷射机具性能良好，输送连续、均匀，技术性能能满足喷射混凝土作业要求。

喷射混凝土作业前，清理受喷面并检查断面尺寸，保证尺寸符合设计要求。喷射混凝土作业区有足够的照明，作业人员佩戴好作业防护用具。

喷射混凝土作业应分段分片进行。喷射作业自下而上，先喷格栅钢架与拱壁间隙部分，后喷两钢架之间部分。

喷射混凝土分层进行，一次喷射厚度根据喷射部位和设计厚度而定，边墙、拱部宜为 5 ～ 6cm，后喷一层应在先喷一层凝固后进行，若终凝后或间隔 1h 后喷射，受喷面应用风水清洗干净。

喷射混凝土作业应保持供料均匀，喷射连续，喷射混凝土喷头垂直受喷面，喷头距受喷面距离以 0.6 ～ 1.2m 为宜。喷头运行轨迹为螺旋状，使受喷面均匀、密实。正常情况采用湿喷工艺混凝土的回弹量边墙不大于 15%，拱部不大于 25%。

喷射混凝土终凝 2h 后开始洒水养护，洒水次数应以能保证混凝土具有足够的湿润状态为度；养护时间不得少于 14d。

喷射混凝土表面应密实、平整，无裂缝、脱落、漏喷、空鼓、渗漏水等现象，不平整度允许偏差为 ±3cm。

⑤初期支护背后注浆

初期支护背后注浆以初期支护和土层的密贴为原则，在初期支护混凝土达到设计强度后进行。在初期支护的拱部预埋 3 个 ϕ42 钢管（拱顶必须设一个），纵向间距 3m，梅花形布置，对初期支护背后注浆。注浆浆液采用 1:1 水泥浆（或水泥、水玻璃双液浆），注浆压力控制在 0.5 ～ 0.8MPa 左右，使初期支护与土体密贴为原则。背后注浆施工顺序为：沿工程轴线由低到高，由下往上进行。注浆过程中，应严格控制注浆压力，防止出现结构变形、窜浆，危及地下构筑物、地面建筑物的异常现象。

泵房开挖及初期支护施工一般安排在联络通道正洞初期支护施工完成后施工，联络通道地质条件较差时为确保施工安全，泵房开挖安排在正洞二次衬砌施工完成后进行，同时地质条件较差时进行地层加固后开挖。泵房开挖施工工艺流程如图 9-70 所示。

泵房开挖初期支护施工与联络通道施工原理、施工内容基本相同，不同点主要体现在以下几个方面：

a. 废水泵房开挖为垂直方向向下开挖，根据地层不同及设计要求确定每次开挖深度，一般每次开挖一榀（500mm）。

b. 格栅钢架沿垂直方向布置、安装，重点做好锁脚锚管施工质量，确保每榀格栅钢架与地层不会移位，一般沿水平方向 500 ～ 800mm 布置一根锁脚锚管。

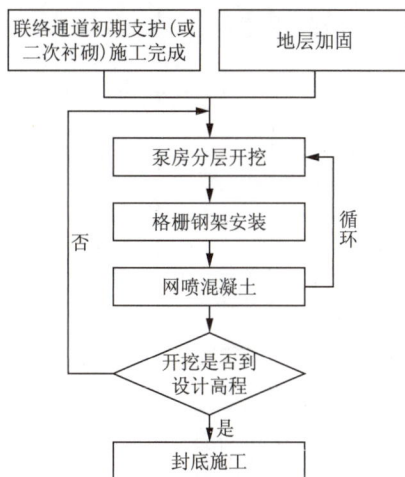

图 9-70　泵房开挖施工工艺流程图

c. 废水泵房应快速开挖到设计高程，及时对底板进行封堵，确保安全。为防止基底上浮、涌泥封底，初期支护喷射混凝土可加配钢筋并与最后一榀格栅钢架相连，以增强初期支护底板受力。

d. 在废水泵房封底时，在地质情况较差的情况下，可采用分段开挖的方式。从一侧依次进行开挖支护，减少开挖面暴露的时间。

e. 废水泵房封底时做好临时泄水孔的埋设工作，其一般直径为 600 ～ 800mm、深 500 ～ 800mm。

f. 施工过程中做好初期支护及基底的监测工作，确保围岩稳定、施工安全。

9.13.2　联络通道防水施工

1）施工工艺流程

联络通道防水施工工艺流程如图 9-71 所示。

263

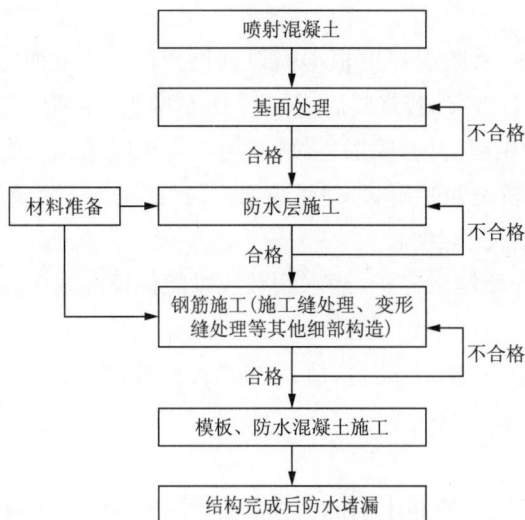

图 9-71　联络通道防水施工工艺流程图

2）防水体系及防水设计

联络通道防水设计一般采用自黏式防水卷材或土工布+PVC防水板两种，特殊部位（穿墙管、接口处、施工缝、变形缝处）采用加强处理。

（1）防水体系表（表9-15）

防 水 体 系 表　　　　　　　　　　　　　表 9-15

防水体系	结构自防水	混凝土抗渗等级	工程埋深 10m，抗渗等级为 P6
			工程埋深 10～20m，抗渗等级为 P8
			工程埋深 20～30m，抗渗等级为 P10
		裂缝控制	迎水面 0.2mm，背水面 0.3mm，且不得有贯穿性裂纹
	接缝防水		施工缝、变形缝、穿墙管及各型接头的接缝不得渗漏水
	附加层防水		能粘在结构上并能抵抗 35m 水压
	辅助排水措施		有排水要求的部位需接通排水系统，避免造成积水

（2）防水设计图（图9-72～图9-74）

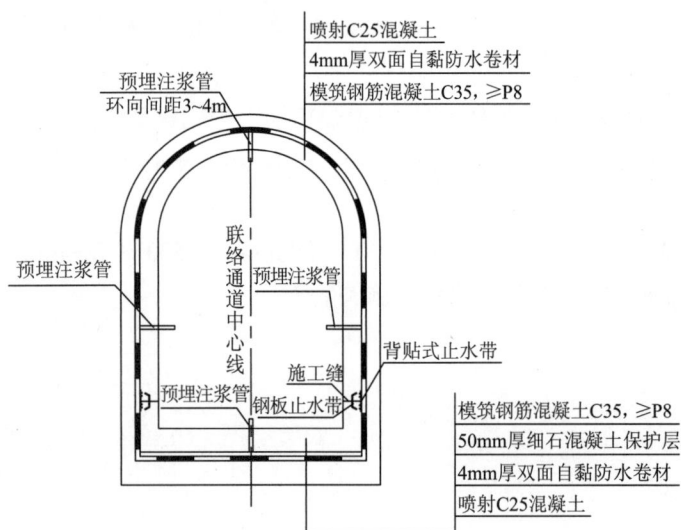

图 9-72　自黏式防水卷材防水设计图

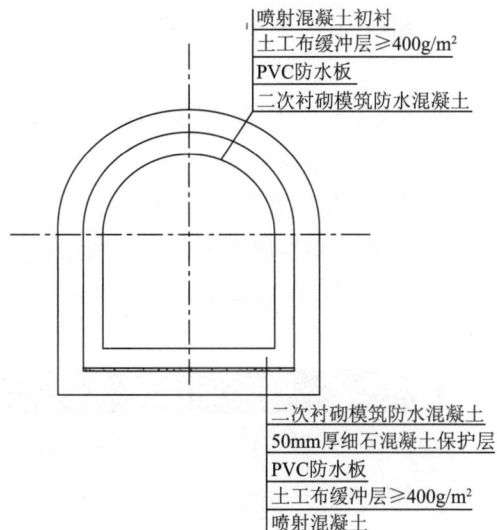

图 9-73　PVC 防水板防水设计图

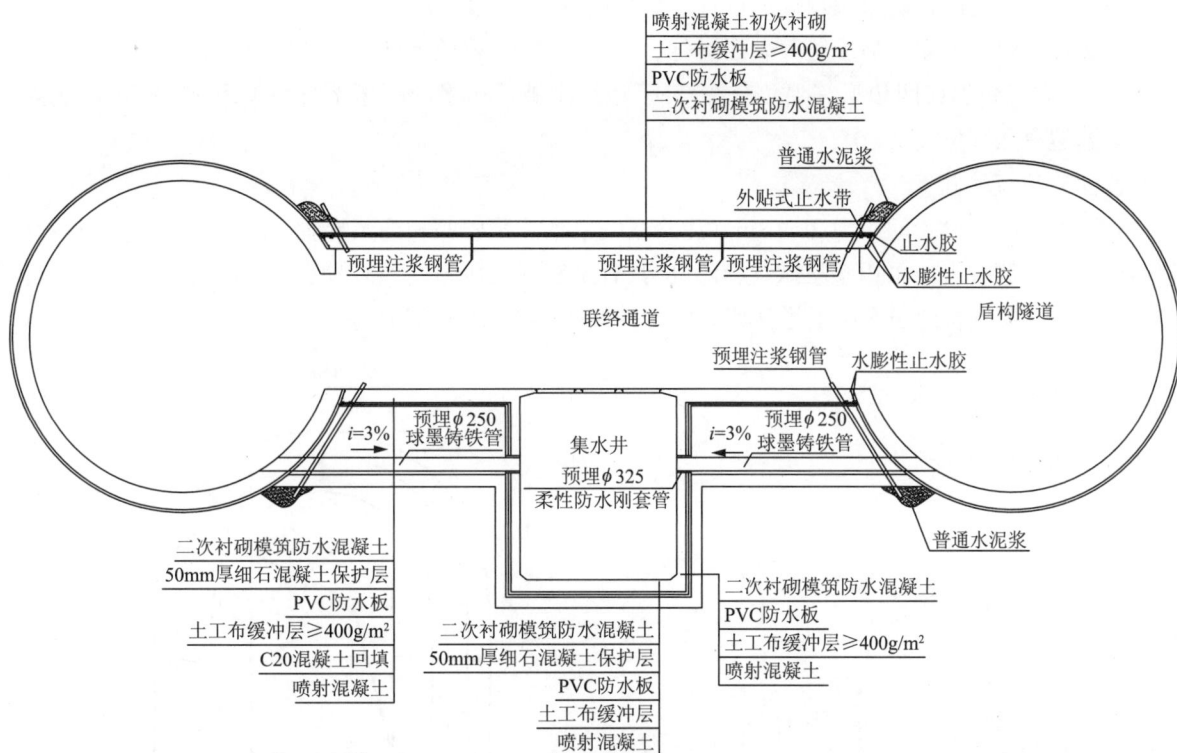

图 9-74 PVC 防水板防水设计纵断面图

3）防水层施工

（1）自黏式防水层

①基层处理

a. 铺设防水卷材的基面应无明水流,否则应进行初期支护背后的注浆或表面刚性封堵处理,待基面上无明水流后才能进行下道工序。铺设防水卷材的基面应平整,对基面不平整的进行找平处理,处理方法可采用喷射混凝土或 1∶2.5 水泥砂浆抹面的方法,一般宜采用水泥砂浆抹面的处理方法。处理后的基面应满足 $D/L \leqslant 1/6$（其中, D 为相邻两凸面间凹进去的最大深度, L 为相邻两凸面间的最短距离）。

b. 基面上不得有尖锐的毛刺部位,特别是喷射混凝土表面经常出现较大的尖锐石子等硬物,应凿除干净或用 1∶2.5 的水泥砂浆覆盖处理,避免刺破防水卷材。

c. 基面上不得有铁管、钢筋、铁丝等凸出物存在,否则应从根部割除,并在割除部位用水泥砂浆覆盖处理。

d. 变形缝两侧各 50cm 范围内的基面应全部采用 1∶2.5 防水水泥砂浆找平。

②铺设自黏防水卷材

a. 铺设防水卷材时,铺设方向应少出现手工焊缝,并不得出现十字焊缝（即不得出现四层材料搭接部位）,仰拱防水板、底板防水卷材宜采用沿隧道纵向铺设的方法,具体铺设方向应根据结构形式确定。

b. 防水板采用热风焊枪手工焊接在塑料圆垫片上,焊接应牢固可靠,避免浇筑和振捣混凝土时防水板脱落。焊接时严禁焊穿防水卷材。

c. 防水卷材固定时应注意不得拉得过紧或出现大的鼓包,铺设好的防水板应与基面凹凸起伏一致,保持自然、平整、服帖,以免影响二次衬砌灌筑混凝土的尺寸或使防水板脱离圆垫。

d. 防水卷材之间接缝采用双焊缝进行热熔焊接,搭接宽度 10cm。

e. 防水卷材铺设完毕后应对其表面进行全面的检查,发现破损部位应及时进行补焊,补丁应剪成圆角,不得有三角形或四边形等尖角存在,补丁边缘距破损边缘的距离不得小于 7cm。补丁应满焊,不得有翘边空鼓部位。

③注浆系统的施工

a. 注浆系统的设置间距为 2 ～ 3m。注浆系统包括注浆底座和注浆导管,注浆底座应与防水卷材热熔焊接。注浆导管应采用塑料螺纹管,并应具有足够的抗压强度,确保埋入混凝土内的部分不被压扁。穿墙管件防水构造及联络通道注浆系统分别如图 9-75、图 9-76 所示。

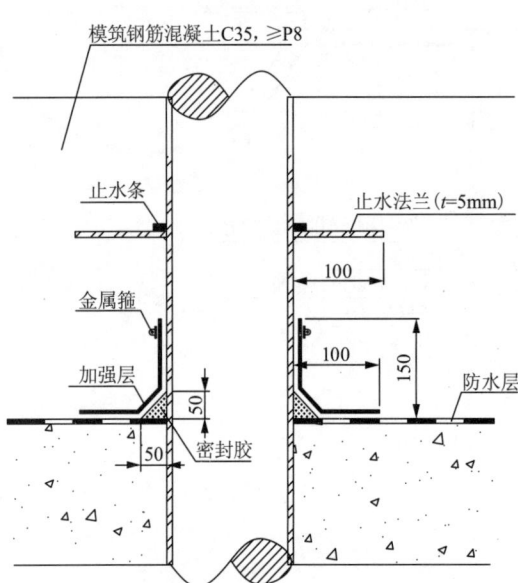

图 9-75 穿墙管件防水构造示意图(尺寸单位:mm)

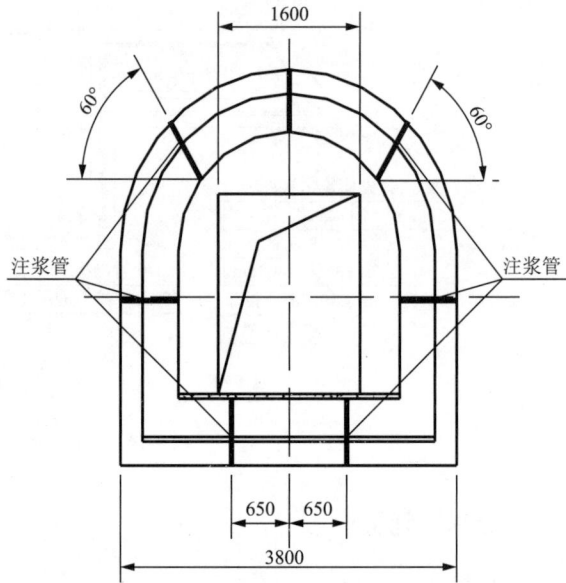

图 9-76 联络通道注浆系统示意图(尺寸单位:mm)

b. 注浆底座边缘采用四点焊接在防水卷材表面,四点应对称设置,每个焊接点宜为 10mm×10mm。焊接应牢固,避免浇捣混凝土时底座脱离防水卷材。但不得将底座边缘全部热熔满焊在防水卷材表面,以免后期浆液无法注入。

c. 注浆系统应尽量靠近施工缝和穿墙管等易出现渗漏水的位置设置,一般距这些特殊部位的间距 50cm 左右设置为宜,注浆导管与注浆底座连接应牢固、密闭,必要时应采用铁丝将导管与底座间连接部位绑扎牢固,避免底座与导管脱离。

d. 二次衬砌顶拱设置的背后回填注浆系统不能代替防水板注浆系统。

e. 二次衬砌结构完工后,如果出现渗漏水,应对防水板和二次衬砌之间进行注浆。注浆液应采用水灰比为 1:(2 ～ 3)左右的水泥浆,同时应添加 8% ～ 10% 的膨胀剂。注浆压力根据渗漏水情况、结构厚度、埋深等因素确定,一般可控制在 0.3 ～ 0.5MPa。

④保护层的施工

底板防水卷材铺设完毕后应及时施作保护层,然后浇筑 5cm 厚的 C20 细石混凝土。

(2)PVC(EVA)防水层施工

PVC(EVA)防水层施工流程在防水板铺设前需挂设土工布,其他同自黏式防水卷材。

4)联络通道洞口防水

联络通道洞口(联络通道与隧道接缝处)的防水是整个联络通道的防水重点,且施工难度较大,施工过程中必须严格控制联络通道洞口的施工质量。联络通道洞口防水如图 9-77 所示。

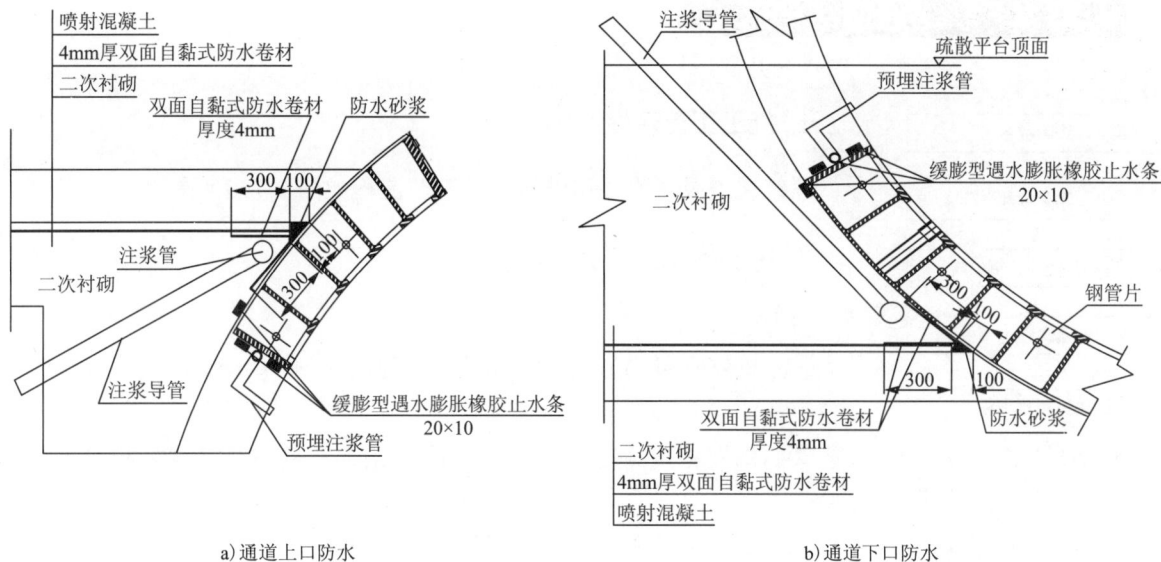

a) 通道上口防水

b) 通道下口防水

图 9-77　联络通道洞口防水施作示意图(尺寸单位:mm)

（1）喷射混凝土初期支护施作完毕后，先将靠近洞口管片 50cm 范围的喷射混凝土初期支护表面清理干净，然后用 1:2.5 的聚合物防水砂浆找平处理，使基面基本平整、干净、无毛刺、无明水。将管片外露部分的表面用钢刷处理干净，无灰尘、铁锈、油污等。管片外侧凹槽需采用聚合物水泥砂浆嵌缝。

（2）如果管片与初期支护连接的角部无明显的渗漏水时，直接用防水砂浆按要求进行倒角处理。

（3）在清理干净的基面上铺设自黏防水卷材，要求防水卷材的端部紧靠在倒角边缘，找平处理过的初期支护表面的防水卷材尽量平整。

（4）裁剪双面丁基橡胶冷自黏防水卷材，先将自黏式卷材粘贴在处理好的钢管片表面，然后再粘贴在防水板表面。要求粘贴密实、牢固，不得出现空鼓脱落部位。

（5）联络通道的纵向、环向施工缝设置中埋式钢板止水带进行防水处理，施工缝位置在底板以上 30cm 处，如图 9-78 所示。

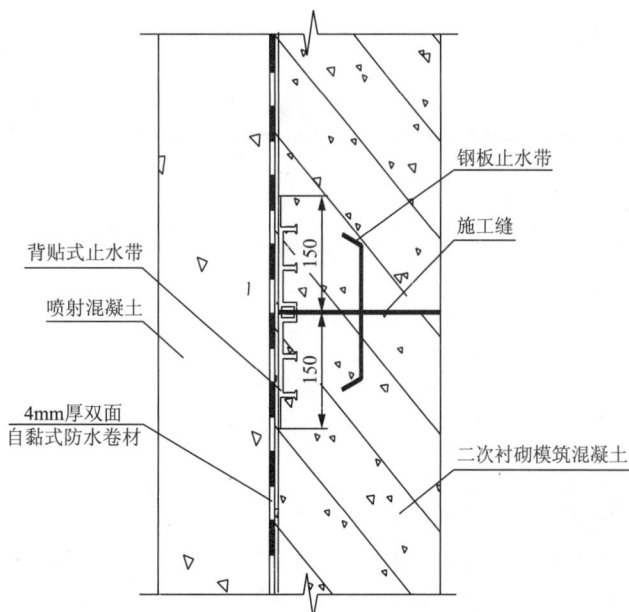

图 9-78　施工缝中埋式钢板止水带示意图(尺寸单位:mm)

9.13.3 联络通道结构施工

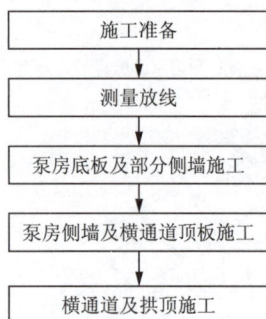

施工准备

↓

测量放线

↓

泵房底板及部分侧墙施工

↓

泵房侧墙及横通道顶板施工

↓

横通道及拱顶施工

图 9-79 联络通道及废水泵房结构施工工艺流程图

1）施工工艺流程

联络通道及废水泵房结构施工工艺流程如图 9-79 所示。

2）主要施工方法及技术措施

（1）施工准备

①对联络通道中心里程及结构尺寸进行复测，并经监理及第三方监测单位复核。

②防水层施工满足设计及技术要求，对防水卷材及接口处防水进行质量验收。

③做好施工图纸会审工作，并对联络通道模型支撑体系进行设计、检算。

④制订材料需求计划，各项材料根据施工进度提前进场，及时完成材料的试验检测工作。

⑤根据施工条件合理配置施工设备及劳动力。

⑥对结构施工顺序、施工方法及技术要求向工班及全体管理人员进行技术交底。

⑦做好应急措施及物资准备工作。

（2）泵房底板及部分侧墙施工

①联络通道及废水泵房底板防水保护层施工完成，根据测量人员在垫层上定出的结构位置线，现场技术人员用墨斗弹出钢筋控制线。

②钢筋在地面加工制作好后，运送至联络通道施工位置，泵房底板及侧墙钢筋安装应严格按照设计图纸要求进行。钢筋接头均采用焊接，焊接质量和搭接长度满足规范及设计要求，钢筋保护层厚度设置垫块控制，底板上下层钢筋设架立筋（或马凳筋）来保证筋的位置、间距。

③泵房侧墙钢筋安装完成后，在施工缝处设置一道钢板止水带进行防水处理，钢板止水带采用焊接，施工缝设置在距离腋角 30cm 的侧墙上。

④安装好的钢筋及钢板止水带经检查验收合格后，施工泵房部分的侧墙模板（图 9-80）采用竹胶板现场拼立，在钢筋上焊接拉筋＋钢管对撑进行加固。

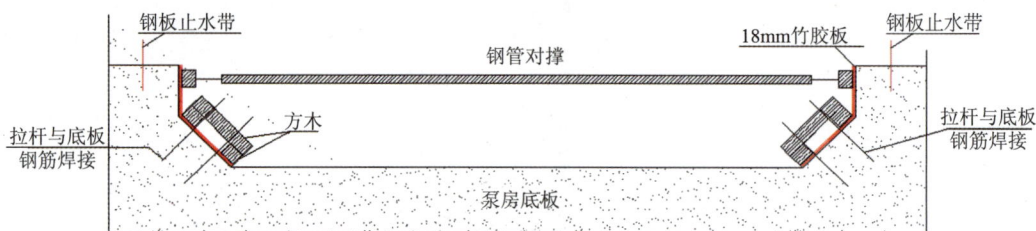

图 9-80 泵房腋角及部分侧墙模板示意图

⑤模板经检查、核对无误后浇筑泵房底板及部分侧墙混凝土。采用商品混凝土由地泵泵送入模，插入式振动棒振捣。根据预先埋设的高程控制桩控制底板混凝土高程，并及时收面、洒水养生。

（3）泵房侧墙、联络通道底板及部分侧墙施工

①待泵房底板混凝土初凝后，对施工缝部位混凝土进行凿毛处理，以保证施工缝处的防水质量。

②泵房侧墙钢筋及铁爬梯安装完成，检查、验收合格后安装泵房侧墙及顶板模板。模板均采用 18mm 竹胶板，支撑体系采用满堂红脚手架＋钢管对撑（图 9-81）。模板与支架系统进行受力验算，确保支撑系统强度、刚度、稳定性满足施工要求。为了保证结构净空尺寸，在立模时将模板高程提高

2cm、将侧墙模板尺寸放大1cm作为施工变形量,模板按规范规定起拱。支架在板混凝土达到设计和规范强度后拆除,施工中,对撑系统所用的钢管、顶托、木材、脚手架质量经常进行检查,有质量隐患的及时更换或加固。

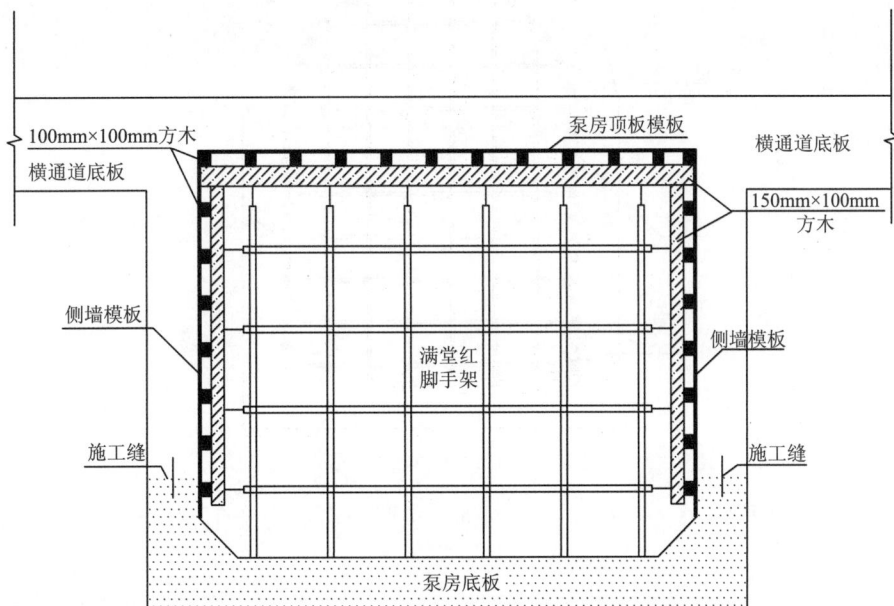

图9-81　泵房侧墙及顶板模板及支撑体系示意图

③泵房模板施工时要注意在两端侧墙上留设排水管安装孔洞,孔洞大小及位置严格按照设计要求施工。

④泵房模板及支撑体系施工完成后,必须对泵房结构尺寸、模板、支撑体系的施工质量进行检查验收,验收合格后方可进行下道工序施工。

(4)通道底板及部分侧墙钢筋施工

①钢筋在地面进行加工制作,运送至联络通道施工位置,按照设计图纸及相关规范要求进行安装。钢筋搭接均采用单面焊接,焊接长度不小于10d(d为钢筋直径),焊接质量满足规范要求;钢筋网格间用扎丝十字扣方式进行绑扎,绑扎钢丝应拧紧。

②横通道底板下层钢筋绑扎完成后,遵照图纸要求安装排水管,排水管采用短钢筋夹焊固定在钢筋网片上,排水坡度满足设计要求。上下层钢筋网片间设置马凳筋,呈梅花形布置。

③在底板混凝土面以上30cm的侧墙上留设一道施工缝,采用钢板止水带进行防水处理,钢板止水带采用焊接。

④模板施工:侧墙处30cm高模板采用木模板拼立,在侧墙主筋上焊接拉筋并辅助钢管对撑进行加固。底板上按设计图纸要求留设预留孔洞,并对模板及预留孔洞结构尺寸、施工质量进行检查验收,核对无误后准予进行混凝土浇筑。

⑤混凝土施工:泵房侧墙、联络通道底板及部分侧墙混凝土采用一次浇筑完成。商品混凝土采用混凝土地泵泵送入模,插入式振动棒振捣。

(5)横通道侧墙及拱顶施工

①钢筋在地面加工,运送至联络通道施工位置进行安装,钢筋搭接均采用单面焊接,焊接长度不小于10d,钢筋接头必须进行预弯,保证接头钢筋"同心"。搭接焊接头的焊缝厚度不应小于主筋直径的3/10,焊缝宽度不应小于主筋直径的7/10。

②侧墙模板采用胶合板,拱顶模板配合使用胶合板和3mm厚钢板,支撑体系采用钢拱架+满堂红钢管脚手架+钢管对撑的方法进行加固(图9-82)。模板与支架系统进行受力检算,确保支撑系统

强度、刚度、稳定性满足施工要求。

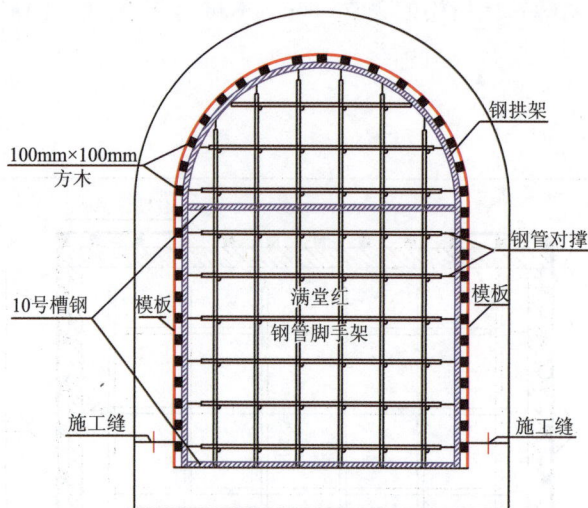

图 9-82　横通道侧墙及拱示意图

③通道洞身钢拱架采用 10 号槽钢加工。钢拱架按照通道结构设计形式及考虑模板安装位置后，在地面加工成形。

④钢拱架底部和起拱线横向水平采用槽钢加强支撑，钢拱架底部和起拱线纵向水平采用槽钢将钢拱架连成一体，钢拱架等间距设置，钢架间墙体位置采用 100mm×150mm 的方木进行加密固定，拱顶采用弧形槽钢加固。洞身采用 φ48 满堂红钢管架支撑。

⑤采用混凝土输送泵灌注入模，分层对称浇筑至设计高程。振捣采用插入式振动棒为主、附着式振动器为辅进行振捣。

9.14　渣　土　改　良

盾构在掘进时，穿越地层复杂，在掘进过程中，经常出现盾构仓内温度高、掘进速度慢、刀具磨损快、刀盘扭矩大、螺旋喷涌、仓压控制困难、地面沉降大等问题，直接影响施工效率和施工安全。为了能够保证盾构施工顺利进行，防止上述问题的发生，确保盾构施工安全顺利，进行渣土改良。

9.14.1　渣土改良方案

1）渣土改良渣样分析

盾构在施工期间，每推进 500mm 进行一次渣样分析。具体分析渣样中岩石的风化程度、岩石破碎后形成石块的形状、粒径大小，并将石块所占比例与地质图进行对比分析，并做好相应记录。采用冲洗渣样法，了解掌子面地层砂性颗粒与黏性颗粒的含量比例。测量渣土温度，了解仓内温度。观察渣土的和易性，了解渣土的含水率和流动性。

2）渣土改良材料的选取

根据渣样分析情况，选择合适的渣土改良材料。渣土改良材料的选取见表 9-16。

渣样分析情况	膨润土	水	气	泡沫	岩土分散剂
渣土内黏性颗粒含量大,出土有结块,仓温高		√	√	√	√
渣土内砂性颗粒含量大,渣样含水多,仓压不好控制,掘进速度慢	√		√	√	
上软下硬及全断面岩层,渣样含水大,喷涌,掘进速度慢,仓温高	√		√	√	

3)渣土改良配合比试验

确定材料后,针对选取材料进行认真配合比,并将配好的材料放入渣土内搅拌,进行效果确定。如效果良好,则可向土仓内注入,并全面投入使用。在出渣过程中,不断抽取渣样,进行各项参数分析,微调后最终确定加入配合比。

4)渣土改良盾构各项参数的匹配

调整好渣土改良配合比后,在使用过程中,重点关注渣样和易性情况,进行盾构机各项参数调整,如闸门开的大小、刀盘转速是否满足搅拌要求,并应考虑因转速过高而引起的刀盘温度高,选择合适的螺旋输送机转速,进行全面匹配,保证渣土改良效果。

9.14.2　渣土改良技术措施

渣土和易性是判定渣土改良成效的最重要标准。正常的和易性,是土水不分离且流动性较好,渣土稠度在 12 ～ 20s。这也很大程度上影响了盾构推进效率。

(1)在卵石、砂岩复合地层或全断面卵石地层掘进时,设置合适的泡沫参数、向刀盘前注入适量泡沫,在土仓偏上位置同步注入适量的水,输出流动性较好的土石混合物,降低对刀具磨损,降低刀盘扭矩、螺旋输送机的磨损,在螺旋输送机形成土塞效应,防止喷涌。

(2)在含水率较大的全断面砂岩地层中掘进时,可在土仓下部靠近螺旋输送机部位注入空气,将土仓内和前方的土体孔隙水疏干,从而防止喷涌。

1)膨润土渣土改良

盾构机在掘进过程中为保持掌子面的稳定,以及盾体与周边土体之间的空隙能够及时得以填充,在盾构掘进过程中,向土仓内以及盾构机中盾的位置上注入膨润土泥浆。要求拌制泥浆所使用的膨润土为优质钠基膨润土,黏度大于 25s,且膨化时间不小于 3h。

土压平衡盾构机在砂层中掘进时,应对渣土采取流塑化改良措施,即向开挖面、土压仓(必要时向螺旋输送机)注入改性材料(泥浆、泡沫、聚合物等),以促进开挖面稳定,实现土压平衡掘进,同时有助于降低机械摩擦、减小地面沉降、提高掘进速度等。首先对开挖面,即刀盘前方土体注入泥浆,向开挖面土体注入泥浆后,泥浆包围在颗粒周围,形成一层泥膜,增加了颗粒之间的黏聚力,使得颗粒之间的传力得到扩散,达到一种泥浆护壁的效果,有助于稳定开挖面土体。其次是向土仓内注入泥浆,通过刀盘旋转和螺旋输送机旋转使泥浆渗入砂性土颗粒之间,增强颗粒之间的作用力,并以较大的泥浆浮力减少颗粒的堆积,形成流塑性状态的渣土。最后是通过膨润土泥浆特殊的润滑性能,可以减轻颗粒与盾构机及其构件的摩擦。

膨润土、发泡剂及高分子聚合物在理论上均适应于砂层,但其侧重的效果不太一样,砂层掘进渣土改良剂首选膨润土泥浆和泡沫,如果遇到卵石、砾石较多的地层或渗透系数较大的地层,再综合考虑在膨润土泥浆中加入其他的改良剂。经过试验室数据采集及对比分析现场实践结果。

2）添加岩土分散剂渣土改良

岩土分散剂主要是针对一些较黏的地层,在该类地层掘进时,如有盾构机各项参数匹配不正确、渣样成球状、出土时仓压跟随出土很敏感的变化,需使用岩土分散剂,采用膨润土管或注浆管直接接入土仓,进行注入,可有效解决泥饼形成。

3）调整泡沫进行渣土改良

根据渣样情况,选择合理的配合比,调整掘进中泡沫系统水、泡沫原液、气的比例,合理使用泡沫系统,使泡沫不但能够起到润滑作用,而且起到保压作用。

9.14.3 渣土改良效果检验

通过渣样分析渣土改良情况,即根据渣土的温度、砂性颗粒和黏性颗粒的比例、石块所占比例、出土的流畅程度、渣土的和易性来确定渣土改良是否成功。

9.15 盾 构 换 刀

为了提高盾构掘进效率,保护好刀盘,当盾构刀具出现较大或严重磨损、非正常磨损(如偏磨)甚至破坏时应对盾构刀具及时更换。刀具可分为切刀、刮刀、撕裂刀和滚刀等,并分别适用于不同的地质条件。当地质条件发生变化时,为保证盾构施工安全和加快施工进度,亦应更换与该地层条件相适应的刀具。盾构运行时,刀盘上不同位置的滚刀磨损量不一样,因此在刀具检查中,根据磨损程度的不同,可进行位置更换,以节约施工成本。

9.15.1 刀具检查与更换的安全要点

刀具的检查与更换必须在确保安全的前提下进行。刀具更换是一项较复杂的工序,首先除去压力仓中的泥水、残土,清除刀具上黏附的泥沙,确认要更换的刀具,运入工具,设置脚手架,然后拆去旧刀具,换上新刀具。更换刀具停机时间过长时,容易造成盾构整体沉降,从而引起地层及地表沉降,损坏地表及埋设建(构)筑物,危及工程安全。为此,更换前应做好准备工作,尽量减少停机时间。更换作业尽量选在中间竖井或地质条件较好、地层较稳定的地段进行。如必须在地质条件较差的地层进行时,必须带压更换或对地层进行预加固,确保开挖工作面及基底的稳定。

刀具更换时必须确保作业人员的安全。更换刀具的人员必须系安全带,刀具的吊装和定位必须使用吊装工具。尤其是在更换滚刀时要使用抓紧钳和吊装工具。所有用于吊装刀具的工具都必须经过严格检验,以确保人员和设备的安全。需转动刀盘时,必须使进仓人员撤离至安全区域,由专人操作,任何人不得擅自启动。

换刀前要制订详细的换刀方案、步骤和要求,并做好技术交底和人员培训。同时,还要制订详细的应急预案。刀具更换必须实行土木和机电工程师值班制度;带压进仓作业要有严格的带压进仓方案;带压进仓作业要制订安全措施,并进行交底;刀具更换机具使用按照相关机具操作规程进行;刀具运输和更换注意安全,做到自防、互防和联防;刀具更换所使用的废弃物应统一收回,避免造成环境污染;更换刀具时必须做好更换记录,更换记录主要包括刀具编号、原刀具类型、刀具磨损量、修复刀具的运行记录、更换原因、更换刀具类型、更换时间和作业人员姓名等。

9.15.2 换刀前的准备工作

换刀前的准备工作主要包括以下内容:

①总体规划。在日常工作中负责掘进施工的机械工程师与土木工程师密切沟通,加强对施工区段地质情况的了解,对地质资料中反映的施工重点和难点要特别留心。在制订刀具、刀具配件计划时,充分估计特殊区段对刀具的破坏程度,同时在制订换刀计划时,及时、有效地与土木工程师、掘进操作人员沟通,确定最佳的开仓地点。初步提出刀具的更换方案的同时,提前做好材料的准备、人员的培训等。

②设备物资供应。设备与材料的准备是实现快速换刀的根本保证,在确保常用的设备(机具)、材料到位的情况下,使用更为先进的工具,例如:风动吊机、手拉葫芦、风动扳手等。开仓换刀前对盾构各个系统进行检查,做好风水电等各个方面的协调工作,保证换刀过程中良好的工作环境。

③人员培训。必须经过专门培训的人员才能进仓进行刀具的更换。

④成立应急救援小组。换刀是一种非常危险的作业工序,必须成立应急救援小组,并严格执行《应急准备和响应控制程序》,防止意外发生。

⑤开仓审批。开仓技术方案经过工程部和物设部讨论,由机电总工程师和土木总工程师确认,报项目经理签发,建设单位和监理单位同意后方可开仓,责任落实到人,按严格的开仓程序进行。

9.15.3 常压换刀程序

当盾构在硬岩或自稳能力较强的地段(整体性较好的中风化、微风化地层)掘进时,不需要带压进仓,这种情况下可在无压下直接进入刀盘作业。刀盘更换程序应为:刀盘清理→刀具检查和磨损量的测量→制订换刀计划→刀具拆除→安装新的刀具→做好详细的刀具更换记录→整体检查。

9.15.4 带压换刀作业要点

在需要带压进仓换刀时,严格按照带压进仓作业程序进行,制定详细的升压、减压作业细则。人员仓升压与减压按国家《空气潜水减压技术要求》(GB/T 12521—2008)、《盾构法开仓及气压作业技术规范》(CJJ 217—2014)所规定的原则进行,不得随意调整。带压进仓作业要点如下:

①建立健全安全质量责任制,进仓、检查刀盘及换刀、减压作业、运输严格按照规程操作。

②带压进仓的换刀人员必须经过岗前培训,培训合格方能持证作业,对作业人员上岗前进行进仓、检查刀盘及换刀、减压作业特点的安全交底,树立安全作业的意识。

③带压进仓前及换刀过程中检测人员应跟踪监测地面的变化情况;进仓人员应时刻注意观察刀盘内水位变换情况。

④实行主要领导24h现场值班制度。

⑤保证现场材料供应,确保作业过程的有效运转。

⑥值班工程师现场24h值班,并在值班过程中做好带压进仓作业的各种记录并收集、整理,第二天及时上报公司。

⑦带压作业过程中,加强对各种检测仪表、空压机、气路电路的观测,如发生空压机故障,应立即启动另一台空压机;如发现停电,应立即启动内燃发电机;如发现管路漏气,应立即汇报并及时处理。

以防意外情况发生,并将监测结果及时上报值班领导。

⑧每班作业时,电工应加强用电管理,确保工地施工用电安全。

⑨人舱、自动保压系统及减压舱由专人负责操作,同时做好各项记录。

⑩作业人员作业时应佩戴好个人防护用品,防止意外伤亡事故的发生。

⑪仓内严禁携带易燃易爆物品、严禁使用明火,防止爆炸,造成事故。

9.16 盾构机的维护保养

9.16.1 盾构机一般维保规定

为了确保盾构机的技术状况,使盾构机的完好率、合理利用率达到较高的水平,必须对盾构机及后配套设备进行日常保养和定期维修保养。

盾构机的维修保养,遵照"养修并重,预防为主的"原则,以开展设备诊断和状态监测为基础,采用日常保养、定期保养和强制保养相结合的方式进行。

(1)充分利用盾构机上的在线故障监测及数据采集系统,结合常规的震动分析和油液检测等手段,开展故障诊断和状态检测工作,进行盾构机的磨损监测、震动监测和油液分析,及时预防故障,诊断出的故障应及时修理,并将故障的部位、原因及修理后的状况记录存档。盾构机的故障诊断的状态监测工作必须纳入维修保养计划中。

(2)盾构机的保养包括"日检""周检""强制保养"及工地转移前的维修保养。

(3)项目部机电总工要根据盾构的具体情况、施工环境等,制定盾构的保养规范。维修保养工作必须按照规范强制执行。维修保养实行工程师签认制度,所有维修保养工作内容都要有书面记录,并且由维保工程师检查签认。

(4)严禁以修理代替保养工作。保养工作必须有专人负责,保养程序合理,保养方法正确,保养过程有人监督。进行保养工作时,一定要按照设备的工作顺序,在保证安全的情况下进行,必要时停机进行保养。

(5)维修工作必须做到随坏随修,及时恢复机械的技术性能,确保设备处于良好状态。维修保养中需要更换的重要配件,应达到原机的要求,不得降低标准使用。

(6)严禁擅自拆除和变更盾构上的部件,严禁将不同用途的部件随意改用,严禁拆套互换液压、电气控制等原件,严禁拆卸安全性、指示性的传感器、安全阀、仪表、溢流阀等,如有损坏或失准,应及时更换。

(7)如需在盾构机上安装、拆除、技术改造部件或系统时,必须经过技术论证,并经有关管理部门研究批准后方可实施,任何人不得随意决定。对电器和液压系统的任何修改(包括临时接线等)要书面请示项目部机电总工程师,并由项目部请有关部门批准后方可实施,同时应记入设备的记录表中备查。要及时恢复损坏、丢失的液压管路和电气线路的标识符号。

(8)盾构机的保养应以保为主、以保代养。保养的主要内容是清洁、紧固、调整、润滑、防腐,亦称"十字作业法"。

(9)盾构机发生故障或故障迹象时,司机必须立即停机,并报告维修保养工程师,由维保工程师安排修理工进行处理。

(10)维修保养工程师应每天巡视盾构机的运转状况,检查确认盾构操作人员填写的运转记录和维修班填写的点检报表,及时发现故障隐患,做好预防性维护,以保持盾构机技术状态良好;值班工程师每班对盾构机后配套设备的运转状况和安全操作情况进行巡视检查,对巡视中发现的问题提出处理意见,并以书面形式通知掘进班长和机电总工程师。

（11）盾构机的维修工作必须在确保安全的前提下进行。只有当盾构机停止运转后,才能进行盾构机的维修工作。维修时要断开电器开关,悬挂"禁止合闸"警示牌,维修结束后由悬挂警示牌的电工确认并取下警示牌后,方可合闸。对高压电气设备维修时应先放电。液压系统维修前必须关闭相关阀门并降压,防止液压油缸缩回和液压马达的意外运行。液压系统的维护必须注意清洁,严禁使用棉纱等易起毛的物品清洁管接头内壁、油桶、油管等。

（12）维修与保养工作中,必须做好记录。维修与保养记录由维修保养人员认真填写,由维修保养工程师及机电总工程师签认后,归档保存。

（13）试掘进期完成后应进行一次全面的检查和保养,更换液压系统滤清器,更换刀盘驱动的齿轮油。在试掘进期内要加强设备的检查,增加检查的频次。

（14）盾构机的维修保养计划为强制性计划,是工程进度、质量、安全的重要保证,必须严格执行。

9.16.2　盾构机的日常保养

盾构机日常保养在每班作业前后及运转中进行,由盾构机维修保养班负责进行。日常保养的中心内容是检查,主要检查重要部位和易损部位,并对检查中发现的问题及时处置。

维修保养人员对盾构运转状况进行外观目测和仪表数据观测,采用视、听、触、嗅等手段,检查盾构机及后配套设备的运转情况,观测主控室的运转参数,检查机件的异响、异味、发热、裂纹、锈蚀、损伤、松动、油液色泽、油管滴漏等,初步判断盾构的工作状态。

盾构的日常保养由保养班在掘进班作业时按"盾构每天保养表"中规定的内容进行,检查表上"正常"画"√","变化待观察"画"〇","需调整修理"画"×",并在备注栏用文字说明已完成的具体保养内容。日常保养主要包括以下工作:

①各部位的螺栓、螺母松动检查并紧固;

②异常声音、发热检查,液压油、润滑油、水、气的异常泄露检查;

③各润滑部位供油、供脂情况检查并补充,油位检查及补充;

④电源电压及掘进参数检查确认;

⑤电气开关、按钮、指示灯、仪表、传感器检查并处置;

⑥液压、电气、泥浆、注浆、水、气等管线检查确认并处置;

⑦安全阀设定压力检查并确认,滤清器污染状况检查确认并处置;

⑧铰接密封是否漏气、漏浆,必要时调整压板螺钉以缩小间隙;

⑨盾尾密封情况;

⑩推进油缸靴板与管片的接触情况。

9.16.3　盾构机的定期保养

盾构机在使用过程中,必须进行定期保养。定期保养是指按规定的运转周期对盾构机后配套设备进行检查和维护。定期保养包括每周保养、强制保养、退场保养维修和停放保养。

（1）每周保养

每周保养主要包括以下内容:

①检查旋转接头,并对轴承注脂;检查泡沫管是否泄漏。

②检查螺旋输送机(土压平衡盾构机)轴承、后闸门、伸缩油缸等处的注脂。

③对刀盘进行检查：刀盘磨损情况、刀具磨损量、耐磨格栅等。

④检查油位、油滤清器，检查有无泄漏。

⑤清理电动机，液压油泵的污物。

⑥检查推进油缸、铰接油缸，对润滑点注脂。

⑦润滑管片安装机、管片吊机、管片输送机的润滑点，润滑所有轴承和滑动面。

⑧检查送排泥泵的密封及送排泥管道的磨损情况（泥水平衡盾构机）。

⑨检查空压机温度，检查凝结水和冷却器污染情况。

⑩液压油箱油位开关操作测试。

⑪检查皮带输送机各滚子的转动、刮板磨损情况（土压平衡盾构机）。

⑫检查壁后注浆系统所有接头处的密封情况，润滑所有润滑点，彻底清理管线。

⑬检查并清洁主控室 PLC 及主控柜，检查旋钮、按钮、LED 显示的工作情况。

⑭检查并清洁风水管卷筒及控制箱、高压电缆卷筒及控制箱、传感器及阀组、接线盒及插座盒、送排泥泵站、照明系统等。

⑮检查变压器的油温、油标，清除变压器上的水及污渍，监听变压器运行声音。

⑯其他部位按照"盾构每周保养表"中规定的内容进行。

（2）强制保养

盾构机维修保养采用日常保养、每周保养和强制保养相结合的方式。盾构机的保养除了在盾构机工作期间间隙中进行"日检"和"周检"保养外，每两周应停机 8 ～ 12h 进行强制性集中维修保养。在强制保养日，维修保养工程师组织修理工在盾构司机的配合下对平时难以全面保养的部位进行保养和维修。除每周保养的内容外，强制保养包含的主要内容如下：

①润滑人舱的铰链；

②检查螺旋输送机的螺旋管的壁厚（土压平衡盾构机）；

③检查皮带输送机变速器油位、皮带张力（土压平衡盾构机）；

④对刀盘驱动主轴承、刀盘驱动行星齿轮、液压油箱进行油质取样检测，按质换油；

⑤检查管片安装机轴承的紧固螺栓；

⑥空压机，检查皮带、更换机油过滤器、按质换油；

⑦润滑后配套拖车行走轮的调节，调节螺栓和轮轴；

⑧检查注浆压力表及传感器工作情况；

⑨检查蓄能器氮气压力，必要时添加；

⑩检查刀盘驱动装置行星齿轮的冷却水流量；

⑪润滑膨润土泵轴承（土压平衡盾构机）；

⑫更换油脂泵齿轮油；

⑬后配套吊装置，抽取油样，测试油的污染程度和含水率；

⑭更换后配套空压机空滤器、油滤器，检测溢流阀，紧固电器接头；

⑮检查循环水回路的水质；

⑯润滑送排泥泵的轴承（泥水平衡盾构机）；

⑰用超声探测仪检查送排泥弯管、送排泥泵壳体的壁厚（泥水平衡盾构机）；

⑱测量送排泥泵电动机的绝缘电阻；

⑲按期更换油滤清器；

⑳检查刀盘驱动的齿轮油，必要时更换：

a. 检查电路卷筒、水管卷筒、风管卷筒传动装置油位，检查链条张紧力并润滑；

b. 用压缩空气清洁后配套空压机溢流阀;

c. 注浆泵进行安全检查,检查主轴承密封;

d. 按期更换空压机空滤器,检查油水分离器,按质换油;

e. 润滑电缆卷筒、水管卷筒及风管卷筒的轴承,按质更换变速箱齿轮油;

f. 停电后检查紧固变压器接头,用干燥压缩空气清除灰尘;

g. 更换皮带输送机齿轮油;

h. 后配套拖车操作运行安全检查。

（3）退场保养维修

工程完工后,应对盾构进行一次全面的检查、维修、保养,使设备的技术状况达到二类及以上标准,并将保养维修报告报上级主管部门,经验收合格后方可办理退场手续。

盾构掘进完成后,要做好拆机、清洁、检查、登记工作,参照盾构退场前的状态评估报告,制订详细的维修保养计划,并按照经审查批准的维修保养计划进行退场维修保养,以全面恢复盾构的技术状况。

（4）停放保养

盾构长期停用时,应进行必要的检查维护,做好下列工作:存放场地应硬化,应有防雨防晒的顶棚;暴露于空气中的接合面上涂抹油脂,用油毡贴在接合面上,并用防雨布进行覆盖;定期润滑维护,做好防寒防冻工作。

9.16.4　盾构机主要部件和主要系统的维修保养

（1）刀盘及刀具

刀盘是盾构机的主要部件,施工中应根据地质条件对刀盘及刀具进行检查。在盾构始发后,应对刀盘及刀具进行首次检查,此后,根据地质情况定期进行检查。主要检查内容为检查刀具、耐磨条、耐磨格栅、搅拌棒的磨损情况,必要时更换刀具。检查刀具螺栓有无松动,检查刀盘有无裂纹,检查添加剂通道是否堵塞,并将检查情况做详细记录。刀盘有裂纹时,应及时补焊。检查所有刀具安装螺栓的紧固情况,用规定扭矩的扳手进行紧固。

（2）旋转接头

经常检查旋转接头的泡沫管是否渗漏,并及时进行处理。手动加注口（位于旋转接头外侧）,每周加注一次,注意控制加入量。

每天清理旋转接头部分的灰尘,防止灰尘进入刀盘轴承内密封。检查旋转接头润滑脂的注入情况,将油脂注入管拧下应有润滑油脂涌出,如有堵塞应及时处理。经常检查旋转接头的转动情况,如有异常,则须立即停机并进行处理。

（3）仿行刀与稳定器

在仿行刀工作前应检查油箱油位,定期对仿行刀和稳定器做功能性测试。油量要处于油箱总容量的 4/5 左右,必要时加注液压油。每周对仿行刀做功能性测试,检查其伸出和缩回动作的工作压力。每周对稳定器做功能性测试,检查其工作情况。

（4）盾体

及时清理盾壳内的污泥和砂浆,检查铰接密封有无漏气和漏浆情况,必要时调整铰接密封的压板,按说明规定对润滑剂密封部位进行注脂。

每次掘进循环必须及时清理盾壳内的污泥和砂浆。按说明书规定每天给铰接密封各注脂点注脂,直到有油脂从铰接处冒出。

推进油缸与铰接油缸的球头部分加注润滑脂,检查推进油缸靴板与管片的接触情况,如有较大偏

277

差应及时调整推进油缸的定位螺栓。用机油润滑脂推进缸定位调整螺栓,防止锈蚀。检查盾尾密封情况,如有漏水和漏浆应及时处理,并检查盾构油脂密封系统的工作情况。在每环管片安装之前必须清理管片的外表面,防止残留的杂物损坏盾尾密封。

(5)螺旋输送机(土压平衡盾构机)

检查有无漏油、检查油位、检查电机温度、定期检查磨损情况、及时进行清洁和润滑。检查要点如下:检查螺旋输送机油泵有无漏油现象,如漏油则须停机并进行处理,检查螺旋输送机驱动及液压管路有无漏油现象,如有漏油即停机进行处理;检查螺旋输送机油泵电机温度,一般温度应低于70℃,如果温度过高应立即停机并查明原因进行处理,每周润滑螺旋输送机驱动电机;检查变速箱油位,正常油位应位于油箱油位的1/2左右,如果变速箱油位过低,须添加齿轮油;检查轴承、闸门、伸缩缸的润滑情况,及时清理杂物并添加锂基润滑脂;检查螺旋片磨损情况,如耐磨条磨损完时,必须及时补焊耐磨层。

对螺旋输送机的各手动人工注脂点要特别注意,认真按照说明书规定的时间、数量注脂。

(6)管片吊机与管片输送机

及时进行清洁和润滑,定期检查吊具的磨损情况。对真空吸盘式管片安装机,每天检查密封和空气滤芯。

经常清理管片吊机行走轨道,清洁吊链并检查和添加链箱中的润滑油。检查控制按钮、开关动作是否灵活正常,必要时检修或更换。检查电路、卷筒和控制盒电缆线滑环,防止电缆被卡住、拉断。

(7)管片安装机

对管片安装机及时进行清洁,定期进行润滑、调整。

每个掘进循环应清理工作现场杂物、污泥和砂浆。检查油缸和管路有无损坏或漏油现象,如故障应及时处理。检查电缆、油管的活动托架,如有松动和破损要及时修理和更换。

每周检查并给液压油缸铰接轴承、旋转轴承、伸缩滑板等润滑部位加润滑脂。每周检查管片安装机驱动马达旋转角度编码器和接收机工作是否正常,如有必要应对角度限位进行调整。检查抓举机构和定位螺栓是否破裂或损坏,若有必要应立即更换。每周检测抓取机构的抓紧压力,必要时进行调整。检查各按钮、继电器、接触器有无卡死、粘连现象,测试遥控操作盒,如有故障及时处理。检查充电器和电池,电池应及时充电以备下次使用,电池充电前应尽量将余量用完,每月应对电池进行一次完全放电维护以延长电池的使用寿命。检查控制箱、配电箱是否清洁、干燥、无杂物。

(8)注浆系统

每次注浆前应检查管路的畅通情况,注浆后应及时将管道清理干净,防止残留的浆液不断累积堵塞管道。每次注浆前必须对注浆口的压力传感器进行检查,紧固其插头和连线。注浆后及时清理和润滑注浆系统。

(9)空压机

空压机的所有维护保养工作必须在停机并泄压的状态下进行。经常检查出气口温度、润滑油油位、皮带松紧度,定期更换润滑油、空气滤清器、油过滤器、油水分离器及安全阀等。

检查空压机管路的泄漏和出气口的温度情况,如有异常应及时排除。保持机器的清洁,防止杂物堵塞顶部散热风扇。在任何情况下,都不应使用易燃液体清洗阀、冷却器的气道、气腔、空气管道以及正常情况下与压缩空气接触的其他零件。在氯化氢类的非可燃体清洗零部件时,应注意将残液清理干净,防止开机后排出有毒蒸气,不允许使用四氯化碳作为清洗剂。

(10)储气罐及输气管

用于气体保压的储气罐是压力设备,要经常检查其泄漏情况并及时维修。

储气罐的泄水阀每日打开一次排除积水。经常检查管路和阀门有无泄漏,并及时进行修复,每月对保压系统做功能性检测,确保其正常工作。每年对储气罐上的安全阀进行校准。

（11）人舱

人舱在使用与维修时应注意防火、防静电。

检测测试电路、电话和有线电话，如有故障和损坏要及时修理和更换。检查压力表、压力记录仪、空气流量计、加热器、照明灯工作是否正常。给压力记录仪添加记录纸，并做功能性测试。检查仓门的密封情况，首先清洁密封的接触面，如有必要可更换密封条，清洁整个密封仓，清洗消声器和水喷头。

人舱使用后如近期不再使用，可将人舱外部的压力表、记录仪拆除，并清洗干净。同时应将人舱清洗干净，并将人舱门、密封门关紧。

人舱内及作业人员不得携带易燃物品。人舱内应配备灭火器，应装有水枪。进行焊接、气割及明火或高温作业时，在附近不应放置易燃物品。人舱内作业人员不能穿化纤衣服，以防静电。

（12）主轴承

经常检查齿轮油的油位和油温，每天提取油样进行油质检测，按质换油。检查要点如下：

①每天检查主轴承齿轮油油位，并做记录。保证油位处于油总量的1/2左右。检查刀盘轴承齿轮油温度，一般应低于60℃。如温度不正常须立即停机并查找原因。检查刀盘轴承密封油质分配马达动作是否正常，在检查刀盘时，进入土仓实际检查刀盘轴承密封油质的溢出情况。检查刀盘轴承齿轮油分配马达工作是否正常。检查刀盘轴承外圈润滑注脂注入情况。

②主轴承密封非常重要，必须每天检查油脂泵的工作情况，密封腔内的润滑油脂的压力设定要略高于开挖面平衡压力，并经常检查油脂压力。

③经常检查轴承的润滑情况，对轴承的润滑油定期取样检查。每月提取刀盘轴承齿轮油油样送检，根据检查结果确定是否要更换齿轮油或滤芯，具体标准按液压设备供货商提供的标准执行。更换齿轮油必须同时更换滤芯。每半年检查齿轮油滤芯，并根据压差开关反映的情况判断是否更换滤芯。必要时检查刀盘轴承与刀盘螺栓连接的紧固情况。

（13）变速箱与刀盘驱动马达

经常检查变速箱油位和油温，每月提取油样进行油质检测，按质换油。检查要点如下：

①检查变速箱油位，正常时油位应处于油量指示器的2/3左右。如油位过低应先找出漏油故障，解决故障后补充齿轮油。

②检查变速箱温度是否在正常范围（一般应低于60℃）内，观察冷却水的流动情况。

③检查变速箱的温度开关，每周清除上面的污垢。首次工作50h后更换所有齿轮油。

④检查马达的工作温度和泄漏油温度，应低于65℃。每周检测马达的工作压力。每周检查马达的转速传感器和位置传感器，紧固其插头和连线。

（14）液压系统

检查液压油箱油位，检查油温和运行声音，每月提取油样进行油质检测，按质换油，检查要点如下：

①检查油箱油位，必要时加注液压油；检查阀组、管路和油缸有无损坏或渗漏油现象，如有必要及时处理。

②每半年检查所有过滤器工作情况，并根据检查结果和压差传感器的指示更换滤芯；每月取油样送检；经常监听泵的工作声音，发现异常应及时停机检查；经常检查泵、马达和油箱的温度，温度一般应在70℃以下，发现异常要及时检查处理；经常检查液压油管的弯管接头，发现松动要及时上紧。

③经常检查冷却器的冷却水进/出口的温度和油液的温度，必要时清洗冷却器的热交换器。进水口温度应保持在28℃以下，如温度过高应加强水循环。油液温度应低于60℃，如温度过高应停机冷却。

④每月检查液压系统的压力，并与控制室面板显示值相比较。在液压系统维修前，必须确保液压系统已停用并已经卸压，特别是在清空蓄能器时要特别注意。液压系统的加油和换油必须严格按照盾构说明书规定的程序执行。尽量采用供货商推荐的品种，严禁将不同规格品牌的油混合使用。每次加油前必须对所选用的油品进行抽样检测，检测合格后方可使用。换油时更换所有液压油。

液压系统的维修应按以下标准：

①液压系统一旦发现泄漏必须立即维修,维修过程中应采取措施严防油液污染,必须保持液压系统的清洁。

②维修工作结束后,在重新开动机器前必须确定阀门(进油阀、回油阀)已打开,特别是蓄能器的阀门。

③液压管被碾压或过度弯曲都可能造成保护外皮的损坏。如果其保护外皮受损就有可能影响其最大工作压力,致使发生险情(碾压和过度弯曲液压管还可能造成压力损失和回油压力过高)。

④液压管线的拆卸必须做到随时拆卸,随时封口,防止异物进入液压系统。各维修工必须随身携带一条干净纯棉毛巾及干净白绸布。

(15)泡沫系统(土压平衡盾构机)

定期清洁清洗泡沫箱和管路,检查泡沫泵的磨损情况,定期给润滑部位注油(脂)。检查要点如下:

①检查泡沫泵的工作情况,每周给需要润滑的部分加注润滑油和润滑脂,加注量视情况而定。

②检查水泵压力开关的预设值,必要时更换内部石英砂。

③检查电动阀和流量传感器的工作情况,电动阀开闭动作是否正常,流量显示是否正确,必要时应进行维修或更换。

④每周检查旋转接头处的泡沫管路有无堵塞,如发生堵塞,则要及时清理。

⑤检查泡沫剂储量,及时添加。

(16)膨润土系统(土压平衡盾构机)

润滑膨润土泵的轴承和传动部件,检查并清理膨润土管路和膨润土箱,检查流量调节阀和压力传感器。检查要点如下:

检查气动泵动作是否正常;检查油水分离器和管路,每周给油水分离器加油,加油至油水分离器储油瓶的标志线处;检查膨润土管路,清理管路的弯道和阀门部位,防止堵塞;检查流量调节阀和压力传感器;每月清理膨润土箱和液位传感器。

(17)通风系统

检查通风机工作是否正常,有无异响;检查通风管有无破损,及时修补或更换。

(18)水系统

经常检查进水压力和温度,定期检查水过滤器和清洗滤芯。检查要点如下:

①每月清理自动排污阀门。

②检查水管路上的压力和温度指示器,如有损坏,则应及时更换。

③检查水管卷筒、软管,如有损坏,则应及时修理,对易损坏的软管做防护处理。

④检查水管卷筒的电动机、变速箱及传动部分,必要时应加注齿轮油,并为传动部分加注润滑脂。

⑤每周检查刀盘驱动的马达变速箱、冷却器和马达的温度传感器,清除传感器上的污物。

⑥每周检查热交换器,并清除上面的污物,必要时使用 60℃的清水反冲清洗热交换器。

⑦每天检查排水泵,如有故障,则应及时处理。

⑧每天检查所有的水管路,修理更换泄漏、损坏的管路闸阀。

(19)油脂泵站

检查油脂储量,检查气压,监听有无异响。检查要点如下:

①经常检查油脂泵站的油水分离器,加注润滑油至油水分离器储油瓶的标志线处。

②检查油脂泵的工作情况,注意监听是否有异常声响。

③检查气动油脂泵的气动压力,将压力控制在规定的范围。

④检查油脂泵的气管是否有泄漏现象,如有泄漏,则应及时修理或更换;更换油脂桶时应对油脂量位置开关进行测试。

⑤检查刀盘轴承密封油脂注入次数是否正常,必要时调整油脂泵压力。

⑥检查盾尾密封注脂次数或压力是否正常,不正常时应检查油脂管路是否堵塞,特别是重点检查气动阀是否正常工作。

⑦经常检查盾构润滑脂工作是否正常,检查油脂溢流阀。

⑧观察油脂消耗,如低于正常消耗量则应检查密封情况,必要时紧固或更换。

（20）供电系统

电气作业必须坚持"安全第一"的方针,所有维修保养工作必须在断电下进行。检查要点如下:

①检查高压电缆外表有无破损,如有破损要及时处理;检查高压电缆铺设范围内有无可能对电缆造成损坏的因素,及时采取防范措施;在电缆收放时对高压电缆进行绝缘检查,现场制作电缆接头与电缆连接时必须按电工规范进行;接头作完后必须进行耐压试验,达到要求才允许使用。

②检查电缆卷筒变速箱齿轮油油位,及时加注齿轮油;检查电缆卷筒链轮的链条,注意加注润滑脂,每月检查电缆卷筒滑环和碳刷的磨损情况,注意清洁滑环和碳刷;检查碳刷的弹力以及碳刷与滑环的接触情况,必要时进行修理或更换;检查电缆接头的紧固情况,必要时紧固接头;检查绝缘支座和滑环的绝缘情况,必要时进行清洁处理。

③收放电缆时进行高压开关柜的分断、闭合动作试验,检查其动作的可靠性,检查高压接头的紧固情况。

④变压器应有专人维护保养,并定期进行维护、检修。监视变压器是否运行于额定状况,电压、电流是否显示正常。注意监听变压器的运行声音是否正常。观察变压器的油标,油面不得低于最低油位。检查油温是否超标,油色有无变化。检查是否有油液的渗漏现象。检查接地线是否正常。检查配电柜电压和电流指示是否正常。检查电容补偿器工作是否正常。检查补偿电容工作时的温升情况,温度是否在正常范围内。检查补偿电容有无炸裂现象,如有需要,则予以更换。检查补偿电容控制接触器的放电线圈有无烧熔现象,如有,要尽快更换。

⑤检查配电柜内的温度是否正常,检查配电柜制冷剂是否正常工作,检查制冷机的冷却水流量是否正常。检查低压断路器过载保护和短路保护是否正常。检查大容量断路器和接触器工作时的温升情况,如温度较高,则说明接触点接触电阻较大,需要进行检修或更换。检查柜内软启动器,变频器是否显示正常。对主开关每半年进行 ON/OFF（开/关）动作试验,检查其动作可靠性。经常对配电柜及原件进行除尘。每周对电缆接线盒柜内接线进行检查,必要时进行紧固。

（21）主机控制系统

检查 PLC 插板及连接线,定期清洁 PLC 及控制柜内的灰尘;定期进行 PLC 的冷启动和定期备份 PLC 程序;定期对控制面板上的 LED 的显示进行校正。检查要点如下:

①检查 PLC 插板是否松动及连接线是否松动,紧固接线端子,检查 PLC 通信口插头连接是否正常。每周清洁 PLC 及控制柜内的灰尘。定期进行 PLC 的冷启动。备份 PLC 程序。检查 PLC 与 PLC 的通信线连接是否可靠。

②每周清洁 PLC 电脑和控制柜内的灰尘。备份 PLC 电脑程序。检查面板内接线的安装状况,必要时进行紧固。每周清洁灰尘。每周检查按钮和旋钮的工作情况,如有损坏及时更换。检查控制面板上的 LED 显示是否正常。

③定期对控制面板上的 LED 显示进行校正。校正时要使用标准信号发生器,先校正零点再校正范围,两者要反复校正。每周对推进油缸和铰接油缸显示行程与油缸实际行程进行测量校对,如有误差应及时校准。检查各种传感器的接线情况,如有必要紧固接线、插头、插座、清洁传感器,特别是接线处或插头处要清洁干净,防止水和污物造成故障。检查传感器的防护情况,如有必要采取防护措施,防止损坏传感器。每月用压力表对压力传感器在控制面板上的显示情况进行检查和校准。

（22）皮带输送机（土压平衡盾构机）

经常检查变速箱油位、皮带的磨损、滚筒的转动、轴承的润滑情况，定期清洁皮带机。检查要点如下：

①检查各滚子和边缘引导装置的滚动情况，如滚动不好，即时清洗并润滑。检查皮带的磨损情况，如皮带磨损严重，即时更换皮带。检查皮带是否有跑偏现象，如皮带跑偏则需进行校正。

②检查驱动装置变速箱油位，如果变速箱油位过低则应更换全部齿轮油。检查各轴承润滑，添加润滑脂。检查皮带松紧情况，必要时增加皮带张力。清洁电路、电机。检查电路接线端子有无松动，如松动则需紧固。检查断路器、接触器、继电器点烧蚀情况，如烧蚀轻微则用砂纸打磨平，如严重烧蚀则需更换接触点。每周检查和清洁所有零件。

（23）后配套拖车

注意清扫、清洁，经常检查拖车行走机构的跨度和润滑情况。检查要点如下：

①经常检查拖车行走机构的工作情况，按规定定期加注润滑脂。

②每周检查各拖车间的连接销、连接板，防止意外断裂或脱开。

③经常检查行走机构的跨度与钢轨的轨距是否合适，不合适应及时调整。

（24）送排泥管（泥水平衡盾构）

①经常检查泥浆管状况（包括减震器、橡胶管和钢管），必要时提前更换和补焊。

②定期监测泥浆管最前部的磨损情况，决定是否需要补焊或更换。

9.17 盾构辅助施工

盾构法施工除了正确选择合适类型的盾构外，还需合理配置工作能力与盾构匹配的辅助施工设备，发挥整体效能。辅助施工设备主要包括轨道运输设备、垂直提升设备、砂浆搅拌设备、通风设备、供电设备、供水系统等。

9.17.1 轨道运输设备

盾构掘进时所需运输的材料主要为渣土、管片、砂浆料及其他辅助材料，每循环掘进出渣材料运输由1列车完成，每列车由1节交流变频机车、4节渣车、1节砂浆车、2节管片车组成。

盾构掘进每环出渣量：

$$Q = \frac{\pi d_1^2 L \eta}{4} = \frac{\pi \times 6.28^2 \times 1.2 \times 1.5}{4} = 56\text{m}^3 \tag{9-8}$$

式中：d_1——刀盘开挖直径，取 6.28m；

L——管片宽度，取 1.2m；

η——松散系数，取 1.5。

每节矿车容量为：

$$V_{矿车} = \frac{Q}{4} = \frac{56}{4} = 14\text{m}^3，取 18\text{m}^3 \tag{9-9}$$

每循环注浆量为：

$$Q_{注浆} = \frac{1}{4}\pi\left(d_1^2 - d_2^2\right) \times 1.2 \times 1.6 = 5.18\text{m}^3 \tag{9-10}$$

式中：d_2——管片外径，取 6m；

取砂浆罐车容量为:

$$Q_{罐} \geqslant Q_{注浆} = 6m^3$$

一环管片为 6 块拼装,计划用 2 台管片车运送,每台管片车运输能力为 3 块。由此得出列车最大运输质量包括:2 台管片车自重 8t,1 台砂浆车自重 5t,4 台矿车自重 40t,每环渣土质量 90t,合计 143t。

隧道最大坡度为 2.1%,列车受到最大阻力为坡度 2.1% 时,重载上坡,坡道阻力系数为 0.21kN/t,滚动阻力系数为 0.08 kN/t,总阻力系数为 0.29kN/t。

列车总阻力:

$$F = 143t \times 0.29kN/t = 41.47kN$$

采用一台变频机车牵引,机车的黏着质量为:

$$G = \frac{41.47}{9.8 \times 0.18 - 0.3} = 28.33t$$

机车最大黏着系数为 0.2,交直流变频机车牵引力的黏着系数按 0.18 考虑,机车实际质量应大于黏着质量,机车黏着质量取为 35t。

列车制动距离已考虑机车和渣车都有制动机构,能够保证制动性能的可靠性。35t 电瓶车主要技术参数见表 9-17。

35t 电瓶车主要技术参数表 表 9-17

项　　目	技术参数	项　　目	技术参数
机车型号	JXK-35	持续牵引力	72 kN
黏着质量	35t	持续速度	10.5 km/h
变频器额定容量	300 kV·A	最高速度	30 km/h
传动方式	交流传动	轨距	900 mm
电池容量	600 A·h	最小曲线半径	25 m
额定功率	220 kW	外形尺寸	6.6m×1.6m×2.4 m
起动牵引力	98 kN	电瓶连续工作时间	10h

充电机的选择应根据机车电瓶容量确定,每台机车有 3 箱电瓶及 3 箱备用电瓶,4 台机车共有 12 箱电瓶,电瓶充电时间为 8h,充电电流最大 150A,因此需要充电机的数量为 9 台,充电机规格为 KCA100A/300V。

根据盾构供货商提供的盾构技术参数,平均掘进速度为 40mm/min,一环的掘进时间为 30min,加上一环管片的安装时间 45min,盾构正常掘进一环的时间为 75min,取正常日掘进时间为 20h,则日掘进进度为 $L = 20 \times 60 \div 75 = 16$ 环 $= 19.2m$,可满足工程施工总体进度要求。

列车循环工作时间:装渣时间为掘进时间 30min,重载列车出洞 15min,轻载列车进洞 10min,装卸材料时间为 30min,合计列车循环工作时间为 70min,列车循环时间与盾构掘进循环时间匹配。

9.17.2 垂直提升设备

隧道盾构掘进过程中,掘进的渣土、管片及材料供应从地面与隧道之间需要通过提升设备进行垂直运输及装卸,考虑渣斗除提升要求外还需要进行翻转作业,因此垂直提升设备采用专用门吊,其同时具有渣斗翻转功能和小型材料起吊功能。材料提升运输时最大提升质量为矿车渣斗自重 5t 加平均每车渣土质量:

$$M = \frac{\pi d_1^2 L \gamma}{4 \times 4} = \frac{\pi \times 6.28^2 \times 1.2 \times 2.13}{4 \times 4} = 20t \tag{9-11}$$

总质量为 25t,考虑门吊应具备安装盾构后配套拖车,后配套拖车质量最大为 35t,所以门吊的最大提升能力选择为 40t。

盾构循环掘进工作时间为 75min,门吊每循环需要提升次数为:出渣 4 次。

粗略取垂直提升高度：

$$H = 25m$$

平均提升和下降速度：

$$v_{提升} = 6.5m/min$$
$$v_{下降} = 13m/min$$

提升时间：

下降时间：

$$T_1 = 25m \div 6.5m/min = 3.8min$$

门吊移动定位时间：

$$T_2 = 25m \div 13m/min = 1.9min$$

渣斗翻渣时间：

$$T_3 = 1min \times 2 = 2min$$

列车定位及挂钩时间：

$$T_4 = 0.5min$$

合计提升循环工作时间：

$$T_5 = 2min$$

每循环提升次数：

$$T_总 = T_1 + T_2 + T_3 + T_4 + T_5 = 10.2min$$

$$N = 75 \div 10.2 = 7.3次$$

40t 门吊每循环 75min 时间内提升能力为 7.3 次,完全能够满足盾构正常掘进循环对提升设备的要求,40t 门吊主要技术参数见表 9-18。

40t 门吊主要技术参数表

表 9-18

项　　目	技术参数	项　　目	技术参数
型号	40t/9.42	副钩起升速度	10.8 m/min
起重量	40t	小车运行速度	1.25 ～ 12.5m/min
工作级别	A5	大车运行速度	23.485 m/min
跨度	9.42 m	轴距	—
主钩起升速度	6.5m/min（满载） 13m/min（空载）	总功率	80 kW
主钩起升高度	32.2 m	长×宽×高	17.32m×7.776m×15.966m
卸料高度	4.8m	总质量	144t

9.17.3　砂浆搅拌设备

砂浆搅拌设备包括一台 JS-1000 搅拌机和一台 PLD-1500 配料机。配料机有两个料斗,能自动称量砂及粉煤灰,然后通过梭槽进入搅拌机搅拌仓内,控制方式为自动计量控制,袋装水泥和膨润土直接加进搅拌仓内,生产能力为 30m³/h;考虑到工地的生产环境,搅拌机每天工作 20h,每月工作 25d,则月生产能力为:$Q = 30 \times 20 \times 25 = 15000m^3$。

每循环需要砂浆量为 5 ～ 6m³,计划最高月进度为 510 单线延米,配备的砂浆搅拌机的月生产能力能够达到完全能够满足施工的需求。在渣车卸渣的同时进行砂浆的搅拌,保证盾构掘进所需的砂浆。

9.17.4　通风设备

根据地铁隧道盾构施工情况选用机械压入式通风方式,风管采用 ϕ1000 拉链式软风管。管道通风如图 9-83 所示。

工作面需要的风量：

$$Q_{需} \geqslant v_{min} \times S = 0.25 \times 30.83 \times 60 = 462.45 \text{m}^3/\text{min} \tag{9-12}$$

式中：v_{min}——最小断面风速，取 0.25 m/s；

S——开挖端面面积，约 30.83m²。

通风机风量考虑通风管的漏风，风机风量为：

$$Q_{机} = (Q_{需} + Q_{漏})\eta = Q_{需}(1 + L_{100} + L/100)\eta = 462.45 \times (1 + 2.5\% \times 1516/100) \times 1.5 = 956.58 \text{m}^3/\text{h} \tag{9-13}$$

式中：L——掘进长度，1000m ＜ L ＜ 2000m，取 L=1516m；

L_{100}——百米漏风率，取 L_{100}=2.5%；

η——风量储备系数，取 η=1.5。

选用 SDF-N10 轴流式通风机，其主要参数为：风量 1100m³/h，风压 3140Pa，功率 2×37kW。

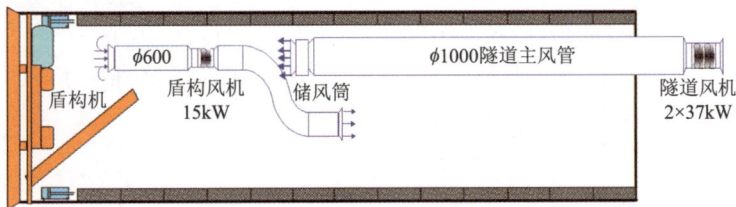

图 9-83　隧道通风系统示意图

9.17.5　供电设备

供电系统由高压供电及低压供电系统组成，配置预装式户外箱式变电站。变电站应具有高压进线、计量、出线综合开关柜和过流、速断等保护功能。10kV 高压出线进洞供盾构机使用，高压电通过电缆送入洞内，XBW-1000kVA、630kV·A10/0.4kV 箱式变压器为洞外各设备供电，备 1 台 250kW 发电机组以备应急使用。

9.17.6　渣土二次运输设备

渣土二次运输采用挖掘机及自卸汽车，在盾构始发井设存渣池，渣土为夜间运输，挖掘机斗容量选用 0.8m³，规格为 PC200，自卸汽车为 15t，设防护措施防止渣土沿线外漏。

9.17.7　照明、供排水

根据盾构施工特点，在区间隧道内布置"三管、三线、一走道"。三管，即 ϕ150 冷却水管、ϕ150 排污管和 ϕ1000 通风管；三线，即 10kV 高压电缆、380/220V 动力照明线和 43kg/m 运输轨线。隧道内供电、供排水、通风布置如图 9-84 所示。

1）隧道照明

为满足长距离供电照明的需求，在隧道每 500m 设一低压变压器。10kV 高压电缆采用侧壁悬挂，悬挂方式和位置严格按照国家相关规范进行选择。

照明线路：在隧道井口设置一台双电源自动切换箱，从地面

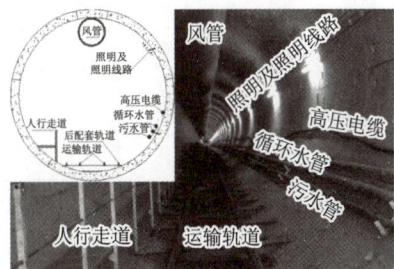

图 9-84　洞内通风、给排水、照明布置图

变电所的两路不同受电系统分别接入,保证隧道不间断照明(电力电缆采用 VV223×252+2×162 接入)。

配线方式:采用 BV3×162+2×102 五线制。

电箱配置:每 100m 配置一台分段配电箱,供照明安装和动力用电使用。

灯具安装:每 6 环设置电支架 1 个、安装防水型 40W 日光灯一只,配置 10A 插入式熔断器保护,三相电源跳接。

2)隧道供排水

对反坡段排水及开挖面渗漏水,在开挖面附近设小积水坑,利用盾构机自身排水设备加装 ϕ150 钢排水管接力抽排至地面沉淀池。顺坡段设挡水墙汇水,利用水泵抽排至地面沉淀池。

为防止富水区突然涌水,以及反坡段的施工作业水、渗漏水危及盾构设备,在盾构机下部增设 2 台备用排水泵,当积水量超过盾构机自身排水能力时,启动该泵排水,出水管与原排水管连通。

为满足供水要求,在供水管中间增设管道增压泵。为满足隧道清理用水,可每隔 60m 在供水管上安装水阀并连接水管,以备清洗管片及冲刷运输掉渣所需。

9.17.8 其他设备

盾构施工还需要配置其他设备,如端头加固设备、盾构组装及调头设备、供水及排水设备、冷却设备、二次注浆设备、管片生产设备、维修保养设备等。

9.18 常见问题及预防措施

盾构法地铁区间工程常见问题及预防措施见表 9-19。

盾构法地铁区间工程常见问题及预防措施 　　　　表 9-19

序号	常见问题		原因分析	预防措施
1	隧道渗漏水	管片混凝土自身质量缺陷	在管片生产过程中,混凝土振捣不密实,导致管片混凝土质量不合格,产生渗漏水情况	加强生产控制、出厂验收和进场验收。管片生产过程中安排专人驻厂把关质量,把缺陷控制在源头;出厂时对管片再次验收,及时对不可避免的缺陷进行修复,同时注意吊装过程中避免损伤管片。进场管片严格把关,同时会同监理单位共同验收,实现管片"零缺陷"。各工点安排专人进行管片进场验收
2		管片止水条粘贴不密实	在管片运输及拼装过程中,止水条脱落或断裂,使密封垫没有形成闭合的防水圈	管片拼装前对拼装工人进行技术交底,过程中加强对管片的精细操作避免管片碰撞,管片在转运过程中必须垫方木,避免管片在下放时碰角,一旦发现止水条断裂或脱落应及时更换,保证拼装管片的质量符合防水的要求。对管片及止水条验收包括现场验收、下井验收、洞内卸车验收、拼装验收。针对防水胶条粘贴,项目部应安排各工点专人进行检查
3		管片衬背注浆不饱满	管片衬背注浆不饱满,管片密封条贴合不密实,管片顶部积水,使密封垫压实比较薄弱的地方产生渗漏	盾构隧道衬背注浆的浆液配合比和注浆量应进行动态管理,依据不同地质、水文、隧道埋深等情况的变化而不断调整浆液性能,以控制地表的沉降和保证管片的稳定,保证管片的防水效果。浆液的初凝时间应做试验测定(每周一次),搅拌站称量要复核

序号	常见问题	原因分析	预防措施
4	盾构姿态不好	盾构与管片的姿态不好,影响管片的拼装质量,造成管片间错位,相邻管片止水带不能正常吻合压紧,从而引起漏水;盾构机在曲线段、变坡点掘进,盾构纠偏过急,管片拼装质量不合格,产生渗漏水情况	将盾构推进姿态控制在水平±30mm、垂直±30mm范围以内。推进姿态超限后,立即停机,向工区负责人汇报,等待指示后继续推进。在盾构机经过曲线段前,要提前熟悉曲线半径大小及位置,提前模拟线路线形与管片姿态,提前熟悉线形,提前调整盾构姿态。盾构机纠偏前,必须向施工技术部汇报,得到指令后方可纠偏。纠偏过程中应循序渐进,每环纠偏量不得超过5mm。纠偏过程中,必须明确盾构机的移动方向,然后通过管片选型保证盾尾间隙,调节油缸推力来增加盾构机趋向实现纠偏。在掘进过程中,一次纠偏量不能过大,即油缸行程差不能过大,应控制在60mm左右
5	掘进过程中推力不均匀	掘进过程中推力不均匀造成管片受力不均匀,产生裂纹、贯穿性断裂等出现渗漏水;在掘进困难时推力过大也会造成管片产生裂纹进而渗漏水	对盾构机的油缸及传感器进行检查,发现问题,及时处理
6	管片拼装质量控制不严格	管片存在泥土等杂物未清理导致拼装出现空隙形成漏水;拼装K块时,K块密封条损坏,造成渗漏水;管片螺栓紧固不到位,造成管片防水没有压实导致渗水,或管片螺栓紧固过早,导致管片整体未压实	拼装前应首先对盾尾杂物进行清理,如果有漏水现象,则必须补盾尾油脂止水,在保证盾尾无杂物、无积水的情况下才能开始安装管片。及时进行管片三次复紧,管片安装完后,推进30~50cm后进行螺栓初次紧固,每推进3环之后对管片进行再次紧固,在管片环脱出盾尾后对管片连接螺栓进行3次紧固
7	转弯处转弯环选型不准确	在水平方向存在曲线的路线上,曲线内径与外径所存在的长度差即是管片左右侧存在的楔形总量,如果转弯环拼装数量不足或过多,造成管片楔形总量少于或超过曲线内外径实际差值,就会造成管片间隙,使相邻管片止水带不能正常吻合压紧,从而引起漏水	根据线路情况对盾构区间管片选型进行排版,对管片生产、储备和掘进中管片选型进行指导。在水平方向存在曲线的路线上,根据曲线内径与外径长度差的楔形总量拼装数量合适的转弯环,使相邻管片止水带正常吻合压紧
8	管片上浮或侧移	管片与隧道初期支护间空隙较大且不均匀,注浆时操作难度大,而且填充效果差,从而导致顶部回填注浆难以密实,极易发生管片上浮或侧移,造成管片破损,引起管片渗漏	应加强管片注浆管理,在同步注浆过程中合理掌握注浆压力,使注浆量、注浆速度与推进速度等施工参数形成最佳的参数匹配,及时进行二次补注浆,使浆液能有效填充管片与土体间间隙
9	管片尺寸问题	在区间检查过程中发现部分管片尺寸有问题,管片尺寸不标准,拼装时导致管片产生错台	加强生产控制、出厂验收和进场验收。进场管片严格把关,派遣专人针对管片尺寸进行专项验收,保证每环管片的尺寸无问题,发现尺寸问题管片,坚决退场,并做好现场资料的统计及收集
10	管片选型不当	管片选型不当,管片拼装的中心与盾构机中心不同心,管片与盾尾相碰,为了安装管片,人为将管片偏移,造成错台	了解盾构机所在线路的线性,知道标准环和转弯环的配合比。管片选型首先保证盾尾间隙不小于60mm。盾尾间隙保证后,结合盾构走势和趋向需要,进行管片选型,不要盲目调节油缸行程
11	注浆压力过大造成错台	施工过程中,注浆压力控制不严格,导致注浆压力过大,引起顶部注浆位置管片发生错台	针对不同地层、覆土深度、地下水压力及管片强度确定注浆过程中的注浆压力,对注浆量、注浆速度与推进速度等施工参数进行专项交底。严格按照交底进行注浆工作,同时加强注浆人员的质量意识,控制好注浆过程中的各项参数

序号6、7、8列在"隧道渗漏水"分类下;序号9、10、11列在"管片错台"分类下。

序号	常见问题		原因分析	预防措施
12	管片错台	盾构姿态控制不当	盾构姿态控制不当,或者由于其他原因盾构姿态不利于控制时,引起盾构姿态的大幅度调整,盾构机纠偏时,纠偏过急,管片脱出盾尾时,受到盾构机壳体的挤压力而造成管片错台,甚至连续错台	盾尾间隙控制为主,趋势控制为次,线型控制为辅;在掘进过程中一次纠偏量不能过大,即油缸行程差不能过大,应控制在60mm左右。盾构机纠偏前,必须向施工技术部汇报,得到指令后方可纠偏。纠偏过程中应循序渐进,每环纠偏量不得超过5mm。纠偏过程中,必须明确盾构机的移动方向,然后通过管片选型保证盾尾间隙,调节油缸推力来增加盾构机趋向实现纠偏。不可急纠、猛纠
13	地表沉降		①盾构掘进过程中由于出土量控制不到位,导致地表损失。②同步注浆和二次注浆的量不足。③同步注浆浆液凝固时间过长,在盾尾脱出后,无法对周边土体形成有效支撑。④土仓压力设置过小,掌子面坍塌	(1)选择正确的掘进模式 土压平衡盾构机可以通过自身的转换即能实现(EPB)土压平衡、半敞开式、敞开式三种模式。不同模式对应不同的出土速度、刀盘扭矩及土仓压力的设定。由于地质条件千变万化,故在施工中,首先要根据详勘及补勘地质资料,并运用诸如地质雷达、超前钻孔预报等措施,提前做好掘进模式的选择与相应的准备。 (2)设定足够的土压力 在设定土压力时,要考虑:①土层土压力、地下水压力;②施工中存在着不可预见的因素,需要考虑一定的预备压力;③能维持开挖面土体稳定,不致因土压设定偏低引起地表沉降或土压偏高引起地表隆起;④为了降低掘进扭矩、推力,提高掘进速度,降低土压力对刀具的磨损,尽量采取设定较低的土压力。 土压力主要以静止土压力为计算依据,并取值偏大的静止土压力(计算值的120%)作为土仓压力控制值较合适。土压力的设定主要在于掘进速度、螺旋输送器出土速度之间的匹配,是一个动态的且随时需要调整的过程。 (3)严格控制出土量 正常情况下每一类土层掘进后的松散系数是一定的,即对同一类土在正常情况下每环出土量基本一致。当大于正常情况出土时要引起警觉。故而在掘进过程中,除了对土质随时观察外,每环出土量的统计及控制也很关键,要严格控制出土量。 (4)保证连续掘进 盾构机及后配套的维修、保养要跟上,保证设备的完好率;对机械故障的处理要及时,确保不因机械故障因素长时间停机。另外,渣土外运、管片供应、砂浆供应及掘进组织要紧凑,即务必要保证连续掘进,尤其在软土中掘进更是这样。长时间的停机将不可避免的导致土仓压力的消散。 (5)控制盾构纠偏 盾构在曲线上推进时,土体对盾构和隧道的约束力差,盾构轴线较难控制,若推进速度较快,纠偏幅度较大,注浆量不足,则易增大地层损失,造成沉降。 ①推进油缸油压的调整不宜过快、过大。 ②正确进行管片选型,确保拼装质量与精度,以使管片端面尽可能与计划的掘进方向垂直,保证已拼装成环管片的质量。 ③施工过程中及时进行专业化精密测量,及时、连续、缓慢的纠偏,直到纠正为止。 (6)及时同步注浆并二次注浆 盾构推进时做到"不注浆、不掘进",确保同步注浆与盾构掘进速度相匹配,同时及时进行管片背后二次注浆,填充空隙,防止地层后期沉降。 (7)预先加固处理 对于重要建(构)筑物或地质较差的地层,可提前采取地面注浆等工艺进行预加固处理,提高地层稳定性,确保盾构机通过安全,减小建构(构)物及地面沉降

地铁土建工程技术与管理实务

第 **10** 章 TBM 法地铁区间工程

10.1 概 述

隧道掘进机的英文为 Tunnel Boring Machine,所以隧道掘进机又简称为 TBM。但在国内通常所说 TBM 一般特指全断面岩石隧道掘进机,是以岩石地层为掘进对象。在欧洲,盾构机和 TBM 统称 TBM;但在日本和我国,习惯上将用于软土地层的隧道掘进机称为盾构机,将用于岩石地层的隧道掘进机称为 TBM。

TBM 施工方法是利用全断面隧道掘进机进行隧道施工的施工方法。主要施工过程是在硬岩环境中,利用全断面隧道掘进机旋转刀盘上的滚刀挤压剪切破岩,通过刀盘上周边的刮刀和集料装置将石渣落入主机皮带机上向后输送,再通过牵引矿渣车或隧洞连续皮带机运渣到洞外。

1996 年,第一台 TBM 引入我国,被用于秦岭铁路隧道的施工,随后 TBM 被大量应用于铁路工程、水利工程,近年来 TBM 施工技术开始被引进到地铁工程领域,在重庆地铁应用了复合式 TBM,在青岛地铁第一次使用了双护盾 TBM,2015 年深圳地铁 10 号线首次使用了双护盾 TBM 并取得良好的施工效果,为双护盾 TBM 在地铁中的应用做了有效尝试,并积累了宝贵的经验。

TBM 法的主要优点为:①掘进效率高、速度快;② TBM 开挖施工质量好,且超挖量少;③对岩石的扰动小;④施工安全性高;⑤施工对周边环境影响小。

TBM 法的主要缺点为:①掘进机地质适应性差;②设备价格较高,不适用于短隧道;③开挖断面固定无法调整;④施工场地条件要求高;⑤施工成本高。

10.2 TBM 分 类

TBM 主要分为开敞式、双护盾式、单护盾式三种类型。

10.2.1 开敞式 TBM

开敞式 TBM(图 10-1)常用于硬岩隧道掘进,配置了钢拱架安装机和喷锚等辅助设备,以适应地质的变化;当采取有效支护手段后,可短距离通过软岩地层。

10.2.2 双护盾式 TBM

双护盾式 TBM(图 10-2)按照硬岩掘进机配上一个软岩盾构功能进行设计,可分别用于硬岩掘进和软岩掘进,也能适应软硬岩交互地层掘进,地质适应性较强。

双护盾式 TBM,又称伸缩护盾式 TBM。与开敞式 TBM 不同的是,双护盾式 TBM 具有全圆的护盾;与单护盾式 TBM 不同的是,双护盾式 TBM 在地质良好时掘进与安装管片可以同时进行。伸缩护盾形式是双护盾式 TBM 独有的技术特点,是实现软硬岩作业转换的关键。

图 10-1 开敞式 TBM 现场图

10.2.3 单护盾式 TBM

单护盾式 TBM(图 10-3)常用于软岩掘进。单护盾式 TBM 推进时,要利用管片作为支撑,其作业原理类似于盾构机。与双护盾式 TBM 相比,单护盾式 TBM 掘进与安装管片两者不能同时进行,施工速度较慢。单护盾式 TBM 与盾构机的区别有两点:一是单护盾式 TBM 采用皮带机出渣,而盾构机则采用螺旋输送机出渣或采用泥浆泵通过管道出渣;二是单护盾式 TBM 不具备平衡掌子面的功能,而盾构机则采用土仓压力或泥水压力平衡开挖面的水土压力。

图 10-2 双护盾式 TBM 现场图   图 10-3 单护盾式 TBM 现场图

10.3 双护盾式 TBM 掘进

10.3.1 双护盾模式掘进

（1）掘进

刀盘在主推进油缸的推力作用下,伸缩盾伸开,刀盘向前推进,撑靴撑紧在洞壁上为 TBM 提供掘进反力,牵引矿渣车停在隧道中,刀盘破岩切削下来的渣土随着刀盘铲斗和刮板转动从底部到顶部,然后沿溜渣槽进入刀盘中心的皮带输送机上,主机皮带机和后配套皮带机将渣土运送到牵引矿渣车内。与此同时,在盾尾的保护下进行预制管片的安装、豆砾石的充填工作。TBM 掘进与管片拼装如图 10-4 所示。当刀盘向前掘进 1.5m 时,完成一个循环的掘进。

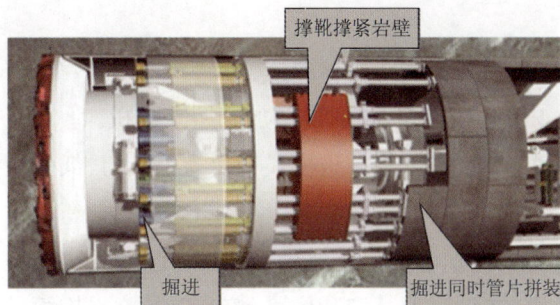

图 10-4　双护盾式 TBM 掘进与管片拼装示意图

（2）换步

当主推进油缸达到最大掘进行程时，TBM 需要停机换步。此时刀盘停止转动,将撑靴收回,在主推进油缸牵引和辅助推进油缸顶推共同作用下 TBM 向前移动,后配套台车随主机同时前移,直至主推进油缸完全处以收缩状态,然后撑靴再度撑紧洞壁,换步完成,开始下一个循环的掘进。

（3）施工工艺流程

双护盾式 TBM 掘进模式施工工艺流程如图 10-5 所示。

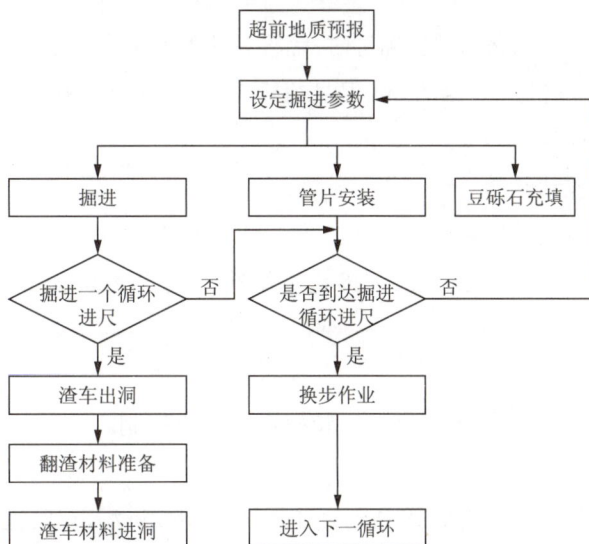

图 10-5　双护盾式 TBM 掘进模式施工工艺流程图

（4）施工组织

一般 TBM 进行长距离掘进,施工指标要求高,采用两个掘进班、双列编组砟车的施工组织方式,每个掘进班配备 24 人,其中主司机 1 人、技术值班 1 人、领工员 1 人、维保人员 3 人、电工 1 人、普工 13 人、注浆 4 人,工作 12h,掘进班和维保人员在掘进中检查设备状况,在掘进完成后对一般的设备故障进行排除,同时刀具检查人员在掘进完成后对刀具进行检查及更换。

10.3.2　单护盾模式掘进

当地质条件较差、穿越地质构造带时,采取主动将伸缩盾收回,撑靴停用,依靠辅推油缸顶推管片提供反力进行掘进的施工模式。此时掘进与管片拼装将不能同时进行,与盾构机的掘进模式相同。

（1）掘进过程中机器防扭

①掘进过程中加强对姿态、刀盘滚动等掘进参数的观察，发现主机扭转及时进行预警，并采取防扭措施。

②施工过程中，通过刀盘正反转来矫正盾体的扭转。

③在 TBM 前体位置设 4 组防扭稳定器，通过增加摩擦来防扭。

④施工过程中如出现较大扭转，则可将掘进模式转换为小推力、低扭矩模式。

（2）掘进过程中防止刀盘磨损

①刀盘设计时合理布置刀具数量、间距，并通过优化设计减少刀盘磨损。

②施工过程中通过勤检查、多调整刀具安装位置，控制刀具磨损均衡，提高刀具的使用率。

③掘进完成后及时对磨损量超过设定值的刀具进行更换。

④通过优化掘进参数、控制纠偏量来控制刀具磨损，避免因掘进操作导致刀具磨损量加大以及损坏。

10.3.3 双护盾式 TBM 掘进参数管理

（1）刀盘转速、扭矩

由于始发导洞内掌子面表面不平整，掘进时，需要待刀盘转速稳定后再缓慢推进，使刀具以低贯入度切入围岩，刀盘转速暂定为 2 ～ 4r/min，刀盘扭矩 1500 ～ 2000N·m 左右，待掌子面磨平后可适当增大推力及增加刀盘转速。

（2）主推进油缸推力、推进速度

TBM 掘进的推力由主推进油缸提供，主推进油缸的推进压力以及推进速度将直接影响 TBM 的掘进效果。进行 TBM 试掘进时，主推进油缸推进速度暂定为 20 ～ 30mm/min，推力小于 14000kN。

（3）滚动角控制

TBM 滚动角控制在 3°以内，通过主推油缸和扭矩臂配合控制。

（4）TBM 姿态调整

基于 TBM 刀盘自重的影响，TBM 以高于设计轴线 30mm 进洞，正常掘进姿态中线、高程偏差控制在 ±50mm 以内；TBM 位于始发台上时尽量不要进行姿态调整，盾尾拖出始发台后每环姿态调整量控制在 19mm 以内。

（5）出渣量控制

TBM 隧道每环理论出渣量 Q（实方）：

$$Q = \pi \times D^2 \times L/4 = 3.14 \times 6.5 \times 6.5 \times 1.5 \div 4 = 49.7 m^3$$

式中：D——双护盾 TBM 机刀盘直径；

    L——每循环掘进距离。

TBM 推进出渣量控制在 98% ～ 102% 之间，即 48.7 ～ 50.7m³/ 环。实际每环出渣量控制在 87.66 ～ 91.26m³/ 环，渣土的松散系数为 1.8。每环掘进长度根据现场实际情况有所调整，则每环实际出渣量按比例缩减或增加。如出现实际出渣量大于控制量，应立即分析原因，必要时停机处理，豆砾石回填量则相应增加。

10.4　双护盾式TBM不良地质段施工

10.4.1　注意事项

（1）在地质勘察资料的基础上，采用不同形式的物探和钻探相结合的综合超前地质预报手段，探明前方不良地质的形态、规模（如涌水、瓦斯气体、断层破碎带等），提前制订相应的处理方案与预案。

（2）认真做好洞内衬砌与回填灌浆，严格按设计要求做好固结灌浆。

（3）必要时施作隧洞排水孔，防止衬砌因受力过大而受损。

（4）加强隧道监控测量，及时反馈，据此做好施工参数的调整。

（5）盾构穿越不良地段时，由双护盾模式推进转换为单护盾模式推进，掘进速度、刀盘转速放慢，以保护设备。

10.4.2　机械卡盾应急措施

一旦发生卡机事件，必须立即由建设单位、设计单位、监理单位和施工单位四方代表在现场召开四方联席会，依据施工预案和现场实际情况制订处理方案和计划，防止窝工引起地质条件恶化，延长脱困周期；常用卡机处理措施有刀盘扩挖、化学灌浆和导洞开挖等。

（1）刀盘扩挖

根据对围岩状况和脱困过程的分析，如果TBM所处位置的岩石膨胀较快，与TBM的掘进进度处于竞跑状态，为了TBM安全顺利通过膨胀地质段，有效延长膨胀围岩的膨胀时间，降低TBM护盾卡机概率，采用增加边刀垫片厚度以增大刀扩挖半径，使TBM在护盾外围岩完全闭合前通过，扩挖尺寸根据不同的双护盾式TBM区别对待。

（2）化学灌浆

TBM掘进段岩体如在临空面有徐变收缩到崩落坍塌的过程，或者地表预注浆效果不明显，可通过超前钻探孔利用注浆设备对护盾外和刀盘前松散围岩灌注双液浆（水玻璃＋水泥浆），以达到对松散区域围岩的固结，暂时避免围岩由缩径到崩落的继续发展，确保护盾外围岩的稳定，使刀盘和护盾外的缩径压力不再继续增大，以利于脱困工作的实施。

（3）导洞开挖

一旦刀盘已经被卡住，可以采用以下两种方法处理：

①平导洞法。平导洞法的开挖方式：从两腰线部位向前、后方开挖，从两侧底部向前方开挖，从护盾上方开挖。其主要目的是为了释放围岩自重应力和水平膨胀应力，根据不同的现场条件可采取不同的开挖方式。

②临时竖井法。在双护盾式TBM遇到严重卡机，以上措施不能满足地下脱困条件时，可在TBM卡机区域，从地面向TBM卡机区域开挖抢修竖井，人工开挖至TBM主机上部，抢修井开挖完毕后，将TBM主机解体吊出，然后对TBM卡机区域或前方探明的不良地质段通过人工开挖及加固措施，之后二次始发继续掘进。

10.5 常见问题及预防措施

TBM 法地铁区间工程常见问题及预防措施见表 10-1。

TBM 法地铁区间工程常见问题及预防措施   表 10-1

序号	常见问题	原因分析	预防措施
1	双护盾式 TBM 卡盾	①地质原因,双护盾式 TBM 通过破碎地层或应力地层,盾壳范围出现岩体坍塌或收敛导致盾壳被卡。 ②刀具磨损过大,特别是边刀磨损过大,导致刀盘开挖直径变小,盾壳通过时容易被卡。 ③曲线段掘进或纠偏过大	①加强地质补勘和超前地质预报,提前勘探清楚破碎地层和应力地层范围、影响程度。对于小范围的破损地层或应力地层,采取扩大开挖直径快速掘进通过的措施应对;对于范围较大的破损地层或应力地层应提前采取加固措施,双护盾式 TBM 通过时也应加大开挖直径快速掘进通过,切忌在破损地层或应力地层出现双护盾式 TBM 长时间停止掘进的情况。 ②加强对刀盘刀具的检查,每班施工结束后在地质条件允许的情况下都应对刀盘刀具进行检查,测量刀具磨损量。刀具磨损达到刀具更换标准时应及时进行刀具更换,保证刀盘开挖直径满足设计要求。 ③在曲线段掘进要采取扩大刀盘开挖直径的措施,在日常掘进时严格控制每环的纠偏量,确保双护盾式 TBM 与围岩之间有足够的间隙安全通过。 一旦出现双护盾式 TBM 被卡的现象要快速进行处理,处理方法详见本章 10.4.2 节
2	管片壁后回填不密实	①豆砾石吹填顺序不正确。 ②豆砾石质量差,如豆砾石粒径过大、级配差、磨圆度差等,导致豆砾石在局部堆积,无法充满所有空隙。 ③补充注浆量不足	①豆砾石吹填应按照"先隧道底部、后隧道两腰、最后隧道顶部"的顺序依次进行,在上一个孔吹填密实后再进行下一个孔的吹填。每环管片吹填豆砾石的量都必须进行记录,要确保豆砾石填充率达到 80% 以上,并且每环豆砾石的填充量均匀。 ②管片壁后灌浆应以水泥浆为主,在特殊情况下使用双液浆。壁后灌浆在隧道纵坡方向应由隧道最低点逐环向最高点注浆,每环管片的灌浆也应按照"先隧道底部、后隧道两腰、最后隧道顶部"的顺序依次进行。灌浆结束待浆液凝固后,需要对隧道顶部灌浆的密实度进行取芯检测,如回填不密实则应及时进行补充注浆

第**11**章 高架地铁区间工程

11.1 概　　述

地铁是以地下运行为主的城市轨道交通系统,有时为了节省建造及运营成本,配合修筑的环境,随着城际轨道交通快速发展,相连城市之间地铁形成互连互通,也会在城市中心以及郊区沿海沿河、山谷、风景区等地段,将地下铁路转成地面或高架区间工程。

高架地铁区间工程结构主要为高架桥梁结构,要遵照安全、实用、经济、美观,并与周围环境相协调的原则;桥梁结构形式要墩梁结合完美,全线和谐流畅,协调周边环境,轻巧美观,也要更好地带动沿线地产物业开发。因此高架地铁区间工程施工要高标准严要求,做到内实外美,桥梁线形流畅美观,与周围景观融于一体。

本章主要总结高架区间工程施工技术,分为桥梁基础工程、桥梁下部结构和桥梁上部结构施工技术要点。根据总体施工安排,将高架区间工程划分成作业区,分别实施管理,同时组织施工,按照"先下后上、先主体后附属、先土建后安装、相互协调配合"的原则进行。在桥梁主体施工完成后,及时为轨道工程及安装工程承包商提供场地,并进行区间挡板、区间疏散平台、伸缩缝的安装施工。

11.2 桥梁基础工程

桥梁基础的作用是承受上部结构传来的全部荷载和下部结构荷载,并传递给地基。为了全桥的安全和正常使用,要求地基和基础要有足够的强度、刚度和整体稳定性。

桥梁基础埋置较深,原因在于:一是作用在桥梁基础上的集中荷载很大,桥梁基础必须置于承载力较高的地基上;二是对于水中墩台基础,河床受水流的冲刷,桥梁基础必须有足够的埋深,以防冲刷基底,一般规定应埋置在河床最低冲刷线以下 2 ~ 5m。对于冻胀土地基,埋深应在冻结线以下 0.25m以上。地铁高架桥梁属城市桥梁工程,应把基础顶置于最低水位或地面以下,以免影响市容环境。

地铁高架桥梁基础分类,按构造及施工方法可分为明挖基础、桩基础和沉井基础。

①明挖基础,又称扩大基础或直接基础。明挖基础以钢筋混凝土建造。基础厚度要求保证地基有足够承载力,基础底面低于冲刷线和土壤冻结线,以保证桥梁不受冲刷和冻害影响。

②桩基础:以桩体外壁与其周围土壤的摩擦力或桩尖的承载力来传力的基础,其由承台和群桩组成。承台是连接群桩和桥墩的平台。地铁高架桥梁桩基础主要以钢筋混凝土灌注桩基础为主。

③沉井基础:沉井一般由刃脚、井筒、内隔墙等组成的呈圆形或矩形的筒状钢筋混凝土结构,在沉井内挖土使其下沉,达到设计高程后,进行混凝土封底、填心、修建顶盖,构成沉井基础。其具有较好

的刚性、稳定性、抗震性;下沉深度较大,并能在深水中作业;可以穿透不同性质的土层,将基底置于承载力较大的土层或岩面上。地铁高架桥梁工程中不常用。

11.2.1　钻孔灌注桩

1)钻孔桩类型及适用范围

灌注桩是指通过机械钻孔在地基土中形成桩孔,并放置钢筋笼、灌注混凝土而做成的桩。依照成孔方法不同,灌注桩又可分为沉管灌注桩、钻孔灌注桩和挖孔灌注桩等。

(1)灌注桩按受力性质分类

按照灌注桩的受力性质,分为端承桩和摩擦桩。

①端承桩:建筑物的荷载通过桩传递到坚硬土层或岩层上,桩上的荷载大部分靠桩端的支承力来承担,桩周土的摩擦力所起作用较小或忽略不计。

②摩擦桩:建筑物的荷载通过桩传递到桩周土中及桩端下土中,桩上的荷载大部分靠桩表面与土的摩擦力来支承,桩端的支承力较小可忽略不计。

(2)灌注桩按施工工艺分类

按照灌注桩的施工工艺,灌注桩可分为正循环钻进、反循环钻进、无循环钻进三大类,各有其自身的适用范围及优缺点,见表11-1。

灌注桩按施工工艺分类及其适用范围、优缺点　　　　　　　表 11-1

序　号	施工工艺	适 用 范 围	优　缺　点
1	正循环钻进	适用于黏性土、粉土、砂土、碎石类土、强风化岩及软岩等	成桩直径 500～2500mm。针对不同地层可采取不同钻头钻进,实现不取芯或取芯钻进,钻进效率高。但在卵漂石层中钻进困难;钻孔直径大时,坍塌地层护壁困难,泥浆消耗量大
2	反循环钻进	钻进粉细砂、卵砾石、黏性土	可使用清水钻进,靠水柱压力保持孔壁稳定,排渣彻底,孔底干净,钻进效率高,钻头消耗少,对大口径较深的孔钻进有利。但对含水层有抽吸作用,水量消耗大,特别是漏水容易引起坍孔
3	无循环钻进	适用于地下水位以上的填土、黏性土、粉土、中等密度以上的砂土等	对均质的黏性土、粉土、砂土钻进效率高,不使用冲洗液,无泥浆污染、噪声小、振动小,可在狭窄场地施工,成本低,消耗材料少。但不适宜在大粒径卵砾石、漂石、岩石层中施工

正反循环钻进成孔如图 11-1 所示。

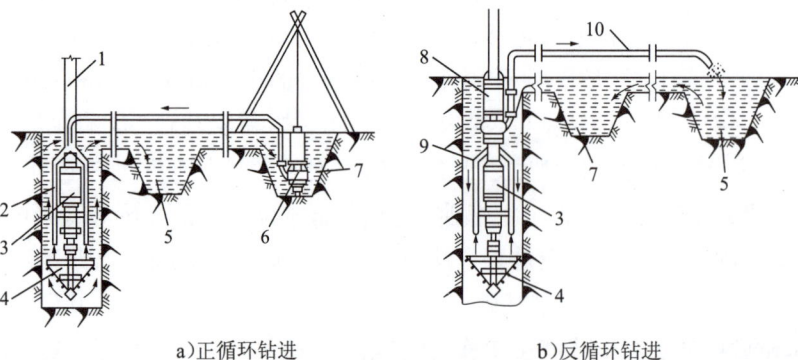

a)正循环钻进　　　　　　　　b)反循环钻进
图 11-1　正反循环钻进成孔示意图
1-钻杆;2-送水管;3-主机;4-钻头;5-沉淀池;6-潜水泥浆泵;7-泥浆池;8-砂石泵;9-抽渣管;10-排渣胶管

(3)灌注桩按成孔方法分类

钻孔灌注桩成孔方法不同,常分为人工挖孔、冲击钻机成孔和旋挖钻机成孔,见表11-2。

灌注桩按成孔方法分类及其适用范围、优缺点　　　　表 11-2

序　号	成孔方法	适用范围	优　缺　点
1	人工挖孔	适用于土质较好、地下水位较低的黏土、亚黏土、含少量砂卵石的黏土层	具有机具设备简单,施工操作方便,占用施工场地小,对周围建筑物影响小,施工质量可靠,可全面展开施工等优点。对软土、流沙、地下水位较高、涌水量大的土层不宜采用。桩长超过25m在深圳不允许采用
2	冲击钻机成孔,利用冲击钻机或卷扬机带动钻头提升,释放使钻头自由下落,利用冲击动能冲挤土层或破碎岩层形成桩孔,钻渣岩屑通过循环泥浆排出	适用于填土层、黏土层、粉土层、淤泥层、砂土层和碎石土层,也可适用于砾卵石层、岩溶发育岩层和裂隙发育的地层施工	桩孔直径通常为600～1500mm,最大直径可达2500mm,钻孔深度一般为50m左右,最大可超过100m。但该成孔方法的钻机成孔易倾斜、桩底沉渣过厚
3	旋挖钻机成孔,利用钻杆和钻头的旋转及重力使土屑进入钻斗,土屑装满钻斗后,提升钻头出土,这样通过钻斗的旋挖、削土、提升和出土,多次反复成孔	适合硬黏土、软亚黏土、强风化砂岩等地质的桩基成孔开挖,适用于黏土、粉土、砂土、淤泥质土,人工回填含有部分卵石、碎石的地层,对具有大扭矩动力头的旋挖钻,可以适应微风化岩层的施工	最大钻孔直径为3.0m,最大钻孔深度达120m,但通常旋挖钻机适合的深度为50～60m以内,钻孔直径在2m以内

2）施工工艺流程

钻孔灌注桩施工工艺流程如图 11-2 所示。

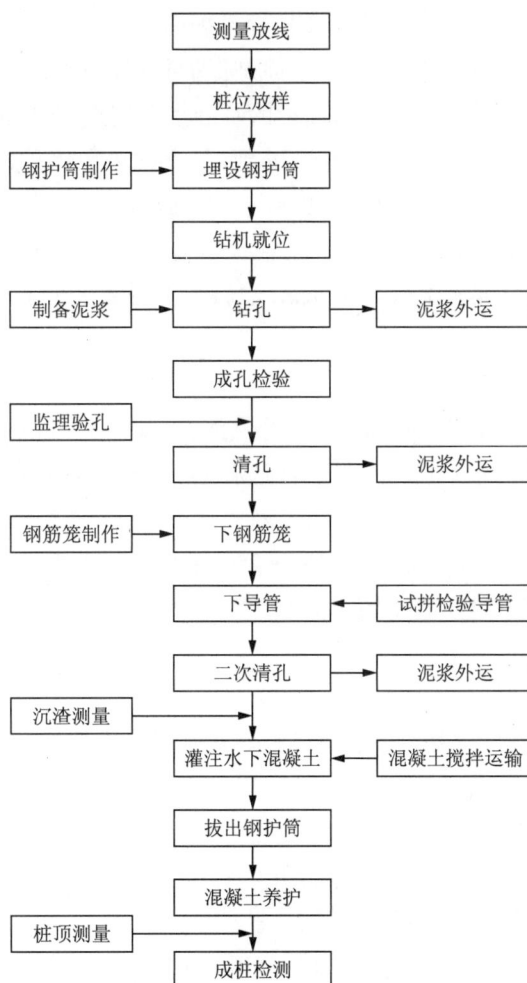

图 11-2　钻孔灌注桩施工工艺流程图

297

第 2 篇　地铁区间土建工程

3）施工控制要点

（1）施工准备

①调查施工现场环境和邻近区域内的地上地下管线（高压线、管道、电缆）、地下构筑物、危险建筑物等情况，确保不影响现场的施钻工作。

②查看主要施工机械及其配套设备的技术性能资料，确定所需材料的检验和配合比试验，对所需的材料必须做材料性能试验，试验室根据所用的原材料做好混凝土的配合比试验。

③施工前对工程的地质情况进行必要的研究，对钻孔过程中可能会遇到的问题及突发事件采取针对性的措施及应急处理方案。

④合理布置临时用水、用电设施及泥浆、排渣等其他设施，全面满足施工工作的要求。为防止钻孔产生的废浆污染环境，可以在沉淀池内套钢套箱。

⑤准备机械设备，如钻机、泥浆泵（排污）、混凝土搅拌运输车、运浆车（泥浆外运）、吊车、电焊机、导管、护筒等。

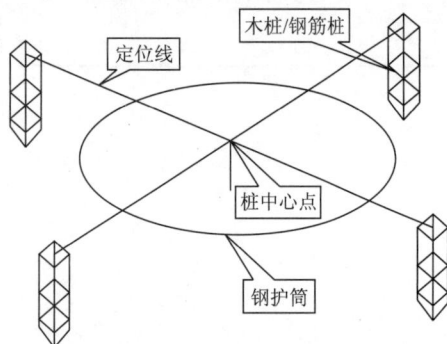

图 11-3　桩心定位示意图

（2）测量定位

采用极坐标定位法，使用全站仪进行轴线引测，引出 4 个方向控制点，测定桩位后，做好标识，并注意保护，以便施工过程中随时复核桩位，保持桩位的准确性。桩心定位如图 11-3 所示。

（3）埋设护筒

护筒是保护孔口、隔离杂填土的必要措施，也是控制桩位、高程的基准点。埋设深度必须能隔离杂填土层，如有极易塌孔的地层，考虑采用钢护筒穿过该地层。直径比设计桩径大 20 ～ 30cm，顶面高出施工平台 30 ～ 40cm。挖埋护筒时在护筒周围对称、均匀地回填黏土，并分层夯实，夯填时要防止护筒偏斜。

护筒顶面中心与设计桩位偏差不得大于 5cm，倾斜度不得大于 1%。为便于泥浆循环，在护筒顶端留有出浆口。

（4）泥浆制备

泥浆由水、黏土（膨润土）和添加剂组成，可悬浮钻渣、冷却钻头、润滑钻具、增大静水压力，并在孔壁形成泥皮，隔断孔内外渗流，防止坍孔。调制的泥浆及经过循环净化的泥浆，根据钻孔方法和地层情况来确定泥浆稠度。

泥浆性能参数指标控制范围：漏斗黏度为 18 ～ 25s；泥浆相对密度为 1.05 ～ 1.25；含砂率 ≤ 4%，易塌孔地层选用较大值，不易塌孔地层选用较小值。

（5）正循环冲击成孔

①钻机就位

钻机安装后的底座和顶端应平稳，钻机就位时，转盘中心对准定位标志，校对水平，并校对天车中心、转盘中心与桩位中心（三心）呈一直线。

②成孔施工

a. 开孔阶段。成孔中心必须对准桩位中心，开始时用小冲程密击，锤高 0.4 ～ 0.6m，并及时黏土泥浆护壁，孔深不足 3 ～ 4m 时，应尽量使冲渣挤入孔壁。

b. 冲进过程。孔深达护筒下 3 ～ 4m 后，加快速度，加大冲程，将锤提高至 1.5 ～ 2.0m 以上，在卵石、漂石层进尺小于 5cm/h，在松散地层进尺小于 15cm/h 时，应保证泥浆的循环，减少钻头的重复破碎现象。

c. 随时检查泥浆的质量,泥浆参数不符合规范要求时,应及时向孔内补充泥浆或黏土,保持孔内水位高于地下水位 1.5 ~ 2.0m。泥浆循环系统如图 11-4 所示。

图 11-4　泥浆循环系统示意图

d. 终孔条件:

孔底进入持力层深度应符合设计要求,实际钻孔深度应与设计深度基本相符,若相差太大应征得设计部门认可方可终孔。

应鉴别孔底岩样岩性和风化程度,粗岩颗粒含量应大于 70%,岩性应与地质资料相符。

钻孔达到要求深度后,用检孔器进行检孔。孔径、孔垂直度、孔深检查合格后,立即填写终孔检查证,并经驻地监理工程师认可,方可进行孔底清理,否则重新进行扫孔。

(6) 反循环冲击成孔

① 钻机就位及试机

a. 钻机就位,使钻机底盘前后中心线与桩位中心线重合,垫 8 ~ 9 根枕木将底盘调平。

b. 开动钻机进行试冲击,检查各部位运转是否正常,电流是否正常,接通潜水砂石泵电源,检查其接线方式是否正确,发现问题及时处理。

② 冲孔作业

a. 造浆、开孔同上。正循环钻进至泵吸反循环系统可以正常工作时开始反循环钻进。

b. 反循环钻进。当潜水砂石泵潜入孔内泥浆后,若孔壁比较稳定,停止正循环钻进,泥浆循环约 2min 后停泵,解除排渣胶管与泥浆泵的连接,启动泵吸反循环系统,开动钻机,进行反循环钻进。

反循环钻进时应及时补泥浆,始终保持孔内水位高于地下水位或河水位 2m 左右。

冲击反循环钻进应针对不同的地层采用不同的泥浆相对密度,以保持孔壁的稳定。砂卵石地层泥浆相对密度为 1.2 左右,岩石层泥浆相对密度为 1.05 ~ 1.15。

c. 砂样的提取。提取砂样的目的是随时掌握地质的变化情况。一般每钻进 0.5m 提取砂样一次,从出渣口捞取砂样用清水冲洗干净,每次提取量为 100g,编号保存,以便成孔时交接。

d. 勤检查钻机、钻头是否偏移,防止出现斜孔。

(7) 旋挖钻成孔

① 钻机就位

钻机安装后的底座和顶端应平稳,就位核对好中心后,连接泥浆循环系统,开动泥浆泵使泥浆循环 2 ~ 3min,然后开始钻孔,在护筒底处应低压慢速钻进,钻至护筒底下 1.0m 左右后开始正常钻进。

② 旋挖成孔

操作人员随时观察钻杆是否垂直,并通过深度计算器控制深度。当旋挖斗钻头顺时针旋转钻头时,底板切削板和筒体翻板的后边对齐,钻屑进入筒体,装满一斗后,钻头逆时针旋转,底板由定位块定位并封死底部开口之后,提升钻头到地面卸土,通过钻斗的旋转、削土、提升、卸土和泥浆支护孔壁,反复循环成孔。钻孔作业采用分班工作连续进行,钻进的过程中应经常检验钻孔泥浆相对密度、黏度、含砂率、胶体率等,并填写泥浆试验记录表。不符合要求随时改正。钻孔过程中还应经常注意地层变化,根据不同地层采用不同的钻进速度。在地层变化处捞取渣样,判明后记入钻孔记录表中,并对照设计资料绘制地质剖面图。

③ 孔渣、废弃泥浆处理

旋挖钻孔在钻进过程中带出的孔渣用挖掘机装车,自卸汽车运往堆积场地,运往堆积场地后用装载机推平,废弃的泥浆在处理时确保不影响环境及居民生活。

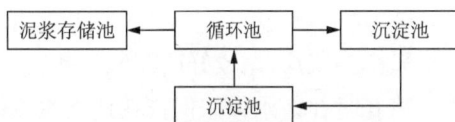

（8）清孔

采用换浆法，用较好的泥浆将孔内含有钻渣的泥浆置换出来。

清孔时孔内水位需保持在地下水位以上 $1.5 \sim 2.0$m。严禁用增加深度的方法代替清孔。当从孔内取出的泥浆（孔底、孔中、孔口）测试平均值与注入的净化泥浆相近，测量孔底沉渣厚度符合技术规范要求及设计要求时，即停止清孔作业，放入经监理工程师检查合格的钢筋笼。

（9）钢筋笼加工及吊放

①钢筋笼制作：钢筋笼骨架在加工场分节制作，在骨架主筋外侧焊接钢筋"耳朵"，每隔 2m 设置一道，每道沿圆周对称设置 4 个"耳朵"，与主筋焊接。

钻孔桩钢筋骨架的允许偏差和检验方法见表 11-3。

钻孔桩钢筋骨架的允许偏差和检验方法 表 11-3

序　号	项　目	允许偏差	检验方法
1	钢筋笼在承台底以下长度	±100mm	尺量检查
2	钢筋笼直径	±10mm	
3	主钢筋间距	±10mm	尺量检查
4	钢筋笼安装深度	±100mm	
5	箍筋间距或螺旋筋间距	±20mm	
6	钢筋笼垂直度	1%	吊线尺量检查

检验数量：施工单位全部检查。

②钢筋骨架的存放与现场吊装。

a. 钢筋骨架临时存放的场地必须保证平整、干燥。存放时，每个加劲筋与地面接触处都垫上等高的方木，以免受潮或沾上泥土。每组骨架笼的各节段要排好次序，挂上标志牌，便于使用时按顺序吊装。

b. 钢筋笼入孔时，用吊车吊装。

钢筋骨架在吊装过程中必须保证骨架不变形。

吊放钢筋笼入孔时应对准孔位，保持垂直，轻放、慢放入孔，入孔后应徐徐下放，不宜左右旋转，严禁摆动碰撞孔壁。若遇阻碍应停止下放，查明原因进行处理。严禁高提猛落和强制下放。

分节吊装。连接时上、下主筋位置对正，保持钢筋笼上下轴线一致，先连接一个方向的两根接头，然后稍提起，以使上下节钢筋笼在自重作用下垂直，再连接其他所有的接头，接头位置必须按不大于 50% 接头数量错开至少 $35d$（d 为钢筋直径）距离连接。接头焊好后，钢筋笼吊高，抽出支撑工字钢后，下放钢筋笼。如此循环，使钢筋笼下至设计高程。

钢筋笼中心与桩的设计中心位置对正，反复核对无误后再焊接定位于钢护筒上，完成钢筋笼的安装。钢筋笼定位后，在 4h 内浇筑完混凝土，防止坍孔。

超声波测管的布置及数量必须满足设计要求，与钢筋笼一起吊放。声测管要求全封闭（下口封闭、上端加盖），管内无异物，水下混凝土施工时严禁漏浆进入管内。声测管与钢筋笼一起分段连接（采用套管丝扣连接），连接处应光滑过渡，管口高出破桩头（破桩头按 1m 计）顶面 20cm。

（10）第二次清孔

安放钢筋笼及导管准备浇筑水下混凝土，采用换浆法二次清孔以达到置换沉渣的目的，施工中勤摇动导管，改变导管在孔底的位置，保证沉渣置换彻底；或者采用悬浮法，空压机从导管送风管直接到孔底，使得孔底的沉渣在孔内悬浮起来，然后开始封底混凝土施工。待孔底泥浆各项技术指标均达到设计要求，且复测孔底沉渣厚度在设计范围以内后，清孔完成，立即进行水下混凝土灌注。

（11）灌注水下混凝土

水下混凝土灌注采用竖向导管法。灌注前，应制订技术措施，组织和安排劳动力；严格检查各种机具设备，备足所需材料，合理安排好混凝土拌制、运输到位时间及导管升降设备等。一经开始灌注，任何中断都不得超过 30min，以免发生断桩事故。

采用直升导管法进行水下混凝土的灌注。导管每节长 2.0 ~ 2.5m，配 0.5m、1m、1.5m 短管，由管端粗丝扣、套筒连接，接头处用橡胶圈密封防水。混凝土灌注期间用钻架吊放拆卸导管。导管使用前，应进行接长密闭试验。

导管下口距孔底一般 0.3 ~ 0.5m，导管入孔接长时，每节节头必须对丝扣抹黄油后再拧紧套筒，否则易漏泥浆至导管内，影响混凝土质量。

水下混凝土应具有足够的流动性和良好的和易性，初凝时间应保证灌注工作在首批混凝土初凝前完成，混凝土坍落度控制在 18 ~ 22cm。

混凝土灌入储料斗和导管时，需经 8cm 见方的钢筋网筛，防止大粒径的碎石和片状石进入导管，造成堵管不翻浆事故。

可使用拨球法或球胆法灌注首批混凝土，首批混凝土量必须满足导管埋深大于 1m。每根桩灌注时间不得太长，每小时灌注高度不小于 5m。

灌注开始后，应紧凑、连续进行，严禁中途停工。在整个灌注过程中，随时量测混凝土高度，导管埋入混凝土的深度不得少于 2m，不宜大于 6m。

由现场试验人员对每根桩按规范要求做混凝土试件，以检查混凝土强度。

11.2.2　超长、超大直径、水中钻孔灌注桩

1）超长、超大直径、水中钻孔桩特点

桥梁工程桩基础经常需在水下施工，且因地质原因，也常见超长、超大直径的钻孔灌注桩。超大直径钻孔灌注桩一般指桩径在 2m 以上，超长钻孔灌注桩一般指桩长在 50m 以上，甚至 100m 以上。与普通钻孔桩相比，有其独特的特点。

（1）超长钻孔灌注桩

超长钻孔灌注桩的施工工艺基本与普通钻孔灌注桩相同。但因桩长过大，造成实际桩端承载力可能与设计桩端承载力存在较大偏差，因此需在成桩后对桩端予以处理，改善桩底持力层的受力状况，提高基桩承载能力和基础的整体刚度。常用处理方式为桩底后压浆法。

（2）超大直径钻孔灌注桩

超大直径钻孔灌注桩桩径在 2m 以上，成孔设备常用回旋力矩及驱动功率较大的回旋钻机或旋挖钻机，因其桩径较大，单一导管灌注混凝土往往难以满足施工要求，需同时使用双导管，甚至三导管共同封底灌注，保证成桩质量。

（3）水中钻孔灌注桩

首先，水中钻孔灌注桩与普通钻孔灌注桩相比，区别在于成桩位于河流或海水中，因此在钻孔灌注桩施工前，需先行搭设水中施工平台，为钻孔灌注桩施工做好准备。其次，水中桩一般位于水底以下，钢护筒需穿过水面到水底及水底淤泥层一段长度，以保证护壁稳定及成桩质量。故需要打设的钢护筒较长，在打设前，需在平台上提前做好护筒导向架，并在振动下沉过程中持续监视钢护筒定位，偏差大于允许值时应及时做出调整，以免桩位偏斜。最后，水中钻孔灌注桩所使用的混凝土，不仅要满足大口径、超深钻孔桩浇筑时间长短要求，还应同时满足强度、电通量、氯离子渗透系数等各项指标。

其中,电通量、氯离子渗透系数为海工混凝土的特殊要求。

2)施工工艺流程

超长、超大直径、水中钻孔灌注桩施工工艺流程如图 11-5 所示。

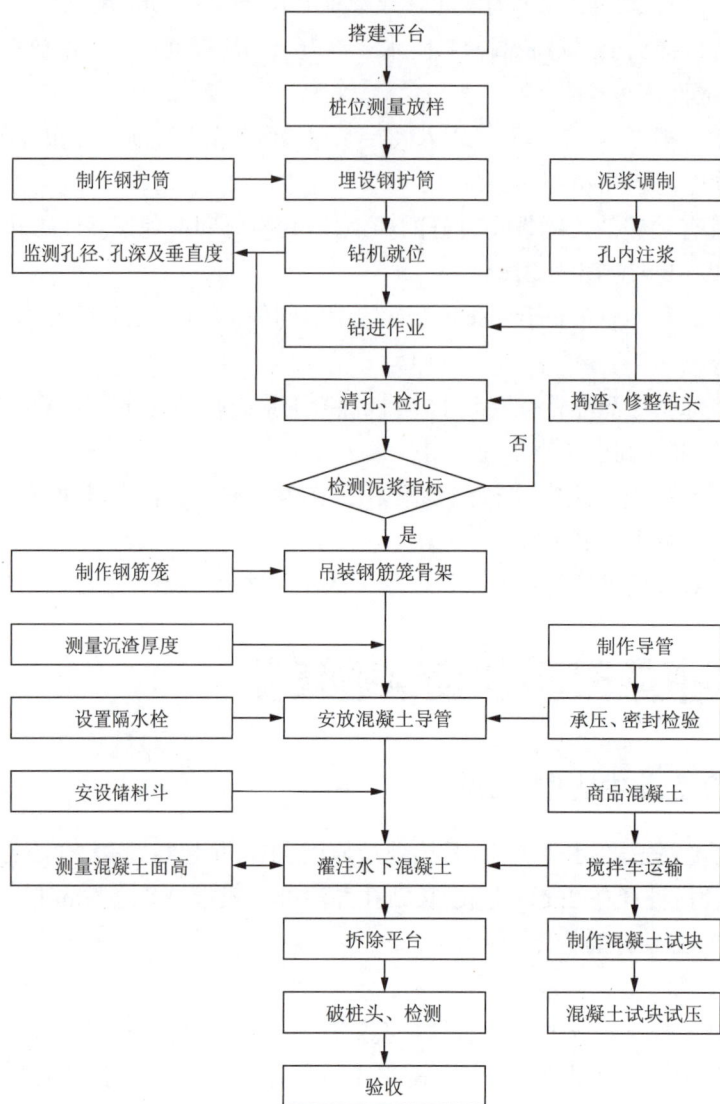

图 11-5　超长、超大直径、水中钻孔灌注桩施工工艺流程图

图 11-6　水中钢平台搭建工程实例

3)施工控制要点

(1)钻孔平台搭建工程实例(图 11-6)。

①传统钢管桩平台搭设

a.钢管桩施工

(a)钢管桩制作、运输

钢管桩均按设计规格拼装成整桩,按沉放顺序分批加工制作,出厂检验合格后,用驳船运输至施工现场。

(b)钢管桩沉设

钢管桩沉设定位采用测量定位。

根据各工程的施工特点确定沉桩顺序。按照沉桩顺序进行打桩船的抛锚定位。

钢管桩施沉前根据桩位图计算每一根桩中心平面坐标。直桩直接确定其桩中心坐标,斜桩通过确定一个断面高程后,再计算该高程处钢管桩的桩中心坐标。

钢管桩平面位置及垂直度调整完成后,先自由落桩,再开始压锤,依靠钢管桩及打桩锤的重量将其压入土层,测量复测桩位和倾斜度,偏差满足设计要求后,开始锤击。

钢管桩最终桩尖高程由入土深度控制。成桩由高程控制,以贯入度作为校核。

b. 平台搭设

(a)平联施工

平联钢管采用哈佛板连接。首先将下好料的一端与钢管桩按设计位置对好位,并调平平联焊接,然后用哈弗板将另一端与钢管桩焊接。

(b)平台上部结构搭设

逐一安装主承重梁、分配梁,铺设面板,安装栏杆,挂设安全网。

c. 钢护筒施工

钢护筒只作水中孔桩成孔,护筒不兼作钻孔平台承重管桩。

(a)导向架设计与制作

根据水深、流速条件确定导向架设计高度及刚度。导向架平面呈"开口式",平台上下两层导向架之间用螺栓连接,以便于装拆。

(b)钢护筒起吊、就位、施沉

用起重船吊起钢护筒,使钢护筒垂直,选择在平潮或流速较小时将钢护筒缓慢下滑,直至入泥稳定,待钢护筒下沉稳定后才能脱钩。

②采用钢护筒作为承重结构的钻孔平台搭设施工要点

钢护筒既是水中孔桩成孔,护筒也兼作钻孔平台承重管桩,必须严格控制好桩位。

a. 起始平台施工

起始平台位于钻孔平台上游侧,其主要作用是沉放钢护筒、安装悬臂式定位导向架,提供具有足够刚度的起始工作平台。

起始平台钢管桩施沉利用安装在定位船船艏的导向架定位,用起重船吊振动锤振动下沉。

(a)起重设备配置:根据起始平台单根钢管桩的长度重量选择相应的起重设备。

(b)振动锤配置:振动锤的选择主要应满足钢管桩施沉要求。

(c)钢管桩沉放:

钢管桩的定位采用测量定位。定位船在测量的指挥下移至桩位位置,运桩船停靠浮吊。当钢管桩起吊竖直后,将钢管桩送进导向架内,由测量调整钢管桩的平面位置及倾斜度,当平面位置偏差及倾斜度满足设计要求后,下放钢管桩,浮吊脱钩,起吊液压振动锤就位,测量再次复核钢管桩的平面位置及倾斜度,符合施工要求后,振动下沉到位。

下沉到位后,定位船移至下一根桩位。第二根桩下沉到位后,及时连接两根桩之间的钢管水平联。

b. 护筒区平台搭设

(a)钢护筒制作、运输

钢护筒在钢结构厂内加工,分节制作,运至施工现场。

(b)钢护筒沉放

振动锤选择:应根据护筒打入土深度及地质情况选择振动锤。

悬臂式定位导向架:根据平台搭设特点,需选用悬臂式定位导向架。

采用的悬臂式定位导向架用起重船吊装移位,并锚固在已完成的起始平台或已沉放的钢护筒顶口上,在导向架前端设置2层层距10.0m的上、下导向装置,导向装置内设置有供钢护筒定位、施沉过程中纠偏、调整的液压千斤顶和锁定装置。

钢护筒下沉:钢护筒下沉定位采用全站仪,同时用经纬仪进行校核。

(c)第一排钢护筒下沉

吊装悬臂式导向架,进行初步定位及精确定位,并将悬臂式导向架固结在锚固梁上。

起重船将第一节钢护筒吊入定位导向架的导向装置内,锁定上下龙口。

利用龙口的调节装置,调整钢护筒的平面位置及垂直度,使平面位置、倾斜度满足设计要求。起重船落钩。钢护筒沿导向架下至河底并入土,起重船脱钩。

起重船吊安振动锤至钢护筒顶口,并再次校正钢护筒及振动锤的位置。

起动振动锤,振护筒下沉。同时,起重船移至另一位置进行下沉护筒有关工作。

吊走振动锤,拆除导向架与锚固梁间的连接,将导向架移至另一护筒位定位,并重复以上工序。

单根护筒下沉到位后,及时与起始平台及相邻钢护筒连接。

该排护筒沉放完成后,前移进行下一排护筒沉放。

(d)第二排钢护筒沉放

测量第一排钢护筒的位置,对焊接在钢护筒上的牛腿找平,将前锚固梁搁置至第一排钢护筒上,并与钢护筒上的牛腿焊接,将导向架整体吊装并锚固在前后锚固梁上;重复上述步骤下沉完本排钢护筒。

重复本步骤,完成所有钢护筒的下沉。

c.施工平台面层铺设

平台面层一般采用工字钢或H型钢作为分配梁,面板采用钢板。具体分配梁及钢板型号需通过受力计算确定。

(2)超长大直径桩钻进成孔要点

①垂直度控制非常重要,由于桩长达50～100m,垂直度控制难度非常大,成孔过程中勤量测,及时纠偏。

②当采用旋挖钻机时要特制钻杆以满足桩长要求,入岩及超长钻进时避免高速钻进以防断杆,配备多种直径的钻头,采用分级钻进扩孔的方法进行施工。先用小直径引孔,然后换用大直径钻头分级扩孔。

③超长桩水下混凝土浇筑,做好商品混凝土供应、导管水压和气密性试验,灌注过程中勤量测,及时按要求提管,确保成桩质量。

④大直径、超长桩基首灌混凝土一定要做好浇筑筹划,由于桩较长,直径较大,首灌混凝土量较大,料斗储量选择应结合混凝土灌车连续供料来考虑,防止断桩。

(3)成桩施工

①钢筋笼制安和二次清孔同普通桩基。

②水下混凝土灌注

水下混凝土浇筑是钻孔灌注桩施工的主要工序,也是保证桩身质量的关键。

a.混凝土配合比设计

混凝土配合比设计通过试配确定,混凝土除满足强度要求外,还须符合下列要求:

(a)粗集料采用级配良好的石灰岩或花岗岩碎石,粒径5～31.5mm;

(b)细集料宜采用级配良好的中砂,细度模数应控制在2.3～2.8;

(c)胶凝材料宜不小于380kg/m³,改善混凝土的和易性、流动性;

(d)混凝土初凝时间大于浇筑时间;

（e）混凝土的坍落度控制在 20 ～ 22cm，3h 以后不小于 16cm，流动度不小于 50cm；

（f）混凝土具有良好的和易性、流动性、泵送性，可掺入适量的粉煤灰及外加剂；

（g）水泥中含碱量小于 0.6%，集料按要求做碱集料反应试验。

b. 混凝土浇筑

导管经水密试验不漏水，其容许最大内压力均大于孔内泥浆深度压力的 1.3 倍。对某些特大直径桩，可类似于地下连续墙施工，采用多导管同时浇筑，以保证封底效果及成桩质量。多导管共同封底浇筑方式如图 11-7 所示。

混凝土灌注封底采用拨球法。封底成功后，随即转入正常灌注阶段。混凝土经泵送，不断通过集料斗、浇筑料斗及导管灌注至水下，直至完成整根桩的浇筑。

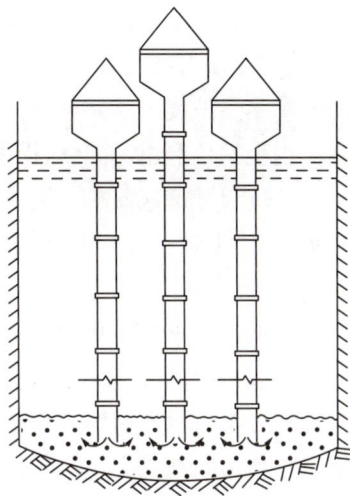

图 11-7　多导管共同封底浇筑方式示意图

11.2.3　明挖基础

对刚性扩大基础，一般采用明挖施工，根据开挖深度、边坡土质、渗水情况及施工场地选择开挖方式和施工方法，常见开挖方式有：放坡开挖、喷锚支护开挖、钢板桩直壁开挖。

1）施工工艺流程

明挖基础施工工艺流程如图 11-8 所示。

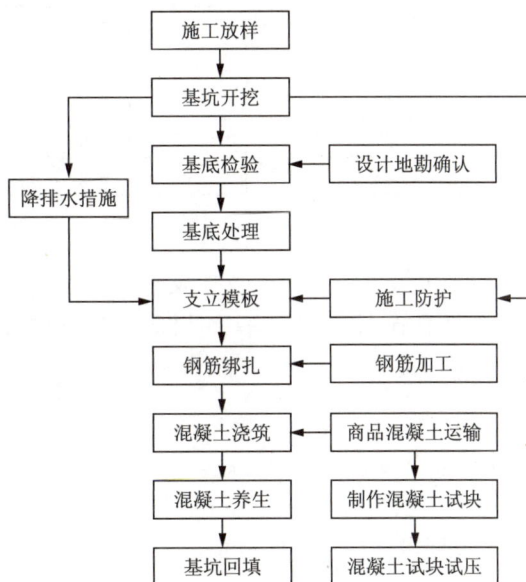

图 11-8　明挖基础施工工艺流程图

2）放坡开挖施工方法

（1）定位放样

根据地质情况确定放坡率，根据基础尺寸、深度、渗水情况确定基坑开挖尺寸，对基坑四角进行放样。开挖置于岩石中的扩大基础，底层基础混凝土满灌，其他情况下，为便于立模、挖排水沟和汇水井,每边加宽 50 ～ 100cm,不设基础模板时,按设计平面尺寸开挖。

（2）基坑开挖

①测量放线

用全站仪测出基础纵、横中心线,根据选择的基坑坡率,放出上口开挖边线桩。

基坑尺寸应满足施工要求。当基坑为渗水的土质基底,坑底尺寸应根据排水要求（包括排水沟、集水井、排水管网等）和基础模板设计所需基坑大小而定。

②放坡开挖方法

基坑放坡开挖采用机械开挖和人工开挖相配合的方式。开挖岩石施工时,应采用人工开挖和小药量爆破开挖,以保证不破坏基岩的完整性,且尽量避免超挖,同时采取适当的防护措施。

挖掘机可以在基坑内或基坑边缘作业,直接把弃土装车运走。开挖基坑土方应远离基坑边缘,以免塌方和影响施工。

基坑开挖应连续施工,避免晾槽,一次开挖距基坑底面以上要预留 20 ～ 30cm,待验槽前人工一次清除至高程,以保证基坑底面坚实。坚决避免超挖。如超挖,应将松动部分清除,其处理方案应报监理单位、设计单位批准。挖至高程的土质基坑不得长期暴露、扰动或浸泡,并应及时检查基坑尺寸、高程、基底承载力,符合要求后,应立即进行基础施工。

当在天然土层上开挖基坑,基坑深度在 5m 以内,施工期较短,基坑底在地下水位以上,土的湿度接近最佳含水率,土层构造均匀时,基坑坑壁坡度可采用表 11-4 数值。

基 坑 坑 壁 坡 度　　　　　　　　　　表 11-4

土 质 种 类	边坡坡度		
	人工挖土并将土临时堆放于坑边	机械开挖	
		基坑内挖土	基坑边挖土
中密砂土	1 : 1.00	1 : 1.00	1 : 1.25
中密碎石类土（填充为砂土）	1 : 0.75	1 : 1.00	1 : 1.00
硬塑轻亚黏土	1 : 0.65	1 : 0.75	1 : 1.00
中密碎石类土（填充为黏性土）	1 : 0.50	1 : 0.65	1 : 0.75
硬塑亚黏土、黏土	1 : 0.33	1 : 0.50	1 : 0.65
干黄土	1 : 0.25	1 : 0.25	1 : 0.33

如土的湿度可能使坑壁不稳定而引起坍塌,基坑坑壁坡度应缓于该湿度下的天然坡度。

当基坑深度大于 5m 时,应将基坑坡度适当放缓或加设平台。

基坑开挖应安排在枯水或少雨季节,中间过程不宜间断,并连续进行基础混凝土施工,避免开挖后的基坑暴露过久,影响基坑的承载力。

（3）坑壁支撑和降排水

①当基坑深度较大,放坡开挖土方量较大,土质无法保持稳定时,采取适当的支撑。一般采用喷锚支护,在边坡开挖成型后,可在边坡上用潜孔钻机钻孔后打设土钉或锚杆,挂钢筋网片,喷射混凝土稳定已成型边坡。实际施工中可根据设计图纸及实际情况组合使用,防止边坡垮塌。

②基坑开挖深度较大,需要降水时,可以设置专门的降水井降水。降水井降水常用轻型井点降水、管井降水等。施工采用的降水方式、降水井数量及降水深度需通过计算确定。

③基坑开挖完成后,可根据基坑渗水情况设置集水井及排水沟,并布置适当数量的水泵,保证基坑干燥。排水沟及集水井一般采用砖砌、水泥砂浆抹灰,也可直接采用混凝土浇筑。在遇到临时降水较大时,应增设水泵及时抽排基坑内积水,防止基坑底部被积水浸泡软弱,出现坍塌。

（4）地基检验

经监理工程师和设计单位人员核实地质后,符合设计要求后方可进行下道工序施工,否则应按设计图纸及监理工程师要求进行基底处理。

①基底应检验下列内容：

a.基底平面位置、尺寸、基底高程是否符合设计要求；

b.基底地质情况和承载力是否符合设计要求；

c.基底处理和排水情况是否符合有关规定；

d.施工记录和有关试验资料是否齐全和符合要求。

②基底检验合格后应立即进行混凝土与砌体基础施工。如果基底暴露过久，则应重新检验。

（5）基础钢筋绑扎和支模

①基础钢筋绑扎

基础钢筋在钢筋加工厂弯曲制作成半成品，在现场绑扎成型，垫块使用和设计强度等级相同的混凝土块，垫块尺寸符合钢筋保护层厚度设计要求。

墩身竖向主筋向下伸入基础，并与基础底层钢筋连接，两端均加直角弯钩。模板安装加固完成后，放出墩台位置，将墩台身的一圈横向箍筋焊接固定在基础上层钢筋，检查位置正确后标出竖向主钢筋准确位置，安装墩身竖向钢筋。搭设钢管脚手架，将墩台身竖向主钢筋上端固定在准确位置，保证钢筋垂直度或斜向角度正确。绑扎完成后，利用墩台身中心纵横十字线和外轮廓线进行复查校核。钢筋绑扎允许偏差应符合表11-5规定。

钢筋绑质量控制标准 表11-5

项 目		允许偏差(mm)	检 验 方 法
受力钢筋间距	板、梁、墩、柱	±10	尺量
	基础、桥台	±20	尺量
箍筋间距		±20	尺量
预埋件位置	中心线	10	尺量
	平面及高程	±5	尺量
支座	平面位置	±10	尺量
	平整度	2	尺量
混凝土保护层厚度	板	±3	尺量
	梁、墩、柱	±5	尺量
	基础和桥台	±5	尺量

②模板和支撑

按照基础尺寸放出模板边线，模板采用钢模，其结构及部位尺寸符合规范要求，模板及模板支撑必须要具有足够的刚度、强度和稳定性，能承受浇筑混凝土的侧压力，并保证基础尺寸的正确。

模板安装应稳固可靠，接缝严密不漏浆，模板和混凝土的接触面应清理干净并涂刷隔离剂，模板内的积水和杂物应清理干净。

模板支立允许偏差应符合表11-6规定。

高架桥结构模板支立允许偏差值 表11-6

项 目	结 构 部 位			
	基 础	桥 台	墩 柱	板 或 梁
轴线位移允许偏差(mm)	±20	±10	±10	±10
结构断面尺寸允许偏差(mm)	±10	±5	±5	±3
垂直度(‰)	1	1	1	—
高程(mm)	±10	±3	±3	±3
预埋件位置允许偏差(mm)	—	±3	±3	±3
预留孔洞允许偏差(mm)	—	±3	±3	±3
相邻模板接缝平整度允许偏差(mm)	2	2	2	2

（6）混凝土浇筑

混凝土采用商品混凝土，混凝土搅拌车运输。

①浇筑混凝土前，检查钢筋保护层垫块的位置、数量及其紧固程度。构件侧面和底面的垫块至少为 4 个 /m²，绑扎垫块和钢筋的铁丝头不得伸入保护层内。

②在炎热气候下浇筑混凝土时，入模前应尽量降低模板、钢筋温度以及附近的气温，混凝土的入模温度不宜高于气温且不宜超过 30℃。

③混凝土入模坍落度按设计的规定值进行控制，控制偏差为 ±20mm。

④自高处向模板内倾卸混凝土时，为防止混凝土离析，一般应满足下列要求：从高处直接倾卸时，混凝土的自由倾落高度不宜超过 2m，以不发生离析为度；当倾落高度超过 2m 时，应通过串筒、溜管或振动溜管等设施辅助下落；串筒出料口距混凝土浇筑面的高度不宜超过 1m。

⑤混凝土的浇筑采用分层连续推移的方式进行，泵送混凝土的一次摊铺厚度不宜大于 60cm，间隙时间不得超过 90min，不得随意留置施工缝。非泵送混凝土分层厚度宜控制在 30 ～ 40cm，但最大厚度不得大于 40cm。

⑥混凝土浇筑应连续进行，当因故间歇时，其间歇时间应小于前层混凝土的初凝时间或能重塑的时间。不同混凝土的允许间歇时间应根据环境温度、水泥性能、水胶比和外加剂类型等条件通过试验确定。当超过间歇时间时，应按浇筑中断处理，同时应留置施工缝，并做出记录。施工缝的平面应与结构的轴线相垂直，施工缝处应埋入适量的接槎钢筋或型钢，并使其体积露出前层混凝土外 1/2 左右。

⑦在新浇筑混凝土或浇筑完成时，如混凝土表面泌水较多，则需在不扰动已浇筑混凝土的条件下，采取措施将水排出，继续浇筑混凝土前，应先查明原因，采取措施减少泌水。

⑧浇筑混凝土时应设专人检查支架、模板、钢筋和预埋件等的稳固情况，发现有变形、松动、移位时应及时处理。

⑨浇筑混凝土时，应认真填写混凝土施工记录。

⑩浇筑大体积混凝土应制定专项施工方案和降温措施，选择一天中气温较低时进行混凝土的浇筑，且浇筑温度（振捣后 50 ～ 100mm 深处的温度）不宜高于 28℃。浇筑大体积混凝土应沿高度均匀分段、分层浇筑，分段数目宜减少，每段混凝土厚度控制在 1.5 ～ 2.0m。

⑪混凝土振捣：

混凝土浇筑过程中，应随时对混凝土进行振捣并使其均匀密实，振捣采用插入式振动器垂直点振。

振捣时严禁碰撞钢筋和模型。振动器的振动深度一般不超过棒长度的 2/3 ～ 3/4，振动时要快插慢拔，不断地上下移动振动棒，以便捣实均匀，减少混凝土表面气泡。

混凝土振捣过程中应避免重复振捣，防止过振。在振捣过程中应加强检查模板支撑的稳定性和接缝的密合情况，防止在振捣过程中产生漏浆。

（7）混凝土养护

混凝土的养护采用自然养护，混凝土养护期间，应重点加强混凝土的湿度和温度控制。

①混凝土振捣完成后，尽量减少暴露时间，并用塑料薄膜紧密覆盖混凝土暴露面，防止表面水分蒸发。

②暴露面保护层混凝土初凝前后，卷起塑料薄膜，用抹子搓压表面至少两遍，使之平整后再次覆盖，注意覆盖物不要直接接触混凝土表面，直至混凝土终凝为止。

③尽量延迟混凝土的拆模时间，混凝土带模养护期间，采取带模包裹、浇水或喷淋洒水等措施进行保湿、潮湿养护。

④去除表面覆盖物或拆模后,对混凝土采用蓄水、浇水或覆盖洒水等措施进行潮湿养护。也可在混凝土表面处于潮湿状态时,迅速采用麻布、草帘等材料将暴露面混凝土覆盖或包裹,再用塑料布或帆布等将麻布、草帘等保湿材料包覆(裹)完好。

⑤混凝土养护期间注意采取保温措施,防止混凝土表面温度受环境因素影响(如暴晒、气温骤降等)而发生剧烈变化。混凝土内部的最高温度不宜高于65℃,混凝土表面的养护水温度与混凝土表面温度之间的温差不得大于15℃。混凝土结构或构件在任一养护时间内的内部最高温度与表面温度之差不宜大于20℃,当周围大气温度与养护中混凝土表面温度之差超过20℃时,混凝土表面必须覆盖保温。

⑥混凝土拆模后可能与流动水接触,在混凝土与流动的地表水或地下水接触前,采取有效保温保湿养护措施养护14d以上。

⑦在任意养护时间,淋注于混凝土表面的养护水温度低于混凝土表面温度时,两者间温差不得大于15℃。

⑧混凝土养护期间,对大体积承台进行温度监控,定时测定混凝土芯部温度、表层温度以及环境气温、相对湿度、风速等参数,并根据混凝土温度和环境参数的变化情况及时调整养护制度,严格控制混凝土的内外温差,以满足要求。

⑨混凝土养护期间,应对混凝土的养护过程做详细记录,并建立严格的岗位责任制。

(8)混凝土拆模

混凝土拆模时的强度应符合设计要求。当设计未提出要求时,应符合下列规定:

混凝土的拆模时间除需考虑拆模时的混凝土强度外,还应考虑到拆模时混凝土温度(由水泥水化热引起)不能过高,以免混凝土接触空气时降温过快而开裂,更不能在此时浇灌凉水养护。

模板在混凝土强度达到2.5MPa以上,且其表面及棱角不因拆模而受损时,方可拆除。

(9)基坑回填

基础混凝土施工完成并达到设计强度后,按设计要求的填料和质量及时回填,并应分层夯实。分层厚度一般为30~50cm,台背处回填完成后应用打夯机夯实处理,保证回填密实。

3)钢板桩支护

(1)施工放样与定位

将施工区域控制点标明并经过复核无误后加以有效保护。

定桩位:按顺序标明钢板桩的具体桩位,洒灰线标明。

(2)导架的安装

为保证沉桩轴线位置正确和桩的竖直,控制桩的打入精度,防止板桩的屈曲变形和提高桩的贯入能力,需要设置一定刚度、坚固的导架,亦称"施工围檩"。导架采用单层双面形式,由导梁和围檩桩等组成,围檩桩的间距一般为2.5~3.5m,双面围檩之间的间距不宜过大,一般略比板桩墙厚度大8~15mm。安装导架应注意以下几点:

①采用经纬仪和水平仪控制和调整导梁的位置。

②导梁的高度要适宜,要有利于控制钢板桩的施工高度和提高施工工效。

③导梁不能随着钢板桩的打设而产生下沉和变形。

④导梁应尽量垂直,并不能与钢板桩碰撞。

(3)钢板桩施打

①钢板桩施工关系施工支护安全,施工中要注意以下要求:

a.钢板桩施打前一定要熟悉地下管线、构筑物的情况,认真放出准确的支护桩中线。

b. 打桩前,对钢板桩逐根检查,剔除连接锁口锈蚀、变形严重的钢板桩,不合格者待修整后才可使用。

c. 打桩前,在钢板桩的锁口内涂油脂,以方便打入拔出。

d. 在插打过程中随时测量监控,每块桩斜度不应超过 2%,当偏斜过大不能用拉齐方法调正时,应拔起重打。

②为保证钢板桩打设精度,采用屏风式打入法。先用吊车将钢板桩吊至插桩点处进行插桩,插桩时锁口要对准,每插入一块即套上桩帽轻轻锤击。在打桩过程中,为保证垂直度,用两台经纬仪在两个方向加以控制。为防止锁口中心平面位移,在打桩进行方向的钢板桩锁口处设卡板,阻止板桩位移。同时在围檩上预先算出每块板块的位置,以便随时检查校正。

③要求:

a. 钢板桩沉桩施工先试桩,试桩数量不小于 10 根。

b. 钢板桩放线施工,桩头就位必须正确、垂直、沉桩过程中,随时检测,发现问题,及时处理。沉桩容许偏差:平面位置纵向 100mm,横向为 $-50 \sim 0$mm;垂直度为 5mm。

c. 基坑开挖后钢板桩垂直平顺,无严重扭曲、倾斜和劈裂现象,锁口连接严密。

d. 沉桩施工前必须平整清除地下、地面及高空障碍物,需保留的地下管线应挖露出来,加以保护。

e. 基坑土方和结构施工期间,对基坑围岩和支护系统进行动态观测,发现问题,及时处理。

④振动沉桩:

振动锤振动频率大于钢桩的自振频率。振桩前,用振动锤夹紧钢板桩上端,并使振动锤与钢板桩的重心在同一直线上。

位置正确并垂直后,再振动下沉。钢板桩每下沉 $1 \sim 2$mm,停振检测桩的垂直度,发现偏差,及时纠正。

沉桩中,当钢板桩的下沉速度突然减小时,应停止沉桩,将钢板桩向上拔起 $0.6 \sim 1.0$m,然后重新快速下沉,如仍不能下沉,则应采取其他处理措施。

⑤静力压桩:

压桩机压桩时,桩帽与桩身的中心线必须重合。

压桩过程中随时检查桩身的垂直度,初压过程中,发现桩身位移、倾斜和压入过程中桩身突然倾斜及设备达到额定压力而持续 20min,仍不能下沉时,及时采取措施。

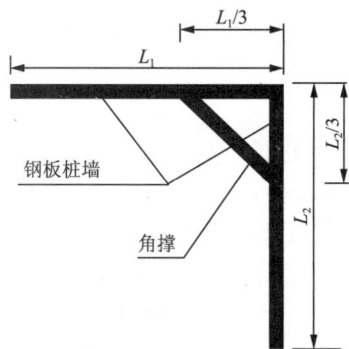

图 11-9　钢板桩转角加强支撑示意图

(4)围檩、拉杆、角撑

为加强钢板桩墙的整体刚度,沿钢板桩墙全长设置围檩,围檩用槽钢或角钢组成,通过拉杆固定于原已打好的钢管锚杆上,拉杆用钢筋焊接在钢管锚杆上。为增加钢板桩围护结构的整体强度、刚度,在四角位置设置角撑,必要时增设内支撑。钢板桩转角加强支撑如图 11-9 所示。

(5)钢板桩的拔除

基坑回填后,要拔除钢板桩,拔桩前,应仔细研究拔桩方法、顺序,拔桩时间及土孔处理方法。拔桩振动及拔桩带土会引起地面沉降和位移,会影响地下结构和临近既有建筑物、构筑物或地下管线的安全。设法减少拔桩带土,目前主要采用灌水、灌砂措施。

先用打拔桩机夹住钢板桩头部振动 $1 \sim 2$min,使钢板桩周围的土松动,产生"液化",减少土对桩的摩阻力,然后慢慢地往上振拔。拔桩时注意桩机的负荷情况,发现上拔困难或拔不上来时,应停止拔桩,先振动 $1 \sim 2$min 后再往下锤 $0.5 \sim 1.0$m,再往上振拔,如此反复可将桩拔出来。

①拔桩方法

拔桩采用振动锤拔桩：利用振动锤产生的强迫振动，扰动土质，破坏钢板桩周围土的黏聚力以克服拔桩阻力，依靠附加起吊力的作用将桩拔除。

②钢板桩土孔处理

对拔桩后留下的桩孔，必须及时回填处理。桩每拔高 1m 后暂停引拔，振动几分钟让土孔填实。钢板拔出桩孔后，剩余的空隙应及时用灌水、灌砂填实。

③钢板桩施工中遇到的问题及处理

由于地质结构复杂，钢板桩打拔施工中常遇到一些难题，常采用如下办法解决：

a. 桩过程中有时遇上大的块石或其他不明障碍物，导致钢板桩打入深度不够，采用转角桩或弧形桩绕过障碍物。

b. 钢板桩杂填土地段挤进过程中受到石块等侧向挤压作用力大小不同容易发生偏斜，采取以下措施进行纠偏：在发生偏斜位置将钢板桩往上拔 1.0 ~ 2.0m，再往下锤进，如此上下往复振拔数次，可使大的块石被振碎或使其发生位移，让钢板桩的位置得到纠正，减少钢板桩的倾斜度。

c. 在基础较软处，有时发生施工时将邻桩带入的现象，采用的措施是把相邻的数根桩焊接在一起，并且在施打桩的连接锁口上涂以黄油等润滑剂减少阻力。

11.2.4 沉井基础

1）沉井简介

沉井基础是井筒状的结构物，它是以井内挖土，依靠自身重力克服井壁摩擦阻力，下沉到设计高程，然后经过混凝土封底，并浇筑基础混凝土，成为桥梁墩台或其他结构物的基础。

（1）沉井分类

①按平面形状：

圆形沉井：形状对称、挖土容易，下沉不易倾斜，但与墩、台截面形状适应性差。

矩形沉井：与墩、台截面形状适应性好，模板制作简单，但边角土不易挖除，下沉易产生倾斜。

圆端形沉井：适用于圆端形的墩身，立模不便，但控制下沉与受力状态比矩形好。

②按立面形状分类：

柱形：构造简单，挖土较均匀，井壁接长较简单，模板可重复使用。

阶梯形：除底节外，其他各节井壁与土的摩擦力较小，但施工较复杂，消耗模板多。

③按沉井的建筑材料分类：

混凝土沉井：下沉时易开裂，很少使用，一般用于下沉深度不大的项目。

钢筋混凝土沉井：为最常用的施工方法。

钢沉井：多用于水中施工。

（2）沉井构造

沉井主要由刃脚、井壁、内隔墙、梁、凹槽、封底等构成。

①井壁：沉井的外壁是沉井的主要部分，它应有足够的强度，以便承受沉井下沉过程中及使用时的荷载，同时还要求有足够的重量，使沉井在自重作用下能顺利下沉。

②刃脚：井壁下端一般都做成刀刃状的"刃脚"，其功用是减少下沉阻力。

③隔墙：设置在沉井井筒内，其主要作用是增加沉井在下沉过程中的刚度，同时，又把整个沉井分隔成多个施工井孔（取土井），使挖土和下沉可以较均衡地进行，也便于沉井偏斜时的纠偏。

④凹槽:设置在刃脚上方井壁内侧,其作用是使封底混凝土和底板与井壁间有更好的联结,以传递基底反力。

⑤封底:当沉井下沉到设计高程,经过技术检验并对井底清理整平后,即可封底,以防止地下水渗入井内。

⑥基础:井内浇筑钢筋混凝土基础,待混凝土强度达到设计强度后方可砌筑墩。

（3）施工优点

①埋置深度大,整体性强,稳定性好,能承受较大荷载。

②下沉过程中无须设置坑壁支撑或板桩围壁,简化了施工过程。

③沉井施工对邻近的构建筑物影响较小。

（4）施工缺点

①施工周期较长。

②施工所需的技术要求较高。

③施工中易发生流沙,造成沉井倾斜或下沉困难,影响施工。

（5）适用条件

①山区河流冲刷大或有较大的卵石,不便于桩基础施工。

②上部荷载大,扩大基础开挖工作量大,支撑困难,采用沉井基础经济上合算。

③河水较深,采用扩大基础的话,施工围堰制作有难度。

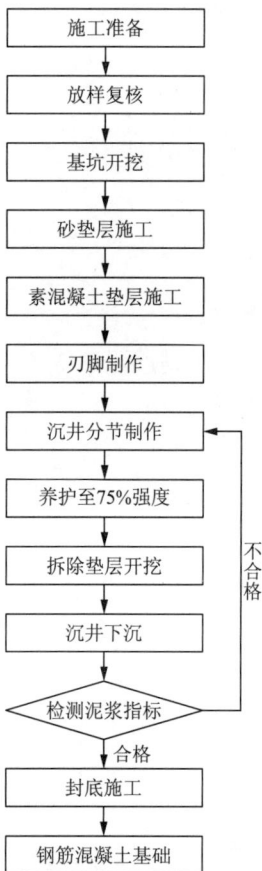

图 11-10　沉井基础施工工艺流程图

2）施工工艺流程

沉井基础施工工艺流程如图 11-10 所示。

3）施工控制要点

（1）施工准备

根据施工现场情况在工作坑现场开挖合适大小的泥浆池,作为沉井时泥浆循环池,泥浆池边离工作坑边 15m 以外。条件不允许情况下,用水箱作为泥浆池,多余泥浆用翻斗车运到指定的地点。

放样沉井位置,整平场地原位预制(常用)或厂内预制沉井节。

（2）刃脚支垫

刃脚支设模板,可采用砂石基层,其上为混凝土垫层,垫层只做刃脚及底部隔梁,混凝土垫层上刷隔离剂,然后在其上支设刃脚及井壁模板,浇筑混凝土。

砂垫层厚度根据沉井重量和垫层底部地基上的承载力计算后确定厚度。

（3）刃脚制作、下沉

①模板支设

沉井井壁采用木模板或钢模板拼装。考虑浇筑速度快,对模板产生很大的侧压力,可采用 $\phi 16$ 对拉螺栓固定,螺栓纵横向间距均为 $0.6 \sim 0.9m$,中部设止水片,与螺栓接触的一圈满焊。为确保刃脚施工稳定,刃脚部分可用砖筑作外模板。

内、外壁模板稳定,井内外搭设双排钢管脚手架。对于井壁上预留管道孔,为防止下沉时重量不等,影响重心偏移和泥水涌入井内,施工中采取在洞口内外预埋钢框和螺栓,用钢板、木板封堵,中间填与孔洞重量相等的砂石配重量。

②钢筋绑扎

a. 钢筋在现场机械成型,人工绑扎。

b. 每节井壁竖筋一次绑扎好,水平筋分段绑扎,与上节井壁连接处,伸出插筋,接头错开 1/4,并采用焊接连接方法。

c. 为保证钢筋位置正确。垂直钢筋间距采用开槽口的木卡控制,水平筋间距选用一批竖筋按间距焊上短钢筋头控制。

③混凝土浇筑

a. 采用商品混凝土浇筑,垂直水平运输采用泵车。

b. 浇筑采用分层平铺法,每层厚度控制在 30～50cm 均匀浇灌,一次连续浇灌完,灌筑混凝土时应沿着井壁四周对称进行,避免混凝土面高低相差悬殊,压力不均而产生基底不均匀沉降,每层混凝土要求在 1h 内振捣完毕。

c. 两节混凝土的接缝处设凸型水平缝,接缝处应经凿毛及冲洗处理,浇筑时用和混凝土一样的水灰比砂浆铺垫 10cm。

d. 混凝土采用自然养护,为加快拆模下沉,在混凝土中掺加促凝剂、减水剂。

e. 井壁混凝土外表面如有蜂窝、麻面等缺陷,应用水泥砂浆仔细修补平整。

④刃脚垫架拆除

a. 沉井拆模板在混凝土强度达到 25% 即可拆除,刃脚垫架在混凝土达到 100% 强度后,方可拆除破土下沉。

b. 在破碎混凝土垫层之前,应对封底及底板接缝部位混凝土进行凿毛处理。破除应在专人指挥下分区、依次、对称、同步进行。

c. 拆除方法是将混凝土垫层底部的砂挖去,使垫层下空,利用空压泵汽锤破碎,刃脚下应随即用砂或砂砾回填夯实,在刃脚内外侧应夯筑成小土堤,以承担部分井筒重量,接着破碎另一段,如此逐点进行,破除垫层时要加强观测,注意下沉是否均匀,如发现倾斜,应及时处理。

⑤挖土下沉

沉井每层挖土量较大,挖土采用机械与人工配合进行,根据土质情况,采用碗形挖土自重破土方式。采用液压反铲挖掘机,从中间开始挖向四周,均衡对称地进行,使其能均匀竖直下沉。每层挖土厚度为 0.5m,在刃脚处留 1.2～1.5m 宽土台,用机械逐层切削。方法是按顺序分层逐渐往刃脚方向削薄土层,每次削 5～15cm,当土垅挡不住刃脚的挤压而破裂时,沉井便在自重作用下破土下沉。削土量应沿刃脚方向全面、均匀、对称地进行,使之均匀平稳下沉。刃脚下部土方必须边挖边清理。挖土时着重注意先挖隔仓,减少底梁地基反力,防止底梁硌裂。

碰到硬土层时,当土垅削至刃脚,沉井仍不下沉或下沉不平稳时,须按平面布置分段的次序逐段对称的将刃脚下挖空,并挖出刃脚外壁 10cm,每段挖完后用小卵石,可使沉井因均匀减少承压面而平稳下沉。

在沉井开始下沉和将沉至设计高程时,周边开挖深度应小于 30cm,避免发生倾斜。尤其在开始下沉 5m 以内时,其平面位置与垂直度要特别注意保持正确,否则继续下沉不易调整。沉井下沉至离设计高程 1m 时,控制下沉速度,测自沉量,制订最后一层土开挖方案,并进行自沉控制。

a. 沉井下沉前准备

下沉时沉井强度应达到设计要求后方可下沉,下沉前孔洞采用砖砌 24cm 墙的措施,封闭应满足侧压力的要求,并方便以后施工的拆除。

下沉前先凿除刃脚素混凝土垫层和砖胎模,垫层拆除应先内后外对称进行,并用吊车、反抓斗将井内碎砖清理干净。在沉井四周壁上画出测量标记,并设立水平指示尺。

b. 土方吊运

沉井内挖出的土方，由挖掘机挖掘，人工配合，汽车吊作为垂直运输工具（小沉井采用长臂挖掘机直接取土，人工配合下沉），土方及时用自卸汽车运到弃土场。

c. 测量控制与观测

沉井位置的控制：在井外地面设置纵横十字控制桩，水准基点。下沉时，在井壁上设十字控制线，并在四侧设水平点，于壁外侧用红铅油画出标尺，以测沉降。井内中心线与垂直度的观测系在井筒内壁纵横四等分标出垂直轴线，各吊垂球一个，对准下部标板来控制。挖土时随时观测垂直度，当垂球离墨线边达 50mm 即应纠正。沉井下沉过程，每班至少观测两次，并应在每次下沉后进行检查，做好记录。当发现倾斜、位移、扭转时，应及时纠正，使在允许偏差范围以内。当沉至离设计高程 2m 时，对下沉与挖土情况应加强观测。

d. 下沉倾斜、位移、扭转的预防及纠正

沉井纠偏应勤测勤纠，小角度纠偏。避免因纠偏幅度过大而对周边土体产生较大扰动。同时为防止沉井下沉对土体有较大扰动，可采用空气幕作为辅助下沉、纠偏的措施，可有效减小沉井下沉对周边土体的扰动。

沉井下沉过程中，刃脚高程每班至少测量两次，轴线位移每天测一次，当沉井每次下沉稳定后进行高差和中心位移测量。

下沉过程中，均匀对称出土，严格控制泥面高差，当平面位置和四角高差出现偏差时应及时纠正。

沉井在终沉阶段应以纠偏为主，应在沉井下沉至距设计高程 2m 为沉井终沉控制阶段，1m 时基本纠正好，纠正后应谨慎下沉，在沉井刃脚接近设计高程 30cm 以内时，必须不再有超出容许范围的位置及方向偏差，否则难于纠正。

造成沉井产生倾斜偏转的常见原因：沉井刃脚下土层软硬不均匀；没有均匀除土下沉，使井孔内土面高低相差很多；刃脚下掏空过多，沉井突然下沉，易于产生倾斜；刃脚一角或一侧被障碍物搁住，没有及时发现和处理；由于井外弃土或其他原因造成对沉井井壁的偏压。

沉井下沉发生倾斜偏转时，根据沉井产生倾斜偏转的原因，可采用下述的一种或几种方法来进行纠偏，确保沉井的偏差在容许的范围以内。

（a）偏除土纠偏

纠正倾斜时，在刃脚高的一侧取土，必要时可由人工配合在刃脚下除土。随着沉井的下沉，在沉井高的一侧减少刃脚下正面阻力，在沉井低的一侧增加刃脚下的正面阻力，使沉井的偏差在下沉过程逐渐纠正，这种方法简单，效果较好。

纠偏位移时，预先使沉井向偏位方向倾斜，沿倾斜方向下沉，直至沉井底面中轴线与设计中轴线的位置相重合或接近时，再将倾斜纠正或纠至稍微向相反方向倾斜一些，最后调正至倾斜和位移都在容许范围以内为止。

（b）井外射水、井内偏除土纠偏

高压射水管沿沉井高的一侧井壁外面插入土中，破坏土层结构，使土层的被动土压力大为降低。采用上述的偏除土方法，可使沉井的倾斜逐步得到纠正。

（c）压重纠偏

在沉井高的一侧压重，压重使用钢锭或生铁块，沉井高的一侧刃脚下土的应力大于低的一侧刃脚下土的应力，使沉井高的一侧下沉量大些，亦可起到纠正沉井倾斜的作用。

（d）沉井位置扭转时的纠正

沉井位置如发生扭转，可在沉井偏位的两角偏出土，另外两角偏填土，借助于刃脚下不相等的土压力所形成的扭矩，使下沉过程中逐步纠正其位置。

（4）封底

当沉井沉到设计高程，经 2 ～ 3d 下沉已稳定，或经观测，在 8h 内累计下沉量不大于 10mm 时，即可进行沉井封底。

土形整理，使之呈锅底形，自刃脚向中心挖放射形排水沟，填以石子做成滤水暗沟，在中部设 2 ～ 4 个集水井，井深 1 ～ 2m，插入直径 0.6 ～ 0.8m、周围有孔的混凝土或钢套管，四周填以卵石，使井中的水都汇集到集水井中，用潜水泵排出，使地下水水位保持低于井底面 30 ～ 50cm。刃脚混凝土凿毛处洗刷干净，在井底对称均匀浇 C15 毛石混凝土封底，强度达到 30% 后，绑钢筋，浇筑上层防水钢筋混凝土基础。应在整个沉井面积上分层浇筑，由四周向中央进行，混凝土养护 14d 期间，在封底的集水井中应不间断地抽水，待底板混凝土达到 70% 设计强度后，对集水井逐个停止抽水，逐个进行封堵。

11.3 桥梁下部结构

桥梁下部结构包括承台、墩台身、盖梁及连系梁，用以支持桥梁上部结构并将荷载传给地基。附属构造物则指桥头搭板、桥台背墙、锥体护坡等相关附属工程。

11.3.1 陆地混凝土承台施工

陆上承台开挖及支护、模板、钢筋、混凝土施工等同前述明挖基础混凝土施工，只是基坑开挖后，先要凿桩头，人工配合机械凿除桩头，桩头混凝土清除到设计高程且保证混凝土到新鲜面。桩头处理完成后，对桩头钢筋进行清理、调整。再进行桩基检测，合格后方可进行承台施工，此处不再细述。

11.3.2 水中混凝土承台施工

1）水中围堰分类及特点

水中墩施工常用围堰种类有土围堰、土袋围堰、钢板桩围堰、钢筋混凝土板桩围堰、钢套箱围堰和双壁钢围堰等，根据地质情况、水深及流速情况进行选择，见表 11-7。

围堰分类、适用条件及特点表   表 11-7

序　号	围堰分类	适 用 条 件	特　　点
1	土围堰	水深≤1.5m，水流速度≤0.5m/s，河床土质渗水较小，河床底平缓	①人工施工围堰顶宽度为 1 ～ 2m，机械施工围堰顶宽度≥3m，外坡坡度 1∶2 ～ 1∶3，内坡坡度 1∶1 ～ 1∶1.5； ②用土为黏性土，填出水面后应分层夯实，填土应自上游开始至下游结束； ③内坡脚距基坑边缘距离≥1m
2	土袋围堰	水深≤3m，水流速度≤1.5m/s，河床土质渗水性较小，河床底平缓，可筑土袋围堰	①围堰中心可填筑砂土、黏土芯墙，水流大时外围袋可装碎石； ②堰顶宽度 1 ～ 2m，堰外边坡 1∶0.5 ～ 1∶1，堰内边坡 1∶0.2 ～ 1∶0.5，坡脚距基坑顶边缘的距离≥1m； ③堆码的土袋其上下、左右层应相互错开，堆码密实整齐

序　号	围堰分类	适用条件	特　点
3	钢板桩围堰	流速较大的河水河床,适合于砂类土、黏性土、碎石土及风化岩等坚硬河床,挡水性能好,可成为结构的一部分,也可拆除利用	①采用定型规格的钢板桩接口类型一致,钢板桩与钢板桩的接口需连锁紧密; ②钢板桩的打设从上游开始向下游合拢; ③施打要求板桩竖直,接口严密; ④拔桩前宜灌水后,从下游开始
4	钢筋混凝土板桩围堰	流速较大的深水河床,对于黏性土、砂类土及碎石土类河床更合适,用于挡水,亦可用于基础的一部分,亦可拔出周转使用	①板桩断面应符合设计要求,沉入砂砾层的板桩桩头,应增加加劲钢筋或钢板; ②若采用射水下沉,板桩预制时,应预留射水道; ③每块板桩的榫口结合应顺直、紧密,起到挡水和导向的作用; ④从迎水面角桩起开始插打桩,在下游围堰角桩或直线上合拢,拔桩顺序相反
5	钢套箱围堰	水流速度≤2m/s,埋置不深的水中基础,也可用于修建桩基承台,高出最高水位0.5～0.7m	①用钢板制作,内设钢支撑; ②套箱设于岩层上时,整平岩面,沿基岩岩面倾斜,将套箱底做成与岩面相同的倾斜底; ③制作和吊装时,防止套箱接缝渗漏; ④用作吊箱时进行专门设计,由潜水员逐步检查,合格后,浇筑水下混凝土,封底
6	双壁钢围堰	大型河流的深水基础施工,覆盖层较薄、平坦的岩石河床	①双壁钢围堰应进行专门设计; ②围堰尺寸及高度根据基础尺寸及放样误差,墩位河床高程、围堰下沉深度和施工可能出现的最高水位及浪高等因素确定; ③双壁钢围堰应分设多个对角的隔水仓,下沉过程中对称灌水、砂砾石或混凝土; ④进行焊接质量检查及水密试验; ⑤由潜水员逐步检查,合格后,浇筑水下混凝土,封底

2）钢套箱施工工艺流程

钢套箱施工工艺流程如图11-11所示。

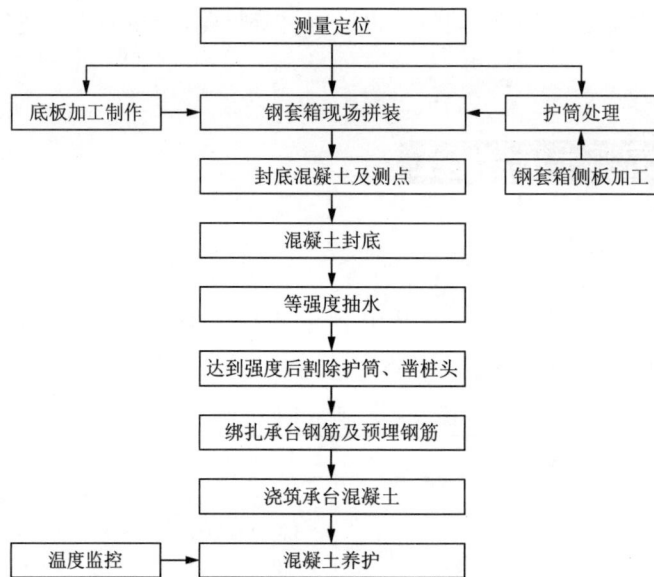

图11-11　钢套箱施工工艺流程图

3）水中承台钢套箱制作与底板施工

（1）钢套箱制作

钢套箱在工厂分块制作,制作完成后用平板车运至施工现场,在施工平台上进行拼装。

①钢套箱在专业模板厂分块进行制作,制作完成后进行试拼装和调试,检查套箱的制作误差和质量。

②钢套箱的质量技术要求:加工必须按有关规范、工艺要求进行钢板与钢板、钢板与型钢之间的焊接,有效防止焊接变形过大使局部和整体的偏差超出误差允许值。加工下料平台要求有足够的强度和刚度,其上设置定位、限位装置,以确保半成品、成品组装成钢套箱时各个细部和整体结构尺寸符合该分块钢吊箱设计尺寸的要求。

③半成品分类堆放,并挂上对应的识别标识牌。堆放时注意防止钢套箱模板块的变形。

根据实测地质资料,承台施工采用钢套箱围堰,侧模为钢模,底模为预制钢筋混凝土底板,底板分6块和4块两种,预制成型后运输到施工平台上现场浇筑湿接缝连接成整体(此为某工程实例,也可用钢结构封底,视现场情况而定)。

(2)钢套箱底板施工

底板采用混凝土分块预制。每块预制板之间预留后浇湿接缝,并留出相应的钢筋头,用以预制板之间的钢筋焊接。底板钢筋分上下两层钢筋网。预制板四周预埋钢板,用螺纹钢筋锚固;在护筒四周位置埋设型钢,作为底板与护筒的连接件。

预制块安装完成后,块与块之间上下钢筋焊接连接。护筒与预制块顶部对称焊接预埋件(限位块),绑扎后浇筑混凝土,采用汽车吊起吊料斗下放浇筑混凝土。封底混凝土钢筋布置如图11-12所示。

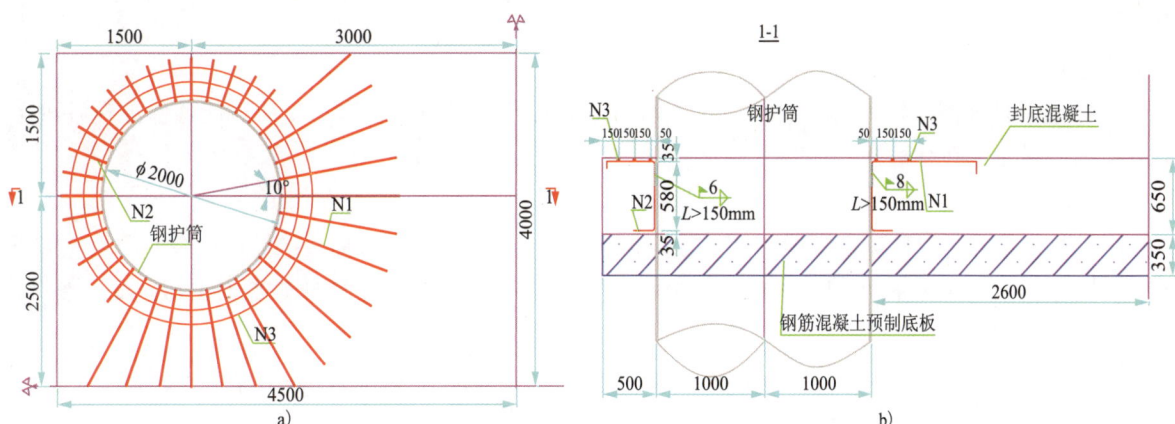

图 11-12　封底混凝土钢筋布置示意图(尺寸单位:mm)

注:预制板在相应位置预埋起重吊点、吊带的孔道及模板固定所需的铁件

套箱围堰预制底板分块,参见某桥墩承台套箱围堰分块预制图(图11-13、图11-14)。

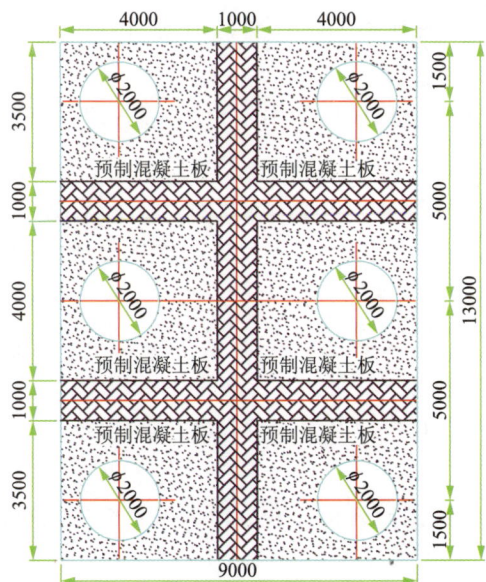

图 11-13　A 型套箱预制底板分块图(尺寸单位:mm)

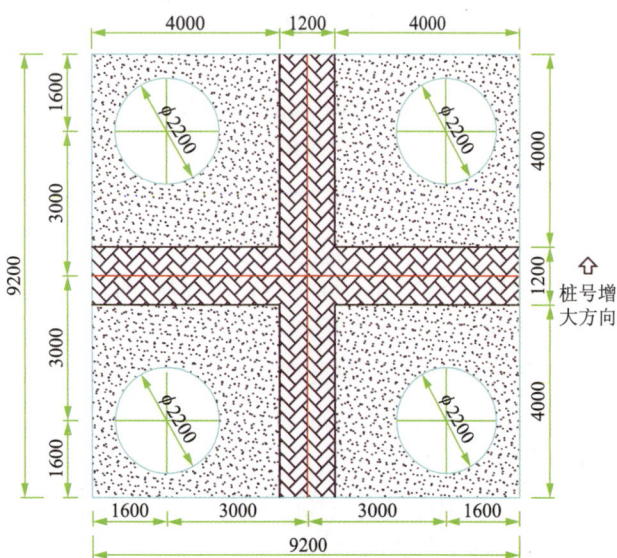

图 11-14　B 型墩套箱预制底板分块图(尺寸单位:mm)

4）钢套箱套箱模板施工

模板安装顺序宜先从角点安装,再安装与之相连角点另一侧模板,以构成一个稳定结构,再对称按同样顺序安装另一角点,然后对称安装与之相连的侧模板。

为确保套箱模板的止水效果,所有预留拉杆洞均需密堵,拼接模板时,其接缝使用胶皮堵塞。

5）钢吊箱下放方法

（1）液压千斤顶下放系统

混凝土底板及套箱下放系统由多个液压千斤顶、精轧螺纹钢吊带、配套螺母、垫片、反力架、钢垫板及吊点装置组成。

①液压千斤顶

根据底板及钢套箱下放工况的吊点受力情况,为保证最大受力吊点及整体顶升安全系数均大于1.3,经计算使用合适液压千斤顶。

下放钢吊箱时使用多个下放吊点,每个吊点处用一个千斤顶,考虑到千斤顶损坏情况,适当备用千斤顶。

②吊杆

吊杆选用精轧螺纹钢,根据底板整个下放行程选用;且单根吊带容许承受荷载能够保证在各种工况下单根吊带承受荷载要求。

③支撑体系

桩基护筒顶布置双拼工字钢梁,使用三角钢板牛腿与护筒焊接固定,后将护筒内剩余空间填充混凝土。在钢梁上置放钢支撑,支撑位于钢护筒中心,支撑立柱采用槽钢进行剪刀连接,使其成为一个整体。

④上横担梁

上横担梁设置在钢立柱顶上,横担梁与钢立柱焊接固定。在立柱位置,采用厚钢板加强工字钢。

⑤受力纵梁

受力纵梁采用型钢梁,中间预留间距下穿精轧螺纹钢,吊点位置采用钢板与钢梁焊接成整体,在梁端、梁中央等位置采用钢板与钢梁焊接,使型钢梁成整体。在吊点位置、大横担梁、跨中位置采用钢板进行加肋。套箱下放时,在钢板上设置专用锚具,上方设置自制马凳,安放千斤顶,千斤顶上设置厚钢板,钢板上方设置专用工作锚具。钢套箱液压千斤顶下放系统如图11-15、图11-16所示。

⑥下放注意事项

底板及钢套箱下放施工前必须做好各项准备工作,在施工过程中应集中精力、加强管理、注重施工过程控制,确保底板下放顺利实施。

a.吊杆上应用红色油漆每5cm做好标记,并且保证各吊带的同一标记保证在同一水平线上。

b.每次下放行程以5cm来进行控制,每次行程到位后应停止作业,用卷尺量测顶扣与红色标记线的间距,确保每个行程前各吊点间的初始偏差在5mm以内。

c.每次提升或下放作业前,必须检查吊点焊缝质量及精轧螺纹钢的情况,如发现吊点及吊带有问题,需立即停止作业并及时处理,待问题得到解决后方能继续作业。

d.下放前,应做好各项准备工作,千斤顶等设备做好一定的储备,以便能及时进行更换,保证下放作业的连续性。

e.下放时,千斤顶由现场管理人员统一指挥、负责,当班现场技术员注意复核各吊点累计下放行程,行程偏差较大时及时调整。

f.应重点组织千斤顶操作人员进行技术交底及作业前培训,以便现场作业时能够步调一致。

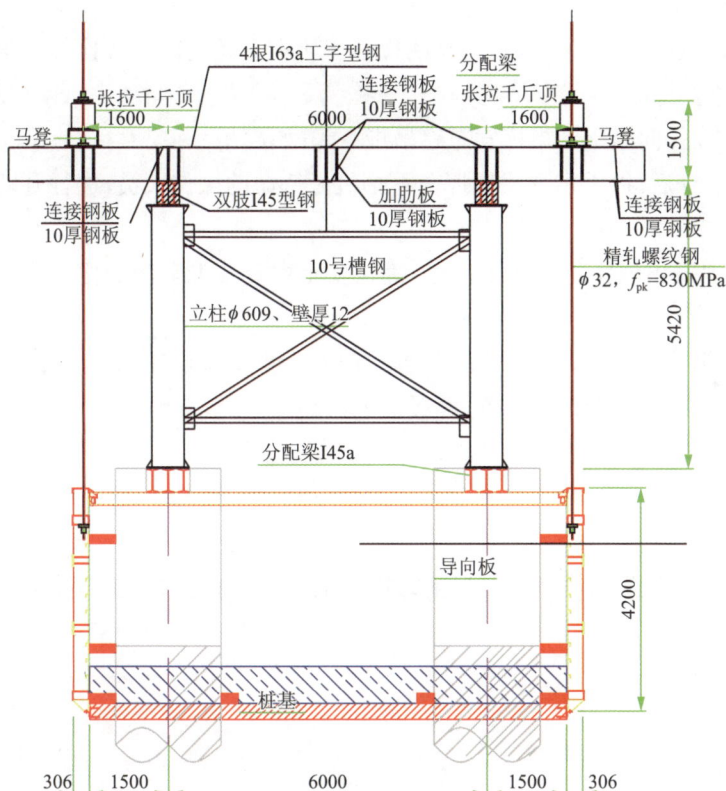

图 11-15　钢套箱千斤顶下放系统立面示意图

（尺寸单位：mm）

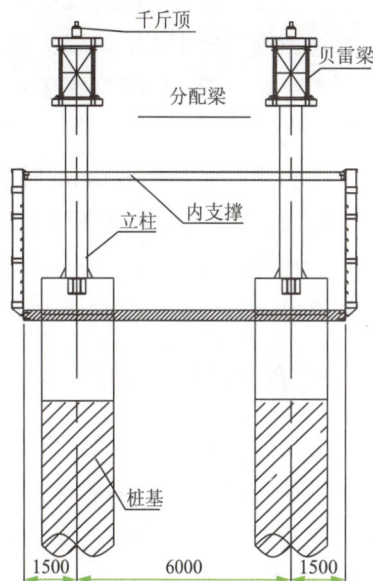

图 11-16　钢套箱千斤顶下放系统侧面示意图

（尺寸单位：mm）

g. 底板下放到位后，应立即拧紧所有已安装吊带螺母，并及时采取焊接临时限位的措施，以免底板在套箱拼装时发生偏移。

（2）船舶浮吊下放系统

通过计算确定选用一台大吨位浮吊，满载吃水应满足现场情况需求。

①起重船进入现场，在指定地点进行抛锚定位，使吊船扒杆与吊物中心保持适当的距离。

②起吊前要全面检查吊装时所用的各项工器具以及卷扬机的性能，确认都处于良好后方可投入使用。检查完毕后，调整浮吊的扒杆角度，再次全部复查作业浮吊的各部机械设备，确认完好待用。调整浮吊船位置，使主钩对准需吊装设备的中心吊点位置，将卸扣连接到索具上备用。船舶浮吊安装钢套箱工程实例如图 11-17 所示。

图 11-17　船舶浮吊安装钢套箱工程实例

③先松下浮吊扒杆顶端的小钩将钢丝绳吊起，运送到被吊设备边。

④松下主吊钩，使之与套箱上表面保持 1000mm 高度，先将钢丝绳挂在主钩上后再连接到套箱的

4个固定点上。

⑤施工指挥、吊装副指挥一同复查各连接点的可靠性,确认后操作工再在套箱的两端各拴好一根安全牵引绳。操作工退离设备至安全位置待命。

⑥由施工总指挥确认准备工作完成后,向施工副指挥发布起吊指令,开始起吊。

⑦在浮吊船上的副指挥接到起吊指令后,以手示方式指挥在卷扬机旁待命的操作人员,进行升降操作。

⑧套箱起吊离位100mm时,总指挥发出停止起吊指令,再次确认安全性及核准套箱的摆放方向及位置,确认完成后再发令起吊。

⑨移位时统一口径,统一指挥松放艉锚缆,同时收缩艏锚缆,操作时实行点动禁止连动,移动时保证各锚缆同时上劲和缓放,使浮吊平稳地移至套箱摆放位置,并缓缓下放到位。

6)套箱内支撑系统

内支撑系统包括纵横向内支撑梁和斜撑。

纵横向内支撑及斜撑:采用钢管等型钢,两端与竖向支撑梁螺栓连接,纵横向支撑梁在套箱下放前进行施工,采用吊装设备安装。

7)封底混凝土施工

承台套箱封底时注意对承台底面进行调平。

钢围堰下放到设计位置后,在低潮位置时利用塑料泡沫止水并用早强混凝土封堵混凝土底板与钢护筒的缝隙位置。同时焊接钢护筒与预制板间的固定钢板,防止围堰上浮。在每个钢护筒封底混凝土范围内环向均匀布置连接钢板。钢板与护筒间采用焊接。

待混凝土底板与钢护筒连接位置混凝土强度形成后,将预制底板凿毛,在钢围堰无水环境中绑扎封底混凝土钢筋。施工封底混凝土,使其与预制底板形成钢筋混凝土底板梁,共同承受承台施工重量,底板通过固定钢板将承台重量传递到钢护筒上。

套箱混凝土封底前要检查套箱各个部件的焊接质量,确定无误后方可进行,封底混凝土采用水下混凝土,混凝土运输车通过钢栈桥运输至现场,然后采用混凝土汽车泵或卧式混凝土泵车进行浇筑,封底时应该注意以下事项:

①封底前检查套箱各个部位,看是否有异常现象,并准备好沙袋,发现底板出现漏水及时进行封堵。

②封底过程中,套箱内水位会上升,要设置抽水泵,使在封底混凝土浇筑过程中套箱内、外水位保持水平。

③现场机械设备和人员组织要到位,保证封底顺利连续进行。

④测量人员要准确地控制混凝土高程,确保混凝土厚度。

⑤封底过程中对套箱进行监控,看是否出现异常,一旦出现异常立即停止封底混凝土浇筑并上报现场人员,待问题解决后方可恢复施工。

⑥施工人员要遵循水上安全作业规定,确保施工的安全。

(1)施工难点

水中承台封底混凝土施工存在一定的困难,主要如下:

①封底混凝土方量大、浇筑面积大。对混凝土的浇筑设备及混凝土的成型都有较高的要求。

②封底混凝土浇筑时间长,遇到大风等不利天气会影响混凝土的供应,容易造成混凝土浇筑的不连续性。

③封底面积大,混凝土表面整平难度大。

（2）应对措施

①为了保证混凝土与钢护筒及底板之间的结合质量,封底混凝土浇筑前,要派人员清除钢护筒外表锈皮及其他杂物,保证成型效果。

②施工前根据实际情况,选择在晴好天气时间进行封底,并提前进行充分准备,保证机械设备状态良好、施工人员数量足够,工种齐全,确保封底顺利进行。

③根据混凝土流动范围布置好导管位置,勤挪动,保证封底混凝土能够覆盖套箱底板的每个区域,并尽可能平整。

（3）浇筑设备布置

水下封底混凝土采用泵车。封底混凝土导管直接采用泵车末端混凝土输送管。设备布置按以下原则进行:

①全部导管作用范围覆盖整个混凝土浇筑区。

②确保该部分封底混凝土厚度,以防渗水。

③导管与钢护筒外侧壁尽量保持一定距离,以利于混凝土的均匀扩散。导管布置时注意远离护筒 50cm 以上,以免混凝土直接冲击止水胶囊而导致堵漏失败。导管的作用半径按 4m 考虑,导管底口距离钢套箱封底混凝土底面 15cm 左右。

（4）水下封底混凝土浇筑

①首盘封底混凝土浇筑

首盘混凝土封口时,用测锤从导管内测出导管下口与套箱底板距离,并调整至 10 ～ 15cm。首盘混凝土浇筑完后立即用测绳测量导管埋深及混凝土的流动范围。

②正常混凝土浇筑

首盘封底成功后,直接放料浇筑。为保证导管出口有一定的埋深,在混凝土浇筑顺利时尽量不提升导管,需要提管时,应缓慢提升,提升点处的混凝土高度要勤量、勤测,务必杜绝提空导管现象的发生,严格以实际测量深度为提管依据。

③浇筑临近结束时控制

混凝土浇筑临近结束时,全面测出混凝土顶面高程,重点监测导管作用半径相交处、护筒周边、套箱内侧周边等部位,根据结果对高程偏低的测点附近导管增加浇筑量,力求混凝土顶面平整,并保证混凝土浇筑厚度达到要求。当所有测点符合要求后,中止混凝土浇筑。

（5）封堵观测及应急处理

①在混凝土浇筑前,再次组织水下检查。

②对封底混凝土进行定期测量,当发现封底混凝土高程情况与混凝土的浇筑方量理论上升高度不吻合时,可能是堵漏出现问题,需立即进行检查。

③观测套箱外侧水的颜色,当外侧出现大量与混凝土颜色相同的水后,需立即采取措施进行堵漏。

④观测护筒周围水面情况,如出现翻水花现象时立即处理漏点。

⑤混凝土浇筑过程中如发现个别导管附近混凝土突然高度降低,则可立即量测周边区域混凝土面是否抬高。如有抬高,则可判定是混凝土堆积坡度较陡、自行坍落所致;如未抬高,则需立即采取措施进行堵漏。

⑥在抽水完成后及时浇筑封底调平层混凝土。

8）钢套箱抽水堵漏

封底混凝土达到设计强度后进行抽水,抽水过程中连通器部位关闭,围堰的受力状态持续向最不利状况转变,应及时检查钢套箱的结构是否发生变形,如没有问题则可继续抽水,直至套箱内水全部抽完,在抽水过程中,套箱壁可能会出现局部漏水,应边抽水边堵漏。

9)拆除吊杆系统

在抽水完成封底混凝土没有质量、安全隐患后,应拆除吊装系统,拆除时要逐步缓慢松开吊杆锚具,并时刻观察套箱变化情况,如出现严重漏水、下沉现象发生时应立即停止施工,待问题解决后方可继续施工。吊装系统拆除后逐渐拆除上承重梁、下承重梁、钢护筒等。

10)钢套箱承台

钢套箱内承台施工工艺与陆地承台施工工艺基本相同。

11.3.3 桥梁墩台身、盖梁施工

1)桥墩类型

地铁高架桥墩类型主要有花瓣式桥墩(图 11-18)、Y 形墩、T 形墩、倒梯形墩、双柱门架式桥墩、双薄壁桥墩等。

（1）花瓣式板式桥墩

标准墩柱采用花瓣式板式桥墩,墩柱四周设半径 20cm 的圆弧倒角,增加结构线条的柔和,适当消除混凝土构件的凝重感。中部设凹槽,增加桥墩正面的线条,提高桥墩雕塑感,改善桥梁的景观。

（2）门架式桥墩

高架桥梁斜跨公路受条件限制不能采用连续梁跨越时,采用门架桥墩和简支梁跨越,墩柱布置在公路两侧绿化带中,横跨公路采用预应力钢筋混凝土横梁,横梁和两侧墩柱组成门架式桥墩(图 11-19),箱梁支座设在横梁上线路中线位置。

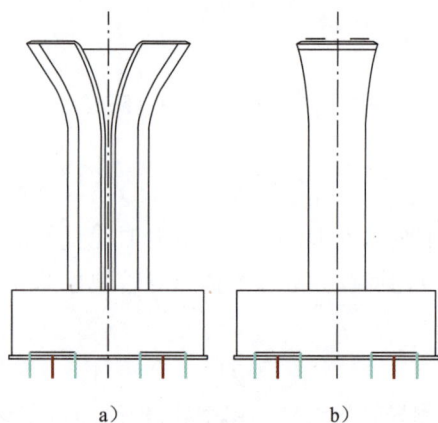

图 11-18 花瓣式板式桥墩示意图

（3）双薄壁桥墩

双薄壁桥墩为变截面刚构连续梁中墩,墩身为双薄壁墩,宽 5100mm,壁厚 1000mm。

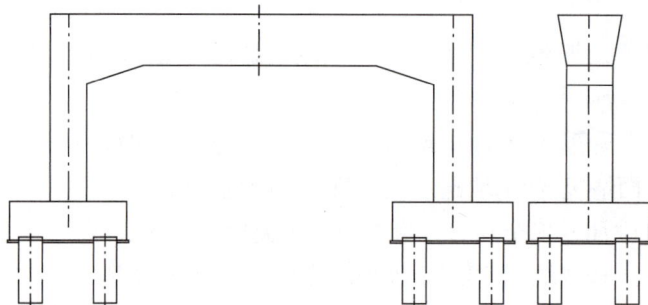

图 11-19 门架式桥墩示意图

2)施工工艺流程

墩台身施工工艺流程如图 11-20 所示。横梁、盖梁施工工艺流程如图 11-21 所示。

墩底处理 → 搭设支架 → 施工放样 → 绑扎钢筋 → 钢模安装 → 预埋件安装 → 混凝土浇筑 → 养护

图 11-20　墩台身施工工艺流程图

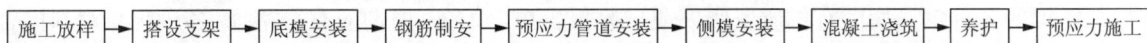

施工放样 → 搭设支架 → 底模安装 → 钢筋制安 → 预应力管道安装 → 侧模安装 → 混凝土浇筑 → 养护 → 预应力施工

图 11-21　横梁、盖梁施工工艺流程图

3）墩台身施工控制要点

（1）清基：在承台混凝土达到设计强度 70% 以上后，开始将墩台身底部范围内混凝土表层浮浆彻底凿毛并清理干净。

（2）定位放线：墩身的中心桩测定后，每个墩各设一组十字桩，以控制墩的纵轴和横轴。

（3）钢筋绑扎：

①钢筋采用加工场加工，现场绑扎，并严格按照有关规范设计要求施作。

②墩台身钢筋在绑扎承台钢筋时，即预先安装好并用简易钢管架固定。

（4）模板与支撑安装：

①根据测放墩身中心十字线，放出墩身轮廓线。

②墩台身模板采用特制大块磨光钢模，四面采用大块模板栓接而成，加工时接缝采用子母口咬合，模板外部采用槽钢加固，适应吊装需要。

③模板拼装好后，安装 4 根钢丝绳作缆风绳，上端拉住模板，下端固定在地锚上，然后利用两台经纬仪进行双向交会，在测量组的指挥下，调节缆风绳上的松紧螺栓使模板垂直。

（5）浇筑混凝土：

①墩台身采用商品混凝土浇筑。

②浇筑混凝土前，先铺设 2cm 厚的砂浆，以保证新、旧混凝土结合良好。

③浇筑时将导管伸入模板内，保证混凝土自由下落高度小于 2m，防止离析。

④墩台身混凝土一次或分次浇筑成型。

⑤浇筑过程中混凝土必须分层浇筑，分层厚度不超过 30cm。

⑥使用振动器振捣，振捣每一层混凝土时振动器插入下层混凝土 10 ～ 15cm，以利于层间结合。

（6）墩台身养护：

①当混凝土终凝后，且强度达到 2.5MPa 以上。开始松开模板横竖向紧固螺栓，利用吊车吊开模板。

②模板拆除后及时用塑料薄膜将墩台身包裹进行养护，养护时间不少于 14d。

4）盖梁施工技术

（1）测量放样，在墩顶放出墩中心十字线和高程点。

（2）所需的各型钢及方木，其材质、截面系数等各项指标均应在使用前进行试验，检验合格后方可使用。

（3）盖梁模板支架系统。采用满堂支架施工盖梁，条件不允许时采用托架法或门洞式支架放工，支架或托架搭设相关要求同现浇箱梁，本节不细述。

（4）盖梁底模安装。在方木上铺组合钢模板，底模的跨中应按计算挠度预留反拱，模板应圆顺，相邻两板高差不大于 2mm，模板的表面平整度应符合规范要求。两端处倒角模板用定做的楔形钢骨架作为支撑，楔形的角度应与盖梁的端部倒角相同。

（5）盖梁的钢筋片骨架应在钢筋场地提前制作。原材检测合格后方可进场使用。钢筋的表面应洁净，使用前应将表面油渍、漆皮、鳞锈清除干净。

钢筋焊接前,必须根据施工条件试焊,合格后方可正式施焊。焊工必须持上岗证。钢筋接头采用搭接电弧焊时,宜采用双面焊。采用搭接电焊时,两钢筋搭接端部应预先折向一侧,使两接合钢筋轴线一致。接头双面焊的焊缝长度不小于 $5d$(d 为钢筋直径,下同),单面焊缝的长度不小于 $10d$。

凡施焊的各种钢筋均应有材质证明书或试验报告单。焊条、焊剂应有合格证,各种焊接材料的性能应符合《钢筋焊接及验收规程》(JGJ 18—2012)的规定。

受力钢筋焊接或绑扎接头应设置在内力较小处,并错开接头。对于绑扎接头,两接头间距离不小于 1.3 倍搭接长度;对于焊接接头,在接头长度区段内,同一个钢筋不应有两个接头。

电弧焊接与绑扎接头与钢筋弯曲处距离不应小于 $10d$,也不宜位于构件最大弯矩处。焊接时,对施焊场地应有适当的防风、防雨、防寒措施。

对于制作的钢筋网片或骨架必须具有足够的刚度和稳定度。拼装时应按设计图纸放样,拼装前,对有焊接接头的钢筋进行接头检查。骨架焊接时,不同直径钢筋的中心线应在同一平面上。为此,较小直径的钢筋焊接时,下面宜垫厚度适当的钢板。施焊顺序宜由中到边对称地向两端进行,先焊骨架下部再焊骨架上部。相邻的焊缝采用分区对称跳焊,不得顺方向一次焊成。

盖梁钢筋制作安装完成后,应整体检查骨架尺寸,钢筋的直径、根数、间距、位置和预埋钢筋、预埋件保护层垫块的留设情况等。各项指标达到规范、设计要求并报监理工程师检验合格后进入下道工序。

(6)盖梁侧模制作与安装。

盖梁侧模、底模全部采用大块组合钢模板。钢模板及其配件按批准的加工图加工,成品检验后进场使用。

模板与钢筋安装工作应配合进行,妨碍绑扎钢筋的模板应在钢筋安装完毕后安设。模板不应与脚手架连接,避免引起模板变形。

安装模板时应防止模板位移与突出。盖梁侧模在模板外设立支撑固定。模板的拼缝需严密,防止漏浆。模板的支撑需牢固,横向支撑需能抵抗构件混凝土在流态下的侧向压应力引起的变形。

模板安装完毕后,应对其平面位置、顶面高程、节点联系及纵横向稳定性进行检查,签认后方可进行混凝土浇筑。浇筑过程中模工随时检查模板,发现问题及时纠正。

(7)混凝土浇筑。

混凝土采用商品混凝土,混凝土搅拌车运输。混凝土拌合物应均匀,颜色一致,不得有离析泌水现象。其坍落度检测,应在搅拌站和浇筑地点分别取样检测,每一工作班或每一单元结构物不应少于两次,同时还应观察混凝土拌合物的黏聚性和保水性。

混凝土的运输能力应适应混凝土的凝结速度和浇筑速度的需要,使浇筑工作不间断,并使混凝土运到浇筑地点时和易性和坍落度满足设计和规范要求。

浇筑混凝土前,应对支架、模板、钢筋和预埋件进行检查,做好记录,符合要求后方可浇筑。

自高处向模板内倾卸混凝土时,为防止混凝土离析,应符合下列规定:

当倾落高度超过 2m 时,应通过串筒、流管或振动流管等设施下落;倾落高度超过 10m 时,应设置减速装置。

混凝土应按一定厚度、顺序和方向分层浇筑,应在下层混凝土初凝或能重塑前浇筑完成上层混凝土。上下层同时浇筑时,上层与下层前后浇筑距离应保持 1.5m 以上,在倾斜面上浇筑混凝土时,应从低处开始逐层扩展升高,保持水平分层。混凝土分层浇筑厚度不宜超过表 11-8 的规定。

混凝土分层浇筑厚度规定   表 11-8

捣 实 方 法	浇筑层厚度(mm)
用插入式振动器	300
用附着式振动器	300

捣 实 方 法		浇筑层厚度(mm)
用表面振动器	无筋或配筋稀疏时	250
	配筋较密时	150
人工捣实	无筋或配筋稀疏时	200
	配筋较密时	150

浇筑混凝土时,采用振动器振实,应符合下列规定:

使用插入式振动器时,移动间距不应超过振动器作用半径的 1.5 倍;与侧模应保持 50～100mm 的距离;插入下层混凝土 100～150mm;每一处振动完毕后应边振动边徐徐提出振动棒;应避免振动棒碰撞模板、钢筋及其他预埋件。

表面振动器的移位间距,应以使振动器平板能覆盖已振实部分 100mm 左右为宜。

附着式振动器的移位间距,应根据构造物形状及振动器性能等情况并通过试验确定。

对每一振动部位,必须振动到该部位混凝土密实为止。密实的标志是混凝土停止下沉,不再冒出气泡,表面呈现平坦、泛浆。

混凝土的浇筑应连续进行,如因故必须间断时,其间断时间应小于前层混凝土的初凝时间或能重塑的时间。混凝土的运输,浇筑及间歇的全部时间不得超过表 11-9 的规定;需超过时应预留施工缝。

混凝土的运输、浇筑及间歇的全部允许时间(单位:min)　　　　表 11-9

序　号	混凝土强度等级	气温不高于 25℃	气温高于 25℃
1	≤C30	210	180
2	>C30	180	150

注:当混凝土中掺有促凝或缓凝剂时,其允许时间应根据试验结果确定。

在浇筑过程中或浇筑完成时,如混凝土表面泌水较多,须在不扰动已浇筑混凝土的条件下,采取措施将水排除。继续浇筑混凝土时,应查明原因,采取措施,减少泌水。

结构混凝土浇筑完成后,对混凝土裸露面应及时进行修整、抹平,待定浆后再抹第二遍并压光或拉毛。当裸露面面积较大或气候不良时,应加盖防护,但在开始养生前,覆盖物不得接触混凝土面。

(8)盖梁的质量检验标准,见表 11-10。

盖梁的质量检验标准　　　　表 11-10

项　次	检查项目	规定值或允许偏差值	检查方法和频率
1	混凝土强度(MPa)	在合格标准内	
2	断面尺寸(mm)	±20	尺量:检查 3 个断面
3	轴线位置(mm)	10	全站仪:纵横各测 2 点
4	顶面高程(mm)	±10	水准仪:检查 3～5 点
5	支座垫石预留位置(mm)	10	尺量:每个

5)台帽施工技术

桥台肋板完成之后,立即填筑桥头锥坡,待填至台帽底进行台帽底模施工,台帽的钢筋绑扎、侧模安装、混凝土浇筑及养生与前述盖梁施工方法相同。

11.3.4　桥桥台附属工程施工

桥台附属工程包括锥坡填土及砌筑、台背填土、台背泄水盲沟施工。

1）锥坡填土及砌筑

（1）锥坡填土，先按设计宽度测量放样，选透水性较好土填筑，超宽填筑，必须分层填筑并压实。每层松土厚 20～30cm，一般应夯 2～3 遍，夯实后并做密度检测，可用小型机具夯实，与路基搭接处宜挖成台阶形。

（2）锥面刷坡，采用机械、人工配合刷坡，坡度尺拉线整修坡面，防止较大超欠挖，造成坡面补土填筑。

（3）锥体砌筑，测量放样保证表面圆顺，按设计采用干砌或浆砌片石护坡，碎石、砂作反滤层，随砌随铺，砌筑石块相互咬接，浆砌片石采用挤浆法，严禁采用灌浆法，并按要求设置泄水孔。

2）台背填土

台背填土选用透水性较好砂性土，测量放样，与锥坡填土同时填筑，一次填足。纵向与路基连接处挖成台阶后填筑，其他要点同锥坡填土。

3）台背泄水盲沟

地下水泄水采用盲沟，开挖盲沟，铺设土工布，填碎石、砂后包履土工布，水量较大时盲沟的一般构造由渗水管基座、渗水管、碎石、粗砂层等组成。

11.4 桥梁上部结构

11.4.1 上部梁体分类

目前，地铁桥梁种类繁多，为了对各种类型的桥梁结构有一个概略的认识，下面进行简要分析说明。

地铁桥梁上部梁体可按结构基本体系划分，详见表 11-11。

上部梁体按结构基本体系划分   表 11-11

序号	名称		图示	特征
1	按结构基本体系划分	梁式桥	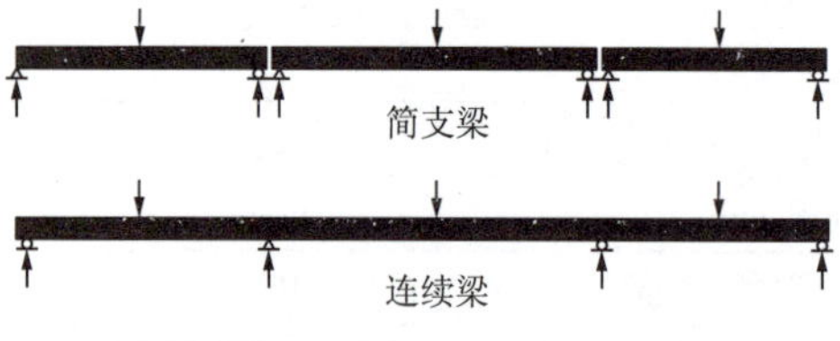 简支梁 连续梁	梁式桥是一种在竖向荷载作用下无水平反力的结构，在城市轨道交通高架桥梁范围应用广泛
2		拱式桥	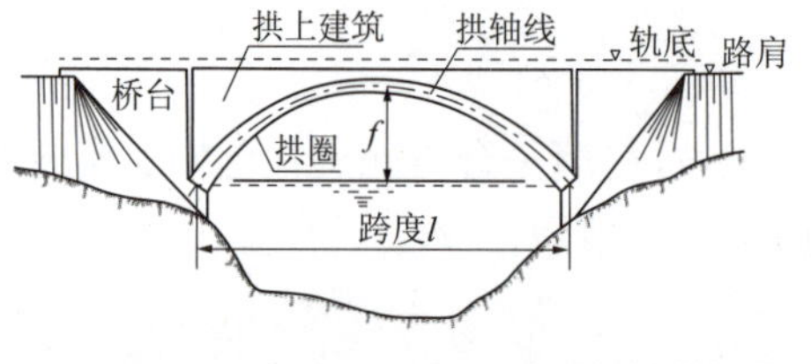	拱式桥是用拱作为桥身主要承重结构的桥。主要承受轴向压力，可用砖、石、混凝土等抗压性能良好的材料建造。大跨度拱桥可用钢筋混凝土或钢材建造，可承受发生的力矩
3		刚架桥	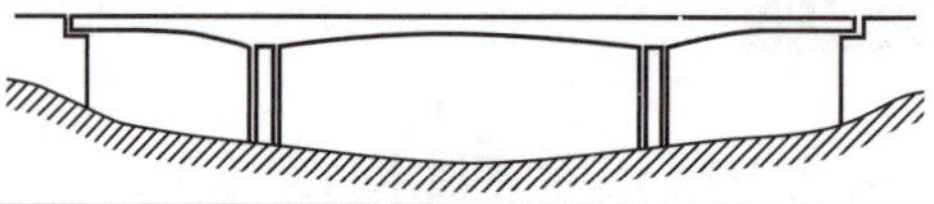	刚架桥是由受弯的上部梁结构与承压的下部墩整体结合在一起的结构。一般用于跨度不大的城市跨线桥和立交桥

序 号	名 称	图 示	特 征
4	按结构基本体系划分 · 悬索桥		悬索桥是以通过索塔悬挂并锚固于两岸的缆索作为上部结构主要承重构件的桥梁,适用于大跨径桥梁,其主要缺点为刚度小,在荷载作用下容易产生较大的挠度和振动
5	斜拉桥		斜拉桥主要由索塔、主梁、斜拉索组成。斜拉桥作为一种拉索体系,比梁式桥的跨越能力更大,是大跨度桥梁的最主要桥型
6	组合体系桥		采用两种独立结构体系组合而成的桥梁,如拱和梁的组合、梁和桁架的组合、悬索和梁的组合等

除了上述受力特点分成不同的结构体系外,还习惯按桥梁的建桥材料、跨越障碍、结构截面构造等进行分类。

(1)按主要受力结构所用的建桥材料划分,可分为钢桥、钢筋混凝土桥、预应力钢筋混凝土桥、组合梁桥。

(2)按跨越障碍的性质,可分为跨河桥、跨线桥(公路、铁路等立体交叉)。

(3)按梁体结构截面构造,可分为箱梁、T形梁、板梁、槽形梁,见表11-12。

按梁体结构截面构造分类梁型比较表 表 11-12

项 目	箱 梁	T 形 梁	板 梁	槽 形 梁
结构性能	刚度大,动力性能好	受力明确	受力明确	抗扭性能差
徐变拱度	后期徐变拱度小,适用于无砟轨道	后期徐变较大	后期徐变较大	后期徐变拱度较小
景观	简洁	显得零乱	桥下压抑	梁体体量小
适应性	直、曲线,渡线	直、曲线,渡线	直、曲线,渡线	直线、曲线
适宜施工方法	预制架设、现浇	单片梁预制吊装	单片梁预制吊装	预制架设、现浇
建设经验	技术成熟	铁路大量运用	市政、公路桥梁大量运用	使用经验少

11.4.2 梁体支架现浇施工

1)支架现浇梁简介

(1)支架现浇梁原理

根据现场地质情况将地面基础加以适当处理,搭设支架,安装底模,经预压后安装外侧模板、钢筋及预应力系统,然后浇筑梁体混凝土,待梁体混凝土强度达到设计要求后拆除内模、端侧模板并进行预应力张拉施工,拆除支架。根据梁体结构设计实际情况,梁体可以分节段或一联整体浇筑成形。

(2)支架现浇梁特点

①支架法施工无须预制场地,而且不需要大型运输、安装设备。

②支架形式可根据现场实际情况采用满堂式支架或梁式支架,可多工作面同时施工。

(3)适用范围

①梁式支架适用于地基条件较差或跨越道路、铁路、河流及墩高较高的梁体现浇施工。

②满堂式支架主要适用于地基条件较好,跨越旱地且墩高较低的梁体现浇施工。

③支架现浇适用范围广,在城市轨道交通工程中应用广泛。

2)支架现浇梁施工工艺流程

支架现浇梁施工工艺流程如图11-22所示。

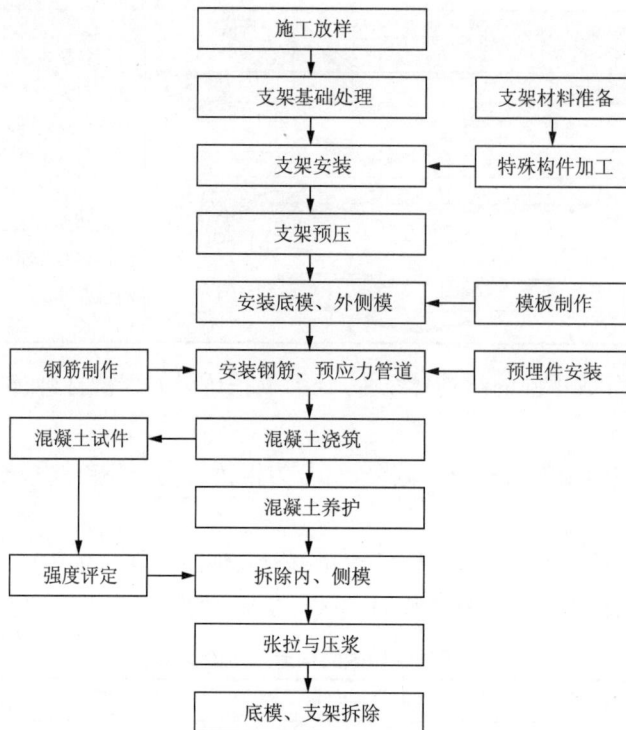

图11-22 支架现浇梁施工工艺流程图

3)支架现浇梁施工方法

(1)地基基础处理

①沥青路面处

城市沥青混凝土路面和水泥稳定基层具有一定结构强度,位于道路上梁体基础不需要进行特殊处理,须将路面上的杂物清理干净,并在支架底垫200mm×50mm方木等进行应力分配。

②原状土地面处

原状土地面应根据地基承载力检测结果确定处理方案。一般可采用换填压实,后做一层10cm厚的C15混凝土垫层。必要时可增加配筋分配应力。

③承台基坑开挖处

承台基础开挖处为梁体基础的薄弱处,为防止不均匀沉降,须对承台基坑回填质量进行严格控制,一般在承台四周用砖渣或砂性土回填并进行压实,分层回填碾压至原地面,后做一层10cm厚的C15混凝土垫层。

④泥浆坑开挖处

用挖掘机对梁体下方宽度范围内泥浆坑、松软地段全部挖除,采用分层回填砖渣或砂性土,每层为30cm,碾压密实,局部有反弹地段重新换填处理。

(2)支架及模板构造

支架根据现浇梁体所处环境基本可分为满堂式、梁柱式支架、一跨式梁式支架,如图11-23所示。

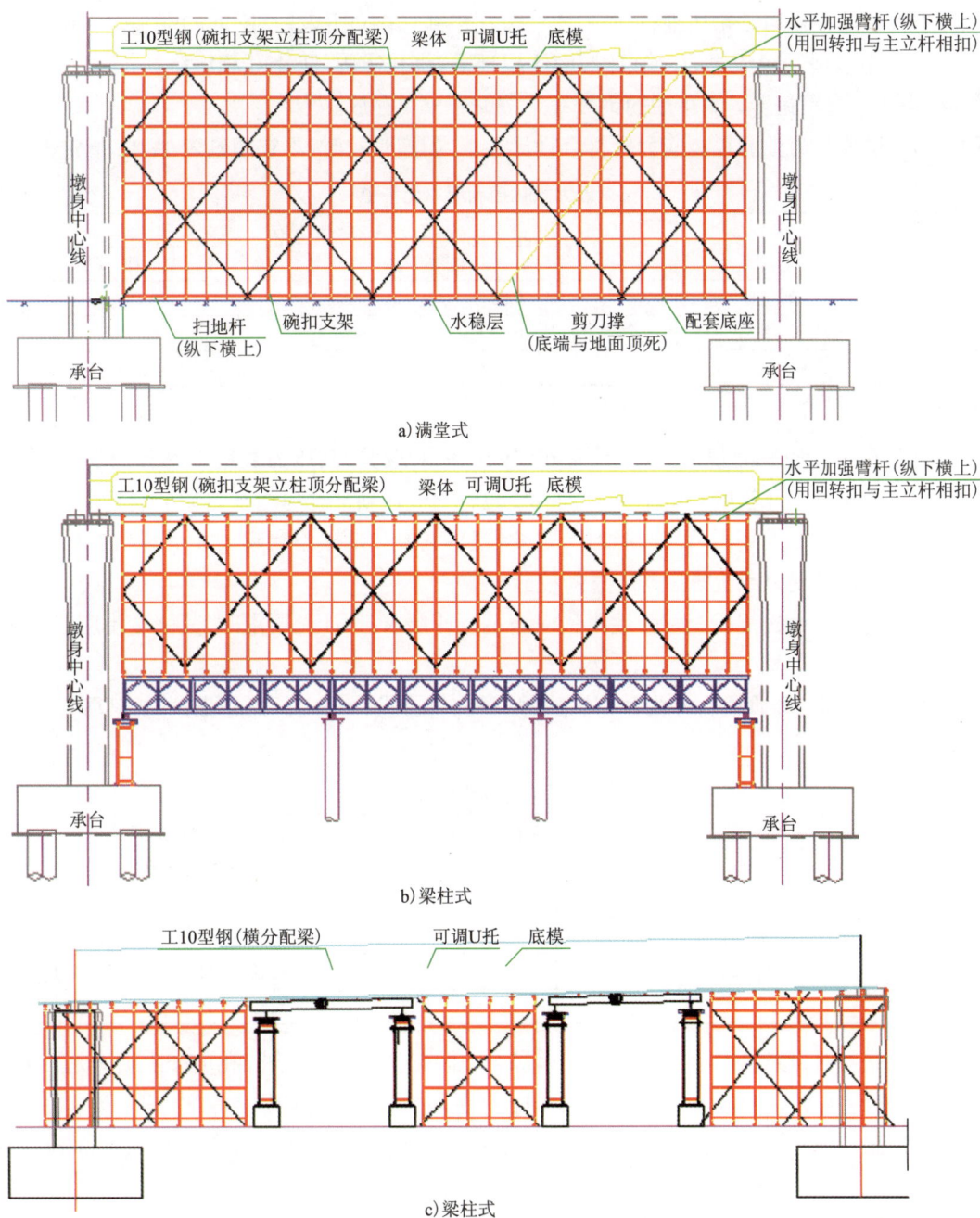

图 11-23　常用的支架构造简图

支架体系按材料可分为扣件式、碗扣式或承插式钢管支架。支架现浇梁体的模板常用木模板或钢模板。模板和支架虽然都是临时结构，但要承受梁体的大部分荷载，须进行专项设计，检算结构的强度、刚度和稳定性，同时基础应可靠，支架须有足够的横、纵、斜、水平向的剪刀撑使支架形成整体。

（3）预应力制作、安装及张拉

管道安装在腹板钢筋安装完成后进行，安装时，应事先按设计图中提供预应力筋的曲线参数按照每米间距计算出位置坐标，根据坐标在箍筋上标出位置，并在底部焊一定位钢筋支托与箍筋连接。左右、上下位置定位准确后，再用一环形钢筋套住焊在支托定位钢筋上，以防浇筑混凝土时上浮。

后张法预留波纹管的连接采用大一号型的波纹管或专用接头管。接头管的长度为 200～300mm，其两端用密封胶带封裹。波纹管接头要求平顺、密封、牢固。在管道的高点设置排气孔。

预应力筋的下料长度等于孔道净长加构件两端的预留长度。根据千斤顶的作业要求预留长度进行下料。钢绞线的下料用砂轮切割机切割,不得采用电弧切割,钢绞线切断前的端头先用铁丝绑扎。

预应力筋由多根钢绞线组成,编束时,应逐根理顺,绑扎牢固,防止互相缠绕。每隔 1 ~ 1.5m 绑扎铁丝,编束应顺直不扭转。编束后的钢绞线应按编号分类存放。

预应力筋的张拉方法和控制应力应符合设计要求,如超张拉时,不宜超过表 11-13 规定。

最大张拉控制应力允许值　　　　　　　　　　　　　　　表 11-13

钢材种类	张拉方法	
	先 张 法	后 张 法
碳素钢丝、刻痕钢丝、钢绞线	$0.80 f_{ptk}$	$0.75 f_{ptk}$
热处理钢筋、冷拔低碳钢丝	$0.75 f_{ptk}$	$0.70 f_{ptk}$
冷拉钢筋	$0.95 f_{pyk}$	$0.90 f_{pyk}$

注:f_{ptk} 为预应力筋极限抗拉强度标准值,f_{pyk} 为预应力筋屈服强度标准值。

张拉机具与锚具应配套使用,张拉设备和仪表应配套校验,其压力表精度不宜低于 1.5 级,校验张拉设备的试验机测力计精度不得小于 ±2%,校验时的千斤顶活塞口运行方向应与实际张拉工作状态一致。张拉机具应专人使用、管理和维护,定期校验,其校验期限不宜超过 6 个月或 200 次,其千斤顶使用中出现不正常现象或检修后均应重新校验。

施工预应力时的结构混凝土及弹性模量应满足设计要求,设计无要求时,其强度不应低于设计强度的 70%。

预应力筋应分批、分阶段对称张拉,其张拉顺序应符合设计规定。当超张拉时,其张拉程序应符合表 11-14 规定。

预应力筋张拉程序　　　　　　　　　　　　　　　表 11-14

张拉方法		预应力筋种类	持荷时间(min)	张 拉 程 序
先张法		钢筋	5	$0 \rightarrow 初应力 \rightarrow 105\% \sigma_k \rightarrow 90\% \sigma_k \rightarrow \sigma_k$(锚固)
		钢丝、钢绞线	5	$0 \rightarrow 初应力 \rightarrow 105\% \sigma_k \rightarrow 0 \rightarrow \sigma_k$(锚固)
后张法		钢筋、钢绞束及钢绞线束	5	$0 \rightarrow 初应力 \rightarrow 105\% \sigma_k \rightarrow \sigma_k$(锚固)
	钢丝束	夹片式锚具及锥销式锚具	5	$0 \rightarrow 初应力 \rightarrow 105\% \sigma_k \rightarrow \sigma_k$(锚固)
		其他锚具	5	$0 \rightarrow 初应力 \rightarrow 105\% \sigma_k \rightarrow 0 \rightarrow \sigma_k$(锚固)

预应力筋张拉时,通过伸长值的校核,可以综合反映张拉力是否足够,孔道摩阻损失是否偏大,以及预应力筋是否有异常现象等。因此,对张拉伸长值的校核,要引起重视。

预应力筋张拉伸长值的量测,建立初应力之后进行。其实际伸长值:

$$\Delta L = \Delta L_1 + \Delta L_2$$

式中:ΔL_1——从初应力至最大张拉力之间的实测伸长值;

ΔL_2——初应力时推算伸长值。

实际伸长值和理论伸长值相比误差应控制在 ±6% 以内。

(4)张拉压浆

后张法预应力筋张拉后应及时进行孔道压浆。其水泥浆应符合下列要求:

①宜采用 42.5 级以上的普通硅酸盐水泥或矿渣硅酸盐水泥;

②水灰比为 0.4 ~ 0.45,泌水率不应大于 4%;

③可掺加适量膨胀剂,其膨胀率不应大于 10%;

④稠度为 14 ~ 18s,流动度为 120 ~ 170mm;

⑤水泥浆调制至灌注延续时间不应超过 45min,并在压浆中经常搅动。

案例:某地铁线跨排洪河、填海段桥梁设计基础主要采用钻孔桩,钻孔桩为直径 1.2m、1.5m、2m 的端承桩为主。桥墩为花瓣形墩,承台采用实心矩形承台。梁部使用单箱单室箱梁,分别有 28m、30m、

32m简支箱梁,采用C50混凝土。箱梁单箱单室截面,梁高2m,顶板宽10.2m,两线线间距为4.6m,底板宽4.9m。浇筑混凝土时采用一次性浇筑完成。

跨河桥梁跨径30m,河宽约25m,施工期间正值汛期,不能采用回填土方搭设支架施工,且河床为抛填片石,无法打设钢管桩做支撑基础,选定以独跨双层贝雷梁跨越河流的方案。桥式支架上部结构采用双层加强弦杆贝雷片拼装,纵向布置9片,横向均布置24片,贝雷梁上横分配梁采用工型钢;横担梁采用双肢工字钢;立柱采用钢管,根据箱梁截面采取不等距布置;由于承台宽度不足布置钢管立柱,立柱底部采用工字钢横梁,固定于桥梁承台上,如图11-24所示。

利用双层加强型贝雷梁作为承重结构,用钢管支撑在承台上形成受力体系。贝雷桁架属于国标产品,承台属于刚性结构,材料来源广泛,施工灵活性强,运输拼装操作简单。尤其适合在桥梁跨度22m左右的河流和道路上施工。

此方法与满堂支架法、单层贝雷梁中间设立柱支架法相比,克服了需要对中间支点地基进行处理的缺点,节约了基底处理费用,同时克服了在中间支点范围无法施工的困难,不受场地制约。

图11-24 一跨式双层贝雷梁支架构造工程实例

11.4.3 梁体移动模架施工

1)移动模架现浇梁简介

移动模架施工法是利用机械化的支架和模板逐跨移动并进行现浇混凝土施工的方法,适用于桥梁工程中跨数多、高墩的混凝土箱梁施工,在城市轨道交通桥梁工程中应用很少。

移动模架造桥机一般由模架支承系统、主梁桁架系统、模板系统及液压走行系统组成。按照造桥机主梁的支承位置,国内移动模架造桥机(图11-25)可分为三种类型:

(1)下行式移动模架造桥机(支架主梁位于PC梁之下)。下行式移动模架造桥机的显著特点是造桥机在梁体底面以下行走。该设备的特点是PC梁宽度不受限制,但需要占用桥下净空。另外可采用节段拼装施工,但是需要在桥墩上安装大型的托架。

(2)上行式移动模架造桥机(支架主梁位于PC梁之上)。上行式移动模架造桥机的显著特点是造桥机在梁体以上行走。主要由主梁、模架、吊车、支承结构、走行结构等组成。

(3)腹位式移动模架造桥机(PC梁位于支架梁的腹内)。支承主梁为桁架式。

a)下行式移动模架造桥机　　　　b)上行式移动模架造桥机　　　　c)腹位式移动模架造桥机

图11-25 移动模架造桥机工程实例

移动模架造桥机的工作原理:

①制梁

两组钢箱梁支承模板,在模板内进行现场绑扎钢筋并浇注混凝土梁。模板系统有微调机构进行调整,以保证梁形正确。

②开模

通过主支承油缸的收缩,整机下落整体脱模。内模系统则通过人工配合内模小车液压系统脱模与安装;模板系统在开模油缸的作用下横移或旋转实现开合。

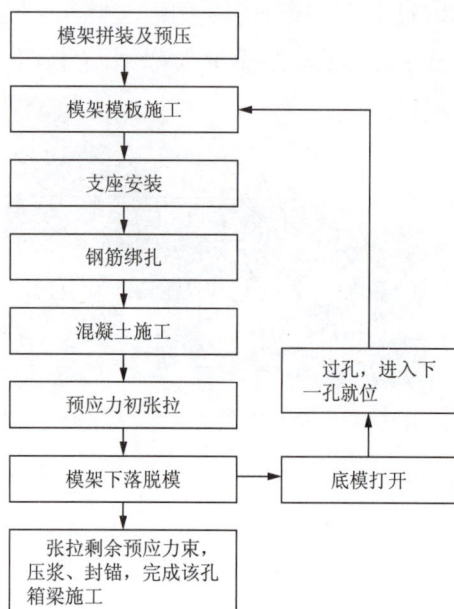

③纵移过孔

对于下行式,主机纵移前需进行墩旁托架的倒换,前后门架悬吊主梁,替代托架作用。利用垂直吊挂油缸使墩身两边的墩旁托架和支承台车与主箱梁脱离,并利用反钩装置钩住箱梁轨道外侧,启用纵移油缸使托架和台车向前方桥墩移位并安装。最后在纵移油缸的推动下主机前移过孔。

对于上行式,无下导梁时,梁体较长,待混凝土梁体强度满足要求后,主机在后支腿纵移油缸的推动下前移过孔。有下导梁时,则需要进行受力体系的转换,待混凝土梁体强度满足要求后主机前支腿卸载辅助支腿受力支撑于下导梁上,主机在后支腿纵移油缸的推动下沿下导梁前移过孔。

2)移动模架施工工艺流程

移动模架施工工艺流程如图 11-26 所示。

图 11-26 移动模架施工工艺流程图

3)移动模架造桥机施工方法

(1)移动横架造桥机安装

移动模架造桥机安装常用方法及安装顺序见表 11-15、表 11-16。

移动模架造桥机安装常用方法　　　　　　　　　表 11-15

序　号	名　　称	图　　示	适用范围
1	直接吊装法		适用于墩身较矮,地形条件较好,需要大型的吊装设备
2	提升法		适用于墩身较高,地形条件较好,不需要大型的吊装设备,但需加工提升设备

移动模架造桥机安装顺序　　　　　　　　　　表 11-16

序　号	安装步骤	图　　示
1	安装支架 及推进工作车	

序 号	安装步骤	图 示
2	安装主梁	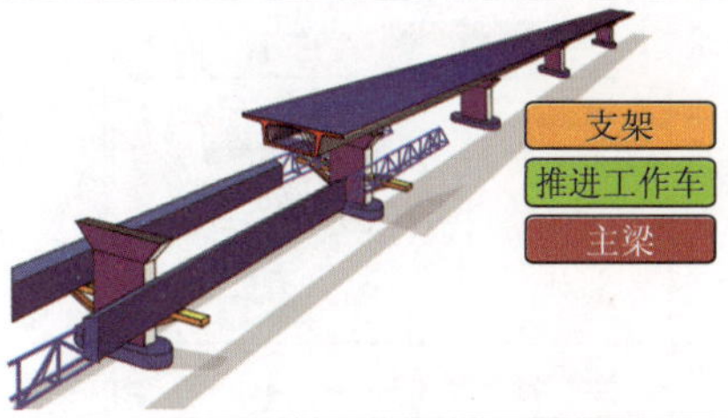 支架 推进工作车 主梁
3	安装横梁及吊架	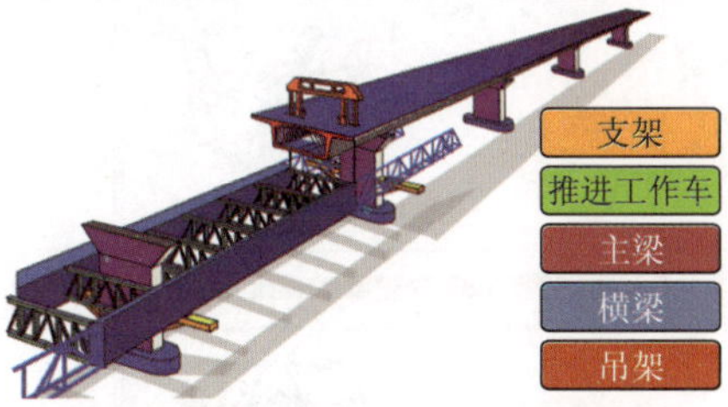 支架 推进工作车 主梁 横梁 吊架
4	安装外模	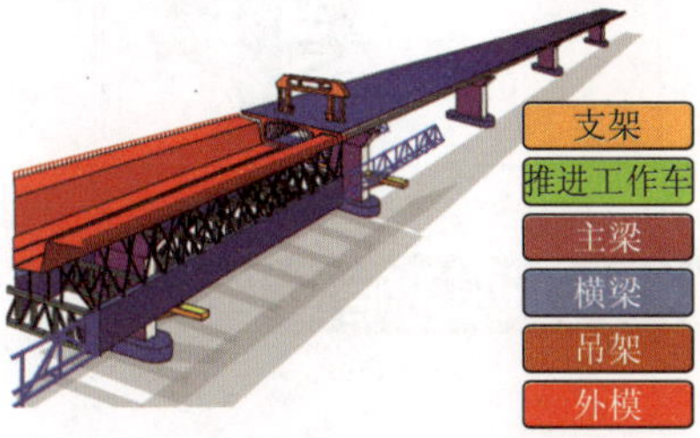 支架 推进工作车 主梁 横梁 吊架 外模
5	安装内模	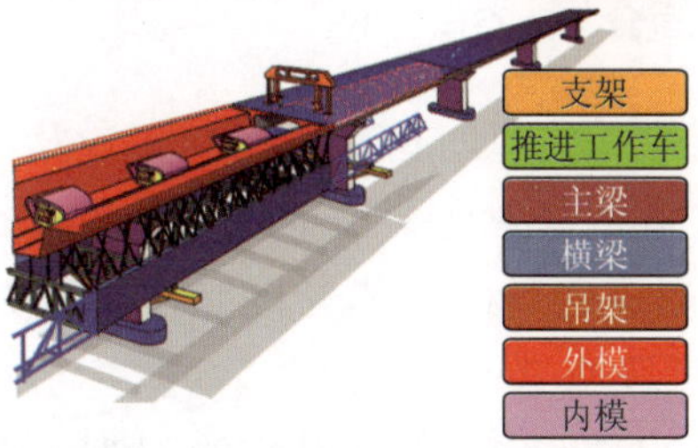 支架 推进工作车 主梁 横梁 吊架 外模 内模

（2）移动模架预压

预压目的是通过预压消除非弹性变形,确定弹性变形值并据此进行预拱度设置,同时检验模架的安全性能。可采用等荷载沙袋、水或钢筋预压,预压时必须做好监测工作。

（3）造桥机施工工序

上行式移动模架造桥机施工工序见表11-7、表11-8。

上行式移动模架造桥机施工工序　　　　　　　　　表11-17

序 号	施工工序	图 示	序 号	施工工序	图 示
1	浇筑混凝土,进行养护,张拉完成后用前后墩顶支撑处的主千斤顶降下主梁及横梁	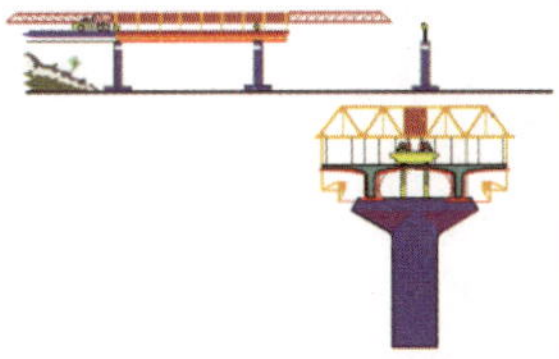	3	主梁向前推进到下一孔位置	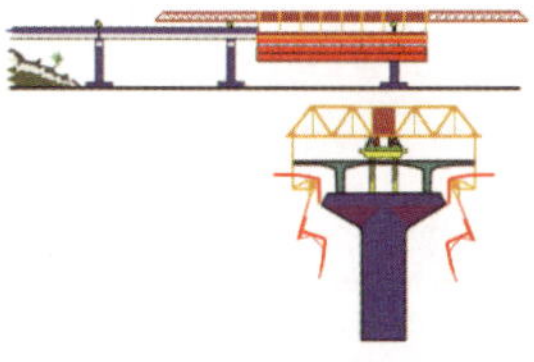
2	主梁坐落在移位台车上。将精轧螺纹钢同模板分开,模板降下,造桥机处于推进位置	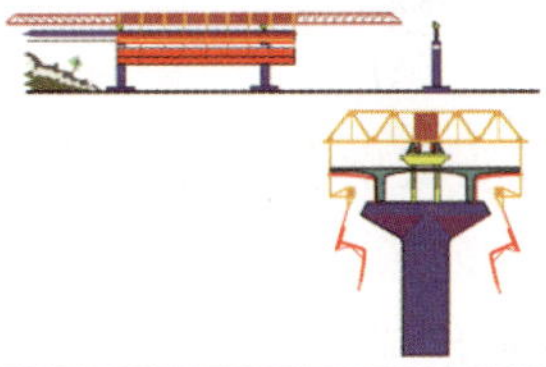	4	模板安装就位,调整吊杆,将造桥机调整到浇筑混凝土位置	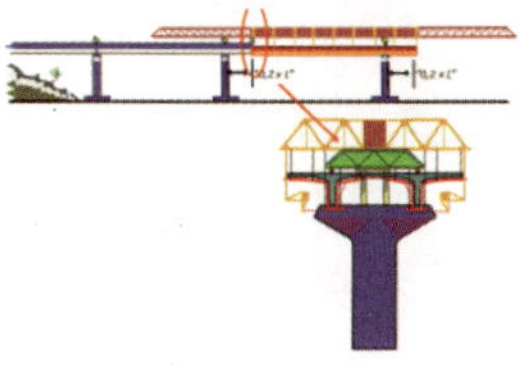

第2篇 地铁区间土建工程

序号	施工工序	图示	序号	施工工序	图示
1	混凝土浇筑养护张拉完成后,用前后支架上的主千斤顶降下主梁		4	主梁向内移动,横梁闭合。提升造桥机。内模在钢筋绑扎完成后用内模小车安装	
2	横梁中间松开螺栓,主梁向外横向移动以便横梁穿过墩柱		5	此时主梁提升到浇筑混凝土位置	
3	造桥机向前推进。2根主梁可同步移动也可分别移动		6	浇筑混凝土,循环	—

11.4.4 梁体悬臂现浇施工

1)悬臂现浇梁简介

适用预应力连续梁(刚构)的0号段、悬浇节段及合龙段的施工,悬浇施工常用挂篮法。悬臂现浇施工目前主要采用挂篮悬臂浇筑施工,是利用悬吊式的活动平台(或称挂篮)在墩柱两侧对称平衡地浇筑梁段混凝土,每浇筑完一对梁段,待达到设计强度和弹性模量后张拉预应力筋并封锚,然后向前移动挂篮,进行下一梁段施工。

悬臂浇筑施工是目前大跨径的连续箱梁(刚构)最常见的上部结构施工方法。悬臂浇筑施工工艺特别适合于宽深河流、施工期水位变化频繁不宜水上作业的河流以及通航频繁且施工需留有较大净空等河流上桥梁施工及跨既有线路(公路、铁路)的桥梁施工。对场地及施工条件要求低,适用范围广,适用性强;对外界影响小,施工操作程序化,工作面集中。

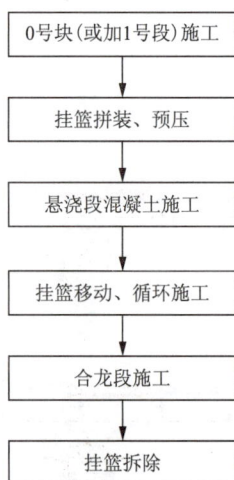

2)悬臂现浇梁施工工艺流程

悬臂现浇梁施工工艺流程如图11-27所示。

3)悬臂现浇梁施工方法

(1)0号块及边跨现浇段支架

连续梁或刚构的0号块及边跨现浇段目前都是采用支架法施工,主要有满堂支架、墩旁支架以及墩顶托架。

墩旁支架是指利用在承台上埋预埋件,在墩身两侧搭设钢管支架或型钢支架。在支架上铺设底模进行0号块施工。同时在支架搭设时往往根据受力需要在墩身上设置支架附墙。支架搭设完成后要进行预压,减少施工中因非弹性变形引起的沉降,确保施工质量。支架预压可采取0号块自重1.15倍的静载预压,或利用在承台上设置预埋件利用钢绞线张拉的办法。其中静载预

```
0号块(或加1号段)施工
        ↓
  挂篮拼装、预压
        ↓
 悬浇段混凝土施工
        ↓
 挂篮移动、循环施工
        ↓
   合龙段施工
        ↓
    挂篮拆除
```

图 11-27 悬臂现浇梁施工
工艺流程图

地铁土建工程技术与管理实务

压可以采用沙袋、水箱或吊水袋进行。

墩顶托架是指利用在墩顶附近墩身上设置预埋件,利用预埋件焊接型钢成为牛腿托架,在托架上铺设底模系统进行0号块施工。托架必须做静载试压,满足设计和规范要求后方可进行下道工序。0号块支架如图11-28所示。

图 11-28　0 号块支架工程实例

（2）挂篮设计

城市轨道工程中,桥梁梁体节段重量偏轻,为减轻挂篮自重,挂篮主要采用菱形挂篮或三角形挂篮。挂篮主要由主桁系、走行系、顶板后锚系、底锚系、悬吊系、底模系、外模系、内模系和施工平台组成,挂篮自重一般为最大梁段重量的 3/10 ～ 1/2。挂篮拼装施工如图 11-29 所示。

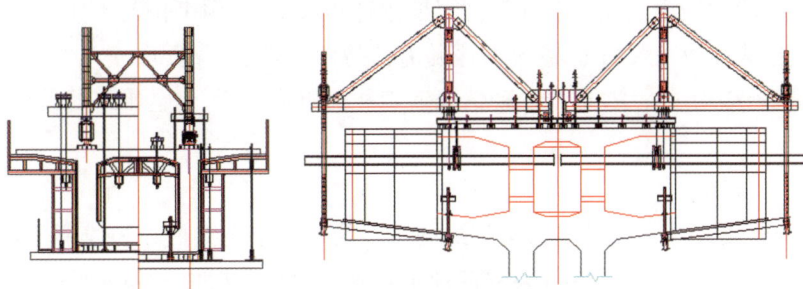

图 11-29　挂篮拼装施工示意图

（3）挂篮拼装

桁架安装可根据吊车的吊装能力选择单件吊装或整体吊装两种方法,整体吊装即预先在地面把每片主构架的主梁、立杆、前后斜拉杆拼装成形,然后利用吊车整体吊上梁面安装;单件安装即为按照主梁→立杆→前后斜杆的顺序各件吊上梁面上逐件拼装。底模系、外模系安装采取在地面上进行组装,然后利用安装在梁上的卷扬机或吊车整体牵引吊装。内模系采取在梁上进行单件组装。

（4）悬浇段混凝土施工

悬浇梁段混凝土施工包括预应力筋锚具型号、各锚具钢束的张拉吨位、模板、钢筋、混凝土浇筑、养护、拆模等为常见工序,在此不再描述。

节段的模板高程,可按设计规定的成桥后的箱梁底高程,再加根据线形监测调整的预抬值,终盘实测并调整到正确高程。在箱梁合拢时,合拢段两侧箱梁端高差符合规范要求。

混凝土浇筑顺序由远而近,即每个节段从远离桥墩方向开始,逐渐与已浇筑好的节段端合拢,采用分层浇筑,这样可使底模的预加高度在新老混凝土合拢之前消失,减少出现裂缝的机会,若终盘时对挂篮吊杆高程有调整,则应对新老混凝土接缝处及时弥合处理（如二次插振捣等）以防止裂纹出现。

在混凝土浇筑过程中,派值班人员严密注视模板有无走动,底模平台后短吊杆有无松动,以及漏浆和其他异常现象并及时处理。悬浇时要派测量人员监测浇筑过程中的挠度变化。收集挠度变化资料,以利下次施工使用。插入式振捣是悬浇梁段混凝土内部振捣的主要振捣方式,要加强插振工作,既要防止漏振,也要防止过振,确保箱梁段混凝土内实外光。在振捣过程中,不准振坏波纹管及接头,也不准直接在波纹管上进行振捣。同时内侧模和内腹板模上可开小窗口,即方便观察也可插振。

采用挂篮悬浇施工时,梁段自重误差控制在 3% 以内,各对称梁段浇筑混凝土时应尽量同步进行,最大浇筑重量差不得超过设计允许值。

(5)挂篮移动

挂篮移动在每梁段预应力体系张拉并进行管道压浆后方可进行。挂篮移动步骤为:安装轨枕和滑轨→松动悬挂体系及解除锚固→挂篮牵引移动→就位锚固。

挂篮移动采取倒链葫芦牵引拖拉办法进行,即在挂篮主桁两侧主构件与滑座连接处(主桁架的前支点位置)各挂 1 个倒链葫芦,倒链葫芦挂钩钩在前端的滑轨上或是预埋在梁体上的耳环上,另一端用千斤绳拴在滑座的耳板上,通过葫芦把挂篮缓缓地往前牵引移动。或采取千斤顶拖拉办法进行,即将钢绞线锚固于滑轨前端,钢绞线沿滑轨布置穿过滑座,在滑座后端安装 1 个穿心式千斤顶,通过千斤顶作用使挂篮移动。

在挂篮移动的过程中必须在主构架的尾部设置保险保护装置:

保险装置一:利用两排顶板后锚,保险锚梁与梁体预应力钢筋锚联,并与挂篮的节点或水平杆表面预留 5mm 左右的活动空隙。

保险装置二:梁段混凝土灌注时在挂篮的尾部预埋锚环钢筋,用手拉葫芦挂在挂篮的后节点板上及预埋锚环上,使挂篮被拉在梁面上,移动时跟随着前拉而放松手拉葫芦。

保险锚梁在挂篮移动过程中,根据移动情况逐步往前更换位置,使之始终随着挂篮移动而起到保险防护作用。

(6)合龙施工

合龙施工一般采用劲性骨架锁定的吊架法施工。为了调整主梁内力和线形,需在合龙段施加一定的反向推力,再利用临时索和劲性骨架双向锁定。劲性骨架一般由三部分组成,即纵向拉压杆、竖向剪刀撑和水平剪刀撑,在劲性骨架焊接前,需要进行连续 2～3d 的温度合龙口测量,以确定劲性骨架锁定时间及锁定温度。等确定锁定要素后,进行一侧的水平拉压杆和竖向剪刀撑的焊接,等焊接完后在确定温度稳定时迅速将另一端焊接锁定,最后焊接水平剪刀撑,完成劲性骨架施工。

在劲性骨架锁定后,即可进行吊架的施工,吊架由挂篮或模架改制而成,在合龙前最后一个块段施工完后即进行挂篮(模架)改制工作,在中跨合龙段施工时,其中一只挂篮(模架)拆除(或后退,根据计算确定),将另一只改制为吊架,等合龙段锁定后,在合龙口两侧设置吊杆,将吊架安装于合龙口,即可进行合龙段钢筋混凝土施工。

(7)挂篮拆除

在浇筑悬臂梁段的最后一节混凝土完成张拉工序后,便可拆卸挂篮,拆卸时,先将工作平台拆除,然后按以下顺序拆卸:底模→外模及支架→吊带→后、中、前横梁→主桁架→支座。

11.4.5　梁体预制及架设施工

1)预制安装梁简介

预制安装法又称装配式施工,在预制工厂或运输方便的桥址附近设置预制场进行梁的预制工作,然后采用一定的架设方法进行安装。预制安装法施工一般是指钢筋混凝土或预应力混凝土简支梁的预制安装,分预制、运输和安装三部分。

预制安装法的主要特点是:

(1)由于是工厂生产制作,构件质量好,有利于确保构件的质量和尺寸精度,并尽可能多地采用机械化施工;

(2)上下部结构可以平行作业,因而可缩短现场工期;

(3)能有效利用劳动力,并由此而降低工程造价;

(4)由于施工速度快,可适用于紧急施工工程;

(5)将构件预制后由于要存放一段时间,因此在安装时已有一定龄期,可减少混凝土收缩、徐变引起的变形;

(6)城市施工预制场地要求比较高,较难实现预制场地建设及工厂至提梁点交通难以解决。

2)梁体预制架设施工工艺流程

梁体预制架设施工工艺流程如图 11-30 所示。

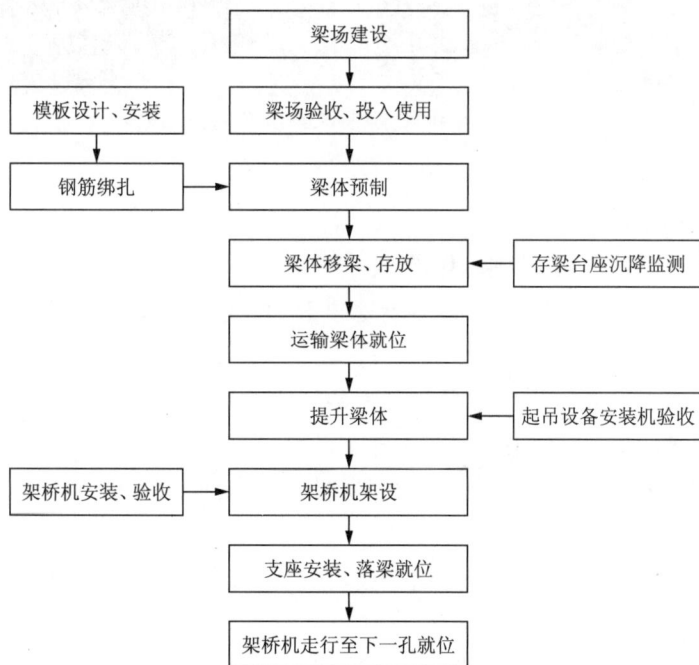

图 11-30 梁体预制架设施工工艺流程图

3)梁体预制架设施工方法

(1)预制

①梁场的选址

梁场选址应根据标段内桥梁和周围结构物的分布情况,对工期、造价等因素综合分析,确定制梁位置。选址时,宜永临结合、征地拆迁及复耕量少、宜在桥群集中地段、运梁距离较短、交通便利、地质状况好、地基处理工程量小,满足防洪排洪要求,同时应考虑现浇梁、连续梁或隧道工程、拆迁等因素的影响。

②梁场的规划设计

梁场总体规划设计之前,应根据总工期安排和铺架计划,结合气候条件,拟定梁场的建设时间和预制梁的生产时间,确定预制场的生产任务、制梁周期和生产速度等。

梁场规划应包含以下功能区:办公生活区、混凝土拌和区、钢筋加工区、制梁区、存梁区、提梁区。

③梁体预制

预制台座制作→梁体模板制作→钢筋绑扎→预应力系统安装→混凝土浇筑→养生→钢绞线张拉→压浆→封锚→移梁存放。

(2)运输

预制梁运输到提梁点一般采用运梁拖车,利用运梁通道、现有道路运至提梁点。桥上运梁一般采用运梁车,如图11-31所示。

图11-31 预制梁体运梁车

(3)梁体安装

架梁总体施工步骤如下:

步骤1:提梁点场地硬化,轨道基础制作,轨道铺设。

步骤2:跨线龙门吊提前进场,在提梁点场地拼装,设备拼装验收完成后,架设提梁点范围内梁孔。

步骤3:架桥机和线上运梁车随后进场,在已安装好的桥面上拼装。

步骤4:预制场将预制梁体装至液压平板运输车,运至提梁点。

步骤5:跨线龙门吊将运输至提梁点的预制梁体吊装到桥面运梁车,运梁车喂梁到架桥机尾部,架桥机完成架梁。

步骤6:架桥机从提梁点开始向一个方向架设,直至该方向预制梁体全部架设完毕,架桥机退回至提梁点。

步骤7:架桥机具备双向施工功能,当需要双向架梁时,在提梁点借助门吊稍做调整后即可反向施工。

步骤8:所有架梁任务全部结束后,架桥机、运梁车退回至提梁点,架桥机先拆除退场或转运至下一个提梁点,跨线龙门吊配合轮胎式收轨龙门吊完成收轨、装车后再拆除退场或转至下一个提梁点。

①架桥机过孔

步骤1:前运梁车停置在二号支腿后方,并用托梁将架桥机托起,然后前、后天车移动至图示位置,解除一号、二号支腿与主梁间锁定[图11-32a)]。

步骤2:二号支腿油缸收回,自行吊挂至图示位置,其油缸伸出支承于梁面[图11-32b)]。

步骤3:三号支腿油缸收回,使其脱离梁面,整机在运梁车托运及二号支腿托辊驱动下纵移到位,前后天车同步后退至图示位置[图11-32c)]。

步骤4:三号支腿油缸支撑在墩顶,前运梁车解除与桥机的固结,返回提梁点装梁,过孔完成,准备架梁[图11-32d)]。

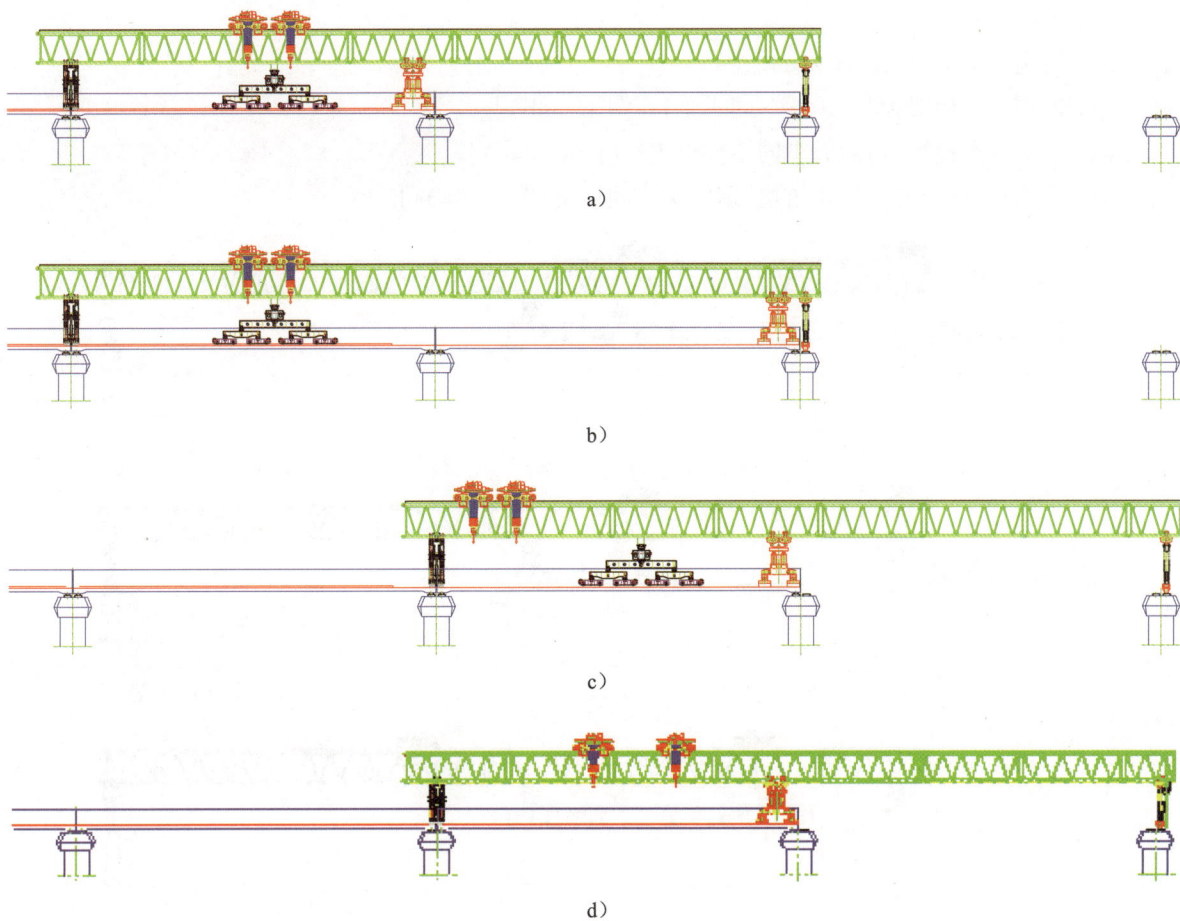

图 11-32　架桥机过孔

②架桥机标准跨站位（图 11-33）

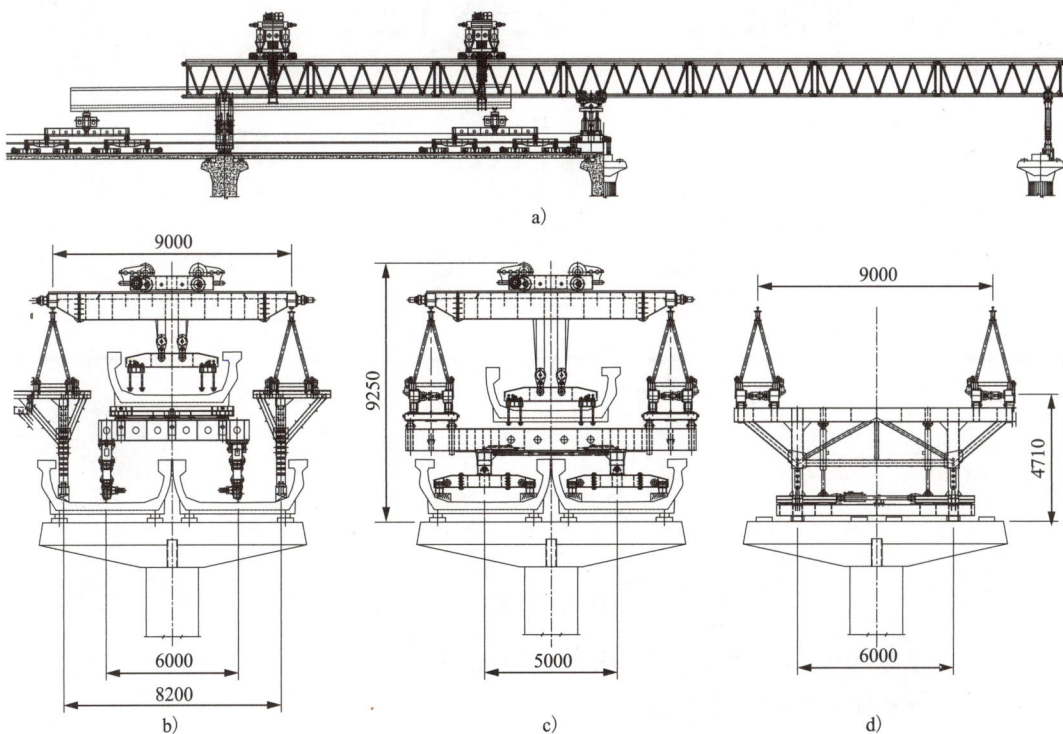

a)

图 11-33　架桥机标准跨站位（尺寸单位：mm）

③标准架架设步骤

步骤1:运梁车喂梁[图11-34a)]。

步骤2:前天车提梁,与后运梁车同步走行[图11-34b)]。

步骤3:后天车提梁,前后天车同步提梁走行[图11-34c)]。

步骤4:天车走行到位,横移落梁,运梁车返回运梁[图11-34d)]。

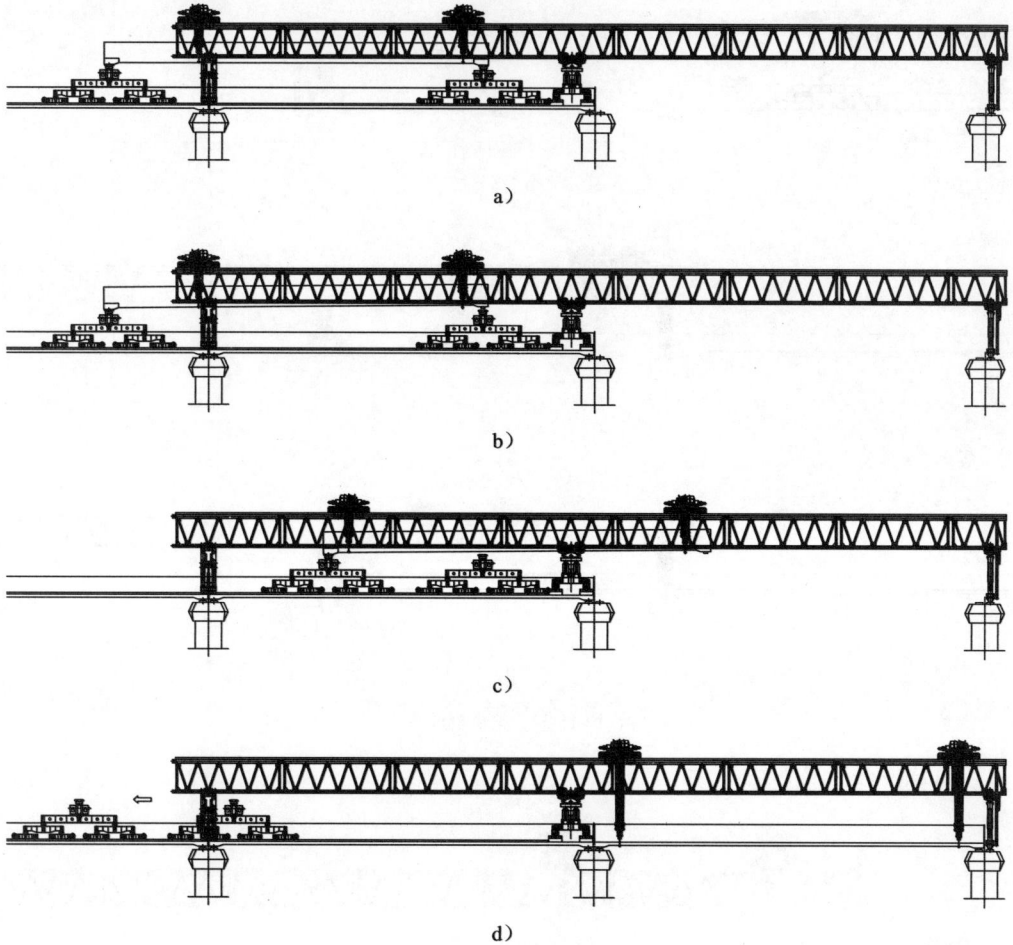

a)

b)

c)

d)

图11-34 标准架架设

④架桥机横向移梁就位(图11-35)

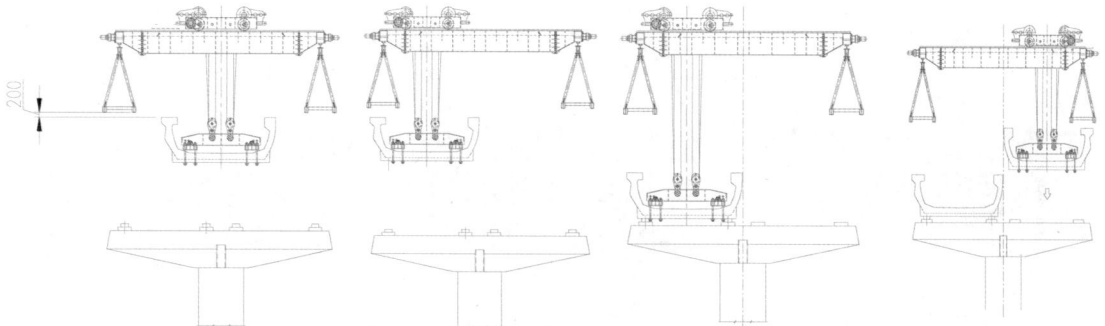

图11-35 架桥机横向移梁就位(尺寸单位:mm)

步骤1:天车下落,至梁体上面落至主梁底面下20cm停止。

步骤2:天车横移使梁横向位置就位。

步骤3:再次下落将梁安装到支座位置,搁置在临时千斤顶上,进行支座安装及灌浆养护达到强度后，撤除临时千斤顶。

步骤4：重复以上程序，另一侧梁体安装就位。

11.4.6 梁体顶推法施工

1）梁体顶推法简介

梁体顶推法是沿桥纵向的台后设置预制场，分阶段或整体预制梁体，纵向预应力筋张拉后，通过水平千斤顶施力，借助滑道、滑块，将梁向前推动，就位后落梁，安装正式支座，体系转换。梁体顶推法施工不同类型划分见表11-19。

梁体顶推法施工按不同类型划分 　　　　　　表11-19

序　号	分类类别	名　称
1	按顶推动力装置划分	单点顶推
2		多点顶推
3	按支承系统划分	临时滑道支承装置顶推
4		永久支承兼用滑道顶推
5	按动力装置	步履式顶推
6		水平连续顶推
7	按梁体节段成型方式划分	分段预制顶推
8		整体预制顶推

顶推法适用于跨越深谷、河流、公路、铁路等预应力混凝土连续梁、钢箱梁、钢桁梁的施工；适用于场地狭窄、工期紧又缺少大型专用架桥机设备，以及桥址交通不便、大型机械难以运进的桥梁。顶推法工程实例如图11-36所示。

图11-36　顶推法工程实例

2）梁体顶推法施工工艺流程

梁体顶推法施工工艺流程如图11-37所示。

3）顶推梁施工方法

某地铁线上跨高速公路为45m+65m+45m连续梁，因桥下净空无法满足通行要求，采用三腹板槽形结构。桥梁位于曲线上，线路纵坡为20‰的上坡，与高速公路交角为78°，采用变高槽形截面，梁高由4.5m圆弧形变化为2.5m，底板厚度0.5m。

因桥下净空无法满足通行要求，故采用顶推法施工，梁体分阶段现浇，分阶段实施预应力张拉。顶推法施工如图11-38所示。

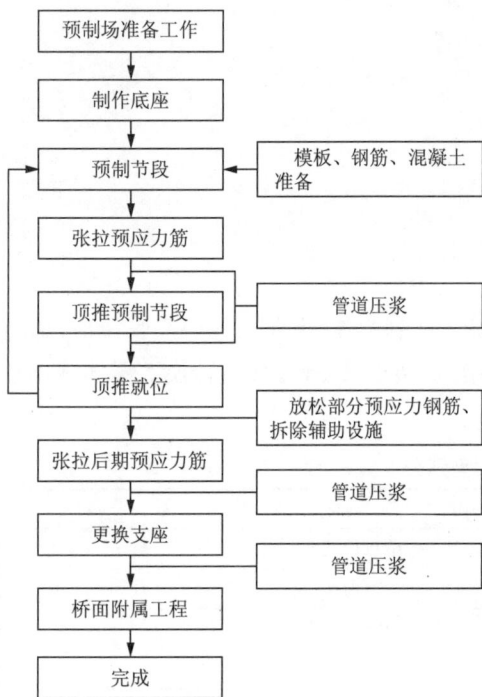

图 11-37　梁体顶推法施工工艺流程图

（1）顶推节段长度、顶推距离的确定

①考虑到高速公路上方对空间及安全施工的要求，认真对比分析顶推布置方案，以确定相关技术参数。

②确定导梁长度、顶推段长度。

③为保证高速公路行车安全，导梁在高速公路外侧拼装，确定导梁安装位置、槽形梁预制位置。

④确定槽形梁顶推坡度、梁预制时底板坡度。

⑤确定顶推过程中前端最大悬臂和尾端最大悬臂。

（2）制梁台座

制梁台座为梁体现浇的支承体系，与现浇梁体施工基本一致，须注意几点不同：

①支模体系刚度要求较高，确保梁底平整度，避免顶推过程中应力集中；

②必须保证墩台后端梁体在顶推过程中的总体稳定和抗倾覆安全；

③预制台座须与支撑墩体系、永久墩体系形成整体，整体抵抗顶推水平力。

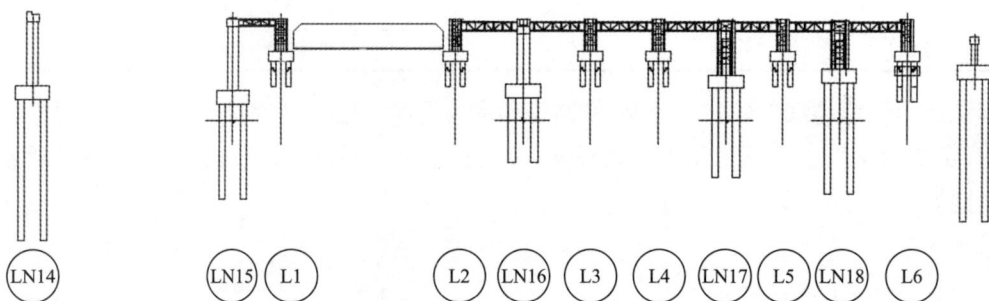

图 11-38　顶推法施工示意图

（3）临时墩

由于支点负弯矩的增加与跨度的平方成正比，为减少梁体断面及钢束配置，设临时墩，减少顶推跨度，临时墩采用钢管柱结构。

（4）导梁

导梁设置在主梁的前端，为等截面或变截面的钢板梁，顶推施工通常均设置前导梁，也可以增设后导梁，导梁的长度一般采用顶推跨径的 6/10 ～ 7/10。

钢导梁分三节段，导梁采用钢板焊接分块制作，每个节段在工厂焊接成一个整体，节段与节段之间除底面焊接外，其他面采用螺栓连接。导梁采用变截面形式；钢导梁横联采用无缝钢管，与主梁螺栓连接。在导梁前端设鹰嘴。导梁与混凝土梁的连接采用混凝土梁内设预埋段，并用精轧螺纹钢与混凝土梁进行连接。

（5）滑道系统

滑道由墩顶滑道梁和不锈钢板组成，其表面粗糙度不大于 2.5μm。滑道梁采用 Q345 钢板焊接制作，上部设四氟乙烯滑块，其抗压强度不低于 30MPa。滑道梁与临时墩钢立柱顶面、混凝土桥墩顶预埋件焊接。

精确测设各个滑道梁的安装高程、坡度，在保证每个滑道梁的安装精度（高程、平整度、坡度）的条件下,整体相对偏差不超过 2mm。

（6）顶推限位及纠偏系统

在各永久墩及临时墩,墩顶两侧对称安装横向导向钢架,限制梁体移动过程中的横向位移,设置相应横向限位装置,在横向限位装置的下方设置横向纠偏千斤顶进行横向纠偏。

横向纠偏千斤顶设置两对共四台,在梁的前后两端均设置一对纠偏千斤顶。纠偏千斤顶的位置应根据梁体的顶推距离及时进行调整。

（7）顶推动力系统

选用连续顶推系统,全套系统包括连续顶推千斤顶、顶推泵站、主控台及连接系统的高压油管,牵引束采用钢绞线,分别通过梁底板下部的后锚点与顶推千斤顶进行锚固。

（8）关键点控制

①平面高程控制

梁底面和侧面的平整度尤其重要,是关系顶推施工是否顺利的关键环节,采取以下措施:

a. 增加地基局部刚度,在腹板 2m 宽度范围内的混凝土地基中增加双向钢筋网片,减小腹板下的地基应力和沉降;

b. 增加底模主楞刚度,采用型钢代替方木,把计算挠度控制在 0.5mm 以内;

c. 减小地基沉降,增加预压时间,使夯实的地基初步固结稳定;

d. 每个安装衔接部位,采用螺栓精确调节,然后灌注细石混凝土密实处理;

e. 减小侧模变形,减小对拉杆间距,增加对拉杆数量,控制侧模变形;

f. 精确定位横向限位系统,安装前测量槽梁腹板外表面平整度,根据测量的结果定位横向限位系统。

②防裂控制

防止槽梁开裂是顶推施工中至关重要的难点,采取以下措施:

a. 优化设计方案,增加预应力钢束,使槽梁全长、全断面范围处于受压状态,从理论上避免混凝土受拉产生开裂;并调整部分预应力钢束施力原理,将腹板处钢束由双端改为单端张拉,减小导梁根部预留空洞,消除导梁预埋段槽梁混凝土局部应力集中现象。

b. 强化设计方案,与设计协商,在导梁精轧钢锚固端前后各 1m 范围内,增加钢筋笼,且三向配筋,使锚固端的力尽量分散,减小应力集中。

c. 控制张拉顺序,先张拉梁纵向钢束并压浆,使梁先受压,然后再张拉导梁精轧钢,从而最大限度地减小梁局部受拉应力。

d. 把后锚装置预埋件加工成整体,与槽梁浇筑成一体,避免单个螺栓局部受力过大,对槽梁产生拉应力。

e. 顶推过程中,通过信息化指导施工,在梁产生过大拉应力之前暂停顶推。

③同步顶推控制

多点顶推过程中的重点和难点是拉索的同步控制,最理想的同步是后锚装置上的多根拉索受力一样,牵引梁稳步前进,拉索的同步控制是关系顶推施工是否成功的关键环节。为此,采取以下措施:

a. 初始控制。对每根钢绞线进行预紧,每个牵引墩上的钢绞线预紧力一样,不同牵引墩上的钢绞线应差别对待。

b. 应力监控。在拉索与千斤顶之间加装应力传感器,及时采集各根拉索的应力大小,从而同步操控每一个牵引墩上的千斤顶。

c. 位移监控。在千斤顶油缸上增加位移采集传感器,通过位移的不同步来控制不同牵引墩顶的拉索。

d. 强制同步。顶推过程中每步骤开始前启动油泵使各根拉索的应力同步,落梁过程中每下落一个循环各个千斤顶下落高度同步一次。

e. 信息化施工。密切监控梁应力状况,必要时差异控制千斤顶,使梁应力最优。

11.4.7 桥面系施工

1)护栏施工

护栏施工采用厂制定型钢模现场浇筑成型。其施工技术措施:

(1)准确测放护栏的位置和高程,以保证道路的净宽和护栏的尺寸准确、线条圆顺、外形美观。

(2)护栏底座模型采用厂制的定型钢模,模型安装定位采用预埋在桥面现浇混凝土里的钢筋或设膨胀螺栓拉锚固定。波形栏杆模型横、竖向拼缝采用贴海绵条(乳白胶作黏结剂)和刮自制胶泥,确保其拼缝严密。同时注意模板拼接时保证模板板面平整。

(3)按设计要求绑护栏钢筋和安装护栏的预埋件,并保证其正确位置。

(4)混凝土在拌和站拌和后,用混凝土输送泵泵送至灌注作业点,直接灌注混凝土入模,专人用插入式振动棒捣固密实(每段由低向高,分约30cm一层进行灌注)。拆模后,加强养护,保证混凝土外表光滑、无龟裂。

2)桥面铺装

桥面铺装调平层为纤维混凝土,在梁体施工完成后,先涂防水剂,再安装钢筋网,最后铺装纤维混凝土。在施工时,注意桥面系的预埋件。施工时要注意以下几点:

(1)首先对桥面铺装下的混凝土凿毛,并用高压水冲洗干净。然后按图纸要求预留好伸缩缝工作槽,随后在全桥宽度范围内进行桥面铺装。

(2)桥面主要采用自行设计的简易铺筑机械,手工铺装只局限于小范围或不能用机械摊铺筑的区域。

(3)铺筑的混凝土温度不应低于5℃或高于35℃,正在下雨或估计4h内有雨时也不得铺装。

(4)混凝土拌和铺筑工作一旦开始,不得中断。如停工时间延续超过30min,则应设置横向施工缝。距胀缝、缩缝或薄弱面3m之内不得出现横向施工缝。

(5)铺筑混凝土拌合物时,模板的设置必须符合规范要求。混凝土应均匀浇筑在模板内,不得有离析现象。靠边角应先用插入式振动棒顺序捣实,再用平板振动棒纵横交错全面振捣,然后用振动梁振捣,平行移动往返拖振2~3遍,使表面泛浆,赶出水泡。

(6)经振动梁振动整平后,应保持路拱的准确,并检查平整度,用长度不小于3m直尺检查新铺混凝土的表面,每次用直尺进行检查时,都应与前一次检查带至少重叠1/2的直尺长度。

3)伸缩缝

高架桥采用 C-A 型伸缩缝,其伸缩量不大于 A mm(A 为伸缩缝缝宽)。

(1)设计有伸缩缝的梁体,在施工过程中,按设计图纸要求预留混凝土预留槽并预埋钢筋,以保证伸缩缝装置的锚固强度。

(2)伸缩缝安装应做好以下几项准备工作:

①成品运到现场后,在施工前要检查其直顺度和伸缩缝间隙。

②核对预留槽尺寸并修整其预留锚固筋,安装伸缩缝装置前应将预留槽清理干净,不得留有积水

和杂物,混凝土碎块。

③将伸缩缝装置运至预留槽处放稳放好,沿缝长 1.5m 处放置一临时支架,以调整整个伸缩缝装置的平整度。

④预留槽两侧支模板并检查槽内缝隙是否填严,经验收合格后,进入下一道工序。

⑤按照设计固定好伸缩缝,注意按施工时现场温度控制伸缩缝宽度。

⑥留槽再次用水冲洗干净,浇筑混凝土固定伸缩缝,并及时洒水养护。

(3)伸缩缝安装操作技术规程:

①伸缩缝在安装全过程中,委派专职施工人员,工人严加保护,严禁任何车辆通行。

②在工厂组装成成品,技术人员及质安人员在出厂前及运至现场后严格检查,不符合要求的坚决返工,不准吊入安装现场。

③安装前,要按设计图对现场位置进行核对,尺寸无误后,再放稳预留槽。

④安装伸缩缝严格按设计要求控制安装间隙,在设计环境温度下进行吊装定位。

⑤保护带混凝土浇筑后, 7d 内派专人养护,保证混凝土质量。

4)声屏障工程

高架桥两侧设置声屏障进行降噪,按设计图纸定制,运到现场安装。

(1)H 型钢立柱安装

立柱安装前,首先需要做好准备工作,保证安装需用的运输小车及安装升降车,保证各安装工具、安全设施落实到位;在对立柱安装前,先对各基础预埋件进行复核,确认无误后,才能开始立柱的安装。钢构件制作检测标准:

钢材切割面或剪切面应无裂纹、夹渣、分层和大于 2mm 的缺棱。

矫正后的钢材表面不应有明显的凹面或损伤,划痕深度不得大于 0.5mm。

A、B 级螺栓孔应具有 H12 的精度,孔壁表面粗糙度不大于 12.5μm;C 级螺栓孔表面粗糙度不大于 25μm;螺栓应能从孔中顺利通过。

永久性普通螺栓紧固应牢固、可靠、外露丝扣不少于 2 扣。

焊缝表面不得有裂纹、焊瘤、气孔、夹渣、弧坑裂纹、咬边、未焊满和跟部收缩等缺陷。

钢立柱安装检测标准:中距误差不大于 5mm、垂直度误差 ±1mm/m,沿线路方向和线路的平行误差不大于 5mm。

(2)吸隔声板的安装方案

吸声板制作检测标准:吸声板内衬框架焊接牢固、平整,保证填装饱满。吸声材料及封装薄膜填装饱满,无空洞和缝隙。

构件进场后,按图纸上的技术要求检查各部分尺寸(特别是外形尺寸),外形严重变形及破损、断裂者不得安装,按照统一编号将吸、隔声板摆放到指定位置,各构件接触处内贴密封胶条;安装吸声板,插入限位铝合金条后用钢卡簧锁紧。

安装吸隔声板时,严禁出现缝隙和漏声现象,对于异形尺寸板应对号入位进行安装。

安装质量的检验:构件之间应连接牢固紧密,无缝隙,板面平整、洁净、数据无偏差,符合设计要求。

(3)聚碳酸酯板的安装方案

①聚碳酸酯板检验:

外观:应光滑、平整、明亮,无黑点、针孔、气泡,无波浪或线形纹路,无划伤、裂痕,外保护膜应完整、无破损。

材质:核查声学性能检验报告、出厂合格证和材质证明文件。

②聚碳酸酯板进场后,按图纸上的技术要求检查各部分尺寸(特别是外形尺寸),外形严重变形及破损、断裂者不得安装,按照统一编号将聚碳酸酯板摆放到指定位置,构件接触处内贴密封胶条;安上聚碳酸酯板,按照压条上预钻的孔配钻连接孔,注意聚碳酸酯板上的孔径必须大于连接螺栓孔径,穿上螺栓后所有缝隙应用矽胶充满,并以矽胶涂覆外露部分以防止清洁剂渗入边缘,防止延发性龟裂。上螺丝时不可过紧,以避免引发应力。

③聚碳酸酯板安装的质量控制:

检查聚碳酸酯板的检验记录和外观质量,作业人员验收上道工序,办理交接签字。

核对聚碳酸酯板的规格尺寸、型号及所安装的位置,按照领料单的要求进行领取主料和辅料。

聚碳酸酯板切忌与 PVC 材料接触,以免造成延展性龟裂。

安装时,必须预留膨胀间隙,避免天气变化形成水波现象。

安装中应避免损坏已装好的声屏障构件。

④安装质量的检验:构件之间应连接牢固紧密,无缝隙,无漏水现象,胶棒、胶条安装位置正确、可靠,表面洁净无污染、数据无偏差,符合设计要求。

⑤声屏障透光性能:透光率不小于 90%。

⑥声屏障的外观:声屏障声学构件表面颜色采用银灰色,与桥梁景观颜色协调一致。涂层或镀层应光洁平整,不应有脱膜、伤痕、皱皮、流坠、气泡、变色及色泽不均等缺陷。透明声屏障构建的内外表面均应无油污、毛刺等。

5)疏散平台

桥面检修可利用疏散平台作为通道,疏散平台主要由锚固钢筋、立柱、钢板、预制钢筋混凝土踏面板、栏杆、支架等几部分构成。疏散平台施工要求如下:

(1)构件焊接时采用双面单层焊接。

(2)预埋钢筋锚固长度应大于规范规定最小锚固长度,施工时弯钩方向根据布置方便布设,并与梁体钢筋连接。

(3)所有钢构件按《铁路钢桥保护涂装及涂料供货技术条件》(TB/T 1527—2011)有关涂装要求进行处理。

(4)扩张网顺桥向长度采用 1590mm 一片,每片之间设小矩形卡片固定。施工时,应注意固定卡片顶部应与扩张网踏面平齐。

(5)立柱底钢板和预埋钢筋焊接,在梁体施工时预埋,并在施工铺装层之前应焊接好立柱。

(6)金属扩张网上,安装栏杆立柱开孔的地方须使用收边条封闭开口处的金属网线,并与踏面平整,以免划伤行人。

6)桥面防、排水系统

桥面雨水沿横坡、纵坡汇集于雨水口,经铺设于桥墩内的雨水管,排入市政雨水管网。每跨单独排水,用挡水分割。

雨水管材采用 U-PVC 柔性接口铸铁管,主要是柔性铸铁排水管;雨水斗采用 79 型。

7)桥梁涂装

(1)涂层设计

混凝土涂层系统应由底层、中间层和面层等配套涂料涂膜组成(表 11-20),涂料应具有湿固化性能,选用的配套涂料之间应具有良好的相容性。

涂层名称	配套涂料名称	涂层干膜最小平均厚度(μm)
底层	环氧封闭漆	50
修补处理	刮涂型环氧腻子(或丙乳砂浆)	修补蜂窝、麻面等缺陷
中间层	环氧云铁中间漆	200
面层	丙烯酸聚氨酯面漆	40
	氟碳面漆	40

（2）施工工艺流程

涂装施工工艺流程如图 11-39 所示。

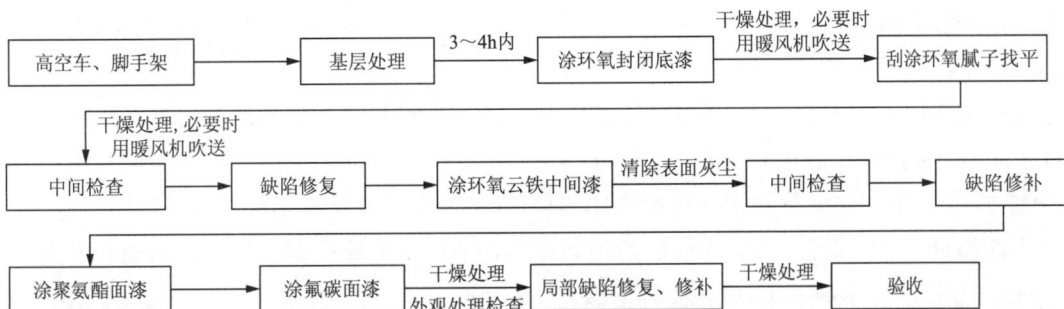

图 11-39 涂装施工工艺流程图

（3）基面处理

基层需清洁、无污垢、无油脂、干燥，需将疏松的基层或空鼓铲去，用防裂抗裂专用腻子修补平整至充分干燥。

①基面空鼓检查：用铁锤于整体基面逐步敲打，将空鼓部位用粉笔标出。

②用专用电动水泥铲凿机于空鼓位进行铲除至坚实部位，清除浮灰，用水润湿该部位不见明水时，再用防裂抗裂专用修补腻子进行修补与基面平整。

③养护：针对该修补位进行洒水养护，使其碱性、强度达到行业要求。

④处理后的基面要求：无灰尘、黏附颗粒、无空鼓、开裂。

⑤混凝土外露铁件应切割平整并做好防锈处理。

（4）涂层施工

①涂刷环氧封闭底漆

封闭底漆作用是封闭底层的水分、酸碱盐类等物质，提供附着力，防止面层起泡、泛碱、粉化等现象。同时还可以增强腻子层的强度。

施工配合比。底漆：底漆固化剂：稀释剂=4：1：0.5。

施工方法：将主剂与固化剂按规定配合比混合均匀，放置 10min 后，进行刷涂。腻层表面形成可见涂膜，无漏喷现象。

施工完成后，至少干燥 24h（晴天），可进入下道工序。

②环氧腻子找平

滑爽腻子作用是填补平滑腻子的空隙，提供平整的表面。

施工方法：将主剂与固化剂按规定配合比混合均匀，放置 10min 后用批刀进行批刮。腻子干燥后打磨平整。

③涂刷环氧云铁中间漆

环氧云铁中间漆具有良好的附着力、柔韧性、耐磨性和封闭性能等，可以保护底漆漆膜，增强整个涂层的保护性能。

施工配合比:25℃时,甲组分(漆浆):乙组分(固化剂)=25:3(质量比),甲乙组分比例根据气温可适当调节。

施工方法:将主剂与固化剂按规定配合比混合搅拌均匀,放置20min后,粉刷两遍,干燥24h以后,着色均匀,无透底发花;表面光滑,无粉尘,可进入下道工序。

④涂刷聚氨酯面漆

聚氨酯面漆具有良好的耐化学品性和耐水性,漆膜耐热、不发软、不发黏,光泽好,适用于结构表面防腐。

施工配合比:25℃时,甲组分(漆浆):乙组分(固化剂)=5:1(质量比)。

施工方法:先倒固化剂组分,再加入漆组分,继续搅拌至均匀,然后加入专用稀释剂,熟化20min后使用,并在6h内用完。

⑤涂刷氟碳面涂

氟碳面漆作用是保护建筑物,增强耐候、耐沾污、耐化学性,提供丰富的色彩与高档装饰性。

施工配合比:主剂:固化剂:稀释剂=4:1:2。

施工方法:将主剂与固化剂按规定配合比混合均匀,调配后的涂料需用200目纱网过滤,放置过程中须不断搅拌,以免沉淀。放置10min后用稀释剂调节至合适涂刷稠度后进行涂刷。闪光分布均匀,无流挂,发花现象;手感光滑,颜色整体一致。

⑥检查验收

所有工序完成后,要做最后的全面检查,对有缺陷的地方进行修补处理,将保护胶纸清理干净,清理现场的卫生,同时做好保护工作,准备交工验收。

11.5 常见问题及预防措施

11.5.1 桥梁基础工程常见问题及预防措施

桥梁基础工程常见问题及预防措施见表11-21。

桥梁基础工程常见问题及预防措施　　　　表11-21

序号	常见问题	原因分析	预防措施
1	基坑塌方	①开挖较深,未按规定放坡; ②基坑边堆放大量土方或施工便道距离基坑过近; ③排水、降水措施不当	①严格按规范放坡施工; ②严禁基坑近范围堆载; ③加强降排水; ④严禁掏空坡脚违规施工
2	基坑围护失稳	①未边挖边支撑,支撑不及时; ②支护结构不符合规定,埋入深度不足; ③排水、降水措施不当; ④外力影响围护结构	①合理选择围护结构; ②按方案施工,随挖随撑; ③加强降排水; ④严禁外力影响支撑及围护结构
3	钻孔偏斜	①冲击中遇探头石、漂石,大小不均,钻头受力不均; ②基岩面产状较陡; ③钻机底座未安置水平或产生不均匀沉陷; ④土层软硬不均	发现探头石后,应回填碎石或将钻机稍移向探头石一侧,用高冲程猛击探头石,破碎探头石后再钻进,遇基岩时采用低冲程,并使钻头充分转动,加快冲击频率,进入基岩后采用高冲程钻进;若发现孔斜,则应回填重钻;经常检查及时调整;进入软硬不均地层后,采取低锤密击,保持孔底平整,穿过此层后再正常钻进

序号	常见问题	原因分析	预防措施
4	孔壁坍塌	①冲击钻头或掏渣桶倾倒,撞击孔壁; ②泥浆相对密度偏低,起不到护壁作用,孔内泥浆面低于孔外水位; ③遇流沙、软淤泥、破碎地层或松砂层钻进时进尺太快; ④地层变化时未及时调整泥浆相对密度; ⑤清孔或漏浆时补浆不及时,造成泥浆面过低,孔压不够而塌孔; ⑥成孔后未及时灌注混凝土或下钢筋笼时撞击孔壁造成塌孔	探明坍塌位置,将砂和黏土(或砂砾和黄土)混合物回填到坍孔位置以上1～2m,待回填物沉积密实后再重新冲孔;按不同地层土质采用不同的泥浆相对密度;提高泥浆面;严重坍孔时,投入黏土泥膏,待孔壁稳定后,再低速重新钻进;地层变化时,要随时调整泥浆相对密度;清孔或漏浆时,应及时补充泥浆,保持浆面在护筒范围以内;成孔后应及时灌注混凝土;下钢筋笼时,应保持钢筋笼竖直,不得撞击孔壁
5	钢筋笼吊装过程中变形	钢筋笼加强箍筋设置数量不够或未做十字交叉钢筋来提高加强筋的刚度;钢筋笼分段较多,分段的钢筋笼未设临时固定杆	①钢筋笼上每隔2～2.5m增设一道加劲箍筋,在吊点位置应设置加强筋。在加强筋上加做十字交叉钢筋来提高加强筋的刚度,以增强抗变形能力,在钢筋笼入井时,再将十字交叉钢筋割除。 ②钢筋笼尽量采用一次整体入孔。若钢筋笼较长不能一次整体入孔,则应尽量少分段,以减少入孔时间。分段的钢筋笼也要设临时固定杆,并备足焊接设备,尽量缩短焊接时间。两钢筋笼对接时,上下节中心线保持一致。若能整体入孔,则应在钢筋笼内侧设置临时固定杆整体入孔,入孔后再拆除临时固定杆件。 ③吊点位置应选好,钢筋笼较短时可采用一个吊点,较长时可采用两个吊点
6	钢筋笼偏位	钢筋过长、未设置混凝土垫块或焊耳环控制保护层厚度,桩孔本身倾斜或偏位,未在下钢筋笼前往复扫孔纠正	钢筋过长,应分2～3节制作,分段吊放、分段焊接或设加劲箍加强;在钢筋笼部分主筋上,应每隔一定距离设置混凝土垫块或焊耳环控制保护层厚度,桩孔本身倾斜或偏位时应在下钢筋笼前往复扫孔纠正,孔底沉渣应置换清水或适当密度泥浆清除
7	钢筋笼上浮	①浇筑速度过快,导管埋深过长; ②泥浆含砂率过高	控制合理浇筑速度,勤量混凝土面高度,控制导管埋深2～6m;加强清孔,控制泥浆含砂率;浇筑混凝土时,应将钢筋笼固定在孔壁上或压住

11.5.2 桥梁实体和外观常见问题及预防措施

桥梁实体和外观常见问题及预防措施见表11-22。

桥梁实体和外观常见问题及预防措施 表11-22

序号	常见问题	原因分析	预防措施
1	施工缝夹层现象	混凝土间歇时间超过规定,在已硬化的混凝土表面继续灌注混凝土前,未除掉表面水泥薄膜和松动碎石或软弱混凝土层,未充分湿润和冲洗干净	①在施工缝处继续灌注混凝土时,如间歇时间超过规定,则按施工缝处理,在混凝土抗压强度不小于1.2MPa时,才应继续灌注。 ②在已硬化的混凝土表面上继续灌注混凝土前,除掉表面水泥薄膜和松动碎石或软弱混凝土层,并充分湿润和冲洗干净,且将残留在混凝土表面的水予以清除。 ③在浇筑混凝土前,施工缝处宜先铺抹水泥浆一层。治理方法:当表面缝隙较细时,可用清水将裂缝冲洗干净,充分湿润后抹水泥浆。对夹层的处理应慎重。补强前,应先搭设临时支撑加固后,方可剔凿。将夹层中的杂物和松软混凝土清除后,用清水冲洗干净,充分湿润,再灌注,采用提高一级强度等级的细石混凝土捣实并认真养护

序号	常见问题	原因分析	预防措施
2	混凝土表面缺浆、粗糙、凸凹不平,但无钢筋和石子外露	模板未清理干净、使用的模板表面不平整、混凝土振捣不均匀	①模板表面认真清理,不得沾有干硬水泥、砂浆等杂物。 ②全部使用钢模板。 ③混凝土脱模剂涂刷均匀,不得漏刷。 ④振捣必须按操作规程分层均匀振捣密实,严防漏捣,振捣人员在振捣时掌握好止振的标准——混凝土表面不再有气泡冒出
3	混凝土局部酥松,石子间几乎没有砂浆,出现空隙,形成蜂窝状的孔洞	原材料未采用电子自动计量拌和、拌和时间过短及下料高度过高导致混凝土离析	①采用电子自动计量拌和站拌料,每盘出料均检查混凝土和易性;混凝土拌和时间应满足其拌和时间的最小规定。 ②混凝土下料高度超过2m时应使用串筒或滑槽。 ③混凝土分层厚度严格控制在30cm以内;振捣时,振动器移动半径不大于规定范围;振动人员进行搭接式分段振捣,避免漏振;仔细检查模板,并在混凝土浇筑时加强现场检查
4	混凝土结构内有孔洞,局部没有混凝土,或蜂窝巨大	集料粒径较大,混凝土振捣时漏振以及浇筑过程中有杂物	①粗集料最大粒径应满足规范要求。 ②防止漏振,专人跟班检查。 ③保证混凝土的流动性符合现场浇筑条件,施工时检查每盘到现场的混凝土,不合格品坚决废弃不用。 ④防止砂、石中混有黏土块或冰块等杂物;防止杂物落入正浇筑的混凝土中,如发现有杂物,应立即清理
5	混凝土和易性差	混凝土未选择合理的水泥强度等级、在混凝土拌合物中直接加水等	根据有关技术规定设计配合比,选择合理的水泥强度等级,采取在混凝土拌合物中掺加混合材料和减水剂等技术措施,以改善混凝土拌合物的和易性。原材料计量建立岗位责任制,计量方法力求简便易行、可靠,在混凝土浇筑过程中,按规定检查混凝土组成材料的质量和用量,在浇筑现场检查混凝土的坍落度,随时检查混凝土搅拌时间
6	麻面	①新拌混凝土浇筑入模后,停留时间过长,振捣时已有部分凝固。 ②浇筑前没有在模板上洒水湿润,或湿润不足,混凝土的水分被模板吸去或模板拼缝漏浆,靠近拼缝的构件表面浆少。 ③模板表面未清理干净,附有水泥浆渣等杂物	①振捣遵循紧插慢拔原则,振动棒从插入到拔出的时间控制在20s为佳,插入下层5～10cm,振捣至混凝土表面平坦泛浆、不冒气泡、不显著下沉为止;插振动棒确有困难时,采用附着式振动器或人工插捣的方法振实。 ②新拌混凝土必须按水泥或外加剂的性质,在初凝前振捣,放置时间过长未初凝的混凝土可运回拌和站按设计水灰比加水、加水泥重新拌和,放灰时剔除结硬灰块。混凝土结块比较严重时,严禁使用。 ③腹板中下部主要依靠附着式振动器振捣,腹板上部、翼板底板混凝土主要依靠插入式振动器振捣,尽量避免浇筑上部混凝土时,启动附着式振动器,导致下部即将结硬的混凝土表面出现麻面。 ④浇筑混凝土时,无论哪种模板,均需洒水湿润,但不得积水;浇筑前检查模板拼缝,对可能漏浆的缝,设法封堵。 ⑤模板表面清理干净,隔离剂应涂刷均匀
7	蜂窝	①模板漏浆,加上振捣过度,跑浆严重。 ②混凝土坍落度偏小,激振力不足或漏振。 ③混凝土浇筑方法不当,没有采用带浆法下料和赶浆法振捣。 ④混凝土搅拌与振捣不足,使混凝土不均匀、不密实,造成局部砂浆过少	①混凝土浇筑前必须检查和嵌填模板拼缝,并浇水湿润;浇筑过程中有专人检查模板质量情况,并严格控制每次振捣时限。 ②混凝土坍落度过小时应拉回拌和站加水、加水泥重新拌制;振捣工具的性能必须与混凝土的工作度相适应;一名振捣人员跟着灰斗细振,另一名振捣人员随后细振,按规定的振捣间距精心振捣,尤其加强模板边角和结合部位的振捣。 ③严格执行带浆下料和赶浆法振捣,注意混凝土振实的五点表现。 ④混凝土拌制时间应足够;分层厚度不得超过规范规定,防止振捣不到位

地铁土建工程技术与管理实务

序号	常见问题	原因分析	预防措施
8	烂边和烂根	烂边和烂根主要是由于模板拼缝不严密、接缝处止浆不好，端头模板与边模、底模结合不紧密，振捣时混凝土表面失浆造成的。漏浆较少时边角出现"毛边"，漏浆严重时出现混凝土蜂窝麻面。另外，附着式振动器布置过密、过低、太靠近拼缝也是造成烂边和烂根的一个原因	①接缝处夹带橡胶海绵条或无纺土工布止浆，拼缝设计成搭接企口缝，并用橡胶压条贴于拼缝处止浆；边模与底模接缝内侧及内模拼缝外侧贴上封口胶带。②将振动器位置调高，避免振动器太靠近模板底边、拼缝。③拼缝两侧的振动器起振时保持同步（异步后模板拼缝漏浆加多）
9	错台、跑模	①模板拼缝经反复拆装企口变形严重或支模时模板垂直度控制得不好，相邻两块模板本身嵌缝。②相邻两块模板对拉螺杆松紧程度不一，模板激振后胀程度不一。③混凝土侧压力比较大；拉杆滑丝、螺杆丝扣有损伤，激振过程中出现螺母脱丝的情况	①定期修整模板，安装时清除拼缝处残渣，确保模板底边和拼缝处平整度满足规范要求。②浇筑时设专人看守紧固模板，手劲一致保持对拉螺杆松紧一致，把松动的楔子及时敲打加紧。③装模时检查拉杆的工作情况，杜绝使用坏丝的拉杆螺母和已变形拉杆，换为高强螺杆。混凝土侧压力比较大时，拉杆上双螺母。激振强烈时，螺母下加垫减振弹簧垫片，防止拉杆崩丝，出现跑模现象

11.5.3 桥梁混凝土养护常见问题及预防措施

桥梁混凝土养护常见问题及预防措施见表 11-23。

桥梁混凝土养护常见问题及预防措施
表 11-23

序号	常见问题	原因分析	预防措施
1	干缩裂缝	混凝土浇筑后 3～4h 其表面没有被覆盖，特别是平板结构在炎热或大风干燥天气情况下，混凝土表面水分蒸发过快，或者是被基础、模板吸水过快，以及混凝土本身的高水化热等原因造成混凝土产生急剧收缩，而此时混凝土强度几乎为零，不能抵抗这种变形力而导致开裂，从混凝土中蒸发和被吸收水分的速度越快，干缩裂缝越易产生	①选用收缩量较小的水泥，一般采用中低热水泥和粉煤灰水泥，减少水泥的用量。②混凝土的干缩受水灰比的影响较大，在混凝土配合比设计中应尽量控制好水灰比的选用，同时掺加合适的减水剂。③严格控制混凝土搅拌和施工中的配合比，混凝土的用水量绝对不能大于配合比设计所给定的用水量。④加强混凝土的早期养护，并适当延长混凝土的养护时间。冬季施工时要适当延长混凝土保温覆盖时间，并涂刷养护剂养护。⑤在混凝土结构中设置合适的收缩缝
2	塑性收缩裂缝	混凝土在终凝前几乎没有强度或强度很小，或者混凝土刚刚终凝且强度很小时，受高温或较大风力的影响，混凝土表面失水过快，造成毛细管中产生较大的负压而使混凝土体积急剧收缩，而此时混凝土的强度又无法抵抗其本身收缩，因此产生龟裂。影响混凝土塑性收缩开裂的主要因素有水灰比、混凝土的凝结时间、环境温度、风速、相对湿度等	①选用干缩值较小、早期强度较高的硅酸盐或普通硅酸盐水泥。②严格控制水灰比，掺加高效减水剂来增加混凝土的坍落度和提高和易性，减少水泥及水的用量。③浇筑混凝土之前，将基层和模板浇水均匀湿透。④及时覆盖塑料薄膜或者潮湿的草垫、麻片等，保持混凝土终凝前表面湿润，或者在混凝土表面喷洒养护剂等进行养护。⑤在高温和大风天气要设置遮阳和挡风设施，及时养护
3	沉陷裂缝	沉陷裂缝的产生是由于结构地基土质不匀、松软，回填土不实或浸水造成不均匀沉降所致；或者因为模板刚度不足，模板支撑间距过大或支撑底部松动等，特别是在冬季，模板支撑在冻土上，冻土化冻后产生不均匀沉降，致使混凝土结构产生裂缝	①对松软土、填土地基在上部结构施工前应进行必要的夯实和加固。②保证模板有足够的强度和刚度，且支撑牢固，并使地基受力均匀。③防止混凝土浇灌过程中地基被水浸泡。④模板拆除的时间不能太早，且要注意拆模的先后次序。⑤在冻土上搭设模板时要注意采取一定的预防措施

第 2 篇 地铁区间土建工程

序号	常见问题	原因分析	预防措施
4	温度裂缝	混凝土是热的不良导体,特别是大体积混凝土,产生的大量水化热不容易散发,内部温度不断上升,而混凝土表面散热快,使混凝土内外截面产生温度梯度,特别是昼夜温差大时,内外温度差别更大,内部混凝土热胀变形产生压力,外部混凝土冷缩变形产生拉力,由于此时混凝土抗拉强度较低,当混凝土内部拉应力超过其抗拉强度时,混凝土便产生裂缝。这种裂缝的特点是裂缝出现在混凝土浇筑后的3～5d,初期出现的裂缝很细,随着时间的推移而继续扩大,甚至达到贯穿的情况	①尽量选用低热或中热水泥,如矿渣水泥、粉煤灰水泥。减少水泥用量,将水泥用量尽量控制在450kg/m³以下。 ②降低水灰比,一般混凝土的水灰比控制在0.6以下。改善集料级配,掺加粉煤灰或高效减水剂等来减少水泥用量,降低水化热。 ③改善混凝土的搅拌加工工艺,在传统的三冷技术的基础上采用二次风冷新工艺,降低混凝土的浇筑温度。 ④在混凝土中掺加一定具有减水、增塑、缓凝等作用的外加剂,改善混凝土拌合物的流动性、保水性,降低水化热,推迟热峰的出现时间。 ⑤高温季节浇筑时可采用搭设遮阳板等辅助措施控制混凝土温升,降低浇筑混凝土的温度。大体积混凝土的温度应力与结构尺寸相关,要合理安排施工工序,分层、分块浇筑,以利于散热,减小约束

11.5.4 桥梁预应力工程常见问题及预防措施

桥梁预应力工程常见问题及预防措施见表11-24。

桥梁预应力工程常见问题及预防措施　　　　　　　　表11-24

序号	常见问题	原因分析	预防措施
1	波纹管孔道漏浆	①波纹管所用的钢带材质较差,其厚度不足且厚薄不均,波纹管强度、刚度大多达不到要求,在安装和浇筑混凝土时易变形和破损,使砂浆漏入孔道造成预应力筋穿束困难,并增大摩阻力。 ②波纹管安装时,因钢筋位置妨碍,易形成弯折角或管轴线偏位,在弯折角处容易开裂造成漏浆。 ③在混凝土浇筑过程中,振动棒与波纹管相接触,易使波纹管咬口开裂或自身磨损冲击开洞,造成砂浆漏入波纹管内	①使用波纹管必须具备足够的承压强度和刚度,波纹管连接应根据其型号选用配套的套管,用胶布或防水包布将接头缝隙封闭严密。 ②下料前对波纹管质量进行仔细检查,及早发现有缺陷的波纹管;施工时应防止电焊火花灼烧波纹管的管壁。在浇筑混凝土前检查波纹管的安装位置并固定好,检查套管接头连接是否牢固,密闭性是否达到要求。 ③浇筑混凝土时应保护波纹管,不得碰伤、挤压、踩踏,发现破损应立即修补。浇筑混凝土开始后,在其初凝前,应抽动钢绞线疏通管道;堵孔严重无法疏通的,应查准堵孔的位置,凿开该处混凝土疏通孔道
2	钢绞线滑丝或断丝	①预应力钢绞线生锈严重或表面有水泥、油污、杂物等。 ②工作夹片中的滑丝出现生锈、油污、杂物或夹片里的滑丝被损伤。 ③工作夹片的尺寸不合格(尺寸大)。 ④千斤顶被其他工具所抵触而受力不均。 ⑤出现钢绞线相绞缠而发生受力不均,导致个别钢绞线张拉力太大,而出现拉断丝现象。 ⑥钢绞线在运输中受到机械损伤	①用千斤顶拉出滑丝的钢绞线,取出旧夹片,换上新夹片,再用千斤顶张拉到设计要求。 ②不符合要求时先用千斤顶将钢绞线全部卸载,换上新钢绞线后,重新穿束张拉。张拉完成后,为防止预应力损失,应在48h内必须完成压浆工作
3	锚垫板与孔道轴线不垂直或锚垫板中心偏离孔道轴线	锚垫板安装应仔细对中,垫板面应与预应力索的力线垂直	锚垫板可安装于端头模板上,且可靠固定,确保在混凝土浇筑过程中不会移动

地铁土建工程技术与管理实务

序号	常见问题	原因分析	预防措施
4	锚头下锚板处混凝土变形开裂	钢板下钢筋未有序安装致使钢筋密集,混凝土的粗集料不易进入而只有砂浆,会严重影响混凝土的强度。振捣不密实	垫板下按设计要求安装足够的钢筋,确保锚垫板后钢筋位置准确。振捣时可采用插入式振动棒,不能过振和漏振
5	张拉钢绞线延伸率偏差过大	预应力孔道的线形不准,钢绞线未进行复验	①每批钢绞线均应复验,并按实际弹性修正计算延伸值。 ②校正预应力孔道的线形,确保预应力线形准确无误。 ③按照钢绞线的长度和管道摩阻力确定合格的初始应力值和超张拉值。 ④检查锚具和钢绞线有无滑丝或断丝。 ⑤校核测力系统和表具
6	预应力损失过大	钢绞线的实际松弛率不符合要求,锚具滑丝失效,锚具下混凝土破坏	检查钢绞线的实际松弛率,张拉时应采取张拉力和引伸量双控制。事先校正测力系统。锚具滑丝失效,应予以更换;钢绞线断丝率超限,应将其锚具、预应力筋更换。锚具下混凝土破坏,应将预应力释放后,用环氧混凝土或高强度混凝土补强后重新张拉。改进钢束孔道施工工艺,使孔道线形符合设计要求,必要时可使用减摩剂

第2篇 地铁区间土建工程

第**12**章 地铁区间工程监控量测

12.1 概 述

为了确保施工期间周边建（构）筑物、管线的安全，区间开挖均须对工程区域地表、周边建（构）筑物、地下管线、工程本身等进行监控量测，其意义如下：

（1）监测围岩应力和变形情况，验证支护结构的设计效果，保证支护结构稳定、地表建筑和地下管线的安全。

（2）通过监控量测，了解施工方法和施工手段的科学性和合理性，以便及时调整，保证施工安全。

（3）通过对量测数据的分析，掌握围岩稳定性的变化规律，调整、优化支护结构设计参数。

（4）掌握桥梁体系在不同施工工序过程中的沉降变化、受力特征、体系稳定度等不同方面的参数，为信息化指导施工、合理安排工序步骤提供参考依据，保障结构安全和施工安全，并为后续设计施工积累经验。

12.2 矿山法区间监测内容及方法

12.2.1 现场安全巡视

矿山法区间隧道施工现场巡查内容见表12-1。

矿山法区间隧道施工现场巡查表 表12-1

分　类	巡查内容	巡查结果	备　注
施工工况	开挖步序、步长、核心土尺寸等情况		
	开挖面岩土体的类型、特征、自稳性，地下水渗漏及发展情况		
	开挖面岩土体有无坍塌及坍塌的位置、规模		
	降水或止水等地下水的控制效果及降水设施运转情况		
	其他		
支护结构	超前支护施作情况及效果、钢拱架架设、挂网及喷射混凝土的及时性、连接板的连接及锁脚锚杆的打设情况		
	初期支护结构渗漏情况		
	初期支护结构开裂、剥离、掉块情况		
	临时支撑结构有无明显变位		
	二次衬砌结构施作时临时支撑结构分段拆除情况		
	初期支护结构背后回填注浆的及时性		
	其他		

分　类	巡查内容	巡查结果	备　注
周边环境	建(构)筑物、桥梁墩台或梁体、既有轨道交通结构等的裂缝位置、数量和宽度,混凝土剥落位置、大小和数量,设施能否正常使用		
	周边路面或地表的裂缝、沉陷、隆起、冒浆的位置、范围等情况		
	河流湖泊的水位变化情况,水面有无出现漩涡、气泡及其位置、范围,堤破裂缝宽度、深度、数量及发展趋势等		
	工程周边开挖、堆载、打桩等可能影响工程安全的其他生产活动		
	其他		
监测设施	基准点、监测点的完好状况、保护情况		
	监测元器件的完好状况、保护情况		
	其他		

12.2.2　地表沉降

1)监测目的

地表沉降是矿山法区间周围土体沉降的直接体现,通过监测可掌握矿山法区间周边土体稳定性,同时也可对隧道支护结构的安全状况进行间接判断。

2)监测点布设

水准监测网以相应工程高程系统为基准建立。控制点由基准点和工作基点组成,同沉降监测点一起布设成闭合线路、附合线路等形式。

(1)控制点布设原则

①基准点是检验工作基点稳定性的基准,选设在远离矿山法区间施工影响区范围外的稳固位置;

②工作基点是直接测点变形观测点的依据,选设在相对稳定的地段,如图 12-1 所示,一般至少距矿山法区间开挖深度 2.5 倍范围之外;

③基准点的分布应满足准确、方便引测全部观测点的需要,每个相对独立的测区基准点及工作基点的个数均不应少于 3 个,以保证必要的检核条件;

④基点及工作基点要避开交通干道、地下管线、仓库堆栈、水源井、河岸、松软填土、滑坡斜面及标志易遭破坏的地点;

⑤定期做好基点、工作基点的高程联测复核工作,确保监测网的稳定性。

(2)控制点布设方法

地表基点采用人工开挖或钻具成孔的方式进行埋设,埋设步骤如下:

①土质地表使用洛阳铲,硬质地表使用工程钻具,开挖直径约 80mm,深度大于 1m 孔洞;

②夯实孔洞底部;

③清除渣土,向孔洞内部注入适量清水养护;

④灌入强度等级不低于 C20 的混凝土,并使用震动机具使之灌注密实,混凝土顶面距地表距离保持在 5cm 左右;

⑤在孔中心置入长度不小于 80cm 的钢筋标志,露出混凝土面 1 ～ 2cm;

⑥上部加装钢制保护盖(直径不小于 150mm);

⑦养护 15d 以上。

（3）沉降观测点布设方法

地表沉降监测点标志采用窨井测点形式，采用人工开挖或钻具成孔的方式进行埋设，要求穿透路面结构层（图12-2）。测点加保护盖，孔径不得小于150mm。道路、地表沉降监测测点应埋设平整，防止由于高低不平影响人员及车辆通行。同时，测点埋设稳固，做好清晰标记，方便保护。

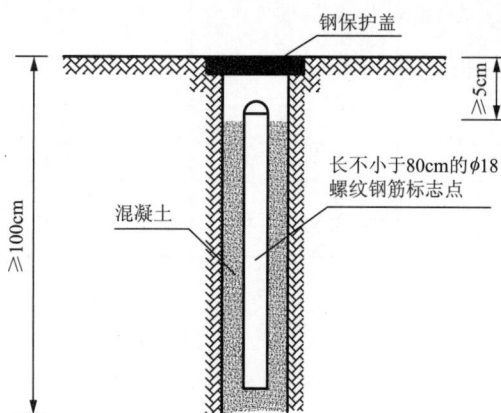

图12-1 工作基点布设示意图

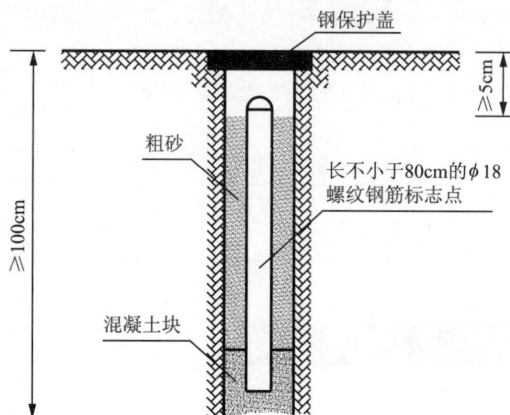

图12-2 地表沉降监测点布置示意图

3）监测方法

水准监测网观测采用几何水准测量方法，使用精密水准仪进行观测，主要技术要求如下：

（1）监测仪器和监测方法应满足竖向位移监测点测站高差中误差和竖向位移控制值的要求，且竖向位移监测精度应符合表12-2的规定。

竖向位移监测精度 表12-2

工程监测等级		一级	二级	三级
竖向位移控制值	累计变化量 S（mm）	$S<25$	$25 \leqslant S<40$	$S \geqslant 40$
	变化速率 v_s（mm/d）	$v_s<3$	$3 \leqslant v_s<4$	$v_s \geqslant 4$
监测点测站高差（mm）		$\leqslant 0.6$	$\leqslant 1.2$	$\leqslant 1.5$

注：1. 监测点测站高差中误差是指相应精度与视距的几何水准测量单程一测站的高差中误差。

2. 工程监测等级宜根据暗挖区间工程的自身风险等级、周边环境风险等级和地质条件复杂程度进行划分。

（2）基点、工作基点按《建筑变形测量规范》（JGJ 8—2016）一等竖向位移监测网技术要求观测，其主要技术要求见表12-3。

竖向位移监测网主要技术指标及要求 表12-3

序 号	项 目	限 差
1	每站高差中误差	0.5mm
2	往返较差及环线闭合差	$\pm 0.3 \sqrt{n}$ mm（n 为测站数）
3	检测已测高差较差	$\pm 0.45 \sqrt{n}$ mm（n 为测站数）
4	视线长度	$4 \sim 30$m
5	前后视的距离较差	1.0m
6	任一测站前后视距累计	3.0m
7	视线距离地面最低高度	0.65m

（3）沉降监测点按《建筑变形测量规范》（JGJ 8—2016）二等竖向位移监测网技术要求观测，主要技术指标及要求见表12-4。

序　号	项　目	限　差
1	每站高差中误差	0.70mm
2	往返较差及环线闭合差	$\pm 1.0\sqrt{n}$ mm（n 为测站数）
3	检测已测高差较差	$\pm 1.5\sqrt{n}$ mm（n 为测站数）
4	视线长度	$3 \sim 50$m
5	前后视的距离较差	1.5m
6	任一测站前后视距差累计	5.0m
7	视线距离地面最低高度	0.55m

（4）观测采用闭合水准路线时可以只观测单程,采用附合水准路线形式时必须进行往返观测,取两次观测高差中数进行平差。观测顺序:往测——后、前、前、后,返测——前、后、后、前。观测注意事项如下:

①对使用的水准仪、水准尺应在项目开始前和结束后进行检验,项目进行中也应定期进行检验,确保仪器处于良好状态;

②观测应做到三固定,即固定人员、固定仪器、固定测站;

③观测前应对精密水准仪的各项控制限差参数进行检查设定,确保符合观测要求;

④应在无气浪状态下,确保标尺刻度清晰的条件下进行观测;

⑤仪器温度与外界温度一致时才能开始观测;

⑥每测段往测和返测的测站数均应为偶数,否则应加入标尺零点差改正;

⑦由往测转向返测时,两标尺应互换位置,并应重新整置仪器;

⑧完成闭合或附合路线时,应注意闭合或附合差情况,确认合格后方可完成测量工作,否则应查找原因直至返工重测合格。

12.2.3　初期支护结构位移

1）监测目的

初期支护结构位移监测是矿山法区间施工中一项必不可少的监测内容。由于地下工程自身固有的复杂性和不确定性,传统的设计方法仅凭力学模拟分析和强度验算的手段难以全面、适时地反映出各种情况下支护系统的受力变化情况。而初期支护结构的位移变形能最直接的反映围岩和支护结构的力学行为,可应用于判断围岩的稳定性和确定二次支护施作时间、控制结构总变形量小于规定的允许值等,能更好地指导工程施工。

2）监测点布设

矿山法区间初期支护结构位移测点应布置在开挖断面最宽测线位置,随着隧道的开挖掘进而延伸,且应设置在代表性的位置,如进出洞口、地层变化或断面变化处,并尽量与地表沉降测点同里程。不同开挖方式下的测点布置如图 12-3 ～图 12-8 所示。

初期支护结构位移测点根据测量方法而定,当基于钢尺式收敛计进行接触式量测时,监测点一般是埋设三角钩（近似正三角形）,测点的埋设深度以嵌入围岩长度大于 10cm 为准;当基于全站测量的非接触式量测时,测点一般采用反射膜片,固定反射膜片的测桩埋设深度以嵌入围岩长度大于 10cm 为准。测点布置如图 12-9、图 12-10 所示。

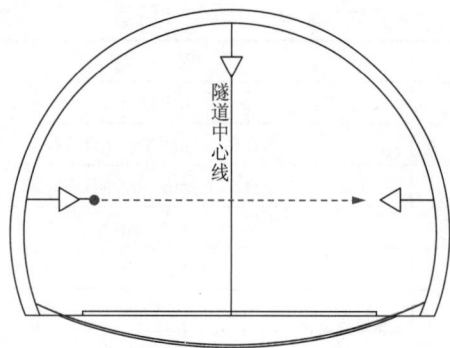

图 12-3 初期支护结构位移测点布设示意图（全断面法）

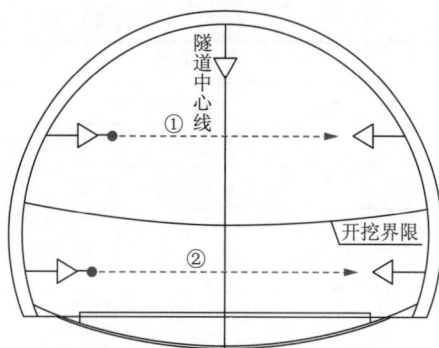

图 12-4 初期支护结构位移测点布设示意图（台阶法）

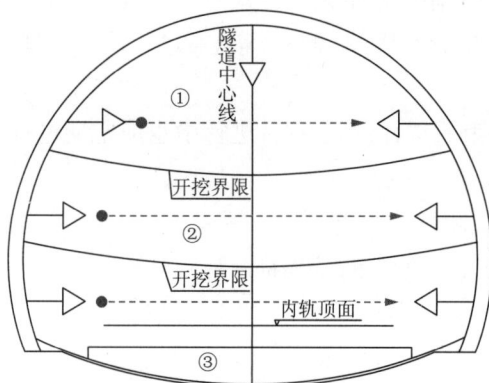

图 12-5 初期支护结构位移测点布设示意图
（三台阶法、三台阶临时仰拱工法）

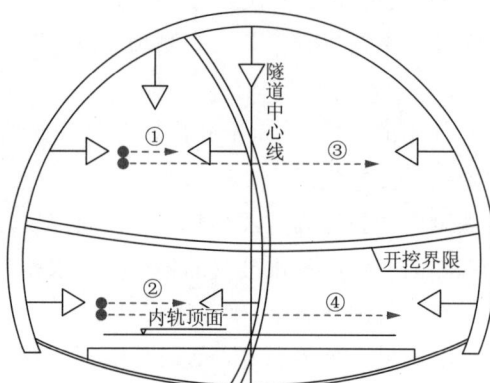

图 12-6 初期支护结构位移测点布设示意图
（四步 CD 法）

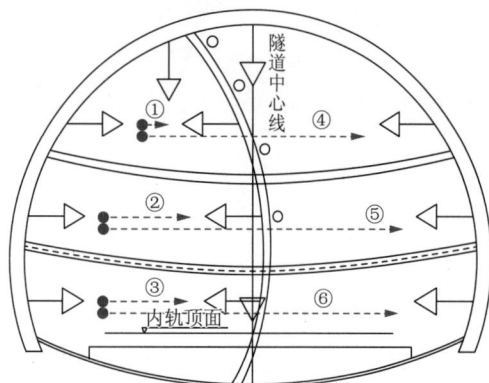

图 12-7 初期支护结构位移测点布设示意图
（六步 CD 法）

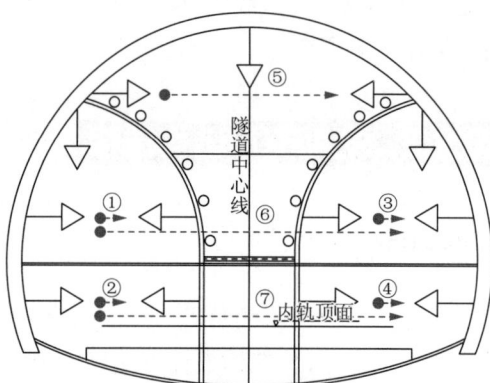

图 12-8 初期支护结构位移测点布设示意图
（双侧壁导坑法）

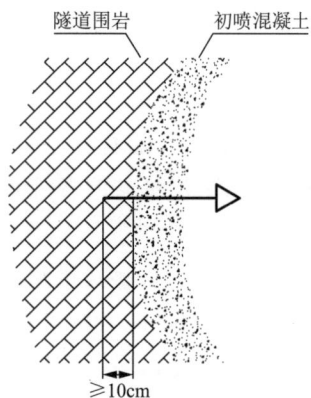

图 12-9 测点布置示意图（三角钩）

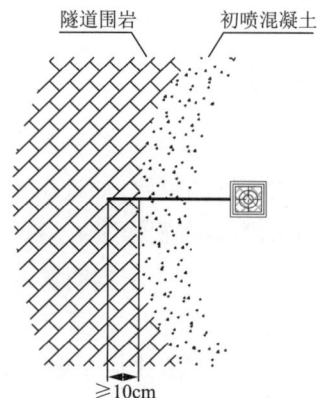

图 12-10 测点布置示意图（反射片）

地铁土建工程技术与管理实务

3）监测方法

（1）矿山法区间初期支护结构的拱顶沉降可采用水准仪、全站仪进行监测。

①当采用水准观测时，可采用倒立铟钢尺或倒挂钢卷尺的水准测试方法，监测精度应符合表 12-2 规定内容，测量方法同地表沉降等观测方法一致，详见 12.2.2 节相关内容。

②采用全站仪监测应符合下列规定：

a. 当采用全站仪观测时，可采用绝对坐标或相对坐标法，在远离监测点的稳定、通视、易保存位置设置基准点，即后视点，通过后方交会求得观测点高程，进而得出观测点的高程变化。

b. 布点时选择对应里程的拱顶位置，将其中一面朝向洞口方向并粘贴反射片作为拱顶沉降测点。待具备取值条件时，在距测点合适距离内架设整平仪器，进行 3 次独立观测，且 3 次独立观测较差应小于测距标称精度的 2 倍。

c. 观测结果应为 3 次独立观测读数的平均值。

（2）矿山法区间初期支护结构的净空收敛可采用收敛计、红外激光测距仪、全站仪进行监测。

①采用收敛计监测应符合下列规定：

a. 应在收敛测线两端安装监测点，监测点与隧道侧壁应固定牢固；监测点安装后应进行监测点与收敛尺接触点的符合性检查，并应进行 3 次独立观测，且 3 次独立观测较差应小于标称精度的 2 倍。

b. 观测时应施加收敛尺标定时的拉力，观测结果应取 3 次独立观测读数的平均值。

c. 工作现场温度变化较大时，读数应进行温度修正。

②采用红外激光测距仪监测应符合下列规定：

a. 测距仪的标称精度应小于 ±2mm。

b. 应在收敛测线两端设置对中与瞄准标志，隧道侧壁粗糙时，瞄准标志宜采用反射片；对中与瞄准标志设置后，应进行实测精度符合性检查，并应进行 3 次独立观测，且 3 次独立观测较差应小于测距标称精度的 2 倍。

c. 观测结果应为 3 次独立观测读数的平均值。

③采用全站仪监测应符合下列规定：

a. 采用全站仪观测时，可采用绝对坐标或相对坐标法，当采用绝对坐标时应在远离监测点的稳定、通视、易保存位置设置基准点，通过边角测量求得观测点的坐标，进而计算出观测点的空间距离变化，即为收敛变形。

b. 布点时选择对应里程的埋设位置，将其中一面朝向洞口方向并粘贴反射片作为净空收敛测点。待具备取值条件时，在距测点合适距离内架设整平仪器，进行 3 次独立观测，且 3 次独立观测较差应小于测距标称精度的 2 倍。

c. 观测结果应为 3 次独立观测读数的平均值。

12.2.4 地下水位

1）监测目的

矿山法隧道工程施工过程中，周围土体排水会引起土体的孔隙水压力消散，有效应力增加，从而造成土体压缩，引起周围一定范围内的地面下沉，甚至造成临近区域内建（构）筑物的破坏，因此，地下水位变化是暗挖工程施工过程中必须严密监测的一个关键性项目。

2）监测点布设

对于地下水位的监测,按照监测方案设计图纸布点,选择典型位置设置水位观测井对水位变化进行观测,指导施工有效进行。

确定好水位孔位置后,利用地质钻机成孔,孔深要求打穿潜水含水层,但不得穿透下部隔水层。在孔内埋入滤水塑料套管,管径约90mm,水位管外包裹土工布或者滤网,管底部留过滤段,上部有封闭段用黏土封孔。套管与孔壁间用砾石或者中粗砂填实,然后用清水冲洗孔底,以防泥浆堵塞测孔,保证水路畅通。测管高出地面5～20cm,上面加盖,防止雨水进入。在管的四周用砖砌保护,以防损坏。

3）监测方法

地下水位监测可采用钢尺水位计,观测精度不宜低于1mm。钢尺水位计的工作原理是在已埋设好的水管中缓慢向下放入水位计测头,当测头接触到水面时,启动讯响器,此时读取测量钢尺在管顶位置的读数,每次读取管顶读数对应的管顶位置应一致,并固定读数人员。根据管顶高程、管顶与地面的高差,即可计算地下水位的高程和埋深。

12.2.5 爆破振动

1）监测目的

在爆破施工时,应有选择性的开展爆破振动监测,其目的有两方面:一是对周边建(构)筑物的保护,二是优化爆破参数。

2）监测点布设

爆破振动测点一般布设在施工影响范围内的监测对象附近,如房屋、线塔、桥梁等。

3）监测方法

(1)爆破振动监测可采用爆破振动仪。

(2)监测实施步骤:

①在爆破前30min,将采集仪连接传感器,设置合理参数,确认仪器连接、调试完好,使用保护罩盖在仪器和传感器上,加以保护。

②爆破前开启仪器,仪器开始自动记录爆破振动信号。在爆破现场警戒前撤到安全区域。爆破警戒解除后,进入爆破现场收拾仪器、传感器与连接线。

③采集完成后,通过计算机USB接口与采集仪连接,传输现场记录的振动波形数据。使用振动分析软件对波形进行分析处理,读取各项相关参数。

12.2.6 建(构)筑物

1）监测目的

矿山法区间施工会引起周围建(构)筑物产生沉降、倾斜,并引起旧裂缝的发展以及新裂缝的产生。为全面掌握工程施工对周围建(构)筑物的影响程度,工程施工期间在建(构)筑物基础结构上设置测点,观测工程施工过程中周边建(构)筑物沉降、倾斜以及裂缝发展情况,以判定建(构)筑物的安全性和采用的工程保护措施的可靠性。

2）监测点布设

（1）建（构）筑物沉降观测可与地表沉降水准监测网共用,将建（构）筑物沉降监测点纳入其中构成闭合线路、附合线路等形式。

（2）建（构）筑物沉降的基点、工作基点可与地表沉降水准监测网中的基准点、工作基点共用,布置原则按地表沉降观测过程中工作基点的要求布设。

（3）建（构）筑物沉降测点根据不同监测对象采用不同的埋点形式,框架、砖混结构对象采用钻孔埋入测点,钢结构对象采用焊接式测点,特殊装修较好的对象采用隐蔽式测点形式。沉降监测各类测点埋设时应注意避开如雨水管、窗台线、电器开关等有碍埋点与观测的障碍物,并视立尺需要离开墙（柱）面和地面一定距离,一般应高于室内地坪 0.2 ~ 0.5m。测点埋设完毕后,在其端头的立尺部位涂上防腐剂。建（构）筑物上布设的测点采用钻具成孔方式进行埋设,埋设步骤如下:

①使用钻具在选定建（构）筑物部位钻直径 2.0cm、深度约 12cm 孔洞;

②清除孔洞内渣质,注入适量清水养护;

③向孔洞内注入适量搅拌均匀的锚固剂;

④放入观测点标志;

⑤使用锚固剂回填标志与孔洞之间的空隙;

⑥养护 15d 以上。

建（构）筑物沉降监测点埋设形式如图 12-11 所示。

（4）根据裂缝调查结果,沿已有裂缝（最宽处、首端、末端）布设一定数量的裂缝观测断面,在裂缝两侧成对布设观测点,成对的裂缝观测点的连线垂直裂缝且尽量靠近裂缝,因此,裂缝宽度变化通过量测该成对观测点间的距离变化来实现。

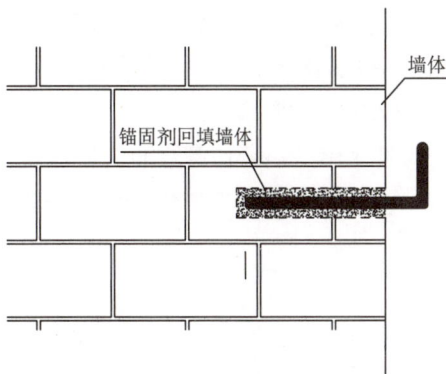

图 12-11 建（构）筑物沉降监测点埋设示意图

3）监测方法

（1）建（构）筑物沉降观测采用几何水准测量方法,使用精密水准仪进行观测,监测精度应符合表 12-2 规定内容。建（构）筑物沉降观测点按《建筑变形测量规范》（JGJ 8—2016）二等竖向位移监测网技术要求观测,其技术要求及观测注意事项与 12.2.2 节要求一致。

（2）倾斜监测应根据现场观测条件和要求,选用全站仪或水准仪等观测方法:

①当从建筑外部进行倾斜观测时,宜采用全站仪投点法、水平角观测法或前方交会法进行观测。

②当利用相对沉降量间接确定建筑倾斜时,可采用水准测量通过测定差异沉降来计算倾斜值。

（3）成对的裂缝观测点间的距离可通过游标卡尺来量测,裂缝宽度量测精度不宜低于 0.1mm,裂缝长度和深度量测精度不宜低于 1.0mm。

12.2.7 地下管线

1）监测目的

观测矿山法区间施工影响范围内周边地下管线沉降情况,据此判定地下管线的安全性,以及采用的工程保护措施的可靠性。

2）监测点布设

地下管线沉降观测可与地表沉降水准监测网共用,将地下管线沉降监测点纳入其中,构成闭合线路、附合线路等形式。

地下管线沉降的基点、工作基点可与地表沉降水准监测网中的基点、工作基点共用,布置原则按地表沉降观测过程中工作基点的要求布设。

地下管线沉降监测点布置的原则为:

(1)地下管线监测点应重点布设在煤气管、给水管、污水管、大型雨水管及市政管线上,测点布置时要考虑地下管线与工程的相对位置关系;

(2)测点宜布置在管线的接头处,或者对位移变化敏感的部位;

(3)根据设计图纸要求,有特殊要求的管线布置管线管顶测点,无特殊要求的布置在管线上方或侧方对应地表处。

地下管线沉降监测点埋设方式如下:

(1)有检查井的管线应打开井盖,直接将监测点布设到管线上或其承载体上;

(2)无检查井但有开挖条件的管线应开挖暴露管线,将观测点直接布到管线上;

(3)无检查井也无开挖条件的管线可在对应的地表埋设间接观测点;

(4)在管线上布设监测点时,对于封闭的管线可采用抱箍式埋点,对于开放式的管线可在管线或管线支墩上做监测点支架。

地下管线沉降监测点布置形式如图 12-12 所示。

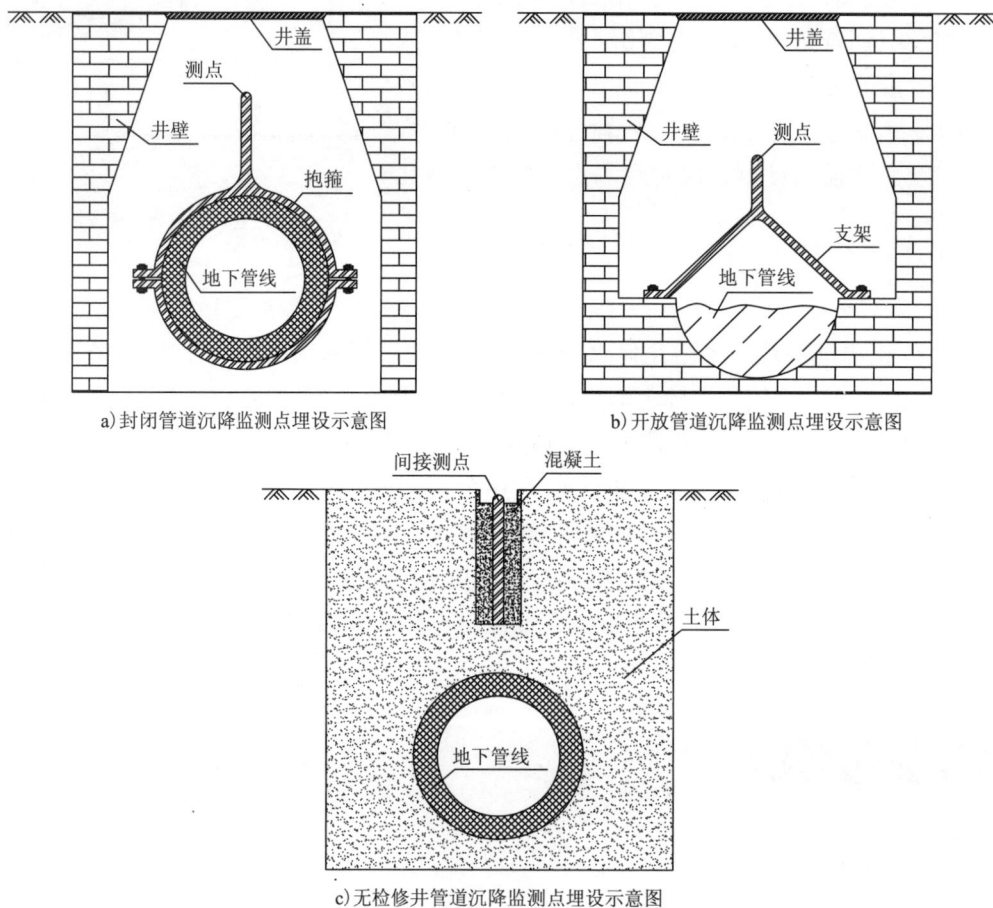

a)封闭管道沉降监测点埋设示意图 b)开放管道沉降监测点埋设示意图

c)无检修井管道沉降监测点埋设示意图

图 12-12 地下管线沉降监测点布置示意图

地下管线沉降监测点埋设时应注意准确核实管线位置,确保测点能够准确反映管线变形,采用钻孔埋设方式测点埋设前应探明有无其他管线,确保埋设安全。在无检修井管道沉降监测点埋设时,埋设间接测点的孔径不得小于15cm。

3)监测方法

地下管线沉降监测采用几何水准测量方法,使用精密水准仪进行观测,监测精度应符合表12-2规定内容。地下管线沉降观测点按《建筑变形测量规范》(JGJ 8—2016)二等竖向位移监测网技术要求观测,其技术要求及观测注意事项与12.2.2节要求一致。

12.2.8 既有轨道交通

1)监测目的

工程施工会使周边既有线路产生变形,为全面掌握工程施工对周边既有轨道交通的影响程度,工程施工期间在既有轨道交通结构上设置测点,观测工程施工过程中周边既有轨道交通变形,据此判定周边既有轨道交通的安全性和采用的工程保护措施的可靠性。重点监测既有轨道交通结构位移、衬砌结构内力、轨道位移、爆破震动、衬砌裂缝发展、隧道内轨道几何状态、既有设备等项目。

2)监测点布设

(1)既有轨道交通隧道结构竖向位移、水平位移和净空收敛监测应按监测断面布设,监测断面间距不宜大于10m。每个监测断面宜在隧道结构顶部或底部、结构柱、两边侧墙布设监测点。

(2)既有轨道交通高架桥结构监测点的布设可按相关章节的规定执行。

(3)既有轨道交通地面线的路基竖向位移监测可按本节第(1)条的规定布设监测断面,每个监测断面中的每条股道下方的路基及附属设施均应布设监测点。

(4)既有轨道交通整体道床或轨枕的竖向位移监测应按监测断面布设,监测断面与既有隧道结构或路基的竖向位移监测断面宜处于同一里程。

(5)轨道静态几何形位监测点的布设应按地铁或铁路的工务维修、养护要求等进行确定。

(6)既有轨道交通其他附属结构监测点布设可按建(构)筑物布点的规定执行。

(7)既有轨道交通隧道结构、轨道结构的裂缝监测应符合本节第(4)条的规定。

3)监测方法

由于既有轨道交通都处在运营阶段,人员不方便进入实地现场进行人工监测,故目前针对既有轨道交通监测宜采用远程自动化监测和定期人工复核相结合的方法。

12.2.9 初期支护底板竖向位移

1)监测目的

暗挖区间初期支护底板竖向位移量测目的是了解暗挖工程分部施工过程中初期支护底板垂直位移变化情况。

2)监测点布设

(1)监测点宜布设在初期支护结构底板的中部或两侧;

（2）监测点的布设位置与拱顶沉降监测点宜对应布设。

3）监测方法

暗挖区间初期支护底板竖向位移观测采用几何水准测量方法,使用精密水准仪进行观测,监测精度应符合表 12-2 规定内容。暗挖区间初期支护底板竖向位移观测点按《建筑变形测量规范》（JGJ 8—2016）二等竖向位移监测网技术要求观测,其技术要求及观测注意事项与 12.2.2 节要求一致。

12.2.10 拱脚竖向位移

1）监测目的

暗挖区间拱脚竖向位移量测目的是了解暗挖工程分部施工过程中隧道拱脚垂直位移变化情况。

2）监测点布设

（1）当隧道周围岩土体存在软弱土层时,应布设隧道拱脚竖向位移监测点;

（2）拱脚竖向位移监测点与初期支护结构拱顶沉降监测点宜共同组成监测断面。

3）监测方法

暗挖区间拱脚竖向位移观测采用几何水准测量方法,使用精密水准仪进行观测,监测精度应符合表 12-2 规定内容。暗挖区间拱脚竖向位移观测点按《建筑变形测量规范》（JGJ 8—2016）二等竖向位移监测网技术要求观测,其技术要求及观测注意事项与 12.2.2 节要求一致。

12.2.11 初期支护结构应力

1）监测目的

研究初期支护结构内力的动态变化趋势,特别是各步工序转换前后的动态变化,把握施工过程中结构的安全状态,用以检验和修正支护结构设计参数。

2）监测点布设

（1）型钢拱架应力,测点安装埋设要求:

①型钢钢架应采用表面应力计,一般埋设于结构受拉区（以反映钢构件受拉为主）,同时应将传感器焊接在钢架翼缘内测点位置;

②传感器安装时只需将支座焊接在钢架表面即可,待其冷却后,将应变计固定到支座上;

③为避免传感器敏感部位与喷射混凝土直接接触而破坏,同时为避免传感器和钢拱架共同变形受到喷射混凝土的阻力,确保测量数据准确,在安装完成后应在表面安装保护罩（保护罩通常为薄皮铁盒）。

（2）格栅拱架应采用振弦式钢筋计进行格栅拱架应力监测,埋设方法为将格栅主筋截断并把钢筋计对焊在截断部位。

（3）元件安装完成后应注意将测量导线及时引出至初期支护结构喷混凝土覆盖不到的位置保护

好,避免被施工破坏。

3)监测方法

(1)初期支护结构应力监测精度不宜低于 0.5%FS,分辨率不宜低于 0.2%FS。

(2)先采用频率读数仪读出频率值,再根据厂家提供的传感器标定系数把测量的频率值转化为应变值,然后计算出应力值,并与上次的应力值相比较,必要时绘制出应力随时间的变化曲线。

12.2.12 二次衬砌应力

1)监测目的

研究二次衬砌结构内力的动态变化趋势,掌握二次衬砌结构的安全状态,并检验和修正支护结构设计参数。

2)监测点布设

该应力监测的测点一般布置在二次衬砌钢筋上,并且在内外两层钢筋都要布置钢筋计,每隔一定距离布设。在拱顶、拱腰、拱脚、墙中、墙脚等关键部位都应布点。每个断面布设 5 ~ 12 个测点,用振弦式应变计进行监测。

3)监测方法

(1)二次衬砌应力监测精度不宜低于 0.5%FS,分辨率不宜低于 0.2%FS。

(2)先采用频率读数仪读出频率值,再根据厂家提供的传感器标定系数把测量的频率值转化为应力值,并与上次的应力值相比较,必要时绘制出应力随时间的变化曲线。

12.2.13 围岩压力

1)监测目的

通过在不同的主断面周围岩土体中布置土压力盒监测围岩压力,了解围岩压力的量值及分布状态,判断围岩的稳定性,达到分析围岩压力、评价隧道结构支护效果的目的。

2)监测点布设

(1)暗挖区间围岩土压力宜采用界面土压力计进行监测;

(2)埋设前应对土压力计进行稳定性、密封性检验和压力、温度标定,检验记录、标定资料应齐全;

(3)受力面与所监测的压力方向应垂直并通过适当的活性材料紧贴被监测对象;

(4)埋设过程中应有土压力膜保护措施;

(5)土压力计导线长度可根据工程监测需要确定,导线应按一定线路集中引出保护,同时施工期间应注意导线的保护;

(6)做好完整的埋设记录;

(7)暗挖区间工程土压力计埋设以后应立即进行检查测试,并读取初始值。

3）监测方法

（1）围岩压力监测精度不宜低于 0.5%FS，分辨率不宜低于 0.2%FS。

（2）先采用频率读数仪读出频率值，再根据厂家提供的传感器标定系数把测量的频率值转化为压力值，并与上次的压力值相比较，必要时绘制出压力随时间的变化曲线。

12.2.14　土体深层水平位移

1）监测目的

暗挖区间施工土体水平位移量测目的是了解暗挖工程分部施工过程中周围土体不同深度处的水平位移变化情况。

2）监测点布设

（1）地层疏松、土洞、溶洞、破碎带等地质条件复杂地段，软土、膨胀性岩土、湿陷性土等特殊性岩土地段，工程施工对岩土体扰动较大或邻近重要建（构）筑物、地下管线等地段，应布设监测孔及监测点；

（2）监测孔的位置和深度应根据工程需要确定，并应避免初期支护背后注浆对监测孔的影响。

3）监测方法

（1）测斜仪系统精度不宜低于 0.25mm/m，分辨率不宜低于 0.02mm/500mm，电缆长度应大于测斜孔深度。

（2）用模拟探头检查测斜导管导槽质量，查看是否有卡探头的现象。

（3）设定好基准点，基准点可设在测斜管顶部或底部。若测斜管底部进入基岩较深的稳定层，则底部可以作为基准点。对于悬挂式（底部未进入基岩的）可以将管顶作为基准点。

（4）开启测斜仪，使之处于工作状态，将探头导轮插入测斜导管导槽内，缓慢下放至管底稳定一段时间（建议超过 5min），然后由管底自下而上沿导槽全长每隔 0.5m 读一次数据，记录测点深度和读数。测读完毕后，将探头旋转 180° 插入同一对导槽内，用上述方法再观测一次，深点深度同第一次相同。

（5）每一深度的正反两读数的绝对值宜相同，当读数有异常时应及时补测。

12.2.15　土体分层竖向位移

1）监测目的

暗挖区间工程上覆地层分层沉降量测目的是了解暗挖分部施工过程中上覆地层不同深度的垂直变化情况。

2）监测点布设

土体分层竖向位移监测可埋设磁环分层沉降标，采用分层沉降仪进行监测。利用地质钻机成孔，孔深要求至隧道顶部，磁环分层沉降标可通过钻孔在预定位置埋设，分层沉降管宜采用聚氯乙烯（PVC）工程塑料管，直径宜为 45 ～ 90mm；安装磁环时，应先在沉降管上分层沉降标的设计位置套上磁环和定位环，再沿钻孔逐节放入分层沉降管。分层沉降管安置到位后，应使磁环与土层黏结固定。

3）监测方法

采用磁环分层沉降标监测时应对磁环距管口深度采用进程和回程两次观测，并取进、回程读数的平均数，每次监测时均应测定分层沉降管管口高程的变化，然后换算出分层沉降管外各磁环的高程。采用分层沉降仪量测时，应以 3 次测量平均值作为初始值，读数较差不应大于 1.5mm。

12.2.16 锚杆应力

1）监测目的

测定锚杆轴力的目的主要有：了解锚杆受力状态及轴向力的大小；判断围岩变形的发展趋势，概略判断围岩内强度下降区的界限；评价锚杆的支护效果。

2）监测点布设

锚杆轴力量测采用钢筋计焊接组成量测锚杆来实现。测点钻孔深由设计锚杆长度确定（大于或等于锚杆长度），钻孔要求平直。目前国内主要采用钢花管和砂浆锚杆，对于钢花管一般采用等截面对焊方式进行埋设钢筋计；对于砂浆锚杆一般采用 $10d$（d 为钢筋直径）双面焊接钢筋计。具体安装埋设要求如下：

（1）钢筋应力计焊接在受力钢筋上并宜保持在同一轴线上，焊接时应使其处于不受力状态，特别不应处于受弯状态；

（2）钢筋应力计的焊接可采用对焊、坡口焊或熔槽焊，对直径大于 28mm 的钢筋，不宜采用对焊焊接；

（3）焊接过程中，应注意焊接温度控制，为防止应力计温度过高，可采用间歇焊接法，也可在钢筋应力计部位包上湿棉纱浇水冷却，但不得在焊缝处浇水，以避免焊层变脆；

（4）元件安装完成后应注意将测量导线及时引出至初期支护结构喷混凝土覆盖不到的位置处，保护好，避免在洞内被施工所破坏。

3）监测方法

（1）锚杆轴力监测精度不宜低于 0.5%FS，分辨率不宜低于 0.2%FS。

（2）先采用频率读数仪读出频率值，再根据厂家提供的传感器标定系数把测量的频率值转化为应力值，并与上次的应力值相比较，必要时绘制出应力随时间的变化曲线。

12.2.17 孔隙水压力

1）监测目的

孔隙水压力变化是土体应力状态发生变化的先兆，通过预埋孔隙水压力传感器，获得孔隙水压力随时间变化的量值及变化速度，从而判断土体受力变化情况及稳定性。

2）监测点布设

（1）当在同一测孔中埋设多个孔隙水压力计时，宜采用钻孔埋设法，埋设顺序为：

①钻孔到设计深度；

②放入第一个孔隙水压力计，可采用压入法至要求深度；

③回填膨润土泥球至第二个孔隙水压力计位置以上 0.5m；

④放入第二个孔隙水压力计,并压入至要求深度；

⑤回填膨润土泥球……,以此反复,直到最后一个。

（2）当在黏性土层中埋设单个孔隙水压力计,宜采用不设反滤料的压入埋设法,具体步骤为：

①钻孔到设计深度以上 0.5 ～ 1.0m；

②放入孔隙水压力计,采用压入法至要求深度；

③回填 1m 以上膨润土泥球封孔。

3）监测方法

（1）孔隙水压力监测精度不宜低于 0.5%FS,分辨率不宜低于 0.2%FS。

（2）先采用频率读数仪读出频率值,再根据厂家提供的传感器标定系数把测量的频率值转化为水压力值,并与上次的水压力值相比较,必要时绘制出水压力随时间的变化曲线。

12.3 盾构（TBM）区间监测内容及方法

12.3.1 管片变形

1）监测目的

本项监测是在成型管片上设置沉降及位移监测点,通过对其的变形监测可为判断隧道管片衬砌结构的安全提供可靠信息,指导现场设计与施工。

2）监测点布设

管片变形监测点常设置在指定环数对应的管片结构上,可采用在高强螺栓端部拧紧带弯钩式特制监测点或小棱镜,亦可在螺栓位置凹槽处粘贴高精度反射片方式布设监测点。埋点时应避免破坏原管片结构自身及防水接缝,同时又能满足稳固、经济、易保存的特点。

3）监测方法

管片变形的监测常利用高精度全站仪采用非接触式进行数值采集和分析,其计算方法同 12.2.3 节相关内容。

12.3.2 管片内力

1）监测目的

通过对重点断面管片内力的监测,搜集管片受力信息,分析结构设计参数的合理性,为后续优化设计施工提供可靠依据。

2）监测点布设

管片内力监测点常选在不同地层的交界处、转弯曲率变化点、通过重要风险源等特殊位置,测点通过在管片主筋预埋钢筋计或混凝土应变计等方式进行,管片养护及转运过程中应注意测线的保护。

3)监测方法

管片内力监测的计算通过对测力元件的频率变化,对比标定系数计算所得。计算过程参照12.2.12 节相关内容。

12.3.3 地表沉降

盾构或 TBM 区间隧道施工时,其地表沉降监测的布点及计算类似矿山法隧道中相关环节,具体参照 12.2.2 节相关内容。

12.3.4 地下管线

盾构或 TBM 区间隧道施工时,其影响范围内管线沉降监测的布点及计算类似矿山法隧道中相关环节,具体参照 12.2.7 节相关内容。

12.3.5 建(构)筑物

盾构或 TBM 区间隧道施工时,其影响范围内建(构)筑物沉降监测的布点及计算类似矿山法隧道中相关环节,具体参照 12.2.6 节相关内容。

12.3.6 地下水位

盾构或 TBM 区间隧道施工时,其地下水位监测的布点及计算类似矿山法隧道中相关环节,具体参照 12.2.4 节相关内容。

12.4 高架区间监测内容及方法

12.4.1 桥墩变形监测

1)监测目的

本项监测是在墩柱上设置沉降观测点,在上部结构施工过程中、荷载明显变化的情况下,进行墩柱沉降的观测,判断荷载变化对墩柱变形的影响。通过将荷载变化和沉降测试值进行对比,判断施工过程的安全。

2)监测点布设

桥墩变形监测点应布设在墩柱离地面 30 ~ 50cm 距离处,用冲击钻钻孔后埋入 L 形沉降点并做好标记和保护措施。埋点时应注意以下几点:

（1）布设监测点时应尽量减少对结构本身的破坏；

（2）监测点位应稳固、明显，便于施测，同时兼顾经济实用；

（3）应严格按照设计图纸要求在垂直线路方向的墩柱两侧布设测点。

布点时，可用冲击钻在梁体表层混凝土上沿铅垂方向钻直径 20 ～ 22mm 的圆形孔洞，将孔洞内粉尘清理干净后拌入适量黏合剂（环氧树脂），然后将预制不锈钢标放入孔中，适当转动使之与黏合剂充分黏结，轻敲钢标使其与梁体固结，待黏合剂达到最大强度后即可使用，严禁采用铁锤敲击沉降钉圆滑面。墩身沉降观测标志如图 12-13 所示。

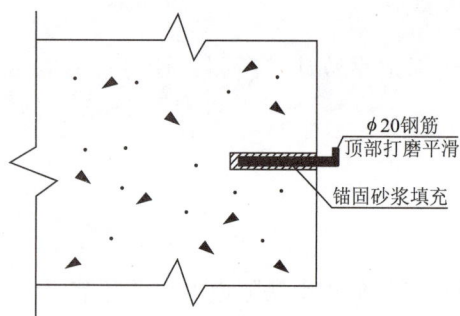

图 12-13　墩身沉降观测标志示意图

3）监测方法

详见 12.2.2 节相关内容。

12.4.2　结构应力监测

1）监测目的

本监测项目主要是通过在桥梁墩柱、承台角部、梁体上部结构或两者连接部位布置钢筋应力计等监测元件，采集不同施工步序期间构件受力变化情况，达到分析墩柱支撑体系、梁板体系的承载状态和支撑效果的目的，并可以为判定支撑体系稳定性和安全度提供可靠依据。

2）监测点布设

桥梁墩柱、承台角部、梁体上部结构或两者连接部位的应力监测一般采用在主筋焊接钢筋应力计的方式进行监测，测点应布设在理论计算最大应力位置或两构件连接位置等代表性断面，并应对大跨、超高区段等最不利位置进行加密布点。钢筋计的焊接方式宜采用对焊形式，在无法保证焊接质量或构件受力较大位置可采用搭接焊、帮焊的形式进行测点布设。

3）监测方法

钢筋应力计的监测采用频率接收仪读取元件频率变化，再根据厂家提供的传感器标定系数把测量的频率值转化为应力值，并与上次的应力值相比较，必要时绘制出应力随时间的变化曲线，其监测精度应不低于 0.15%FS。

12.4.3　梁体挠度监测

1）监测目的

本监测项目主要目的是通过在梁体等上部结构的不同部位布设高程监测点，观测不同时期上部结构的挠曲变形，分析上部结构的稳定性和安全度，同时可以与墩柱沉降量相互验证。

2）监测点布设

每跨梁体设置 3 个监测点，分别位于墩台处及跨中，每断面设 1 个点；连续梁上的监测点，分别在墩台处、中跨跨中及边跨跨中附近设置。

梁段挠度测点布置在梁段顶面上,测点采用 $\phi16$ 的短钢筋制作,底部钻孔埋设于桥面上,顶部磨圆露出桥面 $0.5 \sim 1.0cm$,测头磨平并用红油漆标记。

水准测量不便的地方可以粘贴高精度反射片或反射小棱镜,采用全站仪三角高程进行观测。

3）监测方法

为了尽量减少温度的影响,挠度的观测安排在 $5:00 \sim 8:00$ 时间段内观测并完成,在该时间段内,梁正好处于夜晚温度降低上挠变形停止和白天温度上升下挠变形开始之前,是梁温度—挠度变形的相对稳定时段。

12.4.4 裂缝监测

1）监测目的

在桥梁各结构体施工期间对结构自身、周边环境开展巡查工作,及时统计标记裂缝的发生发展,能为其他监测项目做补充型综合分析,并及时发现可能存在的安全隐患,弥补数值型监测项目的非直观性缺陷。

2）监测点布设

结构体施工前首次巡视及日常巡视中发现裂缝的地方,应用灰土块、油漆等做好标记标识,记录好裂缝的位置、形态,以便后续巡视中同一位置的比照。对于首次巡视发现的在施工影响以前已存在的地表裂缝、挡墙开裂等异常情况,应采用拍照的方式进行影像资料存档。

3）监测方法

日常巡视中应利用游标卡尺、裂缝读数显微镜测量并记录好裂缝的宽度,计入统计报表,以便数据的比对分析。

12.5 监测频率及控制值

12.5.1 监测频率

（1）确定监测频率一般原则:

①监测频率应根据施工工法、施工进度、监测对象、监测项目、地质条件等情况和特点,结合当地工程经验综合确定。

②监测频率应使获取的监测信息及时、准确、系统地反映施工工况及监测对象的动态变化;应每天定时监测,以消除气温变化影响。

③对穿越既有轨道交通和重要建(构)筑物等周边环境风险等级为一级的工程,在穿越施工过程中,应提高监测频率,必要时对关键的监测项目进行自动化监测。

④施工降水、岩土体注浆加固等工程措施对周边环境产生影响时,应根据环境的重要性和预测的

影响程度确定监测频率。

⑤工程施工期间,现场巡查宜每天进行,并做好巡视记录。在关键工况、特殊天气等情况下应适当增加巡查次数。

(2)当遇到下列情况时,应适当提高监测或现场巡查频率:

①监测数据异常或变化速率较大;

②存在勘察未发现的不良地质条件,且影响工程安全;

③地表、建(构)筑物等周边环境发生较大沉降、不均匀沉降;

④矿山法隧道断面变化部位施工、施工中产生受力转换部分;

⑤工程出现异常;

⑥工程险情或事故后重新组织施工;

⑦暴雨或长时间连续降雨;

⑧邻近工程施工、超载、震动等周边环境条件发生较大改变;

⑨超出规定预警值。

(3)矿山法及盾构(TBM)区间监测频率:

矿山法及盾构(TBM)区间监测项目的监控量测频率,根据测点距开挖面的距离及位移速度确定。由位移速率决定的监控量测频率和由距开挖面的距离决定的监控量测频率之中,原则上采用较高的频率值。出现异常情况或不良地质时,增大监控量测频率。在监测值无异常和无事故征兆的情况下,监测频率可按照表 12-5、表 12-6 要求执行。

矿山法区间监控量测频率   表 12-5

监测部位	监测对象	开挖面至监测点或监测断面的距离	监测频率
开挖面前方	周围岩土体和周边环境	$2B<L \leqslant 5B$	1 次 /2d
		$L \leqslant 2B$	1 次 /1d
开挖面后方	初期支护结构、周围岩土体和周边环境	$L \leqslant 1B$	(1~2 次) /1d
		$1B<L \leqslant 2B$	1 次 /1d
		$2B<L \leqslant 5B$	1 次 /2d
		$L>5B$	1 次 / (3~7d)

注:1. B- 矿山法隧道开挖宽度(m),L- 开挖面至监测点或监测断面的水平距离(m)。

    2. 当拆除临时支撑时应增大监测频率。

    3. 监测数据趋于稳定后,监测频率宜为 1 次 / (15~30d)。

盾构(TBM)区间监控量测频率   表 12-6

监测部位	监测对象	开挖面至监测点或监测断面的距离	监测频率
开挖面前方	周围岩土体和周边环境	$5D<L \leqslant 8D$	1 次 / (3~5d)
		$3D<L \leqslant 5D$	1 次 /2d
		$L \leqslant 3D$	1 次 /1d
开挖面后方	管片结构、周围岩土体和周边环境	$L \leqslant 3D$	(1~2 次) /1d
		$3D<L \leqslant 8D$	1 次 / (1~2d)
		$L>8D$	1 次 / (3~7d)

注:1. D- 盾构法隧道开挖直径(m),L- 开挖面至监测点或监测断面的水平距离(m)。

    2. 管片结构位移、净空收敛宜在衬砌环脱出盾尾且能通视时进行监测。

    3. 监测数据趋于稳定后,监测频率宜为 1 次 / (15~30d)。

(4)高架区间监测频率:

高架区间施工期间监测频率应根据施工进度、季节气候变化情况等多因素动态调整,并应满足设计文件及施工需要,一般可参照表12-7执行。

监 测 频 率 表 表 12-7

监测项目	监测频率
桥墩变形	相应结构段施工完成后,埋设观测点并进行初值测量(取不少于三次平均值);正常施工期间1次/月,架梁前后(荷载变化)各一次,体系转换施工期间1次/周;桥梁主体工程完工至初期运营时,1次/3月;运营后按使用期监测频率执行
结构应力	
裂缝监测	
梁体挠度	梁体架设完成后,1次/月;体系转换前后各1次;桥梁主体工程完工至初期运营时,1次/3月;运营后按使用期监测频率执行

12.5.2 监测控制值

监测项目控制值的确定应符合以下规定:

(1)区间支护结构变形、地表沉降控制值监测项目控制值应根据工程地质条件、隧道设计参数、工程监测等级、当地工程经验等确定;

(2)建(构)筑物监测项目控制值应在调查分析建(构)筑物使用功能、建筑规模、修建年代、结构形式、基础类型、地质条件等基础上,结合其与工程的空间位置关系、已有沉降、差异沉降和倾斜以及当地工程经验进行确定,并应符合现行国家标准《建筑地基基础设计规范》(GB 50007—2011)的有关规定;

(3)地下管线监测项目控制值应在调查分析管线功能、材质、工作压力、管径、接口形式、埋置身度、铺设方法、铺设年代等的基础上,结合其与工程的空间位置关系和当地工程经验进行确定;

(4)对风险等级为一级、二级的建(构)筑物或地下管线,宜通过专项调查、结构检测、计算分析和安全性评估等确定控制值;

(5)当无地方经验,风险等级较低且无特殊要求时,可按表12-8~表12-12确定;

(6)既有线路监测项目控制值应在调查分析、线路结构形式、线路线状情况等基础上,结合其与工程的空间位置关系、当地工程经验,进行必要的结构检测、计算分析和安全性评估后确定,且应符合现行国家标准或者相关行业标准的有关规定。

暗挖隧道监测项目控制值 表 12-8

监测项目及区域	累计值(mm)	变化速率(mm/d)
拱顶沉降	$10 \sim 20$	3
底板竖向位移	10	2
净空收敛	10	2
建(构)筑物沉降	$10 \sim 30$	$1 \sim 3$
建(构)筑物差异沉降	$0.001L \sim 0.002L$	—

暗挖隧道地表沉降监测项目控制值 表 12-9

监测等级及区域	累计值(mm)	变化速率(mm/d)
一级	$20 \sim 30$	3
二级	$30 \sim 40$	3
三级	$30 \sim 40$	4

注:1. 表中数值适用于土的类型为中软土、中硬土及坚硬土中的密实砂卵石地层。

2. 工程监测等级宜根据暗挖区间工程的自身风险等级、周边环境风险等级和地质条件复杂程度进行划分。

管线类型	沉　　降		差异沉降（mm）
	累计值（mm）	变化速率（mm/d）	
燃气管道	10～30	2	$0.3\%L_g$
雨污水管	10～20	2	$0.25\%L_g$
供水管	10～30	2	$0.25\%L_g$

注：1. 燃气管道的变形控制值适用于 100～400mm 的管径。

　　2. L_g- 管节长度。

盾构法隧道管片结构竖向位移、净空收敛监测项目控制值　　　　　表 12-11

监测项目及岩土类型		累计值（mm）	变化速率（mm/d）
管片结构沉降	坚硬～中硬土	10～20	2
	中软～软弱土	20～30	3
管片结构差异沉降		$0.04\%L_S$	—
管片结构净空收敛		$0.2\%D$	3

注：L_S- 沿隧道轴向两监测点间距；D- 隧道开挖直径。

盾构法隧道地表沉降监测项目控制值　　　　　　　　表 12-12

监测项目及岩土类型		工程测量等级					
		一级		二级		三级	
		累计值（mm）	变化速率（mm/d）	累计值（mm）	变化速率（mm/d）	累计值（mm）	变化速率（mm/d）
地表沉降	坚硬～中硬土	10～20	3	20～30	4	30～40	4
	中软～软弱土	15～25	3	25～35	4	35～45	5
地表隆起		10	3	10	3	10	3

注：本表主要适用于标准断面的盾构法隧道工程。

12.6　监测反馈与信息化施工

12.6.1　监测反馈与信息化施工实施的意义及综述

监测反馈与信息化施工是一种利用监控量测和信息反馈技术对施工过程进行控制的现代化施工管理方法和技术，是对传统施工方法的完善和发展。实施监测反馈与信息化施工的意义在于突破岩土力学理论与技术发展和经济条件的限制，通过在施工中加强过程监测，根据前一段开挖期间监测到的岩土变位等大量信息和数据，与勘察设计所预期的性状进行对比，对原有设计成果进行评估，通过反分析方法计算并修正岩土力学相关参数，预测下阶段工程实践中可能出现的新情况，为施工期间进行优化设计和合理施工组织提供可靠情报，对后续施工方案提出建议，预测施工过程可能出现的险情并采取预防措施。它的核心在于随时根据现场的地质情况和监测成果对设计和施工方案进行动态调整和优化，关键是获取可靠、全面的地质、监测数据及施工信息，并进行及时分析和反馈。

目前，大多数地铁工程在施工前进行信息化施工设计，包括监测管理、监测方法及监测设备，甚至在个别特大型地下工程中将施工的信息化作为一个独立的工序从工程项目中分离，开始走专业化道路。随着地下工程施工技术的发展，地下工程安全监测反馈技术的发展也很迅速，信息化施工所需要的监测设备及传感器不断完善，开始向系统化、远程化、自动化方向发展，逐步实现实时准确的数据采集，数据的分析和信息的反馈也更具时效性。

12.6.2　监测反馈的内容

1）巡视情况

现场巡视检查可分为开挖工作面观察和周边环境观察两部分。其中,开挖工作面观察在每次开挖后进行,内容包括节理裂隙发育情况、工作面稳定状态、风化变质情况、断层分布、初期支护效果及涌水情况等。周边环境观察主要记录地表开裂、地表变形、边坡及仰坡稳定状态、地表水渗漏情况、地下管线有无破损泄漏、周边建(构)筑物的裂缝发展状态等,同时还应对临近施工等进行观察。

2）监控量测数据

监控量测数据是地铁区间施工安全的重要保证,监测项目按照监测类别可分为变形监测和受力监测。变形监测项目和受力监测项目,可详见 12.3 节"盾构(TBM)区间监测内容及方法"和 12.4 节"高架区间监测内容及方法"。地铁区间发生围岩开裂或错动、桥梁结构开裂、沉降或收敛变形突然加剧、初期支护变形开裂且不断发展等情况都可以通过监测来发现并发出预警。

3）其他信息

其他信息主要包括施工工法、施工工况、控制基准、工程措施、初步原因分析、风险处理建议等。

12.6.3　数据处理及分析

1）数据的处理

实际监测过程中,由于施工对监测工作干扰大,监测工作程序复杂,每次监测数据采集后,应随即检查、检验原始记录的可靠性、正确性和完整性。采集到的数据必须结合现场实际情况加以分析,排除干扰因素,滤除误差数据,进行相应的处理才能用于分析推断。数据的处理包括数据校核和数据整理。

数据校核主要是对数据进行可靠性分析,排除各种误差影响,保证量测数据的可靠性和完整性。包括对原始观测数据的检验、漏测排查、异常值的剔除、误差处理等,如有异常应及时补(复)测、确认或更正。

数据整理包括各种物理量计算和图表制作,打印相关监控量测报表,并根据数据绘制位移时态曲线图或散点图,以便于分析监控量测数据的变化规律和趋势。监测物理量的换算公式和有关表格的填写应符合有关规程规范的要求。

2）数据的分析

（1）回归分析

要对监控量测数据进行处理,消除偶然误差的影响,才能确切地获得变形规律,最常用的是回归分析。回归分析是一种统计分析方法,在监控量测中,它是通过处理监控量测到的各种数据,通过归纳整理数据等,最后绘制出能够揭示接近施工现场实际情况的典型曲线。

目前采用回归分析时的关系函数主要包括对数函数、指数函数和双曲线函数。

①对数函数：

$$u = a\ln(1+t) \quad \text{或} \quad u = a + \frac{b}{\ln(1+t)} \tag{12-1}$$

②指数函数：

$$u=ae^{\frac{-b}{t}} \quad 或 \quad u=a\left(1-e^{-bt}\right) \tag{12-2}$$

③双曲线函数：

$$u=\frac{t}{a+bt} \quad 或 \quad u=a\left[1-\frac{1}{\left(a+bt\right)^2}\right] \tag{12-3}$$

以上式（12-1）、式（12-2）及式（12-3）中，a、b 为待回归系数，t 为初读数后的量测时间（d），u 为量测位移值（mm）。

对所有数据进行回归分析，拟合出时间—位移散点图，即 $u=f(t)$ 曲线，如图 12-14 所示。

计算时刻 t 的函数一阶导数值 $\dfrac{du}{dt}$，即为时刻 t 的变化速率值；计算时刻 t 的函数二阶导数值 $\dfrac{d^2u}{dt^2}$，即为时刻 t 的变化加速度值。

（2）监控量测数据的判释

对监控量测数据进行判释，可进一步验证设计方设计的支护参数和施工所采用的施工方法的合理性，为地铁区间的信息化设计与施工提供数据支撑与依据，并可预测各级围岩的稳定性，并为后续围岩的开挖与支护以及施工方法等提供合理的参数。

①极限位移值和变化速率的判释

极限位移值包括施工实测到的位移和施工未量测到部分的位移。对监控量测数据回归曲线外延推求，可估算出极限位移值。极限位移值和变化速率值是判断工程结构及周边环境处于正常、异常状态的重要依据。监测累计控制值和速率控制值并无统一的标准，因为地质条件的多变性不能生搬硬套规范中提供的参考值，应由工程设计方根据工程的设计计算结果、周边环境中被保护对象的控制要求等确定。当"极限位移值＞累计控制值"或"变化速率值＞速率控制值"时，应及时向施工单位反映，并结合地质条件、施工方法、支护设计等因素与施工单位、设计单位分析原因，制订处理方案。

②时态曲线形象化判释

根据现场监控量测数据绘制出时态曲线图，如图 12-15 所示，由曲线形状对施工稳定性进行判释。

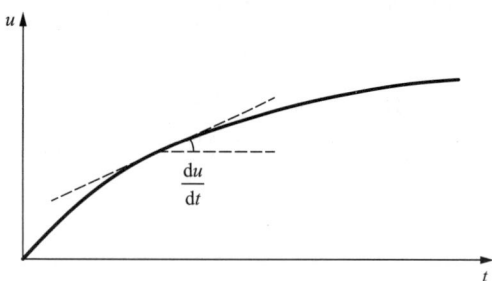

图 12-14　拟合曲线示意图

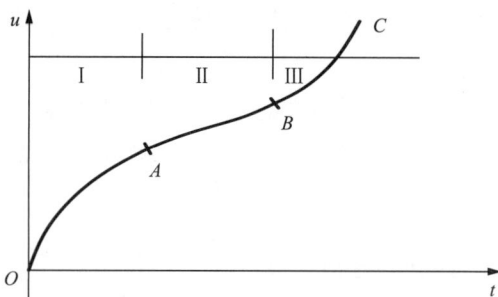

图 12-15　时态曲线三种情况

a. 时态曲线位移速率逐渐变小，即 $\dfrac{d^2u}{dt^2}<0$（OA 段），表明变形趋于稳定，可正常施工；

b. 时态曲线位移速率保持不变，即 $\dfrac{d^2u}{dt^2}=0$（AB 段），时态曲线直线上升，表明进入危险状态；

c. 时态曲线位移速率逐渐增大，即 $\dfrac{d^2u}{dt^2}>0$（BC 段），时态曲线出现反弯点，若排除测点被扰动或读数错误的原因，表明已处于失稳状态，此时往往是塌方的征兆。

除上面所述三种情况,还存在一种反常型时态曲线,即出现收敛值增大(衬砌或围岩不是向洞内方向收敛,而是向围岩方向挤压,测线测值呈增大趋势),或拱顶下沉测点的测值不是下沉,而是上升。此种情况在偏压情况下较为多见。若反常曲线不急剧变化,一般无大碍,否则就需要采取专门措施削减偏压。

③位移场形象化判释

除了通过时态曲线对结构稳定性进行判释外,还可以通过各测点测得的数据在空间上的分布规律进行判释。

a. 横向沉降槽

地铁区间施工对周边建筑物的影响复杂,由于建筑物所处空间位置不同,存在多种受力状态(图12-16)。参考 Peck 公式,对监控量测数据在垂直线路走向方向进行横向沉降槽分析,了解施工横向影响范围,有利于把控风险。一般而言,当建(构)筑物处于沉降槽影响范围外时(相对安全区),较安全;当处于沉降槽影响范围内时(影响区),此时应提前注意,并提前采取措施;当建(构)筑物处于沉降槽曲线下凹段时(危险区),距离沉降最大点越近所处空间位置越不利、越危险。

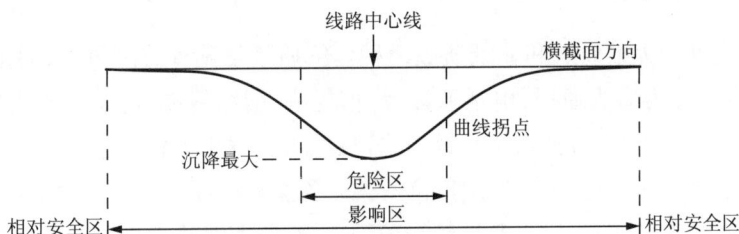

图 12-16 地表横向沉降槽

b. 纵向位移变量

以线路走向方向为横坐标,以沿线路走向方向上的各监测点的位移值为纵坐标,绘制出各时刻的纵向位移—空间曲线。结合施工工况、地勘报告、地质预报等对空间—位移变化规律进行分析。其中,各条纵向位移—空间曲线之间的面积大小(图12-17中的 1~7 区),显示了各施工阶段对工程结构及周边环境的影响程度。当面积区域逐渐增大时,表示阶段内影响程度逐渐增大;反之,如果面积渐小,则表示影响程度逐渐减弱。以图12-17为例,图中 7 区面积剧增显示监测数据有突变,该情况要注意掌子面状态,提前采取措施。

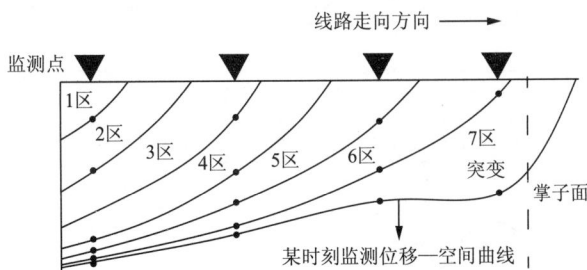

图 12-17 纵向位移—空间时态曲线

c. 交叉施工

在实际施工过程中,往往存在交叉施工的问题,如暗挖隧道双线施工、上跨或下穿既有运营线、降水施工、临近工程施工等。交叉作业,对周边环境的影响程度不尽相同,存在着较多不可预见因素。根据各时段、各空间分布的点位监控量测位移值,分析交叉施工对周边环境的影响程度。当发现某项施工作业影响程度较大时,应对其设计、施工参数动态调整,必要时停工,避免造成放大效应。

12.6.4 监测信息反馈系统

1）信息反馈的原则

（1）准确性

监控量测数据信息反馈工作的基本前提是数据成果准确可靠，因此保证数据的准确性是信息反馈的前提基础。

（2）及时性

地铁区间施工对监控量测数据信息反馈的要求紧迫，信息反馈工作的延误可能造成工程灾难性的后果，因此要保证信息反馈的及时性。

（3）实用性

监控量测数据信息反馈工作应以解决工程实际问题为目的，而不片面强调理论上的完善。同时成果报告应满足有关岩土工程规范要求，解决实际地下工程施工中面临的问题。

2）信息反馈方式及对象

信息反馈的方式可分为纸质版和非纸质版两种。纸质版常见有监测日报、周报、月报、总结报告、预警报告等；非纸质版分为口头通报、电话通知、短信提醒、网络终端、电子版报告等。信息反馈应首选最简单、快速、有效的方式，及时把信息反馈出去，后续再补齐相关资料。

信息反馈的对象分为各参建单位、外围单位两类。各参建单位主要指建设单位、监理单位、施工单位、设计单位、勘察单位等；外围单位主要指管线管理部门、既有线管理部门、小区业主、政府机关等。

3）信息反馈流程

监控量测数据反馈指导设计与施工是指在工程施工过程中，根据施工信息，对施工前预设计所确定的结构形式、支护参数、施工方法、施工工艺以及各工序施作的时间等的检验和修正，贯穿于整个施工全过程。施工信息反馈流程如图 12-18 所示。

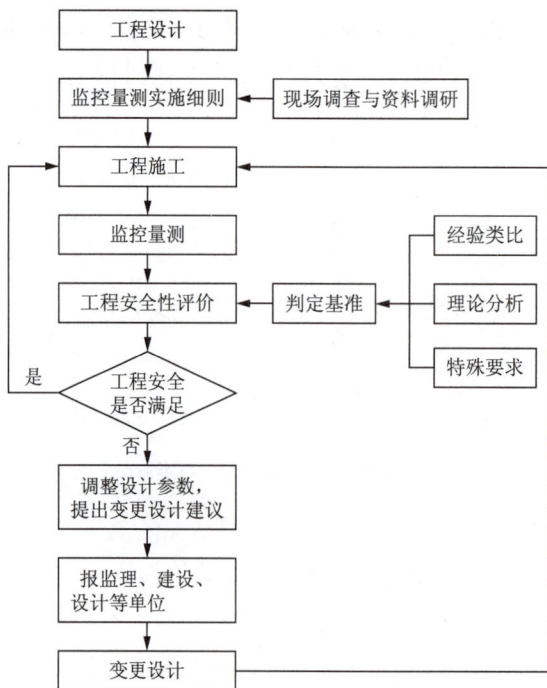

图 12-18　信息反馈流程图

4）预警及处理措施

（1）预警等级

当各监测项目监测数值出现异常变化或达到所定的预警值时，应及时发布警情通报。监测项目应按"分区、分级"的原则制定监控量测控制标准，并按黄色、橙色和红色三级进行管理和控制。工程险情预警等级及状态描述见表 12-13。

工程险情预警等级及状态描述 表 12-13

序 号	预 警 等 级	预警状态描述
1	黄色	"双控"指标（累计变化量、变化速率）均达到监控量测控制值（极限值）的 70%，或双控指标之一达到监控量测控制值的 80% 时
2	橙色	"双控"指标均达到监控量测控制值（极限值）的 80%，或双控指标之一超过监控量测控制值时；或双控指标达到极限值而整体工程尚未出现不稳定迹象时
3	红色	"双控"指标均超过监控量测控制值，或实测变化率出现急剧增长，工程存在不稳定迹象时

（2）信息反馈与动态施工

在施工过程中，应信息反馈施工，动态调整施工方案，必要时增加辅助施工措施以确保施工安全性和经济性。地铁区间施工期间，通过对监测结果的分析判断，及时调整施工方案。在监测数据较小时，可简化施工方案以减少施工程序，加快施工进度，降低工程造价；在监测数据较大时，应调整施工方案直至增加辅助施工，以确保工程及周边环境的安全。

常见的辅助工程措施中，地层稳定措施主要有管棚、小导管注浆、锚杆等超前支护以及地表加固等；涌水处理措施主要有注浆止水和超前排水、降水等。

（3）信息反馈与动态设计

在工程施工期间，应监测信息反馈设计，并予以动态调整、修正或变更，提高动态设计水平，使支护结构更适应围岩实际情况，使施工更加安全、经济。动态设计和信息化施工是一个辨证的综合体系，两者紧密结合，相辅相成，其流程为：预设计—施工检验—地质判别—监测信息—修正设计—施工检验。

常见的动态设计主要包括支护参数调整、线路长度和断面尺寸调整、施工工法变更、辅助工程措施等。其中，支护参数主要包括支护结构的强度和厚度、钢筋间距、钢架参数、锚杆参数、锚索参数，等等。

12.6.5 信息可视化平台

1）信息可视化平台的研发背景

近年来，国外在地下工程信息化领域开展了一系列的研究工作，许多研究被列入政府资助计划项目。欧盟开展了一项 TUNCONSTRUCT（Technology Innovation in Underground Construction）研究计划，其目标是推动地下基础设施建设技术的革新，以减少地下工程建设时间和降低地下工程建设造价。该项目的一个重要组成部分就是开发集规划、勘察、设计、施工和运营维护一体的地下工程信息系统（Underground Construction Information System，UCIS），该系统对地下工程全生命周期数据进行管理，并将数据提供给工程建设和管理的各参与方。意大利 GEODATA 公司开发 GDMS 系统，瑞士针对 GBT 隧道开发 SISSO 系统。

目前，国内一些院校、科研机构，如同济大学、北京城建设计发展集团股份有限公司、解放军理工大学、中国科学院武汉岩土力学研究所、上海交通大学、广东工业大学、中国矿业大学、成都理工大学、中铁西南科学研究院有限公司、西南交通大学、北京交通大学、中铁隧道集团有限公司、中国国家铁路集团有限公司信息技术中心等单位在隧道及地下工程方面均进行了有益探索和研究工作。

2）信息可视化平台的功能

信息可视 BIM 技术（建筑信息模型）是数字技术在建筑工程中的直接应用，解决建筑工程在软件中的描述问题，使设计人员和工程技术人员能够对各种建筑信息做出正确的应对，并为协同工作提供坚实的基础。通过 BIM 技术对基坑的形状、围护结构、周边环境以及各类监测点建立模型，在模型中导入每天的监测数据并采用 4D 技术（三维模型＋时间轴）＋变形色谱云图的表现方式，方便工程师、管理人员、建设单位人员、施工人员等查看基坑围护结构的变形情况。基于 BIM 的信息化管理新技术的应用可以让管理者们不必再翻阅纸质报表，仅仅需要带一部手机，或者带一部 Google Glass 就可以在现场调取所有监测点并能掌握整个基坑的变形情况，打破了常规监测信息化管理的方法，将计算机技术以及新的信息管理技术应用于基坑监测中，不仅将监测成果更直观地表现出来，而且对整个监测成果有整体的分析和处理，使管理人员，尤其是非专业的管理人员更容易了解基坑的安全情况以及基坑未来的变形趋势。

以中铁西南院研发的轨道交通安全风险监控平台为例，平台主要包括：施工现场远程视频监控子系统、监测子系统、盾构施工实时管理子系统、施工安全风险实时管理子系统、人员权限管理子系统、公文收发系统。

（1）施工现场远程视频监控子系统由现场高清视频监控、项目部监控展示和监控中心三级结构构成。通过清晰及时的远程视频监控，从管理人员到现场施工项目部，所有的参建管理人员可以第一时间监控现场，发现风险，控制风险。

（2）监测子系统是集现场数据采集（包括全站仪、水准仪、测斜仪、读数仪）及分析处理、远程监控于一体的隧道施工监测信息系统。包含现场数据采集端、远程服务器端和客户端程序，可同时满足量测和监管人员的不同工作需求。

（3）盾构施工实时管理子系统能够对盾构/TBM 施工全过程进行远程实时监控，形象地实时显示盾构/TBM 施工参数，提供可视化图形数据分析界面，并对盾构施工中耗材进行统计分析，既便于分析盾构施工的全过程及其可能出现的各种问题，也可以对盾构施工成本和质量进行控制，形象地显示工程进度和盾构所处的位置，也是其重要的特点。

（4）施工安全风险实时管理子系统可对施工的停车场、车站和高架区间等依据工程平、纵面图实时显示工程进度及地质情况，并对各点的风险源及周边的地理信息进行展示，实现及时的风险预测与风险提醒，同时可以从监测子系统中调入详细的监测数据，查看数据的变化趋势，系统同时具备工程文档的存储与上传下达功能。

为满足用户移动办公的需要，系统配套有 APP 软件平台，可以实现网页平台的主要功能，并与网页平台数据实现共享，其便捷易用性拓宽了系统的运用范围，最大限度地发挥了系统的管理作用。手机 APP 主要功能包括线路导航、监控统计、盾构监控、监测及预警查询、视频监控、综合文件查询等。平台功能系统齐全、操作简便、查询快速，且具有保证数据的真实性和及时性，弥补了传统管理方法的缺点和不足，目前已经在国内多个城市推广使用。

3）信息可视化平台的优势

利用传统的管理方法耗时费力，容易出现数据反馈滞后的情况，严重的甚至可能出现数据弄虚作假的情况。信息可视化平台与传统管理方法相比，有以下几项技术优势：

（1）互联网技术。通过互联网技术可以在任何地点、任何时间及时获取服务器中的数据。

（2）移动互联网。通过移动设备互联网，可以实时将采集数据上传至服务器，管理人员可以实时查看和接收实时数据。

（3）蓝牙和传感器。通过蓝牙和传感器等直接从仪器中采集数据，保证了数据采集的真实性，并可通过移动互联网及时上传，又保证了数据的及时性。

（4）视频技术。可将施工现场的真实景象远程呈现给相关管理单位。

4）信息可视化平台的应用前景

随着数据库技术、GIS 技术、网络技术、可视化技术的等 IT 技术的不断发展，以及工程界对信息化的逐渐接受和实际应用中不断发展的需求，地下工程信息化研究与应用工作逐步发展，在当前 IT 技术以及地下工程信息化理论、框架体系不断发展背景下，在新建轨道交通的施工中运用信息管理系统是可行的和必要的。

第 **13** 章 地铁车辆基地土建工程简介

13.1 概　述

地铁车辆基地是保证城市轨道交通系统正常运营的后勤基地,是地铁停车场、车辆段和车辆综合维修基地的总称。作为城市轨道交通配套系统,承担车辆清洗、停放、整备、运用、检修及各种运营设备的保养维修和物资保障等任务,是列车编组及车辆试验等作业的整备场所。地铁车辆基地主要包括综合维修中心、物资总库、培训中心、生活设施及上盖物业。国内有些地铁城市,还将调度指挥中心、地铁公安分局或运营公司部分职能处室整合在地铁车辆基地内。如图 13-1 所示为深圳地铁 2 号线蛇口西车辆基地。

图 13-1　深圳地铁 2 号线蛇口西车辆基地

地铁车辆基地的中心任务是使整个地铁系统的列车经常处于良好的工作状态,以保证车辆安全正点运行。因此,地铁车辆基地具备以下基本功能:

(1)车辆停放及日常保养功能:地铁车辆的停放和管理,车辆的外部洗刷、内部清扫及定期消毒,驾乘人员每日出勤和退勤前的技术交接,对运用车辆的日常保养(包括列检和双周检、季检)及一般性临时故障的处理等。

(2)车辆检修功能:依据地铁车辆的检修周期,定期完成对地铁车辆的计划性修理(包括定修、架修和大修)。

(3)列车救援功能:列车发生事故,如脱轨、颠覆或接触网中断供电时,能迅速出动救援设备起复车辆,或将列车牵引至邻近车站或地铁车辆基地,并排除线路故障,恢复行车秩序。

(4)系统设备的维护保养和检修功能:对地铁各系统,包括供电、环控、通信、信号、火灾报警、综合监控、自动售检票、给排水、自动扶梯等机电设备和房屋建筑、轨道、隧道、桥涵、车站等建筑设施进行维护、保养和检修等。

(5)材料物资供应功能:负责地铁系统在运营和检修过程中,所需各种材料、设备器材、备品备件、劳保用品以及其他物资的采购、储存、保管和供应工作。

（6）技术培训功能：负责对地铁各系统的工人、技术和管理人员进行培训。

如图 13-2 所示，地铁车辆基地主要单体功能建（构）筑物包括运用库、联合检修库、工程车库、物资总库、运营管理综合楼、混合变电所、轨行区等。地铁车辆基地单体建筑的布置应满足各种生产功能的要求，布置顺畅，避免车辆在段内迂回运行或互相干扰，尽量缩短列车在段内的空走距离；宜将检修、停车运用部分与办公生活区分开布置，带电作业区与非带电作业区分开布置，交通考虑将车流和人流分开。各单体建筑主要功能为：

（1）运用库：主要负责列车的日常检修、地铁车辆的停放及日常整备工作，是地铁车辆基地中使用频率最高、占地面积最大的单体建筑。

（2）联合检修库：是地铁车辆运转维修中心，确保车辆的有效性和可靠性，延长车辆的使用寿命。

（3）工程车库：是地铁运营的重要组成部分，其核心是确定始发和终到列车的出入库时间、次序、调机运用及整备计划。

（4）物资总库：是存放为满足地铁运行需求而准备的物质材料的单体建筑，确保机车运行需求、维护保养和应急需要。

（5）运营管理综合楼：是运行地铁运营管理系统的地方，地铁运营管理系统是由地铁行车系统、车辆系统、通信系统、信号系统等组成的一个庞大的"联动机"。

（6）混合变电所：是为运行在轨道线路上的车辆提供牵引用电以及为周边提供生活用电的单体建筑。

（7）轨行区：是地铁列车进出车辆基地的通行区域。

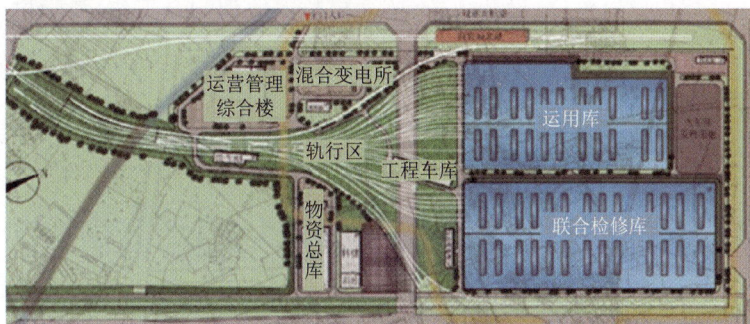

图 13-2　典型地铁车辆基地平面布置图

13.2　工程特点

地铁车辆基地土建施工内容庞杂，施工专业多、工序衔接紧、互相干扰大是其最重要特征，故要求施工单位具有较高的综合施工能力和丰富的施工组织经验、强大的专业施工实力和高度的协调指挥能力。具体来说，具有以下工程特点。

（1）系统性强

地铁车辆基地工程几乎涵盖地铁工程所有专业和工法，由于专业多，交叉作业频繁，施工在时间和空间上的重叠产生不少管理接口，专业之间的关联关系产生了众多技术接口。从整体上说，地铁车辆基地工程具有明显的系统工程特征，需要周密组织、统筹安排、科学管理，通过时间、空间和资源的优化配置，实现工程项目的安全、质量、进度、效益和工期目标。

（2）工期紧张

从时间维度看，地铁车辆基地具有以下特点：

①地铁车辆基地占地面积大，一般会涉及较大的征地拆迁量，需要拆迁的建（构）筑物面积通常数以万平方米计，有时多达数十万平方米，征地拆迁持续时间很长。

②地铁车辆基地用地可能为填海或开山而成，前者需要实施地基处理工程，后者则需要实施爆破工程和土石方挖运工程，上述工程的工期或将对地铁车辆基地的整体工期影响较大。

③对于存在上盖物业开发的地铁车辆基地，其设计与上盖物业的户型、荷载及功能设施等诸多因素关联，地铁车辆基地的设计进度受上盖物业设计的进展制约，进而影响地铁车辆基地工程的施工工期。

④需要根据线路开通水平完成一定数量列车的调试。一般情况下，地铁车辆基地在线路开通前10个月左右需要具备接车、静调、试车线调试以及运营人员入驻的条件。对于采用全自动运行的线路，此时间将会有较大幅度提前。

上述特点导致地铁车辆基地的工期始终处于赶工状态。

（3）协调配合难度大

地铁车辆基地工程涉及土建、机电设备安装、建筑结构、装饰装修、给排水及消防、通风空调、动力照明、轨道工程、桥涵工程、道路等多个专业，另外还有供电、信号、通信、工艺设备安装专业工程承包商进场施工，专业接口复杂、施工协调配合管理工作量大是其基本特点。由于施工系统多、接口工作量大、交叉作业频繁，而施工空间有限，材料品种多且量大，需要做好内部各专业之间的接口及与外部专业各接口的管理，以及与建设单位、设计单位、监理单位的协调配合工作，科学进行项目总体筹划管理，并对各种接口进行严格的控制，确保整个施工过程的连续、有序、均衡生产，保证项目各专业施工进展能够顺利进行。

13.3 总体施工部署

地铁车辆基地是集停车、列检、维修及人员办公等使用功能于一体的综合基地，涉及地铁运营的各个方面，工程规模大，建设项目多，多栋建筑在一个场区同时施工，对施工组织、协调管理要求较高，必须做好施工总体部署工作，使各项工作有序进行，确保按工期、高质量地完成工程任务。在施工过程中，要结合工程的实际情况，采用先进的施工设备，启用专业人才，系统地进行分析并做出合理安排，最大限度地利用好人力资源和物力资源，保障地铁车辆基地工程在满足安全目标、质量目标的同时，还能按时完成，使地铁工程顺利投入使用。

地铁车辆基地综合工程的施工部署是系统性、专业性强的工作，地铁车辆基地的施工管理需要依靠不同专业工程的施工技术，来保障其工期、质量、安全等目标。在施工管理工程中，车辆基地总体区域的合理划分以及主要施工阶段的施工组织要点对于总体施工部署至关重要。

根据《地铁设计规范》（GB 50157—2013），车辆综合基地土建工程分部、分项工程主要含土石方、软基处理、钻孔桩及承台基础、上盖平台盖体及盖内外单体建筑。以国内某地铁车辆基地为例，施工时根据功能划分、工程种类分布，将整个车辆基地划分为四个施工区域，分别为停车区域、试车区域、静调区域、接车区域，如图 13-3 所示。

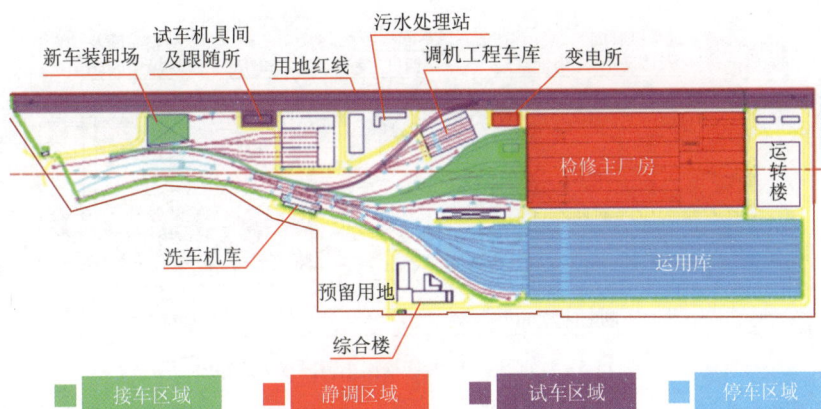

图 13-3　车辆基地各功能区划分示意图

在车辆综合基地建设中,列车接车、试车为关键节点工期,为按时达到接车、试车条件,确保合同工期目标的顺利实现,根据车辆综合基地接车、静调、试车、停车的总体思路,在进行车辆综合基地施工策划时,应着重考虑满足接车、试车条件各区块的施工组织。

此外,车辆基地作为列车停放、整备、检修的场所,从接收第一列采购列车开始,大型设备运输的问题就一直存在,需要考虑运输设备的路径、转弯半径、地面荷载、吊装的场地等。除地铁列车外,需特别考虑运输条件的设备还包括不落轮镟车床、长轨、变压器、洗车机等。确定设备运输方式、运输车辆形式后,通过沙盘推演模拟运输实景,进而确定运输路线,调整柱网,提出路面加固措施。图 13-4为深圳地铁 4 号线龙华车辆基地卸车及长轨运输进场路线模拟图。

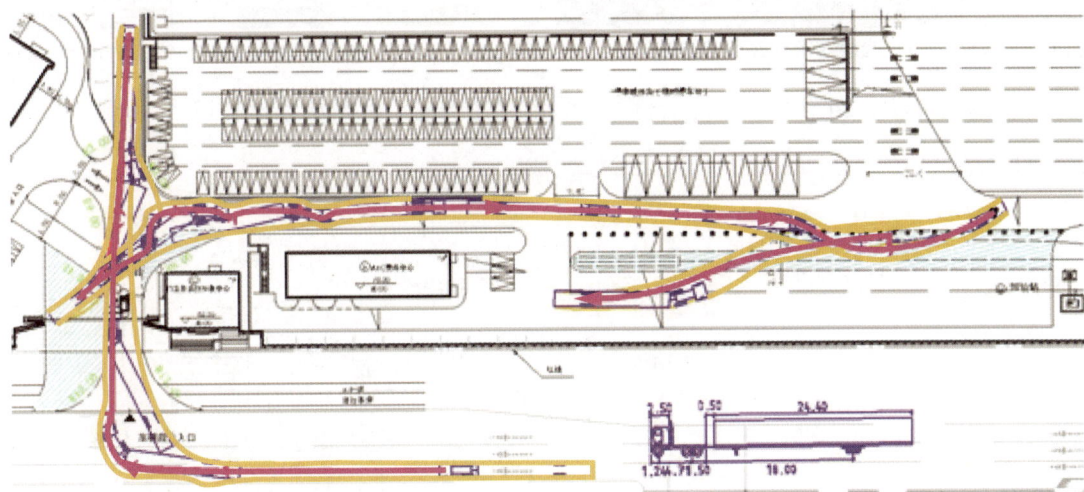

图 13-4　深圳地铁 4 号线龙华车辆基地卸车及长轨运输进场路线模拟图

13.4　施工前期准备

车辆基地一般面积广、土石方量大,场地地质复杂,施工前期需要做大量的准备工作,比如施工策划、施工场地区域划分和建立全覆盖的垂直起吊及水平转运系统。

以深圳地铁 11 号线松岗车辆段为例,随着征地拆迁工作及前期工程的进展,不断调整施工策划,但整体施工策划按车辆段接车的线路进行安排,如图 13-5 所示。

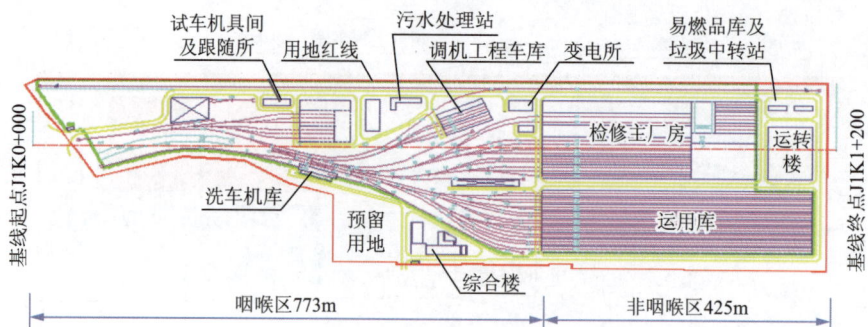

图 13-5　深圳地铁 11 号线松岗车辆段接车线路图

整体上按受外部制约因素影响，划分为不受影响区和受影响区两个大区，每个大区分为 4 个小块，如图 13-6 所示，图中标注Ⅰ、Ⅱ、Ⅲ、Ⅳ的为受影响区，标注①、②、③、④的为不受影响区。

场地布置上，修建网格式的便道，将施工区域分成若干个小块（70 个），每个小块都能平行施工，有利于大规模展开作业面，如图 13-7 所示。

图 13-6　深圳地铁 11 号线松岗车辆段施工场地分区

图 13-7　深圳地铁 11 号线松岗车辆段施工场地网格式区域划分

整个车辆段布置了 24 台塔吊，并配合汽车吊，在受影响滞后区域单独设置塔吊，做到了施工范围全覆盖，有效提升了施工效率，如图 13-8 所示。

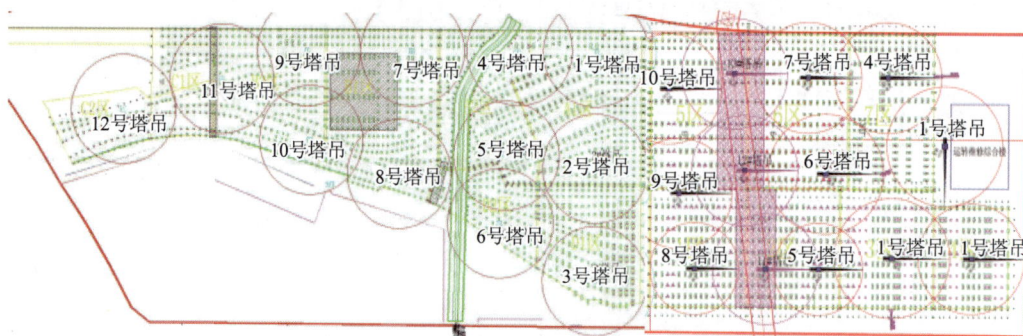

图 13-8　深圳地铁 11 号线松岗车辆段垂直起吊及水平转运系统

13.5　总体施工流程简介

地铁车辆基地土建工程遵循"先下后上，先围护后主体，先主体后附属，先土建再安装装修"的原则进行施工。主要分部分项工程包括场坪工程、地基处理工程、建筑与结构工程、排水工程、场区道路和广场工程、车辆基地附属结构工程、综合管沟工程等。施工时，地基处理待建筑桩基及承台基础施工完成后进行施工；综合管沟工程在路基施工阶段同步进行施工；排水工程与盖体结构桩基相互无干扰,可同时施工;盖体封顶并支架拆除完成后,土建主体结构工程、广场工程、路面及附属工程、装饰装修工程、常规设备安装、系统设备安装、轨道铺设相互穿插施工。车辆基地总体施工流程如图13-9所示。

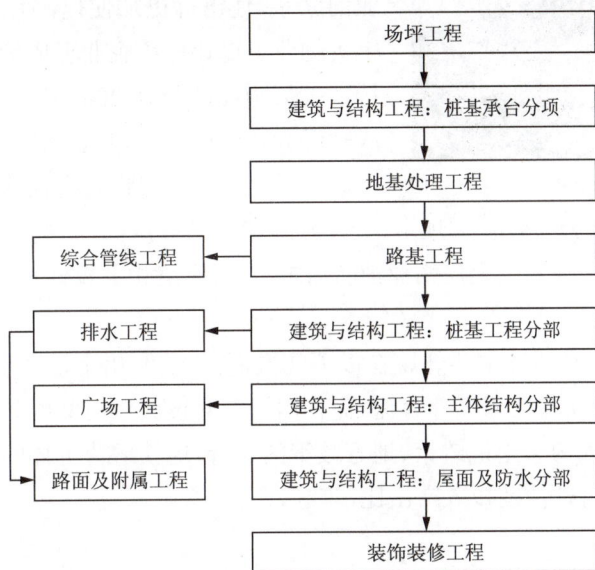

```
┌──────────────────┐
│     场坪工程      │
└────────┬─────────┘
         ↓
┌──────────────────────┐
│ 建筑与结构工程:桩基承台分项 │
└────────┬─────────────┘
         ↓
┌──────────────────┐
│   地基处理工程    │
└────────┬─────────┘
         ↓
┌────────────┐  ┌──────────────────┐
│ 综合管线工程 │←─│    路基工程      │
└────────────┘  └────────┬─────────┘
                         ↓
┌────────────┐  ┌──────────────────────┐
│  排水工程   │←─│ 建筑与结构工程:桩基工程分部 │
└────────────┘  └────────┬─────────────┘
                         ↓
┌────────────┐  ┌──────────────────────┐
│  广场工程   │←─│ 建筑与结构工程:主体结构分部 │
└────────────┘  └────────┬─────────────┘
                         ↓
┌──────────────┐  ┌────────────────────────┐
│ 路面及附属工程 │←─│ 建筑与结构工程:屋面及防水分部 │
└──────────────┘  └────────┬───────────────┘
                           ↓
                  ┌──────────────────┐
                  │   装饰装修工程    │
                  └──────────────────┘
```

图 13-9　车辆基地总体施工流程图

13.6　地铁车辆基地发展趋势

地铁车辆基地在地铁建设中具有至关重要的作用。地铁车辆基地作为突破口和联系纽带,为承接站点、上盖、地下空间等轨道相关项目发挥着不可或缺的作用。创新的地铁车辆基地设计思路和新技术的应用也得到相应的认可和鼓励。

根据国内城市轨道交通建设实践分析,车辆基地建设具有巨大的前期投入和资源占用,使车辆基地综合开发成为节省地铁建设投资和集约利用城市土地资源的有效途径。国内对车辆基地开发利用的研究和实践尚处于初级阶段,从北京四惠车辆段开始,上海、广州、深圳、武汉、杭州、苏州等城市都对车辆基地综合性开发进行了积极的探索与实践。

通过借鉴国(境)外先进经验,不断调整车辆基地小而全的传统模式,逐步健全社会化维修体制,尽可能精简机构,提高劳动生产率和设备利用率,集中功能,减少占地,降低工程投资,在条件适合的地方充分利用车辆基地的有限空间,进行综合开发,提高土地利用率。

节能与环保是地铁建设永恒的主题,地铁车辆基地需要落实在污水处理及中水回用,对太阳能、风能等各种自然资源的充分利用等方面的措施。随着地铁全自动运行技术的推广应用,地铁车辆基地进入工程技术升级换代、运营管理改革创新的阶段;海绵城市的理念践行,使地铁车辆基地成为绿色环保、生态文明的应用范例。

1)增加上盖物业

鉴于目前城市土地资源稀缺,依据地铁车辆基地建设的发展趋势,初步设计阶段可引入"轨道运行＋上盖物业＋资本运作＋国际化"的设计理念,该理念是以地铁为核心,在其上部空间建设地铁

图 13-10　地铁上盖物业

配套设施,进行商业、办公、住宅等多层次开发建设,如图 13-10 所示。这种模式既可以提高土地使用效率、缓解日趋紧张的城市土地资源,又能够密切轨道交通与上盖物业的联系,使出行更加便捷,为地铁增加客流。开发地铁上盖物业可以让地铁企业形成造血机制,走良性发展和可持续发展道路。早在 2007 年,深圳地铁借鉴香港地铁的成功经验,在地铁建设中开始探索上盖物业的开发,通过采取多元化的开发建设管理模式,取得了一定的成果。目前深圳地铁上盖物业大部分为综合体项目,开发和运营复杂程度高,如蛇口西山海津项目、前海时代广场项目、塘朗城项目等。为满足上盖物业消防需求,参考香港相关设计规范,增加了上盖层厚度(国内尚无相关规范)。

开发地铁上盖物业的必要性主要体现在以下几方面:集约利用土地,提高土地的利用率;回馈建设资金,补贴运营费用;为轨道交通涵养客流;完善周边配套设施。与此同时,地铁车辆基地物业开发还受到一些因素的制约,如国家土地政策、地方政策的支持,地铁运营主体的开发资质,分期建设与物业开发资金的落实,经济合理性及投入产出比,等等。

2)用地集约化

在城市轨道交通系统中,每个地铁车辆基地的建设均需要占用大量的土地资源,且相当一部分地铁车辆基地位于城市核心区。因此,在现如今城市土地资源日益稀缺的背景下,在充分满足功能需要的前提下,优化地铁车辆基地设计方案以节约土地资源显得尤为必要。截至目前,我国已经建成的地铁车辆基地或停车场达几十座,通过调研及搜集整理相关资料后发现,与日本等发达国家相比,我国地铁车辆基地的占地面积普遍偏大,造成土地资源的浪费。日本在城市地铁车辆基地的建设过程中非常注重用地集约化设计,积极采取多种措施减少地铁车辆基地占地面积。根据具体工程实践过程中的一些经验,从建设用地集约化地铁车辆基地的角度出发,在地铁车辆基地设计方面可以采取多线共址、双层运用库、充分利用停车列检库及辅助车间面积、缩短试车线长度和厂房组合布置等方法控制地铁车辆基地占地面积。

上海地铁川杨河车辆基地实现三线共址,即上海地铁 11 号线北段、11 号线南段和 13 号线共用一个地铁车辆基地,实现了基地内维修资源、救援资源、物资仓储、综合楼、网络资源等的共享。深圳地铁 3 号线横岗地铁车辆基地运用库在国内首次采用双层布局(图 13-11),高效节约了土地,为地铁车辆基地建设中如何提高土地利用率提供了发展方向。

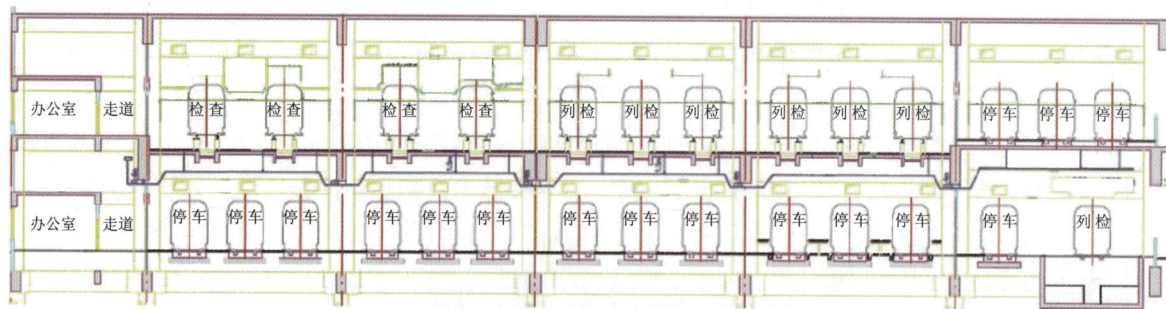

图 13-11　深圳地铁 3 号线横岗车辆基地运用库双层结构剖面图

整合车辆基地功能布局,既要满足功能要求,做到工艺流程顺畅,又要集约利用土地,减少对城市空间的分割。集中的布置方式有利于地铁车辆基地布置紧凑、节省用地,也可以减少运营人员,在可

地铁土建工程技术与管理实务

能的情况下应予以推广。比如,深圳地铁4号线龙华车辆基地将降压变电所、空压机房、废水处理间及水泵房整合为电机楼,位于地铁车辆基地的负荷中心。如此,既减少了各小单体分布在场地中的零乱,也因其整合节省了必需的间距所占用的空间。

3)节能与环保

节能与环保是近年来建筑界一直倡导的主导思想。地铁车辆基地这个大型的群体建筑更应该好好地贯彻国家政策,做到低碳环保。地铁车辆基地的节能与环保可从多个方面进行:

(1)水资源的节约。水是生命之源,如何节约用水是地铁车辆基地设计的重点。在这个问题上应集思广益,吸取国内外的先进经验并不断的探索。地铁车辆基地占地庞大,可以通过在地铁车辆基地周边设置透水铺装、下沉式绿地以及渗井等装置,收集并过滤雨水,实现雨污分流,由此可以解决雨水淤积问题并实现雨水的高效利用,这样每年可节约30%～60%的用水,数量可观。

(2)电能及燃气的节能。地铁车辆基地必须合理利用、节约能源,可以应用平板太阳能集热系统、太阳能热水器以及最新的光伏发电设备,采用新型高效节能的LED光源、智能照明控制等技术手段等。对于风能资源丰富的地区,可以加大地铁车辆基地的风能开发和应用的力度。

4)全自动运行线路车辆基地

全自动运行(Full Automatic Operation,FAO)是基于现代计算机、通信、控制和系统集成等技术实现列车运行全过程自动化的新一代城市轨道交通系统,是系统自动化程度的最高等级。全自动运行系统与传统驾驶系统相比,具有优化人力资源配置、降低运营人员劳动强度、提升系统安全性、提高系统可靠性、提升运营能力等优势。世界许多城市如哥本哈根、新加坡、纽伦堡,我国的北京、上海和香港等城市已建成的全自动运行系统线路已投入运营,包括深圳、哈尔滨、济南、宁波、成都、武汉、南京、广州在内的多个城市正在建设全自动运行线路。

全自动运行系统满足IEC62290国际标准中的GOA4级标准。全自动运行系统列车在车辆基地需实现自动唤醒、自动休眠、自动出入库、自动洗车、控制区域自动驾驶、停车列检库和洗车库精确停车及对位自动调整、全自动调车等功能。通过将车辆基地分为自动控制区域和非自动控制区域(图13-12),两个区域间设置转换轨,并且自动控制区域和非自动控制区域之间采取隔离防护措施等方式满足全自动车辆基地的功能需求。

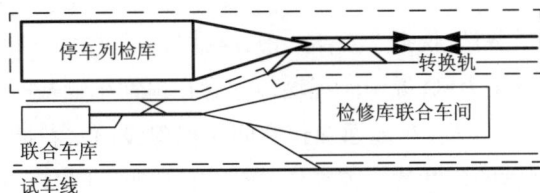

图13-12 自动控制区域与非自动控制区域划分示意图

地铁车辆基地自动控制区域内列车,可采用全自动驾驶模式(FAM)、蠕动模式(CAM)、列车自动驾驶模式(AM)、列车自动防护下的人工驾驶模式(CM)、限制人工驾驶模式(RM)和非限制人工驾驶模式(EUM)运行,非自动控制区域内列车采用RM模式或EUM模式运行。

5)海绵城市理念在车辆基地的应用

海绵城市是一种以雨水综合管控为出发点的城市建设模式,是统筹解决水资源、水环境、水安全、水生态等水系统问题的重要措施和手段,其核心的技术内容是低影响开发(LID)。相较于国外提出的最佳流域管理措施(Best Management Practices,BMP)、可持续城市排水系统(Sustainable Urban

Drainage Systems，SUDS）、水敏感城市（Water Sensitive Urban Design，WSUD）等雨水管理方式，海绵城市在关注雨水管控的基础上，同时强调对城市原有生态系统的维持和修复，使城市在适应环境变化和应对自然灾害等方面具有良好的"弹性"。由于占地面积大，生产、生活设施相对完备，生态环境自成系统，地铁车辆基地成为地铁工程系统中应用海绵城市理念的必然选择。如图 13-13 所示。

图 13-13 海绵城市应用示意图

海绵城市技术按主要功能一般可分为渗透、储存、调节、转输、截污净化等几类。通过各类技术的组合应用，可实现径流总量控制、径流峰值控制、径流污染控制、雨水资源化利用等目标。实践中，应结合不同区域水文地质、水资源等特点及技术经济分析，按照因地制宜和经济高效的原则选择低影响开发技术及其组合系统。在传统建设模式下，车辆基地的下垫面硬化比例高，每逢大雨，主要依靠管渠、泵站等"灰色"设施进行集中排水，以"快速排除"和"末端集中"控制为主要设计理念，往往雨量达到一定程度容易产生场地内涝。传统市政"雨水排得越多、越快、越顺畅"的模式，忽略了对雨水的循环利用。海绵城市理念彻底改变传统建设观念，通过综合采取"渗、滞、蓄、净、用、排"等措施，最大限度地减少地铁车辆基地开发建设对生态环境的影响，将 70% 的降雨就地消纳、利用。渗：源头减少径流，净化初雨污染；滞：延缓峰现时间；蓄：降低项目区汇流流量的极值，实现雨水资源再利用，储蓄水源；净：减少城市水体污染，净化城市水源环境；用：缓解水资源短缺，节水减排；排：自然排放与人工机械辅助设施相结合、人造防洪排涝体系与天然水系河道相结合、地表明渠输水与地下埋藏式雨水管渠相结合。

结合区域气象、地理、地质条件，依据"渗、滞、蓄、净、用、排"六字方针，以深圳地铁 6 号线长圳车辆基地地海绵城市设施系统方案为例，说明海绵城市理念在地铁车辆基的应用。

①结合场地竖向条件，绿地布局，在地面绿化空间局部建设雨水花园等与地块、道路雨水经流进行有效衔接，形成区域径流泄蓄的连续浅表流通道，可有效控制雨水径流面源污染。

②在地块内开展源头海绵城市建设的基础上，通过构建地块内部径流组织、局部径流转输、雨水行泄三级雨水排放通道，与区域内雨水排水管网进行有效衔接共同组成区域排水系统。

③地块源头海绵系统构建，地上地下设计绿化及地块周边实体绿化，层层滞蓄、消纳雨水；根据每个地块的建筑覆盖率等特点，合理分解各地块所需消纳的雨水比例，针对性点式布设；在地面层布设线性雨水花园及设置下沉式绿地，并与区域径流行泄通道相衔接，形成顺畅的地面雨水径流行泄通道。

④构建创新的海绵城市设施（生态污水处理设施、生态雨水桶、高位花坛、生态雨水口等），使其既可以用于滞蓄净化雨水，又可以进一步处理中水。

深圳地铁 6 号线长圳车辆基地海绵城市技术应用如图 13-14 所示。

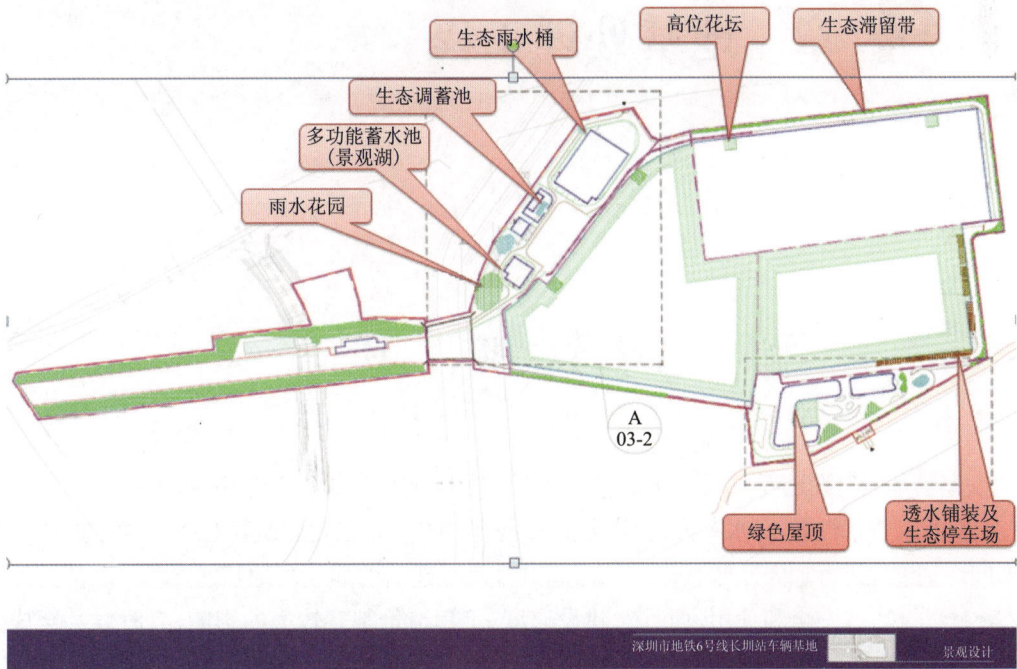

生态雨水桶

高位花坛

生态滞留带

生态调蓄池

多功能蓄水池
（景观湖）

雨水花园

A
03-2

绿色屋顶

透水铺装及
生态停车场

深圳市地铁6号线长圳站车辆基地　　景观设计

图 13-14　深圳地铁 6 号线长圳车辆基地海绵城市技术应用示意图

　　目前，我国地铁车辆基地的建设在技术上已经取得了很大的进步，但在很多方面与世界先进水平还存在较大的差距。我们应该正视自己的不足，不断学习先进的经验和技术，从而促进我国地铁行业更好、更快的发展。

第14章 地基处理工程

14.1 概 述

在地铁车辆基地建设过程中,常遇到地质条件较差的软弱地基或不良地基,例如软弱土地基,其压缩性高、抗剪强度小、透水性差、含水率大、承载力小等,这类地基不能满足建筑物对地基的强度和变形要求,需针对不同地基情况进行加固处理形成人工地基,才能满足建(构)筑物对地基的要求。地基处理是否恰当,不仅影响建筑物的安全和使用,而且对建设速度、工程造价都有较大的影响,有时候甚至成为工程建设中的关键问题。

地基处理是指为提高地基承载力,改善其变形性能或渗透性能而采取的技术措施。其内容包含换填地基、夯实地基、CFG(Cement Fly-ash Grave)桩、水泥土搅拌桩、高压旋喷桩、预应力管桩、灌注桩、砂桩、挤密桩、砂(碎石)垫层等。对于地基土层中存在井洞、土洞等影响地基承载力和稳定性的结构,还需采取相应的处理方法。本章先介绍地基条件较好无须地基处理时的原地面处理方法,接着以强夯法为例介绍碾压夯实的地基处理手段,以 CFG 桩为例介绍复合地基的地基处理方法,以真空预压法为例介绍以压实地基为手段的软土地基处理方法,并详细介绍了特殊土和软弱土地基情况下必须采用的换填法和对井洞、土洞的处理。此外,对于土工加筋材料在地基处理中的应用也做了介绍。

14.2 原地面处理

对于设计不需要进行特殊处理的地基,仅对原地面进行施工场地临时排水、清表、翻挖回填、原地面平整、挖台阶、碾压等作业内容的处理,便可满足路基稳定性要求。

14.2.1 施工工艺流程

原地面处理施工工艺流程如图 14-1 所示。

14.2.2 施工控制要点

(1)施工准备

施工前对现场范围内的管线进行详细的调查,对不便改移的管线要制订切实可行的保护方案。开挖前 20d 内完成降水井施工,并开始降水。找好弃土场,制定运输路线,同时在现场安排临时卸土地点。

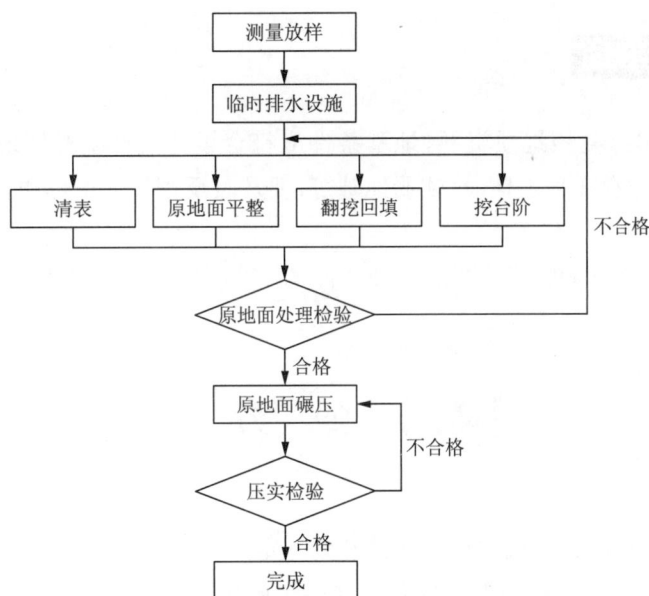

图 14-1 原地面处理施工工艺流程图

（2）测量放线

按设计单位提供的测量资料，及时组织复测核实定位放线及加密工作，确保导线点、水准点准确无误，同时进行场地横断面实测，绘制实测横断面图，并计算复核土石方数量。测放出地界桩和弃土堆等具体桩位，撒白灰线标志场平清表范围。施工前应对平整处理的范围进行复核。

（3）清表

为保证施工方便、行车安全、路基稳定，施工前要完成的清理工作包括清除场地内的草皮和灌（树）木、树根（墩），拆除原有建（构）筑、基础及地面障碍物，清除路基范围内原地面松、软表土及植被土并运出场地。完成地下管线改迁，并完成场地便道铺设。

（4）临时排水

要做好场地排水工作，疏干积水，保持场地干燥，使周边水不再进入场内且雨水、渗水能够及时排出。

修筑临时排水沟时，排水沟坡度不小于 0.2%，排出的水流不得引起水沟淤积和路基冲刷。

（5）原地面平整

要做好土石方平衡挖运工作，减少重复挖运，以节约运费。过程中应经常测量校核场平位置、高程，平整后的表面应进行检查。平面和高程控制基点采取可靠措施加以保护，定期复测。

（6）翻挖回填

将硬土翻挖，土块打碎，然后回填、平整、压实。

（7）开挖台阶

地面自然坡度缓于 1:5 时，清除表面草皮、植被土即可。当原地面坡度陡于 1:5 时，应自上而下开挖台阶，台阶宽度不小于 1m，内向倾斜 2%～4%。对于基岩斜坡上的覆盖层，应将其挖除后再做台阶。

（8）压实

场地清表、平整经检验合格后，方可进行压实作业。压实的方法有碾压和夯实，对于大面积施工采用碾压法，较小面积、边缘、转角处用打夯机补夯密实。压实作业遵循先轻后重、先静后振、先慢后快、先边后中的原则，相邻压实带重叠宽度＝碾宽/压实遍数，以保证压实质量。保持压实机械行驶方向的直线性，到达碾压地段的尽头时能迅速而平稳地转向。确保基底达到密实、平整。

14.2.3 注意事项

（1）施工前踏勘现场，复核地质资料，地基条件应符合设计文件中对原地面处理的要求。当地基情况与设计不符时，如存在积水地段、软弱地基等，要及时反馈设计单位和有关单位研究制订处理方案。

（2）顺倾山坡路段，必须彻底清除覆盖土，挖出台阶，以满足路基稳定性要求。

14.3 强 夯 法

强夯法夯实地基是利用起重机械将夯锤提升到一定高度，然后自由落下，重复夯击基土表面，使地基表面形成一层比较密实的硬壳层，从而使地基得到加固。夯实法适用于杂填土、黏性土、砂性土、湿陷性黄土和碎石土、砂土、粗粒土与低饱和度细粒土的分层填土等地基。

14.3.1 施工工艺流程

强夯法施工工艺流程如图 14-2 所示。

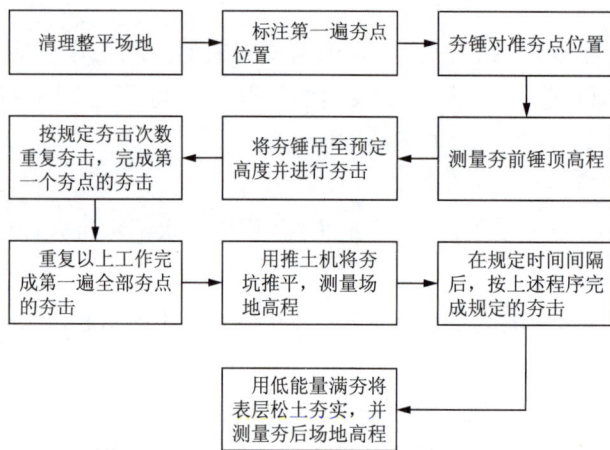

图 14-2　强夯法施工工艺流程图

14.3.2 施工控制要点

1）夯点布置及间距

夯点布置可根据基础的平面形状，采用等边三角形、等腰三角形或正方形布置；对条形基础，夯点可成行布置；对独立柱基础，可按柱网设置采取单点或成组布置，在基础所在位置必须布置夯点。强夯处理范围应大于建筑物基础范围，具体放大范围可根据建筑物类型和重要性等因素考虑决定。对于一般建筑物，每边超出基础外缘的宽度宜为设计处理深度的 1/3 ～ 1/2，并不宜小于 3m；对于可液化地基，扩大范围不应小于可液化土层厚度的 1/2，并不应小于 5m。夯点布置如图 14-3 所示。

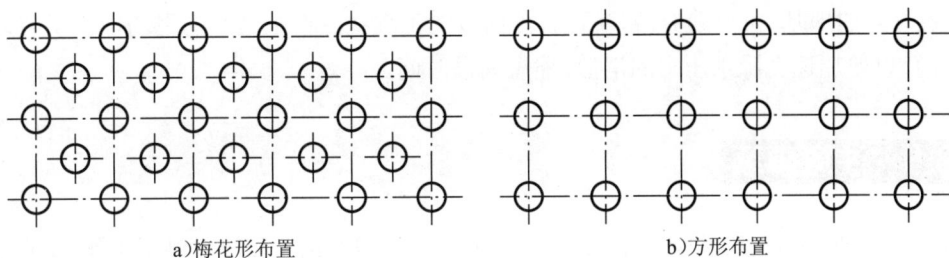

| a)梅花形布置 | b)方形布置 |

图 14-3　夯点布置

夯击点间距受基础布置、加固土层厚度和土质等条件影响。对于加固土层厚、土质差、透水性差、含水率高的黏性土，夯点间距宜大，若夯击点太密，则会导致相邻夯击点的加固效应在浅处叠加而形成硬壳层，影响夯击能向深部传递。对于加固土层薄、透水性好、含水率小的砂质土，间距则宜小些。通常第一遍夯击点间距可取夯锤直径的 2.5 ～ 3.5 倍（通常为 5 ～ 15m），第二遍夯击点位于第一遍夯击点之间，以后各遍夯击点间距可适当减小。对处理深度较深或单击夯击能较大的工程，第一遍夯击点间距宜适当增大。

2）施工顺序

强夯施工顺序应从边缘夯向中央进行。对厂房柱基亦可逐排施夯，起重机直线行驶，从一边向另一边进行。每夯完一遍，用推土机整平场地，放线定位后再接着进行下一遍夯击。强夯法的加固顺序是：先深后浅，即先加固深层土，再加固中层土，最后加固表层土。最后一遍夯完后，再以低能级满夯一遍。强夯顺序如图 14-4 所示。

6a	13a	10a	7a	4a	1a
17a	14a	11a	8a	5a	2a
18a	15a	12a	9a	6a	3a
18b	15b	12b	9b	6b	3b
17b	14b	11b	8b	5b	2b
16b	13b	10b	7b	4b	1b

图 14-4　强夯顺序示意图

满夯施工宜隔排施工，分两遍完成。第一遍施工单数排，第二遍施工双数排。排与排之间应互相搭接 1/4 锤径。每遍施工前，先放出该遍排序的基准线，第一排施工时，将垂边与排基准线相切，然后按后夯点压前一夯点 1/4 锤径的方法夯完第一排的夯击，按此方法逐排夯击，完成第一遍的满夯，然后按以上方法，完成第二遍的夯击。

3）夯击遍数

夯击遍数应根据地基土的性质确定，一般情况下，可采用点夯 2 ～ 4 遍，最后再以低能量（为前几遍能量的 1/5 ～ 1/4，锤击数为 2 ～ 4 击）满夯 1 ～ 2 遍，满夯可采用轻锤或低落距锤多次夯击，锤印搭接。对于渗透性较差的细颗粒土，必要时夯击遍数可适当增加。

4）间歇时间

两遍夯击之间应有一定的时间间隔，间隔时间取决于土中超静孔隙水压力的消散时间。当缺少实测资料时，可根据地基土的渗透性确定，对于渗透性较差的黏性土地基，间隔时间应不少于 3 ～ 4

周;对于渗透性好的地基,可连续夯击。目前,国内有的工程在黏性土地基的现场埋设了袋装砂井(或塑料排水带),以便加速孔隙水压力的消散,缩短间歇时间。

14.3.3 注意事项

(1)做好强夯地基的地质勘察工作,对不均匀土层适当增多钻孔和原位测试工作,掌握土质情况,作为制订强夯方案和对比夯前、夯后加固效果之用。必要时进行现场试验性强夯,确定强夯施工的各项参数。同时应查明强夯范围内的地下构筑物和各种地下管线的位置及高程,并采取必要的防护措施,以免因强夯施工而造成损坏。

(2)强夯前应平整场地,周围做好排水沟,沟网最大间距不宜超过 15m。按夯点布置测量放线确定夯位。地下水位较高时,应在表面铺 0.5～2.0m 厚中(粗)砂或砂砾石、碎石垫层,以防设备下陷和便于消散强夯产生的孔隙水压,或采取降低地下水位后再强夯。

(3)强夯应分段进行,顺序从边缘夯向中央。

(4)回填土应控制含水率在最优含水率范围内,如低于最优含水率,可钻孔灌水或洒水浸渗。

(5)夯击时应按试验和设计确定的强夯参数进行,落锤应保持平稳,夯位应准确,夯击坑内积水应及时排除。坑底含水率过大时,可铺砂石后再进行夯击。在每一遍夯击之后,要用新土或周围的土将夯坑填平,再进行下一遍夯击。强夯后基坑应及时修整,浇筑混凝土垫层封闭。

(6)雨季填土区强夯,应在场地四周设排水沟、截洪沟,防止雨水流入场内;填土应使中间稍高;土料含水率应符合要求;认真分层回填,分层推平、碾压,并使表面保持 1%～2% 的排水坡度;当班填土当班推平压实;雨后及时排除积水,推掉表面稀泥和软土,再碾压;夯后夯坑立即推平、压实,使之高于四周。

(7)冬期施工应清除地表的冻土层再强夯,当最低温度在 -15℃ 以上、冻深在 800mm 以内时,夯击次数要适当增加,如有硬壳层,则要适当增加夯次或提高夯击功能;冬季点夯处理的地基,满夯应在解冻后进行,满夯能级应适当增加;强夯施工完成的地基在冬季来临时,应设覆盖层保护,覆盖层厚度不应低于当地标准冻深。

(8)做好施工过程中的监测和记录工作,包括检查夯锤重和落距,对夯点放线进行复核,检查夯坑位置,按要求检查每个夯点的夯击次数和每击的夯沉量等,并对各项参数及施工情况进行详细记录,作为质量控制的根据。

(9)软土地区及地下水位埋深较浅地区可采用降水联合低能级强夯施工,施工前应先安设降排水系统,降排水系统宜采用真空井点系统,在加固区以外 3～4m 处宜设置外围封闭井点;夯击区降排水设备的拆除应待地下水位降至设计水位并稳定不少于 2d 后进行;低能级强夯原则为少击多遍、先轻后重;每遍强夯间歇时间宜根据超孔隙水压力消散不低于 80% 所需时间确定。

(10)当强夯施工产生的振动,对邻近建筑物或设备产生有害影响时,应采取防振或隔振措施。

14.4 CFG 桩

水泥粉煤灰碎石桩(简称 CFG 桩)是由水泥、粉煤灰、碎石、石屑或砂加水拌和形成的高黏结强度桩,与桩间土、褥垫层一起形成复合地基,共同承担上部结构荷载。CFG 桩常用施工工艺为长螺旋钻机成孔压灌混凝土成桩工艺。CFG 桩适用于处理黏性土、粉土、砂土和已自重固结的素填土等地基。

对淤泥质土应按地区经验或通过现场试验确定其适用性。就基础形式而言,既可用于扩展基础,又可用于箱形基础、筏形基础。

14.4.1　施工工艺流程

CFG 桩施工工艺流程如图 14-5 所示。

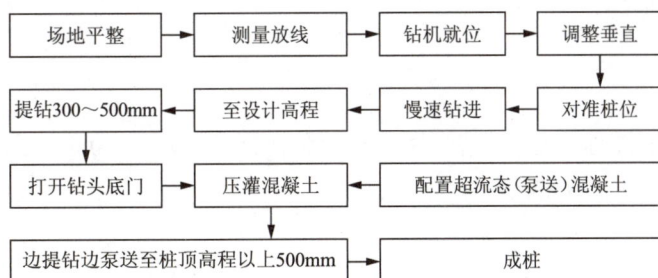

```
┌──────────┐   ┌──────────┐   ┌──────────┐   ┌──────────┐
│ 场地平整  │──▶│ 测量放线  │──▶│ 钻机就位  │──▶│ 调整垂直  │
└──────────┘   └──────────┘   └──────────┘   └────┬─────┘
                                                    │
┌────────────────┐ ┌──────────┐ ┌──────────┐ ┌────▼─────┐
│提钻300～500mm  │◀│至设计高程 │◀│ 慢速钻进  │◀│ 对准桩位  │
└────────┬───────┘ └──────────┘ └──────────┘ └──────────┘
         │
┌────────▼─────┐  ┌──────────┐   ┌──────────────────────┐
│ 打开钻头底门  │──│ 压灌混凝土 │◀─│配置超流态(泵送)混凝土 │
└──────────────┘  └────┬─────┘   └──────────────────────┘
                        │
┌────────────────────────▼───┐   ┌──────────┐
│边提钻边泵送至桩顶高程以上500mm│──▶│   成桩   │
└────────────────────────────┘   └──────────┘
```

图 14-5　CFG 桩施工工艺流程图

14.4.2　施工控制要点

1)施工准备

(1)长螺旋钻机成孔压灌混凝土成桩工艺选用商品混凝土,商品混凝土应满足泵送要求。做好三通一平,场地高程以设计桩顶高程以上预留 500mm 为宜。场内地表无积水,地表强度满足机械行走要求。如不满足需要,则可铺垫砖渣等材料进行强化。现场就近设置混凝土泵送后台,场内便道连通至各个混凝土输送泵以方便商品混凝土罐车通行。

(2)检查桩机各部位运作是否正常、灵活,动力头桩位是否正确,卷扬机工作是否正常。连接混凝土输送泵与水平输送钢管,垂直输送系统采用高压橡胶管,将水平输送管与钻头弯管接头连接。依据场地高程计算设计孔深,在钻机塔身标记相对应的刻度值,以控制钻杆入土深度。

2)测量放线

测量人员根据设计图纸计算每一根桩位置,施测时采用全站仪直接定位桩中心点。用钢尺复核每一根桩心与轴线的位置关系,中心偏差不宜大于 1cm,超过规范规定的应重新测量。

3)钻机就位

钻机就位需铺垫平稳,立柱垂直,钻头对准桩就位。在钻机双侧挂线坠,校正、调整钻杆垂直度,施工垂直度偏差不大于 1%。开钻前必须检查钻头的楔形出料活门是否闭合,严禁开口钻进。

4)钻孔

封闭钻尖活门,起动钻机使螺旋叶片转动向下切土,被切削土壤随钻头旋转沿着叶片上升,施工人员及时清理钻出的泥土。待钻杆入土深度达到设计要求的刻度值后,停止钻进。

5)压灌混凝土

将钻杆上提 300mm,开启混凝土输送泵,将混凝土充满整个输送管道及钻杆。利用灌注料的冲击力,自动打开活门,桩底充满混合料,并形成一定的压力。随后边泵送混凝土边提钻杆,提杆速度与混凝土泵送量相匹配,充盈系数应不小于1.0。CFG桩混合料灌注至桩顶高程以上500mm时,停止泵送,并将钻杆提出。

6)开挖桩间土

CFG桩施工完毕3～7d后,宜采用人工开挖。桩顶预留土较多、开挖工程量较大时,可采用机械开挖,预留300mm人工捡底。

7)破除桩头

依据设计高程,用油漆标记桩头位置,用切割设备在标记处环切50mm后,使用风镐凿断桩头并修平。

8)铺设褥垫层

桩头破完后,桩头和桩间土应处在同一平面,方可铺设褥垫层,宜采用静力压实法铺至设计厚度,褥垫层所用材料为级配砂石或中、粗砂,最大粒径一般不超过30mm。

14.4.3 注意事项

(1)钻进过程中,不得反转或提升钻杆,或遇有黏泥层抱钻杆时,应将钻杆提升至地面对钻尖活门进行重新清理、调试和封口后再钻。钻进或穿过软硬土时,应保证钻杆垂直,垂直度可通过机架吊的双向线锤进行控制,缓慢进入。如遇卡钻,钻杆剧烈摆动、钻机偏斜等异常情况,则应及时停钻,待查明原因,采取相应的措施后方可继续作业。

(2)压灌混凝土与钻杆提升配合好坏,将直接影响桩的质量。

若钻杆提升慢,则将造成活门难以打开,一般在钻杆提升0.3m时开始泵送料为宜,以免泵压过大憋破胶管;若钻杆提升过快,则将使孔底产生负压,流沙涌入,产生沉渣而削弱桩的承载力,因此要求压灌与提升配合恰到好处。一般提升速度是以听到空心钻杆有混凝土跌落声时提升钻杆为宜,以确保桩尖密实。压灌时连续进行,泵斗内要有一定的混凝土容量,混凝土容量要高于出料口50mm以上,以防进入空气,造成堵管。当泵斗混凝土高度低于进料口时,应及时通知钻机司机,停止提升钻杆,待混凝土到位后再进行压灌、提钻。

(3)人工开挖至设计高程后,多余的桩头应用切割机、钢钎等工具沿桩周向桩心逐次切割、提出、凿平。如桩体未达到设计高程,则必须采取补救措施,可采用比桩体混凝土强度高一等级的细石混凝土接桩至设计桩顶高程。

14.5 真空预压法

真空预压加固一般用于排水固结地段。真空预压法是在需要加固的软土地基表面先铺设砂垫层,然后埋设垂直排水管道,再用不透气的封闭膜使其与大气隔绝,薄膜四周埋入土中,通过砂垫层内埋设的吸水管道,用真空装置进行抽气,使其形成真空,增加地基的有效应力。真空预压法原理如图14-6所示。

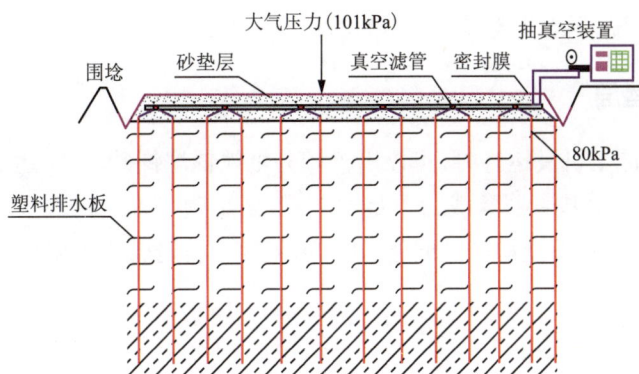

图 14-6 真空预压法原理图

其原理是：通过对覆盖于地面的密封膜下抽真空，使膜内外形成气压差，使黏土层产生固结压力。即在总应力不变的情况下，通过减小孔隙水压力来增加有效应力的方法。当土体被抽真空时，先后在地表砂垫层及竖向排水通道内逐步形成负压，使土体内部与排水通道、垫层之间形成压差。在此压差作用下，土体中的孔隙水不断由排水通道排出，从而使土体固结。主要反映在以下几个方面：①薄膜上面承受等于薄膜内外压差的荷载；②地下水位降低，相应增加附加应力；③封闭气泡排出，土的渗透性加大。真空预压是在负超静水压力下的排水固结，称为负压固结。

14.5.1 施工工艺流程

真空预压法施工工艺流程如图 14-7 所示。

14.5.2 施工控制要点

1）施工准备

（1）砂井采用中砂或粗砂，含泥量不超过 3%，渗透系数不小于 $5×10^{-5}$cm/s，细度模数大于 2.7，不均匀系数 $\eta=2.5\sim$ 7.9。砂垫层用砂粒径比砂井略粗，控制天然密度为 1500 ～ 1600kg/m³，含泥量不超过 5%，密实度为 93% ～ 97%。沙袋材料应具有足够的抗拉强度（如聚丙烯编织袋等），使之能承受袋内砂自重及弯曲所产生的拉力，抗拉强度不低于 150N/cm，延伸率小于 25%，还应具有一定的抗老化性能和耐环境水腐蚀的性能，以及良好的透水性，渗透系数不小于 $5×10^{-3}$cm/s。

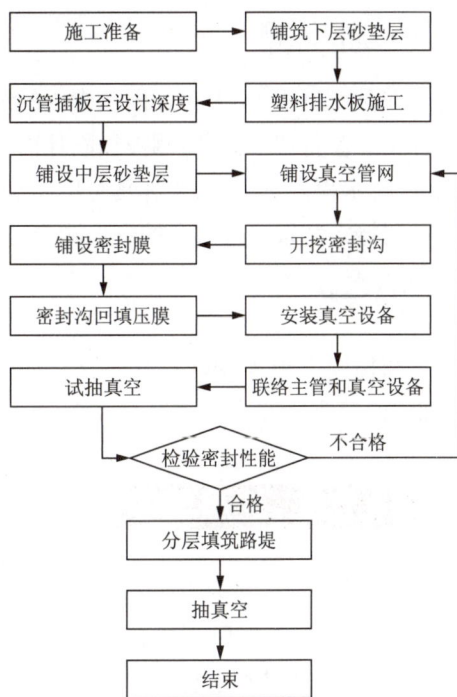

图 14-7 真空预压法施工工艺流程图

（2）塑料排水板的抗拉强度不得小于 1kN/mm²（实际使用的 SPB-1 塑料排水板抗拉强度，芯板为 1.7N/mm²，滤膜为 0.44N/mm²），延伸率 2% ～ 10%，抗撕裂度应超过 300N（实际使用的 SPB-1 滤膜的抗撕裂度为 1340N），渗透系数不小于 10^{-3}mL/s；滤膜渗透系数不小于 $4.2×10^{-4}$cm/s（此外，还要考虑排水板的抗变形性、保土性和长期排水效果）。排水滤管、密封膜的选择应符合设计、规范、施工方案的要求。

（3）排水滤管、密封膜的选择应符合设计、规范、施工方案的要求。

（4）施工场地清表干净,场地平整,场地周边设置排水沟。

2）铺设水平排水垫层

当地基表层能承受施工机具运行时,可以用机械分堆摊铺法铺砂,汽车运进的砂料先卸成若干砂堆,然后用推土机摊平;当地基表层承载力不足时,一般采用顺序推进摊铺法,即汽车倒进卸料,推土机向前推赶推平;当地基较软不能承受机械碾压时,可用轻型传送带由内向外铺设。

3）埋设排水滤管

先清除滤水管埋设影响范围内的石块等有可能扎破密封膜的尖利杂物;滤水管采用塑料管,外包尼龙纱或土工织物等滤水材料,滤水管与三通管接头部位绑牢;排水滤管埋设应形成回路,主管通过出膜管道与外部真空泵连接。

4）挖封闭沟

密封膜周边的密封可采用挖沟埋膜,以保证周边密封膜上有足够的覆土厚度和压力。

5）铺设密封膜

密封膜的热合和黏结采用双热合缝的平搭接;密封膜检查合格后,按先后顺序同时铺设,每铺完一层都要进行细致的补漏检查,保证密封膜的密封性能;密封膜铺设完成后,回填黏土。

6）施工监测

在预压过程中,应对加固范围内的地基稳定安全性、固结度、垂直变形、侧向变形控制和加固效果进行实时监督和控制,监测被加固体内不同部位的负压实时状况。监测项目包括孔隙水压力、膜内真空度、排水板内真空度、土体真空度、地面沉降量、深层沉降量和土体水平位移。安置感应环于预定深度并用特定装置保持与土的变形响应性。关闭真空泵,关闭阀门,继续进行施工监测。

7）检验

卸掉膜上覆水,拆掉真空系统及出膜口;去除密封膜及真空分布管,进行现场钻探、试验等效果试验。

14.5.3 注意事项

（1）施工前应按要求设置观测点、观测断面,每一断面上的观测点布置数量、观测频率和观测精度应符合规范要求,观测基桩必须置于不受施工影响的稳定地基内,并定期复核校正。

（2）在排水垫层的施工中,无论采用何种施工方法,都应避免对软土表层的无穷大扰动和隆起,以免造成砂垫层与软土混合,影响垫层的排水效果。

（3）挖封闭沟时,如果表层存在良好的透气层或在处理范围内有充足水源补给的透水层时,应采取有效措施隔断透气层或透水层。

（4）铺设密封膜时,注意膜与软土接触要有足够的长度,保证有足够长的渗径;膜周边密封处应有一定的压力,保证膜与软土紧密接触,使膜周边有良好的气密性。

（5）地基在加固过程中,加固区外的土层向着加固区移动,使地表产生裂缝,裂缝不断扩大并向下延伸,也逐渐由加固区边缘向外发展。将拌制一定稠度的黏土浆倒灌至裂缝中,泥浆会在重力和真空吸力的作用下向裂缝深处钻进,慢慢充填于裂缝中,堵住裂缝,达到密封的效果。

14.6 换 填 法

换填法是将基础底面以下一定深度和范围内的软弱岩土层挖除后,分层回填砂碎石、卵石、素土、灰土、矿渣等材料,并及时碾压提高承载力的一种地基处理方法。该法适用于浅层地基处理,包括淤泥、淤泥质土、松散素填土、杂填土、已完成自重固结的吹填土等地基处理以及暗塘、暗沟等浅层处理和低洼区域的填筑。换填法还适用于一些地域性特殊土的处理:用于膨胀土地基,可消除地基土的胀缩作用;用于湿陷性黄土地基,可消除黄土的湿陷性;用于山区地基,可处理岩面倾斜、破碎、高低差、软硬不匀以及岩溶等问题;用于季节性冻土地基,可消除冻胀力和防止冻胀损坏等。

14.6.1 施工工艺流程

换填法地基处理施工工艺流程如图 14-8 所示。

14.6.2 施工控制要点

图 14-8 换填法地基处理施工工艺流程图

1)施工准备

(1)灰土:①素土,宜选用黏性土或塑性指数大于 4 的粉土,有机质含量不得超过 5%,颗粒最大粒径不应大于 15mm;②石灰,应选用Ⅱ级及以上新鲜的块灰,使用前 1 ~ 2d 消解并过筛,粒径不大于 5mm,且不应夹有未熟化的生石灰块及其他杂质。③灰土配合比,应符合设计规定,无设计要求时一般用 3∶7 或 2∶8(石灰∶土,体积比)。翻拌不应少于 3 遍,拌和均匀,颜色一致,并严格控制含水率。④含水率,要求控制在最优含水率 ±2% 以内,现场以手握成团,两指轻捏即散为宜。最优含水率宜为 14% ~ 18%;若含水率过大或过小,则应翻晒晾干或洒水湿润,如有块灰,则应打碎,要求随拌随用。

(2)砂石:砂石含量应在 50% 以内,用天然级配的砂砾石(或卵石、碎石)混合物,粒径应在 50mm 以下,不得含有植物残体、垃圾等杂物,含泥量小于 5%。

(3)粉煤灰:应选用Ⅲ级及以上粉煤灰,含 SiO_2、Al_2O_3、Fe_2O_3 总量高,粒径宜在 0.001 ~ 2.0mm 之间,烧失量宜低于 12%,含 SO_3 宜小于 0.4%,以免对地下金属管道等产生一定的腐蚀性。粉煤灰中严禁混有植物、生活垃圾及其他有机杂质。粉煤灰进场,其含水率应控制在最优含水率 ±2% 范围内。

(4)炉渣:炉渣内不应含有有机杂质和未燃尽的煤块。粒径不应大于 40mm,粒径在 5mm 及以下的颗粒不得超过总体积的 40%。

(5)检查基槽(坑)、管沟的边坡是否稳定,并清除基底浮土和积水。地下水位高于基坑(槽)底面时,可采取排水降低地下水位的措施,使基坑(槽)保持无水状态。设置控制铺筑厚度的标志,如水平标准木桩或高程桩,或在固定的建筑物墙上、槽和沟的边坡上弹上水平高程线或钉上水平高程木橛。组织有关单位共同验槽,包括轴线尺寸、水平高程、地质情况,如有无孔洞、沟、井、墓穴等。应在未做地基前处理完毕并办理隐蔽验收手续。

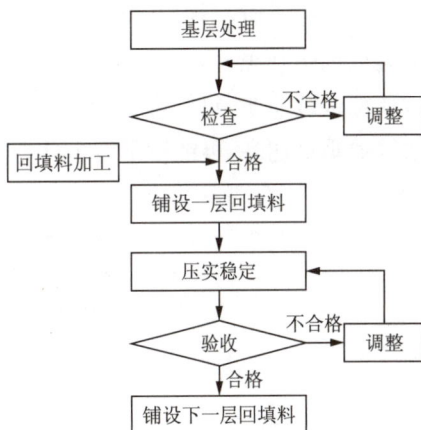

2）分层填料

每层填料厚度根据设计要求（如灰土换填铺料）宜按表14-1选用。

灰土最大虚铺厚度　　　　　　　表14-1

序号	夯具的种类	夯锤质量	虚铺厚度(mm)	备　注
1	轻型夯实工具	120～400kg	200～250	蛙式打夯机、柴油打夯机夯后100～150mm厚
2	压路机	机重6～8t	200～300	双轮

3）碾压密实

碾压遍数应根据设计要求或现场试验确定，一般不少于3遍，每夯重叠半夯，夯夯相接，行行相接，纵横交叉，并控制碾压速率。

4）接缝措施

分段施工时，不得在墙角、柱基及承重窗间墙下接槎，上下两层灰土的接槎距离不得小于500mm，接缝处应夯压密实，并做成直槎。当填料地基高度不同时，应做成阶梯形，每阶宽不小于500mm，同时注意接缝质量，每层虚土应从留缝处往前延伸500mm，夯实时应夯过接缝300mm以上，接缝时，将留缝处垂直切齐，再铺设下段土并夯实。接缝如图14-9所示。

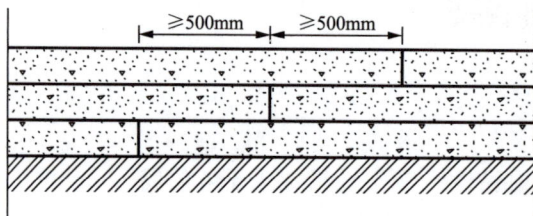

图14-9　接缝示意图

14.6.3　注意事项

换填区域采用机械开挖时，应预留300～500mm厚原土进行人工清理，以避免扰动基地原土。换填地基施工时，应注意保护好现场轴线桩、标准高程桩和测量控制桩，防止碰撞位移，并应经常复测。完成后如无技术措施，则不得在影响其稳定的区域进行挖掘工程。夜间施工时，应合理安排施工顺序，配备足够的照明设施，防止级配不准或铺筑超厚。换填地基成活后，应连续进行上部施工，否则应经常湿润。

14.7　洞穴处理

洞穴主要分为遗弃的坑道、地窖、枯井、墓穴等人工洞穴，黄土陷穴，岩溶洞穴三类。有些黄土陷穴是在工程建成后，因路基排水不良，水流集中潜蚀形成的。如未发现或发现未处理的井穴、洞穴，运营后在水的作用和列车荷载作用下，洞顶的岩土结构可能逐渐遭到破坏、承载力逐渐降低而塌陷，严重时能使轨道悬空，危及行车安全。

在勘察设计和施工阶段,预先查清影响路基稳定范围内的井穴、洞穴,明确其分布情况、形状大小、深度、顶部厚度、地质和水文情况,而后采取有效措施处理。对于坑道、地窖、枯井、墓穴等人工洞穴,通常采取水泥土或灰土回填夯实、片石混凝土回填等措施处理。对于黄土陷穴,通常采取灰土或砂回填、灌(压)浆等措施处理。对于岩溶洞穴,通常采取灌浆、清挖换填、盖板加固、砌石封闭等措施处理。

14.7.1 施工控制要点

1)施工准备

井穴、洞穴处理方法较多,根据设计采用的施工方法不同,使用不同的材料。混凝土、灌浆及砌体所用砂、碎石、水泥、钢筋、外加剂等材料的品种、规格、质量应符合设计要求和《铁路路基工程施工质量验收标准》(TB 10414—2018)的规定。换填材料应符合设计要求。

2)人工洞穴处理

首先要揭露地表盖层,清除洞内沉积物。松土坑处理,将坑中松软土挖除,坑底、坑壁应均见天然土,回填与天然土压缩性相近的材料。天然土为砂土时,用砂、级配砂石回填;天然土为较密实的黏性土时,用3:7灰土回填;天然土为中密黏性土时,用1:9或2:8灰土回填。分层回填厚度不大于200mm。当松土坑范围较大,且超过路基边沿,坑壁挖不到天然土时,开挖范围相对路基边沿适当加宽,一般按照换填深度加宽。

3)井洞、地窖等处理

(1)通常先用素土分层回填夯实至路基开挖面以下2m,拆除井圈及挖除井壁四周松软部分,再分层回填灰土。

(2)对于有水井洞的填塞步骤:挖除地表以下2m范围内水井管节,用砖渣、中粗砂回填至水面以下50cm,然后用碎石回填至水面以上100cm处,再用中粗砂回填至地表下1m处,之后用素土(灰土)回填并夯实至基底。

(3)各层填料选择,应综合考虑材料的抗压强度、透水性能,以及填料空隙率对水面的毛细上升作用。

4)大型坑穴边部处理

为防止深、大坑穴填塞后出现路基不均匀沉降,对该类型坑穴边缘采用挖台阶形式进行处理,每层台阶高30cm、宽100cm,向内施作横坡。对于石质洞穴,采用片石混凝土回填。对顶板不厚的坑道,可挖开后分层回填夯实。对顶板较厚或小而直的坑道,不能开挖时,可采用砂卵石浆、砂浆灌注并在坑道顶布置试坑灌注。若顶支撑点稳定性好,可采用钢筋混凝土盖板封堵。视具体情况,还可同时采取压浆处理等措施。

5)黄土陷穴处理

(1)预防工作主要是做好排水,路基坑洼积水及表土松散等处,要填平夯实并采取防渗措施。对已有的黄土陷穴,按设计要求封闭,一般采取灌砂、灌(压)浆、开挖回填等措施处理,其中开挖回填方法比较简单。首先,先做好防排水措施,避免地表水流入。清除浅陷穴中松软沉积物,并做成台阶状。

自内向外逐段逐层回填。

（2）小面积的陷穴，可用干砂灌实、黏土封顶夯实，并改变地貌，防止雨水流入。利用小型机械或人工开挖陷穴顶部（视陷穴倾角及土质而定），清除陷穴顶部及侧壁失稳土体。向陷穴内填筑砂砾，利用小型机械或人工振捣、压实，压实密度不得小于设计要求，封顶面应有一定的预拱度。堑顶的裂缝和积水洼地，必须填平夯实，防止雨水下渗。

（3）面积较大的陷穴，可采取开挖回填夯实，将洞穴开挖、分层回填、夯实至设计高程，这是最直观可靠的方法。挖方路段，先开挖至路基高程之上50cm处，将部分挖余土方先堆弃他处备用。利用大型机械开挖至底部，形成工作面，清除失稳土体，并测量其各断面尺寸。逐层回填压实，压实密度不得小于设计要求，封顶面应有一定的预拱度。堑顶的裂缝和积水洼地，必须填平夯实，防止雨水下渗。

（4）洞身不大、洞壁不直且离路基中线较远的小陷穴，可采用灌泥浆法，用水、黏土、砂子拌制后，使用注浆机反复多次灌注。

（5）有时为了封闭水道，可采用灌（压）水泥浆法，并改变地貌，防止雨水流入。灌（压）浆加固处理，应符合下列要求：

①按设计要求或由现场试验确定的配合比配置水泥砂浆。

②加固地基前，通过试验确定注浆孔深度、孔距及注浆压力等有关技术参数。

③按设计要求布置钻孔，宜为梅花形布置，地质钻成孔。

④应按设计要求预留一定数量的检查孔，并按设计要求进行质量控制和检测。

⑤利用注浆孔进一步探明地质情况，当范围和深度与设计不符时，应提出设计变更。

（6）黄土陷穴的处理范围，应视具体情况而定，宜为路基填方或挖方边坡外上侧50m、下侧10～20m。若陷穴倾向路基，即便在此距离以外，仍应做适当处理。对串珠状陷穴应彻底进行处治。

6）岩溶洞穴处理

（1）排离岩溶水，在可溶性岩石中，常有一些宽大的溶蚀裂隙和分布不均、规模不等的溶洞以各种形式与地表水相联系，形成含水体系。岩溶地区开挖路基，常在边坡或路基上出现涌水现象，岩溶水有一定的径流系统，涌水量大，宜疏不宜堵。排离岩溶水的工程措施应按规模、危害程度和处理条件因地制宜，充分利用地面排水沟渠，将危及路基的岩溶水排除，防止漫流、滞积或下渗。

（2）排离路基上方岩溶水。出现在路基上方、流量较大、地势较平缓的岩溶水，可设排水沟截离路基，由明沟将水引至涵洞排出；流量较大、地势陡峭的岩溶水，可用急流槽将水引入边沟通过涵洞排出；流量小的岩溶水，由边沟排出。

（3）排离路基基底岩溶水。对出现在路基基底的岩溶水，流量较大的应设涵洞将水排出。如果仅为不大的裂隙水或细小的冒水孔，可设暗沟渗流排出。有的孔洞平时无水，雨季或暴雨时出现冒水，其上不能直接填土，以免岩溶水逐步将土冲走而引起路基下沉或湿软路基。

（4）处理路基溶洞，应在弄清影响路基稳定的溶洞分布后分别对待，在保证安全的条件下，依据施工方便可行、节约投资的原则，选择处理方案。边坡及坡顶上的溶洞，应清除其充填物，按设计要求封闭。对于泉水发育部位，应预留泄水孔。路基基底的溶洞，按设计要求封闭，一般采取清挖换填、砌石封闭、混凝土板封闭及灌（压）等方法处理。

（5）清除浅溶洞中淤泥及其松软沉积物，铲除溶洞表面溶蚀部分，将洞壁倾斜部分做成台阶。

（6）对有填充物的溶洞常用处理方法：对洞径小而浅的，可清除洞内填充物后换填片石混凝土；对洞径大而浅的，可清除洞内的填充物后，先用大块石堵塞，再用片石混凝土填平；对洞径小而深的，可采用钢筋混凝土板把洞封闭;对洞径又大又深、洞内填充物多而不易清除的,可采取清除部分填充物并整平后,先填大块石,再填片石,然后夯填黏土做成土片拱,最后用浆砌片石拱跨封闭。采用片石混凝土或钢筋混凝土封闭,封闭厚度不小于 0.5m,顶部与路基面齐平,搭盖洞口 0.2m 以上。

(7)基底灌浆主要是采用先探后灌、探灌结合原则处理。灌(压)浆加固处理也要符合前述黄土陷穴灌(压)浆施工要求。

14.7.2 注意事项

(1)洞穴地区,路堤填筑前及路堑开挖至设计高程后,应结合勘探设计资料对施工地段进行地质水文核查。洞穴处理后,应会同勘察、设计、监理各方共同对处理范围和效果予以确认。洞穴处理前后应分别测量、记录处理范围和高程。当岩溶的范围和深度等与设计不符时,应及时反馈给设计单位及有关单位。

(2)对于隐伏岩裂隙的处理,应根据物探报告提供的隐伏岩溶分部位置、埋深及裂隙方向,选择一批表土层薄、裂隙较为发育的岩溶进行重点开挖验证。施工前应先疏排地表水,防止地表水下渗。路基两侧取土坑离路基稍远一些并具有畅通的流水坡度,使水不致下渗到路基基底。应按设计要求做好排水沟,严禁堵塞泉水逸出点,防止地下水沿路基逸出,浸湿路基。对路基基底冒水,不论采用什么方法排出,均应保证路基填土高度内的土石方不受浸润,并且保证不受温差作用而使水蒸气上升,聚集在路面基层下。注浆施工过程中应防止溶隙、溶缝、洞穴渗漏,如有"跑浆"现象,应及时查明原因并处理。注浆前后及时进行物探资料对比,检查注浆效果,对于未达到要求的,进行补充注浆。注浆施工时应有符合环保要求的废浆隔离与回收设施。

井穴、洞穴处理的方法较多,不同地形、不同地质水文条件下的具体处理方法,往往差别较大。本节仅是对常规施工内容阐述,施工中要严格按照设计指定或确认处理方法施工。

14.8 土工合成材料

土工合成材料具有质量轻、整体性好、抗拉强度较高、耐腐蚀、抗微生物侵蚀等优点,将其置于土内,依靠与周围土之间的界面摩阻力限制土体侧向移动、平均分配应力,以提高土体承载力,即起到加筋作用。常见的土工合成加筋材料有土工格栅、土工格室、土工织物、土工网、土工加筋带等。土工合成材料加筋垫层一般适用于浅层软弱地基处理,在路基底部的软弱地基上或砂(碎石)垫层中,铺设土工合成材料作为加筋,形成复合土体,以提高整体稳定性、减少沉降。

土工合成材料加筋垫层如图 14-10 所示。

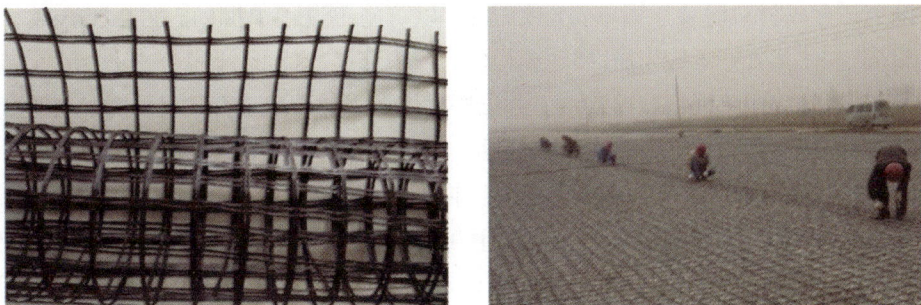

图 14-10　土工合成材料加筋垫层

14.8.1 施工工艺流程

土工合成材料加筋垫层地基处理施工工艺流程如图 14-11 所示。

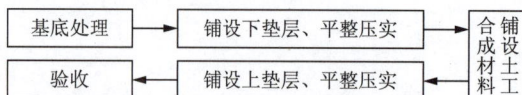

```
基底处理 → 铺设下垫层、平整压实 →
                                    铺    合
                                    设    成
                                    土    材
验收 ← 铺设上垫层、平整压实 ←        工    料
```

图 14-11 土工合成材料加筋垫层地基处理施工工艺流程图

14.8.2 施工控制要点

1）施工准备

（1）根据供货商提供的幅宽、单位面积质量、厚度、抗拉强度、顶破强度、渗透系数等测试数据，选用满足设计和规范要求的土工合成材料。

（2）土工合成材料进场后应整齐堆放在料棚（库）内，避免阳光暴晒和雨雪侵蚀，并保持通风、干燥和远离高温源。

（3）垫层用砂应采用天然级配良好的中、粗、砾砂，不得含有草根、垃圾等杂质，其含泥量不得大于5%。垫层用石料应采用级配良好的干净砾石或碎石，其最大粒径不得大于 50mm，不得含有草根、垃圾等杂质，细粒含量不得超过 10%。

（4）复核设计文件，明确施工具体部位，并测定施工边界范围。场地排水合理，确保周边水不进入场内，雨水、渗水能随时排出。临时道路通畅，材料堆放场及施工供水、供电设施完成。

2）基底处理与垫层铺设

清除基底硬物、钢筋、木桩以及容易划破土工合成材料的其他坚硬凸出物，挖除松散表层并整平，要求基底平整，无裂痕、无泥泞、无洼陷、坡度均匀一致。平整好的基底要压实或夯实。垫层填料中不得有尖石、树根等杂物。砂（碎石）垫层采取分层填筑和碾压施工，每层厚度 20 ～ 30cm，每层的施工顺序为铺料、洒水、压实、验收，应满足设计要求的压实系数。每层填料接头应错开，纵向分段施工时，接头处做成阶梯形搭接，并将接头段充分压实。

3）铺设土工合成材料

（1）在铺设土工合成材料前，应先整平、清理垫层，并进行土工合成材料外观检查，更换或修补破损的材料。不得在碎石等坚硬的下承层上直接铺设土工合成材料，要在碎石之上铺设 5cm 厚的中、粗砂保护层。土工合成材料的铺设范围、层数、位置及连接方法应符合设计要求。

（2）铺设土工合成材料时要压紧铺设起始位置，以防施工过程中挪动。将土工合成材料理顺、绷紧、展平，插钉固定，使其紧贴下层表面，要达到均匀、平整、连续的标准，不得有扭曲、重叠、褶皱和破损。同时保持材料松紧适度，避免因超拉导致土工合成材料破损。铺设土工合成材料时，应将强度高的方向置于主要受力方向，通常为长幅沿线路横断面铺设。土工合成材料的铺设长度和宽度，应稍大于软土地基的长度和宽度。土工合成材料在受力方向上连接时，采用可靠的连接措施，连接强度不低于设计要求。

（3）连接方式采用搭接时，搭接宽度不应小于 30cm。铺设多层土工合成材料时，上、下层接缝应交替错开，错开距离不应小于 50cm，两层之间常以砂层间隔，砂层厚度不小于 10cm。采用土工格栅时可不搭接，但应密排放置、连接牢固。端头的锚固必须加细处理，留够锚固长度，逐幅回折覆裹在压实的填料面上,外侧用土(砂)覆盖。

(4)施工中发现土工合成材料有破损时,要及时更换或修补好。土工合成材料在铺设过程中,应尽量避免长时间暴晒或暴露,以免其性能劣化。土工合成材料铺设完成后,及时按设计要求覆盖,严禁碾压设备、汽车等直接在其上碾压或行走,同时也要尽量减少在其上走人和搬运工具。

4）垫层覆盖

土工合成材料之上的垫层应采用人工散铺整平,先填两边,后填中间,以免因挤压使土工合成材料松弛、变形,并要使用轻型机械从两边向中间循序渐进压实。垫层完成后,及时分层填筑路基。填筑路基时要均匀摊铺,堆料高度不宜超过 1m。在土工合成材料上的填料和垫层的总厚度大于 60cm 后,才能使用重型机械压实。如设计要求不设垫层,则直接在设计基面上铺设土工合成材料,然后在其上填筑路基。

14.8.3 注意事项

(1)基底处理不到位、有坚硬凸出物及垫层清理不到位,会造成土工合成材料铺设后在填料压实过程中受损。对此要求铺设土工合成材料的下层表面要平整、压实,并清除表面坚硬凸出物。

(2)当下部软基采用袋装砂井或塑料排水板,上部采用土工合成材料加筋垫层时,应先施工袋装砂井或塑料排水板等,然后在上面铺设土工合成材料加筋垫层。

(3)铺设土工合成材料时,应将强度高的方向置于主要受力方向,当设计有特殊要求时按设计要求执行。

(4)复合地基桩顶设置土工合成材料加筋垫层时,垫层应与桩头完整密贴。

14.9 常见问题及预防措施

地铁车辆基地地基处理工程常见问题及预防措施见表 14-2。

地铁车辆基地地基处理工程常见问题及预防措施　　　　　　　表 14-2

序号	常见问题	原因分析	预防措施
1	CFG 桩 缩颈、断桩	①新打桩对已打桩作用表现为挤压,严重时产生缩颈或断桩。 ②拔管速度控制不严,灌浆材料配合比不严。 ③开槽及桩顶处理不好。 ④冬季施工冻层与非冻层结合部位易产生缩颈或断桩	①严格按照不同土层进行配料,搅拌时间要充分,每盘至少 3min。 ②出现缩颈或断桩时,可采用扩颈方法,或者加桩处理。 ③混合料可先进行适配,以便最后确定配合比。 ④冬季施工,在冻层与非冻层结合部位要进行局部复打或局部翻插,克服缩颈或断桩
2	灌入量不足	①混凝土达到初凝后才灌入,或冬期施工受冻,和易性较差。 ②在桩管沉入过程中,地下水或泥土进入桩管。 ③产生缩颈	①根据地质报告,预先确定出合理的施工工艺。开工前先进行工艺试桩。 ②同"缩颈、断桩"中预防措施①、②。 ③用浮标观测检查控制填充材料的灌入量,灌入量不足时应采取补救措施。 ④根据地质情况,选择合理的桩间距

序号	常见问题		原因分析	预防措施
3	深层搅拌法	成桩偏斜达不到设计深度	①遇到地下物。 ②遇到干硬黏土或硬夹层。 ③地面不平坦、不实,致使桩机倾斜,桩机垂直度又未调整好	①施工前场地要平整压实。 ②施工前要选好合格的桩管。 ③放桩位点最好用钎探查找地下物。 ④遇到硬夹层造成沉管困难或穿不过时,可选用射水沉管或用"植桩法"处理。 ⑤选择合理的打桩顺序
4		搅拌体不均匀	①搅拌机械、注浆机械中途故障,造成注浆不连续,供水不均匀。 ②搅拌机械提升速度不均匀	①施工前应对搅拌机械、注浆设备、制浆设备等进行检查维修,使其处于正常状态。 ②提高搅拌转速,降低钻进速度,边搅拌,边提升。 ③拌制固化剂时不得加水,以防改变水灰比,降低拌和强度
5		喷浆中断	①注浆泵损坏。 ②喷浆口被堵塞。 ③水泥浆水灰比稠度不合适,水泥浆和易性差	①注浆泵、搅拌机等设备施工前应试运转,保证完好。 ②注浆应连续进行,不得中断。 ③选用合适的水灰比,一般为 0.6～1.0,保证水泥浆的和易性。 ④在钻头喷浆口上方设置越江板,解决喷浆孔堵塞的问题
6		抱钻、冒浆	①工艺选择不适当。 ②加固土层中的黏土层或夹层,因黏结力强,不易拌和均匀,搅拌过程中易产生抱钻现象。 ③有些土层上覆盖压力大,持浆能力差,易出现冒浆现象	①选择适合不同土层的不同工艺。 ②搅拌机沉入前,桩位处要注水,使搅拌头表面湿润。 ③在搅拌、输浆、拌和过程中,要随时记录孔口所出现的各种现象
7		桩顶强度低	①表层加固效果差。 ②目前所确定的搅拌机械和拌和工艺,由于地基表面覆盖压力小,在拌和时土体上拱,不易拌和均匀	①将桩顶高程 1m 作为加强段,进行一次复拌加注浆并提高水泥掺量,一般为 15% 左右。 ②在设计桩顶高程时,应考虑凿除 0.5m,以加强桩顶强度
8	注浆加固法	冒浆	①地质报告不详细,对土质了解不透,未能选择合理的施工方案。 ②施工前,未做现场工艺试验,因此对化学浆液的浓度、用量、灌入速度等不清楚。 ③采用电动硅化加固时,未能做试验,不能提出合理的电压梯度、通电时间和方法。 ④需要加固的土层上,覆盖层过薄。土层上部压力小、下部压力大,浆液有向上抬高的趋势	①注浆法加固地基要有详细的地质报告,对需要加固的土层要有详细描述,以便制定合理的施工方案。 ②注液管宜选用钢管,管路系统的附件和设备以及验收仪器(压力计)用符合规定的压力,打管前检查带有孔眼的注浆管,应使其保持畅通。 ③及时调整浆液配方,满足该土层的灌浆要求。 ④根据具体情况,调整灌浆时间。 ⑤加快浆液的凝固时间,使浆液出注浆管就凝固,可降低浆液上冒的可能性
9		注浆管沉入困难,偏差过大	①注浆管沉入遇到障碍物,达不到设计深度,且偏斜过大。 ②采取沉管措施不合理。 ③打(钻)入的注液管未采取导向装置,注液管底端的距离偏差过大。 ④放桩位点偏差超过规范。 ⑤受地层土质和渗透的影响	①放桩位点时,在地质复杂地区,应用钎探查找障碍物,以便排除。 ②长度要平坦坚实,必要时要铺垫砂或砾石层,稳桩时要双向校正,保证垂直沉管,放桩位偏差应在允许范围内,一般不大于 20mm
10		桩体质量不均匀	①浆液使用双液化学加固剂时,由于分别注入,在土中出现浆液混合不均匀,影响加固工程质量。 ②化学浆液的稠度、浓度、温度、配合比和凝结时间,直接影响灌浆工程的顺利进行。 ③注浆管孔眼被堵塞,灌浆不充分,灌浆材料选择不合理	①使用新型化学加固剂,达到低浓度混合单液的灌注目的,克服双液分别灌注混合不均的不足。 ②向土中注入混合浆液时,灌注压力应保持一个定值,一般为 0.2～0.23MPa,这样能使浆液均匀压入土中;每根桩的灌浆管都由下而上提升灌注,使桩柱体得到均匀的强度。 ③为防止喷嘴堵塞,必须用高压喷射,压力均匀,边灌边旋转边向上提升

第15章 房屋建筑工程

15.1 概　述

地铁车辆基地建筑工程是地铁车辆基地工程施工的主要组成部分,是保证地铁正常运营的后勤基地。地铁车辆基地主要包括综合维修中心、物资总库、培训中心、生活设施及上盖物业。国内有些地铁城市,还将调度指挥中心、地铁公安分局或运营公司部分职能处室整合在地铁车辆基地内。房屋建筑工程是地铁车辆基地的主要施工内容之一。

地铁车辆基地在地铁系统工程中的重要性,以及其承担的关键职能,使得车辆基地的建筑结构和空间组成较为复杂。地铁车辆基地工程土建施工具有内容庞杂,分部分项工程多、工序衔接紧、互相干扰大等重要特征,要求施工单位具有较高的综合施工能力和丰富的施工组织经验、强大的专业施工实力和高度的协调能力。

本章主要介绍地铁车辆基地主体建筑结构施工工艺流程和施工控制要点。车辆基地建筑工程包括运用库、综合楼、检修库、工程车库、混合变电所、实训基地等单层或多层结构建筑,多采用钢筋混凝土框架结构、钢结构形式;地铁车辆基地的房屋建筑施工,一般包括桩基工程、承台地梁、框架柱、梁板工程、砌体结构、钢结构和屋面及防水等施工。

15.2 桩 基 工 程

桩基工程主要包括建筑结构桩基工程和基坑围护桩基工程。建筑结构桩一般采用钻孔灌注桩。钻孔灌注桩的施工工艺包含钻进成孔、泥浆护壁、正循环清孔、钢筋笼制作、钢筋笼安装、水下混凝土浇筑等。

15.2.1 施工工艺流程

钻孔灌注桩施工工艺流程如图 15-1 所示。

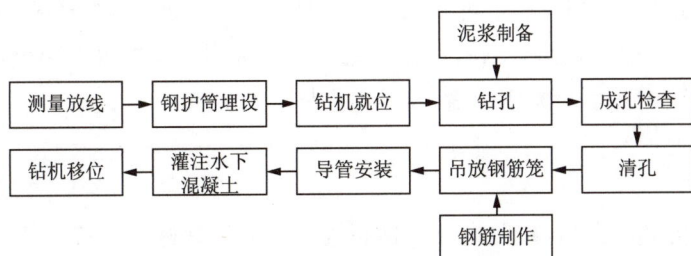

图 15-1　钻孔灌注桩施工工艺流程图

15.2.2 施工控制要点

钻孔灌注桩施工控制要点参见第1篇"地铁车站土建工程"第4章"高架地铁车站工程"4.4.1节"桩基工程"。

15.3 承 台 地 梁

桩基施工完成,进行承台地梁施工,承台地梁基坑开挖采用小型挖掘机辅以人工配合,模板采用钢模板,钢筋现场绑扎。

15.3.1 施工工艺流程

承台地梁施工工艺流程如图15-2所示。

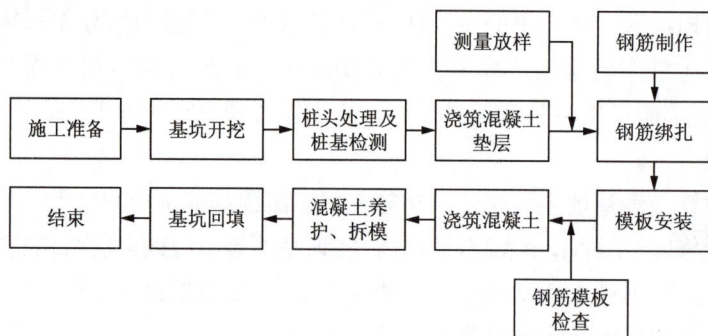

图15-2 承台地梁施工工艺流程图

15.3.2 施工控制要点

1)测量放线

开挖施工前,根据导线控制点及承台、扩大基础及地梁设计尺寸,用全站仪在原地面上测放出沟槽四周边桩(考虑放坡),并采用白灰进行标识。同时测出原地面高程,计算出承台底或梁底至原地面的高差,进行控制开挖,接近基底时采用水准仪布设高程控制桩,挂线进行人工开挖整平。

2)承台地梁土方开挖

采用人工配合挖掘机放坡开挖;基坑底部四周预留工作面宽度每侧不少于500mm,坡率符合设计和规范规定;开挖的同时做好排水工作,挖至坑底后沿基坑四周挖排水沟和积水坑,并及时抽排;基底留200mm,人工挖除;开挖后待验槽合格,及时进行垫层的浇筑。

3)桩头处理

桩身混凝土达到检测龄期后,按照设计桩顶高程凿除并清理桩头。首先使用风动工具将桩头清除至距设计桩顶10～20cm的位置,然后改为手工凿除直至设计桩顶高程。最后将桩身变形的钢筋整修复原,外包塑料薄膜防止锈蚀,浇筑承台混凝土时拆除外包。桩头破除完毕,按设计要求进行检测,检测合格后准备进行承台工程施工。

4)钢筋绑扎

钢筋在加工棚集中下料,运至现场后人工绑扎成型。钢筋绑扎顺序:底部短向钢筋→底部长向钢筋→水平构造钢筋→地梁骨架定位→地梁主筋箍筋绑扎→混凝土垫块固定→面筋绑扎→插柱钢筋及固定。承台钢筋绑扎时埋入立柱钢筋并焊接牢固,浇筑混凝土时不偏移;保护层垫块采用同强度等级的混凝土垫块。

5)模板安装

承台模板一般采用大钢模板或竹胶板模板;模板采用外撑内拉的方式加固,即外侧采用钢管撑到基坑开挖侧壁上,内侧通过 $\phi16$ 对拉或斜拉连接。模板采用绷线法调直,吊垂球法控制其垂直度。模板内侧用比承台混凝土强度等级高一级预制混凝土垫块或定制塑料垫块垫于承台钢筋与模板间,以保证保护层厚度。底梁基础按设计要求进行夯实后浇筑混凝土垫层,底梁与承台基坑相接部分采用砖砌底胎模。底梁侧模采用竹胶板模板,加固方式同承台模板。承台地梁钢筋绑扎与模板安装工程实例如图 15-3 所示。

图 15-3　承台地梁钢筋绑扎与模板安装工程实例

6)混凝土浇筑与养护

承台混凝土浇筑属大体积混凝土施工,浇筑过程中混凝土内部由于散热条件较差,水化热聚集在内部不易散失,产生内部温度差,导致混凝土表面产生拉应力,当拉应力超过混凝土抗拉强度时,混凝土表面就产生裂缝。严格控制这种有害裂缝,确保承台混凝土质量,是混凝土施工的重点。

混凝土浇筑应分层连续进行,分层厚度一般不超过 1m。采用插入式振动器进行振捣,捣固时振动棒插点间距为振动棒作用半径的 1.5 倍,同时振动棒插入下层混凝土中 5～10cm,移动间距不宜大于振动棒作用半径的 1.5 倍,与侧模保持 5～10cm 距离,防止漏振。振动时要快插慢拔,不断上下移动振动棒,以便捣实均匀,减少混凝土表面气泡。混凝土适当振捣以混凝土不再下沉、表面平整开始泛浆、混凝土不再大量冒出气泡为准。在浇筑后 2～6h,刮平、收浆、压面,使其表面密实;混凝土初凝后,洒水、覆膜养护。

7)承台基坑回填

承台混凝土浇筑完毕并达到拆模条件时应及时拆模并进行基坑回填。基坑回填前,清理基底,抽排坑内积水;承台回填必须两侧对称进行,分层回填,每层铺土厚度为 250～300mm;基坑内以小型机具夯实为主。回填高度以低于承台顶面 10cm 为宜,待立柱混凝土施工完成后,再将整个基坑进行回填至与地面平齐,回填完进行验收。

承台地梁混凝土浇筑与基坑回填工程实例如图 15-4 所示。

图 15-4　承台地梁混凝土浇筑与基坑回填工程实例

15.3.3　注意事项

承台地梁的土方开挖施工,一般不会采用大开挖,而是根据承台地梁的宽度,给一定的工作面,按规

图 15-5　承台地梁施工工程实例

定的放坡系数进行开挖,这样开挖就将整个场地进行井字形分割,尤其是在轨行区位置,如图 15-5 所示。以下几点需要注意:

(1)沟槽开挖的行进方向,要考虑钢筋的运输、混凝土的浇筑等因素。

(2)做好后浇带区域的保护,防止填土时对该处的污染。

(3)做好承台地梁周边的回填质量控制;回填土的质量影响到上部高支模的安全,以及地面及上部结构在工后沉降产生的破坏。回填用的材料最好是不受雨水影响的。该处的回填由于范围狭长,无法使用压路机,只能用人工夯填,对工期影响较大。

(4)在地梁施工前,一定要先施工完地下管线。

15.4　立柱施工

立柱施工采用灯笼架作操作平台,钢筋现场绑扎,模板采用定型钢模板,分次浇筑混凝土。

15.4.1　施工工艺流程

立柱施工工艺流程如图 15-6 所示。

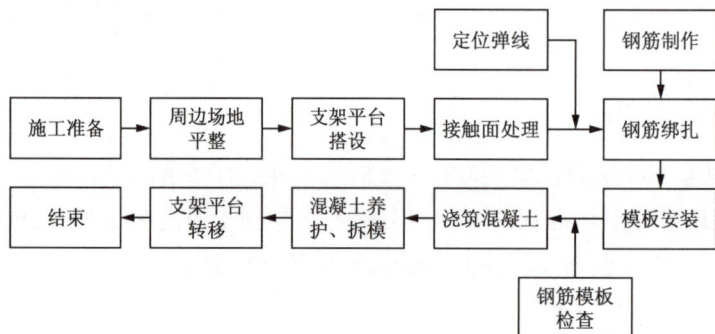

图 15-6　立柱施工工艺流程图

1）脚手架搭设

地铁车辆基地运用库、咽喉区上盖等结构立柱支模高度较高,一般采用预制装配式灯笼架;脚手架基脚通垫 5cm 厚硬木板;支架每隔 5m 用钢丝绳在脚手架上设置"八"字形缆风绳;用 5cm 厚木板铺设作业平台;平台四周设安全护栏和安全网。

2）柱基面凿毛

接触面凿毛采用人工凿毛;凿出混凝土表面浮浆,使露出新鲜混凝土表面不低于 75%;清除凿毛面杂物,用水清洗;凿毛可在支架平台搭设前进行,但混凝土强度应达到设计强度的 75% 以上。

3）钢筋绑扎

钢筋在钢筋场按设计图纸集中下料成型,用汽车或塔吊转运现场。钢筋绑扎顺序:立柱筋→套箍筋→连接柱筋→画箍筋间距→放定位筋→绑扎钢筋→塑料垫块。检查纵向钢筋位置是否正确,若偏位则纠正。柱箍筋开口方向间隔错开,柱纵筋同截面钢筋接头率不大于 50%。柱第一个接头留置在距板面上不小于 500mm,且不小于 1/6 楼层净高。箍筋上安装塑料垫块,柱侧面梅花形排列,柱筋上、中、下部增设钢筋定位卡。立柱脚手架搭设与钢筋绑扎工程实例如图 15-7 所示。

图 15-7　立柱脚手架搭设与钢筋绑扎工程实例

4）模板安装

模板选用无拉杆式大块定型钢模板;钢模板采用分节加工,节段 3 ～ 4.5m,零号节段单独进行加工;模板表面安装前打磨光滑平整,均匀涂抹一层脱模剂后吊装拼接;采用汽车吊安装,根据实际情况分节段或多个节段组拼后整体吊装就位;模板接缝不得漏浆,抹上脱模剂后及时灌注混凝土。

5）混凝土浇筑

立柱混凝土采用高架泵车或汽车吊浇筑;浇筑前,湿润模板,在柱根浇筑 50mm 厚的同强度等级砂浆封堵;串筒下料,出料口至浇筑面的倾落高度不大于 2m;立柱混凝土分层连续浇筑,分层厚度不大于 60cm;采用 ϕ50 插入式振动器逐层振捣,插入下一层混凝土中 50 ～ 100mm,特别是柱根施工缝处振捣密实,以防烂根。

6）拆模养护

混凝土强度达到 1.5MPa 以上,且其表面及棱角不因拆模而受损时拆除模板;立柱混凝土采用塑料薄膜包裹并浇水养护,浇水次数应根据能保证混凝土处于湿润状态来决定,混凝土养护时间不小于 14 d。

立柱混凝土浇筑与拆模养护施工如图 15-8 所示。

图 15-8　立柱混凝土浇筑与拆模养护施工

15.4.3　注意事项

(1)要注意与墙体连接处拉结筋的预埋,否则采用植筋法将会耗财费时,还不一定能保证质量。

(2)要充分重视安全问题。为了防止施工人员发生安全事故,柱施工时的脚手架一般要求用密目网将四周围起来,但对于台风高发地区,一旦起风,密目网就像一堵墙一样承受着风压,而柱的脚手架又是相对独立的,如果柱的施工还处于绑钢筋的阶段,就会很容易被大风刮倒。因此要求在台风来临之前,必须将所有柱架周围的围网放下,使之成为一个通透的结构。柱网施工工程实例如图 15-9 所示。

(3)车辆段的柱子较多,若采用搭拆的方式处理柱子施工用脚手架,则存在工作量大、工期长、周转耗材多的问题。结合工程实际情况,可采用预制灯笼架的方式施工。停车场采用一个整体的灯笼架,车辆段采用两节拼装的灯笼架,架子按要求预制好,整体进行吊装。要求柱子周边土体平整并夯实。柱架施工工程实例如图 15-10 所示。

图 15-9　柱网施工工程实例

图 15-10　柱架施工工程实例

15.5　现浇盖板

现浇盖板支撑体系采用满堂钢管支架,根据不同的梁板结构类型,选用不同的搭设间距。梁、板支承模板采用木模板,在加工场内下料加工,现场组拼成型。

15.5.1 施工工艺流程

现浇盖板施工工艺流程如图 15-11 所示。

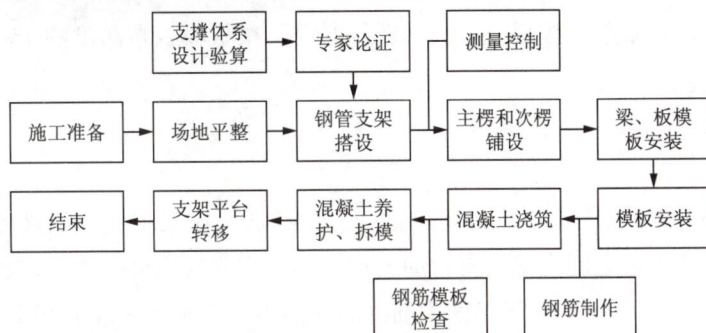

```
支撑体系        专家论证        测量控制
设计验算

施工准备  场地平整  钢管支架  主楞和次楞  梁、板模
                搭设      铺设       板安装

结束    支架平台  混凝土养   混凝土浇筑  模板安装
        转移     护、拆模

                钢筋模板   钢筋制作
                检查
```

图 15-11　现浇盖板施工工艺流程图

15.5.2 施工控制要点

1）支架垫层

场地平整并压实；浇筑 150mm 厚 C20 混凝土垫层；场地四周做好排水沟，垫层设 1% ～ 2% 双向排水坡度；经养护后方可进行支架搭设。

2）钢管支架搭设

上盖平台支撑体系需根据梁板结构具体情况进行设计检算，并经专家论证后实施；采用扣件式钢管脚手架，立杆、水平杆、剪刀撑等根据结构情况具体设计检算；钢管一般采用 Q235 钢（ϕ48.3×3.6mm），扣件用锻铸铁或铸钢制作；托撑外径不小于 36mm；搭设顺序：铺通长硬木垫板→立杆→扫地杆→纵横水平杆→水平剪刀撑→立杆接长→纵横水平杆→竖向剪刀撑→顶托；模板支架的整体高宽比不大于 3；钢管立杆接头必须采用对接扣件接头；托撑顶离水平杆高度不大于 300mm，伸出钢管顶不大于 200mm，螺杆外径与钢管内径间隙不大于 3mm。支架垫层施工及钢管支架搭设工程实例如图 15-12 所示。

图 15-12　支架垫层施工及钢管支架搭设工程实例

3）主楞和次楞安装

主楞、次楞一般采用 50mm×100mm 木枋；主楞间距与立柱间距相同，次楞间距根据经论证的支

架体系进行铺设;先安装主楞,后安装次楞。

4)梁板模板安装

梁板模板采用松木胶合板,梁加固采用 ϕ15 对拉螺栓;模板采用塔吊吊运至现场,加工成型后安装;先安装柱接口模板,再安装梁模板,最后安装板面模板;梁板模板按跨度的 1‰～ 3‰ 起拱;模板安装完成后进行预压验收。

5)梁钢筋绑扎

梁钢筋绑扎顺序:放主梁主筋→放梁定位箍→主梁箍筋→次梁主筋→放梁定位箍→次梁箍筋→垫块固定。梁纵向双排主筋之间应垫同直径的短钢筋;板、次梁与主梁交叉处,板钢筋在上,次梁钢筋在中,主梁钢筋在下;框架梁节点处,梁顶面主筋间的净间距不应小于 30mm 和 1.5d(d 为钢筋直径),以利浇筑混凝土。

6)板钢筋绑扎

板钢筋绑扎顺序:弹板钢筋定位线→板下层钢筋绑扎→洞口附加钢筋→水电配管→板上层钢筋绑扎→垫块固定;双向板钢筋交点全部绑扎;在板上部负弯矩筋端部拉通长小白线就位绑扎,保证钢筋在同一条直线上,端部平齐;双层钢筋网片间加 ϕ15 马凳铁,间距 600mm 布置。

7)混凝土浇筑

采用汽车泵浇筑,每个浇筑单元安排 2 ～ 3 个浇筑面向前推进浇筑,不留施工缝;梁板同时浇筑,由一端开始先浇梁,待达到板底高程时一起浇筑;梁板采用插入式振动器、平板振动器振捣;严格控制混凝土高程,找平时拉对角水平线进行控制;在浇筑后刮平、收浆、压面,上层柱根及时凿毛。

8)混凝土养护

混凝土初凝后,采取蓄水、覆膜养护;养护时,分次洒水,保持养护期内湿润;混凝土养护时间不少于 14d。

9)模板支架拆除

混凝土浇筑完成后 28d 拆除模板支架;支架拆除顺序与搭设顺序相反;按顺序分段拆除,放落到地上的模板、钢管、扣件、托撑、木枋应及时转运。

混凝土养护及模板支架拆除工程实例如图 15-13 所示。

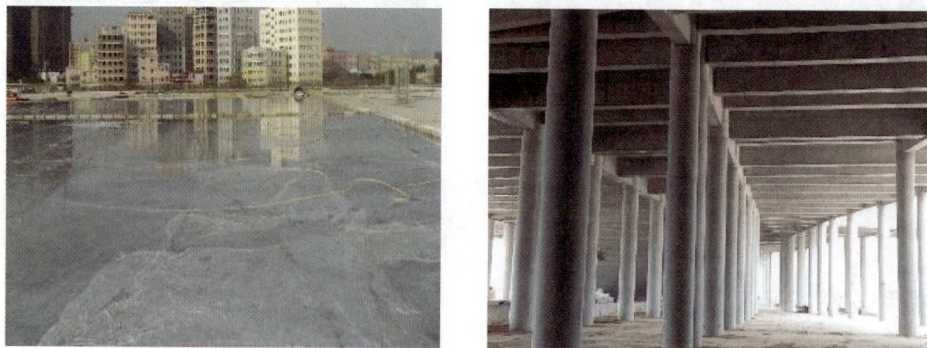

图 15-13　混凝土养护及模板支架拆除工程实例

15.6 砌 体 结 构

主体钢筋混凝土楼板浇筑完成后,待施工电梯安装完成,即进行砌体结构施工。砌块运输采用施工升降机进行垂直运输,楼层上采用人工推斗车进行水平运输。

15.6.1 施工工艺流程

砌体结构施工工艺流程如图 15-14 所示。

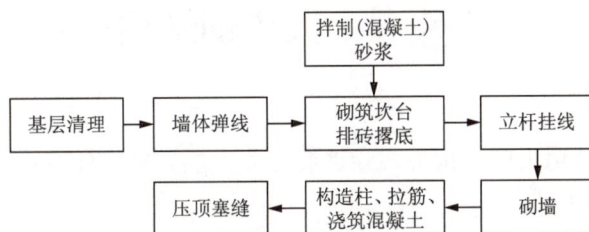

图 15-14 砌体结构施工工艺流程图

15.6.2 施工控制要点

1)砌体反坎施工

砌体反坎施工前,楼地面清理干净,弹线定位准确;加气混凝土砌块,墙底部砌 200mm 高的烧结普通砖或浇筑 200mm 高等墙厚 C20 混凝土坎台;拌制(混凝土)砂浆取样送检。

2)砌体施工

灰缝均匀、横平竖直,加气混凝土砌体平缝 12mm 左右、竖缝 18mm 左右,灰砂砖平竖缝 10mm 左右,灰缝砂浆饱满度不小于 90%;沿墙高每 500mm 预留 $2\phi6$ 钢筋,埋入长度从墙的留槎处算起每边不小于 1000mm,末端加 180° 弯钩;混凝土墙柱与砌筑墙体相连处,拉结筋植筋埋设。洞宽大于或等于 600mm 时,洞顶加设钢筋混凝土过梁,当过梁与柱、梁相碰时,过梁与柱、梁同时浇筑。在砌筑过程中,采用"原浆随砌随收缝法",先勾水平缝,后勾竖向缝。灰缝与砌块面要平整密实,不得出现丢缝、瞎缝、开裂和黏结不牢等现象,以避免墙面渗水和开裂。

3)构造柱浇筑

填充墙转角处或填充墙长度大于 4m 时,应设竖向构造柱。砌体砌筑完成后,界面清理干净;构造柱模板采用木模板,竖楞为木枋、横楞为双钢管,模板用对拉螺栓紧固;模板顶部留设斜三角混凝土浇筑口;用插入式振动器分层振捣密实;养护时间不少于 14d。

4)压顶塞缝

墙体砌筑完成后,用灰砂砖斜砌挤紧;斜砌倾斜角度约为 60°,并为"八"字形。

砌体结构施工工程实例如图 15-15 所示。

图 15-15　砌体结构施工工程实例

15.7　大库钢结构

目前,国内地铁车辆基地大库结构形式除钢筋混凝土框架结构外,钢结构因其造价相对较低、施工速度快的优势而被大量使用。

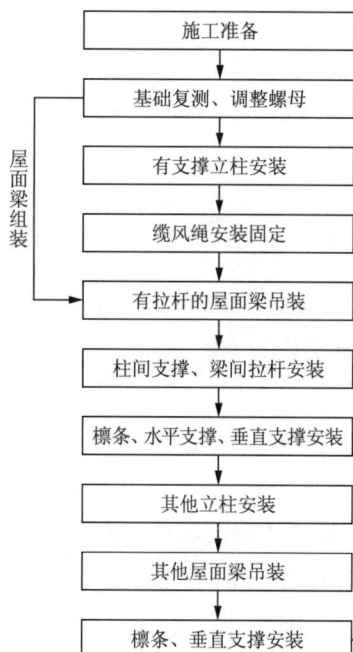

图 15-16　大库钢结构施工工艺流程图

15.7.1　施工工艺流程

大库钢结构施工工艺流程如图 15-16 所示。

15.7.2　施工控制要点

1）施工准备

组织有关工程管理和技术人员对设计图纸进行会审。对各工序的施工人员进行技术、质量、安全交底。对钢结构配件进行检查,并运至预定位置。

2）有柱间支撑的钢立柱安装

立柱安装应选择有柱间支撑的立柱首先进行安装,然后向两侧安装。钢立柱起吊前仔细检查吊点、吊绳及吊具,并拴好牵引绳,吊装过程中利用牵引绳控制立柱的稳定性。就位时,注意防止立柱与预埋地脚螺栓发生碰撞,垂直度调整完毕后初拧螺母。

3）缆风绳的拉设

钢柱安装到位与地脚锚栓临时固定后,拉设缆风绳,用以调整钢柱垂直度及保证钢柱安装后稳定。在钢柱纵轴方向拉两根缆风绳,钢立柱找正后缆风绳用 1t 的手拉葫芦拉紧,拧紧螺母。缆风绳仅拉设有支撑跨的几根钢柱及屋面梁上,拉接在钢柱顶部位置处,在地面的固定主要依靠相邻的基础承台,在不能固定到基础承台的地方,应在地面设置用重物固定,重物可以采用未安装的构件等 。缆风绳在基础承台上的固定,可以在基础承台上打膨胀螺栓。缆风绳的解除应在所有钢架形成稳定的结构体系后拆除。

4）屋面梁安装

屋面梁先在地面上拼装成整体，然后整体起吊。钢梁在两个钢柱间拼装。地面拼装采用一台 20t 吊车在前方组装，一榀钢梁由四个节段拼装连接而成，拼装时，先拼接左半边两节段，后拼接右半边两节段，再将已拼接好的两段拼接上。以停车库为例：分节段的钢梁运到现场，用吊车将左边段标号为②的节段吊放到支座上，松开牵引绳，再起吊标号为③的节段，搭在支架上。通过地面工人与吊车的协同作业，将标号为③的节段拼装节点对接标号为②的节段拼装节点，固定节段③，用千斤顶微调节段②的高度，使两对接法兰板上孔位置对正，上高强度螺栓，拧紧。松开牵引绳。屋面梁组装完成后安装檩条垂直支托，根据设计图纸选择不同长度垂直支托进行安装，仅固定支托下部。屋面梁地面拼装如图 15-17 所示。

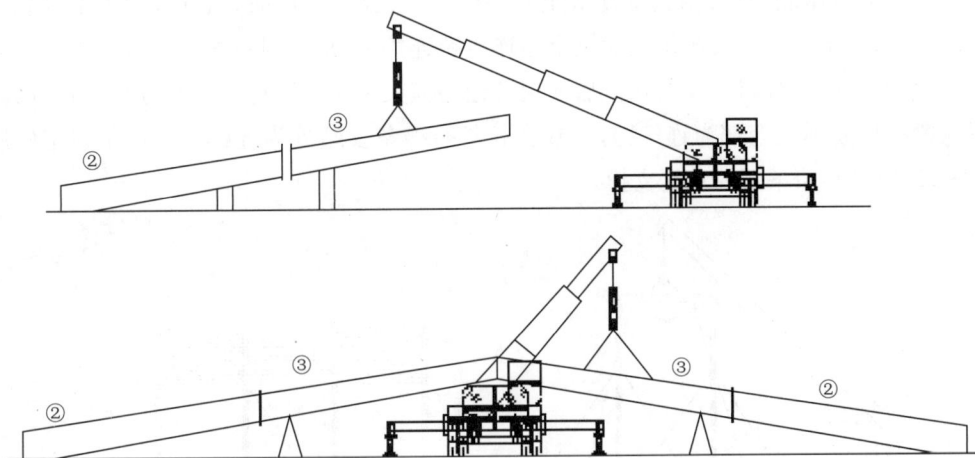

图 15-17　屋面梁地面拼装示意图

右半边两节段的拼装与左半边两节段的拼装方法一样。右半边两节段拼装好后，钢丝绳不松开，将拼装的右半部分吊起，地面工人协作，将右半部分节段拼装节点对准左半部分拼装节点，上高强度螺栓，拧紧。松开牵引绳。屋面梁组装完成后安装檩条垂直支托，根据设计图纸选择不同长度垂直支托进行安装，仅固定支托下部。

拼装完成后，开始吊装。吊装时，先将钢梁调离地面 40～60cm，观察钢梁是否水平，若不平衡则放下调整钢丝绳位置，以控制水平度。钢梁吊装过程中，拉设牵引绳，拉设位置在钢梁长度的 1/3 处，吊装时控制钢梁的水平及角度。

在架设钢梁到立柱上时，通过牵引绳控制钢梁到位。当钢梁吊装到位后，采取先连接一头，上高强度螺栓，不紧固，另一头如果能直接连接，则直接连接到位，如有偏差，则应调整牵引绳，调整主钢梁未连接端，使之到位。所有孔位对准后，将两端所有螺栓都紧固。

5）梁间水平支撑梁安装

各库部分地方有水平支撑梁需要安装，安装时与屋面檩条同步实施。

6）柱间支撑、梁间拉杆安装

屋面梁固定安装好后，开始安装柱间支撑及梁间拉杆，柱间支撑及梁间拉杆都布置在同一部位。柱间支撑安装应先安装整根支撑，然后安装连接板及另外两个支撑，支撑下部与柱相连，上部与梁相连。梁间拉杆全部安装完成后，再进行其他安装。

7）其他立柱、屋面梁安装

其他立柱、屋面梁间没有柱间支撑及梁间拉杆，因此其安装与有支撑及拉杆的部位安装略有不同。屋面梁安装固定前的步骤与有支撑的一样，屋面梁安装好后每两根梁之间安装8根檩条连接，形成整体结构。

8）檩条安装

屋面梁固定好后安装屋面檩条，檩条的安装必须严格按"檩条布置图"执行，并首先检查支托位置、尺寸、支托高差，檩条个别地方较高或较低时应整平，各檩条间的高差必须严格控制。

轻钢檩条单重小，且为轻薄板材，绑扎容易，吊装时主要耗时的是起钩和落钩，为提高安装速度，采用一钩多吊的方法来提高工作效率，如图15-18所示。吊装时注意檩条朝向，以免吊至梁面再次人工调向。檩条吊装至屋面梁后，由人工摆放至安装位置，摆放时注意檩条朝向，明确不同朝向檩条的安装位置，以免返工调整。檩条在每个横梁上由连接跨连接，在地面时每根檩条同一端预先安装连接跨，以减少高空安装作业时间。檩条就位后使用螺栓与横梁及下一跨檩条进行连接。连续跨安装时，注意在屋面梁拉杆处不是全部为连续跨，而仅在拉杆有檩条安装处为连续跨。檩条固定好后固定檩条垂直支托，同时安装檩条间的水平支撑。

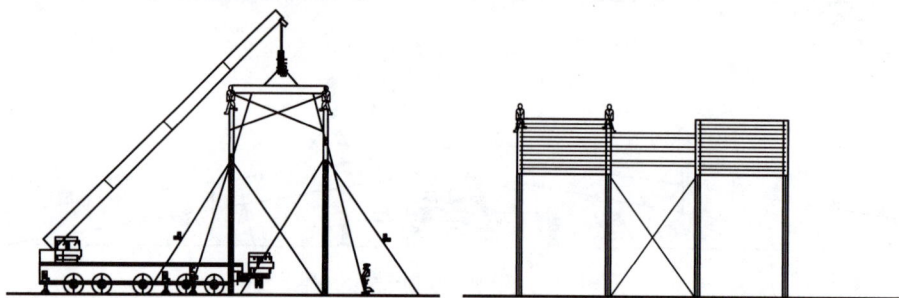

图15-18 檩条安装示意图

墙面檩条与屋面檩条同时安装。檩条一端通过螺栓固定于立柱上，一端用自攻螺栓固定于墙面板上。各库前端及后端部分檩条需要通过增加立柱固定，立柱用连接件固定于屋面梁上，立柱安装完成后安装斜撑梁，以起到支撑作用。同时安装悬挂皮带，以固定檩条。

15.8 屋面及防水

主体结构封顶，屋面其他管件等安装完成后即可进行屋面防水施工。

15.8.1 施工工艺流程

屋面防水施工工艺流程如图15-19所示。

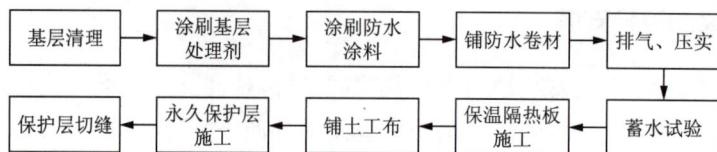

图15-19 屋面防水施工工艺流程图

15.8.2 施工控制要点

1）基层处理

施工前首先将基层表面的尘土、杂物清理干净；使表面干燥，含水率不大于 9%；基层上的油渍应用 5%～10% 浓度的烧碱（NaOH）水溶液刷洗干净。

2）防水涂料涂刷

大面积涂刷前，将边角、管根、雨水口等处先涂刷一遍，然后大面积涂刷第一遍；待第一遍干燥后，再涂刷第二遍；要求涂刷均匀无漏底，涂刷的底胶经 4h 干燥。手摸不粘时才可铺贴。

3）防水卷材铺贴

铺贴卷材采用搭接法，相邻卷材的搭接缝错开，平行于屋脊的搭接缝顺流水方向搭接，搭接缝用密封材料封严；卷材沿东西方向铺贴，主要搭接缝顺东西水流方向，渗漏隐患少，施工速度快，接头少，省材料。收口处必须进行固定密封处理，将铺贴后的卷材端头裁齐固定在挡墙或女儿墙上，钉距最大不超过 900mm。

一般而言，地铁车辆基地平台屋顶考虑物业开发后需预留管沟，其管沟防水卷材铺设应注意：粘贴卷材时，应随时注意与基准线对齐，以免出现偏差难以纠正，并不得用力拉伸卷材；粘贴后，随即用压辊从卷材中部向两侧滚压，排出空气，使卷材牢固地粘贴在基层上；卷材背面搭接部位的隔离纸不要过早揭掉，以免污染黏结层或误粘，应在后幅卷材粘贴之前揭掉；基层要清理干净，如基面有粘贴不牢固部位，会造成卷材连基层表面附着物拉起的现象，故要求基层一定要牢固、干净。卷材防水层铺贴完毕后，要及时做好保护层，防止结构施工碰损防水层；立面防水层施工完后，及时砌好防护墙。

4）蓄水试验

卷材铺贴完成后，对各细节自检，自检合格后通知监理检查验收；采取雨后或淋水进行蓄水试验，蓄水高度大于 200mm，蓄水时间不少于 24h。

5）保温隔热板与土工布施工

防水层完成经验收合格后，在防水卷材上铺设 30mm 厚挤塑保温隔热板，保温板临时固定采用水泥浆，施工时注意要保护好防水层。保温材料铺贴必须平整，铺设应紧贴基层，铺平垫稳，找坡正确，上下层错缝并填嵌密实。保温板铺设完成后在其上干铺一道土工布隔离层。

涂刷防水涂料和保温隔热板与土工布施工工程实例如图 15-20 所示。

图 15-20　涂刷防水涂料和保温隔热板与土工布施工工程实例

6）防水保护层网片铺设

永久保护层按东西、南北方向每隔 6m 设置分格缝，按此尺寸绘制屋面的分割图，测量放线后弹好墨线。在网格内绑扎保护层的钢筋网片，要保证钢筋网片的底部保护层厚度，注意不能损坏分格条和防水层。

7）永久保护层施工

按分格块进行施工，浇筑前应测定高程及屋面找坡位置，浇筑时地泵泵管及支座不得放在钢筋上，防止钢筋翘起。一个分格内混凝土须连续浇筑，不留施工缝；混凝土摊铺后，每隔 15m 从中间往南北方向 1% 找坡，随即用长刮尺进行刮平，用铁抹子压光；待浮水沉实后，用提浆机压提一遍，再用铁抹子压第二遍。

屋面防水保护层施工工程实例如图 15-21 所示。

图 15-21　屋面防水保护层施工工程实例

15.9　常见问题及预防措施

地铁车辆基地房屋建筑工程施工常见问题及预防措施见表 15-1。

地铁车辆基地房屋建筑工程施工常见问题及预防措施 表 15-1

序号	常见问题		原因分析	预防措施
1		桩身断裂	①一节桩的长细比过大，沉入时又遇到较硬土层。 ②制作桩时，其桩身弯曲超过规定，桩尖偏离桩的纵轴线较大，沉入时桩身发生倾斜或弯曲。 ③两节或多节桩施工时，相接的两节桩不在同一轴线上，产生曲折	当施工中出现断桩时，应及时同设计人员研究处理方法，据工程地质条件、上部荷载及桩所处的结构部位，可以采取补桩的方法处理
2	钢筋混凝土预制桩施工	沉桩达不到设计要求	①勘探点不够或勘探资料粗略，对工程地质情况不明。 ②以新近代砂层为持力层时，由于新近代砂层结构不稳定，同一层土的强度差异很大，桩打入该层时，进入持力层较深才能求出贯入度。但群桩施工时，砂层越挤越密，最后就有沉不下去的现象。 ③桩锤选择太小或太大，使桩沉不到或沉过设计要求的控制高程；桩顶被打碎或桩身被打断，致使桩不能继续打入	①遇有硬夹层时，可采用植桩法、射水法或气吹法施工。 ②桩如果打不下去，则可更换能量大一些的桩锤打击，并加厚缓冲垫层。选择桩锤并以重锤低击的原则施工，这样容易贯入，可减少桩的损坏率。 ③选择合理的打桩顺序，特别是桩基群桩，如先打中间桩，则很难打入。 ④桩基工程正式施工前，应先做工艺试桩，以校核勘探与设计的合理性，重大工程还应做载荷试验桩，以确定能否满足设计要求

序号	常见问题		原因分析	预防措施
3	钢筋混凝土预制桩施工	接桩处松动开裂	①连接处表面没有清理干净,留有杂质、雨水和油污等。②采用焊接时,焊接质量不好,焊缝不连续、不饱满,焊肉中夹杂有焊渣等杂物。③两节桩不在同一直线上,在接桩处产生曲折,锤击时接桩处局部产生集中应力而破坏连接。④采用硫黄胶泥接桩时,硫黄胶泥配合比不合适,造成其达不到设计强度,在锤击作用下产生开裂	①接桩前,对连接部位的杂质、油污等必须清理干净,保证连接部位清洁。②检查连接部件是否牢固平整,是否符合设计要求,如有问题则必须进行修正之后才能使用。③接桩时,两节桩应在同一轴线上,焊接预埋件应平整服帖,焊接或螺栓拧紧后,锤击几下再检查一遍,看有无开焊、螺栓松脱、硫黄胶开裂等现象。④采用硫黄胶泥接桩法时,应严格按照操作规程操作,特别是配合比应经过试验,保证硫黄胶泥达到设计强度
4		桩顶碎裂	①桩顶强度不够。②桩身外形质量不符合规范要求,如桩顶面不平、桩顶平面与桩轴线不垂直、桩顶保护层厚度不符合设计值等。③施工机具选择或使用不当。打桩时原则上要求锤重大于桩重,但须根据断面、单桩承载力和工程地质条件来综合考虑。④桩顶与桩帽的接触面不平或桩沉入土中时桩身不垂直,使桩顶面倾斜,造成桩顶局部受集中应力破损。⑤设计要求进入持力层深度过大,施工机械或桩身强度不能满足设计要求	①发现桩顶有打碎现象时,应及时停止沉桩,更换并加厚桩垫。如有较严重的桩顶破裂,则可把桩顶剔平补强,再重新沉桩。②如因桩顶强度不够或锤重不够,应换用养护时间较长的"老桩"或更换合适的桩锤
5	砌体施工	砌体砂浆不饱满	①低强度等级的砂浆,由于铺灰不匀,使得底灰产生空穴,砂浆不饱满,砖与砂浆黏结不牢。②用铺浆法砌筑,铺灰过长,砂浆中水分被底砖吸收,使砌上的砖层与砂浆失去黏结。③用干砖砌筑,使砂浆脱水、干硬而降低强度,削弱了砖与砂浆层的黏结力	①改善砂浆的和易性是确保灰缝砂浆饱满度和提高黏结强度的关键。②改进砌筑方法,不宜采取铺浆法或摆砖砌筑,应推广"三一"砌筑法。③冬期施工时,在正温条件下应将砖面适当湿润后再砌筑,负温下施工无法浇砖时,砂浆稠度应适当增加
6	砌体施工	墙体留槎	①操作人员对留槎问题缺乏认识,认为留斜槎费事,技术条件高,不如留直槎方便,且多留阴槎。②斜槎留置方法不统一,留置大斜槎工作量大。③施工洞口随意设置,混凝土和砂浆撒落在洞口留槎处,影响接槎质量。④施工组织不当,造成留槎过多	①在安排施工组织计划时,对施工留槎应做统一考虑。②对抗震设防地区建筑物不得留直槎,需留斜槎时,斜槎的长度应小于墙体高度的2/3,分段位置宜留在变形缝处或门窗口角处。③应注意接槎质量。首先应将接槎处处理干净,浇水湿润,接槎时,槎面应填实砂浆,保持灰缝平直
7	防水卷材	卷材开裂	①卷材材性较差。②设计构造考虑不周。③保温屋面采用水泥砂浆找平时,因基层刚度不够,屋面出现开裂的概率就大。④与施工工艺有关。凡采用满黏法铺贴的卷材,屋面容易出现开裂	①使用合格产品。②改进设计构造。③在保温层上推荐使用混凝土或钢筋混凝土找平层。④改进卷材铺贴工艺
8		卷材起鼓	参见本表5中的有关内容	当卷材防水层局部起鼓时,应用针扎眼抽出空气(或溶剂),然后将内部杂物清理干净,并把已割破的卷材周围仔细磨平,最后再铺贴比损伤部位外径大100mm以上的卷材

序号	常见问题		原因分析	预防措施
9	防水施工	涂膜裂缝、起皮、流淌、鼓泡	①基层处理不符合要求。 ②基层刚度不足,抗变形能力差,找平层开裂。 ③涂料中有沉淀物。 ④涂料厚度不足,胎体增强材料铺贴不平整。 ⑤在复合防水施工时,涂料与其他防水材料相容性差。 ⑥涂料流淌主要发生在耐热性较差的防水涂料中	①在保温层上必须设置细石混凝土刚性找平层,同时在找平层上按规定留设温度分隔缝。 ②沥青涂料中如有沉淀物(沥青颗粒),可用铁丝网过滤。 ③潮湿天气,可选用潮湿界面处理剂、基层处理剂或能在湿基面上固化的合成高分子防水涂料,抑制涂膜中鼓泡的形成。 ④精心施工,确保涂料的成膜厚度。 ⑤当采用两种防水材料进行复合防水施工时,应考虑防水涂料与其他材料的相容性,确保两者之间黏结牢固。 ⑥进厂前应对原材料抽检复查,不符合质量要求的防水涂料坚决不用
10		保护层材料脱落	①粒料保护层所用材料不符合要求,或施工中未经碾压,与涂料黏结不牢。 ②浅色涂料保护层施工时基面潮湿,或使用与原防水涂料不相容的材料。 ③水泥类刚性保护层在施工初期因不注意成品保护,造成缺棱、掉角等缺陷	①粒料保护层的材料颗粒不宜过粗,使用前应筛去杂质、泥块,必要时还要冲洗和烘干。 ②粒料保护层施工时,应边刷涂料边抛撒保护层材料,然后用表面包胶皮的铁辊轻轻碾压,使粒料嵌入面层涂料中。 ③整浇水泥类保护层施工初期,要注意养护,并防止碰伤。 ④修补保护层时,应做好防范措施,不得损坏原有涂膜防水层

第16章 排水工程

16.1 概　述

地铁车辆基地排水设施主要指站场区域内的排水沟、路堤和路堑排水结构等构造物。车辆基地排水工程可以划分为地表排水沟、地下排水、急流槽三种。地表排水沟设置于车辆基地的地表；地下排水设置于路基中，用于排除路基内的地下水或降低路基的地下水位；急流槽用于路堤、山体排水以及达到减缓水流速度的目的，防止水流直接冲刷破坏边坡。本章将分别介绍地表排水沟、地下排水和急流槽的施工方法。

16.2 地表排水沟

地铁车辆基地内的站场和路基均需要设置地表排水沟，一般在站场区域内（主要是道岔铺设区、轨道区）多设置纵向线间排水沟和横穿轨道的横向排水沟，在站场道路两侧设置地表排水沟，在出入场线路基（路堤或路堑）两侧设置排水沟，在车辆基地围墙外周圈适当设置地表排水沟，其主要功能是实现场区、出入场线路基等处的地表水（主要是雨水，而中水、污水则排向污水管道）的排放，地表排水沟一般接入车辆基地内的雨水井、附近河流将雨水排走。地铁车辆基地现在多用混凝土水沟（是否配置钢筋视设计而定），根据部位不同分盖板沟和无盖板沟，一般线间排水沟采用盖板沟，其他部位多为无盖板沟。

16.2.1 施工工艺流程

地表排水沟施工工艺流程如图 16-1 所示。

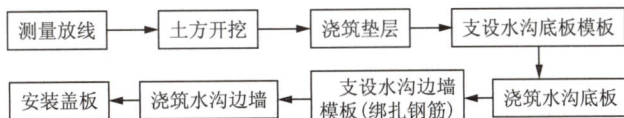

测量放线 → 土方开挖 → 浇筑垫层 → 支设水沟底板模板 → 浇筑水沟底板 → 支设水沟边墙模板（绑扎钢筋）→ 浇筑水沟边墙 → 安装盖板

图 16-1　地表排水沟施工工艺流程图

16.2.2 施工控制要点

1) 施工准备

（1）地表排水沟所用钢筋、混凝土等材料应符合设计和规范要求。

（2）钢筋加工、盖板预制的设备和场地已准备就绪（也可以购买成品盖板），水沟施工的人、材、机已到位，对操作人员进行过安全、技术交底。

（3）施工场地要求：站场、出入场线路基已经填筑完（至少完成水沟底部以下填筑），具备水沟施工的条件。

2）测量放线

根据设计图利用全站仪或 GPS 等仪器进行放样定位，一般定出水沟中线、分段点位即可，根据水沟宽度和操作需求量测出开挖边线，同时测定开挖高程，打好木桩并做好标识。

3）土方开挖

采用人工配合挖掘机进行开挖，分段进行。先用挖掘机进行开挖，基底预留约 20cm 厚用人工清底修平，避免超挖、机械扰动地基土的现象，应保证开挖符合设计高程及结构尺寸要求。土方堆放于基槽外一侧，留足回填用量后清除多余土方，将现场土方适当规整后用绿色的防尘网全部覆盖，开挖深度较大时及时进行临边防护。

4）整平打夯

开挖完成后，采用打夯机对基底整平打夯，地基检测合格后进入下道工序施工（若水沟基槽底部是已填筑合格的路基层，则可以不做地基检测）。

5）水沟浇筑及养护

（1）浇筑垫层，根据放线支设垫层模板，浇筑垫层混凝土，振捣密实。

（2）水沟底板施工，当水沟设计有钢筋时，需先进行钢筋制作和安装，然后支设底板模板，浇筑水沟底板混凝土，振捣密实。

（3）水沟边墙施工，对边墙范围内的底板顶面进行凿毛处理，当水沟边墙设计有钢筋时，需先进行钢筋制作和安装，然后支设边墙模板，浇筑边墙混凝土，振捣密实，边墙顶部混凝土收平压光处理。拆模之后进行覆盖洒水养护。根据设计要求进行水沟分隔缝处理。

6）盖板安装

在水沟施工的同时或提前进行水沟混凝土盖板的预制，预制应在专门设置的预制场地内进行，采用振捣台振捣，养护到 70% 以上强度后出场使用。边墙拆模之后，清扫干净水沟内杂物，剔凿清理干净水沟边墙顶部的盖板槽（L 形槽），用砂浆对盖板槽弹线找平处理，砂浆达到强度后安装盖板。盖板安装应调平，保证盖板边线对齐。

7）土方回填

最后进行土方回填，对称进行，分层夯实。

16.2.3 注意事项

（1）模板涂刷脱模剂要均匀。

（2）因水沟边墙厚度一般都不大，施工过程中需派专人仔细振捣密实，混凝土浇筑时应保证振动棒的插入深度和时间，防止过振、欠振使混凝土出现蜂窝、麻面现象，确保振捣密实。边墙混凝土在接近初凝时,进行二次压光,防止混凝土出现干缩裂缝。

(3)为防止混凝土出现烂根现象,除对接槎处进行彻底凿除浮浆并用水充分湿润外,模板应严密不跑浆。浇筑前先浇筑 20 ～ 50mm 厚的同强度等级的混凝土,保证新旧混凝土的结合良好。

(4)混凝土浇筑后,应根据气温情况及时覆盖和洒水,使混凝土充分养护。冬期施工时,应制订切实可行的冬施方案,防止混凝土受冻。

(5)混凝土强度未达到 $1.2N/mm^2$ 以前,不得在混凝土面上行走或堆放重物。根据现浇钢筋混凝土的部位、强度要求和气温情况,严格控制拆模时间。

16.3　地下排水沟

路基地下排水是指排除路基范围内的地下水或降低地下水位。路基地下排水设施主要指路基的明沟、暗沟、盲沟、渗沟和仰斜式钻孔排水等构筑物。多采用暗沟、盲沟、渗沟将水排向明沟的形式。

盲沟又称暗沟,在盲沟沟内分层填以大小不同的颗粒材料,利用渗水材料的透水性将地下水汇集于沟内,并沿沟排泄至指定地点。在路基一侧边沟下面所设的盲沟,用以拦截流向路基的层间水,防止路基边坡滑坍和毛细水上升危及路基的强度和稳定性。路基两侧边沟下面均设盲沟,用以降低地下水位,防止毛细水上升至路基工作区范围内,形成水分积聚而造成冻胀和翻浆,或土基过湿而降低强度等。

渗沟是采用渗透方式将地下水汇集于沟内,并通过沟底通道将水排至指定地点。它的作用是降低地下水位或拦截地下水,但在构造上与上述简易盲沟有所不同。渗沟有三种结构形式:盲沟式渗沟(可在沟底设洞或管,前者称为渗洞,后者称为渗水隧洞)、洞式渗沟(渗沟底部设洞或管,底部结构相当于顶部可以渗水的涵洞)、管式渗沟(渗沟底部埋设陶土或混凝土的预制管,管壁上半部留有渗水孔)。盲沟与渗沟的施工方法大致相同,现以渗沟为例进行叙述。

16.3.1　施工工艺流程

地下渗沟施工工艺流程如图 16-2 所示。

测量放线 → 土方机械开挖 → 人工修坑壁 → 安装透水管 → 填碎石

图 16-2　地下渗沟施工工艺流程图

16.3.2　施工控制要点

1)施工准备

(1)渗水管、土工布、水泥、砂、石子等所有材料均应符合设计及规范要求,进场材料报验、检测合格后方可使用。渗水管、土工布、砂、石子在填筑前表面应清洁,不应含泥块等杂物。碎石粒径以 3 ～ 7cm 为宜。

(2)材料分类堆码整齐,并做好相应的标识牌。

（3）施工场地要求：已规划好排水路径，场地已完成清表、平整。

2）测量放线

按照图纸要求，放出地下渗沟的中线、开挖控制线，同时测定开挖高程，并在附近设置好水准控制点，以便随时引测水准。

3）沟槽开挖

（1）土方机械开挖：地下渗沟的沟槽要求垂直开挖，并采用挖掘机进行开挖，开挖时避免触及边坡导致塌方。机械开挖预留 20cm 厚采用人工清槽的方式挖土至设计高程。开挖出的土方要求至少距离坑边 2m 以上，避免荷载过大导致坑壁塌方。

（2）人工修坑壁：机械开挖完成后，坑壁较为粗糙时，再用人工进行坑壁的修顺修直。

4）管道铺设

在修整好的坑壁上安装铺设透水管（如有孔波纹管），管道接口应严密，搭接长度为 20cm，有孔管身应朝向上部，调整顺直后，铺垫碎石前应固定管道，并铺出汇水坡；填码碎石（粒径 3 ～ 7cm），碎石在填筑前必须保证表面洁净没有杂物；设置有纵向、横向渗沟时，其深度、宽度不同，施工时应区分清楚，先施工深沟，再施工浅沟。

16.3.3 注意事项

定位要准确，沟槽坡度、宽度、深度应符合设计要求。透水管有孔面朝上，不能反向，接头要严密。若遇雨季施工，则应加强排水措施的处理，以防雨水冲刷基础，影响工程质量。

16.4 急 流 槽

急流槽是指在路堤边坡、山体边坡等地段设置的坡度较陡、水流不离开槽底的沟槽，用于路堤、山体排水及达到减缓水流速度的目的，防止水流直接冲刷破坏边坡，对路基起到保护作用。急流槽可以采用浆砌片石、浆砌预制块、现浇混凝土等不同做法，具体应按设计要求实施，在此主要讲述浆砌片石急流槽施工。

16.4.1 施工工艺流程

急流槽施工工艺流程如图 16-3 所示。

16.4.2 施工控制要点

测量放线 → 开挖沟槽 → 铺设反滤层 → 浆砌片石 → 抹面勾缝 → 养护

图 16-3 急流槽施工工艺流程图

1）施工准备

（1）土工布、水泥、砂、石子、片石或成品混凝土等所有材料均应符合设计及规范要求，进场材料报

验、检测合格后方可使用。混凝土、砂浆的配合比已验证批复,可用于施工。

(2)路堤填筑已经完工,并完成了路堤边坡或山体边坡的刷坡修整,边坡稳固无松散区域,场地基本平整,具备堆放施工材料、车辆通行条件。

2)测量放线

根据图纸要求,用全站仪、GPS等仪器先完成路基里程段、护坡分段的点位放样,在每段护坡施工时,用钢尺放出所要浆砌的结构尺寸,然后进行定点、挂线。确保直线段线性直顺,并要求与边坡底部地面配合,设置于稳定的土层上。

3)沟槽开挖

上游进水过渡段,应根据设计要求,采用圆滑曲线进行过渡,急流槽较长时应分段开挖,分段砌筑。基坑开挖采用人工配合机械,按测量及现场放样挂线施工,按照设计截面规则开挖。开挖时要注意控制好高程,不得超挖或者欠挖,如有超挖则应采用回填夯实等恰当的方式进行处理。沟槽开挖后人工对沟槽进行清理,并适当拍实或打夯。

4)铺设反滤层

根据挂好的结构尺寸线,铺设反滤层,铺设砂滤垫层要均匀。

5)浆砌片石

急流槽主体采用浆砌片石(如为混凝土则是支模、浇筑混凝土),每隔3m(水平距离)设置一道防滑平台,每10m(斜距)设置一处伸缩缝,缝宽2cm,伸缩缝采用沥青麻絮塞填(实际参数、材料应根据设计实施)。

(1)砌筑前根据放好的线进行砌筑。砌筑时石块间较大的空隙,应先用砂浆塞填,再用细石块嵌塞。不得先摆碎石块后放砂浆或干填碎石块。

(2)灰缝厚度2cm,砂浆应饱满,石块间不得有接触现象。

(3)砌筑前应将石块清洗干净,石料强度不得小于30MPa。砌筑时必须两立面挂线或者样板挂线,保证砌体各部尺寸符合设计要求。浆砌石块应坐浆铺砌,立缝填浆补实,不得有空隙和通缝现象。

(4)伸缩缝应处于同一截面,并用沥青麻絮塞填。

(5)槽底和消力池不须抹光,做成粗糙面,并嵌入小石块,起到消能和缓解流速的目的。

(6)槽墙顶及侧壁采用M10砂浆抹面,抹面厚度2cm,抹面平整、光滑、流畅。

(7)砌体施工完毕后,应对槽身进行勾缝、养护。勾缝采用凹缝,缝宽均匀、美观,勾缝后及时对砌体进行养护,一般养护7～14d。

16.4.3 注意事项

(1)定位要准确,沟槽坡度、宽度、深度应符合设计要求。

(2)各结构接缝、衔接应顺畅,保证水流顺畅。

(3)若遇雨季施工,则应加强排水措施的处理,以防雨水冲刷沟槽、路基、山体,影响工程质量、安全。

16.5 常见问题及预防措施

地铁车辆基地排水工程常见问题及预防措施见表 16-1。

地铁车辆基地排水工程常见问题及预防措施 表 16-1

序号	常见问题		原因分析	预防措施
1	排水沟施工	管沟开挖不符合要求	①施工管理不到位,挖土施工时降水不到位。②技术交底不清楚或管理人员对现场管理不当,导致超挖或者开挖不到位。③现场管理不到位,导致土方堆放混乱影响施工	加强现场施工管理工作,严格落实技术交底,对开挖时的排水工作进行高度重视并合理安排,严格施工教育并强化施工过程中的检查和监督,规范现场安排
2		管沟上部地面裂缝	①管沟上部覆土或两侧填土土质差,地面受荷载作用后开裂下沉。②安装在管沟内的管道发生渗漏,使得沟底和沟壁的土被湿润,导致地基发生沉降,出现裂缝。③重载车辆通过或周围堆积重物超出地基承载力	①清除施工时留下的施工废物,对沟两侧土同时进行分层回填,并分层夯实。②对各种管道应该在回填前进行渗漏试验,使用期间加强巡查,发现渗漏及时处理。③控制周围车辆荷载和地面堆载
3		管沟内积水	①浇筑混凝土或抹面时,未按照规定找坡,造成积水。②沟底板局部沉降,形成凹槽积水	①施工时候注意找坡,保证排水坡度。②加强管理和巡查,发现凹槽及时处理
4		管道位置偏移或积水	测量差错、施工走样和意外的避让原有构筑物,在平面上产生位置偏移,立面上产生积水甚至倒坡现象	①施工前要认真按照施工测量规范和规程进行交接桩复测与保护。②施工放样要结合水文地质条件,按照埋置深度和设计要求以及有关规定放样,且必须进行复测检验其误差符合要求后才能交付施工。③施工时要严格按照样桩进行,对沟槽和平基要做好轴线和纵坡测量验收
5		管道渗漏水,闭水试验不合格	基础不均匀下沉,管材及其接口施工质量差、闭水段端头封堵不严密、井体施工质量差等原因均可产生漏水现象	①认真按设计要求施工,确保管道基础的强度和稳定性。当地基地质水文条件不良时,应进行换土改良处治,以提高基槽底部的承载力。②如果槽底土壤被扰动或受水浸泡,应先挖除松软土层,并超挖一定厚度,之后用砂或碎石等稳定性好的材料回填密实。③地下水位以下开挖土方时,应采取有效措施做好坑槽底部排水降水工作,确保干槽开挖,必要时可在槽坑底预留 20cm 厚土层,待后续工序施工时随挖随封闭
6		检查井变形、下沉,构配件质量差	检查井变形和下沉,井盖质量和安装质量差,铁爬梯安装随意性大,影响外观及其使用质量	①认真做好检查井的基层和垫层,防止井体下沉。②确保检查井砌筑质量,控制好井室和井口中心位置及其高度,防止井体变形。③检查井井盖与座要配套;安装时,坐浆要饱满;轻重型号和面底不错用,铁爬梯安装要控制好上、下第一步的位置,偏差不要太大,平面位置准确

序号	常见问题		原因分析	预防措施
7	急流槽施工	冲空塌陷	在雨季被暴雨或者长时间降雨冲刷,出现开裂现象,由于没有被巡查发现或者发现之后没有及时进行维修处治,导致雨水从急流槽簸箕入水口与拦水埂之间的裂缝处、预制块之间连接勾缝开裂处或者是急流槽与边坡土之间的缝隙处进入槽底,冲刷槽底的砂垫层和边坡土,导致急流槽底冲空	①加强日常巡查。对急流槽出现病害的情况和原因,结合历年的养护经验和实际情况进行统计和分析,做好巡查工作的针对性。尤其是在每年雨季到来之前,对全线急流槽进行检查,做到重点与普遍相结合,重点部位重点巡查。定期对巡查情况总结分析,对发现急流槽出现的早期病害,争取做到随时发现随时维修处治,防患于未然,降低维修处治的成本。②根据国内外的相关资料,结合本地区的实际情况和历年对急流槽病害养护防治的经验与数据,制订防治方案,并针对常见病害和重点病害分别制订专门性和普遍性的处治方案。③对每次维修后的数据及时进行收集、整理和归档,并对每次病害的处治过程和处治后达到的效果分析总结,为今后的维修和研究做好准备。④用水泥、中砂等材料配制成规定强度等级砂浆,用砂浆对入水喇叭口与路面之间的裂缝进行填充
8		不能汇水	急流槽的流水槽凹形预制块的块与块之间勾缝砂浆,在雨、雪、风等自然因素的作用下开裂,由于养护维修不及时,水在经过急流槽排出路基外时,水会从缝隙间不断冲入急流槽内部,冲空急流槽底部的砂垫层和边坡土,导致急流槽因内部冲空发生塌陷断裂的现象。塌陷使裂缝进一步拉大,雨水不断冲入、冲刷,恶性循环,最后致使整道急流槽损毁	
9		外观损坏	急流槽预制块(多为簸箕口)破落,影响强度和外观。这种情况主要是随着高等级公路通车时间的延长,雨水、降雪等自然因素的影响以及车祸等外力偶然因素的影响所致	
10		进口冲刷	急流槽的进水口与沟渠泄水口之间的喇叭口式连接处压实不均匀及不充分、设计不合理,并且缺乏必要的防护,从而导致急流槽进水口处冲刷破坏	
11		槽身破坏	急流槽中的水流一般流速较高,因此对砂浆质量、施工等要求较高,若使用低强度等级砂浆或施工时砂浆松散等,在水流冲刷下会导致砂浆逐渐脱落、片石松动直至掉落	

第 17 章 场区道路和广场工程

17.1 概　述

场区道路是指地铁车辆基地内的汽车交通道路。场区道路多采用水稳层做基层,采用沥青混凝土、水泥混凝土做路面。场区道路一般在站场路基填筑完成后再施工,在站场土方填筑过程中,若已按照设计图中相应区域站场道路路基设计参数进行了填筑,则在站场道路施工时,一般只要对已填筑完成的站场土方进行修整或者开挖路槽即可,然后开始道路的垫层、基层、面层、路缘石等工序施工。常用的基层一般有水泥稳定碎石基层、石灰粉煤灰稳定砂砾(碎石)基层、石灰土类基层、石灰和粉煤灰钢渣基层等。常用的路面则多为水泥混凝土(钢筋水泥混凝土)路面、沥青混凝土路面。其中,沥青混凝土路面施工过程中防止纵、横裂缝是施工的重点、难点。本章以石灰土类基层为代表阐述场区道路基层的施工方法,以沥青混凝土路面为代表阐述场区路面的施工方法。

地铁基地范围内,房屋周边的空阔地带常设计有广场,广场的填筑都属于站场土石方填筑的一部分,其填筑标准可能有别于轨行区的土石方填筑,具体因设计图纸而异,广场土石方填筑在此不做赘述,本章分别以路面砖广场、人行道和现浇水泥混凝土面层广场、人行道为代表阐述场区广场的施工方法。

17.2 石灰土类基层

石灰土类基层与水泥稳定碎石基层的施工方法类似,分为厂拌法和路拌法,这两种施工方法的施工工艺有所不同,各有特点。

石灰土是道路工程应用最为广泛的材料之一,在道路工程中应用其初稳定的作用及其随龄期增长而增长的强度、板结性和水稳性,用来做基层(底基层),都具有明显的优点,在技术和经济上都有重要意义。

站场道路基层施工应在站场路基施工完成并验收合格后进行,并应具备工程施工设计图纸、设计要求及需达到的标准等技术资料和相应的试验检验手段。总长度超过 1km 的站场道路路面施工,应在正式施工前进行试验段施工,论证设定的施工参数。

路面底基层(或下基层)施工前,应测定原材料的含水率、级配和液塑限,并通过工艺试验确定合适的工艺参数,施工过程中要随时观察,发现异常及时测定上述指标、调整参数。路面垫层的质量要求和验收,应与同类材料的底基层相同。

17.2.1 施工工艺流程

石灰土类基层施工工艺流程如图 17-1 所示。

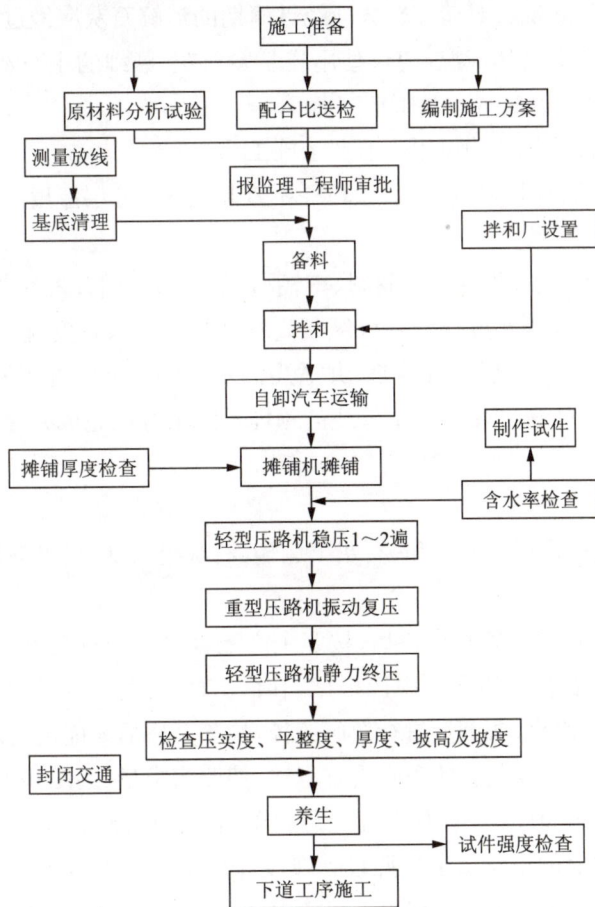

```
                    ┌──────────┐
                    │  施工准备  │
                    └────┬─────┘
        ┌────────────────┼────────────────┐
        ▼                ▼                ▼
  ┌──────────┐    ┌──────────┐    ┌──────────┐
  │原材料分析试验│    │ 配合比送检 │    │编制施工方案│
  └────┬─────┘    └────┬─────┘    └────┬─────┘
       │               │               │
  ┌────▼─────┐         │               │
  │ 测量放线  │    ┌────▼──────────────┴──┐
  └────┬─────┘    │   报监理工程师审批      │
       │          └──────────┬───────────┘
  ┌────▼─────┐               │        ┌──────────┐
  │ 基底清理  │          ┌────▼─────┐  │ 拌和厂设置 │
  └──────────┘          │   备料   │  └────┬─────┘
                        └────┬─────┘       │
                        ┌────▼─────┐◄───────┘
                        │   拌和   │
                        └────┬─────┘
                        ┌────▼─────┐
                        │自卸汽车运输│
                        └────┬─────┘                ┌──────────┐
                             │                     │ 制作试件  │
  ┌──────────┐          ┌────▼─────┐              └──────────┘
  │ 摊铺厚度检查│─────────►│ 摊铺机摊铺 │         ┌──────────┐
  └──────────┘          └────┬─────┘◄─────────│ 含水率检查 │
                             │                └──────────┘
                   ┌─────────▼──────────┐
                   │ 轻型压路机稳压1～2遍  │
                   └─────────┬──────────┘
                   ┌─────────▼──────────┐
                   │ 重型压路机振动复压    │
                   └─────────┬──────────┘
                   ┌─────────▼──────────┐
                   │ 轻型压路机静力终压    │
                   └─────────┬──────────┘
  ┌──────────┐   ┌──────────▼──────────────────┐
  │ 封闭交通  │───│检查压实度、平整度、厚度、坡高及坡度│
  └──────────┘   └──────────┬──────────────────┘
                        ┌────▼─────┐        ┌──────────┐
                        │   养生   │───────►│ 试件强度检查│
                        └────┬─────┘        └──────────┘
                        ┌────▼─────┐
                        │ 下道工序施工│
                        └──────────┘
```

图 17-1　石灰土类基层施工工艺流程图

17.2.2 施工控制要点

1）施工准备

（1）石灰、砂、土、碎石或砾石等所有材料均应符合设计及规范要求,进场材料报验、检测合格后方可使用。

（2）在石灰土基层施工前,应取所定料场中有代表性的土样进行以下试验:颗粒分析、液限和塑性指数、击实试验、碎石或砾石的压碎值、有机质含量（必要时做）、磷酸盐含量（必要时做）。此外,还需检验石灰的有效钙和氧化镁含量。如试验碎石、碎石土、砂砾、砂砾土等级配不好的材料,宜先改善其级配。

（3）石灰、粉煤灰稳定砂砾（碎石）基层要求采用专用搅拌设备搅拌均匀。施工前进行 100～200m 试验段施工,确定机械组合效果、压实虚铺系数和施工方法。

（4）按照土壤种类及石灰质量确定配合比和石灰最佳含水率、最大干重度。

（5）土以塑性指数 10～20 的黏性土为宜;用石灰稳定无塑性指数的级配砂砾、级配碎石、未筛分碎石时,应添加 15% 左右的黏性土;试验塑性指数偏大的黏性土时,应进行粉碎,粉碎后土块的最大尺寸不应大于 15mm,土的有机质含量不超过 10%,硫酸盐含量超过 0.8% 时不宜用石灰稳定。使用特殊类型的土壤,如级配砾石、砂石、杂填土等,应经试验决定。碎石或砾石的压碎值应符合以下要求:用于城市快速路和主干道基层应不大于 30%,用于次干道基层应不大于 35%。

（6）石灰宜用 1～3 级新灰。对储存较久或经过雨期的消解石灰应经过试验,根据活性氧化物的含量,决定其使用方法。考虑具体情况,建议使用袋装熟石灰、磨细的生石灰,不宜在现场消解块灰,必要时对熟石灰进行筛分处理（10mm 方孔）。

（7）凡饮用水（含牲畜饮用水）均可用于石灰土施工。

（8）利用级配砾石、砂石等材料时,其最大粒径不宜超过 3/5 分层厚度,且不大于 100mm,掺入量根据试验确定。

（9）站场填筑已经完工,具备堆放施工材料、车辆通行、道路路槽开挖的条件。下承层已通过各项指标验收,其表面平整、坚实,压实度、平整度、纵断高程、中线偏差、宽度、横坡度、边坡等各项指标必须符合有关规定。施工前对下承层进行清扫,并适当洒水湿润。恢复施工段的中线,直线每 20m 设一中桩,平曲线每 10m 设一中桩。相关地下管线的预埋及回填等已完成并经验收合格。

2）厂拌法施工

厂拌法的施工工艺流程是石灰土拌和、石灰土运输、石灰土摊铺、粗平整型、稳压、精平整型、碾压成活、养生。

（1）石灰土拌和:原材料进场验收合格后,按照生产配合比生产石灰土,当原材料发生变化时,必须重新调试灰土比。出场石灰土的含水率应根据当时天气情况综合考虑,晴天、有风天气一般稍大 1%～2%,应对石灰土的含水率、灰剂量进行及时监控,检验合格后才能出场。

（2）石灰土运输:采用有覆盖装置的车辆进行运输,按照需求量、运距和生产能力合理配置车辆的数量,运输车按既定路线进出场,禁止在作业面上急刹车、急转弯、掉头和超速行驶。

（3）石灰土摊铺:在湿润的下承层上按照设计厚度计算出每延米需灰土的数量,设专人按固定间隔、既定车型、既定的车数指挥卸料。摊铺前人工按虚铺厚度用白灰标出高程点,用推土机、平地机进行摊铺作业,必要时用装载机配合。

（4）粗平整型:用推土机先粗平 1～2 遍,粗平后宜用推土机在路基全宽范围内进行排压 1～2 遍,找出潜在不平整部位。对局部高程相差较大（一般指超出设计高程 ±50mm 时）的面,用推土机整平,高程相差不大时（±30mm 以内时）,用平地机整平。

（5）稳压:先用平地机初平一次,及时检测其含水率,必要时可通过洒水和晾晒来调整含水率,待含水率合适后,用轮胎压路机快速全宽静压一遍。

（6）精平整型:人工标出高程点,平地机精平 1～2 次,然后检测高程、平整度和横坡度,对局部细集料集中现象进行人工处理。对局部高程稍低的灰土面严禁直接采取薄层找补,应先人工或机械松耕 100m 左右再进行找补。

（7）碾压:石灰土摊铺长度约 50m 时宜进行试碾压,在最佳含水率 -1%～+2% 时进行碾压,试压后及时进行高程复核,碾压原则上以"先慢后快""先轻后重""先高后低"为宜。注意事项有:碾压时应重叠 200～300mm,后轮必须超过两段的接缝;压路机的碾压速度前两遍以 1.5～1.7km/h 为宜,以后宜采用 2～2.5km/h;压路机先静压一遍,再振动压实 3～5 遍,然后根据压实检测结果确定振动压实的遍数,最后用钢轮压路机和轮胎压路机静压 1～2 遍,最终消除轮迹;在涵洞、桥头等难以用压路机碾压的部位,用蛙夯或冲击夯压实。

（8）接槎处理:做间断或分段施工时,应在石灰接槎处预留 300～500mm 不予压实,与新铺石灰土衔接，碾压时应洒水湿润；宜避免纵向接槎缝，当需纵向接槎时，槎缝宜设在路中线附近，接槎应做成梯形，梯级宽约 500mm。

（9）养生：压实成活后进行洒水养生，养生期不少于 7d。养生期间封闭交通，如分层连续施工应在 24h 内完成。

3）路拌法施工

路拌法的施工工艺流程是备料、拌和、摊铺、整型、压实、养生。

（1）备料：将土料、石灰粉料运到作业面，按配合比采用方格法进行布料。

（2）拌和：将过筛的土和石灰料先翻拌 1 ～ 2 遍，检测并调整含水率然后采用路拌机械翻拌，一般为 2 ～ 3 遍。

（3）摊铺、整型、碾压施工与厂拌法基本相同。

17.2.3　注意事项

（1）投料机的投料要准确，且要在投料运输带上定期取样，检查各料仓的投料数量。

（2）拌和要均匀，不得出现粗细料的离析现象。严格控制原材料的含水率，应采取有效措施降低原材料的含水率，确保拌出混合料的含水率比最佳含水率大 0.5% ～ 1%。拌和好的混合料要及时摊铺碾压，一般在石灰、粉煤灰终凝前碾压结束。

（3）严禁用薄层贴补方法进行找平，如局部低洼可采用翻松、添加新鲜混合料重新碾压。碾压完毕即进入养生阶段，在此阶段要求基层表面始终处于湿润状况。

（4）避免纵向工作缝，减少横向工作缝。工作接缝应采用与路面垂直的平接缝，严禁采用斜接缝。施工中注意上、下两层之间应连续施工。

（5）雨季施工，应特别注意天气变化，勿使石灰和混合料受雨淋。降雨时应停止施工，但已摊铺的混合料应尽快碾压密实。多雨地区应避免在雨季进行石灰土结构层的施工。备用石灰及土堆宜堆成大堆，表面采用塑料布等覆盖，四周挖排水沟排水，防止运到路上的集料过分潮湿，并应采取措施保护石灰免遭雨淋。缩短摊铺长度，摊铺的石灰土当天成活。

（6）冬季施工，石灰土基层不应在冬季施工，施工期的日最低温度应在 5℃ 以上。石灰土基层应在第一次重冰冻（−3 ～ −5℃）到来之前的一个月到一个半月完成。石灰土基层养生期进入冬季，应在石灰土内掺加防冻剂，如 3% ～ 5% 的硝盐。

17.3　沥青混凝土路面

沥青混凝土路面指的是用沥青混凝土做道路面层的路面。沥青混凝土是经人工选配具有一定级配组成的粗细集料（碎石或轧碎砾石、石屑或砂、矿粉等）与一定比例的路用沥青材料，在严格控制条件下拌制而成的混合料。按混合料最大颗粒尺寸不同，可分为粗粒（35 ～ 40mm 以下）、中粒（20 ～ 25mm 以下）、细粒（10 ～ 15mm 以下）、砂粒（5 ～ 7mm 以下）等。在施工工艺方面，沥青混凝土面层集料的最大粒径应与分层压实层厚相匹配。

地铁车辆基地道路多采用沥青混凝土路面，干净美观。施工时常用的是热拌沥青混合料，宜在集中地点用机械拌制，且车辆基地道路较为集中，一般采用固定式热拌厂，且总体工程量不大，一般不需在工地建热拌厂,基本是在附近的专业沥青混凝土供货商处直接购买成品沥青混凝土。沥青拌和厂的主要设备包括沥青加热锅、砂石储存处、矿粉仓、加热滚筒、拌和机及称量设备、蒸汽锅炉、沥青泵及管道、除尘设施等,有些还有热集料的重新分筛和储存设备。

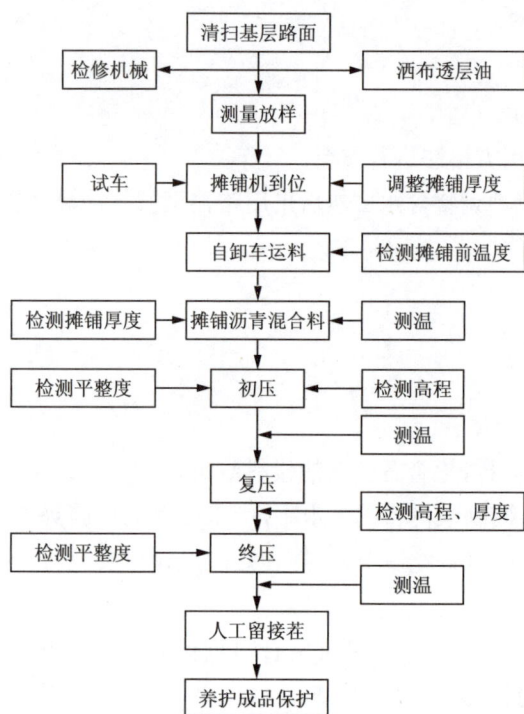

17.3.1 施工工艺流程

沥青混凝土路面施工工艺流程如图 17-2 所示。

17.3.2 施工工艺控制要点

1)施工准备

(1)碎石要求采用洁净、干燥、无风化、无杂质且有足够的强度和耐磨性好的天然石灰石轧制,碎石的粒径规格符合图纸及设计要求,并具有良好的级配;沥青类型应符合设计及规范的要求,沥青必须有合格的出厂检验报告单,并经检验合格后方能使用,沥青材料的技术要求符合规范设计要求。

(2)从专业供货商采购的成品沥青混凝土应提供合格证,其原材料、配合比应符合设计及规范要求,且应经监理工程师见证检测和验证审批。

图 17-2 沥青混凝土路面施工工艺流程图

(3)沥青混凝土配合比:

①目标配合比阶段:由试验室进行马歇尔试验,确定最佳沥青用量,用矿料级配做目标配合比,供拌和机确定各冷料仓进料比例和试拌使用。

②生产配合比阶段:从拌和机二次筛分的各热料仓中取样进行筛分,以确定各热料仓中的材料比例,拌和机供控制室使用。同时反复调整冷料仓进料比例以达到供料平衡,再按施工技术规范要求进行马歇尔试验,确定生产配合比的最佳沥青含量。

③生产配合比验证阶段:拌和设备根据生产配合比,设定各种材料自动计量数据进行试拌,铺筑试验段,并用拌和的混合料及路上钻取的芯样进行马歇尔试验,由此确定生产用的标准配合比,作为生产控制和质量检验的标准。

(4)路面施工前道路的基层修整、检查和验收等工作已经完成。现场具备堆放施工材料、车辆通行、路面浇筑的条件。沥青混凝土铺筑前,人工清扫表面,做到其下承层表面干燥、清洁,无任何松散的石料、灰尘与杂质,然后洒透层沥青油。

2)测量放线

测定施工段的中线控制桩,直线每 20m 设一中桩,平曲线每 10m 设一中桩。根据设计图纸放出道路中心线及路肩边线;在道路两旁布设临时水准点,以便施工时就近对路面进行高程复核。混凝土摊铺过程中,要做到勤测、勤校,及时纠偏。

3)沥青混凝土摊铺

(1)洒布透层油:均匀喷洒透层、封闭层沥青油,进行基底处理,提升面层与基层的黏结效果。

（2）混合料运输：使用自卸汽车运输沥青混凝土混合料。运输前，应使用经监理工程师批准的油水混合物（油水比为1:3）涂抹车厢四壁，以防止混合料粘到底板上，并不得有积液或积水出现。从拌合楼向运料车放料时，每卸一锅混合料挪动一下汽车位置，以减少粗细集料的离析现象。运输时应使用篷布和其他物加以覆盖，以防止热量损失，保证到达现场时混合料温度符合要求。自卸汽车运输能力比拌和能力和摊铺能力应有所富余，适当安排运输车辆以满足连续摊铺的要求。

（3）混合料摊铺：采用摊铺宽度为6～12m的摊铺机进行摊铺作业，施工时单幅一次摊铺成型。一般摊铺机都具有自动找平装置及调节松铺厚度装置，并具有可加热的振动熨平板和振动夯实功能，可以保证铺出的沥青混凝土面层平整度较高。

高程控制：面层采用两侧紧拉的钢丝引导的高程控制方式控制高程、厚度、平整度。

温度控制：沥青加热温度不超过165℃。矿料温度不超过沥青加热温度的10～20℃。混合料出料温度在正常范围，为140～165℃；混合料运输到现场，温度不低于120～150℃；摊铺温度在正常施工情况下不低于110～130℃，但不超过165℃，低温施工时不低于120～140℃，但不超过l65℃；碾压时温度控制在110～140℃之间；终压温度不低于80℃。

速度控制：根据拌和机生产能力或供货商的生产供应能力，施工机具配套情况及厚度、宽度，计算确定摊铺速度，在安排汽车运量有所富余的前提下，保证摊铺机缓慢、均匀、连续摊铺。摊铺过程中，不更改速度。

（4）混凝土碾压：碾压工艺参数应根据设计、规范进行试验段施工总结得出。使用轮胎压路机及双滚筒式振动压路机（即光轮式压路机）碾压，混合料的压实按初压、复压、终压（包括成型）三个阶段进行。在摊铺机摊铺完毕后，滚筒压路机进行初压，以便稳定混合料。复压用轮胎压路机紧接在初压后进行，以使混合料稳定、密实。光轮压路机紧接在复压之后进行，以消除轮迹，压实成型。

压实方式：初压时，采用10～12t双滚筒压路机静压，压路面从外侧向中心碾压，超高处由低处向高处碾压，轮迹始终保持与路基轴线平行，相邻碾压带重叠约30cm，逐步向路拱碾压；复压时，采用YLl6轮胎式压路机来回交叉碾压，以达到规范要求的密实度为止；终压时，用10～12t双滚筒压路机静压以消除轮迹。

压实速度：初压时光轮压路机以1.5～2.0km/h速度行驶，复压时以3～5km/h速度行驶，终压时以4～6km/h速度行驶。

碾压遍数：初压，碾压2遍；复压，压实遍数经试验段确定；终压，碾压3～4遍。

压实长度：压路机的碾压段长度，根据试验段确定。沥青混凝土路面做到随铺随压，以避免因厚度减少而温度损失过快，影响质量。

（5）接缝处理：纵缝，采用垂直接缝，摊铺前，在相接截面上喷洒黏层沥青，摊铺时，使热料与接头搭接20cm，使接缝预热，可提高纵缝质量；横缝，沥青混凝土面层采用垂直平接缝，横缝用切割机切成整齐的端截面，在下次摊铺前，在截面上涂刷适量黏层沥青，并考虑摊铺机熨平板高度加适当的预留压沉量。在施工缝及构造物两端连接处仔细操作，保证紧密、平顺。

17.3.3 注意事项

（1）压路机起动、停止必须减速缓慢进行，不得急刹车。

（2）施工过程中禁止对路缘石及硬化土路肩造成污染，胶轮压路机碾压时需距路缘石边缘5cm左右。

（3）当天碾压的沥青混合料面层应封闭交通，不得停放任何机械设备或车辆，不得散落矿料、油料等杂物。

（4）沥青混合料面层雨天不施工。如在施工过程中遇雨，则可采取以下措施：

①现场立即停止摊铺,用油布等把摊铺机包括料斗部分全部覆盖。

②运输车及时盖上油布,并立即通知拌和车间停止拌和。

③已摊铺部分加紧碾压,尽快完成。

④雨过后,如摊铺机前地面干燥、无积水,摊铺机料斗内的沥青混合料温度能满足最低温度要求,则可以把已运到工地的混合料铺完,是否继续拌和、摊铺,则应根据气候情况研究决定。如果地面潮湿,储料内沥青混合料温度低于最低温度标准,则应丢弃。摊铺后未经碾压密实即遭雨淋的沥青混合料应全部清除。

17.4 路面砖广场、人行道

路面砖以水泥、砂、石为主要原料,经振动加压成型,具有强度高、美观、不易变色、防滑、耐磨、修补方便等优点,表面还可加工出条纹或方格,广泛用于城市人行道、广场。通常,路面砖颜色选用黄色、红色和灰色,用于行车道、停车场时厚度不小于80mm,用于步行道时厚度不小于60mm,采用1:6干硬性水泥砂浆铺砌,干灰粗砂扫缝后洒水封缝。

17.4.1 施工工艺流程

路面砖铺砌施工工艺流程如图17-3所示。

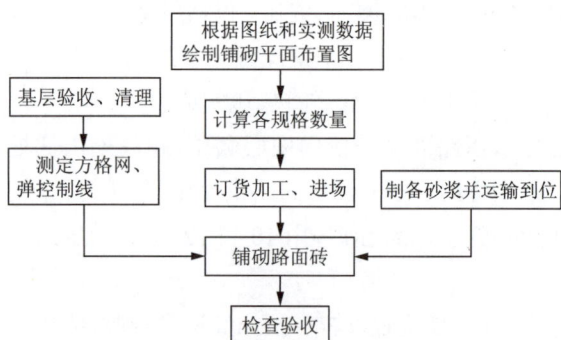

图17-3 路面砖铺砌施工工艺流程图

17.4.2 施工控制要点

1)施工准备

(1)路面砖的品种、规格、颜色、图案应符合设计要求和铺装图要求,具有产品出厂质量证明文件。根据铺装图加工路面砖,注意色差控制、加工偏差控制。对于有变形、色差、掉角、脱粒、开裂或其他损坏的要予以剔除更换,在施工现场严禁散装散放。

(2)水泥一般采用硅酸盐水泥,强度等级不低于42.5,应具有产品出厂质量证明文件并复试合格。砂宜采用中砂、粗砂,含泥量小于3%。

(3)完成广场、人行道的基层铺设,经检查验收合格。清理基层上的浮渣、垃圾、杂物等,使用钢丝刷把黏结在基层上的砂浆、油渍清理干净,将高低不平处凿平、修补,并洒水润湿基层表面。完成广场上的排水沟、花池及人行道靠道路一侧的路缘石等铺设,经检查验收合格。临时道路通畅,材料堆放场及施工供水、供电设施修建完成。

2)铺砌平面布置

施工前确定好铺砌路面砖与路缘石、排水沟、花池、洞口等边角部的排布衔接做法。复核路面砖的规格、尺寸、颜色、图案等,将颜色、尺寸不同的路面砖区分好类别,加以标号标明。

3)测量放线

(1)广场施工利用方格网法控制整体排水坡度和图案定位,确保排水通畅、图案精准。

（2）施工前复核广场和人行道平面位置、长宽及基层高程,确定定位及成活面高程。在基层上弹互相垂直的十字控制线,测出面层顶高程控制桩,用以控制铺砌作业。

4）制备、运输砂浆

按设计要求配制干硬性水泥砂浆,采用搅拌机拌和均匀,砂浆稠度以"湿润松散、手握成团不泌水"的状态为准。砂浆应随拌随用,存放时间不大于 3h。

5）铺砌路面砖

（1）一般广场由中间往两侧采取退步法铺砖,圆形广场则由中心向外围铺砖。砖面如有花纹或方向性图案,则要按图示方向铺,以求最佳效果。按设计图案尺寸,根据十字控制线、高程控制桩定出排砖控制线（拉线）,排砖控制线高程即面层成活高程。注意预留砖缝,砖缝一般以 5mm 为宜。拉线后先纵横铺若干行（列）作为基准,起标筋作用。

（2）按颜色、图案、方位进行试拼、试排,以检验路面砖之间的缝隙、分块位置,以便及时调整。经检查位置、高程无误后,再进行大面积铺砌。

（3）按高程线定出砂浆虚铺厚度,虚铺厚度适当高出高程线 2～3mm（经现场试验确定）,要求将干硬性水泥砂浆刮平、拍实。首先,将放在铺砌位置上的路面砖对好纵横缝,用橡胶锤轻轻敲击路面砖中间,使砂浆振密到铺砌高度。然后,翻开路面砖,检查砂浆结合层是否平整、与路面砖是否结合严密,如有空虚之处则用砂浆填补。再后,将路面砖轻轻对准原位放下,安放时四角同时落下,用橡胶锤轻击使之平实,并根据控制线用水平尺找平,此时一块路面砖正式铺砌就位完成。继续向两侧和后退方向顺序铺。

（4）铺砌过程中随时检查平整度、接缝高低差,出现问题及时修整。铺砌路面砖过程中要求:不得向砖底塞灰或支垫硬料找平,必须使砖稳定地平铺在满实的砂浆上,如发现有空隙,则将路面砖掀起用砂浆补实;避免与侧砖出现缝隙超标,如有缝隙超标,则应调整均分缝宽;及时用湿纱团擦拭清理路面砖表面;为防止相邻路面砖出现错台、高差超标,要严格控制砂浆厚度及锤击次数。按照设计要求的颜色、图案施工,技术人员随时监督、指导,将颜色略有不好的路面砖分配到不显眼位置。

（5）在铺完后 12h 内,不得上人走动,以免产生空壳或高低不平。铺砌 12h 后,敲击砖面进行检查,若有空鼓,则应重新铺砌。经现场检查合格后,使用干灰粗砂扫缝后洒水封缝。

6）特殊部位处理

树池、绿化带缘石要方正衔接,顶面宜与人行道面平齐。人行道与建筑物相邻时,要连接平顺,不得反坡,并留出人行道进出口。人行道进出口斜坡要连接平顺,路面砖与路缘石接顺。采用非整砖铺砌边角处时,事先根据大小尺寸切割成形,然后进行铺砌,使之达到表面美观的效果。无法铺砌的部位用细石混凝土修补,并做色彩处理,保证色彩和谐。对于平面大半径弯曲的地段,应采取调整路面砖接缝宽度的方法过渡。对于竖向弯曲的地段,在施工基层时应采取竖向曲线过渡。检查井、雨水井的井盖力求与路面砖的颜色配套,增加整体美观性。

17.4.3 注意事项

铺装面积大、若干区域同时施工,结合时易出现错缝、高低差等现象,因此一个区格要连续完成,避免留置过多的接槎。路面砖底面有浮灰,会导致空鼓,要将路面砖除尘后再用。基层清理不净或浇水湿润不够,也会导致空鼓。路边的缝隙处理尤为重要,防止缝隙不严、面砖松动。路面砖有厚薄及宽窄不匀、窜角、翘曲等缺陷,会导致接缝高低不平、缝宽窄不均,因此要预先严格选材。

17.5 现浇水泥混凝土面层广场、人行道

现浇水泥混凝土广泛用于广场、人行道面层。以水泥混凝土作为广场、人行道面层材料具有的优点是:原材料资源丰富;有成熟的工艺,强度、刚度、耐久性好;可制得不同色泽的装饰混凝土;可塑造出不同形状;表面可加工性好,可劈、可凿(琢)、可磨、可剁,可以加工出不同的质感。

17.5.1 施工工艺流程

现浇水泥混凝土广场、人行道施工工艺流程如图 17-4 所示。

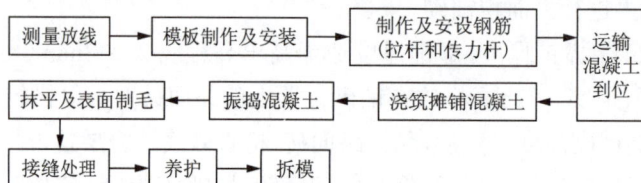

图 17-4 现浇水泥混凝土广场、人行道施工工艺流程图

17.5.2 施工控制要点

1)施工准备

(1)用作水泥混凝土面层的材料主要是普通混凝土,特殊要求时还有钢筋、预应力筋、钢纤维混凝土等。

(2)制备路面用混凝土,一般采用 P.O42.5、52.5 级水泥、中砂或粗砂和 Ⅰ、Ⅱ 级碎(砾)石。混凝土 28d 极限抗压强度为 30 ~ 40MPa,极限抗弯拉强度为 4.5 ~ 5.5MPa,每立方米混凝土的水泥用量为 300 ~ 350kg。对双层式混凝土路面的下层材料,可适当降低要求。为提高混凝土的使用性能,可掺入少量早强剂、加气剂、增塑剂、减水剂或聚合物等外加剂(见混凝土外加剂)。混凝土配合比必须进行专门的设计、验证和报验方可使用。混凝土强度等级、材料性能应符合设计及规范要求。地铁工程施工用的混凝土均采用经建设单位选定认可的搅拌站供应的商品混凝土,一般不允许自建搅拌站和现场拌制混凝土。

(3)在接缝上部所浇灌的填缝料,应符合设计及规范要求,常用沥青、矿粉、石棉屑、软木屑或橡胶粉,按适当配合比制成的沥青胶泥(也称沥青玛蹄脂)。亦有采用氯丁橡胶空心带、塑料嵌条或聚氯乙烯胶泥等作填缝料,效果较好。

(4)路面施工前道路的基层修整、检查和验收等工作已经完成。现场具备堆放施工材料、车辆通行、路面浇筑的条件。施工段的中线控制桩已测定,直线每 20m 设一中桩,平曲线每 10m 设一中桩。

2)测量放线

根据设计图纸放出道路中心线及路肩边线;在道路两旁布设临时水准点,以便施工时就近对路面

进行高程复核。混凝土摊铺过程中，要做到勤测、勤校、及时纠偏。

3）模板制作及安装

基层检验合格后，即可按照放线安设模板。模板可采用 22 号槽钢制作。用于伸缩缝的模板根据传力杆和拉杆的设计位置放样钻孔。模板安装前要对模板进行打磨、抛光、涂刷脱模剂。模板高度与混凝土面层板厚度相同。模板两侧用铁钎打入基层固定。模板的顶面与混凝土板顶面齐平，并应与设计高程一致，模板底面与基层顶面紧贴，局部低洼处（空隙）事先用水泥砂浆铺平并充分夯实。检查和调整模板相接处的高差和模板内侧接缝平整等情况。

4）浇筑摊铺混凝土

混凝土运至浇筑现场后，一般直接倒向安装好侧模的路槽内，需要时可采用泵车泵送入模，并用人工刮平、找补均匀。摊铺时应用大铁耙子把混合料耙散，然后用铲子、刮子把料耙散、铺平，在模板附近，需用方铲用扣铲法撒铺混凝土并插捣几次，捣出砂浆，以免发生空洞、蜂窝现象。摊铺时的松散混凝土应略高过模板顶面设计高度的 10% 左右。

5）混凝土振捣

采用插入式振动棒将混凝土振捣密实，不得漏振和过振。对于厚度为 25cm 的混凝土板振捣时，先使用插入式振动器振捣，且振捣时应重叠 10 ～ 20cm，再用平板振动器振捣，以免出现蜂窝现象。分两次摊铺时，振捣上层混凝土拌合物时，插入式振动器应插入下层混凝土 5cm，上层混凝土拌合物的振捣必须在下层混凝土初凝前完成，插入式振动器的移动间距不宜大于其使用半径的 1/2，并应避免碰撞模板和钢筋（如有配筋时）。振动器在第一位置振捣的持续时间应以拌合物停止下沉、不再冒气泡并泛出水泥砂浆为止，不宜过振，也不宜少振，用平板式振动器振捣时，振捣时间不宜少于 30s，用插入式振动器振捣时，振捣时间不宜少于 20s。

6）收光抹面及表面拉毛

混凝土终凝前必须收光抹面。抹面前，先清边整缝，清除黏浆，修实掉边、缺角。抹面使用抹光机，先装上圆盘进行粗光，再装上细抹叶片精光，最后进行人工压光一次，注意控制好接槎部位质量。初步抹面需在混凝土整平后 10min 内进行。需要做路面拉毛时，在抹面后用食指稍微加压按下能出现 2mm 左右深度的凹痕时，即为最佳拉毛时间，拉毛深度 1 ～ 2mm。拉毛时，拉纹器靠住模板，顺横坡方向进行，一次进行中，中途不得停留，这样拉毛纹理顺畅美观且能形成连通的沟槽而利于排水。

7）接缝处理

（1）缩缝：横向缩缝可在混凝土凝结后（碎石混凝土抗压强度达到 6.2 ～ 12.0MPa，砾石混凝土抗压强度达到 9.0 ～ 12.0MPa）采用切缝法施工。缝宽 0.3 ～ 0.8cm，缝深为 6cm。切缝后，应尽快灌注填缝料。

（2）胀缝：胀缝应与路中心线垂直，缝壁垂直，缝隙宽度一致，缝中不得连浆。一般伸缩缝的设置为 6m，胀缝为 48m 一道，缝隙下部设 2 ～ 2.5cm 厚、25cm 宽填缝板，上部灌胀缝填缝材料。传力杆的设置，必须采用相邻两杆的滑动端与固定端相互颠倒位置布置，传力杆应平行于板面及路面中心线，其误差不得大于 5mm。

（3）施工缝：当需要留置施工缝时，其位置宜设在胀缝和缩缝处，设在胀缝处，其构造采用胀缝构造。

（4）填缝：一般在养护期满后及时填封接缝，以防止泥沙等杂物进入缝内，填缝前须将缝内杂物清扫干净，然后再加填料，其高度与板平齐。

8）养护与拆模

（1）混凝土终凝之后即可进行养护（一般用手指轻压无痕迹）。用毛毡布、塑料薄膜、草袋（帘）在混凝土终凝后覆盖于板的表面，每天均匀洒水，保持混凝土表面湿润，一般养护7～14d。冬季时按冬季施工方案实施。

（2）拆模时，先取下模板支撑、铁钎等，然后用扁头铁锹棍棒插入模板与混凝土之间，慢慢向外撬动，切勿损伤混凝土板边，拆下的模板应及时清理保养并放平堆好，防止变形，以便转移他处使用。

17.5.3　注意事项

（1）混凝土浇筑施工间歇时间不得过长，一般不应超过1h，因故停工在1h以内，可将已捣实的混凝土表面用麻袋覆盖，恢复工作时将此混凝土耙松，再继续铺筑；如停工1h以上，则应做施工缝处理。

（2）施工时应搭好事先备好的活动雨棚架，如中途遇雨，则可一面停止铺筑，设置施工缝；一面操作人员可继续在棚下进行抹面等工作。

（3）切缝，必须做到缝隙均匀、缝道顺直、切缝及时，严防因超出切割时间太长而引起断板现象发生。

（4）刻纹，要做到刻纹深度均匀，满足设计要求，纹理顺直，不能刻重纹、漏刻等。

（5）填缝，要填灌饱满，无外溢、无漏填部位，做到干净整洁、工完料净。

17.6　常见问题及预防措施

地铁车辆基地场区道路和广场工程常见问题及预防措施见表17-1。

地铁车辆基地场区道路和广场工程常见问题及预防措施

表 17-1

序号	常见问题		原因分析	预防措施
1	石灰土类基层	不均匀沉降	①底层清表不到位、淤泥清理不到位。②不同批次填料混合，导致不均匀沉降。③基层夯实不到位。④面层排水系统不完善	①首先应该清除表层土，对于淤泥等应该进行处理再填筑。②尽量使用同一批次的填料，对于不同批次填料的填筑应该做好接槎处理。③夯实时应该严格按照相关规范进行。④完善排水系统
2		基层表面裂缝	①填料含水率处理不当或碾压时含水率偏高。②填筑时分层厚度处理不当	①采用合格的填料，并对含水率进行检测。②严格分层填筑和压实
3	沥青混凝土路面	推挤、壅包	①沥青含量过多、黏度和软化点偏低或集料中细粒偏多，在行车作用下形成壅包。②下卧层表面污染严重，摊铺下卧层施工不当，导致层间黏结不足。③在面层施工结束后，过高温时开放交通	①对原料质量严格把控，确保材料质量，并在拌和时加强监控，保证沥青混合料的生产质量。②上面层施工前，清理干净下卧层，并做好层间黏结措施。③施工完毕后，自然降温至50℃以下后方可开放交通

序号	常见问题		原因分析	预防措施
4	沥青混凝土路面	路面松散、跑砂	①集料污染严重,含泥量大或集料吸水率大未被完全烘干。 ②施工时温度过低。 ③施工时冒雨摊铺。 ④混合料出厂温度过高,导致沥青老化。 ⑤碾压时混合料温度过低	①选用合格材料,保证含泥量和含水率符合要求。 ②严禁低温或冒雨摊铺。 ③出厂温度应保证符合要求
5		路面平整度差	①基层或下卧层不平整,导致面层不平整。 ②摊铺不均匀。 ③压路机操作不当,导致某些位置重复碾压。 ④接缝处理不当。 ⑤边角部位人工摊铺不当	①加强现场控制,保证各层平整度。 ②摊铺机运行操作要匀速、不停顿地连续摊铺。 ③压路机碾压应该均匀。 ④施工接缝要严格检查,确保平整度符合要求
6	路面砖广场、人行道	不均匀沉降	①基层不均匀沉降引起的局部沉降。 ②管线及管井周围回填压实未达标。 ③砂浆松散未压实,导致铺砌路面砖后沉降	①全断面、全幅路基同时施工,等强度压实。 ②管道及管井周围采用合格填料分层回填压实。 ③人行道铺筑保证砂浆强度,施工时密实平整
7		线形不顺	①预制板平面尺寸偏差大。 ②未挂线铺砖施工。 ③铺装面板基层沉降滑移	①严格控制成品质量,专人检查、纠偏。 ②施工各个阶段要相应采取措施,保证施工平整、准确。 ③控制基层平整度和压实度
8		面砖松动	①面砖铺装前未湿透或者砂浆过干,影响黏结。 ②铺装时砂浆不饱满,或是未击实。 ③铺装完成后未扫缝填充。 ④未及时养护,成品保护不到位	①施工前要保证湿水,砂浆配合比要严格满足要求。 ②加强铺装质量控制,保证砂浆饱满和平整。 ③铺装后扫缝填充。 ④加强成品保护,设置围栏和警示标识
9		地面空鼓	①基层清理不干净,影响基层和面层的结合。 ②面层施工时,基层浇水不足,影响基层和面层的黏结。 ③垫层表面积水影响黏结。 ④软土基层未经处理,导致后期软土沉降造成空鼓	①严格按要求处理垫层。 ②注意结合层施工质量。 ③软基层应先进行加固再铺装面层
10	现浇水泥混凝土面层	地面不规则裂缝	①水泥安定性差或是砂子粒径大或含泥量高,导致收缩裂缝。 ②养护不及时或忽视养护导致收缩裂缝。 ③混凝土搅拌不均匀。 ④面积过大未留伸缩缝,温度变形导致裂缝	①严格控制材料质量。 ②及时洒水养护。 ③充分搅拌混凝土,保证拌和均匀。 ④大面积混凝土浇筑时要预留伸缩缝

第3篇 地铁车辆基地土建工程

序号	常见问题		原因分析	预防措施
11	地面浇筑垫层不平整、空鼓		①四周未弹水平高程线或水平线不准,未打垫层完成面高程水平控制墩,造成平整度偏差。 ②地面清理不干净,浇水太少,未湿透,造成局部空鼓。 ③成品保护不到位,浇筑垫层未达到要求强度,上人或人力车通行作业,造成人为性踩踏脚印或凹陷	①根据水平标准线在四周墙、柱上弹出垫层的水平高程控制线,按高程控制线拉水平控制线抹找平墩(60mm×60mm,与垫层完成面同高),间距双向不大于2m。 ②将基层余泥、尘土清理干净,浇水湿透,用水泥浆扫刷。 ③用铁锹摊铺混凝土,厚度略高于找平墩,随即用平板振动器振捣;混凝土振捣密实后,以墙柱上的水平控制线和找平墩为标志,检查平整度,高的铲掉,凹处补平;用水平刮杠刮平。然后表面用木抹子搓平。 ④加强成品保护,浇筑完毕后的12h以内对混凝土加以覆盖并保湿养护,一般养护期不得少于7d
12	现浇水泥混凝土面层	水泥砂浆压光地面泛砂、起灰	①水泥砂浆的配合比达不到设计有关要求,砂的粒径过细或砂的含泥量过大,影响黏结,引起地表面起砂。 ②水泥砂浆地面铺设时,基层过于干燥,不浇水湿润或湿润不足,因此水泥砂浆铺设后,砂浆中的水分很快被基层吸收,造成砂浆失水过快,使水泥颗粒的水化作用不充分,降低面层强度。 ③地面压光表面粗糙,光洁度差,颜色发白,水泥的胶结性能较差,不坚实。 ④未在压光后24h左右进行洒水养护,养护周期未达到7d,存在人员走动或施工作业	①水泥砂浆配合比按设计相关要求,地面砂浆不用易干缩细砂,采用中砂,砂含泥量不大于3%,水泥与中砂的质量比一般不小于1:2,水灰比为1:(0.3～0.4),其稠度不大于3.5cm。 ②第一遍抹压:在搓平后立即用铁抹子轻轻抹压一遍直到出浆为止,面层均匀,与基层结合紧密牢固。 ③第二遍抹压:当面层砂浆初凝后,用铁抹子把凹坑、砂眼填实抹平,注意不得漏压,以消除表面气泡、孔隙等缺陷。 ④压光地面层施工前,要先浇适量水湿润,杜绝表面的压光时间过早,造成砂浆表面的孔隙和气泡等缺陷。 ⑤第三遍抹压:当面层砂浆终凝前(上人有轻微脚印),用铁抹子用力抹压,将所有抹纹压平压光,使面层表面密实光洁。 ⑥在压光后24h左右进行洒水养护,养护期不得少于7d

第18章 附属结构工程

18.1 概 述

地铁车辆基地的土建工程中,有诸如雨水口、道路标志、栏杆和检查梯、围墙、道口、设备坑、检修平台、人行下穿通道等一些具有专门功能的附属结构。因这些结构物的规模相对较小且功能相对独特,本章将对这些附属结构物的施工方法逐一进行阐述。在组织安排上述附属结构工程施工时,应遵循先下后上、分区管理、永临结合、绿色施工等施工理念。先完成地基处理、基础结构、综合管沟、综合管沟、涵洞、市政配套工程等地面以下部分的施工,再进行土方填筑,以及道路、水沟、围墙等地上部分的施工。将场区恰当地隔离分区,各分区之间减少相互干扰,并应尽早完成地下雨污水管网、围墙、管沟、场区道路等部分的施工,以便利用这些永久工程兼作施工阶段的临时工程,减少临建的投入和资源浪费。对裸土区域尽快组织下道工序施工或临时覆盖到位,减少扬尘和场区脏乱差等情况,施工便道尽量采用太阳能路灯、自动喷淋防尘灯设备,最大范围地实现绿色施工。

18.2 雨 水 口

雨水口指的是管道排水系统汇集地表水的设施,在雨水管渠或合流管渠上收集雨水的构筑物,由进水箅、井身及支管等组成。

18.2.1 施工工艺流程

雨水口施工工艺流程如图 18-1 所示。

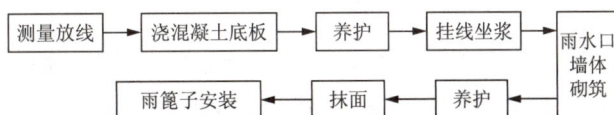

图 18-1 雨水口施工工艺流程图

18.2.2 施工控制要点

1)施工准备

(1)砖的品种、强度等级须符合设计要求,并应规格一致,有出厂证明、试验单,并复试合格。混凝土强度等级须符合设计要求。

（2）水泥一般采用 32.5 级矿渣硅酸盐水泥和普通硅酸盐水泥，并按规定复试，当在使用中对水泥的质量有怀疑或出厂超过 3 个月时，应复查试验，并按结果使用。砂为中砂，应过 5mm 孔径的筛。配制 M5 以下的砂浆，砂的含泥量不超过 10%；配制 M5 及其以上的砂浆，砂的含泥量不超过 5%，并不得含有草根等杂物。

（3）基础表面清理干净。尺寸、位置和高程符合设计要求。

2）测量放线

按照设计图要求，放出雨水口中心位置线，按雨水口尺寸摆出井壁砖墙位置。

3）底板浇筑与养护

雨水口底面为 10cm 厚 C20 现浇混凝土底板。根据天气情况，适时养护，养护期不少于 7d。

4）挂线坐浆及砌筑

待底板混凝土达到 3d 强度后，在底板面上先铺砂浆再砌砖，采用一顺一丁砌筑，砌筑方式如图 18-2 所示。砌筑时在基础面上放线，摆砖铺灰后砌筑，其中底皮与顶皮砖均应采用丁砖砌筑。每层砖上下皮竖灰缝应错开。随砌筑随检查尺寸。雨水口砌筑应做到墙面平直，边角整齐，宽度一致。砌筑时应随时用角尺和挂线板检查四面墙体是否成直角，墙面是否平整垂直，砂浆厚度是否均匀，不符合要求时应随时纠正。雨水口 D300 钢筋混凝土支管安装应与雨水口内壁齐平，管口应用砂浆填缝密实，不得出现缝隙。砌筑雨水口时应预留支管，随砌随安，预留管的管径、方向、高程应符合设计要求。管与井壁衔接处应严密不得漏水，预留支管口宜用低强度等级的砂浆砌筑、封口抹平。每天根据天气情况适时养护，养护期不少于 7d。

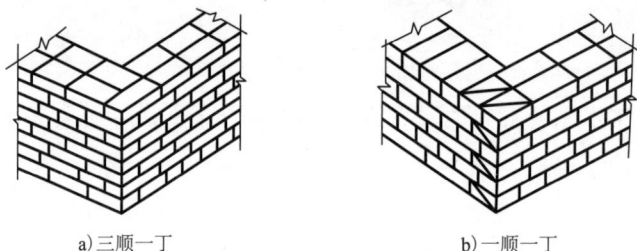

a) 三顺一丁　　　　　　　　　　　　b) 一顺一丁

图 18-2　雨水口墙体砌法示意图

5）墙体抹面

砌筑雨水口的内壁抹面应分层压实，外壁用砂浆槎缝应严密。其抹面、坐浆、抹三角灰等均采用 1:2 水泥砂浆，抹面用水泥砂浆的砂子应过筛。抹面要求：雨水口内外抹面均由底板抹至设计高度。抹面厚度 20mm。抹面时用水泥板搓平，待水泥砂浆初凝后及时磨光、养护。

6）雨箅子安装

雨水口砌筑安装至规定高程后，应及时安装井座及雨箅子。安装时砖砌顶面应用水冲刷干净，并铺 1:2 水泥砂浆。按设计高程找平，雨箅子安装就位后，其周围用水泥砂浆嵌牢，四周成 45°角。安装雨箅子时，核正高程后，雨箅子周围用 C20 细石混凝土砌牢。

18.2.3 注意事项

（1）下管前，应按产品标准逐节进行外观质量检验，不符合标准要求的，应做好记号另做处理。凡规定应进行管道变形检测的断面，必须事先量出该管道断面的实际直径尺寸，并做好标记。

（2）管端面在雨水口内露出的长度不得大于 20mm，管端面应完好无破损；砌筑完成后雨水口内要保持清洁，及时加盖，保证安全；井圈及井盖的安装应牢固、位置平正。

18.3 护底、护坡、砌体挡墙

护坡指的是为防止边坡受冲刷，在坡面上所做的各种铺砌和栽植的统称。根据护坡的功能不同，可将其概分为两种：其一是仅为抗风化及抗冲刷的坡面保护工，该保护工并不承受侧向土压力，如喷混凝土护坡、格框植生护坡等均属此类；其二是提供抗滑力的挡土护坡，如砌石挡土墙、重力式挡土墙。挡墙也就是俗称的护坡。传统的护坡主要有浆砌或干砌块石护坡、现浇混凝土护坡、预制混凝土块体护坡等。

18.3.1 施工工艺流程

护底、护坡、砌体挡墙施工工艺流程如图 18-3 所示。

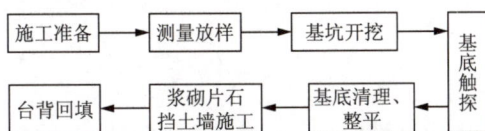

图 18-3　护底、护坡、砌体挡墙施工工艺流程图

18.3.2 施工控制要点

1）施工准备

（1）挡墙石料应采用石质均一、不易风化、无裂缝、表面清洁、抗压强度不小于 30MPa 的片石，片石尖锐凸出部分须敲除，并具备两个大致平行的面，厚度不得小于 15cm，长、宽分别不小于 30cm 和 22.5cm，其抗冻性及抗浸蚀性应满足规范要求。

（2）砌筑砂浆所用水泥一般采用 32.5 级矿渣硅酸盐水泥和普通硅酸盐水泥，并按规定复试，当在使用中对水泥的质量有怀疑或出厂超过三个月时，应复查试验，并按结果使用。砂为中砂，应过 5mm 孔径的筛。配制 M5 以下的砂浆，砂的含泥量不超过 10%；配制 M5 及其以上的砂浆，砂的含泥量不超过 5%，并不得含有草根等杂物。

（3）基础表面已经清理干净，尺寸、位置和高程符合设计要求。基槽开挖或路基填筑到基底设计高程后，用轻型触探仪检验基底承载力是否与设计相符，如果基底承载力能够满足设计要求，则用小型机具或压路机对基底进行碾压。

2）测量放线

按照设计图要求，先测量放出基槽的开挖边线。

3）基坑开挖

用挖掘机进行基槽开挖，开挖出来的土方用自卸汽车运走。经过试验能够作为路基填料的土方则运到填方段填路基，否则运到弃土场。挖掘机开挖到离基槽底面 30cm 左右时改用人工开挖，以免扰动基底土质。

4）基底触探

基槽开挖或路基填筑到基底设计高程后，用轻型触探仪检验基底承载力是否与设计相符，如果基底承载力小于设计要求，则应报请监理工程师和设计单位确定处理方案。如果基底承载力能够满足设计要求，则用打夯机对基底进行碾压。挡土墙对基底承载力的要求变化比较大，检测时应根据里程认真核对，避免出错。

5）浆砌片石挡土墙砌筑

挡土墙砌筑应根据伸缩缝的位置分层分段砌筑，分层高度以便于砌筑为原则。根据挡土墙的断面尺寸和形状用木板做定位架，然后测量定位，把定位架固定在伸缩缝处。砌筑时相邻段之间分层错开砌筑。砌筑基础的第一层砌块时直接坐浆砌筑。各砌层先砌外圈定位行列，然后砌筑里层，外圈砌块应与里层砌块交错连成一体。里层砌体应砌筑整齐，分层应与外圈一致，应先铺一层适当厚度的砂浆再安放砌块和填塞砌缝。浆砌片石在砂浆初凝后，应及时洒水养护，养护时间不得小于 7d，养护期间应避免碰撞、振动或承重。

6）墙背回填

回填时圬工强度的具体要求及回填时间，应按有关规定执行；回填材料宜选用透水性材料，如砂砾、碎石、矿渣、碎石土等，填料的最大粒径不得超过 50mm；墙背回填必须在隐蔽工程验收合格后方可进行，并分层压实，分层厚度宜为 100 ～ 200mm；为避免碾压施工对挡土墙的损害，规定了锚杆、锚碇板和加筋土挡土墙墙背 1m 范围内的填土压实度为 90%；在回填过程中，应对称回填压实并保持结构物完好无损，压路机达不到的地方，应使用小型机动夯具压实；墙背填土必须和挖方路基、填方路基有效搭接，纵向接缝必须设台阶。

18.3.3 注意事项

（1）片石砌筑时以施工方便及路基填筑高度为一工作层，且挡土墙每天连续砌筑高度不宜超过 1.2m，每一工作层的水平缝大致找平，各工作层竖缝应相互错开不得贯通。外圈定位行列和转角石，应选择形状较为方正及尺寸较大的片石，并长短相间地与里层砌块咬接。较大的砌块应使用于下层，安砌时应选择形状及尺寸较为合适的砌块，尖锐凸出部分应敲除。

（2）砌筑上层砌块时，应避免振动下层砌块。砌筑工作中断后恢复砌筑时，已砌筑的砌层表面应加以清扫和湿润，坐浆后才能开始砌筑。砌缝宽度一般不应大于 40mm。

（3）竖缝较宽时，应在砂浆中塞以小石块，但不得在石块下面用高于砂浆砌缝的小石片支垫。各砌层的砌块应安放稳固，砌块间应砂浆饱满，黏结牢固，不得直接贴靠或脱空。砌筑时坐浆应铺满，竖缝砂浆应先在已砌石块侧面铺放一部分,然后在石块放好后填满捣实。

18.4 平交道口

平交道口是指铁路和道路在同一平面上互相交叉的处所。当铁路与道路交叉时,道路交通量不大或没条件设置立体交叉时,应合理合并道路后设置平交道口(简称道口)。一般道口间的距离不应小于 2km。交叉时应尽可能正交,不得已斜交时,交叉角也应大于 45°,以缩短道口的长度和宽度,要避免小型机动车或非机动车的车轮陷入轮缘槽内。地铁车辆基地平交道口一般都采用橡胶道口板铺设,且平交道口一般设计为整体道床。

18.4.1 施工工艺流程

平交道口铺设施工工艺流程如图 18-4 所示。

橡胶道口板到位 → 清理平交道口轮槽 → 铺设橡胶道路板

图 18-4 平交道口铺设施工工艺流程图

18.4.2 施工控制要点

1)施工准备

(1)道口板的材质、规格应符合设计及规范要求。进场材料需检测、报验合格后方可使用。

(2)道口铺设前,轨道已铺设安装完成,轨面高程、线路中心、轨距均符合设计要求。清理平交道口轮缘槽。

2)橡胶道口板制作

根据平交道口轮缘槽宽度、长度、钢管型号、扣件系统布置等实际情况,由供货商根据实测数据制作对应的橡胶道口板。

3)平交道口轮缘槽清理

剔凿轮缘槽内混凝土渣、凸出部位,清除干净轮缘槽内的垃圾、杂物。

4)橡胶道口板铺设

按照轮缘槽的宽度选择对应的橡胶道口板,铺设安装至轮缘槽内,调平顶紧,对较低的道口板底部适当加垫调平,道口板、整体道床与钢轨顶面应处于同一水平。

18.4.3 注意事项

(1)地铁已开始进车调试或已开通需要更换道口板时,应按实际需要设置驻站联络及防护员,及时报告列车进出站情况。

（2）一般道口施工的工作面较小，劳力不宜布置过多，以免互相碰撞。材料堆码整齐，不得侵入建筑限界，影响行车。

平交道口工程实例如图 18-5 所示。

图 18-5　平交道口工程实例

18.5　检　查　坑

支柱式、侧壁式检查坑整体道床的施工由于结构高度较高，每个立柱单体必须独立安装模板，混凝土浇筑量少，且浇筑难度较大，给轨排架设中钢轨的倒运、模板支立、混凝土浇筑均带来一定影响。

18.5.1　施工工艺流程

检查坑施工工艺流程如图 18-6 所示。

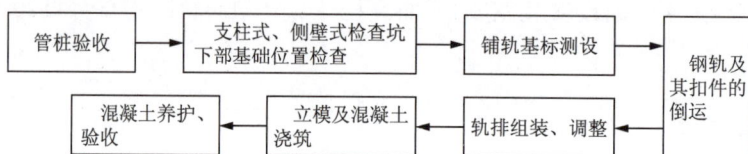

图 18-6　检查坑施工工艺流程图

18.5.2　施工控制要点

1）施工准备

（1）施工前应先做好各种轨料的备料、轨料的进场验收等工作。轨料进场验收包括对道岔尺寸、钢轨、枕木、扣件按相关设计图纸进行检查验收，对于不合格产品做退场处理；各种轨料须分门别类、分开堆放，并立上标志牌，标志牌上须注明轨料名称、产地、用途等。

（2）施工现场"三通一平"。施工现场应设置排水设施，且排水畅通无积水；管桩验收前应挖出管桩桩头并对桩头进行清理打磨；检查坑施工前应把坑内杂物清理干净，且保证坑内无积水。

2）桩基检测验收

桩身质量检测以及单桩竖向承载力检测应按照设计及规范要求执行。满足《建筑基桩检测技术规范》(JGJ 106—2014)要求,低应变法不少于总桩数的 30%;静载法抽检不应少于同类型桩总数的 1%,且不应少于 3 根(总桩数小于 50 根时,不应少于 2 根)或高应变法抽检不应少于同类型桩总数的 5%,且不应少于 5 根。

3)支柱式、侧壁式检查坑下部基础位置检查

由于检查坑基础的设置精度直接影响到铺轨的质量,因此施工前应由测量人员对检查坑支柱、侧壁的设置位置、外形框架和预埋钢筋进行检查,尤其要检查钢轨接头位置的支柱设置精度。

4)铺轨基标测设

由于库内检查坑整体道床线路均为直线段,因此在进行基标设置时按照测量规范规定,将基标的设置间距定为 6m。施工放样时必须在信号绝缘接头处设置加密基标,并做好标记,以指导钢轨接头对位。为方便施工,基标的设置位置定在轨道中心。基标设置完成后应加强对它的保护。

5)钢轨及其扣配件的倒运

为支柱式检查坑钢轨运输加工滚道线,在施工时将存放在库门外的钢轨用特制吊架吊上滚道线,用鱼尾夹板连接钢轨,用人工或施工机具沿着滚道线将已经选配好的钢轨推送至指定位置。滚道架设置间距为 6m。在两股钢轨基本就位后,用门式龙门架配合安装轨排支撑架。撤除滚道线,转入下股道施工。

6)轨排组装、调整

由于设计图纸一般确定了库内钢轨的配置,因此在铺轨前要对每对钢轨接头位置进行精确定位。轨排对位必须准确。轨排组装时可根据实际情况间隔一定距离设置 1 根轨距拉杆。为保证整个轨排的稳定性,在每个轨距拉杆处设置 1 对钢管支撑进行加固。轨排在调整时利用万能道尺和直角道尺配合同时进行;采用特为施工支柱式检查坑整体道床而加工的长杆轨排支撑架架设轨排。

7)立模及混凝土浇筑

检查坑的立模及混凝土浇筑工作是保证施工精度的重要环节。要求线路工程师全程监控,保证轨道的线形不发生变化。在模板支立过程中,检查坑均采用竹夹板作模板。对拉丝杆加固。在支立前,先根据支柱式、侧壁式检查坑道床尺寸进行预制模板。在现场立模过程中,主要控制点为:与基础接口处、支柱式检查坑线形的一致性,侧壁式检查坑侧模板的平直性。为了保证平直度,采用长钢管或者方木进行模板加固,以保证整体道床浇筑后的线形。

8)混凝土养护

混凝土带模养护期间,应采取带模包裹、浇水、喷淋洒水等措施进行保湿、潮湿养护,保证模板接缝处不致失水干燥。为了保证顺利拆模,可在混凝土浇筑 24 ~ 48h 后略微松开模板,并继续浇水养护至规定龄期。

18.5.3 注意事项

(1)进场后,首先根据轨道线路中心量测基础是否超限。因轨道施工允许偏差较土建施工允许偏

差小,对土建单位尚未施工的基础提出精度控制要求,对已经施工完毕的基础提出整改方案,保证轨道施工精度。

（2）在轨排精确定位前组织测量检查基础钢筋,包括支柱式检查坑和侧壁式检查坑。检查基础钢筋是否在结构尺寸范围内,否则应进行处理,避免影响施工进度及造成不必要的返工。

（3）在轨排架设前,首先对土建、信号、供电、照明等专业的预留预埋管线进行检查。与相关单位确认预留预埋是否齐全、位置是否正确,对预埋件进行检查,是否有影响轨道施工或者影响功能的隐患。对上述检查中发现的问题及时进行处理。

（4）施工测量基标是轨道铺设的基础,是施工过程中的基准点。基标测设的质量直接影响到施工的质量,是施工过程中的控制重点。基标在施工过程中容易遭受碰撞而破坏,应特别注意对基标的保护且应经常校核。

（5）在复测基标时,对线路的方向、限界一并进行复核,以保证轨道铺设后满足限界要求;检查坑施工时,主要检查轨道中心线是否与库门口及库外线路一致,以满足使用功能。

检查坑工程实例如图 18-7 所示。

图 18-7 检查坑工程实例

18.6 设 备 坑

车辆基地中的架车机、镟轮机运作时所处的地下钢筋混凝土结构统称为设备坑,其作用是安放、承载设备。

18.6.1 施工工艺流程

设备坑施工工艺流程如图 18-8 所示。

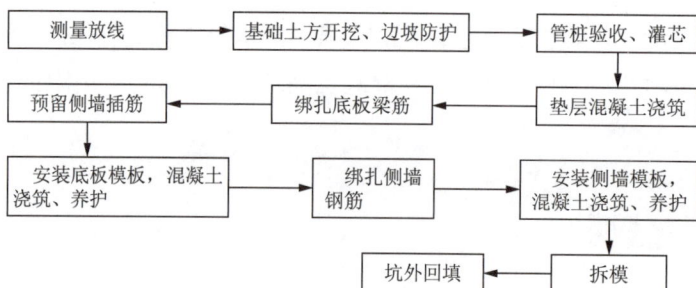

图 18-8 设备坑施工工艺流程图

18.6.2 施工控制要点

1）施工准备

（1）设备坑主材是混凝土和钢筋，混凝土选用商品混凝土，商品混凝土和钢筋应满足设计和规范要求。设备坑所用的一次耗材有止水螺栓、止水钢板等，进场都需材料报告并复查试验。

（2）施工现场"三通一平"；管桩施工完毕，且回填；若有地面试压板，则应进行刨除。

2）测量放线及土方开挖

根据图纸，测量定位，抄平放线，定出开挖深度，为防止基底超挖，一般可在设计高程以上暂留200mm一层土不挖，以便抄平后由人工清底挖出，最后边坡防护。若有地下水冒出，则需采取相应排水降水措施，以确保基坑施工的安全。将挖出的桩头清理、打磨干净后进行桩检，然后进行灌芯。浇筑设备坑垫层时需要严格控制高程，一般采用100mm厚的C20混凝土作为垫层。

3）钢筋绑扎

先按设计图纸核对加工的半成品钢筋，对其规格、形状、型号、品种进行检验，检验合格后挂牌堆放好。钢筋绑扎，应按顺序绑扎，先绑扎管桩梁的钢筋，再绑扎结构底板的钢筋。操作时按图纸要求画线、铺铁、穿箍、绑扎，最后成型。预埋管线及铁活时，预留孔洞位置应正确，管桩伸入底板梁的钢筋、预留侧墙插筋，均应按图纸绑好，扎结牢固（应采用十字扣）或焊牢，其高程、位置、搭接锚固长度等应准确，不得遗漏或位移。受力钢筋搭接接头位置应正确。其接头相互错开，上铁在跨中，下铁应尽量在支座处；每个搭接接头的长度范围内，搭接钢筋面积不应超过该长度范围内钢筋总面积的1/4，所有受力钢筋和箍筋交接处全绑扎，不得跳扣。侧部钢筋绑扎砂浆垫块，厚度符合图纸要求，间隔1m，绑扎牢固，不应遗漏。

4）模板安装

确定组装木模板方案：应先制订管桩梁组装木模板的方案，设备坑所用的对拉螺栓必须是止水螺栓，并经计算确定止水螺栓的直径、长度、位置和纵横龙骨、连杆点的间距及尺寸。

安装组合木模板：组合木模板由平面模板及阴、阳角模板拼成。其侧墙模板加固采用木方、钢管、止水螺栓和蝴蝶扣等材料进行，要求齐全牢固，不松动、不遗漏。

模板预检：模板安装后，应对断面尺寸、高程、止水螺栓、连杆支撑等进行预检，均应符合设计图纸和质量标准的要求。

5）混凝土浇筑与养护

混凝土从搅拌机卸出后，装入混凝土搅拌泵，并及时运送到浇筑地点。运输过程中尽量减少周转环节，防止混凝土产生离析。如发现有离析现象，则必须运回混凝土搅拌站重新搅拌，并视混凝土产品质量决定是否可以运往浇筑地。浇筑前，基底及帮模（木模时）应先浇水湿润。浇筑混凝土时，应按顺序直接将混凝土倒入模中，混凝土浇筑可采取溜槽、地泵两种浇筑方式；如甩槎超过初凝时间，则应按施工缝要求处理。若采用汽车输送泵运送混凝土，则混凝土运送至浇筑地点后，还应及时输送至作业点。泵送混凝土时必须保证混凝土泵连续工作，如果发生故障，停歇时间超过45min或混凝土出现离析现象，则应立即用压力水或其他方法冲洗管内残留的混凝土。用水冲出的混凝土严禁再用于永久建筑结构上。

振捣：应按管桩梁浇筑的顺序，采用斜向振捣法振捣，振动棒与水平面倾角约 30°。棒头朝前进方向，插棒间距以 50cm 为宜，防止漏振。振捣时间以混凝土表面翻浆出气泡为准。混凝土表面应随振随按高程线用木抹子搓平。

施工缝：设备坑结构底板和侧墙连接处应留施工缝并安装止水钢板。

养护：混凝土浇筑后，在常温条件下 12h 内应覆盖浇水养护，浇水次数以保持混凝土湿润为宜，养护时间不少于 7d。待设备坑混凝土养护完成，经相关单位同意后方可拆除模板。

6）坑外回填

按照设计要求，设备坑采用压实性较好的素土分层夯实回填，局部采用小振动夯机进行人工夯实；素土填方至设计高程后，再用挖掘机夯实。

18.6.3 注意事项

（1）该结构对尺寸的精度要求很高，所以在施工过程中应反复对测量结果进行复测。

（2）模板的材料质量及结构必须符合施工工艺设计要求。模板安装必须稳固牢靠，接缝严密，不得漏浆。模板与混凝土的接触面必须清理干净并涂刷隔离剂。浇筑混凝土前，模型内的积水应清理干净。拆除非承重模板时，混凝土强度应保证其表面及棱角不受损伤。

（3）在浇筑混凝土前，地基面应予以清理，并应采取防、排水措施，按有关规定填写检查记录。混凝土浇筑时的自由倾落高度不得大于 2m，当大于 2m 时，应采用滑槽、串筒、漏斗等器具或通过模板上预留的孔口浇筑。混凝土浇筑应分层进行，其分层厚度（指捣实后厚度）应根据拌制能力、运输条件、浇筑速度、振捣能力和结构要求等条件决定。

（4）施工缝的位置必须用止水钢板，且需要凿毛之后再二次浇筑，模板所采用的对拉螺栓必须是止水螺栓。

架车机、镟轮机设备坑工程实例分别如图 18-9、图 18-10 所示。

图 18-9　架车机设备坑工程实例

图 18-10　镟轮机设备坑工程实例

18.7 检修平台

地铁检修平台一般设置在车辆基地的静调库、检修库和周／月检线,用于地铁车辆侧面及车辆顶部设备检查、维修及更换作业,是地铁车辆基地必备的基础设施。

18.7.1 施工工艺流程

检修平台施工工艺流程如图 18-11 所示。

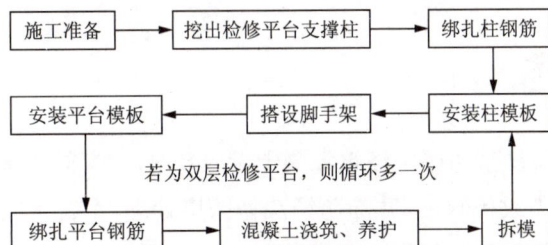

```
施工准备 → 挖出检修平台支撑柱 → 绑扎柱钢筋
                                      ↓
安装平台模板 ← 搭设脚手架 ← 安装柱模板
        若为双层检修平台,则循环多一次
        ↓
绑扎平台钢筋 → 混凝土浇筑、养护 → 拆模
```

图 18-11 检修平台施工工艺流程图

18.7.2 施工控制要点

1)施工准备

(1)设备坑主材是混凝土和钢筋,混凝土选用商品混凝土,商品混凝土和钢筋应满足设计和规范要求。

(2)已完成基础验收,平台支撑柱预留插筋。施工现场"三通一平"。若有地面试压板,则应刨除。

(3)完成进场原材料的见证取样、复检,混凝土及砌筑砂浆的试配工作。施工前组织施工人员进行安全、技术、质量、环境交底工作。

2)支撑柱处理

施工检修平台时,对地面有支撑柱预留插筋的试压板进行刨除,开挖支撑柱底土方,开挖尺寸、深度以现场装模实际情况为准。

3)钢筋绑扎

根据图纸要求核对钢筋半成品,对其规格、形状、型号、品种进行检验,检验合格后挂牌堆放好。先绑扎柱子钢筋,钢筋连接采用焊接,搭接接头位置应正确,且接头相互错开,侧部钢筋绑扎砂浆垫块,厚度符合图纸要求。

4)模板安装

确定组装木模板方案,应先根据放样图制订检修平台支撑柱及检修平台组装木模板的方案,模板加固采用木方、钢管支撑体系即可。然后对柱子测量定位,安装检修平台支撑柱模板。检修平台施工采用落地式满堂脚手架,高度调节通过可调螺杆支撑杆进行。搭设完成后,需报监理单位验收方可进行下一步工序。根据检修平台组装模板方案,按照顺序先梁后板,安装检修平台模板,再绑扎平台梁板钢筋。

5) 混凝土浇筑与养护

浇筑前,基底及帮模(木模时)应先浇水湿润。柱混凝土采用地泵浇筑,并应合理分段、分层进行,使混凝土沿高度方向均匀上升。混凝土浇筑后,在常温条件下12h内应覆盖浇水养护,浇水次数以保持混凝土湿润为宜,养护时间不少于7d。待检修平台混凝土养护完成,经相关单位同意后方可拆除模板及脚手架。拆除完成后,对柱底进行回填至试压板面。

18.7.3 注意事项

浇筑混凝土时控制板厚,严禁超厚。浇筑混凝土后应及时养护,防止检修平台开裂。使用的钢管不得存在弯曲、变形、开焊、裂纹等缺陷,并涂防锈漆做防腐处理,不合格的钢管决不允许使用。脚手架搭设验收后未经项目部、监理单位书面许可,任何人不得拆除、更改、增加构件。脚手架拆除时先支的后拆,后支的先拆。拆模时,混凝土强度必须达到设计及规范的要求。

检修平台工程实例如图 18-12 所示。

图 18-12 检修平台工程实例

18.8 综合管沟

地铁车辆基地的室外综合管线设计作为一门综合性较强的专业,其设计合理与否对地铁车辆基地占地、工程投资、后期对管线检修及维护等有直接的影响。如何合理地布置室外综合管线是地铁车辆基地设计的一大难题。在室外综合管线设计中引用城市综合管沟的技术理念,是地铁车辆基地综合管线设计的一个新思路,本节主要介绍综合管沟工程。

综合管沟称之为共同沟,是指利用场内道路外侧的绿化带或者其他公共设施的地下空间修建盖板沟或隧道,将供电、通信、信号、建筑智能、生活给水、消防给水、中水管等各类管线集结布置在其中。根据停车场内各类管线的性质,综合管沟主要分为强电综合沟、弱电综合沟、综合管廊三种。强电综合沟用于接触网供电、动力照明管线敷设;弱电综合沟用于给水、中水等非重力流水管以及通信、信号、安防、建筑等弱电管线敷设;综合管廊用于横穿咽喉区股道。综合管沟内部设置有排水系统,与道路雨水检查井连接;综合管沟隧道段设有专门的检修口、吊装口、通风、照明等设施。综合管沟及管廊为钢筋混凝土结构。为了便于检修维护,设置在绿化带的综合管沟盖板采用高强度无机复合盖板;穿越道路及停车位时,盖板考虑载重需求,可采用钢筋混凝土盖板。

18.8.1 施工工艺流程

综合管沟施工工艺流程如图 18-13 所示。

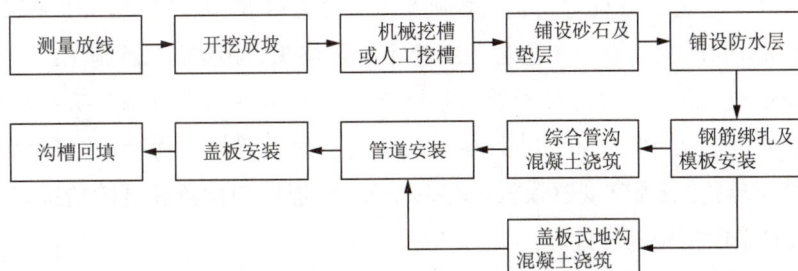

图 18-13　综合管沟施工工艺流程图

18.8.2 施工控制要点

1)施工准备

(1)设备坑主材是混凝土和钢筋,混凝土选用商品混凝土,商品混凝土和钢筋应满足设计和规范要求。

(2)施工现场需要围挡封闭,避免无关人员进入。清理场地周围管线等既有设施,对不能拆除的设施要建立保护措施,架设隔离围挡等,待施工完成后拆除。土方开挖前,需要有施工图纸和地质勘察报告等有关技术文件和资料,并掌握施工区域内的地质情况。场地需平整至施工高程。

(3)组织有关人员全面认真地熟悉、核对设计文件,了解设计意图,核对地形地质资料,制订合理可行的现场施工方案。按专业划分,系统地编制材料计划、施工进度、机械进场、测量、试验、技术值班和质量、安全检查各项工作细则。对施工区域内存在或可能存在的各种地上、地下管道、管线、文物等进行广泛深入的调查,并积极与有关部门取得联系,协商解决并协助移除或保护。

2)基槽开挖

基槽开挖应先进行测量定位,抄平放线,定出开挖宽度,按放线分块(段)挖土。开挖基槽应合理确定开挖顺序、路线及开挖深度,然后分段分层均匀开挖。

3)钢筋工程

(1)钢筋下料:项目部技术人员根据设计要求出具钢筋下料单并交由钢筋班组。钢筋班组根据下料单标明的型号、尺寸对钢筋进行下料。

(2)钢筋加工:钢筋下料完成后,钢筋班组根据设计图纸标明的钢筋弯曲形状,采用钢筋弯曲机对下料钢筋进行弯曲加工。

（3）钢筋连接：钢筋采用焊接的方法连接。焊接长度为：单面焊接焊缝长度大于或等于 10d，双面焊接焊缝长度大于或等于 5d，d 为钢筋直径。

（4）钢筋绑扎：根据作用部位的需求，将已加工好的钢筋运至施工现场，按施工图纸的要求将各种钢筋摆放到位，每一钢筋交叉处用扎丝固定，绑扎要牢固，以保证施工时不会出现过大的位移。钢筋网绑扎时绑扎方向要错开，不可往一个方向绑扎。

4）模板及混凝土工程

混凝土浇筑前模板要架立牢固，尤其是挡头板，不能出现跑模现象。混凝土挡头板要求做到模缝严密，避免出现水泥浆漏失现象且达到表面规则平整。混凝土应分层浇筑，分层振捣，每层厚度不宜超过 300～400mm，顶、底板混凝土不留施工缝也不分层浇捣，侧墙第一道施工缝一般宜留在墙底腋角以上不小于 20cm 处，施工缝设置时还须与基坑支护桩的横撑结构协调。防水混凝土必须采用机械振捣密实，振捣时间宜为 10～30s，以混凝土开始出浆和不冒气泡为准，并应避免漏振、欠振和超振。在浇筑混凝土的同时应经常观察模板、支架、钢筋、预埋件和预留孔洞的情况，当发现有漏浆、变形和位移时，应及时采取措施进行处理。

在施工缝上浇筑混凝土前，为使接缝严密，对缝表面应进行凿毛处理，清除浮粒。防水混凝土结构内部设置的各种钢筋或绑扎铁丝不得接触模板。当固定模板用的螺栓需要穿过混凝土结构时，则必须加止水片，止水措施必须符合设计要求，若设计无规定，则应事先征得监理工程师的同意。防水混凝土结构内的预埋铁件、穿墙管道、密集群管、钢筋稠密处，以及结构的后浇缝部位，均为可能导致渗漏水的薄弱之处，应采取切实有效措施，仔细施工，确保混凝土的浇筑质量。防水混凝土结构变形缝的止水构造形式、位置、尺寸，以及止水使用的材料、变形缝填料的物理力学性能应符合设计要求。应加强变形缝处混凝土的浇筑和振捣，保证混凝土的密实，确保防水质量。

应急措施：墙身及顶板混凝土施工时，要密切注意天气情况，如果施工中途遇雨，则应搭设防雨棚进行施工。

5）混凝土养护

混凝土养护严格按有关规范、规程的规定进行。混凝土浇筑完成后，应在 12h 内加以土工布覆盖浇水。混凝土必须带模养护 3d 方可拆模，养护时间不小于 14d。养护用水的质量与拌制混凝土相同。每天浇水次数不少于 7 次，以能保持混凝土表面经常处于湿润状态为宜。拆模时混凝土表面温度与环境之差不得超过 15℃，以防止混凝土表面产生裂缝。底板、顶板待混凝土终凝后分块砌筑 120mm 高的 1/2 砖墙，采用蓄水 100mm 深养护 7d。混凝土养护采取专人负责制，养护人员分成两班，并做好交接班交底工作。

18.8.3　注意事项

（1）施工过程中要加强工人的安全意识，存在危险源的地方要做好安全防护，特别是在临边区域要做好硬防护。

（2）施工现场要注意环境保护，文明施工。

综合管沟工程实例如图 18-14 所示。

图 18-14　综合管沟工程实例

18.9　人行下穿通道

人行下穿通道是地铁车辆基地运用库库内用作下穿各股道的人行通道,一般采用钢筋混凝土现浇,结构类型类似于综合管沟、框架涵等。

18.9.1　施工工艺流程

人行下穿通道施工工艺流程如图 18-15 所示。

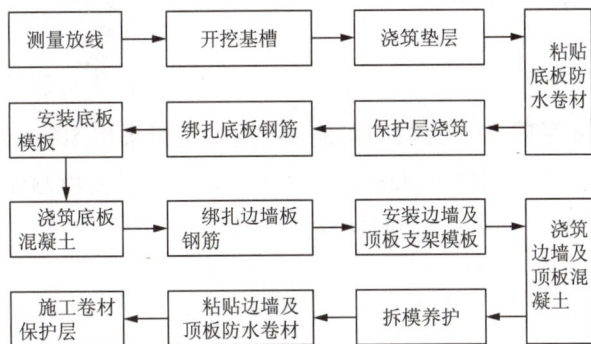

图 18-15　人行下穿通道施工工艺流程图

18.9.2　施工控制要点

1)施工准备

(1)所用混凝土、钢筋、防水卷材的材质、规格应符合设计及规范要求。商品混凝土要有出厂合格证,混凝土所用水泥、集料、外加剂等必须符合规范及有关规定,使用前检查出厂合格证及有关试验报告。进场材料需检测、报验合格后方可使用。

(2)运用库主体结构已经施工完成,具备混凝土罐车、渣土车等车辆通行条件。与检查坑等其他库内结构错开施工时间,一般安排在检查坑施工之前完成下穿通道施工。

2）测量放线

利用全站仪等测量仪器和工具测定下穿人行通道基槽开挖边线、基底高程。

3）开挖基槽

挖掘机开挖基槽，基底预留 20cm 厚采用人工配合挖掘机开挖，减少对地基土的扰动，根据设计、施工方案确定的坡率放坡，在基底外侧位置适当留置集水坑。开挖到位后进行地基承载力检测和基槽验收。浇筑垫层支设垫层模板，浇筑混凝土，振捣密实后找平收面。

4）粘贴底板防水卷材

一般设计采用的是改性沥青防水卷材，有自黏湿铺法、热熔法两种粘贴方法。湿铺法卷材施工步骤为：基层清理→配制专用水泥浆料→定位、弹线、试铺→刮涂水泥浆料→揭去卷材底面隔离纸→铺贴卷材→辊压、排气、压实→粘贴接缝口→辊压接缝、排气、压实→接缝口、末端收头、节点密封→检查、修整→验收→保护层施工。热熔法卷材施工与湿铺法基本类似，区别在于基底处理采用喷洒基底处理剂，满铺喷火热熔粘贴。

5）绑扎底板钢筋

钢筋统一在钢筋加工棚内制作，运到现场进行绑扎。钢筋采用焊接、滚轧直螺纹机械连接及搭接等三种连接方法。库内结构钢筋直径较小，一般都采用搭接方法。先在垫层面上画线来定位钢筋，采用 22 号扎丝八字扣满绑（即各个钢筋交叉点位均要用扎丝绑扎牢固）。钢筋绑扎同时安装好保护层垫块、马凳筋，放置数量一般为 4 个 /m²。

6）安装底板模板

一般采用 13～15mm 厚覆面木胶板即可满足要求，次楞采用 50mm×100mm 方木，主楞采用 $\phi48×3.5$mm 钢管进行加固，采用 $\phi12$ 止水对拉螺杆水平对拉。模板内侧涂刷脱模剂，宜选用水性脱模剂，周转用的模板应先清理干净后再涂刷脱模剂。

7）浇筑底板混凝土

采用泵送入模或罐车溜槽入模，采用振动棒振捣密实混凝土，尤其要加强角落、底部、边部位置振捣，防止因振捣不到位产生质量缺陷。采用钢铁抹子收面抹平。

8）绑扎边墙及顶板钢筋

安装边墙及顶板支架模板，浇筑边墙及顶板混凝土，施工方法与底板相似。

9）拆模及养护

混凝土终凝之后及时覆盖浇水开始养护，保持混凝土面湿润，养护时间不少于 7d，掺有缓凝剂等材料的混凝土养护时间不少于 14d。人行通道一般跨度不大，按规范要求不大于 8m 跨度的在强度达到 75% 后可以拆除支撑模板体系。拆除模板之后持续养护。混凝土养护完成后，开始施工边墙及顶板防水卷材、施工卷材保护层。

18.9.3 注意事项

（1）防水层施工时，施工人员应穿无钉鞋或者胶底鞋，禁止在卷材上任意践踏。揭去隔离纸后，应在卷材上薄撒水泥粉或者砂粉，便于施工。接缝后，应对卷材接缝进行检查，破损处可用专用密封材料修补。

（2）施工防水层之前，须将各管道及预埋件安装固定好，以避免在防水层施工好后，打洞凿孔时破坏防水层，留下渗漏隐患。

（3）滚铺卷材时水泥浆不要污染卷材边缘的自黏胶面，若不慎污染，则要及时清理干净。

（4）在侧墙上铺贴防水卷材时，铺抹水泥浆应上下多人配合加快速度，并于水泥浆表面失水前粘贴卷材，施工中若铺抹好的水泥浆失水过快，则可在表面重新用宽幅软刷子刷上适量清水，使其表面恢复黏性和流动性。

（5）绑扎梁筋、墙筋时应搭设临时架子，不准踩踏钢筋，板钢筋绑扎时上下层钢筋之间采用马凳筋支撑。马凳筋采用梅花形布置，防止操作时踩踏变形。模板板面刷的隔离剂严禁污染钢筋。各种施工人员不得随意踩踏、掰动、攀爬钢筋。

（6）边墙加固必须使用止水对拉螺杆，不得使用不带止水环或加有套管可抽出的对拉螺杆。

18.10 常见问题及预防措施

地铁车辆基地附属结构工程常见问题及预防措施见表18-1。

地铁车辆基地附属结构工程常见问题及预防措施　　　表 18-1

序号	常见问题		原因分析	预防措施
1	砌体挡墙	定位放线存在问题	①图方便、省工，仅弹出一侧墙身线。 ②以结构层地面高程为砌筑高程参考，忽视结构1m线、皮杆线的作用。 ③图快、省工，私自取消门窗洞口对角线、控制线相交处标识	①砌体施工时必须弹出墙身两侧边线。 ②墙体砌筑到一步架高度后必须测设结构1m线，作为高程依据。 ③放线施工前校核仪器精准，弹线时充分考虑如坡度等问题影响
2		砌块原材料控制不当	①砌块产品质量不符合要求，强度不符合要求，缺楞掉角，尺寸不一。 ②砌块进场运输或搬运过程中颠簸、震荡严重，造成材料破损。 ③为了获得更省力的砂浆和延长砂浆初凝时间，砂浆中添加"砂浆王"	①材料供货商招标前先进行实地考察，亦可随机采样做相关检测，产品质量满足要求的供货商方可进入供货商选择范围。 ②材料进场严格进行进场验收、检测，不符合要求的产品坚决退场。 ③强度低、有结块或添加"砂浆王"的砂浆做废料处理，不得砌筑使用
3		砌筑砖缝砂浆不饱满、砂浆与砖黏结不良	①砂浆配合比存在问题，和易性差，砌筑时挤浆费劲，使底灰产生空穴，砂浆不饱满。 ②砌筑时，为了省去刮缝工序，采取了大缩口的铺灰方法，即降低砂浆饱满度，又增加了勾缝工作量。 ③用铺浆法砌筑，有时因铺浆过长，砌筑速度跟不上，砂浆中的水分被地砖吸收，使已砌砖层与砂浆没有黏结	①严格控制砂浆配合比，确保良好的和易性是确保砂浆饱满度和提高其黏结强度的关键。 ②改进砌筑方法。 ③当采用铺浆法砌筑时应严格按照规范要求控制铺浆长度。 ④严禁使用干砖砌墙，砌筑前1～2d应将砖浇水湿润

序号	常见问题		原因分析	预防措施
4	轨排组装	扣件间距不符合设计要求	①短轨枕轨排组装时轨距块存在离缝,无法将扣件与钢轨夹紧。 ②轨排组装技术交底存在较大误差,现场组装轨排时尺寸误差较大。 ③现场轨排组装施工人员没有按规范和技术交底进行施工	①设计图纸会审时需提出:供货商生产前必须进行钢轨扣件组装试验,轨距块制造公差不能超过0.5mm。 ②复核组装轨排交底数据无误后,交班组按照轨排组装技术交底施工,跟踪检查对存在间距超标轨排及时进行整改。 ③严格要求工作人员按照规范及技术交底组装,发现轨枕歪斜的及时用专用工具校正
5		轨距不符合设计要求	①由于扣件和钢轨等材料有一定的误差,导致轨距不满足规范和设计要求。 ②施工过程中,由于碰撞等原因导致轨枕歪斜,以致轨距不满足规范及设计要求。 ③轨道精调时,调整轨排的顶撑用力过大,待道床成型,顶撑拆除后,发现轨距不满足规范及设计要求	①材料进场时,严格控制材料质量及精度,对于不满足要求的产品,严禁使用。 ②轨排组装过程中,检查轨距块是否离缝,一经发现,立即更换轨距块。 ③轨排组装完成后,质检员进行抽检,对于不合格的轨排及时进行整改。 ④在精调过程中,防止对轨排顶撑用力过大,对位移轨枕产生轨距块离缝,应及时整改
6	不锈钢栏杆	不锈钢栏杆立杆与预埋件未满焊,预埋钢板悬空,未锚固在结构楼板上、晃动	①不按工序进行施工,栏杆扶手预埋件安装完成后未焊装栏杆扶手立柱就做止灰带挡水,造成立柱安装不到位或未能满焊。 ②栏杆扶手立柱安装时受工作面空间影响不满焊。 ③土建结构洞口或楼梯宽尺寸达不到栏杆、扶手设计安装尺寸,需靠边悬空钢架安装,预埋件锚固钢板或螺栓无法锚固在结构楼板上(无锚固位置),锚固力不够造成晃动。 ④未做栏杆抗冲击试验	①在栏杆扶手预埋件安装后,严格要求先焊装栏杆立柱再进行下道工序施工。 ②安装立柱时必须与预埋件套管四周满焊。 ③严格按设计要求采用达到锚固力度的化学螺栓进行预埋件锚固,如因土建预留洞口或楼梯宽度尺寸达不到装饰要求尺寸,则与设计单位协调,出经监理单位审批同意的方案,或是用钢板三角支架先锚固在结构层,预埋件钢板螺栓固定在三角钢板上。 ④按要求做栏杆抗冲击试验
		不锈钢栏杆、扶手焊接缝锋利,未打磨	技术交底不详细,检查不严格,焊装工人漏工、打磨不平顺粗糙	①施工前进行全面设计交底及不锈钢栏杆扶手安装技术交底。 ②施工过程中专人进行质量跟踪检查,焊缝打磨平整并进行抛光处理
		不锈钢栏杆、扶手立杆间距、高度、宽度不满足规范要求	栏杆、扶手存在间距不符合要求一般都在转角处,都是放线预埋件定位错误造成的	①严格按设计图间距要求定位,放线定位先从转角开始,再向两边分间距,这样可保证转角立杆间距不大于设计要求。 ②转角立杆间距如设计图没有特殊尺寸要求,则一般不大于110mm。特殊情况下,如出现转角间距过大,则应采用加管焊装缩小间距,保证间距不大于110mm
7	电梯口	地面与电梯起步板面接口存在高差	①电梯安装滞后,地面铺贴已完成,预留起步平台铺贴面积小,电扶梯安装时角度未调整好或没法调整。 ②装饰完成面水平控制高程线未与电梯安装专业对接交底	①地面装饰施工铺贴前必须与电扶梯专业协调好,对接交底水平高程控制线及装饰面铺贴完成高程。 ②如电扶梯安装滞后,则在电扶梯起步平台区域暂不铺贴,防止电扶梯起步平台高出地面,完成面后进行远距离找坡

地铁土建工程技术与管理实务

序号	常见问题	原因分析	预防措施
8	沟槽回填	不均匀沉降	①对回填区域内基底处理不到位,沟槽内杂物没有清理干净或带水回填。 ②没有分层填筑,填筑层超厚,碾压不到位,压实度达不到要求。 ③当管沟在局部区段遇软弱地基而未按设计要求处理或处理不密实时,软弱的地基土不足以承受上部荷载作用时就会产生压缩变形,导致上部管沟随之下沉	①对回填和验收指标进行明确。 ②在地下水丰富段,宜分段设计沟槽砂砾阻隔设施。 ③对不良地质段加强施工。 ④深填区应设置混凝土搭板路面结构层,搭接措施可靠。 ⑤按照设计要求选择回填材料,做好原材料的相关检测检验工作。 ⑥对回填区域内的基底进行地基承载力检测,对不满足要求的地基进行处理;回填前将沟槽内的杂物清理干净,保证回填材料的含水率满足要求,严禁带水回填。 ⑦沟槽回填时应做好降排水工作,防止沟槽积水导致碾压不密实。 ⑧如填料不合格导致的回填质量缺陷,则需挖除不合格填料,分层回填,碾压密实。 ⑨当沉降较大时,可采用钻孔注浆的方式进行加固处理。 ⑩当施工期间管沟出现局部小量沉陷时,应立即将软土挖出,重新回填并分层。 ⑪若非因地基土压缩变形引起的管沟下沉,可仅修复管沟部分;若由于地基土原因已产生压缩变形时,就应从处理软弱地基土开始,依次往上修复。 ⑫管沟下沉处理修复时,应尽可能保障沟内各种管线的正常运行。若确实无法保障时,应提前通知有关部门,并办妥停水(电、暖)手续,在规定时间内抢修完成
9		基层表面裂缝	①填料含水率处理不当或碾压时含水率偏高。 ②填筑时分层厚度处理不当	①采用合格的填料,并对含水率进行检测。 ②严格分层填筑和压实
10		开裂、下沉	①使用压路机碾压回填土的管沟,其边角碾压不到的部位,未用小型夯实机具夯实,造成局部漏夯。或管沟周围地面破坏严重,地面排水或雨水从地面缝隙或断裂处长期浸泡沟壁回填土、沟底地基土,造成地基土不均匀下沉,引起管沟局部下沉。 ②管沟内架设的水、暖管道长期渗漏,未予以处理,沟底纵向排水坡度不畅,或排水井井水满后未及时抽走,沟底的积水会在防水处理薄弱部位或底板已发生裂缝处渗入地基,引起该部位地基土沉陷,导致该区段管沟下沉。 ③有重型车辆通过或超重物品堆放,使盖板压坏,沟壁压弯,管沟下沉	①机械碾压不到的边角处应采用小型夯实机具进行夯实处理。 ②管沟线路一般较长,施工时若遇不良地基,则应及时要求设计单位出具特殊地基处理变更单或施工单位主动提出地基处理方案,报设计审批。对经过变更、审批的处理方案,施工中应严格按操作程序、规程要求认真作业,以确保整个地基密实一致,坚固可靠。 ③对管沟边角等机械碾压不到位的部位,一定要用机动夯或人力夯补夯,不得出现局部漏夯现象。在管沟使用期间,物业管理部门应随时观察管沟上部地面,发现裂缝、凹陷时,应及时予以修复处理。 ④管道通水、通暖期间,定期派人下沟查看。发现管道有滴漏现象或沟内流水不畅、沟底板裂缝时应及时处理。积水坑内水应随时用水泵排掉,不可长期积存。 ⑤加强管沟使用期间监控防范管理,杜绝重型车辆在管沟上部行驶,避免超重物体在管沟上方堆积
11	人行下穿通道	人行道局部下沉,出现坑洞、积水现象	①人行道路基不均匀沉降引起人行道的局部沉降。 ②人行道上管线及管线井周回填不密实。 ③砂浆松散,未压实,人行道砖铺砌完成后沉降	①全断面、全路幅路基同步施工,等强度压实。 ②人行道上管道及井周应采用合格的材料分层回填压实到位。 ③人行道砖铺筑时保证砂浆强度,施工时密实平整

第**19**章 招投标及合同管理

19.1 概　述

招投标管理是为了规范建设工程项目设备和材料供货商以及土建和机电安装施工、设计、监理、咨询等单位的选择行为,从而节约项目建设投资,保证工程建设质量,在招标投标过程中体现公平、公开、公正的原则,使项目建设管理合法、合规。

合同管理是指对工程项目合同的签订、履行、变更和解除进行监督检查,对合同履行过程中发生的争议或纠纷进行处理,以确保合同依法订立和全面履行。合同管理贯穿于地铁土建工程项目合同的签订、履行、终止直至归档的全过程。

19.2 招投标管理

19.2.1 招标承包制

发承包是发包方和承包方之间的一种商业行为。工程施工发承包是指根据协议,作为交易一方的施工单位,负责为交易另一方的建设单位完成某一项工程的全部或部分工作,并按一定的价格取得相应的报酬。委托任务并负责支付报酬的一方称为发包人,接受任务并负责按时、保质、保量完成而取得报酬的一方称为承包人。发承包双方存在经济上的权利与义务关系,但这是双方通过签订合同或协议予以明确的,且具有法律效力。招标和投标是实现工程发承包关系的主要途径。

在施工发包前,建设单位应根据工程特点全面考虑以下四个方面的问题。

（1）如何组织

建设单位要根据自身的管理能力以及有关规定,确定是自行招标还是聘请招标代理。按照国家规定,当建设单位不具备招标发包能力时,应当委托有资质的招标代理机构进行招标发包。除了发包阶段的工作,在履行施工合同过程中,建设单位还需要按照国家规定委托监理。

（2）如何分标

《中华人民共和国招标投标法》规定招标项目需要划分标段、确定工期的,招标人应当合理划分标段、确定工期,并在招标文件中载明。同时,实行工程量清单计价的,要求在清单总说明中说明工程分标情况,供施工单位考虑对总承包服务费进行报价。对工程项目的合理分标有利于加快工程进度,发挥施工单位优势,降低工程造价。

（3）如何发包

建设单位应依据建设总进度计划,确定建设施工的招标次数和每次招标的内容,按照规定直接招标或委托代理招标,选择公开招标或邀请招标。之后与中标单位签订施工合同,并向招投标管理机构备案。

（4）如何计价

建设单位在发包之前,要根据发包项目准备工作的实际情况、设计工作的深度、工程项目的复杂程度,确定合同价的计价形式,明确合同价款如何确定。合同价款的确定涉及两个基本内容:一是计价方法,即采用定额计价法还是工程量清单计价法;二是合同价的方式,即合同类型,要明确规定是固定合同还是可调价合同,是总价合同还是单价合同。合同的计价方式与招标工程设计所达到的深度有关。

19.2.2　招投标管理基本原则

（1）公开原则

公开原则主要是要求招投标活动的信息要公开。采用公开招标方式,应当发布招标公告。依法必须进行招标的项目的招标公告,必须通过国家指定的报刊、信息网络或者其他公共媒体发布。无论是资格预审公告、招标公告,还是招标邀请书,都应当载明能大体满足潜在投标人决定是否参加投标竞争所需要的信息。另外开标的程序、评标的标准和程序、中标的结果等应当公开。

（2）公平原则

公平原则要求招标人严格按照规定的条件和程序办事,同等地对待每一位投标竞争者,不得对不同的投标竞争者采取不同的标准,招标人不得以任何方式限制或者排斥本地区、本系统以外的法人或者组织参加投标。

（3）公正原则

在招标投标过程中,招标人应平等对待所有的投标竞争者。特别是在评标时,评标标准应当明确、程序应当严格,对所有在投标截止日期以后送达的投标书都应拒收,与投标人有利害关系的人员都不得作为评标委员会的成员,招标投标双方在招标投标过程中的地位平等,任何一方不得向另一方提出不合理的要求,不得将自己的意志强加给对方。

（4）诚实信用原则

诚实信用原则是市场经济的前提,也是订立合同的基本原则之一,违反诚实信用原则的行为是无效的,且应对由此造成的损失和损害承担责任。招标投标是以订立合同为最终目的,诚实信用是订立合同的前提和保证。

19.2.3　招投标管理项目分类

工程建设项目分为两类:

Ⅰ类项目:估价在法规规定必须招标的限额以上的项目。

Ⅱ类项目:估价在法规规定必须招标的限额以下的项目。

19.2.4　招投标管理组织机构和职责

（1）建设单位招标主管部门职责

①对Ⅰ类项目,负责招投标过程中相关文件的编制、提案和备案(非招标项目的提案及备案除外)。

②对Ⅱ类项目,负责招投标过程中相关文件的审核。

③组织Ⅰ类项目招投标流程的执行,配合Ⅱ类项目招标流程的执行。

④牵头组织投标文件的商务部分澄清、审核;负责Ⅰ类项目澄清和合同谈判报告的提案。

⑤招标主管部门对招投标活动进行归口管理,并负责与政府招标主管部门对接。

⑥对Ⅰ、Ⅱ类项目,负责商务部分或价格组成的制定及审核。

（2）建设单位项目主管部门职责

①对Ⅰ类项目,负责招投标过程中相关文件的审核,负责招标文件中技术相关内容的编制,负责非招标项目的提案、报批及备案。

②对Ⅱ类项目,负责招投标过程中相关文件的编制、提案和备案。

③对所主管项目,配合Ⅰ类项目招投标流程的执行,组织Ⅱ类项目招投标流程的执行。

④牵头组织投标文件的技术部分澄清、审核,负责Ⅱ类项目澄清和合同谈判报告的提案。

⑤配合相关投诉的处理工作(如有需要)。

（3）建设单位法律部门职责

参与项目的资格审查、定标监督等工作。

（4）建设单位监察审计部门职责

①对招投标活动进行监督、检查。

②对招投标的重要环节进行现场监督。

③负责招投标过程中的投诉处理。

19.2.5　招投标管理流程

1）招标流程

（1）招标计划的编制

建设单位招标主管部门根据项目主管部门提供的工程筹划及工期安排计划编制、修订年度招标计划,经建设单位负责人批准后执行。招标主管部门负责季度招标计划的编制及提案,并按审批权限进行批准。

（2）招标策划的内容

根据招标计划,由建设单位项目主管部门提出策划内容,招标主管部门负责Ⅰ类项目招标采购策划的编制及提案,项目主管部门负责Ⅱ类项目采购策划的编制及提案。

策划内容应包括项目概况、采购范围、采购方式及相关依据、资格标准（资质、业绩等）、潜在投标人名单、项目估算、合约主要条款、计费标准(若涉及)、控制价(若涉及)、评(定)标办法、招标进度等主要内容。

标段策划内容必须详细、准确,资料必须齐全,标段名称规范统一,应邀请相关部门（计划、设计、招标、合同等管理部门）派专人配合完成。

（3）工程招标策划方案、招标文件的审批

各相关部门审查标段策划的相关内容,并签署意见;合同造价管理部门审查标段策划中所确定的合同管理和投资控制的可行性;招标主管部门审查标段策划中招标时间安排的可行性。

Ⅰ类项目1000万元以上(不含)的工程招标策划方案和招标文件由建设单位招标委员会批准,Ⅰ类项目1000万元以下（含）、Ⅱ类项目50万元以上（不含）、Ⅱ类项目10万元以上（不含）50万元以下（含）的工程招标策划方案和招标文件由建设单位分管领导批准。

Ⅱ类项目 10 万元以下(含)的工程招标策划方案和招标文件由建设单位项目主管部门负责人批准。

（4）招标文件的编制与分工

建设单位招标主管部门负责Ⅰ类项目的招标文件（含补遗答疑文件）的编制组织及提案工作，项目主管部门负责Ⅱ类项目的招标文件（含补遗答疑文件）的编制组织及提案工作。

①准备招标图纸：项目主管部门根据批准的标段策划，安排设计出图计划，在每一标段招标公告前准备好招标用图纸，并告知相关部门。招标图纸应齐全，装订整齐耐用，签字盖章齐全合法。

②编制投标须知和建设单位要求：建设单位项目主管部门根据标段策划和每一标段类型、具体情况来编制该标段的建设单位要求。建设单位要求分为通用和专用两部分，包括工程概况、工期要求、质量技术指标要求、实施规范标准、验收试验标准、工程管理规范、设备（材料）技术标准、建设单位供应设备（材料）、施工资源配备要求、风险防范要求、现场管理设施和服务要求、监理范围等。

建设单位要求的通用部分应在各同类（专业）标段中统一，各标段要求的专用部分应有针对性，具体、明确、可执行且便于检验，避免歧义或界定不清引起不应有的变更、索赔或争执，应征求使用部门的意见和建议。

③编制合同商务部分：建设单位合同管理部门根据标段策划和每一标段的类别、具体情况编制合同商务部分，包括合同条件、工程量清单和报价要求、投标函（包括投标书附录）、中标通知书、合同协议书等。合同条件分为通用和专用两部分，涵盖合同当事各方权利和义务、适用的法律法规、监理权限、合同价格方式、计量、支付与结算、变更费用确定、争端解决、担保格式文件等方面内容。组织编制评标办法和标准、投标格式文件。

招标项目合同应使用建设单位格式化标准合同；如政府部门有强制性规定，则可按政府标准合同执行，但必须通过补充条款充分表达建设单位的意图、明确双方的责任，以维护建设单位利益、体现合同的公平和公正；应编制投标限价或标底。

合同条件应根据标段项目类别选择。通用条件部分应在各同类（专业）标段中统一，各标段专用条件部分应有针对性，具体、明确、可执行，避免歧义或界定不清引起不应有的合同变更、争执。合同条件等商务部分应经过建设单位法律顾问审查，编制出投标报价限价或标底，并由造价工程师签字盖章后加盖公司章。如采用抽签形式确定中标人的招标，则须结合招标项目的实际情况及市场行情编制标底，标底须通过政府审计。

④汇总整合招标文件：汇总其他部门编写的内容，按照招标文件范本整合形成招标文件。招标文件的章节划分、文字段落格式应同招标文件范本一致，投标格式文件应采用范本内容，不能出现与本标段毫无关系的文字。

（5）招标文件的审查及发放

建设单位各相关部门审查招标文件的相关内容，并签署意见；审查招标文件意见应明确、具体。建设单位分管领导对招标文件进行审批，分管领导根据需要先安排技术委员会审查招标文件的有关内容，然后再作审批意见。招标委员会对招标文件开会审议，由招标委员会负责人签署审批意见。

建设单位招标主管部门按照审批意见修改完善后，印制招标文件，并送政府招标监管部门备案；同时主持召开招标会，发放招标文件及图纸给投标人。

若编制了投标报价限价或标底，应办理公示；发出的招标文件及图纸必须齐全、合法；投标报价限价或标底公示应合法。

（6）现场踏勘

建设单位项目主管部门通常须安排投标人在发放招标文件后安排合适时间踏勘现场，介绍现场概况并解答疑问，明确需书面答复的事项，准备编制补遗文件等。踏勘现场的时间安排应合理，介绍事项应事先准备书面材料，应简短全面，与招标文件相一致。

（7）澄清补遗文件编制及审批

①建设单位各部门编制补遗文件相应部分。如原招标文件未包含投标报价限价或标底，则合同主管部门还应编制投标报价限价或标底，通常根据补遗内容的需要，还应编制或修改投标报价限价或标底；如原招标文件已包含投标报价限价或标底，合同主管部门还应根据补遗内容的需要，编制或修改投标报价限价或标底；编制的补遗文件应完善，不应出现自相矛盾的内容。如采用抽签形式确定中标人的招标，则须结合招标项目的实际情况及市场行情进行标底编制，标底须通过政府审计。项目主管部门汇总各部门编制的补遗内容，整合形成完整的补遗文件。

②一般性澄清补遗，由建设单位项目主管部门负责人批准。对招标文件有重大原则改变（如重大技术调整、施工方案的改变、重大漏项、评标办法的改变等）的澄清、补遗，按各类招标文件审批层级执行。

③建设单位招标主管部门负责补遗文件的印制，并送招标监管部门备案。如有投标报价限价的，则应将投标限价公示，未包含在补遗文件中的应单独以书面形式告知所有投标人。补遗文件应参照招标文件章节格式编制，投标限价或标底发放、公示应合法。

（8）招标公告及报名

建设单位招标主管部门根据标段策划和每一标段的类型、具体情况进行招标公告。招标公告应合法，公告范围应最大化，公告应明确投标人的资质和项目经理资格要求、是否接受联合体、工期的要求、评标方法等。通常招标公告应在招标用图纸备齐后正式办理。

招标主管部门应接受投标人报名，接收报名资料，做好登记记录。投标人的报名资料应登记，妥善保存；发现明显缺漏应告知投标人在规定的时间内补交。采用资格后审的不需要执行本环节流程。

（9）资格审查组织

招标主管部门组织相关人员（在标段策划中列出的）对投标人报名资料进行审查，并编制资格审查记录表、资格审查报告和合格投标人一览表，严格按照招标公告要求的条件进行审查。采用资格后审的不需要执行本环节流程。

投标申请人资格审查会议由建设单位招标主管部门、项目主管部门和法律事务部门、招标代理（如有）参加，监察审计部门对审查过程全程监督。

Ⅰ类项目的结果报批提案由招标主管部门牵头负责，Ⅱ类项目的结果报批提案由项目主管部门牵头负责。

（10）资格审查结果审批

资格预审及投标报名的审查结论，由参与部门会签后上报，建设单位分管领导批准后发布并公示。

资格后审的审查结论，由资格后审委员会及监督人员签字确认后，移交评标委员会处理。

（11）评标委员会的组建

评标委员会应在建设行政主管部门认可的专家库中抽取产生。若专家库不能满足地铁工程项目的专业需求，对Ⅰ类项目，由建设单位招标主管部门负责，对Ⅱ类项目，由建设单位项目主管部门负责，代表建设单位向行业行政主管部门申请提供临时专家库。

（12）招标人评标代表候选人名单

如需招标人作为评标代表参与评标的，由建设单位项目主管部门提出评标代表的候选人名单，经建设单位分管领导审核后，交由建设单位负责人批准。

（13）招标人评标代表的抽取原则

原则上招标人评标代表应在评标当天，以不少于1：3的比例，通过随机抽取或比选的方式产生；对于投资巨大、技术难度大、专业程度高等特殊情况可由建设单位负责人召集相关部门推荐。

（14）招标人评标代表抽取

Ⅰ类项目的评标代表抽取工作由建设单位招标主管部门负责，Ⅱ类项目的评标代表抽取工作由建设单位项目主管部门负责。建设单位监察审计部门负责现场监督工作。

（15）定标委员会及监督组的组建

定标工作牵头组织部门对定标委员会及监督组组建进行提案，经建设单位负责人批准后执行。

（16）定标预备会

定标会议当日，由建设单位招标委员会主任主持召开定标预备会，建设单位领导以及相关部门负责人参加会议，确定定标委员会召集人及定标监督组人选，确定其他定标委员会成员的产生办法、专业分布，以及批准临时专家库等。

（17）定标委员会成员的抽取

除定标委员会召集人外的其他成员，在定标当日，按照经批准的定标委员会组建方案，从建设单位专家库或经批准的临时专家库中随机抽取产生，抽取比例不少于 1：3。

抽取工作由定标工作牵头组织部门负责，监察审计部负责现场监督。

（18）定标会议

建设单位项目主管部门、招标主管部门根据职责分工负责会务工作，包括准备定标所需的文件、资料，对外协调、联系，以及向定标委员会解释、说明等。

定标监督组应对任何不符合定标程序、法规的言行和活动及时提出纠正意见。

（19）招标结果的审批

Ⅰ类项目的采购（招标）结果由建设单位招标主管部门提案，Ⅰ类项目1000万元以上（不含）的采购（招标）结果由建设单位负责人批准；Ⅰ类项目1000万元以下（含）的采购（招标）结果、Ⅱ类项目10万元以上的采购（招标）结果由建设单位分管领导批准。

Ⅱ类项目10万元以下（含）的采购（招标）结果由建设单位项目主管部门负责人批准。

（20）投标文件澄清及合同谈判

采购（招标）结果获准后，澄清谈判小组负责投标文件的澄清及合同的谈判工作，并编制投标文件澄清及合同谈判报告，报告经澄清谈判小组成员签署后作为附件纳入合同文件。

若谈判过程出现重大异常情况（如重大技术调整、施工方案的改变、工作范围或工期改变、合同条款改变等），由澄清谈判小组起草投标文件澄清及合同谈判报告并提案，按各类招标文件审批层级执行。

投标文件审核工作流程及标准见表 19-1。

投标文件审核工作流程及标准

表 19-1

工作程序	工作内容及标准	工作时限	工作成果
成立投标文件审核澄清及合同谈判小组	工作内容： ①本项工作应在招标项目完成定标后立即开始。 ②项目管理部门根据公司批准的方案组建投标文件审核澄清及合同谈判小组，编制工作计划方案，拟订分工和审核澄清原则。 ③招标管理部门准备相关资料。 工作标准： ①小组应以主办部门、主管部门的领导和专业负责人为主体，包含财务部门、项目运营使用部门的有关人员。所派人员应熟悉招标项目内容，且在审核、澄清及谈判期间应固定，不宜撤换或临时由他人代替。 ②编制的计划方案应切实可行，分工明确	1个工作日内	成立投标文件审核澄清及合同谈判小组，完成审核澄清计划和分工

工作程序	工作内容及标准	工作时限	工作成果
投标文件 审核及澄清	工作内容: ①定标结束后主办部门负责接收投标文件和评定标资料。 ②立即组织小组成员按分工完成审核。 ③组织小组成员详细了解招标主要事项和相关内容,了解评定标和中标候选人情况。 商务审查: ①审核投标文件的合法性:授权、签字盖章及不可偏离项目响应情况。 ②审核投标文件商务部分有无声明对招标文件不充分响应的保留事项。 ③审核报价是否与招标文件要求一致(含报价是否全面,报价是否合理,报价是否存在超出要求的风险,是否有重复、错误、遗漏等情况),有必要时可要求投标人进行澄清说明。 ④根据审核情况和招标文件规定的评标方法和标准,得出结论根据该投标文件的商务部分能否接受其投标的结论。 技术审查: ①审核投标技术方案合理和可实施性,是否是针对招标项目编制的,有无不能接受的技术规范偏离,有必要可要求投标人进行澄清说明。 ②根据审核情况和招标文件规定的评标方法和标准,得出结论根据该投标文件的技术部分能否接受其投标的结论。 ③汇总、讨论确定投标文件须澄清问题清单,交中标候选人进行澄清、补充资料和承诺。 小组审议澄清回复: ①是否接受答复,是否有需进一步澄清的问题,投标文件是否实质性满足招标文件要求。 ②如果需要,则可安排一次当面澄清会议。 工作标准: ①投标文件审核应一次完成,一般安排一次书面澄清,必要时可再增加一次当面澄清。 ②"投标文件审核问题清单"应简洁,问题和澄清要求不应超出招标文件。 ③审核结论应明确。若能接受,应说明合同谈判须注意的关键事项;若不能接受,则应列出具体证据事项,提出解决措施	10～15个 工作日内	完成审核
编写审核 报告	工作内容: 召集全体审核小组人员,会议讨论商务和技术方面的审核结果,编写评标审核报告。 工作标准: 参加审核人员应在评标审核报告上签字,有保留意见应同时签署。各部门对各自业务方面的审核负责。 审核报告最后结论应是"可以接受,推荐为中标候选人",或是"不能接受,建议申请复审或重新招标"	1个工作日	投标文件审核 澄清报告

（21）中标通知书

中标通知书由建设单位招标主管部门提案,根据中标通知书上的中标金额,按相关规定权限批准。

（22）投诉处理

采购中的投诉由建设单位监察审计部门负责处理并回复,技术问题的投诉由建设单位项目主管部门负责处理并回复,商务问题的投诉由建设单位招标主管部门负责处理并回复。投诉处理原则上应采用书面方式予以回复,并同时抄送政府建设行政主管部门备案。

定标流程如图 19-1 所示。

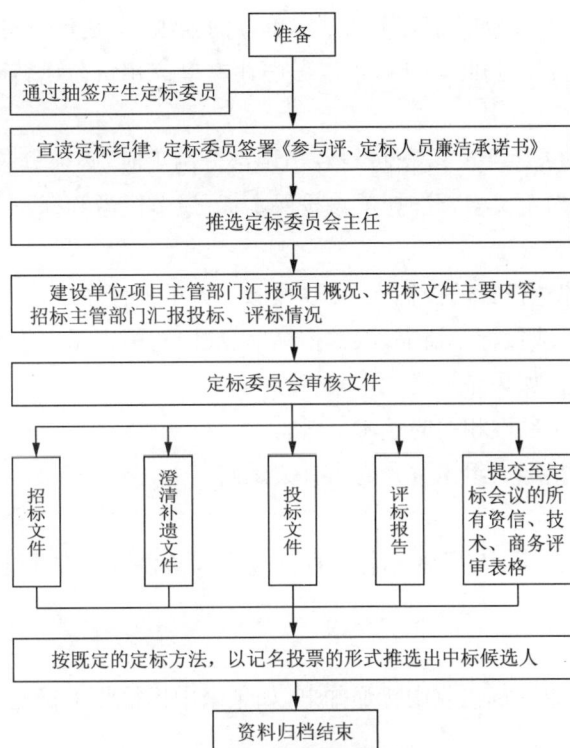

图 19-1　定标流程图

2）投标流程

（1）投标决策

所谓投标决策,包括三个方面内容:一是针对项目招标决定投标或不投标;二是倘若投标,是投什么性质的标;三是投标中如何采用"以长制短、以优胜劣"的策略和技巧。投标决策的正确与否,关系到能否中标和中标后的效益,关系到施工单位的发展前景和员工的经济利益。

投标决策可以分为两个阶段,就是投标的前期决策和投标的后期决策。

①投标的前期决策

投标的前期决策主要是投标人对是否参加投标进行研究,并作出是否投标的决策。如果项目采取的是资格预审,决策必须在投标人参加投标资格预审前完成。通常情况下,下列招标项目应放弃投标:

a.本施工单位主管和兼管能力之外的项目;

b.工程规模、技术要求超过本施工单位技术等级的项目;

c.本施工单位生产任务饱满,无力承担的项目,招标工程的盈利水平较低或风险较大的项目;

d.本施工企业技术等级、信誉、施工水平明显不如竞争对手的项目。

②投标的后期决策

经过前期决策,如果决定投标,即进入投标的后期决策阶段,即从申报投标资格预审资料至投标报价(封送投标书)期间完成的决策研究阶段。主要研究如果投标,是投什么性质的标,以及在投标中采取怎样的策略。

a.投风险标:投标人明知工程难度大、风险大,且技术、设备、资金上都有未解决的问题,但由于本单位任务不足,或因工程盈利丰厚,或为开拓市场而决定参加投标,同时设法解决存在的问题,即是投风险标。投风险标必须审慎决策。

b.投保险标:投标人对可以预见的情况从技术、设备、资金等重大问题都有了解决的对策之后再投标,称为投保险标。如果施工单位实力较弱,经不起失误的打击,则往往投保险标。

c. 投盈利标：投标人如果认为招标工作既是本单位的强项，又是竞争对手的弱项，或建设单位意向明确，或本单位虽任务饱满，但利润丰厚，可以考虑让本单位超负荷运转时，此种情况下的投标，称投盈利标。

d. 投保本标：当施工单位无后继工程，或已经出现部分窝工时，必须争取中标，但招标的工程项目本单位又无优势可言，竞争对手又多，此时，就该投保本标，最多投盈利标。

（2）工程投标的一般程序

已经取得投标资格并愿意投标的投标人，可以按照下列工程程序进行投标：

①投标人根据招标公告或投标邀请书，跟踪招标信息，向招标人提出报名申请，并提交有关资料。

②接受招标人资格审查(如果是资格预审)。

③购买招标文件，交押金领取相关的技术资料。

④参加现场踏勘(如果招标人组织)，并提出有关疑问。

⑤参加标前准备会。

⑥编制投标文件，投标文件一定要对招标文件的要求和条件进行实质性响应。

⑦递交投标文件。

⑧参加开标会议。

⑨接收中标通知书(如果中标接收中标通知书，如果未中标接收中标结果通知书)，与招标人签订合同。

（3）投标人工作

①招标文件分析

招标文件是投标的主要依据，因此应仔细地进行研究和分析。研究招标文件，重点应放在投标人须知、评标办法、合同条款、工程量清单、图纸以及技术标准和要求上，最好有专人或小组研究技术规范和图纸，弄清其特殊要求。

②标前调查、现场踏勘及标前答疑会

这是投标前极其重要的一步准备工作。作为投标人一定要对项目和周边环境有一个详细的调查和了解，对招标文件存在的问题进行质疑，由招标人通过答疑会澄清，以便投标人准确地把握项目，进行投标文件的编制。

③复核工程量

对于招标文件中的工程量清单，投标人一定要进行校核，因为它直接影响投标报价及中标机会。如发现工程量有重大出入的，特别是漏项的，必要时可找招标人核对，要求招标人认可，并给予书面证明，这对固定总价的合同尤为重要。

④编制施工组织设计

施工组织设计对于投标报价的影响很大。在投标过程中，招标人应根据招标文件和对现场的勘察情况，采用文字合并图表的形式来编制全面的施工组织设计。施工组织设计的内容，一般包括施工方案及技术措施、质量保证措施、施工进度计划、施工安全措施、文明施工措施、施工机械、材料、设备和劳动力计划，以及施工总平面图、项目管理机构等。编制施工组织设计的原则是在保证工期和工程质量的前提下，使成本最低、利润最大。

⑤制订投标策略

现阶段我国编制投标报价的方法主要有定额计价法和清单计价法两种，且处于两种方法并存、逐步向清单计价法过渡的时期。

建设工程投标报价是建设工程投标内容中的重要部分，是整个建设工程投标活动的核心环节，报价的高低影响着能否中标和中标后的盈利情况。当投标人确定要对某一具体工程投标后，就需采取

一定的投标策略,以增加中标机会,中标后又能获得更多盈利的目的,常见的投标策略有以下几种:

a. 提高经营管理水平。主要是做好施工组织设计,采用合理施工技术,选择可靠分包单位,有效降低工程成本而获得较高利润。

b. 改进设计和缩短工期。主要是仔细研究原设计图纸,提出能降低造价的修改设计建议,以提高对发包人的吸引力。

c. 低利策略。主要适用于承包任务不足时,以及进入新的市场时采用。

d. 加强索赔管理。虽然报价低,却着眼于施工索赔,还能赚取高额利润。

e. 着眼于发展。为争取将来的优势,宁愿目前少盈利。

⑥报价技巧

投标策略一经确定,就要具体反映到报价上,投标策略与报价技巧必须相辅相成。

a. 根据不同的项目特点采用不同的报价。

b. 不平衡报价法。是指在总价基本不变的前提下,调整内部各子项的报价,既不影响总报价,又可以尽早收回垫资并获取较好经济效益。

c. 扩大标价法。除了按正常已知条件编制标价外,对工程中风险分析得出的估计损失,采用扩大标价,以减少风险。

d. 逐步升级法。将投标看成协商的开始,利用最低标价来吸引招标人,从而取得与招标人商谈的机会,再逐步进行费用最多部分的报价。

e. 突然袭击法。这是迷惑对手的方法,在整个报价过程中,仍按一般情况报价,等快到投标截止日时,在进行突然降价(或加价),使竞争对手措手不及。

f. 合理低价法。为了占领市场或打开局面,采取的一种不惜代价只求中标的策略。

g. 多方案报价法。发现工程条款不清楚或要求过于苛刻、工程范围不明确时要充分考虑风险。

h. 增加建议方案法。在招标文件允许投标人可以修改原设计方案的前提下,投标人组织有经验的技术人员,提出更为合理的方案来吸引招标人,从而提高中标的可能性。

19.3 合同管理

19.3.1 合同管理的基本原则

(1)符合法律法规的原则

合同的主体、内容、形式、程序等都要符合法律法规规定。合同当事人订立、履行合同,唯有遵守法律和行政法规,合同才受国家法律的保护,当事人预期的目的才有保障。

(2)平等自愿的原则

自愿是指合同当事人在法律、法规允许范围内,根据自己的意愿签订合同,即有权选择订立合同的对象、合同条款的内容、合同订立的时间、依法变更和解除合同,任何单位和个人不得非法干预。贯彻平等自愿的原则,必须保证签约各方在法律地位上的完全平等。合同要在双方友好协商的基础上订立,签约双方都是平等的,任何一方都不得把自己的意志(例如单方提出的不平等条款)强加于另一方,更不得强迫对方同自己签订合同。

(3)公平原则

公平原则是民法的基本原则之一。合同当事人应当遵循公平原则确定各方的权利和义务。根据公平原则,民事主体必须按照公平的观念设立、变更或者取消民事法律关系。在订立工程项目合同中贯彻公平原则,反映了商品交换等价有偿的客观规律和要求。贯彻该原则的最基本要求,即是签约各方的合同权利、义务要对等而不能失去公平,要合理分担责任。

(4)诚实信用原则

合同当事人行使权利、履行义务应当遵循诚实信用原则。诚实信用原则实质上是社会良好道德、伦理观念上升为国家意志的体现。在订立合同中贯彻诚实信用原则,要求当事人应当诚实,实事求是地向对方介绍自己订立合同的条件、要求和履约能力,充分表达自己的真实意愿,不得有隐瞒、欺诈的成分,在拟定合同条款时,要充分考虑对方的合法权益和实际困难,以善意的方式设定合同权利和义务。

(5)等价有偿的原则

等价有偿原则是《中华人民共和国民法通则》的一项原则,也是订立合同的一项基本原则。主要包含两个方面的内容,一是签约双方的经济关系要合理,当事人的权利义务是对等的;二是合同条款中应充分体现等价有偿原则,即一方给付,另一方必须按价值相等原则作相应给付,不允许发生无偿占有、使用另一方财产的情况。

(6)全面适当履行原则

要求按照合同约定的内容全面适当地履行,使得合同的各个要素都得到正确实现。按照约定履行自己的义务,既包括全面履行义务,也包括正确适当履行合同义务。合同有明确约定的,应当依约定履行。但是,合同约定不明确并不意味着合同无须全面履行或约定不明确部分可以不履行。

(7)实际履行原则

实际履行原则是指除法律和合同另有规定或者客观上已不可能履行外,当事人要根据合同规定的标的完成义务,不能用其他标的来代替约定标的,一方违约时也不能以偿付违约金、赔偿金的方式代替履约,对方要求继续履行合同的,仍应继续履行。但在贯彻这一原则时,还必须从实际出发,过于强调实际履行,不仅在客观上不可能,还可能会给需方造成损失。在这种情况下,应当允许用支付违约金和赔偿损失的办法代替合同的履行。

19.3.2 合同管理的重要作用

(1)合同是建设项目管理的核心

任何一个建设项目的实施,都是通过签订一系列的承包合同来实现的。合同一经签订,合同双方即明确了工程项目的投资、进度、质量标准等目标,规定了合同双方的责任、权利和义务。通过对合同条款的制订和履行,发包人和承包人可以在合同环境下调控建设项目的运行状态;通过对合同管理目标责任的分解,可以规范项目管理机构的内部职能,紧密围绕合同条款开展项目管理工作。

(2)合同是承发包双方的最高行为准则

为保证建设项目的顺利实施,合同承发包双方必须按合同内容承担相应的法律责任、享有相应的法律权利、履行相应的法律义务,并按合同规范自己的行为。在合同履行的过程中,合同范围内的任何工程行为,既受合同条款的约束,也受合同条款的保护。工程项目的参建各方作为合同主体,相互之间的关系实质上是合同关系。工程项目的建设过程,实质上为各合同主体承担合同责任、履行合同义务的过程,必须事事以合同为依据,处处按合同办事。

(3)合同是处理建设项目实施过程中各种争执和纠纷的法律依据

建设项目具有建设周期长、合同金额大、参建单位众多和项目之间接口复杂等特点。在合同履行过程中,建设单位和施工单位之间、不同施工单位之间、施工单位和分包单位之间以及建设单位与材料设备供货商之间不可避免地会产生各种争执和纠纷,而调解和处理这些争执和纠纷的主要尺度和依据是合同中的相关约定和承诺,如合同的索赔条款、不可抗力条款、工程变更条款和合同价款调整条款等。

19.3.3　合同管理体制

建设单位作为合同主体一方,其下各职能部门按照与合同业务关系的密切程度,划分为合同主管、主办、协办和法律审查四类。合同管理部门为建设单位各类经济合同的主管部门,负责制定合同管理制度、规范合同文本、监督检查合同履行、提供相关服务;需要签订合同的业务归属部门为合同主办部门,负责组织各经济合同的谈判及具体履行;合同涉及的业务关联部门为合同的协办部门,协助合同主办部门履行合同;法律事务部门为各类经济合同的法律审查部门,负责对合同或协议的合法性进行审查和提供法律意见。

19.3.4　各部门职责

（1）主管职责

主管部门负责制定合同管理制度,组织编制各类合同条件和合同示范文本,参与合同策划、合同谈判及合同履行工作;监督、指导公司范围内的合同管理工作;参与合同纠纷的处理;负责建立和维护合同管理系统相关数据,逐步扩展公司合同管理信息化的业务范围和使用范围。

（2）主办职责

主办部门牵头组织合同策划,编制合同范围、内容、实施计划（工期要求）、技术要求（标准）、验收条件等;牵头组织合同谈判和对草拟的合同文本的审核;负责合同事项的具体履行。

（3）协办职责

协办部门,在其职能范围之内协助合同主办部门处理合同设立、签订、履行、验收等事项。

（4）法律审查职责

法律事务部门负责合同签订过程的全面法律审查,牵头组织合同纠纷处理,保证合同签订及合同争议处理的合法性;在合同纠纷的诉讼或仲裁过程中,负责对外的法律事务办理,主张和维护建设单位的合同权益。

19.3.5　合同管理流程

1）合同签订

合同谈判工作流程及标准见表 19-2。

合同谈判工作流程及标准　　　　　　　　　　　　　表 19-2

工作程序	工作内容及标准		工作时限	工作成果
	工作内容	工作标准		
编制合同谈判计划方案	①合同谈判小组编制合同谈判计划方案,拟订合同草稿、谈判事项和策略。考虑评标报告和评标审核报告中有关谈判注意事项。 ②重大合同谈判计划、方案应报分管领导或公司领导或会议批准	编制的合同谈判计划方案应切实可行,明确关键谈判事项、可能出现的障碍及应对策略	1 个工作日	合同谈判计划方案

工作程序	工作内容及标准		工作时限	工作成果
	工作内容	工作标准		
合同谈判	①合同谈判小组按照确定的合同谈判计划方案,与合同对方进行谈判,就合同相关事项双方进行协商并确定,双方谈判代表草签谈判文稿。 ②先进行合同技术部分及采购清单的谈判,谈判应确定技术文本和采购清单。合同商务谈判应根据确定技术方案和采购清单,讨论修订商务条款、最终合同价格清单	①合同谈判内容必须符合国家的法律法规和有关政策以及建设单位合同管理制度的相关规定要求,坚持以维护建设单位合法权益和提高经济效益为宗旨,贯彻平等互利、协商一致的谈判原则。 ②项目实施管理部门对合同技术部分、清单的合理性、合法性、完整性负责。合同管理部门对合同商务部分的合理性、合法性、完整性负责,并对合同技术部分的合法性、完整性负连带责任。 ③合同谈判不应超出招标文件及投标文件的实质性范畴,如合同谈判中对主要技术方案,分供方等存在重大修改,应先按程序报批准后纳入合同	5个工作日	草签合同
编制合同谈判报告	①合同谈判小组编写合同谈判报告。 ②整理合同谈判达成的协议等文件,双方谈判代表在上面签字认可	合同谈判报告应简明,如实反映合同谈判的过程、内容以及谈判达成的协议事项	1个工作日	合同谈判报告
编制合成合同文本	准备好合同文稿、相关会议纪要等文件,填写合同签字审批单,按规定程序报批	前期相关程序应完成,相关支持文件完整齐全	2个工作日	合同文稿、合同签字审批单、合同签订支持文件
审查合同内容	①项目实施管理部门对合同中的实施范围和内容、工期要求、质量、安全标准及要求、验收、试验的标准及要求、实施方案、资源配置、监理范围、实施风险防范、现场签证处理等相关内容进行审核把关。 ②设计管理部门对合同中的设计标准、设计文件的深度和广度、设计的合理性等相关内容进行审查把关。 ③财务管理部门对合同中的付款的安全性、履约担保的真实性等相关内容进行审查把关。 ④合同管理部门对合同中的条款(如工程造价、计量支付、合同变更处理、结算条款、违约条款、争端的解决等)、履约担保格式和内容等相关内容进行审查。 ⑤法律事务部门对合同的合法性、违约赔偿条款的可操作性、争端的解决法律风险、合同的补救措施等相关内容进行审查把关。 ⑥有关部门在本阶段发现合同中某些条款会严重影响到合同正常履行时,可提出审查修改意见,对不能达成一致修改意见的,书面提出保留意见	项目实施管理部门、财务管理部门、合同管理部门、法律事务部门应对合同相关条款进行严格把关,根据各部门的业务特点对合同条款进行审定,并提出审查修改意见。各部门分别对各自审核部分内容的合同执行风险负责	各2个工作日	签字
印制正式合同文本	印制合同文本,须印两份正本。采用普通胶装形式。应在每份正本内放置中标通知、投标函、报价函、投标书附录等资料的原件	印制出正式合同文本	2个工作日	印制出正式合同文本
存档及分发	合同管理部门将已完善手续的合同及有关文件完整转交档案室存档,并发放给合同相关单位,根据需要办理备案手续(政府建设、审计等行政管理部门)	每个标段(项目)招、投标文件,澄清、补遗材料,会签、审批、修改意见,合同谈判报告及合同文本(1正2副)均应及时存档。	1个工作日	存档、分发记录

地铁土建工程技术与管理实务

（1）组建合同谈判小组

建设单位项目主管部门组建合同谈判小组，详细了解合同主要涉及事项和相关框架内容，还应了解评标和中标候选人情况，准备相关资料。重大合同谈判计划、方案应报由建设单位分管领导或会议批准。

本项工作应在建设单位批准招标情况报告后立即开始。合同谈判小组应由合同主管部门、项目主管部门的领导和专业负责人，以及使用部门（必要时邀请）有关人员组成，参与谈判的人员必须在谈判前对合同所涉及的内容做详细了解。

建设单位各相关部门须派人员组成合同谈判小组，谈判过程遇到问题时，要及时与部门负责人和分管领导沟通。所派人员应熟悉合同内容，且在谈判期间应固定，不宜撤换或临时由他人代替。

（2）编制合同谈判计划方案

合同谈判小组编制合同谈判计划方案，拟订合同草稿、谈判事项和策略。考虑评标报告和评标审核报告中有关谈判注意事项。重大合同谈判计划、方案应报分管领导或公司领导或会议批准。编制的合同谈判计划方案应切实可行，明确关键谈判事项、可能出现的障碍及应对策略。

（3）合同谈判

合同谈判小组按照确定的合同谈判计划方案，与合同对方进行谈判，就合同相关事项双方进行协商并确定，双方谈判代表草签谈判文稿。

合同谈判内容必须符合国家的法律法规和有关政策以及建设单位合同管理制度的相关规定要求，坚持以维护建设单位合法权益和提高经济效益为宗旨，贯彻平等互利、协商一致的谈判原则。

（4）编制合同谈判报告

合同谈判小组编写合同谈判报告，整理合同谈判达成的协议等文件，双方谈判代表在上面签字认可。合同谈判报告应简明，如实地反映合同谈判的过程、内容以及谈判达成的协议事项。

（5）编制合同文本

建设单位项目主管部门根据双方洽谈的结果，拟订合同正式文稿；所有合同均须采用书面形式，常用合同（特别是招标项目）必须使用建设单位格式化标准合同；如政府部门有强制性规定，可按政府标准合同执行，但必须通过补充条款充分表达建设单位的意图、明确双方的责任，以维护建设单位利益、体现合同的公平和公正。在相关部门会签审查过程中，对达成一致修改意见的进行修改。项目主管部门对合同的合理性、合法性和完整性负责。

（6）审查合同内容

建设单位项目主管部门对合同中的实施范围和内容、工期要求、质量、安全标准及要求、验收、试验的标准及要求、实施方案、资源配置、监理范围、实施风险防范、现场签证处理等相关内容进行审核把关；设计管理部门对合同中的设计标准、设计文件的深度和广度、设计的合理性等相关内容进行审查把关；财务管理部门对合同中的付款的安全性、履约担保的真实性等相关内容进行审查把关；合同管理部门对合同中的条款（如工程造价、计量支付、合同变更处理、结算条款、违约条款、争端的解决等）、履约担保格式和内容等相关内容进行审查；法律顾问对合同的合法性、违约赔偿条款的可操作性、争端的解决法律风险、合同补救措施等相关内容进行审查把关。有关部门在本阶段发现合同中某些条款会严重影响到合同正常履行时，可提出审查修改意见，对不能达成一致修改意见的，可书面提出保留意见。

建设单位项目主管部门、财务管理部门、合同管理部门、法律顾问应对合同相关条款进行严格把关，根据各部门的业务特点对合同条款进行审定，并提出审查修改意见。各部门分别对各自审核部分内容的合同执行风险负责。

建设单位领导按层级对合同进行审批，如需要修改时，发回合同管理部门按照修改意见修改完善后再报批。

（7）合同印制及签署

印制合同文本，须印两份正本；采用普通胶装形式；应在每份正本内放置中标通知、投标函、报价函、投标书附录等资料的原件。

建设单位合同管理部门安排签署合同；董事长签署合同文件，或由被授权人签署合同文件，应复核签字、盖章的合法性；每册合同文本的封面和骑缝处应盖章。

（8）合同存档及分发

建设单位合同管理部门将已完善手续的合同及有关文件完整转交档案室存档，并发放给合同相关单位，根据需要办理备案手续（政府建设、审计等行政管理部门）。每个标段（项目）招投标文件，澄清、补遗材料，会签、审批、修改意见，合同谈判报告及合同文本（1正2副）均应及时存档。

2）合同交底

（1）合同交底的意义

在以往的项目管理中，一般对合同的编制、澄清、谈判和签订都比较重视，但合同一旦签订，往往被锁在文件柜或项目负责人的抽屉内，大部分项目管理人员只知其相关工作职责，而对合同总体情况知之甚少，甚至完全不了解合同的具体内容，给日后的合同纠纷埋下了隐患。在施工现场，"按图施工"的固有观念深入人心，因此，往往比较重视"设计交底"和"图纸会审"工作，而忽视对合同分析和合同交底工作，导致合同签订与合同执行脱节。项目参建人员，包括施工单位、监理和建设单位相关人员，如果对项目的合同体系、合同基本内容不甚了解，就很难保证项目合同的认真履行，合同对参建各方所承担的责任、义务也就难以在项目实施中得到落实。在项目管理中，应将"按图施工"的观念转变为"按合同施工"的意识，这样更符合市场经济规律和要求，对项目管理具有更深层次、更广泛的意义。

①合同是甲乙双方正确履行义务、保护自身合法利益的依据。因此，相关人员必须首先熟悉合同的全部内容，并对合同条款有一个统一的理解和认识，以避免因不了解合同或对合同理解不一致带来工作上的失误。由于相关人员知识结构和水平的差异，加之合同条款繁多，条款之间的联系复杂，合同语言专业化等，相关人员应认真研读和吃透整个合同内容和合同关系，提高解决实际问题的有效性和正确性，确保合同的全面顺利履行。通过合同交底，可以让项目管理人员进一步了解自己的合同权利界限和合同义务范围、工作的程序和法律后果，摆正自己在合同中的位置，有效防止由于权利义务的界限不清引起的内部职责争议和外部合同责任争议的发生，对提高合同管理的效率有利。

②合同交底有利于发现合同中存在的问题，并有益于合同风险的事前控制。通过合同交底，使相关人员了解合同意图、合同关系、合同基本内容、业务工作的合同约定和要求等内容，包括合同分析、合同交底、交底的对象提出问题、再分析、再交底的过程。因此，合同交底有利于集思广益，思考并发现合同中的问题，如合同中可能隐藏的各类风险、合同中的矛盾条款、用词含糊及界限不清条款等。同时，也有利于完善合同风险防范措施，提高合同风险防范意识。

③合同交底有利于提高项目部管理人员的合同意识，使合同管理的程序、制度及保证体系落到实处。合同管理工作包括建立合同管理组织、保证体系、管理工作程序、工作制度等内容。其中，比较重要的是建立诸如合同文档管理、合同跟踪管理、合同变更管理、合同争议处理等工作制度，其执行过程是一个随项目实施情况变化的动态过程，也是项目管理人员有序参与实施的过程。每个人的工作都与合同能否按计划执行密切相关，因此项目管理人员都必须在工作中自觉地执行合同管理的程序和制度，并采取积极的措施防止和减少工作失误和偏差。为达到这一目标，在合同实施前进行详细的合同交底是必要的。

（2）合同交底的内容

合同交底必须以合同分析为基础、以合同内容为核心，因此涉及合同的全部内容，特别是关系到合同能否顺利实施的核心条款。合同交底的目的是将合同目标和责任具体落实到各级人员的工程活动中，并指导管理及技术人员以合同作为行为准则。合同交底一般包括以下主要内容：

①工程概况及合同工作范围。

②合同关系及合同涉及各方之间的权利、义务与责任。

③合同工期控制总目标及阶段控制目标，目标控制的网络表示及关键线路说明。

④合同质量控制目标及合同规定执行的规范、标准和验收程序。

⑤合同对本工程的材料、设备采购、验收的规定。

⑥投资及成本控制目标，特别是合同价款的支付及调整的条件、方式和程序。

⑦合同双方争议问题的处理方式、程序和要求。

⑧合同双方的违约责任。

⑨索赔的机会和处理策略。

⑩合同风险的内容及防范措施。

⑪合同进展文档管理的要求。

3）分包合同管理

由于地铁土建工程涵盖领域广、涉及专业多，其专业工程分包在所难免。以目前建筑施工企业的人力资源体制来说，一般只有技术和管理人员在编，而数量庞大的施工人员则通过各种形式进行劳务分包。由于目前国内的分包市场发展不均衡、不规范，配套法律法规不完善、不匹配，施工现场管理难度大，给参建各方在质量、安全、维稳等方面造成极大的压力。因此，在地铁土建工程合同管理中，必须加强分包合同的管理。

（1）分包资质管理

为维护建设市场秩序和保证工程质量，《中华人民共和国建筑法》第29条和《中华人民共和国合同法》第272条同时规定，禁止（总）承包人将工程分包给不具备相应资质条件的单位。根据2014年新发布的《建筑业企业资质标准》，对设有资质的专业工程进行分包时，应分包给具有相应专业承包资质的企业。施工总承包企业将劳务作业分包时，应分包给具有施工劳务资质的企业。

专业承包资质：专业承包序列企业资质设3个等级，36个资质类别。其中，常用类别有地基基础工程、预拌混凝土、消防设施工程、桥梁工程、隧道工程、钢结构工程、模板脚手架、建筑装修装饰工程等。施工劳务序列不分类别和等级。

（2）总、分包的连带责任

《中华人民共和国建筑法》第29条规定，建筑工程总承包单位按照总承包合同的约定对建设单位负责，分包单位按照分包合同的约定对总承包合同负责。总承包单位和分包单位就分包工程对建设单位承担连带责任。

（3）关于分包的法律禁止性规定

《建筑工程质量管理条例》第25条明确规定，施工单位不得转包或违法分包工程。

①违法分包：总承包单位将建设工程分包给不具备相应资质的单位，包括不具备资质条件和超越自身资质等级承揽业务两类情况；建筑工程总承包合同中未有约定，又未经建设单位认可，承包单位将部分建设工程交由其他单位完成的；施工总承包单位将建设工程主体结构的施工分包给其他单位的；分包单位将其承包的建设工程再分包的。

②转包：转包是指承包单位承包建设工程后，不履行合同约定的责任和义务，将其承包的全部建

设工程转给他人或者将其承包的全部工程肢解后以分包的名义分别转给他人承包的行为。

③挂靠:转让、出借资质证书或者以其他方式允许他人以本企业名义承揽工程的;项目管理机构的项目经理、技术负责人、项目核算负责人、质量管理人员、安全管理人员等不是本单位人员,与本单位无合法的人事或劳动合同、工资福利以及社会保险关系的;建设单位的工程款直接进入项目管理机构财务的。

(4)分包合同的履行

①工程分包不能解除承包单位任何责任和义务,承包单位应在分包现场派驻相应的管理人员,保证本合同的履行。履行分包合同时,承包单位应就承包项目(包括分包项目)向发包单位负责。分包单位就分包项目向承包单位负责。分包单位与发包单位之间不存在直接的合同关系。

②分包单位应按照分包合同的规定,实施和完成分包工程,修补其中的工程质量缺陷,提供所需的全部工程监督、劳务、材料、工程设备和其他物品,提供履约担保和进度计划等。

③分包单位仅从承包人处接受并执行其指示。如果上述指示从总包合同来分析属于监理工程师失误所致,则分包单位有权要求承包单位补偿由此而导致的费用。

④分包单位应根据下列指示变更、增补或删减分包工程:监理工程师根据总包合同做出的指示,再由承包单位通知分包单位;承包单位的指示。

⑤分包工程价款由承包单位与分包单位结算。发包单位未经承包单位同意,不得以任何名义向分包单位支付各种工程款项。

⑥因分包单位的任何违约行为、安全事故或疏忽、过失导致工程损害或给分包单位造成损失,承包单位承担连带责任。

4)合同争议处理

项目施工合同中,常见的争议有以下方面:

(1)投资审核和工程款支付争议;

(2)工程价款支付主体争议;

(3)工期延误争议;

(4)工程质量及保修争议;

(5)安全损害赔偿争议;

(6)合同中止及终止争议。

项目施工合同争议可通过和解、调解、仲裁、诉讼或其他方式解决。

5)合同履行

合同生效后,建设单位合同主办部门应指定责任人负责合同履行,合约、财务等相关部门进行协助。

合同主办部门应代表建设单位按照合同约定履行合同义务,避免因未及时履行义务而造成费用、工期及其他索赔。

合同主办部门应按照合同约定及时催促合约对方严格履约,包括制订合同履行计划,落实人员、设备、资金等,使合同始终处于受控状态。合同履行过程中合同各方商定的执行细节、各类洽商及会议纪要等经合同各方确认后发至合同有关方,包括建设单位有关部门、监理单位等。

合同当事方提出的各类需要答复、审批的问题,合同主办部门应当及时答复;工程建设类合同,涉及合同价格、支付条件、工期及其他重要内容,合同主办部门应当组织合约、财务及其他相关部门等研究后答复、批准。以上答复、批准超出部门职能或授权范围的应先报请建设单位批准。

工程建设类合同出现工程变更、合同变更可能造成合同价格或工期变化时,合同主办部门应及时通知合同主管部门参加洽商、论证。不增减合同价格的应当将有关的变更、洽商等资料及时交合同主管部门备案。合同对方出现履约困难，难以兑现履约计划、合同承诺时，合同主办部门应及时发出预警通知，同时抄送合同主管部门和法律事务部门。当合同对方有违约情况发生时，合同主办部门应会同合同主管部门及时发出违约通知，必要时提出索赔或发出兑付履约保函的通知。

6) 合同验收

合同履行完毕，合同主办部门应按照合同约定提请组织有关部门验收。验收不合格需要整改的，合同主办部门应发出整改通知，限期整改。验收出现异常情形的，由合同主办部门提出处理措施报建设单位批准，并按公司批准意见进行验收。

7) 合同结算

合同验收完毕，建设单位合同主办部门应及时组织合同结算的编制申报工作。合同结算应当以合同及验收报告为基础，合同履行过程中的合同变更费用、合同奖励及罚款、违约及赔偿等应纳入合同结算。工程建设类合同的结算工作应由合同主办部门牵头，合同主管部门、财务部门共同参与结算审查复核工作。建设工程合同的结算按建设单位发布的有关工程预结算的规章制度执行。

8) 合同审计

建设单位合同主管部门负责就政府投资建设工程合同竣工结算与审计部门对口协调，就企业投资建设工程合同的竣工结算与工程所在地工程造价管理机构对口协调，在合同内专设条款明确约定最终合同结算金额以审计、审查结果为准；其他类型合同的竣工结算，由财务部门负责审计的开展和协调。

以政府投资为主要审计内容的，合同主管部门负责合同事前审计、中间审计、结算审计等的协调工作，相关部门配合；以建设单位经营、财务为主要审计内容的，由财务部门牵头，相关部门配合。审计需要进一步提供资料的，相关部门应在要求的时间内提供。

审计报告提出需要建设单位安排整改的，由合同主管或财务部门牵头，合同主办部门配合提出整改计划、措施或方案。整改措施及整改工作由整改事由的直接责任部门落实。

9) 重要合同的履约评价

重要的、重大的合同履行完毕或终止之后，建设单位合同主管部门应组织合同主办部门及其他业务关联部门参与负责对合同对方履行全过程进行总结评价。

合同非正常终止的，应当进行全面的合同总结及履约评价。建设工程合同的履约评价结论由合同主管部门向建设行政主管部门备案。对于合同履约不好，影响建设进度、质量安全，不能兑现投标承诺的建设工程合同、经常发生合同纠纷的建设合同，合同主管部门可以组织合同主办部门等相关部门对合同对方进行阶段性的履约评价，并负责办理将履约评价情况向建设行政主管部门的备案工作。

19.4　招标及合同管理创新

19.4.1　招标管理创新

随着大规模建设管理任务的到来，科学先进、不断创新、贴近市场的招标管理，直接关系到新建线路按期、保质、经济地完成。适应市场环境,改进招标模式,是合理降低工程成本、提高招标效率、保证工程质量的关键。由于时间紧,任务重,如何在工期目标与招标质量之间维持平衡的问题变得尤为突出。为了保证工期目标,同时也为了保证招标质量,采取相应的措施,合理节省招标时间来保证工期的目标。

招标管理的主要创新内容有:

(1)探索土建工程采用整条线或大标段模式招标的可行性,探索监理等项目打包招标或预选招标的可行性,探索土建大标段包含绿化迁移、交通疏解及管线改迁(征得权属单位同意)等前期工程的可行性。

(2)对同类型的项目进行打包招标、预选招标。涉及几条线的材料可以一个标段捆绑招标的形式确定一名或 N 名中标候选人,缩短投标人的备标时间、提高招标效率、降低招投标的社会成本,同时为多项目尽早开工建设奠定基础。

(3)认真总结目前甲供材料采购供应存在的问题,解放思想,研究制定适应大规模建设的材料采购供应模式。

(4)为从源头确保"廉控"与公平公正定标,建立适应"评定分离"的定委专家库并不断扩容。

(5)推行对各参建单位的履约评价制度,将各单位履约评价的成果直接应用于新线项目的招标、定标工作。

19.4.2 合同管理创新

(1)探索合同管理模式创新,加强信息化手段

建立更加完善的合同管理信息系统,包括招标采购信息、合约管理信息、履约评价信息、结算信息等,通过电子化、网络化等管理手段提高管理效率,降低管理成本。

(2)强化投资控制,全面实行工程变更预控管理

采取各种方法全面强化投资控制管理,确保地铁建设成本在全过程建设中都能得到有效的控制,保证地铁建设资金的安全、可控。

全面推行工程变更预控管理,简化变更审批流程,严格实施立项、变更申报、批复的变更管理程序。

强化工程项目全过程审计,及时发现、纠正项目实施过程中出现的程序性偏差。

19.4.3 评定分离招投标方式

1)总体原则

(1)先立规矩后做事

定标工作涉及巨大经济利益,如果定标没有规则,那么招标人容易成为利益主体的攻击对象;如果规则不是事先制定的,而是在定标过程中临时确定的,那么无论该规则是否公平、公正,当利益相关方质疑时,看似合理的理由却可能无法令人信服。为此,当招标人采用票决方式进行定标的,应事先确定相应的定标工作规则,并严格按照规则办事,不临时动议,不临时改变既定规则。

(2)树立合理价值观

建设工程招投标是市场调节资源配置的活动。招标人通过招投标选择一个履约能力较强、商务价格合理的中标人,是当今建设工程招投标市场的主流价值观。

(3)确保内控机制相对稳定

招标人应事先确定定标工作规则,其作为内控机制应保持相对连续性、稳定性,除了不断完善、调

整外,价值观不宜突变,避免规则沦为一事一议。

2）操作细则

（1）引导投标人进行合理有序竞价

①投标人的报价策略

如果投标人知道招标人在定标时不考虑价格因素,则多数投标人会贴近投标报价上限进行报价,以追求利益最大化。当抛开投标报价进行纯粹择优时,优质企业在市场上可能较多,定标委员投票支持哪家企业都有其合理性。长此以往,可能存在较大廉政风险和廉政压力。反之,如果投标时只有报价较为合理、优惠才有可能中标,投标人才会考虑实际成本进行合理有序的竞价。

②引导合理有序竞价的精髓

以投标价格作为第一道门槛,在价格入闸之后,淡化价格要素,以择优作为定标重要因素（否则就会引发恶性低价竞争）。在这种机制下,投标人既要考虑自身成本,不能恶性低价竞争,又要考虑其他投标人策略,并报出相对优惠的价格,争取价格入围。价格入围切线原则上在招标文件中明确,也可不明示,但是不明示的价格入围切线一定要在截标之前确定并不再改变,否则会产生较大的廉政风险。

（2）如何进行择优

①择优要素

根据市场情况,不宜将投标文件写得好不好、评标专家给予评价高不高作为择优的唯一依据。招标人在择优时还需重点考察企业实力、企业信誉、拟派团队的管理能力与水平等,这些因素直接关系到中标人中标后能否良好履约。各项考核动作要针对所有投标人统一进行,不宜针对部分投标人进行考核,以体现公平原则。

②一般情况下择优的相对标准

在同等条件下,择优的相对标准有以下几个方面:

a. 资质高的企业优于资质低的企业;

b. 营业额大的企业优于营业额小的企业;

c. 知名度高的企业优于知名度低的企业;

d. 工程业绩技术复杂、难度大的企业优于工程业绩技术简单、难度较小的企业;

e. 履约评价好的企业优于履约评价差的企业;

f. 无不良行为记录的企业优于有不良行为记录的企业,不良行为记录较轻的企业优于不良行为记录较重的企业;

g. 获得国家级荣誉多的企业优于获得荣誉少的企业;

h. 行业排名靠前的企业优于行业排名落后较多的企业。

定标委员在投票时优先进行"比优",在无法比优的情况下可进行"比劣"。招标人也可在定标前明确择优要素的优先顺序。

③通过调整入围价格切线寻找择优与竞价的平衡

通过已经招标项目投标人报价及中标企业信誉情况,评估择优与竞价是否平衡。如果竞价较为激烈、择优略显不足,则适当抬高入围价格的切线,反之则可适当降低入围价格的切线。

3）操作流程

（1）定标委员会的组建

定标委员会召集人可以由建设单位招标委员会主任召集班子成员通过比选或直接指定的方式产生,也可以由抽签产生。定标委员会的其他成员均应在建设单位专家库中按不小于3倍的比例抽签产生。若建设单位专家库不能满足项目需求,由项目主管部门提出,经批准后,可组建临时专家库或邀请外部专家,临时专家库人数不得少于拟抽取人数的 3 倍。定标委员会的成员中,来自同一部门的成员不得多于定标委员会总数的 1/3。定标委员会成员与投标人存在利害关系的,应主动回避。

（2）定标监督组的组成

定标监督组的组成应在定标预备会上确定。定标监督组可以从建设单位董事会、监事会、财务总监、监察审计部门、法律部门等监督部门中产生,也可以邀请外部专家或政府监督部门的领导参加。

（3）定标委员会的人数

定标委员会成员原则上从招标人、建设单位或者使用单位的领导班子成员、经营管理人员中产生,成员数量为 7 人以上单数。确有需要的,财政性资金投资工程的招标人可以从本系统上下级主管部门或者系统外相关部门工作人员中确定成员;非财政性国有资金投资工程的招标人可以从其母公司、子公司人员中确定成员。

招标人的法定代表人或者主要负责人可以从本单位直接指定部分定标委员会成员,但总数不得超过定标委员会成员总数的 1/3。

（4）定标方法

评定分离的招标项目,原则上采用价格竞争法、票决定标、票决抽签及集体议事法四种定标方法或四种方法的组合。若因项目的实际情况确需要采用其他定标办法的,需报招标委员会批准。

①价格竞争法

低价优先,但不保证最低价中标的原则。

②票决定标法

由定标委员会成员采用记名投票的方式,对所有进入定标环节的投标人进行投票,投票数为本轮应推荐的投标人数。按招标文件中规定的定标方法进行逐轮投票,直至选取出 1 家或多家中标人。

③票决抽签程序

按照逐轮票决的程序,确定进入抽签程序的投标单位。进入抽签程序的投标单位数量至少为 3 名。若需产生多家中标单位,进入抽签程序的投标单位数量至少为需产生的中标单位数量加 2。抽签由定标委员会授权定标工作人员进行,抽签顺序和中标号码的约定,原则上通过现场随机抽号确定。

④议事法

招标人组建定标委员会进行集体商议,定标委员会成员各自发表意见,由定标委员会组长最终确定中标人。所有参加会议的定标委员会成员的意见应当作书面记录,并由定标委员会成员签字确认。采用集体议事法定标的,定标委员会组长应当由招标人的法定代表人或者主要负责人担任。

4）注意事项

（1）招标人保留所有必要的定标工作相关资料,以便追溯时查询。

（2）定标资料中可以列摆事实,但不宜加以评论、转化分级。

（3）定标会上定标委员不宜发表任何有关投标人正面或负面的评论。

（4）招标人定标监督小组按照事先制定的规则对定标委员的投票行为进行监督,评估是否符合内控机制及价值取向,确保定标委员公平、公正用权,否则对相关人员进行诫勉谈话或处分。

第**20**章 设计管理

20.1 概 述

工程设计是地铁工程建设的主要环节,是合理确定项目建设规模、建设内容、建设标准,实现技术进步、控制建设投资的关键步骤。设计管理,就是为达到设计目标,通过计划、组织、协调、控制和评估等一系列管理手段,优化设计资源配置,使设计价值达到最大化。因此,设计管理是地铁土建工程项目管理的一个重要组成部分。

20.2 设计管理总体要求

20.2.1 基本原则

(1)系统管理的原则

从竖向看,设计分为工程勘察设计、总体设计、初步设计和施工图设计等不同阶段;从横向看,土建工程项目中包含地质、测量、线路、轨道、路基、桥梁、站场、结构、建筑、防水、装修、景观、标识标牌等诸多专业。在按照相关程序对不同的设计阶段进行管理的同时,还要协调各专业之间的接口关系,从总体上和系统上进行设计管理。

(2)守法合规的原则

在设计管理中,必须督促设计单位遵守国家和地方的法律法规,贯彻国家的经济建设方针和政策,符合国家和行业的技术标准、规程和规范。

(3)技术经济平衡的原则

在设计管理中,必须督促设计单位重视技术进步,选用成熟的技术,在先进适用的同时,还必须坚持经济合理,最大限度地实现技术经济的平衡。

(4)安全可靠、质量第一的原则

在设计管理中,必须督促设计单位坚持"以人为本",充分保证建筑产品和施工过程的安全性。高度重视设计质量和建筑产品的质量,确保建筑产品在寿命期内安全可靠。

(5)资源节约、环境友好的原则

在设计管理中,必须督促设计单位合理利用资源,节约能源,重视生态环境保护和水土保持。贯彻落实建筑产品的绿色、低碳、与环境友好、与使用者和谐,以及科学发展和可持续发展的理念。

20.2.2　管理架构

地铁土建工程设计管理采用建设单位、设计咨询（监理）、前期研究单位或总包总体单位、工点系统设计单位的分级管理体制；建设单位根据项目建设管理模式，以线路为项目单位，采用项目管理方式；建设单位内部根据不同研究设计阶段设置一个主管部门牵头、各相关部门协助的管理机构开展项目设计管理。

20.2.3　总体性技术管理要求

（1）研究落实重大技术方案

设计总体单位应组织对土建工程方案设计或重大技术方案进行多方案比较研究，并提出推荐方案。对于重点、难点问题还需成立专门攻关小组，研究解决重点疑难问题，向建设单位提交可实施的最优化方案。

（2）工程投资控制

①严格控制工程规模及标准，制定限额设计管理办法，实行限额设计；审查平衡各专业、各系统的投资限额。

②初步设计概算不得突破国家批准的工程可行性研究投资估算的110%，并且应对超出投资估算部分予以详细分析说明。

③施工图预算（或主要工程数量）必须严格控制在批准的初步设计概算以内。

（3）审查设计文件

①审查分包单位（勘察分包单位、工点设计单位，以及分包合同内的其他单位）完成的各专业勘察设计文件；

②落实经建设单位审查批准的技术标准、技术要求，并督促检查分包单位严格执行；

③落实专家、政府、建设单位审查意见，并修改完善相应的设计文件；

④审查各分包单位提交的设计修改文件，包括设计方案的修改、完善、补充及设计变更等；

⑤审查设计施工总承包单位提交的技术方案、设计方案和施工方案。

（4）设计文件的修改管理

勘察设计总体单位应制定项目内部设计文件修改管理细则，并严格按照设计文件修改管理细则执行，审核总包和分包单位的设计方案变更和施工图设计变更修改文件，建立设计变更台账，实时对设计变更进行更新统计、跟踪管理及费用清理，并上报建设单位设计管理部门。

（5）专题研究

勘察设计总体单位应开展项目所要求的专题研究并提交研究报告，为设计提供支持性意见，如车站周边综合规划专题研究、重要换乘节点及换乘方案专题研究、节能专题研究、安全风险评估专题研究、物业开发专题研究等。

（6）新技术应用

①通过新技术、新设备的应用，提高系统运行可靠性，达到运输的最佳效应，并满足不同时段的运输需要，实现城市轨道交通人性化、高效率、低成本投入，实现效率优先的目标，做到安全、节能、环保、美观。

②注重工程前期工作，在设计阶段采用先进的设计理念，优化建筑设计，改善线路与周边建筑和环境之间的关系。

③在施工阶段,合理采用先进施工方法,降低施工安全风险,减少施工期间对城市环境的影响和市民出行的干扰。

（7）价值工程

设计是工程建设的基础,设计方案中任何环节的不合理或缺陷所留下的隐患都会造成工程项目投资的不良经济后果。应用价值工程理论,对工程项目进行科学的分析,对设计方案进行优化选择。不仅从技术上,还要在技术与经济相结合的前提下进行充分论证,在满足工程结构及使用功能要求的前提下,依据经济指标和综合效益选择设计方案。

设计人员要用价值工程的原理来进行设计方案分析,要以提高价值为目标,以功能分析为核心,以经济效益为出发点,从而真正达到优化设计的效果。

在设计过程中,应用价值工程,分析功能与成本的关系,以提高设计项目的价值系数。在设计中要勇于创新,探索新工艺、新技术的可能性,有效地提高设计技术的价值。

利用价值工程对设计方案进行经济比较,对不合理的设计提出意见,运用价值工程原理,对方案实行科学决策,对工程设计进行优化,使设计质量体现在经济效益和社会效益中。

20.3 设计文件的编制

20.3.1 设计文件编制的一般规定

（1）技术指导文件编制

①技术指导文件的组成:技术指导文件包括《技术要求》《文件组成与内容》《文件编制统一规定》以及各专业设计参考图等。

②《技术要求》:是统一轨道交通工程设计标准的主要技术文件,由设计总体单位在总体设计阶段编制完成,按照初步设计和施工图设计两个阶段分别编写。

随着设计的逐步深入,以及设计过程中对相关技术问题的重新探讨,可能需要对相关技术条款进行修改。对《技术要求》的技术条款,特别是重要条款需进行修改时,必须经过适当的工作程序,重大技术问题必须经过建设单位技术委员会或专家审查方可修改。

③《文件组成与内容》:是规范和统一全线各工点、各系统设计文件内容、设计深度的技术文件,按照初步设计和施工图设计两个阶段分别编写。

当《技术要求》的主要设计原则进行了修改,引起各工点、各系统的设计范围产生重大变化时,《文件组成与内容》应对上述变化进行修改。

④《文件编制统一规定》:是规范全线各专业设计说明编制格式及封面样式、图纸图幅大小、图纸会签栏格式、图纸图号编制代码、图纸会签等内容的技术文件,按照初步设计和施工图设计两个阶段分别编写。

初步设计阶段的《文件编制统一规定》对设计说明书和图纸两部分进行规范,施工图阶段时只对图纸部分进行规范(因为施工图设计说明不单独成册)。

⑤通用图、参考图的编制:通用图、参考图由设计总体单位组织编制,设计总体单位将对有关专业进行标准化、模块化设计的部分进行分析和划分,提出通用图、参考图编制要求,由相关设计单位或相关专业编制通用图或参考图。

通用图、参考图的编制范围除了以上所列通用图、参考图的内容以外,凡涉及对于多个设计单位或多个专业的相关图纸可参照以上办法执行，以利于设计的统一性。总包总体单位提出编制要求，由相关设计单位或相关专业编制。

（2）技术指导文件的执行

①技术指导文件编制完成后，经设计总体单位审查和设计咨询（监理）单位、建设单位审查通过后，发至各设计单位参照实施，同时报建设单位备案。

②设计单位应严格按照设计总体单位下发的各类技术指导文件进行设计，并将技术指导性文件落实到工点或系统的施工图设计中。不得将设计总体单位下发的设计参考图直接作为施工图发放。

③设计单位应结合各工点、系统的实际情况应用各类设计参考图。如果未满足上述要求，将视实际情况扣减工点、系统设计费。

④设计总体单位将通用图、参考图以 A3 图（附电子文件）的形式发送到各有关设计单位。

⑤凡采用通用图、参考图的施工图，应在图纸说明中注明：本图 ××× 部分系采用 ×× 线设计总体单位下发的 ××× 进行设计。

⑥若设计单位结合本工点、系统具体情况变更通用图、参考图局部设计，应在施工图中说明。

（3）设计质量控制

①工作内容

设计质量控制的主要工作内容包括：质量管理体系、质量方针、质量目标、技术管理关系、技术指令与技术信息的传递与反馈、设计图纸会签、审查意见的落实，以及对施工单位委托的设计单位的管理。

②质量管理体系

a. 设计总包单位应按《质量管理体系 要求》（GB/T 19001—2016/ISO 9001：2015）建立质量管理体系，制定质量方针、质量目标，在设计的全过程中贯彻执行，开展设计工作。

b. 凡参加地铁土建工程设计的单位，均应按《质量管理体系 要求》（GB/T 19001—2016/ISO 9001：2015)建立本单位的质量管理体系，制定质量方针和质量目标。

（4）设计图纸会签

①设计分包单位完成的设计图纸应经设计总体单位会签后，方可交付使用。

②设计分包单位应按本单位质量管理体系完成设计并签署后，将设计文件提交设计总体单位会签和审定。

③设计分包单位的图签执行本单位质量管理体系，在图签的上方统一设置"系统审定"栏和"总体审定"栏，在图纸的左侧图框外统一设置会签栏。

④"系统审定"栏，由系统的负责人审定；"总体审定"栏，由总体（副总体）审定；设计图纸的会签栏，由相关专业负责人会签。

⑤会签栏签署完毕，再签署"系统审定"栏和"总体审定"栏。

⑥若设计总体单位在设计图纸会签和审定中发现问题，则应指出相关内容，由总体（副总体）签署意见，要求项目组修改；项目组修改完毕再进行会签和审定。

（5）审查意见的落实

①设计总体单位和各项目组完成的设计文件，均应接受各级审查，主要包括设计咨询（监理）审查、建设单位审查和各级政府部门审查。

②以建设单位和设计咨询（监理）单位批准（或转发）的书面审查意见为准，被审查单位（部门）应妥善保存。

③被审查单位（部门）应对审查意见认真研究，逐条落实，书面答复审查部门，并抄送设计总体单位。

④若设计总体单位的答复意见涉及各工点和各系统设计变更，设计总体单位应将答复意见抄送

各项目组。

⑤若项目组的答复意见涉及系统和其他工点的设计变更,项目组的答复意见应经过设计总体单位会签后方可提交给审查单位。

⑥对于审查单位可实施的审查意见,被审查单位(部门)应采纳。

⑦对于因边界条件影响而无法实施,但对工程的安全性和使用功能等不构成影响的审查意见,被审查单位(部门)应向审查部门做出合理的解释。

⑧对于认为不可采纳的意见(如违反规范,或对工程的安全性和使用功能等构成影响),被审查单位(部门)应提出充分的意见、陈述理由,向审查单位做好解释工作,并将意见抄送至建设单位设计管理部门。

⑨对于设计过程中遇到的重大技术问题,或者出现与总体设计原则、技术要求有重大偏差的情况,项目组应及时向设计总体书面报告,并同时向咨询单位、建设单位反映,以便及时决策。

(6)阶段性冻结设计

地铁土建工程应严格按照基本建设程序分阶段开展设计和审查工作,总体设计、初步设计、施工图设计等各设计阶段都有具体的设计目的和需要解决的问题,本阶段设计应解决而未解决的,不允许进入下一个设计阶段。审查人员应熟悉了解各阶段应解决的问题和审查要点,在各阶段设计文件的审查过程中,应特别注意针对本阶段设计文件提出针对性的意见,避免提出非本阶段需要解决的问题,对上一个设计阶段已经确定的问题提出意见要非常慎重,避免设计方案产生颠覆性变化和设计反复、设计变更,这样既影响设计进度又造成不必要的经济损失。应严格进行阶段性审查及阶段性冻结设计。

①总体设计阶段应按总体设计要求,提出并确定新建线路建设标准、在稳定外部边界的条件下确定总体设计方案,并广泛征求建设单位各部门意见,召开专家评审会议,咨询专家对总体设计的意见。总体设计阶段结束时,应冻结工程建设标准、稳定外部边界条件,在后续阶段不得随意更改。

②初步设计阶段应按照初步设计要求,在通过评审的总体设计基础上,进一步深化、细化、优化设计,提出控制工程投资的主要工程数量、主要设备数量、主要材料数量和概算编制原则、指标,较为准确地落实工程投资额,并须通过建设单位内部讨论和专家评审、政府审查。在初步设计阶段结束时,应稳定并冻结线路敷设方式和空间位置、车站设计方案、设备系统功能与制式等设计,在后续阶段不得随意更改。

③在施工图设计阶段应按照批准的初步设计文件和概算深化设计,编制详细的施工文件,包括图纸、说明,确定工程结构详细尺寸、大样图、工程数量。施工图设计必须特别强调是对批准的初步设计文件深化设计,不得借口深化设计随意对初步设计进行修改,如确需修改已批准的初步设计,必须严格按照设计方案变更相关程序申请审批,得到批准后方可修改初步设计文件。

④在工程实施阶段,对于以初步设计文件和概算为基础的设计施工总承包合同模式,建设单位代表和施工监理应对施工单位深化设计的施工图进行严格审查和控制,禁止利用施工图深化设计机会擅自修改批准的或招标的初步设计文件;对于以施工图为基础的施工总承包合同,应严格控制施工单位利用水文地质、施工设备、施工技术和施工场地条件发生变化为变更依据变更施工图,如确需变更的,必须严格按照建设单位工程变更管理办法相关程序申请、审批,批准后方可组织实施,严禁"先施工、后变更"。

20.3.2 初步设计

(1)初步设计要求

初步设计是项目从宏观控制研究阶段转入具体实施设计阶段的过程,是工程从前期准备转入实施阶段的重要标志,是工程实施阶段的前期技术决策阶段,也是方案设计的技术深化。

勘察设计单位应以《总体设计》文件为基本依据,通过工点设计和优化设计,进一步落实边界条件、确定设计方案、完成初步设计并提交《初步设计》文件和概算。

（2）初步设计文件组成

初步设计阶段的《文件组成与内容》主要包括设计说明书、设计图纸、概算三部分。设计说明书单独成册,主要包括工程概述、对咨询和总体审查意见的执行情况、设计依据、设计原则、设计方案、与其他专业和系统的接口关系等内容,还包括工程数量表、主要设备数量表、图纸目录等设计说明书附件;设计图纸单独成册,主要包括原理图、系统图、平面图、主要剖面图等内容;概算单独成册,按照相关定额规定和设计总包总体单位所发的概算要求及格式编制。

（3）初步设计概算要求

应根据地铁土建工程概算编制办法、编制原则、定额和取费标准编制工程概算;严格控制工程规模及标准,实行限额设计。要求包括:

①初步设计概算的编制,应按照初步设计概算编制办法中的相关规定,合理选用定额、取费标准及价格信息。

②初步设计概算文件章节项目齐全,不重复、不多项、不漏项,按照初步设计图纸的工程数量要求准确套用定额。

③初步设计概算应按照工程可行性研究批复的投资估算进行限额设计,严格控制工程数量和技术标准,合理确定各分项工程经济指标。初步设计概算不得超过可研工程匡算的110%。

（4）初步设计概算编制

①工程概预算编制要求:总包总体单位应根据建设单位的要求和各条线的工程特点制定概预算编制要求,该要求需包括概预算编制范围、编制依据、单元及章节的划分、所需采用的定额、工料机单价及设备价、取费标准及费用种类的划分、资金筹措方案等。总包总体单位完成《工程概预算编制要求》的编写并经内部审查后,报建设单位审批。经建设单位审批后,发至设计单位按统一编制要求执行。

②设计单位概算的编制:掌握编制工程概算的基础资料,包括设计资料、概算资料、工程筹划等资料。正确地掌握概算定额及其有关规定,熟悉概算定额的全部内容和项目划分,定额子目的工程内容、施工方法、材料规格、质量要求、计量单位、工程量计算方法,项目之间的相互关系,以及调整换算定额的规定条件和方法。熟悉设计图纸和设计说明书,根据概算定额要求准确计算工程量,防止遗漏和重复计算。严格按照《工程概预算编制要求》文件组成与内容进行编表、套定额、工料机分析及价差调整、取费,对机电安装的概预算还应包括设备价和主材价的准确询价。编制完工点概算后,必须在规定的时间内提交相关文件(包括电子文件)给总包总体单位审核、汇总。

③汇总、审查:总包总体单位应认真审核各工点概算,符合要求后由总包总体单位进行概算的汇总,计算第一部分工程费,第二部分其他费用由总包总体单位编制,构成总概算,并呈报咨询单位审查。根据咨询单位审查意见进行修改后,上报建设单位审查。最后报专家审查,总包总体单位负责审查汇报和解释工作。

④整理、归档:总包总体单位负责落实专家审查意见,组织各工点设计单位进行修编概算的编制,重新汇总出版修编概算。每一本修编概算中各设计单位还应增加修编总概算与总概算对照表、修编综合概算与综合概算对照表及原因分析。对属客观原因造成的超概,应详细分析原因并形成书面报告说明;属设计原因造成的超概,除需作出书面报告说明外,如造成不利后果的,还应按照合同有关奖惩规定执行。修编概算经建设单位确认后,送交建设单位归档,并由建设单位上报发改部门批准。

20.3.3　施工图设计

（1）施工图设计要求

施工图设计的开展标志着工程建设进入实质性实施阶段。施工图设计的工作特点是设计周期长，内容详实具体，任务繁重。根据这些特点，应确定施工图设计工作的指导思想，确保设计质量、设计进度、投资限额和设计安全。

①编制《施工图设计技术要求》《施工图设计文件组成与内容》《施工图设计文件编制统一规定》《施工图技术接口文件》等总体指导性文件，负责在施工图设计阶段监督贯彻执行。

②编制施工图设计详细工作计划，经建设单位审查批准后负责组织落实，并对施工图设计的进度、设计文件的深度和质量负总责；全面负责工程施工图设计的协调、管理工作。

③完成通用图、标准图及参考图编制工作，组织标准化设计，在全线设计中推动标准化工作。

④完成为实施项目工程所必需的全部施工文件，包括图纸、说明、图片、模型和样品等。

⑤根据物业开发预留、预埋和接口设计方案，在设计图中予以深化和明确。

⑥施工图设计应当考虑施工安全操作和工程周边环境防护的需要，对涉及施工安全的重点部位和环节在设计文件中应予以注明。

⑦施工图设计文件应当包括工程及其周边环境的监测技术要求、监测控制标准等内容。

（2）施工图设计文件组成

施工图设计阶段的《文件组成与内容》主要包括设计图纸（含设计及施工说明）、预算两部分。设计图纸单独成册，主要包括系统图、详细的平面图、详细的剖面图、大样图等内容。预算单独成册，按照相关定额规定及格式编制。

20.4　设计文件的实施与后续设计服务

20.4.1　设计文件的实施

设计文件的实施一般有下列几种形式：

（1）施工承包模式：施工单位按照建设单位提交的施工图设计文件组织施工，施工监理按照施工图设计文件进行监理。

（2）施工图设计与施工总承包模式：施工单位按照建设单位提交的初步设计文件或招标图纸，自行或委托有资质的勘察设计单位开展补充勘察和施工图深化设计，经总体单位、设计咨询（监理）单位审查，以及建设单位审批通过后，按深化设计施工图组织施工，施工监理按深化设计施工图设计文件进行监理。

（3）二次施工图设计与施工模式：施工单位按照建设单位提交的施工图，自行或委托有资质的设计单位对节点大样等内容进行施工图二次深化设计，经建设单位审查批准后按二次深化设计施工图组织施工，施工监理按二次深化设计施工图进行监理，如设备基础预埋、孔洞预留等。

20.4.2 施工招标图纸编制

施工招标图纸是指用于工程施工招标的设计文件,包括图纸、设计说明、技术要求、专用技术规范和补充设计文件,勘察设计单位应按建设单位施工招标要求,编制招标文件,并提交工程量清单与成本估算。

（1）A 类招标图

根据初步设计文件编制,按施工招标要求完成并提交施工招标的图纸。

（2）B 类招标图

根据施工图设计文件编制,按施工招标要求完成并提交施工招标的图纸。

20.4.3 图纸会审

图纸会审是设计文件实施前的最后一道审图关,工程管理部门应督促施工监理并组织施工单位和相关部门,对勘察设计单位提交的勘察设计施工文件进行认真、详细、全面的审查,重点审查差、错、漏、碰处,书面提出图纸会审问题,交由勘察设计单位逐一核查并书面答复。

20.4.4 设计交底

设计交底是工程由设计转向现场施工的必要程序,工程管理部门应组织勘察设计单位在建设项目开工前,按审核后的施工图,向安全质量管理部门、施工单位、监理单位提交设计交底的书面文件,并说明设计意图与设计理念,提出建设、监理和施工注意事项,做好勘察设计交底工作。

设计交底中,设计负责人要介绍工程设计意图和工程概况、主要技术指标等,主要内容有:

（1）项目概况、所处位置等。

（2）设计依据的主管部门审批文件,审批文件的主要内容等。

（3）设计依据的国家规范和行业标准、地方标准等。

（4）项目所处位置的地层情况、水文地质情况、周边环境情况等。

（5）设计所采用的技术标准。

（6）工程采用的主要材料技术指标。

（7）设备说明书主要内容。

（8）对基础施工、地基处理、基坑围护、降水、对周围建（构）筑物及管线等的保护以及施工安全等的要求,桩基础的试桩要求,地基处理的承载力试验要求等。

（9）对主体结构特殊部位的要求。

（10）各专业之间、平立剖面之间的关系,建筑图、结构图、设备图的平面尺寸、高程及表示方法等,预埋件、预留孔洞等设置情况,钢筋明细表及钢筋的构造图等,节点图、大样图;各类管沟、支吊架、综合管线图等概况。

（11）施工中应特别注意的事项等。

（12）设计是否满足生产要求和检修需要,施工安全、环境卫生有无保证。

20.4.5 现场设计服务

（1）建设项目开工后,勘察设计单位应设立现场设计代表机构,选派主持或参与该项目施工图设计的主要技术人员常驻现场,参加工程例会、技术会议和监理会议及其他需要设计现场服务人员参加的会议,提供现场设计服务,完善和优化勘察设计,及时解决施工中出现的勘察设计问题,按变更设计管理规定修改设计文件。

(2)勘察设计单位有权督促施工单位按审核后的施工图文件施工,对发现不按施工图文件施工的,及时通知建设单位和监理单位。

(3)勘察设计单位应及时对建设单位、监理单位、施工单位提出的勘察设计文件中存在的问题进行研究,提出处理意见和实施方案。

(4)对于必须以设计变更(补充)通知单的方式进行处理的,应发出设计变更通知单,并及时编目归档,不允许采用工作联系单或其他方式进行处理。

20.4.6　土建施工配合注意事项

(1)配合地质专业对结构安全基础承载力进行校验;

(2)参加结构施工关键工序的检查及质量控制,及时发现与设计有关的风险点,并指出应对措施,如开挖深度验收、隐蔽工程验收、防水施工验收、主体结构验收等;

(3)基底处理措施应在施工阶段加强配合,根据开挖后基底土质、地下水位等情况与有关各方协商适当调整处理措施;

(4)围护结构施工过程中,及时发现风险点和次生灾害,协助施工单位提出临时设施设计方案和应对措施;

(5)施工过程中,如发现与勘测资料不符的影响施工的边界条件[如水文地质情况、地下建(构)筑物情况等]以及施工情况,需要对设计方案进行校核,必要时提出设计变更方案,报建设单位审批;

(6)填写施工配合日志,记录施工过程中的配合情况,作为变更设计的依据;

(7)如有确需进行适当调整的情况,则应根据建设单位的有关规定进行处理;

(8)施工单位提出问题后,应先仔细核对有关勘测、设计资料,分析原因,再作出准确判断及给出处理措施;

(9)重大变更必须由建设单位、设计单位、施工单位及监理单位共同商讨决策。

20.4.7　设计巡检

勘察设计单位应定期实行现场设计巡检制度,检查设计配合人员到位情况、设计图纸供应情况、设计意图贯彻落实情况、设计标准执行情况、工作联系执行等事项,协调解决施工现场设计配合遇到的问题,对进度、质量、安全、限额设计等方面的执行情况和存在问题进行检查,将情况予以通报,并作为设计考核的依据。

20.4.8　配合工程竣工与验收

(1)勘察设计单位须在工程竣工后,按建筑工程文件归档管理办法的有关要求,以及建设单位对地铁建设档案管理的具体要求,提供最终版施工图电子文件和反映全线整体性方面的相关图纸。

(2)满足政府对建设档案管理的规定,提交相关资料和文件,并协助、配合建设单位通过发改、国土、建设、人防、消防、卫生防疫等相关部门的验收。

(3)配合建设单位对竣工资料的整理、归类、电子文档汇总等工作。

（4）编制竣工验收报告中有关设计方面的所有内容；完成国家竣工验收报告中勘察设计相关内容的编写，并协助建设单位完成最终竣工报告。

（5）配合审计工作。

（6）完成完整的地铁建设规划控制区图纸和电子文件（包括车站和出入口、通道和风亭等附属结构的规划控制区范围、区间的规划控制区范围），以便规划、国土、建设、交通、城管等部门对地铁构筑物进行有效的安全管理及维护。

20.4.9　调线调坡设计

铺轨之前应对已完工区间隧道、车站轨行区进行测量与验收，根据测量资料进行调线调坡设计，以满足限界要求，同时也减少对主体结构的修补处理。每次调线调坡设计范围不得少于一站一区间。经调线调坡设计仍存在结构超限的，应当报告工程管理部门专题讨论调整设备安装；对于调整设备安装仍然超限侵界的，应专题报告给建设单位技术委员会论证处理方案。

20.4.10　设计回访、设计总结及后评价

（1）勘察设计单位应在项目建设过程中，对勘察设计管理和勘察设计质量进行回访，及时解决因勘察设计原因出现的问题。

（2）勘察设计单位在工程完工移交运营后，应对工程进行全过程的勘察设计总结。勘察设计单位应在工程竣工后一年内向建设单位提交项目勘察设计总结报告。

（3）勘察设计单位应在建设项目正式交付运营后，积极配合相关部门开展项目的后评价工作，客观公正地评价所勘察设计项目的优缺点，为后续新建类似项目提供设计资料及依据。

20.5　设计文件的修改

20.5.1　一般规定

（1）勘察设计文件的修改权限

包括勘察设计人员在内的任何人，对已经审查批准的初步设计文件进行修改和对正式施工图设计文件或招标图纸进行修改，都必须按照建设单位工程变更管理办法的有关规定提出申请，并批准同意后，设计单位方可修改设计。

勘察设计文件一般由原勘察设计单位修改。经原勘察设计单位书面同意，建设单位可以委托其他具有相应资质的勘察设计单位修改设计文件。修改勘察设计文件的单位对修改的勘察设计文件承担相应责任，原勘察设计单位仍对设计文件的总体性负责。

（2）设计文件的修改分类

设计文件的修改分为设计方案变更和施工图设计变更两类。

①设计方案变更：在正式施工图设计文件发出之前，对已经审查批准的初步设计文件进行修改的；或在编制招标图时，对已经审查批准的初步设计文件进行的，均被视为设计方案变更。

②施工图设计变更：经审核合格的正式施工图设计文件发出之后，对正式施工图设计文件进行修

改的;或对已经招标的图纸、中标设计方案进行修改的,均被视为施工图设计变更。

（3）设计文件的修改原因

①行政许可原因:因发改、规划、国土、建设、人防、消防、交管、环保、卫生防疫、城管等部门要求,引起的设计文件修改。

②勘察及现场条件原因:招标或施工过程中提供的资料与实际不符,或用地拆迁困难无法满足建设需要,或现场环境条件发生变化,引起的设计文件修改。

③设计原因:因设计文件缺陷、错误、遗漏、碰撞等需要修改、补充完善或优化,引起的设计文件修改。

④技术标准变化原因:国家或行业技术标准、规范变化引起的设计文件修改。

⑤功能变化及需求原因:使用功能变化或建设单位要求变化引起的设计文件修改。

⑥施工原因:施工单位机具设备、技术或工程经验、工艺、工期引起的设计文件修改。

⑦其他原因:不属于上述原因引起的设计文件修改。

（4）设计变更分类

设计方案变更和施工图设计变更一般可分为Ⅰ类变更、Ⅱ类变更、Ⅲ类变更、Ⅳ类变更等四类。

①符合下列条件者为Ⅰ类变更:变更建设规模、主要技术标准、重大方案的,变更初步设计主要批复意见的,变更影响到全线某一系统或重要车运营标准、运营安全的,变更工程设计原则的。

②符合下列条件者为Ⅱ类变更:变更已批准的主要技术方案,包括装修标准等;改变已批准车站、区间或单体建筑等以上等级的施工组织设计,影响工程质量、安全储备、施工安全及施工工期的;改变一般车站的使用功能的;设备安装装修工程单项变更费用增减在一定金额范围内的。

③符合下列条件者为Ⅲ类变更:改变工程某部分的高程、基线、位置或尺寸,改变材料的性质、种类、规格、型号、数量,变更各类管线、桥架的走向、位置引起合同造价增减的。

④符合下列条件者为Ⅳ类变更:改变某部分工程的施工顺序、工艺、工法或时间安排;改变某部分的局部尺寸;纠正或修改设计文件的差、错、漏、碰的;增减门窗、门锁等五金件数量、规格、型号,插槽、插孔数量、规格型号等的变更并且引起合同造价增减的;土建工程单项变更费用❶增减在20万元以下。

20.5.2 设计方案变更

（1）设计方案变更的提出和申请

设计单位提出申请的设计方案变更,必须由设计单位填写"设计方案变更申请/审批表",并由申请单位本项目负责人签字盖章,向建设单位设计管理部门提出正式申请。

建设单位提出的设计方案变更,必须由提出部门填写"设计方案变更申请/审批表",并由部门负责人签字盖章,向建设单位设计管理部门提出正式申请。

变更申请应包括以下主要内容:变更的原因和依据,变更的内容及范围,变更引起的工程量及工程投资的增减,变更对功能、工期、接口的影响,必要的附图及计算资料等,其他支持性材料。

（2）设计方案变更的落实

设计方案变更审批成立后,由建设单位设计管理部门向设计总体单位发出《设计方案变更指令》,设计单位将设计方案变更落实到施工图设计文件中或招标图纸文件中。

---

❶ 单项变更指单个车站、区间、车辆基地工程中单独一次变更,或由同一原因引起的同一施工标段同一工程项目的重复性变更。

20.6 初步设计及施工图设计文件审查

20.6.1 初步设计文件审查

（1）初步设计文件审查要求

初步设计是开展施工图设计之前的重要准备阶段，为了确保设计的连续性、设计方案的稳定性以及工程投资的经济性，最终实现工程投资、进度、质量三控制的目标。

初步设计审查目标是通过协调、审查、优化等手段优化设计方案，控制工程规模，审核工程数量与工程概算，审查工点、确保工程设计方案的深度、质量和可实施性，确保其通过专家审查和政府评审，为工程实施创造条件。

（2）初步设计文件审查要点

①审查设计单位执行总体设计评审意见和咨询审查意见的情况。

②根据国内现行的有关法规和规范、标准，结合国际先进的工程实例与规范，审查初步设计各章节。

③审查初步设计文件深度、文件组成、完整性是否满足相关规定和工程建设的要求。

④对每项工程设计边界条件作深入研究，并探讨其对工程设计方案、建设工期、工程投资可能产生的影响及相应对策。

⑤提出初步设计进一步优化设计的意见，并督促落实，对有需要进行招标的设计文件和图纸进行审查，使之能满足招标的要求。

⑥审查系统、专业、工点之间及外部接口的协调性。

⑦审查初步设计阶段总体的设计管理文件及设计指导性文件。

⑧审查工程可实施性，包括施工场地布置等。

⑨审查初步设计概算编制原则、采用定额、概算单元划分及列项的合理性及概算指标。

⑩审查设计单位提供的《用户需求书》《技术规格书》中，有关技术标准、技术要求是否存在以不合理的条件限制或者排斥潜在供货商。

20.6.2 施工图设计文件审查

1）施工图审查要求

（1）施工图审查总体要求

①施工图设计是根据审批通过的初步设计，在确定的工程规模和技术标准的基础上进行详细设计，必须满足设备材料采购、非标准设备制作、安装及施工的需要，是工程实施的直接依据。

②施工图设计审查是确保设计质量及施工可行性的重要环节和必不可少的程序。

③审查工作须依照相关法规、规范及政府有关部门批准的文件进行，以确保施工图符合国家规定并满足政府主管部门审批的要求。

（2）施工图审查质量要求

①审查由设计单位提交的施工图设计文件及图纸，以确保施工图符合国家规定并满足政府主管部门审批的要求。

②确保初步设计政府部门、专家、建设单位评审意见以及审查单位施工图审查意见的落实。

③建立或审核施工图阶段设计监督管理体系和质量管理体系(包括组织机构、人员等),确保本项目的设计达到目标要求。

④在施工图设计过程中,应会同设计总承包单位、咨询与市规划、消防、建设等部门进行沟通和联系。

(3)施工图审查依据

施工图审查工作须依照以下法规、规范及政府有关部门批准的文件进行:

①《房屋建筑和市政基础设施工程施工图设计文件审查管理办法》(建设部令第 134 号);

②《关于颁发施工图设计文件审查要点的通知》(建质〔2003〕2 号);

③施工图设计单位在施工图设计文件中列出的设计采用的相关规范、标准与规程;

④政府相关主管部门的批准及审查文件;

⑤其他相关规定。

2)施工图审查范围

(1)施工图文件审查范围

①施工图总体技术管理文件;

②施工图指导性技术文件;

③工程范围内各专业施工图设计文件;

④工程范围内上述施工图的变更设计文件。

(2)施工图审查重点

主要在以下方面对施工图设计文件进行审查(包括但不限于):

①设计文件是否符合国家或地区(行业)的设计规范(标准)及强制性条文规定。

②施工图设计是否达到国家和项目规定的深度要求。

③施工图设计是否符合公众利益,是否环保、安全和方便使用等。

④施工图是否按照批准的初步设计文件和有关项目审批文件要求进行设计,初步设计专家评审意见是否得到落实。

⑤设计单位所使用的设计和计算软件是否符合要求。

⑥节能设计和节能报告是否符合有关规定,施工图设计是否贯彻落实节能相关要求和措施。

⑦设计单位和注册执业人员以及相关人员是否按规定在施工图上加盖相应的图章和签字。

⑧抽查设计单位(总包)提供的 CAD 图纸的电子文件,检查图层、图号、电子文件编号等是否符合《CAD 与制图标准》及相关规定。

⑨严格控制设计标准,使之与初步设计相符;按限额设计控制投资,在标准的概算额度内,审查施工图设计,是否控制在概算范围内。

⑩各类设备用户需求书、规格书的审查。

⑪各类通用图、标准图的审查。

⑫各类接口稳定情况审查。

⑬文件会审、会签情况的审查。

⑭其他法律、法规、规章规定的必须审查的内容。

(3)施工图审查主要专业实施细则

线路专业施工图强审实施细则见表 20-1。

序　号	项　目	审 查 细 则
1	强制性条文	《工程建设标准强制性条文》(2013 年版)中有关的强制性条文(具体条款略)
2	设计文件总要求	①是否与审查批准的初步设计一致,如有重大更改,是否有相应的批准文件; ②施工图是否达到建设部规定的深度要求; ③设计图纸(总图及其他图纸)是否完整齐全(包括总图或缩图、索引图等); ④引用标准图(现行有效版本)目录是否齐全; ⑤图纸签署是否符合规定; ⑥初步设计总说明及线路初步设计全部文件是否完整; ⑦工程影响范围内建(构)筑物、轨道交通建筑物及地下管线的勘察测绘资料及规划资料等设计基础资料是否齐全; ⑧有关改变设计范围、原则、标准等主要会议决议文件,文物、环保部门对轨道交通设计要求的文件
3	线路平纵断面设计	①线路位置和车站分布是否合理; ②车站位置和车站与其他建筑物结合是否合理; ③全线布置的配线是否满足运营功能及布置合理; ④采用的曲线半径是否恰当合理; ⑤线路纵断面在高程上的控制点是否合理; ⑥对地质条件考虑和对不良地质地段处理意见是否合理; ⑦对地下管线及控制建(构)筑物的矛盾处理是否合理; ⑧对纵断面选用大坡度及坡段结合的情况是否合理; ⑨采取保护文物、古迹、名木、古树等措施; ⑩考虑是否方便换乘; ⑪是一重要路段、居住区路段考虑环境保护

建筑专业施工图强审实施细则见表 20-2。

序　号	项　目	审 查 细 则
1	强制性条文	《工程建设标准强制性条文》(2013 年版)中有关的强制性条文(具体条款略)
2	设计文件总要求	①是否与审查批准的初步设计一致,如有重大更改,是否有相应的批准文件; ②施工图是否达到建设部规定的深度要求; ③设计图纸(总图及其他图纸)是否完整齐全(包括总图或缩图、索引图等); ④主要设备材料表是否齐全; ⑤引用标准图(现行有效版本)、大样图图纸目录是否齐全; ⑥图纸签署是否符合规定; ⑦初步设计总说明及初步设计全部文件,施工图中应有必要的说明和技术要求; ⑧基础设计资料齐全,有工程地质详勘报告; ⑨对超出规范标准限值有特别说明及论证; ⑩防火专篇、环保专篇、人防专篇、建筑节能有关内容
3	车站总平面布置	①布局合理; ②功能分区合理; ③符合城市规划要求; ④符合消防、日照、卫生间距等规范要求; ⑤符合安全疏散要求; ⑥公共设施要求; ⑦考虑换乘方便,出入口设置合理; ⑧无障碍设计符合规范
4	车站平、立、剖面设计	①设计合理,符合使用要求; ②车站内部空间比较经济; ③设计符合安全运营、方便乘客; ④防火、防烟分区划分合理,防火措施恰当

房建结构专业施工图强审实施细则见表 20-3。

房建结构专业施工图强审实施细则　　　　表 20-3

序　号	项　目	审 查 细 则
1	强制性条文	《工程建设标准强制性条文》(2013 年版)中有关的强制性条文(具体条款略)
2	设计文件总要求	①是否与审查批准的初步设计一致,如有重大更改,是否有相应的批准文件; ②施工图是否达到建设部规定的深度要求; ③设计图纸(总图及其他图纸)是否完整齐全(包括总图或缩图、索引图等); ④主要设备材料表是否齐全; ⑤引用标准图(现行有效版本)、大样图图纸目录是否齐全; ⑥图纸签署是否符合规定; ⑦初步设计总说明及初步设计全部文件,施工图中应有必要的说明和技术要求; ⑧基础设计资料齐全,有工程地质详勘报告; ⑨对超出规范标准限值有特别说明及论证
3	建筑物	①设计计算及设计图纸满足有关规范、规程、规定和构造要求; ②地基变形、建筑物沉降和沉降差; ③抗震设计符合规范要求; ④人防设计符合规范要求; ⑤钢结构设计符合规范要求; ⑥钢筋混凝土各构件设计符合规范要求; ⑦预留孔洞及预埋件设计符合规范要求; ⑧特殊部位、重要部位的设计符合规范要求; ⑨建筑物稳定性及安全性评价
4	其他	①施工方法对周围环境的影响; ②地下深基础对周围环境的影响

地下结构专业施工图强审实施细则见表 20-4。

地下结构专业施工图强审实施细则　　　　表 20-4

序　号	项　目	审 查 细 则
1	强制性条文	《工程建设标准强制性条文》(2013 年版)中有关的强制性条文(具体条款略)
2	设计文件总要求	①是否与审查批准的初步设计一致,如有重大更改,是否有相应的批准文件; ②施工图是否达到建设部规定的深度要求; ③设计图纸(总图及其他图纸)是否完整齐全(包括总图或缩图、索引图等); ④主要设备材料表是否齐全; ⑤经复核过的计算单(包括使用软件名称)是否完整正确; ⑥引用标准图(现行有效版本)、大样图图纸目录是否齐全; ⑦图纸签署是否符合规定; ⑧初步设计总说明及初步设计全部文件; ⑨基础设计资料齐全,有工程地质详勘报告; ⑩工程影响范围内建、构筑物、轨道交通建筑物及地下管线资料(现状及规划)
3	建筑物、构筑物	①施工方法选定是否合理; ②结构形式合理; ③净空尺寸满足建筑限界、施工误差、施工工艺等要求; ④结构计算准确; ⑤明挖隧道基坑开挖的稳定性和安全性; ⑥矿山法隧道施工阶段的稳定性和安全性; ⑦盾构法隧道施工阶段的稳定性和安全性; ⑧隧道使用阶段的稳定性和安全性; ⑨满足抗震设计要求; ⑩满足人防要求; ⑪特殊工程地质问题的处理; ⑫施工缝、变形缝的设置; ⑬节点设计满足结构受力和施工工艺要求; ⑭结构构造满足要求; ⑮工程材料选择满足要求; ⑯施工期间对地面交通的处置是否符合要求; ⑰施工期间对邻近建(构)筑物及地下管线的影响

防水专业施工图强审实施细则见表20-5。

防水专业施工图强审实施细则　　　　　　　　　　　表 20-5

序 号	项 目	审查细则
1	强制性条文	《工程建设标准强制性条文》(2013 年版)中有关的强制性条文(具体条款略)
2	设计文件 总要求	①是否与初步设计审批意见一致,如有重大更改,是否具有相应的批准文件; ②防水等级和设防要求符合规范、标准要求; ③防水混凝土的抗渗等级和其他技术指标、质量保证措施符合规定要求; ④附加防水层选用的材料及其技术指标、质量保证措施符合规定要求; ⑤设计文件是否完整齐全; ⑥满足相关深度要求; ⑦图纸签署是否符合规定
3	防水功能 及安全性	①不同施工方法、不同结构形式的防水处理是否符合规定要求; ②车站与区间、明挖和暗挖结合部位的防水构造图; ③不同区段或部位所选用的不同材料的连接节点大样图; ④细部构造(施工缝、变形缝、预留通道接头、阴阳角拐弯节点等)防水图; ⑤防排水系统构造图

20.7　设计管理创新

(1)加强内外交流,提高设计管理水平

加强建设单位设计管理人员、设计师的内部交流,同时创造条件,走出去交流,拓宽视野,共同进步。要求建设单位设计管理人员具备系统的城市轨道设计和施工的知识与经验,不但要了解技术,还要清楚建管程序。可以采用定期技术培训与建设管理经验交流相结合的方式,不断提高设计管理人员的业务能力。

(2)优化设计流程,突显人性化设计

进一步改善设计管理流程,让建设单位代表和运营相关人员有更多机会参与设计方案的审查,让设计更贴近工程现场实际,更贴近运营需求。

(3)重视细节,加强设计接口的管理

地铁土建工程设计涉及的专业很多,其中各专业之间的接口是工作的重中之重。应督促设计单位内部各专业之间的交流,必要的时候,由建设单位组织设计单位共同协商解决各专业的接口问题,充分借鉴过往工程的经验,优化设计方案。

(4)增加考核管理,促进出图进度

为更好地做好土建工程设计管理工作,加快出图进度,建设单位应将施工图出图进度及施工图出图质量列入考核中,以便更进一步加强对设计单位的考核力度,及时地为建设单位提供设计图纸资料,确保工程进度。

(5)分工明确、责任到人

针对地铁土建工程的设计管理,将设计管理任务分层次进行任务分解,设定分任务清单,工作分工到人并设定时限,该种方式有助于提高解决问题的时效性且具有可追溯性。

(6)把握设计为运营服务的理念

处理好运营需求与设计依据的协调问题,充分尊重运营单位的意见和建议,加快相关项目的设计修改速度,确保不因设计修改而影响现场施工。

（7）充分发挥设计专业组作用

充分利用专业组（建筑组、结构组、信号组、供电组等）的平台，集中建设单位专业技术人员资源，充分发挥技术骨干的积极性，统一研究解决各专业重要的设计方案和技术问题。

（8）培养设计管理专业人才

推动土建技术人员与设备技术人员的沟通、交流和融合，力争在建设单位内培养土建工程专业的设计管理人才。

（9）推广建筑信息模型（BIM）技术应用

为更好地适应地铁建设和运营形势，促进企业跨越式发展，整合相关力量，可以尝试在新开工线路上创新引入 BIM 专业咨询单位，建立 BIM 实施方案和标准，指导和规范地铁项目各参建方的 BIM 实施；总结成功经验后，再逐步推广 BIM 技术应用，打造从规划、设计、施工到运营维护整个工程项目全生命周期的 BIM 技术平台，提高地铁建设全生命周期安全质量管理水平，更好地践行建设为运营服务的理念。

第**21**章 计划管理

21.1 概 述

在管理学中,计划具有两重含义:其一是计划工作,是指根据对组织外部环境与内部条件的分析,提出在未来一定时期内要达到的组织目标以及实现目标的方案途径;其二是计划形式,是指用文字和指标等形式所表述的组织以及组织内不同部门和不同成员,在未来一定时期内关于行动方向、内容和方式安排的管理事件。计划管理就是计划的编制、执行、调整、考核的过程。

地铁建设的阶段性、复杂性和系统性决定了其建设全过程计划管理的重要性。这主要体现在两个方面:一是计划对整个建设过程的统筹和指导;二是通过对计划实施进行考核与评价,分析计划与实际进度的偏差,对偏差进行协调和管控,并在一定范围内对计划进行动态调整,使得计划与实际进度的偏差始终控制在可接受的范围之内,以确保线路重大里程碑节点和开通目标的实现。

21.2 计划的分类与管理原则

21.2.1 计划的分类

计划按阶段主要分为战略规划、工程筹划、工程招标策划、工程招标计划、工程实施性策划、工程设计计划、征地拆迁计划、前期工程计划、主体工程计划、站后工程计划及工程验收计划、工程结算计划等。

1)战略规划

战略规划的主要内容包括五年战略发展规划(包括滚动修编)、三年滚动经营计划、建设单位年度工作要点等长、中、短期战略规划文件,涵盖规划期内工程形象、工程投资、建设资金需求等指标,以及为实现规划目标采取的各项措施等。战略规划涵盖规划阶段的所有建设线路或项目。

2)工程筹划

工程筹划的主要内容包括工程建设总工期和进度计划、主要施工方法和施工期间采取的措施、主要材料供应计划、设备系统联调及初期运营计划、工程招标及采购计划等。工程筹划针对具体线路编制。

3)工程招标策划

工程招标策划的主要内容包括工程概况、招标内容、招标范围、甲供乙购清单、总工期及关键里程碑、标段划分、投资估算、商务条件、投标人资质条件等。工程招标策划一般针对一条线路按专业编制，如前期工程、土建工程、安装装修工程、设备材料供货等。

4）工程招标计划

工程招标计划主要指依据政府及建设单位工作计划、工程筹划等相关要求，编制的年度及季度招标实施性计划。招标所确定的合同包括前期工程合同、土建工程合同、常规设备安装及装修工程合同、系统设备安装合同、设备材料采购合同及服务性合同等。

5）工程实施性策划

工程实施性策划是指对项目开工至开通初期运营的全面部署，内容包括但不限于工程重难点分析、次级施工单元划分、工程关键节点目标、各年度主要建设任务、征地拆迁计划、施工图设计计划、场段工程计划、土建洞通计划、轨道工程计划、甲供设备及材料招标到货计划、安装装修计划、设备系统调试计划及试运行计划等。

6）工程设计计划

工程设计计划是指依据招标计划、工程实施性策划以及配合现场施工进度，编制的年度或季度设计、评审及报建计划。

7）征地拆迁计划

征地拆迁计划是指依据工程总策划及前期工程、土建工程年度计划编制的各工点的征拆进度安排。由于征拆责任主体一般非建设单位，加上其工作难度大，故时间上的不确定性较大。正常情况下，在征拆范围稳定的前提下应全面开展相关工作。

8）前期工程、土建工程及站后工程计划

前期工程、土建工程及站后工程计划是指依据工程实施性策划编制的各工点、各专业的施工计划，包括形象进度和投资两部分内容。其中，前期工程计划按季度编制，土建工程、站后工程计划按年度编制。

9）工程验收计划

工程验收计划是指为了满足工程工序转换及开通初期运营需要，各标段、各专业的验收安排，包括初步验收计划、竣工验收计划及政府专项验收计划。

10）工程结算计划

工程结算计划是指依据国家验收总体计划编制的合同结算资料提交、合同结算资料内审及合同结算资料送审等专项计划。

21.2.2 管理原则

1）系统原则

由于地铁建设的复杂性，所有的工作内容都必须纳入计划体系，并且需要在计划中体现各项工作在时间与空间上的逻辑关系，以实现不同工作之间的有效衔接、协同和资源的优化配置，这使得地铁

计划管理具有明显的系统性特征。

2）闭环控制原则

计划的编制实质上是为各项工作设定一个目标值。受各种因素的影响，在预定时间点完成的实际值通常与实时目标值存在偏差，此偏差值将反馈给系统作为纠偏的依据，目的是控制偏差在允许的范围内，保障系统按计划运行。

3）主导原则

计划应该指导建设行为而不是反映建设行为，计划不是对建设行为的预测，反映在某一时刻能干到什么程度，而是要求在某一时刻干到什么程度。计划应主导建设行为而不是跟随建设行为。主导的实质内涵反映了计划对建设行为的控制特性。

4）弹性原则

一般来说，地铁项目工期长且影响因素多，这就要求计划编制人员能根据统计经验，评估各种因素的影响程度和出现的可能性，并在目标设定时充分考虑实现目标的风险，从而在不影响重大节点和最终目标的前提下对目标的设定留有余地。

5）均衡原则

由于地铁建设的阶段性特征，需要按照倒排工期的原则，以重大的里程碑目标来区隔各阶段的时间界限，每个阶段内可以增设工序转换或关键工程节点，加大目标节点的密度以降低重大里程碑目标被突破的风险，从而降低前阶段工期的延误对后阶段工期挤压的累积效应。

21.3 计划管理架构与体系

21.3.1 管理架构

建设单位计划管理一般分为两个层次，即综合计划管理部门和建设计划管理部门。前者负责包括地铁建设在内的所有业务的计划管理，后者则负责所有地铁线路建设的计划管理。如果建设管理部门再下设二级管理部门，那么计划管理则相应增加一个层次。

综合计划管理部门主要负责宏观或者战略层面的规划或计划，主要对接政府层面，对于地铁建设而言，包括五年规划地铁建设的时序、投资预算的安排、各线路的开通时间及运营、物业和资源开发等配套业务的规划等。公司年度工作计划大纲编制和考核是综合计划管理部门的主要职责之一。对于建设管理部门的年度计划而言，包含安全质量、投资、形象进度、验收、生态文明建设、设计管理、招标管理、征地拆迁、数据统计、风险内控、制度建设、综合管理、创新发展和管理提升等内容。在编制年度工作计划大纲时，综合计划管理部门与建设管理计划部门应通过充分沟通达成共识。

建设计划管理部门依据公司五年规划、年度工作计划大纲以及各线路的工程实施性总策划，编制相关线路的年度计划。计划以实体工程（不包括前期工程）为主线，以开通初期运营为目标倒排，用重大里程碑节点将建设全过程分隔成几个阶段，确保每个阶段的合理工期；以实体工程的计划为依据，编制设计、招标、征地拆迁、前期工程、验收以及工程结算等工作计划。编制线路的年度计划时,应与负责相关工作的部门协商一致。如果建设管理部门下设其他二级工程管理部门,则各线路年度计划的编制应该由分管该线路的工程管理部门负责,其他相关二级管理部门配合。

国内各城市地铁建设单位因管理架构的不同,其计划管理体系存在一定的差异。但地铁建设计划管理体系具有共同的特点:建设单位一般设置专门的计划管理机构,计划管理机构的管理工作包括对勘察设计单位、监理单位、施工单位以及供货商/集成商等所有参建单位。

21.3.2 管理体系

通常将计划分为三个层级,计划的三个层级构成了计划管理体系。在此管理体系下,计划的编制自上而下逐级展开,下一级计划受控于上一级计划。计划的主导性原则决定了计划的编制必须摆脱对现场进度预测的惯常思维。所以,计划实质上是地铁建设全过程中为达成终极目标(开通运营),在不同的时间和空间应实现的重要或关键的目标值。下面就三级计划分述如下:

1)一级计划

一级计划以地铁线路为对象,根据地铁各专业的标准化工期指标和工程特点,以工程关键节点、工序转换节点和重大里程碑为目标节点,其对应的时间节点则依据各专业主要工序的合理工期以及与目标节点之间的逻辑关系,按照开通时间倒排形成。一级计划可由建设单位建设管理计划部门编制,报建设单位批准发布,并作为建设单位层面对线路工程进度进行评价与管控的依据。一级计划一般按年度(分解到季度)编制。

2)二级计划

二级计划以单位工程为对象,主要体现站点、区间、场段及相关控制性工程层面的实施特性,其目标节点和时间节点原则上依据"一级计划"设置,考虑线路的特殊性时,二级计划可在一级计划的基础上增减部分目标节点或对部分时间节点进行微调。二级计划由建设管理计划部门或线路分管部门编制,经综合计划管理部门审核后,报建设单位批准发布。作为建设管理部门对施工标段工程进度进行评价与管控的依据。二级计划一般按季度(分解到月度)编制。

3)三级计划

三级计划以分部分项工程(工序)为对象,依据二级计划的进度要求,合理配置人机料等生产资源,体现进度指标日兑现率的特性。三级计划由施工单位编制,经现场监理审批后,报现场建设单位代表备案,作为建设单位代表和监理对施工进度进行评价与管控的依据。三级计划是计划的控制特性作用于施工进度的最终体现。三级计划一般按月度(分解到周)编制。

上述计划体系较好地体现了计划的主导性原则。

21.4 一级计划纲要

按照一级计划的定义,综合考虑实施主体、管理主体以及标段划分等综合因素,把一级计划分为土建工程、轨道工程、常规设备安装及装修工程、系统设备安装工程、车辆基地工程等五部分。虽然本书讨论的是地铁土建工程技术与管理问题,但考虑线路计划的完整性以及与站后工程的衔接,此处仍然将地铁站后工程和车辆基地工程部分的一级计划一并列出。考虑到一级计划选取目标节点的纲领性和重要性特征,通常也将其称为一级计划纲要。

设地铁的建设工期为 n 个月,以一般新建路线为例 [全自动运行新建线路一级计划纲要见《地铁站后工程技术与管理实务》(第 2 版)相关章节],土建工程、轨道工程、常规设备安装及装修工程、系统设备安装工程和车辆基地工程五个部分的一级计划纲要分别见表 21-1 ～表 21-5。

土建工程一级计划纲要 表 21-1

序　　号	目 标 节 点	时 间 节 点
1	完成围护结构	第(n-39)个月
2	完成车站主体结构	第(n-27)个月
3	完成 110kV 主变电所主体结构移交	第(n-23)个月
4	完成铺轨基地移交	第(n-22)个月
5	区间双线贯通	第(n-20)个月
6	各站点完成至少两个出入口和一组风亭主体结构	第(n-17)个月
7	完成轨行区移交	第(n-16)个月
8	完成车站主体移交	第(n-16)个月
9	完成附属结构	第(n-6)个月

轨道工程一级计划纲要 表 21-2

序　　号	目 标 节 点	时 间 节 点
1	双线短轨通	第(n-10)个月
2	双线长轨通	第(n-8)个月

常规设备安装及装修工程一级计划纲要 表 21-3

序　　号	目 标 节 点	时 间 节 点
1	完成关键设备房装修并移交	第(n-13)个月
2	完成其他设备房装修并移交	第(n-12)个月
3	400V 具备受电条件	第(n-10)个月
4	400V 电通	第(n-9)个月
5	完成车站综合管线制安	第(n-9)个月
6	环控小系统具备开通条件	第(n-8)个月
7	完成区间风亭、废水泵房施工	第(n-7)个月
8	完成市政给排水管网接驳工程	第(n-7)个月
9	完成常规设备单机、单系统调试	第(n-7)个月
10	完成车站公共区装修工程	第(n-5)个月
11	完成站内导向标识安装	第(n-4)个月
12	完成出入口风亭及应急通道安装装修工程	第(n-4)个月
13	完成装修工程收口及站外小广场工程	第(n-3)个月
14	完成站外导向标识安装	第(n-3)个月
15	电梯 / 自动扶梯取得合格证	第(n-2)个月

系统设备安装工程一级计划纲要 表 21-4

序　　号	目 标 节 点	时 间 节 点
1	110kV 主变电所具备受电条件	第(n-13)个月
2	110kV 电通	第(n-12)个月
3	35kV 变配电工程具备受电条件	第(n-11)个月
4	35kV 电通	第(n-10)个月
5	首列车到段	第(n-10)个月

序 号	目标节点	时间节点
6	完成通信传输及专用无线系统安装调试	第(n-9)个月
7	完成全线站台门安装	第(n-9)个月
8	完成信号系统安装	第(n-8)个月
9	完成综合监控系统安装	第(n-8)个月
10	完成限界检测、整改和冷滑试验	第(n-7)个月
11	正线具备热滑条件	第(n-7)个月
12	完成 AFC 系统安装	第(n-7)个月
13	完成系统设备单机、单系统调试	第(n-6)个月
14	完成信号系统与车辆调试	第(n-4)个月
15	完成系统总联调,具备试运行条件	第(n-4)个月
16	具备"三权"移交条件	第(n-4)个月
17	信号系统取得安全认证	第(n-2)个月

车辆基地工程一级计划纲要　　　　表 21-5

序 号	目标节点	时间节点
1	完成地基处理或土石方工程	第(n-36)个月
2	完成桩基工程	第(n-28)个月
3	完成房建主体工程	第(n-16)个月
4	完成混合变电所主体工程移交	第(n-16)个月
5	完成段内轨道工程	第(n-12)个月
6	完成段内接触网工程	第(n-11)个月
7	混合变电所具备受电条件	第(n-11)个月
8	完成段内道路	第(n-10)个月
9	完成段内信号工程	第(n-10)个月
10	具备接车及列车静调条件	第(n-10)个月
11	具备试车条件	第(n-9)个月
12	完成设备单机、单系统调试	第(n-7)个月
13	完成装修工程和系统总联调	第(n-4)个月

一级计划纲要基于各专业的标准化工期指标,按照工期倒排和各专业间的逻辑关系编制,是计划编制的主要依据之一,是地铁建设计划管理的纲领性文件。考虑具体线路的特征性和不同线路之间的差异,各线路的实施性工程总策划也是计划编制的重要依据,应据此对一级计划的目标节点做适当调整,可增加(如线路的高架段等)或减少(如车辆基地工程的"完成地基处理或土石方工程"计划节点)部分目标节点。

一级计划纲要中并未包含征地拆迁(提供施工场地)、设计(提供施工图纸)、招标(提供材料设备)、验收(投入运行的必要条件)和前期工程(包括管线改迁及恢复、交通疏解和绿化迁移及恢复工程)等内容。毋庸置疑,上述工作必须纳入相关线路的年度计划且依据一级计划纲要编制。由于前期工程的不确定性,前期工程计划一般按季度编制,其计划的目标和时间节点设置的目的是为主体工程提供施工场地以及统筹各前期工程之间的空间与时间的关系。

目前,全自动运行系统成为地铁列车运行控制的发展趋势。全球新建线路中将有 75% 采用全自动运行系统,改造线路中也将有 40% 采用全自动运行系统,国内主要城市已将全自动运行系统纳入建设规划。全自动运行线路各专业和联调的调试工期较一般线路调试时间均有所增加,整体调试时间较一般线路增加 30% ~ 50%。建议选取样板段提前调试,样板段至少提前 12 个月开始动车调试,全线联调至少提前 6 个月开始动车调试。为此,对于全自动运行线路,需要在一级计划纲要中增加样板段调试目标节点,并增加全线联调工期 6 个月,并对其前置目标时间节点进行整体性前移。

21.5 线路合理工期

21.5.1 施工总工期

一级计划的首个目标节点是围护结构工程,该节点应在第 $(n-39)$ 个月完成。以围护结构 9 个月工期计,其开工时间应为第 $(n-48)$ 个月,当 $n=48$ 时,时间节点为第 0 个月,即地铁主体工程施工场地完成围闭,已具备开工条件。从而可以确定,从围护结构开工到开通初期运营,施工总工期为 48 个月。为此,施工总工期可定义为:在具备进场条件的前提下,通过科学组织,采取成熟技术和熟练管理手段、合理的资源投入和资金保障,一条一般新建线路的合理施工时间。

基于各专业标准化工期指标形成一级计划纲要进而推算出来的施工总工期,是一条线路从土建(主体)工程开工到具备开通初期运营所需要的合理施工时间。通过加大资源投入、延长工作时间(加班)、采用技术或管理手段提高施工效率可适当压缩施工总工期,但效果是有限的,除影响线路的施工效益外,还将增加工程安全和质量风险。由前期工作时间关联线站位与既有地下管线、城市道路和建(构)筑物的位置关系,以及地铁建设以解决城市交通拥堵为目的的特点可知,大幅度压缩前期工作时间并不现实。所以,一级计划纲要的确定不仅对构建主导型地铁建设计划体系发挥了关键作用,同时,也为线路施工总工期和建设总工期的确定提供了清晰的思路和有效的途径。

21.5.2 建设总工期

假设前期工作时间为 m,那么:

$$建设总工期(n) = 施工总工期 + 前期工作时间(m)$$

考虑到前期工作(包括征地拆迁、前期工程等,但未考虑规划立项、工可研和初步设计等工作内容)时间,从土建(主体)工程(可能包括站后工程或其中一部分工程)完成合同签订开始,一条新建线路的施工总工期应不小于 48 个月(不包含全自动运行系统调试时间)。对于续建线路(站点数≤10),其施工总工期可适当调减。

前期工作主要包括征地拆迁和前期工程,故 m 的大小取决于线路线站位的社会环境和城市功能设施的情况,具有很大的不确定性。根据目前国内地铁建设的实践经验,一般取 $m=6\sim12$,即安排 6~12 个月时间基本完成前期工作(前期工作时间可以在施工总工期中考虑与主体工程约 3 个月的重叠时间,所以前期工作时间一般为 9~15 个月),达成主体围护结构具备开工的条件。

征地拆迁难度越大,m 的值也会相应增大。所以,在一定范围内,m 取值越大,前期工作导致地铁建设总工期的不确定性就越小。但当 m 取值超出某个范围时,线路的施工效益将会降低,应通过对前期工作计划有效的管控,将 m 的取值控制在合理的范围内。

对于续建线路(站点数≤10),虽然前期工作的工作量减少,但只要存在工作难度大的站点,前期工作时间也难以大幅度减少。因资源配置聚集度高,续建线路的施工总工期可相应减少,一般而言,其施工总工期相对于新建线路最多可考虑减少 6 个月。

各类线路的建设总工期：

①一般新建线路（考虑其施工总工期不小于 48 个月）

建设总工期(n）=48+ 前期工作时间（m=6 ～ 12）=54 ～ 60 个月

②全自动运行新建线路（考虑增加 6 个月调试工期）

建设总工期(n）=54+ 前期工作时间（m=6 ～ 12）=60 ～ 66 个月

③一般续建线路（考虑其施工总工期不小于 42 个月）

建设总工期(n）=42+ 前期工作时间（m=6 ～ 12）=48 ～ 54 个月

④全自动运行续建线路（考虑增加 6 个月调试工期）

建设总工期(n）=48+ 前期工作时间（m=6 ～ 12）=54 ～ 60 个月

21.5.3 土建工程工期及重要工期节点

由一级计划纲要可知，以围护结构 9 个月工期计，土建工程开始于第（n-48）个月，而结束于"完成车站主体移交"（此时剩余部分附属结构工程），其时间节点为第（n-16）个月，即一级计划纲要设定土建工程的工期为 32 个月（不含部分附属结构工期）。其中，包含的四个重要工期节点分别是：

①完成 110kV 主变电所主体结构移交，第（n-23）个月；

②区间双线贯通，第（n-20）个月；

③完成轨行区移交，第（n-16）个月；

④完成车站主体移交，第（n-16）个月。

上述四个重要工期节点主要是控制施工阶段转换的时间，以确保后续工程合理的施工时间。其中最重要的里程碑节点是"区间双线贯通"，此目标节点对整个线路的施工总工期影响重大，在施工过程中应予以高度的重视。

对于续建线路等较短线路的建设，考虑与既有运营线路的联调时间受限于凌晨数小时内，建议站后工程的工期维持不变，将土建工程工期调减为 26 个月左右，相关的土建工程工期节点也应做出相应的调整，以满足施工总工期的压缩要求。

一级计划纲要并未覆盖土建工程所有分部工程的计划节点（如盾构始发等节点，此类节点可以在二级或三级计划中设置），而是对位于关键线路的分部（项）和专业工程进行了重点关注，主要侧重于各阶段和各专业工程之间的衔接和逻辑关系，其中某个节点产生的偏差将波及关联节点计划的完成，并可能导致关联节点工期产生连锁反应，从而对开通目标产生影响。

21.6 计划管理体系的运用优势

（1）基于工期倒排和各专业（工序）间逻辑关系构建的计划体系，保证了工程建设各阶段工期的合理性，使得线路不同站点（标段）和专业工程的推进速度更加均衡，避免因工程前阶段工期的累积延误对后阶段工期造成较大挤压，导致后期因抢工而增大安全、质量和重大里程碑节点工期风险。

（2）在计划体系指引下，各站点（标段）和专业可采用技术和管理手段以及加大资源投入来缩小实际进度与计划目标的偏差，有效降低不同工程规模、地质条件、施工工法和工程边际条件等对工期的影响，从而从整体上降低施工成本，有效发挥投资效益，有利于安全、质量和文明施工管理效能的提升。

（3）在计划体系下，对线路、标段进行进度考核评价时，不考虑客观原因对工程进度的影响，考核评价结果只反映实际进度与计划目标的偏差,使得偏差数据更加真实,较大限度地提高了偏差作为不同层面进度控制决策依据的价值。

(4)计划体系统一了进度考核评价的尺度,使得同一线路内相同阶段(专业)的不同标段之间、不同线路的对应阶段(专业)之间的进度考核评价更为客观、公正,具有较大的可比性,有利于参建单位激励机制的形成和考核评价结果的运用。

(5)在计划体系下,由于线路的一级计划一次性发布,二、三级计划均可提前编制(后续可调整),使得参建单位可以从整个建设周期的角度优化施工资源的配置,控制站点(标段)、线路的进度,还有利于各参建单位之间的协同及配合。

21.7　计划的执行、调整和考核

21.7.1　计划的执行

从广义来说,除计划顶层设计者外,建设单位及各参建单位既是计划的制订者,又是计划的执行者。如果把计划事项的各个相关单位或部门都视为计划管理链条上的一个结点,那么位于计划管理链条顶端的结点才是真正的计划制订者,而位于计划管理链条上的其他结点均对上一个结点制订的计划进行分解、细化和发布(传递),并通过其管理或具体实施行为来执行计划。

从狭义来说,计划管理链条上的末端结点才是真正的计划实施者,在地铁建设范围内,计划的实施者主要包括勘察单位、设计单位、施工单位和材料设备供货商/集成商。如果把计划管理链条末端之前的结点称为计划的管理环节,那么计划管理链条的末端结点可以称为计划的实施环节。计划管理就是通过加强链条上各环节的协同和管控,把末端结点在落实计划时对工程目标的影响控制在一个可接受的范围内。

正常的计划执行是获得合同造价支持(包括符合合同约定的变更)的行为,当非合同约定的外部原因、不可预见因素影响计划的执行并危及线路的重大里程碑节点或开通目标时,计划的执行者需要采用技术或管理手段,或通过投入更多的资源来降低或消除这种影响,尽管计划实施单位会非常注重这种行为对企业经济效益的影响,但其对由此产生的社会效益同样不应忽视。

在整个地铁建设过程中,计划的执行应该是匀速的、均衡的,因为这种状态对施工的安全质量和施工效益而言是有益的。计划执行中负的加速度只可能在未能获得足够资源支持或非正常的情况下发生,而正的加速度一般发生在进度滞后需要通过技术和管理手段或投入更多资源来实施计划纠偏行为的情况下。

在执行计划管理链条末端结点时,应根据实体工程的进度需要编制资金、施工图纸等需求计划,材料招标采购计划,劳动力、施工设施和装备、甲供设备进场、工程验收和结算计划等,并对上述计划进行管控,这是进度控制的主要特征和工作内容。

21.7.2　计划的调整

由于一条线路的开通目标通常是刚性的,对整个建设周期而言,其计划的调整必须受重大里程碑计划节点的约束和限制。除非受国家或地方政府重大政策改变的影响或发生重大的不可抗力事件,原则上,线路的重大里程碑计划节点不予调整。

在计划编制阶段,对于线路的一级计划纲要而言,应该依据线路的实施性工程总策划、线路的工程地质条件、沿线的社会环境条件和城市功能设施的密度以及线站位的结构形式、规模和施工工法等综合因素,在标准化工期指标体系的控制前提下进行调整。

在计划执行阶段,按照计划的弹性原则,可以根据现场实际情况对除重大里程碑外的计划节点目标进行调整。但必须坚持两个原则:第一,一般目标节点不能改变,时间节点只能微调,且调整幅度一般不宜超过 1 个月;第二,计划调整的周期不小于 6 个月。

在对某个专业的计划时间节点进行调整时,要充分考虑对本专业其他计划时间节点和关联专业计划时间节点的影响,这种影响原则上仅限于本年度范围,且不能对本专业和关联专业的重大里程碑或开通目标产生实质性改变。否则,该专业的计划时间节点调整申请将不予批准。

建设单位综合计划管理部门或建设管理计划部门负责对计划调整申请进行审核,重点对调整的必要性、合理性和对关联专业的进度计划、开通目标产生颠覆性影响等方面进行分析和评估,并负责对线路中关联专业的计划时间节点进行通盘考虑并做出相应调整,按相关程序审批、发布和实施。

21.7.3　计划的考核

计划考核的作用主要体现在两个方面:一是检查计划的执行情况,获取实际进度与计划进度之间的偏差数据;二是在被考核单位之间产生激励机制。偏差数据作为进度控制系统的输入,即纠偏的依据。激励机制则形成计划进度控制的动力。

计划考核的对象必须全覆盖,包括建设单位、设计单位、监理单位、施工单位和材料设备供货商／集成商。考核的主要依据就是三级计划体系,包括按照该计划体系需要编制的勘察设计、征地拆迁、前期工程和材料设备供货计划。

计划的考核分层次进行。建设单位依据一级计划纲要考核建设管理部门;建设管理部门各线路分管部门则依据二级计划考核施工单位、监理单位,依据勘察设计、征地拆迁、前期工程和材料设备供货计划考核勘察设计单位、前期工程施工单位和材料设备供货商;征地拆迁一般由地方政府考核辖区政府;建设管理部门在二级计划中提取部分主要指标,考核其二级管理部门;施工单位则依据三级计划对其作业队伍进行考核。

计划考核的周期一般分为月度、季度和年度。月度考核一般为施工单位对三级计划执行情况的考核;季度考核一般为建设单位对建设管理部门一级计划执行情况的考核,建设管理部门对线路分管部门、各线路分管管理部门对参建单位二级计划执行情况的考核。年度考核结果一般是各考核部门根据季度或月度考核结果采用诸如算数平均、加权平均等方式计算得出。

计划考核必须克服追求计划执行结果完美的惯常思维。事实上,计划节点的设置反映的是工程阶段性应该达到的建设目标,不是对现场施工进度的预测。由于开工的时间起点及施工对象的地质条件、规模、工法各异,加上地下工程的不可预见性,计划进度和实际进度存在偏差是正常的。考核结果需要真实反映计划进度与实际进度的偏差,这种偏差作为进度控制的决策依据才具有其应有的价值。

第**22**章 项目策划管理

22.1 概　　述

项目策划是指在工程项目建设前期,通过调查研究和收集资料,在充分掌握信息的基础上,针对项目的决策和实施或决策和实施的某个问题,进行组织、管理、经济和技术等方面的科学分析和论证,这将使工程项目建设有正确的方向和明确的目的,也使建设工程项目设计工作有明确的方向并充分体现建设单位的建设目的。项目策划的根本目的是为项目建设的决策和实施增值。

地铁项目安全性高、地域性强、投资大、周边环境复杂、涉及专业多、与当地各部门协调多、工期长,是一项综合功能较强、较复杂的大型客运交通设施。地铁土建工程一般具有以下特点:

(1)选址一般位于城市繁华或规划的城市热点地区,这决定了地铁项目征地拆迁、管线改迁、绿化迁移等前期工程工作量巨大;

(2)周边管线与建筑物的影响以及复杂的水文地质环境导致设计方案周期长、施工工法多样多变、施工难度大、安全风险高;

(3)前期工程施工工期通常情况下较策划工期有所延长,地铁主体工程的施工工期一般受各种因素影响较策划工期有所压缩,工期较紧张。

地铁土建工程实施策划是根据决策阶段确定的建设总目标要求,从项目过程管理的角度出发,通过对建设工程项目的合同条件、内外部环境、施工特点及难点等方面进行全面分析,对土建工程全过程做预判和考虑,以便在施工过程中达到质量、进度、投资、安全等各项目的最优组合,为工程项目的实施过程管理提供科学的依据。

地铁项目作为工程项目的一种类型,虽然区别于其他类型的工程项目,但其土建工程策划依然属于工程项目策划的范畴。

22.1.1 策划的目的

我国建设项目一般遵循图 22-1 示基本建设程序。项目立项之前为项目决策阶段,立项之后为项目实施阶段。

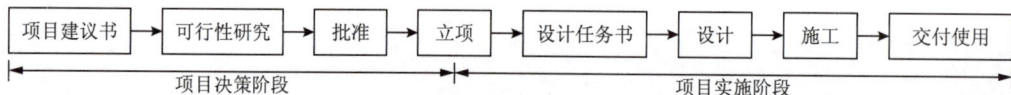

项目建议书 → 可行性研究 → 批准 → 立项 → 设计任务书 → 设计 → 施工 → 交付使用

| 项目决策阶段 | 项目实施阶段 |

图 22-1　项目建设程序

项目策划无论是在项目决策阶段,还是在项目实施阶段都是十分必要的。项目策划就是把建设意图转换成定义明确、要求清晰、目标明确且具有强烈可操作性的项目策划文件的活动过程,回答了为什么要建、建什么以及怎么建的问题,从而为项目的决策和实施提供全面完整的、系统性的计划和依据。项目策划的意义在于其工作成果使项目的决策和实施有据可依。项目实施过程中任何一个阶段、任何一个方面的工作都经过各方面专业人员的分析和计划,既具体又不失其系统性,不会有无谓的重复浪费,也不会有严重的疏漏缺失,使项目实施的目标、过程、组织、方法、手段等都更具系统性和可行性,避免随意性和盲目性。

地铁土建工程策划按项目建设程序可分为决策阶段策划和实施阶段策划两部分。由于策划的对象和性质不同,所策划的依据、内容和深度要求也不同。

22.1.2 策划的特点

项目策划的基础是充分掌握信息和资料,因此策划工作应十分重视对项目有关环境和条件的调查与分析。任何建设工程项目都处于社会经济系统中,项目的决策和实施与社会、政治、经济及自然环境紧密相关,必须对建设环境和条件进行全面、深入的调查和分析。只有在充分的环境调查与分析的基础上进行研究,才有可能获得一个实事求是的、优秀的策划方案,从而避免形式主义的空谈。这是项目策划最主要的特点。项目策划工作实践具有以下特点:

(1)重视对同类建设工程项目经验和教训的分析

项目策划是对拟建项目的一种早期预测,因此同类建设工程项目的经验和教训就显得尤为重要。对国内、国外同类建设工程项目的经验和教训进行全面、深入的分析,是环境调查和分析的重要方面,也是整个项目策划工作的重要部分,应贯穿项目策划全过程。

(2)坚持开放型的工作原则

项目策划需要整合多方面专家的知识,包括组织知识、管理知识、经济知识、技术知识、设计经验、施工经验、项目管理经验和项目策划经验等。项目策划可以委托专业咨询单位进行,从事策划的专业咨询单位往往也是开放型组织。政府部门、教学科研单位、设计单位、供货商和施工单位等往往都拥有某一方面的专家,策划组织者的任务是根据需要把这些专家组织和集成起来。

(3)策划是一个知识管理的过程

策划是对专家和专业人士的组织和集成,更是信息的组织和集成的过程。策划的实质就是知识的集成,是一种知识管理的过程,即经过对知识的获取,在对知识进行编写、组合和整理的基础上,通过思考而形成新的知识。

(4)策划是一个创新求增值的过程

策划是"无中生有"的过程,是一种创造过程。项目策划是根据现实情况和以往经验,对事物变化趋势作出判断,对所采取的方法、途径和程序等进行周密而系统的构思和设计,是一种超前性的高智力活动。策划的目的是为了增值,通过创新,带来经济效益。

(5)策划是一个动态过程

策划工作往往在项目前期进行,但是策划成果不是一成不变的。一方面,项目策划所作的分析往往还是粗略的估计,随着项目的开展,项目策划的内容根据项目需要和实际可能性不断丰富和深入;另一方面,项目早期策划工作的假设条件往往随着项目进展不断变化,必须不断验证原来的假设,所以策划结果需要根据环境和条件的不断变化,不断地进行论证和调整,逐步提高准确性。

22.1.3 策划的任务

1)工程项目决策的策划任务

项目决策策划的主要任务是定义建设什么,其效益和意义如何,具体包括明确项目的规模、内容、施工功能和质量标准(技术标准),估算项目总投资和投资收益,以及确定项目的总体进度规划等。

项目决策策划一般包括以下六项任务:

(1)建设环境和条件的调查和分析;

(2)项目建设目标论证和项目定义;

(3)项目功能分析;

(4)与项目决策有关的组织、管理、合同和经济方面的论证和策划;

(5)与项目决策有关的技术方面的论证和策划;

(6)项目决策的风险分析。

2)工程项目实施的策划任务

由于策划所处的时期不同,项目实施策划的重点和工作重心以及策划的深入程度与项目决策阶段的策划有所不同。工程项目实施策划是指为使决策策划成为现实可能性和可操作性,而提出的带有策略性和指导性的设想。项目实施策划要详细分析实施中的组织、管理和协调等问题,其最主要的任务是定义如何组织开发和建设该项目。

实施策划一般包括以下基本内容:

(1)项目实施环境和条件的调查与分析;

(2)项目目标的分析和再论证;

(3)项目实施的组织策划;

(4)项目实施的管理策划;

(5)项目实施的合同策划;

(6)项目实施的经济策划;

(7)项目实施的技术策划;

(8)项目实施的风险分析与策划。

项目决策和项目实施两阶段的策划任务见表 22-1。

项目决策和实施两阶段的策划任务　　　　　　　　　　　　表 22-1

策划任务	项目决策阶段	项目实施阶段
环境调查和分析	项目所处的建设环境,包括能源供给、基础设施等;项目所要求的建筑环境,其风格和主色调是否与周围环境相协调;项目当地的自然环境,包括天气状况、气候和风向等;项目的市场环境、正常环境以及宏观经济环境等	需要调查分析自然环境、建设政策环境、建筑市场环境、建设环境(能源、基础设施等)和建筑环境(风格、主色调等)
项目定义和论证	项目的开发或建设目的、宗旨及其指导思想;项目的规模、组成、功能和标准;项目的总投资和建设开发周期等	需要进行投资目标分解和论证,编制项目投资总体规划;进行进度目标论证,编制项目建设总进度规划;进行项目功能分解、建筑面积分配,确定项目质量目标,编制空间和房间手册等
组织策划	项目的组织结构分析,决策期的组织结构、任务分工、决策期的工作流程和项目的编码体系分析等	确定建设单位筹建班子的组织结构、任务分工和管理职能分工,确定建设单位方工程项目管理班子的组织结构、任务分工和管理职能分工,确定工程项目管理工作流程,建立编码体系
管理策划	制订建设期管理总体方案、运行期管理总体方案以及经营期管理总体方案等	确定项目实施各阶段的工程项目管理工作内容,确定项目风险管理与工程保险方案,包括投资控制、进度控制、质量控制、合同管理、信息管理和组织协调
合同策划	策划决策期的合同结构、决策期的合同内容和文本、建设期的合同结构总体方案等	确定方案设计竞赛的组织,确定工程项目管理委托的合同结构,确定设计合同方案、施工合同结构方案和物资采购合同结构方案,确定各种合同类型和文本的采用

策划任务	项目决策阶段	项目实施阶段
经济策划	进行开发或建设成本分析,开发或建设效益分析,制订项目的融资方案和资金需求量计划等	编制资金需求量计划,进行融资方案的深化分析
技术策划	包括技术方案分析和论证、关键技术分析和论证、技术标准和规范的应用和制定等	对技术方案和关键技术进行深化分析和论证,明确技术标准和规范的应用和制定
风险分析	对政治风险、经济风险、技术风险、组织风险和管理风险等进行分析	对政治风险、经济风险、技术风险、组织风险和管理风险等进行分析

22.2　项目环境调查与分析

环境调查与分析是项目决策策划工作的第一步,也是最基础的一环。如果不进行充分的环境调查,所策划的结果可能与实际需求背道而驰,甚至得出错误的结论,直接影响工程项目的实施。因此策划的第一步是对影响项目策划工作的各个方面进行调查,并进行认真分析,找出影响项目建设与发展的主要因素,为后续策划工作提供较好的基础。

22.2.1　环境调查主要内容

对工程项目环境调查,既包括对项目所处的建设环境、建筑环境、当地的自然环境、项目的市场环境、政策环境以及宏观经济环境等的客观调查,也包括对项目拟发展产业及其载体的概念、特征、现状与发展趋势、促进或制约其发展的优势或缺点的深入分析。

环境调查主要包括以下几方面的内容:

(1)项目周边自然环境和条件,包括地形、地貌、地质、气象、水文等;

(2)项目开发时期的市场环境;

(3)宏观经济环境,包括工程造价资料等;

(4)项目所在地政策环境;

(5)建设条件环境,水、电、交通等;

(6)历史、文化环境,包括风土人情等;

(7)建筑环境,如建筑风格等;

(8)其他相关问题。

22.2.2　环境调查的重点

总体而言,环境调查应以项目为基本出发点,将项目实施可能涉及的所有环境因素进行系统的思考,以其中对项目影响较大的核心因素为调查重点,尤其应将项目策划和项目实施所需要依据和利用的关键因素和条件作为主要考虑对象,进行全面深入的调查。

例如,在某城市地铁项目策划的环境调查中除了现场环境调查以外,重点还包括城市发展、用地布局及规划模式,与周边环境的协调,与周边物业的协同开发,该地区地下环境如地下停车场等建筑、地下管线的性质及分布,地面建筑物的拆迁和改造的可能性等。

现场环境调查往往需要进行 1 ～ 3 次甚至多次,而其他方面的调查则需要进行多次,有时候甚至需要同时通过多种渠道随时查阅相关信息,因此环境调查是一项需要一定人力和时间来完成的工作。

22.2.3　分析原理

项目管理与环境两者之间的关系表现在:
(1)项目管理的需求来自周围环境;
(2)项目管理的进程受到周围环境的制约,例如资源供应、资金筹措、消费能力等;
(3)项目管理的结果影响周围环境的变革。

对环境因素的分析,要贯彻到项目管理的规划、决策、构思、设计的全过程,随时根据环境因素变更工程策划的内容和进度。

22.2.4　分析内容

项目实施过程中必须要同周围环境各种变化着的因素相互适应、密切配合。要对影响项目进行的周围环境因素加以确定、评价,并做出必要的反应。根据项目环境因素的不同内容,可将其划分为不同的类型,主要有经济的、技术的、社会的等。

1)经济环境的分析

影响项目的经济要素主要有以下几方面因素:
(1)资金:一是资金供给,二是资金成本;
(2)劳动力的适用性、质量及价格;
(3)价格项目投入物,如建筑材料等受价格变化的影响;
(4)劳动生产率:生产率的高低部分原因取决于有关人员的技术水平;
(5)管理人员的水平:有智慧、有才干、适用的项目管理人员,对项目的顺利推进起着决定性的作用;
(6)政府的财政与税收政策:政府的财政与税收属于政治环境的性质,但对各种经济组织有着巨大的影响;
(7)顾客需求:顾客(项目建设单位或最终的使用者)在环境因素中也是一项重要的经济内容。

2)技术环境分析

技术包括的方面很广,人们所有的行动方法和知识的综合都属于技术范围之内,需分析策划实施的技术环境是否满足要求。

3)社会文化环境分析

社会文化环境是指在特定社会中,人们的处世态度、要求、期望、智力与教育程度、信仰与风俗习惯等。项目管理要了解当地的文化,尊重当地的习俗。例如,制订项目计划时必须考虑当地的节假日习惯;在项目沟通中,善于在适当的时候使用当地的文字、语言和交往方式,也往往能取得理想的效果,各方面的文化也可以逐渐融合。在项目过程中,通过不同文化的交流,可以减少摩擦、增进理解、取长补短、互相促进。

22.3 项目策划的编制

22.3.1 项目调研

项目调研是指在一定的环境下,系统地搜集、分析和报告有关项目信息的过程。项目策划要作出正确的决策,就必须通过调研,准确及时地掌握项目情况,使决策建立在坚实可靠的基础之上。只有通过科学的项目调研,才能减少不确定性因素的发生,使决策更有依据,降低项目策划的风险程度。另外,项目策划在实施过程中,可以通过调研检查决策的实施情况,及时发现决策中的失误和外界条件的变化,起到反馈信息的作用,为进一步调整和修改决策方案提供新的依据。

22.3.2 项目策划构架及内容

在一系列前期工作结束后,应着手编写项目策划,并注意以下几个要求:

(1)文字简明扼要;

(2)逻辑性强、句序合理;

(3)主题鲜明;

(4)多运用图表、照片、模型来说明;

(5)方案合理,有可操作性;

(6)风险识别全面,应对措施合理。

项目策划书的主要构件有以下几项:

(1)封面:①策划单位;②策划组人员;③日期;④编号。

(2)序文:阐述策划的目的,主要构思、策划的主体层次等。

(3)目录:策划书内部的层次排列,给阅读人以清楚的全貌。

(4)内容:策划的具体内容,主要包括以下几部分。

①施工策划:总进度计划、总平面布置、主要施工方案。

②资源策划:资源总需求计划(人、材、机等)、后勤保障。

③项目管理:包括进度(计划、统计)管理、合同管理、成本管理(成本计划)、材料设备管理、现场管理(施工质量、安全文明施工、项目风险及重大危险源、环境)、技术管理、劳务管理、财务管理(资金计划)、治安保卫、卫生健康、文明建设等。

第**23**章 工程质量管理

23.1 概 述

23.1.1 质量与质量管理

质量与质量管理是两个不同的概念,质量承载着质量管理的精髓,质量管理保证质量的实现。国际标准化组织(ISO)2015 年颁布的《质量管理体系 基础和术语》(ISO 9000:2015)对质量的定义是:一组固有特性满足要求的程度。

上述定义,可以从以下几个方面来理解:

(1)对质量管理体系来说,质量的载体不仅针对产品,也针对过程和体系或者它们的组合。也就是说,所谓"质量",既可以是产品的质量,也可以是某项活动的工作质量或某个过程的工作质量,还可以是指企业的信誉、体系的有效性。

(2)满足要求包括满足明示的和隐含的需要和期望。只有全面满足这些要求,才能评定为好的质量或优秀的质量。

(3)应定期对质量进行评审,按照变化的需要和期望,相应地改进产品、体系或过程的质量,确保持续地满足顾客和其他相关方的要求。

质量管理是指确定质量方针、目标和职责,并通过质量体系中的质量策划、控制、保证和改进来使其实现的全部活动。

质量管理不仅要管好产品本身的质量,还要管好质量赖以产生和形成的工作质量,并以工作质量为重点。

23.1.2 质量管理体系

质量管理体系(Quality Management System,QMS)是指在质量方面指挥和控制组织的管理体系。它是组织内部建立的、为实现质量目标所必需的、系统的质量管理模式,是组织的一项战略决策。它将资源与过程结合,以过程管理方法进行系统管理,根据企业特点选用若干体系要素加以组合,一般由与管理活动、资源提供、产品实现以及测量、分析与改进活动相关的过程组成,可以理解为涵盖了从确定顾客需求到设计研制、生产、检验、销售、交付之前全过程的策划、实施、监控、纠正与改进活动的要求。

针对质量管理体系的要求,国际标准化组织的质量管理和质量保证技术委员会制定了 ISO 9000族系列标准,以适用于不同类型、产品、规模与性质的组织,该类标准由若干相互关联或补充的单个标准组成。其中 ISO 9001:2015 标准是由 ISO(国际标准化组织)质量管理和质量保证技术委员会质量体系分委员会制定的质量管理系列标准之一。

23.1.3 质量管理的基本原则

新标准中的质量管理原则包含以下七项具体内容：

（1）以顾客为关注焦点

质量管理的首要关注点是满足顾客要求并且努力超越顾客期望。

（2）领导作用

各级领导建立统一的宗旨和方向，并且创造全员积极参与实现组织质量目标的条件。

（3）全员参与

整个组织内各级胜任、经授权并积极参与的人员，是提高组织创造和提供价值能力的必要条件。

（4）过程方法

将活动作为相互关联、功能连贯的过程组成的体系来理解和管理时，可更加有效和高效地得到一致、可预知的结果。

（5）改进

成功的组织持续关注改进。

（6）循证决策

基于数据和信息的分析和评价的决策，更有可能产生期望的结果。

（7）关系管理

为了持续成功，组织需要管理与有关相关方（如供方）的关系。

质量管理七项原则相互关联，相辅相成，形成一个完整的 PDCA 循环，缺少任何一个环节，都有可能影响公司的整体运行，造成停滞不前的状态。其中：

P 阶段：Plan（计划），包括"（1）以顾客为关注焦点、（2）领导作用"；

D 阶段：Do（执行），包括"（3）全员参与、（4）过程方法"；

C 阶段：Check（检查），包括"（6）循证决策"；

A 阶段：Action（改进），包括"（5）改进、（7）关系管理"。

质量管理原则是主导质量管理体系要求的科学思想，包含了质量管理的全部精华，构成了质量管理知识体系的理论基础。管理原则是组织内部员工深入领悟，在未来的管理工作中努力实践的一种追求。一个公司的质量管理能否成功的关键，就是看该组织是否能将质量管理的原则、理念、意识和价值观渗透到组织的各个层次和领域。

23.1.4 质量管理的主要内容

地铁工程质量管理的主要内容按不同的阶段分别控制，主要分为决策阶段、勘察阶段、设计阶段、施工前、施工过程中及工程完工后六个阶段，各阶段质量管理的主要内容分述如下。

1）决策阶段的质量管理

此阶段质量管理的主要内容是在广泛搜集资料、调查研究的基础上研究、分析和比较，决定项目的可行性和最佳方案。

2）勘察阶段的质量管理

勘察阶段的质量管理的主要内容是：

（1）明确设计要求，收集研究现有资料，现场踏勘，制定有针对性的勘察大纲，勘察大纲必经由审核人审核签字后方可实施,无勘察大纲不得进行野外作业。

(2)记录员应具备相应专业知识和实践经验,并取得上岗证书,同时要建立记录员对勘察工程负责人负责制度。

(3)野外工作配置现场质量管理员,对现场具体勘察钻孔工作质量进行验收,与机组、记录员签收钻探工作量,杜绝原始资料作假现象。

(4)建立野外记录验收制度,勘察工程负责人对野外记录实施逐孔验收。

(5)建立单项工程现场中间检查制度,由勘察单位质量管理部门组织,技术领导主持,勘察工程负责人、审核人及有关专家参加进行中间质量检查。

(6)岩土工程勘察成果整理是勘察工作的最后环节,勘察成果是总结勘察全过程的结论并以报告的形式提出。审核人和审定人应对技术质量负责、对成果报告中的结论和建议负责。

(7)为保证勘察成果质量,勘察单位质量管理部门应设立质量检查组,检查组依据设计要求和国家强制性标准、规范、规程、地方法规对勘察全过程进行检查,对成果报告作最终质量评定,未经检查评定的技术报告不得出图。

3)设计阶段的质量管理

设计阶段的质量管理的主要内容是:

(1)加强对设计单位审查,通过设计招标,组织设计方案竞赛,来优选设计单位。其内容包括审查设计单位资质等级是否符合要求,其内部管理制度是否健全,各专业间是否协调配套,主要专业负责人、设计人员学历、职称、素质能否满足要求,并了解其已设计工程图纸资料,进一步考察其实际水平。

(2)设计组织阶段。此阶段要对所接受的设计任务有一个总体策划,确定参与设计任务的人员、需要的设备和相关的技术资料;明确所要达到的质量目标,进行具体的设计内容分工等。

(3)数据输入阶段。此阶段是决定设计成品能否符合建设单位要求的关键,要本着真实、准确的原则,按照统一的标准进行,这个标准包括建设单位的要求、相关法律法规的要求、各单项工程的特殊要求以及设计产品的标识要求等。

(4)设计评审阶段。评审的方式有多种,可以采用会议评审、专家评审、逐级评审或同行评审等,设计评审是明确设计方向,确定设计思路的主要途径,也是解决设计过程中遇到的技术性问题的重要手段。

(5)设计校核阶段。为保证设计的合理性和正确性,对所有的设计文件都要进行校核验证,通过严格的校核制度,达到纠错补漏、在过程中解决问题的目的。

(6)交付使用阶段。图纸输出后,应先交付建设单位征询意见,最终经建设单位审批确认后,设计产品才可以正式启用于工程建设中。

(7)设计变更阶段。设计变更是发生在设计产品交付之后或项目施工过程中的服务活动,设计单位应加强现场回访,对建设过程中出现的问题及时解决,合理、及时地进行变更设计。

4)施工前的质量管理

施工前的质量管理的主要内容是:

(1)对施工队伍的资质进行重新审查,包括对各个分包商资质的审查。如果发现施工单位与投标时的情况不符,必须采取有效措施予以纠正。

(2)对所有的合同和技术文件、报告进行详细的审阅,如图纸是否完备、有无错漏空缺、各个设计文件之间有无矛盾之处、技术标准是否齐全等。

(3)配备检测试验手段、设备和仪器,审查合同中关于检验的方法、标准、次数和取样的规定。

(4)审阅进度计划和施工方案。

（5）对施工中将要采取的新技术、新材料、新工艺进行审核，核查鉴定书和试验报告。

（6）对材料和工程设备的采购进行检查，检查采购是否符合规定的要求。

（7）协助完善质量保证体系。

（8）对工地各方面负责人和主要的施工机械进行进一步的审核。

（9）做好设计技术交底，明确工程各个部分的质量要求。

（10）全面检查开工条件。

5）施工过程中的质量管理

施工过程中质量管理的主要内容是：

（1）工序质量控制：包括施工操作质量和施工技术管理质量。

（2）设置质量控制点：对技术要求高、施工难度大的某个工序或环节，设置技术和监理的重点，重点控制操作人员、材料、设备、施工工艺等，针对质量通病或容易产生不合格产品的工序，提前制订有效的措施，重点控制。

（3）工程质量的预控。

（4）质量检查：包括操作者的自检，班组内互检，各个工序之间的交接检查，施工员的检查和质检员的巡视检查，监理和政府质检部门的检查。

（5）成品保护。

（6）交工技术资料。

（7）质量事故处理。

6）工程完成后的质量管理

按合同的要求进行竣工检验，检查未完成的工作和缺陷，及时解决质量问题。编制竣工资料，维修期内承担相应的维修工作。

23.2 地铁土建工程质量管理特点

23.2.1 地铁土建工程的质量概念

质量是反映实体满足明确和隐含需要能力的特性之和，可以从以下几个方面对地铁工程施工质量概念进行剖析理解。

（1）地铁工程施工质量包含三层要求，第一层是国家法律法规的强制性标准，第二层是规范、合同、设计文件所明确要求达到的标准，第三层是建设单位及相关单位的内部要求，另外还要考虑国际环境或社会环境的影响。

（2）地铁工程施工质量不应该只是地铁结构物的工程质量，还应该包括每道工序的过程质量、质量管理过程中的管理质量、整个工程项目运作中的运行质量，并对所有质量进行分类，划分等级。

（3）地铁工程施工质量是变化的，具有动态性。建设单位及相关各方对质量的满意程度是根据国家政策、市场、社会环境等发展变化的，随着时间的推移，对质量的要求会越来越高，施工质量也要跟随这种变化来进行调整。

（4）地铁工程施工质量具有相对性，在不同国家或国内不同城市的地铁项目，对工程施工质量都有不同的要求,需要不断开发新技术、新工艺来满足地域性的不同需求。

23.2.2　地铁工程质量特点

地铁工程质量特点主要体现在以下几个方面:

(1)适用性。地铁工程的功能不仅要满足安全运营的功能,还要体现建筑美学的特色和各种服务性功能,包括结构性能、使用性能、外观性能等。

(2)耐久性。地铁工程均为百年工程,在没有不可抗力的自然灾害和战争等不可控制的外部环境影响因素下,要保证能够达到要求的使用年限。

(3)安全性。地铁工程施工质量与运营安全性密不可分,其质量安全性的标志包含结构设计时选用的安全系数、结构抗震等级、耐防火指标、防空性能、防淹性能等,确保人身安全。

(4)经济性。地铁工程投资大,其资金使用受到严格的监管,从决策阶段(包含项目建议书、可行性研究报告)、实施阶段(包含设计准备、设计、施工、保修)和使用阶段均应体现出其经济性。

(5)与环境的协调性。地铁工程的建设必须满足环境保护的要求,秉承"建地铁就是建城市"的理念,其设计、施工应促进城市经济发展,与周围环境和谐一致,走可持续发展之路。

23.2.3　地铁土建工程质量管理现状

就我国现阶段地铁建设现状来说,地铁工程质量管理体系健全,质量总体而言是好的,但在质量管理方面也存在着不同程度的问题,主要体现在以下几个方面:

1)工程建设基本程序未严格执行

地铁工程由于工程规模大、技术风险高,审批手续比较复杂,作为关系民生的政府重大基础设施工程,部分城市在没有获得规划许可、施工许可的情况下,施工单位就已进场,施工中图纸往往不能及时到位,在一定的程度上存在边规划、边设计、边施工的现象,给工程质量的管理带来一定的隐患。

2)部分监理单位质量安全管理体系不够健全

监理作为施工现场一线管理人员,能否充分履职,对工程质量安全管理的意义非常重大。部分监理项目部质量安全管理体系不健全、缺乏必要的管理制度或制度执行不到位;监理公司对项目部的指导偏弱,项目部的配备人员数量不能保证,部分监理人员业务素质不能满足要求,对现场的质量问题不能及时发现或缺乏有力的处理手段等,形成一定的质量隐患。

3)部分施工单位的主体责任没有落实

随着地铁工程大面积展开,施工企业的技术质量管理人员也被大量稀释,现场管理人员的素质与水平不断下降,导致施工企业在落实其主体责任方面有很多的不足。如:关键岗位人员缺乏;项目经理不在岗现象时有发生;"以包代管"的现象依然存在;重大风险的施工方案论证流于形式,部分施工质量保证措施未得到全面落实;现场技术交底不到位,工程资料不真实、不及时等现象频现。

4)地铁土建工程质量突出问题

(1)地铁车站、区间的防水施工存在较多的质量通病,已建成的结构物频繁出现渗漏水现象。地铁车站、区间的防水设计一般遵循"以防为主、多道设防、综合治理"的原则,采用防水卷材全包防水,并以结构混凝土自防水为重点,同时加强对各种结构缝、预留预埋接缝的防水施工质量控制。但实际建成的地下结构物还是经常出现渗漏水现象。

(2)地基处理和加固施工质量达不到使用要求。这一类问题在软土和不均匀地层中较常发生,由于地基处理和加固工程属于特殊施工过程,其过程控制及检测手段均存在一定的局限性,往往过多依靠作业队伍的施工经验。因此,由于加固后的地基出现不均匀沉降而造成结构物开裂、破损甚至停工整修的情况时有发生。

(3)混凝土浇筑施工质量控制不严格。地铁工程使用的混凝土一般为商品混凝土,受到较为严格的监管,应该说其质量是有保证的。但在实际施工过程中,存在模板加固不牢,振捣不及时、不到位、漏振,浇筑完成后覆盖和洒水养护不及时等现象,造成混凝土密实性不够,强度不达标。这不但降低防水性能,甚至可能影响结构使用的安全性。

地铁工程的交付物为工程实体产品,其施工质量除考虑客户需求外还需要考虑自身多种需求。且地铁工程为重大民生工程,其施工质量关系到民众利益,甚至社会稳定。因此,"百年大计、质量第一"应是地铁建设者始终坚持的质量管理信条,必须严格执行质量管理方针,建立健全施工单位的质量保证体系,完善的政府、建设单位、监理单位等多位一体的质量监管体系,把工程质量检查验收制度覆盖到每一个分项工程,保证不出现质量管理漏洞。

23.3 地铁工程施工质量管理体系

23.3.1 相关法律法规及标准体系

地铁施工应执行相关的国家标准、行业标准、协会标准、地方标准和企业标准等,各标准之间应形成完整的体系。

1)施工质量验收标准层次划分

标准共划分为四个层次,第一层次为强制性条文,第二层次为建筑工程施工质量验收统一标准,第三层次为各个专业施工质量验收系列规范,第四层次为各个专项标准、规范、规程等,如图 23-1 所示。

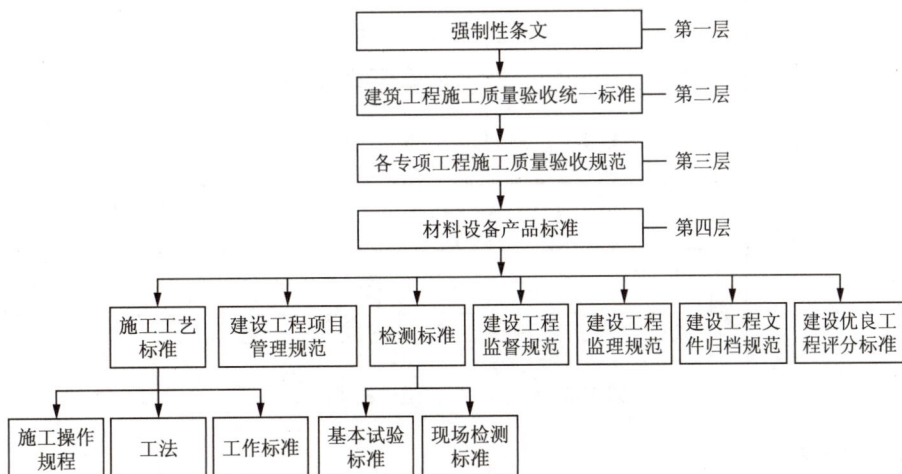

图 23-1 施工质量标准体系划分层次

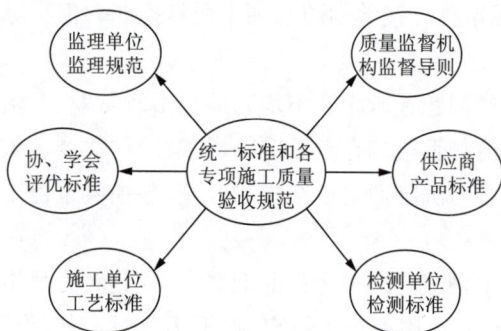

图 23-2　施工质量验收规范支撑体系

各个层次之间的标准遵守标准体系建立的基本原则,上层次标准对下层次标准具有指导和约束作用,下层次标准遵守上层次标准的规定。

2)施工质量验收标准体系

以《建筑工程施工质量验收统一标准》(GB 50300—2013)为中心将各个方面的相互关系、相互协调的标准、规定统一起来,形成完整的质量验收标准体系,如图 23-2 所示。

23.3.2　地铁工程质量管理体系的建立

1)建立质量管理体系的基本思想

地铁工程应严格以《质量管理与质量保证》(GB/T 19000)要求为标准建立质量管理体系,认真执行质量程序文件,统筹组织协调各项工作,严密进行质量监控,实施信息化施工。根据地铁工程的特点,该体系不仅应具有科学性和系统性,同时兼具针对性和可操作性。

建设单位是工程建设管理的核心,因此质量管理体系的建立也应以建设单位为核心。与此同时,工程质量的形成是参建各方在各个阶段由各个要素共同作用的结果,因此,该体系应涵盖参建各方、工程建设全过程及工程建设全要素。其中,全寿命期管理是工程质量管理的指导思想,全方位管理明确工程质量管理主体,全过程管理、全要素管理则明确工程质量管理的纵向和横向范围,从而将"四全"有机地融合。地铁工程质量管理框架体系如图 23-3 所示。

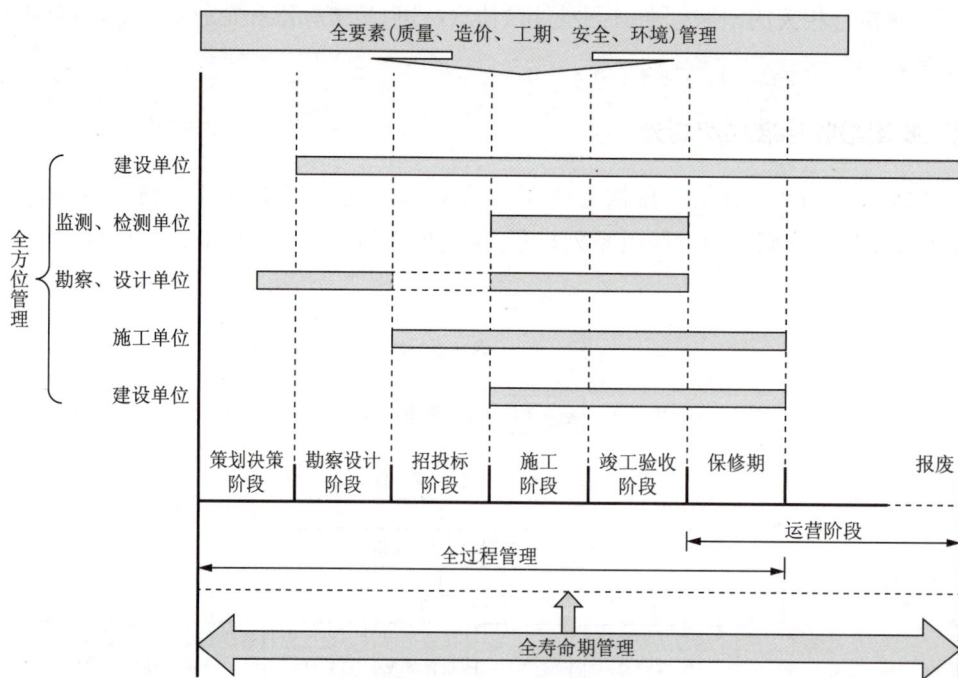

图 23-3　地铁工程质量管理框架体系

(1)全寿命期管理

地铁工程的全寿命期覆盖了策划决策、建设实施和运营维护各个阶段。策划决策建设方案以及建设实施阶段工程实体的形成,对地铁工程的运营质量将会产生重大影响,因此,在地铁工程的策划决策和建设实施阶段,建设方案选择、设备选型等均应基于全寿命期管理思想。

地铁工程质量实施全寿命期管理,需要改变传统的建设工程质量管理观念,不仅要考虑工程建设期质量,还要注重运营期质量,使地铁工程具有更长的运行期限和更高的安全可靠性。

工程策划决策及建设实施阶段的各项工作都会对工程质量有不同程度的影响,因此,策划决策及建设实施各阶段的工作都应相互衔接,并且每一阶段的工作均应满足其后阶段的工作要求;同时在对策划决策及建设实施各阶段的每一时点进行方案选择、设备选型时,都应基于全寿命周期来考虑。

（2）全过程管理

地铁工程质量的全过程管理主要是指工程建设实施阶段的管理,具体包括工程勘察设计、招投标、施工、竣工验收以及保修期各个阶段。

在工程建设实施阶段,各阶段、各环节的工作质量都会对地铁工程实体质量产生重大影响,任何一个环节出现问题,都有可能留下工程质量隐患,影响地铁工程项目的功能和使用价值,甚至可能会造成严重损失。为此,工程参建各方主体应将工程质量管理贯穿于工程建设实施全过程中。

（3）全要素管理

地铁工程项目质量、投资、进度、安全和环境等要素之间既相互联系,又相互制约。充足的建设投资、合理的建设工期,是保证地铁工程质量的重要前提。因此,为确保地铁工程质量,应实施质量、投资、进度、安全和环境的全要素集成化管理。

地铁工程质量实施全要素管理,要求工程参建各方主体在质量管理中要综合考虑质量、投资、进度、安全和环境等各个要素,进行综合论证后提出可行方案,并在方案实施过程中采取有效措施进行严格控制,从而实现建设工程的质量目标。

（4）全方位质量管理

根据《建设工程质量管理条例》（国务院279号文）,建设单位、勘察单位、设计单位、施工单位、监理单位依法对建设工程质量负责。除此之外,工程检测、监测机构及施工图审查机构也应对地铁土建工程质量负责。

地铁工程质量的全方位管理明确了工程质量的管理主体,各方主体应基于地铁建设全寿命期,综合考虑工程质量、投资、进度、安全、环境等各个要素,严格履行职责,与其他各方主体协同工作,对地铁土建工程质量实施集成化管理。

2）质量管理体系实施过程中控制要点

（1）树立集成化管理思想

地铁工程质量管理体系的构建及运行需要各方主体转变传统观念,除实现各自的质量管理目标之外,还应站在全寿命期质量管理的角度,与其他各方主体协同工作,在工程建设的各个阶段,综合考虑工程质量、投资、进度、安全、环境等各个要素,实现真正的集成化管理。

（2）建设信息化管理平台

信息化平台是实现建设工程集成化管理、强化工程参建各方协同工作的技术支撑。地铁工程信息化管理平台以建设单位、勘察设计单位、施工单位、监理单位、监测、检测机构等参建单位为服务对象,通过集成管理过程和管理要素,强化各参建单位的协同管理,加强信息共享,有利于实现建设工程质量的全寿命期、全过程、全方位、全要素集成化管理。

信息化平台是实现建设工程目标科学决策、管理过程动态控制的重要工具。借助于建设工程信息化管理平台,各参建单位可以更加直接、准确地理解工程项目建设,借助于信息化平台提供的数据、模型和知识,进行科学决策,并通过对比计划方案与实际执行情况,检验质量管理目标的实现情况,为工程质量管理者采取有效控制措施提供方法和数据支持。

实施地铁工程质量管理体系,应充分利用信息技术,建设信息化管理平台,不仅有利于实现建设工程质量的集成化管理,而且有利于提高建设工程的整体管理水平。

(3)重视质量管理人员的培训教育

人是决定建设工程质量的第一要素。人员的素质及技术水平将直接或间接地影响建设工程质量。只有重视对全员的培训教育,才能不断提高人员素质,充分发挥人的积极性和创造性,从而保证建设工程质量。

培训教育可以在领导层、管理层和操作层分别开展。领导层的观念和决策会对建设工程质量产生主导性作用,因此,培训教育的重点应是现代工程质量管理理论及领导艺术、决策方法。管理层需要对工程质量进行统筹管理和动态监控,因此,培训应确保其具备较强的质量规划和目标管理能力。操作层的作业会对工程质量造成直接影响,因此,培训应旨在提升操作人员的技术能力和质量意识。

(4)不断完善质量管理制度

完善的质量管理制度是地铁土建工程质量管理的重要前提。只有进一步建立健全质量管理制度,规范工程参建各方行为,才能确保地铁工程质量。在国家层面进一步完善工程质量管理制度的基础上,工程参建各方应树立工程质量集成化管理观念,并不断完善工程质量内部管理制度,确保履行工程质量管理职责,为地铁工程质量管理提供制度保障。

3)地铁土建工程建设各方主体的质量管理职责

地铁土建工程建设各方主体都应贯彻执行国家和地方法律、行业标准规范及建设单位工程质量管理制度,建立各自的内部质量管理体系,完善相关质量管理制度,落实各项质量管理职责。在此基础上,由于参建各方在地铁土建工程中为不同的责任主体,工作内容不尽相同,因此质量管理职责也有较大的区别。具体如下:

(1)建设单位质量管理职责

①建立健全质量管理体系,完善质量管理制度,贯彻执行有关国家和地方法律法规、标准规范和建设单位工程质量管理制度;

②负责建设工程的质量管理与考核工作,组织质量检查并督促整改,监督各参建单位落实地铁土建工程技术标准、管理标准和作业标准,推进质量标准化建设;

③办理施工许可和工程质量监督手续;

④组织勘察单位、设计单位、施工单位、监理单位等进行勘察和设计交底工作;

⑤负责设计文件的报审及设计变更的相关管理工作,参与施工组织设计、施工方案的评审及开工条件的验收工作;

⑥组织质量问题的调查处理,参与质量事故调查,积极配合上级单位的调查工作;

⑦参与分部工程质量验收,组织单位工程质量验收;

⑧组织建设工程质量创优和评优工作。

(2)勘察单位质量管理职责

①建立健全质量管理制度,设置质量管理机构,对工程勘察质量实施管理;

②不得转包或者违法分包所承揽的业务;

③加强勘察过程的质量控制,健全勘察报告审核会签制度,参与图纸会审,做好勘察交底工作,对勘察质量负责;

④工程勘察文件应当真实、准确、可靠,符合国家规定的勘察深度要求,满足设计、施工的需要,并结合工程特点明确说明地质条件可能造成的工程风险,必要时进行专项勘察;

⑤勘察文件和原始资料应归档保存。

（3）设计单位质量管理职责

①建立健全质量管理制度,设置质量管理机构,对工程设计的质量实施管理;

②不得转包或者违法分包所承揽的业务;

③设计文件应符合国家规定的设计深度要求,并应根据工程周边环境的现状评估报告提出设计处理措施,必要时进行专项设计;

④设计文件中应注明涉及工程质量的重点部位和环节,并提出保障工程质量的设计处理措施;

⑤工程设计条件发生变化的,设计单位应及时变更施工图设计;

⑥设计文件和原始资料应归档保存。

（4）监理单位质量管理职责

①建立健全质量管理制度和质量保证体系,监理人员资质、专业和数量必须满足合同要求和工作需要,不得随意更换;及时编制监理规划和监理实施细则,对超过一定规模的危险性较大的工程须编制专项监理实施细则。

②不得转让所承包的工程监理业务,不得与被监理工程的施工单位以及物资设备供应单位有隶属关系或者其他利害关系。

③按照监理规范、监理实施细则,采取旁站、见证、巡视和平行检验等形式,强化对工序验收、隐蔽工程验收、分部分项验收和关键节点施工过程控制的监理。

④审查施工组织设计中质量安全技术措施、专项施工方案及施工监测方案是否符合建设工程强制性标准和设计文件的要求;认真审核新材料、新工艺、新技术、新设备的施工工艺措施和证明材料,必要时要求组织专家论证。

⑤结合工程特点采取事前控制和主动控制来监督工程质量;认真审核施工单位的技术质量管理制度,优化施工组织设计,组织好图纸会审和技术交底等工作。

⑥加强质量风险分析,及早制订对策和措施,重视工程质量事故的防范和处理;对发现的违法违规行为,要按有关规定及时进行处理。

⑦按照有关档案管理的规定,建立健全监理档案,对施工档案进行检查、审核,并按集团要求及时整理、归档、移交。

（5）施工单位质量管理职责

①建立健全质量管理制度和质量保证体系,设置质量管理部门。制定质量责任制,并贯彻落实。对工程施工质量实施全员、全过程及全方位的管理。

②不得转包或者违法分包。实行施工总承包的,专业分包单位对专业分包工程施工质量承担主要责任,施工总承包单位承担连带责任。实行劳务分包的,施工总承包单位和专业分包单位应当对劳务作业进行管理。专业分包单位和劳务分包单位资质须及时报建设单位审核备案。

③按照施工图设计文件和施工技术标准施工,落实设计文件中提出的保障工程质量的设计处理措施,不得擅自修改工程设计,不得偷工减料。

④按照有关规定对危险性较大的分部分项工程编制专项施工方案。对超过一定规模的危险性较大的分部分项工程专项施工方案,组织专家论证。论证评审后方可实施。

⑤严格实行质量责任制度。质量管理人员应当按照分工,保证质量计划的实施,使质量计划作为对外质量保证和对内质量控制的依据。

⑥严格实行技术交底和培训制度。技术负责人应及时向各工种进行技术交底,并由双方签字确

认。做好施工过程监督和检查工作,抓好职工教育和培训,教育培训考核不合格的人员,不得上岗。特殊工种必须持证上岗。

⑦严格实行质量检验制度。对进场的原材料、半成品、成品严格按有关规定进行检测、检验和验收。未经检验或者检验不合格的,不得使用。工程上所用的仪器设备应按规定进行鉴定或标定,在有效期内安全使用。对涉及结构安全的试块、试件及有关材料,应当在监理单位的见证下,按规定进行现场取样,并送交至具有相应资质的质量检测单位进行质量检测。

⑧严格实行质量验收制度。严格工序管理,前一道工序没有验收或未通过验收,不允许开展下一道工序施工。做好隐蔽工程的质量检查和记录。隐蔽工程在隐蔽前,监理单位应当及时通知相关单位,进行现场检查验收。对存在质量问题或者竣工验收不合格的建设工程,应负责返修。

⑨按照有关档案管理的规定,做好施工资料的收集、整理和归档。保证归档文件真实、完整。

⑩按照合同约定和质量保修书的要求,承担保修期限内的质量保修责任。

(6)质量检测机构质量管理职责

①建立健全质量管理制度。设置现场管理机构,人员资质、专业和数量必须满足合同要求和工作需要,不得随意更换。

②不得转让所承包的工程业务。不得与所检测、检验工程的施工单位、设计单位、监理单位以及物资设施供应单位有隶属关系或者其他利害关系。

③按规定对检测人员进行质量培训,考核合格后方可上岗。所有的仪器设备必须定期经具有相应资质的计量单位标定,确保在有效期内使用。

④检测报告应经检测人员签字,法定代表人或其授权签字人签署,并加盖公章后方可生效。

⑤对其出具报告的真实性和准确性负责,并按照有关规定及时提供报告。

⑥质量检测单位应当按照规定将检测检验资料立卷归档。

(7)施工图审查机构质量管理职责

①严格按照规定类别和范围开展施工图审查业务,不得越级和超范围审查,不得与所审工程的建设单位、勘察单位、设计单位有隶属关系或其他利害关系。

②严格按照相关规定进行政策性审查和技术审查,确保经审查合格的施工图符合建设工程强制性标准,地基基础和主体结构设计安全,勘察、设计文件签字盖章齐全。

③认真履行审查职责,不出具虚假审查报告。各专业审查人员的审查记录齐全,审查报告签字、盖章手续完善,审查记录、审查合格书、全套施工图纸等有关资料及时归档。

④严格对施工图设计变更文件审查。施工过程中的设计变更,必须由设计单位出具变更设计文件并经审查合格后,方才加盖审查合格专用章。

4)地铁土建工程施工质量保证措施

施工单位质量保证体系及管理组织机构建立,并完善了相关质量制度后,就应该采取有力措施保证体系运行得以贯彻,从而保证质量目标的实现。具体地讲,应从制度保证、方案管理、过程控制、技术手段、材料管控等五个方面进行把控,详见表 23-1。

施工单位质量保证措施 表 23-1

措施	具体措施	主要内容
保证质量的制度措施	建立开工前的技术交底制度	工程开工前,必须由主管工程师向全体施工人员进行技术交底,讲清该工程的设计要求、技术标准、定位方法、几何尺寸、功能作用、施工方法、注意事项以及与其他工程的关系等,使全体人员在彻底明了施工对象的情况下投入施工

措施	具体措施	主要内容
保证质量的制度措施	建立"五不施工""三不交接"制度	"五不施工",即未进行技术交底不施工,图纸和技术要求不清楚不施工,测量桩和资料未经换手复核不施工,材料无合格证或试验不合格者不施工,工程不经检查签证不施工。 "三不交接",即无自检记录不交接,未经专业人员验收合格不交接,施工记录不全不交接
	建立质量自检制度	施工过程中自觉进行自检、互检、交接检,并定期或不定期组织质量检查,严格奖罚制度,确保创优目标的实现。严格执行日常抽检制度,并严格按照优质工程的标准进行对照检查
	建立"跟踪检测"制度	检测工作按"施工跟检""复检"和"抽检"三种方式进行
	建立材料采购、进场验收及管理制度	对采购的原材料、构(配)件、半成品等材料,建立进场前检查验收和取样送检制度,杜绝不合格的材料进入现场。水泥、钢材等其他外购材料必须三证(出厂证、合格证、检验证)齐全,进场后按规定抽检,合格后方可使用
	建立仪器设备的检定制度	测量仪器、试验设备、各种仪器仪表、计量器具按照《中华人民共和国计量法》规定进行定期或不定期的检定。新购置的和在用的计量器具仪器均须进行检定,取得合格证书后方能使用
	建立原始资料的积累和保存制度	对每一单位工程都要准备一套完整的质量保证文件和记录。文件包括质量保证计划,工作程序,技术标准、规范,采购的技术要求。记录包括基线点、水准点测量验收记录,施工断面记录,各施工工序、项目的检查记录,混凝土、钢材及各种原材料的试验鉴定记录,预制构件检查记录和出厂合格证
保证质量的管理方案	加强质量意识教育	不断加强职工的质量法规教育,增强全员质量责任意识,使"建优质工程"真正成为每个建设者的自觉行动
	加强技术培训	定期组织开展职工岗位技能培训,学习有关规范、标准和操作规程,进行"四新"成果的技术培训和推广
	积极开展QC小组活动	做好质量管理小组的活动组织和资料管理,加强成果推广总结工作。成立提高工序质量和工程质量的QC小组,真正解决施工中的关键质量问题
	建立质量信息网络	管理人员、技术人员、质量检查人员经常深入施工现场,及时准确掌握大量第一手质量信息资料。做到及时收集、反馈、分析应用,以便更好地保证工程质量
	强化企业质量自控能力	严格按照设计图纸、技术标准和施工规范进行施工,认真贯彻质量保证体系标准,不断完善,确保质量体系在本工程上的有效运行
	落实质量责任终身制	认真执行项目负责人、技术负责人、质量检查人员、工程试验人员、物资供应人员及施工人员的工程质量责任制。明确各自的质量责任,严格奖罚
保证质量的控制方案	工程工艺控制	单位工程开工前,认真编制实施性施工组织设计,经监理工程师审批后,严格按照施工组织设计施工; 主要分部、分项工程编制专项施工方案,科学地组织施工
	施工操作控制	施工操作者必须具有相应的操作技能,特别是重点部位工程以及专业性强的工种,操作者必须具有相应工种岗位的实践技能,必须做到考核合格、持证上岗
	施工过程控制	(1)在工程开工前进行 原材料的验证、配合比设计等标准试验及定线测量工作,特殊材料或工艺的试验、研究、论证及报批,施工准备情况的自检自查,开工报告的完成和报批。 (2)在工程施工中进行 进行工序及工艺过程的试验检验控制。纠正不良操作方法,改进和提高落后的工艺水平、控制工程的质量标准;记录、整理施工原始记录;对完工的分项工程或部位进行自检评定,形成自检记录,对自检合格的工程提交转序申请报告;对工程施工过程中出现的各种影响施工和工程质量的情况、问题及时进行协调、改正和处理;对工程出现的质量事故负责按规定的程序和要求进行报告、处理;负责落实有关方面关于工程施工及质量的要求或指令。 (3)在工程竣工后进行 对工程进行自检评定工作,整理竣工资料,完成竣工报告,负责工程质量责任期内出现的质量问题处理,配合有关部门对交(竣)工程进行质量鉴定和工程验收工作

措施	具体措施	主要内容
保证质量的技术方案	加强试验管理	为确保工程质量,在开工之前,选定合格的试验检测机构,各工点设标准的养护室,选派业务熟练的试验人员,做好各项试验工作
	加强施工测量	选派技术水平高、操作熟练的技术人员组成测量队伍,配备先进的测量仪器,搞好控制测量及施工测量工作
	选用先进的设备	配备精良的施工设备,在施工中制订各种有效的管理措施及激励机制,加强机械设备保养,保证机械的完好率和利用率
	优化施工工艺	选用科学先进的施工方法,进一步优化施工工艺
材料质量的保证方案	建立原材料采购制度	原材料采购须制订采购计划。采购计划按技术部门提出的施工总进度计划、施工图纸和技术要求制订。采购合同明确规定质量保证规范、标准
	建立原材料、成品和半成品进场验收制度	对采购进场的原材料及成品、半成品要由质检工程师组织进行验收。参加验收的人员包括质量、技术、物资部门及施工队的有关人员。 验收的内容包括进场货物的品种、规格、数量是否符合采购计划;供货商的产品合格证或检验报告是否齐全;产品现场质量检查,并填写检查验收记录;取样进行试验,并填写试验报告
	建立健全原材料、成品、半成品的管理制度	检查合格、同意进场的原材料、成品和半成品要分类、分批堆放,并设立标志和账卡,坚持按用途归口保管、发放,不得混杂。对易受潮的物品要做好防雨、防潮工作

23.4 施工质量控制的内容和方法

23.4.1 施工质量控制的目标、依据与基本环节

1)施工阶段质量控制的目标

建设工程项目施工质量控制的总目标,是实现建设工程项目决策、设计文件和施工合同等文件的预期使用功能和质量标准。建设工程项目施工阶段分为施工准备施工、竣工验收、回访服务四个阶段。

2)施工阶段质量控制的依据

(1)合同文件及其技术规程,以及根据合同文件规定编制的设计文件、图纸和技术要求及规定;

(2)合同规定采用的有关施工规范、操作规程、安装规程和验收规程;

(3)工程中所用的新材料、新工艺、新技术、新结构的试验报告和具有权威性的技术检验部门或相应部门的技术鉴定书;

(4)工程所使用的有关材料和产品的技术标准;

(5)有关试验取样的技术标准和试验操作规程。

3)施工质量控制的基本环节

(1)事前质量控制

编制施工质量计划,明确质量目标,制订施工方案,设置质量管理点,落实质量责任。

(2)事中质量控制

事中质量控制也称作业活动过程质量控制,包括质量活动主体和他人监控的控制方式。自我控制是第一位的,即作业者在作业过程对自己质量活动行为的约束和技术能力的发挥,以完成符合预定

质量目标的作业任务;他人监控是指作业者的质量活动过程和结果,接受来自企业内部管理者和企业外部有关方面的检查检验,如工程监理机构、政府质量监督部门等的监控。事中质量控制的目标是确保工序质量合格,杜绝质量事故的发生;控制的关键是坚持质量标准;控制的重点是工序质量、工作质量和质量控制点的控制。

(3)事后质量控制

事后控制包括对质量活动结果的评价、认定;对工序质量偏差的纠正;对不合格产品进行整改和处理。控制的重点是发现施工质量方面的缺陷,并通过分析提出施工质量改进的措施,保持质量处于受控状态。

23.4.2 施工质量计划的编制

1)施工质量计划的编制依据

(1)工程承包合同、设计文件;

(2)施工企业的《质量手册》及相应的程序文件;

(3)施工操作规程及作业指导书;

(4)各专业工程施工质量验收规范;

(5)《中华人民共和国建筑法》《建设工程质量管理条例》、环境保护条例及法规;

(6)安全施工管理条例等;

(7)建设单位相关质量要求;

(8)施工组织设计。

2)施工质量计划的编制内容及要求

施工项目质量计划应由项目经理主持编制。质量计划作为对外质量保证和对内质量控制的依据文件,应体现施工项目从分项工程、分部工程到单位工程的过程控制,同时也要体现从资源投入到完成工程质量最终检验和试验的全过程控制。施工项目质量计划编制的内容及要求主要包括以下几个方面。

(1)质量目标

合同范围内的全部工程的所有使用功能符合设计(或更改)图纸要求。分项工程、分部工程、单位工程工程质量达到既定的施工质量验收统一标准,合格率100%。

(2)组织机构及管理职责

项目经理是本工程实施的最高负责人,对工程符合设计、验收规范、标准要求负责,也对各阶段、各工点按期交工负责。

(3)资源提供

①规定项目经理部管理人员及操作工人的岗位任职标准及考核认定方法;

②规定人员进场培训的内容、考核、记录等;

③规定对新技术、新结构、新材料、新设备修订的操作方法和操作人员进行培训并记录等;

④规定施工所需的临时设施、支持性服务手段、施工设备及通信设备等。

(4)工程项目实现过程策划

①规定施工组织设计或专项项目质量的编制要点及接口关系;

②规定重要施工过程的技术交底和质量策划要求;

③规定新技术、新材料、新结构、新设备的策划要求;

④规定重要过程验收的准则或技术、工艺评定方法。

（5）建设单位提供的材料、机械设备等产品的过程控制

施工项目上需用的材料、机械设备在许多情况下是由建设单位提供的。对这种情况要作出以下规定：

①建设单位如何标识、控制其提供产品的质量；

②检查、检验、验证建设单位提供产品满足规定要求的方法；

③对不合格的处理办法。

（6）材料、机械、设备、劳务及试验等采购控制

由企业自行采购的工程材料、工程机械设备、施工机械设备、工具等，质量计划做以下规定：

①对供方产品标准及质量管理体系的要求；

②选择、评估、评价和控制供方的方法；

③必要时对供方质量计划的要求及引用的质量计划；

④采购的法规要求；

⑤有可追溯性（追溯所考虑对象的历史、应用情况或所处场所的能力）要求时，要明确追溯内容的形成，记录、标志的主要方法；

⑥需要的特殊质量保证证据。

（7）产品标识和可追溯性控制

①隐蔽工程、分项分部工程质量验评、特殊要求的工程等必须做可追溯性记录，质量计划要对其可追溯性范围、程序、标识、所需记录及如何控制和分发这些记录等内容做出规定；

②坐标控制点、高程控制点、编号、沉降观察点、安全标志、标牌等是工程重要的标识记录，质量计划要对这些标识的准确性控制措施、记录等内容做规定；

③重要材料（水泥、钢材、构件等）及重要施工设备的运作必须具有可追溯性。

（8）施工工艺过程的控制

①对工程从合同签订到交付全过程的控制方法做出规定；

②规定工程实施全过程各阶段的控制方案、措施、方法及特别要求等；

③规定工程实施过程需用的程序文件、作业指导书，作为方案和措施必须遵循的办法；

④规定对隐蔽工程、特殊工程进行控制、检查、鉴定验收、中间交付的方法；

⑤规定工程实施过程需要使用的主要施工机械、设备、工具的技术和工作条件，运行方案，操作人员上岗条件和资格等内容，作为对施工机械设备的控制方式；

⑥规定对各分包单位进行评估的方法，以此控制分包单位。

（9）搬运、储存、包装、成品保护和交付过程的控制

①规定工程实施过程在形成的分项、分部、单位工程的半成品、成品保护方案、措施、交接方式等内容，作为保护半成品、成品的准则；

②规定重要材料及工程设备的包装防护的方案及方法。

（10）安装和调试的过程控制

对于工程水、电、暖、电信、通风、机械等设备的安装、检测、调试、验评、交付、不合格的处置等内容规定方案、措施和方式。这些工作与土建施工的交叉配合较多，因此对交叉接口程序、验证哪些特性、交接验收、检测、试验设备要求、特殊要求等内容要做明确规定，以便各方面实施时遵循。

（11）检验、试验和测量的过程控制

规定材料、构件、施工条件、结构形式在什么条件及什么时间必须进行检验、试验、复验，以验证是否符合质量和设计要求。

规定试验人员资格和试验内容,对于特定要求要规定试验程序及对程序过程进行控制的措施。

（12）不合格品的控制

要编制工种、分项、分部工程不合格产品出现的方案、措施,以及防止与合格产品之间发生混淆的标识和隔离措施。规定哪些范围不允许出现不合格;明确一旦出现不合格哪些允许修补返工,哪些必须推倒重来,哪些必须局部更改设计或降级处理。

（13）编制控制质量事故发生的措施及一旦发生后的处置措施(略)

23.4.3　施工生产要素的质量控制

1）施工人员的质量控制

人,是指直接参与工程施工的组织者、指挥者和操作者。人的因素占五大因素的首位,它决定了其他几个因素。人作为质量控制的对象,要避免人为失误,充分调动人的积极性,以发挥"人是第一因素"的主导作用。因此,在质量控制环节的事前控制中应要求管理人员和操作工人,尤其是特殊作业人员通过专业技术培训,在取得培训合格证或上岗证以后,持证上岗。应建立健全的岗位责任制,充分发挥管理人员和操作工人在质量活动中的作用,禁止违章作业和野蛮施工。

2）施工机械的控制

机械包括工程设备、施工机械和各类施工工器具。工程设备是指组成工程实体的工艺设备和各类机具,如各类生产设备、装置和辅助配套的电梯、泵机,以及通风空调、消防、环保设备等,它们是工程项目的重要组成部分,其质量的优劣,直接影响到工程使用功能的发挥。施工机械和各类工器具是指施工过程中使用的各类机具设备,包括运输设备、吊装设备、操作工具、测量仪器、计量器具以及施工安全设施等。施工机械设备是所有施工方案和工法得以实施的重要物质基础,合理选择和正确使用施工机械设备是保证项目施工质量和安全的重要条件。

3）材料的质量控制

材料是工程实体组成的基本单元,其质量构成了工程实体质量,每一单元材料的质量均须满足设计、规范的要求,工程实体质量才能够得到充分保证。因此材料事前控制十分重要,施工单位应建立完善的材料控制制度,建立健全项目材料控制细则,必须对材料质量标准、性能、适用范围有充分的了解,对进场原材料、成品、半成品供货商的营业执照、生产(经营)许可证等资质审查,必要时到生产厂现场考察,对进场原材料、成品、半成品按有关规定检验和见证送检或开箱检查,认真审查材料的合格证和试验报告是否符合设计、规范的要求,杜绝不合格材料在工程上的使用。

4）方法的质量控制

方法的因素也可以称为技术因素,包括勘察、设计、施工所采用的技术和方法,以及工程检测、试验的技术和方法等。从某种程度上说,技术方案和工艺水平的高低,决定了项目质量的优劣。依据科学的理论,采用先进合理的技术方案和措施,按照规范进行勘察、设计、施工,必将对保证项目的结构安全和满足使用功能,对组成质量因素的产品精度、强度、平整度、清洁度、耐久性等物理、化学特性等方面起到良好的推进作用。比如,建设主管部门在建筑业中推广应用的多项新技术,包括地基基础和地下空间工程技术、高性能混凝土技术、高强钢筋和预应力技术、新型模板及脚手架应用技术、钢结构技术、建筑防水技术以及 BIM 等信息技术,对消除质量通病,保证建设工程质量起到了积极作用。

5）施工环境的控制

影响项目质量的环境因素，又包括项目的自然环境因素、社会环境因素、管理环境因素和作业环境因素。

（1）自然环境

主要指工程地质、水文、气象条件和地下障碍物以及其他不可抗力等影响项目质量的因素。例如，复杂的地质条件必然对建设工程的地基处理和基础设计提出更高的要求，处理不当就会对结构安全造成不利影响；在地下水位高的地区，若在雨期进行基坑开挖，遇到连续降雨或排水困难的情况，就可能引起基坑塌方或地基受水浸泡影响承载力等。

（2）社会环境

主要是指会对项目质量造成影响的各种社会环境因素，包括国家建设法律法规的健全程度及其执法力度；建设工程项目法人决策的理性化程度以及经营者的经营管理理念；政府的工程质量监督及行业管理成熟程度等。

（3）管理环境

主要是指项目参建单位的质量管理体系、质量管理制度和各参建单位之间的协调等因素。比如，参建单位的质量管理体系是否健全、运行是否有效，决定了该单位的质量管理能力；在项目施工中根据承发包的合同结构，理顺管理关系，建立统一的现场施工组织系统和质量管理的综合运行机制，确保工程项目质量保证体系处于良好的状态，创造良好的质量管理环境和氛围，则是施工顺利进行、提高施工质量的保证。

（4）作业环境

主要指项目实施现场平面和空间环境条件，各种能源介质供应，施工照明、通风、安全防护设施，施工场地给水排水，以及交通运输和道路条件等因素。这些条件是否良好，都直接影响到施工能否顺利进行，以及施工质量能否得到保证。

23.4.4　施工过程的质量控制

施工过程的质量控制，是在工程项目质量实际形成过程中的事中质量控制。

建设工程项目施工是由一系列相互关联、相互制约的作业过程（工序）构成。因此，施工质量控制必须对全部作业过程，即各道工序的作业质量持续进行控制。从项目管理的立场看，工序作业质量的控制，首先是质量生产者即作业者的自控，在施工生产要素合格的条件下，作业者能力及其发挥的状况是决定作业质量的关键。其次，来自作业者外部的各种作业质量检查、验收和对质量行为的监督，也是不可缺少的设防和把关的管理措施。

1）工序施工质量控制

工序是综合人、材料、机械设备、施工方法和环境因素对工程质量起作用的过程，对施工过程的质量控制，必须以工序作业质量控制为基础和核心。因此，工序的质量控制是施工阶段质量控制的重点。只有严格控制工序质量，才能确保施工项目的实体质量。工序施工质量控制主要包括工序施工条件质量控制和工序施工效果质量控制。

（1）工序施工条件控制

工序施工条件是指从事工序活动的各生产要素质量及生产环境条件。工序施工条件控制就是控制工序活动的各种要素质量和环境条件质量。控制的手段主要有检查、测试、试验、跟踪监督等。控制的依据主要是设计质量标准、材料质量标准、机械设备技术性能标准、施工工艺标准以及操作规程等。

（2）工序施工效果控制

工序施工效果是工序产品的质量特征和特性指标的反映。对工序施工效果的控制就是控制工序产品的质量特征和特性指标能否达到设计质量标准以及施工质量验收标准的要求。工序施工效果控制属于事后质量控制，其控制的主要途径是实测获取数据、统计分析所获取的数据、判断认定质量等级和纠正质量偏差。

2）施工作业质量的自控

（1）施工作业质量自控的意义

施工作业质量的自控，从生产的过程来说，强调的是施工作业者的岗位质量责任，向下道工序提供合格的中间产品。因此，施工方是施工阶段质量自控主体。

施工方作为工程施工质量的自控主体，既要遵循本企业质量管理体系的要求，也要根据其在所承建的工程项目质量控制系统中的地位和责任，通过具体项目质量计划的编制与实施，有效地实现施工质量的自控目标。

（2）施工作业质量自控的程序

施工作业质量的自控过程是由施工作业组织的成员进行的，其基本的控制程序包括作业技术交底、作业活动的实施和作业质量的自检自查、互检互查以及专职管理人员的质量检查等。

①施工作业技术的交底。技术交底是施工组织设计和施工方案的具体化，施工作业技术交底的内容必须具有可行性和可操作性。从项目的施工组织设计到分部分项工程的作业计划，在实施之前都必须逐级进行交底，其目的是使管理者的计划和决策意图为实施人员所理解。施工作业交底是最基层的技术和管理交底活动，施工总承包方和工程监理机构都要对施工作业交底进行监督。作业交底的内容包括作业范围、施工依据、作业程序、技术标准和要领、质量目标以及其他与安全、进度、成本、环境等目标管理有关的要求和注意事项。

②施工作业活动的实施。施工作业活动是由一系列工序所组成的。为了保证工序质量的受控，首先要对作业条件进行再确认，即按照作业计划检查作业准备状态是否落实到位，其中包括对施工程序和作业工艺顺序的检查确认，在此基础上，要严格按作业计划的程序、步骤和质量要求展开工序作业活动。

③施工作业质量的检验。施工作业质量的检验，是贯穿整个施工过程的最基本的质量控制活动，包括施工单位内部的工序作业质量自检、互检、专检和交接检查，以及现场监理机构的旁站检查、平行检验等。施工作业质量检查是施工质量验收的基础，已完检验批及分部分项工程的施工质量，必须在施工单位完成质量自检并确认合格之后，才能报请现场监理机构进行检查验收。上道工序作业质量经验收合格后，才可进入下道工序施工。未经验收合格的工序，不得进入下道工序施工。

（3）施工作业质量自控的要求

工序作业质量是直接形成工程质量的基础，为达到对工序作业质量控制的效果，在加强工序管理和质量目标控制方面应坚持以下要求：

①预防为主。严格按照施工质量计划的要求，进行各分部分项施工作业的部署。同时，根据施工作业的内容、范围和特点，制订施工作业计划，明确作业质量目标和作业技术要领，进行作业技术交底，落实各项作业技术组织措施。

②重点控制。在施工作业计划中，一方面要认真贯彻实施施工质量计划中的质量控制点的控制措施，同时，要根据作业活动的实际需要，进一步建立工序作业控制点，深化工序作业的重点控制。

③坚持标准。工序作业人员对工序作业过程应严格进行质量自检，通过自检不断改善作业，并创造条件开展作业质量互检，通过互检加强技术与经验的交流。对已完工序作业产品，即检验批或分部

分项工程,应严格坚持质量标准。对不合格的施工作业质量,不得进行验收签证,必须按照规定的程序进行处理。《建筑工程施工质量验收统一标准》(GB 50300—2013)及配套使用的专业质量验收规范,是施工作业质量自控的合格标准。有条件的施工企业或项目经理部应结合自己的条件编制高于国家标准的企业内控标准或工程项目内控标准,或采用施工承包合同明确规定的更高标准,将其列入质量计划中,努力提升工程质量水平。

④记录完整。施工图纸、质量计划、作业指导书、材料质保书、检验试验及检测报告、质量验收记录等,是对施工质量可追溯的依据,也是工程竣工验收不可缺少的质量控制资料。因此,对工序作业质量,应有计划、有步骤地按照施工管理规范的要求进行填写记载,做到及时、准确、完整、有效,并具有可追溯性。

(4)施工作业质量自控的制度

根据实践经验的总结,施工作业质量自控的有效制度有质量自检制度、质量例会制度、质量会诊制度、质量样板制度、质量挂牌制度、每月质量讲评制度等。

3)施工作业质量的监控

(1)施工作业质量的监控主体

为了保证项目质量,建设单位、监理单位、设计单位及政府的工程质量监督部门,在施工阶段依据法律法规和工程施工承包合同,对施工单位的质量行为和项目实体质量实施监督控制。

设计单位应当就审查合格的施工图纸设计文件向施工单位进行设计交底;应当参与建设工程质量事故分析,并对因设计造成的质量事故,提出相应的技术处理方案。

建设单位在领取施工许可证或者开工报告前,应当按照国家有关规定办理工程质量监督手续。

施工质量的自控主体和监控主体,在施工全过程是相互依存、各尽其责,共同推动着施工质量控制过程的展开和最终实现工程项目的质量总目标。

(2)现场质量检查

现场质量检查是施工作业质量监控的主要手段。检查的主要内容包括:

①开工前的检查。主要检查是否具备开工条件,开工后是否能够保持连续正常施工,能否保证工程质量。

②工序交接检查。对于重要的工序或对工程质量有重大影响的工序,应严格执行"三检"制度,未经监理工程师检查认可,不得进行下道工序施工。

③隐蔽工程的检查。施工中凡是隐蔽工程必须经检查认可后再进行隐蔽掩盖。

④停工后复工的检查。因客观因素停工或处理质量事故等停工复工时,经检查认可后方能复工。

⑤分项、分部工程完工后的检查。应经检查认可,并签署验收记录后,才能进行下一工程的施工。

⑥成品保护的检查。检查成品有无保护措施以及保护措施是否有效可靠。

(3)技术核定与见证取样送检

①技术核定。在建设工程项目施工过程中,因施工方对施工图纸的某些要求不甚明白,或图纸内部存在某些矛盾,或工程材料调整与代用,改变建筑节点构造、管线位置或走向等,需要设计单位明确或确认的,施工方必须以技术核定单的方式向监理工程师提出,报送设计单位核准确认。

②见证取样送检。为了保证建设工程质量,我国规定对工程所使用的主要材料、半成品、构配件以及施工过程留置的试块、试件等应实行现场见证取样送检。见证人员由建设单位及工程监理机构中有相关专业知识的人员担任;送检的试验室应具备经国家或地方工程检验检测主管部门核准的相关资质;见证取样送检必须严格按规定的程序进行,包括取样见证并记录、样本编号、填单、封箱、送试验室、核对、交接、试验检测、报告等。

检测机构应当建立档案管理制度。检测合同、委托单、原始记录、检测报告应当按年度统一编号，编号应当连续，不得随意抽撤、涂改。

4）隐蔽工程验收与成品质量保护

（1）隐蔽工程验收

凡被后续施工所覆盖的施工内容，如地基基础工程、钢筋工程、预埋管线等均属隐蔽工程。加强隐蔽工程质量验收，是施工质量控制的重要环节。其程序要求施工方首先应完成自检并合格，然后填写专用的"隐蔽工程验收单"，验收单所列的验收内容应与已完工的隐蔽工程实物一致，并事先通知监理单位及有关方面，按约定时间进行验收。验收合格的隐蔽工程由各方共同签署验收记录；验收不合格的隐蔽工程，应按验收整改意见进行整改后重新验收。严格按要求进行隐蔽工程验收的程序和记录，对于预防工程质量隐患、提供可追溯的质量记录具有重要作用。

（2）施工成品质量保护

建设工程项目已完施工的成品保护，目的是避免已完施工成品受到来自后续施工以及其他方面的污染或损坏。已完施工的成品保护问题和相应措施，在工程施工组织设计与计划阶段就应该从施工顺序上进行考虑，防止施工顺序不当或交叉作业造成相互干扰、污染和损坏；成品形成后可采取防护、覆盖、封闭、包裹等相应措施进行保护。

5）关键节点验收

为落实住房和城乡建设部关于"开展轨道交通建设工程重要部位和环节施工前条件验收"的工作要求，加强地铁建设工程施工现场安全质量预控管理，有效避免或减少安全质量事故，应严格落实轨道交通建设工程关键节点验收的相关管理办法，以下结合某城市相关管理办法加以说明。

地铁建设工程关键节点是指容易发生重大险情、质量缺陷甚至安全事故、质量事故的轨道交通工程重要部位和环节；关键节点施工前条件验收是指在关键节点施工前，对前一工序完成情况、后续工序准备情况和针对可能出现风险的预控措施，由施工单位进行自检合格后报监理单位，由监理单位审查认可后组织建设单位、设计单位、施工单位、第三方监测单位等有关单位进行验收，使之满足后续开工、工序转换的安全质量条件。

（1）关键节点分类

地铁建设工程关键节点施工前，应按照工程自身风险和周边环境风险的危险程度，分类进行条件验收。关键节点按类别从高到低可分为 A、B、C 三类。

A 类：（车站主体及附属工程、深 8m 以上前期工程）深基坑开挖（首次）、暗挖隧道开挖（首次）/穿越复杂环境、爆破（首次）、盾构隧道盾构机（始发/到达/穿越复杂环境/首次带压或换填方式开仓）、盾构机通过空推段（首次）、联络通道（旁通道）开挖、（模板支撑系统）混凝土浇筑（超过一定规模的每次、5m 以上 8m 以下的首次）、超过一定规模的起重机械安装拆卸和起重吊装（首次）、跨越铁路或快速路的高架桥预制梁吊装、车站底板/盖挖顶板的浇筑（首次）、隧道二次衬砌前条件验收（初期支护分步）/二次衬砌（首段）施工、桩基托换、轨行区移交、凿除既有运营车站主体结构、（深度超过16m）人工挖孔桩开挖。

B 类：施工场地首次开工（机械开挖）、其他深度大于 5m 的基坑开挖、暗挖开挖/爆破（非首次）、竖井/斜井/联络通道转正线转换处开挖、暗挖（首次）初期支护与扣拱开挖、暗挖大断面（首段）临时支撑拆除、盾构开仓带压或换填方式开仓（非首次），盾构首推 100 环、盾构到达前 100 环、盾构通过空推段（非首次），（模板支撑系统）混凝土浇筑（非首次，每个车站首次）及混凝土拆模（首次）、（超过一定规模的）起重机械安装拆卸（非首次）和起重吊装（非首次）、盾构吊装（首次）、高架桥跨越公路或城市主干道的预制梁吊装、架桥机走行、挂篮走行、侧墙／顶板（首次）、整体道床（首段）轨道施工、燃气管线控制区内开挖(含改迁作业)、(深度超过8m)人工挖孔桩开挖、桥梁(烟囱、水塔)拆除工程施工。

C类：除A、B类外的危险性较大的基坑开挖／安装拆卸／起重吊装／盾构开仓／人工挖孔桩开挖、暗挖和盾构穿越一般环境、(模板支撑系统)混凝土模板拆除(非首次)／场段混凝土模板拆除(每月一次)、整体道床轨道施工(除首段外)、危险性较大的脚手架搭设(提升)。

其中穿越复杂环境包括近距离穿越既有地铁／铁路、高速公路、重要管线（次高压及以上的燃气管道、高压输油管道、高压电力管道以及大体量雨水箱涵等）、基础位于隧道中线之上的重要建筑物、江河湖海／有毒有害气体地层。

（2）关键节点验收内容

①是否已完成勘察和设计交底，交底内容是否已在施工图或施工方案中落实，重大调整是否已落实设计变更；

②专项施工方案、监理细则等是否已审批，需要进行论证的是否已进行论证，编制、审核、审批、论证意见是否已落实；

③专项施工方案是否具有针对性，并交底到操作层；

④是否已对周边建(构)筑物、道路、地下管线等进行排摸，对可能发生争议的部位进行拍照摄像、做好记录，并做好切实可行的保护措施；

⑤工程涉及的支撑、支护、加固体系或结构是否达到设计要求，需要进行强度检测的是否已取得相应的合格报告；

⑥工程涉及的原材料是否已按要求做好复试工作，并已取得合格报告；

⑦工程涉及的起重设备是否按要求履行进场报验手续，并取得检测合格证、使用登记证；

⑧需要进行监测的工程，监测方案是否已经审批，是否有明确的报警限值、停测标准，测点是否已按方案布置、验收并已取得初始值；

⑨是否对工程潜在的风险进行了全面的风险辨识和分析，并制订控制措施，明确责任人，落实抢险人员和物资。

（3）关键节点条件验收程序

关键节点施工前条件验收按一定程序进行：

①施工单位应根据《条件验收工作方案》所确定的项目内容逐项进行自检自评。自检自评合格的，由施工单位向监理单位提出关键节点施工前条件验收申请。

②监理单位收到施工单位验收申请后，应对施工前条件验收项目进行审查。审查符合要求的，组织验收。

③相关单位派员参加验收会。

施工单位汇报自检情况；监理单位汇报核查情况；对于A类节点，必要时还应由勘察单位、设计单位、第三方监测单位、检测单位、测量单位等相关单位分别汇报相关验收准备工作检查情况；验收组进行现场踏勘及相关资料的核查；验收组应按照《条件验收工作方案》所确定的项目内容逐项进行验收，并形成明确的书面验收结论和书面验收记录（应包括影像资料）。结论分为通过验收和不通过验收。凡是主控条件任一不满足的，验收不得通过。

建设单位应开展关键节点施工前条件验收培训，按要求参加关键节点施工前条件验收，对关键节点施工前条件验收情况进行检查，并将检查结果纳入对勘察单位、设计单位、施工单位、监理单位、第三方监测单位等的定期考核和履约评价。

关键节点验收是建设单位为强化工程安全质量管理关键环节控制管理的特别规定，不替代法规规范关于工程安全、质量验收的要求。未通过验收强行进行下一环节施工的，责令改正，并对责任单位进行违约处罚。

23.4.5　施工质量验收

建筑工程的施工质量验收应按照《建筑工程施工质量验收统一标准》(GB 50300—2013)进行。该标准是建筑工程各专业工程施工质量验收规范编制的统一准则,各专业工程施工质量验收规范应与该标准配合使用。

根据上述施工质量验收统一标准,所谓"验收",是指建筑工程在施工单位自行质量检查评定的基础上,参与建设活动的有关单位共同对检验批、分项工程、分部工程、单位工程的质量进行抽样复验,根据相关标准以书面形式对工程质量达到合格与否作出确认。正确地进行工程项目质量的检查评定和验收,是施工质量控制的重要环节。施工质量验收包括施工过程的质量验收及工程项目竣工质量验收两个部分。以下结合某城市相关管理办法进行说明。

1)施工过程的质量验收

工程项目质量验收,应将项目划分为单位工程、分部工程、分项工程和检验批进行验收。施工过程质量验收主要是指检验批和分项工程、分部工程的质量验收。

(1)施工过程质量验收的内容

《建筑工程施工质量验收统一标准》(GB 50300—2013)与各个专业工程施工质量验收规范,明确规定了各分项工程施工质量的基本要求,规定了分项工程检验批量的抽查办法和抽查数量,规定了检验批主控项目、一般项目的检查内容和允许偏差,规定了对主控项目、一般项目的检验方法,规定了各分部工程验收的方法和需要的技术资料等,同时对涉及人民生命财产安全、人身健康、环境保护和公共利益的内容以强制性条文作出规定,必须遵照执行。

检验批和分项工程是质量验收的基本单元;分部工程是在所含全部分项工程验收合格的基础上进行验收的,在施工过程中随完工随验收,并留下完整的质量验收记录和资料;单位工程作为具有独立使用功能的完整的建筑产品,须进行竣工质量验收。

施工过程的质量验收包括以下验收环节,通过验收后留下完整的质量验收记录和资料,为工程项目竣工质量验收提供依据:

①检验批质量验收。

所谓检验批是指"按同一的生产条件或按规定的方式汇总起来供检验用的,由一定数量样本组成的检验体"。检验批是工程验收的最小单位,是分项工程乃至整个建筑工程质量验收的基础。

检验批应由专业监理工程师组织施工单位项目专业质量检查员、专业工长等进行验收。

检验批质量验收合格应符合下列规定:

a.主控项目的质量经抽样检验均应合格;

b.一般项目的质量经抽样检验合格;

c.具有完整的施工操作依据、质量验收记录。

主控项目是指建筑工程中的对安全、节能、环境保护和主要使用功能起决定性作用的检验项目。主控项目的验收必须从严要求,不允许有不符合要求的检验结果,主控项目的检查具有否决权。除主控项目以外的检验项目称为一般项目。

②分项工程质量验收。

分项工程的质量验收在检验批验收的基础上进行。一般情况下,两者具有相同或相近的性质,只是批量的大小不同而已。分项工程可由一个或若干检验批组成。

分项工程应由专业监理工程师组织施工单位项目专业技术负责人等进行验收。

分项工程质量验收合格应符合下列规定：

a. 所含检验批的质量均应验收合格；

b. 所含检验批的质量验收记录应完整。

③分部工程质量验收。

分部工程的验收在其所含各分项工程验收的基础上进行。

分部工程应由总监理工程师组织施工单位项目负责人和项目技术负责人等进行验收；勘察单位、设计单位项目负责人和施工单位技术、质量部门负责人应参加地基与基础分部工程验收；设计单位项目负责人和施工单位技术、质量部门负责人应参加主体结构、节能分部工程验收。

分部工程质量验收合格应符合下列规定：

a. 所含分项工程的质量均应验收合格；

b. 质量控制资料应完整；

c. 有关安全、节能、环境保护和主要使用功能的抽样检验结果应符合相应规定；

d. 观感质量应符合要求。

必须注意的是，由于分部工程所含的各分项工程性质不同，因此它并不是在所含分项验收基础上的简单相加，即所含分项验收合格且质量控制资料完整，也只是分部工程质量验收的基本条件，还必须在此基础上对涉及安全、节能、环境保护和主要使用功能的地基基础、主体结构和设备安装分部工程进行见证取样试验或抽样检测；而且还需要对其观感质量进行验收，并综合给出质量评价。

（2）施工过程质量验收不合格的处理

①施工过程的质量验收是以检验批的施工质量为基本验收单元。检验批质量不合格可能是由于使用的材料不合格，或施工作业质量不合格，或质量控制资料不完整等原因所致，其处理方法有：

a. 在检验批验收时，发现存在严重缺陷的应返工重做，有一般缺陷的可通过返修或更换器具、设备消除缺陷经返工或返修后应重新进行验收；

b. 个别检验批发现某些项目或指标不满足要求难以确定是否验收时，应请有资质的检测单位检测鉴定，当鉴定结果能够达到设计要求时，应予以验收；

c. 当检测鉴定达不到设计要求，但经原设计单位核算认可能够满足结构安全和使用功能的检验批，可予以验收。

②严重质量缺陷或超过检验批范围内的缺陷，经法定检测单位检测鉴定以后，认为不能满足最低限度的安全储备和使用功能，则必须进行加固处理，经返修或加固处理的分项分部工程，在满足安全及使用功能要求时，可按技术处理方案和协商文件的要求予以验收，责任方应承担经济责任。

③通过返修或加固处理后仍不能满足安全或重要使用要求的分部工程及单位工程，严禁验收。

2）竣工质量验收

项目竣工质量验收是施工质量控制的最后一个环节，是对施工过程质量控制成果的全面检验，是从终端把关方面进行质量控制。未经验收或验收不合格的工程，不得交付使用。

（1）竣工质量验收的依据

工程项目竣工质量验收的依据有：

①国家相关法律法规和建设主管部门颁布的管理条例和办法；

②工程施工质量验收统一标准；

③专业工程施工质量验收规范；

④批准的设计文件、施工图纸及说明书；

⑤工程施工承包合同；

⑥其他相关文件。

（2）竣工质量验收的条件

工程符合下列条件方可进行竣工验收：

①完成工程设计和合同约定的各项内容。

②施工单位在工程完工后对工程质量进行了检查，确认工程质量符合有关法律、法规和工程建设强制性标准，符合设计文件及合同要求，并提出工程竣工报告；工程竣工报告应经项目经理和施工单位有关负责人审核签字。

③对于委托监理的工程项目，监理单位对工程进行了质量评估，具有完整的监理资料，并提出工程质量评估报告；工程质量评估报告应经总监理工程师和监理单位有关负责人审核签字。

④勘察单位、设计单位对勘察、设计文件及施工过程中由设计单位签署的设计变更通知书进行检查，并提出质量检查报告；质量检查报告应经该项目勘察、设计负责人和勘察单位、设计单位有关负责人审核签字。

⑤有完整的技术档案和施工管理资料。

⑥有工程使用的主要建筑材料、建筑构配件和设备的进场试验报告，以及工程质量检测和功能性试验资料。

⑦建设单位已按合同约定支付工程款。

⑧有施工单位签署的工程质量保修书。

⑨建设主管部门及工程质量监督机构责令整改的问题全部整改完毕。

⑩法律、法规规定的其他条件。

（3）竣工质量验收的标准

单位工程是工程项目竣工质量验收的基本对象。单位工程质量验收合格应符合下列规定：

①所含分部工程的质量均应验收合格；

②质量控制资料应完整；

③所含分部工程有关安全、节能、环境保护和主要使用功能的检验资料应完整；

④主要使用功能的抽查结果应符合相关专业质量验收规范的规定；

⑤观感质量应符合要求。

（4）竣工质量验收程序和组织

工程的竣工验收是一个延续的"过程"。在施工过程中，应依据各专业相关标准和合同技术规格书，随工程的进展对本合同工程的单位工程（子单位工程）、分部工程、分项工程及检验批分别进行质量检查验收工作。

竣工验收工作程序一般分为工程竣工初验和工程竣工验收两个阶段进行。前一阶段完成后，方可进行下一阶段。每个阶段均含检查、整改及复查工作，直至满足设计和施工承包合同的约定。

①工程竣工初步验收程序

a. 施工单位、监理单位随工程的进展对各分部工程、分项工程及检验批分别进行质量检查验收工作，完成施工设计图纸和施工合同约定的全部内容，工程竣工资料的编制基本完成，并经自验合格后，向监理单位提交单位（子单位）工程竣工初步验收申请表和单位（子单位）工程竣工报告。

b. 监理工程师应在收到"工程竣工初步验收申请表"和"单位（子单位）工程质量竣工验收记录"之日起 10 天内对竣工初步验收申请审查完毕，结合监理工程师的监督、检查及观察记录，客观、独立地对工程质量做出评定。

c. 由总监理工程师主持单位（子单位）工程竣工初步验收，组织建设单位、设计单位、监理单位、施工单位等有关单位参加验收,同时通知政府质监等相关部门参加。

d. 监理工程师要认真记录各方意见,形成书面整改意见及初验会议纪要,根据整修项目工作量大小,确定施工单位整改的期限。

e. 施工单位整改完毕,请监理单位、设计单位、建设单位复验。监理人员确认初验合格后,由总监理工程师签发初验合格证书,建设单位、监理单位、设计单位、施工单位签认单位(子单位)工程质量竣工验收记录。

② 工程竣工正式验收程序

a. 土建合同工程初步验收合格且竣工文件已经齐备,施工单位准备"工程竣工验收申请表"及相关资料向建设单位申请单位工程竣工验收。

b. 建设单位在收到竣工验收申请资料并审核合格后,根据工程涉及的专项内容,按规定提请有关管理部门对工程进行专项验收。监理工程师和施工单位应协助建设单位进行该项工作。专项验收部门一般有:规划、消防、环保、质量技术监督、档案、民防等。

c. 在"工程竣工验收申请表"(包括相关附件)、专项验收合格证明文件或准许使用文件备齐后,由建设单位验收管理机构(验收工作委员会办公室)组织设计单位、监理单位、施工单位等有关负责人和专业技术人员对工程进行竣工验收,同时,监理单位应督促施工单位提前三个工作日把全套竣工文件资料送质监部门审查。建设单位在竣工验收前三个工作日通知政府质监部门到场监督竣工验收。

d. 验收检查组在竣工验收过程中应详细记录验收人员对工程验收的评述和存在的问题,形成整改意见或会议纪要,书面指令并督促施工单位限期改正。

e. 施工单位整改完毕后,应形成工程竣工验收整改意见处理报告并提请相关单位进行复查。建设单位应对整改结果进行检查验收,重要问题须通知各方再次进行现场验收。政府质监部门对监督过程中发现问题的整改情况进行复查时,有关单位应予以协助。

f. 验收合格后,建设单位、监理单位、设计单位、施工单位等共同签署竣工验收报告,建设单位和施工单位签订工程保修书,监理单位及时签发"工程移交证书",施工单位办理竣工档案移交。

(5)竣工验收报告

工程竣工验收合格后,建设单位应当及时提出工程竣工验收报告。工程竣工验收报告主要包括工程概况,建设单位执行基本建设程序情况,对工程勘察、设计、施工、监理等方面的评价,工程竣工验收时间、程序、内容和组织形式,工程竣工验收意见等内容。工程竣工验收报告还应附有下列文件:

① 施工许可证;

② 施工图设计文件审查意见;

③ 上述竣工质量验收的条件中各项规定的文件;

④ 验收组人员签署的工程竣工验收意见;

⑤ 法规、规章规定的其他有关文件。

(6)竣工验收备案

建设单位应当自建设工程竣工验收合格之日起 15 日内,向政府建设主管部门备案。建设单位办理工程竣工验收备案应当提交下列文件:

① 工程竣工验收备案表;

② 工程竣工验收报告;

③ 法律、行政法规规定应当由规划、环保等部门出具的认可文件或者准许使用文件;

④ 法律规定应当由公安消防部门出具的对大型人员密集场所和其他特殊建设工程验收合格的证明文件;

⑤ 施工单位签署的工程质量保修书;

⑥法规、规章规定必须提供的其他文件。

23.5 施工质量不合格和质量事故的处理

23.5.1 施工质量不合格的分类

1）工程质量不合格

（1）质量不合格和质量缺陷

根据我国《质量管理体系 基础和术语》（GB/T 19000—2016/ISO 9000：2015）的规定，凡工程产品没有满足某个规定的要求，就称之为质量不合格；而未满足某个与预期或规定用途有关的要求，称为质量缺陷。

（2）质量问题和质量事故

凡是工程质量不合格，影响使用功能或工程结构安全，造成永久质量缺陷或存在重大质量隐患，甚至直接导致工程倒塌或人身伤亡，必须进行返修、加固或报废处理，按照由此造成直接经济损失的大小分为质量问题和质量事故。

2）工程质量事故

根据住房和城乡建设部《关于做好房屋建筑和市政基础设施工程质量事故报告和调查处理工作的通知》（建质〔2010〕111号），工程质量事故是指由于建设单位、勘察单位、设计单位、施工单位、监理单位等违反工程质量有关法律法规和工程建设标准，使工程产生结构安全、重要使用功能等方面的质量缺陷，造成人身伤亡或者重大经济损失的事故。

工程质量事故具有成因复杂、后果严重、种类繁多、往往与安全事故共生的特点，建设工程质量事故的分类有多种方法，不同专业工程类别对工程质量事故的等级划分也不尽相同。

（1）按事故造成损失的程度分级

根据工程质量事故造成的人员伤亡或者直接经济损失，将工程质量事故分为4个等级：

①特别重大事故，是指造成30人以上死亡，或者100人以上重伤，或者1亿元以上直接经济损失的事故；

②重大事故，是指造成10人以上30人以下死亡，或者50人以上100人以下重伤，或者5000万元以上1亿元以下直接经济损失的事故；

③较大事故，是指造成3人以上10人以下死亡，或者10人以上50人以下重伤，或者1000万元以上5000万元以下直接经济损失的事故；

④一般事故，是指造成3人以下死亡，或者10人以下重伤，或者100万元以上1000万元以下直接经济损失的事故。

该等级划分所称的"以上"包括本数，所称的"以下"不包括本数。

（2）按事故责任分类

①指导责任事故。指由于工程实施指导或领导失误而造成的质量事故。例如，由于工程负责人片面追求施工进度，放松或不按质量标准进行控制和检验，降低施工质量标准等。

②操作责任事故。指在施工过程中，由于实施操作者不按规程和标准实施操作，而造成的质量事

故。例如,浇筑混凝土时随意加水,或振捣疏漏造成混凝土质量事故等。

③自然灾害事故。指由于突发的严重自然灾害等不可抗力造成的质量事故。例如,地震、台风、暴雨、雷电、洪水等对工程造成破坏甚至倒塌。这类事故虽然不是人为责任直接造成,但灾害事故造成的损失程度也往往与人们是否在事前采取了有效的预防措施有关,相关责任人员也可能负有一定责任。

23.5.2 施工质量事故的预防

建立健全施工质量管理体系,加强施工质量控制,就是为了预防施工质量问题和质量事故。应运用风险管理的理论和方法,从寻找和分析可能导致施工质量事故发生的原因入手,抓住影响施工质量的各种因素和施工质量形成过程的各个环节,采取针对性的预防控制措施。

1)施工质量事故发生的原因

施工质量事故发生的原因大致有以下四类:

(1)技术原因

指引发的质量事故是由于在项目勘察、设计、施工等技术上的失误。例如,地质勘察过于疏略,对水文地质情况判断错误,致使地基基础设计采用了不正确的方案;或结构设计方案不正确,计算失误,构造设计不符合规范要求;施工管理及实际操作人员的技术素质差,采用了不合适的施工方法或施工工艺等。这些技术上的失误是造成质量事故的常见原因。

(2)管理原因

指引发的质量事故是由于管理上的不完善或失误。例如,施工单位或监理单位的质量管理体系不完善,质量管理措施落实不力,施工管理混乱,不遵守相关规范,违章作业,检验制度不严密,质量控制不严格,检测仪器设备管理不善而失准,以及材料质量检验不严等原因引起质量事故。

(3)社会、经济原因

指引发的质量事故是由于社会上存在的不正之风及经济上的原因,滋长了建设中的违法违规行为,而导致出现质量事故。例如,违反基本建设程序,无立项、无报建、无开工许可、无招投标、无资质、无监理、无验收的"七无"工程,边勘察、边设计、边施工的"三边"工程,屡见不鲜,几乎所有的重大施工质量事故都能从这些方面找到原因;某些施工企业盲目追求利润而不顾工程质量,在投标报价中随意压低标价,中标后则依靠违法的手段或修改方案追加工程款,甚至偷工减料等,这些因素都会导致发生重大工程质量事故。

(4)人为事故和自然灾害原因

指造成质量事故是由于人为的设备事故、安全事故,导致连带发生质量事故,以及严重的自然灾害等不可抗力造成质量事故。

2)施工质量事故预防的具体措施

(1)严格按照基本建设程序办事

首先要做好项目可行性论证,不可未经深入的调查分析和严格论证就盲目拍板定案;要彻底弄清工程地质水文条件方可开工;杜绝无证设计、无图施工;禁止随意修改设计和不按图纸施工;工程竣工不进行试车运转、不经验收不得交付使用。

(2)认真做好工程地质勘察

地质勘察时要适当布置钻孔位置和设定钻孔深度。钻孔间距过大,不能全面反映地基的实际情况;钻孔深度不够,难以查清地下软土层、滑坡、孔洞等有害地质构造。地质勘察报告必须详细、准确,防止因根据不符合实际情况的地质资料而采用错误的基础方案,导致地基不均匀沉降、失稳,使上部结构及墙体开裂、破坏、倒塌。

(3)科学地加固处理好地基

对软弱土、冲填土、杂填土、湿陷性黄土、膨胀土、岩层出露、岩溶、土洞等不均匀地基要进行科学的加固处理。要根据不同地基的工程特性,按照地基处理与上部结构相结合使其共同工作的原则,从地基处理与设计措施、结构措施、防水措施、施工措施等方面综合考虑治理。

(4)进行必要的设计审查复核

要请具有合格专业资质的审图机构对施工图进行审查复核,防止因设计考虑不周、结构构造不合理、设计计算错误、沉降缝及伸缩缝设置不当等原因,导致质量事故的发生。

(5)严格把好建筑材料及制品的质量关

要从采购订货、进场验收、质量复验、存储和使用等各个环节,严格控制建筑材料及制品的质量,防止不合格或是变质、损坏的材料和制品用到工程上。

(6)对施工人员进行必要的技术培训

要通过技术培训使施工人员掌握基本的建筑结构和建筑材料知识,了解遵守施工验收规范对保证工程质量的重要性,从而在施工中自觉遵守操作规程,不蛮干,不违章操作,不偷工减料。

(7)依法进行施工组织管理

施工管理人员要认真学习、严格遵守国家相关政策法规和施工技术标准,依法进行施工组织管理;施工人员首先要熟悉图纸,对工程的难点和关键工序、关键部位应编制专项施工方案并严格执行;施工作业必须按照图纸和施工验收规范、操作规程进行;施工技术措施要正确,施工顺序不可搞错,脚手架和楼面不可超载堆放构件和材料;要严格按照制度进行质量检查和验收。

(8)做好应对不利施工条件和各种灾害的预案

要根据当地气象资料的分析和预测,事先针对可能出现的风、雨、高温、严寒、雷电等不利施工条件,制订相应的施工技术措施;还要对不可预见的人为事故和严重自然灾害做好应急预案,并有相应的人力、物力储备。

(9)加强施工安全与环境管理

许多施工安全和环境事故都会连带发生质量事故,加强施工安全与环境管理,也是预防施工质量事故的重要措施。

23.5.3 施工质量事故的处理

1)施工质量事故处理的依据

(1)质量事故的实况资料

这些资料包括质量事故发生的时间、地点,质量事故状况的描述,质量事故发展变化的情况,有关质量事故的观测记录、事故现场状态的照片或录像,事故调查组调查研究所获得的第一手资料。

(2)有关合同及合同文件

这些文件包括工程承包合同、设计委托合同、设备与器材购销合同、监理合同及分包合同等。

(3)有关技术文件和档案

主要是有关的设计文件(如施工图纸和技术说明)、与施工有关的技术文件、档案和资料(如施工方案、施工计划、施工记录、施工日志、有关建筑材料的质量证明资料、现场制备材料的质量证明资料、质量事故发生后对事故状况的观测记录、试验记录或试验报告等)。

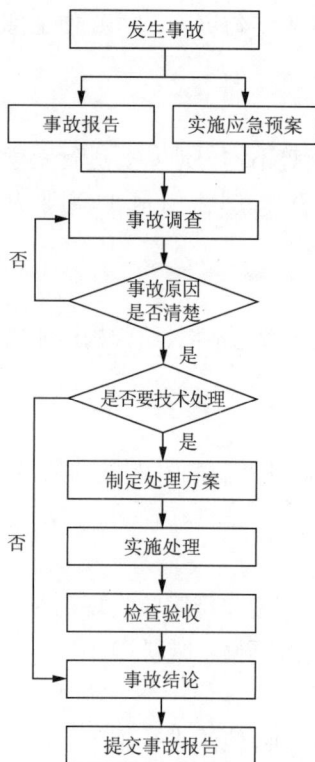

图 23-4　施工质量事故报告和调查处理程序

（4）相关的建设法规

主要有《中华人民共和国建筑法》《中华人民共和国建设工程质量管理条例》和《关于做好房屋建筑和市政基础设施工程质量事故报告和调查处理工作的通知》（建质〔2010〕111号）等与工程质量及质量事故处理有关的法规，以及勘察单位、设计单位、施工单位、监理单位等资质管理和从业者资格管理方面的法规，建筑市场管理方面的法规，以及相关技术标准、规范、规程和管理办法等。

2）施工质量事故报告和调查处理程序

施工质量事故报告和调查处理的一般程序如图23-4所示。

（1）事故报告

工程质量事故发生后，事故现场有关人员应当立即向工程建设单位负责人报告；工程建设单位负责人接到报告后，应于1h内向事故发生地县级以上人民政府住房和城乡建设主管部门及有关部门报告；同时应按照应急预案采取相应措施。情况紧急时，事故现场有关人员可直接向事故发生地县级以上人民政府住房和城乡建设主管部门报告。

事故报告应包括下列内容：

①事故发生的时间、地点、工程项目名称、工程各参建单位名称；

②事故原因的初步判断；

③事故发生后采取的措施及事故控制情况；

④事故报告单位、联系人及联系方式；

⑤其他应当报告的情况。

（2）事故调查

事故调查要按规定区分事故的大小分别由相应级别的人民政府直接或授权委托有关部门组织事故调查组进行调查。未造成人员伤亡的一般事故，也可以委托事故发生单位组织事故调查组进行调查。事故调查应力求及时、客观、全面，以便为事故的分析与处理提供正确的依据。调查结果要整理撰写成事故调查报告，其主要内容应包括：

①事故项目及各参建单位概况；

②事故发生经过和事故救援情况；

③事故造成的人员伤亡和直接经济损失；

④事故项目有关质量检测报告和技术分析报告；

⑤事故发生的原因和事故性质；

⑥事故责任的认定和对事故责任者的处理建议；

⑦事故防范和整改措施。

（3）事故原因分析

原因分析要建立在事故情况调查的基础上，避免情况不明就主观推断事故的原因。特别是对涉及勘察、设计、施工、材料和管理等方面的质量事故，事故的原因往往错综复杂，因此，必须对调查所得到的数据、资料进行仔细的分析，依据国家有关法律法规和工程建设标准分析事故的直接原因和间接原因，必要时组织对事故项目进行检测鉴定和专家技术论证，去伪存真，找出造成事故的主要原因。

（4）制订事故处理的技术方案

事故的处理要建立在原因分析的基础上，要广泛地听取专家及有关方面的意见，经科学论证，决

地铁土建工程技术与管理实务

定事故是否要进行技术处理和进行怎样的技术处理。在制订事故处理的技术方案时,应做到安全可靠、技术可行、不留隐患、经济合理、具有可操作性、满足项目的安全和使用功能要求。

（5）事故处理

事故处理的内容,包括:

①事故的技术处理,按经过论证的技术方案进行处理,解决事故造成的质量缺陷问题;

②事故的责任处罚,依据有关人民政府对事故调查报告的批复和有关法律法规的规定,对事故相关责任者实施行政处罚,负有事故责任的人员涉嫌犯罪的,依法追究刑事责任。

（6）事故处理的鉴定验收

质量事故的技术处理是否达到预期的目的,是否依然存在隐患,应当通过检查鉴定和验收做出确认。事故处理的质量检查鉴定,应严格按施工验收规范和相关质量标准的规定进行,必要时还应通过实际量测、试验和仪器检测等方法获取必要的数据,以便准确地对事故处理的结果做出鉴定,形成鉴定结论。

（7）提交事故处理报告

事故处理后,必须尽快提交完整的事故处理报告,其内容包括事故调查的原始资料、测试的数据,事故原因分析和论证结果,事故处理的依据,事故处理的技术方案及措施,实施技术处理过程中有关的数据、记录、资料,检查验收记录,对事故相关责任者的处罚情况和事故处理的结论等。

3）施工质量事故处理的基本要求

（1）质量事故的处理应达到安全可靠、不留隐患、满足生产和使用要求、施工方便、经济合理的目的;

（2）消除造成事故的原因,注意综合治理,防止事故再次发生;

（3）确定技术处理的范围和选择处理的时间及方法;

（4）切实做好事故处理的检查验收工作,认真落实防范措施;

（5）确保事故处理期间事故现场的安全。

4）施工质量缺陷处理的基本方法

（1）返修处理

当项目某些部分的质量未达到规范、标准或设计规定的要求,存在一定的缺陷时,若经过采取整修等措施后可以达到要求的质量标准,又不影响使用功能或外观的要求时,则可采取返修处理的方法。例如,某些混凝土结构表面出现蜂窝、麻面,或者混凝土结构局部出现损伤,如结构受撞击、局部未振实、冻害、火灾、酸类腐蚀、碱集料反应等,当这些缺陷或损伤仅仅在结构的表面或局部,不影响其使用和外观,可进行返修处理。再比如对混凝土结构出现裂缝,经分析研究后如果不影响结构的安全和使用功能时,也可采取返修处理。当裂缝宽度不大于 0.2mm 时,可采用表面密封法;当裂缝宽度大于 0.3mm 时,采用嵌缝密闭法;当裂缝较深时,则应采取灌浆修补的方法。

（2）加固处理

主要是针对危及结构承载力的质量缺陷的处理。通过加固处理,使建筑结构恢复或提高承载力,重新满足结构安全性与可靠性的要求,使结构能继续使用或改作其他用途。对混凝土结构常用的加固方法主要有增大截面加固法、外包角钢加固法、黏钢加固法、增设支点加固法、预应力加固法等。

（3）返工处理

当工程质量缺陷经过返修、加固处理后仍不能满足规定的质量标准要求,或不具备补救可能性,则必须采取重新制作、重新施工的返工处理措施。例如,某路基填筑压实后,其压实土的干密度未达到规定值,经核算将影响土体的稳定且不满足沉降要求,须挖除不合格土,重新填筑,重新施工;

某桥梁工程预应力按规定张拉系数为 1.3,而实际仅为 0.8,属严重的质量缺陷,也无法修补,只能重新制作。

（4）限制使用

当工程质量缺陷按修补方法处理后无法保证达到规定的使用要求和安全要求,而又无法返工处理的情况下,不得已时可作出诸如结构卸荷或减荷以及限制使用的决定。

（5）不做处理

某些工程质量问题虽然达不到规定的要求或标准,但其情况不严重,对结构安全或使用功能影响很小,经过分析、论证、法定检测单位鉴定和设计单位等认可后可不做专门处理。一般可不做专门处理的情况有以下几种:

①不影响结构安全和使用功能的。例如,有的工业建筑物出现放线定位的偏差,且严重超过规范标准规定,若要纠正会造成重大经济损失,但经过分析、论证其偏差不影响生产工艺和正常使用,在外观上也无明显影响,可不做处理。又如,某些部位的混凝土表面的裂缝,经检查分析,属于表面养护不够的干缩微裂,不影响安全和外观,也可不做处理。

②后道工序可以弥补的质量缺陷。例如,混凝土结构表面的轻微麻面,可通过后续的抹灰、刮涂、喷涂等弥补,也可不做处理。再比如,混凝土现浇楼面的平整度偏差达到 10mm ,但由于后续垫层和面层的施工可以弥补,所以也可不做处理。

③法定检测单位鉴定合格的。例如,某检验批混凝土试块强度值不满足规范要求,强度不足,但经法定检测单位对混凝土实体强度进行实际检测后,其实际强度达到规范允许和设计要求值时,可不做处理。经检测未达到要求值,但相差不多,经分析论证,只要使用前经再次检测达到设计强度,也可不做处理,但应严格控制施工荷载。

④出现的质量缺陷,经检测鉴定达不到设计要求,但经原设计单位核算,仍能满足结构安全和使用功能的。例如,某结构构件截面尺寸不足,或材料强度不足,影响结构承载力,但按实际情况进行复核验算后仍能满足设计要求的承载力时,可不进行专门处理。这种做法实际上是挖掘设计潜力或降低设计的安全系数,应谨慎处理。

（6）报废处理

出现质量事故的项目,通过分析或实践,采取上述处理方法后仍不能满足规定的质量要求或标准,则必须予以报废处理。

第 24 章　安全与环境管理

24.1　概　　述

安全与环境管理是企业生产管理的重要组成部分,是一门综合性的系统科学。安全与环境管理的对象是生产中的一切人、物、环境等。安全与环境管理是一种动态管理,主要是组织实施企业安全与环境管理规划、指导、检查和决策,同时又是保证生产活动和生态环境处于受控状态的根本环节。

工程项目安全与环境管理是指为达到安全生产与环境保护的目的而采取各种措施的系统化管理活动。安全管理的目的是,保护产品生产者和使用者的健康与安全,控制影响生产场所内工作人员及其他相关人员健康和安全的条件和因素,考虑和避免对产品使用者造成的健康和安全的危害。环境管理的目的是,保护生态环境,使社会经济发展与人类的生存环境相协调;控制作业现场的各种粉尘、废水、固体废弃物以及噪声、振动对环境的污染和危害,考虑能源节约和避免资源的浪费。

24.1.1　HSE 管理体系

HSE 管理体系是健康(Health)、安全(Safety)和环境(Environment)三位一体的管理体系。H(健康)是指人身体上没有疾病,心理上保持良好的状态;S(安全)是指在劳动生产过程中,努力改善劳动条件、克服不安全因素,使劳动生产在保证劳动者健康、企业财产不受损失、人民生命安全的前提下顺利进行;E(环境)是指与人类密切相关的、影响人类生活和生产活动的各种自然力量或作用的总和,它不仅包括各种自然因素的组合,还包括人类与自然因素间相互形成的生态关系的总和。由于安全、环境与健康的管理在实际工作过程中有着密不可分的联系,因此把健康、安全和环境视为一个整体的管理体系,是现代工程项目管理的必然。

工程项目的 HSE 管理是依据环境管理体系标准(ISO 14000)和职业健康安全管理体系标准(ISO 18000),将安全、职业健康和环境管理的理念融入项目管理和控制活动的全过程,实现对项目建设全过程的监督、管理,保证整个工程的安全文明施工和交付使用。

24.1.2　安全管理的基本原则

(1)必须以人为本、预防为主

安全生产的方针是"安全第一、预防为主、综合治理"。进行安全管理不仅是处理事故,更重要的是在生产活动中,结合生产的特点,对生产因素采取管理措施,有效地控制不安全因素的发展与扩大,把可能发生的事故消灭在萌芽状态。

（2）管生产的同时管安全

安全管理是生产管理的重要组成部分，安全与生产在实施过程中，存在着密切的联系，存在着进行共同管理的基础。各级领导人员在管理生产的同时，必须也要负责管理安全工作。企业中一切与生产有关的机构、人员，都必须参与安全管理并在管理中承担责任。

（3）坚持安全管理的目的性

安全管理的内容是对生产中的人、物、环境因素状态的管理，有效地控制人的不安全行为、物的不安全状态、管理上的缺陷和不良的环境条件，消除或避免事故，以达到保护劳动者安全与健康的目的。

（4）坚持"四全"动态管理

安全管理涉及生产活动的方方面面，包括从开工到竣工交付的全部生产过程、全部生产时间和一切变化着的生产因素。因此，生产活动中必须坚持全员、全过程、全方位、全天候的动态安全管理。

（5）安全管理重在控制

安全管理的各项主要内容中，对生产因素状态的控制与安全管理目的的关系更直接、更突出。因此，对生产中人的不安全行为、物的不安全状态、管理上的缺陷和不良的环境条件的控制是动态安全管理的重点。

（6）在管理中发展提高

安全管理是一种动态管理，需要不断发展、不断变化，以适应变化的生产活动，消除新的危险因素，摸索规律，总结管理办法与经验，从而使安全管理上升到新的高度。

24.1.3　安全管理的主要内容

（1）建立和健全安全生产管理机构，配备必要的熟悉安全生产管理的人员并明确职权、责任，为安全生产管理提供组织保障。

（2）建立和健全以安全生产责任制为核心的安全生产规章制度并严格执行，用制度规范行为，使与安全生产有关的事项均有章可循，从而建立良好的安全生产秩序。安全制度是安全生产管理的前提条件。

（3）经常开展安全生产宣传教育，提高职工安全素质，建立良好的企业安全文化，倡导安全第一的安全价值观念，使职工既重视安全生产，又懂得如何安全地进行生产。这是一项基础性工作。

（4）进行日常的和定期的安全生产检查，及时发现事故隐患，并及时采取整改措施消除隐患。

（5）制订安全技术措施，改善生产条件，使生产设备、作业场所、安全设施符合国家规定要求，推广应用安全防护技术，提高安全防护水平。新建生产项目，做好"三同时"工作。生产条件的安全化应为实现安全生产提供物质保障。

（6）按"四不放过"的原则，做好包括设备事故、人身伤亡事故、职业危害事故和未遂事故等各项事故的管理工作。

24.1.4　环境管理的基本原则

（1）综合利用、化害为利的原则

综合利用、化害为利的原则，就是运用科学技术充分利用资源和能源，从而减少环境污染。环境污染的主要原因是受生产力和科技水平的限制，不能充分地利用资源和能源，一部分未被利用的资源和能源，在保持或改变其物理和化学性状后，重新被排放回到自然界，造成环境污染。

（2）环境保护与经济发展相协调的原则

坚持环境保护与经济发展相协调的原则，既要反对以牺牲环境为代价来发展经济的形为，也要反对以保护环境为理由而不发展经济的形为。正确的思路是在发展经济的同时，从资金、技术和政策上切实有效地防止污染，保护环境。

（3）预防为主、防治结合的原则

坚持"预防为主"的环境保护原则，就是摒弃"先污染后治理"这一本末倒置的错误观念，从而避免环境污染危害人民的健康和生命，以及付出更大的治理代价；而"防治结合"原则较好地体现了对环境污染进行综合治理的策略。

（4）谁污染谁治理、谁开发谁保护的原则

谁污染谁治理、谁开发谁保护的原则，充分体现了生产者、经营者、开发者法律上的权利与义务的一致性。实行这样的原则，有利于推动污染者治理污染，有利于筹措污染资金，有利于保护资源的合理开采和永续利用。

（5）公众参与的原则

环境污染是由人类生产和生活活动对其赖以生存的空间造成的损害，只有公众树立环境保护的意识，养成与环境和谐共处的行为习惯，并且积极参与对环境污染的预防和治理，才能真正实现环境管理和环境保护的目标。

24.1.5　环境管理的主要内容

（1）规范施工现场的场容，保持作业环境的整洁卫生。

（2）科学组织施工，使生产有序进行。

（3）减少施工对周围居民和环境的影响。

（4）保证工程项目施工和管理人员的生命安全和身体健康。

（5）采取除尘技术和气态污染物治理技术对大气污染进行防治。

（6）采取沉淀、防渗、隔离过滤等技术手段，严格落实法律、法规等管理措施对水污染进行防治。

（7）采取声源控制、传播途径控制、接收者防护、控制人为噪声及控制强噪声作业时间等措施对施工噪声进行防治。

（8）采取资源化（回收利用）、减量化（减量化处理和焚烧技术）和无害化（稳定和固化技术及填埋）等措施，对固体废物进行处理。

24.2　地铁土建工程施工安全与环境管理的特点和要求

24.2.1　建设工程施工安全与环境管理的特点

（1）复杂性

建设项目的施工安全和环境管理涉及大量的露天作业，受到气候条件、工程地质和水文地质、地理条件和地域资源等不可控因素的影响较大。

（2）多变性

一方面是项目建设现场材料、设备和工具的流动性大；另一方面由于技术进步，项目不断引入新材料、新设备和新工艺,这都加大了管理难度。

（3）协调性

项目建设涉及的工种甚多,包括大量的高空作业、地下作业、用电作业、爆破作业、施工机械、起重作业等较危险的作业,并且各工种经常需要交叉或平行作业。

（4）持续性

项目建设一般具有建设周期长的特点,从设计、实施直至投产阶段,诸多工序环环相扣。前一道工序的隐患,可能在后续的工序中暴露,酿成安全事故。

（5）经济性

产品的时代性、社会性与多样性决定环境管理的经济性。

（6）多样性

产品的时代性和社会性决定了环境管理的多样性。

24.2.2 施工安全与环境管理的要求

（1）建设工程项目决策阶段

建设单位应按照有关建设工程法律法规的规定和强制性标准的要求,办理各种有关安全与环境保护方面的审批手续。对需要进行环境影响评价或安全预评价的建设工程项目,应组织或委托有相应资质的单位进行建设工程项目环境影响评价和安全预评价。

（2）建设工程设计阶段

设计单位应按照有关建设工程法律法规的规定和强制性标准的要求,进行环境保护设施和安全设施的设计,防止因设计考虑不周而导致生产安全事故的发生或对环境造成不良影响。

在进行工程设计时,设计单位应当考虑施工安全和防护需要,对涉及施工安全的重点部分和环节在设计文件中应予以注明,并对防范生产安全事故提出指导意见。

对于采用新结构、新材料、新工艺的建设工程和特殊结构的建设工程,设计单位应在设计中提出保障施工作业人员安全和预防生产安全事故的措施建议。

在工程总概算中,应明确工程安全环保设施费、安全施工和环境保护措施费等。

设计单位和注册建筑师等执业人员应当对其设计负责。

（3）建设工程施工阶段

建设单位在申请领取施工许可证时,应当提供建设工程有关安全施工措施的资料。

对于依法批准开工报告的建设工程,建设单位应当自开工报告批准之日起 15d 内,将保证安全施工的措施报送建设工程所在地的县级以上人民政府建设行政主管部门或者其他有关部门备案。

对于应当拆除的工程,建设单位应当在拆除工程施工 15d 前,将拆除施工单位资质等级证明,拟拆除建筑物、构筑物及可能涉及毗邻建筑的说明,拆除施工组织方案,以及堆放、清除废弃物的措施的资料报送建设工程所在地的县级以上的地方人民政府主管部门或者其他有关部门备案。

施工企业在其经营生产的活动中必须对本企业的安全生产负全面责任。企业的代表人是安全生产的第一负责人,项目经理是施工项目生产的主要负责人。施工企业应当具备安全生产的资质条件,取得安全生产许可证的施工企业应设立安全机构,配备合格的安全人员,提供必要的资源;要建立健全施工安全体系以及有关的安全生产责任制和各项安全生产规章制度;对项目要编制切合实际的安全生产计划,制订施工安全保障措施;实施安全教育培训制度,不断提高员工的安全意识和安全生产素质。

建设工程实行总承包的,由总承包单位对施工现场的安全生产负总责并自行完成工程主体结构的施工。分包单位应当接受总承包单位的安全生产管理,分包合同中应当明确各自的安全生产方面的权利、义务。分包单位不服从管理导致生产安全事故的,由分包单位承担主要责任,总承包和分包单位对分包工程的安全生产承担连带责任。

(4)项目验收试运行阶段

项目竣工后,建设单位应向审批建设工程项目环境影响报告书、环境影响报告或者环境影响登记表的环境保护行政主管部门申请,对环保设施进行竣工验收。环保行政主管部门应在收到申请环保设施竣工验收之日起 30d 内完成验收。验收合格后,才能投入生产和使用。

对于需要试生产的建设工程项目,建设单位应当在项目投入试生产之日起 3 个月内向环保行政主管部门申请对其项目配套的环保设施进行竣工验收。

24.3　工程安全管理体系

地铁工程施工安全管理体系是以法律法规为依据,根据法律法规赋予施工企业和项目的管理职责,建立起适合企业发展和项目管理的安全管理组织机构、安全生产管理制度,以安全技术、安全投入和安全信息管理为保障的综合管理体系。

24.3.1　施工安全相关法律法规标准体系

我国工程施工安全已经形成了比较完善的法律法规标准体系,对在建设工程活动中建设、勘察、设计、施工、监理、监测、施工技术设备供应、租赁和检验检测等单位安全责任主体的安全职责都作出了规定。施工单位既是常见的直接责任主体,也是常见的直接受害主体,施工单位是建设工程实现安全生产要求的关键,决定了其在相关法律法规体系中处于核心地位。正是基于这一认识,目前的建设工程安全生产法律法规对施工单位的安全生产责任做了较为全面、明确和严格的规定。

建设工程安全生产法律法规对施工单位的安全生产责任的规定,可归纳为对施工单位安全生产工作的总体要求和对工程项目施工安全生产工作的基本要求两大部分,分别见表 24-1、表 24-2。

法律法规关于施工单位安全生产工作的总体要求 表 24-1

序次	责任要点	施工单位的安全生产责任
1	依法取得资质和承揽工程	应当具备国家规定的从事建设工程活动(新建、扩建、改建和拆除)的安全生产条件,依法取得安全生产许可证,不得转包和违法分包
2		依法取得相应等级的资质证书,并在资质等级许可的范围内承揽工程
3	设置管理机构和配备人员	应当确定单位消防安全责任人和施工场地的消防安全责任人
4		应当设立安全生产管理机构,配备专职安全生产管理人员
5		应当选派取得相应执业资格的人员担任工程项目负责人
6	建立、健全安全生产责任制	施工单位主要负责人对本单位的安全生产工作全面负责,职责包括:建立、健全本单位安全生产责任制;组织制定本单位安全生产规章制度和操作规程;保证本单位安全生产投入的有效实施;督促、检查本单位的安全生产工作(包括对承担的建设工程进行定期和专项安全检查,并做好安全检查记录),及时消除生产安全事故隐患;组织制订并实施本单位的生产安全事故应急救援预案;及时、如实报告生产安全事故,并立即组织重大安全事故抢救,不得在事故调查处理期间擅离职守
7		项目负责人对建设工程各项的安全施工负责,职责包括:落实安全生产责任制度、规章制度和操作规程,确保安全生产费用的有效使用,根据工程特点制订安全施工措施,消除安全事故隐患和及时、如实报告生产安全事故等
8		专职安全生产管理人员负责对安全生产进行现场监督检查。发现安全事故隐患,应当及时向项目负责人和安全生产管理机构报告;对违章指挥、违章操作的,应当立即制止

序次	责任要点	施工单位的安全生产责任
9	建立、健全安全生产责任制	从业人员应当接受安全生产教育和培训，掌握本职工作所需的安全生产知识，熟悉有关的安全生产规章制度和安全操作规程，提高安全生产技能，增强事故预防和应急处理能力。未经教育培训或者教育培训考核不合格的人员，不能上岗作业。 在作业过程中，应当严格遵守强制性标准、本单位的安全生产规章制度和操作规程，服从管理，正确佩戴和使用劳动保护用品。 发现事故隐患或者其他不安全因素，应当立即向现场安全生产管理人员或者本单位负责人报告
10		施工总承包单位对施工现场的安全生产负总责，分包单位应当服从总承包单位的安全生产管理。总承包单位依法对建设工程进行分包时，分包合同中应明确各自在安全生产方面的权利和义务，并对安全生产承担连带责任。分包单位不服从管理导致安全事故时，由分包单位承担主要责任。 两个以上施工单位在同一工作区域内作业，可能危及对方生产安全时，应当签订安全生产管理协议，明确各自的安全生产管理职责和应当采取的安全措施，并指定专职安全生产管理人员进行安全检查与协调
11	建立健全安全生产制度和操作规程	应当建立健全安全生产责任制度和安全检查制度、安全教育培训制度、事故管理制度，以及其他安全生产制度，制定安全生产操作规程
12		应当建立施工现场消防责任制度，指定用火、用电和使用易燃易爆材料等各项消防安全管理制度和操作规程
13	确保安全费用的投入和使用	应当保证本单位安全生产条件所需资金和投入
14		施工单位不得以低于成本的价格竞标
15		应当将列入工程概算的安全作业环境和安全施工措施所需费用，用于施工安全防护用品及设施的采购和更新、安全施工措施的落实和安全生产条件的改善，不能挪作他用
16		应当向作业人员提供安全防护的用具和服装
17	对管理人员和作业人员实行安全教育培训和考核持证上岗	施工单位的主要负责人、项目负责人和专职安全人员应当经建设行政主管部门或其他有关部门考核合格后，方可任职
18		应当对从业人员进行安全生产教育和培训，如实告知作业场所和工作岗位存在的危险因素、防范措施以及事故应急措施，保证从业人员具备必要的安全生产知识，熟悉有关的安全生产规章制度和安全操作规程，掌握本岗位的安全操作技能。未经教育培训或者教育培训考核不合格的人员，不能上岗作业（岗前教育）
19		应当对管理人员和作业人员等进行每年至少一次的安全教育培训，培训考核不合格的人员不能上岗。安全教育培训应当记入个人工作档案(年度教育)
20		在采用新技术、新工艺、新设备、新材料时，应当对工作人员进行相应的安全生产教育培训（"四新"教育）
21		特种工作人员（垂直运输机械作业人员、电工、建筑架子工、安装拆卸工、爆破作业人员、登高架设作业人员和起重司机、信号司索工，省级政府建设主管部门认定的其他作业）按照国家有关规定经过安全作业培训并取得特种作业操作证后，方可上岗作业
22		与作业人员订立的劳动合同应当载明有关保障从业人员劳动安全、防止职业危害的事项，并书面告知危险岗位的操作规程和违章操作的危害
23	办理工伤社会保险和意外伤害保险	应当依法为从业人员办理工伤社会保险，为施工现场从事危险作业的人员同时办理意外伤害保险，并在劳动合同中载明。保险费用由施工单位支付，意外伤害保险期限自建工程开工之日起，至竣工验收合格止
		实行总承包的，由总承包单位支付意外伤害保险费用
24	安全检查	单位的主要负责人应督促、检查本单位的安全生产工作，及时消除安全生产事故隐患。单位的安全生产管理人员应当根据本单位的生产经营特点，对安全生产状况进行经常性检查；对检查中发现的安全问题，应当立即处理；不能处理的，应当及时报告本单位有关责任人。检查及处理情况应当记录在案
25	应急管理	应当制订本单位生产安全事故应急救援预案
26		应当建立应急救援组织或者配备应急救援人员，并定期组织演练
27		配备必要的应急救援器材、设备，并进行经常性维护、保养，保证正常运转
28		单位负责人接到事故报告后，应当迅速采取有效措施，组织抢救（例如，组织本单位应急救援队伍和工作人员营救受害人员，疏散、撤离、安置受到威胁的人员，控制危险源，标明危险区域，封锁危险场所，并采取其他防止危害扩大的必要措施），并按照国家有关规定立即如实报告当地负责安全生产监督管理的部门、建设行政主管部门或者其他有关部门。实行施工总承包的建设工程，由总承包单位负责上报事故

法律法规关于工程项目施工安全工作的基本要求　　　　　　　　　　　表 24-2

序次	责任要点	施工单位的安全生产责任
1	编制安全措施专项方案	应当在施工组织设计中编制安全技术措施和施工现场临时用电方案
2		对下列达到一定规模的危险性较大的分部分项工程应编制专项施工方案,并附具安全验算结果,经施工单位技术负责人、总监理工程师签字后实施:①基坑支护与降水过程;②土方开挖工程;③模板工程;④起重吊装工程;⑤脚手架工程;⑥拆除、爆破工程;⑦国务院建设行政主管部门或其他部门规定的危险性较大的工程。其中涉及深基坑、地下暗挖工程、高大模板工程的专项施工方案,施工单位还应组织专家进行论证、审查
3	施工监测	应当对工程支护结构、围岩以及工程周边环境等进行施工监测、安全巡视和综合分析,及时向设计单位、监理单位反馈监测数据和巡视信息。发现异常时,及时通知建设单位、设计单位、监理单位等,并采取应对措施。 应对按照设计要求和工程实际编制施工监测方案,并经监理单位审查后实施
4	创建安全、文明和人本化施工现场	在城市市区内的建设工程,应当对施工现场实行封闭围挡
5		应当遵守有关环境保护的法律、法规,采取措施防止或减少施工现场粉尘、废气、废水、固体废物、噪声、振动、施工照明对人的危害及环境的污染
6		应当将施工现场的办公区、生活区与作业区分开设置,并保持安全距离。办公区、生活区的选址应符合安全要求,职工的膳食、饮水、休息场所等应符合卫生标准。爆破器材和其他危险物品必须单独储存,不得与员工宿舍在同一座建筑物内,并应与员工宿舍保持安全距离
7		施工现场临时搭建的建筑物应符合安全使用要求,设置的装配式活动房屋应具有产品合格证
8		作业场所和员工宿舍应当设有符合紧急疏散要求、标志明显、保持畅通的出口
9		不能在尚未竣工的建筑物内设置员工集体宿舍
10		应在施工现场设置消防用通道、水源设施和灭火器材,并在现场入口处设置明显标志
11		应当在施工现场入口处、施工起重机械、临时用电设施、脚手架、出入口通道、楼梯口、电梯井口、孔洞口、基坑边沿以及桥梁口、隧道口、爆破物品及有害气体和液体存放处等危险部位,设置明显安全警示标志。安全警示标志需符合国家规定
12		应当根据不同施工阶段、周围环境及季节、气候的变化,在施工现场采取相应的安全措施
13		暂时停止施工时,施工单位应当做好现场保护,所需费用由责任方承担或按合同约定执行
14	对安全护品和施工机具设备安全管理	采购、租赁的安全防护用具、机械设备、施工机具及配件,应当具有生产(制造)许可证和产品合格证,并应在进场前进行查验。机具需由专人管理,定期进行检查、维修和保养,建立相应的资料档案和按国家有关规定及时报废。 必须对安全设备进行经常性维护、保养,并定期检测,保证正常运转。维护、保养、检测应当做好记录,并由有关人员签字
15		在使用施工起重机械和自升式架设设施前,应当组织有关单位进行验收,也可委托有相应资质的检测机构进行验收或检验合格后进行验收。 应当自施工起重机械和自升式架设设施验收之日起 30d 内,向建设行政主管部门或其他有关部门登记。登记标志应当置于或附着于该设备的显著位置
16		应当在有较大危险因素的设施、设备上,设置明显的安全警示标志
17	安全作业	工程施工前,负责项目管理的技术人员应将有关安全施工的技术要求,向作业班组和作业人员详细说明,并由双方签字确认
18		作业人员应当遵守安全施工的强制性标准、规章制度和操作规程,正确使用安全防护用品、机械设备等
19		作业人员有权对施工现场的作业条件、作业程序和作业方式中存在的问题提出批评、检举和控告,有权拒绝违章指挥和强令冒险作业
20		作业人员在施工中发生危及人身安全的紧急情况时,有权立即停止作业或者在采取必要的应急措施后撤离危险区域
21		进行爆破、吊装等危险作业,应当安排专门人员进行现场安全管理,确保操作规程的遵守和安全措施的落实
22	工程周边环境保护	施工单位对因建设工程施工可能造成损害的毗邻建(构)筑物和地下管线等,应当采取专项防护措施。应当对工程周边环境进行核查,对工程周边环境造成严重损害的分部分项工程编制专项施工方案,对工程周边环境等进行施工监测,安全巡视和综合分析,指定专人保护施工现场地下管线及地下构筑物等

24.3.2　施工安全管理组织保障体系的建立

安全生产管理的组织系统,包括机构设置、人员配置和工作机制。一般包括施工总包（分包）单位的安全生产工作最高决策机构、专职管理机构（安全管理职能部门）,单位和项目的主要负责人、专职安全管理人员,以及工地负责人、施工队长、班组长和班组兼职安全员。

1）施工安全管理组织机构的组成

（1）施工安全工作最高决策机构（决策层）

施工安全工作最高决策机构,对于施工单位而言,为单位主要负责人(负有生产经营决策权、指挥权的领导人员)或安全生产委员会;对于工程项目而言,为项目负责人或安全生产领导小组。单位主要负责人(项目负责人)一般应为这个委员会(领导小组)的主任(组长),其他成员一般应包括主管生产、安全、技术等部门和工会的负责人,当有上级派驻企业的安全生产监督人员或设置企业(项目)安全总监时,他们也应进入安全生产的最高决策机构。需要指出的是,即使单位主要负责人(项目负责人)不担任安全生产委员会(领导小组)的主任(组长),也应当依法对本单位(项目)的安全生产工作全面负责。

（2）安全生产管理机构和安全管理人员（监督层）

施工单位应当设立安全生产管理机构,配备专职安全管理人员,并按照住房和城乡建设部《建筑施工企业安全生产管理机构设置及专职安全生产管理人员配备管理办法》向项目部委派足够的专职安全管理人员。安全生产管理机构是负责安全生产监督、指导、协调工作的综合部门，专职安全管理人员负责对安全生产进行现场监督检查。项目部的安全总监和其他专职安全管理人员应由施工单位任命。

（3）施工单位和项目部的其他职能机构（管理层、支持层）

施工单位和项目部的职能机构应该在各自业务范围内,对满足施工安全的要求负责。

（4）班组长和班组安全员（操作层）

班组安全建设是做好项目安全生产的基础和关键。各施工班组应设兼职安全员,协助班组长做好班组安全管理。

施工单位安全生产管理组织保障体系如图 24-1 所示。由于地铁工程施工的多样性、复杂性和地域性,施工安全管理机构的设置和职责也可能不尽相同。但无论如何,都需解决安全生产"有人管"的问题。

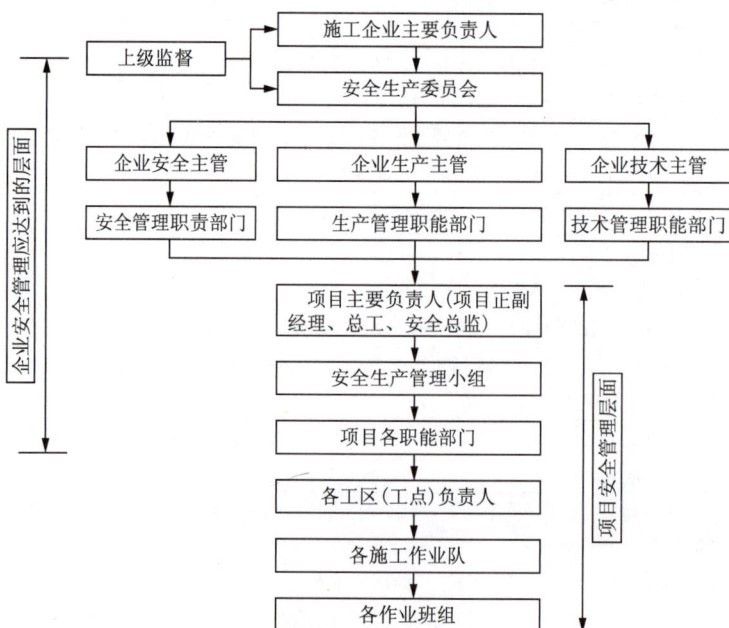

图 24-1　施工安全管理组织保障体系

2）建立施工安全管理组织保障体系的要求

施工组织保障体系是施工安全工作的指挥和管理中枢。合理的安全管理组织是有效地进行安全生产指挥、监督、检查的组织保证。组织机构是否健全、组织中部门、人员的权责界定是否正确，直接关系到单位安全管理体系是否有效运行。因此，组织保障体系应满足以下要求：

（1）组织的结构合理。合理地设置横向安全管理部门，合理地划分纵向安全管理层次，"横向到边、纵向到底"，体系的岗位设置健全、无遗漏脱节的情况。

（2）责任与权利明确。组织体系内各部门、各层次及各岗位都要有明确的安全责任，并由上级授予相应的安全管理权利，领导层、监督层、执行层和支持层（承担安全施工措施、文件、资料编制和资源供应）安排合理、相互协调，主线明确，运作合理，无多头领导和职责交叉或职责空白等问题。专职安全管理人员的待遇宜高于同级、同职人员的待遇。

（3）人员及素质匹配。人员的安全工作素质符合要求，施工单位主要负责人、项目负责人和专职安全管理人员（简称三类人员）应当经过建设行政主管部门考核合格取得安全管理资格证后方可任职；安全管理人数配备合适，不得低于按照住房和城乡建设部《建施工企业安全生产管理机构设置及专职安全生产管理人员配备管理办法》的配备标准，并且要满足工程施工安全管理需要。

（4）规章制度的保证。制定和落实各种规章制度可以保证安全组织有效运转。

（5）信息的相互沟通。组织内部要建立有效的信息沟通模式，渠道畅通，保证安全信息及时、正确地传达。

（6）组织有自适应性。组织应能适应突发事态的应对处置与外部环境变化的应对需要。

24.3.3 施工安全制度保障体系的建立

为施工安全管理的各个环节提供制度支持与保证的体系，称为施工安全的制度保障体系。狭义的安全规章制度保障体系包括适用于施工单位的安全生产法律法规、施工安全管理制度与安全操作规程。广义的安全规章制度保障体系还包括施工组织设计、专项施工方案、作业程序文件与作业指导书。其中，施工安全管理制度一般由安全施工的岗位管理、措施管理、投入管理和日常管理四个部分的管理制度所组成，见表24-3。

制度保障体系的项目组成 表24-3

序次	类　别	制　度　名　称
1	岗位管理	安全生产责任制
2		安全生产考核与奖惩制度
3		安全生产教育培训与考核制度
4		安全生产会议制度
5		安全管理机构和管理人员的管理制度
6		特种作业人员管理制度
7		外协单位（含分包单位）和外协人员安全管理制度
8		岗位标准化操作制度
9		安全生产值班领导现场带班制度
10	措施管理	安全作业环境和条件管理制度
11		施工安全技术措施（编制和审批、实施）管理制度
12		安全技术交底制度
13		安全技术措施的总结和评价制度

序次	类别	制度名称
14	投入管理	安全作业环境和安全施工措施费用管理制度
15		劳动保护用品的配备、使用与管理制度
16		应急救援设备和物资管理制度
17		机械、设备、工具和设施的供应、维修、报废管理制度
18	日常管理	关键节点施工前条件验收制度
19		安全生产交接班制度
20		重大风险源管理制度
21		危险作业审批制度
22		易燃易爆品、有毒化学品和危险品管理制度
23		安全事故隐患排查与治理制度
24		安全生产事故报告与调查处理制度
25		异常情况、事故征兆、突发事件报告、处置和备案管理制度
26		应急预案管理和演练制度
27		安全生产信息资料收集与归档管理制度

施工安全规章制度，通过规范施工安全管理工作的各项要求和实施细则，成为管理工作的依据和员工工作与施工生产行为的守则，也是施工单位建立良好施工安全氛围的工作基础，而良好的安全生产氛围则是实现生产安全要求的重要条件之一。

24.3.4　施工安全技术保障

施工安全技术是研究和确保施工安全的技术，由工程施工技术、安全影响因素、安全保证技术和安全保证管理4个基本部分组成。

（1）工程施工技术由技术要点和适用范围、材料（构配件）和设备、结构和构造、设置要求、设计和计算、检查（试验、试运行）和验收、劳动组织和施工（运行）管理以及常用数据等构成。

（2）安全影响因素即影响工程施工技术使用安全的因素，包括：①工程施工技术现阶段存在的不够成熟和完善的因素；②反映技术适应范围局限性的因素；③现实施工和工作条件还不能完全满足技术应用要求的因素；④引起技术在某些情况下可能出现事故要素的因素。深入了解这些影响因素，是为施工安全提供技术保证的前提条件。

（3）安全保证技术由可靠性技术、限控技术、保险与排险技术和保护技术所组成，它们形成了为施工安全提供四道关隘的技术保证。

（4）安全保证管理就是实施包括组织、制度、技术、投入和信息保证的全面施工安全保证体系的管理，并偏重于确保施工安全技术要求得到圆满实施的管理。

1）安全可靠性技术

（1）安全可靠性技术的定义

安全可靠性技术是判断并确保综合或专项工程施工技术及其管理措施，在工程施工的全过程及可能出现异常的情况下，对满足施工安全的保证要求均具有良好可靠性的技术。

（2）安全可靠性技术的任务

安全可靠性技术的任务是研究施工技术和管理措施设计对确保安全的可靠性保证要求，即根据事故发生的内在规律,从研究如何发现和消除各种可能导致"不安全状态""不安全行为"存在的涉及因素,扼制"起因物""致害物"的孕育和启动,预防各种形式伤害与破坏事件的发生着手,通过对安全设计的考虑因素、编制依据、设计计算、实施规定(包括确定安全控制点)和监控手段的全面性、有效性的判断,建立对施工安全设计可靠性的保证安全可靠性技术。具体技术包括消除潜在危险、降低(减弱)潜在危险因素数值、取代操作人员、冗余性或坚固性等技术。

2)安全限控技术

(1)安全限控技术的定义

安全限控技术是在安全可靠性设计的基础上,除了对施工技术及其管理措施中的重要环节、关键事项、使用要求以及其他需要严格控制的事项之外,进一步提出明确的限制、控制规定和要求,以确保施工安全的技术。

(2)安全限控技术的任务

研究施工技术和管理措施设计中所确定的安全控制(即在执行中需严格确保的安全要求),以明确、具体、硬性的规定加以限控,并同时补充考虑安全可靠性设计中未予涉及和考虑不足的安全控制事项,通过提出设计的安全控制指标、安全文明施工的控制规定、机械作业和安全操作的规定以及监察、检验控制要求的实施,以便继可靠性设计之后,形成对施工安全的第二道保障。安全限控技术主要针对起因物,具体包括技术参数(高度、荷载、位移、压力、电压、速度、强度、角度、变形)限制技术,以及如屏蔽、隔离、防止接近、距离防护、时间防护等技术。

3)安全保险和排险技术

(1)安全保险和排险技术的定义

在可靠性设计和限控规定的基础上,对可能出现的突破设计条件和限控规定、其他意外情况以及异常事态,及时采取自行启动保险装置和采取应急措施,以阻止异常情况发展、事故发动和伤害发生的技术。

(2)安全保险和排险技术的任务

研究施工技术和管理措施执行中有可能出现的危险事态,即事故开始启动的起因物、致害物和危险工况,通过预先安排的保险制动装置的启用、附加保险措施的保障和应急处理措施的实施,最大限度地避免伤害的发生和降低其损害的程度。安全保险和排险技术主要针对致害物,即制止致害物的运作、阻止其实施伤害或减少其伤害程度。具体保险技术有安全保险制停装置、附加保险措施、应急备用措施和应急处理措施。安全保险措施本身的有效性和可靠性也是安全保险技术研究的重点。

4)安全保护技术

(1)安全保护技术的定义

在工程施工的全过程中,针对可能出现的各种职业的和意外的伤害,对现场人员的人身安全和工程与施工设施的安全进行预防性保护的技术。

(2)安全保护技术的任务

研究如何对现场人员和工程与施工设施的安全进行有效的预防性保护,即通过建立保护制度、设置保护措施、使用劳动防护用品(安全防护用品)和提高职工安全素质,做好自我保护等预防性措施,以保护现场人员的人身安全和财产安全。安全保护技术主要针对伤害方式和受害者。具体技术如个体防护、警告和报警技术等。

1）施工安全的投入保障

工程施工安全的投入保障是确保施工安全应有的人力和物力到位并发挥作用的基础。财政部和安全监管总局联合发布的"关于印发《企业安全生产费用提取和使用管理办法》的通知"（财企〔2012〕16号）中规定：

建设工程施工企业以建筑安装工程造价为计提依据，城市轨道工程安全费用提取标准为2.0%。建设工程施工企业提取的安全费用列入工程造价，在竞标时，不得删减，列入标外管理。国家对基本建设投资概算另有规定的，从其规定。总包单位应当将安全费用按比例直接支付分包单位并监督使用，分包单位不再重复提取。

建设工程施工企业安全费用应当按照以下范围使用：

（1）完善、改造和维护安全防护设施设备支出（不含"三同时"要求初期投入的安全设施），包括施工现场临时用电系统、洞口、临边、机械设备、高处作业防护、交叉作业防护、防火、防爆、防尘、防毒、防雷、防台风、防地质灾害、地下工程有害气体检测、通风、临时安全防护等设施设备支出；

（2）配备、维护、保养应急救援器材、设备支出和应急演练支出；

（3）开展重大危险源和事故防患评估、监控和整改支出；

（4）安全生产检查、评价（不包括新建、改建、扩建项目安全评价）、咨询和标准化建设支出；

（5）配备和更新现场作业人员安全防护用品支出；

（6）安全生产宣传、教育、培训支出；

（7）安全生产适用的新技术、新标准、新工艺、新装备的推广应用支出；

（8）安全设施及特种设备检测检验支出；

（9）其他与安全生产直接相关的支出。

2）施工安全的信息保障

安全管理是借助于大量的安全信息来实现的，安全管理信息系统的建立与有效运行是安全管理体系有效实施和运行的重要保障之一，是保证安全施工所不可缺少的基础性和资源性工作。应当建立起这一安全上作的信息保障体系，为施工安全工作提供有力的信息支持。

（1）安全信息及其分类

安全信息包括现场安全状态信息、安全管理活动信息和安全指令性信息。

安全状态信息包括：①生产安全信息，如现场作业人员的行为状况、设备设施的安全状态、环境状况等；②生产安全异常信息，如人的违章指挥、违章作业，设备设施的缺陷等；③生产事故信息，如事故经过、事故原因、事故损失、事故报告、抢险救援、事故处理等。

安全管理活动信息包括：①安全组织领导信息，如安全生产方针、政策、法规的落实情况，安全组织保障体系的建立与运行情况；②安全教育信息，如教育对象、教育内容、教育考核成绩与教育绩效评价等；③安全检查信息，如检查的主体、客体（对象）、内容、方法、查出的隐患内容与数量等；④安全指标信息，如事故实际发生率，隐患治理的完成率，文明工地数量等。

安全指令信息包括：①安全方针、政策、法律、法规和标准规范；②安全计划；③隐患整改通知书等。

（2）安全信息保障体系的组成

施工安全的信息保障体系由建立满足需要的信息工作条件、信息收集、信息处理和信息决策等4个部分的工作保障安排组成，如图24-2所示。

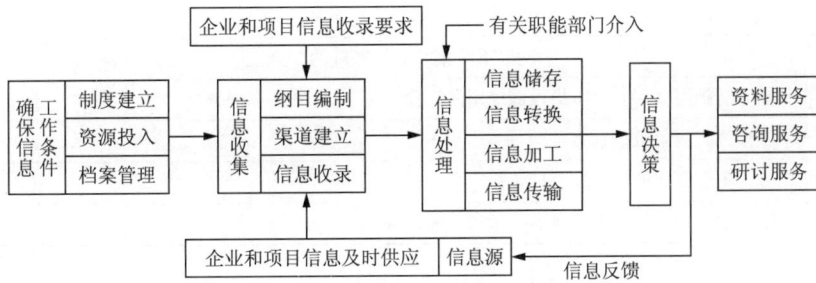

图 24-2　施工安全的信息保障体系

①信息收集。安全信息的收集包括收集内容和收集渠道。收集渠道是否畅通反映了一个施工单位及其工程项目的安全管理氛围好坏、安全文化水平的高低。除了开展安全检查和巡视、建立实时监控监测系统、安排专人收集气象等自然灾害预警预报信息外,还应建立安全事故隐患的举报与奖励制度,创造一种让现场作业人员自由举报隐患、自由发表意见和建议,各级领导耐心倾听、认真反馈的良好安全管理氛围。表 24-4 列出了施工安全工作信息资料的收集要求。

施工安全生产工作信息资料的收集要求　　　　　　表 24-4

信息类别	应予收集的信息资料
安全工作法律、法规和文件	①现行安全生产工作的法律和法规;②现行与安全生产相关的法律和法规;③政府安全生产和建设行政主管部门有关安全生产工作的文件;④企业和项目的安全生产规章制度;⑤企业和项目的安全工作文件;⑥其他部门或单位有参考价值的安全生产文件
规范标准	①建筑施工安全技术标准;②地铁设计规范、城市轨道交通技术规范、城市轨道交通工程测量规范、工业企业标准轨距铁路设计规范;③建筑机械、建筑设备的技术标准和使用说明书;④建筑材料标准和使用说明书;⑤其他行业部门的相关标准
安全技术文献资料	①专业施工方案;②地铁施工组织设计;③安全技术措施计划;④安全技术措施的设计计算资料;⑤安全检验、试验资料;⑥安全技术论文、文章;⑦涉及地铁施工安全的书籍、杂志和其他文献资料;⑧国外相关的地铁施工安全技术文献
安全施工管理资料	①企业和地铁工程项目安全工作会议纪要;②安全生产教育教材和资料;③安全生产技术交底资料;④安全生产检查和整改工作文件;⑤安全生产监理通知和文件;⑥施工安全总结资料
工程施工安全情况	①施工现场总平面布置图;②各施工阶段现场和工程进展情况照片;③施工临时设施设计图;④安全作业环境情况资料;⑤施工中出现的安全隐患、异常和突发情况及其处置记录;⑥施工各阶段安全状况资料
事故资料	①事故报告;②事故调查分析资料;③事故处理资料;④事故通报资料;⑤对各类事故的研讨文章

②信息加工。安全信息加工是安全信息管理的核心,主要包括样本数据到总体状态的估计、安全状态评价、安全系统变化规律的分析、安全系统预测、安全措施的制订与决策等。表 24-5 列出了应着重收集和分析整理的施工安全工作信息内容。

应着重收集和分析整理的安全生产工作信息内容　　　　　　表 24-5

序　号	应着重收集和分析整理的安全生产工作信息内容
1	安全生产法律、法规、标准的最新版本和变化情况
2	安全作业环境规定
3	安全作业环境和安全施工措施费用的标准或具体确定情况
4	按《建设工程安全生产管理条例》规定落实各级施工管理和相关人员责任的经验和做法
5	企业或单位对安全施工费的投入情况和使用管理经验
6	特殊工程和危险性较大的分部分项工程的专项施工方案和安全技术措施
7	安全技术措施和重要施工方案的设计计算资料
8	各类安全可靠性设计的控制要求和判定标准资料
9	各类安全限控指标、规定和要求的资料
10	各类安全保险装置和排险措施资料

序　号	应着重收集和分析整理的安全生产工作信息内容
11	安全防护用品和安全防护设施使用的经验
12	安全施工应急救援预案
13	施工安全事故的统计和分析资料
14	防止坍塌和其他重大事故的技术和管理措施

③信息反馈。信息反馈是管理、应用信息的重要目的。信息反馈有两种方式：一是直接向信息源反馈，如当场纠正施工人员的不安全行为，责令其对隐患进行处理等；二是加工处理后集中反馈，如通过安全检查通报、编制安全管理规程等方式进行反馈。

24.4　专项施工方案与安全技术交底

在建立了完善的安全管理体系后，需要通过施工方案和安全技术交底，把施工过程中的人员组织安排、机械设备配置、材料选用与组织、施工操作方法、在具体的施工作业环境下需要着重注意各种事项、措施以及作业需达到的要求等逐级传达到项目管理层及作业层，所以其在施工安全管理中占有重要的地位。在《建设工程安全生产管理条例》中，特别规定："施工单位应当在施工组织设计中编制安全技术措施和施工现场临时用电方案，在此基础上，对达到一定规模的危险性较大的分部分项工程编制施工方案，并附具安全验算结果，经施工单位技术负责人、总监理工程师签字后实施，由专职安全生产管理人员进行现场监督。对于超过一定规模的危险性较大的分部分项工程，施工单位应当组织专家对专项方案进行论证。"

24.4.1　专项施工方案

1）危险性较大的分部分项工程范围

《危险性较大的分部分项工程安全管理办法》明确了需要编制专项施工方案的危险性较大的分部分项工程范围及起重方案需专家论证的工程，具体见表24-6。

危险性较大的分部分项工程范围　　　　　　　　　　表24-6

序号	名　　称	需要编制专项施工方案的工程界定标准	方案需要专家论证的工程界定标准
1	基坑支护、降水工程	开挖深度超过3m（含3m）或虽未超过3m但地质条件和周边环境复杂的基坑（槽）支护、降水工程	①开挖深度超过5m（含5m）的基坑（槽）的土方开挖、支护、降水工程。
2	土方开挖工程	开挖深度过3m（含3m）的基坑（槽）的土方开挖工程	②开挖深度虽未超过5m，但地质条件、周围环境和地下管线复杂，或影响毗邻建筑（构）筑物安全的基坑（槽）的土方开挖、支护、降水工程
3	模板工程及支撑体系	①各类工具式模板工程：包括大模板、滑模、爬模、飞模等工程。②混凝土模板支撑工程：搭设高度5m及以上，搭设跨度10m及以上，施工总荷载10kN/m²及以上，集中线荷载15kN/m及以上，高度大于支撑水平投影宽度且相对独立无连系构件的混凝土模板支撑工程。③承重支撑体系：用于钢结构安装等满堂支撑体系	①工具式模板工程：包括滑模、爬模、飞模工程。②混凝土模板支撑工程：搭设高度8m及以上，搭设跨度18m及以上，施工总荷载15kN/m²及以上，集中线荷载29kN/m及以上。③承重支撑体系：用于钢结构安装等满堂支撑体系，承受单点集中荷载7kN以上

序号	名 称	需要编制专项施工方案的工程界定标准	方案需要专家论证的工程界定标准
4	起重吊装及安装拆卸工程	①采用非常规起重设备、方法，且单件起吊重量在10kN及以上的起重吊装工程。②采用起重机械进行安装的工程。③起重机械设备自身的安装、拆卸	①采用非常规起重设备、方法，且单件起吊重量在100kN及以上的起重吊装工程。②起重量300kN及以上的起重设备安装工程，高度200m及以上内爬起重设备的拆除工程
5	脚手架工程	①搭设高度24m及以上的落地式钢管脚手架工程。②附着式整体和分片提升脚手架工程。③悬挑式脚手架工程。④吊篮脚手架工程。⑤自制卸料平台、移动操作平台工程。⑥新型及异型脚手架工程	①搭设高度50m及以上落地式钢管脚手架工程。②提升高度150m及以上附着式整体和分片提升脚手架工程。③架体高度20m及以上悬挑式脚手架工程
6	拆除、爆破工程	①建筑物、构筑物拆除工程。②采用爆破拆除工程	①采用爆破拆除工程。②码头、桥梁、高架、烟囱、水塔或拆除中容易引起有毒有害气（液）体或粉尘扩散、易燃易爆事故发生的特殊建、构筑物的拆除工程。③可能影响行人、交通、电力设施、通信设施或其他建（构）筑物安全的拆除工程。④文物保护建筑、优秀历史建筑或历史文化风貌区控制范围的拆除工程
7	其他	①建筑幕墙安装工程。②钢结构、网架和索膜结构安装工程。③人工挖扩孔桩工程。④地下暗挖、顶管及水下作业工程。⑤预应力工程。⑥采用新技术、新工艺、新材料、新设备及尚无相关技术标准的危险性较大的分部分项工程	①施工高度50m及以上的建筑幕墙安装工程。②跨度大于36m及以上的钢结构安装工程；跨度大于60m及以上的网架和索膜结构安装工程。③开挖深度超过16m的人工挖孔桩工程。④地下暗挖工程、顶管工程、水下作业工程。⑤采用新技术、新工艺、新材料、新设备及尚无相关技术标准的危险性较大的分部分项工程

2）专项施工方案的内容

专项施工方案应当包括以下内容：

（1）工程概况：危险性较大的分部分项工程概况、施工平面布置、施工要求和技术保证条件。

（2）编制依据：相关法律、法规、规范性文件、标准规范及图纸（国标图集）、施工组织设计等。

（3）施工计划：包括施工进度计划、材料与设备计划。

（4）施工工艺技术：技术参数、工艺流程、施工方法、检查验收等。

（5）施工安全保证措施：组织保障、技术措施、应急预案、监测监控等。

（6）劳动力计划：专职安全生产管理人员、特种作业人员等。

（7）计算书及相关图纸。

（8）其他，如需要专家论证的专项方案，应附上专家论证审查报告及意见是否采纳的说明。

3）专项施工方案编审及实施程序

（1）编制

地铁工程实行施工总承包的，专项方案应当由施工总承包单位组织编制。其中，起重机械安装拆卸工程、深基坑工程、附着式升降脚手架等专业工程实行分包的，其专项方案可由专业承包单位组织编制。

（2）审核

专项方案应当由施工单位技术部门组织本单位施工技术、安全、质量等部门的专业技术人员进行审核。经审核合格的,由施工单位技术负责人签字。实行施工总承包的,专项方案应当由总承包单位技术负责人及相关专业承包单位技术负责人签字。

不需专家论证的专项方案,经施工单位审核合格后报监理单位,由项目总监理工程师审核签字。

（3）论证

超过一定规模的危险性较大的分部分项工程专项方案应当由施工单位组织召开专家论证会。实行施工总承包的,由施工总承包单位组织召开专家论证会。

专家组成员应当由 5 名及以上符合相关专业要求的专家组成。专家一般从当地建设行政主管部门的专家库中抽取,项目参建各方的人员不能以专家身份参加专家论证会。

（4）修改

施工单位应当根据论证报告修改完善专项方案。专项方案经论证后需做重大修改的,施工单位应当按照论证报告修改,并重新组织专家进行论证。

专项方案修改完善后经施工（总承包与相关专业承包）单位技术负责人、项目总监理工程师、建设单位项目负责人签字后,方可组织实施。

（5）实施

施工单位应当严格按照专项方案组织施工,不能擅自修改、调整专项方案。如因设计、结构、外部环境等因素发生变化确需修改的,修改后的专项方案应当按前述规定重新论证、审核。专项方案实施前,编制人员或项目技术负责人应当向现场管理人员和作业人员进行安全技术交底;施工单位应当指定专人对专项方案实施情况进行现场监督和按规定进行监测;施工单位技术负责人应当定期巡查专项方案实施情况。对于按规定需要验收的危险性较大的分部分项工程,施工单位、监理单位应当组织有关人员进行验收。

24.4.2 安全技术交底

分部（分项）工程在施工前,项目部应按批准的施工组织设计或专项施工方案,向有关人员进行安全技术交底。安全技术交底主要包括两个方面的内容:一是在施工方案的基础上按照施工的要求,对施工方案进行细化和补充;二是要将操作者的安全注意事项解释清楚,保证作业人员的人身安全。安全技术交底工作完毕后,所有参加交底的人员必须履行签字手续,施工负责人、生产班组、现场专职安全管理人员三方各留执一份,并记录存档。

1）安全技术交底的作用

根据《建设工程安全生产管理条例》（中华人民共和国国务院令第 393 号）第二十七条规定:建设工程施工前,施工单位负责项目管理的技术人员应当对有关安全施工的技术要求向施工作业班组、作业人员作出详细说明,并由双方签字确认。其主要有以下作用:

（1）让一线作业人员了解和掌握该作业项目的安全技术操作规程和注意事项,减少因违章操作而导致事故的可能;

（2）使安全管理人员了解在项目安全管理工作中的重要环节;

（3）安全管理内业的内容要求,同时做好安全技术交底也是安全管理人员自我保护的手段。

2）安全技术交底的内容

安全技术交底是一项技术性很强的工作,对于贯彻设计意图、严格实施技术方案、按图施工、循规操作、保证施工质量和施工安全至关重要。

安全技术交底的主要内容有：

（1）本施工项目的施工作业特点和危险点；

（2）针对危险点的具体预防措施；

（3）应注意的安全事项；

（4）相应的安全操作规程和标准；

（5）发生事故后应及时采取的避难和急救措施。

3）安全技术交底的要求

（1）项目经理部必须实行逐级安全技术交底制度，纵向延伸到班组全体作业人员；

（2）技术交底必须具体、明确，针对性强；

（3）技术交底的内容应针对分部分项工程施工中给作业人员带来的潜在危险因素和存在问题；

（4）应优先采用新的安全技术措施；

（5）对于涉及"四新"项目或技术含量高、技术难度大的单项技术设计，必须经过两阶段技术交底，即初步设计技术交底和实施性施工图技术设计交底；

（6）应将工程概况、施工方法、施工程序、安全技术措施等向工长、班组长进行详细交底；

（7）定期向由两个以上作业队和多工种进行交叉施工的作业队伍进行书面交底；

（8）保存书面安全技术交底签字记录。

24.5 安全检查与安全隐患整改

安全检查（又称安全事故隐患排查）是指对施工过程及安全管理中可能存在的生产安全事故隐患（即违反安全生产法律、法规、规章、标准、规程和安全生产管理制度的规定，或者因其他因素在生产经营活动中存在可能导致事故发生的物的不安全状态、人的不安全行为和管理上的缺陷）进行查证，确定它们的存在状态，以及隐患转化为事故的条件，并制订、落实整改措施，消除隐患和减少危险有害因素，确保施工安全。

原国家安全生产监督管理总局（现应急管理部）2007年12月28日发布了第16号令《安全生产事故隐患排查治理暂行规定》，要求生产经营单位应当建立健全事故隐患排查治理和建档监控制度，逐级建立并落实从主要负责人到每个从业人员的隐患排查治理和监控责任制，建立事故隐患报告和举报奖励制度。

项目施工安全检查应达到如下要求：明确检查主体、内容、标准、方法和要求；对重点项目、关键部位进行重点检查；对检查结果要有详细记录；检查后要进行认真、全面的系统分析，进行定性定量的安全评价；在检查中，对违反施工安全技术标准和操作规程的行为，要及时制止和纠正，并举一反三；对查出的隐患要定人、定时间、定措施进行整改、验收，对重大隐患、主要隐患应实行项目部安全管理部门的挂牌督办；检查后应按项目部有关规定，及时兑现奖罚措施。

1）安全检查类型

安全检查从时间上分为定期检查（如项目部每半月组织一次检查等）、经常性检查（如安全管理人员的现场检查）、季节性与敏感期（如节假日、重要政治与社会活动期间）检查；从检查对象和检查深度分为专业（项）检查（含专项的安全性评估）和综合性检查（含系统的安全性评估）。专项检查是针对某个专项安全问题或施工中存在的普遍性安全问题进行的检查。专业性检查是针对危险性较大分部

569

分项工程、机械设备设施的检查,具有较强的针对性和专业要求,宜邀请专家参加或指导。监督性的检测检验也属于专业性检查。

2)安全检查主体

安全检查主体包括施工单位的负责人、安全管理部门、项目的负责人、安全管理人员、工程管理人员和班组长、班组安全员等,必要时邀请专家参加或指导。值得强调的是,班组安全检查是很必要的,应予以重视,可采取样板先行、稳步推进、全面展开的方式。

3)安全检查频次

施工单位负责人、安全管理部门每季度至少对地铁项目进行一次安全检查,项目负责人每半月至少组织一次安全检查,项目安全管理人员要开展日常检查、专项检查,作业班组长要开展班前、班中检查。

4)安全检查内容

主要是查现场、查行为、查管理(包括事故处理)、查隐患、查整改。安全检查要在全面排查的基础上突出重点,如暗挖隧道、深基坑施工、高支模、盾构进出洞、下穿既有地铁线和铁路线、联络通道施工等重大风险源及其监控措施(包括监控量测),以及其他危险性较大的分部分项工程的专项方案编制、审批和实施,防坍塌、防触电、防物体打击、防高坠、防起重伤害、防中毒、防轨行区车辆伤害事故的管理和技术措施,应急救援预案与应急设备物资等。为保证检查项目全面、重点突出,安全管理人员应组织技术人员和有经验、熟练的操作人员,借助故障树分析、事件树分析等危险分析技术,确定安全检查项目与内容,并按系统的组成顺序编成表(即安全检查表),如《建筑施工安全检查标准》(JGJ 59—2011),以及住房和城乡建设部工程质量安全监管司针对城市轨道交通工程的特点组织编制的《城市轨道交通工程质量安全检查表》。使用安全检查表,既可突出检查重点,也可防止检查项目遗漏。

5)安全检查方法

安全检查的方法包括"听"(听取现场有关管理人员、作业人员等对安全生产情况的介绍和汇报)、"问"(随机询问或针对性询问相关人员关于安全工作开展情况和对危险有害因素及处理措施的了解程度)、"查"(查管理档案、查人员作业情况和现场安全状态)、"验"(抽样进行检验,试验和测量)和"练"(进行应急预案现场演练)等,在实际工作中,根据检查对象和检查内容,可采取一种或几种方式进行检查。

6)安全隐患整改

对检查发现的事故隐患,应当按照事故隐患的等级进行登记,建立事故隐患信息档案,并按照职责分工,实施分级监控治理,按照"三定"原则(定责任人、定措施、定整改时间)进行整改、复查、销号。

对于一般事故隐患,即危害和整改难度较小、发现后能够立即整改排除的隐患,施工单位(项目部、工区、作业队等)负责人或者有关人员立即组织整改。

对于重大事故隐患,即危害和整改难度较大、需全部或者局部停工,并经过一定时间整改治理方能排除的隐患,或者因外部因素影响致使施工单位自身难以排除的隐患,由施工单位主要负责人组织制订并实施事故隐患治理方案。

重大事故隐患治理方案应当包括治理的目标和任务、采取的方法和措施、经费和物资的落实、负责治理的机构和人员、治理的时限和要求、安全措施和应急预案等内容。在事故隐患治理过程中,应当采取相应的安全防范措施,做到资金、物资、人员、措施和预案"五到位",防止事故发生。事故隐患排除前或者排除过程中无法保证安全的,应当从危险区域内撤出作业人员,并疏散可能危及的其他人员,设置警戒标志,暂时停工或者停止使用;对暂时难以停工(如停工后隐患可能加速发展,这是地下工程的一个特点,应引起注意),应当加强支护,处理好隐患治理与抢险、加固的关系,防止事故发生。施工单位安全管理部门及其安全管理人员负责对整改落实情况进行监督、验收。

24.6 应急救援与事故处理

24.6.1 应急预案

应急预案是开展应急救援行动的计划和实施指南,它使应急救援活动能够按照预先周密的计划和最有效的实施步骤有条不紊地进行,做到响应快速和救援有效。

1)应急预案的分类

与一个地铁工程项目施工安全事故应急处置有关的预案,从层次上可以分为政府级、建设单位级、施工单位级和项目级。对于一起施工安全事故,根据后果严重程度、救援难易程度和项目部应急救援能力的大小,项目部的应对方式有三种:全部承担(或基本上承担)、大部分承担和先行抢险救援而后服从上一级统一指挥。因此,项目部的应急预案除了要与本单位的应急预案内部衔接外,还应与项目建设单位级和当地政府级的预案外部衔接,包括各层次预案响应的事故最低级别、扩大应急响应层级的条件、统一指挥机制和应急机构职责的衔接,项目部的预案应考虑建设单位、政府(行政主管部门)介入后的相应安排。

应急预案从功能与目标上划分为三种类型:综合应急预案、专项应急预案和现场处置方案。综合预案是应对各类事故的综合性文件,从总体上阐述事故应对方针、政策,应急组织机构及职责、应急行动、措施和保障等基本要求和程序;专项应急预案主要针对某种特有和具体的事故(如坍塌与倒塌、起重作业事故、机械设备事故、电气事故、火灾、中毒与窒息事故等),侧重明确救援程序和具体的应急救援(技术)措施;现场处置方案针对危险性较大的分部分项工程的施工、具体装置、场所或设施、岗位所制订的应急处置措施,应具体、简单、针对性强。综合应急预案、专项应急预案和现场处置方案各有侧重、相互衔接,构成一个应急预案体系。当然,也可以将专项应急预案作为综合应急预案的附件。

2)应急预案的基本内容

(1)综合应急预案的内容

综合应急预案应当包括总则、组织机构及职责、预警和预防机制、应急响应与处置、后期处置、保障措施、附则和附录 8 个方面的内容。其中,组织机构及职责、信息报告与处置、应急响应程序与处置技术等要素属于应急预案的关键要素,是涉及日常应急管理与应急救援的关键环节,应体现在应急预案中。同时,危险源辨识与风险分析、应急资源和能力评估是确保应急预案具有针对性和可操作性的重要的应急策划工作,应体现在预案中且宜放在附件部分。表 24-7 为综合应急预案的基本内容及其要求。

项目内容		要　求
总则	编制目的	目的明确、简明扼要
	编制依据	①引用的法规标准合法有效; ②明确相衔接的上级预案,不能越级应用应急预案
	应急预案体系	①能够清晰表述本单位及所属单位应急预案组成和衔接关系; ②能够覆盖本单位及所属单位可能发生的施工类型
	应急工作原则	①符合国家有关规定和要求,并结合本单位应急工作实际; ②应明确救人第一、统一指挥、快速响应、先期处置等基本原则
	适用范围	范围明确,适用的事故类型和响应级别合理
组织及职责	应急救援组织体系	①能够清晰描述本单位的应急组织体系; ②明确应急组织成员日常及应急状态下的工作职责
	指挥机构及职责	①清晰表述本单位应急指挥体系; ②应急指挥部门职责明确; ③各应急救援小组设置合理,应急工作明确
监测与预警	风险监测	①明确监测技术性预防和管理措施; ②明确相应的应急处置措施
	预警行动	①明确预警信息发布的方式、内容和流程; ②预警级别与采取的预警措施科学合理
	信息报告与处置	①明确本单位小时应急值守电话; ②明确本单位内部信息报告的方式、要求与处置流程; ③明确事故信息上报的部门、通信方式和内容时限; ④明确向事故相关单位通告、报警的方式和内容; ⑤明确向有关单位发出请求支援的方式和内容; ⑥明确与外界新闻舆论信息沟通的责任人以及具体方式
应急响应	响应分级	①分级清晰,且与上级应急预案响应分级衔接; ②能够体现事故紧急和危害程度; ③明确紧急情况下应急响应决策的原则
	响应程序	①立足于控制事态发展,减少事故损失; ②明确救援过程中各专项应急功能的实施程序; ③明确扩大应急的基本条件及原则; ④能够辅以图表直观表述应急响应程序
	应急行动	应急行动应全面,符合实际。包括接警与通知、指挥与控制、警报与紧急公告、通信、事态监测与评估、警戒与治安、受害人员营救、人群疏散与安置、医疗与卫生、公共关系与媒体应对、应急人员安全监控、消防与抢险
	应急结束	①明确应急救援行动结束的条件和相关后续事宜; ②明确发布应急终止命令的组织机构和程序; ③明确事故应急救援结束后负责工作总结部门
	后期处置	①明确事故后,现场清理、损失评估、原因分析、施工恢复、善后赔偿等内容; ②明确应急处置能力评估及应急预案的修订等要求
	保障措施	①明确相关单位或人员的通信方式,确保应急期间信息通畅; ②明确应急装备、设施和器材及其存放位置清单,以及保证其有效性的措施; ③明确各类应急资源,包括专业、兼职应急救援队伍的组织机构以及联系方式; ④明确应急工作经费保障方案
	培训与演练	①明确本单位开展应急管理培训的计划和方式方法; ②如果应急预案涉及周边社区和居民,应明确相应的应急宣传教育工作; ③明确应急演练的方式、频次、范围、内容、组织、评估、总结等内容

地铁土建工程技术与管理实务

（2）专项应急预案的主要内容

专项应急预案主要包括应急处置的基本原则、应急组织及职责、预防与预警、应急处置（响应分级、响应程序、处置措施）、应急物资与装备保障（数量、管理与维护、正确使用）等，突出应急救援的技术措施。其内容要求参照综合应急预案的内容要求。

24.6.2　应急准备

应急准备是应急救援过程中一个极其关键的过程，它是针对可能发生的事故，为迅速有效地开展应急行动而预先做的各种工作，其目标是保持事故应急救援所需的应急能力。

（1）准备应急资源

应急资源的准备是应急救援工作的重要保障，项目部应根据潜在事故的性质和后果分析，配备相应的应急资源，包括救援机械、设备、设施、物资、交通工具、医疗设备和必备生活保障物资等。项目部应对应急资源定期检查、维护和更新，保证其始终处于完好状态。

项目部应建立并及时更新应急抢险资源信息数据库（项目部自有的、可从外部租赁或求援的应急设备、物资清单），明确物资、装备的类型、数量、性能和存放位置，以及负责人和联系方式。

（2）组建抢险队，进行应急培训

项目部组建抢险队，发现事故或接到事故报告时，首先组织抢险队（包括其他工区的）进行抢险，必要时请求其他单位给予支持或请建设单位协调。项目部应对抢险队和项目部其他所有人员进行事故预防、避险、避灾、自救、互救等应急教育、培训，为抢险人员购买人身意外伤害保险。

（3）进行应急演练，提高应急救援能力

为了保证事故发生时处理迅速，不至于手忙脚乱，项目部应对预设事故进行实地演练，并填写应急演练记录，记录演练内容、人员分工、方案、处理程序等，不断修改、完善应急预案。演练的方式有桌面演练、实操演练（含预先告知和不告知），最有效的是预先不告知的实操演练。实操演练要注意演练过程中的安全。

（4）签订互助协议，确保应急资源共享

项目部应实现与邻近地铁其他施工单位、地方医院和其他周边单位签订互助协议，建立互助关系，以便在事故发生后及时得到外部救援力量和资源的援助。项目部还应在办公、生产区域的显著位置张贴当地政府（部门、街道办）应急指挥中心与专业应急机构、医院、地下管线抢修机构、地铁项目建设单位和项目部的应急联系电话。

24.6.3　监测与预警

1）日常监测

施工项目部的事故（险情）信息收集途径有多种，常见的有视频监控、施工监测、安全管理人员的巡视和当事人、目击者的报告，以及第三方监测单位、监理单位、建设单位和工程周边建构（筑）物、地下管线管理单位的反馈。

工程安全监测（施工监测、第三方监测）通过一定的测量测试仪器、设备，对工程围（支）护结构、围岩或开挖面和施工影响范围内的周边环境进行位移、变形、倾斜、应力等量测和观察，可以及时发现工程异常情况并进行预警。施工监测是地下工程的"眼睛"，是事故监测与预警的重要的有效手段。

施工安全巡视与安全检查类似,也是通过现场巡视发现不安全状态和不安全行为等安全隐患以及事故征兆。巡视主要从开挖面地质状况、支护结构体系、施工工艺及设备、施工组织管理及作业状况和工程周边环境等方面进行,巡视主体包括施工单位、监理单位及其他专业咨询机构(或技术专家)、设计单位等。施工单位应培养一批针对项目风险特点的有经验的安全兼职人员,因其可能是当事人或第一目击者,常常在异常监测、应急响应中起到重要作用。

当监测或巡视发现异常情况时,应及时报告;施工单位及其项目部负责接警的机构和负责人应对异常情况进行分析、评估,并启动相应预警。

2)预警

目前,地铁工程项目的异常情况预警一般划分为监测预警、巡视预警和综合预警等类型,根据事故发生的紧急程度、发展势态和可能造成的危害程度由低到高,每种类型的预警依次划分为黄色、橙色和红色预警等三个预警等级。

24.6.4　应急处置与救援

施工安全事故的应急响应程序按过程可分为接警、相应级别确定、报警、应急启动、救援行动、扩大应急、应急恢复和应急结束等过程,如图 24-3 所示。

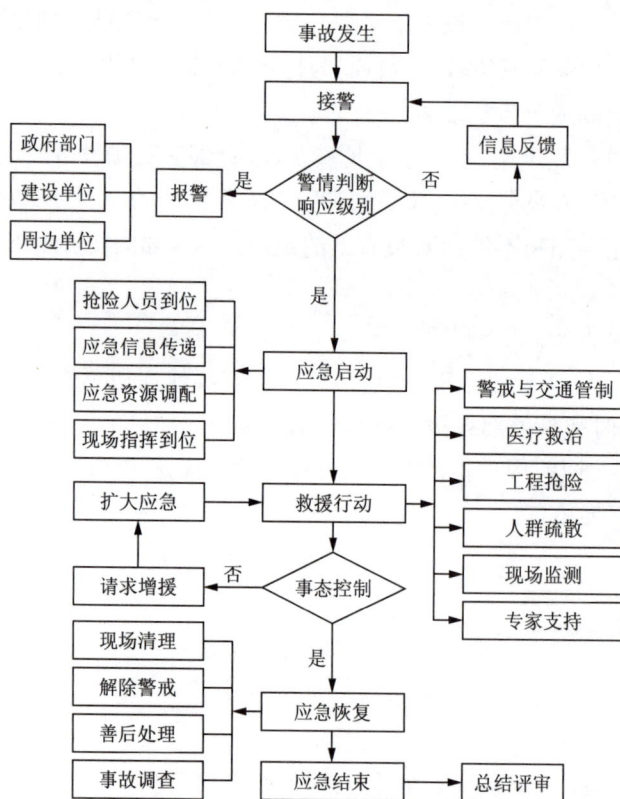

图 24-3　事故应急响应基本程序

1)接警与通知

准确了解事故的性质和规模等初始信息是决定是否启动应急救援的关键。接警作为应急响应的第一步,需对接警要求作出明确规定,保证迅速、准确地向报警人员询问事故现场的重要信息。接警人员接受报警后,应按预先确定的通报程序规定,迅速向项目部负责人报告。项目部负责人接到发生或可能发生事故报告后,应立即启动应急预案,赶赴事故现场,下令通知项目部有关人员赶赴现场进行抢险。

若事故危害具有扩展性或需要抢救人员、财产,项目负责人应当立即向所在地人民政府、有关主管部门或者指定的专业应急指挥机构报告,同时向建设单位报告。具体报告对象和报告时限应符合事故发生地人民政府关于突发事件应急报告的有关规定。

若事故造成人员重伤或死亡,或者直接经济损失在 100 万元以上,即属于一般或以上级别的事故,应按生产安全事故报告的规定报告。

2)指挥与控制

应根据预案确定的分级响应、统一指挥、协调和决策的程序,对事故进行初始评估,确认紧急状态,迅速有效地进行应急响应决策,建立现场工作区域,确定重点保护区域和应急行动的优先原则,指挥和协调现场各救援队伍开展救援行动,合理高效地调配和使用应急资源等。

3)警报和紧急公告

当事故可能影响到周边地区,或对周边地区的公众可能造成威胁时,应及时启动警报系统,向公众发出警报,同时通过各种途径向公众发出紧急公告,告知事故性质、对健康的影响、自我保护措施、注意事项等,以保证公众能够做出及时的自我防护响应。

4)应急通信

通信是应急指挥、协调和与外界联系的重要保障,在现场指挥部、应急中心、各应急救援组织、新闻媒体、医院、上级政府和外部救援机构等之间,应建立畅通的应急通信网络。

5)事态监测与评估

事态监测与评估在应急救援和应急恢复的行动决策中具有关键的支持作用。在应急救援过程中应对事故的发展势态及影响及时进行动态的监测,建立对事故现场及场外进行监测和评估的程序。包括负责监测与评估活动人员的确定,监测仪器设备及监测方法,监测点的设置及现场工作,报告程序等。

6)警戒与治安

为保障现场应急救援工作的顺利开展,在事故现场周围建立警戒区域,实施交通管制,维护现场治安秩序是十分必要的,其目的是防止与救援无关人员进入事故现场及其影响区域,保障救援队伍、物资运输和人群疏散等的交通畅通,并避免发生不必要的伤亡。此外,警戒与治安还应该协助发出警报、现场紧急疏散、人员清点、传达紧急信息、执行指挥机构的通告、协助事故调查等。对燃气等危险物质事故,应列出警戒人员有关个体防护的准备事项。

7)人群疏散与安置

人群疏散是减少人员伤亡扩大的关键,也是最彻底的应急响应。应当对疏散的紧急情况和决策、预防性疏散准备、疏散区域、疏散距离、疏散路线、疏散运输工具、安全庇护场所以及回迁等作出细致的规定和准备,应考虑疏散人群的数量、所需要的时间和可利用的时间、风向(针对燃气泄漏而言)等条件变化以及老弱病残等特殊人群的疏散等问题。

8）医疗与卫生

对受伤人员采取及时有效的现场急救以及合理地转送医院进行治疗，是减少事故现场人员伤亡的关键，包括现场急救、伤员运送、治疗及健康监测。医疗人员应了解施工主要危险对人员造成伤害的类型，并经过相应的培训，掌握治疗方法。

9）公共关系与媒体应对

基坑、隧道或高支模坍塌、燃气泄漏、建（构）筑物或大型机械倾覆、火灾等施工事故发生后，不可避免地会引起新闻媒体和公众的关注。事故发生后，应第一时间内准备好新闻通稿，将有关事故的信息、影响、救援工作的进展等情况及时向媒体和公众进行统一发布，以消除公众的恐慌心理，控制谣言，避免公众的猜疑和不满。应明确信息发布的审核和批准程序，保证发布信息的统一性；指定新闻发言人，适时举行新闻发布会，准确发布事故信息，澄清事故传言；为公众咨询以及接待、安抚受害人员家属作出安排。

10）应急人员安全

城市地铁施工事故的应急救援工作不明因素多、危险性极大，需对应急人员自身的安全问题进行周密的考虑，包括安全预防措施、个体防护等级、现场安全监测和新出现的事态变化处理等，明确应急人员的进出现场和紧急撤离的条件和程序，保证应急人员的安全。

11）工程抢险

施工事故发生后，抢险队伍采用工程技术措施，对基坑、隧道的变形、坍塌、涌水、涌沙和机械倒塌事故、险情等实施处理。

24.6.5　事故的分类和处理

1）施工安全事故的分类

安全事故分两大类型，即职业伤害事故与职业病。其中，职业伤害事故是指因生产过程及工作原因或与其相关的其他原因造成的伤亡事故。

（1）按照事故发生的原因分类

按照我国《企业职工伤亡事故分类》（GB/T 6441—1986）规定，职业伤害事故分为 20 类，其中与建筑业有关的有 12 类。包括物体打击、车辆伤害、机械伤害、起重伤害、触电、灼烫、火灾、高处坠落、坍塌、火药爆炸、中毒和窒息及其他伤害等。

以上 12 类职业伤害事故中，在建设工程领域中最常见的是高处坠落、物体打击、机械伤害、触电、坍塌、中毒、火灾 7 类。

（2）按事故严重程度分类

我国《企业职工伤亡事故分类》（GB/T 6441—1986）规定，按事故严重程度分类，事故分为：轻伤事故、重伤事故、死亡事故。

（3）按事故造成的人员伤亡或者直接经济损失分类

依据 2007 年 6 月 1 日起实施的《生产安全事故报告和调查处理条例》规定，按生产安全事故（简称事故）造成的人员伤亡或者直接经济损失，事故分为：

①特别重大事故,是指造成 30 人以上死亡,或者 100 人以上重伤(包括急性工业中毒,下同),或者 1 亿元以上直接经济损失的事故;

②重大事故,是指造成 10 人以上 30 人以下死亡,或者 50 人以上 100 人以下重伤,或者 5000 万元以上 1 亿元以下直接经济损失的事故;

③较大事故,是指造成 3 人以上 10 人以下死亡,或者 10 人以上 50 人以下重伤,或者 1000 万元以上 5000 万元以下直接经济损失的事故;

④一般事故,是指造成 3 人以下死亡,或者 10 人以下重伤,或者 1000 万元以下直接经济损失的事故。

目前,在建设工程领域中,判别事故等级较多采用的是《生产安全事故报告和调查处理条例》。

2)施工安全事故的处理

一旦发生事故,要通过应急预案的实施,尽可能防止事态的扩大和减少事故的损失。同时,通过事故处理程序,查明原因,制订相应的纠正和预防措施,避免类似事故的再次发生。

(1)事故处理的原则("四不放过"原则)

国家对发生事故后的"四不放过"处理原则,其具体内容如下:

①事故原因未查清不放过,要求在调查处理伤亡事故时,首先要把事故原因分析清楚,找出导致事故发生的真正原因,未找到真正原因决不轻易放过。直到找到真正原因并搞清各因素之间的因果关系才算达到事故原因分析的目的。

②事故责任人未受到处理不放过,这是安全事故责任追究制的具体体现,对事故责任者要严格按照安全事故责任追究的法律法规的规定进行严肃处理;不仅要追究事故直接责任人的责任,同时要追究有关负责人的领导责任。当然,处理事故责任者必须谨慎,避免事故责任追究的扩大化。

③事故责任人和周围群众没有受到教育不放过,使事故责任者和广大群众了解事故发生的原因及所造成的危害,并深刻认识到搞好安全生产的重要性,从事故中吸取教训,提高安全意识,改进安全管理工作。

④事故没有制订切实可行的整改措施不放过,必须针对事故发生的原因,提出防止相同或类似事故发生的切实可行的预防措施,并督促事故发生单位加以实施。只有这样,才算达到了事故调查和处理的最终目的。

(2)建设工程安全事故处理措施

①按规定向有关部门报告事故情况

事故发生后,事故现场有关人员应当立即向本单位负责人报告;单位负责人接到报告后,应当于 1h 内向事故发生地县级以上人民政府安全生产监督管理部门和负有安全生产监督管理职责的有关部门报告,并有组织、有指挥地抢救伤员、排除险情;应当防止人为或自然因素的破坏,便于事故原因的调查。

由于建设行政主管部门是建设安全生产的监督管理部门,对建设安全生产实行的是统一的监督管理,因此,各个行业的建设施工中出现了安全事故,都应当向建设行政主管部门报告。由于有关的专业主管部门也承担着对建设安全生产的监督管理职能,因此,专业工程施工中出现生产安全事故的,还需要向有关行业主管部门报告。情况紧急时,事故现场有关人员可以直接向事故发生地县级以上人民政府安全生产监督管理部门和负有安全生产监督管理职责的有关部门报告。安全生产监督管理部门和负有安全生产监督管理职责的有关部门接到事故报告后,应当依照下列规定上报事故情况,并通知公安机关、劳动保障行政部门、工会和人民检察院。

特别重大事故、重大事故逐级上报至国务院安全生产监督管理部门和负有安全生产监督管理职责的有关部门。

较大事故逐级上报至省、自治区、直辖市人民政府安全生产监督管理部门和负有安全生产监督管理职责的有关部门。

一般事故上报至设区的市级人民政府安全生产监督管理部门和负有安全生产监督管理职责的有关部门。

安全生产监督管理部门和负有安全生产监督管理职责的有关部门逐级上报事故情况,每级上报的时间不得超过2h。事故报告后出现新情况的,应当及时补报。

②组织调查组,开展事故调查

特别重大事故由国务院或者国务院授权有关部门组织事故调查组进行调查。重大事故、较大事故、一般事故分别由事故发生地省级人民政府、设区的市级人民政府、县级人民政府负责调查。省级人民政府、设区的市级人民政府、县级人民政府可以直接组织事故调查组进行调查,也可以授权或者委托有关部门组织事故调查组进行调查。未造成人员伤亡的一般事故,县级人民政府也可以委托事故发生单位组织事故调查组进行调查。

事故调查组有权向有关单位和个人了解与事故有关的情况,并要求其提供相关文件、资料,有关单位和个人不得拒绝。事故发生单位的负责人和有关人员在事故调查期间不得擅离职守,并应当随时接受事故调查组的询问,如实提供有关情况。事故调查中发现涉嫌犯罪的,事故调查组应当及时将有关材料或者其复印件移交司法机关处理。

③现场勘查

事故发生后,调查组应迅速到现场进行及时、全面、准确和客观的勘查,包括现场笔录、现场拍照和现场绘图。

④分析事故原因

通过调查分析,查明事故经过,按受伤部位、受伤性质、起因物、致害物、伤害方法、不安全状态、不安全行为等,查清事故原因,包括人、物、生产管理和技术管理等方面的原因。通过直接和间接地分析,确定造成事故的直接责任者、间接责任者和主要责任者。

⑤制订预防措施

根据事故原因分析,制订防止类似事故再次发生的预防措施。根据事故后果和事故责任者应负的责任提出处理意见。

⑥提交事故调查报告

事故调查组应当自事故发生之日起60d内提交事故调查报告;特殊情况下,经负责事故调查的人民政府批准,提交事故调查报告的期限可以适当延长,但延长的期限最长不超过60d。事故调查报告应当包括下列内容:

a. 事故发生单位概况;

b. 事故发生经过和事故救援情况;

c. 事故造成的人员伤亡和直接经济损失;

d. 事故发生的原因和事故性质;

e. 事故责任的认定以及对事故责任者的处理建议;

f. 事故防范和整改措施。

⑦事故的审理和结案

重大事故、较大事故、一般事故,负责事故调查的人民政府应当自收到事故调查报告之日起15d内作出批复;特别重大事故,30d内作出批复,特殊情况下,批复时间可以适当延长,但延长的时间最长不超过30d。

有关机关应当按照人民政府的批复,依照法律、行政法规规定的权限和程序,对事故发生单位和有关人员进行行政处罚,对负有事故责任的国家工作人员进行处分。事故发生单位应当按照负责事故调查的人民政府的批复,对本单位负有事故责任的人员进行处理。

负有事故责任的人员涉嫌犯罪的,依法追究刑事责任。

事故处理的情况由负责事故调查的人民政府或者其授权的有关部门、机构向社会公布,依法应当保密的除外。事故调查处理的文件记录应长期完整地保存。

24.7 工程项目环境管理

24.7.1 我国工程项目环境评价制度

我国自 2003 年 9 月 1 日开始实施《中华人民共和国环境影响评价法》。总体来说,我国的项目环境影响评价体系可以归纳为以下几点。

(1)依法进行严格的环境影响评价,提出环境影响评价报告。根据建设工程项目对环境的影响程度编制环境影响评价文件。该评价文件分为三类,包括环境影响报告书、环境影响报告表、环境影响登记表。国家相关主管部门根据所提交的评价文件对建设项目进行分类管理。

评价项目对环境的影响,包括环境污染、对生态的影响和对人文景观的影响等内容。应根据建设工程项目环境影响报告和总体环保规划,全面制订并实施工程项目范围内环境保护计划,有效控制污染物及废弃物的排放,并进行有效治理;保护生态环境,防止因工程建设和投产引发生态变化与扰民问题,防止水土流失;进行绿化规划等。同时,应注重分析项目对环境的影响和污染,制订防治措施,并报上级主管部门批准。

(2)编撰评价文件。评价文件应由具有相应环境影响评价资质的机构提出,包括建设项目周边环境的描述、对环境将产生的影响的预测、环境影响的经济损益,编写或按格式填写最终结论,并提出具体的技术与组织措施,评价文件应报相关的行政主管部门审批。在工程建设阶段,依照环境影响评价文件采取恰当的保护措施或改进措施并备案。

(3)根据规定,在项目总投资中必须明确保证有关环境保护设施建设的投资情况。

(4)只有在环境影响报告获批准后,计划部门才可批准建设的项目设计任务书。

(5)项目实施必须实行"三同时"。所有的新建、改建、扩建和技术改造项目以及开发项目都必须实现"三同时",即污染治理的设施与主体工程同时设计、同时施工、同时投产运行。

通过对工程项目环境影响的评价制订相应的预防和应急措施,可确保工程项目环境管理在工程全寿命期中得以有效实施。

24.7.2 设计阶段的环境管理

在工程设计阶段,环境管理的主要目标是最大限度地做好资源和环境的规划设计,以便合理利用。应根据环境影响评价文件,对环境产生影响的因素进行仔细考虑,同时结合工程设计要求,提出相应的技术和管理措施,并且反映在设计文件中。

设计必须严格执行有关环境管理的法律、法规和工程建设强制性标准中关于环境保护的相应规定,应充分考虑环境因素,防止因设计不当导致环境问题的发生。

此外,还应加强设计人员的环境教育,提高其环境保护意识和职业道德观念。

24.7.3 施工阶段的环境管理

施工阶段是工程项目环境管理的关键阶段。施工阶段一般时间都比较长，工序复杂，很多环境问题都集中在施工现场，如会产生大量的粉尘、噪声、污水、建筑垃圾等，这会给城市造成严重的污染，阻碍社会的和谐发展。

1）施工现场环境管理的基本要求

《中华人民共和国建筑法》《中华人民共和国环境保护法》和《建设项目环境保护管理条例》等法律法规中均对工程项目的环境保护提出了相应的规定。要严格执行以上相关的法律法规和标准规范，建立项目施工环境管理的检查、监督和责任约束机制。对施工中可能产生的污水、烟尘、噪声、强光、有毒有害气体、固体废弃物、火灾、爆炸和其他灾害等有害于环境的因素，实行信息跟踪、预防预报、明确责任、制订措施和严格控制的方针，以消除或降低对施工现场及周边环境（包括人员、建筑、管线、道路、文物、古迹、江河、空气、动植物等）的影响或损害。

2）施工现场环境管理的主要内容

（1）项目部应在施工前了解经过施工现场的地下管线，标出位置，加以保护。施工时如发现文物、古迹、爆炸物、电缆等，应当停止施工，保护现场，及时向有关部门报告，按照规定处理后方可继续施工。

（2）项目部应对施工现场的环境因素进行分析，对可能产生污水、废气、噪声、固体废弃物等污染源采取措施，进行实时控制，具体包括以下方面：

①建筑垃圾和渣土应堆放在指定地点并应采取措施定期清理搬运。

②装载建筑材料、垃圾或渣土的车辆，应采取有效措施防止尘土飞扬、洒落或流溢。根据施工现场的需要还应设置机动车辆冲洗设施并对冲洗污水进行处理。

③应按规定有效处理有毒有害物质，禁止将有毒有害废弃物作为回填土使用。除有符合规定的装置外，不得在施工现场熔化沥青和焚烧油毡、油漆及其他可产生有毒有害烟尘和恶臭气味的废弃物。

④施工现场应设置畅通的排水系统，保持场地道路的干燥、坚实。施工现场的泥浆和污水未经处理不得直接外排。

⑤有条件时，可对施工现场进行绿化布置。

（3）项目部应依据施工条件和施工总平面图、施工方案和施工进度计划的要求，综合考虑节能、安全、防火、防爆、防污染等因素，认真进行所负责区域场地的平面规划、设计、布置、使用和管理，具体包括以下方面：

①现场的主要机械设备、脚手架、密封式安全网和围挡、模具、施工临时道路，水、电、气管线，施工材料制品堆场及仓库、土方，建筑垃圾堆放区、变配电间、消火栓、警卫室和现场的办公、生产和生活临时设施等的布置，均应符合施工平面图的要求并根据现场条件合理进行动态调整。

②现场入口处的醒目位置应公示工程概况牌、安全纪律牌、防火须知牌、安全无重大事故牌、安全生产及文明施工牌、施工总平面图、项目经理部组织架构及主要管理体制人员名单图。

③施工现场必须设立门卫，根据需要设置警卫，负责施工现场保卫工作，并采取必要的保卫措施。主要管理人员应在施工现场佩戴证明其身份的标识。

（4）项目部应做好现场文明施工工作，促进施工阶段的环境保护。

文明施工是施工企业管理水平的最直观体现，内容包括施工现场的场容管理、现场机械管理、现场文化与卫生等全方位管理。

①现场文明施工的一般要求。文明施工可以保持施工现场良好的作业环境、卫生环境和工作秩序，一般包含以下几点要求：

a. 规范施工现场的场容，保持作业环境的整洁卫生。

b. 科学组织施工，使施工过程有序进行。

c. 减少施工对周围居民和环境的影响，保证职工的安全和身心健康。

d. 管理责任明确，奖惩分明。

e. 定期检查管理实施程度。

②施工现场的场容管理。场容管理作为施工现场管理的重要方面，无论是政府主管部门，还是施工企业，以及项目经理部都应该予以重视。施工现场的场容管理要在施工平面图设计的合理安排和物料器具定位管理标准化的基础上，做到以下几点：

a. 施工中需要停水、停电、封路而影响环境时，必须经有关部门批准，事先告示。

b. 针对现场人流、物流、安全、保卫、遵纪守法方面等提出公告或公示要求。

c. 针对施工场地使用情况划定责任区和公共区，及时清理现场，保持场容场貌的整洁。

d. 应保证施工现场道路畅通，排水系统处于良好的使用状态。

（5）在工程竣工阶段，组织现场清理工作时会产生大量的建筑垃圾和粉尘，给资源和环境带来很多问题，应重视对建筑垃圾的处理。

24.7.4 项目结束阶段的环境管理

工程项目结束阶段的环境管理是一个薄弱环节，在该阶段的主要工作如下所述。

（1）在主体工程竣工验收的同时，进行环境保护设施竣工验收，保证项目配套的环境保护设施与主体工程同时投入试运行。

（2）应当向环境保护主管部门申请与工程配套建设的环境保护设施的竣工验收，并对环境保护设施的运行情况和建设项目对环境的影响程度进行监测。要注重对自然环境指标的监测，如大气、水体等周边环境资源，必须确保其污染排放量限制在国家规定的标准范围内。

（3）对工程项目环境保护设施效果进行监控与测量，是对环境管理体系的运行进行监督的重要手段。为了保证监测结果的可靠性，应定期对监测和测量设备进行校准和维护。

（4）在项目后评价中应该对工程项目环境设施的建设管理和运行效果进行调查、分析、评价，若发现实际情况偏离原目标、指标，应提出改进的意见和建议。

第 **25** 章 工程项目风险管理

25.1 概 述

地铁作为一种大运量的交通运输工具,以其快速、便捷等特点在城市发展中扮演着重要的角色,近十年来,各大中城市大力投资地铁建设,以优化人们的出行方式,缓解日益增大的交通压力,使地铁建设迎来了高速发展期。

地铁建设往往位于人口较密、经济繁华的地段,受复杂的水文地质情况、地下管线、重要的建(构)筑物、极端的天气及参建单位的管理漏洞等影响,地铁工程项目不确定性高、风险管理难度大,一旦发生问题,后果不堪设想。下面结合地铁土建施工技术与管理特点阐述如何进行项目风险管理。

项目风险是指由于项目所处的环境和条件本身的不确定性,以及项目建设单位/顾客、项目组织或项目的某个当事者主观上不能准确预见或控制的因素影响,使项目的最终结果与当事者的期望产生背离,并存在给当事者带来损失的可能性。项目风险管理流程如图 25-1 所示。

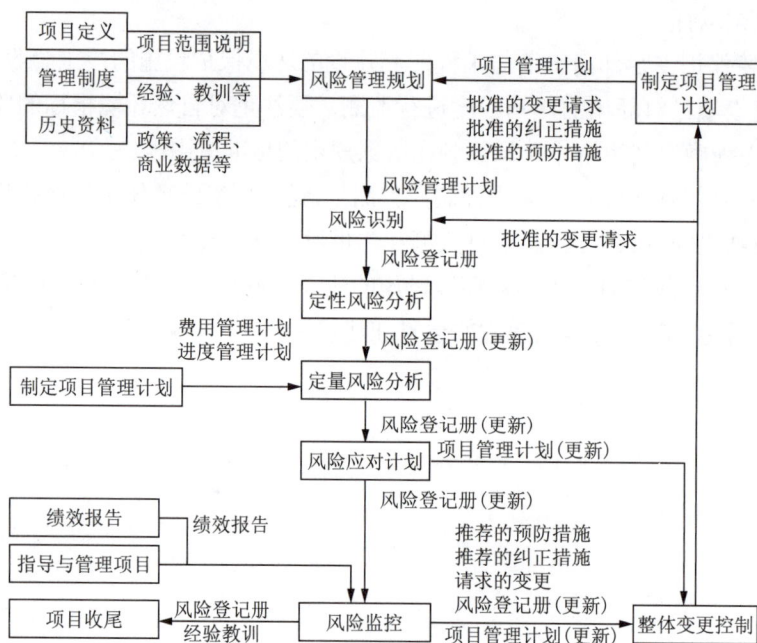

图 25-1 项目风险管理流程图

1)地铁工程风险的定义

国际隧道协会(ITA)在《隧道风险管理指南》一文中定义风险为所识别的风险源发生的概率和影响后果的综合。Faber M H 定义工程风险为给定活动的期望结果。隧道施工风险定义为:在以隧道工程施工和运营为目标的行动过程中,如果某项活动存在足以导致承险体系统产生各类直接或间接损失的可能性,那么就称这项活动存在风险,而这项活动所引发的后果就称为风险事故。

2)地铁工程风险管理的内容

地铁工程风险管理的过程由风险辨识、风险分析、风险应对和风险监控四个部分组成。其中,地铁工程风险因素的辨识是进行地铁工程风险管理的前提和基础;风险分析是系统地识别地铁工程项目风险和合理地进行地铁风险管理之间的重要纽带,是决策分析的基础,是风险管理系统中的重要一环,具体分析方法有风险矩阵法、等风险图法、故障树分析法、事件树分析法、决策树分析法、综合评分法、影响图、贝叶斯网络、层次分析法、蒙特卡罗、模糊评价法、进度计划评审技术等;风险应对是针对上述风险分析和评价的结果,采用经济合理的方式处理风险,以提高实现项目目标的机会;风险监控是对风险的发展和变化情况进行全程监督,并根据需要进行风险应对策略的调整。

3)地铁工程风险管理的意义

地铁工程施工的风险管理是为了促进地铁工程建设安全风险技术管理工作的系统化、规范化和信息化,最大限度地规避风险,避免人员伤亡和环境损害,降低工程成本和工期损失,为地铁工程建设提供安全施工保障。

4)地铁工程风险管理的特点

地铁工程风险管理的目标是:用全面系统的手段,在第一时间内了解掌握工程进展的第一手资料、作业状况,提高事故发生的预测和防控能力,避免重大事故的发生,使安全风险降到最低。地铁工程风险管理有如下特点。

(1)地铁工程风险分析的内容复杂

风险不以人类的意志为转移,并超越人们的主观意识而客观存在。在工程项目的全寿命周期内,风险是无处不在、随时都可能发生的。地铁工程处于复杂的地层地质体中,其具有的隐蔽性、复杂性和不确定性使风险分析的一些方法难以准确运用并确切表达。在进行项目风险分析时,既要考虑其精确性,又要考虑到成本因素,如果为取得准确的风险分析结果而花费太大,甚至超过事故发生时所造成的损失,就得不偿失了。

(2)地铁工程风险管理需要重视风险的征兆

地铁工程风险分析时必须明确出现风险的征兆,并且对危险的基本因素实行监察,随时避免危险发生。在风险管理中,可以找到出现危险的基本因素,对危险因素应采用有效而直接的手段进行监督,一旦出现危险征兆,立即采取相应的补救措施,可以有效地制止危险的出现。因此,要重视对危险因素的分析和处理,在处理过程中应当重视监察的作用。

(3)地铁工程风险分析方法的多样性

目前,在地铁工程行业以外存在很多风险分析和评价的方法,地下工程的合同、规划设计、施工及运营的不同阶段应该采用不同的风险分析评价方法。在合同、可行性研究阶段,由于可获得的工程信息量较少,可采用定性的分析方法,对其工期、费用做出预测,为方案决策提供基础;而在其结构的详细设计、施工和运营阶段,随着设计目标和各种地层条件、周围环境条件等参数的明确,借鉴已有的工程经验,可选用定量的风险评估方法。

(4)地铁工程风险管理的动态性

从地铁工程的特点来看,工程的进展,即从工程立项、勘测、设计、施工直至运营,往往客观环境处于变化中,也就是说,从管理的角度分析,工程的进展是处于动态过程中的,因此风险分析也要从动态管理的理念来进行。对于工程进展的不同阶段,直至工程施工中的各个阶段,以当时相对稳定的因素来进行风险分析,并将分析的结果作为工程安全性的评价,将会是有用的成果。

(5)要求相关人员具有较高素质

地铁工程要求从事地铁工程风险管理的人员必须具备很高的素质,具有丰富的经验,经受过严格的专业训练,否则将很难理解工程风险的性质及特点,更难通过合理的风险分析采取适当的风险防范措施。风险分析人员只有掌握了先进、科学、系统的工程风险分析方法,才能降低施工风险,确保工程进度和质量。

25.2　工程项目风险识别

1)风险识别的依据

风险识别依据主要有:

(1)施工组织设计、施工调查报告;

(2)地质勘察报告;

(3)施工调查报告;

(4)历史资料(历史项目的原始记录、商业性历史项目的信息资料、历史项目团队成员的经验)。

2)风险识别的方法

风险识别流程如图25-2所示,主要识别的步骤包括文件审查、信息搜集技术、核对表分析、假设分析、图解技术。

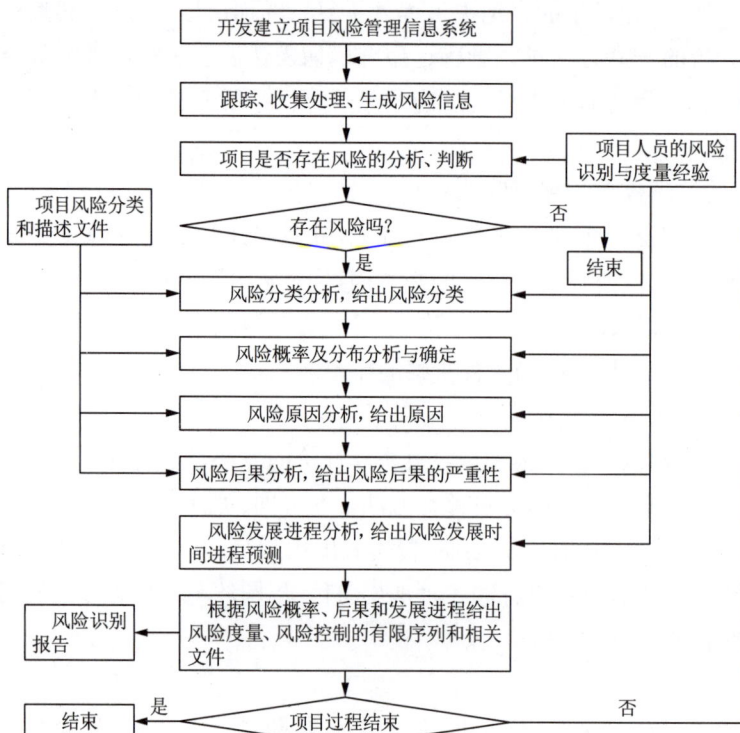

图 25-2　风险识别流程图

3）风险识别的成果

风险登记（识别出的项目风险、潜在的项目风险、项目风险的征兆）册，包括风险种类、风险性质、预控制措施以及更新等内容。

25.3　工程项目风险评估方法

1）德尔菲专家调查法

德尔菲法也称专家调查法，是一种采用某种通信方式分别将所需解决的问题单独发送到各个专家手中，征询意见，然后回收汇总全部专家的意见，并整理出综合意见。随后将该综合意见和预测问题再分别反馈给专家，再次征询意见，各专家依据综合意见修改自己原有的意见，然后再汇总，这样多次反复，逐步取得比较一致的预测结果的决策方法。

德尔菲法采用匿名发表意见的方式，即专家之间不得互相讨论，不发生横向联系，只能与调查人员之间有联系，经过反复征询、归纳、修改，最后汇总成专家基本一致的看法。作为预测的结果，这种方法具有广泛的代表性，较为可靠。

2）风险矩阵法

（1）风险矩阵法简介

风险矩阵法是综合考虑致险因子的发生概率和风险后果，给出风险等级的一种方法，用下式表示：

$$R=P\times C$$

式中：R——风险；

P——致险因子发生的概率；

C——致险因子发生时可能产生的后果。

$P\times C$ 不是简单意义的相乘，而是表示致险因子发生概率和致险因子产生后果的级别组合。$R=P\times C$ 定级法是一种定性与定量结合的方法，也是目前国内最推崇的风险评价方法之一。

（2）风险矩阵法实施步骤

采用此方法，对地铁土建工程致险因子实施定级步骤如下：

根据实际情况，借鉴以往类似建设工程风险管理的资料和专家的经验，分析各个致险因子的发生概率，得出发生概率 P。

根据事件发生后可能产生的后果，对人、环境和工程项目本身造成的影响程度采用定量计算的方法给这些致险因子划分后果等级，通过定量计算确定各个致险因子后果等级 C。

综合致险因子的影响程度等级 C 和发生的概率 P，将两者组合起来，按照 $R=P\times C$ 定级方法的风险评估矩阵，确定各个致险因子的等级，并制订不同的方案，用比较合理的措施实施风险管理和风险控制。

根据风险的基本定义及风险发生概率等级和风险后果及规范提供的评价方法，建立表 25-1 风险评估矩阵。

风 险 评 估 矩 阵　　　　　　　　　　　　　表 25-1

致险因子		风险后果				
		灾难性	非常严重	严重	需考虑	可忽略
发生概率	$P \geq 10\%$	Ⅰ级	Ⅰ级	Ⅰ级	Ⅱ级	Ⅲ级
	$1\% \leq P < 10\%$	Ⅰ级	Ⅰ级	Ⅱ级	Ⅲ级	Ⅲ级
	$0.1\% \leq P < 1\%$	Ⅰ级	Ⅱ级	Ⅲ级	Ⅲ级	Ⅳ级
	$0.01\% \leq P < 0.1\%$	Ⅱ级	Ⅲ级	Ⅲ级	Ⅳ级	Ⅳ级
	$P < 0.01\%$	Ⅲ级	Ⅲ级	Ⅳ级	Ⅳ级	Ⅳ级

为了使风险评估结果更直观,可采用不同的颜色标识不同的风险等级。对风险评估矩阵中各风险等级大小按照风险等级进行着色,其风险接受准则及控制对策见表 25-2 所示。

风险接受准则及控制对策　　　　　　　　　　　　表 25-2

风险等级	接受准则	处 置 原 则	控 制 方 案
Ⅰ级	不可接受	必须采取风险控制措施降低风险,至少应将风险降低至可接受或不愿接受的水平	应编制风险预警与应急处置预案,或进行方案修正或调整等
Ⅱ级	不愿接受	应实施风险管理降低风险,且风险降低的所需成本不应高于风险发生后的损失	应实施风险防范与监测,制订风险处置措施
Ⅲ级	可接受	宜实施风险管理,可采取风险处理措施	宜加强日常管理与监测
Ⅳ级	可忽略	可实施风险管理	可开展日常审视检查

(3)风险矩阵法特点

①优点。按照系统层次一次揭示系统、分系统和设备中的危险,做到不漏任何一项,并按风险发生的可能性和严重性分类,以便按照风险的轻重缓急来采取措施,更适合于现场作业,可以进行定性和定量分析。

②缺点。主观性比较强,如果经验不足,会给分析带来麻烦;风险严重等级及风险发生频率都是研究者自行确定,存在较大的主观误差。

③适用范围。该方法可根据使用的需求,对风险等级的数字划分进行修改,使其适用不同的分析系统,但要有一定的工程经验和数据资料作依据,既可以适用于整个系统,又可以适用于系统中的某一环节。

(4)风险矩阵法中等级的划分

《城市轨道交通地下工程建设风险管理规范》(GB 50652—2011)中依据风险发生概率的大小分为 5 级,见表 25-3。

风险发生概率等级标准　　　　　　　　　　　　表 25-3

等　　级	1	2	3	4	5
事故描述	频繁的	可能的	偶尔的	罕见的	不可能的
发生概率	$P \geq 10\%$	$1\% \leq P < 10\%$	$0.1\% \leq P < 1\%$	$0.01\% \leq P < 0.1\%$	$P < 0.01\%$

地铁建设过程中,施工期一旦发生风险就会对工程项目、第三方或周边环境造成较大损失,考虑不同损失的严重程度不同,由此建立风险损失后果的等级标准,《城市轨道交通地下工程建设风险管理规范》(GB 50652—2011)采用的等级标准为定性描述法,见表 25-4。

风险后果等级标准　　　　　　　　　　　　表 25-4

等　　级	A	B	C	D	E
严重程度	灾难性的	非常严重的	严重的	需考虑的	可忽略的

《城市轨道交通地下工程建设风险管理规范》(GB 50652—2011)中具体不同风险承载对象(工程项目、第三方或周边环境)的风险损失等级标准如下:

①工程损失

工程项目建设中,发生的事故损失一般包括:直接经济损失、人员伤亡和工期损失。

直接经济损失是指事故发生后直接造成工程项目发生的各种费用总称,其中包括工程建设的直接费用和事故修复所需的各种费用。直接经济损失的定义采用直接经济损失与整个工程总投资的比值表示,见表25-5。

直接经济损失等级标准　　　　　　　　　　　　　　　　表25-5

损 失 等 级	A	B	C	D	E
工程本身	1000万元以上	500万～1000万元	100万～500万元	50万～100万元	50万元以下
第三方	200万元以上	100万～200万元	50万～100万元	10万～50万元	10万元以下

人员伤亡是指与工程直接相关的各类建设人员,在参与施工过程中所发生的伤亡,依据人员伤亡的类别和严重程度进行分级,见表25-6。

人员伤亡等级标准　　　　　　　　　　　　　　　　表25-6

损 失 等 级	A	B	C	D	E
建设人员	$P \geqslant 10$	$3 \leqslant P \leqslant 9$ 或 $SI \geqslant 10$	$1 \leqslant P \leqslant 2$ 或 $2 \leqslant SI \leqslant 9$	$SI=3$ 或 $2 \leqslant MI \leqslant 10$	$MI=1$
第三方	$P \geqslant 1$	$2 \leqslant SI \leqslant 9$	$SI=3$	$2 \leqslant MI \leqslant 10$	$MI=1$

注:$P=$ 死亡人数(含失踪),$SI=$ 重伤,$MI=$ 轻伤。

工期损失是指工程事故引起工程建设进度延误的时间,针对不同性质的工程和建设工期,采用两种不同单位标准表示,短期工程(建设工期两年以内)采用天表示,长期工程采用月表示,见表25-7。

工期损失等级标准　　　　　　　　　　　　　　　　表25-7

损 失 等 级	A	B	C	D	E
延误时间(d)	$T \geqslant 90$	$60 \leqslant T < 90$	$30 \leqslant T < 60$	$10 \leqslant T < 30$	$T < 10$
延误时间(月)	$T \geqslant 9$	$6 \leqslant T < 9$	$3 \leqslant T < 60$	$1 \leqslant T < 3$	$T < 1$

注:$T=$ 延误时间,每月按30d计。

②环境污染损失

环境污染损失是指工程施工活动对周边自然环境造成的污染、破坏或损害,工程施工活动引起周边环境污染宜参照国家环境标准评价执行。其分级见表25-8。

环境影响风险等级标准　　　　　　　　　　　　　　　　表25-8

等 　 级	影响范围及程度描述
A	涉及范围非常大,周边生态环境发生严重污染或破坏
B	涉及范围很大,周边生态环境发生较重污染或破坏
C	涉及范围大,区域内生态环境发生污染或破坏
D	涉及范围较小,临近区生态环境发生轻度污染或破坏
E	涉及范围很小,施工区生态环境发生少量污染或破坏

25.4　风险清单与应对措施

1)常见地铁土建施工风险识别清单

根据风险识别和分析的步骤,通过总结地铁施工的经验,常见风险管理清单归集见表25-9、

587

表 25-10。

车站(重大)风险源清单及管理方案

表 25-9

序 号	工作活动	风 险 源	管 理 方 案	暴露于风险中的人员	事故发生的可能性	事 故 结 果
一	钢支撑吊装					
1		焊接质量差	加强对钢支撑吊装的监督和检查	偶然暴露	相当可能	高处坠落
2		预应力过大或不足	现场安装加强检测	偶然暴露	相当可能	坍塌
3		螺栓松动	日常严格检查	偶然暴露	相当可能	坍塌
二	基坑开挖					
1		土方塌方	防坍塌预案	偶然暴露	相当可能	坍塌
三	管线改移	缺少保护措施	加强改移的监督、检查	工作时暴露	相当可能	管线破坏

区间(重大)风险源清单及管理方案

表 25-10

序 号	工作内容	风 险 源	管 理 方 案	暴露于风险中的人员	事故发生的可能性	事 故 结 果
一	隧道施工					
1		开凿洞门无方案	制订方案	暴露	相当可能	坍塌、漏水
2		开凿洞门未进行验收	有验收记录	暴露	相当可能	坍塌、漏水
3		出洞加固不到位	出洞按照设计要求加固	暴露	相当可能	坍塌、漏水

2)风险预防应对措施

项目上有些风险只在发生了特定事件后才发生(比如缺失的中间里程碑或获得供货商更高的重视等)。相应的应对措施也只在一定条件下才实施,项目团队只要提供充足的预警,并跟踪风险触发因素,即可防范该风险,地铁项目主要风险预防措施见表 25-11。

地铁项目主要风险预防措施

表 25-11

序 号	名 称	针对风险源	具体措施内容
1	综合性措施	全部	①前期控制:工程开工前在编制施工组织设计或专项方案时,针对工程的各种危险源,制订防控措施;针对重大危险源编制监控方案和应急预案,实施重大危险源施工前的条件验收制度。 ②施工过程控制:在工程施工过程中,加强风险培训,提高施工管理人员和现场施工人员的风险防范意识;做好风险告示牌和风险记录;严格按照各项操作规程和专项安全施工方案施工和监督检查,认真落实整改;按应急预案成立抢险救援队伍,做好人员、机械及物资储备。 ③监控量测:开工前调查清楚周边或隧道上方受影响建筑物的基础形式以及管线情况,施工期间变形标准制定采用"四控"标准,即地表绝对沉降、地表差异沉降和建(构)筑物沉降速率、建筑物表观状态标准。"四控"标准中如有一项达标,立即采取跟踪补偿注浆等技术措施
2	针对性预防措施	车站(或区间)明挖深基坑	①施工图设计时,针对各个车站的具体情况,加强围护结构和支撑结构设计参数;施工前,制订专项施工方案和应急预案,报审后严格按批准的方案进行施工。 ②采用基坑内大口径管井降水,土方开挖水平分层,纵向分段施工,无水作业;根据施工监测,设适量回灌井,减少抽水对周边建(构)筑物的影响;土方开挖一层后及时施作内支撑。 ③加强周边管线、地表、围护结构变形、基坑内外地下水位等监测,动态施工,减少水土流失,控制基坑变形;发现问题,采取注浆加固等措施。 ④设置横向分隔桩,将整个车站大基坑分成若干个小基坑,先施工两端部分,后施工中间部分。 ⑤基坑内部采用裙边加固、抽条加固或满堂加固

序 号	名 称	针对风险源	具体措施内容
3	针对性预防措施	穿越既有轨道线	①对既有隧道周边土体进行加固。 ②遵守"连续掘进、顺利通过"的原则,动态优化调整主要掘进参数。对盾构机的推进速度、顶进力、同步注浆、二次注浆严格控制,加强掘削面的稳定控制技术。 ③对既有线受影响地段进行全面整修,轨道扣件拧紧,轨距、水平调正;受影响地段每隔 3 对短轨枕设置一根绝缘轨距拉杆;受影响地段钢轨内侧安装防脱护轨;受影响地段设置警示标志;采用调高垫板调整轨面高程。 ④同时加强对既有隧道结构位移、轨道变形的监测,根据监测结果来指导施工
4	针对性预防措施	紧临、穿越既有建(构)筑物	①施工前,制订专项施工方案和应急预案,报审后严格按批准的方案进行施工。 ②盾构区间施工选性能可靠、适应性强的盾构刀盘刀具配置;盾构推进前,设试验段,严格控制盾构掘进参数;对盾构推进速度、顶进力、同步注浆技术、二次注浆严格控制,加强掘削面的稳定控制技术。根据监测结果调整盾构机推进速度、掘进参数以及加强注浆技术,确保加固区地表沉降控制在允许范围内。 ③下穿重要建(构)筑物时,结合设计,穿越前对建(构)筑物下土体进行注浆加固,穿越时进行袖筏管补偿注浆,控制建(构)筑物的沉降。 ④紧邻施工时,在隧道与建(构)筑基础之间采用双管旋喷桩做隔水加固处理
5	针对性预防措施	高架桥区间海域段桥梁工程	①做好地基处理,高架段做好支架强度计算,严格控制模板支架的施工质量,按规定进行预压。 ②按海事部门批准的施工水域内作业,做好水上施工船舶和人员的安全管理工作
6	针对性预防措施	软土隧道工程	明挖法施工: ①施工中控制围护结构槽内泥浆面高于地下水位 1m 以上。 ②基坑内采用裙边＋抽条方式加固。 ③对基坑外侧一定范围内的淤泥层进行加固。 ④基底换填处理 盾构法施工:盾构掘进前对软土层采用旋喷桩加固 矿山法施工: ①从地面对软土层进行加固,并每隔 20m 施作 1 个 2m 厚的旋喷桩全断面隔断。 ②从地面对联络通道采用旋喷桩＋素混凝土墙封闭的方式加固
7	针对性预防措施	砂土液化隧道工程	明挖法施工: ①成槽时应适当提高泥浆比重与黏度增加泥浆储备量。 ②增大围护结构的嵌固深度 盾构法施工: ①地面旋喷桩加固(南前区间)。 ②盾构机螺旋输送机出料口采取防喷涌设计
8	针对性预防措施	残积土、全风化岩矿山法隧道工程	①开挖时洞内采取大管棚、小导管超前支护、系统锚杆、全断面注浆等辅助工法。 ②从地面对联络通道采用旋喷桩加固
9	针对性预防措施	断层破碎带盾构法隧道工程	①通过盾构机掌子面的预注浆孔对断层带进行预注浆处理。 ②采用单刃滚刀,使岩石充分切削。 ③控制盾构机土仓压力
10	针对性预防措施	盾构区间联络通道工程	①严格按照设计要求做好地层加固施工,并做好加固效果检测,确保加固质量。 ②盾构隧道内开孔前做好超前支护,严格按照设计和施工方案进行施工。 ③加强监量测,及时信息反馈,据此调整施工参数,实现信息化施工。 ④做好施工应急预案及应急物资储备
11	针对性预防措施	盾构始发、到达段	①对端头地层进行加固,对加固区域均匀布置水平探孔,用以检测加固效果;如有问题及时进行补充加固,确保加固效果。 ②做好洞口防水密封;盾构进洞时,及时采用快硬性水泥－水玻璃双液浆对盾尾建筑空隙进行回填; ③加强盾构在出洞、进洞段的掘进控制,确保尽快完成盾构进出洞

3）风险控制的方法及步骤

风险控制的方法及步骤如图 25-3 所示。

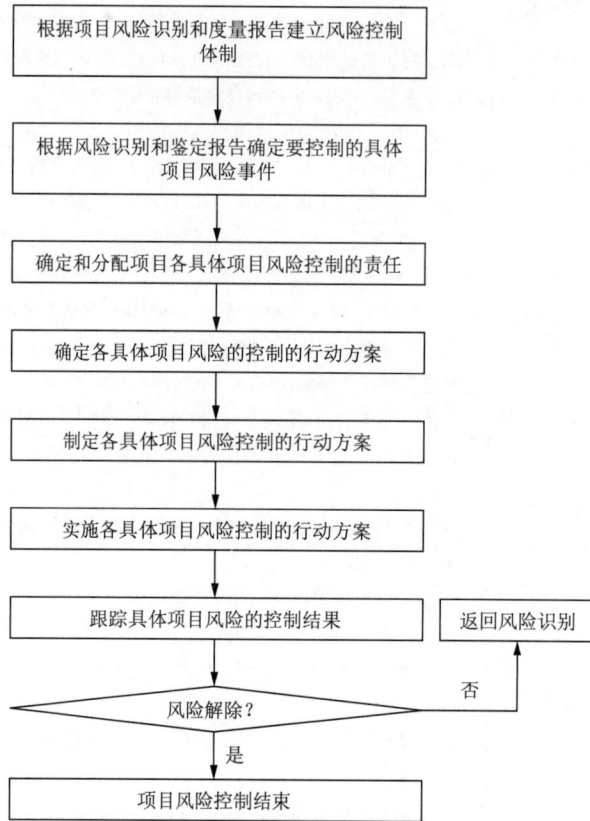

```
┌─────────────────────────────────────┐
│ 根据项目风险识别和度量报告建立风险控制    │
│ 体制                                  │
└─────────────────────────────────────┘
              │
┌─────────────────────────────────────┐
│ 根据风险识别和鉴定报告确定要控制的具体    │
│ 项目风险事件                           │
└─────────────────────────────────────┘
              │
┌─────────────────────────────────────┐
│ 确定和分配项目各具体项目风险控制的责任    │
└─────────────────────────────────────┘
              │
┌─────────────────────────────────────┐
│ 确定各具体项目风险的控制的行动方案        │
└─────────────────────────────────────┘
              │
┌─────────────────────────────────────┐
│ 制定各具体项目风险控制的行动方案          │
└─────────────────────────────────────┘
              │
┌─────────────────────────────────────┐
│ 实施各具体项目风险控制的行动方案          │
└─────────────────────────────────────┘
              │
┌─────────────────────────────────────┐    ┌──────────────┐
│ 跟踪具体项目风险的控制结果              │    │ 返回风险识别   │
└─────────────────────────────────────┘    └──────────────┘
              │                                    ▲
         ◇ 风险解除? ◇──────────否──────────────┘
              │ 是
┌─────────────────────────────────────┐
│ 项目风险控制结束                       │
└─────────────────────────────────────┘
```

图 25-3　项目风险的控制方法及步骤

（1）建立风险控制体制

在项目开始之前,根据项目识别和度量报告,制定出项目风险控制的方针、风险控制程序、风险控制的管理制度(风险控制管理制度应包括项目风险责任制度、项目风险信息报告制度、项目风险控制决策制度、项目风险控制的沟通程序等)。

（2）确定要控制的具体项目风险

根据项目风险识别和度量报告中所认定的项目具体风险的后果严重程度和发生概率的大小,以及项目组织的风险控制资源情况,确定哪些项目风险要进行控制、哪些项目风险可以容忍并放弃对它们的控制。

（3）确定项目风险控制责任

所有需要控制的风险都必须落实到负责控制的具体人员,同时规定他们所负的具体责任,原则上项目风险的控制应由专人负责。

（4）确定项目风险控制的具体时间

根据工程项目的进度计划和管理计划确定项目风险控制的时间安排和规定解决项目风险问题的时间表及时间限制。

（5）制订各具体项目风险的控制方案

由负责项目风险控制的人员根据项目不同阶段的风险事件的特性,制订相应的控制方案。控制方案要求进行可行性研究,最终确定的方案要切实可行。

（6）实施项目风险控制方案

按照项目风险控制方案，实施项目风险控制活动，注意对预先制订的项目风险控制方案进行适时修订。

（7）跟踪项目风险的控制结果

这一步贯穿于项目风险管理的全过程，目的是收集对项目风险控制有用性的信息。

（8）判断项目风险是否已经消除

如果判定项目某项风险已经解除，则该控制结束；如果判定项目某项风险仍未解除，则应对该风险进行重新识别和制订新的控制方案。

第26章 工程接口管理

26.1 概　述

建设工程中的接口是人为地对工程进行分工和客观存在的结合部,如专业之间、不同的部门之间、标段之间等。在不同的管理系统之间,应首先照顾工程的整体性。概括地说,可以把接口分成两种,一种是工程实体的技术接口,一种是管理接口。两种接口经常是相互伴生的。

地铁工程是由前期工程、土建工程及站后的轨道工程、常规设备安装、系统设备安装、装饰装修工程等组成的复杂系统工程。土建工程施工与前期工程、站后工程存在众多接口,由于工程建设模式的不同、施工界面划分的不同,各施工标段间也存在众多施工接口问题,作为建设管理方,根据项目的建设模式和施工界面划分做好接口管理的总体策划对地铁工程的顺利推进至关重要。土建工程的施工单位,应根据所承揽的施工范围认真梳理本项目的各项接口,提前做好接口管理策划,明确工作分工,做到有思路、有办法、有人管。

地铁土建工程常见接口项目见表 26-1。

地铁土建工程常见接口 表 26-1

序　号	相　关　方	接　口　内　容
1	与前期工程接口	
1.1	与征地拆迁的接口	根据设计和施工组织确定征地拆迁区域,调查建筑物资料
1.2	与管线改迁及恢复接口	编制管线保护方案,提供必要的进场条件,施工计划的沟通协调,调查地下管线资料,项目实施过程中管线保护监测及应急处理的信息沟通和配合
1.3	与绿化改迁及恢复接口	调查确定绿化迁移数量
1.4	与交通疏解接口	配合设计编制交通疏解方案,提供必要的进场条件,施工期间配合交通疏导
2	与其他土建标段的接口	联测、预埋钢筋、预留防水层、提供矿山法区间作业面、提供盾构始发、吊出、通过条件等
3	与站后工程接口	
3.1	与轨道工程接口	协助完成调线调坡、提供测量控制点、提供下料口及水电接口
3.2	与通风空调接口	土建提供设备安装所需的基础、预埋件、一次结构孔洞
3.3	与给排水消防接口	土建提供设备安装所需的基础、预埋件、一次结构孔洞、水泵基坑
3.4	与动力照明接口	土建提供设备安装所需的基础、预埋件、一次结构孔洞、接地极
3.5	与装饰装修接口	土建预埋件、预留洞口位置尺寸、柱、墙、楼梯等结构尺寸、通道内人防门门槛高程、结构防水
3.6	与35kV变配电接口	设备预留孔洞
3.7	与接触网接口	车辆基地库内及平台下、洞口、高架段等处土建为接触网专业预留的预埋件,地下区段墙体达到隔离开关等设备安装要求,防淹门、人防门处土建提供架空地线连通孔洞,隧道洞口和高架车站处土建预留吊柱安装底座,预留支柱基础(特别检查限界要求)、拉线基础以及防雷接地引出端子,车辆基地结构梁下、库房内预埋 C 形钢及接地端子,轨顶风道应满足接触网打孔安装要求的结构以及净空高度

序　号	相　关　方	接　口　内　容
3.8	与站台门接口	限界,预留预埋件移交、测量控制点及相关设计资料移交
4	与其他地铁线路接口	施工图审核,施工范围及接口预留预埋及中线、高程核实,对邻近其他地铁线路的保护,车站换乘部位的成品保护(尤其是接口防水层保护),施工顺序
5	与设计单位接口	提交施工图纸需求计划、设计资料、设计优化和设计变更

26.2　土建工程前期工程与土建工程的接口与协调

地铁土建工程能否顺利实施与前期工程密切相关,且前期工程往往伴随土建工程的施工,如地铁明挖车站主体结构和附属结构施工,往往都需要进行多期交通疏解,每期交通疏解都伴随着征地拆迁、绿化迁移、管线改迁等工作。在城市地铁工程朝着"周边环境越来越复杂、线路交叉及换乘越来越多、结构形式越来越复杂"方向发展的今天,前期工程往往成为地铁项目能否按总工期完成的关键因素。在土建工程设计充分考虑前期工程影响的同时,前期工程的设计往往也会因为前期工程之间的相互影响及土建施工的组织调整而不断地调整与优化。前期工程涉及的权属单位、管理单位、相关利益群体和施工单位众多,可以说土建工程和前期工程之间的接口与协调是最复杂、最困难的,所以建设单位和土建施工单位、设计单位和监理单位都必须高度重视,超前谋划,强力推进,才能保证土建工程的顺利实施。

26.2.1　与征地拆迁的接口管理与协调

征地拆迁工作通常由建设单位或政府相关部门负责,但土建施工单位为了保证工程的顺利推进,应积极参与,起到连接施工、设计、管线改迁等工作的纽带作用,是征地拆迁工作的重要协调者和推动者。土建施工单位应做的征迁协调工作见表 26-2。

土建施工单位应做的征迁协调工作　　　　　　　　　表 26-2

主　要　工　作	负　责　人	工　作　要　求
建立领导小组(工作的组织机构)	项目经理	明确各项工作分工、职责
详细了解当地征迁工作的程序	项目经理或指定的征迁工作负责人	了解当地征迁工作的程序,形成工作流程图;了解当地政府、建设单位征拆工作主要负责部门与负责人,并建立工作联系,随时了解工作进展及存在问题
根据设计图纸(含管线改迁和交通疏解图)现场放线确定征迁范围	测量主管	现场放线(做好现场标识),确定场地范围,实勘场地内需拆迁的地表附着建(构)筑物,并分区域详细列表形成资料
根据施工组织设计确定征拆的顺序	总工程师	完成总体施工组织设计并与相关各方达成共识;根据施工组织设计确定不同区域的征拆及恢复顺序,制订征拆需求计划,并与建设单位、管线改迁单位、设计单位、监理单位等保持经常性的沟通协调
定期组织本项目征拆工作专题会	项目经理	了解各参与人员的工作进展情况,进行内部信息交流,安排下一步工作;根据实际情况对施工组织设计和征拆需求计划进行调整或优化
推动建设单位召开各方参加的协调会	项目经理	梳理征拆工作存在的问题,明确解决步骤和方法,提出调整或优化的建议

26.2.2 与绿化迁移和恢复工程的接口管理与协调

随着我国城市建设的不断发展,城市绿化程度越来越高,管理越来越严格,手续越来越复杂。城市建设过程中对绿化改迁的限制越来越多,使得绿化改迁的难度大大增加,这就要求在施工过程中尽可能地减少绿化改迁的数量,同时要求土建施工单位的相关工作必须更加细致、周全。土建施工单位在绿化改迁协调中的主要工作见表26-3。

土建施工单位在绿化改迁协调中的主要工作 表 26-3

主 要 工 作	负 责 人	工 作 要 求
建立领导小组(工作的组织机构)	项目经理	明确各项工作分工、职责
详细了解当地绿化改迁工作的程序	项目经理或指定的绿化迁工作负责人	了解当地绿化改迁工作的程序,形成工作流程图;了解当地政府、建设单位绿化改迁工作主要管理部门与负责人,并建立工作联系,随时了解工作进展及存在问题
根据设计图纸(含管线改迁和交通疏解图)现场放线确定绿化改迁的范围	测量主管	现场放线(做好现场标识),确定场地范围,实勘场地内需进行绿化改迁的范围;清点不同区域内的绿化数量,分乔木、灌木分类进行清点并列表形成资料
根据施工组织设计确定绿化改迁的顺序	总工程师	完成总体施工组织设计并与相关各方达成共识;根据施工组织设计确定不同区域的绿化改迁顺序,制订绿化改迁需求计划,并与建设单位、管线改迁单位、设计单位、监理单位等保持经常性的沟通协调
完善施工区域、办公生活区域的场地布置,最终确定绿化改迁数量	总工程师	经过详细的现场踏勘,本着尽可能减少绿化改迁量的原则完善施工区、办公生活区的场地布置,与各方达成共识后最终绿化改迁数量
定期组织本项目绿化改迁工作专题会(可与其他前期工作会议合并召开)	项目经理	了解各参与人员的工作进展情况,进行内部信息交流,安排下一步工作;根据实际情况对施工组织设计和绿化改迁需求计划进行调整或优化
推动建设单位召开各方参加的协调会(可与其他前期工作会议合并召开)	项目经理	梳理绿化改迁工作存在的问题,明确解决步骤和方法,提出调整或优化的建议

26.2.3 与管线改迁工程的接口管理及协调

由于地铁工程所处环境,市政管线众多(还存在不明管线),分属不同的权属单位和管理单位,在改迁过程中,不同管线往往相互制约,和周边居民用户和交通疏解工作相辅相成,接口多,土建施工单位只有根据自身的施工组织设计,和各方深度对接,发挥主导与推动作用,才能减少管线改迁对土建施工的影响,保证工程的顺利推进。土建施工单位在管线改迁协调中的主要工作见表26-4。

土建施工单位在管线改迁协调中的主要工作 表 26-4

主 要 工 作	负 责 人	工 作 要 求
建立领导小组(工作的组织机构)	项目经理	明确各项工作分工、职责
详细了解当地管线改迁工作的程序	项目经理或指定的管线改迁工作负责人	了解当地管线化改迁工作的程序,了解需改迁(保护)管线的种类及管理单位,形成工作流程图;了解当地政府、建设单位管线改迁工作主要负责部门与负责人,并建立工作联系,随时了解工作进展及存在问题
在现场放出地铁结构边线,各种管线在现场的位置	测量主管	在现场放出地铁结构边线,各种管线在现场的位置,并用不同的标识标明

主要工作	负责人	工作要求
现场管线核查	项目经理或指定的管线改迁工作负责人	根据图纸核对现场的各种管线,调查清除图纸中的各种管线的位置、种类、数量、材质等是否正确;在场地条件具备的情况下采用现场开挖探沟或物探的方式对重点管线进行确认,并形成资料;对现场调查中发现的和图纸不一致的情况及时通知建设各方
理清各种管线的位置关系及改迁施工的逻辑关系	总工程师	理清现场各种需改迁(保护)管线的平面及空间位置关系;理清各种管线改迁的制约因素和逻辑关系,并形成资料
协调管线改迁设计、提出管线改迁优化方案	总工程师	根据现场测量、核查的结果协调土建主体设计单位、管线改迁设计单位、交通疏解设计单位完善设计;根据现场实际情况和土建工程的施工组织设计提出优化建议
定期组织本项目管线改迁工作专题会(可与其他前期工作会议合并召开)	项目经理	了解各参与人员的工作进展情况,进行内部信息交流,安排下一步工作;根据实际情况对施工组织设计和管线改迁需求计划进行调整或优化
推动建设单位召开各方参加的协调会(可与其他前期工作会议合并召开)	项目经理	梳理管线改迁工作存在的问题,明确解决步骤和方法,提出调整或优化的建议

26.2.4 与交通疏解工程的接口管理及协调

为保证地铁施工期间的交通正常通行,同时保证在管线改迁施工和地铁土建施工期间的施工场地需要,往往需要进行多期交通疏解。交通疏解工作的质量直接影响地铁土建工程能否顺利推进。土建施工单位在交通疏解协调中的主要工作见表 26-5。

土建施工单位在交通疏解协调中的主要工作　　　　　　表 26-5

主要工作	负责人	工作要求
建立领导小组(工作的组织机构)	项目经理	明确各项工作分工、职责
详细了解当地交通疏解工作的程序	项目经理或指定的交通疏解工作负责人	了解当地疏解工作的程序,了解交通疏解方案的审批部门及报审程序,形成工作流程图;了解当地政府、建设单位交通疏解工作主要负责部门与负责人,并建立工作联系,随时了解工作进展及存在问题
现场放线	测量主管	在现场放出地铁结构边线,测量道路边线、道路周边的建(构)筑物边线、建(构)筑物的用地红线的坐标,并绘制成图,为交通疏解设计、优化提供现场实测资料
根据施工组织设计、管线改迁方案,配合交通疏解设计单位进行交通疏解的设计和优化	总工程师	编制施工组织设计,经各方认可;根据施工组织设计明确各期交通疏解的施工内容,及本期交通疏解施工完成后需进行的土建及前期工程施工内容;如现场发生意外情况,则及时协调各方提出优化方案
定期组织本项目管线改迁工作专题会(可与其他前期工作会议合并召开)	项目经理	了解各参与人员的工作进展情况,进行内部信息交流,安排下一步工作;根据实际情况对施工组织设计和交通疏解计划进行调整或优化
推动建设单位召开各方参加的协调会(可与其他前期工作会议合并召开)	项目经理	梳理交通疏解工作存在的问题,明确解决步骤和方法,提出调整或优化的建议

26.3　土建工程各单位工程间的接口与协调

由于地铁建设模式的不同,施工界面的划分不同,会引起土建各单位工程间的接口问题,在土建施工阶段,土建各单位工程间的接口主要有联测、预埋钢筋、预留防水层、提供矿山法区间作业面、提供盾构始发、吊出、通过条件等。土建工程各单位工程间的接口协调工作见表 26-6。

土建工程各单位工程间的接口协调工作　　　　　　　　表 26-6

主要工作	相关方	工作要求
相邻标段间联测	土建施工单位	相邻土建标段间进行联系测量并平差
	监理单位	参与联系测量
	建设单位委托的第三方测量管理单位	复测并对联测结果进行确认
预埋钢筋、预留防水板	建设单位	明确界面划分、按照施工策划安排确定预留实施方及保护方进行确认
	监理单位	对预留钢筋和防水板按照图纸进行监理并监督施工单位进行保护
	施工单位	结合双方图纸进行预留施工并做好现场保护
提供矿山法区间作业面、提供盾构始发、吊出、通过条件	建设单位	协调各方制订工程策划方案,确定矿山法作业面、盾构区间掘进方向及施工顺序;协调场地占用时间和场地占用范围;在现场条件发生变化时及时组织各方调整方案和计划
	施工单位	根据工程策划确定的方案和施工顺序,制订本项目的施工方案和施工计划并组织实施;当现场条件发生变化原工程策划无法实施时及时通知建设单位、设计单位和监理单位共同对工程策划进行调整和优化
	设计单位	当工程策划发生变化要引起设计变化时,及时根据新的策划调整完善设计方案
	监理单位	按照工程策划管控现场施工进度;协调各施工单位的施工工序;协调场地占用;当现场条件发生变化,需调整工程策划和设计时积极协调各方,推动工作顺利开展

26.4　土建工程与站后工程间的接口与协调

26.4.1　土建工程与站后工程的接口管理现状

土建工程与站后工程间的接口众多,和多个专业、多系统产生接口。在工程实际中,土建与站后工程在施工中往往配合性比较差,在同步施工中,不同专业之间沟通少、配合性差,主要表现在预留预埋的差、错、漏较多。

26.4.2　产生问题的原因

1)设计单位原因

(1)设计单位考虑问题不全面,将会导致设计之间产生一些问题。如经常发现设备进不了设备房大门,或设备与其相碰,造成现场敲打,影响结构安全;设备安装吊装点、检修起吊点、检修预留空间、配电电源的设置及预留,都要与土建相配合,才能使用方便、安装维护快捷。

(2)土建施工阶段结构图和建筑图出图时间相差较大,往往建筑图出图滞后较多,而结构图和建筑图冲突较多,导致在土建施工阶段未能及时发现问题。

(3)各相关专业缺乏全面有效的协调,相关安装专业设计时,因管线、设备交叉交错,有时会产生一些"碰撞",如空调系统与消防系统大多布置于梁板底,有时会因为位置、空间的"争夺"而产生一些安装协调问题。

(4)设备供货商的相关图纸未能及时准确地反映到结构图和建筑图中。

2）建设单位原因

在施工图纸设计阶段,建设单位变更设备但没有及时通知土建设计人员,以致设备安装时,发现结构的预留洞或预埋件无法满足要求。对于工期较长、设备复杂的地铁工程,因产品更新换代,订货时原设计产品已被淘汰,虽然产品型号及功能不变,但是与土建相关的连接已发生了变化,设备安装时,不可避免地会出现一些问题。

3）施工单位原因

(1)土建施工单位往往忽视对建筑图的审图工作,对图纸理解不到位。
(2)对预留预埋工作不重视,现场管理不到位,导致差、错、漏的情况。
(3)施工质量控制不到位,给站后工程施工带来困难。

26.4.3 土建工程与站后工程的接口协调管理

做好土建工程与站后工程的接口协调管理大体上应从技术协调、管理协调和组织协调三个方面进行。

1）技术协调

提高设计图纸的质量,减少因技术错误带来的协调问题。设计图纸的好坏直接关系到工程质量的优劣。图纸会签又关系到各专业的协调,设计人员对自己设计的部分,一般都较为严密和完整,但与其他人的工作不一定能够一致。这就需要在图纸会签时找出问题,并认真落实,从图纸上加以解决。同时,图纸会审与交底也是技术协调的重要环节。图纸的会审应将各专业的交叉与协调工作列为重点,进一步找出设计中存在的技术问题,再从图纸上解决问题。而技术交底是让施工队、班组充分理解设计意图,了解施工的各个环节,从而减少交叉协调问题。

2）管理协调

协调工作要从技术上下功夫,更要建立一整套健全的管理制度。通过管理来减少施工中各专业的配合问题,建立统一领导,由专人统一指挥,解决各施工单位的协调工作。首先要全面了解、掌握各专业的工序、设计的要求。这样才有可能统筹各专业的施工队伍,保证施工的每一个环节有序到位。建立问题责任制度。建立由管理层到班组逐级的责任制度。建立奖罚制度,在责任制度的基础上建立奖惩制度,提高施工人员的责任心和积极性。建立严格的隐蔽验收与中间验收制度,隐蔽验收与中间验收是做好协调管理工作的关键。此时的工作已从图纸阶段进入实物阶段,各专业之间的问题也更加形象与直观,问题更容易发现,同时也最容易解决和补救。通过各部门的认真检查,可以把问题减到最少。

3）组织协调

　　建立专门的协调会议制度,施工中建设单位、监理单位应定期组织举行协调会议,解决施工中的协调问题。对于较复杂的部位,在施工前应组织专门的协调会,使各施工单位进一步明确施工顺序和责任。更重要的是,不论是会签、会审还是隐蔽验收,所有制定的制度决不能只是一个形式,而应是实实在在,或者说所有的技术管理人员,对自己的工作、签名应承担相关责任。只有在统一领导的基础上,设立相关奖罚措施,才有可能逐级落到实处。

第5篇
地铁土建工程新技术应用

第 **27** 章　建筑信息模型（BIM）技术应用

27.1　概　　述

近年来，在政府的推动、市场的需求、企业的参与、行业的助力和社会的关注下，BIM技术已经成为业界研究和应用的重点，业内已经普遍认识到BIM技术对地铁行业技术升级和生产方式变革的作用和意义。

BIM技术通过建立数字化的BIM模型，涵盖和项目相关的大量信息，服务于建设项目从设计、施工到运营的整个生命周期，为提高生产效率、保证工程质量、节约成本、缩短工期等发挥了巨大的作用。

27.1.1　BIM 概念

1）建筑信息模型

国家标准《建筑信息模型应用统一标准》和《建筑信息施工应用标准》给出了BIM（Building Information Modeling，Building Information Model）定义：在建设工程及设施全生命周期内，对其物理和功能特性进行数字化表达，并依此设计、施工、运营的过程和结果的总称，简称模型。

2）建筑信息模型元素

BIM模型是由与工程实物或概念相对应的构件、部件、设备、零件等基本元素组成，建模过程往往就是这些基本元素的"拼装"过程。目前多有"建筑构件""BIM对象""族""库"等词语描述，但显然这些词语是不准确的，也容易混淆。

国家标准《建筑信息模型应用统一标准》对建筑信息模型元素 BIM element 的定义为：建筑信息模型的基本组成单元，简称模型元素。

27.1.2　BIM 标准和政策

1）BIM 标准编制情况

住房和城乡建设部2012年1月17日《关于印发2012年工程建设标准规范制定修订计划的通知》（建标〔2012〕5号）和2013年1月14日《关于印发2013年工程建设标准规范制定修订计划的通知》（建标〔2013〕6号）两个通知中，共发布了6项BIM标准制定项目。这两个工程建设标准规范制定修订计划宣告了中国BIM标准制定工作的正式启动。这6个标准分为三个层次：

（1）统一标准：《建筑信息模型应用统一标准》（GB/T 51212—2016），自 2017 年 7 月 1 日实施。

（2）基础标准：《建筑信息模型存储标准》《建筑信息模型分类和编码标准》。

（3）执行标准：《建筑信息模型设计交付标准》《建筑信息模型施工应用标准》《制造工业工程设计信息模型应用标准》。其中，《建筑信息模型设计交付标准》已通过审查；住房和城乡建设部批准《建筑信息模型施工应用标准》（GB/T 51235—2017）为国家标准，自 2018 年 1 月 1 日起实施。

BIM 标准编制的基本思路是"BIM 技术、BIM 标准、BIM 软件同步发展"。中国的 BIM 标准的研究重点主要集中在以下三个方面：

（1）信息共享能力是 BIM 的基础，涉及信息内容、格式、交换、集成和存储。

（2）协调工作能力是 BIM 的应用过程，涉及流程优化、辅助决策，体现与传统方式的不同。

（3）专业任务能力是 BIM 的目标，通过专业标准提升专业软件，提升完成专业任务的效率、效果，同时降低付出成本。

2）BIM 技术应用政策

BIM 技术是一项新技术，其发展与应用需要政府的引导，以提升 BIM 技术应用效果、规范 BIM 技术应用行为。我国主要推进 BIM 技术应用的政策有：

（1）《2011 ～ 2015 年建筑业信息化发展纲要》

住房和城乡建设部在 2011 年 5 月发布《2011 ～ 2015 年建筑业信息化发展纲要》，在纲要全文中，9 次提到 BIM 技术，把 BIM 作为支撑行业产业升级的核心技术重点发展。

（2）《关于推进建筑信息模型应用的指导意见》

2015 年 6 月 16 日住房和城乡建设部发布了《关于推进建筑信息模型应用的指导意见》（建质函〔2015〕159 号），明确了"到 2020 年，建筑行业甲级勘察设计单位以及特级、一级房屋建筑工程施工企业应掌握并实现 BIM 与企业管理系统和其他信息技术一体化集成应用；以国有资金投资为主的大中型建筑，申报绿色建筑的公共建筑和绿色生态小区的新立项项目的勘察设计、施工、运营维护中，集成应用 BIM 的项目比率要达到 90%"的发展目标。

（3）部分省市推进 BIM 技术应用政策（表 27-1）

部分省市推进 BIM 技术应用政策文件清单　　　　　　　　表 27-1

序号	政策发布部门	政策名称	时间
1	北京市质量技术监督局、北京市规划委员会	《民用建筑信息模型设计标准》	2014 年 2 月 26 日发布，2014 年 9 月 1 日实施
2	天津市城乡建设委员会	"关于发布《天津市民用建筑信息模型（BIM）设计技术导则》的通知"（津建科〔2016〕291 号）	2016 年 5 月 31 日
3	上海市住房和城乡建设管理委员会	"关于发布《上海市建筑信息模型技术应用指南（2015 版）》的通知"（沪建管〔2015〕336 号）	2015 年 5 月 14 日
4	重庆市住房和城乡建设厅	"关于下达《重庆市建筑信息模型（BIM）应用技术体系建设任务的通知"（渝建〔2016〕284 号）	2016 年 7 月 1 日
5	浙江省住房和城乡建设厅	"关于印发《浙江省建筑信息模型（BIM）技术应用导则》的通知"（建设发〔2016〕163 号）	2016 年 4 月 26 日
6	广东省住房和城乡建设厅	"关于开展建筑信息模型 BIM 技术推广应用工作的通知"（粤建科函〔2014〕1652 号）	2014 年 9 月 3 日
7	深圳市发展和改革委员会	"关于推进深圳市建筑信息模型（BIM）应用的若干意见"（发〔2014〕622 号）	2014 年 4 月 1 日
8	深圳市建筑工务署	"深圳市建筑工务署政府公共工程 BIM 应用实施纲要"和《深圳市建筑工务署 BIM 实施管理标准》	2015 年 5 月 4 日
9	徐州市审计局	"在全市审计机关推进建筑信息模型技术应用的指导意见"	2016 年 8 月 5 日

27.1.3 BIM 软件平台

随着技术的不断发展,国内外在应用新技术、改变生产力、提高生产速度的道路上不断前行。在过去的 20 年,计算机辅助设计 CAD（Computer Aided Design）技术的普及推广,使建筑师、工程师们从手工绘图走向电子绘图,这是工程设计领域的第一次革命。CAD 技术的发展和应用改变了传统的设计方法和生产模式,而且提高了设计质量和设计效率。

现在 BIM 为工程设计领域带来了第二次革命,是从二维图纸到三维设计的革命,也是一次真正意义上的建设行业革命,将彻底改变建设工程设计方式。BIM 在我国建设工程领域取得了大量应用成果,为建设工程领域带来二维图纸到三维设计的革命。在上海金融中心、深圳平安金融中心、港珠澳大桥、上海迪士尼等重点工程中,进行了卓有成效的探索和成果,有效推动了工程设计施工水平的提升。

目前,世界上主流的几款 BIM 平台为 AutoDesk Revit、Bentley MicroStation、Dassault Catia,各大平台的优势和劣势,见表 27-2～表 27-4。

数字化设计平台 AutoDesk Revit   表 27-2

优势: ①被 AutoDesk 公司收购后,能利用广大的 AutoCAD 用户群体; ②目前国内大部分民建设计院选用了 Revit,有着广大的用户基础; ③AutoDesk 对国内需求响应速度快,近几年 Revit 改善许多	不足: ①专业覆盖面窄,适应于民建行业,主打 Revit 产品,缺少整体性解决方案,并因为缺少相应的专业设计模块,很难扩展到其他基建行业; ②国内没有成功实施协同设计的产品,部分使用 Revit 的客户也采用了 Bentley 的协同设计平台 ProjectWise; ③对大模型支持不好,各个专业模型组装后操作不顺畅
机遇: ①国内有着大量的中小型设计院,有着庞大的潜在用户群体; ②政府对 BIM 技术的推行力度日渐增大	挑战: ①部分客户因为其产品线单一开始尝试其他厂商三维设计解决方案; ②盗版很多,使用者水平参差不齐,不利于整个工程数字化行业的健康发展

数字化设计平台 Bentley MicroStation   表 27-3

优势: ①是目前 AEC 行业中解决方案最全面的设计平台,覆盖 GIS、建筑、市政、铁路、水电、火电、石油、化工等几乎所有的基础实施行业; ②产品数量多,各类专业模块齐全,能应对各个行业的复杂工程,并贯穿工程勘测、设计、施工、运维多个阶段; ③有十分优秀的协同设计平台 ProjectWise,能很好地解决多专业异地协同办公的问题; ④三维内核对海量数据支持性能优越,复杂巨型模型也能在其中流畅运行。 ⑤在国内各个行业中都有比较成功的实施用户	不足: ①因为 AutoCAD 先入为主的思想阻碍了 Bentley 产品的推广; ② Bentley 产品功能强大使得其产品对用户的门槛要求较高,需要花费较多的时间来学习; ③产品的本地化程度不高,很多定制的工作需要用户自己完成
机遇: ①国家对基础设施的大力投入; ②综合类项目越来越多,需要 Bentley 这样大而全的解决方案;有 ProjectWise、eB、APM 等项目管理和项目全生命周期的产品,是未来发展的趋势	挑战: ①目前主要客户大部分为各个行业的领导者,运用面不广,只集中在少数大客户中; ② DGN 格式没有 DWG 格式主流,在文件交换中存在一定的障碍

Dassault Catia 平台	表 27-4
优势: ①核心产品 Catia 是制造行业内的高端产品,具有很强大的三维曲面造型功能,能够满足很多异形结构的复杂建模需求; ②主推全生命周期管理(PLM)解决方案,其 Matrix One 在国外多家客户以及国内成都勘测设计研究院有所应用; ③近几年开始进军 AEC 行业,对应的产品为 Digital Project	不足: ①无论是 Caita,还是 Matrix One,价格均较为昂贵,超过一般 AEC 设计院的接受范围; ② Dassault 本身专注于航空机械行业,产品在 AEC 行业或者说基础设施行业有很大的局限性,AEC 行业不是达索公司最主要的关注点; ③制造行业的产品特点和习惯,AEC 工程师不易掌握,即使是成都勘测设计研究院也只是在少量复杂项目中使用 Catia;对 AEC 行业标准支持不多
机遇: ①国家对基础设施的大力投入; ②复杂重点项目不断增多	挑战: ①客户掌握软件难度太高; ②投入的物力大、周期长

27.1.4 国内外 BIM 技术应用现状

BIM 技术在预留预埋施工中的应用成果,包括三维模型、预留预埋施工模拟、相关专业碰撞监测以及由 BIM 模型生成的三维视图交底等。基于 BIM 技术的预留预埋施工的应用,不仅有助于施工与设计的沟通,而且对施工单位与施工队伍之间的沟通也有较大的促进作用,但是此项应用的价值更多地受到了设计单位出图严谨度和进度的制约。

1)国内 BIM 技术应用现状

地铁是一个多专业、多部门协调的复杂系统,其设计建造历程可以看作是一个多专业、多部门人员不断协调妥协的一个过程,设计过程周期较长,再加上二维 CAD 表达的局限性,不可避免地会出现差、错、漏、碰,产生设计质量问题,从而耽误工期,而 BIM 技术的出现是 CAD 发展历史上的一个重要里程碑。

香港和台湾是我国最早将 BIM 技术运用到轨道交通领域项目中的地区。香港地铁早在 2010 年就已经实现了 20 多座车站的模型化,并且逐步发展成熟了开发商、设计单位、承包商之间的 3D 协调机制,形成以 BIM 模型为基础,以及人力资源管理系统、财务管理系统、预算管理系统、供应管理系统、设备维护管理系统等各个子业务系统支撑的一个信息管理的网络,实现了采光、能耗、烟雾、客流和可视化碰撞检测等应用点。台北捷运万大线工程全面引入 BIM 技术,主要运用到设计和施工当中,并用于设备管理和资源优化配置,降低了管理难度,提高了管理效率。

国内几大建筑企业对 BIM 技术的应用也都在积极推进中,中国中铁、中国铁建对 BIM 技术的应用主要局限在铁路系统方面。为全面推进中国高铁走出去的国家战略,加快铁路 BIM 技术的系统化应用,由中国国家铁路集团有限总公司牵头中国中铁、中国铁建、中交等设计院成立了铁路 BIM 联盟,各大设计院负责各模块数据的传输与集成,由中国铁道科学研究院牵头全面实施 BIM 技术应用。铁路 BIM 联盟主要负责中国铁路 BIM 标准的研发和制定,在应用层面上推动建立铁路 BIM 标准。中铁四局集团有限公司、中铁十四局集团有限公司、中铁十七局集团有限公司也成立了局级的 BIM 技术中心,主要集中于 BIM 技术应用,而核心的建模和功能则是委托广联达等外围公司来做,并无专业化成套体系的 BIM 系统。在地铁工程项目的 BIM 技术应用中,目前还没有成体系的应用,主要依赖其对接设计院的 BIM 技术应用进行配合。

中国建筑集团有限公司是中国民用建筑建设最多的企业,民用建筑是注重效率和投资的行业,又处于信息革命的最前沿,对 BIM 技术的应用非常欢迎。中建旗下的各大设计院和施工单位对 BIM

技术的应用和推广非常积极,在上海中心大厦、青岛胶东国际机场航站楼、深圳平安金融中心等国内的著名地标建筑中运用 BIM 技术有效降低了工程投资,加快了施工进度,降低了工程施工难度。中国建筑施工学术年会中强调指出,对 BIM 技术的应用要加大推进力度,要做"基于 BIM 的标准化与信息化——总承包管理创新"等工作,利用 BIM 技术加快从传统管理模式向现代化管理模式迈进的步伐,辅助项目做好精细化管理,提升项目的管理效率和履约能力。中国建筑集团有限公司在 BIM 技术的应用上主要依托民用建筑行业,采用 AutoDesk 平台的 Revit 系列软件,针对地铁领域的 BIM 技术使用还尚未大规模开展。

中国交通建设股份有限公司成立了"中国交建 BIM 技术应用研发中心",依托中国交通建设股份有限公司、中交第二航务工程局有限公司、中交第二航务工程勘察设计院有限公司、中交第二公路勘察设计研究院组建成立,由中国交建科技部归口管理。中心主要对先进的 BIM 技术应用进行探索,承担 BIM 技术相关标准的编制工作,汇聚集团内的 BIM 资源和能力,开发集团 BIM 大数据管理系统,打造集团"互联网 +BIM"新生态领导,支撑中国交建的业务转型升级,承担起引导行业 BIM 技术应用进步的责任,将中国交建 BIM 技术研发中心建设成为 BIM 新技术、新成果的发掘中心,BIM 数据资源的汇聚中心、BIM 技术的集成中心、高水平 BIM 技术科技的服务中心、国内外 BIM 技术的交流中心、BIM 技术进步的推进中心、海内外 BIM 技术力量的吸纳中心,打造中国交建百年老店的智慧基业。为了积极推广 BIM 技术,中国交建要求在股份公司重大科研项目当中积极采用 BIM 技术。在旗下企业承包的项目中有部分项目也在积极推广 BIM 技术,如中交第二公路勘察设计研究院有限公司在厦门地铁 1 号线莲坂站中,通过 BIM 与 GIS 结合,真实立体地展现地铁路线的设计,帮助规划方案的确定,通过在 Revit 中对设计方案进行调整,大大提高了设计方案的通过性,将周围地形与设计方案相结合,在模型中进行实时漫游分析出入口、风亭等附属设施与周边环境的关系,直观地向建设单位展示了设计方案,并且能够更准确地理解建设单位的要求,对于车站与地面对接的设计工作起到了极大的帮助。中交第二公路勘察设计研究院对 BIM 的应用已经拓展到了方案汇报阶段,有效地帮助建设单位决策,避免了设计当中的沟通障碍,降低了设计返工,极大地提高了设计效率。但中国交建各大设计院及施工单位仅仅在辖区项目内对 BIM 技术进行应用,应用范围比较狭窄。

2)国外 BIM 技术应用现状

在美国 BIM 技术推广的过程中,美国总务管理局 GSA 和美国陆军工程兵 USACE 扮演了重要角色。GSA 于 2003 年通过其公共建筑服务部门推出了 3D-4D BIM 计划及系列 BIM 指南,并根据对 BIM 技术的应用情况给予项目承包商不同程度的资金支持,这些措施直接影响并提升了美国整个工程建设行业的 BIM 应用。目前 GSA 正在探讨在项目生命周期中应用 BIM 技术,包括空间规划验证、4D 模拟、激光扫描、能耗和可持续发展模拟、安全验证等,并陆续发布各领域的系列 BIM 指南,其在官网可供下载,对于规范和 BIM 在实际项目中的应用起到了重要作用。2006 年 10 月,USACE 发布了为期 15 年的 BIM 发展路线规划,为 USACE 采用和实施 BIM 技术制定战略规划,以提升规划、设计和施工质量和效率,规划中,USACE 承诺未来所有军事建筑项目都将使用 BIM 技术。美国 USACE 最早于 2004 年利用 Bentley 的 BIM 软件,对一项无家眷军人宿舍项目进行碰撞检查和工程算量。2004 年 11 月,USACE 路易维尔分区在北卡罗来纳州的一个陆军预备役训练中心项目也实施了 BIM。2005 年 3 月,USACE 成立了项目交付小组(Project Delivery Team,PDT),研究 BIM 的价值并为 BIM 应用策略提供建议。发展路线规划即是 PDT 的成果。同时,USACE 还研究合同模板,制定合适的条款来促使承包商来使用 BIM。此外,USACE 要求标准化中心(Centers of Standardization,COS)在标准化设计中应用 BIM,并提供指导。美国地方政府对引入 BIM 技术也相当积极,有的州甚至已经立法,强制要求州内的所有大型公共建筑项目必须使用 BIM。2009 年,美国威斯康星州成为第一个要求州内新建大型公共建筑项目使用 BIM 的州政府。美国各级政府及各行业协会对 BIM 的积极推进也促使 BIM 应用不断地向轨道交通领域转移，美国洛杉矶 Westside 地铁延长线工程包括 9mile 地铁，新建 7 个地铁站，总投资 51 亿美元，工程采用 DB 交付模式，建设单位方将 BIM 应用条款纳入承包方合约，要求以 BIM 为核心规划管理整个建造过程。

在核电、国防等高端建设领域和重大项目上，美英发达国家拥有十余年的工程数字化实践经验并取得大量的理论研究成果，部分国际型工程公司正在通过工程数字化技术手段快速发展新的业务领域，有的企业甚至将数字化应用作为其发展战略方向之一。目前不少巨型工程总承包项目在数字化条件下取得成功，例如从 2001 年开始，Constellation 集团在其所属的 5 个核反应堆中以 Bentley AssetWise 为平台实现文档管理、记录管理（Record Management）、技术状态管理（Configuration Management）。2005 年开始，Bentley AssetWise 还用来管理这几个集群的缺陷管理（Corrective Action）、培训管理、状态报告、对标，自我评估等。通过这个系统，进行日常的安全维修和生产指标监控，同时此系统也作为 NRC 和 INPO 随时监控的对象，采用 Bentley AssetWise 巩固和自动管理其相关基础设施的图纸、文档等基础信息。在实施 Bentley AssetWise 平台后，Constellation 集团已连续 2 年达到 95% 的负荷能力，其中 Calvert Cliffs 2 号反应堆保持 692d 无故障运行的世界纪录，达到并保持 INPO-1 级水平 10 年。

北欧国家包括挪威、瑞典、芬兰和丹麦等，是主要的建筑业信息技术软件厂商，如 Tekla、Progman 和 Solibri 等，匈牙利 Graphisoft 公司（2007 年被德国 Nemetschek AG 公司收购）的 ArchiCAD 等 BIM 软件在本地区的应用率也很高。北欧国家冬天漫长多雪，这使得建筑构件的预制化非常重要，因此促进了包含丰富数据、基于模型的 BIM 技术的发展，并导致这些国家较早地开始了 BIM 的部署，成为全球最先采用基于 BIM 模型进行建筑设计的国家之一，而且在整个建筑产业链内的协同水平非常高，基本实现了规划、设计、制造、施工等过程中的信息共享。与美、英等国家不同，北欧 4 国政府并未强制要求使用 BIM，但由于当地气候条件以及先进建筑信息技术软件的推动，BIM 技术的发展主要是企业的自觉行为。

澳大利亚政府对引进 BIM 技术非常重视，对欧美各国的 BIM 技术应用也表现出强烈的兴趣，他们采取各种措施鼓励本国企业积极开展 BIM 技术应用。建造于 1973 年的地标性建筑悉尼歌剧院，如今正在使用 BIM 技术指导其装修设计和设施管理工作，使其重新焕发生机。2010 年，澳大利亚发布了面向建筑行业所有参与方的 BIM 实施指南（National Cuidelines for Digital Modeling）；2011 年，澳大利亚建筑师协会和澳大利亚咨询协会成立的专门小组发布了一套 BIM 实践指南（BIM in Practice Cuidelines）。2012 年，澳大利亚联邦政府与 building SMART 澳洲分部联合，成立建筑环境工业理事会 BEIIC，发布了一份 BIM 战略规划，即《国家 BIM 行动方案》，并成立了一个特别工作小组来负责一个 5 年计划的执行。

日本应用 BIM 技术的历史比较早。早在 20 世纪 90 年代，已经开发了一系列的 BIM 软件，那时还没有 BIM 这个术语，但所做的事情现在可以归类到 BIM 系列中来。从规划设计到各类分析、算量，再到最后的施工，日本已经有了一套完善的 BIM 软件，互相之间都有了成熟的接口。最早出现和投入应用的主要是机电设备设计软件，主要有 REBRO、REAL 和 TFAS 等。为实现数据集成，日本 BIM 软件商在国际协同联盟日本分会的支持下，以福井计算机株式会社为主导成立了日本国产 BIM 软件联盟，其软件产品涵盖了规划、设计、施工等各个阶段的 BIM 应用。

英国 Crossrail 工程是全欧洲最大的基础设施建设项目，投入资金 240 亿美元，有 14000 项分包任务，通过数字化设计和管理手段预计节约成本超 12 亿美元。到目前为止，该工程数据中心管理着超过 800 万份电子文档、125 万张 CAD 图纸、75 万个资产对象、8500 个用户、2500 个 CAD 用户、61 个工程承包商。

目前，国外最大的基于 BIM 技术进行工程设计与施工管理的地铁工程项目如图 27-1 所示。

图 27-1　目前国外最大的基于 BIM 技术进行工程设计与施工管理的地铁工程项目

Crossrail 全程长 118km，从西部的 Maidenhead 和 Heathrow，穿过伦敦市中心地底长达 21km 的新建双连拱隧道，一直通往东部的 Shenfield 和 Abbey Wood。届时，在 45min 钟内往返于伦敦主要商务区的客流量可再增加 150 万人次。开通后，伦敦铁路运输网的运力将提升 10%，届时这座首都城市将再次焕发生机，其作为全球顶级金融中心的地位将得以巩固，往来于城中各地的时间也将大为缩减。Crossrail 由 Crossrail Limited（CRL）全权负责。CRL 是伦敦运输局的全资子公司。Crossrail 由伦敦交通和运输部联合提供赞助。

Crossrail 选用的 BIM 解决方案是由 Bentley 提供的。

整个 Crossrail 项目基于数字化三维模型构建，通过 BIM 提供最新信息，无论三维模型信息还是文档数据库中的信息，它们都来自同一个数据源，所有承包商都可以访问。这大大减少了合同和各个项目阶段之间的信息割裂，提高了设计和施工过程的协同性。

27.2　地铁土建工程 BIM 协同设计应用

基于 BIM 的协同设计是通过 BIM 软件和环境，以 BIM 数据交换为核心的协作方式，取代或部分取代传统设计模式下低效的人工协同工作，是设计团队打破传统信息传递的壁垒，实现信息之间多向交流的有效手段。其减轻了设计人员的负担，提高了设计效率，减少了设计错误，提升了设计质量。

27.2.1　BIM 协同设计的实现

要实现真正意义上的 BIM 协同设计，需要解决 BIM 协同组织方式以及 BIM 协同平台两个方面的问题。

1）BIM 协同方式

BIM 协同方式一般有三种：中心文件协同、文件链接协同和文件集成协同。

（1）中心文件协同方式允许多人同时编辑相同的模型，既解决了一个模型多个人同时划分范围建模的问题，又解决了同一个模型可被多人同时编辑的问题。但中心文件协同方式在软件的实现上比较复杂，对软硬件处理大量数据的性能表现要求很高，而且采用这种工作方式对团队的整体协同能力有较高的要求，实施前需要进行详细的策划。

（2）文件链接协同是常见的协同方式，链接的模型文件只能"读"而不能"改"，同一个模型只能被一人打开并进行编辑。

（3）文件集成方式支持同时整合多种不同格式的模型数据，便于多种数据之间整合，但一般的集成工具都不提供对模型数据的编辑功能，所有模型数据的修改都需要回到原始的模型中去进行。

在实际项目的协同应用上，大多是两种或三种协同方式的混合应用。

2）BIM 协同平台

（1）协同管理平台软件方案

协同管理平台作为 BIM 协同设计标准化环境以及 BIM 设计成果托管平台软件，需要具备以下功能：

①具备三维数字化模型的存储以及控制和维护三维数字化模型之间关联关系的能力，可管理各种动态的 A/E/C（建筑/工程/施工）文件内容和关系；

②具备将各参与方的工作内容，即包含三维数字化模型在内的各类项目数据进行异地分布式存储管理的功能，提高异地协同办公的效率；

③具备对各个行业主流二/三维设计软件产品进行良好集成功能，同时提供开放的接口可与其他管理系统进行数据集成；

④健全的分级权限管理体系，具备对包括模型在内的各类工程数据进行安全访问控制功能；

⑤具备对工程内容目录结构的映射管理功能，对海量工程文档快速进行不同的分类组织；

⑥具备对包括模型、文档在内的各类工程资料的查询检索功能，支持多属性检索及多种类检索的方式；

⑦具备记录协同管理平台的工作日志管理功能，文件历史操作记录可跟踪追溯；

⑧具备项目和项目模版的设置功能，可快速复制样板工程；

⑨系统具有灵活扩展的体系架构，能够支持 500 人以上协同工作；

⑩完备的文件版本管理功能，可对包括图纸、模型在内的各类数据的不同版本进行追溯；

⑪检入/检出—动态授权机制，保证了协同工作过程中多用户操作同一文档时的安全性；

⑫规范的协同管理工作流程，保证各状态的安全访问；

⑬及时沟通的消息系统，及时接受各类协同管理信息；

⑭支持建模平台工作环境及设计标准的统一托管、推送以及动态更新。

目前，能支持上述功能的 BIM 协同管理的软件平台还不多，美国 Bentley 公司的 ProjectWise 为其中典型代表，常见的协同管理平台架构如图 27-2 所示。

本架构在建设单位和参与方之间使用对等集成服务器，在确保不同参建方文件数据独立管理的同时，利用同步服务器实现多方数据源文件共享。

（2）协同建模平台总体方案

地铁 BIM 协同建模具有跨越工程建设周期长、模型体量大、涉及专业多等特点。BIM 协同建模平台方案不仅需要覆盖地铁工程全部专业，提供各种工具集提高各参建方模型建设的单点效率，还能同步总装集成各专业模型开展协作应用，提高项目整体 BIM 模型质量和应用水平。

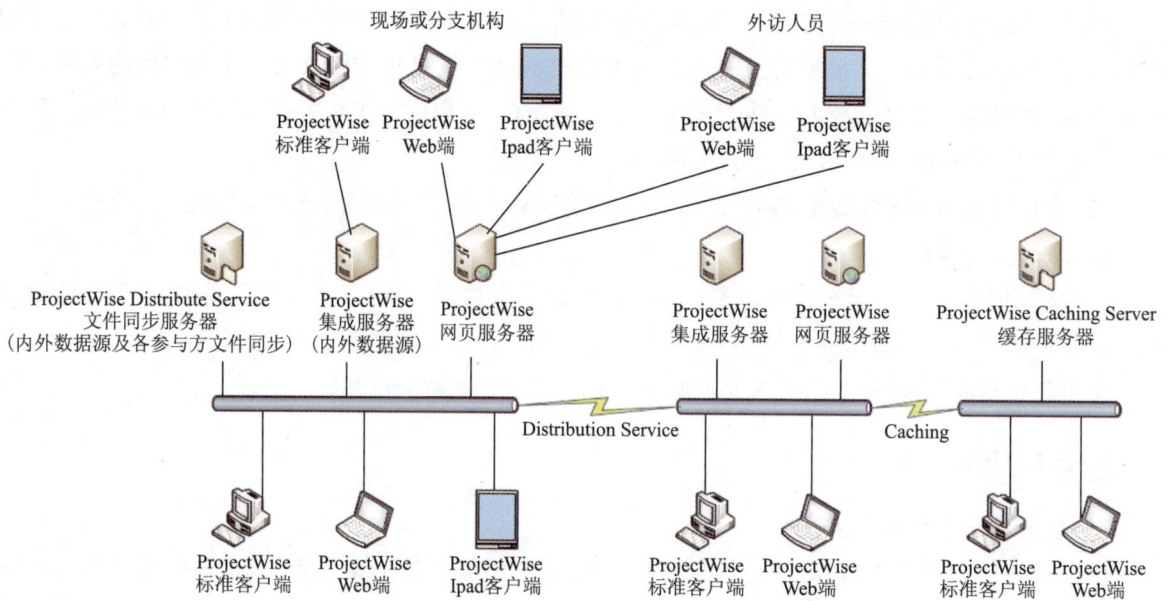

图 27-2　BIM 协同管理平台架构图

　　以 Bentley MicroStation 通用二 / 三维一体化设计平台作为基础建模平台为例,该平台以 Bentley ProjectWise 为纽带,结合地铁工程数字化信息模型的建设与应用需求,利用运行于 MicroStation 平台上的各类轨道交通专业建模软件以及用户二次开发专业定制的轨道交通建模工具集,形成一套完整的轨道交通工程数字化设计整体解决方案,如图 27-3 所示,确保各参建方能开展本项目所涉全部模型建设工作,满足工程的勘察、设计、施工直至移交运营各阶段的信息传递要求。

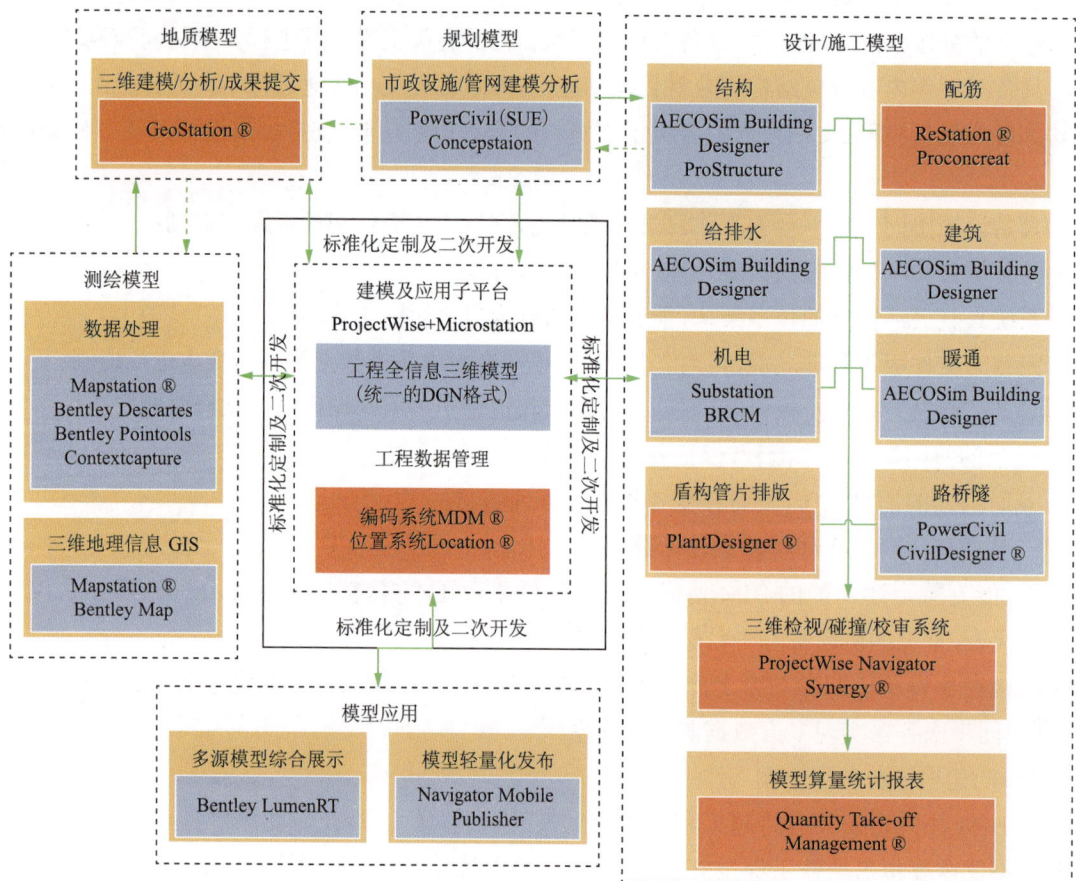

图 27-3　地铁 BIM 协同建模整体解决典型方案

地铁土建工程技术与管理实务

27.2.2 地铁 BIM 基础信息模型建模

1) 地理测绘信息模型

地理测绘信息模型可为地铁工程设计、施工、运维全生命周期提供基础测绘地形资料,与传统二维测绘图相比,测绘信息模型的数据信息更加完整,可全面记录并呈现工程不同时期的工程面貌。结合 GIS 强大的地理信息分析功能,可替代或辅助现场踏勘、进行周边地块接口关系审查、规划红线分析、景观实景模拟评价、区域交通组织分析、全线规划浏览等,从而提高地铁工程全生命周期的管理水平。

一般而言,地理测绘信息模型建模范围为沿地铁线路中心线向两侧各延伸 200m。为满足地铁工程建设管理的需要,需要建立两套地理测绘三维模型,一套为反映地铁沿线及周边范围原始地貌、地理特征的三维模型(简称原始地理信息模型),另一套为反映工程建设期间地形、地貌动态变化的三维地理信息模型(简称动态地理信息模型)。

(1)原始地理信息模型:根据二维矢量地形图和航空正摄影像等测绘数据,建立数字高程模型(DEM)和正射影像模型(DOM),建模精度和影像分辨率以测绘数据为准,不进行简化处理。

(2)动态地理信息模型:在工程施工期内采用无人机倾斜摄影技术采集、整编后生成,如图 27-4 所示。采集频次、时机、位置视工程施工进度而定。

图 27-4　测绘地理信息模型建模流程图

测绘地理信息模型案例如图 27-5 所示。

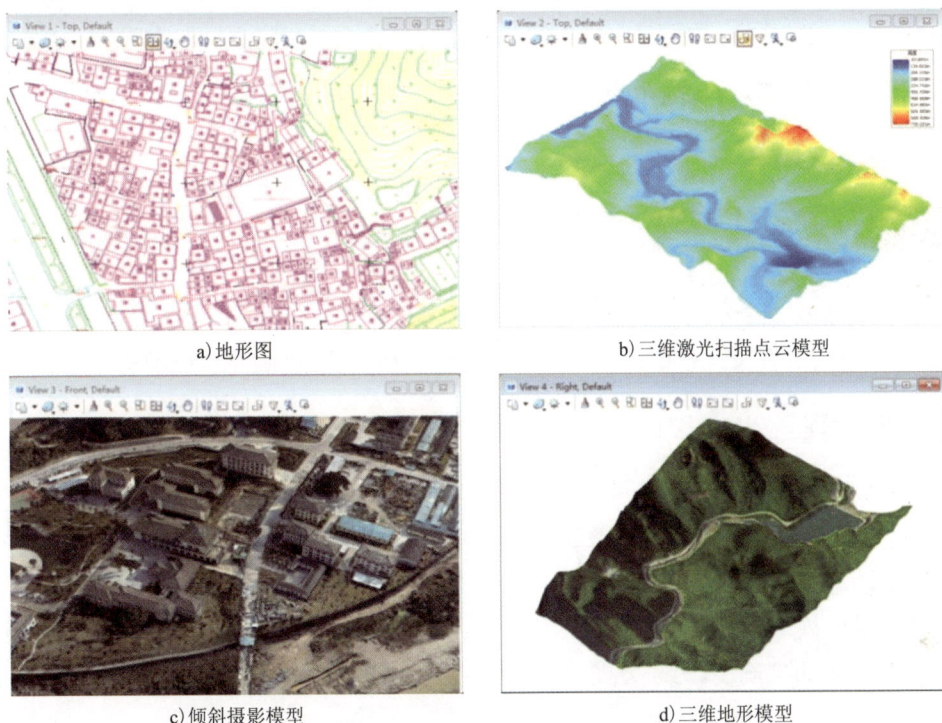

a) 地形图

b) 三维激光扫描点云模型

c) 倾斜摄影模型

d) 三维地形模型

图 27-5　测绘地理信息模型案例

2）工程地质信息模型

工程地质建模是一种在虚拟三维环境下，利用空间信息管理、地质解译、空间分析与预测、地学统计、实体内容分析以及图形可视化等工具用于地质分析的技术，如图27-6所示。工程三维地质信息模型在地铁工程中可提供实时地质条件可视化查询、地质数据的综合统计分析，对地铁选址、方案比选、设计优化、地质缺陷处理、工程监测以及预警预报等具有重要意义。

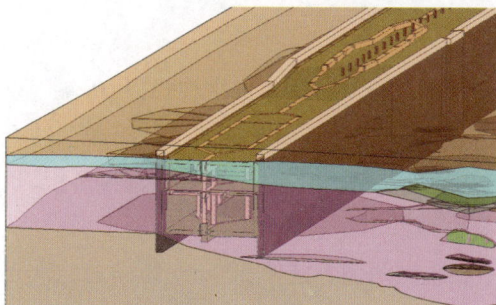

图27-6 地质信息模型

地质模型的建模范围一般为沿地铁线路中心线向两侧各延伸50～100m，车辆基地将根据勘察范围而定。

根据规划勘察资料和地块详细勘察资料分阶段建立地质数据库和地质三维模型，并在施工期根据补充勘察资料进行分区块动态更新建模。

地质模型建模内容主要包括基础数据模型、地质界面模型及地质实体模型，建模实施主要包括以下两个阶段：

第一阶段，根据规划勘察资料完成地铁沿线及周边范围地质数据整理和地质数据库创建，并在地质数据库的基础上建立工程整体地质三维模型，主要内容包括勘探线、钻孔、试验点、取样点、地层、地表水、地下水等。

第二阶段，按照后期补充的地块详细勘察资料和工程开挖揭示的地质资料进行地质三维模型的精细建模和动态更新维护。

3）工程规划信息模型

工程规划信息模型除了要体现地铁线路规划方案外，还包括地铁沿线城市市政基础设施（道路、桥梁、隧道）、市政管网、地块房屋建筑、构筑物以及景观布置等内容。将前述所有的模型进行集成组装将形成地铁规划"沙盘""一张图"，可用于对规划方案合理性检查，复核设计成果与规划的一致性，支撑规划建设行政审批。

工程规划信息模型建模深度要求不高，模型可大致反映规划对象空间位置、形式及主要尺寸信息即可。

27.2.3 工程设计模型

工程设计模型涉及多个不同专业，但大致可归纳为市政管网、地面周边环境、工程土建与机电等内容，工程设计模型需要在工程建造施工过程中进行维护和调整，以确保和现场实际施工保持一致。

1）市政管网模型

市政管网模型创建需要根据地铁沿线现状地形及市政管线普查数据、图纸等基本资料，在测绘模型的基础上创建。此外，市政管网模型需要在施工期根据管线综合迁改设计与施工现场的实际情况进行模型分区块动态更新。

工程区市政管网模型建模内容主要包括压力管网、重力管网、燃气管网、热力管网等，模型一方面应确保几何尺寸信息的准确性，另一方面也要包含必要的属性信息，如管道材质、内外径、设计流量、高程及埋深等，如图27-7所示。

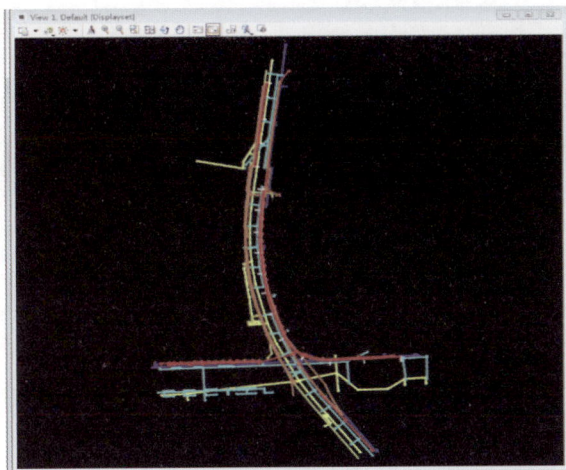

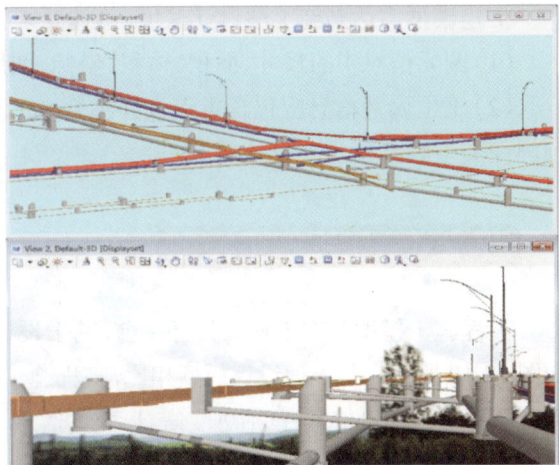

图 27-7　市政管网模型

2）地面环境模型

地面环境模型主要反映的是地铁沿线周边环境情况,准确表达工程区域周边的道路、水面、建筑等场地元素的空间位置关系,完整体现工程区毗邻场景。地面环境模型包括建筑物、构筑物、绿化和景观等内容,如图 27-8 所示。

图 27-8　地面环境模型

3）土建模型

土建模型是根据各工程点的土建专业图纸、设计文件等基本资料创建得到,模型内容包括围护结构模型、主体结构模型以及建筑模型等,如图 27-9 所示。土建模型不仅要反映施工前的设计方案,还需根据各专业提资情况进行深化设计,并根据工程变更文件(设计变更与施工变更)及现场实际情况进行维护和调整,使其与现场实际施工保持一致。

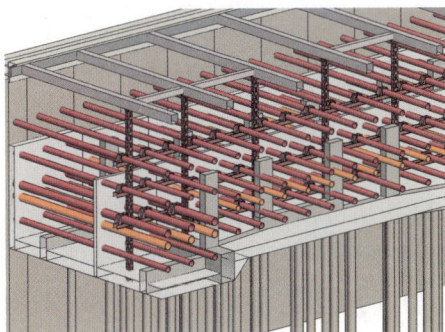

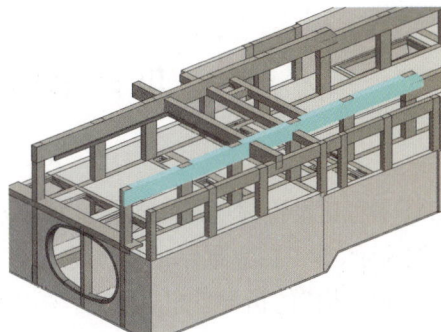

图 27-9　土建模型

611

土建模型需达到施工图设计深度,总体要求如下:

(1)图元信息中的尺寸、面积、体积、坐标、图层、颜色等应准确表达,能完整体现所有设计意图;

(2)工程属性信息应包含重点设计参数(如混凝土构件长度、宽度、高度、混凝土类型、强度等级、预埋件类型等),能反映设计需求。

27.2.4 工程施工模型

工程施工模型是在工程项目开工前,基于设计信息模型进行专业分类、模型分解及编码创建得到,如图27-10所示。与工程设计模型相比,工程施工模型除了要在工程项目施工期间进行更新维护外,还需要整合工程建设信息,包括进度信息、变更信息、工程量信息、质量验评信息、施工安全监测信息等。

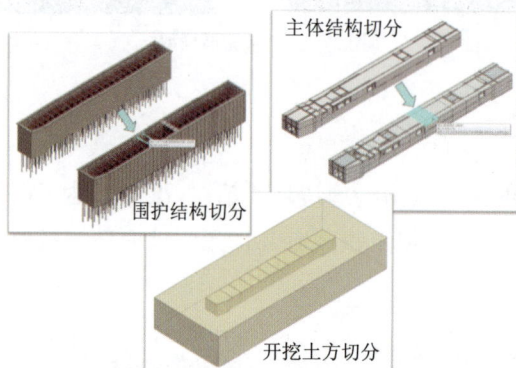

图 27-10　施工模型的分类、分解、编码

(1)模型的分类

在工程项目开工前,根据系统功能、空间位置、施工工艺等特征将设计信息模型分为勘测类、土建类及机电类。确保同一类别BIM模型在模型分解、对象编码及信息组织与管理等方面具有一致。

(2)模型的分解

在工程项目开工前,严格根据模型所属类别对设计信息模型进行分解,体现单位工程、分部工程、分项工程、单元工程(检验批)的范围及所包含的三维施工构件模型。

(3)模型的编码

根据工程BIM数据编码标准,采用统一的编码规则,结合模型所属类别对三维施工构件模型实施编码管理,确保模型与编码的一一对应。

(4)模型的更新维护

根据建造施工过程中发生的工程变更对施工信息模型进行维护和调整,以确保模型与现场实际施工保持一致。

27.3　地铁 BIM 工程建设管理平台

地铁 BIM 工程建设管理平台是现场参建各方 BIM 应用协作、数据共享、流程管控、BIM 数据移交、BIM 模型展示、施工信息展示的大型综合 BIM 软件平台。平台的建设应用按照"一个平台、一个模型、一个数据架构"的指导思想,并综合考虑地铁工程的建设需要,充分借助大数据、物联网、云计算、VR、GIS 等先进技术开发完成。一般而言,平台应支持跨终端访问,包括桌面程序、浏览器、移动终端（平板电脑和手机）、大屏幕（含触摸一体机），利用便携终端等设备，以方便工程各参建方随时随地开展基于 BIM 技术的工程建设管理，及时获取项目现场信息，迅速做出决策响应，包括移动式现场信息采集、成果信息发布、审批流程管理等各类移动办公，实现工程建设全过程的精细化管控和动态管理、有效控制建设风险、提高工程建设期数字化管控水平和管理能力。

27.3.1 平台总体架构

平台采用多层结构模式，分别为数据中心层、基础（公共）模块层、业务系统层和客户端，系统架构如图 27-11 所示。

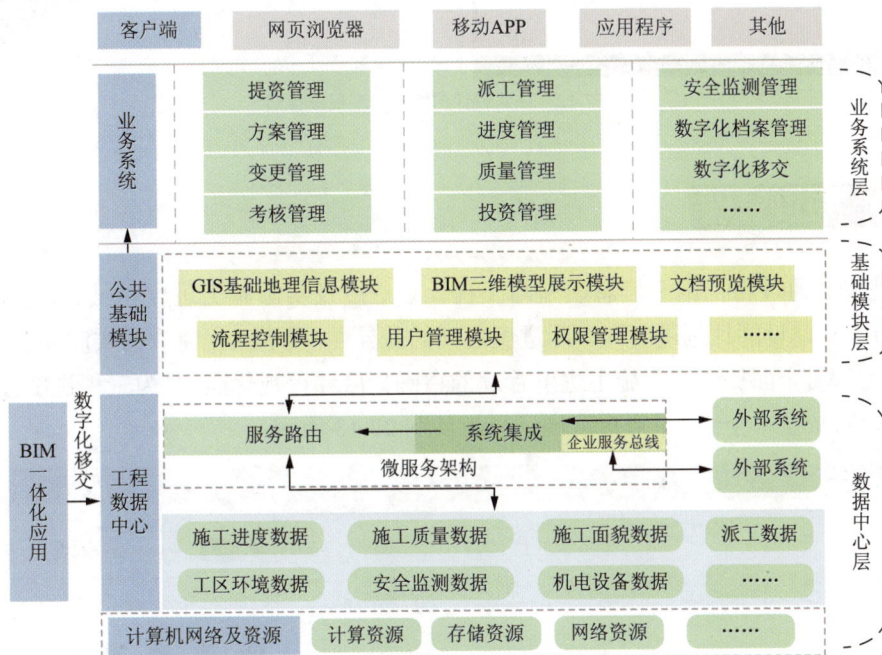

图 27-11 系统架构图

（1）数据中心层包括基本的计算机软硬件资源和基于 BIM 技术应用所移交的数据。通过特定的数据模型实现工程数据存储，基于一系列数据规则实现后台数据访问机制，最后形成微服务架构向基础模块层及业务系统层提供统一的数据接口。

（2）基础模块层通过 GIS 平台、BIM 平台、数据服务、流程服务、消息服务实现模型展示、用户管理、文档预览、流程控制、任务管理、权限管理基础功能，为业务应用模块提供公共功能支撑。

（3）业务系统层主要包括提资管理、变更管理、考核管理、派工管理、施工进度、方案、质量、工程量、安全监测、数字化移交等管理应用。

（4）客户端支持跨操作系统、多终端类型，实现对数据的展示、管理、分析。

通过对平台层次结构的抽象和组合，将数据采集与访问、业务逻辑处理和用户界面展示部分进行分割和组装，使得软件系统具备很好的伸缩性和灵活性，解决项目参与方众多、各参与方所用的业务系统多样化、数据类型多元化等问题，通过微服务架构为平台提供可插拔式的无缝集成的数据服务，极大地提高平台的数据兼容性，为后期业务模块的增加、调整创造了条件及提供了系统架构支撑。

27.3.2 设计管理

设计管理模块可以规范施工图报审及出图流程，实现在线图纸审查，并形成图纸数字化审查记录,如图 27-12 所示。对各阶段的设计图纸实施统一编码管理,方便各参建方随时快速查阅相关施工图纸的出图进度和图纸内容。此外,以同样的方式对各阶段的设计模型进行统一管理,通过审查合格的模型作为有效的施工依据,供各参建方展开 BIM 技术应用。

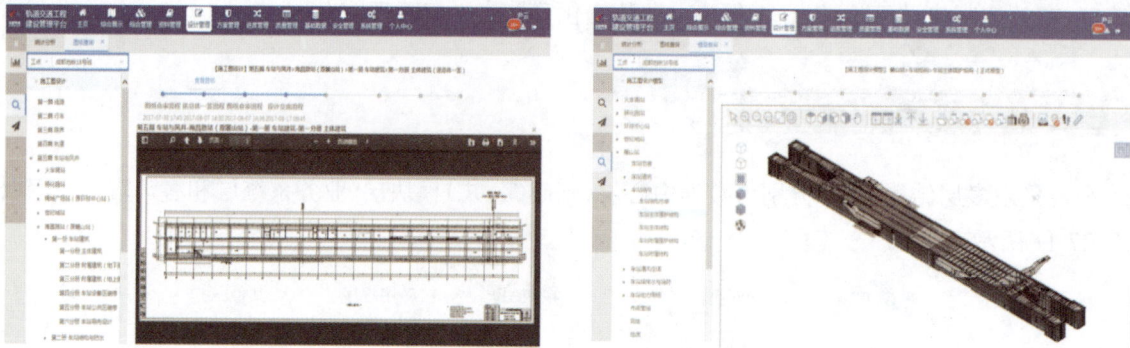

图 27-12　在线设计图纸及模型报审查阅

27.3.3　进度管理

进度管理模块通过将三维全信息模型与工程计划进度及实际施工进度相结合,运用 3D 场景形象地对比分析工程建设的计划进度和实际进度之间的差异性,展示工程建设的实时面貌,对关键线路滞后情况进行预警,全面提升工程施工进度管理的精确程度和可视化能力,为工程进度管理决策的智能化、科学化提供依据。全线 / 单点进度展示分析如图 27-13 所示。

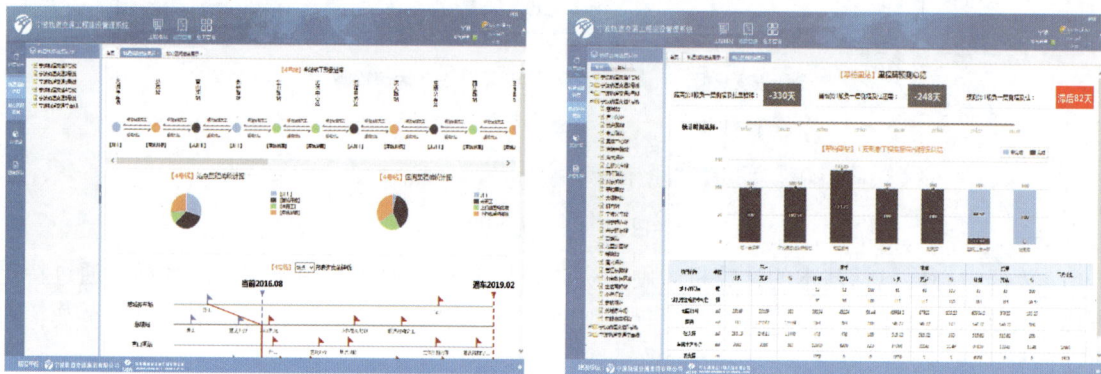

图 27-13　全线 / 单点进度展示分析

27.3.4　质量管理

质量管理模块内置质量验评单模板库,用户可借助移动客户端或桌面客户端,完成工程质量问题记录(照片、视频、文字或音频)并附加到相关模型构件上。模块支持质量验评数字化流程,质量问题记录经验评审核后,形成质量验评信息档案,如图 27-14 所示。依托 BIM 模型,可实现工程建设质量验评信息的三维可视化查询及质量验评单的自动创建与输出。

27.3.5　安全管理

安全风险管理模块是从工程建设期安全监护管理业务出发,以监控监测数据为基础,通过统一入口、多维度展示和多样化输入等手段,保证工程施工活动严格受工程监管部门监控,避免潜在安全隐患的扩大化,有效提高工程安全管理水平。风险源查看、维护、统计如图27-15所示。

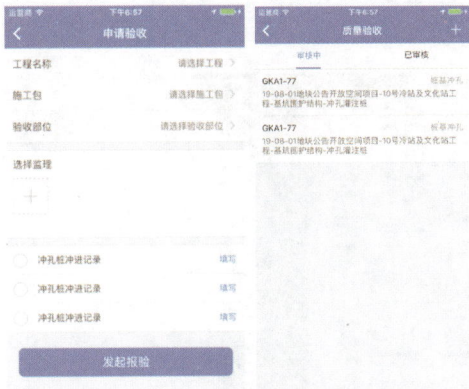

图 27-14　质量信息录入与查询

图 27-15　风险源查看、维护、统计示意图

27.3.6　造价(工程量)管理

造价管理模块承接 BIM 模型工程量统计数据,实现基于 BIM 模型的工程"量""价"展示与维护管理,可为工程全过程快速、精细化管理提供基础数据服务,达到辅助工程项目造价管理的目的。

27.3.7　项目信息综合展示

工程建设往往具有区域协调性和系统性的特点,涵盖规划、地理、地质、结构、建筑、机电等多个专业,工程区的整体外部环境分析对项目建设的全过程有着重要意义。综合展示模块采用技术方案包括二维 GIS 和三维 GIS,为工程建设管理人员提供两种不同维度的 BIM+GIS 信息浏览方式和建设管理入口,如图27-16所示。

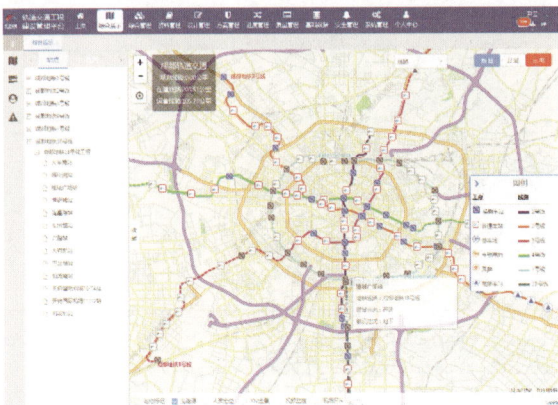

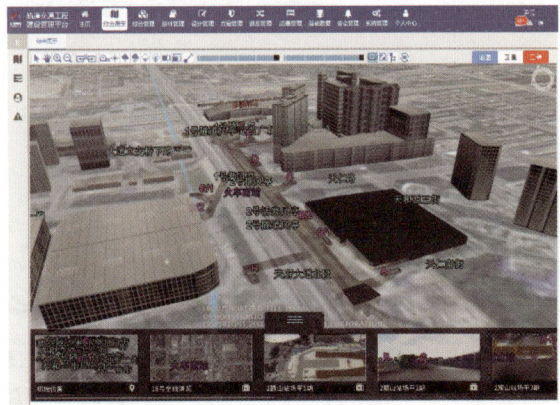

图 27-16　BIM+GIS 的工程综合信息展示

27.3.8　工程资料管理

工程资料管理模块以目录树的方式实现对制度标准(政策法规、国家标准、行业标准、地方标准、企业规则制度、项目规则制度)以及工程文档(图纸、报告、模型、视频、照片……)等非结构化数据的统一存储与管理,如图27-17所示。

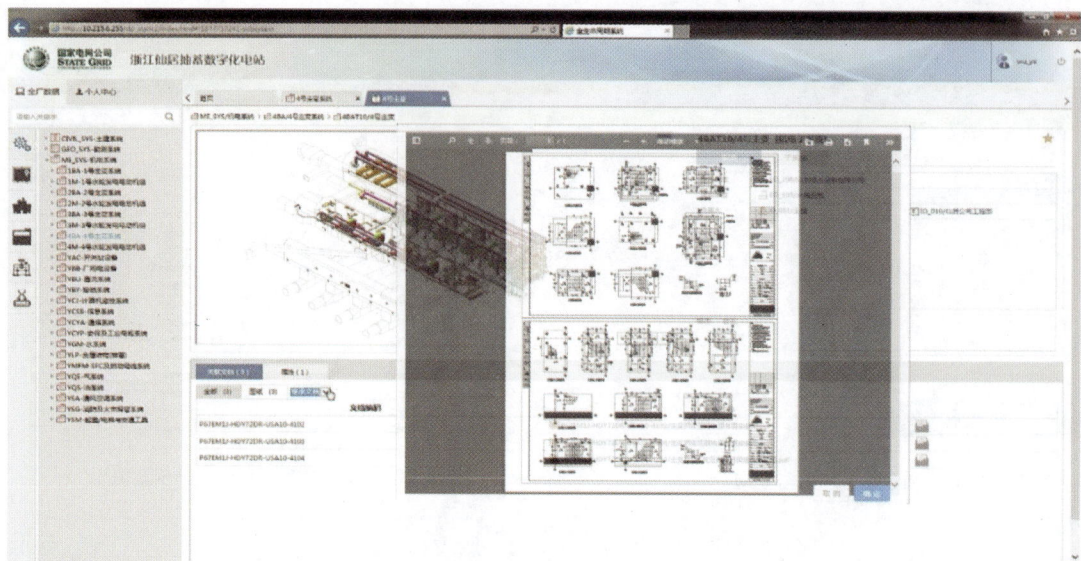

图 27-17　基于模型的工程文档资料可视化检索与查阅

27.3.9　移动端现场管理

移动端现场管理系统是一套基于"数字云"技术的移动 APP 程序集,根据用户权限的不同,系统功能模块的使用及数据展示方式有所不同,主要包括现场巡检管理(图 27-18)、任务流程及消息管理以及移动数字化文档查阅等功能。

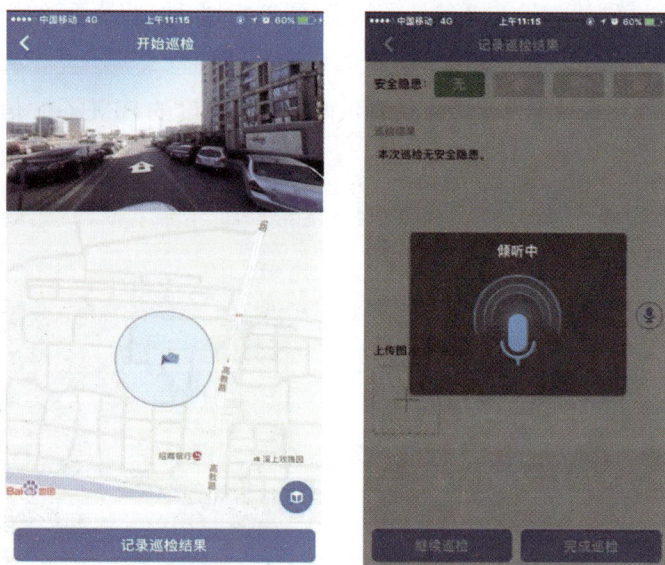

图 27-18　移动端现场巡检管理

27.4　地铁 BIM 设计施工一体化应用

BIM 技术作为一种高效的管理工具,目前正以各种形式运用到越来越多的地铁项目中,协助管理人员进行技术、进度及成本等的管理。本节将从建设管理的角度归纳 BIM 技术在地铁项目中技术

（方案）、成本、进度、安全等方面的应用情况。

27.4.1 图纸（总装模型）会审

建立 BIM 施工模型，完成工程模型的总装拼接，基于总装模型，在工程项目开工前：

（1）基于 BIM 三维模型进行图纸会审，加深参建施工人员对设计图纸的理解，在工程施工前消除图纸中存在的错误。

（2）对设计方案的合理性与完整性进行复查，发现问题及时反馈。

（3）对专业间、系统间、对象间的"错、碰"进行检查、校验，将二维图纸、三维模型存在的问题以文档的形式记录，反馈给监理单位、设计单位、建设单位，促进设计方案优化。

27.4.2 场地布置

采用 BIM 技术完成施工场地布置模型建设工作，包括：钢筋存放及加工场地、钢支撑存放及拼装场地、模板存放及加工区、临时土方存放区生活区（临建）、办公区（临建）等模型，将场地布置与施工进度进行对应，借助 BIM 在三维可视化方面的技术优势，形成 4D 动态施工场地管理，反映不同时期施工场地面貌，检验不同时期施工场地布置方案的合理性，如图 27-19 所示。

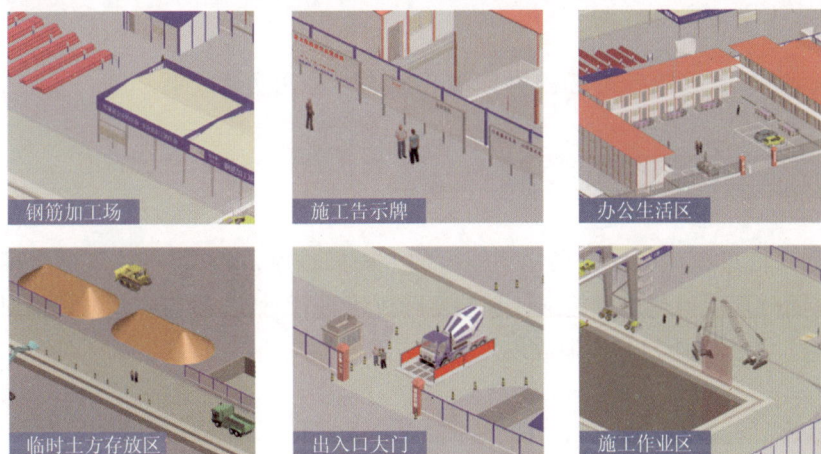

图 27-19　地铁车站施工场地功能分区 BIM 模拟图

施工场地模型进一步与周边建筑物、邻近交通模型总装集成，分析地铁施工对周边建筑物及交通所带来的影响，为施工方案的改进提供依据。

27.4.3 模型集成与碰撞检查

利用 BIM 模型在工程开工前进行碰撞检查，在复核设计方案合理性的同时，对施工通道预留、净空预留、施工设备作业范围与周边物体冲突、周边管线搭接干扰等问题进行排查，解决各类空间关系冲突问题，减少工程施工阶段可能存在的错误和返工。主要工作内容包括：

（1）三维模型总装

利用 BIM 软件，以参考引用方式将地铁各站点、区间三维模型进行拼装总成，形成三维总装模型。

（2）总装模型审查

利用总装模型进行方案完整性与合理性审查，及时发现并反馈问题。

（3）碰撞检测

借助BIM软件进行模型碰撞检查（如实体性碰撞、延伸性碰撞、程序性碰撞、功能性碰撞、未来性碰撞），及时发现专业间、系统间、对象间的"错、漏、碰、缺"问题，以便尽可能地在工程项目开工前杜绝因构件碰撞、安装设备运输通道干扰等造成的工程返工与资源浪费问题。车站室内管线综合碰撞检查如图27-20所示。

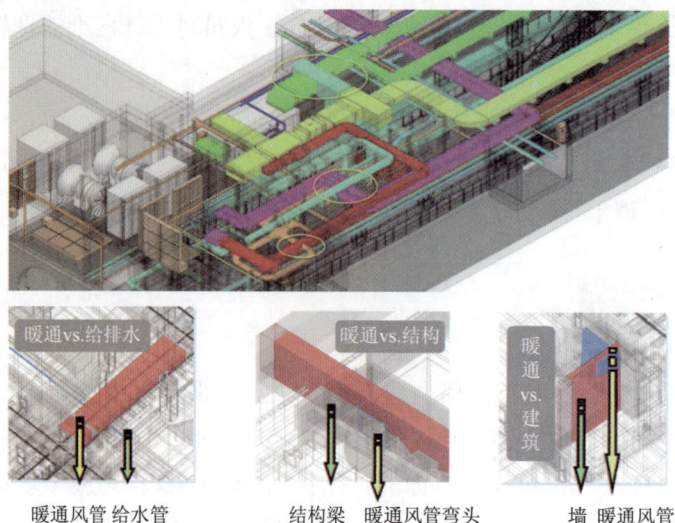

图27-20　车站室内管线综合碰撞检查

（4）记录优化

将各类碰撞问题以文档的形式记录，并作为BIM技术应用实施成果。

27.4.4　施工进度仿真模拟

利用BIM施工信息模型三维可视化功能再加上时间维度，可以进行施工进度模拟，如图27-21所示。由于可以随时直观快速地将施工计划与实际进度进行对比，使各参建方都能对工程项目建设进度进行直观掌控，从而减少日常沟通成本。具体应用内容包括：

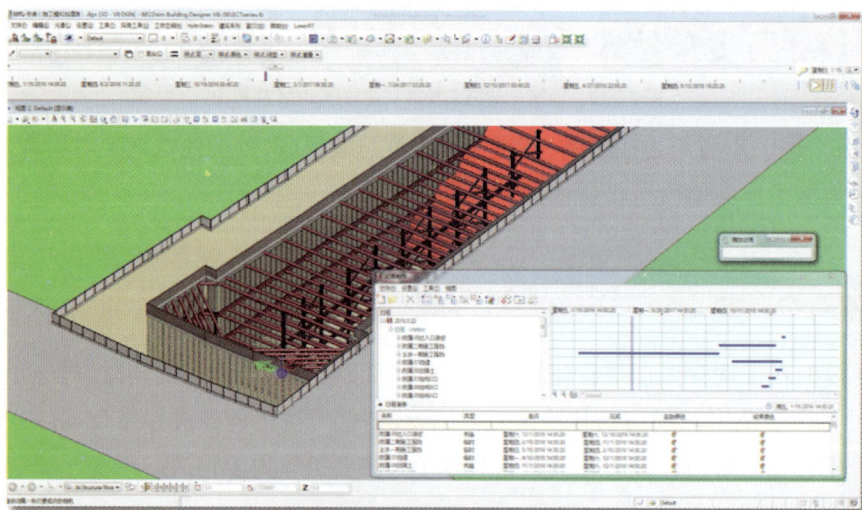

图27-21　施工进度仿真模拟

（1）工程进度编录

对BIM模型按照工程分部、分项划分方式等进行进度编录，其编录的工程进度包括计划进度和实际进

地铁土建工程技术与管理实务

度。计划进度在工程项目开工前完成编录工作,实际进度在工程项目建设过程中按月或按季定期编录。

（2）进度对比分析

利用三维 BIM 模型对计划进度与实际进度进行直观对比分析,形象地展示两者之间的差异。

27.4.5 工程量成本复核

基于 BIM 施工信息模型进行工程量统计：统计与工程建设成本相关的各种工程量信息,快速生成工程量数据统计表,并与设计工程量进行对比复核。工程量计算书反查模型对应构件如图 27-22 所示。对于差异较大的项目,及时反馈给监理单位。利用 BIM 模型可以按时间与空间两种不同纬度,实现高效且精确的工程量统计分析。

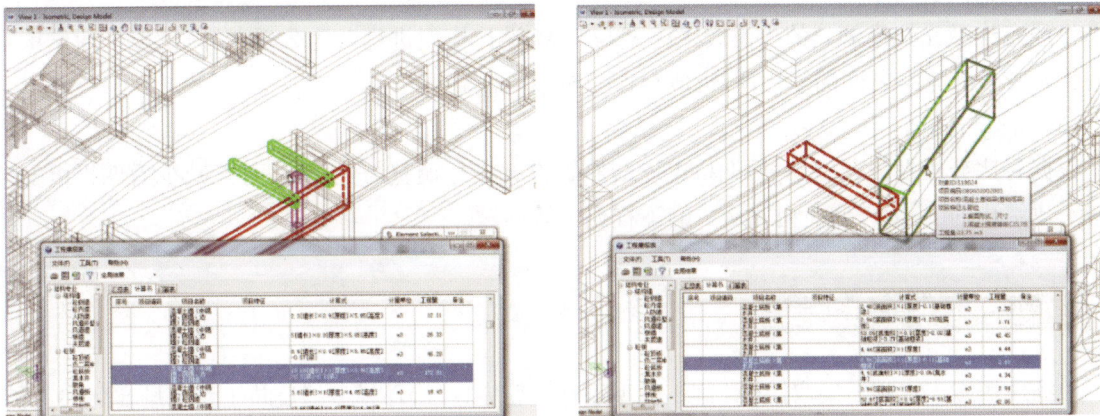

图 27-22　工程量计算书反查模型对应构件

（1）按时间统计

对站点或区间进行月度、季度、年度计划量以及完工量的统计,也可以自定义某个时间段进行计划或完工量的统计。

（2）按空间统计

选择所需统计的空间区域,统计该空间范围内 BIM 模型所对应的工程总量或当前完工量。此外,工程量可进一步根据按专业进行细分,查询某专业的工程总量或完工量。

27.4.6 地铁施工保护

将地铁施工安全监测数据与 BIM 模型进行整合,借助 BIM 的直观性优势,开展基于地质 BIM 模型的地质预报、施工安全可视化预警等应用,具体内容包括：

（1）数据的收集

采用人工或者利用互联网、物联网手段自动获取、收集、汇总地铁施工期重点工程部位现场安全监测数据,包括地表沉降、维护结构外侧土体内部位移、维护结构外侧土压力、工点沉降 / 上浮、断面收敛、衬砌内力等数据。相关安全监测数据利用 BIM 模型进行三维可视化展示,直观呈现地铁施工安全风险的分布情况。

（2）三维地质预报

基于 BIM 总装模型（包括地形、地质、土建结构、地下管线、周边环境等）进行地质剖面综合分析,根据工程施工现场需要开展定期 / 不定期三维地质分析服务,进一步结合工程安全监测数据,及时发现安全隐患,提前预警,降低工程施工安全事故概率。

27.4.7　激光扫描与竣工复核

利用三维激光扫描技术精确建立地铁土建结构表面三维点云数据,快速构建土建竣工模型,通过与 BIM 设计模型进行对比分析,发现其中的差异,以此指导机电安装布置方案的调整与优化,尽可能减少后期机电安装施工与土建结构的"碰撞"问题。具体应用内容包括:

(1)竣工扫描

结合现场实际施工情况,利用三维激光扫描设备对已完工的土建结构进行扫描,快速而准确地获取复杂的、异形的土建结构竣工状态数据,通过进一步与设计 BIM 模型进行对比分析,及时发现设计方案与实际竣工状态的差异性,为工程竣工验收提供技术支持。

(2)对比分析

将经三维激光扫描创建的土建竣工模型与 BIM 设计模型进行对比分析,及时发现土建结构实际竣工状态与设计方案之间的差异性,形成对比分析报告。

(3)调整与优化

根据对比分析报告,及时对后期机电安装布置方案进行调整与优化,尽可能减少后期机电安装施工与土建结构的"碰撞",避免由此造成的工程返工等问题。

27.4.8　数字化移交

根据现场竣工实测结果,对 BIM 施工模型进行更新完善,确保模型能反映工程现场实际完工状态。根据工程竣工运维要求的数据格式及移交方式进行 BIM 模型成果移交,以满足工程运维管理需求。

27.5　BIM 技术在地铁车站施工管理中的案例分析

27.5.1　项目概况

(1)车站地理位置

××地铁站是××地铁 X 号线的第 13 个车站,位于北环大道××汽车站南侧,如图 27-23 所示。该地铁站为地下三层岛式车站,负三层为 Y 号线,负二层为 X 号线,远期与 Y 号线上下同台换乘。车站负二层西端与孖银盾构区间及出场线相接,设盾构始发井,东端与银泥区间相接,设盾构吊出井。车站负三层东、西两端与 Y 号线矿山法区间相接。

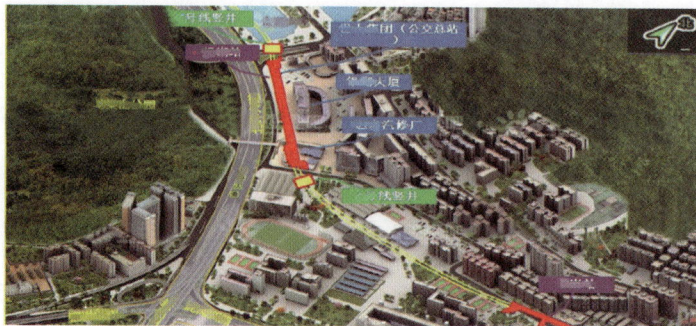

图 27-23　车站地理位置

（2）周边环境及地质条件

该车站中部北侧为××大厦，其最近处距离主体围护结构仅有3.8m，需要对其进行保护；东侧为××检修厂，因侵入主体结构，需对其进行拆除；西侧巴士公交站和中部北侧停车场因侵入主体结构，需对其进行场地置换；西端匝道及天桥因影响车站西端主体结构施工，需对匝道进行交通疏解；东端人行天桥因影响主体结构及B出入口施工，需对该人行天桥进行拆除及改建施工。拆除及改建施工见表27-5。

拆除及改建施工表　　　　　表27-5

序　号	建　筑　物	位　置	层　数	结构类型	与主体关系
1	××大厦	车站主体中部北侧	10	钢筋混凝土	围护结构与其基础最近3.8m
2	汽车站驾驶员宿舍	车站东端中部北侧	3	钢筋混凝土	侵入主体线，拟拆
3	汽修厂	车站东端中部北侧	1	钢筋混凝土	侵入主体线，拟拆
4	维修中心	车站东端中部北侧	1	钢筋混凝土	侵入主体线，拟拆

该区域地质情况较为复杂，土质以残积砂质黏性土为主，地下岩层为全风化混合岩、强风化混合岩、微风化石英砂岩，需要根据具体情况对其进行填石处理。地质状况如图27-24所示。

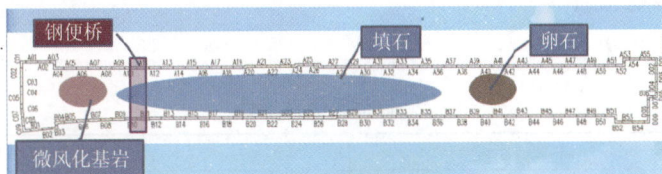

图27-24　地质状况图

（3）管道改迁状况

根据管线资料，车站范围内管线较多。对影响车站施工或位于车站范围内的管线，车站施工期间临时改移至车站围挡两侧。本站南侧地下1.5m有DN400次高压燃气管线，最近距离2.87m。其中本站需要悬吊保护的主要管线见表27-6。

本站需要悬吊保护管线统计表　　　　　表27-6

序　号	管线名称	位　置	保护措施
1	DN200给水管线	横穿车站主体	悬吊保护
2	DN600雨水管线	横穿车站主体	悬吊保护
3	DN400污水管线（2条）	横穿车站主体	悬吊保护

（4）设计概况

该站为地下三层岛式车站。总建筑面积约24000m²，车站总长度为316.2m，标准段宽度为22.6m，站台宽13.0m（岛式），基坑深23.6～26.3m，顶板覆土1.7～4.9m，有4个出入口（2个预留），2个风亭组，设计平面图、立面图如图27-25、图27-26所示。

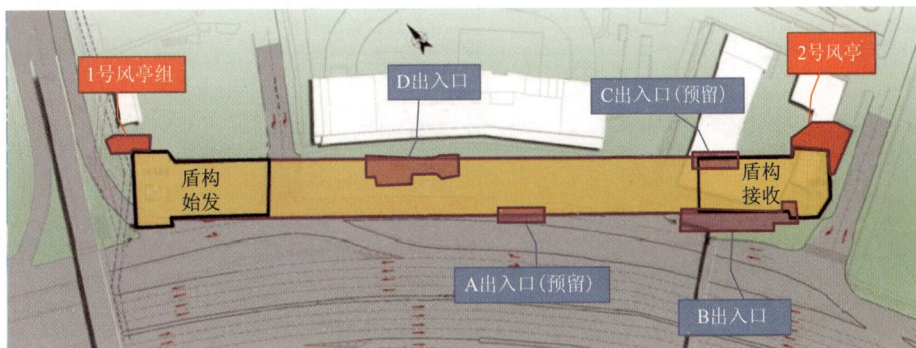

图27-25　设计平面图

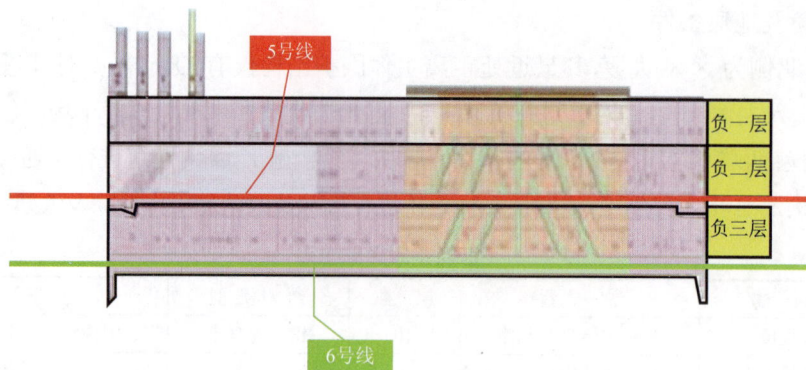

图 27-26　设计立面图

27.5.2　前期准备

（1）配备 BIM 计算机硬件

计算机的硬件条件见表 27-7。

计算机硬件条件　　　　　　　　　　　　　表 27-7

名　　称	主 要 用 途	主 要 配 置 参 数
服务端硬件设备	数据库服务器	操作系统：Windows Server2008/2012 处理器：1 颗 Xeon E5/10 核 /2.1G 系统内存：32GB DDR 硬盘：4×900G 10k SAS 盘 支持 RAID，冗余电源，3 年现场服务
服务端硬件设备	高性能服务器	操作系统：Windows Server2008/2012 处理器：2 颗 Xeon E5/10 核 /2.1G 系统内存：128GB DDR 硬盘：4×900G 10k SAS 盘 支持 RAID，冗余电源，3 年现场服务
	备份服务器	操作系统：Windows Server2008/2012 处理器：1 颗 Xeon E5/10 核 /2.1G 系统内存：32GB DDR 硬盘：8×900G 10k SAS 盘 支持 RAID，冗余电源，3 年现场服务
服务端基础软件	服务器基础软件	Windows Server 2012
		SQL Server 2012/2008
		专业数据备份软件
		虚拟化软件
		杀毒软件
笔记本电脑	用于 BIM 模型浏览应用及移动办公	操作系统：Windows7 64 位 处理器：I7-7700HQ 内存：16G DDR4-2133 硬盘：1TB+256G 固态硬盘 显卡：QuadroM1000 2GB 显示器：15.6in，1920droM1000 背光

名 称	主 要 用 途	主 要 配 置 参 数
智能手持终端(平板)	用于 BIM 模型浏览应用及移动办公	屏幕尺寸:7.9in 操作系统:Android 5.0 或 IOS9 处理器:ARM 架构 2.1GHZ 或 Twister 架构 2.26GHz 系统内存:4GB 存储容量:128GB 屏幕分辨率:2048×1536
智能手持终端(手机)	用于 BIM 模型浏览应用及移动办公	屏幕尺寸:4.7in 操作系统:Android 5.0 或 IOS9 处理器:苹果 A10、骁龙 820、麒麟 960 系统内存:2GB 存储容量:128GB 屏幕分辨率:1334×750

(2)平台部署

平台采用数据集中部署架构,由系统服务器统一存储整个平台运行相关的数据信息、文件信息。平台部署在招标人提供的场地,整个平台部署过程中将严格按照相关信息化标准实施,并为各参建方提供平台客户端安装资源及授权服务,确保各参建方可利用客户端稳定且安全地接入平台,平台安装部署方案如图 27-27 所示。

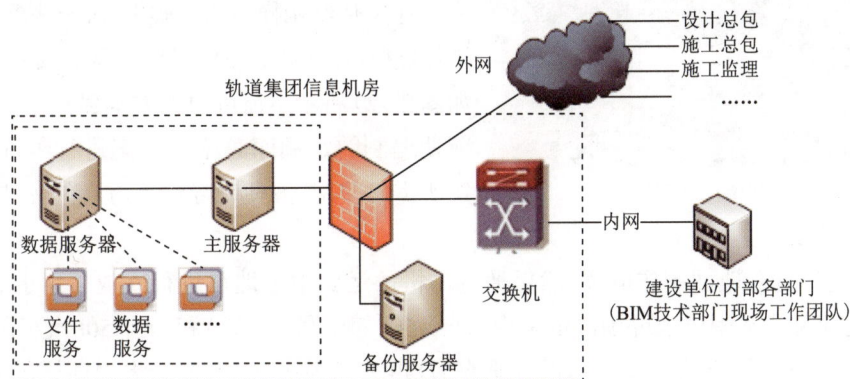

图 27-27　平台安装部署方案图

平台采用集中部署方式,设计单位、施工单位、监理单位、建设单位等工程建设相关方通过不同的终端类型、不同网络方式访问系统,提交或报送工程业务数据,通过平台业务系统层实现信息查询、录入、统计、分析。

平台部署包括部署四类服务器设备:

第一类为数据库服务器,主要用于部署工程数据中心的基础数据库;

第二类服务器为文件服务器,主要用于存储文件资料;

第三类服务器是 WEB 服务器,主要用于将数据以及三维模型和场景进行轻量化发布;

第四类服务器为备份服务器,主要用于备份所有的工程数据中心的数据。

四类服务器的划分为功能逻辑上的划分,具体可以根据工程数据需要,将功能相近的不同服务部署在一台物理服务器上,如文件服务、数据库服务可以部署到一台物理服务器上,统称为数据服务器。

(3)建模规则的制定

建模前结合《建筑工程信息模型应用统一标准》意见稿制定项目的建模标准,并对各个建模人员进行讲解和培训,根据建模人员的综合素质及任务分配要点,对项目的建模任务进行分配,建模人员在对 CAD 图纸进行处理后便可进行模型的创建。

27.5.3　模型构建

建模基本是按照建模规划进行的,主要分机电和土建两大部分的模型。所建的土方、围护结构、主体结构模型如图 27-28 所示。

| a) 土方模型 | b) 围护结构模型 | c) 主体结构模型 |

图 27-28　模型结构图

27.5.4　技术管理

(1)碰撞检查

本项目通过碰撞检查共检查出多个碰撞点。通过土建内部碰撞,检查出土建模型不合理的地方,通过管线与土建碰撞,找出土建与机电之间不合理的地方。

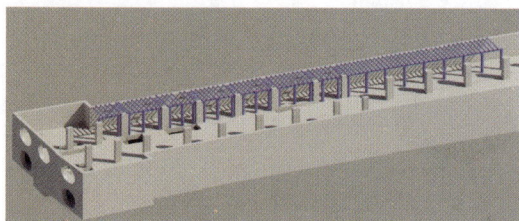

图 27-29　门字架方案模型

(2)方案建模

在主体结构模型的基础上,对一些重要的施工方案进行建模,使方案更加直观和可操作,如门字架方案模型如图 27-29 所示。还可根据方案建立工程量清单,利用前期编制的定额库对施工方案进行组价,快速得出方案所需的费用,方便领导进行方案的评选。

(3)可视化交底

钢筋笼的制作是在地面制作成型,然后通过吊机吊运到指定地点进行安放。由于成型的钢筋笼体型巨大,吊运起来非常困难。现场决定采用一台 150t 履带吊(主吊)和一台 50t 汽车吊(副吊)配合作业的吊运方案,待主吊将第一节笼体提升垂直后,再去掉副吊,仅用主吊将钢筋笼吊放入槽。为了保证施工过程中不出现问题、吊运一次完成,对此进行了施工过程模拟,如图 27-30 所示。

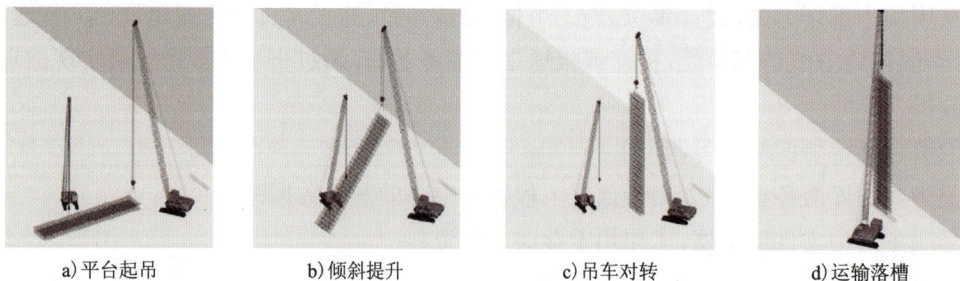

| a) 平台起吊 | b) 倾斜提升 | c) 吊车对转 | d) 运输落槽 |

图 27-30　地下连续墙钢筋笼吊装模拟

27.5.5　成本管理

本项目成本管理的目的在于通过成本分析从整体上实时了解项目的盈亏,为后续工作的开展提供指导。为此需要对项目的工程量进行计算、测定企业的定额、了解项目所在地的清单计价情况,最后通过计算实际成本与预算收入进行成本分析,这些都可以在 BIM 环境下高效完成,相比于传统的方式,更加快捷、方便和准确。

(1)结合平台进行工程计量

在利用平台进行成本管控之前,由造价专业人士根据项目实际情况编制了项目清单,通过设置动态选择集的形式,BIM 算量人员将清单与三维模型一一对应关联,编写算量计算公式。通过平台,对清单所有项进行了工程量的计算,其中会有一些项目实际发生了但平台无法计算的量(钢筋和无模型的项),利用第三方软件导入到平台中。

(2)选择合适的方法进行功效测定及编制定额

劳动定额是科学管理工程施工成本的重要基础,也是企业编制施工计划的重要编制依据。工时测定法是企业劳动定额测定的方法之一,它是通过对生产技术组织条件的分析,在挖掘生产潜力以及操作合理化的基础上,采用实地观测和分析研究确定定额的方法。该方法科学严谨但工作量大。在分析了各分项工程的施工工序后,对各工序的工时进行了统计。通过工效分析,结合分包合同与材料合同编制了《企业地铁项目施工定额》。

(3)将定额录入平台中进行计价

将《××市城市轨道交通定额库》和前面编制的《企业地铁项目施工定额》分别录入平台,在平台中进行组价,根据统计的工效情况将单位工程所消耗的人工、材料、机械工时分别计价并与相应模型关联,最后汇总作为项目的计划收入和计划成本,这样三维模型就包括了清单的计划收入和计划成本信息。

(4)测算项目的实际成本

项目每周按照人工、材料、机械、分包、管理和其他费用统计项目实际成本支出情况,并按照公司成本代码和会计成本代码结构关联,按周形成已完工作预算成本(BCWP)和已完工作实际成本(ACWP)的实时对比(CPI=BCWP/ACWP),通过成本绩效指数 CPI 能清楚地查看项目的成本控制情况。

(5)根据数据进行成本分析

根据上面得出的数据计算成本绩效指数 CPI,可直观得出项目的盈利情况,有利于迅速找出管理中所存在的细节问题。

通过编制企业施工定额,依托 BIM 技术,将《企业地铁站施工定额》《××市轨道交通施工定额》与工程量清单组价并与模型相关联,实现三维模型包括清单的计划收入和计划成本信息功能,最后通过现场每周或节点进行实际成本的统计,计算成本绩效指数 CPI,据此能清楚地查看项目的成本情况。

27.5.6 进度管理

本项目将 BIM 技术引入工程进度管理主要是想以更新的、更高效的、更直观的方式代替传统"上墙"式的进度管理方式,让进度管理更加精细和精准。

(1)进行工期节点及进度编制

本项目在开工前,项目的工期节点就已经定好,为保证工程如期完工,项目部对这些节点进行了严格限制,在平台下有了工程的工期节点,就可以在平台上依据各节点目标和施工部署确定施工任务,将施工任务、工程量清单和三维模型进行关联,安排适当的施工人数。平台可以系统地根据工程量和前面计价时转换的工效自动计算施工时间,然后据此来判断是否能够满足工期。

(2)利用 BIM5D 技术解决新人对项目施工流程和工序不熟问题

在 BIM 技术下,依托本平台的 BIM5D 技术可以实现项目建造过程的模拟,很好地解决了新人对项目施工流程和工序不熟这一难题,管理人员在实际施工过程中据此就能准确地掌握在所需材料、技术工种等一定的情况下各个工序的施工时间是否能够满足工期节点的要求。在项目进行过程中可以将现场实际进度的时间输入系统中,与计划进度进行对比,当实际进度落后或提前时,模型会以不同的颜色表示出来。

(3)利用多种工具进行实际进度的查看与比较

使用 BIM 技术,将三维模型与时间、成本相关联,可通过三维模型查看实际进度与计划进度的比较情况,如图 27-31 所示,还可以查看计划收入、计划成本及实际成本曲线,实际进度与计划进度的对比不再只是简单的"上墙"了,而是可以随时随地地通过手机客户端进行查看。

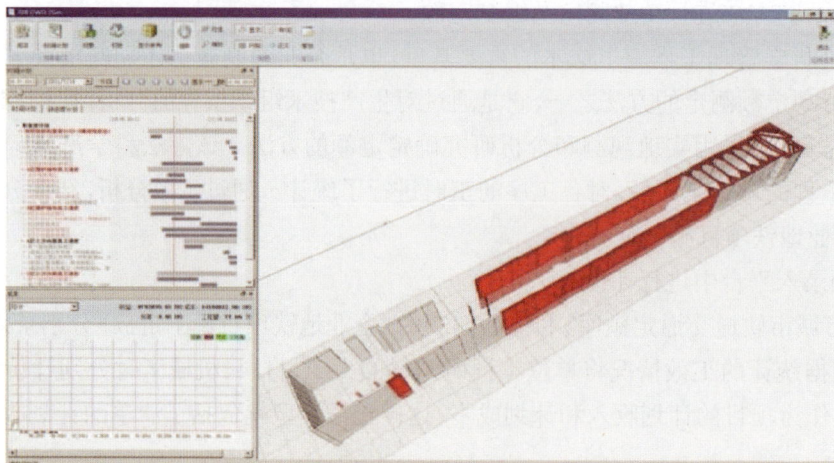

图 27-31　某日现场进度实际状态图

(4)进行周报分析,实现精细化管理

本平台在 BIM 技术下可以通过控制项设置所要统计的工程量,开结日期、成本以及成本绩效和成本绩效指数和工时,通过选择不同的报表周期,可以查看下周的工作内容和工程量以及所需要工时,通过文字描述结合模型展示的方式整理出项目进度周报。将每周的进度情况和成本情况反馈给项目各部门,周报内容包括模型分析、本周完成、下周计划、下周资源保障情况、本周收入、成本支出等,实现更加精细的管理。将现场实际工期输入平台,根据前面的成本内容可以得出项目的计划工作预算成本(BCWS)和已完成工作预算成本(BCWP),这样就可以对进度绩效(SPI=BCWP/BCWS)进行分析以反映项目进度是否处于可控状态。

27.6　BIM 技术在地铁区间施工管理中的案例分析

27.6.1　项目概况

某地铁区间隧道下穿某别墅区和 × 江,两侧主要为高层住宅、别墅区等。现状地形有一定起伏,主体区间 A 段使用盾构法施工,其余区间使用暗挖法结合冷冻法进行施工。

27.6.2　模型创建

利用三维建模软件,按照施工图纸,建立项目的 BIM 静态技术模型,包括施工现场布置、工作井、泥水平衡盾构机模型、衬砌结构、区间的地质层构造等,并按照一定的命名规则进行命名,便于能够在虚拟开发平台中进行查找和执行相关的操作命令,从而为动态模型的建立做好基础。其中,所建立的盾构机、区间地质层构造和线路周围建筑物等模型,如图 27-32 ～图 27-35 所示。

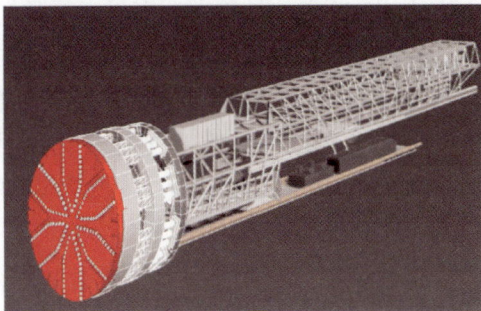
图 27-32　所建立的盾构机模型

图 27-33　施工区间沿线的高层住宅

图 27-34　施工区间下穿的别墅区模型

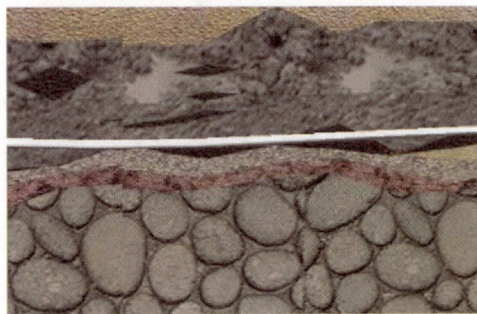
图 27-35　区间隧道所处的地质层

27.6.3　模型合并

　　将已经建好的静态模型,导入 Unity3D 虚拟开发平台,进行交互设计,构建动态的围挡施工、工作井施工、盾构机在地层掘进施工的动态的模型。依据所建立的 Access 数据库资料,将施工管理信息与动态管理模型相结合,得到整个区间的 BIM 集成动态模型。建立的 BIM 模型主界面包括信息工具、工程概况、施工方案、盾构机掘进施工等选项菜单,可以通过单击不同的选项菜单,来实现不同的功能。BIM 集成信息模型,包括动态的施工控制模型和可获取的施工管理信息(工程进度、成本等各种信息)。

27.6.4　施工方案的初选

　　(1)三维施工场地布置方案演示

　　传统的施工现场布置多以技术人员和专家的经验为主,很难直观地比较、优化场地布置方案。现在则可以利用建立的 BIM 集成模型,实现三维施工场地布置。首先通过模型的漫游功能,可实现对整个区间所处三维虚拟场景的漫游,既可以地面漫游,能够清楚直观地看到建(构)筑物的细节部分,还可以实现高空漫游,从而对施工现场及区间线路周围环境有更直观的认识,查看潜在的安全隐患,提前制订安全措施。

　　在项目管理中,通过三维施工场地布置,模拟施工各阶段施工设备、材料堆放区及加工区、施工便道、盾构施工后配套设施等情况,进行三维可视化方案讨论,辅助管理人员能更有效地进行施工场地布置安排,从而优化平面布置方案。如在 BIM 模型中,通过点击围挡区域,可查看车站施工的围挡区域,进一步展示现场施工的情况,进行盾构施工场地的现场布置,调配各种资源,进行盾构掘进施工的各项前期准备工作,如图 27-36 所示。

（2）施工进度模拟

区间施工是一个高度动态的过程，随着施工不断向前推进，施工项目管理变得极为复杂。项目管理中的网络计划技术虽然专业性强，但是可视化程度低，难以准确表达工程施工的动态变化过程。以建立的三维模型为基础，加入时间信息（编制的 Project 进度计划文件）构建 4D 模型，就可以直观、准确地反映整个施工过程并虚拟展示形象进度。辅助制订合理的施工计划、施工方案，优化使用施工资源，对整个工程的施工进度、资源和质量进行统一管理和控制，以达到缩短工期、降低成本、提高质量的目的。

借助 BIM 模型，可以了解项目施工的控制方法、施工安排是否均衡、总体计划是否基本合理等。为制定不同施工阶段（试掘进段、正常掘进段、下穿江河段等）的进度控制目标，可以进行盾构掘进施工的模拟，为进行施工方案的选择提供依据，如图 27-37 所示。

图 27-36　某车站施工的围挡区域

图 27-37　盾构机掘进施工模型

（3）风险预防

应用 BIM 动态技术模型，可以快速了解掘进施工时的地质情况。工程地质因素很大程度上决定了采用何种方法进行施工，当掘进至某种特殊地层时，需要提前采取一些施工措施，消除危险因素，从而确保盾构顺利掘进。

27.6.5　施工方案的动态优化

（1）将建立的 BIM 集成模型，加入施工进度、成本、安全、质量和环保信息，利用其直观、可视化的特性，方便进行施工决策和管理。施工过程中，可以通过项目管理系统实时浏览施工管理数据，随时获取进度等施工管理信息（图 27-38），还可以对数据进行统计分析，分析施工过程中影响目标实现的问题，结合不同施工方案的模拟和展示，从而辅助管理者实时作出决策，进行施工方案的动态优化与调整，使项目顺利地实施下去。

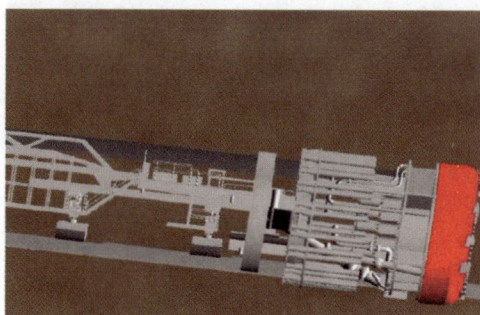

图 27-38　查看项目的施工进度

（2）施工中，可以查询工程所处的地层、开挖进度，分析地质条件对区间隧道开挖施工的影响。通过系统可以查看历史工况等，辅助管理人员进行施工方案的优化。通过 BIM 模型随时监控实际的施工管理信息，如工期进度信息、成本控制信息等，从而根据动态的方案演示与施工管理信息，及时与计算确定的目标值进行比较，当出现问题时，及时组织施工管理人员分析原因，进行改进与动态的调整，决策是否需要进行重新优化。对施工中出现的问题，在下一掘进循环或以后的掘进施工过程中，采取相应的措施，根据对以前施工资料的统计，建立问题措施数据库；当出现同样的问题时，可以迅速做出决策，达到动态循环优化控制的目的，如图 27-39 所示。

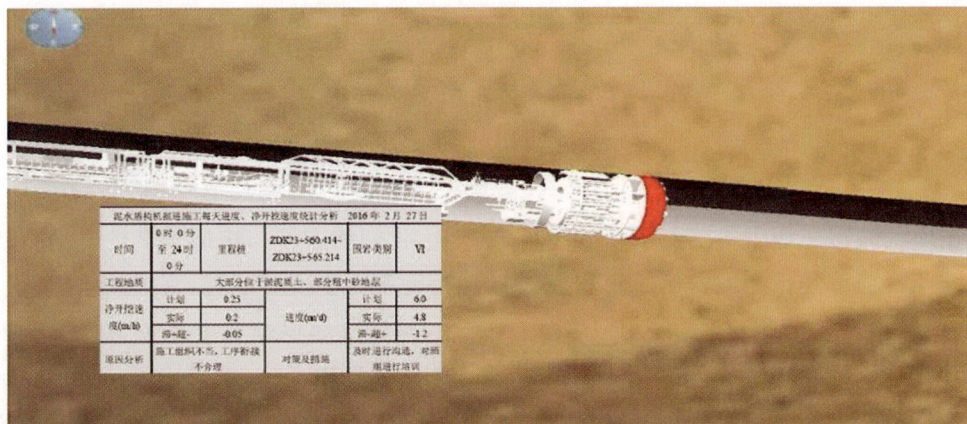

图 27-39　盾构机掘进施工过程中的动态优化控制

第 **28** 章 地铁施工信息化监控量测

28.1 概　述

地铁在现代城市交通中扮演着重要的角色,它带给我们的方便与快捷是其他交通方式无法替代的。地铁工程监测是指在地铁施工过程中,用仪器、设备等手段对围岩、支护结构、地表、周边建筑物、地下设施等对象的位移、倾斜、压力、内力、裂缝、基底隆起以及底下水位变化等特征进行观测,并对观测结果进行分析和反馈。它是新奥法施工的三大要求之一,通过监控量测可掌握围岩变形规律及支护结构的力学状态和稳定程度,判断支护参数及所采用的施工方法是否合理可行。工程监测既是检验设计正确性和促进理论发展的重要手段,又是指导正确施工、避免事故发生的必要措施。

随着我国的监测技术、管理技术、计算机技术等各方面的发展,我国地下工程的施工设计跨入了"信息化"时代,信息化施工具有解决不确定性问题的能力,特别适合于地下工程。信息化施工监测有利于掌握第一手现场实际数据资料,在数据处理分析的基础上,及时向建设单位、施工单位、监理单位、设计单位提供分析结果,直接服务于施工,对可能出现的事故进行预警,这对于规避危险具有重大意义。因此在城市地铁工程建设施工过程中进行信息化监控量测,避免了由于缺乏对施工现场监控量测的数据处理分析,导致施工与支护等工作的盲目性,节省了盲目施工带来的时间、费用损失,是施工工作顺利开展的重要保证。

因此,如何快速、有效地分析和处理各类监测信息,及时准确地评价出围岩的稳定状况及支护结构的作用效果,对指导隧道施工、优化参数设计和保证隧道工程安全有重大意义,也是提升现有隧道信息化施工技术水平的重要力量。具体来讲,在隧道施工过程中实施信息化监控量测意义如下:

(1)通过监测资料,建设单位能够全面、客观、真实地把握工程的质量,掌握工程各主体部分的安全信息,确保项目能够按照预定的目标完成。

(2)作为监测项目,其数据和资料往往是处理工程合同纠纷的重要依据。它可使监测数据真实可信,在处理工程质量问题时提供相关的证据。

(3)监测资料以数据库的方式进行存储和管理,在经过整理和分析后,及时反馈到施工现场,指导施工。

(4)根据监测数据的变化趋势(如变形量及变形速率)发出警告信息,提示或建议施工单位采取相应技术措施,既可以对质量事故做到防患于未然,又可以对各种潜在的问题做到心中有数。

28.2 地铁监测信息化解决方案及技术

28.2.1 地铁监测信息化解决方案

我国的地铁施工监测已经逐渐朝着信息化管理的方向发展。地铁施工监测信息化是指在地铁信息化施工过程中,对于监测数据分析、监测信息反馈等关键步骤采用信息化的管理方式,以便地铁施工监测的各方能够及时掌握施工安全状况信息,为信息化施工的实时指导提供支持,是保证信息化施工的重要手段。

地铁施工监测信息化,提高了地铁施工监测的管理水平,可以做到施工与施工监测的有机结合,实现施工监测对现场施工的实时指导,同时也为信息化施工积累资料。地铁施工监测信息化能够加快整个地铁工程管理的效率,节省了由于信息传递不流畅引起的费用损失,对于保证施工进度也有积极的支持作用。地铁信息化监控量测流程如图 28-1 所示。

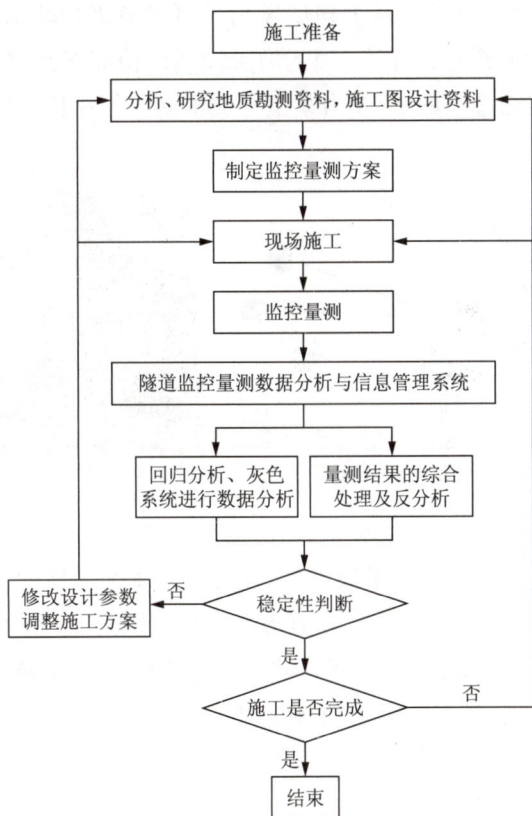

图 28-1　地铁信息化监控量测流程图

28.2.2 地铁信息化监测技术

信息化监测技术是相对于传统的人工监测而言的,与人工监测不同的是,信息化监测技术采用智能化的测量仪器进行数据采集,然后通过现代化的数据通信技术将采集的数据实时地传输至计算机,利用相应的数据处理软件进行自动化处理及分析,从而实现监测的自动化、智能化、信息化。目前国内外主流的地铁信息化监测技术主要有以下三类。

（1）智能测量机器人

测量机器人能够实现对监测点全天候的监测，能够按照预先设定的周期自动完成监测工作，对于短时间内由各种原因导致的暂时无法测量的监测目标进行重复测量，还能够按照预先设定的方案自行解决测量中遇到的各种问题，使得测量工作顺利进行。

测量机器人是通过和计算机相互交换指令而能够进行自动寻找、精确瞄准和自动测量并存储数据的过程。当计算机对它发出一个执行命令（比如开机，监测等），测量机器人就对计算机给出的执行命令进行一个答复。具体步骤如图 28-2 所示。

（2）三维激光扫描技术

三维激光扫描技术又称为"实景复制技术"。它是通过向被测物体发射激光并接收反射回来的激光束信号进行分析，从而获得被测物体表面的三维信息。三维激光扫描仪利用仪器本身的自动化装置对空间内的目标以一定的采样密度进行全方位扫描，获得被测物体表面大量离散点的集合，这些点被称作"点云"。

目前，三维激光扫描仪在隧道变形监测中的应用大多是基于静态测量方式，而盾构隧道是一个狭长的带状构造物，当采用分站式静态扫描时，每一测站上能够采集到海量的点云数据，并且数据的精度较高。针对隧道的带状特点，一些公司研发出了对隧道进行动态扫描的三维激光扫描仪，把三维激光扫描仪放置在一个隧道检测车上，用人力推动隧道检测车前进，三维激光扫描仪通过对隧道断面进行扫描来获取数据信息。图 28-3 为某型号三维激光扫描仪在盾构隧道变形监测中的应用场景。

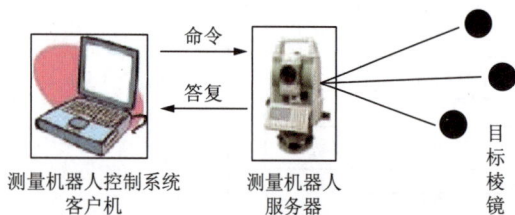

图 28-2　计算机与测量机器人的通信过程

图 28-3　三维激光扫描仪在地铁隧道中的应用

（3）近景摄影测量与数字图像处理技术

近景摄影测量技术是以摄影测量为手段，确定地形以外各类目标的形状、大小、几何位置和运动状态的一种技术。近景摄影测量在国际上已经有五六十年的历史，因其突出的优点，已经成为国内外学术界研究的热点。近景摄影测量技术应用到地铁隧道监测中已越来越受到人们的关注。它采用数码相机摄取有关隧道断面图像，经过图像处理获取相应数据，如变形数据，这样就可以方便、快速、可靠地进行隧道变形监测。

28.3　地铁监控信息化系统设计与实现

28.3.1　信息化系统建设目标

地铁隧道变形监测要求迅速、及时、准确地完成监测数据采集和数据分析，实时反映隧道结构变形情况。地铁信息化监测系统在获取基准点和监测点的初始点位信息后，即能够在以后的观测任务中自动完成数据采集、数据处理、自动预警和成果输出等工作,实现完全无人值守自动监测。因此,地铁隧道信息化监测系统建设以高度自动化和智能化为总目标。具体建设目标表现在以下几个方面:

(1)系统的自动化;

(2)系统的智能化;

(3)监测数据的远程实时传输和存储;

(4)数据处理;

(5)多种形式的成果输出。

28.3.2 信息化系统设计原则

信息化系统采用人机交互式的处理方式,从系统建设的目标出发,结合业务和性能需求,系统设计应遵循以下原则:

(1)适用性原则

系统的设计和开发主要针对用户的需求和实际的用处,实现用户所需要的功能。不可过度设计,抓住重点,合适就好。

(2)系统可扩展性原则

包括实现系统硬件网络结构、软件架构以及功能上的可扩展性和灵活性。例如,在将来可以自由扩充更多的地铁隧道监测项目及其类似工程等功能。

(3)可靠、稳定性原则

系统不仅要在正常状态下能够实现满足需求的功能,而且要在出现异常的情况下,可以进行适当的处理。系统的可靠、稳定性不但能够保证监测任务的顺利完成,而且系统运行的状态要保持良好,能够承载长时间工作负荷。

(4)科学性原则

系统设计必须遵从科学性原则。系统总体框架、功能结构均要从科学的角度出发,合理配置软硬件,实现高效、最优的性能,降低开发难度。

(5)安全性原则

系统的安全性包括应用程序安全、数据库安全和操作界面安全。系统开发前要考虑系统安全防护,能发现和阻挡非法攻击,减少用户的损失。

(6)数据共享原则

在信息化大数据时代,数据的共享极为重要。系统必须能够支持多种常用数据的接口,方便不同格式的数据交换,供用户共享数据,实现网络远程访问。

28.3.3 信息化系统总体功能设计

地铁施工信息化监测系统,既要实现监测数据的迅速有效处理利用,同时又必须满足监测信息在各参与方之间的信息交流共享,便于各方及时了解施工安全现状,制订相应的技术处理措施。地铁施工信息化监测系统的总体功能结构如图 28-4 所示。

根据数据的结构特点、所分析的需求说明和系统的开发目标,将系统分为几个模块来实现,包括用户等级、监测设置、监测查看、数据处理、成果输出和预警等模块。

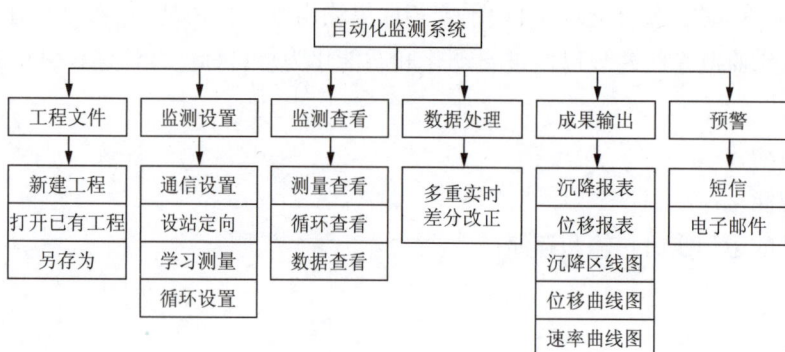

图 28-4   地铁隧道施工信息化监测系统结构与功能

28.4   地铁信息化监测数据分析

目前,隧道监测数据的主要分析方法包括回归分析法、灰色系统、神经网络、时间序列、Kalman 滤波。

1)回归分析

一般情况下,在隧道监控量测的物理量中,只有因变量和自变量两种物理量,因变量随自变量的变化而变化,比如隧道的净空收敛值随时间或者掘进距离的变化而变化。

一元线性回归是研究因变量随自变量呈线性变化的规律,若令因变量(如位移)为 y,自变量(如时间)为 x,则可以用一个线性函数式来表示 y 和 x 之间的关系:$y = a + b \cdot x$。

这条直线即为因变量 y 对自变量 x 的回归线,现场采集得到的数据散点通常都不在一条直线上,而是具有一定的离差,要使回归线与散点之间的离差最小,需要用最小二乘法原理,才能使得散点最接近直线。

由上述计算方法可以得到一条数学意义上的最佳回归线,不管变量 x、y 之间是否存在线性关系,都可得到最佳回归方程 $\hat{y}_i = a + b \cdot x_i$。但所得回归线是否具有实际意义,实际操作中往往是通过专业技术人员的经验来判别,但从数学上讲是采用相关系数 r 来衡量。相关系数 r 的绝对值为 0 ~ 1,其越接近于 1 说明 x 和 y 线性关系越好,越接近于 0 说明 x 和 y 没有线性关系或者有线性关系但其相关性很低。

相关系数 r 只说明了因变量和自变量之间相关性的大小,为了清楚掌握实测数据与相应回归值之间的波动性大小,以及采用回归方程来反映与预测现场实测数据的精度,还需用剩余标准差 S 来判别回归线精度的高低。

2)灰色系统

白色系统是指一个系统的内部特征是完全已知的,即系统的信息是完全充分的;而黑色系统是指一个系统的内部信息对外界来说是一无所知的,只能通过它与外界的联系来加以观测研究;灰色系统内的一部分信息是已知的,而另外一部分信息是未知的,系统内各因素间具有不确定的关系。

隧道工程就是一个灰色系统,由于隧道地质情况的复杂性,凭借目前的勘察手段不能完全掌握围岩的物理力学参数,而隧道围岩的变形又是这些不确定物理力学因素的最直观反映,通过监控量测得到的是很少量的数据,根据这些仅有的数据去预测判别围岩的状况,这种小样本的数据分析和预测适用于灰色系统理论。

3）时间序列

时间序列分析是一门从具有先后顺序的数据信息中提取有用信息的学科。用它来分析预测的数据序列一般具有两个特点：一个是数据序列是按照时间先后排列的，另外一个就是数据序列中前后时刻的数据具有一定的相关性。时间序列分析就是通过曲线拟合和参数估计对所观测得到的数据序列建立数学模型的理论和方法。时间序列预测法就是通过对时间序列数据的分析与编制，然后提取出所反映的特征规律来预测在未来时间可能达到的水平。

4）神经网络

人工神经网络是由具有简单适应性的单元所组成的广泛互联并行的网络，该网络间的组织性能够模拟出类似于人体神经系统对外界真实物体所做出的交互反应。神经网络技术可以把缺失的信息自动补全，根据已学会的知识和处理问题的方法对复杂问题进行合理的判别，给出较满意的答案，或者是对未来时间的某一过程做出预测预报。

5）Kalman 滤波

Kalman 滤波的估计是以最小均方误差为原则，来推导递推的估计算法，其基本的思想是：采用存在噪声和信号的状态空间模型，更新前一时刻的估计值和现时刻的观测值，得到状态变量的估计，进而求得现时刻的估计值。因此它对动态实时变化的数据进行十分有效的处理。

28.5 基于 Kalman 滤波数据信息化监测与分析工程实例

1）工程概况

西安地铁的行政中心站是地铁 2 号线和 4 号线的换乘站，该站位于张家堡广场的中心，凤城八路到沿东西方向，已运营的地铁线路（2 号线）是一个南北布局。车站是地下三层侧式和现浇钢筋混凝土箱形框架结构。

2）地铁隧道信息化监测系统硬件和软件介绍

监测采用超高精度测量机器人——MS05AXII，测量机器人是不仅具有自动搜寻、识别和精确照准目标棱镜，而且能够根据测量的距离和角度自己计算测量坐标信息优势的全自动智能化全站仪。

岩石科技软件 RocMoS 全站仪三维变形监测系统是整合了 GNSS、TPS、倾斜传感器、多种气象传感器等和其他系统为一个整体的先进全面的监测系统。此系统能够实现计算机远程控制配置、自动报警和消息传递，它可以按照之前设定好的程序无昼夜随时进行测量工作和数据处理等功能。RocMoS 自动化监测软件的主要功能是实施自动化的数据采集并计算监测点的变形结果，能随时随地地显示输出监测结果信息。测量、计算、监测、定制各种工作状态下的监测现差，实现服务器和 PC 机监控系统之间的数据传输。自动计算监测数据并将数据结果用图形与数字方式表示使结果一目了然，自定义图形、报告的格式并输出多种兼容的数据格式。

3）信息化监测的实施

在地铁自动化变形监测中，监测点、基准点和工作基点的选取都非常重要。监测点能够描述局部变形，这些监测点组成的监测断面可以描述地铁隧道的整体变形。图 28-5 为自动化监测点位分布图。

在地铁隧道自动化监测中都包括基准点、工作基点和监测点。通常将地铁隧道 200m 作为一个监测区域，布设一台测量机器人和每 10m 一个监测断面。假如监测区域大于 200m，那就每 200m 作为一个监测段，每段设置一个工作基点。图 28-6 为测量机器人的布设图。

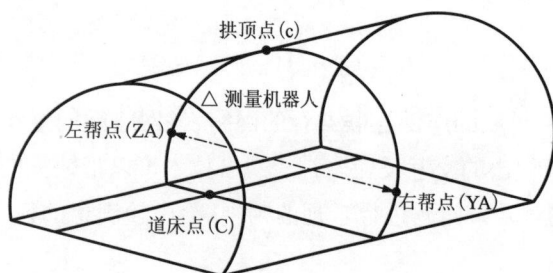

图 28-5　监测点位分布图

图 28-6　现场测站布设图

4）信息化监测的数据处理

本工程使用差分处理和 Kalman 滤波对变形数据进行处理分析。

差分的整体思路是将仪器架设在工作基点上之后对相同的监测点观测两次，然后将观测结果进行求差，这样可以消除或者减弱确定的或未确定的误差，以便增加测量的精度。

Kalman 滤波可以有效地消除数据信号中存在的噪声，对于自动化变形监测的测量数的处理中可以使用 Kalman 滤波算法。本工程所使用的 Matlab 工具箱是 Kalman 滤波分析工具箱。图 28-7 为 Kalman 滤波去噪在 Matlab 工具箱的应用流程图。

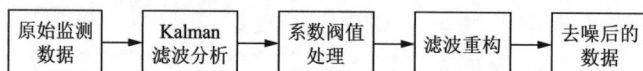

图 28-7　Kalman 滤波去噪在 Matlab 工具箱的应用流程图

由 Kalman 滤波工具箱计算得到的某点监测数据见表 28-1。

某监测点收敛值滤波残差　　　　　　　　　　　　　　　表 28-1

周　期	横向位移（mm）	Kalman 预测值（mm）	残差（mm）	纵向位移（mm）	Kalman 预测值（mm）	残差（mm）
1	0.273	0.1	0.173	0.3048	0.1	0.2048
2	0.7213	0.6732	0.0481	−0.1447	−0.1061	−0.0386
3	0.637	0.6387	−0.0017	−0.0941	−0.0993	0.0052
4	0.637	0.6371	−0.1	−0.0941	−0.0958	0.0017
5	0.637	0.637	0	−0.0941	−0.0946	0.0005
...	...	...	...	...	...	...
96	0.5117	0.5436	−0.0319	0.0213	−0.0522	0.0735
97	0.5117	0.5244	−0.0127	0.0213	−0.0134	0.0347
98	0.5731	0.5535	0.0196	−0.0993	−0.059	−0.0403
99	0.5845	0.5722	0.0123	−0.0462	−0.0522	0.006

周　　期	横向位移（mm）	Kalman 预测值（mm）	残差（mm）	纵向位移（mm）	Kalman 预测值（mm）	残差（mm）
100	0.5845	0.5796	0.0049	−0.0462	−0.049	0.0028
均值	0.5428	0.5408	0.002	−0.0672	−0.0683	0.0011
方差	0.0289	0.0218		0.0318	0.0206	

在地铁监测数据中，实时处理变形数据是一个比较难的问题，利用 Kalman 滤波对变形数据进行去噪处理，不仅能满足精度要求，而且可以有一定的预测功能。

28.5.5　地铁隧道位移信息化监测预警

自动化监测系统会间隔固定的时间自动对数据库中监测点的沉降和隧道收敛值的累积变形值和变形速率进行查询，依据之前设置好的预警值来检查监测数据是否安全。如若出现超限的值，系统就会把超限的点位用黄（红）色标识出来（黄色代表超限预警，红色代表超限报警），同时软件上的预报警图标闪烁，报警声音响起，实时快速地提醒管理人员，保证地铁运营的安全以及避免损失。

在系统中接入短信发送模块可以实现预警信息的短信预警。需要的硬件设备是一张手机 SIM 卡和一个短信猫装置。可以手动或者自动化短信预警，自动化短信预警的设计思路是：首先对数据库中监测点的累积沉降值和速率值进行实时监测，如果超出了预警值，系统会自动显示并提示某点或区域监测数据有误。然后系统会自动给短信发送模块一个命令。这个命令会自动把超限的监测点和超限的数据或者是超限监测的区域发送到之前系统设定好的接收人手机号码上，使地铁管理人员更加及时、快捷地清楚隧道的变形状况。

在发出报警之前，必须排除因为监测点被移动、破坏、基准点不稳等因素导致的数据异常。在判断某点需不需要进行预警时，可在实时监测系统中综合查看附近点位的变形情况，同时查看疑似点的累计变形和变形速率图示，从而做出准确的预警。

对于准确发出的预警信息，地铁隧道施工单位应根据相应的规范章程采取相应的应对措施。

28.6　测量机器人信息化监测工程实例

28.6.1　工程概况

某大型基坑位于深圳市福田区梅林路与中康路交叉口东北侧，场地呈长方形，场地占地面积约 6.5 万 m^2。拟建 6 栋塔楼，塔楼建筑总高度 100.00～173.00m，裙楼高度 33.60m。拟建 4 层地下室，地下室深度 22.50m。此基坑与正在运营的深圳地铁 4 号线上梅林至民乐区间毗邻，基坑西侧为上民区间隧道。根据深圳市政府和深圳地铁公司的有关规定，位于地铁周边两侧 50m 范围的区域为地铁保护区，保护区内实施基坑开挖支护不得破坏地铁结构及相关构筑物，对地铁的影响必须满足相关规定。因此，对正在运营的地铁 4 号线上民区间隧道进行监测是至关重要的。

28.6.2　监测内容

依据相关规范及设计图纸要求，本次深圳地铁上梅林站隧道监测开展的监测项目见表 28-2。

编 号	量测项目	监测方法	要求及目的
1	监测控制网	在非沉降区选择基准点，埋设棱镜，用测量机器人测量控制点并平差	在距离基坑 50m 开外的隧道内布点，在非沉降区建立统一基准网
2	地铁隧道拱腰变形	测量机器人，GPRS 网络无线传输测量数据	隧道内部侧墙纵向约 20m 布设 2 个永久观测点观测，了解隧道侧墙变形
3	地铁隧道拱顶沉降及变形	测量机器人，GPRS 网络无线传输测量数据	隧道内部侧墙纵向约 20m 布设 1 个永久观测点观测，了解隧道侧墙变形
4	地铁隧道道床沉降及变形	测量机器人，GPRS 网络无线传输测量数据	隧道内部侧墙纵向约 20m 布设 2 个永久观测点观测，了解隧道侧墙变形

28.6.3 测量机器人安装及布置

按香港地铁公司要求：监测仪器不得侵入限界，影响行车安全。故选定仪器安装位置后，实地量测该位置所在断面的限界范围，在确保不会令仪器影响行车的情况下，制作特定尺寸的铁三脚架作为仪器底座，令仪器固定于侧墙。

仪器现场安装如图 28-8 所示。

图 28-8 仪器现场安装

监测断面是被监测位置的隧道正交横断面，并在该断面上布置有多个监测点。监测断面尽可能在测量范围内的隧道段中均匀分布。本项目根据设计图纸，被监测地铁隧道长 500m，约每 20m 一个监测断面，设计监测 25 个监测断面。每个断面布置 5 个监测点，包括 1 个拱顶监测点、2 个道床监测点和 2 个拱腰监测点。监测点布置如图 28-9～图 28-11 所示。

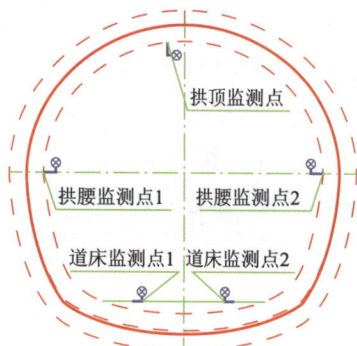

图 28-9 监测断面布置图

图 28-10 监测点位

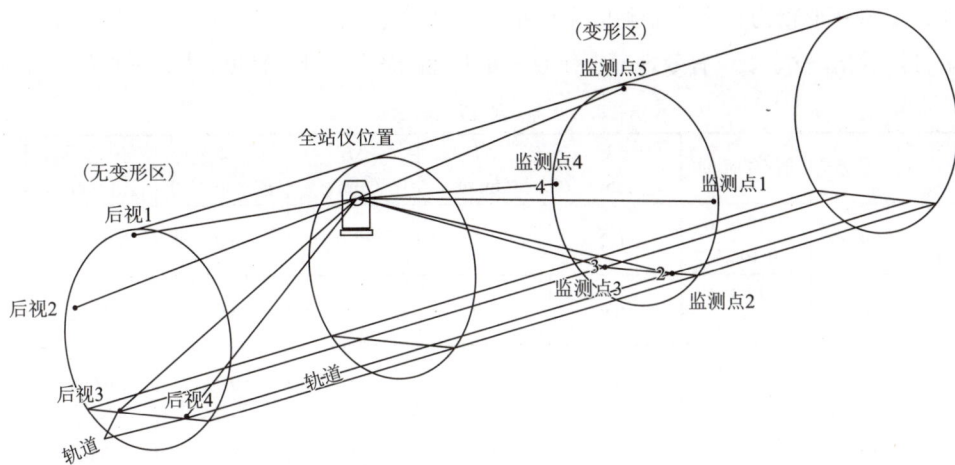

图 28-11 监测示意图

28.6.4 监测的实施流程

对仪器的控制、数据传输均通过 GPRS 无线网络完成,流程如图 28-12 所示。具体操作如下:

(1)在技术人员办公室指定一台专用于地铁自动化监测的计算机,安装自动化监测系统,设定好每天凌晨 0 时(此时地铁不运行)发出监测启动指令,指令经由数据信号发射模块通过 GPRS 网络发送,接收模块收到指令后,仪器开始自动进行定向,实施监测活动。

(2)监测数据实时通过 GPRS 网络发送回办公室电脑,处理软件自动记录数据。

(3)出现异常情况自动化监测系统将立即以短信或 E-mail 的方式向技术人员发送报警信息。

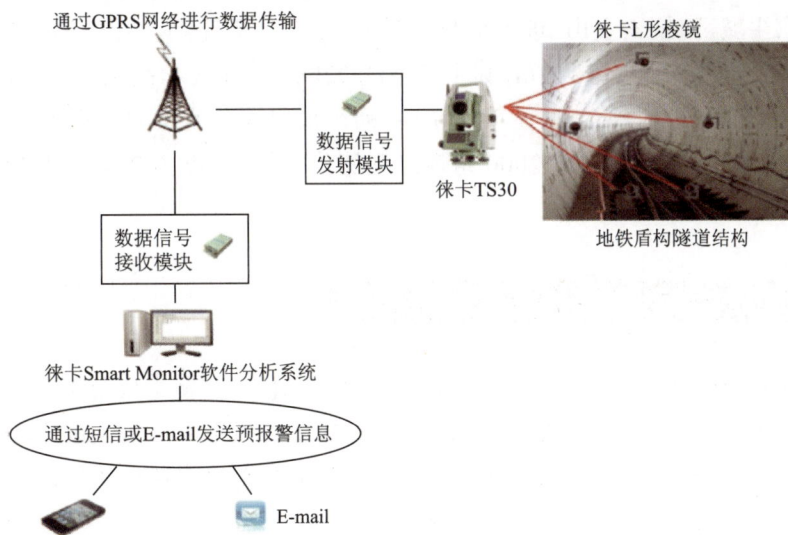

图 28-12 自动化监测流程图

28.6.5 监测成果

每次监测成果均与初始值比较,得到累计位移分量变化值 ΔX、ΔY、ΔH。从后视点校准,监测仪器坐标变化均在 ±1.0mm 允许范围内,证明仪器站是稳定的。从监测数据看,平面位移 X 坐标方向累计变化值最大为 3.5mm,Y 坐标方向累计变化值最大为 7.4mm,道床沉降累计变化最大为 -4.5mm,近期数据显示地铁结构变形较为稳定。监测成果以报表形式输出,以断面 DM08 为例,监测报表见表 28-3。从监测成果可以看出,差分改正有效地减弱了误差的影响,提高了测量精度,达到了很好的监测效果。

监 测 成 果 表   表 28-3

断面号	点　　号	监测时间	ΔX（mm）	ΔY（mm）	ΔH（mm）	水平角差分改正值(″)	高差差分改正值(mm)	斜距差分改正值(mm)
DM08	DM08-1	2013.3.16 0:10:23	-0.2	1.7	-1.0	0.02	0.073	-0.147
	DM08-2	2013.3.16 0:12:17	-0.6	2.9	-0.8	0.05	0.052	0.364
	DM08-3	2013.3.16 0:14:08	-0.2	1.9	-0.6	0.04	0.064	-0.273
	DM08-4	2013.3.16 0:15:52	-0.4	1.5	-0.9	-0.06	-0.038	0.337
	DM08-5	2013.3.16 0:16:51	-0.3	1.7	-1.3	0.12	0.086	0.215

28.7 基于神经网络的信息化监测地铁结构变形工程实例

28.7.1 工程概况

南京地铁 2 号线是南京地铁第二条建成运营的线路,于 2010 年 5 月 28 日正式运营,后历经延长数次,沿线途经建邺区、鼓楼区、秦淮区、玄武区和栖霞区,线路自西起油坊桥站,北上至河西新城,向东转入南京主城,南绕紫金山,进入仙林大学城,东至经天路站,线路形式为隧道线路。地面线路和高架线路组合,线路全长 37.8km,其中地下线 22km,地面线和高架线 15.8km;共设置 26 座车站,其中地下站 17 座、地面站 2 座、高架站 7 座;列车采用 6 节编组的 A 型列车。数据采样于圆通站到雨润大街站区间,监测数据达 2000 组连续观测值,时间跨度为 2011—2014 年,经初步分析筛选得以应用。

28.7.2 地铁结构信息化监测系统布置

运营期地铁结构变形自动监测需融合计算机技术、网络技术、电子测量仪器和设备技术、数据处理模型理论等各方面的研究成果,这样才可以做到自动化和智能化。经过调研、方案设计、试验、论证、实施改进到推广使用,融合多种方法、多种设备、多种技术开发了一套自动化监测预报系统,如图 28-13 所示。

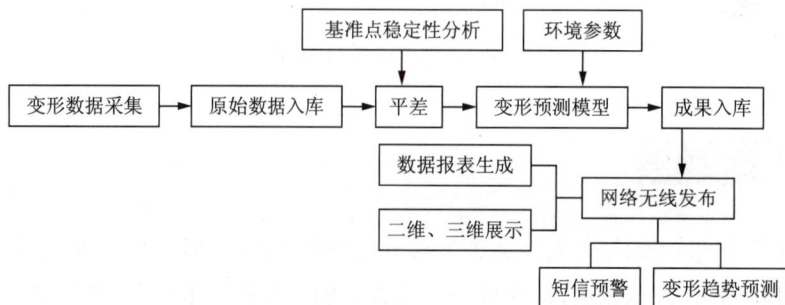

图 28-13 运营期地铁结构自动化监测系统结构图

28.7.3　监测数据获取与处理

在工作基点上架设测量机器人，安置好后与 RTU 相连接，对测量机器人进行基准点组、工作基点、监测点的原始数据采集和通信设备管理（必要时可多台测量机器人配合同时作业）设定，初次要学习测量。本项目使用 2 台测量机器人进行观测，测量中使用徕卡 TM30 全站仪和徕卡 TCA 多测回测角自动观测，测量程序为 24h 对运营期地铁隧道结构进行监测，实时发现隧道结构的变形。每天提交 6 ～ 12 次监测成果。初始值连续观测应不少于两次。当两次 X、Y、Z 较差值小于 1.5mm 时，取均值作为初始值；当两次 X、Y、Z 较差值大于 1.5mm 时，需重测直至符合要求。

监测数据处理系统自动对数据进行平差处理和生成报表，应先将监测数据进行分类，再对监测数据进行置信度检验，剔除异常监测数据，然后将受地铁运行影响的数据进行分离，最后利用自主研发的数学模型对质量可靠的观测数据进行处理，分别研究地铁隧道结构在不同环境下的变形趋势。

28.7.4　基于高程量为目标值的 BP 模型预测与传统模型预测效果比较

将传统的多元线性回归、灰色模型方法、传统 BP 神经网络方法与经小波去噪后的 BP 神经网络方法数据处理的结果进行比对，如图 28-14 所示。

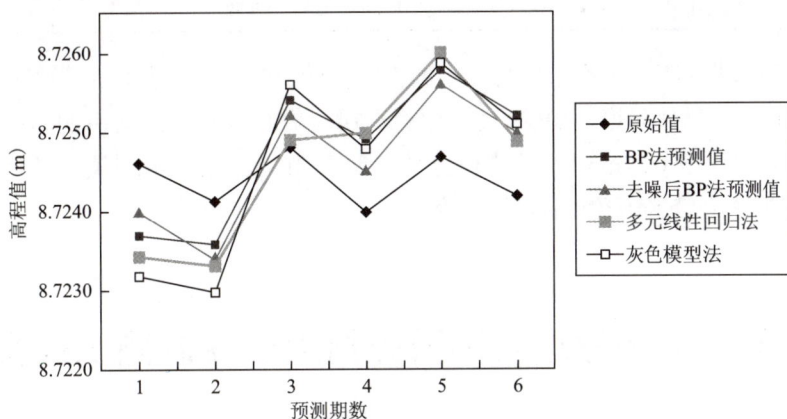

图 28-14　四种方法预测值与原始值拟合图

四种方法预测值的中误差数据见表 28-4。

四种方法预测中误差对比　　　　　　　　　　　　　　　　　　表 28-4

方法	多元线性回归法	灰色模型方法	BP 神经网络方法	小波去噪后 BP 神经网络方法
中误差（mm）	±1.06	±0.846	±0.956	±0.676

由此可看出，多元线性回归、灰色模型方法和传统 BP 神经网络方法预测的中误差分别为 ±1.06mm、±0.846mm、±0.956mm，但小波去噪后 BP 神经网络方法拥有更小的绝对误差，且中误差为 ±0.676mm，效果更优。

28.7.5　基于累计沉降量的 BP 神经网络模型预测效果

前面已针对高程值构建了网络结构进行预测，取得了良好的效果。下面针对累计沉降量问题构建 BP 网络，因问题具有同类性，故建构的神经网络原理和方法相同，采用输入层为 5 个元素，选取连续 5 期的累计沉降值作为输入，第 6 期的累计沉降作为输出构成匹配对。样本数据为输入层元素 5

个,输出层元素 1 个。隐含层神经元个数 N 取 9。初始权值为 0.3,学习速率 η 为 0.01,选用 logsig 型函数,采用的传统 BP 神经网络方法为附加动量后的改进算法,经过数据归一化并处理后,将传统 BP 神经网络方法与经小波去噪后的 BP 神经网络方法预测累计沉降量进行比较,数据见表 28-5。

BP 法与小波去噪后 BP 法累计沉降量预测效果对比　　表 28-5

期　数	实际值(mm)	BP 神经网络方法		小波去噪后 BP 神经网络方法	
		预测值(mm)	残差(mm)	预测值(mm)	残差(mm)
25	-0.30	-0.02	-0.28	-0.09	-0.21
26	0.20	-0.24	0.44	-0.06	0.26
27	-0.50	-0.15	-0.35	-0.30	-0.20
28	0.30	0.56	-0.26	0.10	0.20
29	-0.40	-0.03	-0.37	-0.13	-0.27
30	0.10	0.28	-0.18	0.23	-0.13

注:残差为实际值减去预测值。

基于累计沉降四种方法预测值的中误差数据见表 28-6。

基于累计沉降量四种方法预测中误差对比　　表 28-6

	多元线性回归法	灰色模型方法	BP 神经网络方法	小波去噪后 BP 神经网络方法
中误差(mm)	±0.53	±0.48	±0.32	±0.22

针对累计沉降量,将 BP 法预测结果与经小波去噪后的 BP 法预测结果进行比对,可以看出,两种方法的预测值都能在实际值附近,BP 法最大预测真误差为 0.44mm,去噪后的 BP 法最大预测真误差为 -0.27mm,中误差为 ±0.22mm,误差均值也是去噪后 BP 法更优。由此得出去噪后的 BP 法预测精度值更接近于实际累计沉降,效果更好的结论。

28.8　地铁隧道三维激光扫描形变监测工程实例

28.8.1　工程概况

本工程以郑州地铁 1 号线民航路站区间的某一段隧道作为试验研究区。该试验研究区位于郑州市中心主干道金水路上,由于该区间人口密集,一旦发生事故,就会造成重大的损失。因此,在进行地铁施工期间定期进行形变监测,实时掌握隧道动态安全状况显得尤为重要。监测区域位于民航路站沿下行方向长度约为 150m 的一段区间,使用 RiEGL VZ-400 三维激光扫描仪分别于 2013 年 3 月和8 月采集了两期数据,两期数据中平均每站的数据量为 450 万个激光点。

28.8.2　信息化监测数据采集

为验证三维激光扫描仪在隧道形变监测中精度的可行性,需要在隧道壁上布设大量反射标贴作为监测点,隧道内每间隔 10m 在隧道壁上布设 5 个反射标贴,沿里程增加方向按顺序依次编号为 A、B、…、L、M,且以顺时针对各断面的反射标识标号为 K1、K2、K3、K4、K5,以此类推完成对隧道内所有标识点的编号。目前国内地铁隧道多采用盾构法施工,而盾构施工中最大变形通常位于断面的水平方向（0°）、竖直方向（90°）和45°方向，因此如图28-15所示布设反射标贴（图中的亮点即为布设的反射标贴）。

标靶在扫描坐标系中的坐标由仪器自带RI-SCANPRO软件及上文所提标靶中心提取算法获得。

从第一期扫描点云第一站中选取8个标贴点，采用转换模型求解的转换参数将8个标贴点的坐标转至工程坐标系，然后与常规方法观测的坐标值进行对比，得出的坐标差值见表28-7。

图28-15 断面形变监测点的布设

标贴点测量的坐标差值

表28-7

标 贴 点	1	2	3	4	5	6	7	8
ΔX（mm）	1.4	4.0	5.2	4.0	0.7	0.4	2.1	−0.6
ΔY（mm）	3.1	0.7	−3.7	−2.5	−1.7	−0.8	−1.1	−2.9
ΔZ（mm）	0.9	0.3	−4.6	3.0	−4.5	−0.5	4.1	−1.5

计算得到扫描仪点位测量的均方差 $\sigma_p=\pm4.6$mm，符合《城市轨道交通工程测量规范》（GB/T 50308—2017）要求变形点的点位中误差最大不能超6mm的精度要求，证明了监测获取的点云数据在隧道形变监测中的可行性。

28.8.3 基于断面拟合的形变监测方法

工程中截取地铁站部分点云数据，如图28-16所示，截取区域的长度约20m，图28-17为拟合的隧道中轴线在水平面和竖直面内的投影。

a)点云正视图

b)点云侧视图

图28-16 隧道点云

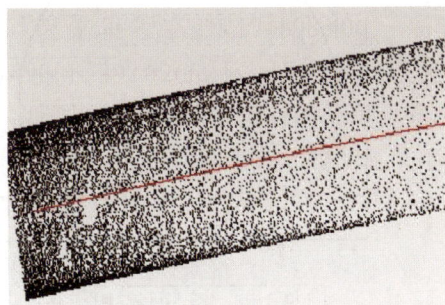

a)中轴线在 XOY 平面投影

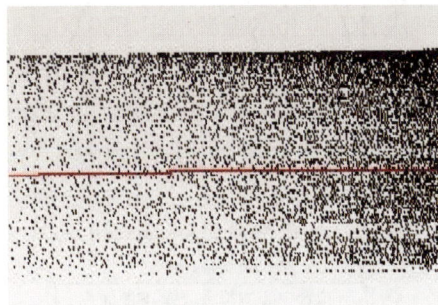

b)中轴线在 XOZ 平面投影

图28-17 隧道中轴线

试验研究区地铁盾构环片宽度为 1.5m,在此截取断面之间的间隔 d=1.5m、d_0=5mm,且各断面均位于盾构环片的中间,图 28-18 分别为滤波后的隧道点云及拟合的中轴线和沿中轴线截取的隧道连续断面。

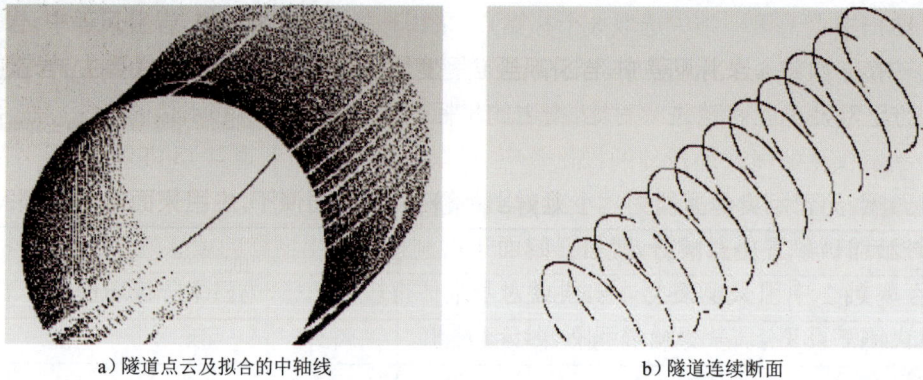

a) 隧道点云及拟合的中轴线

b) 隧道连续断面

图 28-18　断面截取

对连续截取的 12 个断面拟合椭圆,图 28-19 展示了各断面的轴长变化趋势。

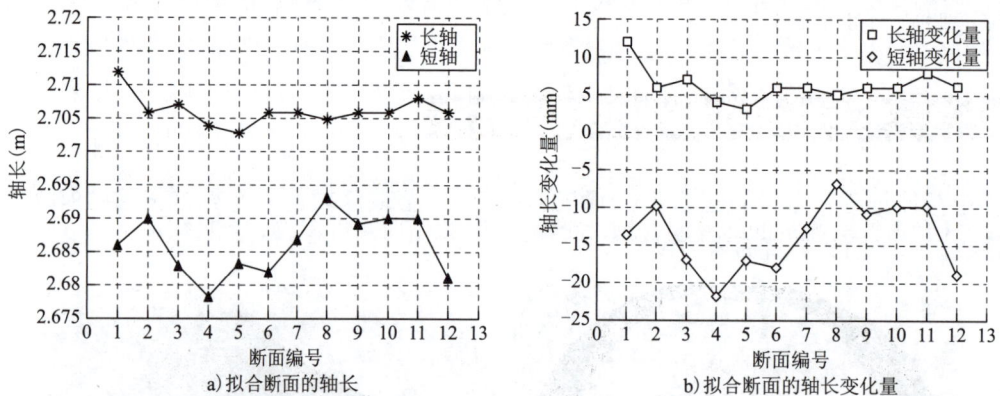

a) 拟合断面的轴长

b) 拟合断面的轴长变化量

图 28-19　断面形变分析

由图 28-19 可知,隧道在水平方向的变形表现为向两侧扩张,竖直方向的变形表现为沉降,且竖直方向的变形量除 8 号断面外均大于 10mm,水平方向的变形量除 1 号断面外均小于 10mm,各断面在竖直方向的变形量大于水平方向的变形量;由于 1 号断面和 4 号断面分别在水平和竖直方向变形量最大,对其进一步分析寻找变形量较大的点位,如图 28-20 所示。

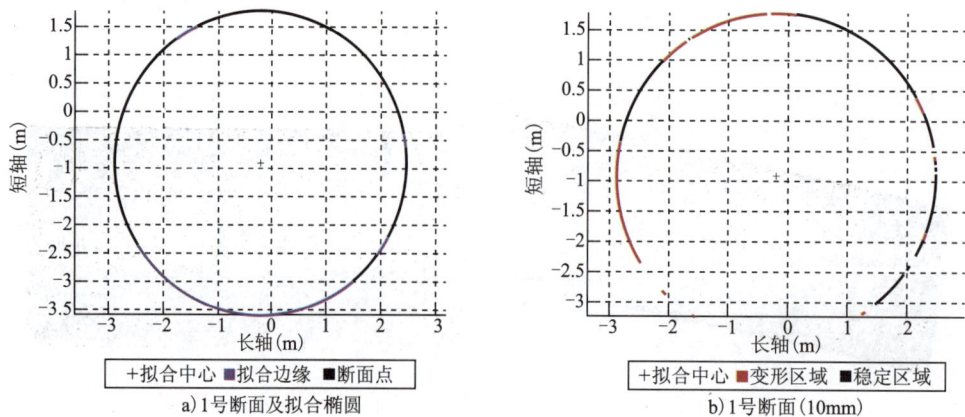

a) 1号断面及拟合椭圆

b) 1号断面(10mm)

图　28-20

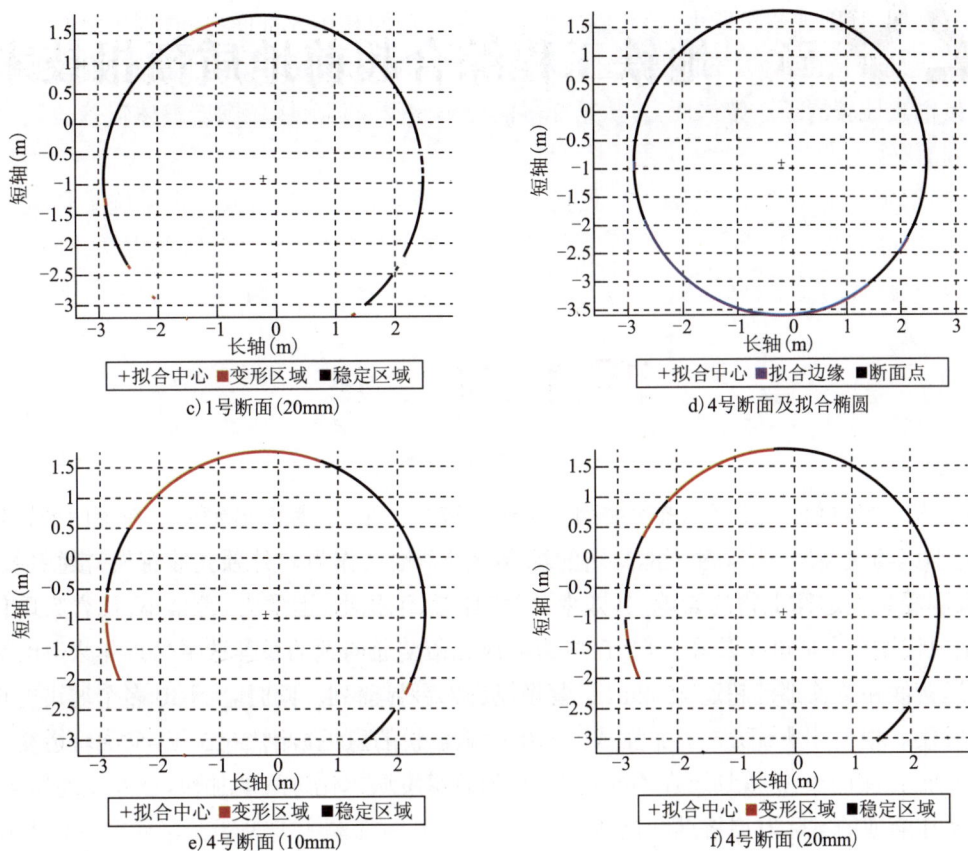

c) 1号断面（20mm）

d) 4号断面及拟合椭圆

e) 4号断面（10mm）

f) 4号断面（20mm）

图 28-20　重点断面分析

　　图 28-20 a) 中的黑色点为 1 号断面点，蓝色点为拟合出的椭圆点，对隧道断面点按不同形变量进行分类图 28-20 b) 为 10mm 时的形变分析图，图中红色点表示变形量大于 10mm，黑色点表示变形量小于 10mm；图 28-20 c) 为 20mm 的形变分析；图 28-20 d)、e)、f) 为对 4 号断面的形变分析。

　　基于断面拟合的隧道形变监测方法利用断面拟合的椭圆长、短半轴与设计值进行比较，快速寻找形变量超出阈值的断面位置，并对断面上的各点进一步分析，确定不同形变量级的点位分布，以此实现对隧道全方位的形变监测。

第 **29** 章 地铁工程综合超前地质预报技术

29.1 概　述

21 世纪初,"发展地铁交通"首次被列入国民经济"十五"计划发展纲要。在深度城镇化的背景下,城市趋于集约化发展,带来对土地利用的综合考量。地铁作为一种独立的有轨交通系统,不占用地面空间,不受地面道路拥挤的影响,其效率高、能耗低、干扰小、运量大、污染小,被誉为现代城市的大动脉,是现代城市交通的主流和方向,已成为解决城市交通问题的最佳选择。近年来,北京地铁、上海地铁的运营线路总长都已超过 450km,运营规模进入世界前列。同时全国 30 多个城市的地铁建设也在飞速发展。根据《国务院关于加强城市基础设施建设的意见》,到 2015 年,全国轨道交通新增运营里程 1000km。由于地铁规划还在不断更新中,随着深度城镇化进程的加快,以及交通压力的增大,预计城市轨道交通的实际发展将继续提速。

我国的城市地铁隧道施工多采用盾构法、矿山法。大量的隧道工程实践表明,由于地质勘察的精度、经费等诸多条件的限制,根据地质勘察资料做出的设计与实际不符的情况屡有发生,这给隧道施工带来极大的风险,由此引发的隧道洞内塌方、涌水、涌泥等灾害也时有发生。由于城市地铁线路大多穿越主干路、商业区、居民区,如果在地铁隧道施工过程中发生事故,极易引起路面塌陷等连环事故,从而威胁到路面行车以及行人的人身财产安全。因此在隧道施工期间,采用各种技术手段提前采取预防措施,避免灾害发生,是城市地铁隧道施工的迫切需要。

29.2 地铁施工中超前地质预报技术运用的必要性分析

29.2.1 地铁施工安全事故

通过对 2003 年以来收集到的 126 起施工安全事故案例的分析、整理和归类,发现坍塌事故发生的频率最高,超过所有事故总和的一半以上。坍塌事故就是建筑物、构造物、堆置物、土石方等,因设计、堆置、摆放或施工不合理而发生倒塌造成伤害的事故。坍塌事故主要分为以下类别:深基坑(槽)施工中的土石方坍塌,拆除过程中的坍塌,模板、支撑失稳引起的坍塌,脚手架坍塌,大型起重机械安、拆装过程中引起的坍塌,暗挖施工中造成路面及周围建筑物坍塌。统计表明:深基坑(槽)施工中土石方坍塌的事故数量最多,其次是暗挖和盾构施工中造成路面、周围建筑物坍塌,以及模板、支持失稳引起的坍塌。

坍塌事故的区域分布特征表明,复杂的岩土结构、松散和软弱地层、丰富的地下水是其产生的重要原因之一(表 29-1),但和地质资料不准确不存在必然联系。对于浅埋地铁隧道,分布无规律、成因复杂的空洞、水囊、暗河、建筑垃圾及其他不明构筑物也是施工的重要风险源,在北京、昆明、广州、南京等地的地铁暗挖施工坍塌事故中均有不同程度的显现。

典型城市地铁坍塌事故分析 表 29-1

城市	事故次数(坍塌)	工程地质与水文地质
北京	22(8)	地貌由洪、冲积扇及冲、洪积平原组成,岛山、残岗、冲沟、洼地发育。局部地段地层松散,围岩自稳能力差,极易坍塌变形,易引起管涌、流沙、基坑底部隆起、地面沉降过大、水平变形过大等,从而导致坍塌事故的发生
广州	17(11)	沿线穿越多个工程地质与水文地质单元,软土层、断裂、岩溶、孤石、砂土液化、风化岩及残积土等不良工程地质条件广泛存在,易引起突水、涌沙、沉降过大、地面隆起、超硬岩层破坏盾构等,进而引发坍塌事故
上海	14(6)	冲积平原区,地表下 30m 以内的地层多属软弱的黏性土,强度低、含水率高、有很大的流变性,尤以深基坑下部所处的淤泥质黏土的流变性为大,极易导致土体液化、流变、管涌、流沙,进而引发坍塌事故的发生
南京	7(5)	属低山丘陵和冲积平原区,部分地段夹松散饱和砂层和软土层,压缩性高,灵敏性高,强度低,无法自稳,易产生蠕动现象,极易引起地铁的坍塌事故

29.2.2 地质勘察精度

通常地铁隧道为两根单线,需要进行沿线路两侧交叉布置的勘探,间距根据场地的复杂程度综合确定,一般为 20~50m;在洞口、陡坡段、大断面、异形断面、工法变化等部位,以及联络通道、渡线、施工竖井等有勘探点控制,并布设剖面;还应进行重点地段的物探、沿线管线探测工作等;基本能够查明沿线的地层结构分布、不良地质发育和地下水变化特征,提供相对准确的地质资料。从勘探点的密度和分布来说,已经能够满足中长距离"点状"的超前地质预报精度,不再需要进行隧道施工超前地质预报工作。

但是,对于分布规律性不强、易引起地铁施工事故的空洞、水囊、渗漏、建筑垃圾及其他不明构筑物的调查,需要给予充分的重视,特别是浅埋暗挖隧道,应确保施工前的地面调查、物理勘探的验证和评审工作。

当由于地面交通、构筑物或其他环境原因造成勘察精度不能满足《城市轨道交通岩土工程勘察规范》(GB 50307—2012)的要求时,应具体分析,必要时应进行洞内的超前地质预报工作。

29.2.3 超前地质预报作用

超前地质预报主要是对地层岩性、断层及破碎带、不良地质及灾害地质、地下水特征四个方面的预报,避免突水、突泥、涌沙等地质灾害,根据围岩条件和地下水特征变化及时修改设计和支护措施。

目前我国地铁隧道纵断面位置大多位于浅层的土层、岩层风化层和岩土分界面附近,地层软弱、结构松散、压缩性高、灵敏性高、强度低、自稳性差,易产生蠕动现象。

设计中一般已经充分考虑周围地理环境和工程地质、水文地质环境的影响,采取了地面超前加固和洞内支撑的合理措施,通过超前地质预报预测地层结构的变化、破碎带发育、不良地质和灾害地质及地下水的作用效果不明显。

29.3 超前地质预报常用方法

29.3.1 工程地质调查法

工程地质调查法主要根据隧道洞内外地质调查结果和隧道施工期掌子面地质条件调查结果,如岩体结构面产状及发育状况、岩体破碎程度、岩石的变质程度等的变化特征,通过地质图及构造相关

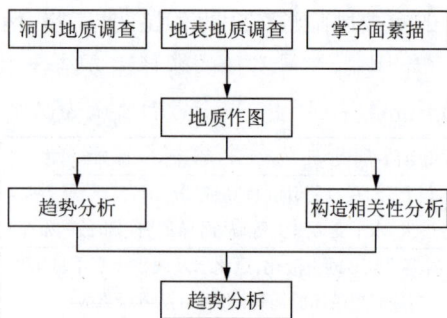

图 29-1 工程地质调查法流程图

性分析,由地面构造产状推测其在地下隧道穿越深度位置的出露位置(相关关系法),由掌子面岩体结构面产状及发育状况、岩体破碎程度、岩石的变质程度等变化特征推测掌子面前方可能出现的构造及其性质(趋势外推法),并进行超前预报。主要预报隧道掌子面前方存在的断层、不同岩类间的接触界面,特别是火成岩与沉积岩间的接触界面、隧道前方围岩的稳定性及失稳破坏形式等。工程地质调查法流程如图 29-1 所示。

29.3.2 超前水平钻孔法

在隧道施工掌子面或掌子面一侧耳室进行超前水平探测,通过钻进速度测试、岩芯采取率统计、钻孔岩芯鉴定和必要的岩芯试件强度试验来确定隧道施工掌子面前方地层的展布、地层岩石的软硬程度、岩石完整性及可能存在的断层、空洞的分布位置,从而进行隧道施工掌子面前方的地质预报。超前水平钻孔法流程如图 29-2 所示。

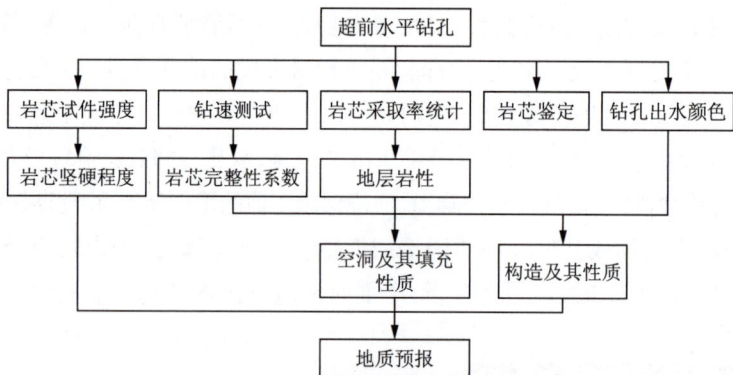

图 29-2 超前水平钻孔法流程图

超前水平钻孔法的优点:

①预报准确度较高,可以反映掌子面前方一定距离的地层岩性、岩体完整程度、裂隙度、溶洞大小、有没有水以及可测水压高低等;

②煤系地层可进行孔内煤与瓦斯参数测定,以便采取适宜防范措施,防止煤与瓦斯突出;

③与物探方法相比,它具有直观性、客观性,不存在物探手段经常发生的多解性、不确定性,且得到的资料可信度高。

29.3.3 TSP 探测法

TSP 超前预报运用回声测量原理。在隧道内,用少量炸药激发一系列有规则排列的轻微震源,震源发出的地震波遇到地层界面、节理面,特别是断层破碎带、溶洞、暗河、岩溶陷落柱、岩溶淤泥带等不良地层界面时,一部分地震信号反射回来,一部分信号透射进入前方介质。反射的地震信号被地震检波器接收。因反射波的传播速度、延迟时间、波形、强度和方向等均与相关界面的性质及产状相关,并通过不同数据表现出来,该数据经微机处理后储存起来,然后将数据输入带有特制软件的电脑,经电脑进行计算,最后形成反射波形图。

应用 TSP 超前地质预报系统,可以预报掌子面前方的断层破碎带、软岩、岩溶陷落柱等不良地质体的性质、位置和规模,预报涌水大于 1m³/h 以上时富含水地质体和老窑、老崆等采空区的位置和规模,预报煤系地层的边界和其中的煤层、富水砂岩的成分,还可以预报各种不良地质体发生塌方、突泥、突水等施工地质灾害的概率。

TSP 系统预报不良地质体位置的精度较高,预测距离一般为掌子面前方 300 ~ 500m,有效预报距离为掌子面前方 100 ~ 150m,分辨率可达 0.5m,预报的距离误差小于 10%,而且用时较少,每次测试需要用时 1.5h。TSP 探测法工作原理如图 29-3 所示。

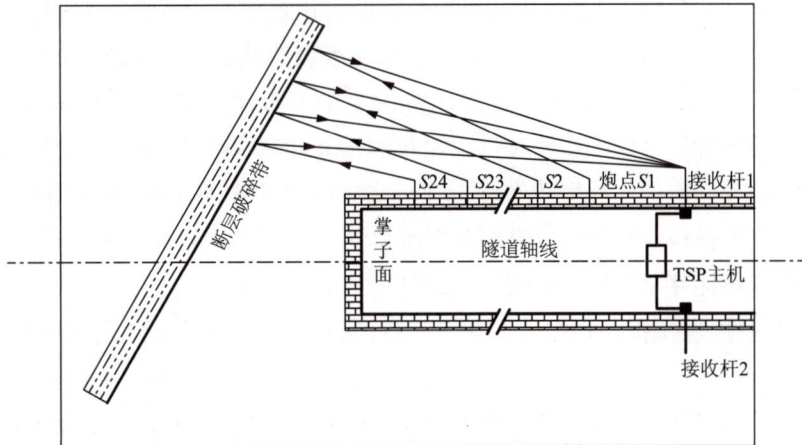

图 29-3　TSP 探测法工作原理示意图

29.3.4　地质雷达法

地质雷达的工作原理主要是依据电磁波脉冲在介质的传播理论,电磁波脉冲由发射天线 T 发出,被地下介质界面(或埋藏物)反射,由接收天线 R 接收,如图 29-4 所示。电磁波在介质中传播时,其路径、电磁场强度与波形将随着所通过介质的电性质及几何形态而发生变化。因此,根据接收到的波的旅行时间(也称为双程走时)、幅度与波形资料,可推断介质的结构。地质雷达法分辨率最高,而且图像直观,使用方便,所以很受工程界信赖和欢迎。地质雷达探测基本原理如图 29-5 所示。

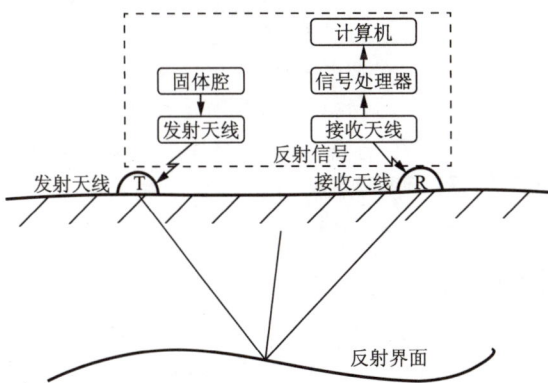

图 29-4　地质雷达电磁波脉冲传播示意图

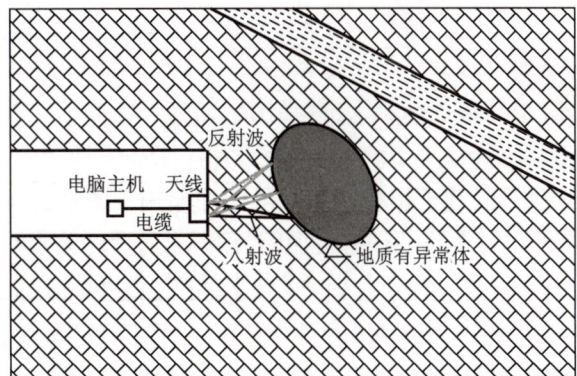

图 29-5　地质雷达探测基本原理示意图

29.3.5　跨孔电阻率 CT 法

跨孔电阻率 CT(Computed Comography)也称井间电阻率层析成像,美国和日本早在 20 世纪 80 年代就开始相关方面的理论研究,国内对这方面的研究也紧随其后。跨孔电阻率 CT 方法应用于隧道地质超前预报的原理主要是利用不良地质体与周围介质的电阻率差异或岩层间电阻率差异,通过电阻率层析成像,实现对隐伏于岩体中的不良地质体或岩层界面的识别和定位。在城市地铁超前预报中,溶洞、断层、地下富水带或基岩面是主要探测对象。尽管它们的结构、形状和大小等存在差异,但只要其与围岩或界面上存在足够大的电阻率差异,使得仪器可以观测到这种差异产生的地电场变化,可以利用跨孔电阻率 CT 方法进行相应的探测,结合相应的地质资料,便可以对这种电阻率成像进行识别和解释。开展城市地铁跨孔电阻率 CT 超前预报方法的相关研究很有意义。

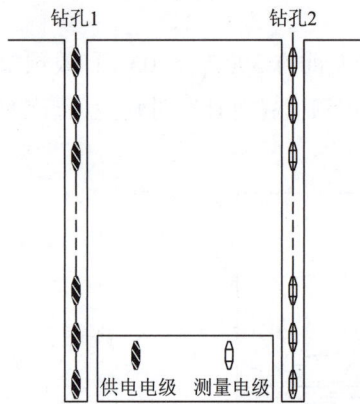

图 29-6　跨孔电阻率 CT 工作原理示意图

跨孔电阻率 CT 的具体工作原理为:在钻孔 1 和钻孔 2 中分别放入供电电极和测量电极,利用在钻孔 2 中观测到的电位或电位梯度值进行直接或间接的反演成像,从而可以获得两孔间地层的电阻率分布图,其工作原理如图 29-6 所示。

城市地铁的跨孔电阻率 CT 超前预报主要是通过在地铁开挖前方由地面往下探测,来实现隧道掘进前方围岩情况的预测、预报。根据城市环境特点,提出了三种城市地铁跨孔电阻率 CT 超前预报的测线布置方式。

图 29-7a)为跨孔电阻率 CT 规则测线布置方式,其主要是通过在未开挖地段垂直于轴线方向上,间隔布置地面测线来探测掘进工作面(掌子面)前方围岩地质情况。该测线布置方式要求尽可能把钻孔布置在隧道边界之外,测线间距一般为 5 ～ 10m。图 29-7b)为不规则测线的布置方式,是主要针对场地受限情况采用的一种方式。图 29-7c)为跨孔电阻率 CT 重点地段加密测线布置方式,是在常规测线布置方式基础上,通过交叉测线加密方式对高风险地段进行更为精细的探测。以上三种测线布置方式应根据现场环境特点和工程造价情况来决定。

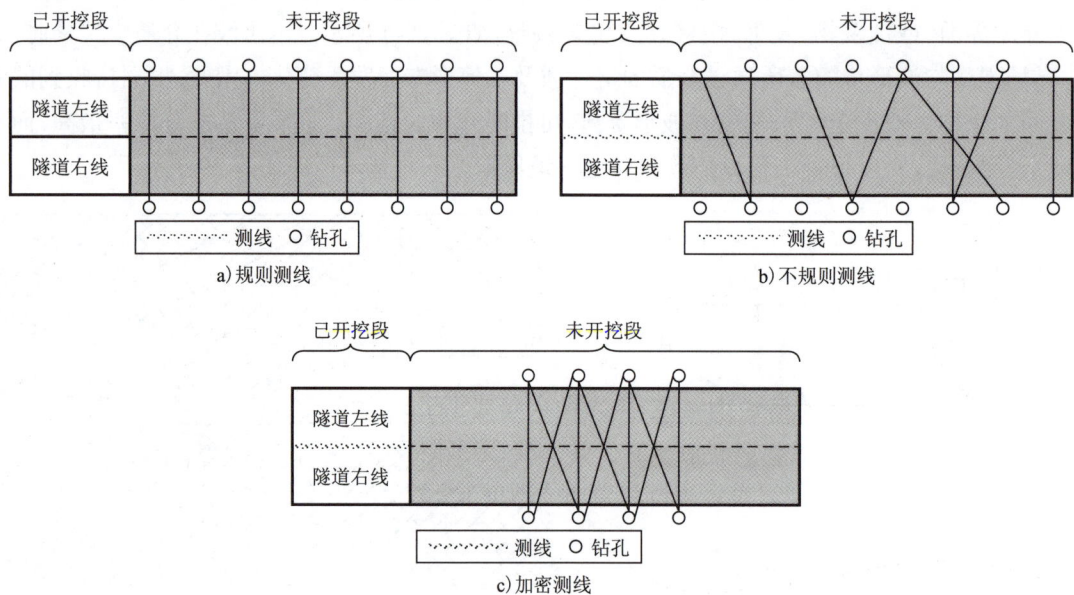

a)规则测线

b)不规则测线

c)加密测线

图 29-7　测线布置示意图

29.3.6　其他方法

(1)瞬变电磁法

瞬变电磁法(Transient Electromagnetic Method,TEM)是一种时间域电磁法,它是利用阶跃电磁脉冲激发,不接地回线向掌子面前方发射一次场,在一次场断电之后,测量由介质产生的感应二次场随时间的变化,来达到寻找各种地质目标的超前预报方法。瞬变电磁法通过对岩体自感二次场的探测,获得全区视电阻率,因此对地下水具有较好的敏感性,而对岩体强度、岩体破碎程度、干溶洞等却不易判断,原因在于电阻率差异甚小。

（2）BEAM 法

BEAM（Bore Electrical Ahead Monitoring）法是由德国 GEO-HYDRAULIK DATA 公司开发的一种通过对岩层电阻率进行测试（激发极化法）来探知岩石质量、空洞和水体的物探方法。它通过聚焦频率域的激发极化法激发地质体的极化效应,可以获得百分频率效应（PFE）和电阻率两种参数。其中 PFE 是一种表征存储电能能力的参数,岩体孔隙率的大小直接与其相关,因此 BEAM 对岩体的节理裂隙发育、破碎程度有较好的敏感性;对于溶洞也呈现出同样的敏感性,表现为 PFE 值低,为40 ～ 0,呈不规则振荡、非均质变化。BEAM 对于水体也较为敏感,电阻率降低表明前方岩体充水概率增大。对软硬岩的区分,BEAM 探测效果不甚理想。

（3）红外探测法

岩层由于分子振动和晶格振动,每时每刻都在向外辐射电磁波,并形成红外辐射场。不同的地质体产生不同的红外辐射场。红外探测技术就是通过红外探测仪探测前方一定范围内红外辐射场的变化,即通过探测仪显示出红外辐射温度的变化。当探测前方不存在隐伏的地质异常体时,红外辐射场就是一常值。当探测前方一定范围内存在隐伏的地质异常体时,地质异常体产生的辐射场就要叠加在正常辐射场上,从而使得正常辐射场发生畸变。因此,根据红外辐射场曲线的变化规律,就可以全空间、全方位探查地质异常体。在隧道掘进现场,当掌子面前方存在含水构造时,含水构造产生的异常红外辐射场会叠加到围岩的正常辐射场之上,仪器显示屏上的曲线出现数据突变。而当掌子面前方没有含水构造时,所测定的红外辐射场为正常场值,数据曲线近似为一条直线。

29.4 工 程 实 例

29.4.1 地质雷达预报实例

1）工程简介

深圳地铁 7 号线工程皇岗村站—福民站区间位于深圳市福田区,区间设计起点为皇岗村站,线路出皇岗村站后沿福民路下穿,途经皇轩酒店、皇岗新村、福民佳园等,最后与深圳地铁 4 号线福民站换乘。起讫里程右 DK17+898.406 ～ 右 DK18+300.960,长 396.227m;左 DK17+898.406 ～ 左 DK18+297.490,长 392.726m,区间采用矿山法施工。中国水电十四局深圳地铁 7 号线 7304-2 标项目经理部与深圳市市政设计研究院有限公司合作,对隧道区间掌子面进行探地雷达超前预报,预报掌子面前方 20m 范围内有无突水、突泥（查明其范围、规模）,预报断层及其破碎带（预报断层的位置）、预报围岩类别及其稳定性。

2）场地条件及岩性特征

测区位于深圳市福田区,属海积平原地貌,地势较为平坦,地面高程一般为 4.96 ～ 6.50m。区间范围内上覆第四系全新统人工堆积层、冲洪积层,第四系晚更新世冲洪积层、花岗岩残积层,下伏燕山期

花岗岩,主要地层岩性概述如下:

(1)第四系全新统人工堆积素填土,海积淤泥质黏土,冲洪积淤泥质黏土、细砂、中砂,第四系上更新统淤泥质黏土、粉质黏土、细砂、粗砂、花岗岩残积砾质黏性土。

(2)燕山期花岗岩:粗粒结构,块状构造,主要成分为石英、长石、云母,按风化程度可分为全风化岩、强风化岩、中等风化岩、微风化岩。

(3)构造岩:主要为断层碎裂岩,按风化程度可分强风化岩、中等风化岩。

3)探测结果

本区间隧道掌子面采用上、下断面开挖,工作面比较狭小。根据现场实际情况,测线尽可能靠近掌子面轴心位置,使测线位置尽可能延长,以便于分析雷达数据。本次探测采用中心频率为80MHz的屏蔽天线,测距轮触发信号,探测范围为掌子面前方20m。因此在探测过程中,要求工作面平整、竖直,其轴线方向与隧道掘进方向相同。

以区间左线隧道DK18+066处小里程方向的掌子面探测为例,横坐标为测线长度,纵坐标为探地雷达在掌子面轴线方向上的探测距离,本次探测距离为20m,其探地雷达波形如图29-8所示。

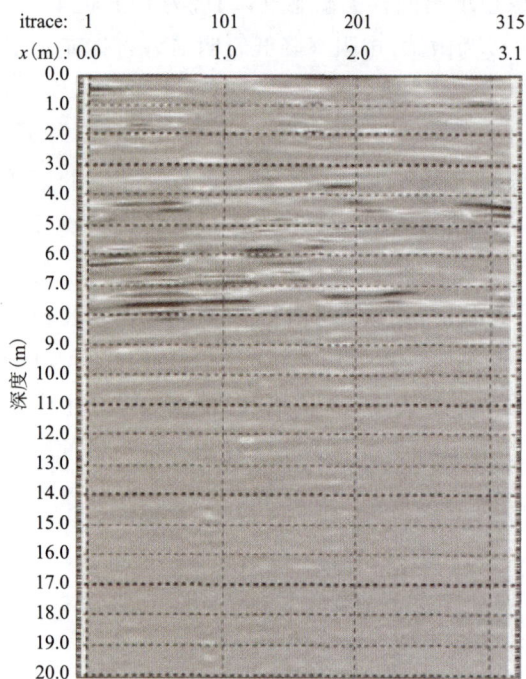

图29-8 探地雷达波形图

4)波形分析

从探地雷达波形图可以观察到以下情况:

(1)在7.5m左右存在雷达波强反射带。

(2)前7.5m范围内的雷达反射波波形相对杂乱,振幅强弱变化相对明显,频率相对较高。

(3)7.5m以后反射波的振幅及频率特性基本相似,无强反射等异常现象。

5)结果分析

结合地质钻探资料和现场实际情况,可以得知以下情况:

(1)掌子面出露的岩性为砾质黏性土。

(2)钻探资料表明,掌子面前方20m以内范围存在砾质黏性土与强风化花岗岩的岩性分面。

基于以上事实,可以推测出以下结果:

(1)掌子面前方7.5m为砾质黏性土,土体的不均匀性导致反射波高频、振幅强弱变化明显。

(2)7.5m处为岩性分界面,导致雷达波出现强反射带。

(3)结合地质资料,7.5m后为强风化花岗岩,岩体相对完整,导致反射波的振幅及频率特性基本相似。

(4)掌子面前方20m范围内不存在空洞等不良地质体。经过开挖验证,现场情况与预报结果基本相符。

29.4.2 跨孔电阻率CT法工程实例

(1)工程及地质概况

大连地铁1号线东纬路站和春光街站区间位于闹市区,地铁沿线地面建筑物众多,管线密集,车流、人流量较大。该区间上覆第四系人工堆积层（Q_4^{ml}）、第四系上更新统坡洪积层（Q_3^{dl+pl}）、下伏震旦系南关岭组泥灰岩层（Z_{whn}）、中生代燕山期辉绿岩（$\beta\mu$）。工程区域附近有两条河流经过，但只有局部有水流，均为季节性河流。区域内稳定水位较浅，地下水丰富。前期勘察表明，该区间的围岩总体较差，岩面凹凸不平，各岩层浅部的溶隙、溶洞、溶槽与溶沟等非常发育，而岩层中不同溶洞又相互连通。为了更准确地了解溶洞、断层等不良地质体存在的空间位置和形态特征，采用跨孔电阻率 CT 方法进行相应的探测。

（2）测线布置

根据现场实际情况，考虑到工程造价问题，本次探测采用规则测线布置方式，在地铁隧道上方共打了 12 个钻孔，钻孔设计深度 35m（因有泥浆甚至碎石沉淀至孔底，实际测量时，有效孔深约为 32m），布置了 6 条测线，测线间距 8m，方向为横切隧道走向。实际测线布置如图 29-9 所示。

（3）成果分析

与其他地球物理方法类似，跨孔电阻率 CT 探测成果的解释必须以地质分析为基础。要结合地铁前期地质勘察资料，尤其要利用好钻孔资料和水文地质资料。钻孔资料不仅对附近地层解释是一个很好的直接参考，而且可以作为一种限制条件对所测的 CT 数据的反演解释进行约束，提高探测精度。而水文地质资料，如附近水系的分布、水的补给情况和地下水位等信息，对于被探测异常体是否充水、富水情况的判断具有很好的参考作用。

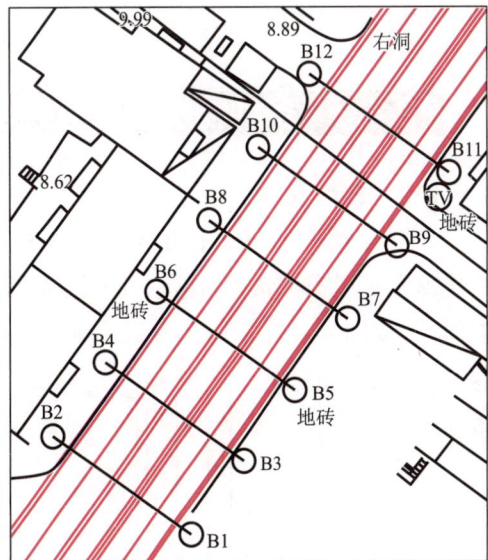

图 29-9　实际测线布置图（单位：m）

目前，城市地铁跨孔电阻率 CT 超前预报基本上以二维断面探测为主，即每对钻孔对应一个二维电阻率断面。为了更好、更全面地对跨孔电阻率 CT 成果进行地质解释，在二维断面数据基础上建立三维数据切片立体图，如图 29-10 所示。

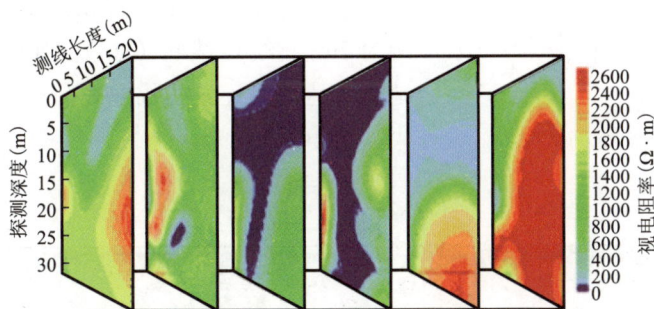

图 29-10　电阻率成像三维切片成果图

图 29-10 为基于 6 个跨孔电阻率 CT 剖面数据建立的三维数据立体切片图，每条测线对应一个切片。从图中可以看出，此次反演结果中，高、低阻区域层次较分明，电阻率界面清晰，地下不良地质体的响应特征较为明显，易于圈定低阻异常体的分布范围。

根据这些电阻率响应特征，相应的分析和解释为：除了第 2 个剖面（从左往右数，下同）的深部发育一个近椭圆形的低阻区，第 3 和第 4 个剖面存在垂直发育的低阻异常带外，其余剖面无明显低阻异常区。结合相应的地质和钻孔资料，通过综合判断，其地质解释为：第 1 剖面围岩较好，第 2 个剖面的低阻异常为溶洞，第 3 和第 4 个剖面的垂直发育低阻异常主要为黏土和溶槽，其中，上层主要为含水

653

率较大的黏土,下部为溶槽,充水、充泥,局部还填充有碎石。从整个切片立体图还可以推断岩溶的发育范围及其走向,仔细观察可发现,该范围主要位于第2剖面和第5剖面之间,到了第5个剖面,整个岩溶发育带走向开始往外偏,不再沿隧道走向,围岩也逐渐变好,到了第6个剖面,围岩则比较完整,土—岩交接面也比较清晰。整体而言,从第2剖面至第5剖面部分区域围岩整体较差,岩溶发育且富水,土岩面起伏较大。

综上所述,城市地铁跨孔电阻率CT预报方法探测精度高、灵活方便,不占用施工时间,除了单独打孔进行探测,也可以利用勘察孔、补勘孔或降水井等顺带实施探测。因此,该方法在城市地铁超前预报中优势明显,应用前景良好。

29.4.3　多种物探手段综合超前地质预报工程实例

（1）工程概况

广州地铁一车站位于市区,线路沿线地面条件复杂,主要为城市交通干道、居民小区和商业区。沿线城市干道车流量大,住宅、商业区人员密集,建筑物稠密。从区域地质角度出发,沿线揭露的地层按时代、成因和岩性总体上为二元地层,即上部为第四系沉积物,下部为石炭系沉积岩。前期勘察表明,车站附近岩溶发育,而且还存在土洞。由于地质条件复杂,有必要对车站的岩溶和土洞分布情况进行详查。以下为车站竖井附近的探测情况。

（2）测线布置

本次车站内探测主要是为了了解竖井及其附近地下将要开挖部分是否存在土洞、溶洞等不良地质体。由于车站已经开始施工,地面存在较多固定建筑和器械,加上各种围挡的阻拦,地质雷达测线布置受到一定的限制,不能和高密度测线一样,只布置了20m长的测线,如图29-11所示。

（3）探测结果

本次高密度电阻率法采用的仍为偶极布极方式,极距为2m,测线G线（108m）的探测结果如图29-12所示。地质雷达采用连续扫描方式,测线D线（20m）的探测结果如图29-13所示。

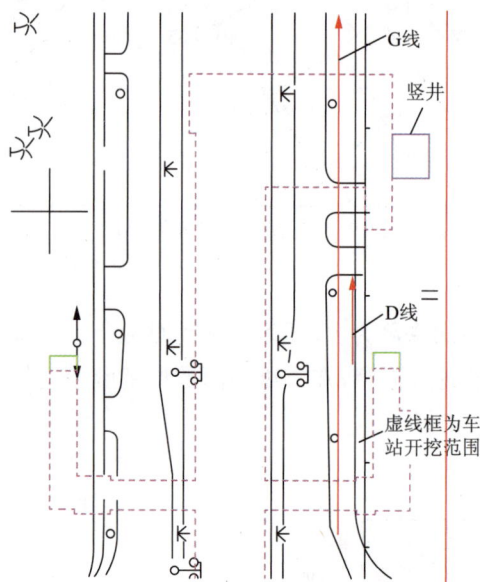

图29-11　广州地铁地面测线布置图

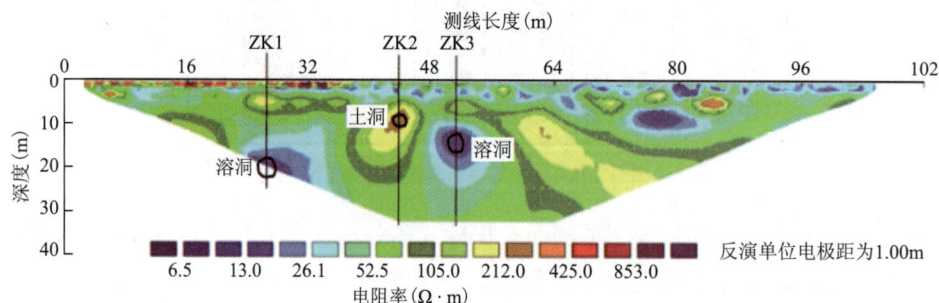

图29-12　广州地铁高密度电阻率法视电阻率断面图

（4）结果分析

虽然地面测线附近存在许多金属器械、电缆的干扰,但通过相应的处理,其最终成像结果是有效的。用高密度电阻率法首先探测到3个较明显的异常体,为了进一步确认该异常是否为假异常,开展了地质雷达探测,其结果与高密度探测结果较为吻合,通过两者解释,可确定一个为土洞,另一个为溶洞（图 29-12、图 29-13），这与后来的钻孔验证结果（见图 29-14 中钻孔 ZK2 和 ZK3）非常吻合。至于图 29-12 中最左侧的深部异常体，由于地质雷达探测存在一定困难，该异常体的解释需要结合相应的地质分析。前期勘察表明，该地段的土岩界面基本在地下 13m 左右，因此，一个发育在石灰岩中的低阻异常体基本为岩溶产物，从该异常体的分布规律和形状而言，判断其为一个溶洞。该解释结果从钻孔柱状图中也得到了很好的验证，见图 29-14 中的钻孔 ZK1。

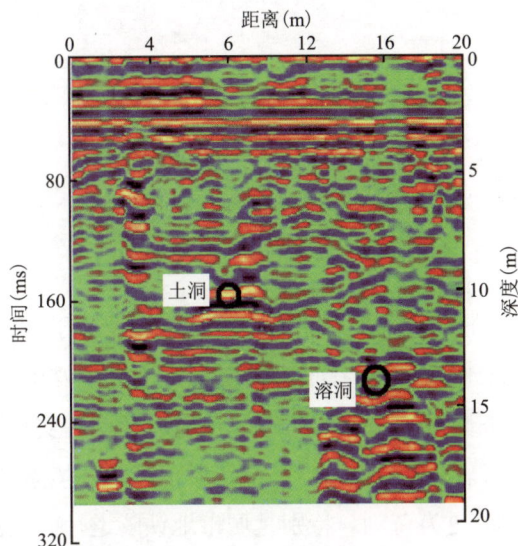

图 29-13　广州地铁地质雷达剖面图　　　　图 29-14　钻孔柱状图

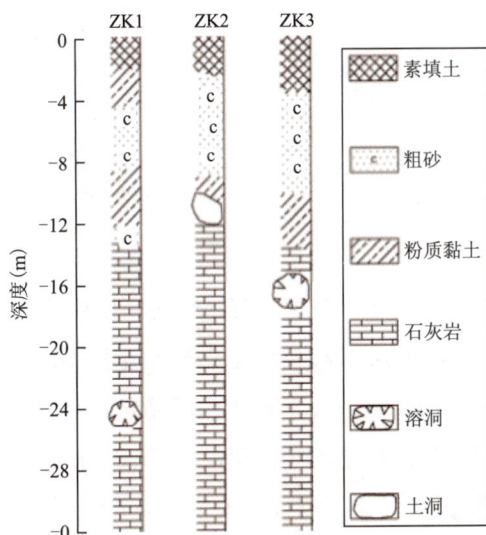

29.4.4　结论

隧道超前地质预报是隧道施工中的重要辅助环节，能极大地降低施工风险，避免各种突发事故的发生。通过以上实例可以得出以下结论：

（1）探地雷达应用于隧道内短距离超前地质预报是完全可行的，它具有探测速度快、操作简便、分辨率高、使用成本较低、对正常施工影响小等优点。可以用来查明隧洞周壁外和前方相当大纵深范围内的一些基本的地质问题，如断层、破碎带、富水带、溶洞等不良地质构造的规模和特征，可以为隧道正常施工提供一定的指导作用。探地雷达在探测过程中可能受各种因素的干扰，如测试掌子面不够平整、测试掌子面后方金属体的影响及空气中的电磁波干扰，这将对预报结果产生一定的影响。考虑到物探解译的多解性，在实际应用中应综合现场实际地质情况采集和分析雷达数据，在开挖过程中及时调整和验证预报结果。只有多种方法互相验证、取长补短、综合解释，才能实现更高精度、更高水平的隧道超前地质预报。

（2）隧道超前地质预报手段有多种，预报方法的选择要根据各种预报仪器的特点及现场的地质、工程条件进行优化选择，在此基础上开发的超前地质预报方法智能选择系统可以帮助操作员从中选择不同岩性地区、构造发育特点、地下水文条件下需要选择的预报方法，提高预报准确度。理论与实践表明，对于岩溶地质条件下的城市地铁超前预报，在地质分析的基础上，利用高密度电法和地质雷达综合方法，通过洞内洞外相结合可以有效地对掌子面前方围岩情况进行探测。

（3）与普通公路或铁路隧道不同，城市地铁往往埋深浅，环境干扰因素多，因此，超前预报方法的选择与实施要充分考虑到城市地铁的特点，不能简单照搬普通公路或铁路隧道的超前预报手段。

（4）多种方法的综合解释是城市地铁综合超前预报的最关键环节，要求解释人员既要熟悉每种物探方法的特点，更要密切结合既有钻孔资料和其他地质资料，还有就是现场记录要详细、全面，如此通过洞内洞外相结合的综合解释才能更好地去甄别、排查每一个异常体，确保地质解释成果的有效和精确。

第 **30** 章　地铁工程地层预加固新技术

30.1　概　　述

预加固技术源自山岭隧道新奥法的应用。对深埋的地质条件恶劣的山岭隧道以及位于浅埋松散地层的进、出洞口段,仅仅依靠初期支护手段来确保工作面稳定,在很多情况下是十分困难的。因此就产生了用什么方法来使工作面稳定,而且安全、经济地进行施工的问题。在隧道开挖和支护时,把主要使工作面稳定的任何手段,都统称为预加固技术(辅助施工方法)。但在城市复杂环境条件下进行隧道开挖,其施工对预加固技术的要求要较山岭隧道更为苛刻。特别是城市地铁隧道,衡量隧道施工稳定性的内涵有了质的变化:即一方面固然要求隧道工作面自身的稳定,但另一方面则更加严格地要求地表下沉必须控制在允许范围之内,以达到地表环境土工的安全使用。国内外实践均表明,即使是采取了预加固技术,但倘若没有针对地层条件、开挖方法等采取对症下药的技术措施,隧道或基坑坍塌,或地表出现过大变形,导致地表环境土工损坏的例子是很多的。

在城市环境条件下修建地铁隧道,目前主要有两种施工技术:浅埋暗挖法和盾构法。两种工法施工工艺不同,采取的地层预加固技术也有一定区别。为了保证隧道开挖工作面的稳定以及控制地表沉降,对地层采取预加固处理措施是地铁修建过程中不可或缺的一环。

30.2　地层预加固技术概念

超前预加固技术因其相对于隧道的施工(主要是相对于复合式衬砌)来说为辅助施工措施,因此国内习惯上称其为辅助工法,而国外多称其为预加固技术或地层处理技术。为便于论述,本书统称为预加固技术。

30.3　地层预加固技术分类

各国在复杂地层城市隧道施工实践中,都相继提出了若干地层预加固技术措施。对城市地铁隧道而言,国内外较为常用的预加固技术主要有以下几类。

30.3.1 锚杆加固

一般而言,锚杆是岩石隧道施工预加固与初期支护中应用最为广泛的一种技术手段,它具有操作简单、施工方便、作用效果快等特点。但在软土隧道,尤其是城市地铁隧道,用金属锚杆作为地层预加固的工程实例不多。

地表垂向锚杆布置是在隧道开挖之前,在隧道上部地表钻孔,然后插入锚杆并充填砂浆或水泥浆,在地中形成任意程度的棒状钢筋加固体,可以阻止因开挖产生的围岩变形,从而提高围岩的抗剪切强度。该加固方法此前在山岭隧道软弱地层洞口段施工中得到过成功应用,近年来国内在地铁隧道预加固施工中也有成功应用的实例。超前锚杆,是沿隧道纵向在拱部开挖轮廓线外一定范围内,向前上方倾斜一定外插角,或者沿隧道横向在拱脚附近向下方,倾斜一定外插角的密排砂浆锚杆。前者称拱部超前锚杆,后者称边墙超前锚杆。拱部超前锚杆用以支托拱上部临空的围岩,起插板作用;边墙超前锚杆用在开挖边墙的过程中,将起拱线附近用岩体所承受的较大拱部荷载传递至深部围岩,从而可提高围岩的稳定性。超前锚杆主要适用于土砂质或裂隙发育的岩体及断层破碎带等,将节理发育的岩体串联在一起,防止岩块沿裂隙滑移,从而在隧道周边形成一定厚度的承载环。正面锚杆布置,可减小工作面土压并控制地层变位,是一种很好的工作面预加固方法,但施工时间长,普通钢筋锚杆因对开挖工作有妨碍,应用较少。国外多采用玻璃钢(管)锚杆。

总体而言,对于城市地铁隧道,隧道拱部采用锚杆作为超前预加固的作用效果很小,一般不推荐采用。但对复杂环境条件下的城市浅埋暗挖隧道,为控制工作面稳定性和减少对邻近土工环境的影响,工作面正面土体采用玻璃钢锚杆或易于开挖等形式的锚杆正逐渐得到重视和应用。

30.3.2 管棚加固

当地铁隧道开挖通过自稳能力很差的地层、车站或双线隧道大断面施工,或地表通过车辆荷载过大,威胁施工安全,或邻近有重要建筑物时,为防止由于地铁施工造成超量的不均匀下沉,往往采用管棚法。隧道高度越大,土体的破裂面延伸越远,掌子面土体失稳的可能性就越大。通过管棚的插入,可以将破裂面从顶部切断,使管棚承担施工期间的部分地层松散压力,增强开挖面的稳定性,有效防止隧道出现大面积的塌方。

管棚实质上其结构及布置形式基本同小导管。区别是管棚所用的钢管直径较大,为 100～600mm,长度亦较长,一般都在 20m 左右,且其外插角不能过大(一般≤5°)。与小导管相比,其刚度更大,对地层的预加固效果也更理想。

管棚钢管的直径并非越粗越好。目前工程中采用的管棚钢管直径不统一,且有逐渐加粗的趋势。事实上,大量研究和工程实践表明,由于隧道开挖后未支护段距离短,管棚的支护跨度小,因此无须采用较大直径的钢管支护,通常 $\phi108$ 钢管即可满足要求。

30.3.3 小导管及 TSS 注浆加固

在城市浅埋暗挖法地铁隧道开挖中,我国多采用小导管作为预加固的主要技术手段。所谓的小导管即是由 $\phi32～60$ 钢管制成。它包括锥体管头、花管及管体三部分。长度一般为 2～6m,其布置形式是沿隧道纵向,在拱上部开挖轮廓线外一定范围内,向前上方倾斜一定角度,管体的外露端通常支撑于开挖面后方的格栅刚架上,而前方要求深入到稳定的土体中,构成预支护加固系统。对注浆的小导管如若间距合适,注浆饱满搭接,则能在隧道轮廓线以外形成一定厚度的壳结构,这样小导管既能加固一定范围的围岩，又能支托围岩，其支护刚度和预加固效果均大于超前锚杆。

超前小导管注浆是城市地铁隧道浅埋暗挖法施工中最为常用的超前注浆预加固处理方法，该方法的优点是能配套使用多种注浆材料、施工速度快、施工机械简单、工序交换容易，缺点是注浆加固范围小、注浆效果不均匀、不能有效形成加固范围。就目前来说，超前小导管注浆法已经成为浅埋暗挖隧道的常规施工工序，在地层较稳定、无特别风险源的情况下被大量采用，特别是在未胶结的砂卵石、粉细砂层中更为常用。

TSS注浆技术是在小导管注浆的基础上经过改进研制而成的一种新型注浆技术，适用于富水粉细砂土层的加固及堵水。近年来通过在广州、深圳、杭州等地铁及市政工程中的应用实践取得了成功。TSS注浆系统包括注浆管体及TS-A止顶杆、TS-B芯管、TS-C顶杆螺母、TS-D止浆塞等几部分，如图30-1所示。注浆管体一般采用焊接钢管，管壁梅花形钻设溢浆孔，外覆单向止浆片，顶管为无缝钢管，前端与止浆塞相抵，后端为顶杆螺母，注浆芯管在管口处与输浆管路连接，前端套至止浆塞。注浆时通过顶管作用止浆塞，封闭浆液回流通道，浆液在压力作用下通过注浆芯管进入注浆管体后沿止浆片向外进入地层，同时通过止浆塞位置的移动进行分段控制。

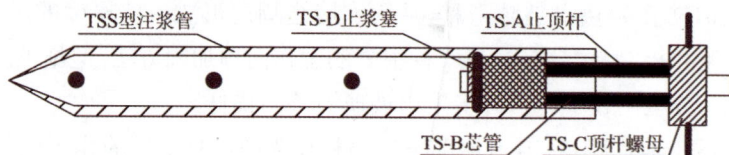

图30-1　TSS注浆示意图

TSS注浆工艺突破了袖阀管、小导管等其他注浆工艺的局限性，具有以下显著特点：

(1)施工中不需要大型钻孔机械，给施工配套带来方便；

(2)采取风钻或风镐顶进技术布设注浆管，并可避免地层中砂土进入管内；

(3)布设后可实现多孔注浆平行作业，提高施工速度；

(4)相对于洞内水平袖阀管注浆，布孔时间及材料大大减少；

(5)易于操作，施工空间小，灵活性高；

(6)周边注浆管可起到超前支护作用，有利于稳定地层。

30.3.4　超前深孔注浆加固

浅埋暗挖法施工中，当围岩的自稳能力在12h以内，甚至没有自稳能力时，为了稳定工作面，控制沉降，确保施工安全，需要进行注浆加固地层。注浆方式如按注浆施工与工作面开挖施工的先后顺序不同，浅埋暗挖法地铁隧道注浆施工主要分为两大类：第一类为在隧道开挖施工之前对即将开挖的土(岩)体进行注浆加固，称为超前预注浆；第二类为在隧道开挖施工之后对隧道周围土(岩)体进行环向打孔注浆加固，称为径向补偿注浆(初期支护背后回填注浆)。如按注浆成孔方式和最终注浆长度来分，则又可分为超前短孔注浆(常规超前小导管注浆)和超前深孔注浆。如按注浆的施作地点，又可分为地表注浆加固和隧道内注浆(洞内注浆)。注浆材料主要采用改性水玻璃浆、普通水泥单液浆、水泥水玻璃双液浆、超细水泥四种。

一般地层条件下，多采用小导管进行超前预注浆和径向补偿注浆，但对控制沉降要求高的复杂环境条件下施工时，多采用超前深孔注浆。一般而言，在城市环境条件下采用超前深孔注浆加固地层，地表条件相对苛刻，较多采用洞内超前深孔注浆加固。但在环境许可的条件下，应优先选择地表注浆。鉴于地表注浆的施工作业条件、施工技术与工艺难度相对简单，这里仅介绍几种洞内水平超前深孔注浆施工技术。

目前常见的洞内超前深孔注浆工艺有 TGRM 分段前进式深孔注浆、分段后退式双重管注浆、水平旋喷注浆和水平袖阀管注浆四种,这四种超前深孔预注浆工艺特点如下:

1)TGRM 分段前进式深孔注浆

分段前进式深孔注浆是钻、注交替作业的一种注浆方式。首先采用水平地质钻机成孔,开孔后安装孔口管,在孔口管内分段向前钻、注施工。每一循环进尺控制在 2 ~ 3m,成孔后退出钻杆,安装法兰盘及注浆管进行注浆,待浆液凝固后拆除法兰盘,再进行钻孔……如此循环,直到钻进深度达到设计要求,如图 30-2 所示。

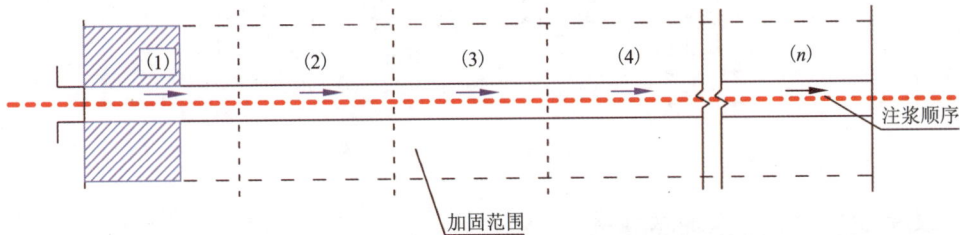

图 30-2 TGRM 分段前进式注浆工艺

该工艺最初是为解决砂卵石地层其他深孔注浆工艺难以成孔问题而提出,经过应用中的不断改进和完善,这种注浆施工方法解决了复杂环境条件下,城市暗挖隧道不同地层施工的多个注浆技术难题,已被广泛应用于地铁工程的注浆施工。与其注浆工艺配套开发的具有早强性、耐久性、微膨胀性等特点的 TGRM 注浆材料被并称为 TGRM 分段前进式超前深孔注浆工艺。

2)双重管注浆(WSS)

双重管注浆技术是采用双重管钻机,钻孔至设计深度后进行注浆。浆液分 A 液和 B 液(或 C 液),浆液充分混合于置于双重管端头的浆液混合器内。注浆时,可以采用电子监控手段,对钻孔方向、浆液用量和注浆压力进行定量控制,使土体孔隙内充满浆液并固结,有效地提高土体的稳定性和力学性能。双重管无收缩双液注浆技术的优势在于以下几方面:

(1)对环境污染小,注浆过程中,不容易发生浆液四处溢流现象;

(2)对土体的渗透性比较强,可以控制浆液扩散范围;

(3)凝结时间可以调节,并可复合注入施工;

(4)浆液混合得比较完全和均匀,两种浆液在端头混合器内进行混合,混合效果相对比较好;

(5)既可以垂直注浆,亦可倾斜注浆,还可以进行水平放射注浆;

(6)可以连续作业,注浆材料来源广泛,适用范围广,可用于各种土层。

双重管注浆技术既能够很好地提高土体的强度和稳定性,也有很好的止水效果,能适应各种地质条件。它对场地占用小,不容易破坏地下管线;其成本较低,但加固范围广,止水效果好。作为成熟的土体加固技术,双重管无收缩双液注浆法在国内多个城市地铁中都有过成功的经验并得到了广泛应用。

该工法的缺点是采用钻杆注浆,钻杆与注浆孔之间必然会存在间隙,注浆时极易造成浆液回流,既浪费材料又不能保证注浆效果。因此双重管注浆工艺采用的注浆材料为速凝的水泥水玻璃双液浆(凝结时间在 1min 内),可防止浆液回流,但双液浆固结体的有效强度只能维持在一周左右的时间,所以双重管注浆只适合于对注浆加固效果要求时间不长的临时性注浆加固工程,而不适用于对沉降控制要求较高的穿越建(构)筑物的永久性注浆加固工程。双重管注浆工艺流程如图 30-3 所示。

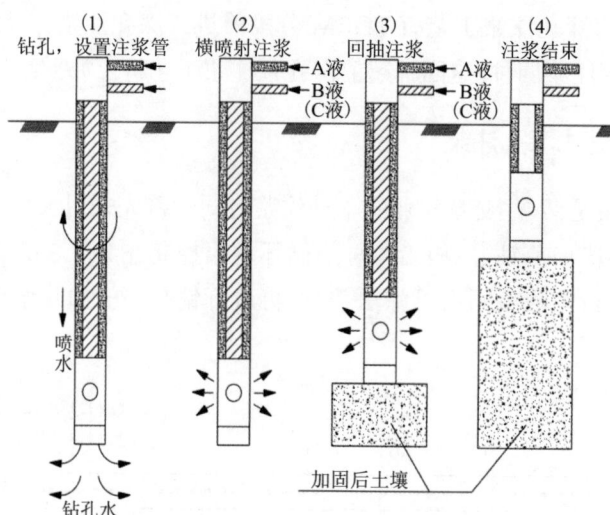

图 30-3　双重管注浆工艺流程图

3）水平旋喷注浆及 MJS 加固工法

水平旋喷注浆又称喷射注浆，是日本在 20 世纪 70 年代初期首次开发使用的地层预加固技术。水平旋喷注浆法是在一般垂直旋喷注浆基础上发展起来的，以高压旋喷的方式压注水泥浆，从而在隧道开挖轮廓线外形成拱形预衬砌以起到预加固的作用。其原理是浆液在高压作用下（20MPa 以上）剪切置换地层，在隧道前方形成浆土加固混合体。尽管垂直旋喷技术已经比较成熟，但水平旋喷注浆技术的应用还很不成熟，且所注注浆桩抗弯性能不强，施工控制难度也较大。特别是旋喷注浆的压力不易控制。若压力过小，注浆桩的效果不好；压力过大，易引起地表隆起。国外在特殊地层及复杂环境条件下，相对较多地采用水平旋喷注浆进行地层预加固。

水平旋喷注浆施工方法为：采用水平定向钻机打设水平孔，钻进至设计深度后，拨出钻杆的同时通过水平钻机、钻杆、喷嘴以大于 35MPa 的压力把配制好的浆液喷射到土体内，借助流体的冲击力切削土层，使喷流射程内土体遭受破坏，与此同时，钻杆一面以一定的速度旋转，一面低速徐徐外拔，使土体与水泥浆充分搅拌混合，胶结硬化后形成直径比较均匀、具有一定强度的桩体。水平旋喷注浆适合在隧道周围没有重要构筑物情况下的软土地层加固，不适合压缩性小的卵砾石地层和砂性地层。从目前研究来看，水平旋喷桩支护虽造价较高（每米较小导管注浆增加费用 6000 元以上），但施工成功率、安全可靠性均比小导管注浆大。尤其在黄土、砂黏土等难以注入加固的软弱围岩隧道中以及隧道处于含水地层且较难降水时，水平旋喷注浆是一种较好的加固堵水措施。

在水平旋喷注浆的基础上，近年来又出现了水平 MJS 加固工法。MJS 即全方位超高压喷射注浆法，它采用独特的多孔管和前端强制吸浆装置。在施工过程中，通过测压传感器，可以控制吸浆孔的开启大小，调节泥浆排出量达到控制土体内压力的目的，减小对环境的影响，避免挤土效应的出现。其特点为：① MJS 工法摇摆喷射是采用步进喷射，即一步一步向上喷，一步作为一个步距，通常每一个步距为 25mm，每一个步距来回喷射一个单位时间，单位时间根据摇摆角度确定。② MJS 工法具有量测和调控地内压力系统的功能，地内压力是通过调节排泥口大小从而调节排出废泥浆的流量来控制。泥浆排出是由于倒吸水流的作用，使排泥口的内部与外部形成压力差，外面的泥浆被强制吸入，水流具有向上的动力，推动泥浆排出。当施工深度超过 5m 时，钻杆中间需配备倒吸空气适配器，倒吸空气适配器能够产生强大动力，帮助泥浆顺利排出。③浆液水灰比为 1.5∶1，为防止粗粒混入堵塞喷嘴，水泥在配制前要过筛，成浆后还要进行过滤，要求粗粒直径不大于 2mm。目前水平 MJS 加固工法在国内运用不多，2013 年在深圳地铁某盾构端头加固工程中获得了成功运用，此外，2015 年广州地铁 9 号线 3 标下穿武广、京广铁路工程及 2017 年长沙地铁溁湾镇站地层加固工程也采用了 MJS 水平加固工法,并积累了成功的经验,如图 30-4 所示。

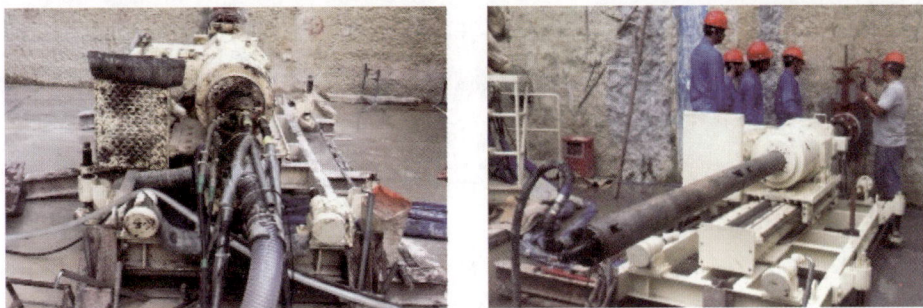

图 30-4 水平 MJS 加固现场

4）水平袖阀管注浆

水平袖阀管注浆工艺是在完成水平方向的注浆孔施工后,钻孔内放入带阀套的套管（可为塑料管、钢制管或其他材料管材）,后在经特制浆液封孔固定后,在袖阀注浆管内放入止浆塞（水囊、气囊或皮碗式）及其配套装置,底部开始逐步分段往外注浆,如图 30-5 所示。注浆浆液经注浆泵加压后,通过连通管进入注浆管聚集到袖阀管注浆管段的射浆孔地层,当压力逐渐增大到一定程度,再加压浆液就会沿着地层结构产生初始劈裂流动,此时由于供浆量小于吃浆量,压力会自动恢复到平衡状态,续后的浆液在持续压力作用下使得劈裂裂缝不断地向外延伸,浆液在土体中形成条脉片状固结体,从而达到增加地层强度、降低地层渗透性的目的。

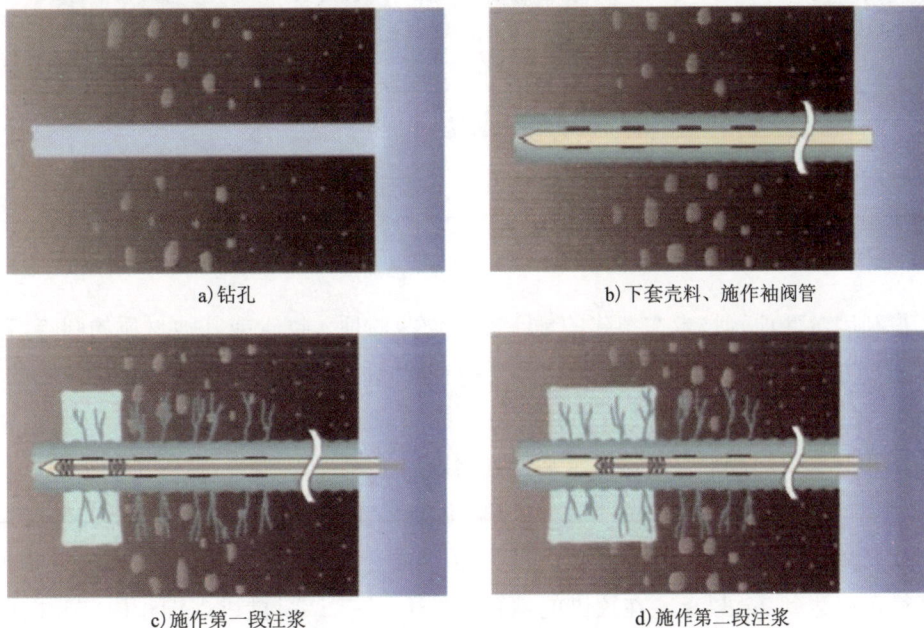

a) 钻孔

b) 下套壳料、施作袖阀管

c) 施作第一段注浆

d) 施作第二段注浆

图 30-5 水平袖阀管注浆工艺流程图

水平袖阀管注浆的优点是能实现真正意义上的定域、定压、定量、往复精细注浆,注浆施工质量有保证。缺点是对机械设备要求高,如果地层恶劣则需主要使用水平套管钻机、恒压低流速大流量注浆泵等比较昂贵的施工机械,同时往复注浆需要的注浆工期较长（是正常注浆施工工期的 2 倍）。理论上水平袖阀管注浆适合所有的水平注浆施工,但由于施工成本较高（相比一般注浆施工成本增加一倍以上）和施工速度较慢,一般在特别困难的地层（如砂卵石地层）或特别重大风险源注浆加固工程中采用。水平袖阀管注浆近年来在深圳地铁、广州地铁、北京地铁、西安地铁、青岛地铁等地铁施工过程中得到过成功应用。

30.3.5　冻结法

冻结法的原理是利用人工制冷技术,在地下开挖体周围需加固的含水软弱地层中钻孔铺管,安装冻结器,然后利用制冷压缩机提供冷气,通过低温盐水在冻结器中循环,带走地层热量,使地层中的水结冰,将天然岩土变成冻土,形成完整性好、强度高、不透水的临时加固体,从而加固地层、隔绝地下水,利用在冻结体保护下实现浅埋隧道的安全开挖。人工制冷除了以盐水为介质外,还可采用液氮和干冰直接在冻结器内汽化降温冻结。

地层冻结技术具有冻结加固的地层强度高、封水效果好、适应性强、安全性好、整体性好和环保等特点,但由于是临时加固措施,因此其冻结时间以及冻结装备系统直接影响冻结体质量,一旦出现事故,其影响和损失是巨大的。在技术经济合理的条件下,对用水量较大的流沙层下进行地铁隧道区间、进出洞、联络通道(图 30-6)等重要节点施工可选择采用冻结法。目前,国内最长的采用水平冻结成功施工的隧道是广州地铁 3 号线天河客运站折返线工程。该隧道施工时一次性水平冻结长度达 138.8m,冻结断面面积为 86m²,隧道最大开挖跨度为 14.85m,冻结加固体距地表仅 5.5m。

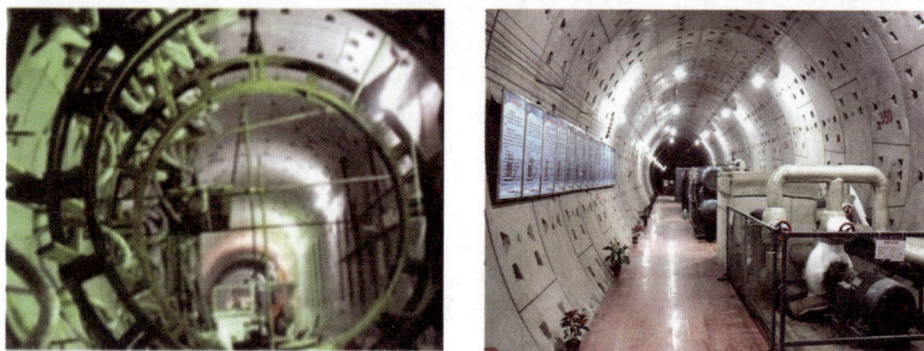

图 30-6　某地铁工程联络通道冻结法施工

30.3.6　管幕(预筑)法

管幕法是利用微型顶管技术在拟建的地下建筑物四周顶入钢管或其他材质的圆管,管之间采用锁口连接并注入防水材料而形成水密性地下预支护空间,并在此空间内修建地下建筑物的施工方法。管幕法于 1971 年应用于日本公路隧道中并取得了成功,而后成功推广到了欧美一些国家。我国于 2005 年首次采用管幕内箱涵顶进法施工上海北虹路地道工程。

近年来,管幕法在应用中不断地发展完善,对不同地质条件研究开发了不同的管幕类型与接头形式,形成各种新的管幕施工工法。管幕预筑法是在传统的管幕法基础上改进形成的,管幕预筑法所使用的钢管直径可以达到 2m 以上。在顶进的钢管保护下,人工或机械进入钢管内部开挖排土。顶管过程和每根顶管结束后,根据需要分阶段从顶管内向管外注浆。然后对钢管进行切割并支撑,钢管内进行结构浇筑。最后等结构强度及刚度达到要求后,进行结构下大范围土体开挖,建成大断面的地下空间。该工法最突出的特点是:整个过程中,所有的开挖都是在预先建造了可靠结构后完成的,因此保证了施工安全。沈阳地铁 2 号线新乐遗址站施工是国内首个应用该工法的工程,如图 30-7 所示。

图 30-7　沈阳地铁新乐遗址站管幕预筑法施工

30.4 工 程 实 例

30.4.1 水平 MJS 工法加固工程实例

盾构出入始发和到达洞门时,由于无法建立与土体平衡的压力,当始发到达端头土层自稳性较差时,可能出现漏水、漏沙,最终导致地面坍塌甚至淹没隧道等事故,因此须对端头位置地层进行加固。常用的加固方法是从地面做旋喷桩或搅拌桩,但当加固深度较大或不具备从地面加固条件时,这些方法无法实施或质量较难保证,而采用水平 MJS 工法可有效解决这一问题。以下通过工程实例介绍水平 MJS 工法在盾构端头加固中的应用。

深圳地铁某工程为两站两区间,其中区间隧道单线总长约1.5km,隧道外径 6000mm、内径5400mm,管片宽 1500mm、厚 300mm。该工程两隧道以上下叠线形式到达终点站,其中上线隧道到达端头洞身范围主要地层为卵石层和强风化变质砂岩,隧道拱顶覆土主要为卵石层、粉细砂层和黏性土,拱部覆土层自稳定性差,因此盾构到达前必须进行端头加固。原设计拟采用旋喷桩加固,加固范围:隧道方向为9m,竖向为隧道顶以上3m至隧道底以下 2m,横向为隧道边界各外扩 3m,加固最深处埋深约19m。具体如图 30-8 所示。

但由于征地困难且涉及较多的管线改迁,没有从地面进行加固的条件,因此为解决盾构到达端头加固的问题,项目部采用了水平 MJS 工法进行端头加固。MJS 桩径为 2.6m,咬合0.3m,加固范围与原设计方案一样,即隧道轴线方向（纵向）长 9m,宽12m,厚度 10m,即隧道顶以上 3m,隧道底以下 1m。加固范围如图 30-9 所示。

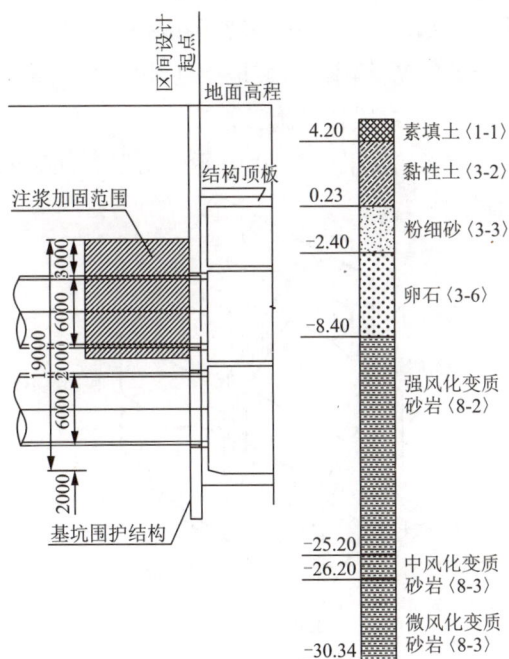

图 30-8　端头地层示意图(尺寸单位:mm,高程单位:m)

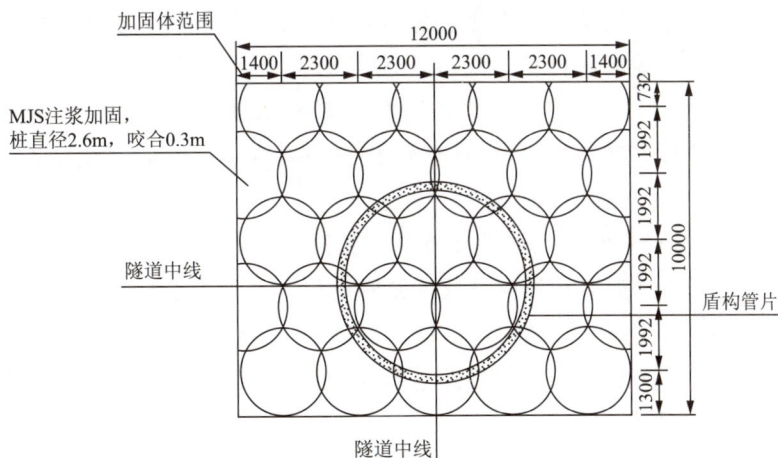

图 30-9　端头加固示意图(尺寸单位:mm)

MJS 工法加固土体分为两个阶段。第一阶段为削孔阶段,削孔时将 1.5m 的钻杆和前端装置连接,顶出多孔管,直到计划施工深度。若地基较硬,需要长距离施工时,可用多层双孔管施工,成孔直径为 200mm 左右。第二阶段为摇摆喷射阶段,通过安装在钻头底部侧面的特殊喷嘴,置入土体深度后,用高压泵等高压发生装置,以 40MPa 左右的压力将硬化材料从喷嘴喷射出去,并一边将多孔管抽回。由于高压喷射流具有强大的切削能力,土体在高压射流切割下,原有土体结构破坏,土体和水泥浆液搅拌混合并固化成有一定强度的固结体。

30.4.2 冻结法加固工程实例

深圳地铁 5 号线某盾构区间端头井基坑支护方案是采用地下连续墙和钢支撑联合支护的方式。左线东端头井位于民治站内,长 12.5m,宽 8.5m,地下连续墙厚 1.2m。车站主体结构基底位于砾质黏性土层,东端墙盾构隧道位于砂质黏性土中,地下水位埋深 2.0 ~ 3.2m,渗透系数 0.45m/d,距盾构始发处 3m 设有排水涵管。为确保盾构机安全始发,防止土体坍塌,控制地面沉降,设计采用冻结法进行地基加固。但考虑到现场实际情况,冷冻范围为沿隧道前进方向 3m,横向 10.5m。盾构机始发时先分阶段凿除洞门区域地下连续墙,盾构机靠上冻土墙,然后在加固区域进行始发段推进,穿过加固区,进入正常段掘进施工。

盾构始发采用图 30-10 示始发冻结加固形式。冻结加固区根据设计中功能要求分为两部分:一部分是与地下连续墙紧贴的封头冻土墙,作用是保证地下连续墙被打开之后,土体不发生失稳坍塌和漏水现象;另一部分是平衡段,由前冻土墙和冻土拱两部分构成,平衡段的作用是防止盾构到达时发生机头上仰,避免因超挖和土体空隙而引发地表隆沉和覆土失稳事故。

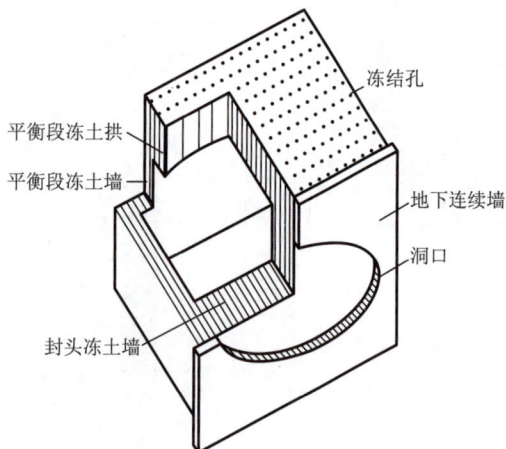

图 30-10 冻结加固形式

平衡段冻土拱
平衡段冻土墙
冻结孔
地下连续墙
洞口
封头冻土墙

土压平衡盾构机在冻结法加固地层中始发的施工流程为:冻结孔施工—冻结制冷系统安装—冻结系统调试—冻结系统试运转—积极冻结—探孔检验—凿除洞门—盾构顶进至洞门停止冻结—冻结管拔除—盾构正常顶进—融沉注浆。

冻结孔施工:定位开孔及孔口管安装—孔口密封装置安装—钻孔—测量—封闭孔底(单向阀)—打压试孔。采用水准仪、经纬仪对冻结孔精确定位,装好孔口装置后,钻机开穿连续墙。为保证在钻孔施工中地层不涌水、沙等,对每个冻结孔施工都加装孔口密封装置,以有效控制因打钻而造成的地层空洞,以便更好地控制地层的融沉。钻孔时,按设计要求调整并固定好钻机,控制好位置和垂直度,观察出水、出砂等异常。同时加强沉降监测,保证地面不沉降,监测过程中采用经纬仪,保证钻孔的偏斜度小于 1%,避免钻孔内偏,钻孔过程中随时观察出水、出砂情况,直至钻孔贯穿整个混凝土结构。

冻结管安装:冻结管安装过程中为了确保冻结管的同心和强度,宜以冻结管作为钻杆,当冻结管钻至设计深度之后,立即密封头部并测量复核冻结管长度,及时利用灯光经纬仪对钻孔测斜并绘制偏斜图。当钻孔的偏斜率合格之后,进行打压试漏,打压过程中的压力控制在 0.8MPa 左右,以稳定 30min 压力无变化为试压合格标准。整个管路连接完成,用聚乙烯材料对供液管、供液不锈钢软管、排气管、液氮循环干管等进行保温。

冷冻站安装:冻结施工中采用的设备主要为冷冻机、清水泵、盐水泵、冷却塔、盐水箱等。冻结冷冻站设于地面上,占地面积约 60m²。保温与测试仪表通过法兰管连接起来,并在冷却水循环管路和盐水管路上设置阀门、仪表测温、压力表、流量计、伸缩接头等元件。经试漏、清洗后的盐水管路要用聚苯乙烯泡沫塑料保温,外用塑料薄膜包扎,保温层厚 50mm。冻结施工设备部件如图 30-11 所示。

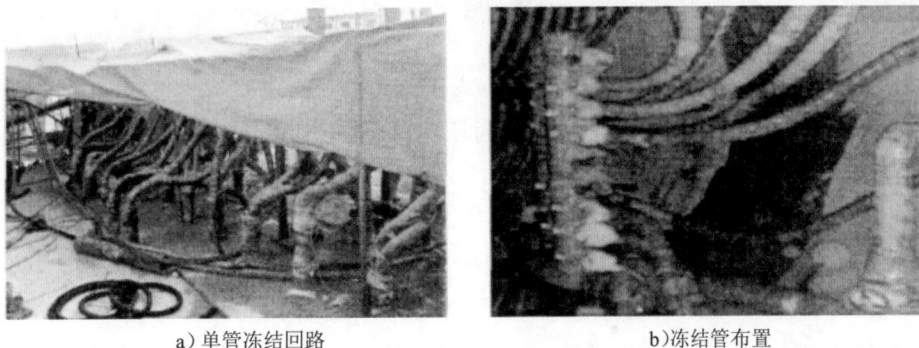

| a）单管冻结回路 | b）冻结管布置 |

图 30-11 冻结施工设备部件

积极冻结与停止冻结:冷冻设备安装完成之后,正式进入积极冷冻阶段之前还需要进行试运转、设备调试、设置温度参数等工作以保证设备能够正常运行。冷冻施工过程之中,定时监测盐水流量、回流盐水温度、冻结帷幕范围等,一旦发现施工偏差要及时采取措施调整冷却系统参数。通过地表测控判断冻结帷幕范围,判断是否达到设计要求的冻土条件,探明之后再进行隧道的开挖,积极冻结期之后根据实际情况提高盐水温度时土层进入围护冻结期。冻结施工中要求盐水温度在一周之内要降低至 -20℃以下。根据测温孔温度实测结果,确认冻土墙和地下连续墙胶结完好,冻结已经交圈,冻结壁厚度和温度达到设计值,地下连续墙和冻土墙之间界面的温度低于 -5℃时,可以分层破槽壁,留外层钢筋和不少于 40cm 的混凝土,破除端头墙土层和地下连续墙过程中要密切注意冻结管是否有破坏,一旦发现冻结管破坏或出现渗漏盐水现象,应及时关闭冻结器。

盾构推进参数控制:盾构隧道在穿越冻结区施工时,不宜停留,施工中出现拼装管片等故障因素而停止掘进时,为防盾构刀盘被冻住,每隔 30～60min 要转动几圈盾构的刀盘。盾构切削冻结加固土体时,为减小土体扰动,应降低推进速度、控制土仓压力。在保证盾构前方地表沉降在控制范围内的情况下,将盾构的推进速度控制在 1cm/min 左右匀速推进。盾构出洞段的施工中应当重点控制盾构的姿态变化,为了保证盾构推进符合隧道设计轴线,以良好的姿态出洞,施工中应检查支撑在盾构后方的千斤顶的行程差和每环管片的安装超前量。盾构在冻结地层中推进时要随时观察管片与盾壳的间隙、油缸油压变化、千斤顶行程、土仓出土量等情况。并采用稳坡法、缓坡法推进,以减少对上部加固土体影响。盾构开挖时应当尽量在 10d 之内通过加固体,且盾构密封之后需采用快硬浆液对洞口进行有效的封堵,防止后期解冻之后泥土涌出。停止冷冻之前应将盾构机机头紧贴冻结土体,拔出冻结器之后立即进行盾构推进以防止冻土墙在暴露的环境中加剧融化。

冻结管拔除:施工中采用人工解冻方案拔出冻结管,将盐水进行加热,然后使热盐水在冻结回路管内循环流动,冻土融化层达到 10～20mm 后,即可进行拔管操作。具体施工方法为:首先采用一只 2m³ 左右的盐水箱用于储存盐水,用 40～80kW 的电热丝将盐水温度加热至 40℃,然后利用一个流量为 10m³/h 的盐水泵循环输送盐水 5min 左右,当盐水温度被加热到 60～80℃时,继续在输送管道里循环 30min,当输送循环管里回路管的盐水温度达到 25～30℃时,可进行冻结管试拔,拔管过程中保持循环输送管内热盐水的循环输送。

监控量测:冻结监控测量是冻结施工中一项重要的工作,冻结帷幕厚度是否达到设计要求、开挖时间的确定等都是通过监测数据进行判断得来的。施工中监测频率为 2 次/d。除了要对冻结系统和冻土帷幕进行监测外,还需要对地面以及周围的重要建（构）筑物进行监控量测,监测频率可根据监测数据变化和实际工程情况做适当调整,计划监测频率为:钻孔期间 2 次/d,冻结加固期间 1 次/d,盾构始发期间 3 次/d,融沉控制期间 1 次/d,施工结束～稳定 1 次/d。

30.4.3 管幕预筑法加固工程实例

沈阳地铁 2 号线新乐遗址站为地下两层岛式车站,车站主体结构形式为单拱钢筋混凝土结构。该车站为暗挖车站,用管幕预筑法施工,为国内首次应用该工法施工的地下工程。站总长 179.8m,标准段宽度 25.2m,高度 18.9m,如图 30-12 所示。车站结构顶部覆土 7.6 ～ 11.2m,底板埋深 25.5 ～ 30.1m。车站横断面净开挖面积 402.5m²。

车站结构如图 30-13 所示,拱壳结构为外包钢结构的钢筋混凝土结构,拱壳结构自拱顶至站厅层板段为厚度 0.8m 等厚度拱壳,自站厅层至拱脚,厚度逐渐增加至 1.2m。站厅板厚 0.5m,站台底板厚度 1.6m。盾构在车站结构做完之前先过站,站厅范围盾构管片需要拆除,站厅板采取逆作法施工,在车站底板完成施工后,拆除盾构管片后依次现浇中柱和站厅板。混凝土采用 C35 自密实混凝土,自车站两端往中间开挖土方贯通站厅层后,由北往南分段开挖站台层土方,在距底板高度 2.2m 处加水平支撑后施作底板。

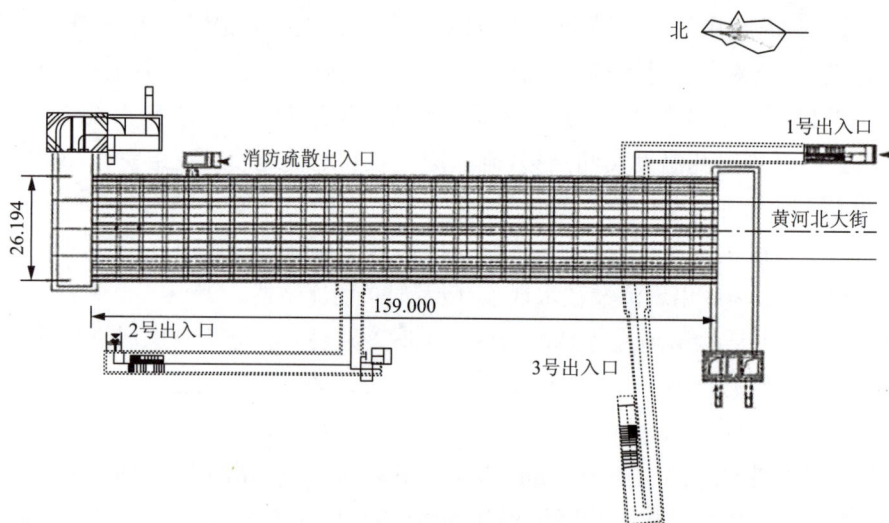

图 30-12　沈阳地铁 2 号线新乐遗址站平面图(尺寸单位:m)

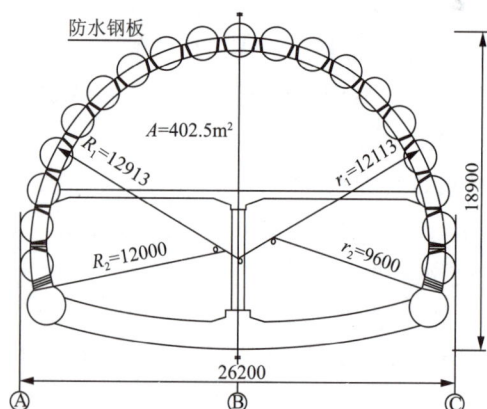

图 30-13　车站结构施工示意图(尺寸单位:mm)

本区间地层组成自上而下为杂填土、粉质黏土、中粗砂、砾砂、圆砾、中粗砂、圆砾、泥砾,属第四系地层,站体基本处在砂卵石地层和潜水中;地下水埋深 8.7 ～ 14.2m,水位高程为 32.53 ～ 37.94m,地下水位年变幅为 0.5 ～ 2m,含水层渗透系数高达 110m/d,回填土厚达 3 ～ 6m。

管幕预筑法建造浅埋暗挖地铁车站的主要施工过程为:工作竖井开挖—通道钢管顶进并出土—通道钢管切割并支护—通道结构施工—通道土体开挖—主体钢管顶进并出土—主体钢管切割并支护—主体结构施工—主体结构内部土方开挖—主体结构封底形成地下空间。其中主体车站结构施工流程如下:

利用通道永久结构作为主体结构顶管施工的反力墙,进行车站主体顶管作业,车站主体顶管结束后进行主体施工。在通道内土方开挖至主体结构顶部位置时,主体结构顶管作业与通道内土方开挖交叉作业,开挖至通道中板及临时支撑架处,及时浇筑中板和架设临时支撑架。主体顶管作业自拱顶处开始,然后依次施工拱顶两侧的钢管,如图 30-14 所示。

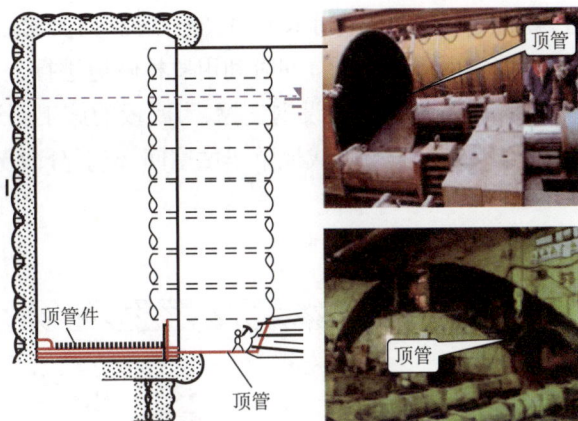

图 30-14　车站主体结构顶管布置

每次顶管结束,从顶管内部对顶管周围和管间进行注浆加固,控制地层沉降,为后续管间钢管切割创造条件,如图 30-15 所示。

分段管间钢管切割和管间支撑架设完成后形成了主体结构施工的钢管廊道,由于管间切割时存在土方的扰动和土体损失,也为地表沉降控制的总目标实现,要再次对钢管外侧进行注浆加固结构外的围岩,如图 30-16 所示。

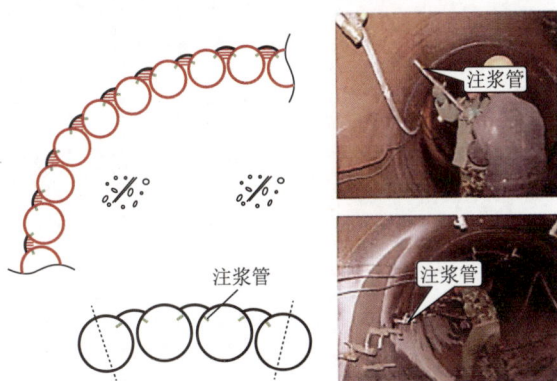

图 30-15　管内注浆

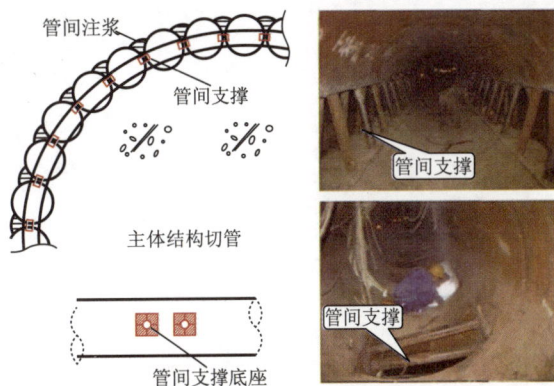

图 30-16　主体结构分段切管与管间支撑

为降低施工风险和加快施工进度,在钢管廊道形成后,在钢管廊道内进行钢筋的架立,利用钢管廊道作为模板进行主体结构的混凝土施工。混凝土施工如图 30-17 所示。

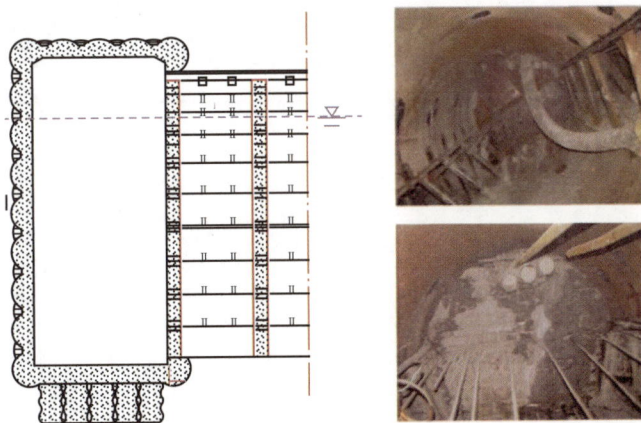

图 30-17　主体结构混凝土浇筑

主体结构混凝土全部施工完成并达到龄期后,从车站两端进行站厅层土方的开挖,如图 30-18 所示。站厅层土方贯通后,考虑盾构已经过站但尚未全部贯通,待盾构贯通后,从主体车站北端进行站台层土方的开挖、盾构管片的拆除和底板的浇筑,同时利用盾构隧道进行土方的运输和拆除管片的运输,加快施工进度。拆除管片后,在拱脚上方架设钢支撑,为底板的施工创造条件。站台层分段进行土方开挖和底板浇筑,封底后拆除临时支撑,形成地下车站空间,然后分段施工中柱和中板,完成主体车站的结构施工。

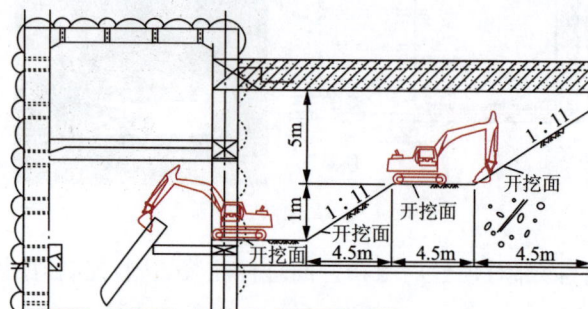

图 30-18　主体结构内部土方施工示意图

第**31**章 地铁工程邻近施工风险评估与控制技术

31.1 概　述

中国是世界上地下空间开发利用的大国,随着"西部大开发"的深入推进、城镇化的进一步加快、客运专线和城市轨道交通(地铁、城际轨道交通)的大量修建,隧道的数量与规模也在不断增加、扩大。然而,由于隧道施工场地狭小、地质条件复杂多变、不可预见风险因素多,对周边各种既有结构物的环境影响大等,技术和管理力量难以充分保证,对隧道安全风险的认识不客观,风险管理不科学,风险管理的投入不到位,所以隧道施工建设中事故频发,形势非常严峻,令人担忧。

如何建立和完善有效的城市地铁及地下工程建设环境安全风险评估与管理体系和制度,预防、控制和规避风险,并建立各级各类风险源变形控制标准和可靠的应急预案体系,在风险预警和安全风险形成后能够采取及时有效的应急措施,将风险危害和影响程度减至最低,已经成为地铁建设面临的迫在眉睫的事情。随着大中型城市轨道交通日益向网络化、规模化发展,地铁建设必将穿越大量的既有桥梁设施,城市地铁建设的不确定性,导致了城市地铁工程邻近建筑物施工安全风险的显著增加,这种风险的预估及控制亦成为穿越工程施工的关键技术难题。

综上所述,地铁施工这种巨大的地下施工工程会破坏周围土层的结构,从而严重威胁邻近桥梁的安全。邻近桥梁在地铁施工中的安全和正常使用已经成为当下一个非常重要及紧迫的研究课题。因此,加强地铁施工中邻近桥梁的安全管理可很好地保证地铁施工建设的安全性,开展相关方面的技术研究,可为地铁施工中邻近桥梁的安全管理提供科学指导,具有重要的实际应用价值和实践意义。

31.2 地铁隧道邻近施工风险管理方法

隧道风险的复杂性、风险事件的多发性和后果的灾难性,促使它成为当今世界的研究热点和难点。对隧道风险进行管理,必须要正确理解风险的本质和机理。在隧道工程管理中,引入风险管理技术,强调对项目目标的主动控制,从系统的角度来认识和理解隧道风险,从系统的角度来管理风险,从而减少损失。

31.2.1 风险机理分析

目前,在风险发生机理和成灾模式上有许多不同的研究成果,难以概括出一般性的规律,更没有一个统一的风险发生机理。下面对一些与风险发生相关的主要的模式进行概述,并着重研究基于孕险环境—致险因子—承险体—风险损失的风险发生模式。

1）风险事故因果理论

风险因果理论中有两种模型,一种是因果连锁理论,一种是多米诺骨牌理论。

(1)因果连锁理论:风险事故连锁理论可以看成这样一个连锁事件链:风险损失风险事故←一次原因(直接原因)←二次原因(间接原因)←基础原因。显然,调查风险事故时,应该从一次原因逆行查起。因果有继承性,是多层次的连锁关系,一次原因是二次原因的结果,二次原因又是基础原因的结果。

(2)多米诺骨牌事故模型:W H Heinrich 用多米诺骨牌来形象地描述风险事故因果的连锁关系。他认为,人员伤亡的发生是事故的结果,事故的发生是由于人的不安全行为和物的不安全状态造成的,人的不安全行为或物的不安全状态是由于人的缺点造成的,而人的缺点是由于不良环境诱发或者由先天的遗传因素所造成的。

2）能量意外转移理论

1961 年 Gibson、1966 年 Haddon 等人提出了能量意外转移理论。他们认为,风险事故是一种不正常的或不希望的能量释放并转移于人体。在生产过程中,能量是必不可少的。人类利用能量做功以实现人们生产的目的。人类在利用能量时必须采取措施去控制能量,使能量按照人们的意图产生、转换与做功。

3）轨迹交叉理论

轨迹交叉理论的基本思想是:风险事故是由许多相互联系的事件顺序发展的结果。这些事件概括起来可分为人与物包括环境两大系列。当人的不安全行为和物的不安全状态在各自发展过程中,如果在一定的时间和空间上两者发生了接触或交叉,导致能量转移到人体,便发生了风险事故。当然,人的不安全行为和物的不安全状态之所以产生和发展,往往是受多种因素作用的影响。轨迹交叉理论作为一种事故致因理论,它强调了人的因素与物包括环境的因素在事故致因中占有同样重要的地位,这一观点对于调查和分析风险事故来讲是十分重要的。

4）基于人体信息处理的人因失误风险事故模型

这类事故理论都有一个基本观点,即人失误会导致事故,而人失误的发生是由于人对外界信息刺激的反应失误所造成,主要有 Surry 模型和 Wigglesworth 模型两种。

(1)Surry 模型:1969 年,Surry 把事故的发生过程分为危险出现与危险释放两个阶段。这两个阶段各自包括一组人的信息处理的过程,即人的知觉、认识和行为响应。在危险出现阶段,如果在人的信息处理的每个环节上都正确,则危险就能被消除或得到控制;反之,只要任何环节出现问题,便会使操作者直接面临危险。

(2)Wigglesworth 模型:1972 年,Wigglesworth 提出了"人的失误是构成所有类型事故的基础"的观点。他认为在生产操作过程中,各种各样的信息不断地作用于操作者的感官,给操作者以"刺激"。

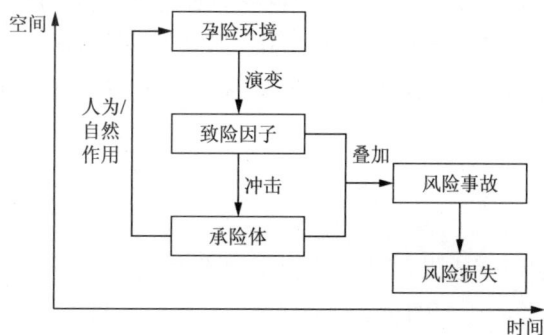

图 31-1 风险发生机理示意图

5）基于孕险环境—致险因子—承险体—风险损失的风险发生范式

该范式认为风险发生的机理是某种或多种致险因子通过孕险环境作用于特定的承险体而产生风险事故,如图 31-1 所示。

孕险环境、致险因子和承险体的相互作用都将对风险事故的时空分布、程度造成影响,风险损失的发生就是承险体不能动态适应或动态调整孕险环境动态变化的结果。任何利用某一个致险因素解释风险的发生、发展都是片面的,必须从系统的观点对风险发生机制进行分析。

31.2.2 风险管理方法

地铁施工邻近建筑物安全风险管理是指工程建设管理者,通过风险识别、风险估计、风险评价、风险处理、风险控制这一风险管理流程,采取并有效组合各种风险管理技术,实施风险处理、跟踪、控制、反馈,以减少隧道开挖对邻近建筑物安全造成的影响,争取以较低合理的风险费用获得地铁施工邻近建筑物最大的安全保障。

风险的一般管理流程主要包括五个阶段:风险识别、风险评价、风险措施、风险控制、应急管理。

(1)风险识别

风险识别是风险管理的基础工作。考察地铁隧道施工所涉及的各个方面,搜集积累有关历史风险的信息,采用一定的风险识别方法,找出影响地铁隧道施工邻近建筑物安全的因素,进一步对识别出的风险因素进行分类、筛选,确定影响所要分析风险问题的主要成分。地铁隧道施工邻近建筑物安全风险来自两个方面:一方面,施工本身存在的风险因素;另一方面,施工对邻近建筑物造成的安全风险是施工活动与建筑物相互作用的结果。因此,还必须考虑邻近建筑物自身的风险因素,如抵抗变形的能力。

(2)风险评价

在风险管理过程中,风险评价是十分关键的步骤。为了追求准确,需应用复杂的概率计算方法和采用精度较高的模型。但是,基于统计方法的概率估计,依赖于大量有效的历史资料数据,没有足够长时间和广范围的积累,很难满足模型建立的数据需求,因此,在实际操作中,有时只能放弃这种十分精确的方法,而采用不太准确的定性预测方法。

(3)风险措施

在工程实践中,都是组合使用风险应对策略,根据时间、环境、条件的不同,分别采取不同的策略。风险管理措施决策的机制是成本效益分析。风险管理措施主要包括风险回避、风险减轻、风险转移、风险自留等方式。

(4)风险控制

风险控制,广义的理解是经历风险识别、评估、决策、处理等最终以达到降低工程项目损失为目的的整个过程。狭义的风险控制,是指经过风险评估和决策后,对风险进行监控、信息反馈和对风险计划进行调整的过程。

(5)应急管理

在对事件应急管理过程中,通过对事件的早做准备,即可避免一些事故的发生,或降低事故的危害,从而较大程度地降低经济损失,并保障生命财产等的安全。地铁环境事故一旦发生,势必会造成一定的经济损失和社会影响。因此,除了在平日的正常工作中,进行积极、有效的风险预防外,还要制订有效的风险应急预案。对事件进行快速响应,合理地组织和利用各种应急资源,做好应急措施,将事件的影响尽可能地控制在较低水平内。

31.3 地铁隧道施工邻近结构物风险评估

风险分析的关键是掌握风险的基本属性及其相互之间的联系。对城市隧道工程施工进行风险研究,风险的定义更加复杂、困难。本书研究并不致力于风险的定义,而是研究隧道施工风险的具体表现形式及其相互关系,探求风险变动规律并提出相应的控制措施。

地铁施工对周围一定范围内的建筑物存在较大影响,通过对周围建筑物在地铁施工环境中的风险评价,判断出环境中风险度较高的建筑物,可以更准确地掌握周围建筑物的风险情况,做好风险防范控制等工作。

城市地铁及地下工程建设环境安全风险源主要是指在地铁和其他地下工程建设中,工程结构所穿越的包括:①软土、流沙、岩溶、硬岩、断裂、涌水、上覆地层空洞区、水囊区、河流、湖泊等特殊地层条件和水文地质条件;②地下管涵、暗河、护城河、桥桩、人防工事、地下通道等地下既有建筑物和市政基础设施;③既有地铁线路,地表路面结构,既有铁路等地面、地下交通;④民房、商业建筑、机关、文物古建、古城墙等建筑物及其基础等一系列隐含风险或重大风险的现场客观工程环境点。这些风险源与工程结构施工相互影响,共同构成一个工程建设环境安全风险有机体,同时也包括"新技术、新工艺、新材料、新设备"的应用给工程施工安全和结构自身安全所带来的风险因素。

主要风险识别方法有以下几种:

(1)调查和专家打分法

专家打分法主要是一种针对定性指标,当无法根据掌握的资料确定其风险大小时,一般利用专家经验,将风险识别的结果,即风险因素列出,然后,由专家对所列各个因素的影响程度进行评价,进而估计研究对象的综合风险的方法。

(2)蒙特卡罗法

蒙特卡罗法是一种模拟技术。根据要研究的问题构造一个适用的概率模型或随机模型,该模型与所研究的问题具有相同的数字特征。根据模型中各个随机变量的分布,在计算机上产生模拟所需的随机数。按照所建模型进行仿真模拟、计算,得到问题的随机解,进而统计分析模拟试验的结果,给出问题的概率解及其精度估计。该方法的缺陷在于需要大量的数据,且要求确定每一个输入变量的变化范围及分布概率,这种方法不能确定多个影响因素中的关键因素。

(3)层次分析法

层次分析法,是将风险问题分解成多个目标组成的系统,对以定性分析为主的主观判断进行定量化分析。层次分析法首先分析风险事件的主要影响因素,并进一步将主要影响因素划分为多个组成因素,形成一个有序的层次结构。然后分别对每一层次中各个因素的相对重要性进行定量表示,再根据数学方法计算每一层次各个因素的权重,为风险评判提供依据。

具体步骤如下:

①应结合熟悉工程的专家评价意见,对层次模型各层指标进行两两重要度比较,构建出两两比较判断矩阵,见式(31-1)。

$$A=\left(a_{ij}\right)_{n\times n} \tag{31-1}$$

②在建立起比较判断矩阵的基础上,利用方根法计算出矩阵的特征向量,进而得到各指标之间的相对权重向量 $\boldsymbol{w}_i=\left(w_1,\ w_2,\ \cdots w_n\right)^{\mathrm{T}}$,见式(31-2)。

$$\omega_i=\frac{\left(\prod_{j=1}^n a_{ij}\right)^{\frac{1}{n}}}{\sum_{k=1}^n\left(\prod_{j=1}^n a_{ij}\right)^{\frac{1}{n}}} \qquad (i=1,2,\cdots n) \tag{31-2}$$

③为了避免比较所得矩阵出现较大的逻辑错误,应对其进行一致性检验。衡量矩阵一致性的两个重要依据是一致性指标和一致性比例。

一致性指标 C.I. 见式(31-3)。

$$C.I. = \frac{\lambda_{max} - n}{n - 1} \qquad (31-3)$$

式中：λ_{max}——判断矩阵的最大特征值，

$$\lambda_{max} = \frac{1}{n \sum\limits_{i=1}^{n} \dfrac{(A\omega)_i}{\omega_i}}$$

一致性比例 C.R. 见式（31-4）。

$$C.R. = \frac{C.I.}{R.I.} \qquad (31-4)$$

式中：R.I.——平均随机一致性指标。

相关研究表明，当 C.R. < 0.1 时，可认为比较判断矩阵能够很好地满足一致性要求，否则应修正。

（4）人工神经网络

随着数据挖掘技术的兴起，一些现代启发式算法被广泛应用到各种交叉学科的研究中。应用神经网络进行风险评价时，将识别出的风险因素及其估计值作为神经网络的输入，将风险评估结果作为神经网络的输出，得到风险因素和综合风险之间的关系，建立风险评价的模型。神经网络的缺点在于它对样本的要求比较高，另外，它对问题的求解过程具有黑箱特性，因此无法解释其工作原理。

（5）模糊综合评判法

模糊综合评判方法，也是运用模糊数学原理，结合最大隶属度原则，对主客观事物进行分析和评价的一种方法。通常待评价对象都具有一定的模糊特性。通过对风险的多个风险因素的综合分析，判断风险事件的总体情况。模糊综合评判法最大的好处在于可以较好地处理人脑思维中的主动性和模糊性，再对这些因素进行综合考虑，进而得出合理、准确的评价结果。风险本身就是模糊的概念，所以适合使用模糊综合评价法，其数学模型简单，比较容易应用。

31.4 地铁隧道施工邻近结构物风险分析与控制

隧道施工引起的地层变位对邻近结构物造成的危害主要表现为结构物倾斜过大及地中管线的变形、断裂而影响正常使用。但由于地表建筑和地下管线种类繁多，建筑结构类型千差万别，用同一控制基准值难免对于某些地段可能过于保守，增加工程造价，而某些地段则会出现险情，甚至造成灾难性后果。通常地表沉降控制基准值应综合考虑地表邻近建筑物、地下管线及地层和结构稳定等因素，分别确定其允许地表沉降值，并取其中最小值作为控制基准值。

31.4.1 隧道下穿公路分析

近年来我国各大城市都在大规模修建地铁、高等级公路隧道和铁路隧道，但由于对隧道施工造成的路面破坏没有引起充分的重视，道路经常出现工程事故，影响道路通行能力，造成重大的社会和经济损失，其结果不容忽视。为了保证在隧道施工中路面的安全，应根据其受力和变形原理制定相应的沉降控制标准。

1）公路路面功能性要求

隧道下穿既有公路时，不可避免地会产生一定量的沉降，为满足设计标准，其纵坡、横坡、平整度的变化不应超出公路等级规定的技术标准。

（1）纵坡要求：根据《公路工程技术标准》（JTG B01—2014），各公路等级之间纵坡仅相差 1%，最大纵坡为 3%，所以，因隧道开挖引起的不均匀沉降而降低纵坡标准不得超过 1%，否则会降低公路的等级。同时，考虑地质条件的复杂性等其他一些不利因素，建议以 0.5% 的变坡作为不均匀沉降所引起坡度变化的容许值。

（2）横坡要求：通常各等级公路建设完后横坡不得大于其规定的上限（2%），也不得小于其规定的下限（1%），由此可得横向不均匀沉降的坡差不得大于 1%。

（3）平整度要求：由于我国从 20 世纪 80 年代才开始建设高等级公路，有关平整度的技术标准尚待补充和完善。中国民航总局曾对机场路面的平整度做过相关规定：3mm 直尺对除变坡处以外的任何方向及位置检查，对于新路面，直尺与表面间隙不得大于 3mm；对于已使用的路面，直尺与表面间隙不应大于 10mm，并且不积水。所以，在路面使用期间平整度的变坡为（10mm-3mm）/（3000mm/2）≈ 0.46%。

综上所述，平整度对不均匀沉降指标的要求最严。

2）公路路面结构性要求

由于隧道开挖引起的不均匀沉降会使路面结构内部产生附加应力，一旦这种附加应力大于路面结构层材料的强度，路面的结构将会破坏。因此，在高等级公路使用年限内，应要求其最大的不均匀沉降值不超过容许的不均匀沉降指标，这样才能保证高等级公路的正常使用。

综合公路路面的功能性要求和结构性要求，并考虑到路面较容易修复，所以主要从满足路面结构性要求的角度推导公路路面的最大允许变形控制基准。

31.4.2 隧道下穿管线分析

盾构隧道施工会对周围土体产生扰动，从而带动邻近地下管线产生移动。隧道施工对临近地下管线的影响是通过管线周围的岩土体传播，最终以法向土压力和切向摩阻力等荷载的形式作用在地下管线上，地下管线反过来又阻碍了土体变形的进一步发展。盾构隧道施工引起邻近底线管线产生了附加变形和附加应力，影响管线的安全运行。根据目前所能收集到的资料，描述管线变形参数的主要指标有管线曲率、管线应力、管线应变、管线接口转角、管线位移和地层位移差。

一般认为盾构隧道施工中地表变形在允许范围内，地下管线就处于安全状态。北京、广州、重庆等地规定，盾构隧道施工中地表沉降不能超过 3cm 或地表最大斜率不能超出 2.55mm/m。但由于底下管线的材质、用途、埋设年份、土壤环境、接口类型、埋深以及隧道的相对位置差别很大，仅依据地表变形这一个指标判定各种管线的安全性不尽合适。

目前，我国管线的控制标准尚不统一，一般采用小于容许值的指标作为施工管理标准值。目前，国内工程实践中常用的标准如下：

（1）管线沉降控制标准

承插接口及机械铸铁管道和柔性接缝管道，每节许可差异沉降为 $\delta \leqslant L/1000$mm（L 为管节长度）。

（2）管节受弯应力控制标准

通过对管线的理论分析可知，管线中的纵向受弯应力对管线的应力起控制作用，当管节中的弯曲应力小于容许值时，管道可正常使用，否则产生断裂或泄漏。

（3）管接缝张开值控制标准

当管线接头转动的角度或接缝的张开值小于允许值时，管线接头处于安全状态，否则产生断裂或泄漏，影响使用。例如：直径为 D、管节长为 b 的管线在管线沉降曲线曲率最大处（$1/R$）接缝的张开值需满足式（31-5）。

$$\Delta = \frac{Db}{R} < [\Delta] \qquad\qquad (31\text{-}5)$$

式中：R——曲线半径；

     Δ——接缝张开值。

31.4.3 隧道近接立交桥施工分析

1）隧道施工变形对立交桥影响分析

隧道施工对桥的影响程度取决于隧道与桥梁之间的位置关系、地层条件和隧道施工方法等。下面就地表下沉、水平位移、倾斜变形、曲率变形和地表水平变形，以及地表可能发生不连续变形时对桥的不利影响进行说明。

（1）地表下沉：如果隧道开挖范围较大，特别是开挖引起地下水的变化，桥梁将随地表均匀下沉。若桥梁各个部位下沉值相等，各个构件不产生附加应力，桥梁结构不会受到地表下沉的影响，但是会在地下开挖过程中受到动态变形的破坏影响，桥梁下沉也降低了桥梁的高程，在竖直断面内线路出现凹状变形，对桥梁产生不利影响。

（2）倾斜变形：地表倾斜变形引起桥梁发生相应倾斜，重心和荷载的偏移使墩台的强度和稳定性受到损害。重心偏移使桥梁在自重作用下产生垂直荷载的水平分力和倾覆力矩，导致桥梁构件和墩台基础的应力状态发生变化。当墩台发生的纵、横向倾斜不一致时，桥跨结构将在对角位置的支座上出现悬空现象，受到横向扭力的作用，钢筋混凝土桥跨结构的连接横梁上也可能产生裂缝。

（3）曲率变形：在曲率变形的影响下，墩台地基将发生弯曲变形，使地基反力重新分布，基础底面由水平面变为斜面，产生附加弯矩和剪力。在地表正曲率变形区下凹，墩台向桥梁跨外方向发生移动和倾斜，在地表负曲率变形区上凹，墩台向跨间方向发生位移，而桥跨阻止墩台移动，导致桥梁结构的损害。

（4）地表水平位移：地表横向水平位移造成线路延伸方向发生变化，纵向水平位移可能引起桥梁受到挤压或者拉伸破坏。

（5）地表发生不连续变形：地表出现不连续变形时，该区域桥梁结构将受到灾害性破坏，因此这种变形必须避免。

2）由相关规范确定墩台沉降标准

有关规范条文的规定见表 31-1。另外，墩顶过大的水平位移也会影响桥梁结构的正常使用，《公路钢筋混凝土及预应力混凝土桥涵设计规范》（JTG D62—2016）规定墩顶端的水平位移的容许极限值是 $5\sqrt{L}$ mm（L 为相邻墩台间最小的跨径长度，以 m 计；跨径小于 25m 时，仍以 25m 计）。

从表 21-1 中分析可知，对于简支梁桥，由于桥墩的不均匀沉降只是改变桥面的横向及纵向坡度，影响行车的舒适性，不会引起附加的内力，其允许的墩台沉降也都为定值，为跨度的函数；而对于连续梁桥，不均匀沉降会引起附加内力，这时要根据附加内力的大小从安全性截面承载力、开裂性能的角度进行判断。

有关规范对墩台沉降值的规定   表 31-1

规 范 名 称	墩台沉降标准
《公路钢筋混凝土及预应力混凝土桥涵设计规范》（JTG D62—2016）（简称《桥规》）	对于静定结构，墩台允许均匀沉降量为 $20\sqrt{L}$mm，相邻墩台沉降量之差为 $10\sqrt{L}$mm，对外静不定结构，相邻墩台沉降差会在上部结构中产生很大的次应力，因此，容许的沉降差根据沉降结构产生附加应力的影响而确定
《城市桥梁养护技术规范》（CJJ 99—2017）	简支梁桥的墩台基础均匀总沉降值大于 $20\sqrt{L}$mm 时，应及时对简支梁的墩台基础进行加固（L 为相邻墩台间最小的跨径长度，以 m 计；跨径小于 25m 时，仍以 25m 计）

规 范 名 称	墩台沉降标准
《公路桥涵地基与基础设计规范》（JTG D63—2019）	墩台的均匀沉降不应大于 $20\sqrt{L}$ mm（L 为相邻墩台间最小的跨径长度，以 m 计；跨径小于 25m 时，仍以 25m 计）。对于外超静定体系的桥梁，应考虑引起附加内力的基础不均匀沉降和位移
《地基基础设计规范》（DGJ 08-11—2010）	简支梁桥墩台基础中心最终沉降计算值不应大于 200mm，相邻墩台最终沉降差不应大于 50mm；混凝土连续梁桥墩台基础中心最终沉降计算值不应大于 100～150mm，且相邻墩台最终沉降计算值宜大致相等。相邻墩台不均匀沉降的允许值，应根据不均匀沉降对上部结构产生的附加内力大小而定
《地铁设计规范》（GB 50157—2013）	对于外静定结构，墩台均匀沉降量不得超过 50mm，相邻墩台沉降量之差不得超过 200mm；对于外静不定结构，其相邻墩台不均匀沉降量之差的容许值还应根据沉降对结构产生的附加影响来确定

31.4.4 邻近隧道爆破施工分析

随着国民经济的迅速发展，大量的单线隧道需增建二线隧道，或新线隧道一开始就需建成平行的双线，这就存在新建隧道开挖爆破产生的震动有可能引起邻近既有隧道损伤的危险，因此，在施工过程中，研究人员必须对隧道爆破震动进行监测和分析，特别是对于净间距偏小的双线隧道，如何保证爆破施工时中隔墙的稳定性，控制爆破对围岩的破坏，具有重要的现实意义。邻近隧道的爆破对既有隧道的作用与影响，受爆源、介质和隧道自身三大条件的影响。

1）爆破震动影响控制标准

爆破产生的冲击波常常危及周围建筑物的安全和稳定，隧道衬砌和围岩的安全与否不仅取决于隧道结构的抗震能力，而且与震动波的强度有关。因此在实施爆破前应先评定其可能产生的震动等级，以便将震动破坏等级控制在安全范围内。一般采用的是长江水利水电研究院建议的允许爆破振动速度和破坏标准，见表 31-2。表内所列数据为重复爆破的速度值，单次爆破时可适当加大，但不得超过 50%。

地下结构允许的爆破振动速度和破坏标准 表 31-2

质点振动速度（cm/s）	地下结构工程
5.0～10.0	未衬砌的松散洞体有小的掉块
10.0～20.0	①隧洞原有裂缝有时扩大；②破碎岩体有掉块；③管道接头有细微变位
20.0～30.0	①隧洞有大掉块，有时有小的塌落；②岩柱有掉块
30.0～60.0	①衬砌混凝土出现裂缝；②管道变形；③顶板有塌方
60.0～90.0	①地下建筑物或衬砌开裂；②硬岩体裂缝严重扩张

2）爆破震动控制

隧道爆破施工减震措施应综合考虑围岩稳定、开挖质量、既有平行隧道结构保护和地表建筑结构的安全影响。基于以上研究成果，结合相关的抗震理论及隧道的地质特点、结构特点、施工经验等总结以下减震措施：

（1）选择合理的微差时间

通过控制毫秒延期雷管合理的微差时间，使得炮孔内各段位炸药按不同时间顺序起爆，由此产生的爆破地震波在传播过程中不出现波峰叠加现象，并且不同段位爆破产生的爆破地震波在某时刻会出现波峰与波谷叠加，这种反向叠加会降低地震波振幅，加速爆破地震波在围岩中的衰减，降低爆破震动强度，减弱了爆破地震效应，从而达到微差干扰抗震效果。

（2）选择合适的炸药品种

不同炸药的爆速对围岩介质质点振动速度影响不同，炸药爆速与爆破产生的震动呈比例关系。选用低爆速、低猛度炸药可减小爆破施工时掌子面周边的爆破荷载，必要时可通过在炸药中掺入适量的添加剂来降低炸药爆速。

（3）减小爆破装药量

根据萨道夫斯基公式可知，质点的振动速度与单次起爆装药量呈正比。掘进爆破中往往掏槽眼用药量最大，所引起的爆破震动也最大，可通过减小掏槽眼装药量的方式降低掏槽爆破引起的爆破震动。

（4）合理的掏槽眼方式

工程实践证明，采用合理的掏槽眼结构能起到事半功倍的效果。隧道爆破处于粗砂岩和中砂岩地段，采用三角形分层分段直眼掏槽爆破，爆破时外层浅孔眼掏槽首先起爆，内层深孔眼掏槽随后爆破。官井隧道爆破施工采用这种掏槽方法，不仅减少了炸药量，同时还降低了既有平行隧道的震动。

（5）预裂爆破隔震

预裂爆破是在掌子面爆破作业前，周边孔先行爆破，从而在掌子面周围形成环向贯通裂纹。当掏槽眼爆破和掘进眼爆破时，应力波到达裂纹处会产生反射和透射，引起波能量的损耗，因而裂纹起到隔震作用。这种方法既能减小掏槽、掘进孔爆破对围岩的扰动，同时还能减小爆破震动。

31.5 工程实例

31.5.1 基于模糊综合评价法的地铁邻近施工风险评估工程实例

1）工程概况

西安地铁 3 号线某区间盾构隧道工程起讫里程为 YDK31+365.965 ～ YDK30+926.761，右线全长 428.114m，左线全长 452.399m。该区间左线隧道在里程 ZDK31+011 ～ ZDK31+045 处下穿建工金华酒店楼房，左线盾构隧道外边线侵入建工金华酒店楼房的距离是 4.8m，隧道拱顶埋深 9.2 ～ 9.4m。建工金华酒店楼房为 9 层钢筋混凝土框架结构，基础是灰土挤密桩。

2）盾构隧道施工风险层次分析

将该区间盾构隧道施工风险评估指标体系分为三层，其中第一层为目标层 A，第二层为工程地质风险（A_1）、建筑物基础类型风险（A_2）、建筑物与隧道相对位置风险（A_3）、盾构施工工艺风险（A_4）。结合该区间工程地质条件对第二层风险因素进行分析，工程地质风险包括地面沉降风险（A_{11}）、涌水风险（A_{12}）；该区间下穿建筑物基础是桩基，故而建筑物基础类型风险包括桩基础风险（A_{21}）；根据《城市轨道交通工程监测技术规范》（GB 50911—2013），建筑物与盾构隧道距离在 $0.7H$（H 为隧道埋深）范围内为主要影响区，故而建筑物与隧道相对位置风险包括主要影响区风险（A_{31}）；盾构施工工艺风险包括设备风险（A_{41}）、进出洞风险（A_{42}）、推进风险（A_{43}）、管片拼装风险（A_{44}）、注浆风险（A_{45}）。经过计算得到了该区间盾构隧道施工风险因素所有子风险的权重值，结果见表 31-3。

该区间盾构隧道施工风险因素权重 表 31-3

风险种类	A_{11}	A_{12}	A_{21}	A_{31}	A_{41}	A_{42}	A_{43}	A_{44}	A_{45}
风险权重 w	0.667	0.333	1	1	0.054	0.379	0.545	0.011	0.011

注：A_{11}- 地面沉降风险；A_{12}- 涌水风险；A_{21}- 桩基础风险；A_{31}- 主要影响区风险；A_{41}- 设备风险；A_{42}- 进出洞风险；A_{43}- 推进风险；A_{44}- 管片拼装风险；A_{45}- 注浆风险。

3）盾构隧道施工风险评估过程

（1）单风险因素模糊评估

在仅考虑工程地质风险时计算得到盾构隧道施工风险等级，其他风险因素计算过程与之相同。工程地质风险因素估计见表31-4。

工程地质风险因素估计表　　　　　　　　　表31-4

风险概率估计（P）					风险损失估计（C）				
A	B	C	D	E	1	2	3	4	5
0.01	0.13	0.23	0.44	0.19	0.03	0.33	0.25	0.34	0.05
0.34	0.41	0.12	0.08	0.05	0.14	0.36	0.31	0.18	0.01

计算风险因素的评价指标：

$$\mu_{R11} = \mu_{C11} \cdot \mu_{PA1} + \mu_{C11} \cdot \mu_{PB1} + \mu_{C11} \cdot \mu_{PC1} + \mu_{C21} \cdot \mu_{PA1} = 0.104$$

$$\mu_{R12} = \mu_{C11} \cdot \mu_{PD1} + \mu_{C11} \cdot \mu_{PE1} + \mu_{C21} \cdot \mu_{PB1} + \mu_{C21} \cdot \mu_{PC1} + \mu_{C31} \cdot \mu_{PA1} = 0.252$$

$$\mu_{R13} = \mu_{C21} \cdot \mu_{PD1} + \mu_{C21} \cdot \mu_{PE1} + \mu_{C31} \cdot \mu_{PB1} + \mu_{C31} \cdot \mu_{PC1} + \mu_{C41} \cdot \mu_{PA1} + \mu_{C41} \cdot \mu_{PB1} = 0.346$$

$$\mu_{R14} = \mu_{C31} \cdot \mu_{PD1} + \mu_{C31} \cdot \mu_{PE1} + \mu_{C41} \cdot \mu_{PC1} + \mu_{C41} \cdot \mu_{PD1} + \mu_{C51} \cdot \mu_{PA1} + \mu_{C51} \cdot \mu_{PB1} = 0.222$$

$$\mu_{R11} = \mu_{C41} \cdot \mu_{PE1} + \mu_{C51} \cdot \mu_{PC1} + \mu_{C51} \cdot \mu_{PD1} + \mu_{C51} \cdot \mu_{PE1} = 0.108$$

$$\boldsymbol{R_1} = \frac{\mu_{R11}}{V_1} + \frac{\mu_{R12}}{V_2} + \frac{\mu_{R13}}{V_3} + \frac{\mu_{R14}}{V_4} + \frac{\mu_{R15}}{V_5} = (0.104, 0.252, 0.346, 0.222, 0.108)$$

同理得：$\boldsymbol{R_2}$ =（0.184,0.272,0.341,0.124,0.078）

$$\boldsymbol{R} = (\boldsymbol{R_1}, \boldsymbol{R_2})^{\mathrm{T}} = \begin{bmatrix} 0.104 & 0.252 & 0.346 & 0.222 & 0.108 \\ 0.184 & 0.272 & 0.341 & 0.124 & 0.078 \end{bmatrix}$$

计算风险因素的风险水平：

采用加权平均法对评判指标进行计算，可得到每个单因素的风险水平为：

$$V_1 = \sum_{k=1}^{2} \mu_{RK1} V_k = 54.35; V_2 = 48.74$$

确定风险的水平等级：

根据风险等级定义并结合 V_i 计算结果，就能得到工程地质风险因素子因素的风险等级：A_{11}，$40 < V_1 < 60$，三级；A_{12}，$40 < V_2 < 60$，三级。

（2）初级模糊综合评估

$$\boldsymbol{B} = \omega \boldsymbol{R} = (0.667 \quad 0.333) \begin{bmatrix} 0.104 & 0.252 & 0.346 & 0.222 & 0.108 \\ 0.184 & 0.272 & 0.341 & 0.124 & 0.078 \end{bmatrix}$$

$$= (0.131 \quad 0.259 \quad 0.344 \quad 0.189 \quad 0.098)$$

结合加权平均法对评估结果进行处理，能够确定工程地质风险因素初级模糊综合评估的风险等级水平。

$$V_2 = \sum_{k=1}^{5} \mu_{RK1} V_k = 54.46$$

对于工程地质风险因素 A_1：$40 < V_2 < 60$，故而工程地质风险因素隶属三级风险。

（3）二级模糊综合评估

在初级模糊综合评估的基础上，得到了该区间总目标4个风险因素的评估指标，确定该区间总目标风险指标，并对其进行风险等级划分。

$$B = (0.054 \quad 0.379 \quad 0.545 \quad 0.011 \quad 0.011) \begin{bmatrix} 0.131 & 0.259 & 0.344 & 0.189 & 0.098 \\ 0.055 & 0.136 & 0.251 & 0.350 & 0.218 \\ 0.122 & 0.296 & 0.283 & 0.178 & 0.119 \\ 0.143 & 0.245 & 0.277 & 0.201 & 0.124 \end{bmatrix}$$

$$= (0.096 \quad 0.229 \quad 0.271 \quad 0.242 \quad 0.154)$$

对该区间总目标二级模糊综合评估指标进行加权处理得：

$$V = \sum_{k=1}^{3} \mu_{RK1} V_k = 58.13$$

对于该区间建工金华酒店楼房附近盾构隧道施工风险 A：$40 < V < 60$，因此该楼房附近盾构隧道施工风险隶属三级风险。

（4）结果分析

采用模糊综合评价法，得到该区间邻近建筑物条件下盾构隧道施工风险隶属三级风险，属于不可控风险。为了确保该区间邻近建筑物条件下盾构隧道施工安全，必须采取相应减灾措施，将盾构隧道施工风险降为一级风险。

31.5.2 基于层次分析法的地铁邻近施工风险评估工程实例

1）工程概况

大连地铁1号线海事大学站—高新园区站区间采用矿山法施工，为单线断面，线路平面上位于直线地段。区间 DK19+838 ～ DK19+881 段左侧平行近接于凌水河二号桥，桥台有三根桩延伸到凌水河槽底下9.5m，桥桩距区间隧道的最小水平距离为4.5m，略高于区间隧道0.5m，其位置关系如图31-2所示。该桥为简支梁桥，桥宽约20m，长约43m，横跨凌水河。

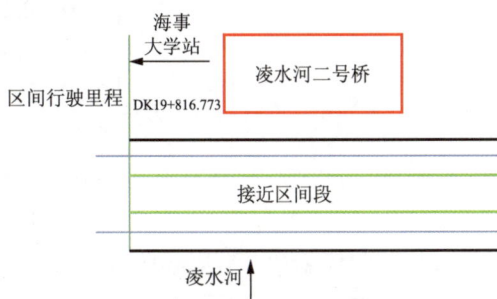

图31-2　接近段平面示意图

土壤标准冻结深度为0.70m，最大冻结深度为0.93m。场地内不存在岩溶、滑坡、活动断层等不良地质作用，属可进行建设的一般场地。素填层土质不均，呈松散～稍密状态，施工开挖易坍塌，需采取止水措施方可开挖，属较不稳定土体。该区域地下水主要为土层孔隙水及基岩裂隙水赋存，地下水位埋深为3.3 ～ 8.2m。孔隙水主要赋存在素填层中，基岩裂隙水主要赋存于强风化及中风化板岩中且与海水相互连通。地下水主要补给来源为大气降水和径流补给，主要排泄途径为蒸发和沿径流方向入海。环境水、土对混凝土无腐蚀性。

2）风险评估

（1）风险辨识

全面的风险辨识是建立合理风险评价指标体系的前提，也是实现有效风险评价的基础。本案例结合工程实际，通过广泛的调研，全面辨识影响工程安全的风险因素，凝练出主要风险源，建立了以安全为目标的风险评价指标体系，见表31-5。

风险评价指标体系及计算结果　　　　　　　　　　　表31-5

准则层 A	因素层 B	相对权重
工程地质 A_1	岩性 B_{11}	0.069
	岩体完整状态 B_{12}	0.227

准则层 A	因素层 B	相 对 权 重
工程地质 A_1	地质构造 B_{13}	0.108
	岩土体风化程度 B_{14}	0.391
	节理裂隙发育情况 B_{15}	0.166
	倾向倾角 B_{16}	0.039
水文地质 A_2	地表水情况 B_{21}	0.141
	地下水赋存情况 B_{22}	0.371
	地下水贯通情况 B_{23}	0.317
	地下水补排情况 B_{24}	0.126
	地下水腐蚀性 B_{25}	0.045
位置关系 A_3	地面结构相对位置 B_{31}	0.179
	地下基础相对位置 B_{32}	0.443
	近接方式 B_{33}	0.249
	既有建筑的变形阈值 B_{34}	0.130

（2）风险评价

为有效地评价出本工程的安全风险,组织了熟悉该项目的勘察、设计、施工等单位的相关专家组成评审团,以构建评价指标体系各层因素的两两比较矩阵。本案例以工程地质下各因素的两两比较为例,构造出的矩阵为:

$$B=\begin{bmatrix} 1.00 & 0.25 & 0.50 & 0.20 & 0.33 & 3.00 \\ 4.00 & 1.00 & 2.00 & 0.50 & 2.00 & 4.00 \\ 2.00 & 0.50 & 1.00 & 0.25 & 0.50 & 3.00 \\ 5.00 & 2.00 & 4.00 & 1.00 & 3.00 & 7.00 \\ 3.00 & 0.50 & 2.00 & 0.33 & 1.00 & 5.00 \\ 0.33 & 0.25 & 0.33 & 0.14 & 0.20 & 1.00 \end{bmatrix}$$

同理可得因素层各判断矩阵 B_2、B_3 以及准则层判断矩阵 A。然后结合式（31-2）可计算出各层因素的相对权重值,如根据 B_1 可计算出:

$$W_{B1}=[0.069, \ 0.227, \ 0.108, \ 0.391, \ 0.166, \ 0.039]^{T}$$

同理可得 W_{B2}、W_{B3} 和 W_A,结果见表 31-5。最后应结合式（31-3）～式（31-5）检验两两比较矩阵的一致性,经计算,矩阵 B_1 的 C.R.=0.0281<0.1,满足一致性要求。同理验证出矩阵 B_2、B_3 和 A 均满足要求。根据计算结果（表 31-5）可知:工程地质中岩土体风化程度（0.391）和岩体完整状态（0.227）对施工安全的影响较大;水文地质中地下水的赋存（0.371）及贯通（0.317）对施工安全影响较大;位置关系中地下基础相对位置（0.443）对施工安全影响较大。

3）施工建议

（1）施工方法:临近凌水河二号桥地铁区段采用浅埋暗挖法施工,上下台阶法开挖,施工时应加强超前地质预报,保证掌子面前方不小于 5m 的探测长度,应尽量选择在枯水季节施工,多雨季节应考虑河床铺设内衬。

（2）工程措施:采用全面帷幕灌浆及超前支护。

（3）监控测量:周边环境量测项目为地表沉降、桥梁位移和桥台沉降等,地铁区间结构量测项目主要为拱顶下沉、水平收敛和底部隆起等。

第32章 暗挖隧道钻爆法施工成套技术

32.1 概　述

目前,我国修建的城市地铁、铁路、公路、水工隧道多数采用钻爆法施工。在采用钻爆法修建隧道中,我国积累了丰富的经验和教训,对钻爆法隧道施工技术的发展具有重要意义。

本章主要总结介绍暗挖隧道钻爆法施工采用的一些新技术,其中包含隧道掘进施工成套技术:开挖钻孔技术、水压爆破技术、聚能管爆破技术、数码电子雷管爆破技术、消烟除尘技术、装运渣新技术、初期支护及超前支护新技术;衬砌施工成套技术:防排水施工技术、衬砌边墙滑槽逐窗入模浇筑技术、拱顶带模注浆施工技术、仰拱弧形轻便模板施工技术、水沟电缆槽快速施工技术、衬砌混凝土养护技术等。新技术的应用大大提高了施工机械化、自动化水平,降低了劳动强度,减少了劳动力投入,缩短了单项施工工序时间,同时也提高了隧道成型质量。

32.2 地铁矿山法隧道掘进施工成套技术

32.2.1 开挖钻孔技术

在大多数场合,我国钻爆法暗挖隧道钻孔施工仍然使用手持式风钻,虽然一部分隧道采用了 2 臂或 3 臂钻孔台车,也引进了电脑控制的钻孔台车,但应用效果不佳。目前日本在超短台阶、全断面法施工的隧道中,3 臂台车已经成为主流机型。利用凿岩台车进行隧道开挖依然是今后隧道钻爆法施工的一个发展方向,如图 32-1 所示。

三臂凿岩台车在大断面(90 ~ 130m²)特长隧道Ⅲ、Ⅳ

图 32-1　多臂凿岩台车施工工程实例

级围岩的条件下,较手持风钻具有钻孔速度快、机械化程度高、能耗低、施工安全、成孔质量好、噪声空气污染少和综合成本低等优点。其参数见表 32-1。提高操作人员的专业水平和素质,减少超欠挖,加强设备保养是实现上述凿岩台车优势的关键。对于较短长度的隧道,凿岩台车使用优势并不明显。通常,凿岩台车适合于独头掘进 2500m 及以上的隧道。

表 32-1

项　　目	参　　数	项　　目	参　　数
最大作业覆盖面积(m²)	165	钻孔深度(mm)	5140
最大作业高度(mm)	12175	钻孔直径(mm)	45/70
最大作业宽度(mm)	14560	总装机功率(kW)	200
钻臂举升角度(°)	65/−30	外接电源(V)	380
钻臂摆动角度(°)	±45	最大爬坡度(%)	25
最大推进力(kN)	20	最小转弯半径(m)	5.5

32.2.2　水压爆破技术

目前国内隧道爆破施工普遍存在炮眼无回填堵塞或者仅用炸药的纸包装箱和塑料包装纸堵塞的问题。这样不仅不能有效利用炸药爆炸产生的冲击波作用力,造成炸药能量的浪费,并且过大的冲击波会造成爆破飞石过远,爆破易产生大块孤石。

为解决上述弊端,目前水压爆破技术得到了普遍认可。水压爆破即在炮孔中先"注水",然后用水袋、炮泥封堵的新技术。水压爆破由于炮眼中有水,在水中传播的冲击波对水不可压缩,爆炸能量无损失地经过水传递到炮眼围岩中,这种无能量损失的应力波及其产生的"水楔"效应,十分有利于岩石破碎。另外,爆破产生的水雾有利于降尘和吸附有毒有害气体;炮眼底部水袋水击波反射作用,加强了应力波强度,有利于围岩破碎,炮眼不留炮根。

水压爆破装药步骤如图 32-2 所示。

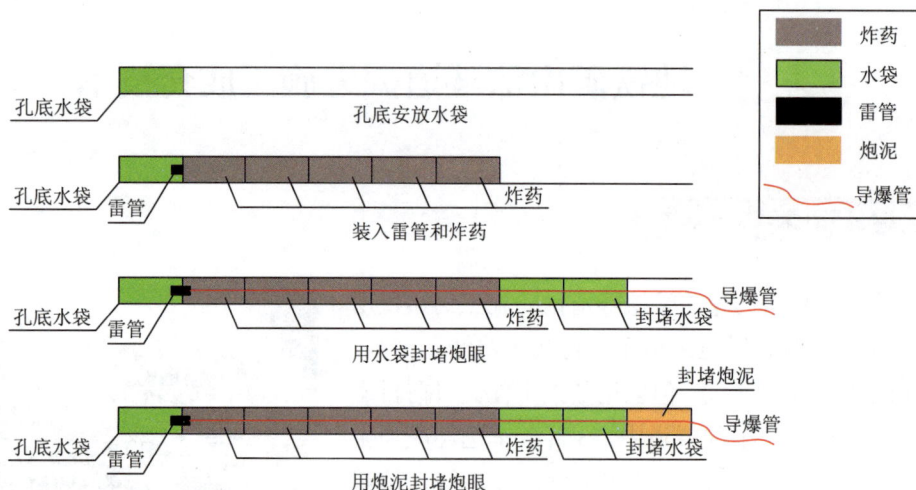

图 32-2　水压爆破装药步骤示意图

主要工艺原理为:

(1)炸药在爆炸时产生的冲击波,在水中的衰减速度要远远小于在空气中衰减的速度。所以在炮孔底部加入一定量的水袋,使炸药产生的冲击波通过水袋直接作用在岩石上,大大减少炸药能量的消耗,提高炮眼利用率。

(2)炮眼中的水袋在炸药爆炸能量的作用下,会产生"水楔"效应。由于水携带的能量远远高于气体携带的能量,因此,"水楔"的劈裂作用要大于"气楔"的劈裂作用,有利于围岩的进一步破碎,减少爆破产生的岩石大块率。水袋在爆炸的作用下会产生雾化作用,可以吸收粉尘,降低爆破后的粉尘浓度,减少爆后对环境的污染。

（3）采用炮泥加水袋堵塞，可避免炸药能量的外泄，炸药能量充分作用在爆破岩石上，使得爆破效率提高，可减少炸药的消耗，提高隧道开挖的经济效益。

（4）当炸药与介质直接接触爆炸时，炸药爆炸后在高温高压作用下，介质产生塑性流动和过粉碎，消耗大量的能量。这部分介质破碎所需要的能量属于无用功。而水压爆破靠水的传能作用，水中冲击波均匀地作用于介质，介质只发生破裂，而不产生塑性流动和过粉碎，从而提高了能量的利用率。

水压爆破施工工艺流程如图 32-3 所示。

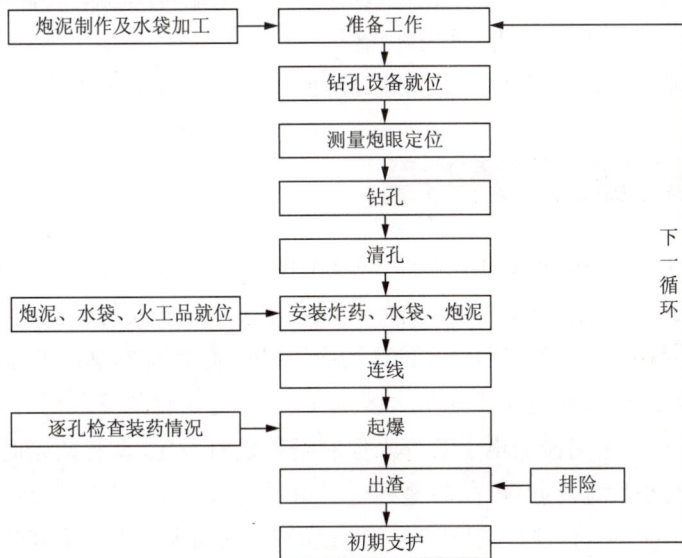

图 32-3　水压爆破施工工艺流程图

32.2.3　聚能管爆破技术

隧道采用聚能管爆破技术，较好地解决了控制爆裂方向的问题，保证了巷道轮廓线的完整，提高了半眼痕率，减少了超欠挖，缩小了围岩松动范围，减少了炮震裂隙，提高了循环进尺，节省了材料，经济效益显著。

聚能管药包如图 32-4 所示。

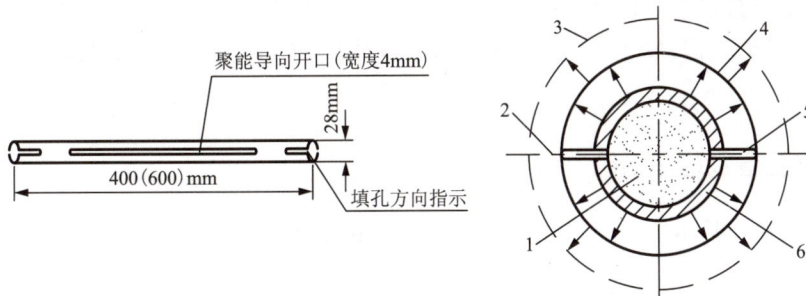

图 32-4　聚能管药包示意图
1- 装药；2- 裂缝；3- 冲击波；4- 孔壁；5- 切缝；6- 聚能管

1）基本原理

在周边眼装药时，将炸药放在利用 ABS 塑料制成的聚能管内，对炮孔实行不耦合装药，使聚能管本身对爆轰力产生瞬时抑制和导向作用，并通过切缝提供瞬态卸压空间，使爆轰力在切缝处形成高能流，集中在巷道轮廓线切线方向上传导，使其沿轮廓线方向优先产生裂隙并定向扩展。

2）聚能药包的加工与使用

（1）炮头加工与传统方法类似，把雷管插入小直径炸药中，周边眼雷管的延期时间比二圈眼雷管要长。例如二圈眼雷管如果选用 7 段，周边眼就选用 9 段或 11 段雷管。

（2）聚能药包是将炮头放入聚能管，并视岩性和炮眼深度在聚能管中加相应药量。炸药靠聚能管一端放置，相互接触紧密。

（3）由于聚能管较长，应在其尾部填塞炮泥，以保证不因炮棍转动改变聚能药包放置方向，并使聚能管中的炸药相互接触，保证炸药爆轰的稳定传播。

（4）定炮时，将聚能管的切缝对准巷道的轮廓线，保证其聚能方向严格与巷道轮廓线方向一致。

32.2.4 数码电子雷管爆破技术

数码电子雷管是 20 世纪 80 年代初出现的一种新的精确毫秒延期雷管，通常简称为电子雷管或数码电子雷管。20 世纪 80 年代，国外发达国家开始数码电子雷管的研发与试验工作，到 20 世纪 90 年代数码电子雷管及起爆系统有了飞速发展，产品的现场应用日趋成熟，能够满足工程爆破的使用要求。

数码电子雷管与普通毫秒延时雷管的最大区别在于：普通雷管的毫秒延时功能是通过延期药来实现的，而数码电子雷管则采用微型电子芯片来控制毫秒延时设定，雷管的延时精度达到了毫秒级，从而实现了真正意义的毫秒延时起爆，同时毫秒延时可以通过电子芯片由现场工程技术人员任意设置，并能通过控制通往引火头的电源，减少引火头的误触发，从而大大提高雷管的安全性。

数码电子雷管发展至今经历了两个阶段：第一阶段，数码雷管内部没有储能电容，依靠外部能量点火起爆；第二阶段，数码雷管内部自带储能电容，由储能电容起爆。目前，现有数码雷管的品种众多，据其功能差异可将其分为三种类型：一是毫秒延期时间可任意编程的数码电子雷管，这类雷管的毫秒延时可以根据需要在爆破现场临时设定；二是毫秒延期时间不能编程的数码电子雷管，这类雷管的毫秒延时时间在出厂时已经设定为固定时间，不能根据现场情况进行调整；三是非电不可编程的数码雷管，这类雷管采用导爆管或其他传爆材料直接触发延时芯片，实现精确延时起爆。与普通毫秒延期药雷管相比，数码电子雷管具有延时精确、可靠、使用安全等特点。本章节所介绍的主要是第一类，即可编程的电子数码雷管。

目前数码电子雷管已经广泛应用于隧道开挖、城市敏感区域的基坑土石方开挖、爆破拆除、边坡工程、采矿工程等多个工程领域，在地铁工程中多是利用电子数码雷管的精确延时能力、可编程的特性来实现减震爆破。

1）数码电子雷管及起爆系统

电子雷管起爆系统基本上由三部分组成，即雷管、编码器和起爆器。

（1）雷管

目前，工程上广泛使用的电雷管和非电雷管采取控制化学药剂燃烧速度来实现延期，由于受工艺水平的影响，延期误差为 $\pm(10 \sim 150)$ms，延期精度为 $\pm(7.5 \sim 40)$%；电子雷管采用具有电子延时功能的专用集成电路芯片来实现延期，延时误差为 0.1ms，延期精度为 ± 0.1%。电子雷管原理如图 32-5 所示。

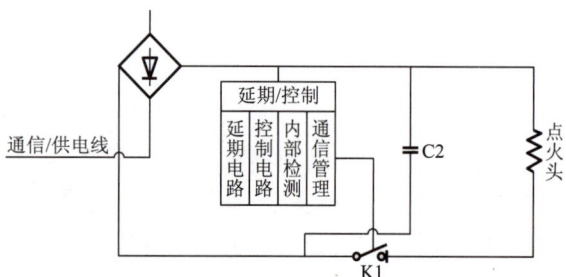

图 32-5 电子雷管原理示意图

（2）编码器

编码器的功能,是在爆破现场对每发雷管设定所需的延期时间。炮眼装完后,通过绝缘连接器与母线连接,如图32-6所示。每个电子雷管连接到母线后,网路检测仪检查网路,网路检测仪如图32-7所示。网路连通完好后,编码器与起爆器通过蓝牙,把爆破设计传输到起爆器内,编码器如图32-8所示。

图32-6 掌子面连接网路

（3）起爆器

起爆器(图32-9)控制整个爆破网路编程与触发起爆。起爆器的控制逻辑比编码器高一个级别,即起爆器能够触发编码器,但编码器却不能触发起爆器,起爆网路编程与触发起爆所必需的程序命令设置在起爆器内。一只起爆器可以管理多只编码器,编码器放在距爆区较近的位置,爆破员在距爆区安全距离处对起爆器进行编程,然后触发整个爆破网路。起爆器会自动识别所连接的编码器,首先将它们从休眠状态唤醒,然后分别对各个编码器及编码器回路的雷管进行检查。起爆器从编码器上读取整个网路中的雷管数据,再次检查整个起爆网路,起爆器可以检查出每只雷管可能出现的任何错误,如雷管脚线短路、雷管与编码器正确连接与否。起爆器将检测出的网路错误存入文件并打印出来,帮助爆破员找出错误原因和发生错误的位置。

图32-7 网路检测仪

图32-8 编码器

图32-9 起爆器

只有当编码器与起爆器组成的系统没有任何错误,且由爆破员按下相应按钮对其确认后,起爆器才能触发整个起爆网路。

2）电子数码雷管减震原理

当两个或多个扰动同时传到某一点时,该点的总状态参量等于这两个扰动或多个扰动在这点的参量代数和,即所谓的波的叠加性。两波相遇时,质点振动速度、振幅和应力发生叠加,但波的频率和波速不发生叠加,每个波仍继续按照原来的传播方向、速度传播。

电子雷管的减震机理是实现了单孔单响,最大限度地降低了起爆药量,同时也为错相减震技术的实现提供了可能性。爆炸波在岩体内传播,由于岩体通低滤高的特性,高频爆炸波衰减很快,对建筑物影响较大的是100Hz以下的爆炸波。根据傅立叶积分变换理论,爆炸波可认为是由一系列简谐波合成的,则每个频率的波长为:

$$\lambda_i = cT_i = \frac{c}{f_i} \tag{32-1}$$

式中： c ——波速；

T_i ——第 i 列波的周期；

f_i ——第 i 列波的频率。

由起爆时误差引起的最大延迟距离为：

$$d = kc \tag{32-2}$$

式中：k——起爆延时精度。

则由起爆延时误差引起的最大延迟距离与波长的比例关系为：

$$\frac{d}{\lambda_i} = \frac{kc}{cT_i} = kf_i \tag{32-3}$$

该比值说明起爆延时误差引起的最大延迟距离为波长的 kf_i 倍，实际上代表了控制应力波相位的精度。当电子雷管的起爆延时精度为 1ms 时，对 100Hz 以下的爆炸波，该值小于波长的 1/10。

相邻两个炮孔引起的爆炸波到达被保护建筑物的时间间隔为：

$$\delta_t = t_i - t_j = \frac{s_i - s_j}{c} + (\Delta t_i - \Delta t_j) \tag{32-4}$$

式中：s_i——被保护建筑物到每个炮孔的距离；

Δt_i——该炮孔的起爆延时。

如果令 $\delta_t = T/2 = 1/2f$，即相邻两个炮孔引起的爆炸波到达被保护建筑物的时间差为主振频率的波对应的半个周期，爆炸波在该位置叠加后幅值减小。

3）电子数码雷管爆破应用实例

深圳地铁 11 号线工程福永站—高架区间分界段位于福永站至桥头站之间宝安大道下。福永站为地下两层车站，基坑深 17m，开挖方量约 8 万 m^3，设计采用明挖法施工。区间长约 654.5m，地下线采用马蹄形断面，隧道埋深 10.133m，采用暗挖＋明挖法施工。周边环境非常复杂，施工场地两侧有许多厂房、办公楼以及给水、电信、电力、燃气等管线，其中 DN500 次高压（1.6MPa）燃气管道距基坑边最近距离只有 12m，埋深 1.86～2.39m，要求爆破振动速度控制在 2cm/s 以内，是影响施工设计控制的重点。综合考虑环境、工期等因素，采用电子数码雷管进行爆破开挖，本实例具体介绍隧道爆破开挖。

根据电子数码雷管减震原理，在正式爆破前需通过爆破试验来确定最佳延时间隔时差。此外，通过几次试爆还可以得到该地质条件下的震动衰减规律和施工工艺，为优化爆破设计和编制科学的施工组织设计提供依据。爆破试验在隧道进口端进行，孔径为 40mm，先进行 3 组单孔试验，然后做 5 组全断面群孔试验，单孔试验药量为 1kg，群孔试验采取进尺 1.0～1.5m 全断面开挖，孔间延时分别为 3ms、4ms、5ms、6ms 和 7ms。可根据试验效果，补充几组试验，确定减震效果。

群孔爆破孔位布置及延时设置如图 32-10 所示。

（1）测试方案

测试采用 TC-4850 爆破测震仪和三向速度

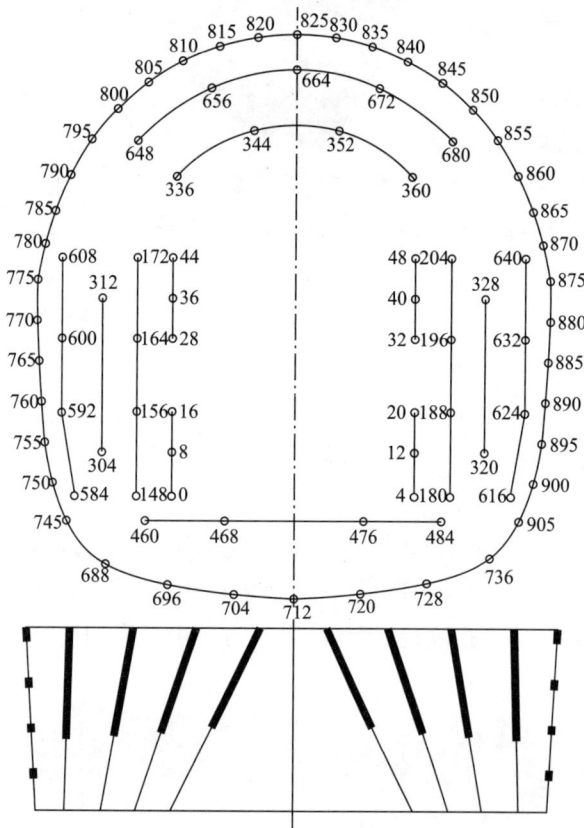

图 32-10　隧道爆破电子雷管起爆顺序示意图

（图中数字为电子雷管起爆延时，单位为 ms）

传感器。传感器安装在爆区一侧,共布设 5 个测点,距离爆区分别为 10m、21m、35m、49m 和 87m。通过多次测试经过分析得出最佳延时间隔时差和回归得出震动衰减规律。

隧道监测同样布设 5 个测点,1 号测点布设在拱顶正上方,其余 4 个测点依次按不同距离向路一侧布设,其中 4 号测点布设在燃气管道上方。

（2）测试结果

从监测结果来看,不论采用何种延时间隔时差,燃气管道上方的震动值均未超过设计值,因此延时间隔时差在 3～7ms,爆破均不会对燃气管线产生影响。以拱顶正上方测点测试结果来分析干扰减震效果,如图 32-11 所示。

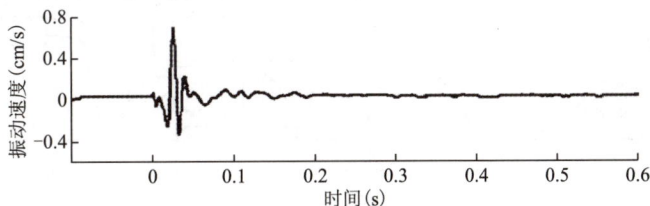

图 32-11 单爆孔爆破振动波形

单爆孔爆破往往只有一对主波峰波谷,其余为小幅的余震,震动最大值一般都出现在第 1 个波峰处。单爆孔爆破主震频率大致在 65～82Hz,主震波周期在 10.2～12.4ms,最大振动速度出现在 3.1～3.9ms。当主震周期为 12.4ms 时,产生干扰减震的时差在 4.1～8.3ms;当主震周期为 10.2ms 时,产生干扰减震的时差在 3.4～6.8ms。通过群孔试验结果可以看到,当延时间隔时差在 4ms 以下或 6ms 以上时,爆破振动速度均 >1.2cm/s,但当延时间隔时差控制在 4～6ms 时,测点振动速度均在 1.2cm/s 以内,因此在实际施工中以 4～6ms 作为延时间隔时差进行爆破作业。

（3）爆破方案

隧道爆破采用掏槽孔,孔间延时为 4ms,其余孔延时为 6ms。入口段采用上下台阶开挖,进深 20m 后采取全断面开挖。平均单耗为 0.9kg/m³。

（4）爆破效果

工程于 2013 年 7 月首次采用该工法进行了试验爆破,经过 1 年 2 个月的精心施工,于 2014 年 8 月完工,取得了良好的爆破效果,保证了周边建筑、设施的安全,满足了工程的精度。燃气管道处的振动速度要求为 2cm/s。根据监测结果,实际爆破时该位置的振动速度最大值为 1.4cm/s,大部分小于 1cm/s,爆破震动控制效果明显。

32.2.5 消烟除尘技术

随着人们环保意识的提高以及以人为本理念的深入,改善隧道施工作业环境成为隧道施工面临的重要问题。隧道内的有害气体和粉尘不但对施工人员的身心健康构成直接危害,而且严重影响劳动效率的提高,制约施工进度。采用传统的压入式通风方法,随着隧道长度的增加,风压衰减较快,只能保证掌子面一定范围内的空气新鲜,其他工作面空气污染依然严重。若是在夏季高温环境或者上坡洞施工,洞口很长范围内易形成烟带,造成能见度低,排风消烟效率低下。

湿式除尘技术是一种全新的隧道通风消烟除尘方法,此技术主要是通过爆破所形成的温差效应在掌子面的周边形成循环流。通过现场调查,爆破后形成的烟尘主要位于掌子面 40m 范围内的拱顶。因为爆破前后温差的存在,会形成上部为高温气体、下部为冷空气,离掌子面 40m 范围内的锥形体。本技术中将轴流风机安放在锥尖部位,爆破后所形成的烟尘会在拱顶位置被轴流风机吸入而输送到湿式除尘器内部。在液体和含尘气体相互接触之后,依靠烟尘本身所具有的惯性会和液体发生碰撞、扩散以及黏附,之后这些黏附后的尘粒会相互凝聚,这样就会使尘粒和气体得到分离。分离后所得到的净化空气通过风筒改变方向后参与到掌子面的气体循环系统中去。

通过湿式除尘技术的应用能够将绝大多数的粉尘以及有害气体吸除,从而对掌子面的空气质量进行一定程度的改善,并且能够降低隧道施工中的通风费用。与此同时,湿式除尘技术和压入式通风进行配合使用,可以较有效地解决隧道施工通风消烟除尘的问题。

湿式除尘法设备布置及工作原理如图 32-12～图 32-14 所示。

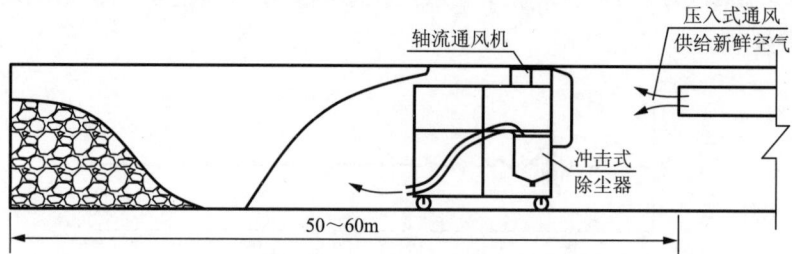

图 32-12　湿式除尘法设备布置纵断面示意图

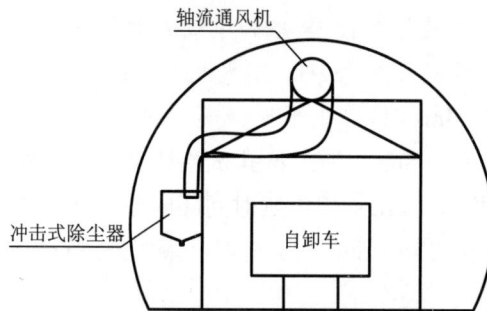

图 32-13　湿式除尘法设备布置横断面示意图

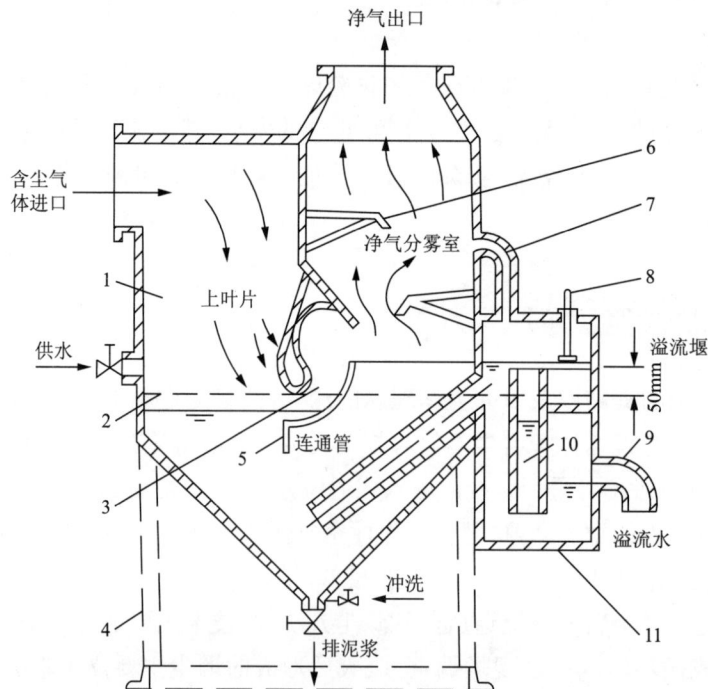

图 32-14　湿式除尘法工作原理示意图

1- 进气室;2- 充水水位(起动水位);3-"S"形通道;4- 除尘机组支架;5- 下叶片;6- 挡水板;7- 通气管;8- 水位自动控制装置;9- 溢流管;
10- 水封;11- 溢流箱

该除尘设备主要由自制行走工作平台、轴流通风机、冲击水浴式除尘器等系统组成。

（1）行走系统。利用一台自制台架作为移动工作平台。隧道通风机坐在台架顶上。

（2）动力系统。采用洞内380V动力电，根据所需通风机的功率，选用合适变压器，并采用相应的电缆。

（3）吸尘系统。利用一台轴流通风机作为吸尘器，从拱顶吸入污浊空气，可采用一台55kW轴流风机。

（4）冲击水浴式除尘器。由通风机、除尘器、排泥浆设备和水位自动控制装置等部分组成。含尘气体进入进气室后冲击于洗涤液上，较粗的尘粒由于惯性作用落入液体中，而较细的尘粒则随着气体通过"S"形叶片通道。气体在通道处通过时，强烈地冲击着液体，形成了大量的水花，使气体与液体充分接触，尘粒就被液滴所捕获。净化后的气体通过气液分离室和挡水板，去除水滴后排出。被捕获的尘粒则沉至漏斗底部，并定期排出。机组内的水位由溢流箱控制，在溢流箱盖上设有水位自动控制装置，以保证除尘器的水位恒定，从而保证除尘效率的稳定。

32.2.6　装运渣新技术

隧道出渣目前一般分为无轨运输和有轨运输两种。

无轨运输一般采用侧翻式装载机装渣，自卸车运输，是目前广泛采用的一种出渣方式。该运输方式的特点是方便灵活、设备简单，适应能力强，适用于坡度不大于13%的隧洞。

有轨运输一般用于坡度大于13%的斜井、长大输水隧洞等工程，或者断面较小、施工机械难以作业的小型隧道。该运输方式具有适用范围广、一次性设备投入大、附属设施多、运力大、速度快等特点。

本节主要介绍一种新型装渣设备——扒渣机。扒渣机又名挖掘式装载机，主要用于空间狭窄的隧道出渣。扒渣机由机械手与输送机相结合，扒渣和输送装车功能合二为一，采用电动全液压控制系统和生产装置，具有安全环保、能耗小、效率高的特点。

扒渣机改变了常规出渣施工的半机械化、间断出渣装运的低速度、高安全风险、高成本的状态，其集扒、挖、耙、装、运、卸行走于一体，具备行走、挖掘、采集、输送、装车、清理场地6种功能，极大地提高了隧道挖掘的效率，节约挖掘成本。

隧道施工所用扒渣机多为德产ITC312机型（图32-15），适用于断面5m×5m的隧道，其理论装渣能力为312m³/h，是国内各隧道装备企业保有量最多的机型，也是装渣效率最高、性能最稳定的机型。

图32-15　德产ITC312型扒渣机

32.2.7　初期支护及超前支护新技术

1）钻注一体化技术

在富水、松散、软弱破碎地层中进行隧道施工时，注浆是加固地层和堵水的有效手段。大量的工程实践表明，如果采用分段前进式注浆方式，由于坍孔等因素的影响，当注浆加固长度为30m时，前15m左右注浆效果较好，后15m左右效果较差，且需要反复钻注，施工效率低，成本高。基于以上原因，目前提出了一种钻孔注浆一体化的技术，即采用密封孔口方式进行钻杆后退式分段注浆，浆液从钻头排出,直接进入需要注浆的部位,实现了钻孔注浆的连续一体化作业,减少了工序转换时间,提高了注浆效率,改善了注浆效果。

钻注一体化技术的工作原理为:通过在止浆墙上安装孔口管,在软弱地层中,采用金刚石钻头直接钻孔至设计深度后,在孔口安装止浆塞,将孔口密封,然后停止供水,从供浆管中直接注入浆液。浆液从钻杆中流向钻头进入地层,同时浆液在回流过程中产生反力,使止浆塞膨胀,对钻杆外壁和孔口管内壁产生挤压力,封堵孔隙,起到止浆作用。然后,边注浆边旋转钻杆,达到设计注浆压力或注浆量后,逐段后退、拆除钻杆,直到退到孔口,拆下止浆塞和剩余钻杆,完成整个孔的注浆,如图 32-16 所示。

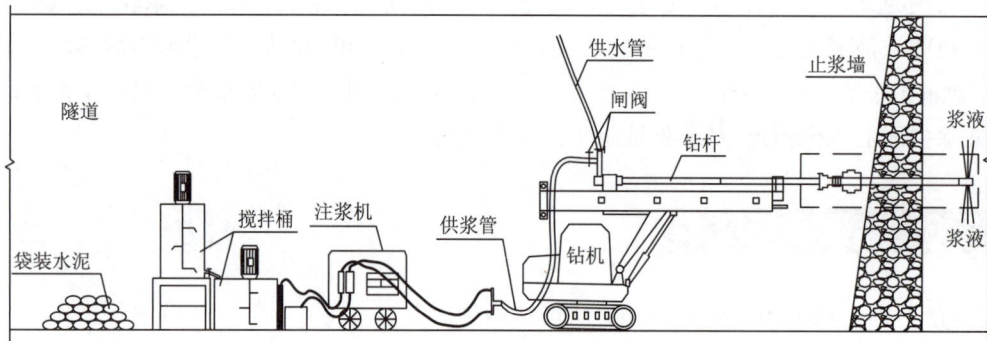

图 32-16　隧道钻注一体机施工示意图

该技术的应用实现了钻孔注浆的快速连续作业,达到了钻注一体化,提高了钻注工效,改善注浆效果,降低了工程成本。

2)钢拱架安装机

在隧道施工中,当遇到软弱岩层时,需要进行拱架安装支护,以提高围岩的稳定性,防止塌落。拱架一般采用钢拱和花拱,配合钢筋网喷射混凝土进行加强支护。国内隧道施工安装拱架普遍由人工进行,即借助人工台架靠人工将拱架安放于岩层边上,然后用锚杆固定,依次连接形成环状。由于拱架单件质量大,一般每个劳动班组人员为 12 人或以上,其劳动强度大、安全性差、劳动时间长。

图 32-17　单臂拱架安装机施工工程实例

在国外,隧道施工机械化程度高,拱架安装机(图 32-17)也得到了比较广泛的使用。拱架安装机具有降低工人劳动强度、提高劳动生产率、提高生产安全性、节约循环时间等特点,可取代人工密集型的钢拱架安装,同时对今后的施工方式是一种较大的改进。

3)控制拱脚下沉的弯曲钻机

隧道支护脚部的围岩强度不足是引起隧道开挖地表下沉和隧道整体下沉的重要原因之一。作为控制支护脚部下沉的对策,我国基本上是采取钢架下设置垫板、扩大拱脚和打锁脚锚杆(管)的方法。日本基本上是采用以脚部钢管为代表的脚部补强桩。但在以往的对策中,因为补强桩是在上半断面开挖后进行施工,其抑制初期下沉的效果比较差;因此开发出弯曲钻机,预先在围岩开挖前在预计设置钢架的位置打支持桩,而后进行开挖并架立钢架,对控制脚部下沉的效果极佳。其概貌如图 32-18、图 32-19 所示。

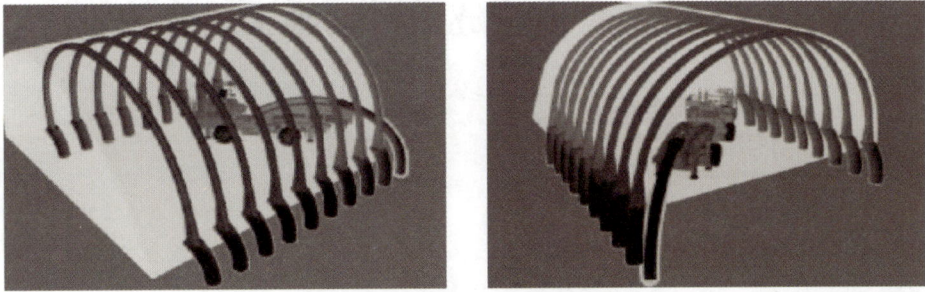

图 32-18　弯曲钻机施工概貌

图 32-19　弯曲钻机全景及现场施工工程实例

该钻机具有以下特点：

（1）能够进行弯曲钻孔，对掌子面前方脚部围岩进行补强；

（2）采用弯曲干钻钻孔，施工不扰动围岩；

（3）能够形成直径 500mm、深 3.5m 的大口径、高强度桩体；

（4）适应地质范围广，包括黏性土、砂质、砾质土、固结粉砂岩和泥岩等。

4）湿喷机械手

为保证隧道的快速安全施工，目前对隧道的初期支护提出了更高的要求。传统干喷法已经无法满足隧道施工质量、环保、职业健康方面的要求，而且工效较低，采用机械化喷射混凝土作业成为喷射混凝土技术发展的一种趋势。同时，喷射混凝土机械正朝着高效、安全、环保、实用和自动化的方向发展。湿喷机械手（图 32-20）作为一种新型喷射混凝土施工机械，具有生产率高、回弹率低、施工质量高的特点，同时性能优良，大大降低了隧道内粉尘浓度，应用前景广阔。

图 32-20　湿喷机械手工作工程实例

湿喷机械手设备特性：机动性强，转场方便，可兼顾多个掌子面；电动力系统，适应力强，可靠性高；机械手动作灵活，施工范围大，无施工盲区；速凝剂用量和混凝土方量自动匹配，减少速凝剂消耗；喷射量最大可达 30m³/h，综合回弹率可控制不大于 15%；性价比高，设备耐用性强。其参数见表 32-2。

三一重工 HPS30 湿喷机械手参数表　　　　　　　　表 32-2

项　　目	参　数	项　　目	参　数
整机质量（kg）	18410	大臂仰俯角（°）	−30～60
电动机额定功率（kW）	160	小臂仰俯角（°）	90
柴油机额定功率（kW）	181	小臂摆动角（°）	228
喷射垂直高度（m）	16	喷头水平转角（°）	360
喷射水平宽度（m）	28	喷头竖直摆角（°）	180
理论排量（m³/h）	28（电动机）/32（柴油机）	最大爬坡度（°）	25

32.3 地铁矿山法隧道衬砌施工成套技术

32.3.1 防排水施工技术

1）防水板铺设台车

目前,国内隧道防水板大多依然是采用简易台架配合人工进行铺设,此方法存在施工效率低、劳动强度大、防水板铺设质量差、安全性低等问题。新型防水板铺设台车的研制成功及投入使用,实现了防水卷材的自动铺设及支撑,大大提高了施工效率,保证了施工质量,如图 32-21 所示。

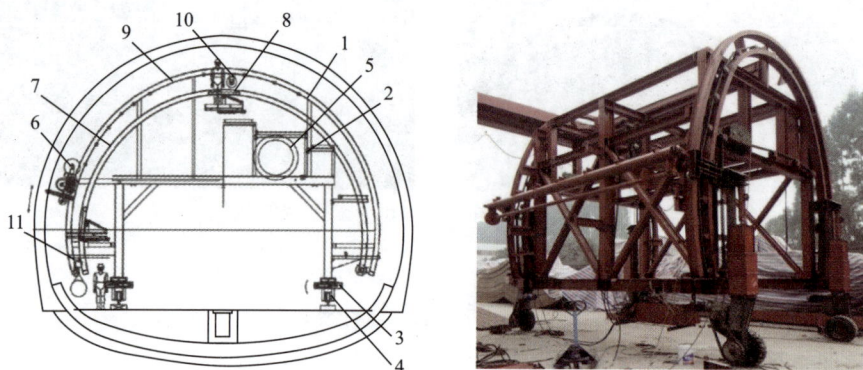

图 32-21　防水板铺设台车

1- 弧形轨道一；2- 台车主体；3- 横移装置；4- 行走装置；5- 通风管支架；6- 铺设装置；7- 弧形轨道二；8- 工作平台；9- 支撑座；10- 土工布 / 防水板卷筒（布料杆）；11- 电动葫芦

新型防水板台车主要由台车主体、行走装置、横移装置、弧形轨道、铺设装置、工作平台、提升装置等组成。

（1）台车主体:由 I20 工字钢组成,螺杆连接。尺寸根据隧道断面大小确定,需充分考虑行车高度及通风管的布置。台车主体结构强度满足要求,确保施工安全。

（2）行走装置:根据需要可采用轨行式或无轨轮式,电力驱动。

（3）横移装置:可使台车整体左右移动,增加了台车的适用性。

（4）弧形轨道:铺设防水板装置及工作平台的行走轨道,由 H 形钢弯制而成。

（5）铺设装置:由驱动电机、变速箱、连接滚轮、布料杆和螺旋撑杆组成。驱动电机、变速箱、连接滚轮均有两套,分别安装在台车前后两道弧形轨道上,通过滚轮与弧形轨道 H 形翼缘板咬合,之间用布料杆连接,形成整体,同步运动。布料杆从防水板(土工布)卷材中间圆孔穿过。由于布料杆距离隧道初期支护面较远,工人无法操作,可以利用螺旋撑杆调节距离。铺设装置带动防水板(土工布)沿初期支护面运动,逐渐铺开防水板(土工布),工人紧跟进行焊接(挂设)防水板(土工布)。

（6）工作平台:工人进行作业的操作平台,由爬行装置、吊篮、自动平衡系统、伸缩装置和保险系统组成,如图 32-22 所示。爬行装置通过滚轮与 H 形翼缘板咬合,通过齿轮在弧形轨道背面的链条上转动实现沿初期支护面运动。爬行装置为两套,分别安装在台车前后两道弧形轨道上,中间以圆钢连接,圆钢上挂有吊篮。吊篮装有自动平衡系统,无论吊篮在任何位置,始终保持水平,同时装有保险装置,确保吊篮运行安全,吊篮一旦发生异常,保险装置立即将吊篮锁住,不再有任何动作。旋转平台与铺设装置各自独立运行,方便工人上下进行操作。工人在吊篮里可进行挂设土工布、焊接防水板等作业。吊篮可伸缩,如果吊篮距离初期支护面较远,可伸出吊篮完成作业。

（7）提升装置：为安装在弧形轨道下侧的电动葫芦，防水板卷材运至台车下方，可以利用电动葫芦吊起卷材然后安装到布料杆上。

图 32-22　工作平台及防水板铺设施工
1- 弧形轨道；2- 工作平台；3- 伸缩装置；4- 自动平衡系统

2）红外线激光定位热熔垫片

采用红外线激光定位装置，通过激光灯发射出的投影光斑，控制激光发射机位置来调节光斑间距，实现热熔垫圈精准定位。

红外线激光定位装置散发出的激光点均匀投射在土工布上，实现了热熔垫片的快速、精确定位，使防水板挂设均匀、牢固，如图 32-23 所示。

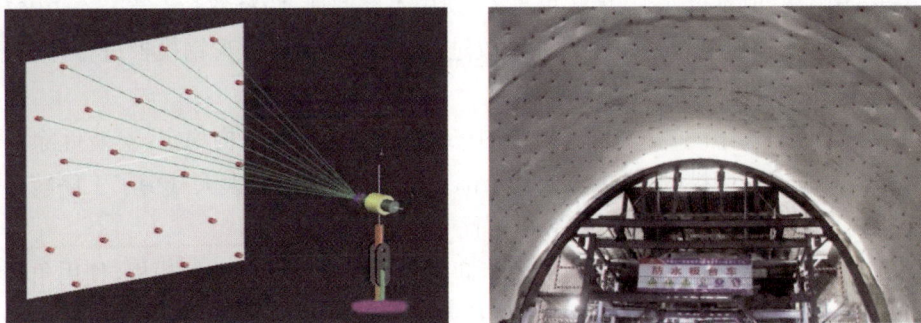

图 32-23　激光定位和垫片定位

3）超声波焊枪及爬焊机

（1）采用超声波焊枪焊接防水板与热熔垫片，提高防水板施工效率和铺挂质量。

（2）采用爬焊机对防水板进行热熔双缝焊接，焊缝宽度 1cm，搭接长度不小于 10cm，有效保证防水板焊接质量，如图 32-24 所示。

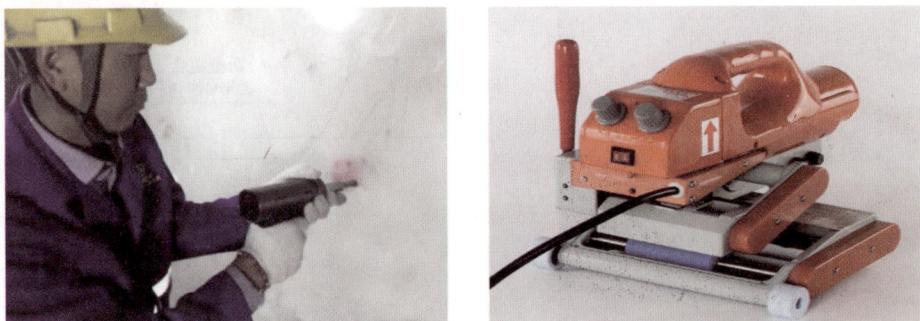

图 32-24　超声波焊枪及爬焊机

693

4）中埋式止水带夹具固定

（1）对于衬砌小边墙纵向止水带定位采用紧线器拉直，专用夹具固定，确保纵向止水带埋设位置正确，如图 32-25 a）所示。

（2）对于隧道衬砌环向止水带定位采用翻转式钢木组合端模，通过翻转合页精准定位如图 32-25 b）所示。

图 32-25　纵向止水带夹具及环向翻转合页端模

32.3.2　仰拱弧形轻便模板施工技术

目前，隧道仰拱衬砌施工方法主要分为两种：简易钢便梁式仰拱栈桥配合仰拱组合钢模板施工；带行走装置的可移动仰拱栈桥配合仰拱组合钢模板或半整体式模板施工。在实际施工过程中，以上两种方法存在诸多弊端：成本投入大、模板自重大、使用不够便捷、经济效益差等。本节介绍的弧形轻便模板对以往隧道仰拱模板进行了重新设计和改进，采用新型组合弧形钢模板进行仰拱整幅浇筑施工，为隧道仰拱衬砌提供了一种新的施工方法。

新型组合弧形钢模板（图 32-26）采用稳定的三角形结构形式，结构稳定，安装拆除方便，只需一次立模即可完成边墙基础、仰拱、仰拱填充共三个部分的混凝土施工，大大减少了工序转换时间，加快了现场施工进度。新型组合弧形钢模板具有以下优点：

（1）采用三角形结构，将仰拱填充纵向边模和仰拱弧形模板设计为整体模板，使用角钢连接，形成楔形结构，结构稳定。在模板施工过程中要严格按照测量控制点位，在角钢横向拉杆水平、模板侧面垂直的情况下即可安装定位模板。三角形结构稳定，模板不易变形，可减少加固杆件数量，降低模板重量。

（2）仰拱模板设计时把模板向上进行延伸，使仰拱边墙混凝土顶面高出填充混凝土顶面 25cm，高出部分作为二次衬砌边墙基础，一次立模即可实现边墙基础与仰拱同时浇筑。

（3）仰拱混凝土浇筑完成，在强度满足一定要求后，即可继续浇筑仰拱填充混凝土，不需再进行仰拱填充纵向边模施工。仰拱填充混凝土强度满足拆模要求后一次拆除弧形模板。

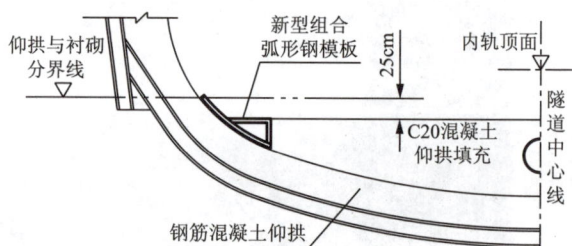

图 32-26　新型组合弧形钢模板及钢模板安装位置

32.3.3 衬砌边墙滑槽逐窗入模浇筑技术

衬砌边墙滑槽逐窗入模浇筑技术即施工时将混凝土通过地泵泵管泵入台车顶平台主料斗，经主滑槽、三通分流槽、分流串筒和分滑槽导流至各相应工作窗口，实现混凝土由下至上逐窗入模分层浇筑。

首先地泵泵送混凝土至主料斗，通过调节"三通"分流槽挡板控制混凝土流向分流串筒，经分滑槽导流至一级工作窗口。完成后，关闭分流串筒流向一级分滑槽方向挡板，导流混凝土至二级工作窗口。通过调节"三通"分流槽挡板，导流混凝土至三级工作窗口。最后，更换泵管，进行冲顶施工，如图 32-27 所示。

这种工艺的实践运用，克服了传统跳窗浇筑导致混凝土离析、产生"人"字坡冷缝的弊端，有效提高了二次衬砌混凝土浇筑的实体质量和外观质量。同时，也减少了换管施工工序，降低了劳动强度。

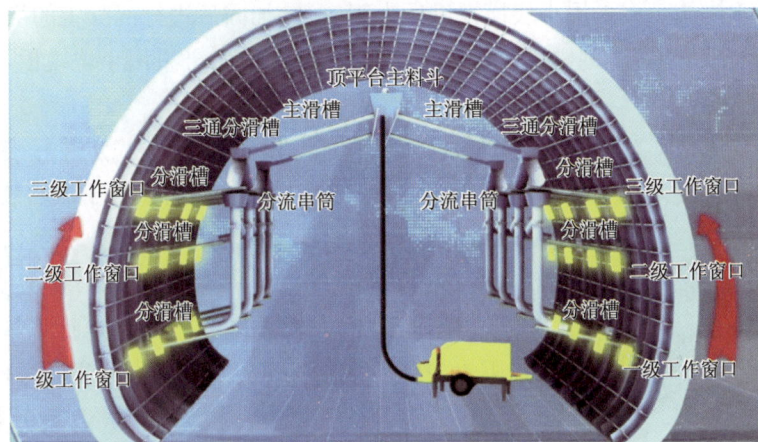

图 32-27　二次衬砌滑槽逐窗入模衬砌台车

32.3.4 拱顶带模注浆施工技术

拱顶带模注浆是一种通过对衬砌台车拱顶开孔，在衬砌台车拱顶中心线位置沿台车纵向设置一定数量的注浆孔，并安装 RPC 注浆管，采用隧道衬砌专用注浆机带模高压注入微膨胀注浆料的新技术，如图 32-28 所示。此技术简化了施工工艺，解决了拱顶脱空问题，提高了衬砌施工质量。

图 32-28　拱顶带模注浆及注浆用 RPC 注浆管

此工艺的亮点有：

（1）施工所用的 RPC 注浆管，为水泥基制品，既具有较好的抗折性能，又与混凝土结合性较好，且在脱模时可以直接敲断，使用十分方便。

（2）本工艺所用的专用微膨胀注浆料，现场加水直接使用，使用方便，无泌水，微膨胀，强度高，具有可施工时间较长和优异的自流平性能,注浆材料与水泥胶结好,非常有利于衬砌混凝土的修复和补强。

（3）本工艺采用隧道衬砌专用注浆机,集制浆、储浆、压浆多功能为一体,额定压力最大为 3～4MPa,可充分克服管道阻力及浆液垂直输送阻力。

（4）通过预埋注浆管泌浆情况和监控摄像头对衬砌混凝土拱顶浇筑过程实施监控,有效提高拱顶灌浆质量。

（5）通过带模注浆预防衬砌拱顶脱空,使注浆料与衬砌混凝土结合成良好的受力整体。

（6）带模注浆可以采用较高注浆压力,通过浆体的充分渗透,对两板之间的环向施工缝或冷缝等缺陷进行及时修复。

32.3.5 水沟电缆槽快速施工技术

目前,电缆槽、水沟施工多采用小块模板进行人工安装、加固后进行混凝土的浇筑,受施工空间限制,小块模板难以加固,易出现"跑模"现象,混凝土外观质量差,另外采用小块模板,安装及拆除困难、损耗大、施工效率低。

轨行式液压电缆槽台车（图32-29）采用整体钢模设计,模板强度大、稳定性好,避免施工过程中出现"跑模"现象,并在钢模上设置附着式振动器,振动时间采用数控方式,确保了振动效果,避免出现蜂窝麻面、流沙等现象。

图 32-29 水沟电缆沟槽台车

轨行式液压电缆槽台车主要由桁架支撑系统、走行系统、液压系统、模板系统等组成。走行系统采用轨行式电机驱动,桁架两侧设置支撑梁,采用液压杆件连接模板系统。通过控制液压油缸控制模板的升降实现模板的安装及拆除。施工工艺流程为:测量放样→新旧混凝土接触面凿毛处理→安装钢筋网和止水条→综合接地、预埋管道安装→台车前行、调整就位、固定→浇筑混凝土→覆盖、洒水养护。

32.3.6 衬砌混凝土养护技术

隧道衬砌混凝土养护目前大多数采用高压水枪施作,劳动强度大,特别是在大断面隧道中,人工持水枪洒水养护很难做到全面均匀,且施工效率低。另外高压水枪压力很大,对刚脱模的混凝土会造成损伤。

基于以上弊端,研制了衬砌混凝土养护台车（图32-30）。养护台车由桁架系统、行走装置、喷淋系统等组成。

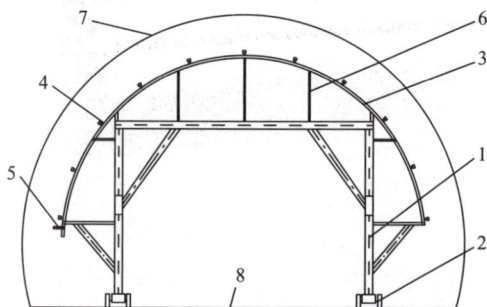

图 32-30 衬砌混凝土养护台车

1- 桁架系统;2- 行走装置;3- 弧形钢管;4- 喷头;5- 进水口;6- 连通钢管;7- 衬砌内轮廓线;8- 路面

（1）桁架系统

由 I18 工字钢焊接而成,尺寸根据隧道断面大小确定,下方预留行车通道。

（2）行走装置

采用轮式行走系统,并配有限位装置,在纵坡较大地段也可定位牢固。

（3）喷淋系统

台车上设 3 根 $\phi50$ 弧形无缝钢管,每根钢管上设置若干数量的自动旋转喷头,每道弧形钢管上的喷头之间呈梅花形交错布置。三根弧形钢管之间通过纵向及竖向连通管形成互通。位于中间的弧形钢管底部设有进水口及控制阀门。使用时,台车进水口与隧道内的高压供水管采用软管连接,打开台车进水口开关,调整水压力后,台车即可自行进行洒水养护作业。台车上的自动旋转喷头喷出的水雾可对衬砌混凝土进行全方位的洒水养护。

衬砌混凝土养护台车就位方便,操作简单,使用安全,养护全面到位,大大降低了劳动强度。

32.4　暗挖隧道钻爆法施工发展趋势

暗挖隧道钻爆法施工目前已经成为一种全地质型的施工方法,并随着技术的进步,与掘进机法、盾构法一样,正逐步向工厂化施工的方向发展。随着各种隧道施工机械的研制和应用,目前隧道的基本作业都已实现了机械化。但在不良地质围岩条件下,我国与其他发达国家相比,机械化的差距特别突出,遇到施工难题没有合适的施工机械可以利用。提高隧道施工的机械化、自动化程度,大幅度缩短单项作业时间,发挥综合机械化及自动化的威力,确保快速施工和工程质量是今后的发展方向。

第**33**章　地铁矿山法隧道预埋槽道施工技术

33.1　概　　述

槽道埋件是便于安装且可调节的理想固定件,使用锤型螺栓或带齿螺栓及相配的螺母、垫圈,可以用来固定任何结构部件。它是由一条 C 型槽钢和至少两个布置在槽钢背面的锚钉组成,分为热浸镀锌和不锈钢两种材质,槽钢内使用泡沫填充物或条形填充材料防止混凝土进入槽钢内。槽道预埋在混凝土中,表面与混凝土平齐。槽道有多种型号,它有一个防松动的设计,与专用 T 型螺栓配合使用,既紧固方便,还可任意调节,是许多大型工程项目如铁路隧道、桥梁、机场等的首选紧固件。

33.2　预埋槽道国内外发展的基本情况

33.2.1　槽道的安装方法

（1）传统打孔工艺

传统打孔是用电锤或钻孔机在管片上钻孔,然后进行膨胀螺栓或化学螺栓的安装,最后将管线和支架等结构件进行连接。

传统打孔分为膨胀螺栓固定和化学锚栓固定两种方式。

①膨胀螺栓固定:先用冲击电钻（锤）在管片上钻出相应尺寸的孔,然后将膨胀螺栓打到管片中的孔内,再用扳手拧紧膨胀螺栓上的螺母,螺栓往外走,而外面的金属套却不动,于是,螺栓底下的大头就把金属套胀开,使其胀满整个孔,利用楔形斜度来促使膨胀产生摩擦握裹力,达到固定效果。

②化学锚栓固定:先用电锤或钻孔机在管片上钻孔,然后将特制的化学黏结剂放入孔中,最后将螺杆胶结固定于混凝土基材钻孔中,以实现对固定件的锚固。

（2）预埋槽道工艺

预埋槽道是由一根热轧成型工艺生产的 C 型带弧度的槽钢（内有防震齿槽）和布置在槽钢背面的锚杆组成。在混凝土浇筑前将滑槽预埋在其中,待结构成型后,再通过配套的 T 型防坠落螺栓固定与之连接的管线、桥架等结构件。

33.2.2 预埋槽道在国内外的发展情况

（1）预埋槽道在国外的发展

国外预埋技术的应用起始于 1931 年，最初为预埋槽钢，至今已有 80 多年历史。目前已广泛应用于建筑幕墙、高速铁路隧道、火车站、核电厂、电梯、桥梁、市政隧道与电力隧道等领域。

德国和法国最早分别于 20 世纪 60 年代和 70 年代开始在地铁隧道内应用预埋槽钢技术，至今使用状况较好。目前，预埋槽钢技术在日本、埃及、新加坡、中国香港、韩国和马来西亚等多个国家和地区的地铁隧道内得到广泛应用。

（2）预埋槽道在国内的发展

国内地铁工程尚未大规模开展结构预留预埋技术的研究和实施，目前仅有高铁项目矿山法隧道（如京沪高铁、武广高铁、哈大高铁等）二次衬砌结构顶拱部、地铁车站站台门及轨道安装（如深圳地铁 3 号线）的局部小范围采用了预留预埋技术。深圳地铁 9 号线为国内首条在全线盾构法区间采用全预埋滑槽技术的地铁线路。

深圳地铁 9 号线全线盾构区间应用预埋滑槽技术后，在全国引起了较大关注，兰州地铁、杭州地铁、宁波地铁、广州地铁、佛山地铁、南宁地铁、合肥地铁以及香港地铁等多家地铁公司与深圳地铁共同探讨预埋技术的发展前景以及改进方向等。兰州地铁、长沙地铁于 2015 年上半年开始应用预埋滑槽；上海地铁在盾构隧道通缝拼装管片上已采用预埋滑槽，其他多个城市地铁也考虑采用预埋滑槽技术。预埋技术的应用趋势已初步具有形成。目前，深圳地铁 6 号线目前开始在矿山法隧道和预制 U 形梁上尝试使用预埋槽道。

33.2.3 预埋槽道与传统施工方法优缺点对比分析

1）传统施工方法

传统的地铁管线、机电设备安装多采用化学植筋或者打膨胀螺栓的方式，但这些方式在设计上相对简单，系统性要求不高，而且具有很大的局限性。

（1）设施安装周期长

人工钻孔效率低下；施工质量无法保证；噪声、振动、灰尘等污染大，影响工人健康。

（2）隧道健康状况差

重复、密集打孔严重；破坏混凝土配筋，影响结构安全；管片伤痕累累，千疮百孔。

（3）设施维护困难

孔洞、裂缝修补困难，增加设备困难，非标准化的安装方式质量难以保证。

（4）增加运营成本，影响结构安全

①结构损伤严重；

②设施腐蚀严重；

③影响工程寿命；

④膨胀螺栓失效危及运营安全。

传统施工方法产生的问题如图 33-1 ～图 33-4 所示。

图 33-1　打孔对结构造成损坏

图 33-2　作业工人劳动强度高、效率低

图 33-3　膨胀螺栓失效引起不良反应

图 33-4　膨胀螺栓失效引起的吊顶掉落

2）预埋槽道

滑槽采用工厂化加工及预埋,能够确保质量;避免打孔,对结构不会造成任何损伤,保证了结构的耐久性;管线安装操作简单,功效高,环境清洁;运营期维护、更换隧道内设备、管线等方便。

（1）施工功效高、全寿命成本低

①施工功效是传统工艺的 3 倍;

②施工质量易于控制;

③槽道在管片预制过程中严格按照设计要求进行预制施工,配套支架、设备等安装时完全可满足设计要求,无设计差异;

④安装工具简单,节省费用;

⑤由于在制作管片时就将槽道预埋于管片中,减少了施工时安装设备及线路的时间,缩减工期。

（2）对施工的影响

①安全安装,无灰尘,无噪声,无振动;

②安装方面,可以随意调节安装位置;

③使用螺栓连接,无须焊接,减少人员工作量;

④因为提前预支构件,施工质量能够得到很好的控制。

（3）对地铁安全性的影响

①代替钻孔安装模式,对隧道结构零损伤,有效地保证了混凝土结构的完整性,不破坏管片内部配筋,延长使用寿命;

②由于槽道上部带有锚杆,预埋于管片时能够牢牢地固定在管片中,不会出现槽道裸露现象,同时预埋槽道具备连接齿牙构造的特点,以确保机械咬合性能,既可纵向传递荷载,又可承受横向及纵向力,确保防止力点滑移;

③承载力大,可承受地铁内设备的安装需求。

(4)隧道环境好,体现人文关怀

①使用简单的工具就可以实现设备安装,无须打孔,无粉尘、无噪声、无振动,大大改善工作环境,保护工人健康;

②管线支架统一安装,工序交接简单,管理方便。

预埋滑槽技术应用效果如图 33-5 所示。

图 33-5　预埋滑槽技术应用效果

33.3　地铁矿山法隧道预埋槽道的型号和性能要求

33.3.1　设计条件

地铁隧道为改善设备及管道施工条件,在二次衬砌边墙上采用预埋滑槽新技术,滑槽布置在边墙至拱腰位置,槽道预埋锚固在二次衬砌混凝土内,沿隧道纵向布置间距为 1m,所有槽式预埋件均要求采用一次热轧成型的全齿半闭口型钢槽道,可适应各种吊挂管线本身及其预埋区域的动荷载和地震荷载,并满足抗火、耐腐蚀等要求。

33.3.2　槽道规格及性能要求

1）槽道规格

槽式预埋件采用一次热轧成型的全齿半闭口型钢槽道,材质采用 06Cr17Ni12Mo2Ti 或 Q235B(禁用沸腾钢),钢材碳含量不大于 0.17%,并具有足够的延展性,如图 33-6 所示。

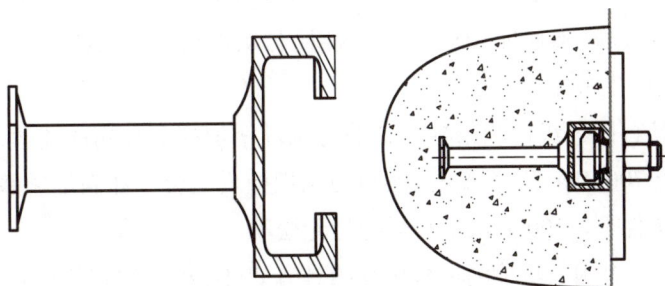

图 33-6　槽式预埋件及其预埋示意图

螺栓防腐措施为：电镀锌最小特殊涂层厚度为 12μm，同时满足力学性能、承载力、耐久性、耐火性要求。槽道厚度不小于 20mm，宽度不小于 28mm，一般部位壁厚不小于 2.5mm，口部壁厚不小于 3.5mm，生产工艺符合 ISO 9001 的认证规定。

2）槽道性能要求

（1）预埋槽道要求一次性热轧成型，材质要求采用低碳合金钢，其质量应分别符合现行国家标准《碳素结构钢》（GB/T 700—2006）和《低合金高强度结构钢》（GB/T 1591—2018）的规定；所用钢材的碳元素含量不大于 0.2%，硫和磷含量均不超过 0.045%，硅含量不超过 0.35%，锰含量不超过 1.4%，并保证有足够的延展性，其断裂最小延伸不小于 14%。

（2）预埋槽道标称尺寸一般为：宽 30mm，高 25mm，槽件与锚杆采用铆接形式进行固定，表面采用多元合金共渗＋特殊封闭层处理，预埋槽道与配套连接 T 型螺栓应具备连接齿牙构造，牙齿齿高 1.5mm 以上、间距为 3mm，以确保机械咬合性能，在纵向传递荷载，防止力点滑移。

（3）预埋槽道及其上固定的螺栓应能满足地铁区间隧道上需要安装的各种设备及其振动的承载力要求，每个连接螺栓位置沿管片径向抗拉承载力不小于 11.5kN，沿切向承载力不小于 9kN。

（4）预埋槽道应具有国家级检测结构认证的抗拉承载力、与螺栓紧固后横向抗剪承载力和纵向抗滑移承载力报告：预埋槽道预埋于混凝土（混凝土强度等级不低于 C25）时极限抗拉承载力不小于 30kN，与螺栓紧固后极限横向抗剪承载力不小于 30kN，抗滑移极限承载力不小于 20kN。

（5）预埋槽道应具有国家级检测结构认证的承载力抗疲劳检测报告：预埋槽道在疲劳上限荷载 10kN，疲劳下限荷载 8kN，荷载振幅 2kN，频率为 3Hz 的试验条件下，无预埋于混凝土时疲劳次数 50 万次，槽道不得破坏；预埋于混凝土时疲劳次数 200 万次，槽道不得破坏。

（6）预埋槽道应具有国家级或部级检测结构认证的耐腐蚀能力检测报告：耐防腐年限 100 年，按《人造气氛腐蚀试验 盐雾试验》（GB/T 10125—2012）中性盐雾加速腐蚀性试验进行检测，按照《金属基体上金属和其它无机覆盖层经腐蚀试验后的试样和试件的评级》（GB/T 6461—2002）进行等级评定，满足试验 2400h 耐腐蚀能力达到 9 级。

（7）预埋槽道应具有国家级检测结构认证的多元合金共渗层厚度及涂层耐冲击检测报告：预埋槽道其多元合金共渗层厚度不小于 70μm，涂层按照《漆膜耐冲击测定法》（GB/T 1732—1993）要求进行冲击试验，重锤由 50cm 高度自由落下，涂层完好。

（8）预埋槽道应具有国家级检验机构出具的耐火时效测试报告：预埋槽道底部各自用丝杠悬挂不低于 1.8kN 加载块，按照《建筑构件耐火试验方法 第 1 部分：通用要求》（GB/T 9978.1—2008）标准升温曲线升温 90min，预埋槽道承载力未破坏。

（9）预埋槽道应具有国家级检测结构认证的预埋槽道与 T 型螺栓紧固力矩检测报告：T 型螺栓与预埋槽道按照《钢结构用高强度大六角头螺栓、大六角螺母、垫圈技术条件》（GB/T 1231—2006）要求进行检验紧固力矩，紧固力矩施加到 80N·m 后，螺栓与螺母没发生歪斜、破损、咬死等破坏现象，螺栓的预紧力没有对槽道产生破坏。

（10）预埋槽道应具有国家级检测结构认证的与预埋槽道配套使用的 T 型螺栓性能检测报告：T 型螺栓抗拉强度不小于 700MPa，T 型螺栓、螺母与预埋槽道组合一体满足频率 1000Hz、波形为正弦波、振幅为 ±0.02mm 条件下，300 万次试验后螺母无松动。

（11）预埋槽道应均具有国家级检测机构出具的具有 CMA 标识的相关检测报告。

槽道性能要求见表 33-1。

项　目	要　求	说　明
滑槽抗拉力(预埋)	11.5kN	29.5/30.9/30.0kN 在 11.5kN 拉力下位移 0.04/0.03/0.08mm
滑槽疲劳测试(未预埋)	11.5kN	10～8kN，50 万次
滑槽疲劳测试(预埋)	11.5kN	10～8kN，200 万次
滑槽与螺栓紧固后抗滑力	11.5kN	18.7/22.0/21.5kN
横向抗剪承载力	11.5kN	30.2 /33.2/32.5kN
耐火试验(标准升温曲线)	标准升温曲线 90min 荷载 1.8kN	单点悬挂 1.814kN 的力在标准升温曲线下 91min 滑槽承载力未破坏
耐火试验(RABT-ZTV 升温曲线)	RABT-ZTV 升温曲线 120min 808.5N	试验 120min 时，预埋槽道未破坏
涂层抗冲击	50kg·cm，涂层完好	GB/T 1732—1993 要求进行冲击试验
滑槽中性盐雾试验	根据客户需求	1200～3000h
涂层厚度	≥80μm	平均值为 114μm
滑槽外观检查	合格	表面光洁无其他缺陷
滑槽组合检查	合格	装卸灵活无虚脱
T 型螺栓固力矩(未预埋)	80N·m	80N·m 未咬死和破坏
T 型螺栓固力矩(预埋)	80N·m	80N·m 未咬死和破坏
T 型螺栓破坏性拉力	≥60.1kN	746MPa（＞60.1kN）

33.4　地铁矿山法隧道预埋槽道施工

33.4.1　施工步骤

预埋槽道施工时，需要先固定在隧道二次衬砌台车模板上，其施工步骤如下：

(1)在隧道二次衬砌台车模板上根据槽道预埋间距进行标识，在垂直地面方向画出预埋位置线；

(2)沿标识线在模板上开孔，孔眼大小与 T 型螺栓相适应，每个槽道预埋件上下各开一个孔，用于固定预埋件；

(3)在台车模板上定位槽道，槽道安装定位在模板内侧，使用 T 型螺栓在模板外侧穿过开孔与预埋槽道进行固结拧紧，将槽道按间距分排在模板上定位，如图 33-7 所示；

(4)待二次衬砌钢筋绑扎完成后移动二次衬砌台车就位，通过二次衬砌台车伸缩油缸将模板进行定位；

(5)通过小窗检查预埋槽道安装及定位情况，确认合格后封堵端头，浇筑二次衬砌混凝土；

(6)二次衬砌达到拆模条件后松开模板外侧 T 型螺栓，二次衬砌脱模；

(7)预埋槽道安装完成后与隧道二次衬砌混凝土同步施工，衬砌混凝土脱模后，槽式预埋件牢固地嵌入结构内，保证其受力特性满足要求。

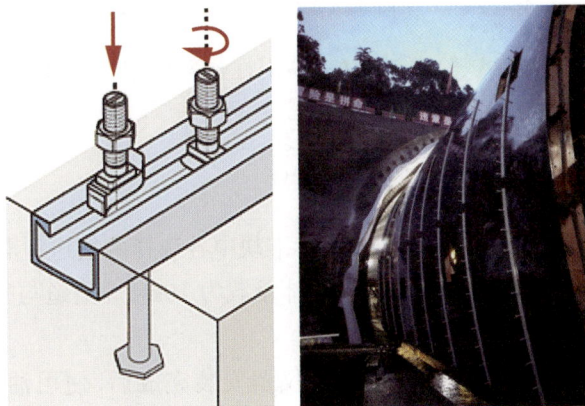

图 33-7　台车上 T 型螺栓与预埋槽道锚固

33.4.2 施工控制要点

（1）滑槽预埋前应详细检查，若发现表面处理层脱离或有裂纹、形状异常等情况，应及时更换；

（2）预埋滑槽要求与混凝土通过可靠的锚钉连接，锚钉间距及锚固长度应满足承载力要求，锚钉与衬砌混凝土中钢筋连接需满足防迷流要求；

（3）预埋滑槽在管片模板上的定位要牢固，保证槽口紧贴模板，槽内部采用可靠措施密封，避免混凝土浇筑时灌入滑槽内，槽口与混凝土内面应光滑平整连接，凹凸误差不允许超过 0.5mm，定位偏差不允许超过 1.5mm；

（4）预埋滑槽在盾构管片中应用时，其位置应避开管片中心的螺栓手孔，距离螺栓手孔净距不小于 120mm，端部距离管片纵缝净距不小于 80mm；

（5）预埋滑槽中填充物不应具有腐蚀性，不能侵蚀滑槽钢材及其表面涂层；

（6）螺栓应采取可靠措施连接，接触网支架采用双螺帽固定，避免在运营中因振动等原因脱离，引起运营事故。

33.4.3 暗挖隧道预埋槽道施工试验检测

预埋滑槽技术在国内轨道交通中的应用起步于 2013 年，目前尚无相关设计规范和技术标准可遵循，须通过试验方式进行充分对比。

1）试验相关要求

（1）连接螺栓位置沿管片径向拉压承载力不小于 10kN，沿切向承载力不小于 8kN。在设计拉、压承载力作用下，变形不超过 1.0mm，切向荷载作用下变形不超过 1.0mm。

（2）预埋滑槽表面处理层厚度不小于 50μm，按《人造气氛腐蚀试验 盐雾试验》（GB/T 10125—2012）进行中性盐雾加速腐蚀性试验，要求在时间 1200h 内表面无红锈出现；涂层按《漆膜耐冲击测定法》（GB/T 1732—1993）要求进行冲击试验，重锤由 50cm 高度落下，涂层应完好。

（3）预埋滑槽应满足在单面火烧、三面火烧以及四面火烧的工况下，均能达到 90min 承载力不失效。预埋滑槽与构件采用专用配套 T 型螺栓连接，T 型螺栓应达到对应 90min 耐火时间下，单点承载拉力不小于 1.8kN。

2）试验方法

（1）现场试验：包括拉拔试验、剪切试验、水平环堆载试验，试验结果可作为确定预埋滑槽锚固长度的依据。

（2）试验室试验：包括中性盐雾腐蚀性及涂层冲击试验、疲劳试验、耐火性能试验、材质及耐久性测试。

3）拉拔试验

在封顶块、邻接块、标准块中各选择两块进行非破坏性试验，各选择一块进行破坏性试验，非破坏性试验荷载 13kN 下（设计承载力 10kN），槽道与螺栓的连接位移不超过 1.0mm，并测试破坏性试验的极限值。

（1）非破坏性试验：仪器安装完成后，使用油压千斤顶缓慢、均匀加载，约 2min 千斤顶加载至 13kN，保持约 2min 后卸载，观察槽道变形、螺栓与槽道位移、槽道附近混凝土工作情况。

（2）破坏性试验：仪器安装及加载速率同非破坏性试验，当槽道附近混凝土破坏或槽道破坏时即认为达到破坏最大荷载。

拉拔破坏与非破坏试验结果见表33-2。

位 置	试验类型	试验组数	试验荷载（kN）	试验结果（kN）	备 注
标准块	非破坏试验	3	13	＞13	未见变形
	破坏试验	2	33	31.9	周边混凝土破坏／滑槽变形
邻接块	非破坏试验	3	13	＞13	未见变形
	破坏试验	2	33	31.4	周边混凝土破坏／滑槽变形
封顶块	非破坏试验	3	13	＞13	未见变形
	破坏试验	2	33	31.7	周边混凝土破坏／滑槽变形

4）剪切试验

试验过程与拉拔试验相同，非破坏性试验荷载10.4kN下（设计承载力8kN），槽道与螺栓的连接位移不超过1.0mm，并测试破坏性试验的极限值。

拉拔破坏与非破坏试验结果对比见表33-3。

位 置	试验类型	试验组数	试验荷载（kN）	试验结果（kN）	备 注
标准块	非破坏试验	3	10.4	＞10.4	未见变形
	破坏试验	2	33	27.3	锚固件产生滑移
邻接块	非破坏试验	3	10.4	＞10.4	未见变形
	破坏试验	2	33	23.6	锚固件产生滑移
封顶块	非破坏试验	3	10.4	＞10.4	未见变形
	破坏试验	2	33	24.1	锚固件产生滑移

5）水平环堆载试验

水平环堆载试验主要是为了检验在接触网、逃生平台、水管等荷载作用下，预埋槽道的承载能力和稳定性。按逃生平台350kg/m²、水管200kg/m、接触网为500kg/个吊点计算，试验的主要方法是选取上述吊点位置，在拼装后的样板环上通过悬挂或堆积重物的方式，模拟最大的实际受力工况。

33.4.4　暗挖隧道预埋槽道施工优缺点

暗挖隧道预埋槽道与传统施工方法的对比见表33-4。

序 号	项 目	预埋滑槽技术	传统打孔技术
1	施工工艺	工厂化制造及预埋槽，现场进行螺栓固定支架及管线安装	现场打孔、植筋（膨胀螺栓），螺栓固定支架及管线安装
2	施工环境	现场清洁、施工环境无污染	现场打孔灰尘大、施工环境污染严重
3	施工器具	仅需扳手、可移动安装平台	电钻、扳手、供电设备、可移动安装平台等
4	隧道保护	无任何损伤	打孔密集，管片损伤严重，破坏结构耐久性
5	施工效率	各专业可交叉施工，互不影响，20～30d即完成每公里隧道管线安装	交叉施工干扰严重，效率低
6	外观效果	管线线形美观、整体效果良好	无效孔较多，结构表面破坏较多，管道线形不能保证，整体效果较差

序　号	项　目	预埋滑槽技术	传统打孔技术
7	运营维护	可快速更换、修复	更换、修复非常困难
8	工序交接与管理	管线支架统一安装,工序交接简单,管理方便	各专业自行打孔及安装管线,作业班组多,工序交接复杂,管理难度大
9	可调整性	各专业管线安装位置环向调整方便	如需调整管线安装位置,则需重新打孔,从而继续破坏主体结构

33.5　地铁矿山法隧道预埋槽道施工发展趋势

33.5.1　应用评价

目前,预埋滑槽技术在国内地铁中的应用仍处于起步或初级阶段,但其发展趋势总体向好。相关人员对预埋滑槽的应用已初步形成以下基本共识。

(1)预埋滑槽技术在国内外均有成功案例,但国内地铁工程使用案例较少,该技术具有减少对隧道主体结构的破坏、节省安装时间、减少工序干扰等诸多优点,在地铁矿山法隧道中使用具有一定的价值。

(2)预埋滑槽技术在地铁矿山法隧道的应用,总体实施效果明显、设计参数选取合理、现场和试验室试验结果可靠。

(3)预埋设计理念先进,为预埋技术实现标准化、工厂化以及提高隧道设备安装效率和减少对结构的损坏创造了有利条件,促进了该领域技术的科技进步,具有广泛推广的价值。

33.5.2　建议

目前,预埋滑槽技术全面推广应用到地铁高架桥、路基 U 型槽、矿山法、盾构隧道。根据预埋滑槽技术的实际应用情况,以下建议可供参考和借鉴。

(1)预埋滑槽的锚固技术目前主要有铆钉和型钢两种方式,建议对这两种方式的应用效果做对比。

(2)建议进一步研究滑槽在隧道模具内的固定技术,确保预埋滑槽后的衬砌及管片质量不低于不预埋滑槽的衬砌及管片质量。

(3)需要制定地铁隧道内使用预埋滑槽技术的行业规程,尽快形成国家级的规范和标准。

(4)关于预埋滑槽的检测频率,建议拉拔试验和剪切试验每 1000 环管片(或每个区间)做一次。对于防腐、耐火和疲劳试验,由于试验费用昂贵,且试验周期很长(通常为 3 ～ 5 个月),建议每个标段做一次。如果试验不合格,则再加大试验频率。

第 **34** 章 盾构法地铁隧道施工新技术

34.1 概　述

自 20 世纪 90 年代以来,盾构隧道施工技术进步显著,主要表现在隧道直径大、一次性掘进距离长、盾构机种类多、自动化程度高等方面。

按断面形状,可分为矩形、马蹄形、椭圆形、多圆搭接形(双圆搭接、三圆搭接)等多种异形断面盾构机;按功能,可分为球体盾构机、母子盾构机、扩径盾构机、变径盾构机、分岔盾构机、途中更换刀具(无须竖井)盾构机、障碍物直接切除盾构机等特种盾构机;按掘削方式,可分为摇动、摆动掘削式盾构机,该方式打破了传统的旋转掘削方式。

为了缩短工期、降低工程造价,开发了不使用预制管片衬砌块,而是在盾构机中直接设置模板,现场就地浇筑隧道衬砌的 ECL 工法。此种场合下,从两侧方向掘进而至的盾构机,在地层中进行盾构机的接合,从而结合地层土冻结工法开发出 MSD 工法。

在国内城市地铁建设中,多条线路采用了大直径盾构隧道,直径不断增大,于 2014 年开工建设的武汉地铁 7 号线越江隧道(公铁合建)外径达到了 15.2m。

国内部分大直径盾构法隧道案例见表 34-1。

国内部分大直径盾构法隧道案例

表 34-1

序号	工程名称	盾构直径(m)	地质条件	盾构形式
1	上海打浦路隧道	11.22	淤泥质黏土、粉质黏土、黏土、砂质粉土	网格盾构机
2	上海延安东路隧道	11.30	淤泥质黏土、淤泥质粉质黏土、黏土	网格盾构机
3	上海延安东路复线隧道	11.22	淤泥质黏土、淤泥质粉质黏土、黏土	泥水平衡盾构机
4	上海大连路隧道	11.22	淤泥质黏土、淤泥质粉质黏土、黏质粉土	泥水平衡盾构机
5	上海上中路越江隧道	14.87	淤泥质黏土、淤泥质粉质黏土、黏质粉土、黏土	泥水平衡盾构机
6	武汉长江隧道	11.38	黏土、粉土、粉质黏土、粉细砂、中粗砂、卵石	复合式泥水平衡盾构机
7	上海崇明越江隧道	15.43	淤泥质黏土、淤泥质粉质黏土、黏土、砂质粉土、粉砂	泥水平衡盾构机
8	南京长江路隧道	14.93	粉质砂土、黏质粉土、淤泥质粉质黏土	泥水平衡盾构机
9	广深港客运专线狮子洋隧道	11.18	淤泥质土、黏质黏土、粉细砂、中粗砂、泥质粉砂岩、粉砂岩	复合式泥水平衡盾构机
10	杭州庆春路过江隧道	11.65	粉砂夹粉土、淤泥质粉质黏土、粉质黏土、圆砾层	泥水平衡盾构机
11	杭州钱江隧道	15.00	粉质黏土、淤泥质黏土、淤泥质粉质黏土、粉质黏土夹粉土	泥水平衡盾构机
12	上海外滩公路隧道	14.27	淤泥质黏土、淤泥质粉质黏土、黏土、黏质粉土	土压平衡盾构机
13	深圳春风隧道	15.76	花岗岩、片岩、变质砂岩、凝灰质砂岩	泥水平衡盾构机

国内也有异形盾构隧道。2003 年,上海地铁 8 号线首次采用双圆隧道新技术,从日本引进两台

第 5 篇 地铁土建工程新技术应用

双圆形土压平衡盾构机,掘进黄兴路站—开鲁路站 2.6km 区间隧道。

宁波地铁 3 号线一期工程将应用大断面矩形盾构法隧道技术,在国内地铁建设中尚属首次应用,面临矩形隧道结构设计、矩形盾构机设计制造、矩形盾构机施工综合技术和组织管理等诸多挑战。

针对异形盾构机的试验研究、施工土体扰动、衬砌结构受力的理论研究也取得了很多成果。

国产矩形、马蹄形盾构机如图 34-1、图 34-2 所示。

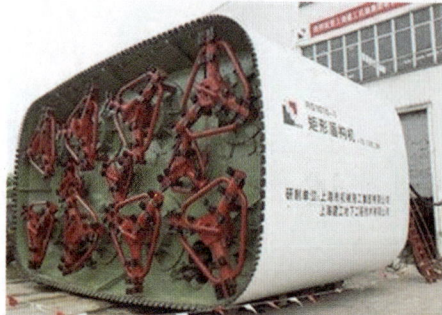

图 34-1　国产矩形盾构机

图 34-2　国产马蹄形盾构机

34.2　大直径盾构隧道

34.2.1　地铁大直径盾构隧道简介

大直径盾构隧道一般指直径大于 10m 的盾构法施工隧道,在铁路、公路工程中应用较多。大直径盾构隧道应用在地铁工程中有两种情况:一是单洞双线隧道,如南京地铁 3 号线、10 号线过长江隧道(隧道外径 11.2m)、北京地铁 14 号线东风北桥站至阜通东站区段(隧道外径 10.2m);二是与公路合建的隧道,如武汉地铁 7 号线三阳路越江隧道(隧道外径 15.2m)。

34.2.2　大直径盾构隧道工程特点

大直径盾构隧道工程特点如下:

(1)设备造价高。如武汉地铁 7 号线(隧道直径 15.2m)每台盾构机造价 4.5 亿元。

(2)隧道断面大。盾构隧道因直径大而产生多种问题,盾构机掘进操作和姿态控制难度加大,开挖面失稳的可能性加大,地表沉降和下沉的风险加大,刀具磨损加大。

(3)盾构推进距离长。大直径盾构一次性、超长距离推进,对盾构机主轴承的耐磨与密封、刀具与盾尾密封刷等提出很高要求。

(4)高水压施工。大直径盾构隧道多为水下隧道,承受着高水压的作用。为保证开挖面的稳定性,随着水深增加,对开挖面的压力控制要求也越高。

34.2.3　大直径盾构隧道设计要点

大直径盾构隧道设计应综合考虑工程建设环境条件、技术标准、使用功能与防灾救援、施工技术与安全风险等因素,合理确定结构的平面、纵断面、横断面、附属结构以及结构和构造的系列设计参数,综合把握结构的合理选型、隧道的合理净距、合理埋深等关键控制参数,使工程在安全可靠性、经济合理性、技术先进性、环境协调性等方面综合最优。

1)隧道最小覆盖层厚度

对大直径盾构隧道而言,浅覆土可能会造成施工过程中冒顶透水、地表沉降、土体塌陷、河床隆起、成形隧道上浮开裂等问题更加突出,因此合适的覆盖层厚度是盾构隧道设计的关键点之一。隧道顶最小覆盖层厚度的拟定除应考虑冲刷深度、疏浚、船只抛锚等影响外,还应综合考虑以下情况:

(1)隧道的覆土能应满足三种工况:运营工况时阻止隧道上浮的最小覆土厚度;施工工况时阻止隧道上浮的最小覆土厚度;盾构掘进动态受力平衡时所要求的最小覆土厚度。

(2)埋深越大,不仅结构需承受较大的荷载,施工过程中盾构设备也需承受更大荷载及需要更大的推力与扭矩。此外,埋深加大还会增加防水难度,不利于运营节能;而埋深减小,则对施工进舱作业(如刀具更换)的安全极为不利。

2)盾构工作井设计规模

工作井的设计长度一般由机头长度、盾尾、安装平台和安装空间等多个因素决定,若盾构整体掉头,在掉头井中需同步考虑盾构整体掉头所需的空间。工作井尺寸的确定与周边环境关系密切,当条件受限时,工作井尺寸需要根据实际情况进行缩减,降低对周边环境的影响,但在盾构安装和进出洞等方面将带来很大难度。

3)最小曲线半径选择

圆隧道段所能采用的最小曲线半径取决于隧道的直径、盾壳内藏管片的长度、盾构车架的长度以及其内部的走行系统等。盾构的选型要与工程条件相匹配,一般情况下最小平曲线半径为 $45D \sim 80D$(D 为隧道外径),在对盾构设备的适应能力进行核实后可减小最小曲线半径。

4)隧道结构计算和设计

(1)我国大直径盾构隧道的结构计算方法

①隧道横向计算。我国大直径盾构的结构计算方法基本沿用日本的方法,一般采用修正惯用设计法或梁—弹簧模型进行计算,但根据工程的具体情况也有采用其他计算方法的实例,如狮子洋隧道由于大部分地段位于基岩中,采用了有限元法进行计算。由于我国大直径盾构隧道的直径在逐步加大,而且很多隧道在当地均是首次建设,缺少经验,因此,一般同时采用两种计算方法进行相互校核,并取其内力包络进行结构设计。

②隧道纵向计算。随着对盾构隧道研究的深入,结合对已经运营的盾构隧道的监测数据分析,盾构隧道的纵向变形问题开始受到关注,并提出了纵向设计的概念。目前,纵向计算多采用弹性地基梁的方法,对曲线半径较小的地段同时采用三维有限元的方法进行施工过程的模拟计算。

③大型结构试验与现场实测。为验证结构设计的安全性与合理性,南京长江隧道、上海长江隧道、狮子洋隧道进行了原型结构试验和现场实测,这些研究成果对改进结构设计方法将起到很好的指导作用。

(2)盾构管片结构计算和设计

管片结构在制作、运输、拼装等施工阶段的验算非常重要,尤其是要关注千斤顶推力(盾构纠偏或曲线推进对千斤顶作用面的影响最为显著)、二次注浆压力的验算,并根据验算结果配置相应的构造钢筋;管片结构在使用阶段的计算,要因地制宜地选择适合当地情况的合理设计方法,并要关注规划的建(构)筑物上穿或下钻本工程时引起的附加变形荷载,计算并配置相应的受力钢筋;构造钢筋与受力主筋的配置质量比宜控制在 45:55 左右。

管片结构设计主要关注管片环分块、管片选型、环宽及细部构造设计,对于大直径盾构来说,环宽不宜小于 1.8m。

管片结构防水设计中,橡胶密封垫在施工阶段、使用阶段(含特殊工况)中张开量、错开量组合情况下的止水设计要求明确,非常重要。

5)隧道内轮廓设计

隧道内轮廓设计应考虑以下几方面的因素:

(1)满足车辆限界及铁路建筑限界的要求;

(2)接触网悬挂方式及受电弓挂网高度;

(3)空气动力学效应对隧道内轮廓的影响;

(4)考虑救援通道及安全空间对隧道内轮廓的影响;

(5)曲线地段加宽;

(6)隧道内综合管线的布设需要;

(7)综合施工误差;

(8)盾构机设备的再利用。

6)防灾设计

铁路水下盾构隧道由于其所处环境的特殊性,需考虑火灾、撞击、爆炸等意外荷载对结构的影响。在隧道内设置内衬可以显著提高结构的抗灾性能,但经济性差,而在钢筋混凝土管片内双掺钢纤维和聚丙烯纤维是一种较为可行的方案。

34.2.4 大直径盾构隧道施工技术

1)盾构机选型

纵观国内外超大型隧道工程,绝大多数采用泥水平衡盾构机施工。因为泥水平衡盾构机具有施工质量好、安全可靠性高、噪声低等优点。但是,泥水平衡盾构机的泥水处理系统需要占用较大的面积,设备费用较高,不适合在城市中心区域使用,尤其是泥水平衡盾构机在浅覆土施工时容易出现冒顶现象,对于周边环境保护存在着极大的风险。土压平衡盾构机则能够在一定程度上规避这些风险,因而在环境变形保护要求极高的条件下不失为一种优良的选择。

一般而言,对于水下隧道及大直径隧道宜优先选择泥水平衡盾构机。但根据大直径盾构隧道施工经验,大直径泥水平衡盾构机在 RQD 值较低的岩层段掘进时,由于岩层较破碎,常常出现开挖面岩体局部掉块现象,严重影响施工速度,甚至导致掌子面出现塌方等事故。这主要是由于岩层较破碎,裂隙大,无法在开挖面形成有效泥膜支护。针对该情况,若采用土压平衡盾构机掘进,由于螺旋出土器允许通过的粒径大,掉落的岩块容易排出,且可以通过采用全土压模式防止掉块发生。但土压平衡盾构机对隧道的软弱地层难以适应,且在较完整的基岩段掘进时刀具磨损远大于泥水平衡盾构机。因此,从减小施工风险、加快施工进度的角度考虑,推荐采用土压—泥水双模式混合盾构机。

土压—泥水双模式盾构机的具体掘进方式为:在破碎岩层地段和软硬岩软硬不均段可采用土压

模式掘进,在软弱土层、砂层、土岩软硬不均段以及裂隙水发育的基岩地层采用泥水模式掘进。此外,为减少高水压对土压掘进模式的不利影响,盾构机可配备与土压模式相适应的排水减压装置。

大直径、高水压、长距离掘进的盾构机设计制造应考虑解决盾尾密封刷失效更换、主轴承及其密封寿命、刀具磨耗及破坏等技术问题。

2)盾构始发和接收

大直径盾构始发和接收更是极易出现问题的环节,一般主要体现在:

(1)覆土薄,始发埋深大多数情况下小于一倍盾构机直径,极易击穿冒顶,压力建仓困难;

(2)盾构机直径大,洞门破除后掌子面难以稳定;

(3)大直径盾构机重达数千吨,盾构机姿态难以控制;

(4)多数大直径盾构隧道还存在地下水位高,水头压力高、地层透水性强,洞门处围护结构凿除后在地下水的作用下,软弱土层或砂层极易发生坍塌等风险。

针对上述风险,需采取以下综合措施,以保证盾构安全始发、接收:

(1)综合加固措施需结合地层、地下水及周边环境情况,可采用素混凝土地下墙、三轴搅拌桩、高压旋喷桩、冷冻墙、井外降水、井内灌水等其中几种措施的综合方案;

(2)采用冷冻法辅助措施需注意,盾构在穿越冻结区时,不宜停留,在拼装管片时,每隔10 ~ 15min 将刀盘转动 3 ~ 5min,以防刀盘被冻住;

(3)加强端头加固施工质量控制和检测;

(4)加强始发和接收过程中对地层稳定和地下水的监控量测。

3)浅埋、长距离掘进控制

大直径盾构隧道掘进距离长、穿越地层地质条件复杂。其多为浅埋甚至为超浅埋,掘进时由于竖向压力小,易出现盾构机姿态偏离轴线、泥水窜出地面“冒浆”、隧道上浮、端头土体失稳、涌水涌沙、地层塌陷等严重情况。

为防止上述情况发生,采取以下掘进控制措施:

(1)通过试验段的试掘进,结合室内和现场试验等措施,设置合理的盾构掘进参数。

(2)在不同地层掘进中加强掘进速度和总推力等参数控制,根据地质条件和盾构机最大扭矩来确定刀盘转速。在浅覆土地段禁止长时间停机。

(3)加强壁后同步注浆和二次注浆管理,注浆量采取注浆压力和理论注浆量双重指标控制,必要时进行二次补强注浆。

超大直径土压平衡盾构机浆液流淌的距离比一般盾构机长。这对浆液的流动性、填充性和稳定性提出了更高要求。因此研发的浆液应具有压力触变性,即在压力作用下能够保持较好的流动性,能够较好地填补盾尾间隙,这种浆液稠度较大,在注浆压力的作用下不会导致周围土体产生劈裂。

浆液以砂为集料,以石灰和粉煤灰为主要胶凝材料,加入适量膨润土和外加剂调整浆液性能。与双液浆浆液不同,这种浆液主要依靠浆液自身的抗剪屈服强度来限制隧道的变形,用“抗剪屈服强度”来表征新拌浆液的内部摩擦力和抗剪力。屈服强度越大,浆液限制隧道上浮的能力越好。用坍落度作为表征新拌浆液可泵性的重要指标。

室内试验和现场试验证明新研发的单液浆泵送性好,浆液填充效果好;泵送过程中无泌水、不堵管,浆液能有效阻止泥水后窜;不破坏盾尾装置,不会被泥水和地下水稀释或冲散;浆液具有良好的抵抗隧道上浮的能力;该浆液与双液浆相比,成本降低30% ~ 50%。

(4)泥水平衡盾构采用重浆推进,控制泥水相对密度和黏度等指标,推进过程中加大泥浆测试频率，及时调整泥浆质量。

相对于超大型泥水平衡盾构机，土压平衡盾构机在开挖面稳定控制机理方面与之有本质的区别，泥水平衡盾构机开挖面稳定性控制技术也不适用于土压平衡盾构机。土压平衡盾构机需对土仓内土体进行改良，使得开挖面支撑介质的土砂具有良好的塑性变形、黏稠度以及较小的内摩擦角和渗透率等，减小土仓内土压力的大范围波动，保持开挖面的稳定，同时提高压力仓内渣土的流动性，降低了盾构机的总推力和刀盘的扭矩。还可根据地质情况对大直径土压平衡盾构机进行适应性改造，如增加土体改良系统、土仓内设置搅拌装置、土仓压力监控系统等。

（5）加强盾构姿态控制，掘进时，盾构中心与隧道设计高程的偏差控制在 −30mm、平面偏差控制在 ±30mm 之内。

（6）针对可能导致盾尾泄漏原因制订可行的应对措施，有效保护盾尾密封，防止发生盾尾泄漏的情况。

4）盾构机掘进引起的地表沉降

地表沉降实测拟合结果表明，大直径土压平衡盾构机掘进引起的地表沉降槽曲线符合 Peck 曲线（Gauss公式）。隧道埋深、上部土层条件（黏土或砂性土）、同步注浆量、土仓压力取值对地表沉降影响较大。

北京站至北京西站地下直径线隧道采用一台直径 11.97m 泥水平衡盾构机施工。用 Peck 公式对不同监测断面的地表沉降进行了拟合，拟合得到的地层损失率为 0.096% ～ 0.545%，沉降槽宽度参数为 0.2986 ～ 0.7568。拟合精度参数为 0.81 ～ 0.88，平均为 0.85，验证了 Peck 公式能够准确地对北京地下直径线盾构掘进引起的地表沉降进行拟合。

5）小半径曲线隧道掘进

小半径曲线隧道大直径盾构施工措施包括：优化盾构机设计参数、优化管片设计参数、合理调整管片拼装、控制盾构掘进姿态、严格管理同步注浆及二次注浆等，可以解决盾构机进入小半径曲线后，盾构间隙过小甚至管片卡住盾壳、管片外弧面碎裂、管片错台过大等施工问题。

6）盾构隧道防水技术

公铁合建的大直径盾构隧道一般上层为公路车道层，下层为地铁空间、设备管廊及上下层的江中废水泵房等。对超大直径盾构的越江道路隧道，因埋深较大，隧道要承受很高的水压。因此，对隧道的防水设计技术（主要包括预制混凝土管片结构与现浇混凝土结构自防水、接缝防水、连接通道防水等）提出了相当高的要求。

根据超大直径盾构隧道的工程特点，首先确立"以混凝土结构自防水为根本，以接缝防水为重点，多道设防，确保高水压下接缝张开时的长久防水性能"的设计原则。

一般隧道的防水等级达到二级即可，但大型、重要的道路交通隧道，以及岸边段、江中盾构隧道、连接通道均须取高于二级的防水标准。

为确保隧道的百年设计使用寿命，应采取耐久性设计措施，在今后类似的工程设计中还需做进一步的探讨与研究。

7）盾构隧道内部结构施工

对于公铁合建的大直径盾构隧道，如何在盾构隧道掘进的同时同步进行隧道内部梁、板、柱等结构施工，是施工中的一大难题。应结合工期、造价、结构特点、同步施工干扰等因素，优化设计方案，确定采用现浇方案或预制安装方案，或预制结合现浇方案。

34.3　双圆盾构隧道

34.3.1　双圆盾构隧道简介

双圆盾构工法(Double-O-Tube,简称 DOT 工法),指采用在同一平面配置了多个刀盘的多圆形加泥土压平衡盾构机和在两个圆形断面相割的连接位置上设置有"Y"形(海鸥形)接头管片来构筑多圆形隧道的施工方法总称。

DOT 工法由日本大丰建设株式会社开发,1981 年开始申请专利,1987 年在获得专利的同时,进行了实地横双圆和纵双圆试验施工。1989 年,广岛市交通系统进行了第一个工程的施工,至今共拥有 10 余项工程实绩。

2003 年,上海地铁 8 号线首次采用双圆盾构掘进新技术,从日本引进 2 台 ϕ6520mm×W11120mm 双圆形土压平衡盾构机,掘进黄兴路站—开鲁路站 2.6km 区间隧道。之后又在 6 号线、10 号线、2 号线东延伸段陆续采用双圆盾构机掘进隧道 10km。横双圆形盾构机如图 34-3 所示。

图 34-3　横双圆形盾构机

34.3.2　双圆盾构隧道特点

在同样满足双线运营要求的前提下,双圆盾构隧道与一条大型单圆盾构隧道或两条单圆盾构隧道相比,它的特点在于隧道占用宽度及工作井宽度、深度均可缩小,并可缩小掘削断面,具有以下优点:

(1)双圆盾构隧道开挖横断面积最小,可最大幅度地减小土体开挖量;

(2)双圆盾构隧道宽度相对较小,可在狭窄的地下空间内穿越,并使区间隧道沿线地面道路规划红线控制宽度大大缩小;

(3)双圆盾构隧道的开挖面可以左右平排或上下叠置任意安排,为线路的选线提供了多种可行的方案;

(4)两条区间隧道合二为一,有利于提高抗震、救灾能力;

(5)由于双圆盾构隧道集其他两种隧道形式的优点于一身,可缩小区间隧道和相邻车站的工程量。

双圆盾构隧道与大型单圆盾构隧道、两条单圆盾构隧道横断面比较如图 34-4 所示。

虽然双圆盾构机具有一定优势,但在我国地铁建设中应用还不广泛,原因有以下几点:

①双圆盾构机对平面最小曲线的适应能力不如单圆盾构机;

②双圆盾构机端头井处覆土较单圆盾构机深,因而地下一层站埋深增加,车站的建设费用相对较高;

③双圆盾构机械需从国外进口,工程造价较高;

④若双圆盾构区间施工推进时超出限界规定值,线路平面或纵断面调整会很困难;

⑤双圆盾构机为开敞式辐条式刀盘,交叉搅拌棒对地层扰动更大。

国际隧道施工界一致公认,双圆盾构隧道由于具有断面有效利用率高、对环境影响小、工程成本较低等众多优点,成为地下空间开发大国进行地下高速公路、地下商业和地铁隧道等工程施工的主流形

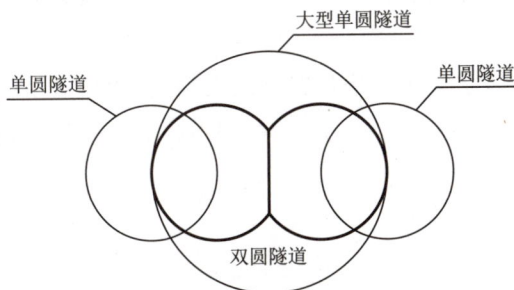

图 34-4　双圆盾构隧道与大型单圆盾构隧道、两条单圆盾构隧道横断面比较示意图

式,应用前景相当广泛。

34.3.3 双圆盾构隧道设计要点

盾构隧道结构设计中,主要考虑结构内力、变形和防水的问题,具体涉及配筋、管片厚度、宽度、接头形式、拼装方式等。对于双圆盾构隧道,应考虑拱背土压力、拼装方式、地层抗力等设计参数对管片内力和变形的影响。

1)隧道结构分析模型

双圆盾构隧道衬砌计算模型与单圆盾构隧道大体相同,主要有匀质圆环模型、等效刚度圆环模型、自由铰圆环模型、梁—弹簧模型四种,其中采用较多的是匀质圆环模型和梁—弹簧模型。匀质圆环模型不考虑管片接头的影响,假定管片环为自由变形的弹性匀质圆环,其接头具有和管片主截面同等刚度 EI。而梁—弹簧模型认为管片接头具有不同于管片的弯曲刚度,其承担的弯矩与其刚度成正比。计算时将接头用旋转弹簧、切向弹簧和径向弹簧来分别模拟管片的转动、挤压和错动等相互作用。根据国内外有关试验研究结果,旋转弹簧的转动刚度 K_θ 通常为 $10000 \sim 100000 \mathrm{kN} \cdot \mathrm{m/rad}$。

均质圆环、梁—弹簧模型如图 34-5、图 34-6 所示。

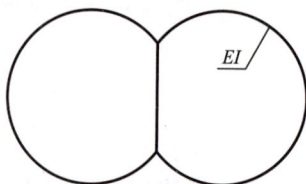

图 34-5 匀质圆环模型示意图　　图 34-6 梁—弹簧模型示意图

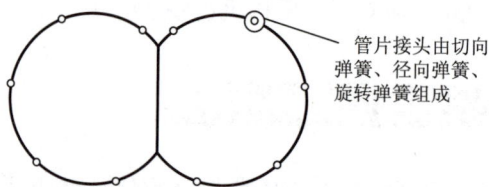

计算模型精确并不一定表明结果也精确。目前常用的几种计算模型(修正惯用法、梁—弹簧模型等)都能满足工程设计的具体要求,关键在于计算参数选择的合理性和匹配性。

2)隧道的地层荷载

盾构隧道各种计算模型中荷载形式基本相似,但大多没有考虑拱背土压力的影响,少数模型中即使考虑了拱背土压力,也将其做了简化处理。在双圆盾构管片设计中,拱背土压力对内力的影响是不容忽略的。对于浅埋隧道,拱背土压力对弯矩的影响较大,在结构计算中不能忽略,否则计算结果将偏于不安全。拱背土压力在垂直地层压力中所占比例随着埋深增大而减小,随隧道直径的增大而增大。

3)错缝拼装、纵环向螺栓对拼装效果的影响

相对于通缝,错缝拼装使得管片整体刚度增加,位移减小,但弯矩、剪力增加,纵向螺栓剪力明显增加,从而协调相邻管片的变形。

管片错缝拼装时,纵向螺栓、环向螺栓对拼装效果有较大影响。纵向螺栓刚度增加,错缝效果越明显,整体刚度的提高越明显;纵向螺栓刚度减小,趋向于通缝拼装的计算结果,错缝拼装的效果也越差。环向螺栓刚度增加,错缝效果逐渐减弱,反之,错缝效果增强。

4)管片设计

(1)管片厚度及宽度

日本的大量工程实例表明,在隧道外径为 6m 左右的情况下,如采用钢筋混凝土管片,其管片厚

度约在 0.3m 之内;这一统计分析结果是在埋深 3～30m,地质情况从软弱的冲积层到较密实的洪积层等各种情况得出的结果。

上海 M8 线根据覆土厚度、工程地质条件、周围环境,借鉴上海双圆盾构成功的设计与施工经验,采用 0.3m 厚、1.2m 宽、错缝拼装的钢筋混凝土管片。

(2)错缝与通缝拼装的比较

错缝拼装比通缝拼装的承载力高、变形小、刚度大、拼装安装更复杂,总的来说,错缝拼装在改善受力状态、提高管片整体刚度、减少变形等方面都明显优于通缝拼装。

(3)管片分块

衬砌采用预制钢筋混凝土管片,包括对称和非对称两种拼装方式,如图 34-7 和图 34-8 所示。对称拼装方式每环衬砌由 8 块标准块、1 块大异形管片、1 块小异形管片及 1 块立柱管片共 11 块管片构成;非对称拼装方式的不同之处为大、小异形管片由翼翅长度不对称的异形管片代替。管片纵、环向采用螺栓连接,接缝防水采用遇水膨胀橡胶止水条。

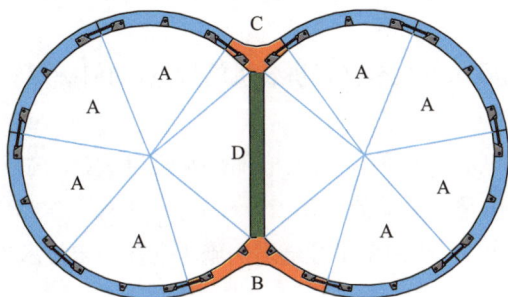

图 34-7　管片分块图(对称拼装方式)示意图　　图 34-8　管片分块图(非对称拼装方式)示意图

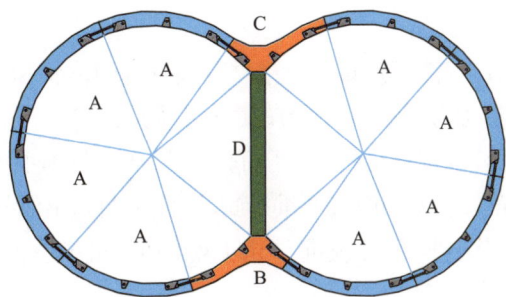

(4)错缝拼装的实现

双圆盾构实现错缝拼装有两种途径:对称拼装与非对称拼装。两种拼装方式都是通过对上下异形管片的处理来实现错缝拼装。对称拼装通过大小海鸥块交错设置实现,非对称拼装每环管片之间通过鸟翼部分调整翼翅长短进行错缝拼装。

管片错缝拼装(非对称拼装方式)如图 34-9 所示。

5)纠偏时隧道衬砌的内力

双圆盾构施工中纠偏所引起的内力与现有设计中不考虑纠偏计算得到的内力相比变化较大。而且,随着偏转角的增加,衬砌上有些点的内力增大,有些点的内力减小甚至发生符号的反转。由此可知,可靠合理的隧道衬砌设计方法应考虑这种纠偏引起的内力重分布的作用。

图 34-9　管片错缝拼装(非对称拼装方式)示意图

双圆盾构隧道衬砌结构设计中,纠偏引起的内力不能忽略不计,同时施工中应严格控制纠偏角度,避免硬性纠偏。对于在有偏转角时的双圆盾构隧道衬砌的设计方法应做进一步深入的研究。

6)断面中异形管片内力和配筋

(1)异形管片是双圆盾构隧道中受力最复杂的部位,不同的计算模型以及不同的计算假定都将使异形管片的内力发生突变,弯矩的变化更甚。所以在内力计算时不能过分依赖于某一种模型,必须比较多种模型,择优选择其中一个最能反映结构实际受力的模型进行计算。

(2)异形管片的配筋对整个断面起控制作用,这是由其受力的复杂性决定的。但是,异形管片的配筋又必须独立于其他截面的配筋,因为异形管片处的弯矩较其他截面大,而且大很多,如果用异形

管片处的配筋来配其他截面,必将导致结构用钢量的大幅度增加,尤其是对于几千米长的区间隧道来说是很不经济的。

(3)标准块的配筋由次最大负弯矩(即标准块上的最大负弯矩)所在截面的配筋量决定。

34.3.4 双圆盾构隧道施工技术

1)施工技术难点

与单圆盾构隧道比较,双圆盾构隧道施工存在以下技术难点:

(1)地层变形控制。双圆盾构机辐条式刀盘的构造原理、形状及宽度特点以及同步注浆系统的位置及特点,使地层变形控制成为技术难点之一。

(2)双圆隧道轴线控制。隧道平面和高程的控制机理和手段与单圆盾构机基本类似。但由于双圆盾构机刀盘相向旋转的特点,无法利用刀盘正反转控制盾构机转角,故隧道转角控制为双圆盾构机施工的一大技术难点。

(3)双圆管片拼装。根据双圆管片的形状和连接形式以及单臂式拼装机的特点,如何确保管片拼装质量、加快拼装速度为施工一大难点。

(4)双圆盾构机进洞出洞。双圆盾构机断面大、形状特殊,两圆间凹槽部止水难度大,盾构机转角对盾壳与洞圈间隙有严重影响,因此进洞和出洞技术也是一大难点。

(5)小半径曲线隧道。由于双圆盾构机半径和跨径较大,小曲率半径隧道的施工存在一定技术难度。

2)主要施工参数控制

双圆盾构机主要施工参数中,土压力控制、同步注浆与传统盾构机有所不同。

(1)土压力。根据双圆盾构机辐条式刀盘的机理特性,盾构土仓内土体与正面地层基本呈直接相通状态,故盾构正面设定土压与盾构切口地层变形关系更直接,反应更灵敏、更迅速。因此,土压管理对于双圆盾构掘进则显得尤为重要。

(2)同步注浆量。双圆盾构机的同步注浆工艺与传统的单圆盾构机存在很大不同,要求也更高。同步注浆位置处于盾构机上下海鸥形管片凹槽处,上、下两点同步注浆,浆液材料采用双液浆。上下两个注浆点,除同步注浆总量控制以外,上下注浆孔的浆量分配也相当关键,主要综合考虑到地层变形、隧道上浮等因素。

3)盾构机进洞

双圆盾构机进洞主要存在以下技术难点:洞圈防水技术、管片拼装精度控制技术、进洞段轴线控制技术、地层变形控制技术。

(1)洞圈防水技术

双圆盾构机断面相对较大、形状更为特殊。由于其中间海鸥形管片处存在凹槽,故仅依靠传统的帘布橡胶板无法在凹槽处形成较强的握裹力,从而影响洞门止水效果。为此,洞门止水装置采用常规帘布橡胶板、铰链板结合气囊形式,在凹槽部位利用气囊的压力将帘布橡胶板紧贴住盾构壳体,同时在洞圈内预留数个注浆管,以备特殊情况下使用,从而确保良好的洞圈止水效果。

(2)管片拼装精度控制技术

作为隧道衬砌拼装的基准面,负环以及初进洞段管片的拼装精度将很大程度上影响盾构进洞段管片的拼装质量。

(3)进洞段轴线控制技术

根据进洞阶段盾构机受力状态不断由刚性线支撑向周边均布荷载支撑转变的特点,其轴线控制相对难度较高,施工中需通过对土压力的调整及千斤顶编组的合理选择来减小盾构轴线的偏差。

（4）地层变形控制技术

双圆盾构机刀盘采用辐条形式,对正面及上部土体的支撑效果极差。为此,设定与外部原状土相当的土压力值,减少对正面及上部土体的扰动,是盾构进洞技术的关键。

4）轴线控制

双圆盾构轴线控制分为"平面"控制、"高程"控制和"偏转"控制。

（1）平面控制

双圆盾构平面控制方法基本与单圆盾构相同,主要利用左右侧盾构千斤顶推力来调整和进行纠正。由于双圆盾构机宽度相对较大,在左右侧千斤顶推力差相同的情况下产生的力矩也更大,为此,盾构平面控制的灵敏度较高,故在工程施工过程中需对盾构平面姿态随时监控并不断调整。

（2）高程控制

双圆盾构高程控制方法基本与单圆盾构相同,主要利用上下盾构千斤顶推力的调整进行纠正。为防止可能出现的盾构机"磕头"现象,在双圆盾构机下部设置了 12 个大推力千斤顶。

通过实际盾构掘进发现,双圆盾构高程主要受盾构机自身偏转因素的影响,如图 34-10 所示。在盾构转角较大时,盾构高程控制情况相对较差;特别在盾构机与管片间存在较大的转角差时,更将导致左右圆盾壳与管片间的盾尾间隙出现对角无间隙现象（左上、右下无间隙或左下、右上无间隙）,以致极难采取利用管片控制盾构高程和调整盾尾间隙的手段。

图 34-10 高程控制受盾构自身偏转影响示意图

（3）偏转控制

在双圆盾构隧道施工中,由于盾构机偏转将造成左右隧道的高低差及立柱的倾斜,直接对建成隧道的受力及质量产生影响,为此,双圆盾构机的偏转控制也是关键的质量控制指标和主要技术难点。

一般情况下,双圆盾构机因左右刀盘相互间逆向旋转,扭矩反力和惯性力相互抵消,故不易产生偏转,但一旦产生偏转,纠偏难度也更大。

针对双圆盾构机的偏转情况,主要总结出了以下技术措施:

①控制盾构机的制造精度,减少双圆盾构机左右外壳体的扭曲量;

②利用修正偏转千斤顶,根据修正偏转千斤顶偏转角度产生在圆周方向的分力来修正盾构机偏转;

③通过螺旋输送机调整左右圆的出土量,以达到修正盾构机偏转的目的;

④利用仿形刀的局部超挖来改变偏转方向;

⑤在双圆盾构机的单侧加压重物,以产生扭矩从而实现盾构机纠偏;

⑥通过调整左右圆的同步壁后注浆位置和注浆量来调整盾构机转角;

⑦调整左右圆土压力设定值,通过左右圆盾构机不同的受力状态来控制盾构机偏转。

5）管片拼装

双圆盾构管片的连接形式与单圆盾构管片相比有很大差异,其纵、环向均采用球墨铸铁预埋手孔加短螺栓的形式,拼装精度要求较高,上下海鸥形管片和中间立柱管片的拼装难度也较大。因此,如何处理这些问题对确保管片拼装质量至关重要。

隧道衬砌由 11 块预制钢筋混凝土管片拼装而成,双圆盾构由于断面较宽,管片拼装需由两台拼装机完成。双圆盾构管片的拼装是一项全新的工艺,主要难点体现在以下三个方面:大、小海鸥形管片和立柱管片的拼装难度较大;采用钢盒子结合短螺栓的连接形式,管片精度高,拼装难度大;IHI 单臂式拼装机操作方法与以往单圆盾构有显著区别,需要一段时间的适应。

（1）拼装顺序

下部海鸥形管片→两侧标准管片(同步完成,先下后上)→上部海鸥形管片→中间立柱。

（2）双圆管片拼装技术

①下部海鸥形管片属第一块定位管片,其拼装质量将直接影响整环管片的拼装质量,故此块管片的拼装必须严格确保其拼装精度。

②标准块的拼装与单圆管片基本类似,但由于其连接采用预埋手孔形式,故必须确保每根螺栓的到位率。

③在上部海鸥形管片拼装结束、立柱管片拼装前,紧邻上部海鸥形管片两侧的管片螺栓不宜拧紧,以便于立柱管片拼装时上部海鸥形管片有一定的上下调整余地。

④综合利用管片顶托装置、左侧拼装机、盾构千斤顶,扩大立柱管片拼装间隙。

⑤拼装立柱管片时,需时刻观测立柱周边间隙,防止立柱承受过大施工荷载。

⑥管片纵、环向螺栓必须做到及时拧紧和复紧。

⑦及时启用整圆器,保证成环隧道圆度。

虽然双圆管片的拼装难度较大,但由于采用钢盒子短螺栓连接的形式,在管片拼装成环后其隧道质量较传统的长螺栓连接形式更好,管片环与环、块与块之间的错台、张开量、隧道的变形情况均较为理想,且当隧道脱出盾尾后其变形量也较小。

6）地层变形控制

（1）引起双圆盾构地层变形的最主要因素

①双圆盾构刀盘为辐条形,无法有效支撑正面土体,一旦土仓内设定压力值与实际土体压力值间存在一定压力差,将直接导致地层变形。

②直径达 60cm 的刀盘辐条在旋转过程中,将在其背后形成真空地带,若盾构机土仓内土体的塑流性能较差,无法及时填补辐条后部不断出现的建筑空隙,则将引起盾构机正面或上方土体的涌入,最终导致地面变形。

③双圆盾构机顶部凹槽处易产生背土现象,造成盾构机背部土体整体随盾构机向前移动,以致出现地面先隆后沉的现象,使地面变形严重。

④双圆盾构同步注浆孔设在盾构中心上下两凹槽处,浆液填满整环双圆盾构机后部建筑空隙所经过的路径相对较长,当盾构机在地质条件较差、土体较软的地层中掘进时,盾构机与管片间的建筑空隙将迅速被周围土体所掩埋,注浆材料无法及时填充到位,最终导致地面变形。

（2）控制双圆盾构地层变形的主要技术措施

①摸索并设定与外部原状土相当的土压力值,减少对正面及上部土体的扰动。

②进行土体改良,增加土仓内土体的塑流性能,及时填充辐条留下的建筑空隙。

③利用盾构中心顶部的注浆孔及时填充润滑材料,减少凹槽处的背土现象。

④设壁后注浆备用系统,确保浆液及时填充盾构与管片间的建筑空隙。

⑤设置有效的地面变形监测点,及时进行地面变形的监测并同步反馈至盾构控制室,以便及时进行施工参数的调整。

（3）双圆盾构沉降槽规律分析

双圆盾构机掘进过程中对其横断面地层的影响范围约为 2 倍盾构机宽度,对其纵断面地层的影响范围较大,常规情况下为 1.5 ~ 2 倍盾构机覆土深度。

7）盾构机出洞

盾构机出洞段的施工除了严格控制盾构机正面平衡压力、推进速度、纠偏量、同步注浆量和浆液质量、盾尾油脂的压注外，更需要严格控制压浆工序，具体压浆量和压浆点视压浆时的压力值、地层变形监测数据或管片姿态等因素选定。注浆工班应对压入位置、压入量、压力值做详细记录，并根据地层变形监测信息及时调整，在确保压浆施工质量的前提下，方可进行下一环的推进施工。

8）小半径曲线施工

（1）小半径曲线施工难点分析

①双圆盾构机掘进时隧道轴线控制难度大、纠偏困难；

②管片易在水平分力作用下发生较大位移，造成管片实测轴线超偏；

③土方超挖量偏大，容易产生较大的地面沉降；

④管片由于受力不均衡，容易产生碎裂和渗水。

（2）解决措施

①优化盾构施工参数

a. 根据每环平均行程差、上环累计行程差、转弯环管片尺寸差等数值每环计算当环推进千斤顶形成差值，实现预判、指导的作用；

b. 盾构机在偏离轴线初期，根据地面周边环境可以适时开启超挖刀，形成椭圆掘进断面，减小盾构机转弯阻力；

c. 盾构机转弯施工中，盾构机提前进入预备姿态，盾构机中心偏向轴线内侧 2 ～ 3cm 掘进，减小盾构机向外侧偏离轴线的风险；

d. 及时观测各方向盾尾与管片间隙，当一侧间隙过小时，可以通过千斤顶行程调整和管片贴片措施进行纠偏，使盾尾与管片各方向间隙均匀。

②加强轴线控制测量

盾构机在直线推进时，控制吊篮可以间距 60m 进行布置，在小半径转弯施工过程中，由于用直线来拟合曲线施工，当测点之间距离越长，误差值也越大。当新吊篮启用后，往往需要修正的数值较大，为减小由于测量产生的轴线误差，在小半径圆曲线施工段，吊篮间距宜按 40m 进行布置。

③改进注浆方式

由于管片受到横向分力的作用而向轴线外侧偏离隧道，进而对盾构机的轴线控制产生不利影响，可采用单侧壁后注浆的方式进行控制：在盾尾后部 6 ～ 10 环外圆管片一次压注双液浆，注浆量控制在每环 1 ～ 2m³，注浆压力 0.4 ～ 0.6MPa，通过管片壁后注浆压力，形成对管片的单向水平力，用以抵消千斤顶反力形成的水平分力，减小管片向圆曲线外侧偏离的趋势，进而达到控制盾构推进轴线及隧道轴线的目的。

④组合贴片纠偏

双圆盾构机贴片纠偏与单圆盾构机不同，原因在于双圆盾构机在控制轴线的同时还要控制盾构机偏转角，因此，双圆盾构机在小半径圆曲线施工过程中的轴线控制更为困难，方法也更为有限。根据双圆盾构机的施工特点，改进单圆盾构机传统的 0°、90°、180°、270° 的贴片方式，根据双圆盾构机姿态、盾尾间隙、累计行程差、盾构机偏转角等因素采取多角度、变厚度、渐变式的贴片方法，完成盾构机轴线与偏转角的双重控制标准。

34.4　盾构法地铁隧道施工发展趋势

随着地下空间大规模的开发利用以及各种特殊地下工程的施工，经常遇到复杂多变的地层以及诸多不可预见的因素，这对盾构掘进装备的地层适应性和施工的安全性要求越来越高，这也是盾构技术面临的重大挑战。因此，随着现代科技的发展，盾构技术应朝着自动化、多样化、高适应性、智能化的方向发展。

（1）开挖断面从常规的单圆形朝着双圆、三圆以及复合断面等异形断面的方向发展，这些盾构工法可以适用于不同隧道工程施工的特殊要求；盾构开挖断面的尺寸也正逐渐朝着微小和超大两个方向发展。

（2）由于对地下空间利用的逐渐加深，盾构施工逐渐向大深度化方向发展。因此，要提高盾构机和管片的密封性能，对开挖面的土压平衡控制、盾构始发和到达技术提出了更高的要求。

（3）开发新的施工技术，包括进出洞技术、长距离施工、地中对接技术、扩径盾构施工法、急曲线施工法等，以满足盾构的长距离及特殊的工程施工要求。

（4）管片拼装的自动化并研制隧道衬砌新技术，包括压注混凝土衬砌、管片接头技术、管片接缝防渗技术以及高强、耐久性管片制造等。

（5）盾构技术的科技含量以及自动化程度越来越高，现代控制理论、激光雷达导向技术、GPS定位技术、遥控、通信等类似于机器人技术已经逐步应用于盾构施工中，盾构机正朝着全自动化、智能化、无人值守的方向发展。

第 **35** 章　地铁装配式车站

35.1　概　述

地铁车站进行预制装配式建设,将传统的地铁车站主体框架结构施工中的钢筋加工及安装、模板安装及拆除、混凝土浇筑及初期养护在厂房内形成流水线作业模式预制,预制构件成品生产后并在厂区内继续养护及存放,根据地铁车站施工阶段的需要运至车站施工现场进行拼装,可以使现场一部分施工实现工厂化生产。相比传统的明挖顺作现浇法施工工艺,装配式车站建设的优点有:节能环保,可节约大量周转材料;施工现场材料占地减少,作业空间变大;减少建筑垃圾的产生;节省现场施工劳动力;施工噪声小,对周边单位及居民的影响低;车站预制构件可与深基坑围护结构同时施工;在短时间内完成地铁标准站建设,既绿色环保又大大缩短了建设工期;构件预制化可实现生产规模化和效益的最大化等。对比国外在装配式地铁车站的研究和成功应用的实例,国内对装配式地铁车站的应用处于起步阶段。

35.2　工　程　特　点

(1)地铁装配式车站明挖基坑围护结构一般采用地下连续墙或钻孔灌注桩＋锚索支护体系,基坑安全等级为一级,且无横向支撑或有横向支撑但在预制构件拼装前可局部撤除,待顶板拼装完成后再行恢复;

(2)围护结构与装配结构之间的空间采用具有补偿收缩的微膨胀混凝土回填;

(3)地下防水系统由结构混凝土自防水、接缝防水、顶板外防水三部分组成;

(4)预制构件拼装阶段明挖基坑处于无水地层地质或经降水处于无水状态。

35.3　结构设计形式

35.3.1　矩形双层双跨式框架结构

底板采用现浇方法制作,底板和柱通过榫式连接或柱与底板刚性连接(预制柱底部和底板内甩出钢筋,通过焊接然后整体浇筑在一起形成刚性连接)。为了使梁与柱接头处的弯矩较小,可将梁和柱的接头设置在梁上弯矩为零的部位。梁与柱的连接采用叠合梁现浇式连接。预制装配构件每环宽度为 2m，除底板外，构件划分为 10 块，具体如图 35-1 所示。

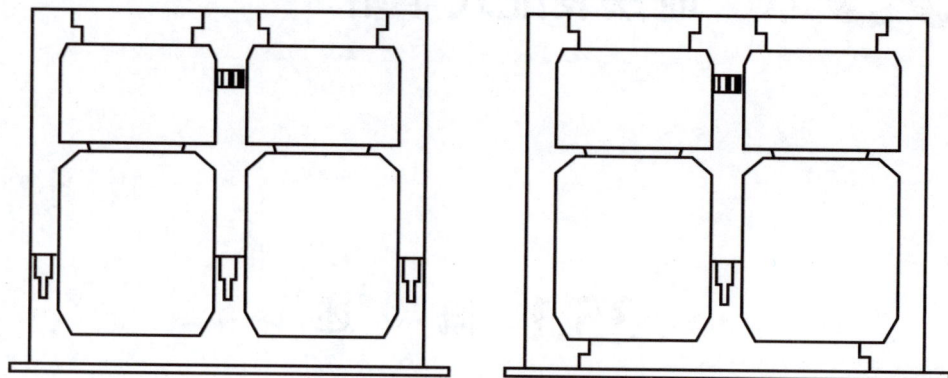

图 35-1　双层双跨式框架结构构件划分图

35.3.2　矩形框架双层单跨式预应力结构

底板亦采用现浇方法制作，底板和柱通过榫式连接或柱与底板刚性连接（预制柱底部和底板内甩出钢筋，通过焊接然后整体浇筑在一起形成刚性连接）。由于跨中弯矩随梁的跨度增加而增大，因此需要将预制梁做成预应力变截面梁的形式。取消中柱后，梁与柱相交处的剪力也增大了，为了提高梁与柱接头处的抗剪能力，采用预压装配式接头。预制装配构件每环宽度为 2m，除底板外，构件划分为 4 块，具体如图 35-2 所示。

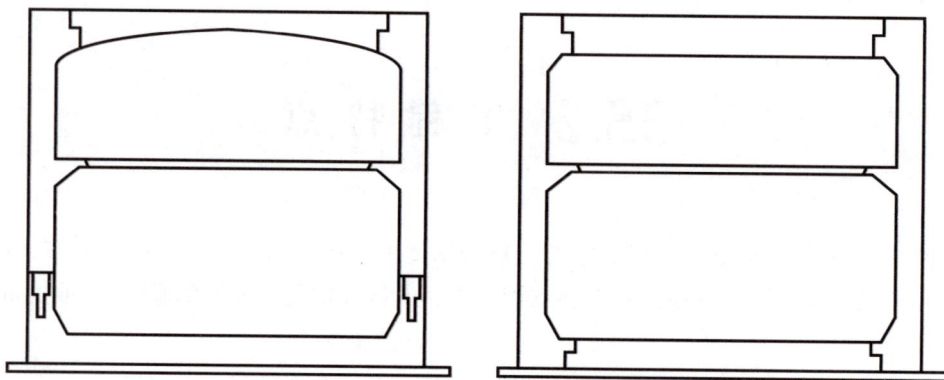

图 35-2　双层单跨式预应力结构构件划分图

35.3.3　双层单跨式拱形结构

从国内外现有的车站装饰效果上看，拱形结构可为地铁车站提供大跨度空间，也为其建筑艺术的表达提供了可能和空间。车站站厅层无柱，站台层一排中柱与中板设计采用现浇结构，这种设计抗震性能较好，预制装配结构设计每环宽度为 2m，由 7 块空腔肋板预制构件组成，其中底板 3 块（2B+1A）、侧墙 2 块（2C）、顶板 2 块（1D+1E）；底板、侧墙及顶板构件采用榫接的方式并用精轧螺纹钢拉紧，"公""母"榫间隙采用改性环氧树脂填充；A 与 B、D 与 E 均采用错缝拼装，其余均为通缝拼装；站厅层和站台层的现浇结构通过预制构件内预埋的直螺纹接驳器与现浇结构钢筋连接；口部采用预制洞口环梁的结构形式，具体如图 35-3 所示。

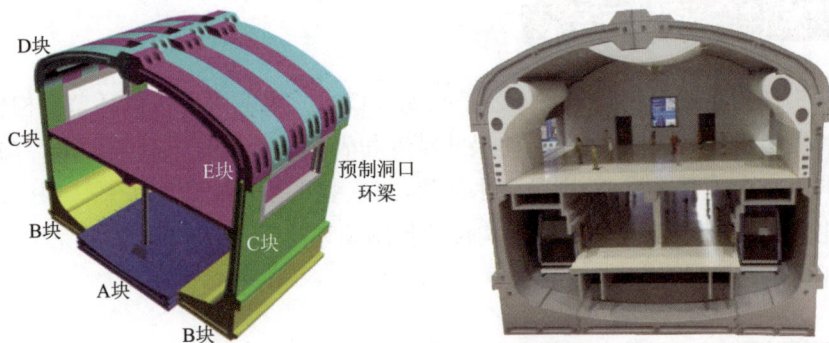

图 35-3 装配段结构设计形式效果图

35.4 结构设计与应用的技术关键

从国内外已有的工程实例看,在大型预制化技术的发展中,要重点解决以下五个方面的问题:

35.4.1 构件标准化的研究

构件预制化是与构件标准化紧密相关的。而地铁车站构件实现标准化,是采用构件预制化的前提条件,实现了标准化就可以实现生产的规模化。例如,在盾构法隧道中,施工机械决定了断面的基本形状,结构是圆形的,这给构件标准化创造了相当有利的条件,因此圆形预制管片技术发展极为快速。在明挖法修建的地下铁道中,结构断面形式一般为矩形或拱形,如何划分构件,使构件标准化,成为应用装配式衬砌的关键技术之一。

35.4.2 预制结构形式的选择及构件的合理划分

从应用的实例来看,特别是国外装配式地铁车站应用的实例来看,地铁车站的预制结构主要有以下两种形式,即矩形框架结构形式和拱形结构形式。在结构形式选定后,构件的划分不仅要考虑到结构合理的受力状态,更要考虑构件的制造和可能性。构件的制造和构件的安装,都要求预制构件轻量化,减少构件的类型便于实现规模化生产,这也是构件划分的重要原则。

35.4.3 接头防水技术的合理设计

构件的防水处理和接头构造一样,都是构件预制化的关键技术之一。特别是构件接头的防水处理得当与否,将影响到结构的使用环境和结构的耐久性。装配式结构漏水的主要原因与结构所处的环境、预制的结构、止水材料、施工工艺等因素有关。节段防水一般采用防水混凝土自身防水,漏水一般出现在接头接缝处,因此接头防水特别重要。

在预制衬砌接头面实施的防水工序大致可分成:在构件的围岩侧粘贴橡胶止水条、在接头螺栓上加设环形垫圈材料、在注入孔实施注浆。

对于采用连接螺栓的接头形式,在螺栓与螺栓孔的缝隙中插入垫圈和密封环等用合成树脂制作的衬垫,以垫圈将该衬垫挤紧进行防水。密封垫圈可以采用遇水膨胀橡胶。

35.4.4　构件的预制与安装

装配式结构构件的制造工艺和安装工艺是装配式技术应用的两个关键环节。构件的制作,最主要是构件尺寸的制造精度的控制,对模板的尺寸精度和表面平整度有很高的要求。构件的安装工艺是预制技术中的另一个关键因素,特别是防水效果,与安装工艺有密切的关系。同时,由于装配式地铁车站有很多相关专业的技术接口,必须把构件的预制规划前置,防止出现装配完毕后才发现漏留了接口而开凿破坏防水的失误。

35.4.5　拼装过程中结构的力学特性研究

在装配式地铁车站可行性研究中,除了对结构断面形式优化、构件划分、接头构造设计、防水设计、施工方案等方面的研究,最重要的是对结构在施工过程中力学特性的研究,这是确定结构安全和决定方案可行的关键因素。同时,通过对结构施工力学特性的研究又可以反过来指导结构设计的优化。

35.5　施工工艺流程及控制要点

以双层单跨式拱形结构装配式车站的施工过程为例,介绍地铁装配式车站的施工工艺流程。

35.5.1　装配式车站施工工艺流程

地铁装配式车站施工工艺流程如图35-4所示。

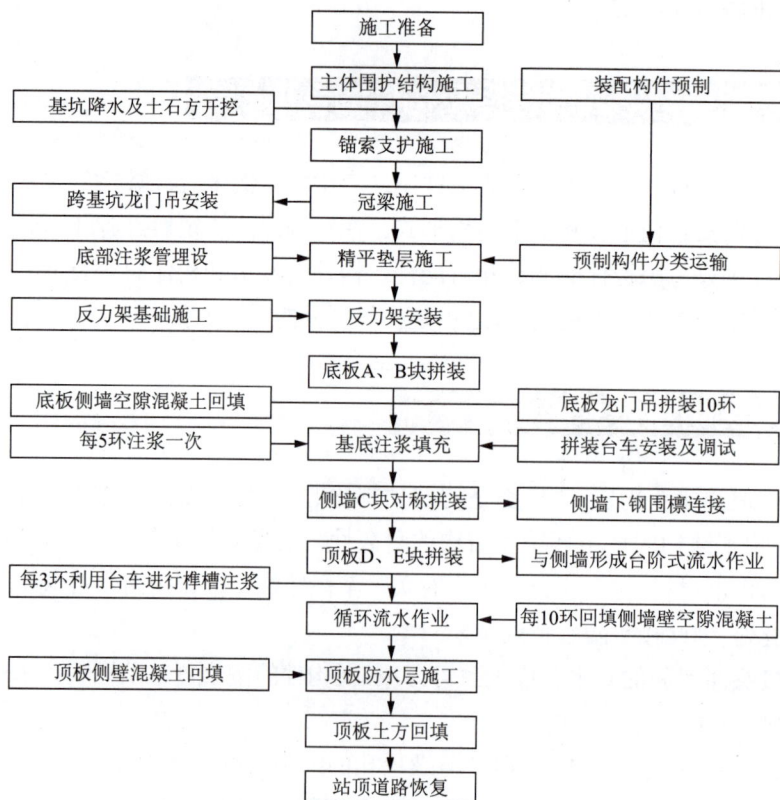

图 35-4　地铁装配式车站施工工艺流程图

35.5.2 施工控制要点

1）装配段车站深基坑

（1）围护桩施工

地下连续墙视地质情况选用成槽机或冲击钻配合成槽机成槽，采取间隔1个槽位的跳打方法施工；钻孔灌注桩视地质情况选用旋挖钻或回旋钻或冲击钻成孔，采取间隔3～5根桩位的跳打方法施工。

（2）冠梁及挡墙施工

模板均采用组合钢模，混凝土顶面预埋龙门吊及防护栏杆预埋件，挡墙比施工便道高出20cm作为挡水台。

（3）钢筋及混凝土工程

钢筋现场就近集中加工；混凝土为商品混凝土，泵送入模施工。

（4）降水工程

一般按工程进度分三期降水，装配段作为一期降水，现浇段作为二期降水，出入口及风亭作为三期降水。

（5）土方工程

人工配合挖掘机开挖，端部土方采用汽车吊垂直运输。

（6）支护工程

现浇段采用钢筋混凝土支撑和钢支撑支护；装配段采用地下连续墙或钻孔灌注桩＋锚索支护，无横向支撑或有横向支撑，但在预制构件拼装前可局部撤除，待顶板拼装完成后再行恢复，锚索边挖边支护，禁止超挖或先挖后支护。

2）装配构件预制

装配构件采取厂房内集中预制，钢筋绑扎胎具和定型钢模板必须满足预制构件的外形尺寸和复杂的结构设计的精度要求；选取既能满足抗渗自防水要求，又能满足强度和外观质量的耐久性混凝土配合比，在厂内窑内蒸汽养护消除微裂缝，实现工厂化生产出来的成品构件满足高标准、高精度的质量要求，如图35-5和图35-6所示。

图35-5　装配构件的钢筋集中加工

图35-6　装配式预制构件厂房内养护脱膜

3）拼装机具设备选型

（1）起重设备

根据车站结构特点，预制构件（最大质量为55t）拼装起重设备选用2台75t跨基坑同轨龙门吊，便于构件采用台阶流水式拼装作业;一台龙门吊安装底板 A、B 块,另一台龙门吊安装侧墙 C 及吊装顶板 D、E 并交给拼装台车安装;龙门吊起升及下落速度控制在 5m/min 以上,安装速度控制在 1m/min 以下。龙门吊如图 35-7 所示。

(2)钢丝绳索具

钢丝绳索具由吊钩、钢丝绳、卸扣及万向吊头组成;预制构件预埋的 DEHA 圆锥头吊装锚栓为德国哈芬产品,并采用配套的德国哈芬万向吊头。哈芬圆锥头吊具系统是由高强度特种钢制造,单点起重量范围 1.3 ～ 45t,适用于各种预制构件,该产品吊装简便、安全可靠。所用索具如图 35-8 所示。

图 35-7 跨基坑同轨龙门吊

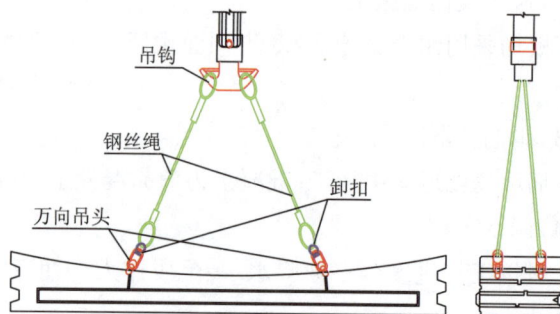

图 35-8 钢丝绳索具的组合形式

(3)拼装作业工作台车

拼装作业操作平台是根据装配式地铁车站预制构件拼装宽度和高度而专门设计的专用装备,该装备用于装配式地铁车站侧墙及顶板块的定位及安装工作,采用钢箱梁结构,大量采用液压装备,能实现预制构件拼装所需要的三维平移及三维微量转动功能。该装备具有行走、顶升、横移、旋转及微调功能,在实际操作中具有满足机械化程度高、操作简单、拼装速度快、精度高等特点。

台车由门架、行走桁架、顶升装置、行走装置、施工平台及警示灯组成,如图 35-9 ～ 图 35-11 所示。其中顶升装置中千斤顶的 PLC 同步系统是拼装台车的关键技术。驱动小车:门架行走驱动采用 2.2kW 双电机小车,共计 4 台;门架顶行走桁架驱动采用 1.5kW 双电机小车,共计 4 台。顶升千斤顶:100t 行程 500mm 千斤顶,共计 8 台;横移千斤顶:50t 行程 500mm、长度 1200mm 千斤顶,共计 4 台。

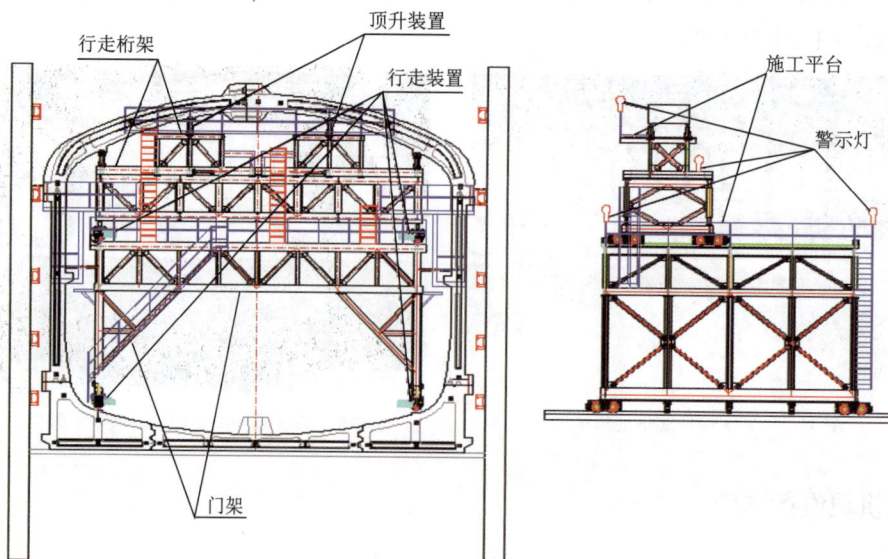

a)台车立面示意图　　　　　　　　　b)台车侧面示意图

图 35-9 拼装作业工作台车设计立面及侧面示意图

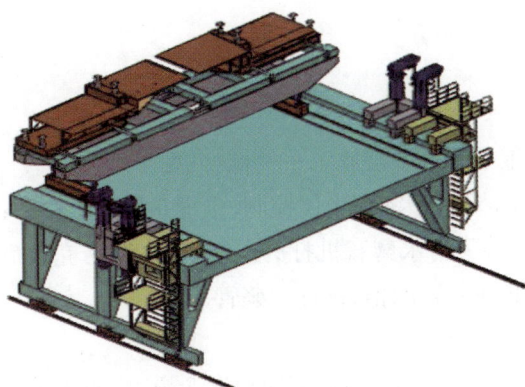

图 35-10 拼装作业工作台车效果图

顶板随侧墙连续安装

侧墙超前顶板3环连续安装

底板随基坑开挖连续安装

图 35-11 拼装作业工作台车

（4）张拉设备

张拉设备也是决定拼装速度的关键因素。整环预制构件共设有 34 个张拉孔，投入穿心式千斤顶 34 台，每台千斤顶及张拉马凳约 200kg，且每台千斤顶配备手拉葫芦、轨道及挂轮固定在张拉口附近，每台千斤顶配备一个操作工人就可以完成穿精轧螺纹钢、张拉及移顶工作，这样可提高拼装的效率。

（5）基底注浆设备

构件与垫层之间需采用高强度材料填充密实，填充材料选择无收缩水泥灌浆料，该材料具有微膨胀、流动性好及强度高的特点。由于该材料含石英砂且水灰比小，一般的水泥注浆泵满足不了要求，可选用 JRD300 型砂浆灌浆泵（图 35-12）及卧式砂浆搅拌机 350 型（图 35-13）。

图 35-12 JRD300 型砂浆灌浆泵

图 35-13 350 型卧式砂浆搅拌机

（6）榫槽注浆设备

据榫槽空隙及改性环氧树脂的特点，注浆设备采用空气压力注浆机（内设冷水降温），如图 35-14 所示。

图 35-14 空气压力注浆机

4）垫层施工

（1）施工工艺流程

施工工艺流程：基坑清底→预埋角钢→精平条带施工→剩余垫层施工→机械打磨。

根据基底地质情况，预留 20～30cm 风镐凿除或人工清平；精密水平仪控制，预埋角钢调整高程；3m 铝合金刮杠刮平，滚筒压实并找平，电抹子压光，终凝后采用水磨石机打磨二次精平；条带完成后再浇筑剩余垫层，高程比条带混凝土面低 10mm，预留基底注浆管凹槽、预埋注浆管。

（2）精平条带布设

采用精平条带的方法，纵向预埋角钢，高精度水平仪调平，带宽 1.2m，横向设置 5 道，先施工精平条带后浇筑条带之间的混凝土。精平垫层布置如图 35-15 所示。

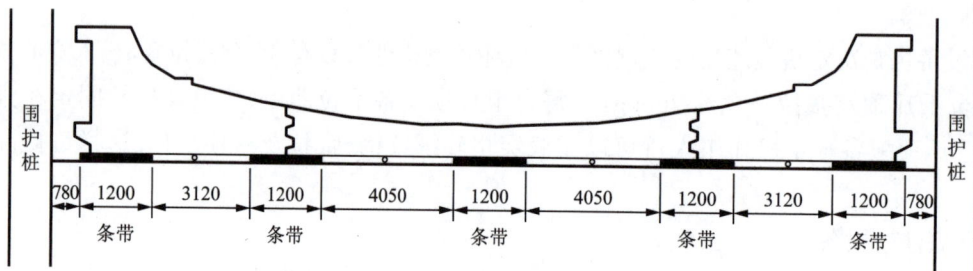

图 35-15　精平垫层布置示意图（尺寸单位：mm）

（3）混凝土浇筑

混凝土浇筑前采用木板将精平条带进行封堵，泵送放料时略高于角钢高度，振动棒振捣密实后采用铝合金刮杠初步找平，在混凝土初凝前再采用金属滚筒进行压实找平；5 道精平条带浇筑完成并达到强度后，采用精密水准仪对其完成面进行复测，达不到要求的可采用水磨石机进行磨平处理；最后浇筑条带之间同强度的混凝土，预留铁注浆管凹槽，埋设直径 30mm 的铁质注浆管。

5）预制构件运输

结构吊装前布置好拼装现场预制构件的堆放场地，一般分类堆放在主体结构的外面场地上。预制构件水平运输采用平板运输车，装卸车的起重吊装设备采用汽车吊。运输过程中最多叠两层，并用硬质方木做好支垫，防止挤压、磕碰而损坏预制构件。预制构件装运工程实例如图 35-16 所示。

图 35-16　预制构件装运工程实例

（1）拼装形式及步序

①拼装形式

a. 依照先下部、后上部，先侧墙、后顶板的阶梯式流水拼装顺序。包括两种施工方案：一种是把预制构件堆放在主体结构的两端，从两端同时双向进行主体结构的拼装；另一种就是把预制构件堆放在主体结构的一端，采取单向施工。一般采取单向施工，该方案具有明显的三方面优点：一是可与整座车站其他工序同时进行平行流水作业，缩短整体建设工期；二是相对于双向拼装，不存在因最后一环拼装的误差而影响对接问题；三是可少投入一整套机械、设备、人力、物力等。

b. 地铁装配式车站一般可分为错缝及通缝两种拼装形式。预制构件在错缝拼装过程中，同步性难以把控，测量工作量增大，错台现象时有发生；预制构件在通缝拼装过程中，解决了不同步性问题，测量的工作量减小，明显规避了错台现象，如图 35-17 和图 35-18 所示。

图 35-17 错缝拼装形式工程实例

图 35-18 通缝拼装形式工程实例

②拼装步序

地铁装配式车站拼装步序可分为成环拼装、梯次拼装两种形式。其中成环拼装步序是底板可连续拼装，侧墙及顶板成环拼装，相互干扰；梯次拼装步序是底板、侧墙及顶板独立拼装互不干扰，底板紧跟基坑开挖连续拼装，侧墙拼装比顶板超前 3 块，顶板紧跟侧墙，整个过程形成了台阶式流水状态，每环的拼装速度比成环拼装要快很多。梯次拼装具体步序为：

步骤 1：利用龙门吊安装 A、B 块，张拉、固定；在 B 块的设计位置安装轨道。

步骤 2：利用龙门吊在轨道上组装拼装装备。

步骤 3：利用龙门吊吊运第一组 C 块，拼装装备的移动吊架承接 C 块，移动吊架对位拼装 C 块，定位、张拉。

步骤 4：重复步骤 3，依次吊运、安装第二、第三、第四组 C 块。

步骤 5：利用龙门吊拼装顶部拼装平台。

步骤 6：利用龙门吊吊运第一组 D、E 块，摆放到顶部拼装平台上。

步骤 7：拼装平台三维调整 D、E 块，对位拼接，张拉 D、E 之间的精轧螺纹钢筋。

步骤 8：锁定横移平台，施加对拉荷载。

步骤 9：顶部拼装平台整体降落，D、E 块对位落放于第一组 C 块上，定位、张拉。

步骤 10：重复步骤 6～步骤 9，吊运、安装第二组 D、E 块。

步骤 11：龙门吊继续拼装 A、B 块，铺设轨道，整机前进，到达下一个拼装站位。

（2）误差的预防

预制构件由于加工精度及结构质量等问题，可能会导致累计误差过大；拼装过程中，可能因为操作人员责任心不强、精力不集中及操作不当等主观因素影响后续拼装工作并造成后期质量缺陷，针对可能出现的问题需做好预防及处理措施，措施如下：

①预制构件进场前，由技术、质检人员按检验标准进行验收，超设计指标的按不合格产品处理。

②拼装人员上岗前做好技术交底，增强质量责任意识，减少操作失误。

③拼装过程中，严格执行操作规程，上一工序不合格严禁转入下一工序施工。

④拼装作业的操作控制要点：

A/B/C 块：1 吊、2 推、3 落、4 紧、5 就位；

D/E 块：1 吊、2 合、3 推、4 落、5 推、6 紧、7 就位；

注浆：先底部、后上部，先环缝、后纵缝，依前后、平行推；

张拉锁定：先环缝、后纵缝；

背后回填：逐层填、强度到、循环控。

（3）预制构件连接形式

预制构件对接后采用定位销初步定位。由于构件采用榫接形式间隙为5mm，采用高强尼龙抗剪定位销间隙为2mm，有效地保证了安装精度。

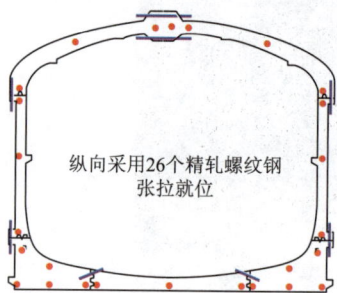

环与环之间采用精轧螺纹钢进行张拉锁定，一环张拉孔26个；牛腿位置除D、E块采用精轧螺纹钢连接，其余均为高强螺栓连接。预制构件之间的连接形式如图35-19所示。

（4）首环预制构件拼装

首环的精确定位是预制构件拼装轴线位置的基准，首环端头设置反力架下设基础地梁。施工流程：基础土方开挖→钢筋绑扎→预埋件安装→混凝土浇筑→反力架制作及安装。

图35-19　预制构件连接形式示意图

反力架制作：由A、B及C块三种反力架组合而成，均用I40b工字钢及20mm厚钢板焊接而成，如图35-20所示。首环安装方法：放样（与构件预留调整空间）→吊装就位→与预埋件及钢围檩焊接，如图35-21所示。

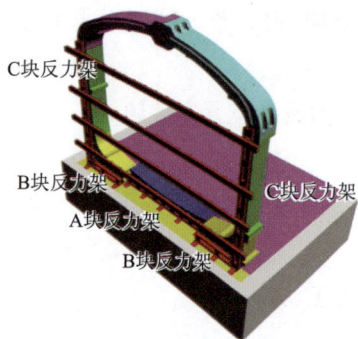

图35-20　装配预制构件首环拼装反力架效果图　　图35-21　装配预制构件首环拼装工程实例

（5）底板预制构件拼装

底板由1块A与2块B组成，拼装设备采用龙门吊，然后人工辅助，先拼A块再拼B块，拼装完5环后对轴线进行校核。

首环A块拼装流程：测量放样→吊装就位→微调→构件与反力架间隙采用钢板焊接限位→张拉锁定。

其他环A块拼装流程：吊装就位并与上一环初步合拢→与上一环定位标识对中→张拉锁定（每5环校核轴线位置）。

首环B块拼装流程：吊装就位并与A块初步合拢→沿环向顶进至A、B块合拢并达到设计要求→构件与反力架间隙采用钢板焊接限位→张拉锁定。

其他环B块拼装流程：吊装就位并与上一环A、B块初步合拢→沿环向顶进至A、B块合拢并达到设计要求→合拢过程中随时调整姿态保证定位标识对中（每5环校核轴线位置，消除累计误差）→穿纵向精轧螺纹钢张拉锁定并达到设计要求。

（6）侧墙预制构件拼装

侧墙由对称的2块C组成。C块安装的垂直度、平整度及内宽的精度直接影响顶板D、E块的安装，在安装之前复核B块顶高程及平整度，若不符合安装精度要求，采取打磨处理或垫橡胶片找平。

首环C块拼装流程：复核B块顶高程（采用打磨或垫橡胶片找平）→吊装就位并与B块初步合拢→微调至与B块定位标识对中并固定→利用台车校正C块姿态→安装牛腿高强螺栓并锁定→构件与

反力架间隙采用钢板焊接限位→张拉锁定。

其他环 C 块拼装流程：复核 B 块顶高程（采用打磨或垫橡胶片找平）→吊装就位并与上一环 C、B 块初步合拢→微调至与 B 块定位标识对中并固定→利用台车校正 C 块姿态→穿精轧螺纹钢张拉锁定并达到设计要求→安装牛腿高强螺栓并锁定。

（7）顶板预制构件拼装

顶板由 D、E 块组成，是 7 块预制构件中最重的，其中 E 块质量达 55t，也是最难安装的部分。拼装工作由龙门吊与台车配合完成，龙门吊将构件吊装并放置在台车平台上，再利用台车的顶升、合拢、同步下落及行走功能将构件与侧墙及上一环顶板结合。

拼装流程：台车完成横移及顶升动作→吊装就位并与台车千斤顶固定→台车横移及顶升千斤顶工作 D、E 块合拢并微调对中→穿精轧螺纹钢将 D、E 块连接口张拉锁定→过程中随时调整与 C 块的对中姿态→台车顶升千斤顶同步回落至与 C 块合拢(首环构件与反力架间隙采用钢板焊接限位)→安装牛腿高强螺栓并锁定→张拉锁定→回填顶板侧壁空隙混凝土。

整环 7 块预制构件成段整体拼装完成后的实景如图 35-22 和图 35-23 所示。

图 35-22　预制构件拼装完成后的外部实景　　图 35-23　预制构件拼装完成后的内部实景

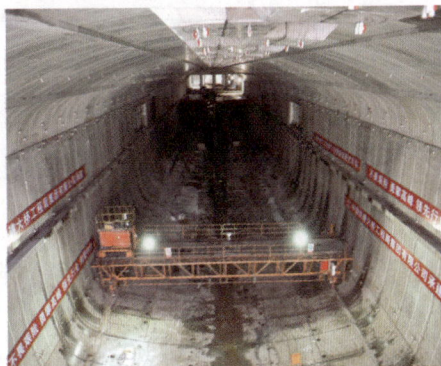

（8）侧壁空隙混凝土回填

预制构件成环后，侧壁空隙采用微膨胀混凝土对称回填高度 1m；侧壁空隙尺寸不规则采用砖模封堵，及时对空隙回填保证构件成环后的稳定性。

施工流程：对称回填底板侧壁混凝土（C15 微膨胀混凝土每 10 环回填一次）→对称回填顶板侧壁混凝土（C15 微膨胀混凝土每 1 环回填一次）→对称回填侧墙侧壁（混凝土 C15 微膨胀混凝土每 10 环回填一次）→循环流水作业。

侧壁空隙回填：侧壁 1m 宽回填 C15 微膨胀混凝土，每次回填不对称高度控制在 1m 以内。

（9）基底注浆

①注浆工艺

构件与垫层之间空隙采用高强度无收缩水泥灌浆料填充，该材料具有微膨胀、流动性好及强度高的特点。

施工流程：反力架拆除→底板侧壁混凝土回填完成→首环基底接缝封堵→注水检漏→基底注浆（采用无收缩高强灌浆料每 10 环基底注浆一次）→循环流水作业。

基底注浆管布设如图 35-24 ～图 35-26 所示。

②注浆材料

每平方米材料用量：水泥 150kg、粉煤灰 21.4kg、膨胀剂 21.4kg、砂 150kg、缓凝剂 0.14kg、矿粉 21.4kg、引气剂

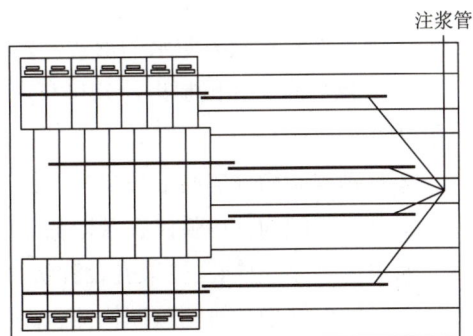

图 35-24　基底注浆管平面布置示意图

0.21kg、聚羧酸 0.65kg、水 90kg。

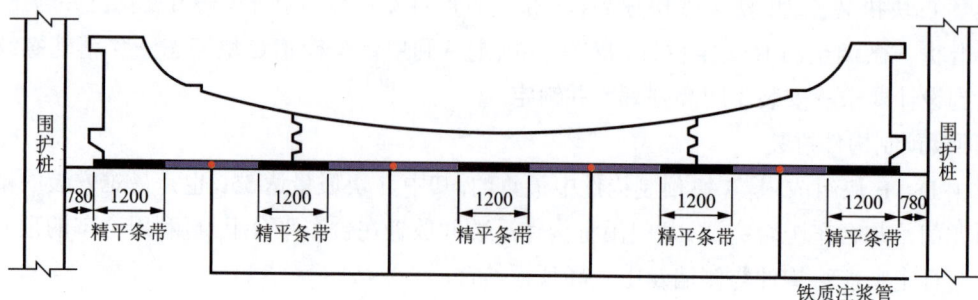

图 35-25　基底注浆管横断面布置示意图（尺寸单位：mm）

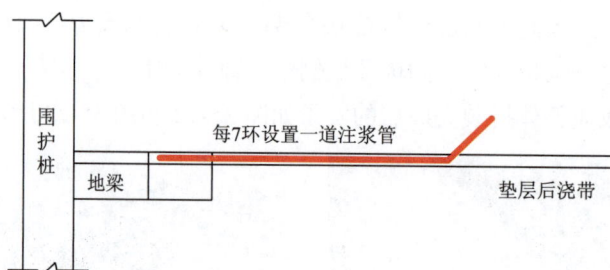

图 35-26　基底注浆管侧面布置示意图

（10）榫槽注浆

预制构件采用榫接的方式，榫槽与榫头间隙为 5 ～ 10mm，间隙内采用改性的环氧树脂填充将构件黏合在一起；该材料的流动性、初凝时间及高度均要求达到设计及施工要求，设计各个构件榫槽均是独立的，但实际操作时密封效果不是太好，初凝时间在 80min 以下而且流动通道的阻力不确定，一旦注射失败，则没有好的弥补措施。鉴于上述特点，在设备选择方面针对环氧树脂材料对温度影响比较大的特性，采用空气压力注浆机（内设冷水降温），多套设备同时操作并每环及时注浆。

榫槽注浆材料采用的是改性环氧树脂浆料（3∶1∶1∶5 环氧树脂甲液、乙液及石英粉），注浆压力 0.4MPa。

6）防水施工

（1）防水原则

装配式地下建筑结构，其防水遵循"以防为主、刚柔结合、多道设防、综合治理"的原则，以结构自防水为根本，接缝防水为重点，辅以附加防水层加强防水。防水等级为一级，结构不允许渗水，结构表面无湿渍。在确保结构和环境安全条件下，在不引起周围地层下沉的前提下，防水设计采取结构自防水＋接缝防水＋顶板外防水的形式，与其相适应的具体防水措施如下：

①拼装结构块（预制构件）自身应具有良好的防水能力，防水混凝土预制构件的抗渗等级不得小于 P10；

②衬砌预制构件侧面沿预制构件四周设置两道封闭的防水弹性密封垫；

③衬砌预制构件内弧侧在预留的嵌缝槽内进行砌缝密封；

④对每一个螺栓孔、注浆孔设置缓膨胀型遇水膨胀橡胶密封圈；

⑤及时向榫槽和衬砌预制构件之间的空隙适量、均匀地注浆；

⑥在装配结构外表面做柔性防水层。

（2）防水形式

①预制构件混凝土结构自防水

混凝土预制构件抗渗等级≥P10。同时应检测预制构件混凝土的氯离子扩散系数,氯离子扩散系数≤$3 \times 10^{-8} cm^2/s$。

②预制构件接缝防水

接缝防水采用的是2道密封垫+1道防水嵌缝(配套材料含专用胶黏剂、缓膨剂、EVA海绵条、丁基腻子片)。接缝处防水设计如图35-27所示。

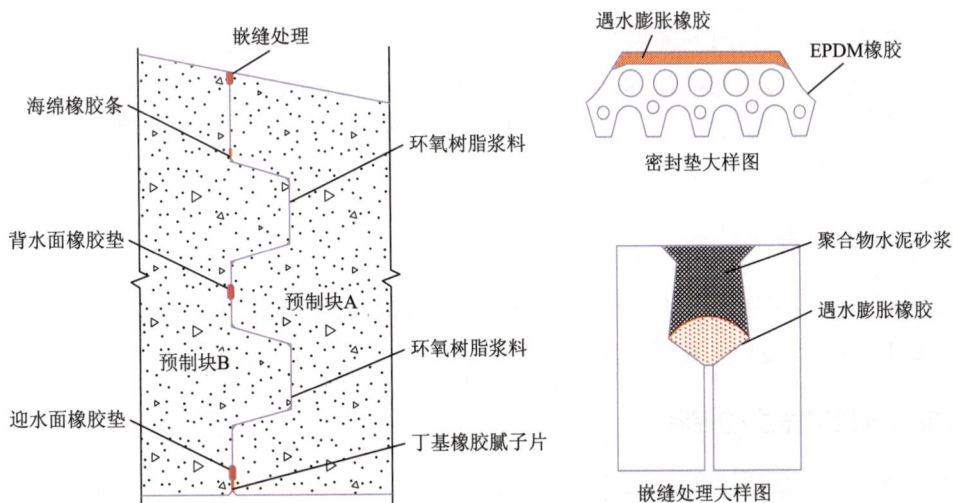

图35-27 接缝防水设计示意图

③注浆防水

底板回填注浆和预制构件接缝榫槽注浆不仅是防止结构变形的需要,也是结构防水的需要。

④预制构件外包防水

顶部和立面外包柔性防水采取刮涂和喷涂具有渗透能力的非固化沥青,形成第一道大面积防水层的方式;其后,在涂层外面覆盖具有抗拉能力的聚乙烯丙纶复合防水卷材作为第二道大面积防水层。

7)车站上部的基坑回填

车站侧壁空隙混凝土回填和顶部防水层及保护层做完后再水平分层、纵向错缝回填土。上部回填土宜采用石灰稳定土分层回填,拱顶50cm厚度范围内采用小型振动机械分层夯实,其上可以采用小型压实机械分层静压密实。路面结构层的底基层和基层按设计材料,采用中型压实机械分层静压密实,面层采用沥青混合料摊铺机对道路的全幅或半幅分层摊铺后机械碾压密实。由试验确定各种回填材料的分层厚度和碾压遍数等,严禁压实机械开启振动碾压。

35.6 纠偏控制及质量检验

35.6.1 纠偏控制

纠偏控制在预制构件拼装工序中是一个非常重要的环节。纠偏工作控制不到位,势必会引起连锁反应,不仅影响防水质量,而且随着累计误差的增大还会导致下一环预制构件无法拼装。

1）轴线控制和调整

轴线的控制和调整主要是针对底板预制构件。第一，保证装配主体结构不偏离基坑轴线；第二，保证底板结构轴线的精度进而保证侧墙及顶板的安装精度。

主要控制措施：预制构件浇筑前在定型钢模板上设置了定位标识，预制构件脱膜后自带十字线凹槽；采用全站仪将轴线标识在垫层上或已安装完的底板上，每3环复核校正一次。

2）垂直度的控制

垂直度的控制主要是针对侧墙预制构件，第一保证侧墙纵向垂直度；第二保证侧墙环向垂直度。只有两个方向的垂直度均在允许范围内，才能保证顶板预制构件的拼装正常。测量手段采用红外线电子垂球仪，调整手段环向利用拼装装备上的水平千斤顶，纵向利用张拉千斤顶的拉力大小进行调整，必须每环复核一次。

3）构件端面同步控制

构件端面同步性可采用拐尺进行检测，超出允许要求可采用缝宽的大小进行调整，缝宽在6mm以内均满足要求，每3环复核及校正一次。

4）张拉力及接缝宽度的控制

张拉力与接缝宽度是相辅相成的，张拉力大缝宽就小，张拉力小缝宽就大。缝宽在设计允许范围内，所有预制构件的纠偏均可采用张拉力进行控制。

35.6.2　质量检验

1）过程检验

（1）预制构件进场前，每块需检测结构尺寸、混凝土外观质量、防水胶条黏结质量、注浆孔道堵塞情况，超设计指标的预制构件按不合格产品处理。

（2）预制构件拼装过程，按施工工艺要求检测轴线偏差、垂直度、构件端面同步及缝宽，达不到设计指标的及时按纠偏措施进行控制。

2）检验标准

预制构件加工及拼装过程中实测项目允许偏差见表35-1。

预制构件加工及拼装过程中实测项目允许偏差　　　　　　　　　　　表35-1

项　　次	检 查 项 目	规定值或允许偏差（mm）
1	预制构件长度	±2.0
2	预制构件宽度、厚度	±1.0
3	预制构件纵向、环向平整度	0～2
4	预制构件榫槽尺寸公差	±1.0
5	接缝宽度	≥6
6	定位销尺寸公差	−0.5～+1.0
7	预紧装置孔、螺栓套及定位销孔位中心距偏差	±1

项　次	检 查 项 目	规定值或允许偏差(mm)
8	相邻环的环缝间隙	＜5
9	纵缝相邻块间隙	＜2
10	垫层	±1

35.7　装配式车站发展趋势

国家住房和城乡建设部 2016 年发文将全面推广装配式建筑,目前建筑行业发展装配式是一个新趋势,装配式钢筋混凝土结构将得到不断发展,其应用领域也在不断扩大。

国外在地下工程预制技术方面发展较早,苏联曾将其用在明挖法施工的地铁工程上,包括车站、区间隧道以及车站附属建筑和辅助隧道工程,均采用定型拼装统一规格的钢筋混凝土预制结构,采用人工配合吊装机械完成施工。

国内在房屋建筑装配式结构方面有一定的研究,但对地铁车站以及其他地下铁道附属物装配式结构的研究只有少量的文献报告,应用处于刚起步的阶段。在与 BIM 技术结合后地铁装配式车站必将成为今后地铁车站建设的新趋势,并给地铁工程建设带来明显的经济、技术、时间和社会等各方面的效益,推广应用的发展前景十分广阔。

参 考 文 献

[1] 战启芳,杨石柱. 地铁车站施工 [M]. 北京:人民交通出版社,2011.

[2] 北京城建设计研究总院有限责任公司. 地铁设计规范:GB 50157—2013[S]. 北京:中国建筑工业出版社,2013.

[3] 崔志强,胡建国. 地铁车站型式选择 [J]. 隧道建设,2005,25(4):18-20.

[4] 中国建筑科学研究院. 建筑基坑支护技术规程:JGJ 120—2012[S]. 北京:中国建筑工业出版社,2012.

[5] 北京市城建勘察测绘院. 地下铁道、轻轨交通岩土工程勘察规范:GB 50307—1999[S]. 北京:中国计划出版社,2000.

[6] 北京城建集团有限责任公司. 地下铁道工程施工质量验收标准:GB/T 50299—2018[S]. 北京:中国建筑工业出版社,2018.

[7] 中国建筑科学研究院. 建筑桩基技术规范:JGJ 94—2008[S]. 北京:中国建筑工业出版社,2008.

[8] 上海市基础工程公司. 建筑地基基础工程施工质量验收规范:GB 50202—2002[S]. 北京:中国计划出版社,2002.

[9] 中国建筑科学研究院. 建筑基桩检测技术规范:JGJ 106—2014[S]. 北京:中国建筑工业出版社,2014.

[10] 中国建筑科学研究院. 建筑地基处理技术规范:JGJ 79—2012[S]. 北京:中国建筑工业出版社,2012.

[11] 单兆铁. 地铁车站结构的防水设计概要 [J]. 地下与隧道,2005,2:24-30.

[12] 赵国厚. 降水井封堵施工技术 [J]. 山西建筑,2011,37(30):105-106.

[13] 姜晨光. 地铁建设简明技术手册 [M]. 北京:化学工业出版社,2012.

[14] 唐伟. 盖暗挖法在北京地下直径线工程设计中的应用 [J]. 铁路技术创新,2010,4:24-26.

[15] 杨慧林. 国内结合盾构法修建地铁车站的技术方案分析 [J]. 铁道标准设计,2009(10):26-29.

[16] 王枫. 浅埋暗挖车站中柱法施工影响的地层变位规律 [J]. 地下空间与工程学报,2016(S2):760-765.

[17] 吕剑英. 洞室群立体交叉的明暗挖结合地铁车站的设计 [J]. 隧道建设,2009(6):284-289.

[18] 于景臣,张冰. 城市轨道交通工程施工 [M]. 北京:中国铁道出版社,2009.

[19] 卜良桃,曾裕林. 城市地下工程施工技术与工程案例 [M]. 北京:中国环境出版社,2013.

[20] 冯紫良,章曾焕. 新奥法设计施工与管理 [M]. 北京:中国建筑工业出版社,2015.

[21] 赵毓成. 高架车站结构形式分类及适用研究 [J]. 中国市政工程,2012(8):34.

[22] 杨开屏. 高架车站大悬臂预应力盖梁设计探讨 [J]. 铁道标准设计,2010(12):103-105.

[23] 赵毓成. 长春轨道交通4号线典型车站建筑结构设计 [J]. 城市轨道交通研究,2009(7):43-45,62.

[24] 庞博. 浅析高架车站的结构设计 [J]. 人民珠江,2010(1):16.

[25] 罗中慧. 明珠线北延伸高架车站结构设计研究 [J]. 铁道标准设计,2003(9):49-50.

[26] 毛学锋. 深圳地铁3号线高架车站结构设计研究 [J]. 铁道工程学报,2011(12):94-98.

[27] 周永礼,杨静. "桥建合一"高架车站收缩、徐变及温度力影响的分析 [J]. 铁道标准设计,2009(1):31-33.

[28] 温宇平,高日,刘智敏. 城市轨道交通高架车站结构研究 [J]. 铁道建筑,2003(3):1003-1995.

[29] 童利红,孙为东,孙俊利. 暗挖地铁车站通风系统的布置与风道的设计研究 [J]. 隧道建设,2015,35(1):53-55.

[30] 北京城建勘测设计研究院有限责任公司.城市轨道交通工程监测技术规范:GB 50911—2013[S].北京:中国建筑工业出版社,2013.

[31] 同济大学,莱西市建筑总公司,山东省工程建设标准造价协会,等.建筑基坑工程监测技术规范:GB 50497—2009[S].北京:中国计划出版社,2009.

[32] 北京市交通建设管理有限公司.地铁工程监控量测技术规程:DB 11/490—2007[S].北京,2007.

[33] 王学理.地铁暗挖车站施工中的监控量测体系[J].现代城市轨道交通,2006(2):31-33.

[34] 周彦君.地铁车辆段及上盖物业开发一体化探讨[J].工程与建设,2019,33(02):228-229.

[35] 叶小冬.深圳地铁上盖物业开发设计分析[J].工程建设与设计,2017(15):56-58.

[36] 张焜新.地铁车辆段大型屋面虹吸式雨水排水系统质量控制要点研究[J].江西建材,2017(14):88-89.

[37] 陈英丽.谈地铁车辆段与停车场建筑规划与设计[J].居业,2017(02):72+74.

[38] 李文.城市轨道交通双层车辆基地设计研究[J].现代城市轨道交通,2017(01):43-46.

[39] 陈小文,詹涛涛.广州地铁官湖车辆段施工Ⅱ标BIM技术应用[J].土木建筑工程信息技术,2017,9(01):21-27.

[40] 叶学艳,奚正波,沈鲤庭.地铁车辆段/停车场运用库设计及实施中的若干问题探讨[J].城市轨道交通研究,2016,19(12):87-90+96.

[41] 曲腾飞,王媛.地铁工程车辆段内柱式检查坑施工工法对比研究[J].施工技术,2016,45(19):96-98+104.

[42] 李宜芳.全自动无人驾驶车辆段设计[J].市政技术,2015(S2):3.

[43] 邱鸣.地铁车辆段总平面布置方案设计探讨[J].铁道标准设计,2015,59(08):178-182.

[44] 殷敏.深圳地铁11号线松岗车辆段上盖虹吸雨水系统施工技术[J].中国建筑防水,2015(11):47-50.

[45] 黄丽.杭州地铁5号线车辆段平面布置方案研究[J].铁道运输与经济,2014,36(03):75-79.

[46] 蔡德庆.地铁车辆段工程中高支模施工技术探讨[J].低碳世界,2014(05):204-205.

[47] 周谦.城轨交通车辆段总平面布置方案探讨[J].现代城市轨道交通,2013(04):55-57.

[48] 郝毅忠.深圳轨道交通三号线横岗双层车辆段特点及施工组织分析[J].铁道建筑技术,2013(03):48-51.

[49] 郭海柱,杨骏.深圳地铁前海车辆段上盖物业工程管理[J].现代城市轨道交通,2012(05):50-52.

[50] 曾文泉,张黎璋.双层车辆段施工组织管理研究[J].现代城市轨道交通,2012(05):53-56+63.

[51] 贺永跃,徐谦,刑兆泳,等.运用库总体施工组织重点[J].现代城市轨道交通,2011(S1):151-152.

[52] 吴桂虎.地铁车辆段综合管线设计研究[J].铁道工程学报,2011,28(10):129-136.

[53] 徐久勇.深圳地铁3号线横岗车辆段双层总平面布置分析[J].铁道工程学报,2011,28(08):112-115+125.

[54] 史金存.北京市轨道交通房山线阎村车辆段检查坑整体道床轨道施工的质量控制[J].铁道标准设计,2011(01):95-96.

[55] 朱常琳,张天彤,马侃,等.广州地铁嘉禾车辆段与综合基地总平面布置方案设计[J].现代城市轨道交通,2010(05):40-43.

[56] 胡世春.西安地铁2号线渭河车辆段屋面虹吸排水系统施工技术[A]//中国土木工程学会城市轨道交通技术推广委员会.2010中国城市轨道交通关键技术论坛论文集[C],2010:4.

[57] 张鹏,滕一陞,兰淑桂.地铁车辆段多线共址平面布置方案分析[J].铁道工程学报,2010,27(02):73-76.

[58] 何刚,唐国民.立柱式检查坑整体道床架轨法施工技术研究[J].铁道标准设计,2008(07):53-54.

[59] 杨莉.地铁车辆段停车列检库工艺设计探讨[J].铁道标准设计,2006(04):83-85.

[60] 曾奇,赵飞云,董发俊.探地雷达在城市地铁隧道超前预报中的应用[J].水利水电施工,2016(05):116-119.

[61] 邓小鹏,李启明,周志鹏.地铁施工安全事故规律性的统计分析[J].统计与决策,2010,9(27):273-275.

[62] 胡群芳, 秦家宝. 2003—2011 年地铁隧道工程建设施工事故统计分析 [C]// 第三次全体理事会, 2012.

[63] 何发亮, 李苍松. 隧道施工期地质超前预报技术的发展 [J]. 现代隧道技术, 2001（03）: 12-15.

[64] 周轮, 李术才, 许振浩, 等. 隧道综合超前地质预报技术及其工程应用 [J]. 山东大学学报（工学版）, 2017, 47（2）: 55-62.

[65] 黄侃. 地质雷达与 TSP 在公路隧道超前地质预报中的应用 [D]. 南京: 东南大学, 2016.

[66] 侯艳娟, 张顶立, 李鹏飞. 北京地铁施工安全事故分析及防治对策 [J]. 北京交通大学学报, 2009, 33（3）.

[67] 陈志超, 罗旋, 郭云峰, 等. 跨孔地震 CT 层析成像在盾构隧道超前地质预报中的应用 [C]// 全国工程地质学术年会, 2015.

[68] 李天斌, 孟陆波, 朱劲, 等. 隧道超前地质预报综合分析方法 [J]. 岩石力学与工程学报, 2009, 28（12）: 2429-2436.

[69] 刘赟君, 韦培富, 刘邦胜, 等. 红外探水技术在隧道超前地质预报中的应用 [J]. 西部交通科技, 2015（2）: 37-41.

[70] 苏茂鑫, 钱七虎, 李术才, 等. 一种岩溶地质条件下的城市地铁超前预报方法 [J]. 岩石力学与工程学报, 2011, 30（7）: 1428-1434.

[71] 臧万军. 三臂凿岩台车与手持凿岩机在大相岭隧道应用中的比较 [J]. 公路工程, 2011, 36（4）: 12-15.

[72] 李治国, 王全胜, 徐海廷. 隧道钻孔注浆一体化施工技术 [J]. 隧道建设, 2010, 30（4）: 365-370.

[73] 康宝生. 一种新型隧道施工用拱架安装机 [J]. 隧道建设, 2011, 31（5）: 624-628.

[74] 关宝树. 漫谈矿山法隧道技术第十一讲——谈隧道施工机械化 [J]. 隧道建设, 2016, 36（10）: 1163-1170.

[75] 李湘陵. 野马梁隧道防水板铺设台车的研制与应用 [J]. 机械管理开发, 2016（3）: 72-74.

[76] 赵广平. 新型组合弧形钢模板在高速铁路隧道仰拱整幅施工中的应用 [J]. 隧道建设, 2010, 30（6）: 706-711.

[77] 中铁十六局集团第一工程有限公司. 一种隧道衬砌混凝土养护台车: 201320542098.4[P]. 2014-07-23.

[78] 杜峰. 深圳地铁 9 号线盾构法隧道管片预埋滑槽设计研究及探讨 [J]. 隧道建设, 2014（3）: 249-250.

[79] 曾斌. 管片预埋滑槽在深圳地铁 9 号线的应用 [J]. 都市快轨交通, 2015（2）: 114-115.

[80] 郝明强, 邓勇. 建设工程从业人员安全培训模式的创新与应用 [J]. 建筑安全, 2016, 31（2）: 16-19.

[81] 肖明清. 大型水下盾构隧道结构设计关键问题研究 [D]. 成都: 西南交通大学, 2013.

[82] 陈海军. 水下长距离浅埋大直径盾构隧道设计与施工 [J]. 建筑机械化, 2012（S2）: 51-54.

[83] 肖明清, 蒋超, 邓朝辉, 等. 佛莞城际铁路狮子洋隧道的几个关键技术问题 [J]. 铁道工程学报, 2015（3）: 62-66.

[84] 刘艳滨. 盾构法越江道路隧道建设关键技术 [J]. 隧道建设, 2015, 35（11）: 1113-1120.

[85] 肖明清. 国内大直径盾构隧道的设计技术进展 [J]. 隧道/地下工程, 2008（08）: 84-87.

[86] 索晓明, 张继清, 杨毅秋. 北京地下直径线大直径盾构隧道技术研究 [J]. 中国工程科学, 2010, 12（12）: 11-17.

[87] 张继清, 赵林. 大直径单洞双线盾构隧道内轮廓设计要点 [J]. 盾构技术, 2012（3）: 32-35.

[88] 戴仕敏. 超大直径土压平衡盾构隧道施工关键技术 [J]. 施工技术, 2011, 40（349）: 1-5.

[89] 郭玉海. 大直径土压平衡盾构引起的地表变形及掘进控制技术研究 [D]. 北京: 北京交通大学, 2014.

[90] 秦世朋. 大直径泥水平衡盾构隧道施工地层响应分析 [D]. 北京: 北京交通大学, 2015.

[91] 孙统立. 多圆盾构施工扰动土体位移场特性及其控制技术研究 [D]. 上海: 同济大学, 2007.

[92] 晏启祥, 程曦, 何川, 等. 深埋双圆盾构隧道衬砌荷载模式及其接头效应分析 [J]. 隧道/地下工程, 2010（10）: 92-95.

[93] 袁金荣, 周裕倩, 刘学增, 等. 双圆盾构隧道衬砌结构设计及参数研究 [J]. 岩土工程学报, 2005, 27（6）: 638-641.

[94] 沈水龙, 蔡丰锡, 王庭平. 双圆盾构纠偏时隧道衬砌的内力分析 [J]. 岩土工程学报, 2007, 29（10）: 1563-1567.

[95] 周文波, 顾春华. 双圆盾构施工技术 [J]. 现代隧道技术, 2004, 41（4）: 22-32.

[96] 刘纯洁. 双圆盾构小半径曲线施工技术研究 [J]. 建筑施工, 2010, 32（5）: 375-376.

[97] 谢辕轩 . 预制装配式地铁车站拼装技术研究 [J]. 科技与企业, 2015（1）: 255-256.

[98] 刘建洪 . 明挖装配式地铁车站结构设计优化及施工过程力学特性研究 [D]. 成都: 西南交通大学, 2007.

[99] 陈久恒 . 预制装配式地铁车站施工技术研究 [J]. 铁道建筑技术, 2015（11）: 62-65.

[100] 王彦玲 . 预制装配式地铁车站拼装形式和合理步序研究 [J]. 工业 B, 2015（11）: 322-324.

[101] 隋秀龙 . 大型预制装配式构件吊运技术研究 [J]. 珠江水运, 2016（13）: 76-77.

[102] 刘喜斌 . 大型预制装配式地铁车站拼装台车研究 [J]. 工业 B，2015（11）: 313-316.

《地铁土建工程技术与管理实务》编写人员名单

编写内容		编 写 人
前言		胡鹰
第1篇 地铁车站土建工程	第1章 地铁车站工程简介	董志
	第2章 明(盖)挖法地铁车站工程	董志、杜万强、乔险涛、曾山
	第3章 浅埋暗挖法地铁车站工程	齐书峰
	第4章 高架地铁车站工程	周国鹏
	第5章 地铁车站附属工程	张宇、王勇、沈曦
	第6章 地铁车站工程监控量测	祝崇武
第2篇 地铁区间土建工程	第7章 地铁区间土建工程简介	余建萍、袁甲、高军伟
	第8章 矿山法地铁区间工程	杨永祥、唐贤海、邓金木
	第9章 盾构法地铁区间工程	吴胜涛、牛业新、商顺
	第10章 TBM法地铁区间工程	李建宁、俞建铂、周海斌
	第11章 高架地铁区间工程	卢胜华、李勇、李凯
	第12章 地铁区间工程监控量测	王斌、倪曦、裴涛涛
第3篇 地铁车辆基地土建工程	第13章 地铁车辆基地土建工程简介	梁禹、胡鹰、黄勐
	第14章 地基处理工程	梁禹、黄勐
	第15章 房屋建筑工程	梁禹、黄勐
	第16章 排水工程	梁禹、黄勐
	第17章 场区道路和广场工程	梁禹、黄勐
	第18章 附属结构工程	梁禹、黄勐
第4篇 地铁土建工程项目管理	第19章 招投标及合同管理	胡鹰、蔡翔
	第20章 设计管理	胡鹰、蔡翔
	第21章 计划管理	胡鹰、蔡翔
	第22章 项目策划管理	张宏伟、高星
	第23章 工程质量管理	汪思海
	第24章 安全与环境管理	张宏伟、柴长付
	第25章 工程项目风险管理	张宏伟、廖湘龙
	第26章 工程接口管理	刘学勤、张宏伟
第5篇 地铁土建工程新技术应用	第27章 建筑信息模型(BIM)技术应用	彭加强、刘伯鸥、李鹏祖、邓新星
	第28章 地铁施工信息化监控量测	黄林冲
	第29章 地铁工程综合超前地质预报技术	黄勐、梁禹
	第30章 地铁工程地层预加固新技术	黄勐、梁禹
	第31章 地铁工程邻近施工风险评估与控制技术	梁禹、黄勐
	第32章 暗挖隧道钻爆法施工成套技术	郭学龙、张宏伟
	第33章 地铁矿山法隧道预埋槽道施工技术	崔力波、何德伟
	第34章 盾构法地铁隧道施工新技术	马思明
	第35章 地铁装配式车站	安维辉

特 别 鸣 谢

对给予本书在编写过程中提供大力支持和帮助的以下参编单位表示感谢！

中铁建南方建设投资有限公司
中铁南方投资集团有限公司
中山大学
中铁十五局集团有限公司
中国铁建大桥工程局集团有限公司
中铁十二局集团有限公司
中铁十六局集团有限公司
中铁十八局集团有限公司
中铁十四局集团有限公司
中铁十一局集团有限公司
中铁隧道集团三处有限公司
中铁一局集团城市轨道交通工程有限公司
中铁广州工程局集团深圳工程有限公司
中铁西南科学研究院有限公司
深圳中铁二局工程有限公司
中铁二局第六工程有限公司
中铁四局集团城市轨道交通工程分公司
中铁四局集团第五工程有限公司
中国电建集团华东勘测设计研究院有限公司